THE
BIG RED
BOOK OF SPANISH VERBS

555

FULLY CONJUGATED VERBS

Ronni Gordon | David Stillman

McGraw-Hill

Chicago   New York   San Francisco   Lisbon   London   Madrid   Mexico City
Milan   New Delhi   San Juan   Seoul   Singapore   Sydney   Toronto

Library of Congress Cataloging-in-Publication Data

Gordon, Ronni L.
    The big red book of Spanish verbs : 555 fully conjugated verbs / Ronni Gordon,
David Stillman.
        p.   cm.
    Includes index.
    ISBN 0-658-01487-0
    1. Spanish language—Verb.   2. Spanish language—Verb—Tables.
I. Stillman, David M.   II. Title.

    PC4271.G65   2002
    468.2′421—dc21   2001052163

McGraw-Hill

A Division of The McGraw·Hill Companies

1 2 3 4 5 6 7 8 9 0   QPD/QPD   1 0 9 8 7 6 5 4 3 2

ISBN 0-658-01487-0

This book was set in Jansen Text and Frutiger by Village Typographers, Inc.
Printed and bound by Quebecor Dubuque

Cover design by Nick Panos
Interior design by Village Typographers, Inc.

McGraw-Hill books are available at special quantity discounts to use as premiums and
sales promotions, or for use in corporate training programs. For more information, please
write to the Director of Special Sales, Professional Publishing, McGraw-Hill, Two Penn
Plaza, New York, NY 10121-2298. Or contact your local bookstore.

This book is printed on acid-free paper.

Contents

SPANISH TENSE PROFILES

THE BASICS OF CONJUGATION

Conjugation is a list of the forms of the verb in a conventional order. The forms of the verb in a particular tense vary to show person and number. The three persons are: the speaker, or first person (I), the person spoken to, or second person (you), and the person or thing referred to, or third person (he, she, it). There are two numbers in English and Spanish, singular and plural. The verb forms are designated by person and number, as summarized in the chart below:

	SINGULAR	PLURAL
FIRST PERSON	I	we
SECOND PERSON	you	you
THIRD PERSON	he, she, it	they

Thus, in the English conjugation of the verb *to be*

	SINGULAR	PLURAL
FIRST PERSON	I am	we are
SECOND PERSON	you are	you are
THIRD PERSON	he, she, it is	they are

We could say that *am* is first-person singular, while *is* is third-person singular. The form *are* is used for the second-person singular and plural as well as for the first- and third-persons plural. The above order of forms is called a conjugation paradigm and is conventional in both English and Spanish for the presentation of verb forms. This is the pattern that will be used to present the forms of Spanish verbs in this book.

The Persons of the Verb in Spanish

The subject pronouns in Spanish do not correspond exactly to the English system.

	SINGULAR	PLURAL
FIRST PERSON	yo	nosotros, nosotras
SECOND PERSON	tú	vosotros, vosotras
THIRD PERSON	él, ella, usted	ellos, ellas, ustedes

Note the following:

1 · **Usted** and **ustedes** are often abbreviated in writing as **Ud.** and **Uds.**, respectively. The abbreviations **Vd.** and **Vds.** are also used.

2 · The Spanish of Spain has four forms for *you*. They vary for formality and number. **Tú** is informal singular, **vosotros(-as)** is informal plural. **Ud.** (singular) and **Uds.** (plural) are markers of formality, politeness, and seniority.

3 · In Spanish America, **vosotros(-as)** is not used. **Uds.** is used as the plural of both **tú** and **Ud.**

4 · **Ud.** and **Uds.** are used with third-person, not second-person verbs, in spite of the fact that they mean *you*.

5 · The plural pronouns in Spanish distinguish gender: **nosotros** *vs.* **nosotras**; **vosotros** *vs.* **vosotras**; **ellos** *vs.* **ellas**. The feminine form is used for groups consisting solely of females. The masculine form is used for groups of males or groups of males and females.

6 · Subject pronouns are often omitted in Spanish since the verb endings make the subject clear. They are used for emphasis or contrast. Compare:

Él estudia marketing.	*He is studying marketing.*
Él estudia marketing pero **ella** estudia contabilidad.	*He is studying marketing, but **she** is studying accounting.*

Verb Classes

Spanish verbs differ from English verbs in that they have endings that show both who is performing the action (the subject of the sentence) and when the action occurs (the tense—present, past, future, etc.).

All Spanish verbs fall into three major classes, called conjugations. Each conjugation has its own set of endings, although there is quite a bit of overlap among the three. The conjugation to which a verb belongs is shown by the *infinitive*, the form ending in **-r** that is not marked for person or tense. The conjugation is shown by the vowel that comes before the **-r** of the infinitive. The verbs **hablar** *to speak*, **vender** *to sell*, and **vivir** *to live* represent the three conjugations. Notice the various names used for the conjugations:

hablar	first-conjugation verb OR **-ar** verb
vender	second-conjugation verb OR **-er** verb
vivir	third-conjugation verb OR **-ir** verb

THE SIMPLE TENSES

There are seven simple (single-word) tenses in Spanish:

The Present Tense

We can analyze the present tense forms of Spanish verbs as consisting of a stem and an ending. The ending shows the person who performs the act and the tense. The stem is formed by dropping the infinitive ending: **-ar, -er, -ir.**

INFINITIVE		STEM
habl<u>ar</u>	>	habl-
vend<u>er</u>	>	vend-
viv<u>ir</u>	>	viv-

Examine the conjugations of the three model verbs in the present tense: The stressed vowels are underlined in the conjugations. You will see that this shift in stress is one of the key features of the Spanish verb system.

hablar *to speak*

habl + o > hablo (h<u>a</u>blo)	habl + amos > hablamos (habl<u>a</u>mos)
habl + as > hablas (h<u>a</u>blas)	habl + áis > habláis (habl<u>á</u>is)
habl + a > habla (h<u>a</u>bla)	habl + an > hablan (h<u>a</u>blan)

vender *to sell*

vend + o > vendo (v<u>e</u>ndo)	vend + emos > vendemos (vend<u>e</u>mos)
vend + es > vendes (v<u>e</u>ndes)	vend + éis > vendéis (vend<u>é</u>is)
vend + e > vende (v<u>e</u>nde)	vend + en > venden (v<u>e</u>nden)

vivir *to live*

viv + o > vivo (v<u>i</u>vo)	viv + imos > vivimos (viv<u>i</u>mos)
viv + es > vives (v<u>i</u>ves)	viv + ís > vivís (viv<u>í</u>s)
viv + e > vive (v<u>i</u>ve)	viv + en > viven (v<u>i</u>ven)

Notice the following peculiarities about the conjugation:

1 · The first-person (**yo**-form) singular of all three conjugations ends in **-o.**

2 · -Ir verbs have the same endings as **-er** verbs except in the first- and second-persons plural (**vivimos, vivís**).

3 · In all three conjugations there is an important shift in stress. The three forms of the singular and the third-person plural are stressed on the vowel of the stem. The first- and second-persons plural are stressed on the class vowel. Examine the conjugation of **vender** again.

Stem-Changing Verbs

Certain **-ar** and **-er** verbs have changes in the stem vowel in those forms where the stem vowel is stressed. The vowel changes are **e > ie** and **o > ue.**

Study the following conjugations:

pensar *to think*		**mostrar** *to show*	
pienso	pensamos	muestro	mostramos
piensas	pensáis	muestras	mostráis
piensa	piensan	muestra	muestran

querer *to want*		**volver** *to return*	
quiero	queremos	vuelvo	volvemos
quieres	queréis	vuelves	volvéis
quiere	quieren	vuelve	vuelven

Some stem-changing **-ir** verbs have a change of **e > i.**

pedir *to ask for*	
pido	pedimos
pides	pedís
pide	piden

Stem changes cannot be predicted from the infinitive. **Comer** does not have a change of **o > ue,** but **volver** does. Stem changes are usually indicated in one of the following ways in verb lists and dictionaries:

> **pensar (e > ie)**
> **volver (ue)**

Stem changes occur in the present tense and in forms derived from the present: the present subjunctive and the command forms.

Uses of the Present Tense

1 · The present tense is used to express ongoing or habitual actions in the present:

El señor Domínguez **trabaja** hoy en la otra oficina.	*Mr. Dominguez **is working** in the other office today.*
Todos los días **regreso** a casa a las seis y cuarto.	*I **return** home every day at six fifteen.*
Siguen cursos de antropología e historia en la universidad.	*They're **taking** anthropology and history courses at the university.*

The English auxiliary verb *do/does* is not translated before Spanish verb forms in questions and in negative sentences.

—¿**Comprendes** la lección?	*Do you **understand** the lesson?*
—No, **no comprendo** porque no estudio.	*No, **I don't understand** because I don't study.*

2 · The present tense can express future time when another element of the sentence makes it clear that the future is being referred to.

—¿**Vuelves** mañana?	*Will you **return** tomorrow?*
—No, **me quedo** hasta la semana que viene.	*No, **I'll stay** until next week.*

3 · The present tense is used to indicate actions that began in the past but that continue into the present. English uses *have been doing something* to express this.

—¿Cuánto (tiempo) hace que **viven** aquí?	*How long **have you been living** here?*
—Hace un año que **vivimos** aquí.	*We've **been living** here for a year now.*
—¿Desde cuándo **busca** Marta empleo?	*Since when **has** Marta **been looking** for a job?*
—**Busca** empleo desde enero.	*She's **been looking** for work since January.*

Note the use of **hace** + time expression to label how long the action has been going on and the use of **desde** + a moment in time to label the time when the action began.

4 · The present tense can be used to refer to the past for dramatic effect. This is called the historical present.

A fines del siglo XV los españoles **emprenden** la conquista de América.	*At the end of the 15th century the Spanish **undertook** the conquest of America.*
El príncipe Juan Carlos de Borbón **sube** al trono en 1975.	*Prince Juan Carlos de Borbón **ascended** the throne in 1975.*
Al año siguiente **se firma** otro tratado de paz.	*The following year another peace treaty **was signed**.*

The Imperfect Tense

The imperfect tense is one of the most regular tenses in Spanish. It is formed by adding the endings of the imperfect to the stem. The endings are based on the syllables **-aba** for **-ar** verbs and **-ía** for **-er** and **-ir** verbs.

-ar verbs

habl + aba	> hablaba	habl + ábamos	> hablábamos
habl + abas	> hablabas	habl + abais	> hablabais
habl + aba	> hablaba	habl + aban	> hablaban

-er verbs

vend + ía	> vendía	vend + íamos	> vendíamos
vend + ías	> vendías	vend + íais	> vendíais
vend + ía	> vendía	vend + ían	> vendían

-ir verbs

viv + ía	> vivía	viv + íamos	> vivíamos
viv + ías	> vivías	viv + íais	> vivíais
viv + ía	> vivía	viv + ían	> vivían

Note that only **-er** and **-ir** verbs have the same endings in the imperfect.

Only three verbs have irregular imperfects: **ser**, **ir**, and **ver**.

ser *to be*

era	éramos
eras	erais
era	eran

ir *to go*

iba	íbamos
ibas	ibais
iba	iban

ver *to see*

veía	veíamos
veías	veíais
veía	veían

Uses of the Imperfect Tense

The imperfect tense expresses one of the two aspects of past time in Spanish (the other is expressed by the preterit). The imperfect is used to indicate actions that the speaker sees as continuing in the past, without reference to their beginning or end. The imperfect is therefore used to refer to:

1 · actions that are seen as forming a background to other actions, such as time or weather; only the imperfect is used to tell what time it was in the past.

Eran las diez cuando llegaron los amigos.	*It **was ten o'clock** when our friends arrived.*
Cuando yo salí, **hacía frío** y **llovía**.	*When I left, **it was cold** and **was raining**.*

2 · actions that were habitual in the past with no reference to their beginning or end (English *used to*)

Cuando **vivíamos** en Puerto Rico, **íbamos** mucho a la playa.	*When **we lived** in Puerto Rico we **used to go** to the beach a lot.*
Siempre **cenábamos** en aquel restaurante porque **se comía** muy bien.	*We always **used to have dinner** at that restaurant because **the food was** good.*

3 · descriptions of states or conditions that existed in the past (as opposed to events)

La casa **era** nueva y **tenía** habitaciones grandes y cómodas.	*The house **was** new and **had** big, comfortable rooms.*
El sol **se ponía** y **se encendían** los faroles. La gente ya **se paseaba** en las calles.	*The sun **was setting** and the street lights **were being turned on**. People **were** already **strolling** in the streets.*

4 · actions that were repeated in the past with no reference to their beginning or end

Cuando yo **era** estudiante, **iba** a la biblioteca todos los días.	*When I **was** a student, I **went** to the library every day.*
Los fines de semana mis amigos y yo **nos veíamos** en el café.	*On the weekends my friends and I **would see each other** at the café.*

The imperfect tense is used in indirect discourse, that is, to report what someone said. It follows the preterit form of verbs such as **decir** and **escribir**:

Me **dijo** que **iba** al cine.	*She **told** me she **was going** to the movies.*
Les **escribimos** que **pensábamos** verlos en Londres.	*We **wrote** them that we **intended** to see them in London.*

The Preterit Tense

The preterit tense has the most irregularities in Spanish. It is formed by adding a special set of endings to the verb. **-Er** and **-ir** verbs have the same endings in the preterit.

-ar verbs

habl + é	> hablé	habl + amos	> hablamos
habl + aste	> hablaste	habl + asteis	> hablasteis
habl + ó	> habló	habl + aron	> hablaron

-er verbs

vend + í	> vendí	vend + imos	> vendimos
vend + iste	> vendiste	vend + isteis	> vendisteis
vend + ió	> vendió	vend + ieron	> vendieron

-ir verbs

viv + í	> viví	viv + imos	> vivimos
viv + iste	> viviste	viv + isteis	> vivisteis
viv + ió	> vivió	viv + ieron	> vivieron

If the stem of an **-er** or **-ir** verb ends in a vowel, an accent mark is added to the class vowel **-i-** of second-persons singular and plural and of the first-person plural. The **i** of the third-person endings **-ió** and **-ieron** changes to **y**.

caer *to fall*		**leer** *to read*		**oír** *to hear*	
caí	caímos	leí	leímos	oí	oímos
caíste	caísteis	leíste	leísteis	oíste	oísteis
cayó	cayeron	leyó	leyeron	oyó	oyeron

Many common verbs have an irregular stem in the preterit. These are conjugated like **-er** and **-ir** verbs, except for the first- and third-persons singular, which are the only preterit forms that have *unstressed* endings. These irregular preterits occur in the most common verbs in the language.

Irregular stem with the vowel -u-:

andar *to walk*		**caber** *to fit*		**conducir** *to drive*	
anduve	anduvimos	cupe	cupimos	conduje	condujimos
anduviste	anduvisteis	cupiste	cupisteis	condujiste	condujisteis
anduvo	anduvieron	cupo	cupieron	condujo	condujeron

estar *to be*		**poder** *to be able*		**poner** *to put*	
estuve	estuvimos	pude	pudimos	puse	pusimos
estuviste	estuvisteis	pudiste	pudisteis	pusiste	pusisteis
estuvo	estuvieron	pudo	pudieron	puso	pusieron

saber *to know*		**tener** *to have*	
supe	supimos	tuve	tuvimos
supiste	supisteis	tuviste	tuvisteis
supo	supieron	tuvo	tuvieron

Irregular stem with the vowel -*i*-:

decir *to say*		**hacer** *to do, make*		**venir** *to come*	
dije	dijimos	hice	hicimos	vine	vinimos
dijiste	dijisteis	hiciste	hicisteis	viniste	vinisteis
dijo	dijeron	hizo	hicieron	vino	vinieron

querer *to want*	
quise	quisimos
quisiste	quisisteis
quiso	quisieron

Irregular stem with the vowel -*a*-:

traer *to bring*	
traje	trajimos
trajiste	trajisteis
trajo	trajeron

Some observations on these irregular preterits:

1 · Note the spelling change of **c** > **z** in **hizo** (from **hacer**).

2 · Note that in irregular preterit stems ending in **j**, the third-person plural ending is **-eron**, not **-ieron**: **condujeron, dijeron, trajeron**.

3 · The verbs **ir** and **ser** have the same forms in the preterit. This conjugation is completely irregular.

ir/ser	
fui	fuimos
fuiste	fuisteis
fue	fueron

4 · Dar is conjugated with the endings of regular **-er** and **-ir** verbs in the preterit. Both **dar** and **ver** do not use accent marks in the first- and third-person singular because those forms have only one syllable.

dar *to give*		**ver** *to see*	
di	dimos	vi	vimos
diste	disteis	viste	visteis
dio	dieron	vio	vieron

Uses of the Preterit Tense

1 · The preterit is used to tell what happened in the past. When a speaker selects the preterit, he sees the action of the verb as completed in the past. Note how the preterit is used to narrate a series of events in the past.

Me levanté a las ocho.	*I got up at eight o'clock.*
Me lavé.	*I washed up.*
Sonó el teléfono.	*The phone rang.*
Contesté.	*I answered.*
Hablé con Raquel.	*I spoke with Raquel.*
Me cité con ella para las diez.	*I made an appointment with her for ten.*
Salí de casa y **subí** al autobús.	*I left the house and got on the bus.*
Encontré un asiento libre y **me senté**.	*I found an empty seat and sat down.*
Fui al centro donde Raquel y yo **tomamos** un café.	*I went downtown where Raquel and I had coffee.*
Después, **me fui** a uno de los almacenes.	*Then I went to one of the department stores.*
Me compré unas camisas.	*I bought (myself) some shirts.*
Volví a casa a las cinco.	*I returned home at five o'clock.*
Hice la cena y **comí**.	*I made dinner and ate.*
Vi las noticias en la tele y **me acosté** a las once.	*I watched the news on TV and went to bed at eleven o'clock.*

2 · The distinction between the imperfect and the preterit is not mandatory in English, and the same English form can be used to translate both of the Spanish tenses in some cases.

Durante las vacaciones, **yo dormía** muy bien.	*During vacation I slept well.*
Anoche **dormí** bien.	*Last night I slept well.*
Cuando yo era joven, **estudiaba** mucho.	*When I was young I studied a lot.*
El año pasado **estudié** mucho.	*Last year I studied a lot.*
En verano los chicos siempre **se divertían mucho**.	*In the summer the children always had a very good time.*
El verano pasado los chicos **se divirtieron mucho**.	*Last summer the children had a very good time.*

3 · The preterit and the imperfect are often played off against each other in a single sentence or in a series of sentences in Spanish. The imperfect indicates the background against which the events narrated in the preterit take place.

> Mientras **yo leía** el periódico, **sonó** el teléfono.

> While **I was reading** the newspaper, the phone **rang**. (The reading is the background against which the ringing of the phone occurred.)

Notice that the preterit and imperfect can be shifted to create difference in meaning.

> Mientras **yo leía** el periódico, **sonaba** el teléfono.

> While **I was reading** the newspaper, the phone **was ringing**. (Neither the reading nor the ringing of the telephone are seen as events. Both express ongoing actions in the past.)

> **Yo leí** el periódico y **sonó** el teléfono.

> **I read** the newspaper and the phone **rang**. (The use of the preterit for both verbs conveys the idea that the speaker sees both the reading and the ringing of the telephone as events.)

> **Yo leí** el periódico mientras **sonaba** el teléfono.

> **I read** the newspaper while the phone **was ringing**. (In this version of the sentence, the ringing of the telephone is the background for the event: the reading of the newspaper.)

The Future Tense

The future tense in Spanish is formed not from the stem, but from the infinitive. A special set of endings is added to the infinitive. These endings are the same for *all* verbs.

hablar + é   >   **hablaré**
vender + é   >   **venderé**
vivir + é   >   **viviré**

hablar		vender		vivir	
hablaré	hablaremos	venderé	venderemos	viviré	viviremos
hablarás	hablaréis	venderás	venderéis	vivirás	viviréis
hablará	hablarán	venderá	venderán	vivirá	vivirán

Many common verbs use modified forms of the infinitive in forming the future. The endings are the same.

- reduced infinitives

    hacer   >   **haré**
    decir   >   **diré**

- the vowel **-e-** or **-i-** before the **-r** of the infinitive is replaced by **-d-**

    poner   >   **pondré**
    salir   >   **saldré**
    valer   >   **valdré**
    venir   >   **vendré**
    tener   >   **tendré**

- the vowel **-e-** before the **-r** of the infinitive drops

    caber   >   **cabré**
    poder   >   **podré**
    haber   >   **habré**
    querer   >   **querré**
    saber   >   **sabré**

Note that

1 · **-Ir** verbs that have an accent mark in the infinitive, such as **oír** and **reír**, lose the accent mark in the future: **oiré**, **reiré**.

2 · Compound verbs of the irregular verbs share the same irregularities: **componer** (**compondré**), **detener** (**detendré**), **convenir** (**convendré**), etc.

3 · The future of **hay** is **habrá** *there will be*.

Uses of the Future Tense

The future tense is one of the ways Spanish refers to future time.

> **Juan se graduará el año que viene.**   *Juan will graduate next year.*

In speech, the future is often replaced by either the **ir a** + *infinitive* construction

> **Juan se va a graduar el año que viene.**

or by the simple present, which can be used when another element of the sentence makes it clear that the future, not the present, is meant.

> **Juan se gradúa el año que viene.**

One of the most common uses of the future tense is to speculate or conjecture about the present. For instance, speakers use the future tense to wonder about things going on at the present time:

> ¿Qué hora **será**?   *What time **can it be**?*
>
> ¿Quién **será**? *(upon hearing a knock at*   *I **wonder** who **it is**/who **it can be**.*
>   *the door)*
>
> ¿Cuántos años **tendrá** la niña?   *I **wonder** how old the child **is**.*
>
> ¿Con quiénes **saldrán**?   *Whom **can they be going out** with?*

The future can also be used to speculate about present time or mention things that are probably happening in present time.

> Los turistas **querrán** ver la catedral.   *The tourists **probably want** to see the cathedral.*
>
> Sarita **sabrá** dónde viven.   *I **guess** Sarita **knows** where they live.*
>
> **Estarán** satisfechos con el resultado.   *They're **probably** happy with the result.*
>
> ¿No ha llegado el avión? **Habrá** una   *The plane hasn't arrived yet? **There must**
>   demora.   *be* a delay.*

The future is also common after **no saber si** *not to know whether* when the main verb is in the present tense.

> No sé **si podré** ir.   *I don't know **whether I'll be able** to go.*

The future is common to report speech (*indirect discourse*) after verbs of communication, such as **decir** or **escribir**, when the main verb of the sentence is in the present tense.

> Dice que no lo **hará**.   *He says that **he won't do it**.*
>
> Escribe que **vendrá**.   *She writes that **she will come**.*

The future tense is used in the main clause of a conditional sentence when the **si**-clause (*if*-clause), that is the subordinate or dependent clause, has the verb in the present tense:

> Si Uds. **salen**, yo **saldré** también.   *If you **leave**, I **will leave** too.*
>   (OR Yo **saldré** si Uds. **salen**.)

The Conditional Tense

The conditional tense (English *would*) is formed by adding the endings of the imperfect tense of **-er** and **-ir** verbs to the infinitive.

hablar + ía > hablaría

hablaría	hablaríamos
hablarías	hablaríais
hablaría	hablarían

vender + ía > vendería

vendería	venderíamos
venderías	venderíais
vendería	venderían

vivir + ía > viviría

viviría	viviríamos
vivirías	viviríais
viviría	vivirían

Verbs that have modified infinitives in the future use that same modified form in the conditional.

- reduced infinitives

  hacer > **haría**
  decir > **diría**

- the vowel **-e-** or **-i-** before the **-r** of the infinitive is replaced by **-d-**

  poner > **pondría**
  salir > **saldría**
  valer > **valdría**
  venir > **vendría**
  tener > **tendría**

- the vowel **-e-** before the **-r** of the infinitive drops

  caber > **cabría**
  haber > **habría**
  querer > **querría**
  saber > **sabría**
  poder > **podría**

Note that:

1 · **-Ir** verbs that have an accent mark in the infinitive, such as **oír** and **reír**, lose the accent mark in the conditional: **oiría**, **reiría**.

2 · Compound verbs of the irregular verbs share the same irregularities: **componer** (**compondría**), **detener** (**detendría**), **convenir** (**convendría**), etc.

3 · The conditional of **hay** is **habría** *there would be.*

Uses of the Conditional Tense

The conditional tense tells what would happen.

En ese caso, yo te **prestaría** el dinero.	*In that case I **would lend** you the money.*

The conditional is used to express probability or conjecture in the past. Verbs such as **ser**, **estar**, **tener**, **haber** are very commonly used in this way.

—¿Qué hora **sería**?	*I wonder what time **it was**.*
—**Serían** las siete.	***It was probably** seven o'clock.*
Estarían encantados con un regalo así.	***I'll bet they were** thrilled with a gift like that.*
Tendrían prisa.	***Maybe they were** in a hurry.*
No **habría** nada que hacer.	***There was probably** nothing to do.*
¿Cuántos años **tendría**?	*How old **do you think** she was?*

The conditional is also common after **no saber si** *not to know whether* when the main verb is in one of the past tenses.

No sabía **si vendrías**.	*I didn't know **whether you would come**.*

The conditional is common to report speech (*indirect discourse*) after verbs of communication, such as **decir** or **escribir,** when the main verb of the sentence is in one of the past tenses.

Dijo que no lo **haría**.	*He said that **he wouldn't do it**.*
Escribió que **vendría**.	*She wrote that **she would come**.*

Note that not every occurrence of *would* in English indicates a conditional in Spanish. English often uses the verb *would* to indicate habitual, repeated actions in the past. That use of *would* requires an imperfect, not a conditional, in Spanish.

Cuando yo era joven, **iba** todos los días a la playa.	*When I was young, **I would go** to the beach every day.*
Servía torta cuando invitaba.	***She would serve** cake when she had company.*

The conditional tense is used in the main clause of a conditional sentence when the **si**-clause (*if*-clause), that is the subordinate or dependent clause, has the verb in the imperfect subjunctive. (These are called contrary-to-fact clauses.)

Si **Uds. salieran, yo saldría** también. (OR **Yo saldría** si **Uds. salieran**.)	*If you were to leave, I would leave too.*

The Present Subjunctive

The present subjunctive is formed from the first-person singular of the present tense. The ending **-o** is dropped and the subjunctive endings are added. **-Ar** verbs use the endings of **-er** and **-ir** verbs, while **-er** and **-ir** verbs use the endings of **-ar** verbs in the present subjunctive. The **yo**-form merges with the third-person singular in all subjunctive forms.

hablar

que hable	que hablemos	
que hables	que habléis	
que hable	que hablen	

vender

que venda	que vendamos
que vendas	que vendáis
que venda	que vendan

vivir

que viva	que vivamos
que vivas	que viváis
que viva	que vivan

Irregular Present Tense Forms

If there is an irregularity in the first-person singular of the present tense, that irregularity will appear in all persons of the present subjunctive. There are several types of irregular **yo**-forms.

- **-g-** verbs (the stem is extended by **-g-** in the **yo**-form). Since these are all **-e-** and **-i-** verbs, the endings of **-ar** verbs are used in the present subjunctive.

decir > digo

que diga	que digamos
que digas	que digáis
que diga	que digan

hacer > hago

que haga	que hagamos
que hagas	que hagáis
que haga	que hagan

oír > oigo

que oiga	que oigamos
que oigas	que oigáis
que oiga	que oigan

poner > pongo

que ponga	que pongamos
que pongas	que pongáis
que ponga	que pongan

salir > salgo

que salga	que salgamos
que salgas	que salgáis
que salga	que salgan

tener > tengo

que tenga	que tengamos
que tengas	que tengáis
que tenga	que tengan

- **-zc-** verbs (the stem ends in **-zc-** in the **yo**-form). **Conocer** and most verbs with infinitives ending in **-ecer** are **-zc-** verbs.

conocer > conozco

que conozca	que conozcamos
que conozcas	que conozcáis
que conozca	que conozcan

ofrecer > ofrezco

que ofrezca	que ofrezcamos
que ofrezcas	que ofrezcáis
que ofrezca	que ofrezcan

- verbs with extended stems (the **yo**-form has a longer stem than the other forms).

ver > veo

que vea	que veamos
que veas	que veáis
que vea	que vean

- verbs stressed on the endings. The verbs **dar** and **estar** are stressed on the final syllable in present subjunctive and have accent marks on some of the forms.

dar		estar	
que **dé**	que **demos**	que **esté**	que **estemos**
que **des**	que **deis**	que **estés**	que **estéis**
que **dé**	que **den**	que **esté**	que **estén**

- verbs with irregular **yo**-forms.

caber > quepo	
que **quepa**	que **quepamos**
que **quepas**	que **quepáis**
que **quepa**	que **quepan**

- verbs that have unpredictable stems in the present subjunctive.

haber		ir	
que **haya**	que **hayamos**	que **vaya**	que **vayamos**
que **hayas**	que **hayáis**	que **vayas**	que **vayáis**
que **haya**	que **hayan**	que **vaya**	que **vayan**

saber		ser	
que **sepa**	que **sepamos**	que **sea**	que **seamos**
que **sepas**	que **sepáis**	que **seas**	que **seáis**
que **sepa**	que **sepan**	que **sea**	que **sean**

- stem-changing verbs. **-Ar** and **-er** verbs with vowel changes of the stem, **e** > **ie** or **o** > **ue**, in the present indicative also change in the present subjunctive.

  que **pienses**
  que **vuelvan**

  -Ir verbs that have the change **e** > **ie** or **e** > **i** in the present indicative also have these changes in the present subjunctive. They also have **i** in the stem of the **nosotros** and **vosotros** forms in the present subjunctive. **Dormir** and **morir** have the **o** > **ue** change and **u** in the stem of the **nosotros** and **vosotros** forms.

que **te diviertas**	que **sirvan**	que **duerma**
que **nos divirtamos**	que **sirvamos**	que **durmamos**

- spelling changes in the present subjunctive. **-Ar** verbs whose stems end in **c**, **g**, or **z** change these letters in the present subjunctive. **-Ar** verbs whose stems end in **j** do not change **j** to **g** before **e**.

  c > **qu**
  Busca empleo. / Dudamos que **busque** empleo.

  g > **gu**
  Llegan mañana. / Es probable que **lleguen** mañana.

  z > **c**
  Empiezan el proyecto. / Insisto en que **empiecen** el proyecto.

  -Er and **-ir** verbs whose stems end in **g**, **gu**, or **c** change these letters.

  g > **j**
  Recogemos los papeles. / Nos piden que **recojamos** los papeles.

  gu > **g**
  Consigue los billetes. / Es importante que **consiga** los billetes.

  c > **z**
  Vence a sus enemigos. / Ojalá que **venza** a sus enemigos.

Uses of the Subjunctive

The subjunctive in Spanish is not a tense, but a mood. The subjunctive has four tenses: the present, the imperfect, the present perfect, and the past perfect. The subjunctive is used largely in subordinate clauses (dependent clauses that are part of a larger sentence) introduced by the conjunction **que**. Most cases of the subjunctive are predictable.

Turning a sentence into a subordinate clause allows the sentence to function as a noun or an adjective or an adverb within a larger sentence.

Compare the following two sentences:

Digo **la verdad**.	*I tell **the truth**.*
Digo **que Juan llegará pronto**.	*I say **that Juan will arrive soon**.*

Both **la verdad** and **que Juan llegará pronto** function as direct objects of the verb **digo**. Thus, the subordinate clause **que Juan llegará pronto** functions as a noun, and is therefore called a noun clause.

Now compare the following two sentences.

Tenemos una programadora **francesa**.	*We have a **French** programmer.*
Tenemos una programadora **que habla francés**.	*We have a programmer **who speaks French**.*

Both **francesa** and **que habla francés** modify the noun **programadora**. The subordinate clause **que habla francés** functions like an adjective and is therefore called an adjective clause.

Adverb clauses are introduced by conjunctions other than **que**. Compare the following two sentences.

Claudia viene **a las dos**.	*Claudia is coming **at two**.*
Claudia viene **cuando puede**.	*Claudia comes **when she can**.*

Both **a las dos** and the clause **cuando puede** modify the verb in the same way: they tell when the action takes place. **Cuando puede** is therefore called an adverb clause.

The question then arises in which subordinate clauses is the subjunctive used instead of the indicative. The subjunctive is used when the subordinate clause is dependent on a verb that means or implies imposition of will, emotion, doubt, or non-existence.

The subjunctive is used in noun clauses that are dependent on verbs such as **querer que**, **insistir en que**, **aconsejarle a uno que**, **recomendarle a uno que**, **mandarle a uno que**, etc.

No **quiero** *que te vayas*.	*I **don't want you to go away**.*
El profesor **insiste en** *que hagamos* el trabajo.	*The teacher **insists that we do** the work.*
Me **aconsejan** *que me quede* aquí.	***They advise me to stay** here.*
Recomiendo *que tomes* el tren.	*I **recommend that you take** the train.*
Te **pido** *que te vayas*.	***I'm asking you to leave**.*
Les **mandan** a los soldados *que vuelvan*.	*They **order** the soldiers **to return**.*

Some other common phrases of influence or imposition of will: **impedir que**, **obligar que**, **permitir que**, **prohibir que**, **sugerir que**, etc.

Note that after verbs of communication (*say*, *tell*, *write*) the indicative and subjunctive are in contrast to each other.

Me **dice** *que sale*.	*He tells me that **he's going out**.*
Me **dice** *que salga*.	*He tells me **to go out**.*

The following expressions of emotion, fear, and hope are followed by the subjunctive:

alegrarse (de) que	*to be glad that, happy that*
estar contento/triste que	*to be happy/sad that*
estar furioso/molesto que	*to be furious/annoyed that*
(no) me gusta que	*I (don't) like the fact that*
me molesta/me fastidia que	*it bothers me/it annoys me that*
sorprenderse que/me sorprende que	*to be surprised that/it surprises me that*
me irrita que	*it irritates me that*
tener miedo (de) que/temer que	*to be afraid that*
esperar que	*to hope that*

After **esperar**, the indicative and the subjunctive are used, but with a difference in the meaning of **esperar**:

Esperaban **que viniéramos**.	*They hoped **we would come**.*
Esperaban **que vendríamos**.	*They expected **us to come**.*

The subjunctive is used after expressions of doubt. These may entail noun clauses after verbs like **dudar** and adjective clauses where the antecedent is negated or indefinite.

Noun clauses:

Dudo **que Uds. sepan** la respuesta.	*I doubt **you know** the answer.*
Negamos **que él tenga** la culpa.	*We deny **that he is** at fault.*

Noun clauses after the negative of *creer, pensar, parecer*:

No creo **que me puedas** ayudar.	*I don't think **you can help me**.*
No me parece **que él te conozca**.	*I don't think **he knows you**.*

Note that when **dudar** and **negar** are negative, no doubt is implied, and the indicative is used in the dependent noun clause:

No dudo **que Uds. saben** la respuesta.	*I don't doubt **you know** the answer.*
No negamos **que él tiene** la culpa.	*We don't deny **that he is** at fault.*

The affirmative of **creer, pensar, parecer** is followed by the indicative:

Creo **que me puedes ayudar**.	*I think **you can help me**.*
Me parece **que él te conoce**.	*I think **he knows you**.*

In adjective clauses after negative or indefinite antecedents:

Busco un amigo **que me ayude**.	*I'm looking for a friend **who will help me**.*
No hay programa de tele **que me interese**.	*There's no TV show **that interests me**.*

Note that when these antecedents are not negative or when they are definite, the indicative, not the subjunctive is used in the adjective clause:

Tengo un amigo **que me ayuda**.	*I have a friend **who will help me**.*
Hay un programa de tele **que me interesa**.	*There's a TV show **that interests me**.*

Impersonal expressions followed by the subjunctive fall under the same categories:

Es necesario/preciso que	*It's necessary that*
Es importante/esencial que	*It's important/essential that*
Es obligatorio/imprescindible que	*It's obligatory/indispensable that*
Es bueno/malo/mejor/peor que	*It's good/bad/better/worse that*
Es posible/imposible que	*It's possible/impossible that*
Es probable que	*It's probable that*
Es poco probable/improbable que	*It's not likely that/it's improbable that*
Es dudoso que	*It's doubtful that*
No es verdad/cierto que	*It's not true that*

Note that **no es dudoso** and **es verdad/cierto** do not express doubt or negation and therefore are followed by the indicative.

The Imperfect Subjunctive

This tense is derived from the third-person plural of the preterit. To form the imperfect subjunctive, you drop the **-ron** of the preterit and add one of the two imperfect subjunctive markers **-ra-** or **-se-** and the person endings.

Note that in the imperfect subjunctive, both **-e-** and **-i-** verbs use **ie** as the class vowel.

hablar > hablaron > habla-

que habl**ara**	OR	que habl**ase**	que habl**áramos**	OR	que habl**ásemos**
que habl**aras**	OR	que habl**ases**	que habl**arais**	OR	que habl**aseis**
que habl**ara**	OR	que habl**ase**	que habl**aran**	OR	que habl**asen**

vender > vendieron > vendie-

que vend**iera**	OR	que vend**iese**	que vend**iéramos**	OR	que vend**iésemos**
que vend**ieras**	OR	que vend**ieses**	que vend**ierais**	OR	que vend**ieseis**
que vend**iera**	OR	que vend**iese**	que vend**ieran**	OR	que vend**iesen**

vivir > vivieron > vivie-

que viv**iera**	OR	que viv**iese**	que viv**iéramos**	OR	que viv**iésemos**
que viv**ieras**	OR	que viv**ieses**	que viv**ierais**	OR	que viv**ieseis**
que viv**iera**	OR	que viv**iese**	que viv**ieran**	OR	que viv**iesen**

The forms with the imperfect subjunctive marker **-ra-** are more common in speech than those using **-se-**, especially in Spanish America.

Note that any irregularity in the third-person plural of the preterit occurs in all forms of the imperfect subjunctive:

hacer > hicieron

que **hic**iera	que **hic**iéramos
que **hic**ieras	que **hic**ierais
que **hic**iera	que **hic**ieran

ir/ser > fueron

que **fu**era	que **fu**éramos
que **fu**eras	que **fu**erais
que **fu**era	que **fu**eran

decir > dijeron

que **dij**era	que **dij**éramos
que **dij**eras	que **dij**erais
que **dij**era	que **dij**eran

saber > supieron

que **sup**iera	que **sup**iéramos
que **sup**ieras	que **sup**ierais
que **sup**iera	que **sup**ieran

dar > dieron

que **d**iera	que **d**iéramos
que **d**ieras	que **d**ierais
que **d**iera	que **d**ieran

tener > tuvieron

que **tuv**iera	que **tuv**iéramos
que **tuv**ieras	que **tuv**ierais
que **tuv**iera	que **tuv**ieran

Uses of the Imperfect Subjunctive

The imperfect subjunctive replaces the present subjunctive when the verb of the main clause is in a past tense: preterit, imperfect, or past perfect. Note that after the present perfect, the present subjunctive is usually used.

Quiero que me **ayudes**.	*I want you to help me.*
Quería que me **ayudaras**.	*I wanted you to help me.*
¿Por qué no le **dices** que **se calle**?	*Why don't you tell him to be quiet?*
¿Por qué no le **dijiste** que **se callara**?	*Why didn't you tell him to be quiet?*
Nos **ha pedido** que **entremos**.	*He has asked us to come in.*
Nos **había pedido** que **entráramos**.	*He had asked us to come in.*
Se alegran de que **vengamos**.	*They're glad we're coming.*
Se alegraban de que **viniéramos**.	*They were glad we were coming.*
Es bueno que **salgan** juntos.	*It's good that they are going out together.*
Fue bueno que **salieran** juntos.	*It was good that they went out together.*
Es preciso que nos lo **digas**.	*It is necessary for you to tell us.*
Fue preciso que nos lo **dijeras**.	*It was necessary for you to tell us.*
No creo que lo **sepan**.	*I don't think they know it.*
No creía que lo **supieran**.	*I didn't think they knew it.*

The imperfect subjunctive is used to express hypotheses or conditions. Typically in these sentences, the imperfect subjunctive appears in the **si**-clause and the conditional in the main clause. These are known as contrary-to-fact clauses.

Si **vinieran**, **podríamos** hablar con ellos.	*If they came, we would be able to speak with them.*
Si **pusieras** más atención, **aprenderías**.	*If you paid more attention, you would learn.*
Si **tuviera** coche, no **tendría** que ir en autobús.	*If I had a car, I wouldn't have to go by bus.*

The imperfect subjunctive is used to express wishes after **ojalá**. It implies a wish for something that most likely will not happen. The present subjunctive is used to wish for something that may happen. Compare:

Ojalá que **puedas** venir.	*I hope you can come.*
Ojalá que Juan **sepa** el número.	*I hope Juan knows the phone number.*
Ojalá que no le **digan**.	*I hope they won't tell him.*
Ojalá que **tuvieran** tiempo.	*I wish they had time.*
Ojalá que no **estuvieras** acatarrado.	*I wish you didn't have a cold.*
Ojalá que mi hijo **estudiara** medicina.	*I wish my son would study medicine.*

THE COMPOUND TENSES

Compound tenses in Spanish are formed with the auxiliary verb **haber**, which shows tense, person, and mood (indicative or subjunctive), and the past participle. The past participle is also called the **-do** form, since most Spanish past participles end in **-do**. The **-do** is added to the stem + class vowel. **-Ar** verbs use the class vowel **-a-**, **-er** and **-ir** verbs use the class vowel **-i-**.

hablar	habl + a + do > hablado
vender	vend + i + do > vendido
vivir	viv + i + do > vivido

If the stem of an **-er** or **-ir** verb ends in a vowel, an accent mark is added to the class vowel **-i-** of the past participle.

VERB	PAST PARTICIPLE
caer	**caído**
creer	**creído**
leer	**leído**
oír	**oído**
poseer	**poseído**
reír	**reído**
sonreír	**sonreído**
traer	**traído**

Some verbs have irregular past participles. These past participles end in **-to** or **-cho**:

VERB	PAST PARTICIPLE
abrir	**abierto**
cubrir	**cubierto**
decir	**dicho**
descubrir	**descubierto**
devolver	**devuelto**
escribir	**escrito**
hacer	**hecho**
morir	**muerto**
poner	**puesto**
resolver	**resuelto**
romper	**roto**
ver	**visto**
volver	**vuelto**

In the compound tenses when **haber** is the auxiliary verb, the past participle never changes to show gender and number. It always ends in **-o**.

The past participle of **ser** is **sido** and of **ir, ido**.

There are seven compound verbs in addition to the progressive tenses, which are formed with **estar** as their auxiliary.

The Present Perfect Tense

This tense consists of the present tense of the auxiliary verb **haber** and the past participle (*I have spoken, sold, lived*).

hablar	vender	vivir
he hablado	**he** vendido	**he** vivido
has hablado	**has** vendido	**has** vivido
ha hablado	**ha** vendido	**ha** vivido
hemos hablado	**hemos** vendido	**hemos** vivido
habéis hablado	**habéis** vendido	**habéis** vivido
han hablado	**han** vendido	**han** vivido

Use of the Present Perfect Tense

The present perfect tense expresses a past event or action that the speaker sees as related to or having consequences for the present.

Mira. **He terminado** la tarea.   *Look. **I've finished** my homework.*

Note that Spanish prefers the present tense for actions beginning in the past and continuing into the present, especially in sentences where you specify how long the action has been going on.

—¿Cuánto tiempo hace que **vives** aquí?   *How long **have you been living** here?*

—Hace dos años que **tenemos** este apartamento.   *We've **had** this apartment for two years.*

The Past Perfect Tense

This tense consists of the imperfect tense of the auxiliary verb **haber** and the past participle (*I had spoken, sold, lived*).

hablar	vender	vivir
había hablado	**había** vendido	**había** vivido
habías hablado	**habías** vendido	**habías** vivido
había hablado	**había** vendido	**había** vivido
habíamos hablado	**habíamos** vendido	**habíamos** vivido
habíais hablado	**habíais** vendido	**habíais** vivido
habían hablado	**habían** vendido	**habían** vivido

Use of the Past Perfect Tense

The past perfect tense is used to specify an action or event as happening further back in the past than another action or event, which usually appears in the preterit.

Ellos ya **habían salido** cuando tú **llamaste**.   ***They had** already **gone out** when **you called**.* (Their going out took place further back in the past (past perfect) than your calling.)

Juan todavía **no había llegado** cuando yo **empecé** a comer.   *Juan still **hadn't arrived** when I **began** to eat.* (Juan's arrival was expected further back in the past than my beginning to eat.)

The Preterit Perfect Tense

This tense consists of the preterit tense of the auxiliary verb **haber** and the past participle (*I had spoken, sold, lived*).

hablar	vender	vivir
hube hablado	**hube** vendido	**hube** vivido
hubiste hablado	**hubiste** vendido	**hubiste** vivido
hubo hablado	**hubo** vendido	**hubo** vivido
hubimos hablado	**hubimos** vendido	**hubimos** vivido
hubisteis hablado	**hubisteis** vendido	**hubisteis** vivido
hubieron hablado	**hubieron** vendido	**hubieron** vivido

Use of the Preterit Perfect Tense

The preterit perfect tense is rarely used in speech. It is a feature of formal, literary Spanish, where it may be used after the conjunctions **apenas**, **después de que**, **así que**, **cuando**, **enseguida que**, **en cuanto**, **tan pronto como**, **una vez que**.

Tomé las medidas necesarias tan pronto como me **hubieron explicado** el asunto.	*I took the necessary measures as soon as **they had explained** the matter to me.*
Apenas **hubo terminado**, salió.	*He had just **finished** when he left.*

In everyday language, the preterit perfect is replaced by the preterit:

Apenas **terminó**, salió.	*He had just **finished** when he left.*

The Future Perfect Tense

This tense consists of the future of the auxiliary verb **haber** and the past participle (*I will have spoken, sold, lived*).

hablar	vender	vivir
habré hablado	**habré** vendido	**habré** vivido
habrás hablado	**habrás** vendido	**habrás** vivido
habrá hablado	**habrá** vendido	**habrá** vivido
habremos hablado	**habremos** vendido	**habremos** vivido
habréis hablado	**habréis** vendido	**habréis** vivido
habrán hablado	**habrán** vendido	**habrán** vivido

Uses of the Future Perfect Tense

The future perfect tense is used to label a future action as completed before another future action takes place. The second future action is often in the subjunctive.

Habremos terminado de comer antes de que él llegue.	*We **will have finished** eating before he arrives.*

The most common use of the future perfect is to express a conjecture or guess about what happened in the past.

—¡Qué sorpresa! Nuestros primos ya están aquí.	*What a surprise! Our cousins are already here.*
—**Habrán tomado** el tren de las diez.	*They **probably took** the ten o'clock train.*
—El jefe no está.	*The boss isn't in.*
—**Habrá salido**.	*He **must have gone out**.*
—Los **habrás visto**.	*You **probably saw** them.*

The Conditional Perfect Tense

This tense consists of the conditional of the auxiliary verb **haber** and the past participle (*I would have spoken, sold, lived*).

hablar	vender	vivir
habría hablado	**habría** vendido	**habría** vivido
habrías hablado	**habrías** vendido	**habrías** vivido
habría hablado	**habría** vendido	**habría** vivido
habríamos hablado	**habríamos** vendido	**habríamos** vivido
habríais hablado	**habríais** vendido	**habríais** vivido
habrían hablado	**habrían** vendido	**habrían** vivido

Uses of the Conditional Perfect Tense

The conditional perfect is most commonly used in conditional sentences that present hypotheses contrary to facts in the past.

Fact

Juan no vino. Por eso no lo vimos. *Juan didn't come. That's why we didn't see him.*

Contrary-to-fact conditional sentence

Si Juan hubiera venido, nosotros lo habríamos visto. *If Juan had come, we would have seen him.*

The conditional perfect is also used to express probability in the past.

Se habrían conocido. *They had probably met.*

The Present Perfect Subjunctive

This tense consists of the present subjunctive of the auxiliary verb **haber** and the past participle.

hablar	vender	vivir
que **haya** hablado	que **haya** vendido	que **haya** vivido
que **hayas** hablado	que **hayas** vendido	que **hayas** vivido
que **haya** hablado	que **haya** vendido	que **haya** vivido
que **hayamos** hablado	que **hayamos** vendido	que **hayamos** vivido
que **hayáis** hablado	que **hayáis** vendido	que **hayáis** vivido
que **hayan** hablado	que **hayan** vendido	que **hayan** vivido

Uses of the Present Perfect Subjunctive

The present perfect subjunctive is used in clauses that require the subjunctive to indicate that the action of the subordinate clause happens prior to the action of the main clause. Examine the following contrasting sentences.

Siento mucho que lo hagas. *I'm very sorry that you're doing that.*
Siento mucho que lo hayas hecho. *I'm very sorry that you did that.*

No creo que salgan. *I don't think they're going out/that they will go out.*

No creo que hayan salido. *I don't think they went out.*

Notice that the present subjunctive can designate either present or future time, and indicates an action either simultaneous with or subsequent to the action of the main clause.

The Past Perfect (or Pluperfect) Subjunctive

This tense consists of the imperfect subjunctive of the auxiliary verb **haber** and the past participle. Either the **-ra** or **-se** form of the auxiliary may be used.

hablar	vender	vivir
que **hubiera** hablado	que **hubiera** vendido	que **hubiera** vivido
que **hubieras** hablado	que **hubieras** vendido	que **hubieras** vivido
que **hubiera** hablado	que **hubiera** vendido	que **hubiera** vivido
que **hubiéramos** hablado	que **hubiéramos** vendido	que **hubiéramos** vivido
que **hubierais** hablado	que **hubierais** vendido	que **hubierais** vivido
que **hubieran** hablado	que **hubieran** vendido	que **hubieran** vivido

OR

hablar	vender	vivir
que **hubiese** hablado	que **hubiese** vendido	que **hubiese** vivido
que **hubieses** hablado	que **hubieses** vendido	que **hubieses** vivido
que **hubiese** hablado	que **hubiese** vendido	que **hubiese** vivido
que **hubiésemos** hablado	que **hubiésemos** vendido	que **hubiésemos** vivido
que **hubieseis** hablado	que **hubieseis** vendido	que **hubieseis** vivido
que **hubiesen** hablado	que **hubiesen** vendido	que **hubiesen** vivido

Use of the Past Perfect (or Pluperfect) Subjunctive

This tense has several uses. It parallels the use of the present perfect subjunctive in that it indicates an action prior to the action of the main verb when that verb is in the preterit, imperfect, or pluperfect. Examine the following contrasting sentences.

Tenía miedo de que **no se fueran**.	*I was afraid **they weren't leaving**.*
Tenía miedo de que **no se hubieran ido**.	*I was afraid **they hadn't left**.*
Me alegré de que **se graduara**.	*I was glad **he was graduating**.*
Me alegré de que **se hubiera graduado**.	*I was glad **he had graduated**.*

The pluperfect subjunctive is used in the **si**-clause of conditional sentences expressing conditions contrary to past facts.

Fact

Yo perdí mis boletos. Por eso no pude ver el partido.	*I lost my tickets. That's why I couldn't see the match.*

Conditional sentence

Si **yo no hubiera perdido** mis boletos, habría podido ver el partido.	*If **I hadn't lost** my tickets, I would have been able to see the match.*

The pluperfect subjunctive may replace the conditional perfect in the above conditional sentence:

Si yo no hubiera perdido mis boletos, **hubiera podido** ver el partido.

The pluperfect subjunctive is used after **ojalá** to express an impossible wish, one which the speaker knows cannot come true. Note that these wishes are contrary to past facts.

Ojalá que **te hubiéramos avisado**.	*I wish **we had notified you**.* (Fact: No te avisamos.)
Ojalá que **se hubieran dado cuenta**.	*I wish **they had realized**.* (Fact: No se dieron cuenta.)

The Progressive Tenses

In Spanish, the progressive tenses are formed from the present, preterit, imperfect, future, conditional, or subjunctive forms of the verb **estar** + the **-ndo** form or gerund. The gerund, also known as the present participle, corresponds to English *-ing*. For **-ar** verbs, the ending of the gerund is **-ando**, and for **-er** and **-ir** verbs, the ending is **-iendo**.

viajar	viaj**ando**
aprender	aprend**iendo**
abrir	abr**iendo**

-Er and **-ir** verbs whose stem ends in a vowel use **-yendo**, not **-iendo**, in forming the gerund.

leer	le**yendo**
oír	o**yendo**

-Ir verbs that have a change in the vowel of the stem in the third-person singular of the preterit, have the same change in the gerund.

INFINITIVE	PRETERIT	GERUND
decir	dijo	**diciendo**
dormir	durmió	**durmiendo**

Note that **ir** and **poder** have irregular gerunds.

ir	**yendo**
poder	**pudiendo**

In this book, the progressive tenses appear in the following form for each verb.

PRESENT	estoy, estás, está, estamos, estáis, están	
PRETERIT	estuve, estuviste, estuvo, estuvimos, estuvisteis, estuvieron	
IMPERFECT	estaba, estabas, estaba, estábamos, estabais, estaban	viajando
FUTURE	estaré, estarás, estará, estaremos, estaréis, estarán	
CONDITIONAL	estaría, estarías, estaría, estaríamos, estaríais, estarían	
SUBJUNCTIVE	que + *corresponding subjunctive tense of* estar	

Estoy viajando.	*I'm traveling.*
Estuviste viajando.	*You were traveling.*
Estaba viajando.	*He was traveling.*
Estaremos viajando.	*We'll be traveling.*
Estarían viajando.	*They'd be traveling.*
Dudo que esté viajando.	*I doubt she's traveling.*

Uses of the Progressive Tenses

The progressive tenses differ from the simple tenses in that they suggest that the action is or was in progress. They may also be used to indicate that the action is temporary.

Oigo música.	*I **listen** to music.* (habitual action)
Estoy oyendo música.	*I'm **listening** to music.* (temporary action or an action just begun)

The present progressive in Spanish, unlike English, can never be used to refer to the future. Spanish uses the simple present tense, the future tense, or the **ir a** + infinitive construction to express future time.

Nos **visitan** el viernes.	
Nos **visitarán** el viernes.	*They're **visiting** us on Friday.*
Nos **van a visitar** el viernes.	

The preterit progressive is used to show an action that was in progress in the past but is now completed. Usually completion of the action is also indicated.

Estuvimos leyendo hasta que llegaron.   *We **were reading** until they arrived.*

THE INFINITIVE

The Spanish infinitive ends in **-ar, -er,** or **-ir** and has several key functions.

1 · It is the form that appears in word lists and dictionaries.

2 · It serves as the complement of a verb in verb + infinitive constructions.

querer + infinitive	*to want to do something*
poder + infinitive	*to be able to do something*

3 · It serves as the complement of a connector or preposition in verb + connector + infinitive constructions.

acabar de + infinitive	*to have just done something*
tener que + infinitive	*to have to do something*

4 · The infinitive serves as the "verbal noun"—it can be used as the subject or object of another verb. The English equivalent of this form is the *-ing* form. Note that in this function the Spanish infinitive may be preceded by the definite article **el.**

(El) Nadar es un buen ejercicio. *Swimming is a good exercise.*

PRINCIPAL PARTS OF THE VERB

The first-person singular present, the third-person plural preterit, the past participle, and the present participle comprise the *principal parts* of the verb. For almost all Spanish verbs, knowledge of these four forms allows you to construct all the forms of the verb. In this book, the principal parts of the verb appear below the infinitive. For example:

poner
pongo · pusieron · puesto · poniendo

1. The First-Person Singular (yo Form) of the Present Tense

Many Spanish verbs in the present tense have an irregular **yo** form, but the remaining forms are regular. The conjugation of **poner** in the present is typical of these verbs:

poner

	SINGULAR	PLURAL
FIRST PERSON	**pongo**	ponemos
SECOND PERSON	pones	ponéis
THIRD PERSON	pone	ponen

The present subjunctive and the formal commands derive from the irregular **yo** form.

2. Irregular Preterit

Many common Spanish verbs have an irregular stem in the preterit tense. These verbs have a special set of endings in the preterit in which the first- and third-person singular forms are **not** stressed, and therefore have no accent marks as regular preterit forms do.

poner

	SINGULAR	PLURAL
FIRST PERSON	**puse**	**pusimos**
SECOND PERSON	**pusiste**	**pusisteis**
THIRD PERSON	**puso**	**pusieron**

For **poner** the irregular stem **pus-** appears in all forms of the preterit and the **yo** and **él/ella** forms (**puse, puso**) have no accent marks. (Compare the **yo** and **él/ella** forms of the preterit of the regular verb **vender: vendí, vendió**.)

The imperfect subjunctive is derived from the **ellos/ellas** form of the preterit.

3. The Past Participle (-do/-to/-cho Form)

Many common verbs have an irregular past participle. These forms have to be memorized. The past participle appears in all the compound tenses and in all the tenses of the passive voice. The past participle of **poner** is **puesto**.

4. The Present Participle (-ndo Form)

Most verbs in Spanish have a regular present participle. The present participle is an important form because it appears in all the progressive tenses. The present participle of **poner** is regular: **poniendo**.

Use of the Principal Parts

If you know the principal parts of the verb, you can predict the forms of almost all Spanish verbs. Let's take the example of the principal parts of the regular verb **tomar** (to take):

tomar
tomo · tomaron · tomado · tomando

From the infinitive (**tomar**) you form the following tenses:

1 · the future: **tomaré, tomarás, tomará, tomaremos, tomaréis, tomarán**

2 · the conditional: **tomaría, tomarías, tomaría, tomaríamos, tomaríais, tomarían**

From the first-person singular of the present tense (**tomo**), you derive the following:

1 · the rest of the present tense: **tomas, toma, tomamos, tomáis, toman**

2 · the imperfect: **tomaba, tomabas, tomaba, tomábamos, tomabais, tomaban**

3 · the present subjunctive: **tome, tomes, tome, tomemos, toméis, tomen**

From the third-person plural of the preterit (**tomaron**) you derive the following forms:

1 · the rest of the preterit: **tomé, tomaste, tomó, tomamos, tomasteis**

2 · the imperfect subjunctive: **tomara, tomaras, tomara, tomáramos, tomarais, tomaran**

The past participle is used to form the following compound tenses:

PRESENT PERFECT	he tomado
PAST PERFECT	había tomado
PRETERIT PERFECT	hube tomado
FUTURE PERFECT	habré tomado
CONDITIONAL PERFECT	habría tomado

The past participle is also used with **ser** to form the passive: **es tomado**, etc.

The present participle is used to form the progressive tenses:

PRESENT PROGRESSIVE	estoy tomando
IMPERFECT PROGRESSIVE	estaba tomando
PRETERIT PROGRESSIVE	estuve tomando
FUTURE PROGRESSIVE	estaré tomando
CONDITIONAL PROGRESSIVE	estaría tomando
PRESENT PERFECT PROGRESSIVE	he estado tomando
PAST PERFECT PROGRESSIVE	había estado tomando
PRESENT SUBJUNCTIVE PROGRESSIVE	que esté tomando
IMPERFECT SUBJUNCTIVE PROGRESSIVE	que estuviera tomando
PRESENT PERFECT SUBJUNCTIVE PROGRESSIVE	que haya estado tomando
PAST PERFECT SUBJUNCTIVE PROGRESSIVE	que hubiera estado tomando

COMMANDS (THE IMPERATIVE)

Most command forms are taken from the present subjunctive.

Hable Ud.	*Speak.*	Comprenda Ud.	*Understand.*
Hablen Uds.	*Speak.*	Comprendan Uds.	*Understand.*
Hablemos.	*Let's speak.*	Comprendamos.	*Let's understand.*
Escriba Ud.	*Write.*	Salga.	*Go out.*
Escriban Uds.	*Write.*	Salgan.	*Go out.*
Escribamos.	*Let's write.*	Salgamos.	*Let's go out.*

The negative command is formed by placing **no** before the imperative: **No hable, No salgamos,** etc.

The negative command forms for **tú** and **vosotros** are also taken from the subjunctive.

Tú		**Vosotros**	
No hables.	*Don't speak.*	No habléis.	*Don't speak.*
No comas.	*Don't eat.*	No comáis.	*Don't eat.*
No escribas.	*Don't write.*	No escribáis.	*Don't write.*
No salgas.	*Don't go out.*	No salgáis.	*Don't go out.*

Affirmative commands for **tú** are formed by dropping the **-s** of the present tense form.

Habla.	*Speak.*
Come.	*Eat.*
Escribe.	*Write.*

Several common verbs have one-syllable command forms for **tú**.

decir	> **di**	poner	> **pon**	tener	> **ten**
hacer	> **haz**	salir	> **sal**	venir	> **ven**
ir	> **ve**	ser	> **sé**		

The corresponding negative commands are regular and taken from the present subjunctive: **no digas, no hagas, no vayas,** etc.

Vosotros commands are formed by replacing the **-r** of the infinitive with **d**.

Hablad.	Escribid.	Haced.
Comprended.	Salid.	Tened.

Uses of Command Forms

Command forms are used to tell someone to do something or not to do something. The pronouns **Ud.** and **Uds.** are often added for politeness to soften the command, like the English *please*. The pronouns **tú** and **vosotros** are added for emphasis.

—Oye, haz la cena.	*Hey, make dinner.*
—Siéntese Ud.	*Please sit down.*

The final **d** of **vosotros** commands drops when the reflexive pronoun **-os** is added.

Levantaos y **preparaos** para salir.	***Get up*** and ***get ready*** *to go out.*

The one exception is **ir**:

Idos.	*Go **away**.*

The affirmative **nosotros** command (but not the negative command) is often replaced by **vamos a** + infinitive.

Vamos a comer.	*Let's eat.*
No comamos.	*Let's not eat.*

REFLEXIVE VERBS

Spanish has a large class of verbs known as reflexive verbs. These verbs always appear with a reflexive pronoun referring back to the subject. Reflexive verbs occur in all tenses. Study the present tense of **levantarse**.

levantarse *to get up*

Me levanto a las ocho.	**Nos** levantamos a las ocho.
Te levantas a las ocho.	**Os** levantáis a las ocho.
Se levanta a las ocho.	**Se** levantan a las ocho.

In the progressive tenses, reflexive verbs can be formed in either of two ways. Reflexive pronouns can precede the auxiliary verb or they can be attached to the end of the gerund. When the reflexive pronoun is attached to the gerund, an accent mark is added.

Me estoy vistiendo./Estoy vistiéndome.	*I am getting dressed.*
Te estuviste quejando./Estuviste quejándote.	*You were complaining.*
Se estaba negando./Estaba negándose.	*She was refusing.*
Nos estaremos levantando./	*We will be getting up.*
Estaremos levantándonos.	
Os estaríais preocupando./	*You would be worrying.*
Estaríais preocupándoos.	
(Para que) se estén fijando.../	*(So that) they will be noticing . . .*
(Para que) estén fijándose...	

Uses of Reflexive Verbs

Reflexive verb forms in English are followed by a pronoun that ends in *-self* or *-selves* (*I cut myself./They hurt themselves.*). This is a relatively small class of verbs in English. Most reflexive verbs in Spanish correspond to English intransitive verbs, that is, verbs that have no direct object, or English verb constructions with *get* or *be*.

Se despertó a las siete.	*She woke up at seven o'clock.*
Te enojaste.	*You got angry.*
Van a lavarse. ⎫	
Se van a lavar. ⎭	*They're going to wash up.*

In the case of some reflexive verbs, the reflexive pronoun is an indirect object rather than a direct object. These verbs can have a direct object as well as the reflexive pronoun. **Ponerse** *to put on an article of clothing* and **quitarse** *to take off an article of clothing* are two such examples.

Me puse la camisa.	***I put** my shirt **on**.* (shirt = direct object)
Nos quitamos la chaqueta.	***We took** our jackets **off**.* (jackets = direct object)
Se lava la cara.	***She's washing** her face.* (face = direct object)

Note that Spanish uses the reflexive pronoun where English uses a possessive adjective for articles of clothing and parts of the body.

Se ponen el sombrero.	*They put on **their** hats.*
Se ponen los zapatos.	*They put on **their** shoes.*
Nos lavamos la cara.	*We washed **our** faces.*
Nos lavamos las manos.	*We washed **our** hands.*

Some common reflexive verbs used this way:

lastimarse + part of the body	*to hurt*
lavarse + part of the body	*to wash*
ponerse + article of clothing	*to put on*
quebrarse (**e** > **ie**) + part of the body	*to break*
quitarse + article of clothing	*to take off*

THE PASSIVE VOICE

The passive voice in Spanish is formed as in English. It consists of **ser** + the past participle. The past participle agrees in gender and number with the subject of the sentence. The passive may be used in any tense.

Aquel señor **es** muy **respetado**.   *That man **is** very **respected**.*

Las computadoras **fueron vendidas**   *The computers **were sold** at half price.*
  a mitad de precio.

Passives commonly include a phrase beginning with **por** to tell who (or what) is performing the action.

La ciudad **fue quemada por los**   *The city **was burned by the enemies**.*
  enemigos.

Muchas escuelas **serán construidas**   *Many schools **will be built by the**
  por el gobierno.   *government*.

Even the progressive tenses may be used in the passive, but this is especially common in documents translated from English.

El proyecto de ley **estaba siendo**   *The bill **was being considered** by the
  considerado por el Senado.   *Senate.*

El asunto **está siendo investigado**   *The matter **is being investigated** by the
  por la policía.   *police.*

Uses of the Passive Voice

The passive voice is used largely in written Spanish, not spoken Spanish. In active sentences (e.g., *The dog bites the man.*), the focus is on the performer of the action (the subject). In the passive, the focus is shifted from the performer of the action to the object, which becomes the grammatical subject of the sentence (e.g., *The man is bitten by the dog.*).

In spoken Spanish the equivalent of the English passive is a construction consisting of **se** + the third-person singular or plural of the verb. In this construction, the performer of the action is not mentioned. A phrase with **por** cannot be added to the **se** construction.

Se respeta mucho a aquel señor.   *That man **is** very **respected**.*

Se vendió la casa.   *The house **was sold**.*

¿Cuándo **se encontrará** una solución?   *When **will** a solution **be found**?*

Se construirán muchas casas.   *Many houses **will be built**.*

When the performer of the action has to be mentioned, the active voice is used in spoken Spanish.

Los enemigos **quemaron** la ciudad.   *The enemies **burned** the city.*

El gobierno **construirá** muchas escuelas.   *The government **will build** many schools.*

El Senado **está considerando** el proyecto   *The Senate **is considering** the bill.*
  de ley.

555

FULLY CONJUGATED VERBS

Top 50 Verbs

The following fifty verbs have been selected for their high frequency and their use within many common idiomatic expressions. A full page of example sentences and phrases provides guidance on correct usage and immediately precedes or follows the conjugation table.

acabar *to finish, end* 4
alcanzar *to reach, catch up, succeed, manage* 37
andar *to walk* 46
buscar *to look for, search* 96
caer *to fall* 98
comer *to eat* 129
conocer *to know, be acquainted/familiar with* 141
dar *to give* 168
deber *to owe, must, have to, ought to* 169
decir *to say, tell* 171
dejar *to leave, let, permit* 174
dormir *to sleep* 204
echar *to throw, throw out, give off* 208
esperar *to wait, wait for, hope, expect* 249
estar *to be* 252
faltar *to miss, not to go, fail, be missing/lacking, be needed, not be enough* 263
haber *to have* 290
hablar *to speak, talk* 291
hacer *to do, make* 292
ir *to go* 312
jugar *to play* 314
llegar *to arrive* 326
llevar *to carry, take, lead, have, wear* 328
meter *to put, put in* 350
mirar *to look at* 351
oír *to hear* 377
pasar *to pass, happen, spend time* 389
pensar *to think* 395
perder *to lose, waste, miss* 396
poder *to be able, can* 407
poner *to put, place, set* 408
quedarse *to stay, remain* 428
querer *to want, wish, love* 431
romper *to break, tear* 467
saber *to know, know how, taste* 468
sacar *to take out, remove, get* 469
salir *to go out, leave* 471
seguir *to follow, continue, pursue* 476
sentirse *to feel* 478
ser *to be* 481
servir *to serve* 482
tener *to have, hold, take* 513
tocar *to touch, play* (musical instrument), *knock, be up to, be one's turn* 516
tomar *to take, have to eat or drink* 517
trabajar *to work* 520
tratar *to deal with, treat, try, attempt, be about* 526
valer *to be worth, cost, get, earn* 534
venir *to come, arrive* 540
ver *to see, watch, look at* 541
volver *to go/come back, return, turn* 549

-ar verb; spelling change: *z* > *c/e*   **abrazo · abrazaron · abrazado · abrazando**

PRESENT		PRETERIT	
abrazo	abrazamos	abracé	abrazamos
abrazas	abrazáis	abrazaste	abrazasteis
abraza	abrazan	abrazó	abrazaron

IMPERFECT		PRESENT PERFECT	
abrazaba	abrazábamos	he abrazado	hemos abrazado
abrazabas	abrazabais	has abrazado	habéis abrazado
abrazaba	abrazaban	ha abrazado	han abrazado

FUTURE		CONDITIONAL	
abrazaré	abrazaremos	abrazaría	abrazaríamos
abrazarás	abrazaréis	abrazarías	abrazaríais
abrazará	abrazarán	abrazaría	abrazarían

PLUPERFECT		PRETERIT PERFECT	
había abrazado	habíamos abrazado	hube abrazado	hubimos abrazado
habías abrazado	habíais abrazado	hubiste abrazado	hubisteis abrazado
había abrazado	habían abrazado	hubo abrazado	hubieron abrazado

FUTURE PERFECT		CONDITIONAL PERFECT	
habré abrazado	habremos abrazado	habría abrazado	habríamos abrazado
habrás abrazado	habréis abrazado	habrías abrazado	habríais abrazado
habrá abrazado	habrán abrazado	habría abrazado	habrían abrazado

PRESENT SUBJUNCTIVE		PRESENT PERFECT SUBJUNCTIVE	
abrace	abracemos	haya abrazado	hayamos abrazado
abraces	abracéis	hayas abrazado	hayáis abrazado
abrace	abracen	haya abrazado	hayan abrazado

IMPERFECT SUBJUNCTIVE (-ra)		*or*	IMPERFECT SUBJUNCTIVE (-se)	
abrazara	abrazáramos		abrazase	abrazásemos
abrazaras	abrazarais		abrazases	abrazaseis
abrazara	abrazaran		abrazase	abrazasen

PAST PERFECT SUBJUNCTIVE (-ra)		*or*	PAST PERFECT SUBJUNCTIVE (-se)	
hubiera abrazado	hubiéramos abrazado		hubiese abrazado	hubiésemos abrazado
hubieras abrazado	hubierais abrazado		hubieses abrazado	hubieseis abrazado
hubiera abrazado	hubieran abrazado		hubiese abrazado	hubiesen abrazado

PROGRESSIVE TENSES

PRESENT	estoy, estás, está, estamos, estáis, están	
PRETERIT	estuve, estuviste, estuvo, estuvimos, estuvisteis, estuvieron	
IMPERFECT	estaba, estabas, estaba, estábamos, estabais, estaban	abrazando
FUTURE	estaré, estarás, estará, estaremos, estaréis, estarán	
CONDITIONAL	estaría, estarías, estaría, estaríamos, estaríais, estarían	
SUBJUNCTIVE	que + *corresponding subjunctive tense of* estar (*see verb 252*)	

COMMANDS

	(nosotros) abracemos/no abracemos
(tú) abraza/no abraces	(vosotros) abrazad/no abracéis
(Ud.) abrace/no abrace	(Uds.) abracen/no abracen

Usage

—Abraza a tu tía, hija.	*Give your aunt a hug.*
—Ya le di un abrazo, mamá.	*I already hugged her, Mom.*
El documento abraza varios temas.	*The document covers several topics.*
No abrazó ninguna causa.	*He didn't adopt/embrace any cause.*
Un abrazo de Laura	*Best regards./Love, Laura* (letter)
Coloque la repisa en las abrazaderas.	*Put the shelf on the brackets.*

abrir to open

-ir verb; irregular past participle

PRESENT		PRETERIT	
abro	abrimos	abrí	abrimos
abres	abrís	abriste	abristeis
abre	abren	abrió	abrieron

IMPERFECT		PRESENT PERFECT	
abría	abríamos	he abierto	hemos abierto
abrías	abríais	has abierto	habéis abierto
abría	abrían	ha abierto	han abierto

FUTURE		CONDITIONAL	
abriré	abriremos	abriría	abriríamos
abrirás	abriréis	abrirías	abriríais
abrirá	abrirán	abriría	abrirían

PLUPERFECT		PRETERIT PERFECT	
había abierto	habíamos abierto	hube abierto	hubimos abierto
habías abierto	habíais abierto	hubiste abierto	hubisteis abierto
había abierto	habían abierto	hubo abierto	hubieron abierto

FUTURE PERFECT		CONDITIONAL PERFECT	
habré abierto	habremos abierto	habría abierto	habríamos abierto
habrás abierto	habréis abierto	habrías abierto	habríais abierto
habrá abierto	habrán abierto	habría abierto	habrían abierto

PRESENT SUBJUNCTIVE		PRESENT PERFECT SUBJUNCTIVE	
abra	abramos	haya abierto	hayamos abierto
abras	abráis	hayas abierto	hayáis abierto
abra	abran	haya abierto	hayan abierto

IMPERFECT SUBJUNCTIVE (-ra)		or	IMPERFECT SUBJUNCTIVE (-se)	
abriera	abriéramos		abriese	abriésemos
abrieras	abrierais		abrieses	abrieseis
abriera	abrieran		abriese	abriesen

PAST PERFECT SUBJUNCTIVE (-ra)		or	PAST PERFECT SUBJUNCTIVE (-se)	
hubiera abierto	hubiéramos abierto		hubiese abierto	hubiésemos abierto
hubieras abierto	hubierais abierto		hubieses abierto	hubieseis abierto
hubiera abierto	hubieran abierto		hubiese abierto	hubiesen abierto

PROGRESSIVE TENSES

PRESENT	estoy, estás, está, estamos, estáis, están	
PRETERIT	estuve, estuviste, estuvo, estuvimos, estuvisteis, estuvieron	
IMPERFECT	estaba, estabas, estaba, estábamos, estabais, estaban	abriendo
FUTURE	estaré, estarás, estará, estaremos, estaréis, estarán	
CONDITIONAL	estaría, estarías, estaría, estaríamos, estaríais, estarían	
SUBJUNCTIVE	que + *corresponding subjunctive tense of* estar (*see verb 252*)	

COMMANDS

	(nosotros) abramos/no abramos
(tú) abre/no abras	(vosotros) abrid/no abráis
(Ud.) abra/no abra	(Uds.) abran/no abran

Usage

Se abre el museo a las diez, ¿verdad?	*The museum opens at 10:00, doesn't it?*
Acabo de abrir una cuenta de crédito.	*I've just opened a charge account.*
No quiso abrirse con nadie.	*He refused to confide in anyone.*
La lata está abierta. Usé el abrelatas.	*The can is open. I used the can opener.*
El abrecartas está en el escritorio.	*The letter opener is on the desk.*
Las aceitunas abren el apetito.	*Olives whet your appetite.*
Se le abrió la herida.	*His wound opened up.*

regular *-ir* reflexive verb | aburro · aburrieron · aburrido · aburriéndose

PRESENT

me aburro	nos aburrimos
te aburres	os aburrís
se aburre	se aburren

PRETERIT

me aburrí	nos aburrimos
te aburriste	os aburristeis
se aburrió	se aburrieron

IMPERFECT

me aburría	nos aburríamos
te aburrías	os aburríais
se aburría	se aburrían

PRESENT PERFECT

me he aburrido	nos hemos aburrido
te has aburrido	os habéis aburrido
se ha aburrido	se han aburrido

FUTURE

me aburriré	nos aburriremos
te aburrirás	os aburriréis
se aburrirá	se aburrirán

CONDITIONAL

me aburriría	nos aburriríamos
te aburrirías	os aburriríais
se aburriría	se aburrirían

PLUPERFECT

me había aburrido	nos habíamos aburrido
te habías aburrido	os habíais aburrido
se había aburrido	se habían aburrido

PRETERIT PERFECT

me hube aburrido	nos hubimos aburrido
te hubiste aburrido	os hubisteis aburrido
se hubo aburrido	se hubieron aburrido

FUTURE PERFECT

me habré aburrido	nos habremos aburrido
te habrás aburrido	os habréis aburrido
se habrá aburrido	se habrán aburrido

CONDITIONAL PERFECT

me habría aburrido	nos habríamos aburrido
te habrías aburrido	os habríais aburrido
se habría aburrido	se habrían aburrido

PRESENT SUBJUNCTIVE

me aburra	nos aburramos
te aburras	os aburráis
se aburra	se aburran

PRESENT PERFECT SUBJUNCTIVE

me haya aburrido	nos hayamos aburrido
te hayas aburrido	os hayáis aburrido
se haya aburrido	se hayan aburrido

IMPERFECT SUBJUNCTIVE (-ra)   *or*   **IMPERFECT SUBJUNCTIVE (-se)**

me aburriera	nos aburriéramos	me aburriese	nos aburriésemos
te aburrieras	os aburrierais	te aburrieses	os aburrieseis
se aburriera	se aburrieran	se aburriese	se aburriesen

PAST PERFECT SUBJUNCTIVE (-ra)   *or*   **PAST PERFECT SUBJUNCTIVE (-se)**

me hubiera aburrido	nos hubiéramos aburrido	me hubiese aburrido	nos hubiésemos aburrido
te hubieras aburrido	os hubierais aburrido	te hubieses aburrido	os hubieseis aburrido
se hubiera aburrido	se hubieran aburrido	se hubiese aburrido	se hubiesen aburrido

PROGRESSIVE TENSES

PRESENT	estoy, estás, está, estamos, estáis, están
PRETERIT	estuve, estuviste, estuvo, estuvimos, estuvisteis, estuvieron
IMPERFECT	estaba, estabas, estaba, estábamos, estabais, estaban
FUTURE	estaré, estarás, estará, estaremos, estaréis, estarán
CONDITIONAL	estaría, estarías, estaría, estaríamos, estaríais, estarían
SUBJUNCTIVE	que + *corresponding subjunctive tense of* estar (*see verb 252*)

} aburriendo (*see page 31*)

COMMANDS

	(nosotros) aburrámonos/no nos aburramos
(tú) abúrrete/no te aburras	(vosotros) aburridos/no os aburráis
(Ud.) abúrrase/no se aburra	(Uds.) abúrranse/no se aburran

Usage

Se aburre como una ostra.	*She's bored stiff* (lit., *bored as an oyster*).
Nos aburrió su conversación pesada.	*His tedious conversation bored us.*
Es una persona muy aburrida.	*She's a very boring person.*
Dudo que estén aburridos.	*I doubt they're bored.*
¡Qué aburrimiento!	*What a bore!*
Tenían una cara de aburrimiento.	*They had a bored look.*

acabar   *to finish, end*

Acabemos esta discusión de una vez.	*Let's end this argument once and for all.*
Acaben la comida y vamos al cine.	*Finish up your meal and we'll go to the movies.*
Se acaba la función a las diez.	*The performance is over at ten o'clock.*
Acabó el cuadro.	*He put the finishing touches to the painting.*
Su plan de acción acabó mal.	*His plan of action didn't work out.*

acabar de + infinitive *to have/had just done something*

Ya han llegado. Acabo de verlos.	*They've arrived. I've just seen them.*
Acabábamos de tomar asiento cuando el conferenciante comenzó a hablar.	*We had just taken our seats when the lecturer began to talk.*

acabar por + infinitive; *acabar* + *-ndo* *finally, in the end*

—¿El ingeniero acabó por firmar el contrato?	*Did the engineer finally end up signing the contract?*
—Sí, acabó firmándolo.	*Yes, he finally signed it.*

acabar con *to finish with/off, put an end to, break with*

—Estos pagos mensuales acabarán conmigo.	*These monthly payments will finish me off.*
—¿No has acabado con los pagos todavía?	*You're not done with the payments yet?*
Acabó con su novio.	*She broke up with her boyfriend.*
¡Acaba con tus ideas estrafalarias!	*Get rid of your outlandish/bizarre notions!*

acabar en *to end in*

Sus conversaciones siempre acaban en disputas.	*Their conversations always end in quarrels.*

acabársele a alguien (unplanned occurrences) *to run out of*

—¿Se te acabó el pan?	*Did you run out of bread?*
—Algo peor. ¡Se me acabaron las galletas!	*Something worse. I ran out of cookies!*
¿Se les ha acabado el dinero?	*Have they run out of money?*
Se nos acabó la paciencia.	*Our patience has come to an end./We've run out of patience.*

Other Uses

El trabajo está acabado. ¡Y yo estoy acabado!	*The work is finished. And I'm worn out!*
Es una escultura acabada.	*It's a perfect piece of sculpture.*
Prefiero el acabado brillante para las fotos.	*I prefer the glossy finish for the photos.*

regular *-ar* verb

PRESENT		PRETERIT	
acabo	acabamos	acabé	acabamos
acabas	acabáis	acabaste	acabasteis
acaba	acaban	acabó	acabaron

IMPERFECT		PRESENT PERFECT	
acababa	acabábamos	he acabado	hemos acabado
acababas	acababais	has acabado	habéis acabado
acababa	acababan	ha acabado	han acabado

FUTURE		CONDITIONAL	
acabaré	acabaremos	acabaría	acabaríamos
acabarás	acabaréis	acabarías	acabaríais
acabará	acabarán	acabaría	acabarían

PLUPERFECT		PRETERIT PERFECT	
había acabado	habíamos acabado	hube acabado	hubimos acabado
habías acabado	habíais acabado	hubiste acabado	hubisteis acabado
había acabado	habían acabado	hubo acabado	hubieron acabado

FUTURE PERFECT		CONDITIONAL PERFECT	
habré acabado	habremos acabado	habría acabado	habríamos acabado
habrás acabado	habréis acabado	habrías acabado	habríais acabado
habrá acabado	habrán acabado	habría acabado	habrían acabado

PRESENT SUBJUNCTIVE		PRESENT PERFECT SUBJUNCTIVE	
acabe	acabemos	haya acabado	hayamos acabado
acabes	acabéis	hayas acabado	hayáis acabado
acabe	acaben	haya acabado	hayan acabado

IMPERFECT SUBJUNCTIVE (-ra)		*or*	IMPERFECT SUBJUNCTIVE (-se)	
acabara	acabáramos		acabase	acabásemos
acabaras	acabarais		acabases	acabaseis
acabara	acabaran		acabase	acabasen

PAST PERFECT SUBJUNCTIVE (-ra)		*or*	PAST PERFECT SUBJUNCTIVE (-se)	
hubiera acabado	hubiéramos acabado		hubiese acabado	hubiésemos acabado
hubieras acabado	hubierais acabado		hubieses acabado	hubieseis acabado
hubiera acabado	hubieran acabado		hubiese acabado	hubiesen acabado

PROGRESSIVE TENSES

PRESENT	estoy, estás, está, estamos, estáis, están	
PRETERIT	estuve, estuviste, estuvo, estuvimos, estuvisteis, estuvieron	
IMPERFECT	estaba, estabas, estaba, estábamos, estabais, estaban	acabando
FUTURE	estaré, estarás, estará, estaremos, estaréis, estarán	
CONDITIONAL	estaría, estarías, estaría, estaríamos, estaríais, estarían	
SUBJUNCTIVE	que + *corresponding subjunctive tense of* estar (*see verb 252*)	

COMMANDS

	(nosotros) acabemos/no acabemos
(tú) acaba/no acabes	(vosotros) acabad/no acabéis
(Ud.) acabe/no acabe	(Uds.) acaben/no acaben

Usage

Cuando acabes el libro, préstamelo.	*When you finish the book, lend it to me.*
¿Cuándo se acabará el proyecto?	*When will the project be completed?*
Acaban de llamarnos por teléfono.	*They've just phoned us.*
¿Acabaron por arreglar los asuntos?	*Did you finally straighten out your affairs?*
Siempre acaba hablando estupideces.	*She always ends up saying silly things.*
Se nos acabó el papel glaseado.	*We ran out of glossy paper.*
¡Acabad el trabajo de una vez!	*Finish the work once and for all!*

aceptar *to accept*

regular *-ar* verb

PRESENT

acepto	aceptamos
aceptas	aceptáis
acepta	aceptan

PRETERIT

acepté	aceptamos
aceptaste	aceptasteis
aceptó	aceptaron

IMPERFECT

aceptaba	aceptábamos
aceptabas	aceptabais
aceptaba	aceptaban

PRESENT PERFECT

he aceptado	hemos aceptado
has aceptado	habéis aceptado
ha aceptado	han aceptado

FUTURE

aceptaré	aceptaremos
aceptarás	aceptaréis
aceptará	aceptarán

CONDITIONAL

aceptaría	aceptaríamos
aceptarías	aceptaríais
aceptaría	aceptarían

PLUPERFECT

había aceptado	habíamos aceptado
habías aceptado	habíais aceptado
había aceptado	habían aceptado

PRETERIT PERFECT

hube aceptado	hubimos aceptado
hubiste aceptado	hubisteis aceptado
hubo aceptado	hubieron aceptado

FUTURE PERFECT

habré aceptado	habremos aceptado
habrás aceptado	habréis aceptado
habrá aceptado	habrán aceptado

CONDITIONAL PERFECT

habría aceptado	habríamos aceptado
habrías aceptado	habríais aceptado
habría aceptado	habrían aceptado

PRESENT SUBJUNCTIVE

acepte	aceptemos
aceptes	aceptéis
acepte	acepten

PRESENT PERFECT SUBJUNCTIVE

haya aceptado	hayamos aceptado
hayas aceptado	hayáis aceptado
haya aceptado	hayan aceptado

IMPERFECT SUBJUNCTIVE (-ra)

aceptara	aceptáramos
aceptaras	aceptarais
aceptara	aceptaran

or **IMPERFECT SUBJUNCTIVE (-se)**

aceptase	aceptásemos
aceptases	aceptaseis
aceptase	aceptasen

PAST PERFECT SUBJUNCTIVE (-ra)

hubiera aceptado	hubiéramos aceptado
hubieras aceptado	hubierais aceptado
hubiera aceptado	hubieran aceptado

or **PAST PERFECT SUBJUNCTIVE (-se)**

hubiese aceptado	hubiésemos aceptado
hubieses aceptado	hubieseis aceptado
hubiese aceptado	hubiesen aceptado

PROGRESSIVE TENSES

PRESENT	estoy, estás, está, estamos, estáis, están
PRETERIT	estuve, estuviste, estuvo, estuvimos, estuvisteis, estuvieron
IMPERFECT	estaba, estabas, estaba, estábamos, estabais, estaban
FUTURE	estaré, estarás, estará, estaremos, estaréis, estarán
CONDITIONAL	estaría, estarías, estaría, estaríamos, estaríais, estarían
SUBJUNCTIVE	que + *corresponding subjunctive tense of* estar (*see verb 252*)

} aceptando

COMMANDS

	(nosotros) aceptemos/no aceptemos
(tú) acepta/no aceptes	(vosotros) aceptad/no aceptéis
(Ud.) acepte/no acepte	(Uds.) acepten/no acepten

Usage

Aceptó la invitación al congreso.	*He accepted the invitation to the conference.*
Aceptaron trabajar en el extranjero.	*They agreed to work abroad.*
Se aceptará tu propuesta.	*Your proposal will be accepted.*
¿La idea tuvo aceptación?	*Was the idea well received?*
Hicisteis una oferta aceptable.	*You made an acceptable offer.*
—¿Uds. aceptan o rechazan la oferta?	*Do you accept or refuse the offer?*
—Oferta aceptada.	*Offer accepted.*

-*ar* reflexive verb; spelling change: *c* > *qu/e*

acerco · acercaron · acercado · acercándose

PRESENT		PRETERIT	
me acerco	nos acercamos	me acerqué	nos acercamos
te acercas	os acercáis	te acercaste	os acercasteis
se acerca	se acercan	se acercó	se acercaron

IMPERFECT		PRESENT PERFECT	
me acercaba	nos acercábamos	me he acercado	nos hemos acercado
te acercabas	os acercabais	te has acercado	os habéis acercado
se acercaba	se acercaban	se ha acercado	se han acercado

FUTURE		CONDITIONAL	
me acercaré	nos acercaremos	me acercaría	nos accrcaríamos
te acercarás	os acercaréis	te acercarías	os acercaríais
se acercará	se acercarán	se acercaría	se acercarían

PLUPERFECT		PRETERIT PERFECT	
me había acercado	nos habíamos acercado	me hube acercado	nos hubimos acercado
te habías acercado	os habíais acercado	te hubiste acercado	os hubisteis acercado
se había acercado	se habían acercado	se hubo acercado	se hubieron acercado

FUTURE PERFECT		CONDITIONAL PERFECT	
me habré acercado	nos habremos acercado	me habría acercado	nos habríamos acercado
te habrás acercado	os habréis acercado	te habrías acercado	os habríais acercado
se habrá acercado	se habrán acercado	se habría acercado	se habrían acercado

PRESENT SUBJUNCTIVE		PRESENT PERFECT SUBJUNCTIVE	
me acerque	nos acerquemos	me haya acercado	nos hayamos acercado
te acerques	os acerquéis	te hayas acercado	os hayáis acercado
se acerque	se accrquen	se haya acercado	se hayan acercado

IMPERFECT SUBJUNCTIVE (-ra)		*or*	IMPERFECT SUBJUNCTIVE (-se)	
me acercara	nos acercáramos		me acercase	nos acercásemos
te acercaras	os acercarais		te acercases	os acercaseis
se acercara	se acercaran		se acercase	se acercasen

PAST PERFECT SUBJUNCTIVE (-ra)		*or*	PAST PERFECT SUBJUNCTIVE (-se)	
me hubiera accrcado	nos hubiéramos acercado		me hubiese acercado	nos hubiésemos acercado
te hubieras acercado	os hubierais acercado		te hubieses acercado	os hubieseis acercado
se hubiera acercado	se hubieran acercado		se hubiese acercado	se hubiesen acercado

PROGRESSIVE TENSES

PRESENT	estoy, estás, está, estamos, estáis, están
PRETERIT	estuve, estuviste, estuvo, estuvimos, estuvisteis, estuvieron
IMPERFECT	estaba, estabas, estaba, estábamos, estabais, estaban
FUTURE	estaré, estarás, estará, estaremos, estaréis, estarán
CONDITIONAL	estaría, estarías, estaría, estaríamos, estaríais, estarían
SUBJUNCTIVE	que + *corresponding subjunctive tense of* estar (*see verb 252*)

acercando (*see page 31*)

COMMANDS

	(nosotros) acerquémonos/no nos acerquemos
(tú) acércate/no te acerques	(vosotros) acercaos/no os acerquéis
(Ud.) acérquese/no se acerque	(Uds.) acérquense/no se acerquen

Usage

Se acercó a nosotros.	*He approached/came over to us.*
Acércate a la pantalla.	*Go closer to the screen.*
Acerque la impresora.	*Bring the printer nearer.*
Viven cerca del centro.	*They live near the downtown area.*
Invite sólo a sus parientes cercanos.	*Invite only your close relatives.*
Hizo construir la casa en las cercanías.	*He had the house built in the suburbs.*

acertar *to get right*

acierto · acertaron · acertado · acertando

stem-changing *-ar* verb: *e > ie*

PRESENT		PRETERIT	
acierto	acertamos	acerté	acertamos
aciertas	acertáis	acertaste	acertasteis
acierta	aciertan	acertó	acertaron

IMPERFECT		PRESENT PERFECT	
acertaba	acertábamos	he acertado	hemos acertado
acertabas	acertabais	has acertado	habéis acertado
acertaba	acertaban	ha acertado	han acertado

FUTURE		CONDITIONAL	
acertaré	acertaremos	acertaría	acertaríamos
acertarás	acertaréis	acertarías	acertaríais
acertará	acertarán	acertaría	acertarían

PLUPERFECT		PRETERIT PERFECT	
había acertado	habíamos acertado	hube acertado	hubimos acertado
habías acertado	habíais acertado	hubiste acertado	hubisteis acertado
había acertado	habían acertado	hubo acertado	hubieron acertado

FUTURE PERFECT		CONDITIONAL PERFECT	
habré acertado	habremos acertado	habría acertado	habríamos acertado
habrás acertado	habréis acertado	habrías acertado	habríais acertado
habrá acertado	habrán acertado	habría acertado	habrían acertado

PRESENT SUBJUNCTIVE		PRESENT PERFECT SUBJUNCTIVE	
acierte	acertemos	haya acertado	hayamos acertado
aciertes	acertéis	hayas acertado	hayáis acertado
acierte	acierten	haya acertado	hayan acertado

IMPERFECT SUBJUNCTIVE (-ra)		*or*	IMPERFECT SUBJUNCTIVE (-se)	
acertara	acertáramos		acertase	acertásemos
acertaras	acertarais		acertases	acertaseis
acertara	acertaran		acertase	acertasen

PAST PERFECT SUBJUNCTIVE (-ra)		*or*	PAST PERFECT SUBJUNCTIVE (-se)	
hubiera acertado	hubiéramos acertado		hubiese acertado	hubiésemos acertado
hubieras acertado	hubierais acertado		hubieses acertado	hubieseis acertado
hubiera acertado	hubieran acertado		hubiese acertado	hubiesen acertado

PROGRESSIVE TENSES

PRESENT	estoy, estás, está, estamos, estáis, están	
PRETERIT	estuve, estuviste, estuvo, estuvimos, estuvisteis, estuvieron	
IMPERFECT	estaba, estabas, estaba, estábamos, estabais, estaban	acertando
FUTURE	estaré, estarás, estará, estaremos, estaréis, estarán	
CONDITIONAL	estaría, estarías, estaría, estaríamos, estaríais, estarían	
SUBJUNCTIVE	que + *corresponding subjunctive tense of* estar (*see verb 252*)	

COMMANDS

	(nosotros) acertemos/no acertemos
(tú) acierta/no aciertes	(vosotros) acertad/no acertéis
(Ud.) acierte/no acierte	(Uds.) acierten/no acierten

Usage

Acertaste.	*You're right.*
Dudo que lo hayan acertado.	*I doubt they are/guessed right.*
Acertaste con la marca que yo buscaba.	*You found the brand I was looking for.*
Han tomado una decisión acertada.	*They've made a fitting decision.*
Acertó en decírselo.	*He did the right thing in telling them.*
Es cierto.	*It's certain/sure.*
No puedo adivinar el acertijo que me puso.	*I can't figure out the riddle she asked me.*

regular *-ar* verb

PRESENT	
aclaro	aclaramos
aclaras	aclaráis
aclara	aclaran

PRETERIT	
aclaré	aclaramos
aclaraste	aclarasteis
aclaró	aclararon

IMPERFECT	
aclaraba	aclarábamos
aclarabas	aclarabais
aclaraba	aclaraban

PRESENT PERFECT	
he aclarado	hemos aclarado
has aclarado	habéis aclarado
ha aclarado	han aclarado

FUTURE	
aclararé	aclararemos
aclararás	aclararéis
aclarará	aclararán

CONDITIONAL	
aclararía	aclararíamos
aclararías	aclararíais
aclararía	aclararían

PLUPERFECT	
había aclarado	habíamos aclarado
habías aclarado	habíais aclarado
había aclarado	habían aclarado

PRETERIT PERFECT	
hube aclarado	hubimos aclarado
hubiste aclarado	hubisteis aclarado
hubo aclarado	hubieron aclarado

FUTURE PERFECT	
habré aclarado	habremos aclarado
habrás aclarado	habréis aclarado
habrá aclarado	habrán aclarado

CONDITIONAL PERFECT	
habría aclarado	habríamos aclarado
habrías aclarado	habríais aclarado
habría aclarado	habrían aclarado

PRESENT SUBJUNCTIVE	
aclare	aclaremos
aclares	aclaréis
aclare	aclaren

PRESENT PERFECT SUBJUNCTIVE	
haya aclarado	hayamos aclarado
hayas aclarado	hayáis aclarado
haya aclarado	hayan aclarado

IMPERFECT SUBJUNCTIVE (-ra)	
aclarara	aclaráramos
aclararas	aclararais
aclarara	aclararan

or

IMPERFECT SUBJUNCTIVE (-se)	
aclarase	aclarásemos
aclarases	aclaraseis
aclarase	aclarasen

PAST PERFECT SUBJUNCTIVE (-ra)	
hubiera aclarado	hubiéramos aclarado
hubieras aclarado	hubierais aclarado
hubiera aclarado	hubieran aclarado

or

PAST PERFECT SUBJUNCTIVE (-se)	
hubiese aclarado	hubiésemos aclarado
hubieses aclarado	hubieseis aclarado
hubiese aclarado	hubiesen aclarado

PROGRESSIVE TENSES

PRESENT	estoy, estás, está, estamos, estáis, están
PRETERIT	estuve, estuviste, estuvo, estuvimos, estuvisteis, estuvieron
IMPERFECT	estaba, estabas, estaba, estábamos, estabais, estaban
FUTURE	estaré, estarás, estará, estaremos, estaréis, estarán
CONDITIONAL	estaría, estarías, estaría, estaríamos, estaríais, estarían
SUBJUNCTIVE	que + *corresponding subjunctive tense of* estar (*see verb 252*)

} aclarando

COMMANDS

	(nosotros) aclaremos/no aclaremos
(tú) aclara/no aclares	(vosotros) aclarad/no aclaréis
(Ud.) aclare/no aclare	(Uds.) aclaren/no aclaren

Usage

Logró aclarar el asunto.	*He succeeded in clarifying the matter.*
Trate de poner las dudas en claro.	*Try to clear up the questions.*
Pídale una aclaración.	*Ask her for an explanation.*
¿Está claro?	*Is that clear?*
No habláis claro.	*You're not speaking clearly.*
Hoy está claro.	*It's clear today.*
¿Se usa la clara del huevo en la receta?	*Do you use egg whites in the recipe?*

PRESENT

acompaño	acompañamos
acompañas	acompañáis
acompaña	acompañan

PRETERIT

acompañé	acompañamos
acompañaste	acompañasteis
acompañó	acompañaron

IMPERFECT

acompañaba	acompañábamos
acompañabas	acompañabais
acompañaba	acompañaban

PRESENT PERFECT

he acompañado	hemos acompañado
has acompañado	habéis acompañado
ha acompañado	han acompañado

FUTURE

acompañaré	acompañaremos
acompañarás	acompañaréis
acompañará	acompañarán

CONDITIONAL

acompañaría	acompañaríamos
acompañarías	acompañaríais
acompañaría	acompañarían

PLUPERFECT

había acompañado	habíamos acompañado
habías acompañado	habíais acompañado
había acompañado	habían acompañado

PRETERIT PERFECT

hube acompañado	hubimos acompañado
hubiste acompañado	hubisteis acompañado
hubo acompañado	hubieron acompañado

FUTURE PERFECT

habré acompañado	habremos acompañado
habrás acompañado	habréis acompañado
habrá acompañado	habrán acompañado

CONDITIONAL PERFECT

habría acompañado	habríamos acompañado
habrías acompañado	habríais acompañado
habría acompañado	habrían acompañado

PRESENT SUBJUNCTIVE

acompañe	acompañemos
acompañes	acompañéis
acompañe	acompañen

PRESENT PERFECT SUBJUNCTIVE

haya acompañado	hayamos acompañado
hayas acompañado	hayáis acompañado
haya acompañado	hayan acompañado

IMPERFECT SUBJUNCTIVE (-ra)   *or*   **IMPERFECT SUBJUNCTIVE (-se)**

acompañara	acompañáramos	acompañase	acompañásemos
acompañaras	acompañarais	acompañases	acompañaseis
acompañara	acompañaran	acompañase	acompañasen

PAST PERFECT SUBJUNCTIVE (-ra)   *or*   **PAST PERFECT SUBJUNCTIVE (-se)**

hubiera acompañado	hubiéramos acompañado	hubiese acompañado	hubiésemos acompañado
hubieras acompañado	hubierais acompañado	hubieses acompañado	hubieseis acompañado
hubiera acompañado	hubieran acompañado	hubiese acompañado	hubiesen acompañado

PROGRESSIVE TENSES

PRESENT	estoy, estás, está, estamos, estáis, están
PRETERIT	estuve, estuviste, estuvo, estuvimos, estuvisteis, estuvieron
IMPERFECT	estaba, estabas, estaba, estábamos, estabais, estaban
FUTURE	estaré, estarás, estará, estaremos, estaréis, estarán
CONDITIONAL	estaría, estarías, estaría, estaríamos, estaríais, estarían
SUBJUNCTIVE	que + *corresponding subjunctive tense of* estar (*see verb 252*)

} acompañando

COMMANDS

	(nosotros) acompañemos/no acompañemos
(tú) acompaña/no acompañes	(vosotros) acompañad/no acompañéis
(Ud.) acompañe/no acompañe	(Uds.) acompañen/no acompañen

Usage

Acompáñanos al centro comercial.	*Go to the mall with us.*
Mi compañero me acompaña con el piano.	*My friend accompanies me on piano.*
La albahaca acompaña bien el tomate.	*Basil goes well with tomato.*
Es mejor estar solo que mal acompañado.	*It's better to be alone than in bad company.*
Te acompañamos en el sentimiento.	*We give you our sympathies.*

regular *-ar* verb   **aconsejo · aconsejaron · aconsejado · aconsejando**

PRESENT

aconsejo	aconsejamos
aconsejas	aconsejáis
aconseja	aconsejan

IMPERFECT

aconsejaba	aconsejábamos
aconsejabas	aconsejabais
aconsejaba	aconsejaban

FUTURE

aconsejaré	aconscjaremos
aconsejarás	aconsejaréis
aconsejará	aconsejarán

PLUPERFECT

había aconsejado	habíamos aconsejado
habías aconsejado	habíais aconsejado
había aconsejado	habían aconsejado

FUTURE PERFECT

habré aconsejado	habremos aconsejado
habrás aconsejado	habréis aconsejado
habrá aconsejado	habrán aconsejado

PRESENT SUBJUNCTIVE

aconseje	aconsejemos
aconsejes	aconsejéis
aconseje	aconsejen

IMPERFECT SUBJUNCTIVE (-ra)

aconsejara	aconsejáramos
aconsejaras	aconsejarais
aconsejara	aconsejaran

PAST PERFECT SUBJUNCTIVE (-ra)

hubiera aconsejado	hubiéramos aconsejado
hubieras aconsejado	hubierais aconsejado
hubiera aconsejado	hubieran aconsejado

PRETERIT

aconsejé	aconsejamos
aconsejaste	aconsejasteis
aconsejó	aconsejaron

PRESENT PERFECT

he aconsejado	hemos aconsejado
has aconsejado	habéis aconsejado
ha aconsejado	han aconsejado

CONDITIONAL

aconsejaría	aconsejaríamos
aconsejarías	aconsejaríais
aconsejaría	aconsejarían

PRETERIT PERFECT

hube aconsejado	hubimos aconsejado
hubiste aconsejado	hubisteis aconsejado
hubo aconsejado	hubieron aconsejado

CONDITIONAL PERFECT

habría aconsejado	habríamos aconsejado
habrías aconsejado	habríais aconsejado
habría aconsejado	habrían aconsejado

PRESENT PERFECT SUBJUNCTIVE

haya aconsejado	hayamos aconsejado
hayas aconsejado	hayáis aconsejado
haya aconsejado	hayan aconsejado

or **IMPERFECT SUBJUNCTIVE (-se)**

aconsejase	aconsejásemos
aconsejases	aconsejaseis
aconsejase	aconsejasen

or **PAST PERFECT SUBJUNCTIVE (-se)**

hubiese aconsejado	hubiésemos aconsejado
hubieses aconsejado	hubieseis aconsejado
hubiese aconsejado	hubiesen aconsejado

PROGRESSIVE TENSES

PRESENT	estoy, estás, está, estamos, estáis, están
PRETERIT	estuve, estuviste, estuvo, estuvimos, estuvisteis, estuvieron
IMPERFECT	estaba, estabas, estaba, estábamos, estabais, estaban
FUTURE	estaré, estarás, estará, estaremos, estaréis, estarán
CONDITIONAL	estaría, estarías, estaría, estaríamos, estaríais, estarían
SUBJUNCTIVE	que + *corresponding subjunctive tense of* estar (*see verb 252*)

aconsejando

COMMANDS

	(nosotros) aconsejemos/no aconsejemos
(tú) aconseja/no aconsejes	(vosotros) aconsejad/no aconsejéis
(Ud.) aconseje/no aconseje	(Uds.) aconsejen/no aconsejen

Usage

Te aconsejo que tomes el auto-expreso.	*I advise you to take the auto train.*
Le han aconsejado estudiar marketing.	*They've advised her to study marketing.*
Sigan los consejos del director.	*Follow the director's advice.*
Me dieron un buen consejo.	*They gave me a good piece of advice/tip.*
Aconséjese con su consejero.	*Consult your advisor/counselor.*
Creo que estuvo bien/mal aconsejado.	*I think he was well-/ill-advised.*

acordarse *to remember, agree*

acuerdo · acordaron · acordado · acordándose

stem-changing *-ar* verb: *o* > *ue*

PRESENT

me acuerdo	nos acordamos
te acuerdas	os acordáis
se acuerda	se acuerdan

IMPERFECT

me acordaba	nos acordábamos
te acordabas	os acordabais
se acordaba	se acordaban

FUTURE

me acordaré	nos acordaremos
te acordarás	os acordaréis
se acordará	se acordarán

PLUPERFECT

me había acordado	nos habíamos acordado
te habías acordado	os habíais acordado
se había acordado	se habían acordado

FUTURE PERFECT

me habré acordado	nos habremos acordado
te habrás acordado	os habréis acordado
se habrá acordado	se habrán acordado

PRESENT SUBJUNCTIVE

me acuerde	nos acordemos
te acuerdes	os acordéis
se acuerde	se acuerden

IMPERFECT SUBJUNCTIVE (-ra)

me acordara	nos acordáramos
te acordaras	os acordarais
se acordara	se acordaran

PAST PERFECT SUBJUNCTIVE (-ra)

me hubiera acordado	nos hubiéramos acordado
te hubieras acordado	os hubierais acordado
se hubiera acordado	se hubieran acordado

PRETERIT

me acordé	nos acordamos
te acordaste	os acordasteis
se acordó	se acordaron

PRESENT PERFECT

me he acordado	nos hemos acordado
te has acordado	os habéis acordado
se ha acordado	se han acordado

CONDITIONAL

me acordaría	nos acordaríamos
te acordarías	os acordaríais
se acordaría	se acordarían

PRETERIT PERFECT

me hube acordado	nos hubimos acordado
te hubiste acordado	os hubisteis acordado
se hubo acordado	se hubieron acordado

CONDITIONAL PERFECT

me habría acordado	nos habríamos acordado
te habrías acordado	os habríais acordado
se habría acordado	se habrían acordado

PRESENT PERFECT SUBJUNCTIVE

me haya acordado	nos hayamos acordado
te hayas acordado	os hayáis acordado
se haya acordado	se hayan acordado

or **IMPERFECT SUBJUNCTIVE (-se)**

me acordase	nos acordásemos
te acordases	os acordaseis
se acordase	se acordasen

or **PAST PERFECT SUBJUNCTIVE (-se)**

me hubiese acordado	nos hubiésemos acordado
te hubieses acordado	os hubieseis acordado
se hubiese acordado	se hubiesen acordado

PROGRESSIVE TENSES

PRESENT	estoy, estás, está, estamos, estáis, están
PRETERIT	estuve, estuviste, estuvo, estuvimos, estuvisteis, estuvieron
IMPERFECT	estaba, estabas, estaba, estábamos, estabais, estaban
FUTURE	estaré, estarás, estará, estaremos, estaréis, estarán
CONDITIONAL	estaría, estarías, estaría, estaríamos, estaríais, estarían
SUBJUNCTIVE	que + *corresponding subjunctive tense of* estar (*see verb 252*)

} acordando (*see page 31*)

COMMANDS

	(nosotros) acordémonos/no nos acordemos
(tú) acuérdate/no te acuerdes	(vosotros) acordaos/no os acordéis
(Ud.) acuérdese/no se acuerde	(Uds.) acuérdense/no se acuerden

Usage

—Te acuerdas de ellos, ¿verdad?	*You remember them, don't you?*
—No, no me acuerdo ni de él ni de ella.	*No, I don't remember either him or her.*
Acuérdate de comprarle un regalo.	*Remember to buy her a gift.*
Nos acordamos de la cita.	*We remembered that we have an appointment.*
Por fin se pusieron de acuerdo.	*They finally came to an agreement.*
Estamos de acuerdo contigo.	*We agree with you.*

stem-changing *-ar* reflexive verb: *o > ue*   **acuesto · acostaron · acostado · acostándose**

PRESENT

me acuesto	nos acostamos
te acuestas	os acostáis
se acuesta	se acuestan

PRETERIT

me acosté	nos acostamos
te acostaste	os acostasteis
se acostó	se acostaron

IMPERFECT

me acostaba	nos acostábamos
te acostabas	os acostabais
se acostaba	se acostaban

PRESENT PERFECT

me he acostado	nos hemos acostado
te has acostado	os habéis acostado
se ha acostado	se han acostado

FUTURE

me acostaré	nos acostaremos
te acostarás	os acostaréis
se acostará	se acostarán

CONDITIONAL

me acostaría	nos acostaríamos
te acostarías	os acostaríais
se acostaría	se acostarían

PLUPERFECT

me había acostado	nos habíamos acostado
te habías acostado	os habíais acostado
se había acostado	se habían acostado

PRETERIT PERFECT

me hube acostado	nos hubimos acostado
te hubiste acostado	os hubisteis acostado
se hubo acostado	se hubieron acostado

FUTURE PERFECT

me habré acostado	nos habremos acostado
te habrás acostado	os habréis acostado
se habrá acostado	se habrán acostado

CONDITIONAL PERFECT

me habría acostado	nos habríamos acostado
te habrías acostado	os habríais acostado
se habría acostado	se habrían acostado

PRESENT SUBJUNCTIVE

me acueste	nos acostemos
te acuestes	os acostéis
se acueste	se acuesten

PRESENT PERFECT SUBJUNCTIVE

me haya acostado	nos hayamos acostado
te hayas acostado	os hayáis acostado
se haya acostado	se hayan acostado

IMPERFECT SUBJUNCTIVE (-ra)   *or*   **IMPERFECT SUBJUNCTIVE (-se)**

me acostara	nos acostáramos		me acostase	nos acostásemos
te acostaras	os acostarais		te acostases	os acostaseis
se acostara	se acostaran		se acostase	se acostasen

PAST PERFECT SUBJUNCTIVE (-ra)   *or*   **PAST PERFECT SUBJUNCTIVE (-se)**

me hubiera acostado	nos hubiéramos acostado		me hubiese acostado	nos hubiésemos acostado
te hubieras acostado	os hubierais acostado		te hubieses acostado	os hubieseis acostado
se hubiera acostado	se hubieran acostado		se hubiese acostado	se hubiesen acostado

PROGRESSIVE TENSES

PRESENT	estoy, estás, está, estamos, estáis, están
PRETERIT	estuve, estuviste, estuvo, estuvimos, estuvisteis, estuvieron
IMPERFECT	estaba, estabas, estaba, estábamos, estabais, estaban
FUTURE	estaré, estarás, estará, estaremos, estaréis, estarán
CONDITIONAL	estaría, estarías, estaría, estaríamos, estaríais, estarían
SUBJUNCTIVE	que + *corresponding subjunctive tense of* estar (*see verb 252*)

} acostando (*see page 31*)

COMMANDS

	(nosotros) acostémonos/no nos acostemos
(tú) acuéstate/no te acuestes	(vosotros) acostaos/no os acostéis
(Ud.) acuéstese/no se acueste	(Uds.) acuéstense/no se acuesten

Usage

Acuéstate.	*Go to bed.*
Es la hora de acostarse.	*It's time to go to bed.*
—Acuesta a los niños.	*Put the kids to bed.*
—Ya están acostados.	*They've already gone to bed.*
Se acostaron en el dormitorio de Juan.	*They slept in Juan's room.*
El agricultor se acuesta con las gallinas.	*The farmer goes to bed very early.* (lit., *with the chickens*)

acostumbro · acostumbraron · acostumbrado · acostumbrándose   regular *-ar* reflexive verb

PRESENT

me acostumbro	nos acostumbramos
te acostumbras	os acostumbráis
se acostumbra	se acostumbran

IMPERFECT

me acostumbraba	nos acostumbrábamos
te acostumbrabas	os acostumbrabais
se acostumbraba	se acostumbraban

FUTURE

me acostumbraré	nos acostumbraremos
te acostumbrarás	os acostumbraréis
se acostumbrará	se acostumbrarán

PLUPERFECT

me había acostumbrado	nos habíamos acostumbrado
te habías acostumbrado	os habíais acostumbrado
se había acostumbrado	se habían acostumbrado

FUTURE PERFECT

me habré acostumbrado	nos habremos acostumbrado
te habrás acostumbrado	os habréis acostumbrado
se habrá acostumbrado	se habrán acostumbrado

PRESENT SUBJUNCTIVE

me acostumbre	nos acostumbremos
te acostumbres	os acostumbréis
se acostumbre	se acostumbren

IMPERFECT SUBJUNCTIVE (-ra)

me acostumbrara	nos acostumbráramos
te acostumbraras	os acostumbrarais
se acostumbrara	se acostumbraran

PAST PERFECT SUBJUNCTIVE (-ra)

me hubiera acostumbrado	nos hubiéramos acostumbrado
te hubieras acostumbrado	os hubierais acostumbrado
se hubiera acostumbrado	se hubieran acostumbrado

PRETERIT

me acostumbré	nos acostumbramos
te acostumbraste	os acostumbrasteis
se acostumbró	se acostumbraron

PRESENT PERFECT

me he acostumbrado	nos hemos acostumbrado
te has acostumbrado	os habéis acostumbrado
se ha acostumbrado	se han acostumbrado

CONDITIONAL

me acostumbraría	nos acostumbraríamos
te acostumbrarías	os acostumbraríais
se acostumbraría	se acostumbrarían

PRETERIT PERFECT

me hube acostumbrado	nos hubimos acostumbrado
te hubiste acostumbrado	os hubisteis acostumbrado
se hubo acostumbrado	se hubieron acostumbrado

CONDITIONAL PERFECT

me habría acostumbrado	nos habríamos acostumbrado
te habrías acostumbrado	os habríais acostumbrado
se habría acostumbrado	se habrían acostumbrado

PRESENT PERFECT SUBJUNCTIVE

me haya acostumbrado	nos hayamos acostumbrado
te hayas acostumbrado	os hayáis acostumbrado
se haya acostumbrado	se hayan acostumbrado

or ### IMPERFECT SUBJUNCTIVE (-se)

me acostumbrase	nos acostumbrásemos
te acostumbrases	os acostumbraseis
se acostumbrase	se acostumbrasen

or ### PAST PERFECT SUBJUNCTIVE (-se)

me hubiese acostumbrado	nos hubiésemos acostumbrado
te hubieses acostumbrado	os hubieseis acostumbrado
se hubiese acostumbrado	se hubiesen acostumbrado

PROGRESSIVE TENSES

PRESENT	estoy, estás, está, estamos, estáis, están
PRETERIT	estuve, estuviste, estuvo, estuvimos, estuvisteis, estuvieron
IMPERFECT	estaba, estabas, estaba, estábamos, estabais, estaban
FUTURE	estaré, estarás, estará, estaremos, estaréis, estarán
CONDITIONAL	estaría, estarías, estaría, estaríamos, estaríais, estarían
SUBJUNCTIVE	que + *corresponding subjunctive tense of* estar (*see verb 252*)

acostumbrando (*see page 31*)

COMMANDS

	(nosotros) acostumbrémonos/no nos acostumbremos
(tú) acostúmbrate/no te acostumbres	(vosotros) acostumbraos/no os acostumbréis
(Ud.) acostúmbrese/no se acostumbre	(Uds.) acostúmbrense/no se acostumbren

Usage

No se acostumbraban al clima.	*They weren't getting used to the climate.*
—Espero que se acostumbren a vivir allí.	*I hope they'll get used to living there.*
—Me parece que están acostumbrados ya.	*I think they're already used to it.*
Tenía la costumbre de acostarse tarde.	*He was in the habit of going to bed late.*
Almorzó a las dos como de costumbre.	*She had lunch at 2:00 as usual.*

-ar verb; spelling change: *u > ú* when stressed

actúo · actuaron · actuado · actuando

PRESENT		PRETERIT	
actúo	actuamos	actué	actuamos
actúas	actuáis	actuaste	actuasteis
actúa	actúan	actuó	actuaron

IMPERFECT		PRESENT PERFECT	
actuaba	actuábamos	he actuado	hemos actuado
actuabas	actuabais	has actuado	habéis actuado
actuaba	actuaban	ha actuado	han actuado

FUTURE		CONDITIONAL	
actuaré	actuaremos	actuaría	actuaríamos
actuarás	actuaréis	actuarías	actuaríais
actuará	actuarán	actuaría	actuarían

PLUPERFECT		PRETERIT PERFECT	
había actuado	habíamos actuado	hube actuado	hubimos actuado
habías actuado	habíais actuado	hubiste actuado	hubisteis actuado
había actuado	habían actuado	hubo actuado	hubieron actuado

FUTURE PERFECT		CONDITIONAL PERFECT	
habré actuado	habremos actuado	habría actuado	habríamos actuado
habrás actuado	habréis actuado	habrías actuado	habríais actuado
habrá actuado	habrán actuado	habría actuado	habrían actuado

PRESENT SUBJUNCTIVE		PRESENT PERFECT SUBJUNCTIVE	
actúe	actuemos	haya actuado	hayamos actuado
actúes	actuéis	hayas actuado	hayáis actuado
actúe	actúen	haya actuado	hayan actuado

IMPERFECT SUBJUNCTIVE (-ra)		*or* IMPERFECT SUBJUNCTIVE (-se)	
actuara	actuáramos	actuase	actuásemos
actuaras	actuarais	actuases	actuaseis
actuara	actuaran	actuase	actuasen

PAST PERFECT SUBJUNCTIVE (-ra)		*or* PAST PERFECT SUBJUNCTIVE (-se)	
hubiera actuado	hubiéramos actuado	hubiese actuado	hubiésemos actuado
hubieras actuado	hubierais actuado	hubieses actuado	hubieseis actuado
hubiera actuado	hubieran actuado	hubiese actuado	hubiesen actuado

PROGRESSIVE TENSES

PRESENT	estoy, estás, está, estamos, estáis, están	
PRETERIT	estuve, estuviste, estuvo, estuvimos, estuvisteis, estuvieron	
IMPERFECT	estaba, estabas, estaba, estábamos, estabais, estaban	actuando
FUTURE	estaré, estarás, estará, estaremos, estaréis, estarán	
CONDITIONAL	estaría, estarías, estaría, estaríamos, estaríais, estarían	
SUBJUNCTIVE	que + *corresponding subjunctive tense of* estar (*see verb 252*)	

COMMANDS

	(nosotros) actuemos/no actuemos
(tú) actúa/no actúes	(vosotros) actuad/no actuéis
(Ud.) actúe/no actúe	(Uds.) actúen/no actúen

Usage

Actúa de presidente de la junta.	*He's acting (as) president of the board.*
Ese actor inglés actuó muy bien.	*That English actor acted very well.*
Los músicos actuaron estupendamente.	*The musicians performed marvelously.*
Estáis actuando mal con ellos.	*You're behaving badly with them.*
El café actúa como estimulante.	*Coffee acts as a stimulant.*
Los contaminantes actuaban sobre la madera.	*The pollutants acted upon the wood.*

PRESENT

acudo	acudimos
acudes	acudís
acude	acuden

PRETERIT

acudí	acudimos
acudiste	acudisteis
acudió	acudieron

IMPERFECT

acudía	acudíamos
acudías	acudíais
acudía	acudían

PRESENT PERFECT

he acudido	hemos acudido
has acudido	habéis acudido
ha acudido	han acudido

FUTURE

acudiré	acudiremos
acudirás	acudiréis
acudirá	acudirán

CONDITIONAL

acudiría	acudiríamos
acudirías	acudiríais
acudiría	acudirían

PLUPERFECT

había acudido	habíamos acudido
habías acudido	habíais acudido
había acudido	habían acudido

PRETERIT PERFECT

hube acudido	hubimos acudido
hubiste acudido	hubisteis acudido
hubo acudido	hubieron acudido

FUTURE PERFECT

habré acudido	habremos acudido
habrás acudido	habréis acudido
habrá acudido	habrán acudido

CONDITIONAL PERFECT

habría acudido	habríamos acudido
habrías acudido	habríais acudido
habría acudido	habrían acudido

PRESENT SUBJUNCTIVE

acuda	acudamos
acudas	acudáis
acuda	acudan

PRESENT PERFECT SUBJUNCTIVE

haya acudido	hayamos acudido
hayas acudido	hayáis acudido
haya acudido	hayan acudido

IMPERFECT SUBJUNCTIVE (-ra)

acudiera	acudiéramos
acudieras	acudierais
acudiera	acudieran

or **IMPERFECT SUBJUNCTIVE (-se)**

acudiese	acudiésemos
acudieses	acudieseis
acudiese	acudiesen

PAST PERFECT SUBJUNCTIVE (-ra)

hubiera acudido	hubiéramos acudido
hubieras acudido	hubierais acudido
hubiera acudido	hubieran acudido

or **PAST PERFECT SUBJUNCTIVE (-se)**

hubiese acudido	hubiésemos acudido
hubieses acudido	hubieseis acudido
hubiese acudido	hubiesen acudido

PROGRESSIVE TENSES

PRESENT	estoy, estás, está, estamos, estáis, están
PRETERIT	estuve, estuviste, estuvo, estuvimos, estuvisteis, estuvieron
IMPERFECT	estaba, estabas, estaba, estábamos, estabais, estaban
FUTURE	estaré, estarás, estará, estaremos, estaréis, estarán
CONDITIONAL	estaría, estarías, estaría, estaríamos, estaríais, estarían
SUBJUNCTIVE	que + *corresponding subjunctive tense of* estar (*see verb 252*)

} acudiendo

COMMANDS

	(nosotros) acudamos/no acudamos
(tú) acude/no acudas	(vosotros) acudid/no acudáis
(Ud.) acuda/no acuda	(Uds.) acudan/no acudan

Usage

Las familias suelen acudir a la función de la tarde.	*Families usually attend the matinee.*
Acudieron muchos en ayuda de las víctimas.	*Many people came to the aid of the victims.*
—¿Acudiste a la cita?	*Did you keep the appointment?*
—Claro. Llegué a la hora fija pero no acudieron los demás.	*Of course. I arrived at the set time but the others didn't show up.*
Los empleados no acudieron a trabajar ese día.	*The employees didn't show up/report for work that day.*

PRESENT

me adelanto	nos adelantamos
te adelantas	os adelantáis
se adelanta	se adelantan

IMPERFECT

me adelantaba	nos adelantábamos
te adelantabas	os adelantabais
se adelantaba	se adelantaban

FUTURE

me adelantaré	nos adelantaremos
te adelantarás	os adelantaréis
se adelantará	se adelantarán

PLUPERFECT

me había adelantado	nos habíamos adelantado
te habías adelantado	os habíais adelantado
se había adelantado	se habían adelantado

FUTURE PERFECT

me habré adelantado	nos habremos adelantado
te habrás adelantado	os habréis adelantado
se habrá adelantado	se habrán adelantado

PRESENT SUBJUNCTIVE

me adelante	nos adelantemos
te adelantes	os adelantéis
se adelante	se adelanten

IMPERFECT SUBJUNCTIVE (-ra)

me adelantara	nos adelantáramos
te adelantaras	os adelantarais
se adelantara	se adelantaran

PAST PERFECT SUBJUNCTIVE (-ra)

me hubiera adelantado	nos hubiéramos adelantado
te hubieras adelantado	os hubierais adelantado
se hubiera adelantado	se hubieran adelantado

PRETERIT

me adelanté	nos adelantamos
te adelantaste	os adelantasteis
se adelantó	se adelantaron

PRESENT PERFECT

me he adelantado	nos hemos adelantado
te has adelantado	os habéis adelantado
se ha adelantado	se han adelantado

CONDITIONAL

me adelantaría	nos adelantaríamos
te adelantarías	os adelantaríais
se adelantaría	se adelantarían

PRETERIT PERFECT

me hube adelantado	nos hubimos adelantado
te hubiste adelantado	os hubisteis adelantado
se hubo adelantado	se hubieron adelantado

CONDITIONAL PERFECT

me habría adelantado	nos habríamos adelantado
te habrías adelantado	os habríais adelantado
se habría adelantado	se habrían adelantado

PRESENT PERFECT SUBJUNCTIVE

me haya adelantado	nos hayamos adelantado
te hayas adelantado	os hayáis adelantado
se haya adelantado	se hayan adelantado

or **IMPERFECT SUBJUNCTIVE (-se)**

me adelantase	nos adelantásemos
te adelantases	os adelantaseis
se adelantase	se adelantasen

or **PAST PERFECT SUBJUNCTIVE (-se)**

me hubiese adelantado	nos hubiésemos adelantado
te hubieses adelantado	os hubieseis adelantado
se hubiese adelantado	se hubiesen adelantado

PROGRESSIVE TENSES

PRESENT	estoy, estás, está, estamos, estáis, están
PRETERIT	estuve, estuviste, estuvo, estuvimos, estuvisteis, estuvieron
IMPERFECT	estaba, estabas, estaba, estábamos, estabais, estaban
FUTURE	estaré, estarás, estará, estaremos, estaréis, estarán
CONDITIONAL	estaría, estarías, estaría, estaríamos, estaríais, estarían
SUBJUNCTIVE	que + *corresponding subjunctive tense of* estar (*see verb 252*)

adelantando (*see page 31*)

COMMANDS

	(nosotros) adelantémonos/no nos adelantemos
(tú) adelántate/no te adelantes	(vosotros) adelantaos/no os adelantéis
(Ud.) adelántese/no se adelante	(Uds.) adelántense/no se adelanten

Usage

Los soldados se adelantaron hasta el frente.	*The soldiers advanced to the front.*
Adelantémonos para buscar un café.	*Let's go ahead to look for a café.*
Adelantó en sus investigaciones.	*He made progress in his research.*
Hubo muchos adelantos tecnológicos durante el siglo veinte.	*There were many technological advances during the 20th century.*
Tienes el reloj adelantado.	*Your watch is fast.*
¡Adelante!	*Come in!/Carry on!*

adelgazar *to get thin, lose weight*

adelgazo · adelgazaron · adelgazado · adelgazando   *-ar* verb; spelling change: *z > c/e*

PRESENT

adelgazo	adelgazamos		
adelgazas	adelgazáis		
adelgaza	adelgazan		

PRETERIT

adelgacé	adelgazamos
adelgazaste	adelgazasteis
adelgazó	adelgazaron

IMPERFECT

adelgazaba	adelgazábamos
adelgazabas	adelgazabais
adelgazaba	adelgazaban

PRESENT PERFECT

he adelgazado	hemos adelgazado
has adelgazado	habéis adelgazado
ha adelgazado	han adelgazado

FUTURE

adelgazaré	adelgazaremos
adelgazarás	adelgazaréis
adelgazará	adelgazarán

CONDITIONAL

adelgazaría	adelgazaríamos
adelgazarías	adelgazaríais
adelgazaría	adelgazarían

PLUPERFECT

había adelgazado	habíamos adelgazado
habías adelgazado	habíais adelgazado
había adelgazado	habían adelgazado

PRETERIT PERFECT

hube adelgazado	hubimos adelgazado
hubiste adelgazado	hubisteis adelgazado
hubo adelgazado	hubieron adelgazado

FUTURE PERFECT

habré adelgazado	habremos adelgazado
habrás adelgazado	habréis adelgazado
habrá adelgazado	habrán adelgazado

CONDITIONAL PERFECT

habría adelgazado	habríamos adelgazado
habrías adelgazado	habríais adelgazado
habría adelgazado	habrían adelgazado

PRESENT SUBJUNCTIVE

adelgace	adelgacemos
adelgaces	adelgacéis
adelgace	adelgacen

PRESENT PERFECT SUBJUNCTIVE

haya adelgazado	hayamos adelgazado
hayas adelgazado	hayáis adelgazado
haya adelgazado	hayan adelgazado

IMPERFECT SUBJUNCTIVE (-ra)   *or*   IMPERFECT SUBJUNCTIVE (-se)

adelgazara	adelgazáramos	adelgazase	adelgazásemos
adelgazaras	adelgazarais	adelgazases	adelgazaseis
adelgazara	adelgazaran	adelgazase	adelgazasen

PAST PERFECT SUBJUNCTIVE (-ra)   *or*   PAST PERFECT SUBJUNCTIVE (-se)

hubiera adelgazado	hubiéramos adelgazado	hubiese adelgazado	hubiésemos adelgazado
hubieras adelgazado	hubierais adelgazado	hubieses adelgazado	hubieseis adelgazado
hubiera adelgazado	hubieran adelgazado	hubiese adelgazado	hubiesen adelgazado

PROGRESSIVE TENSES

PRESENT	estoy, estás, está, estamos, estáis, están
PRETERIT	estuve, estuviste, estuvo, estuvimos, estuvisteis, estuvieron
IMPERFECT	estaba, estabas, estaba, estábamos, estabais, estaban
FUTURE	estaré, estarás, estará, estaremos, estaréis, estarán
CONDITIONAL	estaría, estarías, estaría, estaríamos, estaríais, estarían
SUBJUNCTIVE	que + *corresponding subjunctive tense of* estar (*see verb 252*)

} adelgazando

COMMANDS

	(nosotros) adelgacemos/no adelgacemos
(tú) adelgaza/no adelgaces	(vosotros) adelgazad/no adelgacéis
(Ud.) adelgace/no adelgace	(Uds.) adelgacen/no adelgacen

Usage

—He tratado de adelgazar.	*I've tried to lose weight.*
—Se nota que te has puesto más delgado.	*I can see that you've gotten thinner.*
—Están más delgados.	*They look thinner.*
—Siguió un régimen de adelgazamiento.	*She went on a diet.*
Adelgacé cinco libras.	*I lost five pounds.*
Este traje te adelgaza.	*This suit makes you look thinner.*

regular -*ar* verb | **adivino · adivinaron · adivinado · adivinando**

PRESENT

adivino	adivinamos
adivinas	adivináis
adivina	adivinan

PRETERIT

adiviné	adivinamos
adivinaste	adivinasteis
adivinó	adivinaron

IMPERFECT

adivinaba	adivinábamos
adivinabas	adivinabais
adivinaba	adivinaban

PRESENT PERFECT

he adivinado	hemos adivinado
has adivinado	habéis adivinado
ha adivinado	han adivinado

FUTURE

adivinaré	adivinaremos
adivinarás	adivinaréis
adivinará	adivinarán

CONDITIONAL

adivinaría	adivinaríamos
adivinarías	adivinaríais
adivinaría	adivinarían

PLUPERFECT

había adivinado	habíamos adivinado
habías adivinado	habíais adivinado
había adivinado	habían adivinado

PRETERIT PERFECT

hube adivinado	hubimos adivinado
hubiste adivinado	hubisteis adivinado
hubo adivinado	hubieron adivinado

FUTURE PERFECT

habré adivinado	habremos adivinado
habrás adivinado	habréis adivinado
habrá adivinado	habrán adivinado

CONDITIONAL PERFECT

habría adivinado	habríamos adivinado
habrías adivinado	habríais adivinado
habría adivinado	habrían adivinado

PRESENT SUBJUNCTIVE

adivine	adivinemos
adivines	adivinéis
adivine	adivinen

PRESENT PERFECT SUBJUNCTIVE

haya adivinado	hayamos adivinado
hayas adivinado	hayáis adivinado
haya adivinado	hayan adivinado

IMPERFECT SUBJUNCTIVE (-ra)

adivinara	adivináramos
adivinaras	adivinarais
adivinara	adivinaran

or **IMPERFECT SUBJUNCTIVE (-se)**

adivinase	adivinásemos
adivinases	adivinaseis
adivinase	adivinasen

PAST PERFECT SUBJUNCTIVE (-ra)

hubiera adivinado	hubiéramos adivinado
hubieras adivinado	hubierais adivinado
hubiera adivinado	hubieran adivinado

or **PAST PERFECT SUBJUNCTIVE (-se)**

hubiese adivinado	hubiésemos adivinado
hubieses adivinado	hubieseis adivinado
hubiese adivinado	hubiesen adivinado

PROGRESSIVE TENSES

PRESENT	estoy, estás, está, estamos, estáis, están
PRETERIT	estuve, estuviste, estuvo, estuvimos, estuvisteis, estuvieron
IMPERFECT	estaba, estabas, estaba, estábamos, estabais, estaban
FUTURE	estaré, estarás, estará, estaremos, estaréis, estarán
CONDITIONAL	estaría, estarías, estaría, estaríamos, estaríais, estarían
SUBJUNCTIVE	que + *corresponding subjunctive tense of* estar (*see verb 252*)

} adivinando

COMMANDS

	(nosotros) adivinemos/no adivinemos
(tú) adivina/no adivines	(vosotros) adivinad/no adivinéis
(Ud.) adivine/no adivine	(Uds.) adivinen/no adivinen

Usage

¡Adivina quién está!	*Guess who's here!*
Puedo adivinar tu pensamiento.	*I can read your mind.*
A ver si adivina el acertijo.	*Let's see if he figures out the riddle.*
¡A que no lo adivina!	*I bet you can't guess!*
Le gustan las adivinanzas.	*She likes puzzles/riddles.*

admirar *to admire*

admiro · admiraron · admirado · admirando

PRESENT

admiro	admiramos
admiras	admiráis
admira	admiran

PRETERIT

admiré	admiramos
admiraste	admirasteis
admiró	admiraron

IMPERFECT

admiraba	admirábamos
admirabas	admirabais
admiraba	admiraban

PRESENT PERFECT

he admirado	hemos admirado
has admirado	habéis admirado
ha admirado	han admirado

FUTURE

admiraré	admiraremos
admirarás	admiraréis
admirará	admirarán

CONDITIONAL

admiraría	admiraríamos
admirarías	admiraríais
admiraría	admirarían

PLUPERFECT

había admirado	habíamos admirado
habías admirado	habíais admirado
había admirado	habían admirado

PRETERIT PERFECT

hube admirado	hubimos admirado
hubiste admirado	hubisteis admirado
hubo admirado	hubieron admirado

FUTURE PERFECT

habré admirado	habremos admirado
habrás admirado	habréis admirado
habrá admirado	habrán admirado

CONDITIONAL PERFECT

habría admirado	habríamos admirado
habrías admirado	habríais admirado
habría admirado	habrían admirado

PRESENT SUBJUNCTIVE

admire	admiremos
admires	admiréis
admire	admiren

PRESENT PERFECT SUBJUNCTIVE

haya admirado	hayamos admirado
hayas admirado	hayáis admirado
haya admirado	hayan admirado

IMPERFECT SUBJUNCTIVE (-ra)

admirara	admiráramos
admiraras	admirarais
admirara	admiraran

or ## IMPERFECT SUBJUNCTIVE (-se)

admirase	admirásemos
admirases	admiraseis
admirase	admirasen

PAST PERFECT SUBJUNCTIVE (-ra)

hubiera admirado	hubiéramos admirado
hubieras admirado	hubierais admirado
hubiera admirado	hubieran admirado

or ## PAST PERFECT SUBJUNCTIVE (-se)

hubiese admirado	hubiésemos admirado
hubieses admirado	hubieseis admirado
hubiese admirado	hubiesen admirado

PROGRESSIVE TENSES

PRESENT	estoy, estás, está, estamos, estáis, están
PRETERIT	estuve, estuviste, estuvo, estuvimos, estuvisteis, estuvieron
IMPERFECT	estaba, estabas, estaba, estábamos, estabais, estaban
FUTURE	estaré, estarás, estará, estaremos, estaréis, estarán
CONDITIONAL	estaría, estarías, estaría, estaríamos, estaríais, estarían
SUBJUNCTIVE	que + *corresponding subjunctive tense of* estar (*see verb 252*)

} admirando

COMMANDS

	(nosotros) admiremos/no admiremos
(tú) admira/no admires	(vosotros) admirad/no admiréis
(Ud.) admire/no admire	(Uds.) admiren/no admiren

Usage

Admiramos su honradez.	*We admire his honesty.*
Tienen gran admiración por sus padres.	*They admire their parents a lot.*
Su rectitud causa admiración.	*His uprightness inspires admiration.*
Es una persona admirable.	*He's an admirable person.*
Tiene muchos admiradores.	*He has many admirers.*
Me admiro de sus muchos logros.	*I have great admiration for his many accomplishments.*

regular -*ir* verb

admito · admitieron · admitido · admitiendo

PRESENT

admito	admitimos
admites	admitís
admite	admiten

PRETERIT

admití	admitimos
admitiste	admitisteis
admitió	admitieron

IMPERFECT

admitía	admitíamos
admitías	admitíais
admitía	admitían

PRESENT PERFECT

he admitido	hemos admitido
has admitido	habéis admitido
ha admitido	han admitido

FUTURE

admitiré	admitiremos
admitirás	admitiréis
admitirá	admitirán

CONDITIONAL

admitiría	admitiríamos
admitirías	admitiríais
admitiría	admitirían

PLUPERFECT

había admitido	habíamos admitido
habías admitido	habíais admitido
había admitido	habían admitido

PRETERIT PERFECT

hube admitido	hubimos admitido
hubiste admitido	hubisteis admitido
hubo admitido	hubieron admitido

FUTURE PERFECT

habré admitido	habremos admitido
habrás admitido	habréis admitido
habrá admitido	habrán admitido

CONDITIONAL PERFECT

habría admitido	habríamos admitido
habrías admitido	habríais admitido
habría admitido	habrían admitido

PRESENT SUBJUNCTIVE

admita	admitamos
admitas	admitáis
admita	admitan

PRESENT PERFECT SUBJUNCTIVE

haya admitido	hayamos admitido
hayas admitido	hayáis admitido
haya admitido	hayan admitido

IMPERFECT SUBJUNCTIVE (-ra)

admitiera	admitiéramos
admitieras	admitierais
admitiera	admitieran

or **IMPERFECT SUBJUNCTIVE (-se)**

admitiese	admitiésemos
admitieses	admitieseis
admitiese	admitiesen

PAST PERFECT SUBJUNCTIVE (-ra)

hubiera admitido	hubiéramos admitido
hubieras admitido	hubierais admitido
hubiera admitido	hubieran admitido

or **PAST PERFECT SUBJUNCTIVE (-se)**

hubiese admitido	hubiésemos admitido
hubieses admitido	hubieseis admitido
hubiese admitido	hubiesen admitido

PROGRESSIVE TENSES

PRESENT	estoy, estás, está, estamos, estáis, están
PRETERIT	estuve, estuviste, estuvo, estuvimos, estuvisteis, estuvieron
IMPERFECT	estaba, estabas, estaba, estábamos, estabais, estaban
FUTURE	estaré, estarás, estará, estaremos, estaréis, estarán
CONDITIONAL	estaría, estarías, estaría, estaríamos, estaríais, estarían
SUBJUNCTIVE	que + *corresponding subjunctive tense of* estar (*see verb 252*)

admitiendo

COMMANDS

	(nosotros) admitamos/no admitamos
(tú) admite/no admitas	(vosotros) admitid/no admitáis
(Ud.) admita/no admita	(Uds.) admitan/no admitan

Usage

Admitían solamente a los miembros del club.	*They only admitted club members.*
Admite que mintió.	*He admits that he lied.*
No se admiten animales.	*No animals allowed.*
Se admiten cheques personales en esta tienda.	*They accept personal checks at this store.*
La sala de conciertos admite 300 personas.	*The concert hall holds 300 people.*
El examen de admisión fue el lunes.	*The entrance examination was on Monday.*

adoptar *to adopt*

adopto · adoptaron · adoptado · adoptando

regular *-ar* verb

PRESENT

adopto	adoptamos
adoptas	adoptáis
adopta	adoptan

PRETERIT

adopté	adoptamos
adoptaste	adoptasteis
adoptó	adoptaron

IMPERFECT

adoptaba	adoptábamos
adoptabas	adoptabais
adoptaba	adoptaban

PRESENT PERFECT

he adoptado	hemos adoptado
has adoptado	habéis adoptado
ha adoptado	han adoptado

FUTURE

adoptaré	adoptaremos
adoptarás	adoptaréis
adoptará	adoptarán

CONDITIONAL

adoptaría	adoptaríamos
adoptarías	adoptaríais
adoptaría	adoptarían

PLUPERFECT

había adoptado	habíamos adoptado
habías adoptado	habíais adoptado
había adoptado	habían adoptado

PRETERIT PERFECT

hube adoptado	hubimos adoptado
hubiste adoptado	hubisteis adoptado
hubo adoptado	hubieron adoptado

FUTURE PERFECT

habré adoptado	habremos adoptado
habrás adoptado	habréis adoptado
habrá adoptado	habrán adoptado

CONDITIONAL PERFECT

habría adoptado	habríamos adoptado
habrías adoptado	habríais adoptado
habría adoptado	habrían adoptado

PRESENT SUBJUNCTIVE

adopte	adoptemos
adoptes	adoptéis
adopte	adopten

PRESENT PERFECT SUBJUNCTIVE

haya adoptado	hayamos adoptado
hayas adoptado	hayáis adoptado
haya adoptado	hayan adoptado

IMPERFECT SUBJUNCTIVE (-ra)

adoptara	adoptáramos
adoptaras	adoptarais
adoptara	adoptaran

or **IMPERFECT SUBJUNCTIVE (-se)**

adoptase	adoptásemos
adoptases	adoptaseis
adoptase	adoptasen

PAST PERFECT SUBJUNCTIVE (-ra)

hubiera adoptado	hubiéramos adoptado
hubieras adoptado	hubierais adoptado
hubiera adoptado	hubieran adoptado

or **PAST PERFECT SUBJUNCTIVE (-se)**

hubiese adoptado	hubiésemos adoptado
hubieses adoptado	hubieseis adoptado
hubiese adoptado	hubiesen adoptado

PROGRESSIVE TENSES

PRESENT	estoy, estás, está, estamos, estáis, están
PRETERIT	estuve, estuviste, estuvo, estuvimos, estuvisteis, estuvieron
IMPERFECT	estaba, estabas, estaba, estábamos, estabais, estaban
FUTURE	estaré, estarás, estará, estaremos, estaréis, estarán
CONDITIONAL	estaría, estarías, estaría, estaríamos, estaríais, estarían
SUBJUNCTIVE	que + *corresponding subjunctive tense of* estar (*see verb 252*)

} adoptando

COMMANDS

	(nosotros) adoptemos/no adoptemos
(tú) adopta/no adoptes	(vosotros) adoptad/no adoptéis
(Ud.) adopte/no adopte	(Uds.) adopten/no adopten

Usage

—Adoptaron a sus hijos, ¿verdad?	*They adopted their children, didn't they?*
—Sólo el mayor es hijo adoptivo.	*Only the elder one is an adopted child.*
Inglaterra es su país de adopción.	*England is his adopted country.*
Adoptó las costumbres inglesas.	*He adopted English customs.*
Adoptasteis una actitud muy desagradable.	*You adopted a very unpleasant attitude.*
Adoptamos la resolución por unanimidad.	*We adopted the resolution unanimously.*

regular *-ar* verb

adoro · adoraron · adorado · adorando

PRESENT

adoro	adoramos
adoras	adoráis
adora	adoran

PRETERIT

adoré	adoramos
adoraste	adorasteis
adoró	adoraron

IMPERFECT

adoraba	adorábamos
adorabas	adorabais
adoraba	adoraban

PRESENT PERFECT

he adorado	hemos adorado
has adorado	habéis adorado
ha adorado	han adorado

FUTURE

adoraré	adoraremos
adorarás	adoraréis
adorará	adorarán

CONDITIONAL

adoraría	adoraríamos
adorarías	adoraríais
adoraría	adorarían

PLUPERFECT

había adorado	habíamos adorado
habías adorado	habíais adorado
había adorado	habían adorado

PRETERIT PERFECT

hube adorado	hubimos adorado
hubiste adorado	hubisteis adorado
hubo adorado	hubieron adorado

FUTURE PERFECT

habré adorado	habremos adorado
habrás adorado	habréis adorado
habrá adorado	habrán adorado

CONDITIONAL PERFECT

habría adorado	habríamos adorado
habrías adorado	habríais adorado
habría adorado	habrían adorado

PRESENT SUBJUNCTIVE

adore	adoremos
adores	adoréis
adore	adoren

PRESENT PERFECT SUBJUNCTIVE

haya adorado	hayamos adorado
hayas adorado	hayáis adorado
haya adorado	hayan adorado

IMPERFECT SUBJUNCTIVE (-ra)

adorara	adoráramos
adoraras	adorarais
adorara	adoraran

or **IMPERFECT SUBJUNCTIVE (-se)**

adorase	adorásemos
adorases	adoraseis
adorase	adorasen

PAST PERFECT SUBJUNCTIVE (-ra)

hubiera adorado	hubiéramos adorado
hubieras adorado	hubierais adorado
hubiera adorado	hubieran adorado

or **PAST PERFECT SUBJUNCTIVE (-se)**

hubiese adorado	hubiésemos adorado
hubieses adorado	hubieseis adorado
hubiese adorado	hubiesen adorado

PROGRESSIVE TENSES

PRESENT	estoy, estás, está, estamos, estáis, están
PRETERIT	estuve, estuviste, estuvo, estuvimos, estuvisteis, estuvieron
IMPERFECT	estaba, estabas, estaba, estábamos, estabais, estaban
FUTURE	estaré, estarás, estará, estaremos, estaréis, estarán
CONDITIONAL	estaría, estarías, estaría, estaríamos, estaríais, estarían
SUBJUNCTIVE	que + *corresponding subjunctive tense of* estar (*see verb 252*)

} adorando

COMMANDS

	(nosotros) adoremos/no adoremos
(tú) adora/no adores	(vosotros) adorad/no adoréis
(Ud.) adore/no adore	(Uds.) adoren/no adoren

Usage

Adoramos a nuestros padres.	*We adore our parents.*
¡Qué niños más adorables!	*What adorable kids!*
La Epifanía se conoce como la Adoración de los Reyes.	*Epiphany is known as the Adoration of the Magi (Three Kings).*
Los miembros del club de admiradores adoran al cantante.	*The members of the fan club idolize the singer.*
Los adoradores adoran a Dios.	*The worshippers pray to God.*

adquirir *to acquire, buy*

adquiero · adquirieron · adquirido · adquiriendo

stem-changing -ir verb: *i > ie*

PRESENT		PRETERIT	
adquiero	adquirimos	adquirí	adquirimos
adquieres	adquirís	adquiriste	adquiristeis
adquiere	adquieren	adquirió	adquirieron

IMPERFECT		PRESENT PERFECT	
adquiría	adquiríamos	he adquirido	hemos adquirido
adquirías	adquiríais	has adquirido	habéis adquirido
adquiría	adquirían	ha adquirido	han adquirido

FUTURE		CONDITIONAL	
adquiriré	adquiriremos	adquiriría	adquiriríamos
adquirirás	adquiriréis	adquirirías	adquiriríais
adquirirá	adquirirán	adquiriría	adquirirían

PLUPERFECT		PRETERIT PERFECT	
había adquirido	habíamos adquirido	hube adquirido	hubimos adquirido
habías adquirido	habíais adquirido	hubiste adquirido	hubisteis adquirido
había adquirido	habían adquirido	hubo adquirido	hubieron adquirido

FUTURE PERFECT		CONDITIONAL PERFECT	
habré adquirido	habremos adquirido	habría adquirido	habríamos adquirido
habrás adquirido	habréis adquirido	habrías adquirido	habríais adquirido
habrá adquirido	habrán adquirido	habría adquirido	habrían adquirido

PRESENT SUBJUNCTIVE		PRESENT PERFECT SUBJUNCTIVE	
adquiera	adquiramos	haya adquirido	hayamos adquirido
adquieras	adquiráis	hayas adquirido	hayáis adquirido
adquiera	adquieran	haya adquirido	hayan adquirido

IMPERFECT SUBJUNCTIVE (-ra)		*or*	IMPERFECT SUBJUNCTIVE (-se)	
adquiriera	adquiriéramos		adquiriese	adquiriésemos
adquirieras	adquirierais		adquirieses	adquirieseis
adquiriera	adquirieran		adquiriese	adquiriesen

PAST PERFECT SUBJUNCTIVE (-ra)		*or*	PAST PERFECT SUBJUNCTIVE (-se)	
hubiera adquirido	hubiéramos adquirido		hubiese adquirido	hubiésemos adquirido
hubieras adquirido	hubierais adquirido		hubieses adquirido	hubieseis adquirido
hubiera adquirido	hubieran adquirido		hubiese adquirido	hubiesen adquirido

PROGRESSIVE TENSES

PRESENT	estoy, estás, está, estamos, estáis, están	
PRETERIT	estuve, estuviste, estuvo, estuvimos, estuvisteis, estuvieron	
IMPERFECT	estaba, estabas, estaba, estábamos, estabais, estaban	adquiriendo
FUTURE	estaré, estarás, estará, estaremos, estaréis, estarán	
CONDITIONAL	estaría, estarías, estaría, estaríamos, estaríais, estarían	
SUBJUNCTIVE	que + *corresponding subjunctive tense of* estar (*see verb 252*)	

COMMANDS

	(nosotros) adquiramos/no adquiramos
(tú) adquiere/no adquieras	(vosotros) adquirid/no adquiráis
(Ud.) adquiera/no adquiera	(Uds.) adquieran/no adquieran

Usage

Los chicos van adquiriendo malos hábitos.	*The children are acquiring bad habits.*
Acaba de adquirir un nuevo módem.	*He has just purchased a new modem.*
Esta agencia ha adquirido más importancia.	*This agency has become more important.*
Se especializa en la adquisición de datos.	*He specializes in data acquisition.*
El sueldo alto da más poder adquisitivo.	*A high salary provides more purchasing power.*
Son gustos adquiridos con el tiempo.	*They are acquired tastes.*

stem-changing -_ir_ verb: _i_ > _ie_   **advierto · advirtieron · advertido · advirtiendo**

PRESENT

		PRETERIT	
advierto	advertimos	advertí	advertimos
adviertes	advertís	advertiste	advertisteis
advierte	advierten	advirtió	advirtieron

IMPERFECT

		PRESENT PERFECT	
advertía	advertíamos	he advertido	hemos advertido
advertías	advertíais	has advertido	habéis advertido
advertía	advertían	ha advertido	han advertido

FUTURE

		CONDITIONAL	
advertiré	advertiremos	advertiría	advertiríamos
advertirás	advertiréis	advertirías	advertiríais
advertirá	advertirán	advertiría	advertirían

PLUPERFECT

		PRETERIT PERFECT	
había advertido	habíamos advertido	hube advertido	hubimos advertido
habías advertido	habíais advertido	hubiste advertido	hubisteis advertido
había advertido	habían advertido	hubo advertido	hubieron advertido

FUTURE PERFECT

		CONDITIONAL PERFECT	
habré advertido	habremos advertido	habría advertido	habríamos advertido
habrás advertido	habréis advertido	habrías advertido	habríais advertido
habrá advertido	habrán advertido	habría advertido	habrían advertido

PRESENT SUBJUNCTIVE

		PRESENT PERFECT SUBJUNCTIVE	
advierta	advirtamos	haya advertido	hayamos advertido
adviertas	advirtáis	hayas advertido	hayáis advertido
advierta	adviertan	haya advertido	hayan advertido

IMPERFECT SUBJUNCTIVE (-ra)   _or_ **IMPERFECT SUBJUNCTIVE (-se)**

advirtiera	advirtiéramos	advirtiese	advirtiésemos
advirtieras	advirtierais	advirtieses	advirtieseis
advirtiera	advirtieran	advirtiese	advirtiesen

PAST PERFECT SUBJUNCTIVE (-ra)   _or_ **PAST PERFECT SUBJUNCTIVE (-se)**

hubiera advertido	hubiéramos advertido	hubiese advertido	hubiésemos advertido
hubieras advertido	hubierais advertido	hubieses advertido	hubieseis advertido
hubiera advertido	hubieran advertido	hubiese advertido	hubiesen advertido

PROGRESSIVE TENSES

PRESENT	estoy, estás, está, estamos, estáis, están
PRETERIT	estuve, estuviste, estuvo, estuvimos, estuvisteis, estuvieron
IMPERFECT	estaba, estabas, estaba, estábamos, estabais, estaban
FUTURE	estaré, estarás, estará, estaremos, estaréis, estarán
CONDITIONAL	estaría, estarías, estaría, estaríamos, estaríais, estarían
SUBJUNCTIVE	que + _corresponding subjunctive tense of_ estar (_see verb 252_)

} advirtiendo

COMMANDS

	(nosotros) advirtamos/no advirtamos
(tú) advierte/no adviertas	(vosotros) advertid/no advirtáis
(Ud.) advierta/no advierta	(Uds.) adviertan/no adviertan

Usage

Te advierto que es peligroso.	_I'm warning you it's dangerous._
Me advirtió que hablara con el gerente.	_He advised me to speak with the manager._
Les advertimos que no nos importa.	_We told them it doesn't matter to us._
Dales una advertencia.	_Give them a warning/piece of advice._
Lea lo que dice la advertencia.	_Read what the warning/note says._
¡Queden advertidos que no soporto más!	_Be warned that I won't take any more!_

afeitarse   *to shave*

afeito · afeitaron · afeitado · afeitándose   regular *-ar* reflexive verb

PRESENT

me afeito	nos afeitamos
te afeitas	os afeitáis
se afeita	se afeitan

PRETERIT

me afeité	nos afeitamos
te afeitaste	os afeitasteis
se afeitó	se afeitaron

IMPERFECT

me afeitaba	nos afeitábamos
te afeitabas	os afeitabais
se afeitaba	se afeitaban

PRESENT PERFECT

me he afeitado	nos hemos afeitado
te has afeitado	os habéis afeitado
se ha afeitado	se han afeitado

FUTURE

me afeitaré	nos afeitaremos
te afeitarás	os afeitaréis
se afeitará	se afeitarán

CONDITIONAL

me afeitaría	nos afeitaríamos
te afeitarías	os afeitaríais
se afeitaría	se afeitarían

PLUPERFECT

me había afeitado	nos habíamos afeitado
te habías afeitado	os habíais afeitado
se había afeitado	se habían afeitado

PRETERIT PERFECT

me hube afeitado	nos hubimos afeitado
te hubiste afeitado	os hubisteis afeitado
se hubo afeitado	se hubieron afeitado

FUTURE PERFECT

me habré afeitado	nos habremos afeitado
te habrás afeitado	os habréis afeitado
se habrá afeitado	se habrán afeitado

CONDITIONAL PERFECT

me habría afeitado	nos habríamos afeitado
te habrías afeitado	os habríais afeitado
se habría afeitado	se habrían afeitado

PRESENT SUBJUNCTIVE

me afeite	nos afeitemos
te afeites	os afeitéis
se afeite	se afeiten

PRESENT PERFECT SUBJUNCTIVE

me haya afeitado	nos hayamos afeitado
te hayas afeitado	os hayáis afeitado
se haya afeitado	se hayan afeitado

IMPERFECT SUBJUNCTIVE (-ra)   *or*   **IMPERFECT SUBJUNCTIVE (-se)**

me afeitara	nos afeitáramos	me afeitase	nos afeitásemos
te afeitaras	os afeitarais	te afeitases	os afeitaseis
se afeitara	se afeitaran	se afeitase	se afeitasen

PAST PERFECT SUBJUNCTIVE (-ra)   *or*   **PAST PERFECT SUBJUNCTIVE (-se)**

me hubiera afeitado	nos hubiéramos afeitado	me hubiese afeitado	nos hubiésemos afeitado
te hubieras afeitado	os hubierais afeitado	te hubieses afeitado	os hubieseis afeitado
se hubiera afeitado	se hubieran afeitado	se hubiese afeitado	se hubiesen afeitado

PROGRESSIVE TENSES

PRESENT	estoy, estás, está, estamos, estáis, están
PRETERIT	estuve, estuviste, estuvo, estuvimos, estuvisteis, estuvieron
IMPERFECT	estaba, estabas, estaba, estábamos, estabais, estaban
FUTURE	estaré, estarás, estará, estaremos, estaréis, estarán
CONDITIONAL	estaría, estarías, estaría, estaríamos, estaríais, estarían
SUBJUNCTIVE	que + *corresponding subjunctive tense of* estar (*see verb 252*)

afeitando (*see page 31*)

COMMANDS

	(nosotros) afeitémonos/no nos afeitemos
(tú) aféitate/no te afeites	(vosotros) afeitaos/no os afeitéis
(Ud.) aféitese/no se afeite	(Uds.) aféitense/no se afeiten

Usage

—¿No te afeitas hoy?	*Aren't you shaving today?*
—Dejo que el barbero me afeite.	*I'll have the barber give me a shave.*
—Que te dé una afeitada y un corte de pelo.	*Have him give you a shave and a haircut.*
Usa una máquina de afeitar eléctrica.	*He uses an electric shaver.*
Pon crema de afeitar y afeites en la lista de compras.	*Put shaving cream and cosmetics on the shopping list.*

-*ir* verb; spelling change: *g > j/o, a* | **aflijo · afligieron · afligido · afligiendo**

PRESENT

aflijo	afligimos
afliges	afligís
aflige	afligen

IMPERFECT

afligía	afligíamos
afligías	afligíais
afligía	afligían

FUTURE

afligiré	afligiremos
afligirás	afligiréis
afligirá	afligirán

PLUPERFECT

había afligido	habíamos afligido
habías afligido	habíais afligido
había afligido	habían afligido

FUTURE PERFECT

habré afligido	habremos afligido
habrás afligido	habréis afligido
habrá afligido	habrán afligido

PRESENT SUBJUNCTIVE

aflija	aflijamos
aflijas	aflijáis
aflija	aflijan

IMPERFECT SUBJUNCTIVE (-ra)

afligiera	afligiéramos
afligieras	afligierais
afligiera	afligieran

PAST PERFECT SUBJUNCTIVE (-ra)

hubiera afligido	hubiéramos afligido
hubieras afligido	hubierais afligido
hubiera afligido	hubieran afligido

PRETERIT

afligí	afligimos
afligiste	afligisteis
afligió	afligieron

PRESENT PERFECT

he afligido	hemos afligido
has afligido	habéis afligido
ha afligido	han afligido

CONDITIONAL

afligiría	afligiríamos
afligirías	afligiríais
afligiría	afligirían

PRETERIT PERFECT

hube afligido	hubimos afligido
hubiste afligido	hubisteis afligido
hubo afligido	hubieron afligido

CONDITIONAL PERFECT

habría afligido	habríamos afligido
habrías afligido	habríais afligido
habría afligido	habrían afligido

PRESENT PERFECT SUBJUNCTIVE

haya afligido	hayamos afligido
hayas afligido	hayáis afligido
haya afligido	hayan afligido

or **IMPERFECT SUBJUNCTIVE (-se)**

afligiese	afligiésemos
afligieses	afligieseis
afligiese	afligiesen

or **PAST PERFECT SUBJUNCTIVE (-se)**

hubiese afligido	hubiésemos afligido
hubieses afligido	hubieseis afligido
hubiese afligido	hubiesen afligido

PROGRESSIVE TENSES

PRESENT	estoy, estás, está, estamos, estáis, están
PRETERIT	estuve, estuviste, estuvo, estuvimos, estuvisteis, estuvieron
IMPERFECT	estaba, estabas, estaba, estábamos, estabais, estaban
FUTURE	estaré, estarás, estará, estaremos, estaréis, estarán
CONDITIONAL	estaría, estarías, estaría, estaríamos, estaríais, estarían
SUBJUNCTIVE	que + *corresponding subjunctive tense of* estar (*see verb 252*)

afligiendo

COMMANDS

	(nosotros) aflijamos/no aflijamos
(tú) aflige/no aflijas	(vosotros) afligid/no aflijáis
(Ud.) aflija/no aflija	(Uds.) aflijan/no aflijan

Usage

La pena les aflige.	*They're afflicted by sorrow.*
No te aflijas.	*Don't be distressed/upset.*
Se aflige del accidente.	*He's grieving over the accident.*
Están afligidos por su muerte.	*They're bereaved by his death.*
Estaba afligida de artritis.	*She was suffering from arthritis.*

agarrar   to grasp, grab

PRESENT

agarro	agarramos
agarras	agarráis
agarra	agarran

PRETERIT

agarré	agarramos
agarraste	agarrasteis
agarró	agarraron

IMPERFECT

agarraba	agarrábamos
agarrabas	agarrabais
agarraba	agarraban

PRESENT PERFECT

he agarrado	hemos agarrado
has agarrado	habéis agarrado
ha agarrado	han agarrado

FUTURE

agarraré	agarraremos
agarrarás	agarraréis
agarrará	agarrarán

CONDITIONAL

agarraría	agarraríamos
agarrarías	agarraríais
agarraría	agarrarían

PLUPERFECT

había agarrado	habíamos agarrado
habías agarrado	habíais agarrado
había agarrado	habían agarrado

PRETERIT PERFECT

hube agarrado	hubimos agarrado
hubiste agarrado	hubisteis agarrado
hubo agarrado	hubieron agarrado

FUTURE PERFECT

habré agarrado	habremos agarrado
habrás agarrado	habréis agarrado
habrá agarrado	habrán agarrado

CONDITIONAL PERFECT

habría agarrado	habríamos agarrado
habrías agarrado	habríais agarrado
habría agarrado	habrían agarrado

PRESENT SUBJUNCTIVE

agarre	agarremos
agarres	agarréis
agarre	agarren

PRESENT PERFECT SUBJUNCTIVE

haya agarrado	hayamos agarrado
hayas agarrado	hayáis agarrado
haya agarrado	hayan agarrado

IMPERFECT SUBJUNCTIVE (-ra)

agarrara	agarráramos
agarraras	agarrarais
agarrara	agarraran

or **IMPERFECT SUBJUNCTIVE (-se)**

agarrase	agarrásemos
agarrases	agarraseis
agarrase	agarrasen

PAST PERFECT SUBJUNCTIVE (-ra)

hubiera agarrado	hubiéramos agarrado
hubieras agarrado	hubierais agarrado
hubiera agarrado	hubieran agarrado

or **PAST PERFECT SUBJUNCTIVE (-se)**

hubiese agarrado	hubiésemos agarrado
hubieses agarrado	hubieseis agarrado
hubiese agarrado	hubiesen agarrado

PROGRESSIVE TENSES

PRESENT	estoy, estás, está, estamos, estáis, están
PRETERIT	estuve, estuviste, estuvo, estuvimos, estuvisteis, estuvieron
IMPERFECT	estaba, estabas, estaba, estábamos, estabais, estaban
FUTURE	estaré, estarás, estará, estaremos, estaréis, estarán
CONDITIONAL	estaría, estarías, estaría, estaríamos, estaríais, estarían
SUBJUNCTIVE	que + *corresponding subjunctive tense of* estar (*see verb 252*)

} agarrando

COMMANDS

	(nosotros) agarremos/no agarremos
(tú) agarra/no agarres	(vosotros) agarrad/no agarréis
(Ud.) agarre/no agarre	(Uds.) agarren/no agarren

Usage

Agarra la sartén.	*Grasp the frying pan.*
Agárrelo antes que salga.	*Catch him before he leaves.*
No han agarrado lo que dijiste.	*They haven't grasped what you said.*
Agárrate bien para no caerte.	*Hold on tightly so that you don't fall.*
Caminan agarrados del brazo.	*They're walking arm in arm.*
Cuelga la cortina en los agarraderos.	*Hang the curtain on the hooks.*
Tiene éxito por sus agarraderos.	*He's successful because of his connections.*

regular *-ar* verb

agito · agitaron · agitado · agitando

PRESENT

agito	agitamos
agitas	agitáis
agita	agitan

IMPERFECT

agitaba	agitábamos
agitabas	agitabais
agitaba	agitaban

FUTURE

agitaré	agitaremos
agitarás	agitaréis
agitará	agitarán

PLUPERFECT

había agitado	habíamos agitado
habías agitado	habíais agitado
había agitado	habían agitado

FUTURE PERFECT

habré agitado	habremos agitado
habrás agitado	habréis agitado
habrá agitado	habrán agitado

PRESENT SUBJUNCTIVE

agite	agitemos
agites	agitéis
agite	agiten

IMPERFECT SUBJUNCTIVE (-ra)

agitara	agitáramos
agitaras	agitarais
agitara	agitaran

PAST PERFECT SUBJUNCTIVE (-ra)

hubiera agitado	hubiéramos agitado
hubieras agitado	hubierais agitado
hubiera agitado	hubieran agitado

PRETERIT

agité	agitamos
agitaste	agitasteis
agitó	agitaron

PRESENT PERFECT

he agitado	hemos agitado
has agitado	habéis agitado
ha agitado	han agitado

CONDITIONAL

agitaría	agitaríamos
agitarías	agitaríais
agitaría	agitarían

PRETERIT PERFECT

hube agitado	hubimos agitado
hubiste agitado	hubisteis agitado
hubo agitado	hubieron agitado

CONDITIONAL PERFECT

habría agitado	habríamos agitado
habrías agitado	habríais agitado
habría agitado	habrían agitado

PRESENT PERFECT SUBJUNCTIVE

haya agitado	hayamos agitado
hayas agitado	hayáis agitado
haya agitado	hayan agitado

or **IMPERFECT SUBJUNCTIVE (-se)**

agitase	agitásemos
agitases	agitaseis
agitase	agitasen

or **PAST PERFECT SUBJUNCTIVE (-se)**

hubiese agitado	hubiésemos agitado
hubieses agitado	hubieseis agitado
hubiese agitado	hubiesen agitado

PROGRESSIVE TENSES

PRESENT	estoy, estás, está, estamos, estáis, están	
PRETERIT	estuve, estuviste, estuvo, estuvimos, estuvisteis, estuvieron	
IMPERFECT	estaba, estabas, estaba, estábamos, estabais, estaban	agitando
FUTURE	estaré, estarás, estará, estaremos, estaréis, estarán	
CONDITIONAL	estaría, estarías, estaría, estaríamos, estaríais, estarían	
SUBJUNCTIVE	que + *corresponding subjunctive tense of* estar (*see verb 252*)	

COMMANDS

	(nosotros) agitemos/no agitemos
(tú) agita/no agites	(vosotros) agitad/no agitéis
(Ud.) agite/no agite	(Uds.) agiten/no agiten

Usage

Agita el aliño antes de servirlo.	*Shake the dressing before you pour it.*
Luego agita la sopa.	*Then stir the soup.*
El viento hacía agitar la bandera.	*The wind made the flag wave.*
¡Dejen de agitarse, niños!	*Children, stop fidgeting!*
—No te agites.	*Don't worry/be upset.*
—Pues no estoy agitada.	*I'm not worried.*
Hubo mucha agitación en el centro.	*There was a lot of bustle downtown.*

agotar   *to exhaust, use up*

regular *-ar* verb

PRESENT		PRETERIT	
agoto	agotamos	agoté	agotamos
agotas	agotáis	agotaste	agotasteis
agota	agotan	agotó	agotaron

IMPERFECT		PRESENT PERFECT	
agotaba	agotábamos	he agotado	hemos agotado
agotabas	agotabais	has agotado	habéis agotado
agotaba	agotaban	ha agotado	han agotado

FUTURE		CONDITIONAL	
agotaré	agotaremos	agotaría	agotaríamos
agotarás	agotaréis	agotarías	agotaríais
agotará	agotarán	agotaría	agotarían

PLUPERFECT		PRETERIT PERFECT	
había agotado	habíamos agotado	hube agotado	hubimos agotado
habías agotado	habíais agotado	hubiste agotado	hubisteis agotado
había agotado	habían agotado	hubo agotado	hubieron agotado

FUTURE PERFECT		CONDITIONAL PERFECT	
habré agotado	habremos agotado	habría agotado	habríamos agotado
habrás agotado	habréis agotado	habrías agotado	habríais agotado
habrá agotado	habrán agotado	habría agotado	habrían agotado

PRESENT SUBJUNCTIVE		PRESENT PERFECT SUBJUNCTIVE	
agote	agotemos	haya agotado	hayamos agotado
agotes	agotéis	hayas agotado	hayáis agotado
agote	agoten	haya agotado	hayan agotado

IMPERFECT SUBJUNCTIVE (-ra)		*or*	IMPERFECT SUBJUNCTIVE (-se)	
agotara	agotáramos		agotase	agotásemos
agotaras	agotarais		agotases	agotaseis
agotara	agotaran		agotase	agotasen

PAST PERFECT SUBJUNCTIVE (-ra)		*or*	PAST PERFECT SUBJUNCTIVE (-se)	
hubiera agotado	hubiéramos agotado		hubiese agotado	hubiésemos agotado
hubieras agotado	hubierais agotado		hubieses agotado	hubieseis agotado
hubiera agotado	hubieran agotado		hubiese agotado	hubiesen agotado

PROGRESSIVE TENSES

PRESENT	estoy, estás, está, estamos, estáis, están
PRETERIT	estuve, estuviste, estuvo, estuvimos, estuvisteis, estuvieron
IMPERFECT	estaba, estabas, estaba, estábamos, estabais, estaban
FUTURE	estaré, estarás, estará, estaremos, estaréis, estarán
CONDITIONAL	estaría, estarías, estaría, estaríamos, estaríais, estarían
SUBJUNCTIVE	que + *corresponding subjunctive tense of* estar (*see verb 252*)

} agotando

COMMANDS

	(nosotros) agotemos/no agotemos
(tú) agota/no agotes	(vosotros) agotad/no agotéis
(Ud.) agote/no agote	(Uds.) agoten/no agoten

Usage

Agotó todos sus ahorros.	*He used up all his savings.*
Ya agotamos este tema.	*We've already exhausted this topic.*
Vas a agotarte si sigues así.	*You'll wear yourself out if you go on like this.*
Son ejercicios agotadores.	*They're exhausting exercises.*
—Busco la tercera edición.	*I'm looking for the third edition.*
—Se agotó hace un año.	*It went out of print a year ago.*
Sufre del agotamiento físico.	*He's suffering from physical exhaustion.*

regular *-ar* verb; reverse construction
(with indirect object pronoun)

agrado · agradaron · agradado · agradando

PRESENT

agrado	agradamos
agradas	agradáis
agrada	agradan

PRETERIT

agradé	agradamos
agradaste	agradasteis
agradó	agradaron

IMPERFECT

agradaba	agradábamos
agradabas	agradabais
agradaba	agradaban

PRESENT PERFECT

he agradado	hemos agradado
has agradado	habéis agradado
ha agradado	han agradado

FUTURE

agradaré	agradaremos
agradarás	agradaréis
agradará	agradarán

CONDITIONAL

agradaría	agradaríamos
agradarías	agradaríais
agradaría	agradarían

PLUPERFECT

había agradado	habíamos agradado
habías agradado	habíais agradado
había agradado	habían agradado

PRETERIT PERFECT

hube agradado	hubimos agradado
hubiste agradado	hubisteis agradado
hubo agradado	hubieron agradado

FUTURE PERFECT

habré agradado	habremos agradado
habrás agradado	habréis agradado
habrá agradado	habrán agradado

CONDITIONAL PERFECT

habría agradado	habríamos agradado
habrías agradado	habríais agradado
habría agradado	habrían agradado

PRESENT SUBJUNCTIVE

agrade	agrademos
agrades	agradéis
agrade	agraden

PRESENT PERFECT SUBJUNCTIVE

haya agradado	hayamos agradado
hayas agradado	hayáis agradado
haya agradado	hayan agradado

IMPERFECT SUBJUNCTIVE (-ra)

agradara	agradáramos
agradaras	agradarais
agradara	agradaran

or **IMPERFECT SUBJUNCTIVE (-se)**

agradase	agradásemos
agradases	agradaseis
agradase	agradasen

PAST PERFECT SUBJUNCTIVE (-ra)

hubiera agradado	hubiéramos agradado
hubieras agradado	hubierais agradado
hubiera agradado	hubieran agradado

or **PAST PERFECT SUBJUNCTIVE (-se)**

hubiese agradado	hubiésemos agradado
hubieses agradado	hubieseis agradado
hubiese agradado	hubiesen agradado

PROGRESSIVE TENSES

PRESENT	estoy, estás, está, estamos, estáis, están
PRETERIT	estuve, estuviste, estuvo, estuvimos, estuvisteis, estuvieron
IMPERFECT	estaba, estabas, estaba, estábamos, estabais, estaban
FUTURE	estaré, estarás, estará, estaremos, estaréis, estarán
CONDITIONAL	estaría, estarías, estaría, estaríamos, estaríais, estarían
SUBJUNCTIVE	que + *corresponding subjunctive tense of* estar (*see verb 252*)

agradando

COMMANDS

¡Que te/le/os/les agrade(n)!   ¡Que no te/le/os/les agrade(n)!

Usage

La actuación agradó al público.	*The performance pleased the audience.*
—Me agrada su manera de ser.	*I like his manner.*
—¡Pues a mí, no!	*Well, I don't!*
—Es una chica muy agradable, ¿no?	*She's a very nice girl, isn't she?*
—Al contrario. Yo la encuentro muy desagradable.	*On the contrary. I find her very unpleasant.*
Se hablaron agradablemente.	*They talked to each other pleasantly.*

agradecer *to thank, be grateful*

agradezco · agradecieron · agradecido · agradeciendo   *-er* verb; spelling change: *c > zc/o, a*

PRESENT

agradezco	agradecemos
agradeces	agradecéis
agradece	agradecen

PRETERIT

agradecí	agradecimos
agradeciste	agradecisteis
agradeció	agradecieron

IMPERFECT

agradecía	agradecíamos
agradecías	agradecíais
agradecía	agradecían

PRESENT PERFECT

he agradecido	hemos agradecido
has agradecido	habéis agradecido
ha agradecido	han agradecido

FUTURE

agradeceré	agradeceremos
agradecerás	agradeceréis
agradecerá	agradecerán

CONDITIONAL

agradecería	agradeceríamos
agradecerías	agradeceríais
agradecería	agradecerían

PLUPERFECT

había agradecido	habíamos agradecido
habías agradecido	habíais agradecido
había agradecido	habían agradecido

PRETERIT PERFECT

hube agradecido	hubimos agradecido
hubiste agradecido	hubisteis agradecido
hubo agradecido	hubieron agradecido

FUTURE PERFECT

habré agradecido	habremos agradecido
habrás agradecido	habréis agradecido
habrá agradecido	habrán agradecido

CONDITIONAL PERFECT

habría agradecido	habríamos agradecido
habrías agradecido	habríais agradecido
habría agradecido	habrían agradecido

PRESENT SUBJUNCTIVE

agradezca	agradezcamos
agradezcas	agradezcáis
agradezca	agradezcan

PRESENT PERFECT SUBJUNCTIVE

haya agradecido	hayamos agradecido
hayas agradecido	hayáis agradecido
haya agradecido	hayan agradecido

IMPERFECT SUBJUNCTIVE (-ra)   *or*   IMPERFECT SUBJUNCTIVE (-se)

agradeciera	agradeciéramos	agradeciese	agradeciésemos
agradecieras	agradecierais	agradecieses	agradecieseis
agradeciera	agradecieran	agradeciese	agradeciesen

PAST PERFECT SUBJUNCTIVE (-ra)   *or*   PAST PERFECT SUBJUNCTIVE (-se)

hubiera agradecido	hubiéramos agradecido	hubiese agradecido	hubiésemos agradecido
hubieras agradecido	hubierais agradecido	hubieses agradecido	hubieseis agradecido
hubiera agradecido	hubieran agradecido	hubiese agradecido	hubiesen agradecido

PROGRESSIVE TENSES

PRESENT	estoy, estás, está, estamos, estáis, están
PRETERIT	estuve, estuviste, estuvo, estuvimos, estuvisteis, estuvieron
IMPERFECT	estaba, estabas, estaba, estábamos, estabais, estaban
FUTURE	estaré, estarás, estará, estaremos, estaréis, estarán
CONDITIONAL	estaría, estarías, estaría, estaríamos, estaríais, estarían
SUBJUNCTIVE	que + *corresponding subjunctive tense of* estar (*see verb 252*)

} agradeciendo

COMMANDS

	(nosotros) agradezcamos/no agradezcamos
(tú) agradece/no agradezcas	(vosotros) agradeced/no agradezcáis
(Ud.) agradezca/no agradezca	(Uds.) agradezcan/no agradezcan

Usage

Se lo agradezco mucho.	*Thank you very much.*
Le agradecemos su atención.	*We're grateful for your attention/consideration.*
Muy agradecido.	*I'm very grateful./Thank you.*
¿Cómo le expreso mi agradecimiento?	*How can I express my gratitude/appreciation?*
Siempre se agradece la cortesía.	*Politeness is always appreciated.*
Estoy muy agradecida por el favor que me hiciste.	*I'm very grateful for the favor you did for me.*

regular -ar verb | agrando · agrandaron · agrandado · agrandando

PRESENT

agrando	agrandamos
agrandas	agrandáis
agranda	agrandan

PRETERIT

agrandé	agrandamos
agrandaste	agrandasteis
agrandó	agrandaron

IMPERFECT

agrandaba	agrandábamos
agrandabas	agrandabais
agrandaba	agrandaban

PRESENT PERFECT

he agrandado	hemos agrandado
has agrandado	habéis agrandado
ha agrandado	han agrandado

FUTURE

agrandaré	agrandaremos
agrandarás	agrandaréis
agrandará	agrandarán

CONDITIONAL

agrandaría	agrandaríamos
agrandarías	agrandaríais
agrandaría	agrandarían

PLUPERFECT

había agrandado	habíamos agrandado
habías agrandado	habíais agrandado
había agrandado	habían agrandado

PRETERIT PERFECT

hube agrandado	hubimos agrandado
hubiste agrandado	hubisteis agrandado
hubo agrandado	hubieron agrandado

FUTURE PERFECT

habré agrandado	habremos agrandado
habrás agrandado	habréis agrandado
habrá agrandado	habrán agrandado

CONDITIONAL PERFECT

habría agrandado	habríamos agrandado
habrías agrandado	habríais agrandado
habría agrandado	habrían agrandado

PRESENT SUBJUNCTIVE

agrande	agrandemos
agrandes	agrandéis
agrande	agranden

PRESENT PERFECT SUBJUNCTIVE

haya agrandado	hayamos agrandado
hayas agrandado	hayáis agrandado
haya agrandado	hayan agrandado

IMPERFECT SUBJUNCTIVE (-ra)

agrandara	agrandáramos
agrandaras	agrandarais
agrandara	agrandaran

or **IMPERFECT SUBJUNCTIVE (-se)**

agrandase	agrandásemos
agrandases	agrandaseis
agrandase	agrandasen

PAST PERFECT SUBJUNCTIVE (-ra)

hubiera agrandado	hubiéramos agrandado
hubieras agrandado	hubierais agrandado
hubiera agrandado	hubieran agrandado

or **PAST PERFECT SUBJUNCTIVE (-se)**

hubiese agrandado	hubiésemos agrandado
hubieses agrandado	hubieseis agrandado
hubiese agrandado	hubiesen agrandado

PROGRESSIVE TENSES

PRESENT	estoy, estás, está, estamos, estáis, están
PRETERIT	estuve, estuviste, estuvo, estuvimos, estuvisteis, estuvieron
IMPERFECT	estaba, estabas, estaba, estábamos, estabais, estaban
FUTURE	estaré, estarás, estará, estaremos, estaréis, estarán
CONDITIONAL	estaría, estarías, estaría, estaríamos, estaríais, estarían
SUBJUNCTIVE	que + *corresponding subjunctive tense of* estar (*see verb 252*)

agrandando

COMMANDS

	(nosotros) agrandemos/no agrandemos
(tú) agranda/no agrandes	(vosotros) agrandad/no agrandéis
(Ud.) agrande/no agrande	(Uds.) agranden/no agranden

Usage

Quiero hacer agrandar esta foto.	*I want to have this photo enlarged.*
Se está agrandando la casa central.	*They're making the main branch larger.*
—No agrandes los problemas entre Uds.	*Don't exaggerate the problems between you.*
—Nuestras diferencias se agrandan diariamente.	*Our differences increase daily.*
El pantalón te queda grande.	*The pants are too big on you.*
Lo pasaron en grande.	*They had a marvelous time.*

agregar   *to add, amass, appoint*

agrego · agregaron · agregado · agregando   *-ar* verb; spelling change: *g > gu/e*

PRESENT		PRETERIT	
agrego	agregamos	agregué	agregamos
agregas	agregáis	agregaste	agregasteis
agrega	agregan	agregó	agregaron

IMPERFECT		PRESENT PERFECT	
agregaba	agregábamos	he agregado	hemos agregado
agregabas	agregabais	has agregado	habéis agregado
agregaba	agregaban	ha agregado	han agregado

FUTURE		CONDITIONAL	
agregaré	agregaremos	agregaría	agregaríamos
agregarás	agregaréis	agregarías	agregaríais
agregará	agregarán	agregaría	agregarían

PLUPERFECT		PRETERIT PERFECT	
había agregado	habíamos agregado	hube agregado	hubimos agregado
habías agregado	habíais agregado	hubiste agregado	hubisteis agregado
había agregado	habían agregado	hubo agregado	hubieron agregado

FUTURE PERFECT		CONDITIONAL PERFECT	
habré agregado	habremos agregado	habría agregado	habríamos agregado
habrás agregado	habréis agregado	habrías agregado	habríais agregado
habrá agregado	habrán agregado	habría agregado	habrían agregado

PRESENT SUBJUNCTIVE		PRESENT PERFECT SUBJUNCTIVE	
agregue	agreguemos	haya agregado	hayamos agregado
agregues	agreguéis	hayas agregado	hayáis agregado
agregue	agreguen	haya agregado	hayan agregado

IMPERFECT SUBJUNCTIVE (-ra)		*or* IMPERFECT SUBJUNCTIVE (-se)	
agregara	agregáramos	agregase	agregásemos
agregaras	agregarais	agregases	agregaseis
agregara	agregaran	agregase	agregasen

PAST PERFECT SUBJUNCTIVE (-ra)		*or* PAST PERFECT SUBJUNCTIVE (-se)	
hubiera agregado	hubiéramos agregado	hubiese agregado	hubiésemos agregado
hubieras agregado	hubierais agregado	hubieses agregado	hubieseis agregado
hubiera agregado	hubieran agregado	hubiese agregado	hubiesen agregado

PROGRESSIVE TENSES

PRESENT	estoy, estás, está, estamos, estáis, están	
PRETERIT	estuve, estuviste, estuvo, estuvimos, estuvisteis, estuvieron	
IMPERFECT	estaba, estabas, estaba, estábamos, estabais, estaban	agregando
FUTURE	estaré, estarás, estará, estaremos, estaréis, estarán	
CONDITIONAL	estaría, estarías, estaría, estaríamos, estaríais, estarían	
SUBJUNCTIVE	que + *corresponding subjunctive tense of* estar *(see verb 252)*	

COMMANDS

	(nosotros) agreguemos/no agreguemos
(tú) agrega/no agregues	(vosotros) agregad/no agreguéis
(Ud.) agregue/no agregue	(Uds.) agreguen/no agreguen

Usage

Agregue una explicación.	*Add an explanation.*
—¿Se agregó al comité?	*Did you join the committee?*
—Fui agregado hace un mes.	*I was appointed a month ago.*
Tratemos de agregar más dinero.	*Let's try to amass more money.*
—¿Conoces al agregado cultural?	*Do you know the cultural attaché?*
—Es profesor agregado.	*He's an associate professor.*

regular -ar verb

aguanto · aguantaron · aguantado · aguantando

PRESENT

aguanto	aguantamos
aguantas	aguantáis
aguanta	aguantan

IMPERFECT

aguantaba	aguantábamos
aguantabas	aguantabais
aguantaba	aguantaban

FUTURE

aguantaré	aguantaremos
aguantarás	aguantaréis
aguantará	aguantarán

PLUPERFECT

había aguantado	habíamos aguantado
habías aguantado	habíais aguantado
había aguantado	habían aguantado

FUTURE PERFECT

habré aguantado	habremos aguantado
habrás aguantado	habréis aguantado
habrá aguantado	habrán aguantado

PRESENT SUBJUNCTIVE

aguante	aguantemos
aguantes	aguantéis
aguante	aguanten

IMPERFECT SUBJUNCTIVE (-ra)

aguantara	aguantáramos
aguantaras	aguantarais
aguantara	aguantaran

PAST PERFECT SUBJUNCTIVE (-ra)

hubiera aguantado	hubiéramos aguantado
hubieras aguantado	hubierais aguantado
hubiera aguantado	hubieran aguantado

PRETERIT

aguanté	aguantamos
aguantaste	aguantasteis
aguantó	aguantaron

PRESENT PERFECT

he aguantado	hemos aguantado
has aguantado	habéis aguantado
ha aguantado	han aguantado

CONDITIONAL

aguantaría	aguantaríamos
aguantarías	aguantaríais
aguantaría	aguantarían

PRETERIT PERFECT

hube aguantado	hubimos aguantado
hubiste aguantado	hubisteis aguantado
hubo aguantado	hubieron aguantado

CONDITIONAL PERFECT

habría aguantado	habríamos aguantado
habrías aguantado	habríais aguantado
habría aguantado	habrían aguantado

PRESENT PERFECT SUBJUNCTIVE

haya aguantado	hayamos aguantado
hayas aguantado	hayáis aguantado
haya aguantado	hayan aguantado

or   **IMPERFECT SUBJUNCTIVE (-se)**

aguantase	aguantásemos
aguantases	aguantaseis
aguantase	aguantasen

or   **PAST PERFECT SUBJUNCTIVE (-se)**

hubiese aguantado	hubiésemos aguantado
hubieses aguantado	hubieseis aguantado
hubiese aguantado	hubiesen aguantado

PROGRESSIVE TENSES

PRESENT	estoy, estás, está, estamos, estáis, están
PRETERIT	estuve, estuviste, estuvo, estuvimos, estuvisteis, estuvieron
IMPERFECT	estaba, estabas, estaba, estábamos, estabais, estaban
FUTURE	estaré, estarás, estará, estaremos, estaréis, estarán
CONDITIONAL	estaría, estarías, estaría, estaríamos, estaríais, estarían
SUBJUNCTIVE	que + *corresponding subjunctive tense of* estar (*see verb 252*)

} aguantando

COMMANDS

	(nosotros) aguantemos/no aguantemos
(tú) aguanta/no aguantes	(vosotros) aguantad/no aguantéis
(Ud.) aguante/no aguante	(Uds.) aguanten/no aguanten

Usage

¡No aguanto a esos chicos!	*I can't stand those kids!*
No aguantamos su descaro.	*We'll not tolerate their insolence.*
Aguántame el cartel más arriba.	*Hold the poster up higher for me.*
¡No aguanto más!	*I've had enough!*
No pudisteis aguantar la risa.	*You couldn't hold back your laughter.*
¡Pues, aguántate!	*You'll just have to put up with it!*

ahogo · ahogaron · ahogado · ahogándose   *-ar* reflexive verb; spelling change: *g > gu/e*

PRESENT

me ahogo	nos ahogamos
te ahogas	os ahogáis
se ahoga	se ahogan

IMPERFECT

me ahogaba	nos ahogábamos
te ahogabas	os ahogabais
se ahogaba	se ahogaban

FUTURE

me ahogaré	nos ahogaremos
te ahogarás	os ahogaréis
se ahogará	se ahogarán

PLUPERFECT

me había ahogado	nos habíamos ahogado
te habías ahogado	os habíais ahogado
se había ahogado	se habían ahogado

FUTURE PERFECT

me habré ahogado	nos habremos ahogado
te habrás ahogado	os habréis ahogado
se habrá ahogado	se habrán ahogado

PRESENT SUBJUNCTIVE

me ahogue	nos ahoguemos
te ahogues	os ahoguéis
se ahogue	se ahoguen

IMPERFECT SUBJUNCTIVE (-ra)

me ahogara	nos ahogáramos
te ahogaras	os ahogarais
se ahogara	se ahogaran

PAST PERFECT SUBJUNCTIVE (-ra)

me hubiera ahogado	nos hubiéramos ahogado
te hubieras ahogado	os hubierais ahogado
se hubiera ahogado	se hubieran ahogado

PRETERIT

me ahogué	nos ahogamos
te ahogaste	os ahogasteis
se ahogó	se ahogaron

PRESENT PERFECT

me he ahogado	nos hemos ahogado
te has ahogado	os habéis ahogado
se ha ahogado	se han ahogado

CONDITIONAL

me ahogaría	nos ahogaríamos
te ahogarías	os ahogaríais
se ahogaría	se ahogarían

PRETERIT PERFECT

me hube ahogado	nos hubimos ahogado
te hubiste ahogado	os hubisteis ahogado
se hubo ahogado	se hubieron ahogado

CONDITIONAL PERFECT

me habría ahogado	nos habríamos ahogado
te habrías ahogado	os habríais ahogado
se habría ahogado	se habrían ahogado

PRESENT PERFECT SUBJUNCTIVE

me haya ahogado	nos hayamos ahogado
te hayas ahogado	os hayáis ahogado
se haya ahogado	se hayan ahogado

or ### IMPERFECT SUBJUNCTIVE (-se)

me ahogase	nos ahogásemos
te ahogases	os ahogaseis
se ahogase	se ahogasen

or ### PAST PERFECT SUBJUNCTIVE (-se)

me hubiese ahogado	nos hubiésemos ahogado
te hubieses ahogado	os hubieseis ahogado
se hubiese ahogado	se hubiesen ahogado

PROGRESSIVE TENSES

PRESENT	estoy, estás, está, estamos, estáis, están
PRETERIT	estuve, estuviste, estuvo, estuvimos, estuvisteis, estuvieron
IMPERFECT	estaba, estabas, estaba, estábamos, estabais, estaban
FUTURE	estaré, estarás, estará, estaremos, estaréis, estarán
CONDITIONAL	estaría, estarías, estaría, estaríamos, estaríais, estarían
SUBJUNCTIVE	que + *corresponding subjunctive tense of* estar (*see verb 252*)

} ahogando (*see page 31*)

COMMANDS

	(nosotros) ahoguémonos/no nos ahoguemos
(tú) ahógate/no te ahogues	(vosotros) ahogaos/no os ahoguéis
(Ud.) ahóguese/no se ahogue	(Uds.) ahóguense/no se ahoguen

Usage

El monóxido de carbono los ahogó.	*Carbon monoxide suffocated them.*
Se ahogó en el mar.	*He drowned at sea.*
Me ahogo de calor.	*I'm suffocating from the heat.*
Trata de ahogar el llanto.	*Try to hold back your tears.*
Estás ahogándote en un vaso de agua.	*You're making a mountain out of a molehill.*
Desahógate conmigo.	*Confide in me./Unburden yourself to me.*

regular -ar verb | **ahorro · ahorraron · ahorrado · ahorrando**

PRESENT

		PRETERIT	
ahorro	ahorramos	ahorré	ahorramos
ahorras	ahorráis	ahorraste	ahorrasteis
ahorra	ahorran	ahorró	ahorraron

IMPERFECT

		PRESENT PERFECT	
ahorraba	ahorrábamos	he ahorrado	hemos ahorrado
ahorrabas	ahorrabais	has ahorrado	habéis ahorrado
ahorraba	ahorraban	ha ahorrado	han ahorrado

FUTURE

		CONDITIONAL	
ahorraré	ahorraremos	ahorraría	ahorraríamos
ahorrarás	ahorraréis	ahorrarías	ahorraríais
ahorrará	ahorrarán	ahorraría	ahorrarían

PLUPERFECT

		PRETERIT PERFECT	
había ahorrado	habíamos ahorrado	hube ahorrado	hubimos ahorrado
habías ahorrado	habíais ahorrado	hubiste ahorrado	hubisteis ahorrado
había ahorrado	habían ahorrado	hubo ahorrado	hubieron ahorrado

FUTURE PERFECT

		CONDITIONAL PERFECT	
habré ahorrado	habremos ahorrado	habría ahorrado	habríamos ahorrado
habrás ahorrado	habréis ahorrado	habrías ahorrado	habríais ahorrado
habrá ahorrado	habrán ahorrado	habría ahorrado	habrían ahorrado

PRESENT SUBJUNCTIVE

		PRESENT PERFECT SUBJUNCTIVE	
ahorre	ahorremos	haya ahorrado	hayamos ahorrado
ahorres	ahorréis	hayas ahorrado	hayáis ahorrado
ahorre	ahorren	haya ahorrado	hayan ahorrado

IMPERFECT SUBJUNCTIVE (-ra) | | *or* **IMPERFECT SUBJUNCTIVE (-se)** | |

ahorrara	ahorráramos	ahorrase	ahorrásemos
ahorraras	ahorrarais	ahorrases	ahorraseis
ahorrara	ahorraran	ahorrase	ahorrasen

PAST PERFECT SUBJUNCTIVE (-ra) | | *or* **PAST PERFECT SUBJUNCTIVE (-se)** | |

hubiera ahorrado	hubiéramos ahorrado	hubiese ahorrado	hubiésemos ahorrado
hubieras ahorrado	hubierais ahorrado	hubieses ahorrado	hubieseis ahorrado
hubiera ahorrado	hubieran ahorrado	hubiese ahorrado	hubiesen ahorrado

PROGRESSIVE TENSES

PRESENT	estoy, estás, está, estamos, estáis, están
PRETERIT	estuve, estuviste, estuvo, estuvimos, estuvisteis, estuvieron
IMPERFECT	estaba, estabas, estaba, estábamos, estabais, estaban
FUTURE	estaré, estarás, estará, estaremos, estaréis, estarán
CONDITIONAL	estaría, estarías, estaría, estaríamos, estaríais, estarían
SUBJUNCTIVE	que + *corresponding subjunctive tense of* estar (*see verb 252*)

ahorrando

COMMANDS

	(nosotros) ahorremos/no ahorremos
(tú) ahorra/no ahorres	(vosotros) ahorrad/no ahorréis
(Ud.) ahorre/no ahorre	(Uds.) ahorren/no ahorren

Usage

¿Tienes cuenta de ahorros?	*Do you have a savings account?*
No ahorro mucho dinero.	*I don't save a lot of money.*
Ahorran para hacer un viaje.	*They're saving up to take a trip.*
Nos ahorramos tiempo y trabajo.	*We saved ourselves time and work.*
Hablando claro te ahorras líos.	*If you speak clearly you'll avoid/save yourself problems.*
Actualmente los ahorradores son pocos.	*Nowadays few people save money.*

alcanzo · alcanzaron · alcanzado · alcanzando   *-ar verb; spelling change: z > c/e*

No alcanzo la repisa más alta.	*I can't reach the top shelf.*
Siempre esperaba que alcanzaran sus metas.	*She always hoped they would attain their goals.*
Siempre alcanzaba lo que quería.	*She always got what she wanted.*

to catch, catch up with/to

Apúrate para que alcancemos el tren.	*Hurry up, so we can catch the train.*
No alcanzó a los demás ciclistas.	*He couldn't catch up to the other cyclists.*

to understand, grasp

No alcanzó lo que le explicábamos.	*She couldn't grasp what we explained to her.*

to amount to, reach the sum of

Las ventas alcanzaron millones de dólares.	*Sales amounted to millions of dollars.*

to be enough, sufficient

Dudo que la torta alcance para todos los invitados.	*I doubt there will be enough cake for all the guests.*
No les alcanzaba el dinero para la semana.	*They didn't have enough money for the week.*

to pass

Alcánzame la fruta, por favor.	*Please pass me the fruit.*

alcanzar a + **infinitive** *to succeed, manage to do something*

Finalmente alcancé a convencerles.	*I finally managed to convince them.*

el alcance scope

Habéis desarrollado un plan de mucho alcance.	*You've developed a plan with great scope.*

al alcance/fuera del alcance within reach/out of reach

La computadora pone el mundo entero al alcance de todos.	*The computer puts the entire world within everybody's reach.*
Deja la comida fuera del alcance del perro.	*Leave the food out of the dog's reach.*
—Niños, quédense al alcance de la vista.	*—Kids, stay within eyesight/where I can see you.*
—Llámanos, mamá. Vamos a estar al alcance del oído.	*—Call us, Mom. We'll be within earshot/where we can hear you.*

-*ar* verb; spelling change: *z* > *c/e*   **alcanzo · alcanzaron · alcanzado · alcanzando**

PRESENT

alcanzo	alcanzamos
alcanzas	alcanzáis
alcanza	alcanzan

IMPERFECT

alcanzaba	alcanzábamos
alcanzabas	alcanzabais
alcanzaba	alcanzaban

FUTURE

alcanzaré	alcanzaremos
alcanzarás	alcanzaréis
alcanzará	alcanzarán

PLUPERFECT

había alcanzado	habíamos alcanzado
habías alcanzado	habíais alcanzado
había alcanzado	habían alcanzado

FUTURE PERFECT

habré alcanzado	habremos alcanzado
habrás alcanzado	habréis alcanzado
habrá alcanzado	habrán alcanzado

PRESENT SUBJUNCTIVE

alcance	alcancemos
alcances	alcancéis
alcancc	alcancen

IMPERFECT SUBJUNCTIVE (-ra)

alcanzara	alcanzáramos
alcanzaras	alcanzarais
alcanzara	alcanzaran

PAST PERFECT SUBJUNCTIVE (-ra)

hubiera alcanzado	hubiéramos alcanzado
hubieras alcanzado	hubierais alcanzado
hubiera alcanzado	hubieran alcanzado

PRETERIT

alcancé	alcanzamos
alcanzaste	alcanzasteis
alcanzó	alcanzaron

PRESENT PERFECT

he alcanzado	hemos alcanzado
has alcanzado	habéis alcanzado
ha alcanzado	han alcanzado

CONDITIONAL

alcanzaría	alcanzaríamos
alcanzarías	alcanzaríais
alcanzaría	alcanzarían

PRETERIT PERFECT

hube alcanzado	hubimos alcanzado
hubiste alcanzado	hubisteis alcanzado
hubo alcanzado	hubieron alcanzado

CONDITIONAL PERFECT

habría alcanzado	habríamos alcanzado
habrías alcanzado	habríais alcanzado
habría alcanzado	habrían alcanzado

PRESENT PERFECT SUBJUNCTIVE

haya alcanzado	hayamos alcanzado
hayas alcanzado	hayáis alcanzado
haya alcanzado	hayan alcanzado

or **IMPERFECT SUBJUNCTIVE (-se)**

alcanzase	alcanzásemos
alcanzases	alcanzaseis
alcanzase	alcanzasen

or **PAST PERFECT SUBJUNCTIVE (-se)**

hubiese alcanzado	hubiésemos alcanzado
hubieses alcanzado	hubieseis alcanzado
hubiese alcanzado	hubiesen alcanzado

PROGRESSIVE TENSES

PRESENT	estoy, estás, está, estamos, estáis, están
PRETERIT	estuve, estuviste, estuvo, estuvimos, estuvisteis, estuvieron
IMPERFECT	estaba, estabas, estaba, estábamos, estabais, estaban
FUTURE	estaré, estarás, estará, estaremos, estaréis, estarán
CONDITIONAL	estaría, estarías, estaría, estaríamos, estaríais, estarían
SUBJUNCTIVE	que + *corresponding subjunctive tense of* estar (*see verb 252*)

} alcanzando

COMMANDS

	(nosotros) alcancemos/no alcancemos
(tú) alcanza/no alcances	(vosotros) alcanzad/no alcancéis
(Ud.) alcance/no alcance	(Uds.) alcancen/no alcancen

Usage

No alcanzo las peras en el peral con la mano.	*I can't reach the pears in the pear tree.*
No pudo alcanzar a los otros nadadores.	*He didn't manage to catch up with the other swimmers.*
¿Pudiste alcanzar tu objetivo?	*Were you able to reach your goal?*
Alcanza miles de dólares.	*It amounts to thousands of dollars.*
Ojalá que alcancen sus objetivos.	*We hope you'll reach/attain your goals.*

alegro · alegraron · alegrado · alegrándose

regular *-ar* reflexive verb

PRESENT

me alegro	nos alegramos
te alegras	os alegráis
se alegra	se alegran

PRETERIT

me alegré	nos alegramos
te alegraste	os alegrasteis
se alegró	se alegraron

IMPERFECT

me alegraba	nos alegrábamos
te alegrabas	os alegrabais
se alegraba	se alegraban

PRESENT PERFECT

me he alegrado	nos hemos alegrado
te has alegrado	os habéis alegrado
se ha alegrado	se han alegrado

FUTURE

me alegraré	nos alegraremos
te alegrarás	os alegraréis
se alegrará	se alegrarán

CONDITIONAL

me alegraría	nos alegraríamos
te alegrarías	os alegraríais
se alegraría	se alegrarían

PLUPERFECT

me había alegrado	nos habíamos alegrado
te habías alegrado	os habíais alegrado
se había alegrado	se habían alegrado

PRETERIT PERFECT

me hube alegrado	nos hubimos alegrado
te hubiste alegrado	os hubisteis alegrado
se hubo alegrado	se hubieron alegrado

FUTURE PERFECT

me habré alegrado	nos habremos alegrado
te habrás alegrado	os habréis alegrado
se habrá alegrado	se habrán alegrado

CONDITIONAL PERFECT

me habría alegrado	nos habríamos alegrado
te habrías alegrado	os habríais alegrado
se habría alegrado	se habrían alegrado

PRESENT SUBJUNCTIVE

me alegre	nos alegremos
te alegres	os alegréis
se alegre	se alegren

PRESENT PERFECT SUBJUNCTIVE

me haya alegrado	nos hayamos alegrado
te hayas alegrado	os hayáis alegrado
se haya alegrado	se hayan alegrado

IMPERFECT SUBJUNCTIVE (-ra)

me alegrara	nos alegráramos
te alegraras	os alegrarais
se alegrara	se alegraran

or **IMPERFECT SUBJUNCTIVE (-se)**

me alegrase	nos alegrásemos
te alegrases	os alegraseis
se alegrase	se alegrasen

PAST PERFECT SUBJUNCTIVE (-ra)

me hubiera alegrado	nos hubiéramos alegrado
te hubieras alegrado	os hubierais alegrado
se hubiera alegrado	se hubieran alegrado

or **PAST PERFECT SUBJUNCTIVE (-se)**

me hubiese alegrado	nos hubiésemos alegrado
te hubieses alegrado	os hubieseis alegrado
se hubiese alegrado	se hubiesen alegrado

PROGRESSIVE TENSES

PRESENT	estoy, estás, está, estamos, estáis, están
PRETERIT	estuve, estuviste, estuvo, estuvimos, estuvisteis, estuvieron
IMPERFECT	estaba, estabas, estaba, estábamos, estabais, estaban
FUTURE	estaré, estarás, estará, estaremos, estaréis, estarán
CONDITIONAL	estaría, estarías, estaría, estaríamos, estaríais, estarían
SUBJUNCTIVE	que + *corresponding subjunctive tense of* estar (*see verb 252*)

alegrando (*see page 31*)

COMMANDS

	(nosotros) alegrémonos/no nos alegremos
(tú) alégrate/no te alegres	(vosotros) alegraos/no os alegréis
(Ud.) alégrese/no se alegre	(Uds.) alégrense/no se alegren

Usage

—Me alegro de verlos.	*I'm happy to see you.*
—Nos alegramos que hayas venido.	*We're glad you've come.*
Se alegraban mucho de la noticia.	*They were very happy about the news.*
Alégrate. Ponte una cara alegre.	*Cheer up. Put on a happy face.*
La música alegrará la fiesta.	*Music will liven up the party.*
¡Qué alegría!	*That's great!*
Prefiero los colores alegres.	*I prefer bright colors.*

regular *-ar* verb | almaceno · almacenaron · almacenado · almacenando

PRESENT

almaceno · almacenamos
almacenas · almacenáis
almacena · almacenan

IMPERFECT

almacenaba · almacenábamos
almacenabas · almacenabais
almacenaba · almacenaban

FUTURE

almacenaré · almacenaremos
almacenarás · almacenaréis
almacenará · almacenarán

PLUPERFECT

había almacenado · habíamos almacenado
habías almacenado · habíais almacenado
había almacenado · habían almacenado

FUTURE PERFECT

habré almacenado · habremos almacenado
habrás almacenado · habréis almacenado
habrá almacenado · habrán almacenado

PRESENT SUBJUNCTIVE

almacene · almacenemos
almacenes · almacenéis
almacene · almacenen

IMPERFECT SUBJUNCTIVE (-ra)

almacenara · almacenáramos
almacenaras · almacenarais
almacenara · almacenaran

PAST PERFECT SUBJUNCTIVE (-ra)

hubiera almacenado · hubiéramos almacenado
hubieras almacenado · hubierais almacenado
hubiera almacenado · hubieran almacenado

PRETERIT

almacené · almacenamos
almacenaste · almacenasteis
almacenó · almacenaron

PRESENT PERFECT

he almacenado · hemos almacenado
has almacenado · habéis almacenado
ha almacenado · han almacenado

CONDITIONAL

almacenaría · almacenaríamos
almacenarías · almacenaríais
almacenaría · almacenarían

PRETERIT PERFECT

hube almacenado · hubimos almacenado
hubiste almacenado · hubisteis almacenado
hubo almacenado · hubieron almacenado

CONDITIONAL PERFECT

habría almacenado · habríamos almacenado
habrías almacenado · habríais almacenado
habría almacenado · habrían almacenado

PRESENT PERFECT SUBJUNCTIVE

haya almacenado · hayamos almacenado
hayas almacenado · hayáis almacenado
haya almacenado · hayan almacenado

or **IMPERFECT SUBJUNCTIVE (-se)**

almacenase · almacenásemos
almacenases · almacenaseis
almacenase · almacenasen

or **PAST PERFECT SUBJUNCTIVE (-se)**

hubiese almacenado · hubiésemos almacenado
hubieses almacenado · hubieseis almacenado
hubiese almacenado · hubiesen almacenado

PROGRESSIVE TENSES

PRESENT estoy, estás, está, estamos, estáis, están
PRETERIT estuve, estuviste, estuvo, estuvimos, estuvisteis, estuvieron
IMPERFECT estaba, estabas, estaba, estábamos, estabais, estaban
FUTURE estaré, estarás, estará, estaremos, estaréis, estarán
CONDITIONAL estaría, estarías, estaría, estaríamos, estaríais, estarían
SUBJUNCTIVE que + *corresponding subjunctive tense of* estar (*see verb 252*)

} almacenando

COMMANDS

	(nosotros) almacenemos/no almacenemos
(tú) almacena/no almacenes	(vosotros) almacenad/no almacenéis
(Ud.) almacene/no almacene	(Uds.) almacenen/no almacenen

Usage

Se introducen, se elaboran, se guardan y se almacenan datos. · *Information/Data is entered, edited, saved, and stored.*

Nos interesa mucho el almacenamiento de datos. · *We're very interested in information storage.*

Se almacenan las existencias. · *Stock/Inventory is stored in the warehouse.*

Los grandes almacenes tienen muchas sucursales. · *The big department stores have many branches.*

El almacén queda en la esquina. · *The department store/grocery (Amer.) is at the corner.*

40 almorzar *to have lunch*

almuerzo · almorzaron · almorzado · almorzando

stem-changing *-ar* verb: *o > ue*;
spelling change: *z > c/e*

PRESENT

almuerzo	almorzamos
almuerzas	almorzáis
almuerza	almuerzan

PRETERIT

almorcé	almorzamos
almorzaste	almorzasteis
almorzó	almorzaron

IMPERFECT

almorzaba	almorzábamos
almorzabas	almorzabais
almorzaba	almorzaban

PRESENT PERFECT

he almorzado	hemos almorzado
has almorzado	habéis almorzado
ha almorzado	han almorzado

FUTURE

almorzaré	almorzaremos
almorzarás	almorzaréis
almorzará	almorzarán

CONDITIONAL

almorzaría	almorzaríamos
almorzarías	almorzaríais
almorzaría	almorzarían

PLUPERFECT

había almorzado	habíamos almorzado
habías almorzado	habíais almorzado
había almorzado	habían almorzado

PRETERIT PERFECT

hube almorzado	hubimos almorzado
hubiste almorzado	hubisteis almorzado
hubo almorzado	hubieron almorzado

FUTURE PERFECT

habré almorzado	habremos almorzado
habrás almorzado	habréis almorzado
habrá almorzado	habrán almorzado

CONDITIONAL PERFECT

habría almorzado	habríamos almorzado
habrías almorzado	habríais almorzado
habría almorzado	habrían almorzado

PRESENT SUBJUNCTIVE

almuerce	almorcemos
almuerces	almorcéis
almuerce	almuercen

PRESENT PERFECT SUBJUNCTIVE

haya almorzado	hayamos almorzado
hayas almorzado	hayáis almorzado
haya almorzado	hayan almorzado

IMPERFECT SUBJUNCTIVE (-ra)

almorzara	almorzáramos
almorzaras	almorzarais
almorzara	almorzaran

or IMPERFECT SUBJUNCTIVE (-se)

almorzase	almorzásemos
almorzases	almorzaseis
almorzase	almorzasen

PAST PERFECT SUBJUNCTIVE (-ra)

hubiera almorzado	hubiéramos almorzado
hubieras almorzado	hubierais almorzado
hubiera almorzado	hubieran almorzado

or PAST PERFECT SUBJUNCTIVE (-se)

hubiese almorzado	hubiésemos almorzado
hubieses almorzado	hubieseis almorzado
hubiese almorzado	hubiesen almorzado

PROGRESSIVE TENSES

PRESENT	estoy, estás, está, estamos, estáis, están
PRETERIT	estuve, estuviste, estuvo, estuvimos, estuvisteis, estuvieron
IMPERFECT	estaba, estabas, estaba, estábamos, estabais, estaban
FUTURE	estaré, estarás, estará, estaremos, estaréis, estarán
CONDITIONAL	estaría, estarías, estaría, estaríamos, estaríais, estarían
SUBJUNCTIVE	que + *corresponding subjunctive tense of* estar (*see verb 252*)

almorzando

COMMANDS

	(nosotros) almorcemos/no almorcemos
(tú) almuerza/no almuerces	(vosotros) almorzad/no almorcéis
(Ud.) almuerce/no almuerce	(Uds.) almuercen/no almuercen

Usage

—¿A qué hora sueles almorzar?   *At what time do you usually have lunch?*
—Tomo el almuerzo entre la una y las dos.   *I have lunch between 1:00 and 2:00.*

—¿Qué tomaste en el almuerzo?   *What did you have for lunch?*
—No almorcé porque había desayunado fuerte.   *I didn't have lunch because I had eaten a big breakfast.*

Si almuerzo fuerte tomo la cena ligera.   *If I eat a lot at lunch I have a light dinner.*

regular *-ar* verb | **alquilo · alquilaron · alquilado · alquilando**

PRESENT

alquilo	alquilamos
alquilas	alquiláis
alquila	alquilan

IMPERFECT

alquilaba	alquilábamos
alquilabas	alquilabais
alquilaba	alquilaban

FUTURE

alquilaré	alquilaremos
alquilarás	alquilaréis
alquilará	alquilarán

PLUPERFECT

había alquilado	habíamos alquilado
habías alquilado	habíais alquilado
había alquilado	habían alquilado

FUTURE PERFECT

habré alquilado	habremos alquilado
habrás alquilado	habréis alquilado
habrá alquilado	habrán alquilado

PRESENT SUBJUNCTIVE

alquile	alquilemos
alquiles	alquiléis
alquile	alquilen

IMPERFECT SUBJUNCTIVE (-ra)

alquilara	alquiláramos
alquilaras	alquilarais
alquilara	alquilaran

PAST PERFECT SUBJUNCTIVE (-ra)

hubiera alquilado	hubiéramos alquilado
hubieras alquilado	hubierais alquilado
hubiera alquilado	hubieran alquilado

PRETERIT

alquilé	alquilamos
alquilaste	alquilasteis
alquiló	alquilaron

PRESENT PERFECT

he alquilado	hemos alquilado
has alquilado	habéis alquilado
ha alquilado	han alquilado

CONDITIONAL

alquilaría	alquilaríamos
alquilarías	alquilaríais
alquilaría	alquilarían

PRETERIT PERFECT

hube alquilado	hubimos alquilado
hubiste alquilado	hubisteis alquilado
hubo alquilado	hubieron alquilado

CONDITIONAL PERFECT

habría alquilado	habríamos alquilado
habrías alquilado	habríais alquilado
habría alquilado	habrían alquilado

PRESENT PERFECT SUBJUNCTIVE

haya alquilado	hayamos alquilado
hayas alquilado	hayáis alquilado
haya alquilado	hayan alquilado

or **IMPERFECT SUBJUNCTIVE (-se)**

alquilase	alquilásemos
alquilases	alquilaseis
alquilase	alquilasen

or **PAST PERFECT SUBJUNCTIVE (-se)**

hubiese alquilado	hubiésemos alquilado
hubieses alquilado	hubieseis alquilado
hubiese alquilado	hubiesen alquilado

PROGRESSIVE TENSES

PRESENT	estoy, estás, está, estamos, estáis, están
PRETERIT	estuve, estuviste, estuvo, estuvimos, estuvisteis, estuvieron
IMPERFECT	estaba, estabas, estaba, estábamos, estabais, estaban
FUTURE	estaré, estarás, estará, estaremos, estaréis, estarán
CONDITIONAL	estaría, estarías, estaría, estaríamos, estaríais, estarían
SUBJUNCTIVE	que + *corresponding subjunctive tense of* estar (*see verb 252*)

} alquilando

COMMANDS

	(nosotros) alquilemos/no alquilemos
(tú) alquila/no alquiles	(vosotros) alquilad/no alquiléis
(Ud.) alquile/no alquile	(Uds.) alquilen/no alquilen

Usage

—Me encanta este apartamento. Alquilémoslo.	*I love this apartment. Let's rent it.*
—Está bien, el alquiler es módico.	*Okay, the rent is reasonable.*
Se alquila el coche por dos o tres años.	*You can lease the car for two or three years.*
Los inquilinos desalquilaron el piso.	*The tenants vacated the apartment. (Spain)*
Se alquila casa.	*House for rent.*
El condominio tiene alquiler con opción a compra.	*The condominium rental has an option to buy.*

alumbrar *to light. illuminate, enlighten*

alumbro · alumbraron · alumbrado · alumbrando   regular *-ar* verb

PRESENT

alumbro	alumbramos
alumbras	alumbráis
alumbra	alumbran

PRETERIT

alumbré	alumbramos
alumbraste	alumbrasteis
alumbró	alumbraron

IMPERFECT

alumbraba	alumbrábamos
alumbrabas	alumbrabais
alumbraba	alumbraban

PRESENT PERFECT

he alumbrado	hemos alumbrado
has alumbrado	habéis alumbrado
ha alumbrado	han alumbrado

FUTURE

alumbraré	alumbraremos
alumbrarás	alumbraréis
alumbrará	alumbrarán

CONDITIONAL

alumbraría	alumbraríamos
alumbrarías	alumbraríais
alumbraría	alumbrarían

PLUPERFECT

había alumbrado	habíamos alumbrado
habías alumbrado	habíais alumbrado
había alumbrado	habían alumbrado

PRETERIT PERFECT

hube alumbrado	hubimos alumbrado
hubiste alumbrado	hubisteis alumbrado
hubo alumbrado	hubieron alumbrado

FUTURE PERFECT

habré alumbrado	habremos alumbrado
habrás alumbrado	habréis alumbrado
habrá alumbrado	habrán alumbrado

CONDITIONAL PERFECT

habría alumbrado	habríamos alumbrado
habrías alumbrado	habríais alumbrado
habría alumbrado	habrían alumbrado

PRESENT SUBJUNCTIVE

alumbre	alumbremos
alumbres	alumbréis
alumbre	alumbren

PRESENT PERFECT SUBJUNCTIVE

haya alumbrado	hayamos alumbrado
hayas alumbrado	hayáis alumbrado
haya alumbrado	hayan alumbrado

IMPERFECT SUBJUNCTIVE (-ra)

alumbrara	alumbráramos
alumbraras	alumbrarais
alumbrara	alumbraran

or **IMPERFECT SUBJUNCTIVE (-se)**

alumbrase	alumbrásemos
alumbrases	alumbraseis
alumbrase	alumbrasen

PAST PERFECT SUBJUNCTIVE (-ra)

hubiera alumbrado	hubiéramos alumbrado
hubieras alumbrado	hubierais alumbrado
hubiera alumbrado	hubieran alumbrado

or **PAST PERFECT SUBJUNCTIVE (-se)**

hubiese alumbrado	hubiésemos alumbrado
hubieses alumbrado	hubieseis alumbrado
hubiese alumbrado	hubiesen alumbrado

PROGRESSIVE TENSES

PRESENT	estoy, estás, está, estamos, estáis, están
PRETERIT	estuve, estuviste, estuvo, estuvimos, estuvisteis, estuvieron
IMPERFECT	estaba, estabas, estaba, estábamos, estabais, estaban
FUTURE	estaré, estarás, estará, estaremos, estaréis, estarán
CONDITIONAL	estaría, estarías, estaría, estaríamos, estaríais, estarían
SUBJUNCTIVE	que + *corresponding subjunctive tense of* estar (*see verb 252*)

} alumbrando

COMMANDS

	(nosotros) alumbremos/no alumbremos
(tú) alumbra/no alumbres	(vosotros) alumbrad/no alumbréis
(Ud.) alumbre/no alumbre	(Uds.) alumbren/no alumbren

Usage

La lámpara no alumbra toda la sala.	*The lamp doesn't light the whole room.*
El pueblo estaba alumbrado durante la feria.	*The town was illuminated during the fair.*
Su explicación alumbró el tema.	*His explanation shed light on the topic.*
Fue deslumbrante.	*It was enlightening.*
Os recomiendo este deslumbrante espectáculo.	*I recommend this dazzling show to you.*
¿No te gusta la lumbre del fuego?	*Don't you like the firelight?*
¡Qué lumbrera!	*What a luminary/brilliant person!*

-*ar* verb; spelling change: *z > c/e*　　　　　　　　　**alzo · alzaron · alzado · alzando**

PRESENT		PRETERIT	
alzo	alzamos	alcé	alzamos
alzas	alzáis	alzaste	alzasteis
alza	alzan	alzó	alzaron

IMPERFECT		PRESENT PERFECT	
alzaba	alzábamos	he alzado	hemos alzado
alzabas	alzabais	has alzado	habéis alzado
alzaba	alzaban	ha alzado	han alzado

FUTURE		CONDITIONAL	
alzaré	alzaremos	alzaría	alzaríamos
alzarás	alzaréis	alzarías	alzaríais
alzará	alzarán	alzaría	alzarían

PLUPERFECT		PRETERIT PERFECT	
había alzado	habíamos alzado	hube alzado	hubimos alzado
habías alzado	habíais alzado	hubiste alzado	hubisteis alzado
había alzado	habían alzado	hubo alzado	hubieron alzado

FUTURE PERFECT		CONDITIONAL PERFECT	
habré alzado	habremos alzado	habría alzado	habríamos alzado
habrás alzado	habréis alzado	habrías alzado	habríais alzado
habrá alzado	habrán alzado	habría alzado	habrían alzado

PRESENT SUBJUNCTIVE		PRESENT PERFECT SUBJUNCTIVE	
alce	alcemos	haya alzado	hayamos alzado
alces	alcéis	hayas alzado	hayáis alzado
alcc	alcen	haya alzado	hayan alzado

IMPERFECT SUBJUNCTIVE (-ra)		*or*	IMPERFECT SUBJUNCTIVE (-se)	
alzara	alzáramos		alzase	alzásemos
alzaras	alzarais		alzases	alzaseis
alzara	alzaran		alzase	alzasen

PAST PERFECT SUBJUNCTIVE (-ra)		*or*	PAST PERFECT SUBJUNCTIVE (-se)	
hubiera alzado	hubiéramos alzado		hubiese alzado	hubiésemos alzado
hubieras alzado	hubierais alzado		hubieses alzado	hubieseis alzado
hubiera alzado	hubieran alzado		hubiese alzado	hubiesen alzado

PROGRESSIVE TENSES

PRESENT	estoy, estás, está, estamos, estáis, están	
PRETERIT	estuve, estuviste, estuvo, estuvimos, estuvisteis, estuvieron	
IMPERFECT	estaba, estabas, estaba, estábamos, estabais, estaban	alzando
FUTURE	estaré, estarás, estará, estaremos, estaréis, estarán	
CONDITIONAL	estaría, estarías, estaría, estaríamos, estaríais, estarían	
SUBJUNCTIVE	que + *corresponding subjunctive tense of* estar (*see verb 252*)	

COMMANDS

	(nosotros) alcemos/no alcemos
(tú) alza/no alces	(vosotros) alzad/no alcéis
(Ud.) alce/no alce	(Uds.) alcen/no alcen

Usage

Alza la voz para que te oigamos.	*Raise your voice so we can hear you.*
Alcen la mano si quieren hablar.	*Raise your hands if you want to speak.*
Hubo un alzamiento de precios.	*There was a rise in prices.*
Estas modas están en alza.	*These fashions are rising in popularity.*

amar *to love*

amo · amaron · amado · amando   regular *-ar* verb

PRESENT		PRETERIT	
amo	amamos	amé	amamos
amas	amáis	amaste	amasteis
ama	aman	amó	amaron

IMPERFECT		PRESENT PERFECT	
amaba	amábamos	he amado	hemos amado
amabas	amabais	has amado	habéis amado
amaba	amaban	ha amado	han amado

FUTURE		CONDITIONAL	
amaré	amaremos	amaría	amaríamos
amarás	amaréis	amarías	amaríais
amará	amarán	amaría	amarían

PLUPERFECT		PRETERIT PERFECT	
había amado	habíamos amado	hube amado	hubimos amado
habías amado	habíais amado	hubiste amado	hubisteis amado
había amado	habían amado	hubo amado	hubieron amado

FUTURE PERFECT		CONDITIONAL PERFECT	
habré amado	habremos amado	habría amado	habríamos amado
habrás amado	habréis amado	habrías amado	habríais amado
habrá amado	habrán amado	habría amado	habrían amado

PRESENT SUBJUNCTIVE		PRESENT PERFECT SUBJUNCTIVE	
ame	amemos	haya amado	hayamos amado
ames	améis	hayas amado	hayáis amado
ame	amen	haya amado	hayan amado

IMPERFECT SUBJUNCTIVE (-ra)		*or* IMPERFECT SUBJUNCTIVE (-se)	
amara	amáramos	amase	amásemos
amaras	amarais	amases	amaseis
amara	amaran	amase	amasen

PAST PERFECT SUBJUNCTIVE (-ra)		*or* PAST PERFECT SUBJUNCTIVE (-se)	
hubiera amado	hubiéramos amado	hubiese amado	hubiésemos amado
hubieras amado	hubierais amado	hubieses amado	hubieseis amado
hubiera amado	hubieran amado	hubiese amado	hubiesen amado

PROGRESSIVE TENSES

PRESENT	estoy, estás, está, estamos, estáis, están	
PRETERIT	estuve, estuviste, estuvo, estuvimos, estuvisteis, estuvieron	
IMPERFECT	estaba, estabas, estaba, estábamos, estabais, estaban	amando
FUTURE	estaré, estarás, estará, estaremos, estaréis, estarán	
CONDITIONAL	estaría, estarías, estaría, estaríamos, estaríais, estarían	
SUBJUNCTIVE	que + *corresponding subjunctive tense of* estar (*see verb 252*)	

COMMANDS

	(nosotros) amemos/no amemos
(tú) ama/no ames	(vosotros) amad/no améis
(Ud.) ame/no ame	(Uds.) amen/no amen

Usage

Se enamoraron hace cincuenta años.	*They fell in love 50 years ago.*
Y todavía se aman con locura.	*And they still love each other madly.*
Siguen enviándose cartas amatorias.	*They still send each other love letters.*
¡Cuánto amamos a nuestra patria!	*We love our country so much!*
Tiene un gran amor a la música.	*She has a great love of music.*
Es amante de la historia.	*He's fond of history.*

-*ar* verb; spelling change: *z* > *c/e*   **amenazo · amenazaron · amenazado · amenazando**

PRESENT

amenazo	amenazamos
amenazas	amenazáis
amenaza	amenazan

IMPERFECT

amenazaba	amenazábamos
amenazabas	amenazabais
amenazaba	amenazaban

FUTURE

amenazaré	amenazaremos
amenazarás	amenazaréis
amenazará	amenazarán

PLUPERFECT

había amenazado	habíamos amenazado
habías amenazado	habíais amenazado
había amenazado	habían amenazado

FUTURE PERFECT

habré amenazado	habremos amenazado
habrás amenazado	habréis amenazado
habrá amenazado	habrán amenazado

PRESENT SUBJUNCTIVE

amenace	amenacemos
amenaces	amenacéis
amenace	amenacen

IMPERFECT SUBJUNCTIVE (-ra)

amenazara	amenazáramos
amenazaras	amenazarais
amenazara	amenazaran

PAST PERFECT SUBJUNCTIVE (-ra)

hubiera amenazado	hubiéramos amenazado
hubieras amenazado	hubierais amenazado
hubiera amenazado	hubieran amenazado

PRETERIT

amenacé	amenazamos
amenazaste	amenazasteis
amenazó	amenazaron

PRESENT PERFECT

he amenazado	hemos amenazado
has amenazado	habéis amenazado
ha amenazado	han amenazado

CONDITIONAL

amenazaría	amenazaríamos
amenazarías	amenazaríais
amenazaría	amenazarían

PRETERIT PERFECT

hube amenazado	hubimos amenazado
hubiste amenazado	hubisteis amenazado
hubo amenazado	hubieron amenazado

CONDITIONAL PERFECT

habría amenazado	habríamos amenazado
habrías amenazado	habríais amenazado
habría amenazado	habrían amenazado

PRESENT PERFECT SUBJUNCTIVE

haya amenazado	hayamos amenazado
hayas amenazado	hayáis amenazado
haya amenazado	hayan amenazado

or **IMPERFECT SUBJUNCTIVE (-se)**

amenazase	amenazásemos
amenazases	amenazaseis
amenazase	amenazasen

or **PAST PERFECT SUBJUNCTIVE (-se)**

hubiese amenazado	hubiésemos amenazado
hubieses amenazado	hubieseis amenazado
hubiese amenazado	hubiesen amenazado

PROGRESSIVE TENSES

PRESENT	estoy, estás, está, estamos, estáis, están
PRETERIT	estuve, estuviste, estuvo, estuvimos, estuvisteis, estuvieron
IMPERFECT	estaba, estabas, estaba, estábamos, estabais, estaban
FUTURE	estaré, estarás, estará, estaremos, estaréis, estarán
CONDITIONAL	estaría, estarías, estaría, estaríamos, estaríais, estarían
SUBJUNCTIVE	que + *corresponding subjunctive tense of* estar (*see verb 252*)

⎫ amenazando

COMMANDS

	(nosotros) amenacemos/no amenacemos
(tú) amenaza/no amenaces	(vosotros) amenazad/no amenacéis
(Ud.) amenace/no amenace	(Uds.) amenacen/no amenacen

Usage

Los amenazó con matarlos.	*He threatened to kill them.*
Habló con un tono amenazador.	*She spoke with a menacing tone.*
Viven amenazados por las tempestades.	*They live threatened by storms.*
Amenaza lluvia.	*Rain is imminent./It threatens to rain.*
Sus amenazas no nos asustan porque son amenazas vanas.	*Their threats don't scare us because they're idle threats.*

ando · anduvieron · andado · andando

-ar verb, irregular in preterit

—¡Ya han andado cuatro millas!	*They've already walked four miles!*
—Es que andan muy de prisa.	*They walk very quickly.*
—¿Qué tal las ganancias este año?	*How are earnings this year?*
—La empresa anda muy bien.	*The firm is doing very well.*
—¿Dónde están los documentos?	*Where are the documents?*
—Andarán por aquí.	*They're probably around here somewhere.*
—Mi reloj no anda bien.	*My watch isn't working well.*
—¿Anda atrasado o adelantado?	*Is it fast or slow?*
—¿Vamos en metro o a pie?	*Shall we go by subway or walk?*
—Yo prefiero ir andando.	*I prefer to walk.*
Me alegro de que anden bien de salud.	*I'm glad they're in good health.*

andar con + noun *to be* + adjective

Anda con cuidado.	*Be careful.*
No andes con miedo.	*Don't be afraid.*

¡Anda! *Come on!* (to encourage someone), *Go on!* (wariness)

¡Anda! ¡Marquen un gol!	*Come on! Score a goal!*
¡Anda! Dime la verdad.	*Go on! Tell me the truth.*

Other Uses

—El bebé aprende a andar.	*The baby is learning how to walk.*
—Por ahora anda a gatas.	*For now he's walking on all fours.*
—Se quebró la pierna y no podía andar.	*She broke her leg and couldn't walk.*
—Pero ahora tiene el andar ligero y seguro.	*But now she has a brisk and steady walk/gait.*
—Nos encantan las caminatas.	*We love long walks.*
—Uds. siempre eran muy andariegos.	*You were always very fond of walking.*
Anda por las nubes.	*She has her head in the clouds/she's daydreaming.*
Don Quijote es un caballero andante.	*Don Quijote is a knight-errant.*
Deja de andar con rodeos.	*Stop beating around the bush.*
¡Andáis en boca de todos!	*You're the talk of the town!*
Dime con quién andas y te diré quién eres.	*A man is known by the company he keeps.*
Quien mal anda, mal acaba.	*He who falls into bad ways will come to a bad end.*

TOP 50 VERBS

-ar verb, irregular in preterit

ando · anduvieron · andado · andando

PRESENT		PRETERIT	
ando	andamos	anduve	anduvimos
andas	andáis	anduviste	anduvisteis
anda	andan	anduvo	anduvieron

IMPERFECT		PRESENT PERFECT	
andaba	andábamos	he andado	hemos andado
andabas	andabais	has andado	habéis andado
andaba	andaban	ha andado	han andado

FUTURE		CONDITIONAL	
andaré	andarcmos	andaría	andaríamos
andarás	andaréis	andarías	andaríais
andará	andarán	andaría	andarían

PLUPERFECT		PRETERIT PERFECT	
había andado	habíamos andado	hube andado	hubimos andado
habías andado	habíais andado	hubiste andado	hubisteis andado
había andado	habían andado	hubo andado	hubieron andado

FUTURE PERFECT		CONDITIONAL PERFECT	
habré andado	habremos andado	habría andado	habríamos andado
habrás andado	habréis andado	habrías andado	habríais andado
habrá andado	habrán andado	habría andado	habrían andado

PRESENT SUBJUNCTIVE		PRESENT PERFECT SUBJUNCTIVE	
ande	andemos	haya andado	hayamos andado
andes	andéis	hayas andado	hayáis andado
ande	anden	haya andado	hayan andado

IMPERFECT SUBJUNCTIVE (-ra)		*or* IMPERFECT SUBJUNCTIVE (-se)	
anduviera	anduviéramos	anduviese	anduviésemos
anduvieras	anduvierais	anduvieses	anduvieseis
anduviera	anduvieran	anduviese	anduviesen

PAST PERFECT SUBJUNCTIVE (-ra)		*or* PAST PERFECT SUBJUNCTIVE (-se)	
hubiera andado	hubiéramos andado	hubiese andado	hubiésemos andado
hubieras andado	hubierais andado	hubieses andado	hubieseis andado
hubiera andado	hubieran andado	hubiese andado	hubiesen andado

PROGRESSIVE TENSES

PRESENT	estoy, estás, está, estamos, estáis, están	
PRETERIT	estuve, estuviste, estuvo, estuvimos, estuvisteis, estuvieron	
IMPERFECT	estaba, estabas, estaba, estábamos, estabais, estaban	andando
FUTURE	estaré, estarás, estará, estaremos, estaréis, estarán	
CONDITIONAL	estaría, estarías, estaría, estaríamos, estaríais, estarían	
SUBJUNCTIVE	que + *corresponding subjunctive tense of* estar (*see verb 252*)	

COMMANDS

	(nosotros) andemos/no andemos
(tú) anda/no andes	(vosotros) andad/no andéis
(Ud.) ande/no ande	(Uds.) anden/no anden

Usage

Anduvieron rápidamente/de puntillas.	*They walked quickly/on tiptoe.*
Los negocios andan bien/mal.	*The business is doing well/badly.*
Los chicos andan por aquí/por allí.	*The kids are around here/there.*
Andaba bien/mal de salud.	*She was in good/bad health.*
Han andado muy ocupados.	*They've been very busy.*
Anduvo quince millas.	*She walked/covered/traveled fifteen miles.*

anuncio · anunciaron · anunciado · anunciando   regular *-ar* verb

PRESENT

anuncio	anunciamos
anuncias	anunciáis
anuncia	anuncian

PRETERIT

anuncié	anunciamos
anunciaste	anunciasteis
anunció	anunciaron

IMPERFECT

anunciaba	anunciábamos
anunciabas	anunciabais
anunciaba	anunciaban

PRESENT PERFECT

he anunciado	hemos anunciado
has anunciado	habéis anunciado
ha anunciado	han anunciado

FUTURE

anunciaré	anunciaremos
anunciarás	anunciaréis
anunciará	anunciarán

CONDITIONAL

anunciaría	anunciaríamos
anunciarías	anunciaríais
anunciaría	anunciarían

PLUPERFECT

había anunciado	habíamos anunciado
habías anunciado	habíais anunciado
había anunciado	habían anunciado

PRETERIT PERFECT

hube anunciado	hubimos anunciado
hubiste anunciado	hubisteis anunciado
hubo anunciado	hubieron anunciado

FUTURE PERFECT

habré anunciado	habremos anunciado
habrás anunciado	habréis anunciado
habrá anunciado	habrán anunciado

CONDITIONAL PERFECT

habría anunciado	habríamos anunciado
habrías anunciado	habríais anunciado
habría anunciado	habrían anunciado

PRESENT SUBJUNCTIVE

anuncie	anunciemos
anuncies	anunciéis
anuncie	anuncien

PRESENT PERFECT SUBJUNCTIVE

haya anunciado	hayamos anunciado
hayas anunciado	hayáis anunciado
haya anunciado	hayan anunciado

IMPERFECT SUBJUNCTIVE (-ra)

anunciara	anunciáramos
anunciaras	anunciarais
anunciara	anunciaran

or **IMPERFECT SUBJUNCTIVE (-se)**

anunciase	anunciásemos
anunciases	anunciaseis
anunciase	anunciasen

PAST PERFECT SUBJUNCTIVE (-ra)

hubiera anunciado	hubiéramos anunciado
hubieras anunciado	hubierais anunciado
hubiera anunciado	hubieran anunciado

or **PAST PERFECT SUBJUNCTIVE (-se)**

hubiese anunciado	hubiésemos anunciado
hubieses anunciado	hubieseis anunciado
hubiese anunciado	hubiesen anunciado

PROGRESSIVE TENSES

PRESENT	estoy, estás, está, estamos, estáis, están
PRETERIT	estuve, estuviste, estuvo, estuvimos, estuvisteis, estuvieron
IMPERFECT	estaba, estabas, estaba, estábamos, estabais, estaban
FUTURE	estaré, estarás, estará, estaremos, estaréis, estarán
CONDITIONAL	estaría, estarías, estaría, estaríamos, estaríais, estarían
SUBJUNCTIVE	que + *corresponding subjunctive tense of* estar (*see verb 252*)

} anunciando

COMMANDS

	(nosotros) anunciemos/no anunciemos
(tú) anuncia/no anuncies	(vosotros) anunciad/no anunciéis
(Ud.) anuncie/no anuncie	(Uds.) anuncien/no anuncien

Usage

Nos anunció que iba a renunciar a su puesto.	*He told us that he was going to resign.*
Se anuncia todas las semanas.	*They take out an ad every week.*
El presidente fue anunciado.	*The president was announced.*
Pusieron un anuncio en el periódico.	*They ran an ad in the newspaper.*
Hay muchos anuncios clasificados hoy.	*There are many classified ads today.*
Su respuesta no nos anuncia nada bueno.	*His reply doesn't bode well for us.*

regular *-ir* verb   añado · añadieron · añadido · añadiendo

PRESENT		PRETERIT	
añado	añadimos	añadí	añadimos
añades	añadís	añadiste	añadisteis
añade	añaden	añadió	añadieron

IMPERFECT		PRESENT PERFECT	
añadía	añadíamos	he añadido	hemos añadido
añadías	añadíais	has añadido	habéis añadido
añadía	añadían	ha añadido	han añadido

FUTURE		CONDITIONAL	
añadiré	añadiremos	añadiría	añadiríamos
añadirás	añadiréis	añadirías	añadiríais
añadirá	añadirán	añadiría	añadirían

PLUPERFECT		PRETERIT PERFECT	
había añadido	habíamos añadido	hube añadido	hubimos añadido
habías añadido	habíais añadido	hubiste añadido	hubisteis añadido
había añadido	habían añadido	hubo añadido	hubieron añadido

FUTURE PERFECT		CONDITIONAL PERFECT	
habré añadido	habremos añadido	habría añadido	habríamos añadido
habrás añadido	habréis añadido	habrías añadido	habríais añadido
habrá añadido	habrán añadido	habría añadido	habrían añadido

PRESENT SUBJUNCTIVE		PRESENT PERFECT SUBJUNCTIVE	
añada	añadamos	haya añadido	hayamos añadido
añadas	añadáis	hayas añadido	hayáis añadido
añada	añadan	haya añadido	hayan añadido

IMPERFECT SUBJUNCTIVE (-ra)		*or* IMPERFECT SUBJUNCTIVE (-se)	
añadiera	añadiéramos	añadiese	añadiésemos
añadieras	añadierais	añadieses	añadieseis
añadiera	añadieran	añadiese	añadiesen

PAST PERFECT SUBJUNCTIVE (-ra)		*or* PAST PERFECT SUBJUNCTIVE (-se)	
hubiera añadido	hubiéramos añadido	hubiese añadido	hubiésemos añadido
hubieras añadido	hubierais añadido	hubieses añadido	hubieseis añadido
hubiera añadido	hubieran añadido	hubiese añadido	hubiesen añadido

PROGRESSIVE TENSES

PRESENT	estoy, estás, está, estamos, estáis, están
PRETERIT	estuve, estuviste, estuvo, estuvimos, estuvisteis, estuvieron
IMPERFECT	estaba, estabas, estaba, estábamos, estabais, estaban
FUTURE	estaré, estarás, estará, estaremos, estaréis, estarán
CONDITIONAL	estaría, estarías, estaría, estaríamos, estaríais, estarían
SUBJUNCTIVE	que + *corresponding subjunctive tense of* estar *(see verb 252)*

añadiendo

COMMANDS

	(nosotros) añadamos/no añadamos
(tú) añade/no añadas	(vosotros) añadid/no añadáis
(Ud.) añada/no añada	(Uds.) añadan/no añadan

Usage

Añada más sal al guisado.	*Add more salt to the stew.*
Los claveles rojos añaden color a la mesa.	*The red carnations add color to the table.*
No hay lugar para lo añadido.	*There's no room for what was added.*
No nos gustan los añadidos.	*We don't like the additions.*
Por añadidura...	*Besides . . ./In addition . . .*

apagar *to put out, extinguish, turn/shut off, muffle*

apago · apagaron · apagado · apagando

-ar verb; spelling change: *g > gu/e*

PRESENT		PRETERIT	
apago	apagamos	apagué	apagamos
apagas	apagáis	apagaste	apagasteis
apaga	apagan	apagó	apagaron

IMPERFECT		PRESENT PERFECT	
apagaba	apagábamos	he apagado	hemos apagado
apagabas	apagabais	has apagado	habéis apagado
apagaba	apagaban	ha apagado	han apagado

FUTURE		CONDITIONAL	
apagaré	apagaremos	apagaría	apagaríamos
apagarás	apagaréis	apagarías	apagaríais
apagará	apagarán	apagaría	apagarían

PLUPERFECT		PRETERIT PERFECT	
había apagado	habíamos apagado	hube apagado	hubimos apagado
habías apagado	habíais apagado	hubiste apagado	hubisteis apagado
había apagado	habían apagado	hubo apagado	hubieron apagado

FUTURE PERFECT		CONDITIONAL PERFECT	
habré apagado	habremos apagado	habría apagado	habríamos apagado
habrás apagado	habréis apagado	habrías apagado	habríais apagado
habrá apagado	habrán apagado	habría apagado	habrían apagado

PRESENT SUBJUNCTIVE		PRESENT PERFECT SUBJUNCTIVE	
apague	apaguemos	haya apagado	hayamos apagado
apagues	apaguéis	hayas apagado	hayáis apagado
apague	apaguen	haya apagado	hayan apagado

IMPERFECT SUBJUNCTIVE (-ra)		*or*	IMPERFECT SUBJUNCTIVE (-se)	
apagara	apagáramos		apagase	apagásemos
apagaras	apagarais		apagases	apagaseis
apagara	apagaran		apagase	apagasen

PAST PERFECT SUBJUNCTIVE (-ra)		*or*	PAST PERFECT SUBJUNCTIVE (-se)	
hubiera apagado	hubiéramos apagado		hubiese apagado	hubiésemos apagado
hubieras apagado	hubierais apagado		hubieses apagado	hubieseis apagado
hubiera apagado	hubieran apagado		hubiese apagado	hubiesen apagado

PROGRESSIVE TENSES

PRESENT	estoy, estás, está, estamos, estáis, están
PRETERIT	estuve, estuviste, estuvo, estuvimos, estuvisteis, estuvieron
IMPERFECT	estaba, estabas, estaba, estábamos, estabais, estaban
FUTURE	estaré, estarás, estará, estaremos, estaréis, estarán
CONDITIONAL	estaría, estarías, estaría, estaríamos, estaríais, estarían
SUBJUNCTIVE	que + *corresponding subjunctive tense of* estar (*see verb 252*)

} apagando

COMMANDS

	(nosotros) apaguemos/no apaguemos
(tú) apaga/no apagues	(vosotros) apagad/no apaguéis
(Ud.) apague/no apague	(Uds.) apaguen/no apaguen

Usage

Los bomberos apagaron el incendio.	*The firefighters put out the fire.*
Se apagó el fuego del campamento.	*The campfire went out.*
Apaga la tele y las luces cuando salgas.	*Shut off the TV and the lights when you go out.*
La alfombra y las cortinas apagan el sonido.	*The rug and curtains muffle the sound.*
Hubo apagón durante la ola de calor.	*There was a power outage during the heat wave.*
Es una persona apagada con voz apagada.	*She's a dull person with a weak voice.*

-*er* verb; spelling change: *c > zc/o, a*   **aparezco · aparecieron · aparecido · apareciendo**

PRESENT

aparezco	aparecemos		
apareces	aparecéis		
aparece	aparecen		

PRETERIT

aparecí	aparecimos
apareciste	aparecisteis
apareció	aparecieron

IMPERFECT

aparecía	aparecíamos
aparecías	aparecíais
aparecía	aparecían

PRESENT PERFECT

he aparecido	hemos aparecido
has aparecido	habéis aparecido
ha aparecido	han aparecido

FUTURE

apareceré	apareceremos
aparecerás	apareceréis
aparecerá	aparecerán

CONDITIONAL

aparecería	apareceríamos
aparecerías	apareceríais
aparecería	aparecerían

PLUPERFECT

había aparecido	habíamos aparecido
habías aparecido	habíais aparecido
había aparecido	habían aparecido

PRETERIT PERFECT

hube aparecido	hubimos aparecido
hubiste aparecido	hubisteis aparecido
hubo aparecido	hubieron aparecido

FUTURE PERFECT

habré aparecido	habremos aparecido
habrás aparecido	habréis aparecido
habrá aparecido	habrán aparecido

CONDITIONAL PERFECT

habría aparecido	habríamos aparecido
habrías aparecido	habríais aparecido
habría aparecido	habrían aparecido

PRESENT SUBJUNCTIVE

aparezca	aparezcamos
aparezcas	aparezcáis
aparezca	aparezcan

PRESENT PERFECT SUBJUNCTIVE

haya aparecido	hayamos aparecido
hayas aparecido	hayáis aparecido
haya aparecido	hayan aparecido

IMPERFECT SUBJUNCTIVE (-ra)

apareciera	apareciéramos
aparecieras	aparecierais
apareciera	aparecieran

or **IMPERFECT SUBJUNCTIVE (-se)**

apareciese	apareciésemos
aparecieses	aparecieseis
apareciese	apareciesen

PAST PERFECT SUBJUNCTIVE (-ra)

hubiera aparecido	hubiéramos aparecido
hubieras aparecido	hubierais aparecido
hubiera aparecido	hubieran aparecido

or **PAST PERFECT SUBJUNCTIVE (-se)**

hubiese aparecido	hubiésemos aparecido
hubieses aparecido	hubieseis aparecido
hubiese aparecido	hubiesen aparecido

PROGRESSIVE TENSES

PRESENT	estoy, estás, está, estamos, estáis, están	
PRETERIT	estuve, estuviste, estuvo, estuvimos, estuvisteis, estuvieron	
IMPERFECT	estaba, estabas, estaba, estábamos, estabais, estaban	apareciendo
FUTURE	estaré, estarás, estará, estaremos, estaréis, estarán	
CONDITIONAL	estaría, estarías, estaría, estaríamos, estaríais, estarían	
SUBJUNCTIVE	que + *corresponding subjunctive tense of* estar (*see verb 252*)	

COMMANDS

	(nosotros) aparezcamos/no aparezcamos
(tú) aparece/no aparezcas	(vosotros) apareced/no aparezcáis
(Ud.) aparezca/no aparezca	(Uds.) aparezcan/no aparezcan

Usage

Sólo apareció en escena el actor principal.	*Only the lead actor appeared on stage.*
Apareció la segunda edición del libro.	*The second edition of the book came out.*
Dudo que aparezcan hoy.	*I doubt they'll show up today.*
No suele aparecer antes de las once.	*She doesn't usually turn up before 11:00.*
Los papeles perdidos aparecieron en una carpeta.	*The missing papers showed up in a folder/file.*

apartar *to remove, set aside, stray*

aparto · apartaron · apartado · apartando   regular *-ar* verb

PRESENT		PRETERIT	
aparto	apartamos	aparté	apartamos
apartas	apartáis	apartaste	apartasteis
aparta	apartan	apartó	apartaron

IMPERFECT		PRESENT PERFECT	
apartaba	apartábamos	he apartado	hemos apartado
apartabas	apartabais	has apartado	habéis apartado
apartaba	apartaban	ha apartado	han apartado

FUTURE		CONDITIONAL	
apartaré	apartaremos	apartaría	apartaríamos
apartarás	apartaréis	apartarías	apartaríais
apartará	apartarán	apartaría	apartarían

PLUPERFECT		PRETERIT PERFECT	
había apartado	habíamos apartado	hube apartado	hubimos apartado
habías apartado	habíais apartado	hubiste apartado	hubisteis apartado
había apartado	habían apartado	hubo apartado	hubieron apartado

FUTURE PERFECT		CONDITIONAL PERFECT	
habré apartado	habremos apartado	habría apartado	habríamos apartado
habrás apartado	habréis apartado	habrías apartado	habríais apartado
habrá apartado	habrán apartado	habría apartado	habrían apartado

PRESENT SUBJUNCTIVE		PRESENT PERFECT SUBJUNCTIVE	
aparte	apartemos	haya apartado	hayamos apartado
apartes	apartéis	hayas apartado	hayáis apartado
aparte	aparten	haya apartado	hayan apartado

IMPERFECT SUBJUNCTIVE (-ra)		*or*	IMPERFECT SUBJUNCTIVE (-se)	
apartara	apartáramos		apartase	apartásemos
apartaras	apartarais		apartases	apartaseis
apartara	apartaran		apartase	apartasen

PAST PERFECT SUBJUNCTIVE (-ra)		*or*	PAST PERFECT SUBJUNCTIVE (-se)	
hubiera apartado	hubiéramos apartado		hubiese apartado	hubiésemos apartado
hubieras apartado	hubierais apartado		hubieses apartado	hubieseis apartado
hubiera apartado	hubieran apartado		hubiese apartado	hubiesen apartado

PROGRESSIVE TENSES

PRESENT	estoy, estás, está, estamos, estáis, están	
PRETERIT	estuve, estuviste, estuvo, estuvimos, estuvisteis, estuvieron	
IMPERFECT	estaba, estabas, estaba, estábamos, estabais, estaban	apartando
FUTURE	estaré, estarás, estará, estaremos, estaréis, estarán	
CONDITIONAL	estaría, estarías, estaría, estaríamos, estaríais, estarían	
SUBJUNCTIVE	que + *corresponding subjunctive tense of* estar (*see verb 252*)	

COMMANDS

	(nosotros) apartemos/no apartemos
(tú) aparta/no apartes	(vosotros) apartad/no apartéis
(Ud.) aparte/no aparte	(Uds.) aparten/no aparten

Usage

Aparte el escritorio de la fotocopiadora.	*Move the desk away from the copying machine.*
Se aparta cien dólares mensuales.	*One hundred dollars are set aside each month.*
No apartes la mirada de los niños.	*Don't take your eyes off the children.*
Viven en un pueblo muy apartado.	*They live in a very remote town.*
Haga párrafo aparte.	*Begin a new paragraph.*
El apartamento da al parque.	*The apartment faces the park.*
Se apartó del tema/camino.	*She strayed from the subject/path.*

regular -ir verb | aplaudo · aplaudieron · aplaudido · aplaudiendo

PRESENT

aplaudo	aplaudimos
aplaudes	aplaudís
aplaude	aplauden

PRETERIT

aplaudí	aplaudimos
aplaudiste	aplaudisteis
aplaudió	aplaudieron

IMPERFECT

aplaudía	aplaudíamos
aplaudías	aplaudíais
aplaudía	aplaudían

PRESENT PERFECT

he aplaudido	hemos aplaudido
has aplaudido	habéis aplaudido
ha aplaudido	han aplaudido

FUTURE

aplaudiré	aplaudiremos
aplaudirás	aplaudiréis
aplaudirá	aplaudirán

CONDITIONAL

aplaudiría	aplaudiríamos
aplaudirías	aplaudiríais
aplaudiría	aplaudirían

PLUPERFECT

había aplaudido	habíamos aplaudido
habías aplaudido	habíais aplaudido
había aplaudido	habían aplaudido

PRETERIT PERFECT

hube aplaudido	hubimos aplaudido
hubiste aplaudido	hubisteis aplaudido
hubo aplaudido	hubieron aplaudido

FUTURE PERFECT

habré aplaudido	habremos aplaudido
habrás aplaudido	habréis aplaudido
habrá aplaudido	habrán aplaudido

CONDITIONAL PERFECT

habría aplaudido	habríamos aplaudido
habrías aplaudido	habríais aplaudido
habría aplaudido	habrían aplaudido

PRESENT SUBJUNCTIVE

aplauda	aplaudamos
aplaudas	aplaudáis
aplauda	aplaudan

PRESENT PERFECT SUBJUNCTIVE

haya aplaudido	hayamos aplaudido
hayas aplaudido	hayáis aplaudido
haya aplaudido	hayan aplaudido

IMPERFECT SUBJUNCTIVE (-ra)   or

aplaudiera	aplaudiéramos
aplaudieras	aplaudierais
aplaudiera	aplaudieran

IMPERFECT SUBJUNCTIVE (-se)

aplaudiese	aplaudiésemos
aplaudieses	aplaudieseis
aplaudiese	aplaudiesen

PAST PERFECT SUBJUNCTIVE (-ra)   or

hubiera aplaudido	hubiéramos aplaudido
hubieras aplaudido	hubierais aplaudido
hubiera aplaudido	hubieran aplaudido

PAST PERFECT SUBJUNCTIVE (-se)

hubiese aplaudido	hubiésemos aplaudido
hubieses aplaudido	hubieseis aplaudido
hubiese aplaudido	hubiesen aplaudido

PROGRESSIVE TENSES

PRESENT	estoy, estás, está, estamos, estáis, están
PRETERIT	estuve, estuviste, estuvo, estuvimos, estuvisteis, estuvieron
IMPERFECT	estaba, estabas, estaba, estábamos, estabais, estaban
FUTURE	estaré, estarás, estará, estaremos, estaréis, estarán
CONDITIONAL	estaría, estarías, estaría, estaríamos, estaríais, estarían
SUBJUNCTIVE	que + *corresponding subjunctive tense of* estar (*see verb 252*)

} aplaudiendo

COMMANDS

	(nosotros) aplaudamos/no aplaudamos
(tú) aplaude/no aplaudas	(vosotros) aplaudid/no aplaudáis
(Ud.) aplauda/no aplauda	(Uds.) aplaudan/no aplaudan

Usage

Aplaudieron con gran entusiasmo.	*They applauded enthusiastically.*
Aplaudimos su resolución en tratar este asunto.	*We applaud his resolve in dealing with this matter.*
La flautista recibió una salva de aplausos del público.	*The flutist received thunderous applause from the audience.*
Aplaudieron mucho a los cantantes.	*They applauded the singers a lot.*

aplazar   *to postpone, defer*

aplazo · aplazaron · aplazado · aplazando

-ar verb; spelling change: *z* > *c/e*

PRESENT

aplazo	aplazamos
aplazas	aplazáis
aplaza	aplazan

PRETERIT

aplacé	aplazamos
aplazaste	aplazasteis
aplazó	aplazaron

IMPERFECT

aplazaba	aplazábamos
aplazabas	aplazabais
aplazaba	aplazaban

PRESENT PERFECT

he aplazado	hemos aplazado
has aplazado	habéis aplazado
ha aplazado	han aplazado

FUTURE

aplazaré	aplazaremos
aplazarás	aplazaréis
aplazará	aplazarán

CONDITIONAL

aplazaría	aplazaríamos
aplazarías	aplazaríais
aplazaría	aplazarían

PLUPERFECT

había aplazado	habíamos aplazado
habías aplazado	habíais aplazado
había aplazado	habían aplazado

PRETERIT PERFECT

hube aplazado	hubimos aplazado
hubiste aplazado	hubisteis aplazado
hubo aplazado	hubieron aplazado

FUTURE PERFECT

habré aplazado	habremos aplazado
habrás aplazado	habréis aplazado
habrá aplazado	habrán aplazado

CONDITIONAL PERFECT

habría aplazado	habríamos aplazado
habrías aplazado	habríais aplazado
habría aplazado	habrían aplazado

PRESENT SUBJUNCTIVE

aplace	aplacemos
aplaces	aplacéis
aplace	aplacen

PRESENT PERFECT SUBJUNCTIVE

haya aplazado	hayamos aplazado
hayas aplazado	hayáis aplazado
haya aplazado	hayan aplazado

IMPERFECT SUBJUNCTIVE (-ra)

aplazara	aplazáramos
aplazaras	aplazarais
aplazara	aplazaran

or   **IMPERFECT SUBJUNCTIVE (-se)**

aplazase	aplazásemos
aplazases	aplazaseis
aplazase	aplazasen

PAST PERFECT SUBJUNCTIVE (-ra)

hubiera aplazado	hubiéramos aplazado
hubieras aplazado	hubierais aplazado
hubiera aplazado	hubieran aplazado

or   **PAST PERFECT SUBJUNCTIVE (-se)**

hubiese aplazado	hubiésemos aplazado
hubieses aplazado	hubieseis aplazado
hubiese aplazado	hubiesen aplazado

PROGRESSIVE TENSES

PRESENT	estoy, estás, está, estamos, estáis, están
PRETERIT	estuve, estuviste, estuvo, estuvimos, estuvisteis, estuvieron
IMPERFECT	estaba, estabas, estaba, estábamos, estabais, estaban
FUTURE	estaré, estarás, estará, estaremos, estaréis, estarán
CONDITIONAL	estaría, estarías, estaría, estaríamos, estaríais, estarían
SUBJUNCTIVE	que + *corresponding subjunctive tense of* estar (*see verb 252*)

aplazando

COMMANDS

	(nosotros) aplacemos/no aplacemos
(tú) aplaza/no aplaces	(vosotros) aplazad/no aplacéis
(Ud.) aplace/no aplace	(Uds.) aplacen/no aplacen

Usage

La reunión será aplazada para el dos de marzo.	*The meeting will be postponed until March 2.*
Es preciso que haya aplazamiento.	*It's necessary there be a postponement.*
Se aplaza el pago.	*The payment is being deferred.*
Un aplazamiento incurre intereses.	*A deferment incurs interest.*
Aplacemos la excursión hasta que se despeje.	*Let's postpone the outing until it clears up.*

-ar verb; spelling change: c > qu/e

aplico · aplicaron · aplicado · aplicando

PRESENT

aplico	aplicamos
aplicas	aplicáis
aplica	aplican

PRETERIT

apliqué	aplicamos
aplicaste	aplicasteis
aplicó	aplicaron

IMPERFECT

aplicaba	aplicábamos
aplicabas	aplicabais
aplicaba	aplicaban

PRESENT PERFECT

he aplicado	hemos aplicado
has aplicado	habéis aplicado
ha aplicado	han aplicado

FUTURE

aplicaré	aplicaremos
aplicarás	aplicaréis
aplicará	aplicarán

CONDITIONAL

aplicaría	aplicaríamos
aplicarías	aplicaríais
aplicaría	aplicarían

PLUPERFECT

había aplicado	habíamos aplicado
habías aplicado	habíais aplicado
había aplicado	habían aplicado

PRETERIT PERFECT

hube aplicado	hubimos aplicado
hubiste aplicado	hubisteis aplicado
hubo aplicado	hubieron aplicado

FUTURE PERFECT

habré aplicado	habremos aplicado
habrás aplicado	habréis aplicado
habrá aplicado	habrán aplicado

CONDITIONAL PERFECT

habría aplicado	habríamos aplicado
habrías aplicado	habríais aplicado
habría aplicado	habrían aplicado

PRESENT SUBJUNCTIVE

aplique	apliquemos
apliques	apliquéis
aplique	apliquen

PRESENT PERFECT SUBJUNCTIVE

haya aplicado	hayamos aplicado
hayas aplicado	hayáis aplicado
haya aplicado	hayan aplicado

IMPERFECT SUBJUNCTIVE (-ra)

aplicara	aplicáramos
aplicaras	aplicarais
aplicara	aplicaran

or **IMPERFECT SUBJUNCTIVE (-se)**

aplicase	aplicásemos
aplicases	aplicaseis
aplicase	aplicasen

PAST PERFECT SUBJUNCTIVE (-ra)

hubiera aplicado	hubiéramos aplicado
hubieras aplicado	hubierais aplicado
hubiera aplicado	hubieran aplicado

or **PAST PERFECT SUBJUNCTIVE (-se)**

hubiese aplicado	hubiésemos aplicado
hubieses aplicado	hubieseis aplicado
hubiese aplicado	hubiesen aplicado

PROGRESSIVE TENSES

PRESENT	estoy, estás, está, estamos, estáis, están
PRETERIT	estuve, estuviste, estuvo, estuvimos, estuvisteis, estuvieron
IMPERFECT	estaba, estabas, estaba, estábamos, estabais, estaban
FUTURE	estaré, estarás, estará, estaremos, estaréis, estarán
CONDITIONAL	estaría, estarías, estaría, estaríamos, estaríais, estarían
SUBJUNCTIVE	que + *corresponding subjunctive tense of* estar (*see verb 252*)

} aplicando

COMMANDS

	(nosotros) apliquemos/no apliquemos
(tú) aplica/no apliques	(vosotros) aplicad/no apliquéis
(Ud.) aplique/no aplique	(Uds.) apliquen/no apliquen

Usage

Hay que esperar para aplicar el barniz.	*We have to wait to apply the varnish.*
Este paquete de programas tiene aplicación multimedia.	*This software package has a multimedia application.*
Las leyes se aplican a todos los ciudadanos.	*The laws apply to all the citizens.*
Se aplica mucho en el estudio. Es muy aplicada.	*She works very hard at/devotes herself to her studies. She's very studious.*
Todos los internos son aplicados.	*All of the interns are diligent/industrious.*

aportar *to contribute, bring forth, provide*

aporto · aportaron · aportado · aportando

regular *-ar* verb

PRESENT

aporto	aportamos
aportas	aportáis
aporta	aportan

PRETERIT

aporté	aportamos
aportaste	aportasteis
aportó	aportaron

IMPERFECT

aportaba	aportábamos
aportabas	aportabais
aportaba	aportaban

PRESENT PERFECT

he aportado	hemos aportado
has aportado	habéis aportado
ha aportado	han aportado

FUTURE

aportaré	aportaremos
aportarás	aportaréis
aportará	aportarán

CONDITIONAL

aportaría	aportaríamos
aportarías	aportaríais
aportaría	aportarían

PLUPERFECT

había aportado	habíamos aportado
habías aportado	habíais aportado
había aportado	habían aportado

PRETERIT PERFECT

hube aportado	hubimos aportado
hubiste aportado	hubisteis aportado
hubo aportado	hubieron aportado

FUTURE PERFECT

habré aportado	habremos aportado
habrás aportado	habréis aportado
habrá aportado	habrán aportado

CONDITIONAL PERFECT

habría aportado	habríamos aportado
habrías aportado	habríais aportado
habría aportado	habrían aportado

PRESENT SUBJUNCTIVE

aporte	aportemos
aportes	aportéis
aporte	aporten

PRESENT PERFECT SUBJUNCTIVE

haya aportado	hayamos aportado
hayas aportado	hayáis aportado
haya aportado	hayan aportado

IMPERFECT SUBJUNCTIVE (-ra)

aportara	aportáramos
aportaras	aportarais
aportara	aportaran

or ### IMPERFECT SUBJUNCTIVE (-se)

aportase	aportásemos
aportases	aportaseis
aportase	aportasen

PAST PERFECT SUBJUNCTIVE (-ra)

hubiera aportado	hubiéramos aportado
hubieras aportado	hubierais aportado
hubiera aportado	hubieran aportado

or ### PAST PERFECT SUBJUNCTIVE (-se)

hubiese aportado	hubiésemos aportado
hubieses aportado	hubieseis aportado
hubiese aportado	hubiesen aportado

PROGRESSIVE TENSES

PRESENT	estoy, estás, está, estamos, estáis, están
PRETERIT	estuve, estuviste, estuvo, estuvimos, estuvisteis, estuvieron
IMPERFECT	estaba, estabas, estaba, estábamos, estabais, estaban
FUTURE	estaré, estarás, estará, estaremos, estaréis, estarán
CONDITIONAL	estaría, estarías, estaría, estaríamos, estaríais, estarían
SUBJUNCTIVE	que + *corresponding subjunctive tense of* estar (*see verb 252*)

⎫ aportando

COMMANDS

	(nosotros) aportemos/no aportemos
(tú) aporta/no aportes	(vosotros) aportad/no aportéis
(Ud.) aporte/no aporte	(Uds.) aporten/no aporten

Usage

Ud. ha aportado mucho a esta discusión.   *You've contributed a lot to this discussion.*
El abogado aportó unas pruebas convincentes.   *The lawyer brought forth some convincing evidence.*
Su aportación de fondos es muy valiosa.   *Their contribution of funds is very valuable.*
Su aporte en el procesamiento de datos fue   *His contribution in data processing was revolutionary.*
   revolucionario.

regular -*ar* verb   apoyo · apoyaron · apoyado · apoyando

PRESENT

apoyo	apoyamos		
apoyas	apoyáis		
apoya	apoyan		

PRETERIT

apoyé	apoyamos
apoyaste	apoyasteis
apoyó	apoyaron

IMPERFECT

apoyaba	apoyábamos
apoyabas	apoyabais
apoyaba	apoyaban

PRESENT PERFECT

he apoyado	hemos apoyado
has apoyado	habéis apoyado
ha apoyado	han apoyado

FUTURE

apoyaré	apoyaremos
apoyarás	apoyaréis
apoyará	apoyarán

CONDITIONAL

apoyaría	apoyaríamos
apoyarías	apoyaríais
apoyaría	apoyarían

PLUPERFECT

había apoyado	habíamos apoyado
habías apoyado	habíais apoyado
había apoyado	habían apoyado

PRETERIT PERFECT

hube apoyado	hubimos apoyado
hubiste apoyado	hubisteis apoyado
hubo apoyado	hubieron apoyado

FUTURE PERFECT

habré apoyado	habremos apoyado
habrás apoyado	habréis apoyado
habrá apoyado	habrán apoyado

CONDITIONAL PERFECT

habría apoyado	habríamos apoyado
habrías apoyado	habríais apoyado
habría apoyado	habrían apoyado

PRESENT SUBJUNCTIVE

apoye	apoyemos
apoyes	apoyéis
apoye	apoyen

PRESENT PERFECT SUBJUNCTIVE

haya apoyado	hayamos apoyado
hayas apoyado	hayáis apoyado
haya apoyado	hayan apoyado

IMPERFECT SUBJUNCTIVE (-ra)

apoyara	apoyáramos
apoyaras	apoyarais
apoyara	apoyaran

or **IMPERFECT SUBJUNCTIVE (-se)**

apoyase	apoyásemos
apoyases	apoyaseis
apoyase	apoyasen

PAST PERFECT SUBJUNCTIVE (-ra)

hubiera apoyado	hubiéramos apoyado
hubieras apoyado	hubierais apoyado
hubiera apoyado	hubieran apoyado

or **PAST PERFECT SUBJUNCTIVE (-se)**

hubiese apoyado	hubiésemos apoyado
hubieses apoyado	hubieseis apoyado
hubiese apoyado	hubiesen apoyado

PROGRESSIVE TENSES

PRESENT	estoy, estás, está, estamos, estáis, están
PRETERIT	estuve, estuviste, estuvo, estuvimos, estuvisteis, estuvieron
IMPERFECT	estaba, estabas, estaba, estábamos, estabais, estaban
FUTURE	estaré, estarás, estará, estaremos, estaréis, estarán
CONDITIONAL	estaría, estarías, estaría, estaríamos, estaríais, estarían
SUBJUNCTIVE	que + *corresponding subjunctive tense of* estar (*see verb 252*)

⎫ apoyando

COMMANDS

	(nosotros) apoyemos/no apoyemos
(tú) apoya/no apoyes	(vosotros) apoyad/no apoyéis
(Ud.) apoye/no apoye	(Uds.) apoyen/no apoyen

Usage

Apoyamos al candidato titular.	*We're supporting the incumbent candidate.*
No apoyó su teoría en suficientes datos estadísticos.	*She didn't base her theory on enough statistical data.*
No te apoyes en la mesa. Es inestable.	*Don't lean on the table. It's shaky.*
Triunfó en la vida por el apoyo de su familia.	*He succeeded in life because of his family's support.*
Yo apoyo la moción.	*I second the motion.*

apreciar *to appreciate, esteem, make out, perceive*

aprecio · apreciaron · apreciado · apreciando   regular -ar verb

PRESENT		PRETERIT	
aprecio	apreciamos	aprecié	apreciamos
aprecias	apreciáis	apreciaste	apreciasteis
aprecia	aprecian	apreció	apreciaron

IMPERFECT		PRESENT PERFECT	
apreciaba	apreciábamos	he apreciado	hemos apreciado
apreciabas	apreciabais	has apreciado	habéis apreciado
apreciaba	apreciaban	ha apreciado	han apreciado

FUTURE		CONDITIONAL	
apreciaré	apreciaremos	apreciaría	apreciaríamos
apreciarás	apreciaréis	apreciarías	apreciaríais
apreciará	apreciarán	apreciaría	apreciarían

PLUPERFECT		PRETERIT PERFECT	
había apreciado	habíamos apreciado	hube apreciado	hubimos apreciado
habías apreciado	habíais apreciado	hubiste apreciado	hubisteis apreciado
había apreciado	habían apreciado	hubo apreciado	hubieron apreciado

FUTURE PERFECT		CONDITIONAL PERFECT	
habré apreciado	habremos apreciado	habría apreciado	habríamos apreciado
habrás apreciado	habréis apreciado	habrías apreciado	habríais apreciado
habrá apreciado	habrán apreciado	habría apreciado	habrían apreciado

PRESENT SUBJUNCTIVE		PRESENT PERFECT SUBJUNCTIVE	
aprecie	apreciemos	haya apreciado	hayamos apreciado
aprecies	apreciéis	hayas apreciado	hayáis apreciado
aprecie	aprecien	haya apreciado	hayan apreciado

IMPERFECT SUBJUNCTIVE (-ra)		*or*	IMPERFECT SUBJUNCTIVE (-se)	
apreciara	apreciáramos		apreciase	apreciásemos
apreciaras	apreciarais		apreciases	apreciaseis
apreciara	apreciaran		apreciase	apreciasen

PAST PERFECT SUBJUNCTIVE (-ra)		*or*	PAST PERFECT SUBJUNCTIVE (-se)	
hubiera apreciado	hubiéramos apreciado		hubiese apreciado	hubiésemos apreciado
hubieras apreciado	hubierais apreciado		hubieses apreciado	hubieseis apreciado
hubiera apreciado	hubieran apreciado		hubiese apreciado	hubiesen apreciado

PROGRESSIVE TENSES

PRESENT	estoy, estás, está, estamos, estáis, están
PRETERIT	estuve, estuviste, estuvo, estuvimos, estuvisteis, estuvieron
IMPERFECT	estaba, estabas, estaba, estábamos, estabais, estaban
FUTURE	estaré, estarás, estará, estaremos, estaréis, estarán
CONDITIONAL	estaría, estarías, estaría, estaríamos, estaríais, estarían
SUBJUNCTIVE	que + *corresponding subjunctive tense of* estar (*see verb 252*)

} apreciando

COMMANDS

	(nosotros) apreciemos/no apreciemos
(tú) aprecia/no aprecies	(vosotros) apreciad/no apreciéis
(Ud.) aprecie/no aprecie	(Uds.) aprecien/no aprecien

Usage

Aprecian la literatura inglesa.	*They appreciate English literature.*
—Aprecian mucho al profesor Rubio.	*They hold Professor Rubio in great esteem.*
—Nosotros también le tenemos aprecio.	*We also have great regard for him.*
Hay una diferencia apreciable entre las dos marcas.	*There's an appreciable/a considerable difference between the two brands.*
Se aprecia la diferencia entre las sumas.	*You can note the difference in the totals.*

regular -*er* verb | **aprendo · aprendieron · aprendido · aprendiendo**

PRESENT

aprendo	aprendemos
aprendes	aprendéis
aprende	aprenden

PRETERIT

aprendí	aprendimos
aprendiste	aprendisteis
aprendió	aprendieron

IMPERFECT

aprendía	aprendíamos
aprendías	aprendíais
aprendía	aprendían

PRESENT PERFECT

he aprendido	hemos aprendido
has aprendido	habéis aprendido
ha aprendido	han aprendido

FUTURE

aprenderé	aprenderemos
aprenderás	aprenderéis
aprenderá	aprenderán

CONDITIONAL

aprendería	aprenderíamos
aprenderías	aprenderíais
aprendería	aprenderían

PLUPERFECT

había aprendido	habíamos aprendido
habías aprendido	habíais aprendido
había aprendido	habían aprendido

PRETERIT PERFECT

hube aprendido	hubimos aprendido
hubiste aprendido	hubisteis aprendido
hubo aprendido	hubieron aprendido

FUTURE PERFECT

habré aprendido	habremos aprendido
habrás aprendido	habréis aprendido
habrá aprendido	habrán aprendido

CONDITIONAL PERFECT

habría aprendido	habríamos aprendido
habrías aprendido	habríais aprendido
habría aprendido	habrían aprendido

PRESENT SUBJUNCTIVE

aprenda	aprendamos
aprendas	aprendáis
aprenda	aprendan

PRESENT PERFECT SUBJUNCTIVE

haya aprendido	hayamos aprendido
hayas aprendido	hayáis aprendido
haya aprendido	hayan aprendido

IMPERFECT SUBJUNCTIVE (-ra)

aprendiera	aprendiéramos
aprendieras	aprendierais
aprendiera	aprendieran

or **IMPERFECT SUBJUNCTIVE (-se)**

aprendiese	aprendiésemos
aprendieses	aprendieseis
aprendiese	aprendiesen

PAST PERFECT SUBJUNCTIVE (-ra)

hubiera aprendido	hubiéramos aprendido
hubieras aprendido	hubierais aprendido
hubiera aprendido	hubieran aprendido

or **PAST PERFECT SUBJUNCTIVE (-se)**

hubiese aprendido	hubiésemos aprendido
hubieses aprendido	hubieseis aprendido
hubiese aprendido	hubiesen aprendido

PROGRESSIVE TENSES

PRESENT	estoy, estás, está, estamos, estáis, están
PRETERIT	estuve, estuviste, estuvo, estuvimos, estuvisteis, estuvieron
IMPERFECT	estaba, estabas, estaba, estábamos, estabais, estaban
FUTURE	estaré, estarás, estará, estaremos, estaréis, estarán
CONDITIONAL	estaría, estarías, estaría, estaríamos, estaríais, estarían
SUBJUNCTIVE	que + *corresponding subjunctive tense of* estar (*see verb 252*)

aprendiendo

COMMANDS

	(nosotros) aprendamos/no aprendamos
(tú) aprende/no aprendas	(vosotros) aprended/no aprendáis
(Ud.) aprenda/no aprenda	(Uds.) aprendan/no aprendan

Usage

Aprendí mucho sobre la arquitectura de red.	*I learned a lot about network architecture.*
Aprendió a reparar su ordenador (*Spain*).	*He learned how to repair his computer.*
¿Habéis aprendido todas las fechas de memoria?	*You've memorized all the dates?*
Hace un aprendizaje mientras aprende el oficio.	*He's doing an apprenticeship while he's learning the trade.*
Espero que aprendan de experiencia.	*I hope you'll learn from your mistakes.*
Cada día se aprende algo.	*It's never too late to learn.*

59 apresurarse *to hurry up, rush*

apresuro · apresuraron · apresurado · apresurándose

regular -*ar* reflexive verb

PRESENT

me apresuro	nos apresuramos
te apresuras	os apresuráis
se apresura	se apresuran

IMPERFECT

me apresuraba	nos apresurábamos
te apresurabas	os apresurabais
se apresuraba	se apresuraban

FUTURE

me apresuraré	nos apresuraremos
te apresurarás	os apresuraréis
se apresurará	se apresurarán

PLUPERFECT

me había apresurado	nos habíamos apresurado
te habías apresurado	os habíais apresurado
se había apresurado	se habían apresurado

FUTURE PERFECT

me habré apresurado	nos habremos apresurado
te habrás apresurado	os habréis apresurado
se habrá apresurado	se habrán apresurado

PRESENT SUBJUNCTIVE

me apresure	nos apresuremos
te apresures	os apresuréis
se apresure	se apresuren

IMPERFECT SUBJUNCTIVE (-ra)

me apresurara	nos apresuráramos
te apresuraras	os apresurarais
se apresurara	se apresuraran

PAST PERFECT SUBJUNCTIVE (-ra)

me hubiera apresurado	nos hubiéramos apresurado
te hubieras apresurado	os hubierais apresurado
se hubiera apresurado	se hubieran apresurado

PRETERIT

me apresuré	nos apresuramos
te apresuraste	os apresurasteis
se apresuró	se apresuraron

PRESENT PERFECT

me he apresurado	nos hemos apresurado
te has apresurado	os habéis apresurado
se ha apresurado	se han apresurado

CONDITIONAL

me apresuraría	nos apresuraríamos
te apresurarías	os apresuraríais
se apresuraría	se apresurarían

PRETERIT PERFECT

me hube apresurado	nos hubimos apresurado
te hubiste apresurado	os hubisteis apresurado
se hubo apresurado	se hubieron apresurado

CONDITIONAL PERFECT

me habría apresurado	nos habríamos apresurado
te habrías apresurado	os habríais apresurado
se habría apresurado	se habrían apresurado

PRESENT PERFECT SUBJUNCTIVE

me haya apresurado	nos hayamos apresurado
te hayas apresurado	os hayáis apresurado
se haya apresurado	se hayan apresurado

or ### IMPERFECT SUBJUNCTIVE (-se)

me apresurase	nos apresurásemos
te apresurases	os apresuraseis
se apresurase	se apresurasen

or ### PAST PERFECT SUBJUNCTIVE (-se)

me hubiese apresurado	nos hubiésemos apresurado
te hubieses apresurado	os hubieseis apresurado
se hubiese apresurado	se hubiesen apresurado

PROGRESSIVE TENSES

PRESENT	estoy, estás, está, estamos, estáis, están
PRETERIT	estuve, estuviste, estuvo, estuvimos, estuvisteis, estuvieron
IMPERFECT	estaba, estabas, estaba, estábamos, estabais, estaban
FUTURE	estaré, estarás, estará, estaremos, estaréis, estarán
CONDITIONAL	estaría, estarías, estaría, estaríamos, estaríais, estarían
SUBJUNCTIVE	que + *corresponding subjunctive tense of* estar (*see verb 252*)

apresurando (*see page 31*)

COMMANDS

	(nosotros) apresurémonos/no nos apresuremos
(tú) apresúrate/no te apresures	(vosotros) apresuraos/no os apresuréis
(Ud.) apresúrese/no se apresure	(Uds.) apresúrense/no se apresuren

Usage

Apresúrate. Se nos hace tarde.	*Hurry up. It's getting late.*
Me apresuré a entregar el informe.	*I hurried to hand in my report.*
Se apresuró en traer los chismes.	*She wasted no time in spreading the gossip.*
—Estoy apresurado por terminar la base de datos.	*I'm in a hurry to finish the data base.*
—Si se apresura va a cometer errores.	*If you rush you'll make mistakes.*
Hicimos una visita apresurada.	*We paid a hasty visit.*
Todos están apresurados hoy.	*Everyone's in a hurry today.*

stem-changing *-ar* verb: *o* > *ue* | **apruebo · aprobaron · aprobado · aprobando**

PRESENT

apruebo	aprobamos
apruebas	aprobáis
aprueba	aprueban

IMPERFECT

aprobaba	aprobábamos
aprobabas	aprobabais
aprobaba	aprobaban

FUTURE

aprobaré	aprobaremos
aprobarás	aprobaréis
aprobará	aprobarán

PLUPERFECT

había aprobado	habíamos aprobado
habías aprobado	habíais aprobado
había aprobado	habían aprobado

FUTURE PERFECT

habré aprobado	habremos aprobado
habrás aprobado	habréis aprobado
habrá aprobado	habrán aprobado

PRESENT SUBJUNCTIVE

apruebe	aprobemos
apruebes	aprobéis
apruebe	aprueben

IMPERFECT SUBJUNCTIVE (-ra)

aprobara	aprobáramos
aprobaras	aprobarais
aprobara	aprobaran

PAST PERFECT SUBJUNCTIVE (-ra)

hubiera aprobado	hubiéramos aprobado
hubieras aprobado	hubierais aprobado
hubiera aprobado	hubieran aprobado

PRETERIT

aprobé	aprobamos
aprobaste	aprobasteis
aprobó	aprobaron

PRESENT PERFECT

he aprobado	hemos aprobado
has aprobado	habéis aprobado
ha aprobado	han aprobado

CONDITIONAL

aprobaría	aprobaríamos
aprobarías	aprobaríais
aprobaría	aprobarían

PRETERIT PERFECT

hube aprobado	hubimos aprobado
hubiste aprobado	hubisteis aprobado
hubo aprobado	hubieron aprobado

CONDITIONAL PERFECT

habría aprobado	habríamos aprobado
habrías aprobado	habríais aprobado
habría aprobado	habrían aprobado

PRESENT PERFECT SUBJUNCTIVE

haya aprobado	hayamos aprobado
hayas aprobado	hayáis aprobado
haya aprobado	hayan aprobado

or **IMPERFECT SUBJUNCTIVE (-se)**

aprobase	aprobásemos
aprobases	aprobaseis
aprobase	aprobasen

or **PAST PERFECT SUBJUNCTIVE (-se)**

hubiese aprobado	hubiésemos aprobado
hubieses aprobado	hubieseis aprobado
hubiese aprobado	hubiesen aprobado

PROGRESSIVE TENSES

PRESENT	estoy, estás, está, estamos, estáis, están
PRETERIT	estuve, estuviste, estuvo, estuvimos, estuvisteis, estuvieron
IMPERFECT	estaba, estabas, estaba, estábamos, estabais, estaban
FUTURE	estaré, estarás, estará, estaremos, estaréis, estarán
CONDITIONAL	estaría, estarías, estaría, estaríamos, estaríais, estarían
SUBJUNCTIVE	que + *corresponding subjunctive tense of* estar (*see verb 252*)

} aprobando

COMMANDS

	(nosotros) aprobemos/no aprobemos
(tú) aprueba/no apruebes	(vosotros) aprobad/no aprobéis
(Ud.) apruebe/no apruebe	(Uds.) aprueben/no aprueben

Usage

El departamento de consumo aprobó los nuevos productos.	*The department of consumer affairs approved the new products.*
No aprueban sus procedimientos en la investigación de mercados.	*They don't approve of his market research procedures.*
Se aprobó la ley de impuestos.	*The tax law was passed.*
Salió aprobado en todos los exámenes.	*He passed all his exams.*

aprovechar *to take advantage of, make the most of*

aprovecho · aprovecharon · aprovechado · aprovechando

regular *-ar* verb

PRESENT

aprovecho	aprovechamos
aprovechas	aprovecháis
aprovecha	aprovechan

PRETERIT

aproveché	aprovechamos
aprovechaste	aprovechasteis
aprovechó	aprovecharon

IMPERFECT

aprovechaba	aprovechábamos
aprovechabas	aprovechabais
aprovechaba	aprovechaban

PRESENT PERFECT

he aprovechado	hemos aprovechado
has aprovechado	habéis aprovechado
ha aprovechado	han aprovechado

FUTURE

aprovecharé	aprovecharemos
aprovecharás	aprovecharéis
aprovechará	aprovecharán

CONDITIONAL

aprovecharía	aprovecharíamos
aprovecharías	aprovecharíais
aprovecharía	aprovecharían

PLUPERFECT

había aprovechado	habíamos aprovechado
habías aprovechado	habíais aprovechado
había aprovechado	habían aprovechado

PRETERIT PERFECT

hube aprovechado	hubimos aprovechado
hubiste aprovechado	hubisteis aprovechado
hubo aprovechado	hubieron aprovechado

FUTURE PERFECT

habré aprovechado	habremos aprovechado
habrás aprovechado	habréis aprovechado
habrá aprovechado	habrán aprovechado

CONDITIONAL PERFECT

habría aprovechado	habríamos aprovechado
habrías aprovechado	habríais aprovechado
habría aprovechado	habrían aprovechado

PRESENT SUBJUNCTIVE

aproveche	aprovechemos
aproveches	aprovechéis
aproveche	aprovechen

PRESENT PERFECT SUBJUNCTIVE

haya aprovechado	hayamos aprovechado
hayas aprovechado	hayáis aprovechado
haya aprovechado	hayan aprovechado

IMPERFECT SUBJUNCTIVE (-ra)   *or*   **IMPERFECT SUBJUNCTIVE (-se)**

aprovechara	aprovecháramos	aprovechase	aprovechásemos
aprovecharas	aprovecharais	aprovechases	aprovechaseis
aprovechara	aprovecharan	aprovechase	aprovechasen

PAST PERFECT SUBJUNCTIVE (-ra)   *or*   **PAST PERFECT SUBJUNCTIVE (-se)**

hubiera aprovechado	hubiéramos aprovechado	hubiese aprovechado	hubiésemos aprovechado
hubieras aprovechado	hubierais aprovechado	hubieses aprovechado	hubieseis aprovechado
hubiera aprovechado	hubieran aprovechado	hubiese aprovechado	hubiesen aprovechado

PROGRESSIVE TENSES

PRESENT	estoy, estás, está, estamos, estáis, están
PRETERIT	estuve, estuviste, estuvo, estuvimos, estuvisteis, estuvieron
IMPERFECT	estaba, estabas, estaba, estábamos, estabais, estaban
FUTURE	estaré, estarás, estará, estaremos, estaréis, estarán
CONDITIONAL	estaría, estarías, estaría, estaríamos, estaríais, estarían
SUBJUNCTIVE	que + *corresponding subjunctive tense of* estar *(see verb 252)*

} aprovechando

COMMANDS

	(nosotros) aprovechemos/no aprovechemos
(tú) aprovecha/no aproveches	(vosotros) aprovechad/no aprovechéis
(Ud.) aproveche/no aproveche	(Uds.) aprovechen/no aprovechen

Usage

Aprovechemos/Aprovechémonos de los días de sol para ir al campo.	*Let's take advantage of these sunny days to go to the countryside.*
Aprovechó la ocasión de darles las gracias.	*She took the opportunity to thank them.*
Sacaron el máximo aprovechamiento del espacio.	*They took full advantage of the space.*
¡Que aproveche!/Buen provecho.	*Bon appétit./Enjoy your meal.*
Es dinero bien/mal aprovechado.	*It's money well/badly spent.*
Es una persona aprovechada.	*He's a thrifty/industrious/opportunistic person.*

regular -*ar* reflexive verb   apuro · apuraron · apurado · apurándose

PRESENT

me apuro	nos apuramos
te apuras	os apuráis
se apura	se apuran

IMPERFECT

me apuraba	nos apurábamos
te apurabas	os apurabais
se apuraba	se apuraban

FUTURE

me apuraré	nos apuraremos
te apurarás	os apuraréis
se apurará	se apurarán

PLUPERFECT

me había apurado	nos habíamos apurado
te habías apurado	os habíais apurado
se había apurado	se habían apurado

FUTURE PERFECT

me habré apurado	nos habremos apurado
te habrás apurado	os habréis apurado
se habrá apurado	se habrán apurado

PRESENT SUBJUNCTIVE

me apure	nos apuremos
te apures	os apuréis
se apure	se apuren

IMPERFECT SUBJUNCTIVE (-ra)

me apurara	nos apuráramos
te apuraras	os apurarais
se apurara	se apuraran

PAST PERFECT SUBJUNCTIVE (-ra)

me hubiera apurado	nos hubiéramos apurado
te hubieras apurado	os hubierais apurado
se hubiera apurado	se hubieran apurado

PRETERIT

me apuré	nos apuramos
te apuraste	os apurasteis
se apuró	se apuraron

PRESENT PERFECT

me he apurado	nos hemos apurado
te has apurado	os habéis apurado
se ha apurado	se han apurado

CONDITIONAL

me apuraría	nos apuraríamos
te apurarías	os apuraríais
se apuraría	se apurarían

PRETERIT PERFECT

me hube apurado	nos hubimos apurado
te hubiste apurado	os hubisteis apurado
se hubo apurado	se hubieron apurado

CONDITIONAL PERFECT

me habría apurado	nos habríamos apurado
te habrías apurado	os habríais apurado
se habría apurado	se habrían apurado

PRESENT PERFECT SUBJUNCTIVE

me haya apurado	nos hayamos apurado
te hayas apurado	os hayáis apurado
se haya apurado	se hayan apurado

or **IMPERFECT SUBJUNCTIVE (-se)**

me apurase	nos apurásemos
te apurases	os apuraseis
se apurase	se apurasen

or **PAST PERFECT SUBJUNCTIVE (-se)**

me hubiese apurado	nos hubiésemos apurado
te hubieses apurado	os hubieseis apurado
se hubiese apurado	se hubiesen apurado

PROGRESSIVE TENSES

PRESENT	estoy, estás, está, estamos, estáis, están
PRETERIT	estuve, estuviste, estuvo, estuvimos, estuvisteis, estuvieron
IMPERFECT	estaba, estabas, estaba, estábamos, estabais, estaban
FUTURE	estaré, estarás, estará, estaremos, estaréis, estarán
CONDITIONAL	estaría, estarías, estaría, estaríamos, estaríais, estarían
SUBJUNCTIVE	que + *corresponding subjunctive tense of* estar (*see verb 252*)

apurando (*see page 31*)

COMMANDS

	(nosotros) apurémonos/no nos apuremos
(tú) apúrate/no te apures	(vosotros) apuraos/no os apuréis
(Ud.) apúrese/no se apure	(Uds.) apúrense/no se apuren

Usage

No te apures. No es para tanto.	*Don't worry. It's not worth it.*
No veo la manera de salir del apuro.	*I don't see how I can get out of this trouble.*
¡Apúrense, chicos!	*Hurry up, guys!*
El pobre sigue pasando muchos apuros.	*The poor guy still has a lot of difficulties/troubles.*

PRESENT

arranco	arrancamos
arrancas	arrancáis
arranca	arrancan

PRETERIT

arranqué	arrancamos
arrancaste	arrancasteis
arrancó	arrancaron

IMPERFECT

arrancaba	arrancábamos
arrancabas	arrancabais
arrancaba	arrancaban

PRESENT PERFECT

he arrancado	hemos arrancado
has arrancado	habéis arrancado
ha arrancado	han arrancado

FUTURE

arrancaré	arrancaremos
arrancarás	arrancaréis
arrancará	arrancarán

CONDITIONAL

arrancaría	arrancaríamos
arrancarías	arrancaríais
arrancaría	arrancarían

PLUPERFECT

había arrancado	habíamos arrancado
habías arrancado	habíais arrancado
había arrancado	habían arrancado

PRETERIT PERFECT

hube arrancado	hubimos arrancado
hubiste arrancado	hubisteis arrancado
hubo arrancado	hubieron arrancado

FUTURE PERFECT

habré arrancado	habremos arrancado
habrás arrancado	habréis arrancado
habrá arrancado	habrán arrancado

CONDITIONAL PERFECT

habría arrancado	habríamos arrancado
habrías arrancado	habríais arrancado
habría arrancado	habrían arrancado

PRESENT SUBJUNCTIVE

arranque	arranquemos
arranques	arranquéis
arranque	arranquen

PRESENT PERFECT SUBJUNCTIVE

haya arrancado	hayamos arrancado
hayas arrancado	hayáis arrancado
haya arrancado	hayan arrancado

IMPERFECT SUBJUNCTIVE (-ra)

arrancara	arrancáramos
arrancaras	arrancarais
arrancara	arrancaran

or ### IMPERFECT SUBJUNCTIVE (-se)

arrancase	arrancásemos
arrancases	arrancaseis
arrancase	arrancasen

PAST PERFECT SUBJUNCTIVE (-ra)

hubiera arrancado	hubiéramos arrancado
hubieras arrancado	hubierais arrancado
hubiera arrancado	hubieran arrancado

or ### PAST PERFECT SUBJUNCTIVE (-se)

hubiese arrancado	hubiésemos arrancado
hubieses arrancado	hubieseis arrancado
hubiese arrancado	hubiesen arrancado

PROGRESSIVE TENSES

PRESENT	estoy, estás, está, estamos, estáis, están
PRETERIT	estuve, estuviste, estuvo, estuvimos, estuvisteis, estuvieron
IMPERFECT	estaba, estabas, estaba, estábamos, estabais, estaban
FUTURE	estaré, estarás, estará, estaremos, estaréis, estarán
CONDITIONAL	estaría, estarías, estaría, estaríamos, estaríais, estarían
SUBJUNCTIVE	que + *corresponding subjunctive tense of* estar (*see verb 252*)

} arrancando

COMMANDS

	(nosotros) arranquemos/no arranquemos
(tú) arranca/no arranques	(vosotros) arrancad/no arranquéis
(Ud.) arranque/no arranque	(Uds.) arranquen/no arranquen

Usage

Hay que arrancar las plantas muertas.	*We have to pull up the dead plants.*
Por fin pudieron arrancarle los detalles de la intriga.	*They were finally able to get the details about the plot out of him.*
Le arrancaron el contrato a última hora.	*They snatched the contract from him at the last minute.*
El coche/El tren arrancó.	*The car/train started to go.*
Sus arranques de ira son feos.	*Her outbursts/fits of anger are terrible.*

regular *-ar* verb

arreglo · arreglaron · arreglado · arreglando

PRESENT

arreglo	arreglamos
arreglas	arregláis
arregla	arreglan

IMPERFECT

arreglaba	arreglábamos
arreglabas	arreglabais
arreglaba	arreglaban

FUTURE

arreglaré	arreglaremos
arreglarás	arreglaréis
arreglará	arreglarán

PLUPERFECT

había arreglado	habíamos arreglado
habías arreglado	habíais arreglado
había arreglado	habían arreglado

FUTURE PERFECT

habré arreglado	habremos arreglado
habrás arreglado	habréis arreglado
habrá arreglado	habrán arreglado

PRESENT SUBJUNCTIVE

arregle	arreglemos
arregles	arregléis
arregle	arreglen

IMPERFECT SUBJUNCTIVE (-ra)

arreglara	arregláramos
arreglaras	arreglarais
arreglara	arreglaran

PAST PERFECT SUBJUNCTIVE (-ra)

hubiera arreglado	hubiéramos arreglado
hubieras arreglado	hubierais arreglado
hubiera arreglado	hubieran arreglado

PRETERIT

arreglé	arreglamos
arreglaste	arreglasteis
arregló	arreglaron

PRESENT PERFECT

he arreglado	hemos arreglado
has arreglado	habéis arreglado
ha arreglado	han arreglado

CONDITIONAL

arreglaría	arreglaríamos
arreglarías	arreglaríais
arreglaría	arreglarían

PRETERIT PERFECT

hube arreglado	hubimos arreglado
hubiste arreglado	hubisteis arreglado
hubo arreglado	hubieron arreglado

CONDITIONAL PERFECT

habría arreglado	habríamos arreglado
habrías arreglado	habríais arreglado
habría arreglado	habrían arreglado

PRESENT PERFECT SUBJUNCTIVE

haya arreglado	hayamos arreglado
hayas arreglado	hayáis arreglado
haya arreglado	hayan arreglado

or **IMPERFECT SUBJUNCTIVE (-se)**

arreglase	arreglásemos
arreglases	arreglaseis
arreglase	arreglasen

or **PAST PERFECT SUBJUNCTIVE (-se)**

hubiese arreglado	hubiésemos arreglado
hubieses arreglado	hubieseis arreglado
hubiese arreglado	hubiesen arreglado

PROGRESSIVE TENSES

PRESENT	estoy, estás, está, estamos, estáis, están
PRETERIT	estuve, estuviste, estuvo, estuvimos, estuvisteis, estuvieron
IMPERFECT	estaba, estabas, estaba, estábamos, estabais, estaban
FUTURE	estaré, estarás, estará, estaremos, estaréis, estarán
CONDITIONAL	estaría, estarías, estaría, estaríamos, estaríais, estarían
SUBJUNCTIVE	que + *corresponding subjunctive tense of* estar (*see verb 252*)

> arreglando

COMMANDS

	(nosotros) arreglemos/no arreglemos
(tú) arregla/no arregles	(vosotros) arreglad/no arregléis
(Ud.) arregle/no arregle	(Uds.) arreglen/no arreglen

Usage

Arregla las rosas en este florero.	*Arrange the roses in this vase.*
—Arreglemos el asunto cuanto antes.	*Let's settle the matter as soon as possible.*
—Dudo que tenga arreglo.	*I doubt there's a solution.*
Arreglaré los ficheros.	*I'll put the files in order.*
Arréglate mientras yo me arreglo el pelo.	*Get ready while I fix my hair.*
¡Que se las arreglen!	*Let them manage as best they can!*
Llevan una vida arreglada.	*They lead an orderly life.*

arrojar · to throw, throw out, emit

arrojo · arrojaron · arrojado · arrojando

PRESENT

arrojo	arrojamos
arrojas	arrojáis
arroja	arrojan

PRETERIT

arrojé	arrojamos
arrojaste	arrojasteis
arrojó	arrojaron

IMPERFECT

arrojaba	arrojábamos
arrojabas	arrojabais
arrojaba	arrojaban

PRESENT PERFECT

he arrojado	hemos arrojado
has arrojado	habéis arrojado
ha arrojado	han arrojado

FUTURE

arrojaré	arrojaremos
arrojarás	arrojaréis
arrojará	arrojarán

CONDITIONAL

arrojaría	arrojaríamos
arrojarías	arrojaríais
arrojaría	arrojarían

PLUPERFECT

había arrojado	habíamos arrojado
habías arrojado	habíais arrojado
había arrojado	habían arrojado

PRETERIT PERFECT

hube arrojado	hubimos arrojado
hubiste arrojado	hubisteis arrojado
hubo arrojado	hubieron arrojado

FUTURE PERFECT

habré arrojado	habremos arrojado
habrás arrojado	habréis arrojado
habrá arrojado	habrán arrojado

CONDITIONAL PERFECT

habría arrojado	habríamos arrojado
habrías arrojado	habríais arrojado
habría arrojado	habrían arrojado

PRESENT SUBJUNCTIVE

arroje	arrojemos
arrojes	arrojéis
arroje	arrojen

PRESENT PERFECT SUBJUNCTIVE

haya arrojado	hayamos arrojado
hayas arrojado	hayáis arrojado
haya arrojado	hayan arrojado

IMPERFECT SUBJUNCTIVE (-ra)

arrojara	arrojáramos
arrojaras	arrojarais
arrojara	arrojaran

or ### IMPERFECT SUBJUNCTIVE (-se)

arrojase	arrojásemos
arrojases	arrojaseis
arrojase	arrojasen

PAST PERFECT SUBJUNCTIVE (-ra)

hubiera arrojado	hubiéramos arrojado
hubieras arrojado	hubierais arrojado
hubiera arrojado	hubieran arrojado

or ### PAST PERFECT SUBJUNCTIVE (-se)

hubiese arrojado	hubiésemos arrojado
hubieses arrojado	hubieseis arrojado
hubiese arrojado	hubiesen arrojado

PROGRESSIVE TENSES

PRESENT	estoy, estás, está, estamos, estáis, están
PRETERIT	estuve, estuviste, estuvo, estuvimos, estuvisteis, estuvieron
IMPERFECT	estaba, estabas, estaba, estábamos, estabais, estaban
FUTURE	estaré, estarás, estará, estaremos, estaréis, estarán
CONDITIONAL	estaría, estarías, estaría, estaríamos, estaríais, estarían
SUBJUNCTIVE	que + *corresponding subjunctive tense of* estar (*see verb 252*)

} arrojando

COMMANDS

	(nosotros) arrojemos/no arrojemos
(tú) arroja/no arrojes	(vosotros) arrojad/no arrojéis
(Ud.) arroje/no arroje	(Uds.) arrojen/no arrojen

Usage

Arrójame la pelota.	*Throw me the ball.*
Chicos, ¡dejen de arrojar piedras!	*Kids, stop throwing rocks!*
Se cree que el teléfono celular arroja rayos dañinos.	*Cell phones are thought to give off harmful rays.*
Se arrojó peligrosamente al agua.	*He flung himself recklessly into the water.*
Siempre sabía que era un tipo arrojado.	*I always knew he was a courageous guy.*

stem-changing -er verb: e > ie   **asciendo · ascendieron · ascendido · ascendiendo**

PRESENT

asciendo	ascendemos
asciendes	ascendéis
asciende	ascienden

IMPERFECT

ascendía	ascendíamos
ascendías	ascendíais
ascendía	ascendían

FUTURE

ascenderé	ascenderemos
ascenderás	ascenderéis
ascenderá	ascenderán

PLUPERFECT

había ascendido	habíamos ascendido
habías ascendido	habíais ascendido
había ascendido	habían ascendido

FUTURE PERFECT

habré ascendido	habremos ascendido
habrás ascendido	habréis ascendido
habrá ascendido	habrán ascendido

PRESENT SUBJUNCTIVE

ascienda	ascendamos
asciendas	ascendáis
ascienda	asciendan

IMPERFECT SUBJUNCTIVE (-ra)

ascendiera	ascendiéramos
ascendieras	ascendierais
ascendiera	ascendieran

PAST PERFECT SUBJUNCTIVE (-ra)

hubiera ascendido	hubiéramos ascendido
hubieras ascendido	hubierais ascendido
hubiera ascendido	hubieran ascendido

PRETERIT

ascendí	ascendimos
ascendiste	ascendisteis
ascendió	ascendieron

PRESENT PERFECT

he ascendido	hemos ascendido
has ascendido	habéis ascendido
ha ascendido	han ascendido

CONDITIONAL

ascendería	ascenderíamos
ascenderías	ascenderíais
ascendería	ascenderían

PRETERIT PERFECT

hube ascendido	hubimos ascendido
hubiste ascendido	hubisteis ascendido
hubo ascendido	hubieron ascendido

CONDITIONAL PERFECT

habría ascendido	habríamos ascendido
habrías ascendido	habríais ascendido
habría ascendido	habrían ascendido

PRESENT PERFECT SUBJUNCTIVE

haya ascendido	hayamos ascendido
hayas ascendido	hayáis ascendido
haya ascendido	hayan ascendido

or **IMPERFECT SUBJUNCTIVE (-se)**

ascendiese	ascendiésemos
ascendieses	ascendieseis
ascendiese	ascendiese

or **PAST PERFECT SUBJUNCTIVE (-se)**

hubiese ascendido	hubiésemos ascendido
hubieses ascendido	hubieseis ascendido
hubiese ascendido	hubiesen ascendido

PROGRESSIVE TENSES

PRESENT	estoy, estás, está, estamos, estáis, están
PRETERIT	estuve, estuviste, estuvo, estuvimos, estuvisteis, estuvieron
IMPERFECT	estaba, estabas, estaba, estábamos, estabais, estaban
FUTURE	estaré, estarás, estará, estaremos, estaréis, estarán
CONDITIONAL	estaría, estarías, estaría, estaríamos, estaríais, estarían
SUBJUNCTIVE	que + *corresponding subjunctive tense of* estar (*see verb 252*)

} ascendiendo

COMMANDS

	(nosotros) ascendamos/no ascendamos
(tú) asciende/no asciendas	(vosotros) ascended/no ascendáis
(Ud.) ascienda/no ascienda	(Uds.) asciendan/no asciendan

Usage

La temperatura ascendió ayer.	*The temperature rose yesterday.*
El príncipe ascendió al trono.	*The prince ascended to the throne.*
—Será ascendido a director de ventas.	*He'll be promoted to sales manager.*
—¿No sabes? Ya le dieron el ascenso.	*Didn't you hear? They already gave him the promotion.*
Son de ascendencia italiana.	*They're of Italian descent.*
Sus ascendientes son ingleses.	*Her ancestors are English.*
Subamos en ascensor.	*Let's take the elevator up.*

regular *-ar* verb

PRESENT		PRETERIT	
aseguro	aseguramos	aseguré	aseguramos
aseguras	aseguráis	aseguraste	asegurasteis
asegura	aseguran	aseguró	aseguraron

IMPERFECT		PRESENT PERFECT	
aseguraba	asegurábamos	he asegurado	hemos asegurado
asegurabas	asegurabais	has asegurado	habéis asegurado
aseguraba	aseguraban	ha asegurado	han asegurado

FUTURE		CONDITIONAL	
aseguraré	aseguraremos	aseguraría	aseguraríamos
asegurarás	aseguraréis	asegurarías	aseguraríais
asegurará	asegurarán	aseguraría	asegurarían

PLUPERFECT		PRETERIT PERFECT	
había asegurado	habíamos asegurado	hube asegurado	hubimos asegurado
habías asegurado	habíais asegurado	hubiste asegurado	hubisteis asegurado
había asegurado	habían asegurado	hubo asegurado	hubieron asegurado

FUTURE PERFECT		CONDITIONAL PERFECT	
habré asegurado	habremos asegurado	habría asegurado	habríamos asegurado
habrás asegurado	habréis asegurado	habrías asegurado	habríais asegurado
habrá asegurado	habrán asegurado	habría asegurado	habrían asegurado

PRESENT SUBJUNCTIVE		PRESENT PERFECT SUBJUNCTIVE	
asegure	aseguremos	haya asegurado	hayamos asegurado
asegures	aseguréis	hayas asegurado	hayáis asegurado
asegure	aseguren	haya asegurado	hayan asegurado

IMPERFECT SUBJUNCTIVE (-ra)		*or*	IMPERFECT SUBJUNCTIVE (-se)	
asegurara	aseguráramos		asegurase	asegurásemos
aseguraras	asegurarais		asegurases	aseguraseis
asegurara	aseguraran		asegurase	asegurasen

PAST PERFECT SUBJUNCTIVE (-ra)		*or*	PAST PERFECT SUBJUNCTIVE (-se)	
hubiera asegurado	hubiéramos asegurado		hubiese asegurado	hubiésemos asegurado
hubieras asegurado	hubierais asegurado		hubieses asegurado	hubieseis asegurado
hubiera asegurado	hubieran asegurado		hubiese asegurado	hubiesen asegurado

PROGRESSIVE TENSES

PRESENT	estoy, estás, está, estamos, estáis, están	
PRETERIT	estuve, estuviste, estuvo, estuvimos, estuvisteis, estuvieron	
IMPERFECT	estaba, estabas, estaba, estábamos, estabais, estaban	asegurando
FUTURE	estaré, estarás, estará, estaremos, estaréis, estarán	
CONDITIONAL	estaría, estarías, estaría, estaríamos, estaríais, estarían	
SUBJUNCTIVE	que + *corresponding subjunctive tense of* estar (*see verb 252*)	

COMMANDS

	(nosotros) aseguremos/no aseguremos
(tú) asegura/no asegures	(vosotros) asegurad/no aseguréis
(Ud.) asegure/no asegure	(Uds.) aseguren/no aseguren

Usage

Te aseguro que son responsables.	*I assure you they're reliable.*
Deben asegurarse con esta compañía.	*You should take out an insurance policy with this company.*
Estoy seguro de eso.	*I'm sure/certain about that.*
La póliza de seguro es muy amplia.	*The insurance policy is very comprehensive.*
Todos nuestros bienes están asegurados.	*All of our possessions are insured.*

regular -*ir* verb | **asisto · asistieron · asistido · asistiendo**

PRESENT

asisto	asistimos
asistes	asistís
asiste	asisten

IMPERFECT

asistía	asistíamos
asistías	asistíais
asistía	asistían

FUTURE

asistiré	asistiremos
asistirás	asistiréis
asistirá	asistirán

PLUPERFECT

había asistido	habíamos asistido
habías asistido	habíais asistido
había asistido	habían asistido

FUTURE PERFECT

habré asistido	habremos asistido
habrás asistido	habréis asistido
habrá asistido	habrán asistido

PRESENT SUBJUNCTIVE

asista	asistamos
asistas	asistáis
asista	asistan

IMPERFECT SUBJUNCTIVE (-ra)

asistiera	asistiéramos
asistieras	asistierais
asistiera	asistieran

PAST PERFECT SUBJUNCTIVE (-ra)

hubiera asistido	hubiéramos asistido
hubieras asistido	hubierais asistido
hubiera asistido	hubieran asistido

PRETERIT

asistí	asistimos
asististe	asististeis
asistió	asistieron

PRESENT PERFECT

he asistido	hemos asistido
has asistido	habéis asistido
ha asistido	han asistido

CONDITIONAL

asistiría	asistiríamos
asistirías	asistiríais
asistiría	asistirían

PRETERIT PERFECT

hube asistido	hubimos asistido
hubiste asistido	hubisteis asistido
hubo asistido	hubieron asistido

CONDITIONAL PERFECT

habría asistido	habríamos asistido
habrías asistido	habríais asistido
habría asistido	habrían asistido

PRESENT PERFECT SUBJUNCTIVE

haya asistido	hayamos asistido
hayas asistido	hayáis asistido
haya asistido	hayan asistido

or **IMPERFECT SUBJUNCTIVE (-se)**

asistiese	asistiésemos
asistieses	asistieseis
asistiese	asistiesen

or **PAST PERFECT SUBJUNCTIVE (-se)**

hubiese asistido	hubiésemos asistido
hubieses asistido	hubieseis asistido
hubiese asistido	hubiesen asistido

PROGRESSIVE TENSES

PRESENT	estoy, estás, está, estamos, estáis, están
PRETERIT	estuve, estuviste, estuvo, estuvimos, estuvisteis, estuvieron
IMPERFECT	estaba, estabas, estaba, estábamos, estabais, estaban
FUTURE	estaré, estarás, estará, estaremos, estaréis, estarán
CONDITIONAL	estaría, estarías, estaría, estaríamos, estaríais, estarían
SUBJUNCTIVE	que + *corresponding subjunctive tense of* estar (*see verb 252*)

} asistiendo

COMMANDS

	(nosotros) asistamos/no asistamos
(tú) asiste/no asistas	(vosotros) asistid/no asistáis
(Ud.) asista/no asista	(Uds.) asistan/no asistan

Usage

Asistamos a la conferencia.	*Let's attend the lecture.*
La asistencia fue numerosa/poco numerosa.	*Attendance was very good/poor.*
El aprender asistido por computadora es cada día más importante.	*Computer-based learning is more important every day.*
Hay un buen equipo de asistencia técnica.	*There's a good technical assistance team.*
Había muchos asistentes.	*There were many people present/attending.*

PRESENT

asusto	asustamos
asustas	asustáis
asusta	asustan

PRETERIT

asusté	asustamos
asustaste	asustasteis
asustó	asustaron

IMPERFECT

asustaba	asustábamos
asustabas	asustabais
asustaba	asustaban

PRESENT PERFECT

he asustado	hemos asustado
has asustado	habéis asustado
ha asustado	han asustado

FUTURE

asustaré	asustaremos
asustarás	asustaréis
asustará	asustarán

CONDITIONAL

asustaría	asustaríamos
asustarías	asustaríais
asustaría	asustarían

PLUPERFECT

había asustado	habíamos asustado
habías asustado	habíais asustado
había asustado	habían asustado

PRETERIT PERFECT

hube asustado	hubimos asustado
hubiste asustado	hubisteis asustado
hubo asustado	hubieron asustado

FUTURE PERFECT

habré asustado	habremos asustado
habrás asustado	habréis asustado
habrá asustado	habrán asustado

CONDITIONAL PERFECT

habría asustado	habríamos asustado
habrías asustado	habríais asustado
habría asustado	habrían asustado

PRESENT SUBJUNCTIVE

asuste	asustemos
asustes	asustéis
asuste	asusten

PRESENT PERFECT SUBJUNCTIVE

haya asustado	hayamos asustado
hayas asustado	hayáis asustado
haya asustado	hayan asustado

IMPERFECT SUBJUNCTIVE (-ra)

asustara	asustáramos
asustaras	asustarais
asustara	asustaran

or **IMPERFECT SUBJUNCTIVE (-se)**

asustase	asustásemos
asustases	asustaseis
asustase	asustasen

PAST PERFECT SUBJUNCTIVE (-ra)

hubiera asustado	hubiéramos asustado
hubieras asustado	hubierais asustado
hubiera asustado	hubieran asustado

or **PAST PERFECT SUBJUNCTIVE (-se)**

hubiese asustado	hubiésemos asustado
hubieses asustado	hubieseis asustado
hubiese asustado	hubiesen asustado

PROGRESSIVE TENSES

PRESENT	estoy, estás, está, estamos, estáis, están
PRETERIT	estuve, estuviste, estuvo, estuvimos, estuvisteis, estuvieron
IMPERFECT	estaba, estabas, estaba, estábamos, estabais, estaban
FUTURE	estaré, estarás, estará, estaremos, estaréis, estarán
CONDITIONAL	estaría, estarías, estaría, estaríamos, estaríais, estarían
SUBJUNCTIVE	que + *corresponding subjunctive tense of* estar (*see verb 252*)

} asustando

COMMANDS

	(nosotros) asustemos/no asustemos
(tú) asusta/no asustes	(vosotros) asustad/no asustéis
(Ud.) asuste/no asuste	(Uds.) asusten/no asusten

Usage

Los ruidos fuertes asustaban a los niños.	*Loud noises frightened the children.*
¡Nos asustaron las palabrotas!	*We were horrified by the bad words!*
No te asustes.	*Don't be frightened.*
¡Qué susto nos dio!	*What a fright it gave us!*
Se llevó un susto.	*She had a scare.*
Es que es muy asustadiza.	*The fact is that she's easily frightened.*
Se murió del susto.	*He died of the shock.*

-ar verb; spelling change: *c > qu/e*   ataco · atacaron · atacado · atacando

PRESENT

ataco	atacamos
atacas	atacáis
ataca	atacan

IMPERFECT

atacaba	atacábamos
atacabas	atacabais
atacaba	atacaban

FUTURE

atacaré	atacaremos
atacarás	atacaréis
atacará	atacarán

PLUPERFECT

había atacado	habíamos atacado
habías atacado	habíais atacado
había atacado	habían atacado

FUTURE PERFECT

habré atacado	habremos atacado
habrás atacado	habréis atacado
habrá atacado	habrán atacado

PRESENT SUBJUNCTIVE

ataque	ataquemos
ataques	ataquéis
ataque	ataquen

IMPERFECT SUBJUNCTIVE (-ra)

atacara	atacáramos
atacaras	atacarais
atacara	atacaran

PAST PERFECT SUBJUNCTIVE (-ra)

hubiera atacado	hubiéramos atacado
hubieras atacado	hubierais atacado
hubiera atacado	hubieran atacado

PRETERIT

ataqué	atacamos
atacaste	atacasteis
atacó	atacaron

PRESENT PERFECT

he atacado	hemos atacado
has atacado	habéis atacado
ha atacado	han atacado

CONDITIONAL

atacaría	atacaríamos
atacarías	atacaríais
atacaría	atacarían

PRETERIT PERFECT

hube atacado	hubimos atacado
hubiste atacado	hubisteis atacado
hubo atacado	hubieron atacado

CONDITIONAL PERFECT

habría atacado	habríamos atacado
habrías atacado	habríais atacado
habría atacado	habrían atacado

PRESENT PERFECT SUBJUNCTIVE

haya atacado	hayamos atacado
hayas atacado	hayáis atacado
haya atacado	hayan atacado

or **IMPERFECT SUBJUNCTIVE (-se)**

atacase	atacásemos
atacases	atacaseis
atacase	atacasen

or **PAST PERFECT SUBJUNCTIVE (-se)**

hubiese atacado	hubiésemos atacado
hubieses atacado	hubieseis atacado
hubiese atacado	hubiesen atacado

PROGRESSIVE TENSES

PRESENT	estoy, estás, está, estamos, estáis, están
PRETERIT	estuve, estuviste, estuvo, estuvimos, estuvisteis, estuvieron
IMPERFECT	estaba, estabas, estaba, estábamos, estabais, estaban
FUTURE	estaré, estarás, estará, estaremos, estaréis, estarán
CONDITIONAL	estaría, estarías, estaría, estaríamos, estaríais, estarían
SUBJUNCTIVE	que + *corresponding subjunctive tense of* estar (*see verb 252*)

atacando

COMMANDS

	(nosotros) ataquemos/no ataquemos
(tú) ataca/no ataques	(vosotros) atacad/no ataquéis
(Ud.) ataque/no ataque	(Uds.) ataquen/no ataquen

Usage

Los soldados atacaron al ejército enemigo.	*The soldiers attacked the enemy's army.*
Hubo un ataque aéreo.	*There was an air raid.*
Es necesario que ataquemos el problema ahora.	*It's necessary that we attack the problem now.*
Le dio un ataque de risa/tos/nervios.	*She had a fit of laughter/coughing/nerves.*
Usó movimientos de ataque para ganar.	*He used aggressive moves to win.*

atender   *to attend to, take care of, receive*

atiendo · atendieron · atendido · atendiendo   *stem-changing -er verb: e > ie*

PRESENT		PRETERIT	
atiendo	atendemos	atendí	atendimos
atiendes	atendéis	atendiste	atendisteis
atiende	atienden	atendió	atendieron

IMPERFECT		PRESENT PERFECT	
atendía	atendíamos	he atendido	hemos atendido
atendías	atendíais	has atendido	habéis atendido
atendía	atendían	ha atendido	han atendido

FUTURE		CONDITIONAL	
atenderé	atenderemos	atendería	atenderíamos
atenderás	atenderéis	atenderías	atenderíais
atenderá	atenderán	atendería	atenderían

PLUPERFECT		PRETERIT PERFECT	
había atendido	habíamos atendido	hube atendido	hubimos atendido
habías atendido	habíais atendido	hubiste atendido	hubisteis atendido
había atendido	habían atendido	hubo atendido	hubieron atendido

FUTURE PERFECT		CONDITIONAL PERFECT	
habré atendido	habremos atendido	habría atendido	habríamos atendido
habrás atendido	habréis atendido	habrías atendido	habríais atendido
habrá atendido	habrán atendido	habría atendido	habrían atendido

PRESENT SUBJUNCTIVE		PRESENT PERFECT SUBJUNCTIVE	
atienda	atendamos	haya atendido	hayamos atendido
atiendas	atendáis	hayas atendido	hayáis atendido
atienda	atiendan	haya atendido	hayan atendido

IMPERFECT SUBJUNCTIVE (-ra)		or	IMPERFECT SUBJUNCTIVE (-se)	
atendiera	atendiéramos		atendiese	atendiésemos
atendieras	atendierais		atendieses	atendieseis
atendiera	atendieran		atendiese	atendiesen

PAST PERFECT SUBJUNCTIVE (-ra)		or	PAST PERFECT SUBJUNCTIVE (-se)	
hubiera atendido	hubiéramos atendido		hubiese atendido	hubiésemos atendido
hubieras atendido	hubierais atendido		hubieses atendido	hubieseis atendido
hubiera atendido	hubieran atendido		hubiese atendido	hubiesen atendido

PROGRESSIVE TENSES

PRESENT	estoy, estás, está, estamos, estáis, están	
PRETERIT	estuve, estuviste, estuvo, estuvimos, estuvisteis, estuvieron	
IMPERFECT	estaba, estabas, estaba, estábamos, estabais, estaban	atendiendo
FUTURE	estaré, estarás, estará, estaremos, estaréis, estarán	
CONDITIONAL	estaría, estarías, estaría, estaríamos, estaríais, estarían	
SUBJUNCTIVE	que + *corresponding subjunctive tense of* estar (*see verb 252*)	

COMMANDS

	(nosotros) atendamos/no atendamos
(tú) atiende/no atiendas	(vosotros) atended/no atendáis
(Ud.) atienda/no atienda	(Uds.) atiendan/no atiendan

Usage

Yo atiendo al teléfono.	*I'll answer the telephone.*
Atiéndelos en la antesala.	*See/Receive them in the anteroom.*
—¿Le atienden?	*Are you being served?* (in a store)
—Sí, la dependiente está atendiéndome.	*Yes, the saleswoman is taking care of me.*
Los pacientes fueron atendidos por el médico de guardia.	*The patients were attended to/taken care of by the doctor on call.*
Lo hace todo con mucha atención.	*She does everything with great care/attention.*

irregular verb (like **traer**) | atraigo · atrajeron · atraído · atrayendo

PRESENT

atraigo	atraemos
atraes	atraéis
atrae	atraen

IMPERFECT

atraía	atraíamos
atraías	atraíais
atraía	atraían

FUTURE

atraeré	atraeremos
atraerás	atraeréis
atraerá	atraerán

PLUPERFECT

había atraído	habíamos atraído
habías atraído	habíais atraído
había atraído	habían atraído

FUTURE PERFECT

habré atraído	habremos atraído
habrás atraído	habréis atraído
habrá atraído	habrán atraído

PRESENT SUBJUNCTIVE

atraiga	atraigamos
atraigas	atraigáis
atraiga	atraigan

IMPERFECT SUBJUNCTIVE (-ra)

atrajera	atrajéramos
atrajeras	atrajerais
atrajera	atrajeran

PAST PERFECT SUBJUNCTIVE (-ra)

hubiera atraído	hubiéramos atraído
hubieras atraído	hubierais atraído
hubiera atraído	hubieran atraído

PRETERIT

atraje	atrajimos
atrajiste	atrajisteis
atrajo	atrajeron

PRESENT PERFECT

he atraído	hemos atraído
has atraído	habéis atraído
ha atraído	han atraído

CONDITIONAL

atraería	atraeríamos
atraerías	atraeríais
atraería	atraerían

PRETERIT PERFECT

hube atraído	hubimos atraído
hubiste atraído	hubisteis atraído
hubo atraído	hubieron atraído

CONDITIONAL PERFECT

habría atraído	habríamos atraído
habrías atraído	habríais atraído
habría atraído	habrían atraído

PRESENT PERFECT SUBJUNCTIVE

haya atraído	hayamos atraído
hayas atraído	hayáis atraído
haya atraído	hayan atraído

or **IMPERFECT SUBJUNCTIVE (-se)**

atrajese	atrajésemos
atrajeses	atrajeseis
atrajese	atrajesen

or **PAST PERFECT SUBJUNCTIVE (-se)**

hubiese atraído	hubiésemos atraído
hubieses atraído	hubieseis atraído
hubiese atraído	hubiesen atraído

PROGRESSIVE TENSES

PRESENT	estoy, estás, está, estamos, estáis, están
PRETERIT	estuve, estuviste, estuvo, estuvimos, estuvisteis, estuvieron
IMPERFECT	estaba, estabas, estaba, estábamos, estabais, estaban
FUTURE	estaré, estarás, estará, estaremos, estaréis, estarán
CONDITIONAL	estaría, estarías, estaría, estaríamos, estaríais, estarían
SUBJUNCTIVE	que + *corresponding subjunctive tense of* estar (*see verb 252*)

} atrayendo

COMMANDS

	(nosotros) atraigamos/no atraigamos
(tú) atrae/no atraigas	(vosotros) atraed/no atraigáis
(Ud.) atraiga/no atraiga	(Uds.) atraigan/no atraigan

Usage

—¿Qué les atrae más del museo?	*What attracts you/do you like most in the museum?*
—Nos atrae más la pintura neoclásica.	*We like neoclassical painting most.*
Los precios módicos atraen a la gente.	*People are lured by the moderate prices.*
Rechazaré la oferta por atractiva que sea.	*I'll reject the offer, as attractive as it may be.*
Hay muchas atracciones en la ciudad.	*There's a lot of entertainment in the city.*

atravesar *to cross, go across, pass through*

atravieso · atravesaron · atravesado · atravesando

stem-changing *-ar* verb: *e > ie*

PRESENT		PRETERIT	
atravieso	atravesamos	atravesé	atravesamos
atraviesas	atravesáis	atravesaste	atravesasteis
atraviesa	atraviesan	atravesó	atravesaron

IMPERFECT		PRESENT PERFECT	
atravesaba	atravesábamos	he atravesado	hemos atravesado
atravesabas	atravesabais	has atravesado	habéis atravesado
atravesaba	atravesaban	ha atravesado	han atravesado

FUTURE		CONDITIONAL	
atravesaré	atravesaremos	atravesaría	atravesaríamos
atravesarás	atravesaréis	atravesarías	atravesaríais
atravesará	atravesarán	atravesaría	atravesarían

PLUPERFECT		PRETERIT PERFECT	
había atravesado	habíamos atravesado	hube atravesado	hubimos atravesado
habías atravesado	habíais atravesado	hubiste atravesado	hubisteis atravesado
había atravesado	habían atravesado	hubo atravesado	hubieron atravesado

FUTURE PERFECT		CONDITIONAL PERFECT	
habré atravesado	habremos atravesado	habría atravesado	habríamos atravesado
habrás atravesado	habréis atravesado	habrías atravesado	habríais atravesado
habrá atravesado	habrán atravesado	habría atravesado	habrían atravesado

PRESENT SUBJUNCTIVE		PRESENT PERFECT SUBJUNCTIVE	
atraviese	atravesemos	haya atravesado	hayamos atravesado
atravieses	atraveséis	hayas atravesado	hayáis atravesado
atraviese	atraviesen	haya atravesado	hayan atravesado

IMPERFECT SUBJUNCTIVE (-ra)		*or* IMPERFECT SUBJUNCTIVE (-se)	
atravesara	atravesáramos	atravesase	atravesásemos
atravesaras	atravesarais	atravesases	atravesaseis
atravesara	atravesaran	atravesase	atravesasen

PAST PERFECT SUBJUNCTIVE (-ra)		*or* PAST PERFECT SUBJUNCTIVE (-se)	
hubiera atravesado	hubiéramos atravesado	hubiese atravesado	hubiésemos atravesado
hubieras atravesado	hubierais atravesado	hubieses atravesado	hubieseis atravesado
hubiera atravesado	hubieran atravesado	hubiese atravesado	hubiesen atravesado

PROGRESSIVE TENSES

PRESENT	estoy, estás, está, estamos, estáis, están	
PRETERIT	estuve, estuviste, estuvo, estuvimos, estuvisteis, estuvieron	
IMPERFECT	estaba, estabas, estaba, estábamos, estabais, estaban	atravesando
FUTURE	estaré, estarás, estará, estaremos, estaréis, estarán	
CONDITIONAL	estaría, estarías, estaría, estaríamos, estaríais, estarían	
SUBJUNCTIVE	que + *corresponding subjunctive tense of* estar (*see verb 252*)	

COMMANDS

	(nosotros) atravesemos/no atravesemos
(tú) atraviesa/no atravieses	(vosotros) atravesad/no atraveséis
(Ud.) atraviese/no atraviese	(Uds.) atraviesen/no atraviesen

Usage

Atravesemos la calle en la esquina.	*Let's cross the street at the corner.*
Tres puentes atraviesan el río.	*Three bridges span the river.*
La cordillera de los Andes atraviesa Sudamérica.	*The Andes go through South America.*
Lo supe a través del periódico.	*I found out about it through the newspaper.*
Soldados norteamericanos hicieron a travesía del océano Atlántico en 1944.	*North American soldiers made the crossing of the Atlantic Ocean in 1944.*

regular *-er* reflexive verb · · · **atrevo · atrevieron · atrevido · atreviéndose**

PRESENT

me atrevo	nos atrevemos
te atreves	os atrevéis
se atreve	se atreven

IMPERFECT

me atrevía	nos atrevíamos
te atrevías	os atrevíais
se atrevía	se atrevían

FUTURE

me atreveré	nos atreveremos
te atreverás	os atreveréis
se atreverá	se atreverán

PLUPERFECT

me había atrevido	nos habíamos atrevido
te habías atrevido	os habíais atrevido
se había atrevido	se habían atrevido

FUTURE PERFECT

me habré atrevido	nos habremos atrevido
te habrás atrevido	os habréis atrevido
se habrá atrevido	se habrán atrevido

PRESENT SUBJUNCTIVE

me atreva	nos atrevamos
te atrevas	os atreváis
se atreva	se atrevan

IMPERFECT SUBJUNCTIVE (-ra)

me atreviera	nos atreviéramos
te atrevieras	os atrevierais
se atreviera	se atrevieran

PAST PERFECT SUBJUNCTIVE (-ra)

me hubiera atrevido	nos hubiéramos atrevido
te hubieras atrevido	os hubierais atrevido
se hubiera atrevido	se hubieran atrevido

PRETERIT

me atreví	nos atrevimos
te atreviste	os atrevisteis
se atrevió	se atrevieron

PRESENT PERFECT

me he atrevido	nos hemos atrevido
te has atrevido	os habéis atrevido
se ha atrevido	se han atrevido

CONDITIONAL

me atrevería	nos atreveríamos
te atreverías	os atreveríais
se atrevería	se atreverían

PRETERIT PERFECT

me hube atrevido	nos hubimos atrevido
te hubiste atrevido	os hubisteis atrevido
se hubo atrevido	se hubieron atrevido

CONDITIONAL PERFECT

me habría atrevido	nos habríamos atrevido
te habrías atrevido	os habríais atrevido
se habría atrevido	se habrían atrevido

PRESENT PERFECT SUBJUNCTIVE

me haya atrevido	nos hayamos atrevido
te hayas atrevido	os hayáis atrevido
se haya atrevido	se hayan atrevido

or **IMPERFECT SUBJUNCTIVE (-se)**

me atreviese	nos atreviésemos
te atrevieses	os atrevieseis
se atreviese	se atreviesen

or **PAST PERFECT SUBJUNCTIVE (-se)**

me hubiese atrevido	nos hubiésemos atrevido
te hubieses atrevido	os hubieseis atrevido
se hubiese atrevido	se hubiesen atrevido

PROGRESSIVE TENSES

PRESENT	estoy, estás, está, estamos, estáis, están
PRETERIT	estuve, estuviste, estuvo, estuvimos, estuvisteis, estuvieron
IMPERFECT	estaba, estabas, estaba, estábamos, estabais, estaban
FUTURE	estaré, estarás, estará, estaremos, estaréis, estarán
CONDITIONAL	estaría, estarías, estaría, estaríamos, estaríais, estarían
SUBJUNCTIVE	que + *corresponding subjunctive tense of* estar (*see verb 252*)

atreviendo (*see page 31*)

COMMANDS

	(nosotros) atrevámonos/no nos atrevamos
(tú) atrévete/no te atrevas	(vosotros) atreveos/no os atreváis
(Ud.) atrévase/no se atreva	(Uds.) atrévanse/no se atrevan

Usage

¿Cómo te atreves a hablarles así?	*How do you dare talk to them like that?*
Se atrevió con su jefe.	*She was disrespectful with her boss.*
¡Qué bombones más ricos! ¿Te atreves con uno más?	*What delicious candies! Could you manage (to eat) one more?*
Son unos atrevidos.	*They're daring/insolent people.*
Tuvo el atrevimiento de colgar.	*She had the audacity to hang up on me.*

atribuir *to attribute, credit*

atribuyo · atribuyeron · atribuido · atribuyendo   *-ir* verb; spelling change: adds *y* before *o, a, e*

PRESENT		PRETERIT	
atribuyo	atribuimos	atribuí	atribuimos
atribuyes	atribuís	atribuiste	atribuisteis
atribuye	atribuyen	atribuyó	atribuyeron

IMPERFECT		PRESENT PERFECT	
atribuía	atribuíamos	he atribuido	hemos atribuido
atribuías	atribuíais	has atribuido	habéis atribuido
atribuía	atribuían	ha atribuido	han atribuido

FUTURE		CONDITIONAL	
atribuiré	atribuiremos	atribuiría	atribuiríamos
atribuirás	atribuiréis	atribuirías	atribuiríais
atribuirá	atribuirán	atribuiría	atribuirían

PLUPERFECT		PRETERIT PERFECT	
había atribuido	habíamos atribuido	hube atribuido	hubimos atribuido
habías atribuido	habíais atribuido	hubiste atribuido	hubisteis atribuido
había atribuido	habían atribuido	hubo atribuido	hubieron atribuido

FUTURE PERFECT		CONDITIONAL PERFECT	
habré atribuido	habremos atribuido	habría atribuido	habríamos atribuido
habrás atribuido	habréis atribuido	habrías atribuido	habríais atribuido
habrá atribuido	habrán atribuido	habría atribuido	habrían atribuido

PRESENT SUBJUNCTIVE		PRESENT PERFECT SUBJUNCTIVE	
atribuya	atribuyamos	haya atribuido	hayamos atribuido
atribuyas	atribuyáis	hayas atribuido	hayáis atribuido
atribuya	atribuyan	haya atribuido	hayan atribuido

IMPERFECT SUBJUNCTIVE (-ra)		*or* IMPERFECT SUBJUNCTIVE (-se)	
atribuyera	atribuyéramos	atribuyese	atribuyésemos
atribuyeras	atribuyerais	atribuyeses	atribuyeseis
atribuyera	atribuyeran	atribuyese	atribuyesen

PAST PERFECT SUBJUNCTIVE (-ra)		*or* PAST PERFECT SUBJUNCTIVE (-se)	
hubiera atribuido	hubiéramos atribuido	hubiese atribuido	hubiésemos atribuido
hubieras atribuido	hubierais atribuido	hubieses atribuido	hubieseis atribuido
hubiera atribuido	hubieran atribuido	hubiese atribuido	hubiesen atribuido

PROGRESSIVE TENSES

PRESENT	estoy, estás, está, estamos, estáis, están
PRETERIT	estuve, estuviste, estuvo, estuvimos, estuvisteis, estuvieron
IMPERFECT	estaba, estabas, estaba, estábamos, estabais, estaban
FUTURE	estaré, estarás, estará, estaremos, estaréis, estarán
CONDITIONAL	estaría, estarías, estaría, estaríamos, estaríais, estarían
SUBJUNCTIVE	que + *corresponding subjunctive tense of* estar (*see verb 252*)

⎫ atribuyendo

COMMANDS

	(nosotros) atribuyamos/no atribuyamos
(tú) atribuye/no atribuyas	(vosotros) atribuid/no atribuyáis
(Ud.) atribuya/no atribuya	(Uds.) atribuyan/no atribuyan

Usage

—Varios musicólogos le atribuyen la sonata a Bach.
—Otros no apoyan esta atribución.

Se atribuyó las ganancias de la firma.
Te atribuimos las hermosas palabras.
Es una persona de grandes atributos.

Several musicologists attribute the sonata to Bach.
Others don't support this attribution.

He took credit for the firm's profits.
We attribute the beautiful words to you.
He's a person of great attributes.

regular *-ar* verb

aumento · aumentaron · aumentado · aumentando

PRESENT

aumento	aumentamos
aumentas	aumentáis
aumenta	aumentan

IMPERFECT

aumentaba	aumentábamos
aumentabas	aumentabais
aumentaba	aumentaban

FUTURE

aumentaré	aumentaremos
aumentarás	aumentaréis
aumentará	aumentarán

PLUPERFECT

había aumentado	habíamos aumentado
habías aumentado	habíais aumentado
había aumentado	habían aumentado

FUTURE PERFECT

habré aumentado	habremos aumentado
habrás aumentado	habréis aumentado
habrá aumentado	habrán aumentado

PRESENT SUBJUNCTIVE

aumente	aumentemos
aumentes	aumentéis
aumente	aumenten

IMPERFECT SUBJUNCTIVE (-ra)

aumentara	aumentáramos
aumentaras	aumentarais
aumentara	aumentaran

PAST PERFECT SUBJUNCTIVE (-ra)

hubiera aumentado	hubiéramos aumentado
hubieras aumentado	hubierais aumentado
hubiera aumentado	hubieran aumentado

PRETERIT

aumenté	aumentamos
aumentaste	aumentasteis
aumentó	aumentaron

PRESENT PERFECT

he aumentado	hemos aumentado
has aumentado	habéis aumentado
ha aumentado	han aumentado

CONDITIONAL

aumentaría	aumentaríamos
aumentarías	aumentaríais
aumentaría	aumentarían

PRETERIT PERFECT

hube aumentado	hubimos aumentado
hubiste aumentado	hubisteis aumentado
hubo aumentado	hubieron aumentado

CONDITIONAL PERFECT

habría aumentado	habríamos aumentado
habrías aumentado	habríais aumentado
habría aumentado	habrían aumentado

PRESENT PERFECT SUBJUNCTIVE

haya aumentado	hayamos aumentado
hayas aumentado	hayáis aumentado
haya aumentado	hayan aumentado

or **IMPERFECT SUBJUNCTIVE (-se)**

aumentase	aumentásemos
aumentases	aumentaseis
aumentase	aumentasen

or **PAST PERFECT SUBJUNCTIVE (-se)**

hubiese aumentado	hubiésemos aumentado
hubieses aumentado	hubieseis aumentado
hubiese aumentado	hubiesen aumentado

PROGRESSIVE TENSES

PRESENT	estoy, estás, está, estamos, estáis, están
PRETERIT	estuve, estuviste, estuvo, estuvimos, estuvisteis, estuvieron
IMPERFECT	estaba, estabas, estaba, estábamos, estabais, estaban
FUTURE	estaré, estarás, estará, estaremos, estaréis, estarán
CONDITIONAL	estaría, estarías, estaría, estaríamos, estaríais, estarían
SUBJUNCTIVE	que + *corresponding subjunctive tense of* estar (*see verb 252*)

} aumentando

COMMANDS

	(nosotros) aumentemos/no aumentemos
(tú) aumenta/no aumentes	(vosotros) aumentad/no aumentéis
(Ud.) aumente/no aumente	(Uds.) aumenten/no aumenten

Usage

Aumenta la velocidad poco a poco.	*Increase the speed little by little.*
Las ventas han aumentado.	*Sales have risen.*
Aumentó de peso.	*She put on weight.*
Los ruidos aumentaban.	*The noises were increasing.*
Ha habido un pequeño aumento de precios.	*There has been a small price increase.*
Espera que le den un aumento de sueldo.	*She hopes she'll get a wage increase.*

avanzo · avanzaron · avanzado · avanzando

_-ar_ verb; spelling change: _z > c/e_

PRESENT

avanzo	avanzamos
avanzas	avanzáis
avanza	avanzan

PRETERIT

avancé	avanzamos
avanzaste	avanzasteis
avanzó	avanzaron

IMPERFECT

avanzaba	avanzábamos
avanzabas	avanzabais
avanzaba	avanzaban

PRESENT PERFECT

he avanzado	hemos avanzado
has avanzado	habéis avanzado
ha avanzado	han avanzado

FUTURE

avanzaré	avanzaremos
avanzarás	avanzaréis
avanzará	avanzarán

CONDITIONAL

avanzaría	avanzaríamos
avanzarías	avanzaríais
avanzaría	avanzarían

PLUPERFECT

había avanzado	habíamos avanzado
habías avanzado	habíais avanzado
había avanzado	habían avanzado

PRETERIT PERFECT

hube avanzado	hubimos avanzado
hubiste avanzado	hubisteis avanzado
hubo avanzado	hubieron avanzado

FUTURE PERFECT

habré avanzado	habremos avanzado
habrás avanzado	habréis avanzado
habrá avanzado	habrán avanzado

CONDITIONAL PERFECT

habría avanzado	habríamos avanzado
habrías avanzado	habríais avanzado
habría avanzado	habrían avanzado

PRESENT SUBJUNCTIVE

avance	avancemos
avances	avancéis
avance	avancen

PRESENT PERFECT SUBJUNCTIVE

haya avanzado	hayamos avanzado
hayas avanzado	hayáis avanzado
haya avanzado	hayan avanzado

IMPERFECT SUBJUNCTIVE (-ra)

avanzara	avanzáramos
avanzaras	avanzarais
avanzara	avanzaran

_or_ ### IMPERFECT SUBJUNCTIVE (-se)

avanzase	avanzásemos
avanzases	avanzaseis
avanzase	avanzasen

PAST PERFECT SUBJUNCTIVE (-ra)

hubiera avanzado	hubiéramos avanzado
hubieras avanzado	hubierais avanzado
hubiera avanzado	hubieran avanzado

_or_ ### PAST PERFECT SUBJUNCTIVE (-se)

hubiese avanzado	hubiésemos avanzado
hubieses avanzado	hubieseis avanzado
hubiese avanzado	hubiesen avanzado

PROGRESSIVE TENSES

PRESENT	estoy, estás, está, estamos, estáis, están
PRETERIT	estuve, estuviste, estuvo, estuvimos, estuvisteis, estuvieron
IMPERFECT	estaba, estabas, estaba, estábamos, estabais, estaban
FUTURE	estaré, estarás, estará, estaremos, estaréis, estarán
CONDITIONAL	estaría, estarías, estaría, estaríamos, estaríais, estarían
SUBJUNCTIVE	que + _corresponding subjunctive tense of_ estar (_see verb 252_)

} avanzando

COMMANDS

	(nosotros) avancemos/no avancemos
(tú) avanza/no avances	(vosotros) avanzad/no avancéis
(Ud.) avance/no avance	(Uds.) avancen/no avancen

Usage

Los soldados avanzaron al frente.	_The soldiers advanced to the front._
Se avanza muy lentamente en esta cola.	_You move forward very slowly in this line._
Te toca a ti avanzar una pieza.	_It's your turn to move._ (board game)
Se han hecho muchas investigaciones avanzadas.	_A lot of advanced research has been done._
La directora financiera es de edad avanzada.	_The financial director is elderly._
Se puede aprovechar todos estos avances tecnológicos.	_We can take advantage of all these technological advances._

stem-changing *-ar* reflexive verb: **avergüenzo · avergonzaron · avergonzado · avergonzándose**
o > üe; spelling change: *z > c/e*

PRESENT

me avergüenzo	nos avergonzamos
te avergüenzas	os avergonzáis
se avergüenza	se avergüenzan

PRETERIT

me avergoncé	nos avergonzamos
te avergonzaste	os avergonzasteis
se avergonzó	se avergonzaron

IMPERFECT

me avergonzaba	nos avergonzábamos
te avergonzabas	os avergonzabais
se avergonzaba	se avergonzaban

PRESENT PERFECT

me he avergonzado	nos hemos avergonzado
te has avergonzado	os habéis avergonzado
se ha avergonzado	se han avergonzado

FUTURE

me avergonzaré	nos avergonzaremos
te avergonzarás	os avergonzaréis
se avergonzará	se avergonzarán

CONDITIONAL

me avergonzaría	nos avergonzaríamos
te avergonzarías	os avergonzaríais
se avergonzaría	se avergonzarían

PLUPERFECT

me había avergonzado	nos habíamos avergonzado
te habías avergonzado	os habíais avergonzado
se había avergonzado	se habían avergonzado

PRETERIT PERFECT

me hube avergonzado	nos hubimos avergonzado
te hubiste avergonzado	os hubisteis avergonzado
se hubo avergonzado	se hubieron avergonzado

FUTURE PERFECT

me habré avergonzado	nos habremos avergonzado
te habrás avergonzado	os habréis avergonzado
se habrá avergonzado	se habrán avergonzado

CONDITIONAL PERFECT

me habría avergonzado	nos habríamos avergonzado
te habrías avergonzado	os habríais avergonzado
se habría avergonzado	se habrían avergonzado

PRESENT SUBJUNCTIVE

me avergüence	nos avergoncemos
te avergüences	os avergoncéis
se avergüence	se avergüencen

PRESENT PERFECT SUBJUNCTIVE

me haya avergonzado	nos hayamos avergonzado
te hayas avergonzado	os hayáis avergonzado
se haya avergonzado	se hayan avergonzado

IMPERFECT SUBJUNCTIVE (-ra)   *or*

me avergonzara	nos avergonzáramos
te avergonzaras	os avergonzarais
se avergonzara	se avergonzaran

IMPERFECT SUBJUNCTIVE (-se)

me avergonzase	nos avergonzásemos
te avergonzases	os avergonzaseis
se avergonzase	se avergonzasen

PAST PERFECT SUBJUNCTIVE (-ra)   *or*

me hubiera avergonzado	nos hubiéramos avergonzado
te hubieras avergonzado	os hubierais avergonzado
se hubiera avergonzado	se hubieran avergonzado

PAST PERFECT SUBJUNCTIVE (-se)

me hubiese avergonzado	nos hubiésemos avergonzado
te hubieses avergonzado	os hubieseis avergonzado
se hubiese avergonzado	se hubiesen avergonzado

PROGRESSIVE TENSES

PRESENT	estoy, estás, está, estamos, estáis, están
PRETERIT	estuve, estuviste, estuvo, estuvimos, estuvisteis, estuvieron
IMPERFECT	estaba, estabas, estaba, estábamos, estabais, estaban
FUTURE	estaré, estarás, estará, estaremos, estaréis, estarán
CONDITIONAL	estaría, estarías, estaría, estaríamos, estaríais, estarían
SUBJUNCTIVE	que + *corresponding subjunctive tense of* estar (*see verb 252*)

} avergonzando (*see page 31*)

COMMANDS

	(nosotros) avergoncémonos/no nos avergoncemos
(tú) avergüénzate/no te avergüences	(vosotros) avergonzaos/no os avergoncéis
(Ud.) avergüéncese/no se avergüence	(Uds.) avergüéncense /no se avergüencen

Usage

—Me avergüenzo de lo que dije.	*I'm ashamed of what I said.*
—No tienes porqué avergonzarte.	*You have no reason to be ashamed.*
—Están avergonzados por su comportamiento.	*They're ashamed of their behavior.*
—¿Que tienen vergüenza? Y con razón.	*So they're ashamed? And rightly so.*
¡Es un sinvergüenza!	*He's a scoundrel!, He's shameless!*
¡Qué vergüenza!	*What a disgrace!*

averiguar   *to find out, check, verify*

averiguo · averiguaron · averiguado · averiguando   *-ar* verb; spelling change: *u > ü/e*

PRESENT		PRETERIT	
averiguo	averiguamos	averigüé	averiguamos
averiguas	averiguáis	averiguaste	averiguasteis
averigua	averiguan	averiguó	averiguaron

IMPERFECT		PRESENT PERFECT	
averiguaba	averiguábamos	he averiguado	hemos averiguado
averiguabas	averiguabais	has averiguado	habéis averiguado
averiguaba	averiguaban	ha averiguado	han averiguado

FUTURE		CONDITIONAL	
averiguaré	averiguaremos	averiguaría	averiguaríamos
averiguarás	averiguaréis	averiguarías	averiguaríais
averiguará	averiguarán	averiguaría	averiguarían

PLUPERFECT		PRETERIT PERFECT	
había averiguado	habíamos averiguado	hube averiguado	hubimos averiguado
habías averiguado	habíais averiguado	hubiste averiguado	hubisteis averiguado
había averiguado	habían averiguado	hubo averiguado	hubieron averiguado

FUTURE PERFECT		CONDITIONAL PERFECT	
habré averiguado	habremos averiguado	habría averiguado	habríamos averiguado
habrás averiguado	habréis averiguado	habrías averiguado	habríais averiguado
habrá averiguado	habrán averiguado	habría averiguado	habrían averiguado

PRESENT SUBJUNCTIVE		PRESENT PERFECT SUBJUNCTIVE	
averigüe	averigüemos	haya averiguado	hayamos averiguado
averigües	averigüéis	hayas averiguado	hayáis averiguado
averigüe	averigüen	haya averiguado	hayan averiguado

IMPERFECT SUBJUNCTIVE (-ra)		*or*	IMPERFECT SUBJUNCTIVE (-se)	
averiguara	averiguáramos		averiguase	averiguásemos
averiguaras	averiguarais		averiguases	averiguaseis
averiguara	averiguaran		averiguase	averiguasen

PAST PERFECT SUBJUNCTIVE (-ra)		*or*	PAST PERFECT SUBJUNCTIVE (-se)	
hubiera averiguado	hubiéramos averiguado		hubiese averiguado	hubiésemos averiguado
hubieras averiguado	hubierais averiguado		hubieses averiguado	hubieseis averiguado
hubiera averiguado	hubieran averiguado		hubiese averiguado	hubiesen averiguado

PROGRESSIVE TENSES

PRESENT	estoy, estás, está, estamos, estáis, están
PRETERIT	estuve, estuviste, estuvo, estuvimos, estuvisteis, estuvieron
IMPERFECT	estaba, estabas, estaba, estábamos, estabais, estaban
FUTURE	estaré, estarás, estará, estaremos, estaréis, estarán
CONDITIONAL	estaría, estarías, estaría, estaríamos, estaríais, estarían
SUBJUNCTIVE	que + *corresponding subjunctive tense of* estar (*see verb 252*)

averiguando

COMMANDS

	(nosotros) averigüemos/no averigüemos
(tú) averigua/no averigües	(vosotros) averiguad/no averigüéis
(Ud.) averigüe/no averigüe	(Uds.) averigüen/no averigüen

Usage

Averigüe lo que pasó.	*Find out what happened.*
Hay que averiguar los datos estadísticos.	*We must check the statistical data.*
Hicieron averiguaciones sobre los crímenes.	*They investigated/inquired into the crimes.*

regular -*ar* verb   **aviso · avisaron · avisado · avisando**

PRESENT		PRETERIT	
aviso	avisamos	avisé	avisamos
avisas	avisáis	avisaste	avisasteis
avisa	avisan	avisó	avisaron

IMPERFECT		PRESENT PERFECT	
avisaba	avisábamos	he avisado	hemos avisado
avisabas	avisabais	has avisado	habéis avisado
avisaba	avisaban	ha avisado	han avisado

FUTURE		CONDITIONAL	
avisaré	avisaremos	avisaría	avisaríamos
avisarás	avisaréis	avisarías	avisaríais
avisará	avisarán	avisaría	avisarían

PLUPERFECT		PRETERIT PERFECT	
había avisado	habíamos avisado	hube avisado	hubimos avisado
habías avisado	habíais avisado	hubiste avisado	hubisteis avisado
había avisado	habían avisado	hubo avisado	hubieron avisado

FUTURE PERFECT		CONDITIONAL PERFECT	
habré avisado	habremos avisado	habría avisado	habríamos avisado
habrás avisado	habréis avisado	habrías avisado	habríais avisado
habrá avisado	habrán avisado	habría avisado	habrían avisado

PRESENT SUBJUNCTIVE		PRESENT PERFECT SUBJUNCTIVE	
avise	avisemos	haya avisado	hayamos avisado
avises	aviséis	hayas avisado	hayáis avisado
avise	avisen	haya avisado	hayan avisado

IMPERFECT SUBJUNCTIVE (-ra)		*or* IMPERFECT SUBJUNCTIVE (-se)	
avisara	avisáramos	avisase	avisásemos
avisaras	avisarais	avisases	avisaseis
avisara	avisaran	avisase	avisasen

PAST PERFECT SUBJUNCTIVE (-ra)		*or* PAST PERFECT SUBJUNCTIVE (-se)	
hubiera avisado	hubiéramos avisado	hubiese avisado	hubiésemos avisado
hubieras avisado	hubierais avisado	hubieses avisado	hubieseis avisado
hubiera avisado	hubieran avisado	hubiese avisado	hubiesen avisado

PROGRESSIVE TENSES

PRESENT	estoy, estás, está, estamos, estáis, están	
PRETERIT	estuve, estuviste, estuvo, estuvimos, estuvisteis, estuvieron	
IMPERFECT	estaba, estabas, estaba, estábamos, estabais, estaban	avisando
FUTURE	estaré, estarás, estará, estaremos, estaréis, estarán	
CONDITIONAL	estaría, estarías, estaría, estaríamos, estaríais, estarían	
SUBJUNCTIVE	que + *corresponding subjunctive tense of* estar (*see verb 252*)	

COMMANDS

	(nosotros) avisemos/no avisemos
(tú) avisa/no avises	(vosotros) avisad/no aviséis
(Ud.) avise/no avise	(Uds.) avisen/no avisen

Usage

Te aviso que no compres nada allí.	*I'm warning you not to buy anything there.*
Se fueron sin avisarnos.	*They left without warning/telling us.*
Avísale que le entregarán el paquete mañana.	*Notify him that they'll deliver the package to him tomorrow.*
No me han avisado de sus planes.	*They haven't told me of their plans.*
Le dieron un aviso por sus notas.	*They gave her a warning about her grades.*
Oíste el aviso, ¿no?	*You heard the announcement, didn't you?*

81

ayudar *to help*

regular *-ar* verb

PRESENT

ayudo	ayudamos
ayudas	ayudáis
ayuda	ayudan

PRETERIT

ayudé	ayudamos
ayudaste	ayudasteis
ayudó	ayudaron

IMPERFECT

ayudaba	ayudábamos
ayudabas	ayudabais
ayudaba	ayudaban

PRESENT PERFECT

he ayudado	hemos ayudado
has ayudado	habéis ayudado
ha ayudado	han ayudado

FUTURE

ayudaré	ayudaremos
ayudarás	ayudaréis
ayudará	ayudarán

CONDITIONAL

ayudaría	ayudaríamos
ayudarías	ayudaríais
ayudaría	ayudarían

PLUPERFECT

había ayudado	habíamos ayudado
habías ayudado	habíais ayudado
había ayudado	habían ayudado

PRETERIT PERFECT

hube ayudado	hubimos ayudado
hubiste ayudado	hubisteis ayudado
hubo ayudado	hubieron ayudado

FUTURE PERFECT

habré ayudado	habremos ayudado
habrás ayudado	habréis ayudado
habrá ayudado	habrán ayudado

CONDITIONAL PERFECT

habría ayudado	habríamos ayudado
habrías ayudado	habríais ayudado
habría ayudado	habrían ayudado

PRESENT SUBJUNCTIVE

ayude	ayudemos
ayudes	ayudéis
ayude	ayuden

PRESENT PERFECT SUBJUNCTIVE

haya ayudado	hayamos ayudado
hayas ayudado	hayáis ayudado
haya ayudado	hayan ayudado

IMPERFECT SUBJUNCTIVE (-ra)

ayudara	ayudáramos
ayudaras	ayudarais
ayudara	ayudaran

or ### IMPERFECT SUBJUNCTIVE (-se)

ayudase	ayudásemos
ayudases	ayudaseis
ayudase	ayudasen

PAST PERFECT SUBJUNCTIVE (-ra)

hubiera ayudado	hubiéramos ayudado
hubieras ayudado	hubierais ayudado
hubiera ayudado	hubieran ayudado

or ### PAST PERFECT SUBJUNCTIVE (-se)

hubiese ayudado	hubiésemos ayudado
hubieses ayudado	hubieseis ayudado
hubiese ayudado	hubiesen ayudado

PROGRESSIVE TENSES

PRESENT	estoy, estás, está, estamos, estáis, están
PRETERIT	estuve, estuviste, estuvo, estuvimos, estuvisteis, estuvieron
IMPERFECT	estaba, estabas, estaba, estábamos, estabais, estaban
FUTURE	estaré, estarás, estará, estaremos, estaréis, estarán
CONDITIONAL	estaría, estarías, estaría, estaríamos, estaríais, estarían
SUBJUNCTIVE	que + *corresponding subjunctive tense of* estar (*see verb 252*)

} ayudando

COMMANDS

	(nosotros) ayudemos/no ayudemos
(tú) ayuda/no ayudes	(vosotros) ayudad/no ayudéis
(Ud.) ayude/no ayude	(Uds.) ayuden/no ayuden

Usage

Ayúdelos con el programa de gráficas.	*Help them with the graphics program.*
¿Me ayudas a hacer una copia de seguridad?	*Will you help me make a backup copy?*
Ayúdate y Dios te ayudará.	*God helps those who help themselves.*
Necesita ayuda financiera para asistir a la universidad.	*She needs financial aid in order to attend the university.*
El ayudante de laboratorio terminó el experimento.	*The laboratory assistant finished the experiment.*

regular *-ar* verb

bailo · bailaron · bailado · bailando

PRESENT		PRETERIT	
bailo	bailamos	bailé	bailamos
bailas	bailáis	bailaste	bailasteis
baila	bailan	bailó	bailaron

IMPERFECT		PRESENT PERFECT	
bailaba	bailábamos	he bailado	hemos bailado
bailabas	bailabais	has bailado	habéis bailado
bailaba	bailaban	ha bailado	han bailado

FUTURE		CONDITIONAL	
bailaré	bailaremos	bailaría	bailaríamos
bailarás	bailaréis	bailarías	bailaríais
bailará	bailarán	bailaría	bailarían

PLUPERFECT		PRETERIT PERFECT	
había bailado	habíamos bailado	hube bailado	hubimos bailado
habías bailado	habíais bailado	hubiste bailado	hubisteis bailado
había bailado	habían bailado	hubo bailado	hubieron bailado

FUTURE PERFECT		CONDITIONAL PERFECT	
habré bailado	habremos bailado	habría bailado	habríamos bailado
habrás bailado	habréis bailado	habrías bailado	habríais bailado
habrá bailado	habrán bailado	habría bailado	habrían bailado

PRESENT SUBJUNCTIVE		PRESENT PERFECT SUBJUNCTIVE	
baile	bailemos	haya bailado	hayamos bailado
bailes	bailéis	hayas bailado	hayáis bailado
baile	bailen	haya bailado	hayan bailado

IMPERFECT SUBJUNCTIVE (-ra)		*or*	IMPERFECT SUBJUNCTIVE (-se)	
bailara	bailáramos		bailase	bailásemos
bailaras	bailarais		bailases	bailaseis
bailara	bailaran		bailase	bailasen

PAST PERFECT SUBJUNCTIVE (-ra)		*or*	PAST PERFECT SUBJUNCTIVE (-se)	
hubiera bailado	hubiéramos bailado		hubiese bailado	hubiésemos bailado
hubieras bailado	hubierais bailado		hubieses bailado	hubieseis bailado
hubiera bailado	hubieran bailado		hubiese bailado	hubiesen bailado

PROGRESSIVE TENSES

PRESENT	estoy, estás, está, estamos, estáis, están	
PRETERIT	estuve, estuviste, estuvo, estuvimos, estuvisteis, estuvieron	
IMPERFECT	estaba, estabas, estaba, estábamos, estabais, estaban	bailando
FUTURE	estaré, estarás, estará, estaremos, estaréis, estarán	
CONDITIONAL	estaría, estarías, estaría, estaríamos, estaríais, estarían	
SUBJUNCTIVE	que + *corresponding subjunctive tense of* estar (*see verb 252*)	

COMMANDS

	(nosotros) bailemos/no bailemos
(tú) baila/no bailes	(vosotros) bailad/no bailéis
(Ud.) baile/no baile	(Uds.) bailen/no bailen

Usage

—Bailemos la rumba.	*Let's dance the rumba.*
—No sé bailarla. Sólo bailo el vals.	*I don't know how to dance it. I only dance the waltz.*
Haz bailar el trompo.	*Make the top spin.*
Los bailarines interpretaron unos bailes folklóricos.	*The dancers performed some folk dances.*
Me invitaron al baile de gala.	*They invited me to the gala ball.*
Pon música bailable.	*Put on dance music.*
Bailan al son que tocan.	*They follow the pack.*

bajar *to go/bring down, descend, lower*

bajo · bajaron · bajado · bajando   regular *-ar* verb

PRESENT		PRETERIT	
bajo	bajamos	bajé	bajamos
bajas	bajáis	bajaste	bajasteis
baja	bajan	bajó	bajaron

IMPERFECT		PRESENT PERFECT	
bajaba	bajábamos	he bajado	hemos bajado
bajabas	bajabais	has bajado	habéis bajado
bajaba	bajaban	ha bajado	han bajado

FUTURE		CONDITIONAL	
bajaré	bajaremos	bajaría	bajaríamos
bajarás	bajaréis	bajarías	bajaríais
bajará	bajarán	bajaría	bajarían

PLUPERFECT		PRETERIT PERFECT	
había bajado	habíamos bajado	hube bajado	hubimos bajado
habías bajado	habíais bajado	hubiste bajado	hubisteis bajado
había bajado	habían bajado	hubo bajado	hubieron bajado

FUTURE PERFECT		CONDITIONAL PERFECT	
habré bajado	habremos bajado	habría bajado	habríamos bajado
habrás bajado	habréis bajado	habrías bajado	habríais bajado
habrá bajado	habrán bajado	habría bajado	habrían bajado

PRESENT SUBJUNCTIVE		PRESENT PERFECT SUBJUNCTIVE	
baje	bajemos	haya bajado	hayamos bajado
bajes	bajéis	hayas bajado	hayáis bajado
baje	bajen	haya bajado	hayan bajado

IMPERFECT SUBJUNCTIVE (-ra)		*or* IMPERFECT SUBJUNCTIVE (-se)	
bajara	bajáramos	bajase	bajásemos
bajaras	bajarais	bajases	bajaseis
bajara	bajaran	bajase	bajasen

PAST PERFECT SUBJUNCTIVE (-ra)		*or* PAST PERFECT SUBJUNCTIVE (-se)	
hubiera bajado	hubiéramos bajado	hubiese bajado	hubiésemos bajado
hubieras bajado	hubierais bajado	hubieses bajado	hubieseis bajado
hubiera bajado	hubieran bajado	hubiese bajado	hubiesen bajado

PROGRESSIVE TENSES

PRESENT	estoy, estás, está, estamos, estáis, están	
PRETERIT	estuve, estuviste, estuvo, estuvimos, estuvisteis, estuvieron	
IMPERFECT	estaba, estabas, estaba, estábamos, estabais, estaban	bajando
FUTURE	estaré, estarás, estará, estaremos, estaréis, estarán	
CONDITIONAL	estaría, estarías, estaría, estaríamos, estaríais, estarían	
SUBJUNCTIVE	que + *corresponding subjunctive tense of* estar (*see verb 252*)	

COMMANDS

	(nosotros) bajemos/no bajemos
(tú) baja/no bajes	(vosotros) bajad/no bajéis
(Ud.) baje/no baje	(Uds.) bajen/no bajen

Usage

Se baja en escalera mecánica.	*You can go down by escalator.*
Bajemos del autobús en la esquina.	*Let's get off the bus at the corner.*
Bájame el maletín, por favor.	*Please get the little suitcase down for me.*
Se ha notado una bajada de los precios últimamente.	*We've seen a drop in prices recently.*
La biblioteca es baja.	*The bookcase is low.*
Habla más bajo.	*Speak more softly.*

regular *-ar* reflexive verb

baño · bañaron · bañado · bañándose

PRESENT

me baño	nos bañamos
te bañas	os bañáis
se baña	se bañan

PRETERIT

me bañé	nos bañamos
te bañaste	os bañasteis
se bañó	se bañaron

IMPERFECT

me bañaba	nos bañábamos
te bañabas	os bañabais
se bañaba	se bañaban

PRESENT PERFECT

me he bañado	nos hemos bañado
te has bañado	os habéis bañado
se ha bañado	se han bañado

FUTURE

me bañaré	nos bañaremos
te bañarás	os bañaréis
se bañará	se bañarán

CONDITIONAL

me bañaría	nos bañaríamos
te bañarías	os bañaríais
se bañaría	se bañarían

PLUPERFECT

me había bañado	nos habíamos bañado
te habías bañado	os habíais bañado
se había bañado	se habían bañado

PRETERIT PERFECT

me hube bañado	nos hubimos bañado
te hubiste bañado	os hubisteis bañado
se hubo bañado	se hubieron bañado

FUTURE PERFECT

me habré bañado	nos habremos bañado
te habrás bañado	os habréis bañado
se habrá bañado	se habrán bañado

CONDITIONAL PERFECT

me habría bañado	nos habríamos bañado
te habrías bañado	os habríais bañado
se habría bañado	se habrían bañado

PRESENT SUBJUNCTIVE

me bañe	nos bañemos
te bañes	os bañéis
se bañe	se bañen

PRESENT PERFECT SUBJUNCTIVE

me haya bañado	nos hayamos bañado
te hayas bañado	os hayáis bañado
se haya bañado	se hayan bañado

IMPERFECT SUBJUNCTIVE (-ra)

me bañara	nos bañáramos
te bañaras	os bañarais
se bañara	se bañaran

or **IMPERFECT SUBJUNCTIVE (-se)**

me bañase	nos bañásemos
te bañases	os bañaseis
se bañase	se bañasen

PAST PERFECT SUBJUNCTIVE (-ra)

me hubiera bañado	nos hubiéramos bañado
te hubieras bañado	os hubierais bañado
se hubiera bañado	se hubieran bañado

or **PAST PERFECT SUBJUNCTIVE (-se)**

me hubiese bañado	nos hubiésemos bañado
te hubieses bañado	os hubieseis bañado
se hubiese bañado	se hubiesen bañado

PROGRESSIVE TENSES

PRESENT	estoy, estás, está, estamos, estáis, están
PRETERIT	estuve, estuviste, estuvo, estuvimos, estuvisteis, estuvieron
IMPERFECT	estaba, estabas, estaba, estábamos, estabais, estaban
FUTURE	estaré, estarás, estará, estaremos, estaréis, estarán
CONDITIONAL	estaría, estarías, estaría, estaríamos, estaríais, estarían
SUBJUNCTIVE	que + *corresponding subjunctive tense of* estar (*see verb 252*)

bañando (*see page 31*)

COMMANDS

	(nosotros) bañémonos/no nos bañemos
(tú) báñate/no te bañes	(vosotros) bañaos/no os bañéis
(Ud.) báñese/no se bañe	(Uds.) báñense/no se bañen

Usage

Me baño después de bañar a los niños.	*I'll take a bath after I bathe the kids.*
Pasamos las vacaciones bañándonos en el Mediterráneo.	*We spent our vacation swimming in the Mediterranean.*
Se dieron un baño.	*They took a bath.*
La casa tiene tres baños con bañera.	*The house has three bathrooms with bathtubs.*
Esta torta bañada en chocolate me hace agua la boca.	*This cake bathed/coated in chocolate makes my mouth water.*

barrer *to sweep*

barro · barrieron · barrido · barriendo   regular *-er* verb

PRESENT		PRETERIT	
barro	barremos	barrí	barrimos
barres	barréis	barriste	barristeis
barre	barren	barrió	barrieron

IMPERFECT		PRESENT PERFECT	
barría	barríamos	he barrido	hemos barrido
barrías	barríais	has barrido	habéis barrido
barría	barrían	ha barrido	han barrido

FUTURE		CONDITIONAL	
barreré	barreremos	barrería	barreríamos
barrerás	barreréis	barrerías	barreríais
barrerá	barrerán	barrería	barrerían

PLUPERFECT		PRETERIT PERFECT	
había barrido	habíamos barrido	hube barrido	hubimos barrido
habías barrido	habíais barrido	hubiste barrido	hubisteis barrido
había barrido	habían barrido	hubo barrido	hubieron barrido

FUTURE PERFECT		CONDITIONAL PERFECT	
habré barrido	habremos barrido	habría barrido	habríamos barrido
habrás barrido	habréis barrido	habrías barrido	habríais barrido
habrá barrido	habrán barrido	habría barrido	habrían barrido

PRESENT SUBJUNCTIVE		PRESENT PERFECT SUBJUNCTIVE	
barra	barramos	haya barrido	hayamos barrido
barras	barráis	hayas barrido	hayáis barrido
barra	barran	haya barrido	hayan barrido

IMPERFECT SUBJUNCTIVE (-ra)		*or*	IMPERFECT SUBJUNCTIVE (-se)	
barriera	barriéramos		barriese	barriésemos
barrieras	barrierais		barrieses	barrieseis
barriera	barrieran		barriese	barriesen

PAST PERFECT SUBJUNCTIVE (-ra)		*or*	PAST PERFECT SUBJUNCTIVE (-se)	
hubiera barrido	hubiéramos barrido		hubiese barrido	hubiésemos barrido
hubieras barrido	hubierais barrido		hubieses barrido	hubieseis barrido
hubiera barrido	hubieran barrido		hubiese barrido	hubiesen barrido

PROGRESSIVE TENSES

PRESENT	estoy, estás, está, estamos, estáis, están	
PRETERIT	estuve, estuviste, estuvo, estuvimos, estuvisteis, estuvieron	
IMPERFECT	estaba, estabas, estaba, estábamos, estabais, estaban	barriendo
FUTURE	estaré, estarás, estará, estaremos, estaréis, estarán	
CONDITIONAL	estaría, estarías, estaría, estaríamos, estaríais, estarían	
SUBJUNCTIVE	que + *corresponding subjunctive tense of* estar (*see verb 252*)	

COMMANDS

	(nosotros) barramos/no barramos
(tú) barre/no barras	(vosotros) barred/no barráis
(Ud.) barra/no barra	(Uds.) barran/no barran

Usage

Barre el piso ahora.	*Sweep the floor now.*
Usad la escoba y la barredera de alfombra también.	*Use the broom and the carpet sweeper too.*
Su vestido barre el suelo.	*Her dress is sweeping the floor.*
El huracán barrió con todo el pueblo.	*The hurricane swept the whole town away.*

regular *-ar* verb

PRESENT		PRETERIT	
baso	basamos	basé	basamos
basas	basáis	basaste	basasteis
basa	basan	basó	basaron

IMPERFECT		PRESENT PERFECT	
basaba	basábamos	he basado	hemos basado
basabas	basabais	has basado	habéis basado
basaba	basaban	ha basado	han basado

FUTURE		CONDITIONAL	
basaré	basaremos	basaría	basaríamos
basarás	basaréis	basarías	basaríais
basará	basarán	basaría	basarían

PLUPERFECT		PRETERIT PERFECT	
había basado	habíamos basado	hube basado	hubimos basado
habías basado	habíais basado	hubiste basado	hubisteis basado
había basado	habían basado	hubo basado	hubieron basado

FUTURE PERFECT		CONDITIONAL PERFECT	
habré basado	habremos basado	habría basado	habríamos basado
habrás basado	habréis basado	habrías basado	habríais basado
habrá basado	habrán basado	habría basado	habrían basado

PRESENT SUBJUNCTIVE		PRESENT PERFECT SUBJUNCTIVE	
base	basemos	haya basado	hayamos basado
bases	baséis	hayas basado	hayáis basado
base	basen	haya basado	hayan basado

IMPERFECT SUBJUNCTIVE (-ra)		*or* IMPERFECT SUBJUNCTIVE (-se)	
basara	basáramos	basase	basásemos
basaras	basarais	basases	basaseis
basara	basaran	basase	basasen

PAST PERFECT SUBJUNCTIVE (-ra)		*or* PAST PERFECT SUBJUNCTIVE (-se)	
hubiera basado	hubiéramos basado	hubiese basado	hubiésemos basado
hubieras basado	hubierais basado	hubieses basado	hubieseis basado
hubiera basado	hubieran basado	hubiese basado	hubiesen basado

PROGRESSIVE TENSES

PRESENT	estoy, estás, está, estamos, estáis, están	
PRETERIT	estuve, estuviste, estuvo, estuvimos, estuvisteis, estuvieron	
IMPERFECT	estaba, estabas, estaba, estábamos, estabais, estaban	basando
FUTURE	estaré, estarás, estará, estaremos, estaréis, estarán	
CONDITIONAL	estaría, estarías, estaría, estaríamos, estaríais, estarían	
SUBJUNCTIVE	que + *corresponding subjunctive tense of* estar (*see verb 252*)	

COMMANDS

	(nosotros) basemos/no basemos
(tú) basa/no bases	(vosotros) basad/no baséis
(Ud.) base/no base	(Uds.) basen/no basen

Usage

Basaron su opinión en puros rumores.	*They based their opinion on nothing but rumors.*
¿En qué se basa esto?	*What is this based on?*
No sé en qué basó su razonamiento.	*I don't know on what she based her reasoning.*
Ganamos a base de los esfuerzos de todos.	*We won thanks to everyone's efforts.*
La salsa está hecha a base de tomate.	*The sauce is made with a tomato base.*
Hay que sentar las bases primero.	*The foundations must be laid first.*
¿Está conforme con las ideas básicas?	*Are you satisfied with the basic ideas?*

| bautizo · bautizaron · bautizado · bautizando | *-ar* verb; spelling change: *z > c/e* |

PRESENT

bautizo	bautizamos		
bautizas	bautizáis		
bautiza	bautizan		

PRETERIT

bauticé	bautizamos
bautizaste	bautizasteis
bautizó	bautizaron

IMPERFECT

bautizaba	bautizábamos
bautizabas	bautizabais
bautizaba	bautizaban

PRESENT PERFECT

he bautizado	hemos bautizado
has bautizado	habéis bautizado
ha bautizado	han bautizado

FUTURE

bautizaré	bautizaremos
bautizarás	bautizaréis
bautizará	bautizarán

CONDITIONAL

bautizaría	bautizaríamos
bautizarías	bautizaríais
bautizaría	bautizarían

PLUPERFECT

había bautizado	habíamos bautizado
habías bautizado	habíais bautizado
había bautizado	habían bautizado

PRETERIT PERFECT

hube bautizado	hubimos bautizado
hubiste bautizado	hubisteis bautizado
hubo bautizado	hubieron bautizado

FUTURE PERFECT

habré bautizado	habremos bautizado
habrás bautizado	habréis bautizado
habrá bautizado	habrán bautizado

CONDITIONAL PERFECT

habría bautizado	habríamos bautizado
habrías bautizado	habríais bautizado
habría bautizado	habrían bautizado

PRESENT SUBJUNCTIVE

bautice	bauticemos
bautices	bauticéis
bautice	bauticen

PRESENT PERFECT SUBJUNCTIVE

haya bautizado	hayamos bautizado
hayas bautizado	hayáis bautizado
haya bautizado	hayan bautizado

IMPERFECT SUBJUNCTIVE (-ra)

bautizara	bautizáramos
bautizaras	bautizarais
bautizara	bautizaran

or **IMPERFECT SUBJUNCTIVE (-se)**

bautizase	bautizásemos
bautizases	bautizaseis
bautizase	bautizasen

PAST PERFECT SUBJUNCTIVE (-ra)

hubiera bautizado	hubiéramos bautizado
hubieras bautizado	hubierais bautizado
hubiera bautizado	hubieran bautizado

or **PAST PERFECT SUBJUNCTIVE (-se)**

hubiese bautizado	hubiésemos bautizado
hubieses bautizado	hubieseis bautizado
hubiese bautizado	hubiesen bautizado

PROGRESSIVE TENSES

PRESENT	estoy, estás, está, estamos, estáis, están	
PRETERIT	estuve, estuviste, estuvo, estuvimos, estuvisteis, estuvieron	
IMPERFECT	estaba, estabas, estaba, estábamos, estabais, estaban	bautizando
FUTURE	estaré, estarás, estará, estaremos, estaréis, estarán	
CONDITIONAL	estaría, estarías, estaría, estaríamos, estaríais, estarían	
SUBJUNCTIVE	que + *corresponding subjunctive tense of* estar (*see verb 252*)	

COMMANDS

	(nosotros) bauticemos/no bauticemos
(tú) bautiza/no bautices	(vosotros) bautizad/no bauticéis
(Ud.) bautice/no bautice	(Uds.) bauticen/no bauticen

Usage

—Bautizarán a la niña el domingo.	*The little girl will be baptized on Sunday.*
—¿A qué hora será el bautizo?	*At what time will the christening take place?*
El soldado experimentó su bautismo de fuego.	*The soldier underwent his baptism by fire.*
Cristóbal Colón bautizó las carabelas Niña, Pinta y Santa María.	*Christopher Columbus named his ships Niña, Pinta and Santa María.*
Los bautistas son una secta protestante.	*Baptists are a Protestant sect.*
El bautismo es un sacramento.	*Baptism is a sacrament.*

regular -*er* verb

PRESENT

bebo	bebemos
bebes	bebéis
bebe	beben

IMPERFECT

bebía	bebíamos
bebías	bebíais
bebía	bebían

FUTURE

beberé	beberemos
beberás	beberéis
beberá	beberán

PLUPERFECT

había bebido	habíamos bebido
habías bebido	habíais bebido
había bebido	habían bebido

FUTURE PERFECT

habré bebido	habremos bebido
habrás bebido	habréis bebido
habrá bebido	habrán bebido

PRESENT SUBJUNCTIVE

beba	bebamos
bebas	bebáis
beba	beban

IMPERFECT SUBJUNCTIVE (-ra)

bebiera	bebiéramos
bebieras	bebierais
bebiera	bebieran

PAST PERFECT SUBJUNCTIVE (-ra)

hubiera bebido	hubiéramos bebido
hubieras bebido	hubierais bebido
hubiera bebido	hubieran bebido

PRETERIT

bebí	bebimos
bebiste	bebisteis
bebió	bebieron

PRESENT PERFECT

he bebido	hemos bebido
has bebido	habéis bebido
ha bebido	han bebido

CONDITIONAL

bebería	beberíamos
beberías	beberíais
bebería	beberían

PRETERIT PERFECT

hube bebido	hubimos bebido
hubiste bebido	hubisteis bebido
hubo bebido	hubieron bebido

CONDITIONAL PERFECT

habría bebido	habríamos bebido
habrías bebido	habríais bebido
habría bebido	habrían bebido

PRESENT PERFECT SUBJUNCTIVE

haya bebido	hayamos bebido
hayas bebido	hayáis bebido
haya bebido	hayan bebido

or **IMPERFECT SUBJUNCTIVE (-se)**

bebiese	bebiésemos
bebieses	bebieseis
bebiese	bebiesen

or **PAST PERFECT SUBJUNCTIVE (-se)**

hubiese bebido	hubiésemos bebido
hubieses bebido	hubieseis bebido
hubiese bebido	hubiesen bebido

PROGRESSIVE TENSES

PRESENT	estoy, estás, está, estamos, estáis, están
PRETERIT	estuve, estuviste, estuvo, estuvimos, estuvisteis, estuvieron
IMPERFECT	estaba, estabas, estaba, estábamos, estabais, estaban
FUTURE	estaré, estarás, estará, estaremos, estaréis, estarán
CONDITIONAL	estaría, estarías, estaría, estaríamos, estaríais, estarían
SUBJUNCTIVE	que + *corresponding subjunctive tense of* estar (*see verb 252*)

} bebiendo

COMMANDS

	(nosotros) bebamos/no bebamos
(tú) bebe/no bebas	(vosotros) bebed/no bebáis
(Ud.) beba/no beba	(Uds.) beban/no beban

Usage

Bebí agua.	*I drank water.*
Dale de beber al perro.	*Give the dog water.*
Bebe el jugo a sorbos, no a tragos.	*Sip the juice, don't gulp it.*
Bebamos a su salud.	*Let's drink to him/to his health.*
Se sirve una bebida con la comida.	*Beverages are served with the meal.*
El bebé bebe del biberón todavía.	*The baby still drinks from a bottle.*

bendigo · bendijeron · bendecido (also **bendito**, used as adjective) · **bendiciendo**   irregular verb

PRESENT

bendigo	bendecimos		
bendices	bendecís		
bendice	bendicen		

PRETERIT

bendije	bendijimos
bendijiste	bendijisteis
bendijo	bendijeron

IMPERFECT

bendecía	bendecíamos
bendecías	bendecíais
bendecía	bendecían

PRESENT PERFECT

he bendecido	hemos bendecido
has bendecido	habéis bendecido
ha bendecido	han bendecido

FUTURE

bendeciré	bendeciremos
bendecirás	bendeciréis
bendecirá	bendecirán

CONDITIONAL

bendeciría	bendeciríamos
bendecirías	bendeciríais
bendeciría	bendecirían

PLUPERFECT

había bendecido	habíamos bendecido
habías bendecido	habíais bendecido
había bendecido	habían bendecido

PRETERIT PERFECT

hube bendecido	hubimos bendecido
hubiste bendecido	hubisteis bendecido
hubo bendecido	hubieron bendecido

FUTURE PERFECT

habré bendecido	habremos bendecido
habrás bendecido	habréis bendecido
habrá bendecido	habrán bendecido

CONDITIONAL PERFECT

habría bendecido	habríamos bendecido
habrías bendecido	habríais bendecido
habría bendecido	habrían bendecido

PRESENT SUBJUNCTIVE

bendiga	bendigamos
bendigas	bendigáis
bendiga	bendigan

PRESENT PERFECT SUBJUNCTIVE

haya bendecido	hayamos bendecido
hayas bendecido	hayáis bendecido
haya bendecido	hayan bendecido

IMPERFECT SUBJUNCTIVE (-ra)

bendijera	bendijéramos
bendijeras	bendijerais
bendijera	bendijeran

or **IMPERFECT SUBJUNCTIVE (-se)**

bendijese	bendijésemos
bendijeses	bendijeseis
bendijese	bendijesen

PAST PERFECT SUBJUNCTIVE (-ra)

hubiera bendecido	hubiéramos bendecido
hubieras bendecido	hubierais bendecido
hubiera bendecido	hubieran bendecido

or **PAST PERFECT SUBJUNCTIVE (-se)**

hubiese bendecido	hubiésemos bendecido
hubieses bendecido	hubieseis bendecido
hubiese bendecido	hubiesen bendecido

PROGRESSIVE TENSES

PRESENT	estoy, estás, está, estamos, estáis, están
PRETERIT	estuve, estuviste, estuvo, estuvimos, estuvisteis, estuvieron
IMPERFECT	estaba, estabas, estaba, estábamos, estabais, estaban
FUTURE	estaré, estarás, estará, estaremos, estaréis, estarán
CONDITIONAL	estaría, estarías, estaría, estaríamos, estaríais, estarían
SUBJUNCTIVE	que + *corresponding subjunctive tense of* estar (*see verb 252*)

} bendiciendo

COMMANDS

	(nosotros) bendigamos/no bendigamos
(tú) bendice/no bendigas	(vosotros) bendecid/no bendigáis
(Ud.) bendiga/no bendiga	(Uds.) bendigan/no bendigan

Usage

¡Que Dios los bendiga, hijos!	*May God bless you, my children.*
El pueblo fue bendecido por el Papa.	*The people were blessed by the Pope.*
Se oyó la bendición del Papa.	*They heard the Pope's benediction/blessing.*
Hay que dar la bendición de la mesa.	*We must say grace.*
Hay agua bendita en la pila.	*There's holy water in the font.*
¡Qué bendito es!	*What a saint/good person he is!*

regular *-ar* verb

PRESENT		PRETERIT	
beso	besamos	besé	besamos
besas	besáis	besaste	besasteis
besa	besan	besó	besaron

IMPERFECT		PRESENT PERFECT	
besaba	besábamos	he besado	hemos besado
besabas	besabais	has besado	habéis besado
besaba	besaban	ha besado	han besado

FUTURE		CONDITIONAL	
besaré	besaremos	besaría	besaríamos
besarás	besaréis	besarías	besaríais
besará	besarán	besaría	besarían

PLUPERFECT		PRETERIT PERFECT	
había besado	habíamos besado	hube besado	hubimos besado
habías besado	habíais besado	hubiste besado	hubisteis besado
había besado	habían besado	hubo besado	hubieron besado

FUTURE PERFECT		CONDITIONAL PERFECT	
habré besado	habremos besado	habría besado	habríamos besado
habrás besado	habréis besado	habrías besado	habríais besado
habrá besado	habrán besado	habría besado	habrían besado

PRESENT SUBJUNCTIVE		PRESENT PERFECT SUBJUNCTIVE	
bese	besemos	haya besado	hayamos besado
beses	beséis	hayas besado	hayáis besado
bese	besen	haya besado	hayan besado

IMPERFECT SUBJUNCTIVE (-ra)		*or* IMPERFECT SUBJUNCTIVE (-se)	
besara	besáramos	besase	besásemos
besaras	besarais	besases	besaseis
besara	besaran	besase	besasen

PAST PERFECT SUBJUNCTIVE (-ra)		*or* PAST PERFECT SUBJUNCTIVE (-se)	
hubiera besado	hubiéramos besado	hubiese besado	hubiésemos besado
hubieras besado	hubierais besado	hubieses besado	hubieseis besado
hubiera besado	hubieran besado	hubiese besado	hubiesen besado

PROGRESSIVE TENSES

PRESENT	estoy, estás, está, estamos, estáis, están
PRETERIT	estuve, estuviste, estuvo, estuvimos, estuvisteis, estuvieron
IMPERFECT	estaba, estabas, estaba, estábamos, estabais, estaban
FUTURE	estaré, estarás, estará, estaremos, estaréis, estarán
CONDITIONAL	estaría, estarías, estaría, estaríamos, estaríais, estarían
SUBJUNCTIVE	que + *corresponding subjunctive tense of* estar (*see verb 252*)

} besando

COMMANDS

	(nosotros) besemos/no besemos
(tú) besa/no beses	(vosotros) besad/no beséis
(Ud.) bese/no bese	(Uds.) besen/no besen

Usage

Le besó en la cabeza.	*He kissed her on the head.*
Se besaban y se abrazaban.	*They were kissing and hugging each other.*
Se están besuqueando.	*They're smooching.*
¿Conoces la canción *Bésame mucho*?	*Do you know the song* Kiss Me a Lot?
Os mando un beso y un abrazo.	*I send you hugs and kisses.*
Se despide tirando besos.	*She says good-bye blowing kisses.*

borrar *to erase*

borro · borraron · borrado · borrando

regular *-ar* verb

PRESENT		PRETERIT	
borro	borramos	borré	borramos
borras	borráis	borraste	borrasteis
borra	borran	borró	borraron

IMPERFECT		PRESENT PERFECT	
borraba	borrábamos	he borrado	hemos borrado
borrabas	borrabais	has borrado	habéis borrado
borraba	borraban	ha borrado	han borrado

FUTURE		CONDITIONAL	
borraré	borraremos	borraría	borraríamos
borrarás	borraréis	borrarías	borraríais
borrará	borrarán	borraría	borrarían

PLUPERFECT		PRETERIT PERFECT	
había borrado	habíamos borrado	hube borrado	hubimos borrado
habías borrado	habíais borrado	hubiste borrado	hubisteis borrado
había borrado	habían borrado	hubo borrado	hubieron borrado

FUTURE PERFECT		CONDITIONAL PERFECT	
habré borrado	habremos borrado	habría borrado	habríamos borrado
habrás borrado	habréis borrado	habrías borrado	habríais borrado
habrá borrado	habrán borrado	habría borrado	habrían borrado

PRESENT SUBJUNCTIVE		PRESENT PERFECT SUBJUNCTIVE	
borre	borremos	haya borrado	hayamos borrado
borres	borréis	hayas borrado	hayáis borrado
borre	borren	haya borrado	hayan borrado

IMPERFECT SUBJUNCTIVE (-ra)		*or* IMPERFECT SUBJUNCTIVE (-se)	
borrara	borráramos	borrase	borrásemos
borraras	borrarais	borrases	borraseis
borrara	borraran	borrase	borrasen

PAST PERFECT SUBJUNCTIVE (-ra)		*or* PAST PERFECT SUBJUNCTIVE (-se)	
hubiera borrado	hubiéramos borrado	hubiese borrado	hubiésemos borrado
hubieras borrado	hubierais borrado	hubieses borrado	hubieseis borrado
hubiera borrado	hubieran borrado	hubiese borrado	hubiesen borrado

PROGRESSIVE TENSES

PRESENT	estoy, estás, está, estamos, estáis, están	
PRETERIT	estuve, estuviste, estuvo, estuvimos, estuvisteis, estuvieron	
IMPERFECT	estaba, estabas, estaba, estábamos, estabais, estaban	borrando
FUTURE	estaré, estarás, estará, estaremos, estaréis, estarán	
CONDITIONAL	estaría, estarías, estaría, estaríamos, estaríais, estarían	
SUBJUNCTIVE	que + *corresponding subjunctive tense of* estar (*see verb 252*)	

COMMANDS

	(nosotros) borremos/no borremos
(tú) borra/no borres	(vosotros) borrad/no borréis
(Ud.) borre/no borre	(Uds.) borren/no borren

Usage

Borró los errores.	*He erased the mistakes.*
No borres tu trabajo.	*Don't erase your work.*
Borren la pizarra con el borrador.	*Clean the chalkboard with the eraser.*
He borrado los nombres de la lista.	*I've crossed the names off the list.*
Entréguenme su borrador para el jueves.	*Hand in your first draft to me by Thursday.*
Se borró su tristeza con el tiempo.	*His sadness was wiped away with time.*

-*ar* verb; spelling change: *z* > *c/e*

bostezo · bostezaron · bostezado · bostezando

PRESENT		PRETERIT	
bostezo	bostezamos	bostecé	bostezamos
bostezas	bostezáis	bostezaste	bostezasteis
bosteza	bostezan	bostezó	bostezaron

IMPERFECT		PRESENT PERFECT	
bostezaba	bostezábamos	he bostezado	hemos bostezado
bostezabas	bostezabais	has bostezado	habéis bostezado
bostezaba	bostezaban	ha bostezado	han bostezado

FUTURE		CONDITIONAL	
bostezaré	bostezaremos	bostezaría	bostezaríamos
bostezarás	bostezaréis	bostezarías	bostezaríais
bostezará	bostezarán	bostezaría	bostezarían

PLUPERFECT		PRETERIT PERFECT	
había bostezado	habíamos bostezado	hube bostezado	hubimos bostezado
habías bostezado	habíais bostezado	hubiste bostezado	hubisteis bostezado
había bostezado	habían bostezado	hubo bostezado	hubieron bostezado

FUTURE PERFECT		CONDITIONAL PERFECT	
habré bostezado	habremos bostezado	habría bostezado	habríamos bostezado
habrás bostezado	habréis bostezado	habrías bostezado	habríais bostezado
habrá bostezado	habrán bostezado	habría bostezado	habrían bostezado

PRESENT SUBJUNCTIVE		PRESENT PERFECT SUBJUNCTIVE	
bostece	bostecemos	haya bostezado	hayamos bostezado
bosteces	bostecéis	hayas bostezado	hayáis bostezado
bostece	bostecen	haya bostezado	hayan bostezado

IMPERFECT SUBJUNCTIVE (-ra)		*or* IMPERFECT SUBJUNCTIVE (-se)	
bostezara	bostezáramos	bostezase	bostezásemos
bostezaras	bostezarais	bostezases	bostezaseis
bostezara	bostezaran	bostezase	bostezasen

PAST PERFECT SUBJUNCTIVE (-ra)		*or* PAST PERFECT SUBJUNCTIVE (-se)	
hubiera bostezado	hubiéramos bostezado	hubiese bostezado	hubiésemos bostezado
hubieras bostezado	hubierais bostezado	hubieses bostezado	hubieseis bostezado
hubiera bostezado	hubieran bostezado	hubiese bostezado	hubiesen bostezado

PROGRESSIVE TENSES

PRESENT	estoy, estás, está, estamos, estáis, están	
PRETERIT	estuve, estuviste, estuvo, estuvimos, estuvisteis, estuvieron	
IMPERFECT	estaba, estabas, estaba, estábamos, estabais, estaban	bostezando
FUTURE	estaré, estarás, estará, estaremos, estaréis, estarán	
CONDITIONAL	estaría, estarías, estaría, estaríamos, estaríais, estarían	
SUBJUNCTIVE	que + *corresponding subjunctive tense of* estar (*see verb 252*)	

COMMANDS

	(nosotros) bostecemos/no bostecemos
(tú) bosteza/no bosteces	(vosotros) bostezad/no bostecéis
(Ud.) bostece/no bostece	(Uds.) bostecen/no bostecen

Usage

—¡Cuánto bostezas! ¿Tienes sueño?	*You're yawning so much! Are you sleepy?*
—Bostezo por la falta de aire.	*I'm yawning because of the lack of air.*
¡Tápense la boca cuando bostezan!	*Cover your mouths when you yawn!*
¡Tantos bostezos! ¡Te dolerán las mandíbulas!	*So much yawning! Your jaws must hurt!*

boto · botaron · botado · botando

regular *-ar* verb

PRESENT

boto	botamos
botas	botáis
bota	botan

IMPERFECT

botaba	botábamos
botabas	botabais
botaba	botaban

FUTURE

botaré	botaremos
botarás	botaréis
botará	botarán

PLUPERFECT

había botado	habíamos botado
habías botado	habíais botado
había botado	habían botado

FUTURE PERFECT

habré botado	habremos botado
habrás botado	habréis botado
habrá botado	habrán botado

PRESENT SUBJUNCTIVE

bote	botemos
botes	botéis
bote	boten

IMPERFECT SUBJUNCTIVE (-ra)

botara	botáramos
botaras	botarais
botara	botaran

PAST PERFECT SUBJUNCTIVE (-ra)

hubiera botado	hubiéramos botado
hubieras botado	hubierais botado
hubiera botado	hubieran botado

PRETERIT

boté	botamos
botaste	botasteis
botó	botaron

PRESENT PERFECT

he botado	hemos botado
has botado	habéis botado
ha botado	han botado

CONDITIONAL

botaría	botaríamos
botarías	botaríais
botaría	botarían

PRETERIT PERFECT

hube botado	hubimos botado
hubiste botado	hubisteis botado
hubo botado	hubieron botado

CONDITIONAL PERFECT

habría botado	habríamos botado
habrías botado	habríais botado
habría botado	habrían botado

PRESENT PERFECT SUBJUNCTIVE

haya botado	hayamos botado
hayas botado	hayáis botado
haya botado	hayan botado

or ### IMPERFECT SUBJUNCTIVE (-se)

botase	botásemos
botases	botaseis
botase	botasen

or ### PAST PERFECT SUBJUNCTIVE (-se)

hubiese botado	hubiésemos botado
hubieses botado	hubieseis botado
hubiese botado	hubiesen botado

PROGRESSIVE TENSES

PRESENT	estoy, estás, está, estamos, estáis, están
PRETERIT	estuve, estuviste, estuvo, estuvimos, estuvisteis, estuvieron
IMPERFECT	estaba, estabas, estaba, estábamos, estabais, estaban
FUTURE	estaré, estarás, estará, estaremos, estaréis, estarán
CONDITIONAL	estaría, estarías, estaría, estaríamos, estaríais, estarían
SUBJUNCTIVE	que + *corresponding subjunctive tense of* estar (*see verb 252*)

} botando

COMMANDS

	(nosotros) botemos/no botemos
(tú) bota/no botes	(vosotros) botad/no botéis
(Ud.) bote/no bote	(Uds.) boten/no boten

Usage

Lo botaron del club.	*They threw him out of the club.*
Bota todos esos papeles.	*Throw all those papers away.*
Se botó la pelota.	*The ball rebounded.*
Es dinero botado.	*It's money thrown away/squandered.*

-ar verb; spelling change: *c > qu/e* brinco · brincaron · brincado · brincando

PRESENT

brinco	brincamos		
brincas	brincáis		
brinca	brincan		

PRETERIT

brinqué	brincamos
brincaste	brincasteis
brincó	brincaron

IMPERFECT

brincaba	brincábamos
brincabas	brincabais
brincaba	brincaban

PRESENT PERFECT

he brincado	hemos brincado
has brincado	habéis brincado
ha brincado	han brincado

FUTURE

brincaré	brincaremos
brincarás	brincaréis
brincará	brincarán

CONDITIONAL

brincaría	brincaríamos
brincarías	brincaríais
brincaría	brincarían

PLUPERFECT

había brincado	habíamos brincado
habías brincado	habíais brincado
había brincado	habían brincado

PRETERIT PERFECT

hube brincado	hubimos brincado
hubiste brincado	hubisteis brincado
hubo brincado	hubieron brincado

FUTURE PERFECT

habré brincado	habremos brincado
habrás brincado	habréis brincado
habrá brincado	habrán brincado

CONDITIONAL PERFECT

habría brincado	habríamos brincado
habrías brincado	habríais brincado
habría brincado	habrían brincado

PRESENT SUBJUNCTIVE

brinque	brinquemos
brinques	brinquéis
brinque	brinquen

PRESENT PERFECT SUBJUNCTIVE

haya brincado	hayamos brincado
hayas brincado	hayáis brincado
haya brincado	hayan brincado

IMPERFECT SUBJUNCTIVE (-ra) *or* **IMPERFECT SUBJUNCTIVE (-se)**

brincara	brincáramos	brincase	brincásemos
brincaras	brincarais	brincases	brincaseis
brincara	brincaran	brincase	brincasen

PAST PERFECT SUBJUNCTIVE (-ra) *or* **PAST PERFECT SUBJUNCTIVE (-se)**

hubiera brincado	hubiéramos brincado	hubiese brincado	hubiésemos brincado
hubieras brincado	hubierais brincado	hubieses brincado	hubieseis brincado
hubiera brincado	hubieran brincado	hubiese brincado	hubiesen brincado

PROGRESSIVE TENSES

PRESENT	estoy, estás, está, estamos, estáis, están
PRETERIT	estuve, estuviste, estuvo, estuvimos, estuvisteis, estuvieron
IMPERFECT	estaba, estabas, estaba, estábamos, estabais, estaban
FUTURE	estaré, estarás, estará, estaremos, estaréis, estarán
CONDITIONAL	estaría, estarías, estaría, estaríamos, estaríais, estarían
SUBJUNCTIVE	que + *corresponding subjunctive tense of* estar (*see verb 252*)

} brincando

COMMANDS

	(nosotros) brinquemos/no brinquemos
(tú) brinca/no brinques	(vosotros) brincad/no brinquéis
(Ud.) brinque/no brinque	(Uds.) brinquen/no brinquen

Usage

Brincó de alegría al oír la noticia.	*She jumped for joy when she heard the news.*
¡Niños, no brinquen en el sofá!	*Children, don't jump around on the couch!*
Dio un brinco cuando se enteró.	*He jumped up when he found out.*
Los conejos están brincando.	*The rabbits are hopping around.*
Los corderos brincaban en el prado.	*The lambs were gamboling in the meadow.*
Terminaron el trabajo en un brinco.	*They finished the work in no time at all.*

burlarse *to make fun of, mock*

burlo · burlaron · burlado · burlándose　　　　regular *-ar* reflexive verb

PRESENT			
me burlo	nos burlamos		
te burlas	os burláis		
se burla	se burlan		

PRETERIT	
me burlé	nos burlamos
te burlaste	os burlasteis
se burló	se burlaron

IMPERFECT	
me burlaba	nos burlábamos
te burlabas	os burlabais
se burlaba	se burlaban

PRESENT PERFECT	
me he burlado	nos hemos burlado
te has burlado	os habéis burlado
se ha burlado	se han burlado

FUTURE	
me burlaré	nos burlaremos
te burlarás	os burlaréis
se burlará	se burlarán

CONDITIONAL	
me burlaría	nos burlaríamos
te burlarías	os burlaríais
se burlaría	se burlarían

PLUPERFECT	
me había burlado	nos habíamos burlado
te habías burlado	os habíais burlado
se había burlado	se habían burlado

PRETERIT PERFECT	
me hube burlado	nos hubimos burlado
te hubiste burlado	os hubisteis burlado
se hubo burlado	se hubieron burlado

FUTURE PERFECT	
me habré burlado	nos habremos burlado
te habrás burlado	os habréis burlado
se habrá burlado	se habrán burlado

CONDITIONAL PERFECT	
me habría burlado	nos habríamos burlado
te habrías burlado	os habríais burlado
se habría burlado	se habrían burlado

PRESENT SUBJUNCTIVE	
me burle	nos burlemos
te burles	os burléis
se burle	se burlen

PRESENT PERFECT SUBJUNCTIVE	
me haya burlado	nos hayamos burlado
te hayas burlado	os hayáis burlado
se haya burlado	se hayan burlado

IMPERFECT SUBJUNCTIVE (-ra)		*or*	IMPERFECT SUBJUNCTIVE (-se)	
me burlara	nos burláramos		me burlase	nos burlásemos
te burlaras	os burlarais		te burlases	os burlaseis
se burlara	se burlaran		se burlase	se burlasen

PAST PERFECT SUBJUNCTIVE (-ra)		*or*	PAST PERFECT SUBJUNCTIVE (-se)	
me hubiera burlado	nos hubiéramos burlado		me hubiese burlado	nos hubiésemos burlado
te hubieras burlado	os hubierais burlado		te hubieses burlado	os hubieseis burlado
se hubiera burlado	se hubieran burlado		se hubiese burlado	se hubiesen burlado

PROGRESSIVE TENSES

PRESENT	estoy, estás, está, estamos, estáis, están
PRETERIT	estuve, estuviste, estuvo, estuvimos, estuvisteis, estuvieron
IMPERFECT	estaba, estabas, estaba, estábamos, estabais, estaban
FUTURE	estaré, estarás, estará, estaremos, estaréis, estarán
CONDITIONAL	estaría, estarías, estaría, estaríamos, estaríais, estarían
SUBJUNCTIVE	que + *corresponding subjunctive tense of* estar *(see verb 252)*

burlando *(see page 31)*

COMMANDS

	(nosotros) burlémonos/no nos burlemos
(tú) búrlate/no te burles	(vosotros) burlaos/no os burléis
(Ud.) búrlese/no se burle	(Uds.) búrlense/no se burlen

Usage

No te burles de ellos.	*Don't make fun of them.*
No se burlen de ella.	*Don't mock/ridicule her.*
No soportamos su actitud burlona.	*We can't stand her mocking attitude.*
Hay abogados que burlan las leyes.	*There are lawyers who flout/scoff at the law.*
Don Juan Tenorio es *el Burlador de Sevilla.*	*Don Juan Tenorio is* the Seducer from Seville.

-ar verb; spelling change: *c > qu/e*

busco · buscaron · buscado · buscando

PRESENT

busco	buscamos
buscas	buscáis
busca	buscan

IMPERFECT

buscaba	buscábamos
buscabas	buscabais
buscaba	buscaban

FUTURE

buscaré	buscaremos
buscarás	buscaréis
buscará	buscarán

PLUPERFECT

había buscado	habíamos buscado
habías buscado	habíais buscado
había buscado	habían buscado

FUTURE PERFECT

habré buscado	habremos buscado
habrás buscado	habréis buscado
habrá buscado	habrán buscado

PRESENT SUBJUNCTIVE

busque	busquemos
busques	busquéis
busque	busquen

IMPERFECT SUBJUNCTIVE (-ra)

buscara	buscáramos
buscaras	buscarais
buscara	buscaran

PAST PERFECT SUBJUNCTIVE (-ra)

hubiera buscado	hubiéramos buscado
hubieras buscado	hubierais buscado
hubiera buscado	hubieran buscado

PRETERIT

busqué	buscamos
buscaste	buscasteis
buscó	buscaron

PRESENT PERFECT

he buscado	hemos buscado
has buscado	habéis buscado
ha buscado	han buscado

CONDITIONAL

buscaría	buscaríamos
buscarías	buscaríais
buscaría	buscarían

PRETERIT PERFECT

hube buscado	hubimos buscado
hubiste buscado	hubisteis buscado
hubo buscado	hubieron buscado

CONDITIONAL PERFECT

habría buscado	habríamos buscado
habrías buscado	habríais buscado
habría buscado	habrían buscado

PRESENT PERFECT SUBJUNCTIVE

haya buscado	hayamos buscado
hayas buscado	hayáis buscado
haya buscado	hayan buscado

or **IMPERFECT SUBJUNCTIVE (-se)**

buscase	buscásemos
buscases	buscaseis
buscase	buscasen

or **PAST PERFECT SUBJUNCTIVE (-se)**

hubiese buscado	hubiésemos buscado
hubieses buscado	hubieseis buscado
hubiese buscado	hubiesen buscado

PROGRESSIVE TENSES

PRESENT	estoy, estás, está, estamos, estáis, están
PRETERIT	estuve, estuviste, estuvo, estuvimos, estuvisteis, estuvieron
IMPERFECT	estaba, estabas, estaba, estábamos, estabais, estaban
FUTURE	estaré, estarás, estará, estaremos, estaréis, estarán
CONDITIONAL	estaría, estarías, estaría, estaríamos, estaríais, estarían
SUBJUNCTIVE	que + *corresponding subjunctive tense of* estar (*see verb 252*)

buscando

COMMANDS

	(nosotros) busquemos/no busquemos
(tú) busca/no busques	(vosotros) buscad/no busquéis
(Ud.) busque/no busque	(Uds.) busquen/no busquen

Usage

Está buscando su pasaporte.	*He's searching for his passport.*
Busquen al gato en el patio.	*Look for the cat on the patio.*
Se busca trabajo.	*They're looking for work.*
Buscamos un gerente que tenga don de gentes.	*We're seeking a manager who is personable/has a way with people.*
Buscaba un novio que tuviera un buen sentido del humor.	*She was looking for a boyfriend who had a good sense of humor.*

busco · buscaron · buscado · buscando

-ar verb; spelling change: c > qu/e

¿Sigues buscando empleo?	*Are you still looking for a job?*
Se busca casa/apartamento.	*They're house-hunting/apartment-hunting.*
Se busca programador/arquitecto.	*We're looking for a programmer/architect.*
Busqué la palabra en el diccionario.	*I looked up the word in the dictionary.*
Ve a buscar el periódico.	*Go and get/bring the newspaper.*
Búscame unos entremeses, por favor.	*Please get me some hors d'oeuvres.*
—Buscamos una solución a este problema.	*We're looking for a solution to this problem.*
—Les recomiendo que busquen consejos.	*I recommend that you seek advice.*
No busques problemas.	*Don't look for/ask for problems.*

Other Uses

Te buscaremos a las siete.	*We'll pick you up at seven o'clock.*
No se expresa bien. Busca sus palabras.	*He doesn't express himself well. He fumbles for his words.*
—No encuentro la llave en mi bolsa.	*I can't find the key in my bag.*
—Sácalo todo para no tener que buscarla a tientas.	*Take everything out so that you don't have to fumble for it.*
Se busca la vida mientras toma clases.	*She's trying to earn a living while she studies.*
Iba en busca de un buen carro de segunda mano.	*He was going in search of a good used car.*
Quien busca halla.	*Seek and ye shall find.*
¡No le busques tres pies al gato!	*Don't split hairs/complicate matters!*
Buscar el anillo es buscar una aguja en un pajar.	*Looking for the ring is like looking for a needle in a haystack.*
Se hace una búsqueda de ejecutivos.	*They're doing an executive search.*
Es un buscapleitos.	*He's a troublemaker.*
Es una buscavidas.	*She's a go-getter/busybody.*
El buscón es el título de una novela picaresca española.	*The Pickpocket/Petty Thief is the title of a Spanish picaresque novel.*
El novelista tiene un estilo rebuscado.	*The novelist's style is recherché/pedantic/affected.*

TOP 50 VERBS

irregular verb

PRESENT

quepo	cabemos
cabes	cabéis
cabe	caben

IMPERFECT

cabía	cabíamos
cabías	cabíais
cabía	cabían

FUTURE

cabré	cabremos
cabrás	cabréis
cabrá	cabrán

PLUPERFECT

había cabido	habíamos cabido
habías cabido	habíais cabido
había cabido	habían cabido

FUTURE PERFECT

habré cabido	habremos cabido
habrás cabido	habréis cabido
habrá cabido	habrán cabido

PRESENT SUBJUNCTIVE

quepa	quepamos
quepas	quepáis
quepa	quepan

IMPERFECT SUBJUNCTIVE (-ra)

cupiera	cupiéramos
cupieras	cupierais
cupiera	cupieran

PAST PERFECT SUBJUNCTIVE (-ra)

hubiera cabido	hubiéramos cabido
hubieras cabido	hubierais cabido
hubiera cabido	hubieran cabido

PRETERIT

cupe	cupimos
cupiste	cupisteis
cupo	cupieron

PRESENT PERFECT

he cabido	hemos cabido
has cabido	habéis cabido
ha cabido	han cabido

CONDITIONAL

cabría	cabríamos
cabrías	cabríais
cabría	cabrían

PRETERIT PERFECT

hube cabido	hubimos cabido
hubiste cabido	hubisteis cabido
hubo cabido	hubieron cabido

CONDITIONAL PERFECT

habría cabido	habríamos cabido
habrías cabido	habríais cabido
habría cabido	habrían cabido

PRESENT PERFECT SUBJUNCTIVE

haya cabido	hayamos cabido
hayas cabido	hayáis cabido
haya cabido	hayan cabido

or **IMPERFECT SUBJUNCTIVE (-se)**

cupiese	cupiésemos
cupieses	cupieseis
cupiese	cupiesen

or **PAST PERFECT SUBJUNCTIVE (-se)**

hubiese cabido	hubiésemos cabido
hubieses cabido	hubieseis cabido
hubiese cabido	hubiesen cabido

PROGRESSIVE TENSES

PRESENT	estoy, estás, está, estamos, estáis, están
PRETERIT	estuve, estuviste, estuvo, estuvimos, estuvisteis, estuvieron
IMPERFECT	estaba, estabas, estaba, estábamos, estabais, estaban
FUTURE	estaré, estarás, estará, estaremos, estaréis, estarán
CONDITIONAL	estaría, estarías, estaría, estaríamos, estaríais, estarían
SUBJUNCTIVE	que + *corresponding subjunctive tense of* estar (*see verb 252*)

} cabiendo

COMMANDS

	(nosotros) quepamos/no quepamos
(tú) cabe/no quepas	(vosotros) cabed/no quepáis
(Ud.) quepa/no quepa	(Uds.) quepan/no quepan

Usage

No cabe ni una cosa más en la caja.	*Not one more thing will fit in the box.*
Caben 300 personas en la sala de conciertos.	*The concert hall holds 300 people.*
Dudo que el piano de media cola quepa por la puerta.	*I doubt the baby grand piano will fit through the door.*
No cabe duda.	*There's no doubt.*
¡Qué presumido es! No cabe en sí.	*How conceited he is! He's full of himself.*
Todo cabe en lo humano.	*Everything is possible.*

Cayeron en la trampa.	*They fell into the trap.*
Caíste en un error.	*You made a mistake.*
Su cumpleaños cae en viernes.	*Her birthday falls on a Friday.*
Unos invitados cayeron enfermos.	*Some guests fell ill.*
Cayó por la casa sin llamar.	*He dropped by the house without calling.*
Al caer la noche volvimos a la ciudad.	*At nightfall we returned to the city.*
Le cayó el premio.	*He won the prize.*
—Ese tipo me cae gordo.	*That guy gets on my nerves./I can't stand that guy.*
—A mí me cae mal también.	*I can't stand him either.*
Nos cayó encima la administración de la compañía.	*The management of the company fell on our shoulders.*

caerse to fall, fall down

Nos caímos de risa.	*We fell down with/were overcome by laughter.*
Se caía de sueño.	*He was dropping off/falling asleep on his feet.*
—Se cayó del caballo.	*She fell off her horse.*
—¿Se cayó de espaldas?	*Did she fall on her back?*

caérsele a alguien (unplanned occurrence) *to drop*

El monedero se le habrá caído.	*She must have dropped her change purse.*
Al niño se le cayó otro diente.	*The little boy lost another tooth.*
—¡Ay, no! ¡Dejaste caer la torta!	*Oh no! You dropped the cake!*
—¡Y tú hiciste caer el jugo!	*And you knocked over the juice!*
Las ideas democráticas hicieron caer el comunismo.	*Democratic ideas brought about the fall of communism.*
Para estos chicos, los consejos caen en saco roto.	*For these kids, advice goes in one ear and out the other.*
Derrochó su fortuna. Ahora no tiene dónde caerse muerto.	*He squandered his fortune. Now he hasn't a penny to his name.*
Cayó en la cuenta de su maleficencia.	*She became aware of her wrongdoing.*
Hay monumentos a los caídos en las guerras.	*There are monuments/memorials to the war dead.*
Están decaídos por las últimas noticias.	*They're discouraged by the latest news.*

TOP 50 VERBS

irregular verb   **caigo · cayeron · caído · cayendo**

PRESENT

caigo	caemos		
caes	caéis		
cae	caen		

PRETERIT

caí	caímos
caíste	caísteis
cayó	cayeron

IMPERFECT

caía	caíamos
caías	caíais
caía	caían

PRESENT PERFECT

he caído	hemos caído
has caído	habéis caído
ha caído	han caído

FUTURE

caeré	caeremos
caerás	caeréis
caerá	caerán

CONDITIONAL

caería	cacríamos
caerías	caeríais
caería	caerían

PLUPERFECT

había caído	habíamos caído
habías caído	habíais caído
había caído	habían caído

PRETERIT PERFECT

hube caído	hubimos caído
hubiste caído	hubisteis caído
hubo caído	hubieron caído

FUTURE PERFECT

habré caído	habremos caído
habrás caído	habréis caído
habrá caído	habrán caído

CONDITIONAL PERFECT

habría caído	habríamos caído
habrías caído	habríais caído
habría caído	habrían caído

PRESENT SUBJUNCTIVE

caiga	caigamos
caigas	caigáis
caiga	caigan

PRESENT PERFECT SUBJUNCTIVE

haya caído	hayamos caído
hayas caído	hayáis caído
haya caído	hayan caído

IMPERFECT SUBJUNCTIVE (-ra)   *or* **IMPERFECT SUBJUNCTIVE (-se)**

cayera	cayéramos	cayese	cayésemos
cayeras	cayerais	cayeses	cayeseis
cayera	cayeran	cayese	cayesen

PAST PERFECT SUBJUNCTIVE (-ra)   *or* **PAST PERFECT SUBJUNCTIVE (-se)**

hubiera caído	hubiéramos caído	hubiese caído	hubiésemos caído
hubieras caído	hubierais caído	hubieses caído	hubieseis caído
hubiera caído	hubieran caído	hubiese caído	hubiesen caído

PROGRESSIVE TENSES

PRESENT	estoy, estás, está, estamos, estáis, están
PRETERIT	estuve, estuviste, estuvo, estuvimos, estuvisteis, estuvieron
IMPERFECT	estaba, estabas, estaba, estábamos, estabais, estaban
FUTURE	estaré, estarás, estará, estaremos, estaréis, estarán
CONDITIONAL	estaría, estarías, estaría, estaríamos, estaríais, estarían
SUBJUNCTIVE	que + *corresponding subjunctive tense of* estar (*see verb 252*)

} cayendo

COMMANDS

	(nosotros) caigamos/no caigamos
(tú) cae/no caigas	(vosotros) caed/no caigáis
(Ud.) caiga/no caiga	(Uds.) caigan/no caigan

Usage

Las manzanas caían de los árboles.	*The apples fell from the trees.*
La nieve está cayendo.	*The snow is falling.*
Cayó el sol.	*The sun set.*
Esa computadora cayó en desuso.	*That computer became obsolete.*
Se cayó de la bicicleta.	*She fell off her bicycle.*
Se me cayó el florero.	*I dropped the vase.*
Se le cae el pelo.	*His hair is falling out.*

PRESENT

calculo	calculamos
calculas	calculáis
calcula	calculan

PRETERIT

calculé	calculamos
calculaste	calculasteis
calculó	calcularon

IMPERFECT

calculaba	calculábamos
calculabas	calculabais
calculaba	calculaban

PRESENT PERFECT

he calculado	hemos calculado
has calculado	habéis calculado
ha calculado	han calculado

FUTURE

calcularé	calcularemos
calcularás	calcularéis
calculará	calcularán

CONDITIONAL

calcularía	calcularíamos
calcularías	calcularíais
calcularía	calcularían

PLUPERFECT

había calculado	habíamos calculado
habías calculado	habíais calculado
había calculado	habían calculado

PRETERIT PERFECT

hube calculado	hubimos calculado
hubiste calculado	hubisteis calculado
hubo calculado	hubieron calculado

FUTURE PERFECT

habré calculado	habremos calculado
habrás calculado	habréis calculado
habrá calculado	habrán calculado

CONDITIONAL PERFECT

habría calculado	habríamos calculado
habrías calculado	habríais calculado
habría calculado	habrían calculado

PRESENT SUBJUNCTIVE

calcule	calculemos
calcules	calculéis
calcule	calculen

PRESENT PERFECT SUBJUNCTIVE

haya calculado	hayamos calculado
hayas calculado	hayáis calculado
haya calculado	hayan calculado

IMPERFECT SUBJUNCTIVE (-ra)

calculara	calculáramos
calcularas	calcularais
calculara	calcularan

or **IMPERFECT SUBJUNCTIVE (-se)**

calculase	calculásemos
calculases	calculaseis
calculase	calculasen

PAST PERFECT SUBJUNCTIVE (-ra)

hubiera calculado	hubiéramos calculado
hubieras calculado	hubierais calculado
hubiera calculado	hubieran calculado

or **PAST PERFECT SUBJUNCTIVE (-se)**

hubiese calculado	hubiésemos calculado
hubieses calculado	hubieseis calculado
hubiese calculado	hubiesen calculado

PROGRESSIVE TENSES

PRESENT	estoy, estás, está, estamos, estáis, están
PRETERIT	estuve, estuviste, estuvo, estuvimos, estuvisteis, estuvieron
IMPERFECT	estaba, estabas, estaba, estábamos, estabais, estaban
FUTURE	estaré, estarás, estará, estaremos, estaréis, estarán
CONDITIONAL	estaría, estarías, estaría, estaríamos, estaríais, estarían
SUBJUNCTIVE	que + *corresponding subjunctive tense of* estar (*see verb 252*)

} calculando

COMMANDS

	(nosotros) calculemos/no calculemos
(tú) calcula/no calcules	(vosotros) calculad/no calculéis
(Ud.) calcule/no calcule	(Uds.) calculen/no calculen

Usage

Calculemos los gastos mensuales.	*Let's calculate/work out the monthly costs.*
—Calculo que son seis horas de viaje.	*I think the trip will take six hours.*
—Según tus cálculos estará para las ocho.	*By your reckoning, he'll be here by 8:00.*
Le calculo 25 años.	*I reckon/think he's 25 years old.*
Se hizo un cálculo erróneo.	*A mathematical error was made.*
Use la calculadora de bolsillo.	*Use the pocket calculator.*
Se especializan en cálculo.	*They're majoring in calculus.*

stem-changing *-ar* verb: *e > ie*   **caliento · calentaron · calentado · calentando**

PRESENT

caliento	calentamos		
calientas	calentáis		
calienta	calientan		

PRETERIT

calenté	calentamos
calentaste	calentasteis
calentó	calentaron

IMPERFECT

calentaba	calentábamos
calentabas	calentabais
calentaba	calentaban

PRESENT PERFECT

he calentado	hemos calentado
has calentado	habéis calentado
ha calentado	han calentado

FUTURE

calentaré	calentaremos
calentarás	calentaréis
calentará	calentarán

CONDITIONAL

calentaría	calentaríamos
calentarías	calentaríais
calentaría	calentarían

PLUPERFECT

había calentado	habíamos calentado
habías calentado	habíais calentado
había calentado	habían calentado

PRETERIT PERFECT

hube calentado	hubimos calentado
hubiste calentado	hubisteis calentado
hubo calentado	hubieron calentado

FUTURE PERFECT

habré calentado	habremos calentado
habrás calentado	habréis calentado
habrá calentado	habrán calentado

CONDITIONAL PERFECT

habría calentado	habríamos calentado
habrías calentado	habríais calentado
habría calentado	habrían calentado

PRESENT SUBJUNCTIVE

caliente	calentemos
calientes	calentéis
caliente	calienten

PRESENT PERFECT SUBJUNCTIVE

haya calentado	hayamos calentado
hayas calentado	hayáis calentado
haya calentado	hayan calentado

IMPERFECT SUBJUNCTIVE (-ra)

calentara	calentáramos
calentaras	calentarais
calentara	calentaran

or **IMPERFECT SUBJUNCTIVE (-se)**

calentase	calentásemos
calentases	calentaseis
calentase	calentasen

PAST PERFECT SUBJUNCTIVE (-ra)

hubiera calentado	hubiéramos calentado
hubieras calentado	hubierais calentado
hubiera calentado	hubieran calentado

or **PAST PERFECT SUBJUNCTIVE (-se)**

hubiese calentado	hubiésemos calentado
hubieses calentado	hubieseis calentado
hubiese calentado	hubiesen calentado

PROGRESSIVE TENSES

PRESENT	estoy, estás, está, estamos, estáis, están
PRETERIT	estuve, estuviste, estuvo, estuvimos, estuvisteis, estuvieron
IMPERFECT	estaba, estabas, estaba, estábamos, estabais, estaban
FUTURE	estaré, estarás, estará, estaremos, estaréis, estarán
CONDITIONAL	estaría, estarías, estaría, estaríamos, estaríais, estarían
SUBJUNCTIVE	que + *corresponding subjunctive tense of* estar (*see verb 252*)

} calentando

COMMANDS

	(nosotros) calentemos/no calentemos
(tú) calienta/no calientes	(vosotros) calentad/no calentéis
(Ud.) caliente/no caliente	(Uds.) calienten/no calienten

Usage

La sopa no está caliente. Yo te la caliento.	*The soup isn't hot. I'll warm it up for you.*
El lanzador está calentando.	*The pitcher is warming up.*
Tómate un chocolate para calentarte.	*Have a cup of cocoa to warm yourself up.*
El debate se iba calentando.	*The debate/discussion was heating up.*
Escuchar estas estupideces me calienta la sangre.	*Listening to these stupid things irritates me.*

callarse *to be/keep quiet*

callo · callaron · callado · callándose

regular *-ar* reflexive verb

PRESENT		PRETERIT	
me callo	nos callamos	me callé	nos callamos
te callas	os calláis	te callaste	os callasteis
se calla	se callan	se calló	se callaron

IMPERFECT		PRESENT PERFECT	
me callaba	nos callábamos	me he callado	nos hemos callado
te callabas	os callabais	te has callado	os habéis callado
se callaba	se callaban	se ha callado	se han callado

FUTURE		CONDITIONAL	
me callaré	nos callaremos	me callaría	nos callaríamos
te callarás	os callaréis	te callarías	os callaríais
se callará	se callarán	se callaría	se callarían

PLUPERFECT		PRETERIT PERFECT	
me había callado	nos habíamos callado	me hube callado	nos hubimos callado
te habías callado	os habíais callado	te hubiste callado	os hubisteis callado
se había callado	se habían callado	se hubo callado	se hubieron callado

FUTURE PERFECT		CONDITIONAL PERFECT	
me habré callado	nos habremos callado	me habría callado	nos habríamos callado
te habrás callado	os habréis callado	te habrías callado	os habríais callado
se habrá callado	se habrán callado	se habría callado	se habrían callado

PRESENT SUBJUNCTIVE		PRESENT PERFECT SUBJUNCTIVE	
me calle	nos callemos	me haya callado	nos hayamos callado
te calles	os calléis	te hayas callado	os hayáis callado
se calle	se callen	se haya callado	se hayan callado

IMPERFECT SUBJUNCTIVE (-ra)		*or* IMPERFECT SUBJUNCTIVE (-se)	
me callara	nos calláramos	me callase	nos callásemos
te callaras	os callarais	te callases	os callaseis
se callara	se callaran	se callase	se callasen

PAST PERFECT SUBJUNCTIVE (-ra)		*or* PAST PERFECT SUBJUNCTIVE (-se)	
me hubiera callado	nos hubiéramos callado	me hubiese callado	nos hubiésemos callado
te hubieras callado	os hubierais callado	te hubieses callado	os hubieseis callado
se hubiera callado	se hubieran callado	se hubiese callado	se hubiesen callado

PROGRESSIVE TENSES

PRESENT	estoy, estás, está, estamos, estáis, están
PRETERIT	estuve, estuviste, estuvo, estuvimos, estuvisteis, estuvieron
IMPERFECT	estaba, estabas, estaba, estábamos, estabais, estaban
FUTURE	estaré, estarás, estará, estaremos, estaréis, estarán
CONDITIONAL	estaría, estarías, estaría, estaríamos, estaríais, estarían
SUBJUNCTIVE	que + *corresponding subjunctive tense of* estar (*see verb 252*)

} callando (*see page 31*)

COMMANDS

	(nosotros) callémonos/no nos callemos
(tú) cállate/no te calles	(vosotros) callaos/no os calléis
(Ud.) cállese/no se calle	(Uds.) cállense/no se callen

Usage

¡Cállate!/¡Cállate la boca!	*Be quiet!/Shut up!*
Al entrar nosotros en el cuarto, se callaron.	*When we entered the room they became silent.*
Haga callar a los niños.	*Make the children be quiet.*
En este caso es mejor callarse.	*In this case it's best to say nothing.*
Es una persona muy callada.	*She's a very quiet/reserved person.*
Quien calla otorga.	*He who keeps silent gives consent.*
Se hizo entender calladamente.	*She made herself understood without saying a word.*

regular *-ar* reflexive verb   calmo · **calmaron** · **calmado** · **calmándose**

PRESENT

me calmo	nos calmamos
te calmas	os calmáis
se calma	se calman

IMPERFECT

me calmaba	nos calmábamos
te calmabas	os calmabais
se calmaba	se calmaban

FUTURE

me calmaré	nos calmaremos
te calmarás	os calmaréis
se calmará	se calmarán

PLUPERFECT

me había calmado	nos habíamos calmado
te habías calmado	os habíais calmado
se había calmado	se habían calmado

FUTURE PERFECT

me habré calmado	nos habremos calmado
te habrás calmado	os habréis calmado
se habrá calmado	se habrán calmado

PRESENT SUBJUNCTIVE

me calme	nos calmemos
te calmes	os calméis
se calme	se calmen

IMPERFECT SUBJUNCTIVE (-ra)

me calmara	nos calmáramos
te calmaras	os calmarais
se calmara	se calmaran

PAST PERFECT SUBJUNCTIVE (-ra)

me hubiera calmado	nos hubiéramos calmado
te hubieras calmado	os hubierais calmado
se hubiera calmado	se hubieran calmado

PRETERIT

me calmé	nos calmamos
te calmaste	os calmasteis
se calmó	se calmaron

PRESENT PERFECT

me he calmado	nos hemos calmado
te has calmado	os habéis calmado
se ha calmado	se han calmado

CONDITIONAL

me calmaría	nos calmaríamos
te calmarías	os calmaríais
se calmaría	se calmarían

PRETERIT PERFECT

me hube calmado	nos hubimos calmado
te hubiste calmado	os hubisteis calmado
se hubo calmado	se hubieron calmado

CONDITIONAL PERFECT

me habría calmado	nos habríamos calmado
te habrías calmado	os habríais calmado
se habría calmado	se habrían calmado

PRESENT PERFECT SUBJUNCTIVE

me haya calmado	nos hayamos calmado
te hayas calmado	os hayáis calmado
se haya calmado	se hayan calmado

or **IMPERFECT SUBJUNCTIVE (-se)**

me calmase	nos calmásemos
te calmases	os calmaseis
se calmase	se calmasen

or **PAST PERFECT SUBJUNCTIVE (-se)**

me hubiese calmado	nos hubiésemos calmado
te hubieses calmado	os hubieseis calmado
se hubiese calmado	se hubiesen calmado

PROGRESSIVE TENSES

PRESENT	estoy, estás, está, estamos, estáis, están
PRETERIT	estuve, estuviste, estuvo, estuvimos, estuvisteis, estuvieron
IMPERFECT	estaba, estabas, estaba, estábamos, estabais, estaban
FUTURE	estaré, estarás, estará, estaremos, estaréis, estarán
CONDITIONAL	estaría, estarías, estaría, estaríamos, estaríais, estarían
SUBJUNCTIVE	que + *corresponding subjunctive tense of* estar (*see verb 252*)

} calmando (*see page 31*)

COMMANDS

	(nosotros) calmémonos/no nos calmemos
(tú) cálmate/no te calmes	(vosotros) calmaos/no os calméis
(Ud.) cálmese/no se calme	(Uds.) cálmense/no se calmen

Usage

Los calmaba después del accidente.	*I was calming them down after the accident.*
Les dije que se calmaran.	*I told them to calm down.*
Cálmate.	*Calm down.*
El viento está calmándose.	*The wind is dying down.*
La aspirina calma el dolor de muelas.	*Aspirin soothes a toothache.*
Todo se debe hacer con calma.	*Everything should be done calmly.*
El médico no receta calmantes.	*The doctor doesn't prescribe tranquillizers.*

103 | cambiar *to change, exchange*

cambio · cambiaron · cambiado · cambiando

regular *-ar* verb

PRESENT
cambio	cambiamos
cambias	cambiáis
cambia	cambian

PRETERIT
cambié	cambiamos
cambiaste	cambiasteis
cambió	cambiaron

IMPERFECT
cambiaba	cambiábamos
cambiabas	cambiabais
cambiaba	cambiaban

PRESENT PERFECT
he cambiado	hemos cambiado
has cambiado	habéis cambiado
ha cambiado	han cambiado

FUTURE
cambiaré	cambiaremos
cambiarás	cambiaréis
cambiará	cambiarán

CONDITIONAL
cambiaría	cambiaríamos
cambiarías	cambiaríais
cambiaría	cambiarían

PLUPERFECT
había cambiado	habíamos cambiado
habías cambiado	habíais cambiado
había cambiado	habían cambiado

PRETERIT PERFECT
hube cambiado	hubimos cambiado
hubiste cambiado	hubisteis cambiado
hubo cambiado	hubieron cambiado

FUTURE PERFECT
habré cambiado	habremos cambiado
habrás cambiado	habréis cambiado
habrá cambiado	habrán cambiado

CONDITIONAL PERFECT
habría cambiado	habríamos cambiado
habrías cambiado	habríais cambiado
habría cambiado	habrían cambiado

PRESENT SUBJUNCTIVE
cambie	cambiemos
cambies	cambiéis
cambie	cambien

PRESENT PERFECT SUBJUNCTIVE
haya cambiado	hayamos cambiado
hayas cambiado	hayáis cambiado
haya cambiado	hayan cambiado

IMPERFECT SUBJUNCTIVE (-ra)
cambiara	cambiáramos
cambiaras	cambiarais
cambiara	cambiaran

or ### IMPERFECT SUBJUNCTIVE (-se)
cambiase	cambiásemos
cambiases	cambiaseis
cambiase	cambiasen

PAST PERFECT SUBJUNCTIVE (-ra)
hubiera cambiado	hubiéramos cambiado
hubieras cambiado	hubierais cambiado
hubiera cambiado	hubieran cambiado

or ### PAST PERFECT SUBJUNCTIVE (-se)
hubiese cambiado	hubiésemos cambiado
hubieses cambiado	hubieseis cambiado
hubiese cambiado	hubiesen cambiado

PROGRESSIVE TENSES

PRESENT	estoy, estás, está, estamos, estáis, están
PRETERIT	estuve, estuviste, estuvo, estuvimos, estuvisteis, estuvieron
IMPERFECT	estaba, estabas, estaba, estábamos, estabais, estaban
FUTURE	estaré, estarás, estará, estaremos, estaréis, estarán
CONDITIONAL	estaría, estarías, estaría, estaríamos, estaríais, estarían
SUBJUNCTIVE	que + *corresponding subjunctive tense of* estar (*see verb 252*)

} cambiando

COMMANDS

	(nosotros) cambiemos/no cambiemos
(tú) cambia/no cambies	(vosotros) cambiad/no cambiéis
(Ud.) cambie/no cambie	(Uds.) cambien/no cambien

Usage

Cambió su política a lo largo de los años.	*His policy/politics changed through the years.*
Cambiaron de opinión/idea.	*They changed their minds.*
Cambiemos las pesetas por euros.	*Let's change the pesetas into euros.*
Cambié mi furgoneta por un coche deportivo.	*I traded my station wagon for a sports car.*
¿Por qué cambiaste la mesa a otro lugar?	*Why did you move the table to another place?*
Se cambió de zapatos y de ropa.	*He changed his shoes and clothing.*
Ha habido un cambio de papeles.	*There's been a role reversal.*

regular *-ar* verb   camino · caminaron · caminado · caminando

PRESENT

camino	caminamos		
caminas	camináis		
camina	caminan		

PRETERIT

caminé	caminamos
caminaste	caminasteis
caminó	caminaron

IMPERFECT

caminaba	caminábamos
caminabas	caminabais
caminaba	caminaban

PRESENT PERFECT

he caminado	hemos caminado
has caminado	habéis caminado
ha caminado	han caminado

FUTURE

caminaré	caminaremos
caminarás	caminaréis
caminará	caminarán

CONDITIONAL

caminaría	caminaríamos
caminarías	caminaríais
caminaría	caminarían

PLUPERFECT

había caminado	habíamos caminado
habías caminado	habíais caminado
había caminado	habían caminado

PRETERIT PERFECT

hube caminado	hubimos caminado
hubiste caminado	hubisteis caminado
hubo caminado	hubieron caminado

FUTURE PERFECT

habré caminado	habremos caminado
habrás caminado	habréis caminado
habrá caminado	habrán caminado

CONDITIONAL PERFECT

habría caminado	habríamos caminado
habrías caminado	habríais caminado
habría caminado	habrían caminado

PRESENT SUBJUNCTIVE

camine	caminemos
camines	caminéis
camine	caminen

PRESENT PERFECT SUBJUNCTIVE

haya caminado	hayamos caminado
hayas caminado	hayáis caminado
haya caminado	hayan caminado

IMPERFECT SUBJUNCTIVE (-ra)

caminara	camináramos
caminaras	caminarais
caminara	caminaran

or **IMPERFECT SUBJUNCTIVE (-se)**

caminase	caminásemos
caminases	caminaseis
caminase	caminasen

PAST PERFECT SUBJUNCTIVE (-ra)

hubiera caminado	hubiéramos caminado
hubieras caminado	hubierais caminado
hubiera caminado	hubieran caminado

or **PAST PERFECT SUBJUNCTIVE (-se)**

hubiese caminado	hubiésemos caminado
hubieses caminado	hubieseis caminado
hubiese caminado	hubiesen caminado

PROGRESSIVE TENSES

PRESENT	estoy, estás, está, estamos, estáis, están
PRETERIT	estuve, estuviste, estuvo, estuvimos, estuvisteis, estuvieron
IMPERFECT	estaba, estabas, estaba, estábamos, estabais, estaban
FUTURE	estaré, estarás, estará, estaremos, estaréis, estarán
CONDITIONAL	estaría, estarías, estaría, estaríamos, estaríais, estarían
SUBJUNCTIVE	que + *corresponding subjunctive tense of* estar (*see verb 252*)

} caminando

COMMANDS

	(nosotros) caminemos/no caminemos
(tú) camina/no camines	(vosotros) caminad/no caminéis
(Ud.) camine/no camine	(Uds.) caminen/no caminen

Usage

Caminen más rápido.	*Walk more quickly.*
Han caminado muchas millas.	*They've traveled/covered many miles.*
Sigan este camino.	*Follow this road/path.*
A camino largo paso corto.	*Slow and steady wins the race.*
Llevan/Van por buen camino.	*They're on the right track., They're going the right way.*
Nos dimos una buena caminata.	*We took a nice long walk.*
Estaban bien encaminados.	*They were well on their way.*

cancelar   *to cancel, remove, settle*

cancelo · cancelaron · cancelado · cancelando

regular *-ar* verb

PRESENT

cancelo	cancelamos
cancelas	canceláis
cancela	cancelan

PRETERIT

cancelé	cancelamos
cancelaste	cancelasteis
canceló	cancelaron

IMPERFECT

cancelaba	cancelábamos
cancelabas	cancelabais
cancelaba	cancelaban

PRESENT PERFECT

he cancelado	hemos cancelado
has cancelado	habéis cancelado
ha cancelado	han cancelado

FUTURE

cancelaré	cancelaremos
cancelarás	cancelaréis
cancelará	cancelarán

CONDITIONAL

cancelaría	cancelaríamos
cancelarías	cancelaríais
cancelaría	cancelarían

PLUPERFECT

había cancelado	habíamos cancelado
habías cancelado	habíais cancelado
había cancelado	habían cancelado

PRETERIT PERFECT

hube cancelado	hubimos cancelado
hubiste cancelado	hubisteis cancelado
hubo cancelado	hubieron cancelado

FUTURE PERFECT

habré cancelado	habremos cancelado
habrás cancelado	habréis cancelado
habrá cancelado	habrán cancelado

CONDITIONAL PERFECT

habría cancelado	habríamos cancelado
habrías cancelado	habríais cancelado
habría cancelado	habrían cancelado

PRESENT SUBJUNCTIVE

cancele	cancelemos
canceles	canceléis
cancele	cancelen

PRESENT PERFECT SUBJUNCTIVE

haya cancelado	hayamos cancelado
hayas cancelado	hayáis cancelado
haya cancelado	hayan cancelado

IMPERFECT SUBJUNCTIVE (-ra)

cancelara	canceláramos
cancelaras	cancelarais
cancelara	cancelaran

or   **IMPERFECT SUBJUNCTIVE (-se)**

cancelase	cancelásemos
cancelases	cancelaseis
cancelase	cancelasen

PAST PERFECT SUBJUNCTIVE (-ra)

hubiera cancelado	hubiéramos cancelado
hubieras cancelado	hubierais cancelado
hubiera cancelado	hubieran cancelado

or   **PAST PERFECT SUBJUNCTIVE (-se)**

hubiese cancelado	hubiésemos cancelado
hubieses cancelado	hubieseis cancelado
hubiese cancelado	hubiesen cancelado

PROGRESSIVE TENSES

PRESENT	estoy, estás, está, estamos, estáis, están
PRETERIT	estuve, estuviste, estuvo, estuvimos, estuvisteis, estuvieron
IMPERFECT	estaba, estabas, estaba, estábamos, estabais, estaban
FUTURE	estaré, estarás, estará, estaremos, estaréis, estarán
CONDITIONAL	estaría, estarías, estaría, estaríamos, estaríais, estarían
SUBJUNCTIVE	que + *corresponding subjunctive tense of* estar (*see verb 252*)

} cancelando

COMMANDS

	(nosotros) cancelemos/no cancelemos
(tú) cancela/no canceles	(vosotros) cancelad/no canceléis
(Ud.) cancele/no cancele	(Uds.) cancelen/no cancelen

Usage

Cancele el contrato de alquiler.	*Cancel the lease.*
Se canceló la deuda.	*They canceled/settled the debt.*
Se cancelará la cuenta de ahorros.	*The savings account will be closed.*
Se canceló la reservación de la lista.	*The reservation was removed from the list.*
A veces hay que pagar una tasa de cancelación.	*Sometimes you have to pay a cancellation fee.*

regular -ar reflexive verb

canso · cansaron · cansado · cansándose

PRESENT

me canso	nos cansamos
te cansas	os cansáis
se cansa	se cansan

IMPERFECT

me cansaba	nos cansábamos
te cansabas	os cansabais
se cansaba	se cansaban

FUTURE

me cansaré	nos cansaremos
te cansarás	os cansaréis
se cansará	se cansarán

PLUPERFECT

me había cansado	nos habíamos cansado
te habías cansado	os habíais cansado
se había cansado	se habían cansado

FUTURE PERFECT

me habré cansado	nos habremos cansado
te habrás cansado	os habréis cansado
se habrá cansado	se habrán cansado

PRESENT SUBJUNCTIVE

me canse	nos cansemos
te canses	os canséis
se canse	se cansen

IMPERFECT SUBJUNCTIVE (-ra)

me cansara	nos cansáramos
te cansaras	os cansarais
se cansara	se cansaran

PAST PERFECT SUBJUNCTIVE (-ra)

me hubiera cansado	nos hubiéramos cansado
te hubieras cansado	os hubierais cansado
se hubiera cansado	se hubieran cansado

PRETERIT

me cansé	nos cansamos
te cansaste	os cansasteis
se cansó	se cansaron

PRESENT PERFECT

me he cansado	nos hemos cansado
te has cansado	os habéis cansado
se ha cansado	se han cansado

CONDITIONAL

me cansaría	nos cansaríamos
te cansarías	os cansaríais
se cansaría	se cansarían

PRETERIT PERFECT

me hube cansado	nos hubimos cansado
te hubiste cansado	os hubisteis cansado
se hubo cansado	se hubieron cansado

CONDITIONAL PERFECT

me habría cansado	nos habríamos cansado
te habrías cansado	os habríais cansado
se habría cansado	se habrían cansado

PRESENT PERFECT SUBJUNCTIVE

me haya cansado	nos hayamos cansado
te hayas cansado	os hayáis cansado
se haya cansado	se hayan cansado

or **IMPERFECT SUBJUNCTIVE (-se)**

me cansase	nos cansásemos
te cansases	os cansaseis
se cansase	se cansasen

or **PAST PERFECT SUBJUNCTIVE (-se)**

me hubiese cansado	nos hubiésemos cansado
te hubieses cansado	os hubieseis cansado
se hubiese cansado	se hubiesen cansado

PROGRESSIVE TENSES

PRESENT	estoy, estás, está, estamos, estáis, están
PRETERIT	estuve, estuviste, estuvo, estuvimos, estuvisteis, estuvieron
IMPERFECT	estaba, estabas, estaba, estábamos, estabais, estaban
FUTURE	estaré, estarás, estará, estaremos, estaréis, estarán
CONDITIONAL	estaría, estarías, estaría, estaríamos, estaríais, estarían
SUBJUNCTIVE	que + *corresponding subjunctive tense of* estar *(see verb 252)*

} cansando (*see page 31*)

COMMANDS

	(nosotros) cansémonos/no nos cansemos
(tú) cánsate/no te canses	(vosotros) cansaos/no os canséis
(Ud.) cánsese/no se canse	(Uds.) cánsense/no se cansen

Usage

Están cansándose.	*They're getting tired.*
—Me cansa este trabajo rutinario.	*This routine work bores me.*
—Yo también me canso de seguir la rutina.	*I'm also getting tired of following this routine.*
Leer en la pantalla le cansa los ojos.	*Reading on the screen strains her eyes.*
—Está cansada por el ajetreo.	*She's tired because of all the rushing about.*
—Necesita un buen descanso.	*She needs a good rest.*

cantar *to sing*

canto · cantaron · cantado · cantando

regular *-ar* verb

PRESENT

canto	cantamos
cantas	cantáis
canta	cantan

PRETERIT

canté	cantamos
cantaste	cantasteis
cantó	cantaron

IMPERFECT

cantaba	cantábamos
cantabas	cantabais
cantaba	cantaban

PRESENT PERFECT

he cantado	hemos cantado
has cantado	habéis cantado
ha cantado	han cantado

FUTURE

cantaré	cantaremos
cantarás	cantaréis
cantará	cantarán

CONDITIONAL

cantaría	cantaríamos
cantarías	cantaríais
cantaría	cantarían

PLUPERFECT

había cantado	habíamos cantado
habías cantado	habíais cantado
había cantado	habían cantado

PRETERIT PERFECT

hube cantado	hubimos cantado
hubiste cantado	hubisteis cantado
hubo cantado	hubieron cantado

FUTURE PERFECT

habré cantado	habremos cantado
habrás cantado	habréis cantado
habrá cantado	habrán cantado

CONDITIONAL PERFECT

habría cantado	habríamos cantado
habrías cantado	habríais cantado
habría cantado	habrían cantado

PRESENT SUBJUNCTIVE

cante	cantemos
cantes	cantéis
cante	canten

PRESENT PERFECT SUBJUNCTIVE

haya cantado	hayamos cantado
hayas cantado	hayáis cantado
haya cantado	hayan cantado

IMPERFECT SUBJUNCTIVE (-ra)

cantara	cantáramos
cantaras	cantarais
cantara	cantaran

or **IMPERFECT SUBJUNCTIVE (-se)**

cantase	cantásemos
cantases	cantaseis
cantase	cantasen

PAST PERFECT SUBJUNCTIVE (-ra)

hubiera cantado	hubiéramos cantado
hubieras cantado	hubierais cantado
hubiera cantado	hubieran cantado

or **PAST PERFECT SUBJUNCTIVE (-se)**

hubiese cantado	hubiésemos cantado
hubieses cantado	hubieseis cantado
hubiese cantado	hubiesen cantado

PROGRESSIVE TENSES

PRESENT	estoy, estás, está, estamos, estáis, están
PRETERIT	estuve, estuviste, estuvo, estuvimos, estuvisteis, estuvieron
IMPERFECT	estaba, estabas, estaba, estábamos, estabais, estaban
FUTURE	estaré, estarás, estará, estaremos, estaréis, estarán
CONDITIONAL	estaría, estarías, estaría, estaríamos, estaríais, estarían
SUBJUNCTIVE	que + *corresponding subjunctive tense of* estar (*see verb 252*)

} cantando

COMMANDS

	(nosotros) cantemos/no cantemos
(tú) canta/no cantes	(vosotros) cantad/no cantéis
(Ud.) cante/no cante	(Uds.) canten/no canten

Usage

Los cantantes cantaron una linda canción.	*The singers sang a lovely song.*
El coro cantará el *Réquiem de Brahms*.	*The chorus will sing* Brahms's Requiem.
Después de un largo interrogatorio de la policía, el criminal empezó a cantar.	*After a long police interrogation, the criminal began to sing/squeal.*
La pieza es cantable.	*The piece is cantabile/can be easily sung.*
El Cantar del Mío Cid es la gran poesía épica castellana.	The Poem of the Cid *is the great Spanish epic poem.*

-ar verb; spelling change: **caracterizo · caracterizaron · caracterizado · caracterizando**
z > c/e

PRESENT

caracterizo	caracterizamos
caracterizas	caracterizáis
caracteriza	caracterizan

IMPERFECT

caracterizaba	caracterizábamos
caracterizabas	caracterizabais
caracterizaba	caracterizaban

FUTURE

caracterizaré	caracterizaremos
caracterizarás	caracterizaréis
caracterizará	caracterizarán

PLUPERFECT

había caracterizado	habíamos caracterizado
habías caracterizado	habíais caracterizado
había caracterizado	habían caracterizado

FUTURE PERFECT

habré caracterizado	habremos caracterizado
habrás caracterizado	habréis caracterizado
habrá caracterizado	habrán caracterizado

PRESENT SUBJUNCTIVE

caracterice	caractericemos
caracterices	caractericéis
caracterice	caractericen

IMPERFECT SUBJUNCTIVE (-ra)

caracterizara	caracterizáramos
caracterizaras	caracterizarais
caracterizara	caracterizaran

PAST PERFECT SUBJUNCTIVE (-ra)

hubiera caracterizado	hubiéramos caracterizado
hubieras caracterizado	hubierais caracterizado
hubiera caracterizado	hubieran caracterizado

PRETERIT

caractericé	caracterizamos
caracterizaste	caracterizasteis
caracterizó	caracterizaron

PRESENT PERFECT

he caracterizado	hemos caracterizado
has caracterizado	habéis caracterizado
ha caracterizado	han caracterizado

CONDITIONAL

caracterizaría	caractcrizaríamos
caracterizarías	caracterizaríais
caracterizaría	caracterizarían

PRETERIT PERFECT

hube caracterizado	hubimos caracterizado
hubiste caracterizado	hubisteis caracterizado
hubo caracterizado	hubieron caracterizado

CONDITIONAL PERFECT

habría caracterizado	habríamos caracterizado
habrías caracterizado	habríais caracterizado
habría caracterizado	habrían caracterizado

PRESENT PERFECT SUBJUNCTIVE

haya caracterizado	hayamos caracterizado
hayas caracterizado	hayáis caracterizado
haya caracterizado	hayan caracterizado

or **IMPERFECT SUBJUNCTIVE (-se)**

caracterizase	caracterizásemos
caracterizases	caracterizaseis
caracterizase	caracterizasen

or **PAST PERFECT SUBJUNCTIVE (-se)**

hubiese caracterizado	hubiésemos caracterizado
hubieses caracterizado	hubieseis caracterizado
hubiese caracterizado	hubiesen caracterizado

PROGRESSIVE TENSES

PRESENT	estoy, estás, está, estamos, estáis, están
PRETERIT	estuve, estuviste, estuvo, estuvimos, estuvisteis, estuvieron
IMPERFECT	estaba, estabas, estaba, estábamos, estabais, estaban
FUTURE	estaré, estarás, estará, estaremos, estaréis, estarán
CONDITIONAL	estaría, estarías, estaría, estaríamos, estaríais, estarían
SUBJUNCTIVE	que + *corresponding subjunctive tense of* estar (*see verb 252*)

} caracterizando

COMMANDS

	(nosotros) caractericemos/no caractericemos
(tú) caracteriza/no caracterices	(vosotros) caracterizad/no caractericéis
(Ud.) caracterice/no caracterice	(Uds.) caractericen/no caractericen

Usage

¿Los personajes? El novelista no los caracteriza bien.	*The characters? The novelist doesn't portray/capture them well.*
Últimamente su conducta no es nada característica.	*His behavior of late is out of character.*
Es una persona de mucho/poco carácter.	*He's a person with a strong/weak character.*
Tiene buen/mal carácter.	*She's good-natured/bad-tempered.*
¿Cuáles son las características de su estilo?	*What are the characteristics of his style?*

109 | carecer _to lack_

carezco · carecieron · carecido · careciendo

_-er_ verb; spelling change: c > zc/o, a

PRESENT

carezco	carecemos
careces	carecéis
carece	carecen

IMPERFECT

carecía	carecíamos
carecías	carecíais
carecía	carecían

FUTURE

careceré	careceremos
carecerás	careceréis
carecerá	carecerán

PLUPERFECT

había carecido	habíamos carecido
habías carecido	habíais carecido
había carecido	habían carecido

FUTURE PERFECT

habré carecido	habremos carecido
habrás carecido	habréis carecido
habrá carecido	habrán carecido

PRESENT SUBJUNCTIVE

carezca	carezcamos
carezcas	carezcáis
carezca	carezcan

IMPERFECT SUBJUNCTIVE (-ra)

careciera	careciéramos
carecieras	carecierais
careciera	carecieran

PAST PERFECT SUBJUNCTIVE (-ra)

hubiera carecido	hubiéramos carecido
hubieras carecido	hubierais carecido
hubiera carecido	hubieran carecido

PRETERIT

carecí	carecimos
careciste	carecisteis
careció	carecieron

PRESENT PERFECT

he carecido	hemos carecido
has carecido	habéis carecido
ha carecido	han carecido

CONDITIONAL

carecería	careceríamos
carecerías	careceríais
carecería	carecerían

PRETERIT PERFECT

hube carecido	hubimos carecido
hubiste carecido	hubisteis carecido
hubo carecido	hubieron carecido

CONDITIONAL PERFECT

habría carecido	habríamos carecido
habrías carecido	habríais carecido
habría carecido	habrían carecido

PRESENT PERFECT SUBJUNCTIVE

haya carecido	hayamos carecido
hayas carecido	hayáis carecido
haya carecido	hayan carecido

_or_ ## IMPERFECT SUBJUNCTIVE (-se)

careciese	careciésemos
carecieses	carecieseis
careciese	careciesen

_or_ ## PAST PERFECT SUBJUNCTIVE (-se)

hubiese carecido	hubiésemos carecido
hubieses carecido	hubieseis carecido
hubiese carecido	hubiesen carecido

PROGRESSIVE TENSES

PRESENT	estoy, estás, está, estamos, estáis, están
PRETERIT	estuve, estuviste, estuvo, estuvimos, estuvisteis, estuvieron
IMPERFECT	estaba, estabas, estaba, estábamos, estabais, estaban
FUTURE	estaré, estarás, estará, estaremos, estaréis, estarán
CONDITIONAL	estaría, estarías, estaría, estaríamos, estaríais, estarían
SUBJUNCTIVE	que + _corresponding subjunctive tense of_ estar (_see verb 252_)

} careciendo

COMMANDS

	(nosotros) carezcamos/no carezcamos
(tú) carece/no carezcas	(vosotros) careced/no carezcáis
(Ud.) carezca/no carezca	(Uds.) carezcan/no carezcan

Usage

La empresa carece de capital humano.	_The firm lacks human capital._
Su acusación carece de fundamento.	_Their accusation is groundless/not based in fact._
Vuestros comentarios carecen de sentido.	_Your remarks lack meaning/make no sense._
Hay una carencia de agua en la región.	_There's a lack of water/water shortage in the region._
No pudieron terminar el proyecto por la carencia de fondos.	_They couldn't finish the project because of the lack of funds._

-ar verb; spelling change: *g > gu/e*   **cargo · cargaron · cargado · cargando**

PRESENT

cargo	cargamos
cargas	cargáis
carga	cargan

PRETERIT

cargué	cargamos
cargaste	cargasteis
cargó	cargaron

IMPERFECT

cargaba	cargábamos
cargabas	cargabais
cargaba	cargaban

PRESENT PERFECT

he cargado	hemos cargado
has cargado	habéis cargado
ha cargado	han cargado

FUTURE

cargaré	cargaremos
cargarás	cargaréis
cargará	cargarán

CONDITIONAL

cargaría	cargaríamos
cargarías	cargaríais
cargaría	cargarían

PLUPERFECT

había cargado	habíamos cargado
habías cargado	habíais cargado
había cargado	habían cargado

PRETERIT PERFECT

hube cargado	hubimos cargado
hubiste cargado	hubisteis cargado
hubo cargado	hubieron cargado

FUTURE PERFECT

habré cargado	habremos cargado
habrás cargado	habréis cargado
habrá cargado	habrán cargado

CONDITIONAL PERFECT

habría cargado	habríamos cargado
habrías cargado	habríais cargado
habría cargado	habrían cargado

PRESENT SUBJUNCTIVE

cargue	carguemos
cargues	carguéis
cargue	carguen

PRESENT PERFECT SUBJUNCTIVE

haya cargado	hayamos cargado
hayas cargado	hayáis cargado
haya cargado	hayan cargado

IMPERFECT SUBJUNCTIVE (-ra)

cargara	cargáramos
cargaras	cargarais
cargara	cargaran

or **IMPERFECT SUBJUNCTIVE (-se)**

cargase	cargásemos
cargases	cargaseis
cargase	cargasen

PAST PERFECT SUBJUNCTIVE (-ra)

hubiera cargado	hubiéramos cargado
hubieras cargado	hubierais cargado
hubiera cargado	hubieran cargado

or **PAST PERFECT SUBJUNCTIVE (-se)**

hubiese cargado	hubiésemos cargado
hubieses cargado	hubieseis cargado
hubiese cargado	hubiesen cargado

PROGRESSIVE TENSES

PRESENT	estoy, estás, está, estamos, estáis, están
PRETERIT	estuve, estuviste, estuvo, estuvimos, estuvisteis, estuvieron
IMPERFECT	estaba, estabas, estaba, estábamos, estabais, estaban
FUTURE	estaré, estarás, estará, estaremos, estaréis, estarán
CONDITIONAL	estaría, estarías, estaría, estaríamos, estaríais, estarían
SUBJUNCTIVE	que + *corresponding subjunctive tense of* estar (*see verb 252*)

} cargando

COMMANDS

	(nosotros) carguemos/no carguemos
(tú) carga/no cargues	(vosotros) cargad/no carguéis
(Ud.) cargue/no cargue	(Uds.) carguen/no carguen

Usage

Carga la cámara. Aquí tienes el rollo.	*Load the camera. Here's the roll (of film).*
Se han cargado de trabajo.	*They've burdened themselves with work.*
Es urgente que se cargue la batería.	*It's urgent for the battery to be charged.*
Se encuentra cargada de problemas.	*She's burdened with problems.*
El aire está muy cargado.	*The air is heavy.*
¿Sabes hacer la telecarga?	*Do you know how to upload/download?*
Las cargas del puesto son muchas.	*The responsibilities of the position are many.*

111

casarse *to get married*

caso · casaron · casado · casándose

regular *-ar* reflexive verb

PRESENT		PRETERIT	
me caso	nos casamos	me casé	nos casamos
te casas	os casáis	te casaste	os casasteis
se casa	se casan	se casó	se casaron

IMPERFECT		PRESENT PERFECT	
me casaba	nos casábamos	me he casado	nos hemos casado
te casabas	os casabais	te has casado	os habéis casado
se casaba	se casaban	se ha casado	se han casado

FUTURE		CONDITIONAL	
me casaré	nos casaremos	me casaría	nos casaríamos
te casarás	os casaréis	te casarías	os casaríais
se casará	se casarán	se casaría	se casarían

PLUPERFECT		PRETERIT PERFECT	
me había casado	nos habíamos casado	me hube casado	nos hubimos casado
te habías casado	os habíais casado	te hubiste casado	os hubisteis casado
se había casado	se habían casado	se hubo casado	se hubieron casado

FUTURE PERFECT		CONDITIONAL PERFECT	
me habré casado	nos habremos casado	me habría casado	nos habríamos casado
te habrás casado	os habréis casado	te habrías casado	os habríais casado
se habrá casado	se habrán casado	se habría casado	se habrían casado

PRESENT SUBJUNCTIVE		PRESENT PERFECT SUBJUNCTIVE	
me case	nos casemos	me haya casado	nos hayamos casado
te cases	os caséis	te hayas casado	os hayáis casado
se case	se casen	se haya casado	se hayan casado

IMPERFECT SUBJUNCTIVE (-ra)		*or*	IMPERFECT SUBJUNCTIVE (-se)	
me casara	nos cansáramos		me casase	nos cansásemos
te casaras	os casarais		te casases	os casaseis
se casara	se casaran		se casase	se casasen

PAST PERFECT SUBJUNCTIVE (-ra)		*or*	PAST PERFECT SUBJUNCTIVE (-se)	
me hubiera casado	nos hubiéramos casado		me hubiese casado	nos hubiésemos casado
te hubieras casado	os hubierais casado		te hubieses casado	os hubieseis casado
se hubiera casado	se hubieran casado		se hubiese casado	se hubiesen casado

PROGRESSIVE TENSES

PRESENT	estoy, estás, está, estamos, estáis, están
PRETERIT	estuve, estuviste, estuvo, estuvimos, estuvisteis, estuvieron
IMPERFECT	estaba, estabas, estaba, estábamos, estabais, estaban
FUTURE	estaré, estarás, estará, estaremos, estaréis, estarán
CONDITIONAL	estaría, estarías, estaría, estaríamos, estaríais, estarían
SUBJUNCTIVE	que + *corresponding subjunctive tense of* estar (*see verb 252*)

} casando (*see page 31*)

COMMANDS

	(nosotros) casémonos/no nos casemos
(tú) cásate/no te cases	(vosotros) casaos/no os caséis
(Ud.) cásese/no se case	(Uds.) cásense/no se casen

Usage

Mi amigo se casó con una mujer inglesa.	*My friend married an English woman.*
—¿Los recién casados se casaron por interés?	*Did the newlyweds marry for money?*
—¡Qué va! Se casaron por amor.	*What nonsense! They married for love.*
Se casó en segundas nupcias.	*He married again.*
—Acaban de casar a su hijo menor.	*They've just married off their younger son.*
—Y sus hijas son casadas.	*And their daughters are married.*
Antes que te cases mira lo que haces.	*Look before you leap.*

-ar verb; spelling change: *g > gu/e*   **castigo · castigaron · castigado · castigando**

PRESENT

castigo	castigamos		
castigas	castigáis		
castiga	castigan		

PRETERIT

castigué	castigamos
castigaste	castigasteis
castigó	castigaron

IMPERFECT

castigaba	castigábamos
castigabas	castigabais
castigaba	castigaban

PRESENT PERFECT

he castigado	hemos castigado
has castigado	habéis castigado
ha castigado	han castigado

FUTURE

castigaré	castigaremos
castigarás	castigaréis
castigará	castigarán

CONDITIONAL

castigaría	castigaríamos
castigarías	castigaríais
castigaría	castigarían

PLUPERFECT

había castigado	habíamos castigado
habías castigado	habíais castigado
había castigado	habían castigado

PRETERIT PERFECT

hube castigado	hubimos castigado
hubiste castigado	hubisteis castigado
hubo castigado	hubieron castigado

FUTURE PERFECT

habré castigado	habremos castigado
habrás castigado	habréis castigado
habrá castigado	habrán castigado

CONDITIONAL PERFECT

habría castigado	habríamos castigado
habrías castigado	habríais castigado
habría castigado	habrían castigado

PRESENT SUBJUNCTIVE

castigue	castiguemos
castigues	castiguéis
castigue	castiguen

PRESENT PERFECT SUBJUNCTIVE

haya castigado	hayamos castigado
hayas castigado	hayáis castigado
haya castigado	hayan castigado

IMPERFECT SUBJUNCTIVE (-ra)   *or*   **IMPERFECT SUBJUNCTIVE (-se)**

castigara	castigáramos	castigase	castigásemos
castigaras	castigarais	castigases	castigaseis
castigara	castigaran	castigase	castigasen

PAST PERFECT SUBJUNCTIVE (-ra)   *or*   **PAST PERFECT SUBJUNCTIVE (-se)**

hubiera castigado	hubiéramos castigado	hubiese castigado	hubiésemos castigado
hubieras castigado	hubierais castigado	hubieses castigado	hubieseis castigado
hubiera castigado	hubieran castigado	hubiese castigado	hubiesen castigado

PROGRESSIVE TENSES

PRESENT	estoy, estás, está, estamos, estáis, están
PRETERIT	estuve, estuviste, estuvo, estuvimos, estuvisteis, estuvieron
IMPERFECT	estaba, estabas, estaba, estábamos, estabais, estaban
FUTURE	estaré, estarás, estará, estaremos, estaréis, estarán
CONDITIONAL	estaría, estarías, estaría, estaríamos, estaríais, estarían
SUBJUNCTIVE	que + *corresponding subjunctive tense of* estar (*see verb 252*)

castigando

COMMANDS

	(nosotros) castiguemos/no castiguemos
(tú) castiga/no castigues	(vosotros) castigad/no castiguéis
(Ud.) castigue/no castigue	(Uds.) castiguen/no castiguen

Usage

Lo castigaron con la pena de muerte.	*They punished him with the death penalty.*
La enfermedad los ha castigado.	*They have been afflicted by illness.*
El huracán castigaba los países caribeños.	*The hurricane caused damage in the Caribbean countries.*
El futbolista fue castigado.	*The soccer player was given a penalty.*
¿Cuál fue su castigo por el homicidio?	*What was his punishment for the murder?*

113 causar to cause

regular -ar verb

PRESENT		PRETERIT	
causo	causamos	causé	causamos
causas	causáis	causaste	causasteis
causa	causan	causó	causaron

IMPERFECT		PRESENT PERFECT	
causaba	causábamos	he causado	hemos causado
causabas	causabais	has causado	habéis causado
causaba	causaban	ha causado	han causado

FUTURE		CONDITIONAL	
causaré	causaremos	causaría	causaríamos
causarás	causaréis	causarías	causaríais
causará	causarán	causaría	causarían

PLUPERFECT		PRETERIT PERFECT	
había causado	habíamos causado	hube causado	hubimos causado
habías causado	habíais causado	hubiste causado	hubisteis causado
había causado	habían causado	hubo causado	hubieron causado

FUTURE PERFECT		CONDITIONAL PERFECT	
habré causado	habremos causado	habría causado	habríamos causado
habrás causado	habréis causado	habrías causado	habríais causado
habrá causado	habrán causado	habría causado	habrían causado

PRESENT SUBJUNCTIVE		PRESENT PERFECT SUBJUNCTIVE	
cause	causemos	haya causado	hayamos causado
causes	causéis	hayas causado	hayáis causado
cause	causen	haya causado	hayan causado

IMPERFECT SUBJUNCTIVE (-ra)		or IMPERFECT SUBJUNCTIVE (-se)	
causara	causáramos	causase	causásemos
causaras	causarais	causases	causaseis
causara	causaran	causase	causasen

PAST PERFECT SUBJUNCTIVE (-ra)		or PAST PERFECT SUBJUNCTIVE (-se)	
hubiera causado	hubiéramos causado	hubiese causado	hubiésemos causado
hubieras causado	hubierais causado	hubieses causado	hubieseis causado
hubiera causado	hubieran causado	hubiese causado	hubiesen causado

PROGRESSIVE TENSES

PRESENT	estoy, estás, está, estamos, estáis, están	
PRETERIT	estuve, estuviste, estuvo, estuvimos, estuvisteis, estuvieron	
IMPERFECT	estaba, estabas, estaba, estábamos, estabais, estaban	causando
FUTURE	estaré, estarás, estará, estaremos, estaréis, estarán	
CONDITIONAL	estaría, estarías, estaría, estaríamos, estaríais, estarían	
SUBJUNCTIVE	que + *corresponding subjunctive tense of* estar (*see verb 252*)	

COMMANDS

	(nosotros) causemos/no causemos
(tú) causa/no causes	(vosotros) causad/no causéis
(Ud.) cause/no cause	(Uds.) causen/no causen

Usage

El descuido causó el accidente.	*Carelessness caused the accident.*
Su conducta causaba risa.	*His behavior made people laugh.*
Su ropa siempre causa una gran impresión.	*Her clothing always makes a big impression.*
Sus palabras causaron hostilidad.	*Their words provoked hostility.*
Es importante luchar por la causa de la democracia.	*It's important to fight for the cause of democracy.*
Descubramos la causa.	*Let's find out the cause.*
No hay efecto sin causa.	*Where there's smoke there's fire.*

regular *-er* verb   **cedo · cedieron · cedido · cediendo**

PRESENT

cedo	cedemos
cedes	cedéis
cede	ceden

PRETERIT

cedí	cedimos
cediste	cedisteis
cedió	cedieron

IMPERFECT

cedía	cedíamos
cedías	cedíais
cedía	cedían

PRESENT PERFECT

he cedido	hemos cedido
has cedido	habéis cedido
ha cedido	han cedido

FUTURE

cederé	cederemos
cederás	cederéis
cederá	cederán

CONDITIONAL

cedería	cederíamos
cederías	cederíais
cedería	cederían

PLUPERFECT

había cedido	habíamos cedido
habías cedido	habíais cedido
había cedido	habían cedido

PRETERIT PERFECT

hube cedido	hubimos cedido
hubiste cedido	hubisteis cedido
hubo cedido	hubieron cedido

FUTURE PERFECT

habré cedido	habremos cedido
habrás cedido	habréis cedido
habrá cedido	habrán cedido

CONDITIONAL PERFECT

habría cedido	habríamos cedido
habrías cedido	habríais cedido
habría cedido	habrían cedido

PRESENT SUBJUNCTIVE

ceda	cedamos
cedas	cedáis
ceda	cedan

PRESENT PERFECT SUBJUNCTIVE

haya cedido	hayamos cedido
hayas cedido	hayáis cedido
haya cedido	hayan cedido

IMPERFECT SUBJUNCTIVE (-ra)

cediera	cediéramos
cedieras	cedierais
cediera	cedieran

or **IMPERFECT SUBJUNCTIVE (-se)**

cediese	cediésemos
cedieses	cedieseis
cediese	cediesen

PAST PERFECT SUBJUNCTIVE (-ra)

hubiera cedido	hubiéramos cedido
hubieras cedido	hubierais cedido
hubiera cedido	hubieran cedido

or **PAST PERFECT SUBJUNCTIVE (-se)**

hubiese cedido	hubiésemos cedido
hubieses cedido	hubieseis cedido
hubiese cedido	hubiesen cedido

PROGRESSIVE TENSES

PRESENT	estoy, estás, está, estamos, estáis, están
PRETERIT	estuve, estuviste, estuvo, estuvimos, estuvisteis, estuvieron
IMPERFECT	estaba, estabas, estaba, estábamos, estabais, estaban
FUTURE	estaré, estarás, estará, estaremos, estaréis, estarán
CONDITIONAL	estaría, estarías, estaría, estaríamos, estaríais, estarían
SUBJUNCTIVE	que + *corresponding subjunctive tense of* estar (*see verb 252*)

} cediendo

COMMANDS

	(nosotros) cedamos/no cedamos
(tú) cede/no cedas	(vosotros) ceded/no cedáis
(Ud.) ceda/no ceda	(Uds.) cedan/no cedan

Usage

Los Estados Unidos cedió el canal de Panamá a Panamá.	*The United States handed the Panama Canal over to Panama.*
Cedan el paso a la policía.	*Make way for the police.*
Cedieron terreno.	*They gave in/yielded ground.*
El viento/La tempestad cedía.	*The wind/The storm was letting up.*
El edificio desvencijado cedió.	*The ramshackle/dilapidated building gave way.*
Cedí el asiento a una anciana.	*I gave up my seat to an old woman.*

celebrar to celebrate, praise

celebro · celebraron · celebrado · celebrando

regular -ar verb

PRESENT

celebro	celebramos
celebras	celebráis
celebra	celebran

PRETERIT

celebré	celebramos
celebraste	celebrasteis
celebró	celebraron

IMPERFECT

celebraba	celebrábamos
celebrabas	celebrabais
celebraba	celebraban

PRESENT PERFECT

he celebrado	hemos celebrado
has celebrado	habéis celebrado
ha celebrado	han celebrado

FUTURE

celebraré	celebraremos
celebrarás	celebraréis
celebrará	celebrarán

CONDITIONAL

celebraría	celebraríamos
celebrarías	celebraríais
celebraría	celebrarían

PLUPERFECT

había celebrado	habíamos celebrado
habías celebrado	habíais celebrado
había celebrado	habían celebrado

PRETERIT PERFECT

hube celebrado	hubimos celebrado
hubiste celebrado	hubisteis celebrado
hubo celebrado	hubieron celebrado

FUTURE PERFECT

habré celebrado	habremos celebrado
habrás celebrado	habréis celebrado
habrá celebrado	habrán celebrado

CONDITIONAL PERFECT

habría celebrado	habríamos celebrado
habrías celebrado	habríais celebrado
habría celebrado	habrían celebrado

PRESENT SUBJUNCTIVE

celebre	celebremos
celebres	celebréis
celebre	celebren

PRESENT PERFECT SUBJUNCTIVE

haya celebrado	hayamos celebrado
hayas celebrado	hayáis celebrado
haya celebrado	hayan celebrado

IMPERFECT SUBJUNCTIVE (-ra)

celebrara	celebráramos
celebraras	celebrarais
celebrara	celebraran

or **IMPERFECT SUBJUNCTIVE (-se)**

celebrase	celebrásemos
celebrases	celebraseis
celebrase	celebrasen

PAST PERFECT SUBJUNCTIVE (-ra)

hubiera celebrado	hubiéramos celebrado
hubieras celebrado	hubierais celebrado
hubiera celebrado	hubieran celebrado

or **PAST PERFECT SUBJUNCTIVE (-se)**

hubiese celebrado	hubiésemos celebrado
hubieses celebrado	hubieseis celebrado
hubiese celebrado	hubiesen celebrado

PROGRESSIVE TENSES

PRESENT	estoy, estás, está, estamos, estáis, están
PRETERIT	estuve, estuviste, estuvo, estuvimos, estuvisteis, estuvieron
IMPERFECT	estaba, estabas, estaba, estábamos, estabais, estaban
FUTURE	estaré, estarás, estará, estaremos, estaréis, estarán
CONDITIONAL	estaría, estarías, estaría, estaríamos, estaríais, estarían
SUBJUNCTIVE	que + *corresponding subjunctive tense of* estar (*see verb 252*)

} celebrando

COMMANDS

	(nosotros) celebremos/no celebremos
(tú) celebra/no celebres	(vosotros) celebrad/no celebréis
(Ud.) celebre/no celebre	(Uds.) celebren/no celebren

Usage

Celebró su cumpleaños el sábado.	*She celebrated her birthday on Saturday.*
Se han celebrado sus muchos logros.	*They've praised his many achievements.*
El rabino/pastor celebró la ceremonia.	*The rabbi/minister performed the ceremony.*
El cura celebró misa.	*The priest said/celebrated mass.*
¿Dónde se celebrará la reunión?	*Where will the meeting be held?*
Mi cumpleaños se celebra el tres de mayo.	*My birthday falls on May 3.*
Es un célebre jugador de béisbol.	*He's a famous baseball player.*

regular *-ar* verb   **ceno · cenaron · cenado · cenando**

PRESENT

ceno	cenamos
cenas	cenáis
cena	cenan

PRETERIT

cené	cenamos
cenaste	cenasteis
cenó	cenaron

IMPERFECT

cenaba	cenábamos
cenabas	cenabais
cenaba	cenaban

PRESENT PERFECT

he cenado	hemos cenado
has cenado	habéis cenado
ha cenado	han cenado

FUTURE

cenaré	cenaremos
cenarás	cenaréis
cenará	cenarán

CONDITIONAL

cenaría	cenaríamos
cenarías	cenaríais
cenaría	cenarían

PLUPERFECT

había cenado	habíamos cenado
habías cenado	habíais cenado
había cenado	habían cenado

PRETERIT PERFECT

hube cenado	hubimos cenado
hubiste cenado	hubisteis cenado
hubo cenado	hubieron cenado

FUTURE PERFECT

habré cenado	habremos cenado
habrás cenado	habréis cenado
habrá cenado	habrán cenado

CONDITIONAL PERFECT

habría cenado	habríamos cenado
habrías cenado	habríais cenado
habría cenado	habrían cenado

PRESENT SUBJUNCTIVE

cene	cenemos
cenes	cenéis
cene	cenen

PRESENT PERFECT SUBJUNCTIVE

haya cenado	hayamos cenado
hayas cenado	hayáis cenado
haya cenado	hayan cenado

IMPERFECT SUBJUNCTIVE (-ra)

cenara	cenáramos
cenaras	cenarais
cenara	cenaran

or **IMPERFECT SUBJUNCTIVE (-se)**

cenase	cenásemos
cenases	cenaseis
cenase	cenasen

PAST PERFECT SUBJUNCTIVE (-ra)

hubiera cenado	hubiéramos cenado
hubieras cenado	hubierais cenado
hubiera cenado	hubieran cenado

or **PAST PERFECT SUBJUNCTIVE (-se)**

hubiese cenado	hubiésemos cenado
hubieses cenado	hubieseis cenado
hubiese cenado	hubiesen cenado

PROGRESSIVE TENSES

PRESENT	estoy, estás, está, estamos, estáis, están
PRETERIT	estuve, estuviste, estuvo, estuvimos, estuvisteis, estuvieron
IMPERFECT	estaba, estabas, estaba, estábamos, estabais, estaban
FUTURE	estaré, estarás, estará, estaremos, estaréis, estarán
CONDITIONAL	estaría, estarías, estaría, estaríamos, estaríais, estarían
SUBJUNCTIVE	que + *corresponding subjunctive tense of* estar (*see verb 252*)

cenando

COMMANDS

	(nosotros) cenemos/no cenemos
(tú) cena/no cenes	(vosotros) cenad/no cenéis
(Ud.) cene/no cene	(Uds.) cenen/no cenen

Usage

—¿A qué hora cenamos?	*At what time shall we have dinner?*
—Tomemos la cena a las siete.	*Let's have dinner at 7:00.*
Cenemos fuera/en un restaurante.	*Let's have dinner out/in a restaurant.*
Cenamos un biftec.	*We had steak for dinner.*
Se quedó sin cenar.	*She went without dinner.*
Me invitaron a una cena con baile.	*They invited me to a dinner dance.*
Es la hora de cenar.	*It's dinnertime.*

cepillarse *to brush*

cepillo · cepillaron · cepillado · cepillándose

regular *-ar* reflexive verb

PRESENT

me cepillo	nos cepillamos
te cepillas	os cepilláis
se cepilla	se cepillan

PRETERIT

me cepillé	nos cepillamos
te cepillaste	os cepillasteis
se cepilló	se cepillaron

IMPERFECT

me cepillaba	nos cepillábamos
te cepillabas	os cepillabais
se cepillaba	se cepillaban

PRESENT PERFECT

me he cepillado	nos hemos cepillado
te has cepillado	os habéis cepillado
se ha cepillado	se han cepillado

FUTURE

me cepillaré	nos cepillaremos
te cepillarás	os cepillaréis
se cepillará	se cepillarán

CONDITIONAL

me cepillaría	nos cepillaríamos
te cepillarías	os cepillaríais
se cepillaría	se cepillarían

PLUPERFECT

me había cepillado	nos habíamos cepillado
te habías cepillado	os habíais cepillado
se había cepillado	se habían cepillado

PRETERIT PERFECT

me hube cepillado	nos hubimos cepillado
te hubiste cepillado	os hubisteis cepillado
se hubo cepillado	se hubieron cepillado

FUTURE PERFECT

me habré cepillado	nos habremos cepillado
te habrás cepillado	os habréis cepillado
se habrá cepillado	se habrán cepillado

CONDITIONAL PERFECT

me habría cepillado	nos habríamos cepillado
te habrías cepillado	os habríais cepillado
se habría cepillado	se habrían cepillado

PRESENT SUBJUNCTIVE

me cepille	nos cepillemos
te cepilles	os cepilléis
se cepille	se cepillen

PRESENT PERFECT SUBJUNCTIVE

me haya cepillado	nos hayamos cepillado
te hayas cepillado	os hayáis cepillado
se haya cepillado	se hayan cepillado

IMPERFECT SUBJUNCTIVE (-ra)

me cepillara	nos cepilláramos
te cepillaras	os cepillarais
se cepillara	se cepillaran

or ### IMPERFECT SUBJUNCTIVE (-se)

me cepillase	nos cepillásemos
te cepillases	os cepillaseis
se cepillase	se cepillasen

PAST PERFECT SUBJUNCTIVE (-ra)

me hubiera cepillado	nos hubiéramos cepillado
te hubieras cepillado	os hubierais cepillado
se hubiera cepillado	se hubieran cepillado

or ### PAST PERFECT SUBJUNCTIVE (-se)

me hubiese cepillado	nos hubiésemos cepillado
te hubieses cepillado	os hubieseis cepillado
se hubiese cepillado	se hubiesen cepillado

PROGRESSIVE TENSES

PRESENT	estoy, estás, está, estamos, estáis, están
PRETERIT	estuve, estuviste, estuvo, estuvimos, estuvisteis, estuvieron
IMPERFECT	estaba, estabas, estaba, estábamos, estabais, estaban
FUTURE	estaré, estarás, estará, estaremos, estaréis, estarán
CONDITIONAL	estaría, estarías, estaría, estaríamos, estaríais, estarían
SUBJUNCTIVE	que + *corresponding subjunctive tense of* estar (*see verb 252*)

cepillando (*see page 31*)

COMMANDS

	(nosotros) cepillémonos/no nos cepillemos
(tú) cepíllate/no te cepilles	(vosotros) cepillaos/no os cepilléis
(Ud.) cepíllese/no se cepille	(Uds.) cepíllense/no se cepillen

Usage

Se cepilló los dientes.	*She brushed her teeth.*
Cepíllate el pelo.	*Brush your hair.*
Aquí tienes el cepillo de dientes y el cepillo para el pelo.	*Here are your toothbrush and hairbrush.*
Dale un buen cepillado al abrigo.	*Give your coat a good brushing.*

stem-changing -*ar* verb: *e* > *ie*   **cierro · cerraron · cerrado · cerrando**

PRESENT		**PRETERIT**	
cierro	cerramos	cerré	cerramos
cierras	cerráis	cerraste	cerrasteis
cierra	cierran	cerró	cerraron

IMPERFECT		**PRESENT PERFECT**	
cerraba	cerrábamos	he cerrado	hemos cerrado
cerrabas	cerrabais	has cerrado	habéis cerrado
cerraba	cerraban	ha cerrado	han cerrado

FUTURE		**CONDITIONAL**	
cerraré	cerraremos	cerraría	cerraríamos
cerrarás	cerraréis	cerrarías	cerraríais
cerrará	cerrarán	cerraría	cerrarían

PLUPERFECT		**PRETERIT PERFECT**	
había cerrado	habíamos cerrado	hube cerrado	hubimos cerrado
habías cerrado	habíais cerrado	hubiste cerrado	hubisteis cerrado
había cerrado	habían cerrado	hubo cerrado	hubieron cerrado

FUTURE PERFECT		**CONDITIONAL PERFECT**	
habré cerrado	habremos cerrado	habría cerrado	habríamos cerrado
habrás cerrado	habréis cerrado	habrías cerrado	habríais cerrado
habrá cerrado	habrán cerrado	habría cerrado	habrían cerrado

PRESENT SUBJUNCTIVE		**PRESENT PERFECT SUBJUNCTIVE**	
cierre	cerremos	haya cerrado	hayamos cerrado
cierres	cerréis	hayas cerrado	hayáis cerrado
cierre	cierren	haya cerrado	hayan cerrado

IMPERFECT SUBJUNCTIVE (-ra)		*or* **IMPERFECT SUBJUNCTIVE (-se)**	
cerrara	cerráramos	cerrase	cerrásemos
cerraras	cerrarais	cerrases	cerraseis
cerrara	cerraran	cerrase	cerrasen

PAST PERFECT SUBJUNCTIVE (-ra)		*or* **PAST PERFECT SUBJUNCTIVE (-se)**	
hubiera cerrado	hubiéramos cerrado	hubiese cerrado	hubiésemos cerrado
hubieras cerrado	hubierais cerrado	hubieses cerrado	hubieseis cerrado
hubiera cerrado	hubieran cerrado	hubiese cerrado	hubiesen cerrado

PROGRESSIVE TENSES

PRESENT	estoy, estás, está, estamos, estáis, están	
PRETERIT	estuve, estuviste, estuvo, estuvimos, estuvisteis, estuvieron	
IMPERFECT	estaba, estabas, estaba, estábamos, estabais, estaban	cerrando
FUTURE	estaré, estarás, estará, estaremos, estaréis, estarán	
CONDITIONAL	estaría, estarías, estaría, estaríamos, estaríais, estarían	
SUBJUNCTIVE	que + *corresponding subjunctive tense of* estar (*see verb 252*)	

COMMANDS

	(nosotros) cerremos/no cerremos
(tú) cierra/no cierres	(vosotros) cerrad/no cerréis
(Ud.) cierre/no cierre	(Uds.) cierren/no cierren

Usage

—¿Cerraste la puerta?	*Did you shut the door?*
—La cerré con llave.	*I locked it.*
Se cierra la tienda a las siete.	*The store closes at 7:00.*
Sus palabras tendrán un sentido cerrado.	*His words probably have a hidden meaning.*
Es una persona cerrada.	*He's an uncommunicative person.*
Pon una cerradura de combinación en el casillero.	*Put a combination lock on the locker.*
El cierre es de metal.	*The zipper is (made of) metal.*

charlar *to chat, chatter*

charlo · charlaron · charlado · charlando   regular -ar verb

PRESENT		PRETERIT	
charlo	charlamos	charlé	charlamos
charlas	charláis	charlaste	charlasteis
charla	charlan	charló	charlaron

IMPERFECT		PRESENT PERFECT	
charlaba	charlábamos	he charlado	hemos charlado
charlabas	charlabais	has charlado	habéis charlado
charlaba	charlaban	ha charlado	han charlado

FUTURE		CONDITIONAL	
charlaré	charlaremos	charlaría	charlaríamos
charlarás	charlaréis	charlarías	charlaríais
charlará	charlarán	charlaría	charlarían

PLUPERFECT		PRETERIT PERFECT	
había charlado	habíamos charlado	hube charlado	hubimos charlado
habías charlado	habíais charlado	hubiste charlado	hubisteis charlado
había charlado	habían charlado	hubo charlado	hubieron charlado

FUTURE PERFECT		CONDITIONAL PERFECT	
habré charlado	habremos charlado	habría charlado	habríamos charlado
habrás charlado	habréis charlado	habrías charlado	habríais charlado
habrá charlado	habrán charlado	habría charlado	habrían charlado

PRESENT SUBJUNCTIVE		PRESENT PERFECT SUBJUNCTIVE	
charle	charlemos	haya charlado	hayamos charlado
charles	charléis	hayas charlado	hayáis charlado
charle	charlen	haya charlado	hayan charlado

IMPERFECT SUBJUNCTIVE (-ra)		*or*	IMPERFECT SUBJUNCTIVE (-se)	
charlara	charláramos		charlase	charlásemos
charlaras	charlarais		charlases	charlaseis
charlara	charlaran		charlase	charlasen

PAST PERFECT SUBJUNCTIVE (-ra)		*or*	PAST PERFECT SUBJUNCTIVE (-se)	
hubiera charlado	hubiéramos charlado		hubiese charlado	hubiésemos charlado
hubieras charlado	hubierais charlado		hubieses charlado	hubieseis charlado
hubiera charlado	hubieran charlado		hubiese charlado	hubiesen charlado

PROGRESSIVE TENSES

PRESENT	estoy, estás, está, estamos, estáis, están	
PRETERIT	estuve, estuviste, estuvo, estuvimos, estuvisteis, estuvieron	
IMPERFECT	estaba, estabas, estaba, estábamos, estabais, estaban	charlando
FUTURE	estaré, estarás, estará, estaremos, estaréis, estarán	
CONDITIONAL	estaría, estarías, estaría, estaríamos, estaríais, estarían	
SUBJUNCTIVE	que + *corresponding subjunctive tense of* estar (*see verb 252*)	

COMMANDS

	(nosotros) charlemos/no charlemos
(tú) charla/no charles	(vosotros) charlad/no charléis
(Ud.) charle/no charle	(Uds.) charlen/no charlen

Usage

Tomemos un café mientras charlamos.	*Let's have a cup of coffee while we chat.*
—¡Cuánto charlan esos dos!	*Those two talk so much!*
—No cabe duda que charlan hasta por los codos.	*There's no doubt they're real chatterboxes.*
Habrá una charla en la sala de conferencias.	*There will be a talk in the lecture hall.*
Es charladora/charlatana.	*She's a chatterbox/gossip.*

regular *-ar* verb   **cito · citaron · citado · citando**

PRESENT

cito	citamos
citas	citáis
cita	citan

PRETERIT

cité	citamos
citaste	citasteis
citó	citaron

IMPERFECT

citaba	citábamos
citabas	citabais
citaba	citaban

PRESENT PERFECT

he citado	hemos citado
has citado	habéis citado
ha citado	han citado

FUTURE

citaré	citaremos
citarás	citaréis
citará	citarán

CONDITIONAL

citaría	citaríamos
citarías	citaríais
citaría	citarían

PLUPERFECT

había citado	habíamos citado
habías citado	habíais citado
había citado	habían citado

PRETERIT PERFECT

hube citado	hubimos citado
hubiste citado	hubisteis citado
hubo citado	hubieron citado

FUTURE PERFECT

habré citado	habremos citado
habrás citado	habréis citado
habrá citado	habrán citado

CONDITIONAL PERFECT

habría citado	habríamos citado
habrías citado	habríais citado
habría citado	habrían citado

PRESENT SUBJUNCTIVE

cite	citemos
cites	citéis
cite	citen

PRESENT PERFECT SUBJUNCTIVE

haya citado	hayamos citado
hayas citado	hayáis citado
haya citado	hayan citado

IMPERFECT SUBJUNCTIVE (-ra)

citara	citáramos
citaras	citarais
citara	citaran

or **IMPERFECT SUBJUNCTIVE (-se)**

citase	citásemos
citases	citaseis
citase	citasen

PAST PERFECT SUBJUNCTIVE (-ra)

hubiera citado	hubiéramos citado
hubieras citado	hubierais citado
hubiera citado	hubieran citado

or **PAST PERFECT SUBJUNCTIVE (-se)**

hubiese citado	hubiésemos citado
hubieses citado	hubieseis citado
hubiese citado	hubiesen citado

PROGRESSIVE TENSES

PRESENT	estoy, estás, está, estamos, estáis, están
PRETERIT	estuve, estuviste, estuvo, estuvimos, estuvisteis, estuvieron
IMPERFECT	estaba, estabas, estaba, estábamos, estabais, estaban
FUTURE	estaré, estarás, estará, estaremos, estaréis, estarán
CONDITIONAL	estaría, estarías, estaría, estaríamos, estaríais, estarían
SUBJUNCTIVE	que + *corresponding subjunctive tense of* estar (*see verb 252*)

} citando

COMMANDS

	(nosotros) citemos/no citemos
(tú) cita/no cites	(vosotros) citad/no citéis
(Ud.) cite/no cite	(Uds.) citen/no citen

Usage

Los citamos en el restaurante.	*We arranged to meet them at the restaurant.*
Nos citamos para la una.	*We arranged to meet at 1:00.*
Se citaban todas las fuentes.	*All the sources were cited.*
—Piensan citar a varios testigos.	*They intend to subpoena several witnesses.*
—¿Ya tienen citatorio?	*Did they already receive their summons?*
Tiene cita con el dentista a la una.	*He has an appointment with the dentist at 1:00.*
¿De qué autor es esta cita?	*Who's the author of this quotation?*

clasificar *to classify, sort*

clasifico · clasificaron · clasificado · clasificando *-ar* verb; spelling change: *c > qu/e*

PRESENT

clasifico	clasificamos
clasificas	clasificáis
clasifica	clasifican

PRETERIT

clasifiqué	clasificamos
clasificaste	clasificasteis
clasificó	clasificaron

IMPERFECT

clasificaba	clasificábamos
clasificabas	clasificabais
clasificaba	clasificaban

PRESENT PERFECT

he clasificado	hemos clasificado
has clasificado	habéis clasificado
ha clasificado	han clasificado

FUTURE

clasificaré	clasificaremos
clasificarás	clasificaréis
clasificará	clasificarán

CONDITIONAL

clasificaría	clasificaríamos
clasificarías	clasificaríais
clasificaría	clasificarían

PLUPERFECT

había clasificado	habíamos clasificado
habías clasificado	habíais clasificado
había clasificado	habían clasificado

PRETERIT PERFECT

hube clasificado	hubimos clasificado
hubiste clasificado	hubisteis clasificado
hubo clasificado	hubieron clasificado

FUTURE PERFECT

habré clasificado	habremos clasificado
habrás clasificado	habréis clasificado
habrá clasificado	habrán clasificado

CONDITIONAL PERFECT

habría clasificado	habríamos clasificado
habrías clasificado	habríais clasificado
habría clasificado	habrían clasificado

PRESENT SUBJUNCTIVE

clasifique	clasifiquemos
clasifiques	clasifiquéis
clasifique	clasifiquen

PRESENT PERFECT SUBJUNCTIVE

haya clasificado	hayamos clasificado
hayas clasificado	hayáis clasificado
haya clasificado	hayan clasificado

IMPERFECT SUBJUNCTIVE (-ra)

clasificara	clasificáramos
clasificaras	clasificarais
clasificara	clasificaran

or ### IMPERFECT SUBJUNCTIVE (-se)

clasificase	clasificásemos
clasificases	clasificaseis
clasificase	clasificasen

PAST PERFECT SUBJUNCTIVE (-ra)

hubiera clasificado	hubiéramos clasificado
hubieras clasificado	hubierais clasificado
hubiera clasificado	hubieran clasificado

or ### PAST PERFECT SUBJUNCTIVE (-se)

hubiese clasificado	hubiésemos clasificado
hubieses clasificado	hubieseis clasificado
hubiese clasificado	hubiesen clasificado

PROGRESSIVE TENSES

PRESENT	estoy, estás, está, estamos, estáis, están
PRETERIT	estuve, estuviste, estuvo, estuvimos, estuvisteis, estuvieron
IMPERFECT	estaba, estabas, estaba, estábamos, estabais, estaban
FUTURE	estaré, estarás, estará, estaremos, estaréis, estarán
CONDITIONAL	estaría, estarías, estaría, estaríamos, estaríais, estarían
SUBJUNCTIVE	que + *corresponding subjunctive tense of* estar (*see verb 252*)

} clasificando

COMMANDS

	(nosotros) clasifiquemos/no clasifiquemos
(tú) clasifica/no clasifiques	(vosotros) clasificad/no clasifiquéis
(Ud.) clasifique/no clasifique	(Uds.) clasifiquen/no clasifiquen

Usage

—Clasifique estos papeles según la categoría.	*Classify/Sort these papers by category.*
—Hago una clasificación alfabética.	*I'll do it by alphabetical order.*
Los equipos se clasificaron para el campeonato.	*The teams qualified for the championship.*
Se necesita otro clasificador en la oficina.	*We need another filing cabinet in the office.*
La clasificación de artículos lleva mucho tiempo.	*Merchandise sorting takes a long time.*

regular *-ar* verb

cobro · cobraron · cobrado · cobrando

PRESENT

cobro	cobramos
cobras	cobráis
cobra	cobran

IMPERFECT

cobraba	cobrábamos
cobrabas	cobrabais
cobraba	cobraban

FUTURE

cobraré	cobraremos
cobrarás	cobraréis
cobrará	cobrarán

PLUPERFECT

había cobrado	habíamos cobrado
habías cobrado	habíais cobrado
había cobrado	habían cobrado

FUTURE PERFECT

habré cobrado	habremos cobrado
habrás cobrado	habréis cobrado
habrá cobrado	habrán cobrado

PRESENT SUBJUNCTIVE

cobre	cobremos
cobres	cobréis
cobre	cobren

IMPERFECT SUBJUNCTIVE (-ra)

cobrara	cobráramos
cobraras	cobrarais
cobrara	cobraran

PAST PERFECT SUBJUNCTIVE (-ra)

hubiera cobrado	hubiéramos cobrado
hubieras cobrado	hubierais cobrado
hubiera cobrado	hubieran cobrado

PRETERIT

cobré	cobramos
cobraste	cobrasteis
cobró	cobraron

PRESENT PERFECT

he cobrado	hemos cobrado
has cobrado	habéis cobrado
ha cobrado	han cobrado

CONDITIONAL

cobraría	cobraríamos
cobrarías	cobraríais
cobraría	cobrarían

PRETERIT PERFECT

hube cobrado	hubimos cobrado
hubiste cobrado	hubisteis cobrado
hubo cobrado	hubieron cobrado

CONDITIONAL PERFECT

habría cobrado	habríamos cobrado
habrías cobrado	habríais cobrado
habría cobrado	habrían cobrado

PRESENT PERFECT SUBJUNCTIVE

haya cobrado	hayamos cobrado
hayas cobrado	hayáis cobrado
haya cobrado	hayan cobrado

or **IMPERFECT SUBJUNCTIVE (-se)**

cobrase	cobrásemos
cobrases	cobraseis
cobrase	cobrasen

or **PAST PERFECT SUBJUNCTIVE (-se)**

hubiese cobrado	hubiésemos cobrado
hubieses cobrado	hubieseis cobrado
hubiese cobrado	hubiesen cobrado

PROGRESSIVE TENSES

PRESENT	estoy, estás, está, estamos, estáis, están
PRETERIT	estuve, estuviste, estuvo, estuvimos, estuvisteis, estuvieron
IMPERFECT	estaba, estabas, estaba, estábamos, estabais, estaban
FUTURE	estaré, estarás, estará, estaremos, estaréis, estarán
CONDITIONAL	estaría, estarías, estaría, estaríamos, estaríais, estarían
SUBJUNCTIVE	que + *corresponding subjunctive tense of* estar (*see verb 252*)

} cobrando

COMMANDS

	(nosotros) cobremos/no cobremos
(tú) cobra/no cobres	(vosotros) cobrad/no cobréis
(Ud.) cobre/no cobre	(Uds.) cobren/no cobren

Usage

Cobre el cheque.	*Cash the check.*
¿Cuánto te cobraron en el hotel?	*How much did they charge you at the hotel?*
Cobro el primero del mes.	*I get paid the first of the month.*
Cobra ánimo.	*Take heart./Get up your courage.*
Su idea cobraba importancia.	*His idea was gaining in importance.*
Él cobraba reconocimiento.	*He was getting acknowledgment/recognition.*
Esperamos que recobre la confianza.	*We hope she'll get her confidence back.*

cocinar *to cook*

cocino · cocinaron · cocinado · cocinando

regular *-ar* verb

PRESENT		PRETERIT	
cocino	cocinamos	cociné	cocinamos
cocinas	cocináis	cocinaste	cocinasteis
cocina	cocinan	cocinó	cocinaron

IMPERFECT		PRESENT PERFECT	
cocinaba	cocinábamos	he cocinado	hemos cocinado
cocinabas	cocinabais	has cocinado	habéis cocinado
cocinaba	cocinaban	ha cocinado	han cocinado

FUTURE		CONDITIONAL	
cocinaré	cocinaremos	cocinaría	cocinaríamos
cocinarás	cocinaréis	cocinarías	cocinaríais
cocinará	cocinarán	cocinaría	cocinarían

PLUPERFECT		PRETERIT PERFECT	
había cocinado	habíamos cocinado	hube cocinado	hubimos cocinado
habías cocinado	habíais cocinado	hubiste cocinado	hubisteis cocinado
había cocinado	habían cocinado	hubo cocinado	hubieron cocinado

FUTURE PERFECT		CONDITIONAL PERFECT	
habré cocinado	habremos cocinado	habría cocinado	habríamos cocinado
habrás cocinado	habréis cocinado	habrías cocinado	habríais cocinado
habrá cocinado	habrán cocinado	habría cocinado	habrían cocinado

PRESENT SUBJUNCTIVE		PRESENT PERFECT SUBJUNCTIVE	
cocine	cocinemos	haya cocinado	hayamos cocinado
cocines	cocinéis	hayas cocinado	hayáis cocinado
cocine	cocinen	haya cocinado	hayan cocinado

IMPERFECT SUBJUNCTIVE (-ra)		*or* IMPERFECT SUBJUNCTIVE (-se)	
cocinara	cocináramos	cocinase	cocinásemos
cocinaras	cocinarais	cocinases	cocinaseis
cocinara	cocinaran	cocinase	cocinasen

PAST PERFECT SUBJUNCTIVE (-ra)		*or* PAST PERFECT SUBJUNCTIVE (-se)	
hubiera cocinado	hubiéramos cocinado	hubiese cocinado	hubiésemos cocinado
hubieras cocinado	hubierais cocinado	hubieses cocinado	hubieseis cocinado
hubiera cocinado	hubieran cocinado	hubiese cocinado	hubiesen cocinado

PROGRESSIVE TENSES

PRESENT	estoy, estás, está, estamos, estáis, están
PRETERIT	estuve, estuviste, estuvo, estuvimos, estuvisteis, estuvieron
IMPERFECT	estaba, estabas, estaba, estábamos, estabais, estaban
FUTURE	estaré, estarás, estará, estaremos, estaréis, estarán
CONDITIONAL	estaría, estarías, estaría, estaríamos, estaríais, estarían
SUBJUNCTIVE	que + *corresponding subjunctive tense of* estar (*see verb 252*)

} cocinando

COMMANDS

	(nosotros) cocinemos/no cocinemos
(tú) cocina/no cocines	(vosotros) cocinad/no cocinéis
(Ud.) cocine/no cocine	(Uds.) cocinen/no cocinen

Usage

No cocinemos hoy. — *Let's not cook today.*

—¿Te gusta cocinar? — *Do you like to cook?*

—Sí, hago la cocina todos los días. — *Yes, I do the cooking every day.*

—¿Te interesa la cocina italiana? — *Are you interested in Italian cuisine?*

—Sí, tengo un maravilloso libro de cocina italiana. — *Yes, I have a wonderful cookbook of Italian cooking.*

El cocinero está en la cocina. — *The cook is in the kitchen.*

-er verb; spelling change: *g > j/o, a*

cojo · cogieron · cogido · cogiendo

PRESENT

cojo	cogemos
coges	cogéis
coge	cogen

PRETERIT

cogí	cogimos
cogiste	cogisteis
cogió	cogieron

IMPERFECT

cogía	cogíamos
cogías	cogíais
cogía	cogían

PRESENT PERFECT

he cogido	hemos cogido
has cogido	habéis cogido
ha cogido	han cogido

FUTURE

cogeré	cogeremos
cogerás	cogeréis
cogerá	cogerán

CONDITIONAL

cogería	cogeríamos
cogerías	cogeríais
cogería	cogerían

PLUPERFECT

había cogido	habíamos cogido
habías cogido	habíais cogido
había cogido	habían cogido

PRETERIT PERFECT

hube cogido	hubimos cogido
hubiste cogido	hubisteis cogido
hubo cogido	hubieron cogido

FUTURE PERFECT

habré cogido	habremos cogido
habrás cogido	habréis cogido
habrá cogido	habrán cogido

CONDITIONAL PERFECT

habría cogido	habríamos cogido
habrías cogido	habríais cogido
habría cogido	habrían cogido

PRESENT SUBJUNCTIVE

coja	cojamos
cojas	cojáis
coja	cojan

PRESENT PERFECT SUBJUNCTIVE

haya cogido	hayamos cogido
hayas cogido	hayáis cogido
haya cogido	hayan cogido

IMPERFECT SUBJUNCTIVE (-ra)

cogiera	cogiéramos
cogieras	cogierais
cogiera	cogieran

or **IMPERFECT SUBJUNCTIVE (-se)**

cogiese	cogiésemos
cogieses	cogieseis
cogiese	cogiesen

PAST PERFECT SUBJUNCTIVE (-ra)

hubiera cogido	hubiéramos cogido
hubieras cogido	hubierais cogido
hubiera cogido	hubieran cogido

or **PAST PERFECT SUBJUNCTIVE (-se)**

hubiese cogido	hubiésemos cogido
hubieses cogido	hubieseis cogido
hubiese cogido	hubiesen cogido

PROGRESSIVE TENSES

PRESENT	estoy, estás, está, estamos, estáis, están
PRETERIT	estuve, estuviste, estuvo, estuvimos, estuvisteis, estuvieron
IMPERFECT	estaba, estabas, estaba, estábamos, estabais, estaban
FUTURE	estaré, estarás, estará, estaremos, estaréis, estarán
CONDITIONAL	estaría, estarías, estaría, estaríamos, estaríais, estarían
SUBJUNCTIVE	que + *corresponding subjunctive tense of* estar (*see verb 252*)

cogiendo

COMMANDS

	(nosotros) cojamos/no cojamos
(tú) coge/no cojas	(vosotros) coged/no cojáis
(Ud.) coja/no coja	(Uds.) cojan/no cojan

Usage

Cojamos el tren.	*Let's get/take the train.*
No cogí lo que dijiste.	*I didn't catch/hear/understand what you said.*
Cogían cariño a los gemelos.	*They took a liking to the twins.*
Cogió el acento español.	*She picked up a Spanish accent.*

NOTE: The verb *coger* is taboo in many Hispanic countries, including Mexico and Argentina; it is usually replaced with *tomar* or *agarrar*.

colaborar *to collaborate, contribute*

colaboro · colaboraron · colaborado · colaborando

PRESENT

colaboro	colaboramos
colaboras	colaboráis
colabora	colaboran

PRETERIT

colaboré	colaboramos
colaboraste	colaborasteis
colaboró	colaboraron

IMPERFECT

colaboraba	colaborábamos
colaborabas	colaborabais
colaboraba	colaboraban

PRESENT PERFECT

he colaborado	hemos colaborado
has colaborado	habéis colaborado
ha colaborado	han colaborado

FUTURE

colaboraré	colaboraremos
colaborarás	colaboraréis
colaborará	colaborarán

CONDITIONAL

colaboraría	colaboraríamos
colaborarías	colaboraríais
colaboraría	colaborarían

PLUPERFECT

había colaborado	habíamos colaborado
habías colaborado	habíais colaborado
había colaborado	habían colaborado

PRETERIT PERFECT

hube colaborado	hubimos colaborado
hubiste colaborado	hubisteis colaborado
hubo colaborado	hubieron colaborado

FUTURE PERFECT

habré colaborado	habremos colaborado
habrás colaborado	habréis colaborado
habrá colaborado	habrán colaborado

CONDITIONAL PERFECT

habría colaborado	habríamos colaborado
habrías colaborado	habríais colaborado
habría colaborado	habrían colaborado

PRESENT SUBJUNCTIVE

colabore	colaboremos
colabores	colaboréis
colabore	colaboren

PRESENT PERFECT SUBJUNCTIVE

haya colaborado	hayamos colaborado
hayas colaborado	hayáis colaborado
haya colaborado	hayan colaborado

IMPERFECT SUBJUNCTIVE (-ra)

colaborara	colaboráramos
colaboraras	colaborarais
colaborara	colaboraran

or **IMPERFECT SUBJUNCTIVE (-se)**

colaborase	colaborásemos
colaborases	colaboraseis
colaborase	colaborasen

PAST PERFECT SUBJUNCTIVE (-ra)

hubiera colaborado	hubiéramos colaborado
hubieras colaborado	hubierais colaborado
hubiera colaborado	hubieran colaborado

or **PAST PERFECT SUBJUNCTIVE (-se)**

hubiese colaborado	hubiésemos colaborado
hubieses colaborado	hubieseis colaborado
hubiese colaborado	hubiesen colaborado

PROGRESSIVE TENSES

PRESENT	estoy, estás, está, estamos, estáis, están
PRETERIT	estuve, estuviste, estuvo, estuvimos, estuvisteis, estuvieron
IMPERFECT	estaba, estabas, estaba, estábamos, estabais, estaban
FUTURE	estaré, estarás, estará, estaremos, estaréis, estarán
CONDITIONAL	estaría, estarías, estaría, estaríamos, estaríais, estarían
SUBJUNCTIVE	que + *corresponding subjunctive tense of* estar (*see verb 252*)

} colaborando

COMMANDS

	(nosotros) colaboremos/no colaboremos
(tú) colabora/no colabores	(vosotros) colaborad/no colaboréis
(Ud.) colabore/no colabore	(Uds.) colaboren/no colaboren

Usage

Es bueno que todos colaboren en el proyecto.	*It's good that everyone is collaborating/cooperating on the project.*
Se necesita la colaboración de otros periodistas.	*We need other journalists to contribute.*
Hace un año que colabora en la revista.	*She has been working on the magazine for a year.*
El libro de texto fue escrito por dos colaboradores.	*The textbook was written by two coauthors.*

stem-changing *-ar* verb: *o > ue*   **cuelgo · colgaron · colgado · colgando**

PRESENT

cuelgo	colgamos
cuelgas	colgáis
cuelga	cuelgan

IMPERFECT

colgaba	colgábamos
colgabas	colgabais
colgaba	colgaban

FUTURE

colgaré	colgaremos
colgarás	colgaréis
colgará	colgarán

PLUPERFECT

había colgado	habíamos colgado
habías colgado	habíais colgado
había colgado	habían colgado

FUTURE PERFECT

habré colgado	habremos colgado
habrás colgado	habréis colgado
habrá colgado	habrán colgado

PRESENT SUBJUNCTIVE

cuelgue	colguemos
cuelgues	colguéis
cuelgue	cuelguen

IMPERFECT SUBJUNCTIVE (-ra)

colgara	colgáramos
colgaras	colgarais
colgara	colgaran

PAST PERFECT SUBJUNCTIVE (-ra)

hubiera colgado	hubiéramos colgado
hubieras colgado	hubierais colgado
hubiera colgado	hubieran colgado

PRETERIT

colgué	colgamos
colgaste	colgasteis
colgó	colgaron

PRESENT PERFECT

he colgado	hemos colgado
has colgado	habéis colgado
ha colgado	han colgado

CONDITIONAL

colgaría	colgaríamos
colgarías	colgaríais
colgaría	colgarían

PRETERIT PERFECT

hube colgado	hubimos colgado
hubiste colgado	hubisteis colgado
hubo colgado	hubieron colgado

CONDITIONAL PERFECT

habría colgado	habríamos colgado
habrías colgado	habríais colgado
habría colgado	habrían colgado

PRESENT PERFECT SUBJUNCTIVE

haya colgado	hayamos colgado
hayas colgado	hayáis colgado
haya colgado	hayan colgado

or **IMPERFECT SUBJUNCTIVE (-se)**

colgase	colgásemos
colgases	colgaseis
colgase	colgasen

or **PAST PERFECT SUBJUNCTIVE (-se)**

hubiese colgado	hubiésemos colgado
hubieses colgado	hubieseis colgado
hubiese colgado	hubiesen colgado

PROGRESSIVE TENSES

PRESENT	estoy, estás, está, estamos, estáis, están	
PRETERIT	estuve, estuviste, estuvo, estuvimos, estuvisteis, estuvieron	
IMPERFECT	estaba, estabas, estaba, estábamos, estabais, estaban	colgando
FUTURE	estaré, estarás, estará, estaremos, estaréis, estarán	
CONDITIONAL	estaría, estarías, estaría, estaríamos, estaríais, estarían	
SUBJUNCTIVE	que + *corresponding subjunctive tense of* estar (*see verb 252*)	

COMMANDS

	(nosotros) colguemos/no colguemos
(tú) cuelga/no cuelgues	(vosotros) colgad/no colguéis
(Ud.) cuelgue/no cuelgue	(Uds.) cuelguen/no cuelguen

Usage

Cuelga el cuadro en esta pared.	*Hang the picture on this wall.*
Niños, cuelguen su ropa en las perchas.	*Children, hang your clothing on the hangers.*
Por favor, no cuelgue.	*Please don't hang up (the telephone).*
Dejaron el teléfono descolgado.	*They left the telephone off the hook.*
Se cruza el río en un puente colgante.	*You cross the river on a suspension bridge.*

colocar *to put, place*

coloco · colocaron · colocado · colocando

-ar verb; spelling change: *c > qu/e*

PRESENT

coloco	colocamos
colocas	colocáis
coloca	colocan

PRETERIT

coloqué	colocamos
colocaste	colocasteis
colocó	colocaron

IMPERFECT

colocaba	colocábamos
colocabas	colocabais
colocaba	colocaban

PRESENT PERFECT

he colocado	hemos colocado
has colocado	habéis colocado
ha colocado	han colocado

FUTURE

colocaré	colocaremos
colocarás	colocaréis
colocará	colocarán

CONDITIONAL

colocaría	colocaríamos
colocarías	colocaríais
colocaría	colocarían

PLUPERFECT

había colocado	habíamos colocado
habías colocado	habíais colocado
había colocado	habían colocado

PRETERIT PERFECT

hube colocado	hubimos colocado
hubiste colocado	hubisteis colocado
hubo colocado	hubieron colocado

FUTURE PERFECT

habré colocado	habremos colocado
habrás colocado	habréis colocado
habrá colocado	habrán colocado

CONDITIONAL PERFECT

habría colocado	habríamos colocado
habrías colocado	habríais colocado
habría colocado	habrían colocado

PRESENT SUBJUNCTIVE

coloque	coloquemos
coloques	coloquéis
coloque	coloquen

PRESENT PERFECT SUBJUNCTIVE

haya colocado	hayamos colocado
hayas colocado	hayáis colocado
haya colocado	hayan colocado

IMPERFECT SUBJUNCTIVE (-ra)

colocara	colocáramos
colocaras	colocarais
colocara	colocaran

or **IMPERFECT SUBJUNCTIVE (-se)**

colocase	colocásemos
colocases	colocaseis
colocase	colocasen

PAST PERFECT SUBJUNCTIVE (-ra)

hubiera colocado	hubiéramos colocado
hubieras colocado	hubierais colocado
hubiera colocado	hubieran colocado

or **PAST PERFECT SUBJUNCTIVE (-se)**

hubiese colocado	hubiésemos colocado
hubieses colocado	hubieseis colocado
hubiese colocado	hubiesen colocado

PROGRESSIVE TENSES

PRESENT	estoy, estás, está, estamos, estáis, están
PRETERIT	estuve, estuviste, estuvo, estuvimos, estuvisteis, estuvieron
IMPERFECT	estaba, estabas, estaba, estábamos, estabais, estaban
FUTURE	estaré, estarás, estará, estaremos, estaréis, estarán
CONDITIONAL	estaría, estarías, estaría, estaríamos, estaríais, estarían
SUBJUNCTIVE	que + *corresponding subjunctive tense of* estar (*see verb 252*)

} colocando

COMMANDS

	(nosotros) coloquemos/no coloquemos
(tú) coloca/no coloques	(vosotros) colocad/no coloquéis
(Ud.) coloque/no coloque	(Uds.) coloquen/no coloquen

Usage

Coloque el correo en mi escritorio.	*Put the mail on my desk.*
Coloquemos más dinero en la bolsa.	*Let's put/invest more money in the stock market.*
—Me dijo que se colocó el mes pasado.	*He told me he found a position last month.*
—Está bien colocado.	*It's a good position., He has a good job.*
—¿Acudió a una agencia de colocaciones?	*Did he go to an employment agency?*
—No, encontró la colocación en el periódico.	*No, he found the position in the newspaper.*

stem-changing -ar verb: e > ie; **comienzo · comenzaron · comenzado · comenzando**
spelling change: z > c/e

PRESENT

comienzo	comenzamos
comienzas	comenzáis
comienza	comienzan

PRETERIT

comencé	comenzamos
comenzaste	comenzasteis
comenzó	comenzaron

IMPERFECT

comenzaba	comenzábamos
comenzabas	comenzabais
comenzaba	comenzaban

PRESENT PERFECT

he comenzado	hemos comenzado
has comenzado	habéis comenzado
ha comenzado	han comenzado

FUTURE

comenzaré	comenzaremos
comenzarás	comenzaréis
comenzará	comenzarán

CONDITIONAL

comenzaría	comenzaríamos
comenzarías	comenzaríais
comenzaría	comenzarían

PLUPERFECT

había comenzado	habíamos comenzado
habías comenzado	habíais comenzado
había comenzado	habían comenzado

PRETERIT PERFECT

hube comenzado	hubimos comenzado
hubiste comenzado	hubisteis comenzado
hubo comenzado	hubieron comenzado

FUTURE PERFECT

habré comenzado	habremos comenzado
habrás comenzado	habréis comenzado
habrá comenzado	habrán comenzado

CONDITIONAL PERFECT

habría comenzado	habríamos comenzado
habrías comenzado	habríais comenzado
habría comenzado	habrían comenzado

PRESENT SUBJUNCTIVE

comience	comencemos
comiences	comencéis
comience	comiencen

PRESENT PERFECT SUBJUNCTIVE

haya comenzado	hayamos comenzado
hayas comenzado	hayáis comenzado
haya comenzado	hayan comenzado

IMPERFECT SUBJUNCTIVE (-ra)

comenzara	comenzáramos
comenzaras	comenzarais
comenzara	comenzaran

or **IMPERFECT SUBJUNCTIVE (-se)**

comenzase	comenzásemos
comenzases	comenzaseis
comenzase	comenzasen

PAST PERFECT SUBJUNCTIVE (-ra)

hubiera comenzado	hubiéramos comenzado
hubieras comenzado	hubierais comenzado
hubiera comenzado	hubieran comenzado

or **PAST PERFECT SUBJUNCTIVE (-se)**

hubiese comenzado	hubiésemos comenzado
hubieses comenzado	hubieseis comenzado
hubiese comenzado	hubiesen comenzado

PROGRESSIVE TENSES

PRESENT	estoy, estás, está, estamos, estáis, están
PRETERIT	estuve, estuviste, estuvo, estuvimos, estuvisteis, estuvieron
IMPERFECT	estaba, estabas, estaba, estábamos, estabais, estaban
FUTURE	estaré, estarás, estará, estaremos, estaréis, estarán
CONDITIONAL	estaría, estarías, estaría, estaríamos, estaríais, estarían
SUBJUNCTIVE	que + *corresponding subjunctive tense of* estar (*see verb 252*)

} comenzando

COMMANDS

	(nosotros) comencemos/no comencemos
(tú) comienza/no comiences	(vosotros) comenzad/no comencéis
(Ud.) comience/no comience	(Uds.) comiencen/no comiencen

Usage

Comenzaron la reunión a las tres.	*They began the meeting at 3:00.*
El director comenzó por presentarse.	*The director began by introducing himself.*
Comiencen a comer.	*Start eating.*
Comienza a nevar/llover.	*It's beginning to snow/rain.*
Dieron comienzo a la comida con un brindis.	*They started the dinner with a toast.*
El plan de desarrollo está en sus comienzos.	*The development plan is in its early stages.*

¿Cómo se come? y ¿Qué se come?

—Chico, ¡hoy tú comes por cuatro! | *Today you're eating like a horse!*
—¡Sabes que soy comilón! | *You know I'm a glutton/big eater!*
—Me dieron de comer carne, pollo y pescado. | *They fed me/gave me a meal of meat, chicken, and fish.*
—Comiste como un rey entonces. | *Then you ate like a king.*
—Comes con muchas ganas. | *You eat heartily.*
—En realidad, como con los ojos. | *Actually, my eyes are bigger than my stomach.*
—Da de comer al perro. | *Feed the dog.*
—Nuestro perro come como un pajarito. | *Our dog eats like a bird.*
—Yo comí sin ganas. | *I picked at my food.*
—Y yo me lo comí todo. | *And I ate up/gulped down everything.*
—¿Les gusta probar los platos nuevos? | *Do you like to taste new dishes?*
—Nos encanta. Comemos de todo. | *We love to. We eat everything.*

comer = carcomer to eat away

El agua salada del mar come/carcome la madera. | *The salt water of the sea eats away the wood.*
Le come/carcome la envidia/ira. | *She's eaten up with envy/anger.*

comerse

Cuando era niña se comía las uñas. | *As a child she bit her nails.*
Se come el collar con los ojos. | *She looks greedily at the necklace.*
Se comieron unos párrafos en la redacción. | *A few paragraphs were skipped while editing.*
La gente de la región se come las eses en el habla. | *The people of the region drop the "s" in their speech.*
Los enemigos se comían los unos a los otros. | *The enemies quarreled/tore each other apart.*
¿Los arqueólogos? El desierto se los habrá comido. | *The archaeologists? The desert has probably swallowed them up.*

Other Uses

Comen en el mismo plato. | *They're very close friends.*
La dama roja comió todas las negras. | *The red checker took all the black ones.*
Comió un peón. | *He captured/took a pawn.*
Hay una tienda de comestibles en la esquina. | *There's a grocery store at the corner.*

TOP 50 VERBS

regular _-er_ verb · **como · comieron · comido · comiendo**

PRESENT

como	comemos
comes	coméis
come	comen

IMPERFECT

comía	comíamos
comías	comíais
comía	comían

FUTURE

comeré	comeremos
comerás	comeréis
comerá	comerán

PLUPERFECT

había comido	habíamos comido
habías comido	habíais comido
había comido	habían comido

FUTURE PERFECT

habré comido	habremos comido
habrás comido	habréis comido
habrá comido	habrán comido

PRESENT SUBJUNCTIVE

coma	comamos
comas	comáis
coma	coman

IMPERFECT SUBJUNCTIVE (-ra)

comiera	comiéramos
comieras	comierais
comiera	comieran

PAST PERFECT SUBJUNCTIVE (-ra)

hubiera comido	hubiéramos comido
hubieras comido	hubierais comido
hubiera comido	hubieran comido

PRETERIT

comí	comimos
comiste	comisteis
comió	comieron

PRESENT PERFECT

he comido	hemos comido
has comido	habéis comido
ha comido	han comido

CONDITIONAL

comería	comeríamos
comerías	comeríais
comería	comerían

PRETERIT PERFECT

hube comido	hubimos comido
hubiste comido	hubisteis comido
hubo comido	hubieron comido

CONDITIONAL PERFECT

habría comido	habríamos comido
habrías comido	habríais comido
habría comido	habrían comido

PRESENT PERFECT SUBJUNCTIVE

haya comido	hayamos comido
hayas comido	hayáis comido
haya comido	hayan comido

_or_ **IMPERFECT SUBJUNCTIVE (-se)**

comiese	comiésemos
comieses	comieseis
comiese	comiesen

_or_ **PAST PERFECT SUBJUNCTIVE (-se)**

hubiese comido	hubiésemos comido
hubieses comido	hubieseis comido
hubiese comido	hubiesen comido

PROGRESSIVE TENSES

PRESENT	estoy, estás, está, estamos, estáis, están
PRETERIT	estuve, estuviste, estuvo, estuvimos, estuvisteis, estuvieron
IMPERFECT	estaba, estabas, estaba, estábamos, estabais, estaban
FUTURE	estaré, estarás, estará, estaremos, estaréis, estarán
CONDITIONAL	estaría, estarías, estaría, estaríamos, estaríais, estarían
SUBJUNCTIVE	que + _corresponding subjunctive tense of_ estar (_see verb 252_)

\} comiendo

COMMANDS

	(nosotros) comamos/no comamos
(tú) come/no comas	(vosotros) comed/no comáis
(Ud.) coma/no coma	(Uds.) coman/no coman

Usage

¿Comemos algo ahora?	_Shall we eat something now?_
Se come bien en esta ciudad.	_You can eat well in this city._
Comimos pollo/carne.	_We ate chicken/meat._
Donde comen dos comen tres.	_There's always room for one more._
No hacen tres comidas al día sino seis.	_They don't have three meals a day, but rather six._
Pasen al comedor.	_Go into the dining room._
Hay tres comedores universitarios.	_There are three university dining halls._

compartir *to share, divide*

regular *-ir* verb

PRESENT

comparto	compartimos
compartes	compartís
comparte	comparten

PRETERIT

compartí	compartimos
compartiste	compartisteis
compartió	compartieron

IMPERFECT

compartía	compartíamos
compartías	compartíais
compartía	compartían

PRESENT PERFECT

he compartido	hemos compartido
has compartido	habéis compartido
ha compartido	han compartido

FUTURE

compartiré	compartiremos
compartirás	compartiréis
compartirá	compartirán

CONDITIONAL

compartiría	compartiríamos
compartirías	compartiríais
compartiría	compartirían

PLUPERFECT

había compartido	habíamos compartido
habías compartido	habíais compartido
había compartido	habían compartido

PRETERIT PERFECT

hube compartido	hubimos compartido
hubiste compartido	hubisteis compartido
hubo compartido	hubieron compartido

FUTURE PERFECT

habré compartido	habremos compartido
habrás compartido	habréis compartido
habrá compartido	habrán compartido

CONDITIONAL PERFECT

habría compartido	habríamos compartido
habrías compartido	habríais compartido
habría compartido	habrían compartido

PRESENT SUBJUNCTIVE

comparta	compartamos
compartas	compartáis
comparta	compartan

PRESENT PERFECT SUBJUNCTIVE

haya compartido	hayamos compartido
hayas compartido	hayáis compartido
haya compartido	hayan compartido

IMPERFECT SUBJUNCTIVE (-ra)

compartiera	compartiéramos
compartieras	compartierais
compartiera	compartieran

or **IMPERFECT SUBJUNCTIVE (-se)**

compartiese	compartiésemos
compartieses	compartieseis
compartiese	compartiesen

PAST PERFECT SUBJUNCTIVE (-ra)

hubiera compartido	hubiéramos compartido
hubieras compartido	hubierais compartido
hubiera compartido	hubieran compartido

or **PAST PERFECT SUBJUNCTIVE (-se)**

hubiese compartido	hubiésemos compartido
hubieses compartido	hubieseis compartido
hubiese compartido	hubiesen compartido

PROGRESSIVE TENSES

PRESENT	estoy, estás, está, estamos, estáis, están
PRETERIT	estuve, estuviste, estuvo, estuvimos, estuvisteis, estuvieron
IMPERFECT	estaba, estabas, estaba, estábamos, estabais, estaban
FUTURE	estaré, estarás, estará, estaremos, estaréis, estarán
CONDITIONAL	estaría, estarías, estaría, estaríamos, estaríais, estarían
SUBJUNCTIVE	que + *corresponding subjunctive tense of* estar (*see verb 252*)

} compartiendo

COMMANDS

	(nosotros) compartamos/no compartamos
(tú) comparte/no compartas	(vosotros) compartid/no compartáis
(Ud.) comparta/no comparta	(Uds.) compartan/no compartan

Usage

Las cuatro estudiantes comparten un apartamento.	*The four students share an apartment.*
El director general y la directora adjunta comparten el poder.	*The general director and the assistant director share power.*
Los padres compartieron su dinero entre sus hijos.	*The parents divided up their money among their children.*
Yo no comparto tu opinión.	*I don't share your opinion.*

stem-changing -ir verb: e > i | **compito · compitieron · competido · compitiendo**

PRESENT

compito	competimos
compites	competís
compite	compiten

IMPERFECT

competía	competíamos
competías	competíais
competía	competían

FUTURE

competiré	competiremos
competirás	competiréis
competirá	competirán

PLUPERFECT

había competido	habíamos competido
habías competido	habíais competido
había competido	habían competido

FUTURE PERFECT

habré competido	habremos competido
habrás competido	habréis competido
habrá competido	habrán competido

PRESENT SUBJUNCTIVE

compita	compitamos
compitas	compitáis
compita	compitan

IMPERFECT SUBJUNCTIVE (-ra)

compitiera	compitiéramos
compitieras	compitierais
compitiera	compitieran

PAST PERFECT SUBJUNCTIVE (-ra)

hubiera competido	hubiéramos competido
hubieras competido	hubierais competido
hubiera competido	hubieran competido

PRETERIT

competí	competimos
competiste	competisteis
compitió	compitieron

PRESENT PERFECT

he competido	hemos competido
has competido	habéis competido
ha competido	han competido

CONDITIONAL

competiría	competiríamos
competirías	competiríais
competiría	competirían

PRETERIT PERFECT

hube competido	hubimos competido
hubiste competido	hubisteis competido
hubo competido	hubieron competido

CONDITIONAL PERFECT

habría competido	habríamos competido
habrías competido	habríais competido
habría competido	habrían competido

PRESENT PERFECT SUBJUNCTIVE

haya competido	hayamos competido
hayas competido	hayáis competido
haya competido	hayan competido

or **IMPERFECT SUBJUNCTIVE (-se)**

compitiese	compitiésemos
compitieses	compitieseis
compitiese	compitiesen

or **PAST PERFECT SUBJUNCTIVE (-se)**

hubiese competido	hubiésemos competido
hubieses competido	hubieseis competido
hubiese competido	hubiesen competido

PROGRESSIVE TENSES

PRESENT	estoy, estás, está, estamos, estáis, están
PRETERIT	estuve, estuviste, estuvo, estuvimos, estuvisteis, estuvieron
IMPERFECT	estaba, estabas, estaba, estábamos, estabais, estaban
FUTURE	estaré, estarás, estará, estaremos, estaréis, estarán
CONDITIONAL	estaría, estarías, estaría, estaríamos, estaríais, estarían
SUBJUNCTIVE	que + *corresponding subjunctive tense of* estar (*see verb 252*)

} compitiendo

COMMANDS

	(nosotros) compitamos/no compitamos
(tú) compite/no compitas	(vosotros) competid/no compitáis
(Ud.) compita/no compita	(Uds.) compitan/no compitan

Usage

Los boxeadores compiten para el título.	*The boxers are vying for the title.*
Las tiendas pequeñas no competían con la cadena de grandes almacenes.	*The small stores didn't compete with the chain of department stores.*
La competitividad es conveniente.	*Competitiveness is desirable.*
Había un buen espíritu competidor.	*There was a good competitive spirit.*
Hay una dura competencia en el comercio.	*There's stiff competition in the business world.*
Los productos son competitivos.	*The products are competitive.*

PRESENT

compro	compramos
compras	compráis
compra	compran

IMPERFECT

compraba	comprábamos
comprabas	comprabais
compraba	compraban

FUTURE

compraré	compraremos
comprarás	compraréis
comprará	comprarán

PLUPERFECT

había comprado	habíamos comprado
habías comprado	habíais comprado
había comprado	habían comprado

FUTURE PERFECT

habré comprado	habremos comprado
habrás comprado	habréis comprado
habrá comprado	habrán comprado

PRESENT SUBJUNCTIVE

compre	compremos
compres	compréis
compre	compren

IMPERFECT SUBJUNCTIVE (-ra)

comprara	compráramos
compraras	comprarais
comprara	compraran

PAST PERFECT SUBJUNCTIVE (-ra)

hubiera comprado	hubiéramos comprado
hubieras comprado	hubierais comprado
hubiera comprado	hubieran comprado

PRETERIT

compré	compramos
compraste	comprasteis
compró	compraron

PRESENT PERFECT

he comprado	hemos comprado
has comprado	habéis comprado
ha comprado	han comprado

CONDITIONAL

compraría	compraríamos
comprarías	compraríais
compraría	comprarían

PRETERIT PERFECT

hube comprado	hubimos comprado
hubiste comprado	hubisteis comprado
hubo comprado	hubieron comprado

CONDITIONAL PERFECT

habría comprado	habríamos comprado
habrías comprado	habríais comprado
habría comprado	habrían comprado

PRESENT PERFECT SUBJUNCTIVE

haya comprado	hayamos comprado
hayas comprado	hayáis comprado
haya comprado	hayan comprado

or **IMPERFECT SUBJUNCTIVE (-se)**

comprase	comprásemos
comprases	compraseis
comprase	comprasen

or **PAST PERFECT SUBJUNCTIVE (-se)**

hubiese comprado	hubiésemos comprado
hubieses comprado	hubieseis comprado
hubiese comprado	hubiesen comprado

PROGRESSIVE TENSES

PRESENT	estoy, estás, está, estamos, estáis, están	
PRETERIT	estuve, estuviste, estuvo, estuvimos, estuvisteis, estuvieron	
IMPERFECT	estaba, estabas, estaba, estábamos, estabais, estaban	comprando
FUTURE	estaré, estarás, estará, estaremos, estaréis, estarán	
CONDITIONAL	estaría, estarías, estaría, estaríamos, estaríais, estarían	
SUBJUNCTIVE	que + *corresponding subjunctive tense of* estar (*see verb 252*)	

COMMANDS

	(nosotros) compremos/no compremos
(tú) compra/no compres	(vosotros) comprad/no compréis
(Ud.) compre/no compre	(Uds.) compren/no compren

Usage

Compraron un condominio.	*They bought a condominium.*
Se compra al contado.	*You can buy something for cash.*
—Van de compras, ¿no?	*You're going shopping, aren't you?*
—Sí, vamos a hacer la compra en el centro comercial.	*Yes, we're going to do our shopping at the mall.*
Los compradores han acudido al almacén por las grandes rebajas.	*The shoppers have come to the department store on account of the big reductions.*

regular *-er* verb   comprendo · comprendieron · comprendido · comprendiendo

PRESENT

comprendo	comprendemos
comprendes	comprendéis
comprende	comprenden

IMPERFECT

comprendía	comprendíamos
comprendías	comprendíais
comprendía	comprendían

FUTURE

comprenderé	comprenderemos
comprenderás	comprenderéis
comprenderá	comprenderán

PLUPERFECT

había comprendido	habíamos comprendido
habías comprendido	habíais comprendido
había comprendido	habían comprendido

FUTURE PERFECT

habré comprendido	habremos comprendido
habrás comprendido	habréis comprendido
habrá comprendido	habrán comprendido

PRESENT SUBJUNCTIVE

comprenda	comprendamos
comprendas	comprendáis
comprenda	comprendan

IMPERFECT SUBJUNCTIVE (-ra)

comprendiera	comprendiéramos
comprendieras	comprendierais
comprendiera	comprendieran

PAST PERFECT SUBJUNCTIVE (-ra)

hubiera comprendido	hubiéramos comprendido
hubieras comprendido	hubierais comprendido
hubiera comprendido	hubieran comprendido

PRETERIT

comprendí	comprendimos
comprendiste	comprendisteis
comprendió	comprendieron

PRESENT PERFECT

he comprendido	hemos comprendido
has comprendido	habéis comprendido
ha comprendido	han comprendido

CONDITIONAL

comprendería	comprenderíamos
comprenderías	comprenderíais
comprendería	comprenderían

PRETERIT PERFECT

hube comprendido	hubimos comprendido
hubiste comprendido	hubisteis comprendido
hubo comprendido	hubieron comprendido

CONDITIONAL PERFECT

habría comprendido	habríamos comprendido
habrías comprendido	habríais comprendido
habría comprendido	habrían comprendido

PRESENT PERFECT SUBJUNCTIVE

haya comprendido	hayamos comprendido
hayas comprendido	hayáis comprendido
haya comprendido	hayan comprendido

or **IMPERFECT SUBJUNCTIVE (-se)**

comprendiese	comprendiésemos
comprendieses	comprendieseis
comprendiese	comprendiesen

or **PAST PERFECT SUBJUNCTIVE (-se)**

hubiese comprendido	hubiésemos comprendido
hubieses comprendido	hubieseis comprendido
hubiese comprendido	hubiesen comprendido

PROGRESSIVE TENSES

PRESENT	estoy, estás, está, estamos, estáis, están
PRETERIT	estuve, estuviste, estuvo, estuvimos, estuvisteis, estuvieron
IMPERFECT	estaba, estabas, estaba, estábamos, estabais, estaban
FUTURE	estaré, estarás, estará, estaremos, estaréis, estarán
CONDITIONAL	estaría, estarías, estaría, estaríamos, estaríais, estarían
SUBJUNCTIVE	que + *corresponding subjunctive tense of* estar (*see verb 252*)

comprendiendo

COMMANDS

	(nosotros) comprendamos/no comprendamos
(tú) comprende/no comprendas	(vosotros) comprended/no comprendáis
(Ud.) comprenda/no comprenda	(Uds.) comprendan/no comprendan

Usage

No comprendí lo que dijeron.	*I didn't understand what they said.*
Creo que Uds. han comprendido mal.	*I think you've misunderstood.*
¿Comprendéis japonés?	*Do you understand Japanese?*
Se hace comprender en francés.	*She's making herself understood in French.*
Aquí tiene Ud. la cuenta todo comprendido.	*Here's the bill, everything included.*
Ya comprendo.	*I see./I get it.*
No se comprenden bien.	*They don't understand each other.*

stem-changing -ar verb:
o > ue

PRESENT

compruebo	comprobamos
compruebas	comprobáis
comprueba	comprueban

PRETERIT

comprobé	comprobamos
comprobaste	comprobasteis
comprobó	comprobaron

IMPERFECT

comprobaba	comprobábamos
comprobabas	comprobabais
comprobaba	comprobaban

PRESENT PERFECT

he comprobado	hemos comprobado
has comprobado	habéis comprobado
ha comprobado	han comprobado

FUTURE

comprobaré	comprobaremos
comprobarás	comprobaréis
comprobará	comprobarán

CONDITIONAL

comprobaría	comprobaríamos
comprobarías	comprobaríais
comprobaría	comprobarían

PLUPERFECT

había comprobado	habíamos comprobado
habías comprobado	habíais comprobado
había comprobado	habían comprobado

PRETERIT PERFECT

hube comprobado	hubimos comprobado
hubiste comprobado	hubisteis comprobado
hubo comprobado	hubieron comprobado

FUTURE PERFECT

habré comprobado	habremos comprobado
habrás comprobado	habréis comprobado
habrá comprobado	habrán comprobado

CONDITIONAL PERFECT

habría comprobado	habríamos comprobado
habrías comprobado	habríais comprobado
habría comprobado	habrían comprobado

PRESENT SUBJUNCTIVE

compruebe	comprobemos
compruebes	comprobéis
compruebe	comprueben

PRESENT PERFECT SUBJUNCTIVE

haya comprobado	hayamos comprobado
hayas comprobado	hayáis comprobado
haya comprobado	hayan comprobado

IMPERFECT SUBJUNCTIVE (-ra)

comprobara	comprobáramos
comprobaras	comprobarais
comprobara	comprobaran

_or_ **IMPERFECT SUBJUNCTIVE (-se)**

comprobase	comprobásemos
comprobases	comprobaseis
comprobase	comprobasen

PAST PERFECT SUBJUNCTIVE (-ra)

hubiera comprobado	hubiéramos comprobado
hubieras comprobado	hubierais comprobado
hubiera comprobado	hubieran comprobado

_or_ **PAST PERFECT SUBJUNCTIVE (-se)**

hubiese comprobado	hubiésemos comprobado
hubieses comprobado	hubieseis comprobado
hubiese comprobado	hubiesen comprobado

PROGRESSIVE TENSES

PRESENT	estoy, estás, está, estamos, estáis, están
PRETERIT	estuve, estuviste, estuvo, estuvimos, estuvisteis, estuvieron
IMPERFECT	estaba, estabas, estaba, estábamos, estabais, estaban
FUTURE	estaré, estarás, estará, estaremos, estaréis, estarán
CONDITIONAL	estaría, estarías, estaría, estaríamos, estaríais, estarían
SUBJUNCTIVE	que + _corresponding subjunctive tense of_ estar (_see verb 252_)

} comprobando

COMMANDS

	(nosotros) comprobemos/no comprobemos
(tú) comprueba/no compruebes	(vosotros) comprobad/no comprobéis
(Ud.) compruebe/no compruebe	(Uds.) comprueben/no comprueben

Usage

Compruebe el valor de las perlas.	_Check the value of the pearls._
Ud. mismo comprobó que el paquete fue entregado.	_You yourself saw that the package was delivered._
Los datos son fáciles de comprobar.	_The facts are easy to confirm._
No hay devolución de dinero sin el comprobante de compra.	_There's no refund without the receipt/proof of purchase._
No es fácil de comprobar.	_It is not easy to verify/prove._

stem-changing *-ir* verb: *e* > *i* | **concibo · concibieron · concebido · concibiendo**

PRESENT

concibo	concebimos
concibes	concebís
concibe	conciben

PRETERIT

concebí	concebimos
concebiste	concebisteis
concibió	concibieron

IMPERFECT

concebía	concebíamos
concebías	concebíais
concebía	concebían

PRESENT PERFECT

he concebido	hemos concebido
has concebido	habéis concebido
ha concebido	han concebido

FUTURE

concebiré	concebiremos
concebirás	concebiréis
concebirá	concebirán

CONDITIONAL

concebiría	concebiríamos
concebirías	concebiríais
concebiría	concebirían

PLUPERFECT

había concebido	habíamos concebido
habías concebido	habíais concebido
había concebido	habían concebido

PRETERIT PERFECT

hube concebido	hubimos concebido
hubiste concebido	hubisteis concebido
hubo concebido	hubieron concebido

FUTURE PERFECT

habré concebido	habremos concebido
habrás concebido	habréis concebido
habrá concebido	habrán concebido

CONDITIONAL PERFECT

habría concebido	habríamos concebido
habrías concebido	habríais concebido
habría concebido	habrían concebido

PRESENT SUBJUNCTIVE

conciba	concibamos
concibas	concibáis
conciba	conciban

PRESENT PERFECT SUBJUNCTIVE

haya concebido	hayamos concebido
hayas concebido	hayáis concebido
haya concebido	hayan concebido

IMPERFECT SUBJUNCTIVE (-ra)

concibiera	concibiéramos
concibieras	concibierais
concibiera	concibieran

or **IMPERFECT SUBJUNCTIVE (-se)**

concibiese	concibiésemos
concibieses	concibieseis
concibiese	concibiesen

PAST PERFECT SUBJUNCTIVE (-ra)

hubiera concebido	hubiéramos concebido
hubieras concebido	hubierais concebido
hubiera concebido	hubieran concebido

or **PAST PERFECT SUBJUNCTIVE (-se)**

hubiese concebido	hubiésemos concebido
hubieses concebido	hubieseis concebido
hubiese concebido	hubiesen concebido

PROGRESSIVE TENSES

PRESENT	estoy, estás, está, estamos, estáis, están
PRETERIT	estuve, estuviste, estuvo, estuvimos, estuvisteis, estuvieron
IMPERFECT	estaba, estabas, estaba, estábamos, estabais, estaban
FUTURE	estaré, estarás, estará, estaremos, estaréis, estarán
CONDITIONAL	estaría, estarías, estaría, estaríamos, estaríais, estarían
SUBJUNCTIVE	que + *corresponding subjunctive tense of* estar (*see verb 252*)

} concibiendo

COMMANDS

	(nosotros) concibamos/no concibamos
(tú) concibe/no concibas	(vosotros) concebid/no concibáis
(Ud.) conciba/no conciba	(Uds.) conciban/no conciban

Usage

Concibió unas ideas geniales.	*He conceived some brilliant ideas.*
No pueden concebir tal cosa.	*They can't imagine such a thing.*
La mujer finalmente concibió después de varios años.	*The woman finally conceived after several years.*
Quiero que me expliques tu concepto.	*I want you to explain your idea/opinion/reason to me.*
Su concepción del mundo es rara.	*Her conception of the world is strange.*

concluyo · concluyeron · concluido · concluyendo

-ir verb; spelling change:
adds *y* before *o, a, e*

PRESENT

concluyo	concluimos
concluyes	concluís
concluye	concluyen

PRETERIT

concluí	concluimos
concluiste	concluisteis
concluyó	concluyeron

IMPERFECT

concluía	concluíamos
concluías	concluíais
concluía	concluían

PRESENT PERFECT

he concluido	hemos concluido
has concluido	habéis concluido
ha concluido	han concluido

FUTURE

concluiré	concluiremos
concluirás	concluiréis
concluirá	concluirán

CONDITIONAL

concluiría	concluiríamos
concluirías	concluiríais
concluiría	concluirían

PLUPERFECT

había concluido	habíamos concluido
habías concluido	habíais concluido
había concluido	habían concluido

PRETERIT PERFECT

hube concluido	hubimos concluido
hubiste concluido	hubisteis concluido
hubo concluido	hubieron concluido

FUTURE PERFECT

habré concluido	habremos concluido
habrás concluido	habréis concluido
habrá concluido	habrán concluido

CONDITIONAL PERFECT

habría concluido	habríamos concluido
habrías concluido	habríais concluido
habría concluido	habrían concluido

PRESENT SUBJUNCTIVE

concluya	concluyamos
concluyas	concluyáis
concluya	concluyan

PRESENT PERFECT SUBJUNCTIVE

haya concluido	hayamos concluido
hayas concluido	hayáis concluido
haya concluido	hayan concluido

IMPERFECT SUBJUNCTIVE (-ra)

concluyera	concluyéramos
concluyeras	concluyerais
concluyera	concluyeran

or **IMPERFECT SUBJUNCTIVE (-se)**

concluyese	concluyésemos
concluyeses	concluyeseis
concluyese	concluyesen

PAST PERFECT SUBJUNCTIVE (-ra)

hubiera concluido	hubiéramos concluido
hubieras concluido	hubierais concluido
hubiera concluido	hubieran concluido

or **PAST PERFECT SUBJUNCTIVE (-se)**

hubiese concluido	hubiésemos concluido
hubieses concluido	hubieseis concluido
hubiese concluido	hubiesen concluido

PROGRESSIVE TENSES

PRESENT	estoy, estás, está, estamos, estáis, están
PRETERIT	estuve, estuviste, estuvo, estuvimos, estuvisteis, estuvieron
IMPERFECT	estaba, estabas, estaba, estábamos, estabais, estaban
FUTURE	estaré, estarás, estará, estaremos, estaréis, estarán
CONDITIONAL	estaría, estarías, estaría, estaríamos, estaríais, estarían
SUBJUNCTIVE	que + *corresponding subjunctive tense of* estar (*see verb 252*)

} concluyendo

COMMANDS

	(nosotros) concluyamos/no concluyamos
(tú) concluye/no concluyas	(vosotros) concluid/no concluyáis
(Ud.) concluya/no concluya	(Uds.) concluyan/no concluyan

Usage

¿Por qué no concluyes la tarea ya?	*Why don't you finish your assignment already?*
Tengo que concluir que Uds. no quieren ayudar.	*I have to conclude that you don't want to help.*
Concluyamos el negocio lo antes posible.	*Let's close the deal as soon as possible.*
En conclusión...	*In conclusion . . .*
No existe ninguna prueba concluyente.	*There's no conclusive evidence.*

irregular verb; spelling change:
c > zc/o, a

conduzco · condujeron · conducido · conduciendo

PRESENT

conduzco	conducimos
conduces	conducís
conduce	conducen

PRETERIT

conduje	condujimos
condujiste	condujisteis
condujo	condujeron

IMPERFECT

conducía	conducíamos
conducías	conducíais
conducía	conducían

PRESENT PERFECT

he conducido	hemos conducido
has conducido	habéis conducido
ha conducido	han conducido

FUTURE

conduciré	conduciremos
conducirás	conduciréis
conducirá	conducirán

CONDITIONAL

conduciría	conduciríamos
conducirías	conduciríais
conduciría	conducirían

PLUPERFECT

había conducido	habíamos conducido
habías conducido	habíais conducido
había conducido	habían conducido

PRETERIT PERFECT

hube conducido	hubimos conducido
hubiste conducido	hubisteis conducido
hubo conducido	hubieron conducido

FUTURE PERFECT

habré conducido	habremos conducido
habrás conducido	habréis conducido
habrá conducido	habrán conducido

CONDITIONAL PERFECT

habría conducido	habríamos conducido
habrías conducido	habríais conducido
habría conducido	habrían conducido

PRESENT SUBJUNCTIVE

conduzca	conduzcamos
conduzcas	conduzcáis
conduzca	conduzcan

PRESENT PERFECT SUBJUNCTIVE

haya conducido	hayamos conducido
hayas conducido	hayáis conducido
haya conducido	hayan conducido

IMPERFECT SUBJUNCTIVE (-ra)

condujera	condujéramos
condujeras	condujerais
condujera	condujeran

or **IMPERFECT SUBJUNCTIVE (-se)**

condujese	condujésemos
condujeses	condujeseis
condujese	condujesen

PAST PERFECT SUBJUNCTIVE (-ra)

hubiera conducido	hubiéramos conducido
hubieras conducido	hubierais conducido
hubiera conducido	hubieran conducido

or **PAST PERFECT SUBJUNCTIVE (-se)**

hubiese conducido	hubiésemos conducido
hubieses conducido	hubieseis conducido
hubiese conducido	hubiesen conducido

PROGRESSIVE TENSES

PRESENT	estoy, estás, está, estamos, estáis, están
PRETERIT	estuve, estuviste, estuvo, estuvimos, estuvisteis, estuvieron
IMPERFECT	estaba, estabas, estaba, estábamos, estabais, estaban
FUTURE	estaré, estarás, estará, estaremos, estaréis, estarán
CONDITIONAL	estaría, estarías, estaría, estaríamos, estaríais, estarían
SUBJUNCTIVE	que + *corresponding subjunctive tense of* estar (*see verb 252*)

conduciendo

COMMANDS

	(nosotros) conduzcamos/no conduzcamos
(tú) conduce/no conduzcas	(vosotros) conducid/no conduzcáis
(Ud.) conduzca/no conduzca	(Uds.) conduzcan/no conduzcan

Usage

¿Conduzco yo?	*Shall I drive?*
Condujo a gran velocidad.	*He drove very fast.*
Conducen la empresa con éxito.	*They manage the firm successfully.*
¿Quién conduce la encuesta?	*Who is conducting the survey?*
Se le perdió su carnet de conducir.	*She lost her driver's license.*
Este ingeniero electrotécnico investiga la conductividad.	*This electrical engineer is researching conductivity.*

contesar   *to confess, admit*

confieso · confesaron · confesado · confesando   stem-changing *-ar* verb: *e > ie*

PRESENT		PRETERIT	
confieso	confesamos	confesé	confesamos
confiesas	confesáis	confesaste	confesasteis
confiesa	confiesan	confesó	confesaron

IMPERFECT		PRESENT PERFECT	
confesaba	confesábamos	he confesado	hemos confesado
confesabas	confesabais	has confesado	habéis confesado
confesaba	confesaban	ha confesado	han confesado

FUTURE		CONDITIONAL	
confesaré	confesaremos	confesaría	confesaríamos
confesarás	confesaréis	confesarías	confesaríais
confesará	confesarán	confesaría	confesarían

PLUPERFECT		PRETERIT PERFECT	
había confesado	habíamos confesado	hube confesado	hubimos confesado
habías confesado	habíais confesado	hubiste confesado	hubisteis confesado
había confesado	habían confesado	hubo confesado	hubieron confesado

FUTURE PERFECT		CONDITIONAL PERFECT	
habré confesado	habremos confesado	habría confesado	habríamos confesado
habrás confesado	habréis confesado	habrías confesado	habríais confesado
habrá confesado	habrán confesado	habría confesado	habrían confesado

PRESENT SUBJUNCTIVE		PRESENT PERFECT SUBJUNCTIVE	
confiese	confesemos	haya confesado	hayamos confesado
confieses	confeséis	hayas confesado	hayáis confesado
confiese	confiesen	haya confesado	hayan confesado

IMPERFECT SUBJUNCTIVE (-ra)		*or* IMPERFECT SUBJUNCTIVE (-se)	
confesara	confesáramos	confesase	confesásemos
confesaras	confesarais	confesases	confesaseis
confesara	confesaran	confesase	confesasen

PAST PERFECT SUBJUNCTIVE (-ra)		*or* PAST PERFECT SUBJUNCTIVE (-se)	
hubiera confesado	hubiéramos confesado	hubiese confesado	hubiésemos confesado
hubieras confesado	hubierais confesado	hubieses confesado	hubieseis confesado
hubiera confesado	hubieran confesado	hubiese confesado	hubiesen confesado

PROGRESSIVE TENSES

PRESENT	estoy, estás, está, estamos, estáis, están	
PRETERIT	estuve, estuviste, estuvo, estuvimos, estuvisteis, estuvieron	
IMPERFECT	estaba, estabas, estaba, estábamos, estabais, estaban	confesando
FUTURE	estaré, estarás, estará, estaremos, estaréis, estarán	
CONDITIONAL	estaría, estarías, estaría, estaríamos, estaríais, estarían	
SUBJUNCTIVE	que + *corresponding subjunctive tense of* estar (*see verb 252*)	

COMMANDS

	(nosotros) confesemos/no confesemos
(tú) confiesa/no confieses	(vosotros) confesad/no confeséis
(Ud.) confiese/no confiese	(Uds.) confiesen/no confiesen

Usage

Confesó su implicación en la conspiración contra el gobierno.	*He confessed/admitted his involvement in the conspiracy against the government.*
Se confesó culpable.	*He admitted his guilt.*
Se confesaron de plano.	*They owned up to/admitted everything.*
Se confesó con el cura.	*She confessed to the priest.*
La confesión forma parte de su credo religioso.	*Confession is a part of their religious conviction.*

regular *-ar* verb; spelling change:
i > *í* when stressed

confío · confiaron · confiado · confiando

PRESENT

confío	confiamos
confías	confiáis
confía	confían

IMPERFECT

confiaba	confiábamos
confiabas	confiabais
confiaba	confiaban

FUTURE

confiaré	confiaremos
confiarás	confiaréis
confiará	confiarán

PLUPERFECT

había confiado	habíamos confiado
habías confiado	habíais confiado
había confiado	habían confiado

FUTURE PERFECT

habré confiado	habremos confiado
habrás confiado	habréis confiado
habrá confiado	habrán confiado

PRESENT SUBJUNCTIVE

confíe	confiemos
confíes	confiéis
confíe	confíen

IMPERFECT SUBJUNCTIVE (-ra)

confiara	confiáramos
confiaras	confiarais
confiara	confiaran

PAST PERFECT SUBJUNCTIVE (-ra)

hubiera confiado	hubiéramos confiado
hubieras confiado	hubierais confiado
hubiera confiado	hubieran confiado

PRETERIT

confié	confiamos
confiaste	confiasteis
confió	confiaron

PRESENT PERFECT

he confiado	hemos confiado
has confiado	habéis confiado
ha confiado	han confiado

CONDITIONAL

confiaría	confiaríamos
confiarías	confiaríais
confiaría	confiarían

PRETERIT PERFECT

hube confiado	hubimos confiado
hubiste confiado	hubisteis confiado
hubo confiado	hubieron confiado

CONDITIONAL PERFECT

habría confiado	habríamos confiado
habrías confiado	habríais confiado
habría confiado	habrían confiado

PRESENT PERFECT SUBJUNCTIVE

haya confiado	hayamos confiado
hayas confiado	hayáis confiado
haya confiado	hayan confiado

or **IMPERFECT SUBJUNCTIVE (-se)**

confiase	confiásemos
confiases	confiaseis
confiase	confiasen

or **PAST PERFECT SUBJUNCTIVE (-se)**

hubiese confiado	hubiésemos confiado
hubieses confiado	hubieseis confiado
hubiese confiado	hubiesen confiado

PROGRESSIVE TENSES

PRESENT	estoy, estás, está, estamos, estáis, están
PRETERIT	estuve, estuviste, estuvo, estuvimos, estuvisteis, estuvieron
IMPERFECT	estaba, estabas, estaba, estábamos, estabais, estaban
FUTURE	estaré, estarás, estará, estaremos, estaréis, estarán
CONDITIONAL	estaría, estarías, estaría, estaríamos, estaríais, estarían
SUBJUNCTIVE	que + *corresponding subjunctive tense of* estar (*see verb 252*)

} confiando

COMMANDS

	(nosotros) confiemos/no confiemos
(tú) confía/no confíes	(vosotros) confiad/no confiéis
(Ud.) confíe/no confíe	(Uds.) confíen/no confíen

Usage

Confío en su juicio.	*I trust his judgment.*
Confié todas las fechas a la memoria.	*I committed all the dates to memory.*
Confiamos en su competencia.	*We're counting on his expertise/ability.*
Se confía en su familia.	*She trusts in/relies on her family.*
Le confió sus problemas a su amiga.	*She confided her problems to her friend.*
Están confiados en el futuro.	*They're confident about the future.*
Somos amigos de gran confianza.	*We're very close friends.*

conmuevo · conmovieron · conmovido · conmoviendo stem-changing -er verb: _o > ue_

PRESENT		PRETERIT	
conmuevo	conmovemos	conmoví	conmovimos
conmueves	conmovéis	conmoviste	conmovisteis
conmueve	conmueven	conmovió	conmovieron

IMPERFECT		PRESENT PERFECT	
conmovía	conmovíamos	he conmovido	hemos conmovido
conmovías	conmovíais	has conmovido	habéis conmovido
conmovía	conmovían	ha conmovido	han conmovido

FUTURE		CONDITIONAL	
conmoveré	conmoveremos	conmovería	conmoveríamos
conmoverás	conmoveréis	conmoverías	conmoveríais
conmoverá	conmoverán	conmovería	conmoverían

PLUPERFECT		PRETERIT PERFECT	
había conmovido	habíamos conmovido	hube conmovido	hubimos conmovido
habías conmovido	habíais conmovido	hubiste conmovido	hubisteis conmovido
había conmovido	habían conmovido	hubo conmovido	hubieron conmovido

FUTURE PERFECT		CONDITIONAL PERFECT	
habré conmovido	habremos conmovido	habría conmovido	habríamos conmovido
habrás conmovido	habréis conmovido	habrías conmovido	habríais conmovido
habrá conmovido	habrán conmovido	habría conmovido	habrían conmovido

PRESENT SUBJUNCTIVE		PRESENT PERFECT SUBJUNCTIVE	
conmueva	conmovamos	haya conmovido	hayamos conmovido
conmuevas	conmováis	hayas conmovido	hayáis conmovido
conmueva	conmuevan	haya conmovido	hayan conmovido

IMPERFECT SUBJUNCTIVE (-ra)		_or_ IMPERFECT SUBJUNCTIVE (-se)	
conmoviera	conmoviéramos	conmoviese	conmoviésemos
conmovieras	conmovierais	conmovieses	conmovieseis
conmoviera	conmovieran	conmoviese	conmoviesen

PAST PERFECT SUBJUNCTIVE (-ra)		_or_ PAST PERFECT SUBJUNCTIVE (-se)	
hubiera conmovido	hubiéramos conmovido	hubiese conmovido	hubiésemos conmovido
hubieras conmovido	hubierais conmovido	hubieses conmovido	hubieseis conmovido
hubiera conmovido	hubieran conmovido	hubiese conmovido	hubiesen conmovido

PROGRESSIVE TENSES

PRESENT	estoy, estás, está, estamos, estáis, están	
PRETERIT	estuve, estuviste, estuvo, estuvimos, estuvisteis, estuvieron	
IMPERFECT	estaba, estabas, estaba, estábamos, estabais, estaban	conmoviendo
FUTURE	estaré, estarás, estará, estaremos, estaréis, estarán	
CONDITIONAL	estaría, estarías, estaría, estaríamos, estaríais, estarían	
SUBJUNCTIVE	que + _corresponding subjunctive tense of_ estar (_see verb 252_)	

COMMANDS

	(nosotros) conmovamos/no conmovamos
(tú) conmueve/no conmuevas	(vosotros) conmoved/no conmováis
(Ud.) conmueva/no conmueva	(Uds.) conmuevan/no conmuevan

Usage

Me conmovía su gentileza.	_I was moved by her kindness._
Su apuro nos conmueve mucho.	_We are deeply moved by their difficult situation._
No se conmovió en lo más mínimo por la tragedia.	_He wasn't touched in the least by the tragedy._
Es una historia muy conmovedora.	_It's a very poignant story._

-er verb; spelling change: z > zc/o, a   **conozco · conocieron · conocido · conociendo**

PRESENT		PRETERIT	
conozco	conocemos	conocí	conocimos
conoces	conocéis	conociste	conocisteis
conoce	conocen	conoció	conocieron

IMPERFECT		PRESENT PERFECT	
conocía	conocíamos	he conocido	hemos conocido
conocías	conocíais	has conocido	habéis conocido
conocía	conocían	ha conocido	han conocido

FUTURE		CONDITIONAL	
conoceré	conoceremos	conocería	conoceríamos
conocerás	conoceréis	conocerías	conoceríais
conocerá	conocerán	conocería	conocerían

PLUPERFECT		PRETERIT PERFECT	
había conocido	habíamos conocido	hube conocido	hubimos conocido
habías conocido	habíais conocido	hubiste conocido	hubisteis conocido
había conocido	habían conocido	hubo conocido	hubieron conocido

FUTURE PERFECT		CONDITIONAL PERFECT	
habré conocido	habremos conocido	habría conocido	habríamos conocido
habrás conocido	habréis conocido	habrías conocido	habríais conocido
habrá conocido	habrán conocido	habría conocido	habrían conocido

PRESENT SUBJUNCTIVE		PRESENT PERFECT SUBJUNCTIVE	
conozca	conozcamos	haya conocido	hayamos conocido
conozcas	conozcáis	hayas conocido	hayáis conocido
conozca	conozcan	haya conocido	hayan conocido

IMPERFECT SUBJUNCTIVE (-ra)		*or* IMPERFECT SUBJUNCTIVE (-se)	
conociera	conociéramos	conociese	conociésemos
conocieras	conocierais	conocieses	conocieseis
conociera	conocieran	conociese	conociesen

PAST PERFECT SUBJUNCTIVE (-ra)		*or* PAST PERFECT SUBJUNCTIVE (-se)	
hubiera conocido	hubiéramos conocido	hubiese conocido	hubiésemos conocido
hubieras conocido	hubierais conocido	hubieses conocido	hubieseis conocido
hubiera conocido	hubieran conocido	hubiese conocido	hubiesen conocido

PROGRESSIVE TENSES

PRESENT	estoy, estás, está, estamos, estáis, están	
PRETERIT	estuve, estuviste, estuvo, estuvimos, estuvisteis, estuvieron	
IMPERFECT	estaba, estabas, estaba, estábamos, estabais, estaban	conociendo
FUTURE	estaré, estarás, estará, estaremos, estaréis, estarán	
CONDITIONAL	estaría, estarías, estaría, estaríamos, estaríais, estarían	
SUBJUNCTIVE	que + *corresponding subjunctive tense of* estar *(see verb 252)*	

COMMANDS

	(nosotros) conozcamos/no conozcamos
(tú) conoce/no conozcas	(vosotros) conoced/no conozcáis
(Ud.) conozca/no conozca	(Uds.) conozcan/no conozcan

Usage

—¿Conocéis al nuevo programador?   *Do you know the new programmer?*
—Yo sé quién es pero no lo conocí.   *I know who he is but I haven't met him.*

—Ya conocen Madrid, ¿verdad?   *You've been in Madrid, haven't you?*
—Sí, y conocemos otras ciudades españolas.   *Yes, and we're familiar with other Spanish cities.*

—Conoces al capataz de vista, ¿no?   *You know the foreman by sight, don't you?*
—No lo conozco ni por asomo.   *I don't know him from Adam.*

—¿Has hablado con el concejal?	*Have you spoken with the councilman?*
—No. Lo conozco solamente de vista.	*No. I only know him by sight.*
—¿Van conociendo los Estados Unidos?	*Are you getting to know the United States?*
—Ya hemos visitado los lugares más conocidos.	*We've already visited the most well-known places.*
—¿Hace mucho que se conocen?	*Have they known each other for a long time?*
—Se conocieron el año pasado.	*They met last year.*
—Uds. se conocen, ¿verdad?	*You know each other, don't you?*
—Sí, nos conocimos en Londres.	*Yes, we met in London.*
—Me parece que conoces este pueblo muy bien.	*I think you're very familiar with this town.*
—Lo conozco como la palma de la mano.	*I know it like the back of my hand.*
—Esos hombres de negocios conocen el japonés.	*Those businessmen know Japanese.*
—Lo conocerán a fondo porque trabajaban en Tokio.	*They probably have a thorough knowledge of it because they worked in Tokyo.*

Other Uses

Conócete a ti mismo.	*Know yourself.*
—El arquitecto es su amigo, ¿no?	*The architect is your friend, isn't he?*
—Es más bien un conocido nuestro.	*He's more precisely/rather an acquaintance of ours.*
Es conocedor de vinos.	*He's an expert on/connoisseur of wines.*
Tiene enormes conocimientos científicos.	*He has vast scientific knowledge.*
Tienen conocimientos sólidos de inglés.	*They have a good working knowledge of English.*
Yo no tenía conocimiento de eso.	*I had no knowledge of that.*
Habla con conocimiento de causa.	*She knows very well what she's talking about.*
Tomó la decisión con conocimiento de causa.	*He made the decision with full knowledge of the facts.*
—Perdió el conocimiento cuando su cabeza dio contra el suelo.	*He lost consciousness when his head hit the floor.*
—Menos mal recobró el conocimiento casi en seguida.	*Fortunately, he regained consciousness almost immediately.*

TOP 50 VERBS

stem-changing -ir verb: e > i;
spelling change: gu > g/o, a

consigo · consiguieron · conseguido · consiguiendo

PRESENT

consigo	conseguimos
consigues	conseguís
consigue	consiguen

PRETERIT

conseguí	conseguimos
conseguiste	conseguisteis
consiguió	consiguieron

IMPERFECT

conseguía	conseguíamos
conseguías	conseguíais
conseguía	conseguían

PRESENT PERFECT

he conseguido	hemos conseguido
has conseguido	habéis conseguido
ha conseguido	han conseguido

FUTURE

conseguiré	conseguiremos
conseguirás	conseguiréis
conseguirá	conseguirán

CONDITIONAL

conseguiría	conseguiríamos
conseguirías	conseguiríais
conseguiría	conseguirían

PLUPERFECT

había conseguido	habíamos conseguido
habías conseguido	habíais conseguido
había conseguido	habían conseguido

PRETERIT PERFECT

hube conseguido	hubimos conseguido
hubiste conseguido	hubisteis conseguido
hubo conseguido	hubieron conseguido

FUTURE PERFECT

habré conseguido	habremos conseguido
habrás conseguido	habréis conseguido
habrá conseguido	habrán conseguido

CONDITIONAL PERFECT

habría conseguido	habríamos conseguido
habrías conseguido	habríais conseguido
habría conseguido	habrían conseguido

PRESENT SUBJUNCTIVE

consiga	consigamos
consigas	consigáis
consiga	consigan

PRESENT PERFECT SUBJUNCTIVE

haya conseguido	hayamos conseguido
hayas conseguido	hayáis conseguido
haya conseguido	hayan conseguido

IMPERFECT SUBJUNCTIVE (-ra)   *or*   **IMPERFECT SUBJUNCTIVE (-se)**

consiguiera	consiguiéramos	consiguiese	consiguiésemos
consiguieras	consiguierais	consiguieses	consiguieseis
consiguiera	consiguieran	consiguiese	consiguiesen

PAST PERFECT SUBJUNCTIVE (-ra)   *or*   **PAST PERFECT SUBJUNCTIVE (-se)**

hubiera conseguido	hubiéramos conseguido	hubiese conseguido	hubiésemos conseguido
hubieras conseguido	hubierais conseguido	hubieses conseguido	hubieseis conseguido
hubiera conseguido	hubieran conseguido	hubiese conseguido	hubiesen conseguido

PROGRESSIVE TENSES

PRESENT	estoy, estás, está, estamos, estáis, están
PRETERIT	estuve, estuviste, estuvo, estuvimos, estuvisteis, estuvieron
IMPERFECT	estaba, estabas, estaba, estábamos, estabais, estaban
FUTURE	estaré, estarás, estará, estaremos, estaréis, estarán
CONDITIONAL	estaría, estarías, estaría, estaríamos, estaríais, estarían
SUBJUNCTIVE	que + *corresponding subjunctive tense of* estar (*see verb 252*)

} consiguiendo

COMMANDS

	(nosotros) consigamos/no consigamos
(tú) consigue/no consigas	(vosotros) conseguid/no consigáis
(Ud.) consiga/no consiga	(Uds.) consigan/no consigan

Usage

Nos consiguieron las entradas.	*They got the theater tickets for us.*
—¿Conseguiste un aumento de sueldo?	*Did you get a raise?*
—¡Qué va! Ni conseguí hablar con el jefe.	*Are you kidding! I didn't even manage to speak with my boss.*
Consiguió doctorarse/el doctorado.	*He got/attained his doctorate.*
¿Buena nota en física? La doy por conseguida.	*A good grade in physics? I take it for granted.*

consentir *to consent, allow, spoil*

consiento · consintieron · consentido · consintiendo

stem-changing *-ir* verb:
e > ie (present), *e > i* (preterit)

PRESENT		PRETERIT	
consiento	consentimos	consentí	consentimos
consientes	consentís	consentiste	consentisteis
consiente	consienten	consintió	consintieron

IMPERFECT		PRESENT PERFECT	
consentía	consentíamos	he consentido	hemos consentido
consentías	consentíais	has consentido	habéis consentido
consentía	consentían	ha consentido	han consentido

FUTURE		CONDITIONAL	
consentiré	consentiremos	consentiría	consentiríamos
consentirás	consentiréis	consentirías	consentiríais
consentirá	consentirán	consentiría	consentirían

PLUPERFECT		PRETERIT PERFECT	
había consentido	habíamos consentido	hube consentido	hubimos consentido
habías consentido	habíais consentido	hubiste consentido	hubisteis consentido
había consentido	habían consentido	hubo consentido	hubieron consentido

FUTURE PERFECT		CONDITIONAL PERFECT	
habré consentido	habremos consentido	habría consentido	habríamos consentido
habrás consentido	habréis consentido	habrías consentido	habríais consentido
habrá consentido	habrán consentido	habría consentido	habrían consentido

PRESENT SUBJUNCTIVE		PRESENT PERFECT SUBJUNCTIVE	
consienta	consintamos	haya consentido	hayamos consentido
consientas	consintáis	hayas consentido	hayáis consentido
consienta	consientan	haya consentido	hayan consentido

IMPERFECT SUBJUNCTIVE (-ra)		*or* IMPERFECT SUBJUNCTIVE (-se)	
consintiera	consintiéramos	consintiese	consintiésemos
consintieras	consintierais	consintieses	consintieseis
consintiera	consintieran	consintiese	consintiesen

PAST PERFECT SUBJUNCTIVE (-ra)		*or* PAST PERFECT SUBJUNCTIVE (-se)	
hubiera consentido	hubiéramos consentido	hubiese consentido	hubiésemos consentido
hubieras consentido	hubierais consentido	hubieses consentido	hubieseis consentido
hubiera consentido	hubieran consentido	hubiese consentido	hubiesen consentido

PROGRESSIVE TENSES

PRESENT	estoy, estás, está, estamos, estáis, están	
PRETERIT	estuve, estuviste, estuvo, estuvimos, estuvisteis, estuvieron	
IMPERFECT	estaba, estabas, estaba, estábamos, estabais, estaban	consintiendo
FUTURE	estaré, estarás, estará, estaremos, estaréis, estarán	
CONDITIONAL	estaría, estarías, estaría, estaríamos, estaríais, estarían	
SUBJUNCTIVE	que + *corresponding subjunctive tense of* estar (*see verb 252*)	

COMMANDS

	(nosotros) consintamos/no consintamos
(tú) consiente/no consientas	(vosotros) consentid/no consintáis
(Ud.) consienta/no consienta	(Uds.) consientan/no consientan

Usage

Consiento en apoyar su causa.	*I consent to support their cause.*
No consentimos que trates el asunto así.	*We can't allow you to deal with the matter like this.*
—¡Qué mocoso! Sus padres lo consienten.	*What a brat! His parents spoil him.*
—Su hermana también es una niña muy consentida.	*His sister is also a very spoiled child.*
Otorgó su consentimiento.	*He gave his consent.*

-ir verb; spelling change: adds *y* before *o, a, e*

construyo · construyeron · construido · construyendo

PRESENT

construyo	construimos
construyes	construís
construye	construyen

PRETERIT

construí	construimos
construiste	construisteis
construyó	construyeron

IMPERFECT

construía	construíamos
construías	construíais
construía	construían

PRESENT PERFECT

he construido	hemos construido
has construido	habéis construido
ha construido	han construido

FUTURE

construiré	construiremos
construirás	construiréis
construirá	construirán

CONDITIONAL

construiría	construiríamos
construirías	construiríais
construiría	construirían

PLUPERFECT

había construido	habíamos construido
habías construido	habíais construido
había construido	habían construido

PRETERIT PERFECT

hube construido	hubimos construido
hubiste construido	hubisteis construido
hubo construido	hubieron construido

FUTURE PERFECT

habré construido	habremos construido
habrás construido	habréis construido
habrá construido	habrán construido

CONDITIONAL PERFECT

habría construido	habríamos construido
habrías construido	habríais construido
habría construido	habrían construido

PRESENT SUBJUNCTIVE

construya	construyamos
construyas	construyáis
construya	construyan

PRESENT PERFECT SUBJUNCTIVE

haya construido	hayamos construido
hayas construido	hayáis construido
haya construido	hayan construido

IMPERFECT SUBJUNCTIVE (-ra)

construyera	construyéramos
construyeras	construyerais
construyera	construyeran

or **IMPERFECT SUBJUNCTIVE (-se)**

construyese	construyésemos
construyeses	construyeseis
construyese	construyesen

PAST PERFECT SUBJUNCTIVE (-ra)

hubiera construido	hubiéramos construido
hubieras construido	hubierais construido
hubiera construido	hubieran construido

or **PAST PERFECT SUBJUNCTIVE (-se)**

hubiese construido	hubiésemos construido
hubieses construido	hubieseis construido
hubiese construido	hubiesen construido

PROGRESSIVE TENSES

PRESENT	estoy, estás, está, estamos, estáis, están
PRETERIT	estuve, estuviste, estuvo, estuvimos, estuvisteis, estuvieron
IMPERFECT	estaba, estabas, estaba, estábamos, estabais, estaban
FUTURE	estaré, estarás, estará, estaremos, estaréis, estarán
CONDITIONAL	estaría, estarías, estaría, estaríamos, estaríais, estarían
SUBJUNCTIVE	que + *corresponding subjunctive tense of* estar (*see verb 252*)

} construyendo

COMMANDS

	(nosotros) construyamos/no construyamos
(tú) construye/no construyas	(vosotros) construid/no construyáis
(Ud.) construya/no construya	(Uds.) construyan/no construyan

Usage

Se está construyendo un centro comercial en la carretera.	*They're building a mall on the highway.*
Se construían edificios en el centro.	*They were constructing buildings downtown.*
Hicimos construir una casa de campo.	*We had a country house built.*
Trabajo para una empresa constructora.	*I work for a construction company.*
Se dedica a la construcción de casas.	*His line of work is/He earns a living building houses.*
El hotel está en vías de construcción.	*The hotel is under construction.*

contar *to count, tell*

cuento · contaron · contado · contando

stem-changing *-ar* verb: *o > ue*

PRESENT

cuento	contamos
cuentas	contáis
cuenta	cuentan

PRETERIT

conté	contamos
contaste	contasteis
contó	contaron

IMPERFECT

contaba	contábamos
contabas	contabais
contaba	contaban

PRESENT PERFECT

he contado	hemos contado
has contado	habéis contado
ha contado	han contado

FUTURE

contaré	contaremos
contarás	contaréis
contará	contarán

CONDITIONAL

contaría	contaríamos
contarías	contaríais
contaría	contarían

PLUPERFECT

había contado	habíamos contado
habías contado	habíais contado
había contado	habían contado

PRETERIT PERFECT

hube contado	hubimos contado
hubiste contado	hubisteis contado
hubo contado	hubieron contado

FUTURE PERFECT

habré contado	habremos contado
habrás contado	habréis contado
habrá contado	habrán contado

CONDITIONAL PERFECT

habría contado	habríamos contado
habrías contado	habríais contado
habría contado	habrían contado

PRESENT SUBJUNCTIVE

cuente	contemos
cuentes	contéis
cuente	cuenten

PRESENT PERFECT SUBJUNCTIVE

haya contado	hayamos contado
hayas contado	hayáis contado
haya contado	hayan contado

IMPERFECT SUBJUNCTIVE (-ra)

contara	contáramos
contaras	contarais
contara	contaran

or **IMPERFECT SUBJUNCTIVE (-se)**

contase	contásemos
contases	contaseis
contase	contasen

PAST PERFECT SUBJUNCTIVE (-ra)

hubiera contado	hubiéramos contado
hubieras contado	hubierais contado
hubiera contado	hubieran contado

or **PAST PERFECT SUBJUNCTIVE (-se)**

hubiese contado	hubiésemos contado
hubieses contado	hubieseis contado
hubiese contado	hubiesen contado

PROGRESSIVE TENSES

PRESENT	estoy, estás, está, estamos, estáis, están
PRETERIT	estuve, estuviste, estuvo, estuvimos, estuvisteis, estuvieron
IMPERFECT	estaba, estabas, estaba, estábamos, estabais, estaban
FUTURE	estaré, estarás, estará, estaremos, estaréis, estarán
CONDITIONAL	estaría, estarías, estaría, estaríamos, estaríais, estarían
SUBJUNCTIVE	que + *corresponding subjunctive tense of* estar (*see verb 252*)

} contando

COMMANDS

	(nosotros) contemos/no contemos
(tú) cuenta/no cuentes	(vosotros) contad/no contéis
(Ud.) cuente/no cuente	(Uds.) cuenten/no cuenten

Usage

El niño cuenta hasta veinte.	*The child counts up to 20.*
Cuéntanos lo que pasó.	*Tell us what happened.*
Cuenten con nosotros.	*Count on us.*
Mozo, la cuenta, por favor.	*Waiter, the bill/check, please.*
Se abrió una cuenta corriente/de ahorros.	*They opened a checking/savings account.*
Tenga en cuenta lo grave de la situación.	*Bear in mind/Consider the seriousness of the situation.*
No me di cuenta hasta ahora.	*I didn't realize until now.*

irregular verb (like **tener**) | **contengo · contuvieron · contenido · conteniendo**

PRESENT

contengo	contenemos
contienes	contenéis
contiene	contienen

IMPERFECT

contenía	conteníamos
contenías	conteníais
contenía	contenían

FUTURE

contendré	contendremos
contendrás	contendréis
contendrá	contendrán

PLUPERFECT

había contenido	habíamos contenido
habías contenido	habíais contenido
había contenido	habían contenido

FUTURE PERFECT

habré contenido	habremos contenido
habrás contenido	habréis contenido
habrá contenido	habrán contenido

PRESENT SUBJUNCTIVE

contenga	contengamos
contengas	contengáis
contenga	contengan

IMPERFECT SUBJUNCTIVE (-ra)

contuviera	contuviéramos
contuvieras	contuvierais
contuviera	contuvieran

PAST PERFECT SUBJUNCTIVE (-ra)

hubiera contenido	hubiéramos contenido
hubieras contenido	hubierais contenido
hubiera contenido	hubieran contenido

PRETERIT

contuve	contuvimos
contuviste	contuvisteis
contuvo	contuvieron

PRESENT PERFECT

he contenido	hemos contenido
has contenido	habéis contenido
ha contenido	han contenido

CONDITIONAL

contendría	contendríamos
contendrías	contendríais
contendría	contendrían

PRETERIT PERFECT

hube contenido	hubimos contenido
hubiste contenido	hubisteis contenido
hubo contenido	hubieron contenido

CONDITIONAL PERFECT

habría contenido	habríamos contenido
habrías contenido	habríais contenido
habría contenido	habrían contenido

PRESENT PERFECT SUBJUNCTIVE

haya contenido	hayamos contenido
hayas contenido	hayáis contenido
haya contenido	hayan contenido

or **IMPERFECT SUBJUNCTIVE (-se)**

contuviese	contuviésemos
contuvieses	contuvieseis
contuviese	contuviesen

or **PAST PERFECT SUBJUNCTIVE (-se)**

hubiese contenido	hubiésemos contenido
hubieses contenido	hubieseis contenido
hubiese contenido	hubiesen contenido

PROGRESSIVE TENSES

PRESENT	estoy, estás, está, estamos, estáis, están
PRETERIT	estuve, estuviste, estuvo, estuvimos, estuvisteis, estuvieron
IMPERFECT	estaba, estabas, estaba, estábamos, estabais, estaban
FUTURE	estaré, estarás, estará, estaremos, estaréis, estarán
CONDITIONAL	estaría, estarías, estaría, estaríamos, estaríais, estarían
SUBJUNCTIVE	que + *corresponding subjunctive tense of* estar *(see verb 252)*

conteniendo

COMMANDS

	(nosotros) contengamos/no contengamos
(tú) contén/no contengas	(vosotros) contened/no contengáis
(Ud.) contenga/no contenga	(Uds.) contengan/no contengan

Usage

¿Qué contiene aquella bolsa?	*What does that bag contain?*
No pudo contener la risa/las lágrimas.	*She couldn't restrain/hold back her laughter/tears.*
¡Qué hemorragia nasal tuvo! Nos fue difícil contener la sangre.	*What a nosebleed he had! We had a hard time stopping the blood.*
El contenido del informe nos interesa.	*We're interested in the contents of the report.*
El gobierno sigue una política de contención.	*The government follows a policy of containment.*

contestar *to answer, reply*

contesto · contestaron · contestado · contestando

regular *-ar* verb

PRESENT

contesto	contestamos
contestas	contestáis
contesta	contestan

PRETERIT

contesté	contestamos
contestaste	contestasteis
contestó	contestaron

IMPERFECT

contestaba	contestábamos
contestabas	contestabais
contestaba	contestaban

PRESENT PERFECT

he contestado	hemos contestado
has contestado	habéis contestado
ha contestado	han contestado

FUTURE

contestaré	contestaremos
contestarás	contestaréis
contestará	contestarán

CONDITIONAL

contestaría	contestaríamos
contestarías	contestaríais
contestaría	contestarían

PLUPERFECT

había contestado	habíamos contestado
habías contestado	habíais contestado
había contestado	habían contestado

PRETERIT PERFECT

hube contestado	hubimos contestado
hubiste contestado	hubisteis contestado
hubo contestado	hubieron contestado

FUTURE PERFECT

habré contestado	habremos contestado
habrás contestado	habréis contestado
habrá contestado	habrán contestado

CONDITIONAL PERFECT

habría contestado	habríamos contestado
habrías contestado	habríais contestado
habría contestado	habrían contestado

PRESENT SUBJUNCTIVE

conteste	contestemos
contestes	contestéis
conteste	contesten

PRESENT PERFECT SUBJUNCTIVE

haya contestado	hayamos contestado
hayas contestado	hayáis contestado
haya contestado	hayan contestado

IMPERFECT SUBJUNCTIVE (-ra)

contestara	contestáramos
contestaras	contestarais
contestara	contestaran

or **IMPERFECT SUBJUNCTIVE (-se)**

contestase	contestásemos
contestases	contestaseis
contestase	contestasen

PAST PERFECT SUBJUNCTIVE (-ra)

hubiera contestado	hubiéramos contestado
hubieras contestado	hubierais contestado
hubiera contestado	hubieran contestado

or **PAST PERFECT SUBJUNCTIVE (-se)**

hubiese contestado	hubiésemos contestado
hubieses contestado	hubieseis contestado
hubiese contestado	hubiesen contestado

PROGRESSIVE TENSES

PRESENT	estoy, estás, está, estamos, estáis, están
PRETERIT	estuve, estuviste, estuvo, estuvimos, estuvisteis, estuvieron
IMPERFECT	estaba, estabas, estaba, estábamos, estabais, estaban
FUTURE	estaré, estarás, estará, estaremos, estaréis, estarán
CONDITIONAL	estaría, estarías, estaría, estaríamos, estaríais, estarían
SUBJUNCTIVE	que + *corresponding subjunctive tense of* estar (*see verb 252*)

} contestando

COMMANDS

	(nosotros) contestemos/no contestemos
(tú) contesta/no contestes	(vosotros) contestad/no contestéis
(Ud.) conteste/no conteste	(Uds.) contesten/no contesten

Usage

Contesta el mensaje electrónico.	*He's answering the e-mail message.*
Contesta la pregunta.	*Answer the question.*
¿Has contestado el teléfono?	*Have you answered the telephone?*
¡No nos contestes así!	*Don't talk back to us like that!*
¿Qué te contestaron?	*What did they reply to you?*
Dejaron las cartas sin contestación.	*They left the letters unanswered.*
Casi todos tienen un contestador automático.	*Almost everybody has an answering machine.*

-*ar* verb; spelling change:
u > ú when stressed

continúo · continuaron · continuado · continuando

PRESENT

continúo	continuamos
continúas	continuáis
continúa	continúan

PRETERIT

continué	continuamos
continuaste	continuasteis
continuó	continuaron

IMPERFECT

continuaba	continuábamos
continuabas	continuabais
continuaba	continuaban

PRESENT PERFECT

he continuado	hemos continuado
has continuado	habéis continuado
ha continuado	han continuado

FUTURE

continuaré	continuaremos
continuarás	continuaréis
continuará	continuarán

CONDITIONAL

continuaría	continuaríamos
continuarías	continuaríais
continuaría	continuarían

PLUPERFECT

había continuado	habíamos continuado
habías continuado	habíais continuado
había continuado	habían continuado

PRETERIT PERFECT

hube continuado	hubimos continuado
hubiste continuado	hubisteis continuado
hubo continuado	hubieron continuado

FUTURE PERFECT

habré continuado	habremos continuado
habrás continuado	habréis continuado
habrá continuado	habrán continuado

CONDITIONAL PERFECT

habría continuado	habríamos continuado
habrías continuado	habríais continuado
habría continuado	habrían continuado

PRESENT SUBJUNCTIVE

continúe	continuemos
continúes	continuéis
continúe	continúen

PRESENT PERFECT SUBJUNCTIVE

haya continuado	hayamos continuado
hayas continuado	hayáis continuado
haya continuado	hayan continuado

IMPERFECT SUBJUNCTIVE (-ra)   *or*   **IMPERFECT SUBJUNCTIVE (-se)**

continuara	continuáramos	continuase	continuásemos
continuaras	continuarais	continuases	continuaseis
continuara	continuaran	continuase	continuasen

PAST PERFECT SUBJUNCTIVE (-ra)   *or*   **PAST PERFECT SUBJUNCTIVE (-se)**

hubiera continuado	hubiéramos continuado	hubiese continuado	hubiésemos continuado
hubieras continuado	hubierais continuado	hubieses continuado	hubieseis continuado
hubiera continuado	hubieran continuado	hubiese continuado	hubiesen continuado

PROGRESSIVE TENSES

PRESENT	estoy, estás, está, estamos, estáis, están
PRETERIT	estuve, estuviste, estuvo, estuvimos, estuvisteis, estuvieron
IMPERFECT	estaba, estabas, estaba, estábamos, estabais, estaban
FUTURE	estaré, estarás, estará, estaremos, estaréis, estarán
CONDITIONAL	estaría, estarías, estaría, estaríamos, estaríais, estarían
SUBJUNCTIVE	que + *corresponding subjunctive tense of* estar *(see verb 252)*

continuando

COMMANDS

	(nosotros) continuemos/no continuemos
(tú) continúa/no continúes	(vosotros) continuad/no continuéis
(Ud.) continúe/no continúe	(Uds.) continúen/no continúen

Usage

Continúan discutiendo.	*They keep on arguing.*
Continúo con mis investigaciones.	*I'm going on with my research.*
Las reglas continúan en vigor.	*The rules are still in force.*
Las notas se encuentran a continuación.	*The notes can be found below.*
Se oye un torrente de palabras continuo.	*You can hear a continuous stream of words.*
Se busca continuidad en la dirección de la compañía.	*We're looking for continuity in the leadership of the company.*

contribuir *to contribute*

contribuyo · contribuyeron · contribuido · contribuyendo

-ir verb; spelling change:
adds *y* before *o, a, e*

PRESENT		PRETERIT	
contribuyo	contribuimos	contribuí	contribuimos
contribuyes	contribuís	contribuiste	contribuisteis
contribuye	contribuyen	contribuyó	contribuyeron

IMPERFECT		PRESENT PERFECT	
contribuía	contribuíamos	he contribuido	hemos contribuido
contribuías	contribuíais	has contribuido	habéis contribuido
contribuía	contribuían	ha contribuido	han contribuido

FUTURE		CONDITIONAL	
contribuiré	contribuiremos	contribuiría	contribuiríamos
contribuirás	contribuiréis	contribuirías	contribuiríais
contribuirá	contribuirán	contribuiría	contribuirían

PLUPERFECT		PRETERIT PERFECT	
había contribuido	habíamos contribuido	hube contribuido	hubimos contribuido
habías contribuido	habíais contribuido	hubiste contribuido	hubisteis contribuido
había contribuido	habían contribuido	hubo contribuido	hubieron contribuido

FUTURE PERFECT		CONDITIONAL PERFECT	
habré contribuido	habremos contribuido	habría contribuido	habríamos contribuido
habrás contribuido	habréis contribuido	habrías contribuido	habríais contribuido
habrá contribuido	habrán contribuido	habría contribuido	habrían contribuido

PRESENT SUBJUNCTIVE		PRESENT PERFECT SUBJUNCTIVE	
contribuya	contribuyamos	haya contribuido	hayamos contribuido
contribuyas	contribuyáis	hayas contribuido	hayáis contribuido
contribuya	contribuyan	haya contribuido	hayan contribuido

IMPERFECT SUBJUNCTIVE (-ra)		*or*	IMPERFECT SUBJUNCTIVE (-se)	
contribuyera	contribuyéramos		contribuyese	contribuyésemos
contribuyeras	contribuyerais		contribuyeses	contribuyeseis
contribuyera	contribuyeran		contribuyese	contribuyesen

PAST PERFECT SUBJUNCTIVE (-ra)		*or*	PAST PERFECT SUBJUNCTIVE (-se)	
hubiera contribuido	hubiéramos contribuido		hubiese contribuido	hubiésemos contribuido
hubieras contribuido	hubierais contribuido		hubieses contribuido	hubieseis contribuido
hubiera contribuido	hubieran contribuido		hubiese contribuido	hubiesen contribuido

PROGRESSIVE TENSES

PRESENT	estoy, estás, está, estamos, estáis, están
PRETERIT	estuve, estuviste, estuvo, estuvimos, estuvisteis, estuvieron
IMPERFECT	estaba, estabas, estaba, estábamos, estabais, estaban
FUTURE	estaré, estarás, estará, estaremos, estaréis, estarán
CONDITIONAL	estaría, estarías, estaría, estaríamos, estaríais, estarían
SUBJUNCTIVE	que + *corresponding subjunctive tense of* estar (*see verb 252*)

} contribuyendo

COMMANDS

	(nosotros) contribuyamos/no contribuyamos
(tú) contribuye/no contribuyas	(vosotros) contribuid/no contribuyáis
(Ud.) contribuya/no contribuya	(Uds.) contribuyan/no contribuyan

Usage

Contribuyeron mucho dinero a la caridad.	*They contributed a lot of money to charity.*
No es necesario que contribuyan más.	*It's not necessary for them to contribute more.*
Ojalá nosotros los contribuyentes pagáramos menos impuestos.	*We, the taxpayers, wish we would pay less taxes.*
Las contribuciones fueron recaudadas por el recaudador.	*Taxes were collected by the tax collector.*

regular *-ar* verb   **controlo · controlaron · controlado · controlando**

PRESENT

controlo	controlamos
controlas	controláis
controla	controlan

PRETERIT

controlé	controlamos
controlaste	controlasteis
controló	controlaron

IMPERFECT

controlaba	controlábamos
controlabas	controlabais
controlaba	controlaban

PRESENT PERFECT

he controlado	hemos controlado
has controlado	habéis controlado
ha controlado	han controlado

FUTURE

controlaré	controlaremos
controlarás	controlaréis
controlará	controlarán

CONDITIONAL

controlaría	controlaríamos
controlarías	controlaríais
controlaría	controlarían

PLUPERFECT

había controlado	habíamos controlado
habías controlado	habíais controlado
había controlado	habían controlado

PRETERIT PERFECT

hube controlado	hubimos controlado
hubiste controlado	hubisteis controlado
hubo controlado	hubieron controlado

FUTURE PERFECT

habré controlado	habremos controlado
habrás controlado	habréis controlado
habrá controlado	habrán controlado

CONDITIONAL PERFECT

habría controlado	habríamos controlado
habrías controlado	habríais controlado
habría controlado	habrían controlado

PRESENT SUBJUNCTIVE

controle	controlemos
controles	controléis
controle	controlen

PRESENT PERFECT SUBJUNCTIVE

haya controlado	hayamos controlado
hayas controlado	hayáis controlado
haya controlado	hayan controlado

IMPERFECT SUBJUNCTIVE (-ra)   *or*   **IMPERFECT SUBJUNCTIVE (-se)**

controlara	controláramos	controlase	controlásemos
controlaras	controlarais	controlases	controlaseis
controlara	controlaran	controlase	controlasen

PAST PERFECT SUBJUNCTIVE (-ra)   *or*   **PAST PERFECT SUBJUNCTIVE (-se)**

hubiera controlado	hubiéramos controlado	hubiese controlado	hubiésemos controlado
hubieras controlado	hubierais controlado	hubieses controlado	hubieseis controlado
hubiera controlado	hubieran controlado	hubiese controlado	hubiesen controlado

PROGRESSIVE TENSES

PRESENT	estoy, estás, está, estamos, estáis, están
PRETERIT	estuve, estuviste, estuvo, estuvimos, estuvisteis, estuvieron
IMPERFECT	estaba, estabas, estaba, estábamos, estabais, estaban
FUTURE	estaré, estarás, estará, estaremos, estaréis, estarán
CONDITIONAL	estaría, estarías, estaría, estaríamos, estaríais, estarían
SUBJUNCTIVE	que + *corresponding subjunctive tense of* estar (*see verb 252*)

} controlando

COMMANDS

	(nosotros) controlemos/no controlemos
(tú) controla/no controles	(vosotros) controlad/no controléis
(Ud.) controle/no controle	(Uds.) controlen/no controlen

Usage

¡Controla tu mal humor!	*Control your bad temper!*
Estos ejecutivos controlan el ramo.	*These executives dominate the industry.*
Es importante que haya un estricto control de seguridad en los aeropuertos.	*It's important that there's tight security at the airports.*
Renovaron la torre de control.	*They renovated the control tower.*
¡Qué caos! Todo está fuera de control.	*What chaos! Everything's out of control.*

convencer *to convince*

convenzo · convencieron · convencido · convenciendo

-er verb; spelling change:
c > z/o, a

PRESENT		PRETERIT	
convenzo	convencemos	convencí	convencimos
convences	convencéis	convenciste	convencisteis
convence	convencen	convenció	convencieron

IMPERFECT		PRESENT PERFECT	
convencía	convencíamos	he convencido	hemos convencido
convencías	convencíais	has convencido	habéis convencido
convencía	convencían	ha convencido	han convencido

FUTURE		CONDITIONAL	
convenceré	convenceremos	convencería	convenceríamos
convencerás	convenceréis	convencerías	convenceríais
convencerá	convencerán	convencería	convencerían

PLUPERFECT		PRETERIT PERFECT	
había convencido	habíamos convencido	hube convencido	hubimos convencido
habías convencido	habíais convencido	hubiste convencido	hubisteis convencido
había convencido	habían convencido	hubo convencido	hubieron convencido

FUTURE PERFECT		CONDITIONAL PERFECT	
habré convencido	habremos convencido	habría convencido	habríamos convencido
habrás convencido	habréis convencido	habrías convencido	habríais convencido
habrá convencido	habrán convencido	habría convencido	habrían convencido

PRESENT SUBJUNCTIVE		PRESENT PERFECT SUBJUNCTIVE	
convenza	convenzamos	haya convencido	hayamos convencido
convenzas	convenzáis	hayas convencido	hayáis convencido
convenza	convenzan	haya convencido	hayan convencido

IMPERFECT SUBJUNCTIVE (-ra)		*or*	IMPERFECT SUBJUNCTIVE (-se)	
convenciera	convenciéramos		convenciese	convenciésemos
convencieras	convencierais		convencieses	convencieseis
convenciera	convencieran		convenciese	convenciesen

PAST PERFECT SUBJUNCTIVE (-ra)		*or*	PAST PERFECT SUBJUNCTIVE (-se)	
hubiera convencido	hubiéramos convencido		hubiese convencido	hubiésemos convencido
hubieras convencido	hubierais convencido		hubieses convencido	hubieseis convencido
hubiera convencido	hubieran convencido		hubiese convencido	hubiesen convencido

PROGRESSIVE TENSES

PRESENT	estoy, estás, está, estamos, estáis, están
PRETERIT	estuve, estuviste, estuvo, estuvimos, estuvisteis, estuvieron
IMPERFECT	estaba, estabas, estaba, estábamos, estabais, estaban
FUTURE	estaré, estarás, estará, estaremos, estaréis, estarán
CONDITIONAL	estaría, estarías, estaría, estaríamos, estaríais, estarían
SUBJUNCTIVE	que + *corresponding subjunctive tense of* estar (*see verb 252*)

convenciendo

COMMANDS

	(nosotros) convenzamos/no convenzamos
(tú) convence/no convenzas	(vosotros) convenced/no convenzáis
(Ud.) convenza/no convenza	(Uds.) convenzan/no convenzan

Usage

Trata de convencerles para que nos acompañen.	*Try to convince them to go with us.*
¿Los convenciste?	*Did you convince them?*
Es importante que la convenzáis.	*It's important you convince her.*
Ese abogado no me convence.	*I don't like that lawyer.*
Son testimonios convincentes.	*This is conclusive evidence.*
Tenemos el convencimiento de que nuestro candidato ganará las elecciones.	*We're convinced that our candidate will win the election.*

irregular verb (like **venir**)   **convengo · convinieron · convenido · conviniendo**

PRESENT		PRETERIT	
convengo	convenimos	convine	convinimos
convienes	convenís	conviniste	convinisteis
conviene	convienen	convino	convinieron

IMPERFECT		PRESENT PERFECT	
convenía	conveníamos	he convenido	hemos convenido
convenías	conveníais	has convenido	habéis convenido
convenía	convenían	ha convenido	han convenido

FUTURE		CONDITIONAL	
convendré	convendremos	convendría	convendríamos
convendrás	convendréis	convendrías	convendríais
convendrá	convendrán	convendría	convendrían

PLUPERFECT		PRETERIT PERFECT	
había convenido	habíamos convenido	hube convenido	hubimos convenido
habías convenido	habíais convenido	hubiste convenido	hubisteis convenido
había convenido	habían convenido	hubo convenido	hubieron convenido

FUTURE PERFECT		CONDITIONAL PERFECT	
habré convenido	habremos convenido	habría convenido	habríamos convenido
habrás convenido	habréis convenido	habrías convenido	habríais convenido
habrá convenido	habrán convenido	habría convenido	habrían convenido

PRESENT SUBJUNCTIVE		PRESENT PERFECT SUBJUNCTIVE	
convenga	convengamos	haya convenido	hayamos convenido
convengas	convengáis	hayas convenido	hayáis convenido
convenga	convengan	haya convenido	hayan convenido

IMPERFECT SUBJUNCTIVE (-ra)		*or* IMPERFECT SUBJUNCTIVE (-se)	
conviniera	conviniéramos	conviniese	conviniésemos
convinieras	convinierais	convinieses	convinieseis
conviniera	convinieran	conviniese	conviniesen

PAST PERFECT SUBJUNCTIVE (-ra)		*or* PAST PERFECT SUBJUNCTIVE (-se)	
hubiera convenido	hubiéramos convenido	hubiese convenido	hubiésemos convenido
hubieras convenido	hubierais convenido	hubieses convenido	hubieseis convenido
hubiera convenido	hubieran convenido	hubiese convenido	hubiesen convenido

PROGRESSIVE TENSES

PRESENT	estoy, estás, está, estamos, estáis, están
PRETERIT	estuve, estuviste, estuvo, estuvimos, estuvisteis, estuvieron
IMPERFECT	estaba, estabas, estaba, estábamos, estabais, estaban
FUTURE	estaré, estarás, estará, estaremos, estaréis, estarán
CONDITIONAL	estaría, estarías, estaría, estaríamos, estaríais, estarían
SUBJUNCTIVE	que + *corresponding subjunctive tense of* estar (*see verb 252*)

} conviniendo

COMMANDS

	(nosotros) convengamos/no convengamos
(tú) convén/no convengas	(vosotros) convenid/no convengáis
(Ud.) convenga/no convenga	(Uds.) convengan/no convengan

Usage

Todos convinieron en el asunto.	*Everyone agreed about the matter.*
Haz el trabajo cuando te convenga.	*Do the work when it's convenient for you.*
Nos conviene asistir a la reunión.	*It's advisable for us to attend the meeting.*
Te conviene tomar las vacaciones este mes.	*It's better for you to take your vacation this month.*
Los representantes firmaron el convenio.	*The representatives signed the agreement.*

convertir   *to convert, transform*

convierto · convirtieron · convertido · convirtiendo

stem-changing *-ir* verb:
e > ie (present), *e > i* (preterit)

PRESENT		PRETERIT	
convierto	convertimos	convertí	convertimos
conviertes	convertís	convertiste	convertisteis
convierte	convierten	convirtió	convirtieron

IMPERFECT		PRESENT PERFECT	
convertía	convertíamos	he convertido	hemos convertido
convertías	convertíais	has convertido	habéis convertido
convertía	convertían	ha convertido	han convertido

FUTURE		CONDITIONAL	
convertiré	convertiremos	convertiría	convertiríamos
convertirás	convertiréis	convertirías	convertiríais
convertirá	convertirán	convertiría	convertirían

PLUPERFECT		PRETERIT PERFECT	
había convertido	habíamos convertido	hube convertido	hubimos convertido
habías convertido	habíais convertido	hubiste convertido	hubisteis convertido
había convertido	habían convertido	hubo convertido	hubieron convertido

FUTURE PERFECT		CONDITIONAL PERFECT	
habré convertido	habremos convertido	habría convertido	habríamos convertido
habrás convertido	habréis convertido	habrías convertido	habríais convertido
habrá convertido	habrán convertido	habría convertido	habrían convertido

PRESENT SUBJUNCTIVE		PRESENT PERFECT SUBJUNCTIVE	
convierta	convirtamos	haya convertido	hayamos convertido
conviertas	convirtáis	hayas convertido	hayáis convertido
convierta	conviertan	haya convertido	hayan convertido

IMPERFECT SUBJUNCTIVE (-ra)		*or*	IMPERFECT SUBJUNCTIVE (-se)	
convirtiera	convirtiéramos		convirtiese	convirtiésemos
convirtieras	convirtierais		convirtieses	convirtieseis
convirtiera	convirtieran		convirtiese	convirtiesen

PAST PERFECT SUBJUNCTIVE (-ra)		*or*	PAST PERFECT SUBJUNCTIVE (-se)	
hubiera convertido	hubiéramos convertido		hubiese convertido	hubiésemos convertido
hubieras convertido	hubierais convertido		hubieses convertido	hubieseis convertido
hubiera convertido	hubieran convertido		hubiese convertido	hubiesen convertido

PROGRESSIVE TENSES

PRESENT	estoy, estás, está, estamos, estáis, están	
PRETERIT	estuve, estuviste, estuvo, estuvimos, estuvisteis, estuvieron	
IMPERFECT	estaba, estabas, estaba, estábamos, estabais, estaban	
FUTURE	estaré, estarás, estará, estaremos, estaréis, estarán	convirtiendo
CONDITIONAL	estaría, estarías, estaría, estaríamos, estaríais, estarían	
SUBJUNCTIVE	que + *corresponding subjunctive tense of* estar (*see verb 252*)	

COMMANDS

	(nosotros) convirtamos/no convirtamos
(tú) convierte/no conviertas	(vosotros) convertid/no convirtáis
(Ud.) convierta/no convierta	(Uds.) conviertan/no conviertan

Usage

Convirtieron dólares en euros.	*They changed their dollars into euros.*
El alquimista intentaba convertir los metales en oro.	*The alchemist tried to transform metals into gold.*
El pueblo se convirtió en una gran ciudad.	*The town became a great city.*
Son conversos al catolicismo.	*They're converts to Catholicism.*
Nos compramos un coche convertible.	*We bought a convertible.*

-*ar* verb; spelling change: *c* > *qu/e*   **convoco · convocaron · convocado · convocando**

PRESENT		PRETERIT	
convoco	convocamos	convoqué	convocamos
convocas	convocáis	convocaste	convocasteis
convoca	convocan	convocó	convocaron

IMPERFECT		PRESENT PERFECT	
convocaba	convocábamos	he convocado	hemos convocado
convocabas	convocabais	has convocado	habéis convocado
convocaba	convocaban	ha convocado	han convocado

FUTURE		CONDITIONAL	
convocaré	convocaremos	convocaría	convocaríamos
convocarás	convocaréis	convocarías	convocaríais
convocará	convocarán	convocaría	convocarían

PLUPERFECT		PRETERIT PERFECT	
había convocado	habíamos convocado	hube convocado	hubimos convocado
habías convocado	habíais convocado	hubiste convocado	hubisteis convocado
había convocado	habían convocado	hubo convocado	hubieron convocado

FUTURE PERFECT		CONDITIONAL PERFECT	
habré convocado	habremos convocado	habría convocado	habríamos convocado
habrás convocado	habréis convocado	habrías convocado	habríais convocado
habrá convocado	habrán convocado	habría convocado	habrían convocado

PRESENT SUBJUNCTIVE		PRESENT PERFECT SUBJUNCTIVE	
convoque	convoquemos	haya convocado	hayamos convocado
convoques	convoquéis	hayas convocado	hayáis convocado
convoque	convoquen	haya convocado	hayan convocado

IMPERFECT SUBJUNCTIVE (-ra)		*or* IMPERFECT SUBJUNCTIVE (-se)	
convocara	convocáramos	convocase	convocásemos
convocaras	convocarais	convocases	convocaseis
convocara	convocaran	convocase	convocasen

PAST PERFECT SUBJUNCTIVE (-ra)		*or* PAST PERFECT SUBJUNCTIVE (-se)	
hubiera convocado	hubiéramos convocado	hubiese convocado	hubiésemos convocado
hubieras convocado	hubierais convocado	hubieses convocado	hubieseis convocado
hubiera convocado	hubieran convocado	hubiese convocado	hubiesen convocado

PROGRESSIVE TENSES

PRESENT	estoy, estás, está, estamos, estáis, están
PRETERIT	estuve, estuviste, estuvo, estuvimos, estuvisteis, estuvieron
IMPERFECT	estaba, estabas, estaba, estábamos, estabais, estaban
FUTURE	estaré, estarás, estará, estaremos, estaréis, estarán
CONDITIONAL	estaría, estarías, estaría, estaríamos, estaríais, estarían
SUBJUNCTIVE	que + *corresponding subjunctive tense of* estar (*see verb 252*)

} convocando

COMMANDS

	(nosotros) convoquemos/no convoquemos
(tú) convoca/no convoques	(vosotros) convocad/no convoquéis
(Ud.) convoque/no convoque	(Uds.) convoquen/no convoquen

Usage

El congreso fue convocado.	*The conference was convened.*
El sindicato convocará una huelga.	*The union will call a strike.*
Convoquen la reunión.	*Convene the meeting.*
Los estudiantes se preparan para la convocatoria.	*The students are preparing for the examination period.*
Hubo una convocatoria de los miembros de la junta.	*There was a convocation/calling together of the board members.*

corregir *to correct*

corrijo · corrigieron · corregido · corrigiendo

stem-changing -ir verb: e > i;
spelling change: g > j/o, a

PRESENT		PRETERIT	
corrijo	corregimos	corregí	corregimos
corriges	corregís	corregiste	corregisteis
corrige	corrigen	corrigió	corrigieron

IMPERFECT		PRESENT PERFECT	
corregía	corregíamos	he corregido	hemos corregido
corregías	corregíais	has corregido	habéis corregido
corregía	corregían	ha corregido	han corregido

FUTURE		CONDITIONAL	
corregiré	corregiremos	corregiría	corregiríamos
corregirás	corregiréis	corregirías	corregiríais
corregirá	corregirán	corregiría	corregirían

PLUPERFECT		PRETERIT PERFECT	
había corregido	habíamos corregido	hube corregido	hubimos corregido
habías corregido	habíais corregido	hubiste corregido	hubisteis corregido
había corregido	habían corregido	hubo corregido	hubieron corregido

FUTURE PERFECT		CONDITIONAL PERFECT	
habré corregido	habremos corregido	habría corregido	habríamos corregido
habrás corregido	habréis corregido	habrías corregido	habríais corregido
habrá corregido	habrán corregido	habría corregido	habrían corregido

PRESENT SUBJUNCTIVE		PRESENT PERFECT SUBJUNCTIVE	
corrija	corrijamos	haya corregido	hayamos corregido
corrijas	corrijáis	hayas corregido	hayáis corregido
corrija	corrijan	haya corregido	hayan corregido

IMPERFECT SUBJUNCTIVE (-ra)		*or* IMPERFECT SUBJUNCTIVE (-se)	
corrigiera	corrigiéramos	corrigiese	corrigiésemos
corrigieras	corrigierais	corrigieses	corrigieseis
corrigiera	corrigieran	corrigiese	corrigiesen

PAST PERFECT SUBJUNCTIVE (-ra)		*or* PAST PERFECT SUBJUNCTIVE (-se)	
hubiera corregido	hubiéramos corregido	hubiese corregido	hubiésemos corregido
hubieras corregido	hubierais corregido	hubieses corregido	hubieseis corregido
hubiera corregido	hubieran corregido	hubiese corregido	hubiesen corregido

PROGRESSIVE TENSES

PRESENT	estoy, estás, está, estamos, estáis, están
PRETERIT	estuve, estuviste, estuvo, estuvimos, estuvisteis, estuvieron
IMPERFECT	estaba, estabas, estaba, estábamos, estabais, estaban
FUTURE	estaré, estarás, estará, estaremos, estaréis, estarán
CONDITIONAL	estaría, estarías, estaría, estaríamos, estaríais, estarían
SUBJUNCTIVE	que + *corresponding subjunctive tense of* estar (*see verb 252*)

corrigiendo

COMMANDS

	(nosotros) corrijamos/no corrijamos
(tú) corrige/no corrijas	(vosotros) corregid/no corrijáis
(Ud.) corrija/no corrija	(Uds.) corrijan/no corrijan

Usage

Corrija las faltas en el examen.	*Correct the errors on the exam.*
¿Corregiste a tu hijo por lo que hizo?	*Did you scold your child for what he did?*
Se corrigió de unas malas costumbres.	*She broke herself of some bad habits.*
Hice una corrección de las hojas de prueba.	*I proofread the galley proofs.*
¿La contestación es correcta o falsa?	*Is the answer right or wrong?*
Es un joven muy correcto.	*He's a very polite/well-mannered young man.*

regular *-er* verb | corro · corrieron · corrido · corriendo

PRESENT

corro	corremos
corres	corréis
corre	corren

IMPERFECT

corría	corríamos
corrías	corríais
corría	corrían

FUTURE

correré	correremos
correrás	correréis
correrá	correrán

PLUPERFECT

había corrido	habíamos corrido
habías corrido	habíais corrido
había corrido	habían corrido

FUTURE PERFECT

habré corrido	habremos corrido
habrás corrido	habréis corrido
habrá corrido	habrán corrido

PRESENT SUBJUNCTIVE

corra	corramos
corras	corráis
corra	corran

IMPERFECT SUBJUNCTIVE (-ra)

corriera	corriéramos
corrieras	corrierais
corriera	corrieran

PAST PERFECT SUBJUNCTIVE (-ra)

hubiera corrido	hubiéramos corrido
hubieras corrido	hubierais corrido
hubiera corrido	hubieran corrido

PRETERIT

corrí	corrimos
corriste	corristeis
corrió	corrieron

PRESENT PERFECT

he corrido	hemos corrido
has corrido	habéis corrido
ha corrido	han corrido

CONDITIONAL

correría	correríamos
correrías	correríais
correría	correrían

PRETERIT PERFECT

hube corrido	hubimos corrido
hubiste corrido	hubisteis corrido
hubo corrido	hubieron corrido

CONDITIONAL PERFECT

habría corrido	habríamos corrido
habrías corrido	habríais corrido
habría corrido	habrían corrido

PRESENT PERFECT SUBJUNCTIVE

haya corrido	hayamos corrido
hayas corrido	hayáis corrido
haya corrido	hayan corrido

or **IMPERFECT SUBJUNCTIVE (-se)**

corriese	corriésemos
corrieses	corrieseis
corriese	corriesen

or **PAST PERFECT SUBJUNCTIVE (-se)**

hubiese corrido	hubiésemos corrido
hubieses corrido	hubieseis corrido
hubiese corrido	hubiesen corrido

PROGRESSIVE TENSES

PRESENT	estoy, estás, está, estamos, estáis, están
PRETERIT	estuve, estuviste, estuvo, estuvimos, estuvisteis, estuvieron
IMPERFECT	estaba, estabas, estaba, estábamos, estabais, estaban
FUTURE	estaré, estarás, estará, estaremos, estaréis, estarán
CONDITIONAL	estaría, estarías, estaría, estaríamos, estaríais, estarían
SUBJUNCTIVE	que + *corresponding subjunctive tense of* estar (*see verb 252*)

corriendo

COMMANDS

	(nosotros) corramos/no corramos
(tú) corre/no corras	(vosotros) corred/no corráis
(Ud.) corra/no corra	(Uds.) corran/no corran

Usage

Corrió la milla/en la carrera.	*He ran the mile/in the race.*
¡Cómo corre el tiempo!	*How time flies!*
Corre tu silla.	*Move your chair.*
Córrete un poco.	*Move over a little.*
Hemos corrido mundo.	*We've traveled a lot/seen the world.*
Corrían el peligro de perder el avión.	*They were running the risk of missing the plane.*
Te mantengo al corriente.	*I'll keep you posted/up to date.*

PRESENT

		PRETERIT	
corto	cortamos	corté	cortamos
cortas	cortáis	cortaste	cortasteis
corta	cortan	cortó	cortaron

IMPERFECT

		PRESENT PERFECT	
cortaba	cortábamos	he cortado	hemos cortado
cortabas	cortabais	has cortado	habéis cortado
cortaba	cortaban	ha cortado	han cortado

FUTURE

		CONDITIONAL	
cortaré	cortaremos	cortaría	cortaríamos
cortarás	cortaréis	cortarías	cortaríais
cortará	cortarán	cortaría	cortarían

PLUPERFECT

		PRETERIT PERFECT	
había cortado	habíamos cortado	hube cortado	hubimos cortado
habías cortado	habíais cortado	hubiste cortado	hubisteis cortado
había cortado	habían cortado	hubo cortado	hubieron cortado

FUTURE PERFECT

		CONDITIONAL PERFECT	
habré cortado	habremos cortado	habría cortado	habríamos cortado
habrás cortado	habréis cortado	habrías cortado	habríais cortado
habrá cortado	habrán cortado	habría cortado	habrían cortado

PRESENT SUBJUNCTIVE

		PRESENT PERFECT SUBJUNCTIVE	
corte	cortemos	haya cortado	hayamos cortado
cortes	cortéis	hayas cortado	hayáis cortado
corte	corten	haya cortado	hayan cortado

IMPERFECT SUBJUNCTIVE (-ra)   *or* **IMPERFECT SUBJUNCTIVE (-se)**

cortara	cortáramos	cortase	cortásemos
cortaras	cortarais	cortases	cortaseis
cortara	cortaran	cortase	cortasen

PAST PERFECT SUBJUNCTIVE (-ra)   *or* **PAST PERFECT SUBJUNCTIVE (-se)**

hubiera cortado	hubiéramos cortado	hubiese cortado	hubiésemos cortado
hubieras cortado	hubierais cortado	hubieses cortado	hubieseis cortado
hubiera cortado	hubieran cortado	hubiese cortado	hubiesen cortado

PROGRESSIVE TENSES

PRESENT	estoy, estás, está, estamos, estáis, están
PRETERIT	estuve, estuviste, estuvo, estuvimos, estuvisteis, estuvieron
IMPERFECT	estaba, estabas, estaba, estábamos, estabais, estaban
FUTURE	estaré, estarás, estará, estaremos, estaréis, estarán
CONDITIONAL	estaría, estarías, estaría, estaríamos, estaríais, estarían
SUBJUNCTIVE	que + *corresponding subjunctive tense of* estar (*see verb 252*)

} cortando

COMMANDS

	(nosotros) cortemos/no cortemos
(tú) corta/no cortes	(vosotros) cortad/no cortéis
(Ud.) corte/no corte	(Uds.) corten/no corten

Usage

Corta las legumbres.	*Cut the vegetables.*
Este cuchillo no corta bien.	*This knife doesn't cut well.*
¿Le cortaste el pelo a tu hija?	*Did you cut your daughter's hair?*
—Me corté el pelo ayer.	*I had my hair cut yesterday.*
—Me gusta el corte.	*I like your (hair) cut.*
No te cortes con las tijeras.	*Don't cut yourself with the scissors.*
Hablábamos cuando se cortó la línea.	*We were talking when we were cut off.* (telephone)

stem-changing *-ar* verb: *o > ue*; verb used
in third-person singular and plural only

cuesta · costaron · costado · costando

PRESENT

cuesta   cuestan

IMPERFECT

costaba   costaban

FUTURE

costará   costarán

PLUPERFECT

había costado   habían costado

FUTURE PERFECT

habrá costado   habrán costado

PRESENT SUBJUNCTIVE

cueste   cuesten

IMPERFECT SUBJUNCTIVE (-ra)

costara   costaran

PAST PERFECT SUBJUNCTIVE (-ra)

hubiera costado   hubieran costado

PRETERIT

costó   costaron

PRESENT PERFECT

ha costado   han costado

CONDITIONAL

costaría   costarían

PRETERIT PERFECT

hubo costado   hubieron costado

CONDITIONAL PERFECT

habría costado   habrían costado

PRESENT PERFECT SUBJUNCTIVE

haya costado   hayan costado

or **IMPERFECT SUBJUNCTIVE (-se)**

costase   costasen

or **PAST PERFECT SUBJUNCTIVE (-se)**

hubiese costado   hubiesen costado

PROGRESSIVE TENSES

PRESENT	está, están
PRETERIT	estuvo, estuvieron
IMPERFECT	estaba, estaban
FUTURE	estará, estarán
CONDITIONAL	estaría, estarían
SUBJUNCTIVE	que + *corresponding subjunctive tense of* estar (*see verb 252*)

} costando

COMMANDS

¡Que cueste!   ¡Que cuesten!

Usage

—¿Cuánto cuesta?	*How much does it cost?/How much is it?*
—No creo que cueste mucho.	*I don't think it costs a lot.*
—¿Cuánto cuestan?	*How much do they cost?/How much are they?*
—Cuestan un ojo de la cara.	*They cost an arm and a leg.*
Cómprenlo cueste lo que cueste.	*Buy it at any cost/whatever the cost.*
Cuesta creer lo que pasó.	*It's difficult to believe what happened.*
Me cuesta entender su motivo.	*I find it hard/It's hard for me to understand his motive.*
—La impresora les habrá costado una fortuna.	*The printer must have cost them a lot.*
—Dudo que haya sido muy costosa.	*I doubt that it was very expensive.*
Me costó mucho trabajo convencerles.	*It took a lot for me to convince them.*
¿Qué tal el costo de la vida en la capital?	*How's the cost of living in the capital city?*
Ninguna empresa está dispuesta a costear el proyecto.	*No firm is willing to finance the project.*

creo · crearon · creado · creando

regular *-ar* verb

PRESENT		PRETERIT	
creo	creamos	creé	creamos
creas	creáis	creaste	creasteis
crea	crean	creó	crearon

IMPERFECT		PRESENT PERFECT	
creaba	creábamos	he creado	hemos creado
creabas	creabais	has creado	habéis creado
creaba	creaban	ha creado	han creado

FUTURE		CONDITIONAL	
crearé	crearemos	crearía	crearíamos
crearás	crearéis	crearías	crearíais
creará	crearán	crearía	crearían

PLUPERFECT		PRETERIT PERFECT	
había creado	habíamos creado	hube creado	hubimos creado
habías creado	habíais creado	hubiste creado	hubisteis creado
había creado	habían creado	hubo creado	hubieron creado

FUTURE PERFECT		CONDITIONAL PERFECT	
habré creado	habremos creado	habría creado	habríamos creado
habrás creado	habréis creado	habrías creado	habríais creado
habrá creado	habrán creado	habría creado	habrían creado

PRESENT SUBJUNCTIVE		PRESENT PERFECT SUBJUNCTIVE	
cree	creemos	haya creado	hayamos creado
crees	creéis	hayas creado	hayáis creado
cree	creen	haya creado	hayan creado

IMPERFECT SUBJUNCTIVE (-ra)		*or* IMPERFECT SUBJUNCTIVE (-se)	
creara	creáramos	crease	creásemos
crearas	crearais	creases	creaseis
creara	crearan	crease	creasen

PAST PERFECT SUBJUNCTIVE (-ra)		*or* PAST PERFECT SUBJUNCTIVE (-se)	
hubiera creado	hubiéramos creado	hubiese creado	hubiésemos creado
hubieras creado	hubierais creado	hubieses creado	hubieseis creado
hubiera creado	hubieran creado	hubiese creado	hubiesen creado

PROGRESSIVE TENSES

PRESENT	estoy, estás, está, estamos, estáis, están	
PRETERIT	estuve, estuviste, estuvo, estuvimos, estuvisteis, estuvieron	
IMPERFECT	estaba, estabas, estaba, estábamos, estabais, estaban	creando
FUTURE	estaré, estarás, estará, estaremos, estaréis, estarán	
CONDITIONAL	estaría, estarías, estaría, estaríamos, estaríais, estarían	
SUBJUNCTIVE	que + *corresponding subjunctive tense of* estar (*see verb 252*)	

COMMANDS

	(nosotros) creemos/no creemos
(tú) crea/no crees	(vosotros) cread/no creéis
(Ud.) cree/no cree	(Uds.) creen/no creen

Usage

Crea un fichero.	*Create a file.*
Ha creado magníficas obras de arte.	*He has created magnificent works of art.*
No te crees problemas.	*Don't make problems for yourself.*
Se conoce por sus ideas creadoras.	*She's known for her creative ideas.*

-*er* verb; spelling change: *z > zc/o, a* | **crezco · crecieron · crecido · creciendo**

PRESENT

crezco	crecemos
creces	crecéis
crece	crecen

PRETERIT

crecí	crecimos
creciste	crecisteis
creció	crecieron

IMPERFECT

crecía	crecíamos
crecías	crecíais
crecía	crecían

PRESENT PERFECT

he crecido	hemos crecido
has crecido	habéis crecido
ha crecido	han crecido

FUTURE

creceré	creceremos
crecerás	creceréis
crecerá	crecerán

CONDITIONAL

crecería	creceríamos
crecerías	creceríais
crecería	crecerían

PLUPERFECT

había crecido	habíamos crecido
habías crecido	habíais crecido
había crecido	habían crecido

PRETERIT PERFECT

hube crecido	hubimos crecido
hubiste crecido	hubisteis crecido
hubo crecido	hubieron crecido

FUTURE PERFECT

habré crecido	habremos crecido
habrás crecido	habréis crecido
habrá crecido	habrán crecido

CONDITIONAL PERFECT

habría crecido	habríamos crecido
habrías crecido	habríais crecido
habría crecido	habrían crecido

PRESENT SUBJUNCTIVE

crezca	crezcamos
crezcas	crezcáis
crezca	crezcan

PRESENT PERFECT SUBJUNCTIVE

haya crecido	hayamos crecido
hayas crecido	hayáis crecido
haya crecido	hayan crecido

IMPERFECT SUBJUNCTIVE (-ra)

creciera	creciéramos
crecieras	crecierais
creciera	crecieran

or **IMPERFECT SUBJUNCTIVE (-se)**

creciese	creciésemos
crecieses	crecieseis
creciese	creciesen

PAST PERFECT SUBJUNCTIVE (-ra)

hubiera crecido	hubiéramos crecido
hubieras crecido	hubierais crecido
hubiera crecido	hubieran crecido

or **PAST PERFECT SUBJUNCTIVE (-se)**

hubiese crecido	hubiésemos crecido
hubieses crecido	hubieseis crecido
hubiese crecido	hubiesen crecido

PROGRESSIVE TENSES

PRESENT	estoy, estás, está, estamos, estáis, están
PRETERIT	estuve, estuviste, estuvo, estuvimos, estuvisteis, estuvieron
IMPERFECT	estaba, estabas, estaba, estábamos, estabais, estaban
FUTURE	estaré, estarás, estará, estaremos, estaréis, estarán
CONDITIONAL	estaría, estarías, estaría, estaríamos, estaríais, estarían
SUBJUNCTIVE	que + *corresponding subjunctive tense of* estar (*see verb 252*)

creciendo

COMMANDS

	(nosotros) crezcamos/no crezcamos
(tú) crece/no crezcas	(vosotros) creced/no crezcáis
(Ud.) crezca/no crezca	(Uds.) crezcan/no crezcan

Usage

¡Cuánto han crecido sus hijos!	*How much your children have grown!*
Su angustia crecía todos los días.	*Their anguish/distress increased each day.*
¿Por qué no dejas crecer tu pelo?	*Why don't you let your hair grow?*
Gozamos de un impresionante crecimiento económico.	*We enjoy impressive economic growth.*
Hay una demanda creciente de teléfonos celulares.	*There's a growing demand for cell phones.*

creer to believe, think

creo · creyeron · creído · creyendo

-er verb with stem ending in a vowel: third-person singular *-ió > -yó* and third-person plural *-ieron > -yeron* in the preterit

PRESENT		PRETERIT	
creo	creemos	creí	creímos
crees	creéis	creíste	creísteis
cree	creen	creyó	creyeron

IMPERFECT		PRESENT PERFECT	
creía	creíamos	he creído	hemos creído
creías	creíais	has creído	habéis creído
creía	creían	ha creído	han creído

FUTURE		CONDITIONAL	
creeré	creeremos	creería	creeríamos
creerás	creeréis	creerías	creeríais
creerá	creerán	creería	creerían

PLUPERFECT		PRETERIT PERFECT	
había creído	habíamos creído	hube creído	hubimos creído
habías creído	habíais creído	hubiste creído	hubisteis creído
había creído	habían creído	hubo creído	hubieron creído

FUTURE PERFECT		CONDITIONAL PERFECT	
habré creído	habremos creído	habría creído	habríamos creído
habrás creído	habréis creído	habrías creído	habríais creído
habrá creído	habrán creído	habría creído	habrían creído

PRESENT SUBJUNCTIVE		PRESENT PERFECT SUBJUNCTIVE	
crea	creamos	haya creído	hayamos creído
creas	creáis	hayas creído	hayáis creído
crea	crean	haya creído	hayan creído

IMPERFECT SUBJUNCTIVE (-ra)		*or* IMPERFECT SUBJUNCTIVE (-se)	
creyera	creyéramos	creyese	creyésemos
creyeras	creyerais	creyeses	creyeseis
creyera	creyeran	creyese	creyesen

PAST PERFECT SUBJUNCTIVE (-ra)		*or* PAST PERFECT SUBJUNCTIVE (-se)	
hubiera creído	hubiéramos creído	hubiese creído	hubiésemos creído
hubieras creído	hubierais creído	hubieses creído	hubieseis creído
hubiera creído	hubieran creído	hubiese creído	hubiesen creído

PROGRESSIVE TENSES

PRESENT	estoy, estás, está, estamos, estáis, están	
PRETERIT	estuve, estuviste, estuvo, estuvimos, estuvisteis, estuvieron	
IMPERFECT	estaba, estabas, estaba, estábamos, estabais, estaban	creyendo
FUTURE	estaré, estarás, estará, estaremos, estaréis, estarán	
CONDITIONAL	estaría, estarías, estaría, estaríamos, estaríais, estarían	
SUBJUNCTIVE	que + *corresponding subjunctive tense of* estar (*see verb 252*)	

COMMANDS

	(nosotros) creamos/no creamos
(tú) cree/no creas	(vosotros) creed/no creáis
(Ud.) crea/no crea	(Uds.) crean/no crean

Usage

—¿Crees que el almacén está abierto?	*Do you think the department store is open?*
—Creo que sí./Creo que no.	*I think so./I don't think so.*
No creo que tenga razón.	*I don't think he's right.*
Creen en Dios.	*They believe in God.*
Ya lo creo.	*Of course., I should say so.*
No me lo creo.	*I can't believe it.*
Ver y creer.	*Seeing is believing.*

-ar verb; spelling change: *i > í* when stressed   **crío · criaron · criado · criando**

PRESENT

crío	criamos		
crías	criáis		
cría	crían		

PRETERIT

crié	criamos
criaste	criasteis
crió	criaron

IMPERFECT

criaba	criábamos
criabas	criabais
criaba	criaban

PRESENT PERFECT

he criado	hemos criado
has criado	habéis criado
ha criado	han criado

FUTURE

criaré	criaremos
criarás	criaréis
criará	criarán

CONDITIONAL

criaría	criaríamos
criarías	criaríais
criaría	criarían

PLUPERFECT

había criado	habíamos criado
habías criado	habíais criado
había criado	habían criado

PRETERIT PERFECT

hube criado	hubimos criado
hubiste criado	hubisteis criado
hubo criado	hubieron criado

FUTURE PERFECT

habré criado	habremos criado
habrás criado	habréis criado
habrá criado	habrán criado

CONDITIONAL PERFECT

habría criado	habríamos criado
habrías criado	habríais criado
habría criado	habrían criado

PRESENT SUBJUNCTIVE

críe	criemos
críes	criéis
críe	críen

PRESENT PERFECT SUBJUNCTIVE

haya criado	hayamos criado
hayas criado	hayáis criado
haya criado	hayan criado

IMPERFECT SUBJUNCTIVE (-ra)

criara	criáramos
criaras	criarais
criara	criaran

or **IMPERFECT SUBJUNCTIVE (-se)**

criase	criásemos
criases	criaseis
criase	criasen

PAST PERFECT SUBJUNCTIVE (-ra)

hubiera criado	hubiéramos criado
hubieras criado	hubierais criado
hubiera criado	hubieran criado

or **PAST PERFECT SUBJUNCTIVE (-se)**

hubiese criado	hubiésemos criado
hubieses criado	hubieseis criado
hubiese criado	hubiesen criado

PROGRESSIVE TENSES

PRESENT	estoy, estás, está, estamos, estáis, están	
PRETERIT	estuve, estuviste, estuvo, estuvimos, estuvisteis, estuvieron	
IMPERFECT	estaba, estabas, estaba, estábamos, estabais, estaban	criando
FUTURE	estaré, estarás, estará, estaremos, estaréis, estarán	
CONDITIONAL	estaría, estarías, estaría, estaríamos, estaríais, estarían	
SUBJUNCTIVE	que + *corresponding subjunctive tense of* estar (*see verb 252*)	

COMMANDS

	(nosotros) criemos/no criemos
(tú) cría/no críes	(vosotros) criad/no criéis
(Ud.) críe/no críe	(Uds.) críen/no críen

Usage

Estos niños se crían con mucho cariño.	*These children are brought up with a lot of loving care.*
Se cría ganado en la hacienda.	*They raise cattle on the ranch.*
Se crían ostras/gusanos de seda.	*Oysters/Silkworms are cultivated.*
Dios los cría y ellos se juntan.	*Birds of a feather flock together.*
Cría cuervos y te sacarán los ojos.	*The dog bites the hand that feeds it.*
Son niños muy bien criados.	*They're very well brought up kids.*
¡Qué adorable criatura!	*What an adorable baby/child!*

cruzo · cruzaron · cruzado · cruzando *-ar* verb; spelling change: *z* > *c/e*

PRESENT

cruzo	cruzamos		
cruzas	cruzáis		
cruza	cruzan		

PRETERIT

crucé	cruzamos
cruzaste	cruzasteis
cruzó	cruzaron

IMPERFECT

cruzaba	cruzábamos
cruzabas	cruzabais
cruzaba	cruzaban

PRESENT PERFECT

he cruzado	hemos cruzado
has cruzado	habéis cruzado
ha cruzado	han cruzado

FUTURE

cruzaré	cruzaremos
cruzarás	cruzaréis
cruzará	cruzarán

CONDITIONAL

cruzaría	cruzaríamos
cruzarías	cruzaríais
cruzaría	cruzarían

PLUPERFECT

había cruzado	habíamos cruzado
habías cruzado	habíais cruzado
había cruzado	habían cruzado

PRETERIT PERFECT

hube cruzado	hubimos cruzado
hubiste cruzado	hubisteis cruzado
hubo cruzado	hubieron cruzado

FUTURE PERFECT

habré cruzado	habremos cruzado
habrás cruzado	habréis cruzado
habrá cruzado	habrán cruzado

CONDITIONAL PERFECT

habría cruzado	habríamos cruzado
habrías cruzado	habríais cruzado
habría cruzado	habrían cruzado

PRESENT SUBJUNCTIVE

cruce	crucemos
cruces	crucéis
cruce	crucen

PRESENT PERFECT SUBJUNCTIVE

haya cruzado	hayamos cruzado
hayas cruzado	hayáis cruzado
haya cruzado	hayan cruzado

IMPERFECT SUBJUNCTIVE (-ra)   *or*   IMPERFECT SUBJUNCTIVE (-se)

cruzara	cruzáramos	cruzase	cruzásemos
cruzaras	cruzarais	cruzases	cruzaseis
cruzara	cruzaran	cruzase	cruzasen

PAST PERFECT SUBJUNCTIVE (-ra)   *or*   PAST PERFECT SUBJUNCTIVE (-se)

hubiera cruzado	hubiéramos cruzado	hubiese cruzado	hubiésemos cruzado
hubieras cruzado	hubierais cruzado	hubieses cruzado	hubieseis cruzado
hubiera cruzado	hubieran cruzado	hubiese cruzado	hubiesen cruzado

PROGRESSIVE TENSES

PRESENT	estoy, estás, está, estamos, estáis, están
PRETERIT	estuve, estuviste, estuvo, estuvimos, estuvisteis, estuvieron
IMPERFECT	estaba, estabas, estaba, estábamos, estabais, estaban
FUTURE	estaré, estarás, estará, estaremos, estaréis, estarán
CONDITIONAL	estaría, estarías, estaría, estaríamos, estaríais, estarían
SUBJUNCTIVE	que + *corresponding subjunctive tense of* estar (*see verb 252*)

} cruzando

COMMANDS

	(nosotros) crucemos/no crucemos
(tú) cruza/no cruces	(vosotros) cruzad/no crucéis
(Ud.) cruce/no cruce	(Uds.) crucen/no crucen

Usage

Crucen la calle con cuidado.	*Cross the street carefully.*
El puente George Washington cruza el río Hudson.	*The George Washington Bridge crosses the Hudson River.*
Se cruzaron de palabras.	*They quarreled.*
No nos quedamos con los brazos cruzados.	*We'll not just stand around doing nothing.*
Hay una campaña para ayudar a la Cruz Roja.	*There's a campaign to help the Red Cross.*
Hizo investigaciones sobre las Cruzadas.	*He did research on the Crusades.*

-ir verb; irregular past participle   **cubro · cubrieron · cubierto · cubriendo**

PRESENT

cubro	cubrimos
cubres	cubrís
cubre	cubren

IMPERFECT

cubría	cubríamos
cubrías	cubríais
cubría	cubrían

FUTURE

cubriré	cubriremos
cubrirás	cubriréis
cubrirá	cubrirán

PLUPERFECT

había cubierto	habíamos cubierto
habías cubierto	habíais cubierto
había cubierto	habían cubierto

FUTURE PERFECT

habré cubierto	habremos cubierto
habrás cubierto	habréis cubierto
habrá cubierto	habrán cubierto

PRESENT SUBJUNCTIVE

cubra	cubramos
cubras	cubráis
cubra	cubran

IMPERFECT SUBJUNCTIVE (-ra)

cubriera	cubriéramos
cubrieras	cubrierais
cubriera	cubrieran

PAST PERFECT SUBJUNCTIVE (-ra)

hubiera cubierto	hubiéramos cubierto
hubieras cubierto	hubierais cubierto
hubiera cubierto	hubieran cubierto

PRETERIT

cubrí	cubrimos
cubriste	cubristeis
cubrió	cubrieron

PRESENT PERFECT

he cubierto	hemos cubierto
has cubierto	habéis cubierto
ha cubierto	han cubierto

CONDITIONAL

cubriría	cubriríamos
cubrirías	cubriríais
cubriría	cubrirían

PRETERIT PERFECT

hube cubierto	hubimos cubierto
hubiste cubierto	hubisteis cubierto
hubo cubierto	hubieron cubierto

CONDITIONAL PERFECT

habría cubierto	habríamos cubierto
habrías cubierto	habríais cubierto
habría cubierto	habrían cubierto

PRESENT PERFECT SUBJUNCTIVE

haya cubierto	hayamos cubierto
hayas cubierto	hayáis cubierto
haya cubierto	hayan cubierto

or **IMPERFECT SUBJUNCTIVE (-se)**

cubriese	cubriésemos
cubrieses	cubrieseis
cubriese	cubriesen

or **PAST PERFECT SUBJUNCTIVE (-se)**

hubiese cubierto	hubiésemos cubierto
hubieses cubierto	hubieseis cubierto
hubiese cubierto	hubiesen cubierto

PROGRESSIVE TENSES

PRESENT	estoy, estás, está, estamos, estáis, están
PRETERIT	estuve, estuviste, estuvo, estuvimos, estuvisteis, estuvieron
IMPERFECT	estaba, estabas, estaba, estábamos, estabais, estaban
FUTURE	estaré, estarás, estará, estaremos, estaréis, estarán
CONDITIONAL	estaría, estarías, estaría, estaríamos, estaríais, estarían
SUBJUNCTIVE	que + *corresponding subjunctive tense of* estar (*see verb 252*)

\} cubriendo

COMMANDS

	(nosotros) cubramos/no cubramos
(tú) cubre/no cubras	(vosotros) cubrid/no cubráis
(Ud.) cubra/no cubra	(Uds.) cubran/no cubran

Usage

Cubrió la mesa con un mantel.	*She covered the table with a tablecloth.*
Cubre la cama con el cubrecama.	*Cover the bed with the bedspread.*
Hemos cubierto los gastos.	*We've covered/met expenses.*
Cúbrete la cabeza.	*Put on your hat.*
El cielo está cubierto.	*The sky is overcast.*
Mozo, falta un cubierto.	*Waiter, a place setting is missing.*

cuido · cuidaron · cuidado · cuidando

regular -ar verb

PRESENT		PRETERIT	
cuido	cuidamos	cuidé	cuidamos
cuidas	cuidáis	cuidaste	cuidasteis
cuida	cuidan	cuidó	cuidaron

IMPERFECT		PRESENT PERFECT	
cuidaba	cuidábamos	he cuidado	hemos cuidado
cuidabas	cuidabais	has cuidado	habéis cuidado
cuidaba	cuidaban	ha cuidado	han cuidado

FUTURE		CONDITIONAL	
cuidaré	cuidaremos	cuidaría	cuidaríamos
cuidarás	cuidaréis	cuidarías	cuidaríais
cuidará	cuidarán	cuidaría	cuidarían

PLUPERFECT		PRETERIT PERFECT	
había cuidado	habíamos cuidado	hube cuidado	hubimos cuidado
habías cuidado	habíais cuidado	hubiste cuidado	hubisteis cuidado
había cuidado	habían cuidado	hubo cuidado	hubieron cuidado

FUTURE PERFECT		CONDITIONAL PERFECT	
habré cuidado	habremos cuidado	habría cuidado	habríamos cuidado
habrás cuidado	habréis cuidado	habrías cuidado	habríais cuidado
habrá cuidado	habrán cuidado	habría cuidado	habrían cuidado

PRESENT SUBJUNCTIVE		PRESENT PERFECT SUBJUNCTIVE	
cuide	cuidemos	haya cuidado	hayamos cuidado
cuides	cuidéis	hayas cuidado	hayáis cuidado
cuide	cuiden	haya cuidado	hayan cuidado

IMPERFECT SUBJUNCTIVE (-ra)		*or* IMPERFECT SUBJUNCTIVE (-se)	
cuidara	cuidáramos	cuidase	cuidásemos
cuidaras	cuidarais	cuidases	cuidaseis
cuidara	cuidaran	cuidase	cuidasen

PAST PERFECT SUBJUNCTIVE (-ra)		*or* PAST PERFECT SUBJUNCTIVE (-se)	
hubiera cuidado	hubiéramos cuidado	hubiese cuidado	hubiésemos cuidado
hubieras cuidado	hubierais cuidado	hubieses cuidado	hubieseis cuidado
hubiera cuidado	hubieran cuidado	hubiese cuidado	hubiesen cuidado

PROGRESSIVE TENSES

PRESENT	estoy, estás, está, estamos, estáis, están	
PRETERIT	estuve, estuviste, estuvo, estuvimos, estuvisteis, estuvieron	
IMPERFECT	estaba, estabas, estaba, estábamos, estabais, estaban	cuidando
FUTURE	estaré, estarás, estará, estaremos, estaréis, estarán	
CONDITIONAL	estaría, estarías, estaría, estaríamos, estaríais, estarían	
SUBJUNCTIVE	que + *corresponding subjunctive tense of* estar (*see verb 252*)	

COMMANDS

	(nosotros) cuidemos/no cuidemos
(tú) cuida/no cuides	(vosotros) cuidad/no cuidéis
(Ud.) cuide/no cuide	(Uds.) cuiden/no cuiden

Usage

Cuida bien a los niños.	*Take good care of the children.*
Es importante que cuidéis los detalles.	*It's important that you pay attention to the details.*
Cuídate mucho.	*Take good care of yourself.*
No se cuidan de los demás.	*They don't worry about other people.*
¡Tengan cuidado!/¡Cuidado!	*Be careful!*
Lo hace todo con cuidado/cuidadosamente.	*She does everything carefully.*

regular -ar verb

PRESENT

cultivo	cultivamos
cultivas	cultiváis
cultiva	cultivan

PRETERIT

cultivé	cultivamos
cultivaste	cultivasteis
cultivó	cultivaron

IMPERFECT

cultivaba	cultivábamos
cultivabas	cultivabais
cultivaba	cultivaban

PRESENT PERFECT

he cultivado	hemos cultivado
has cultivado	habéis cultivado
ha cultivado	han cultivado

FUTURE

cultivaré	cultivaremos
cultivarás	cultivaréis
cultivará	cultivarán

CONDITIONAL

cultivaría	cultivaríamos
cultivarías	cultivaríais
cultivaría	cultivarían

PLUPERFECT

había cultivado	habíamos cultivado
habías cultivado	habíais cultivado
había cultivado	habían cultivado

PRETERIT PERFECT

hube cultivado	hubimos cultivado
hubiste cultivado	hubisteis cultivado
hubo cultivado	hubieron cultivado

FUTURE PERFECT

habré cultivado	habremos cultivado
habrás cultivado	habréis cultivado
habrá cultivado	habrán cultivado

CONDITIONAL PERFECT

habría cultivado	habríamos cultivado
habrías cultivado	habríais cultivado
habría cultivado	habrían cultivado

PRESENT SUBJUNCTIVE

cultive	cultivemos
cultives	cultivéis
cultive	cultiven

PRESENT PERFECT SUBJUNCTIVE

haya cultivado	hayamos cultivado
hayas cultivado	hayáis cultivado
haya cultivado	hayan cultivado

IMPERFECT SUBJUNCTIVE (-ra)

cultivara	cultiváramos
cultivaras	cultivarais
cultivara	cultivaran

or **IMPERFECT SUBJUNCTIVE (-se)**

cultivase	cultivásemos
cultivases	cultivaseis
cultivase	cultivasen

PAST PERFECT SUBJUNCTIVE (-ra)

hubiera cultivado	hubiéramos cultivado
hubieras cultivado	hubierais cultivado
hubiera cultivado	hubieran cultivado

or **PAST PERFECT SUBJUNCTIVE (-se)**

hubiese cultivado	hubiésemos cultivado
hubieses cultivado	hubieseis cultivado
hubiese cultivado	hubiesen cultivado

PROGRESSIVE TENSES

PRESENT	estoy, estás, está, estamos, estáis, están
PRETERIT	estuve, estuviste, estuvo, estuvimos, estuvisteis, estuvieron
IMPERFECT	estaba, estabas, estaba, estábamos, estabais, estaban
FUTURE	estaré, estarás, estará, estaremos, estaréis, estarán
CONDITIONAL	estaría, estarías, estaría, estaríamos, estaríais, estarían
SUBJUNCTIVE	que + *corresponding subjunctive tense of* estar (*see verb 252*)

cultivando

COMMANDS

	(nosotros) cultivemos/no cultivemos
(tú) cultiva/no cultives	(vosotros) cultivad/no cultivéis
(Ud.) cultive/no cultive	(Uds.) cultiven/no cultiven

Usage

Se cultiva toda clase de hortalizas en la huerta.	*All kinds of vegetables grow in the garden.*
¿Cultivas la amistad con ellos?	*Are you cultivating a friendship with them?*
Espero que se cultiven flores.	*I hope they'll grow flowers.*
El cultivo de la vid es importante en España.	*Wine growing is important in Spain.*
Es una mujer muy culta.	*She's a very cultured/educated woman.*
Piensa especializarse en cultura clásica.	*He intends to specialize/major in classical culture.*

cumplir *to fulfill, carry out, keep one's word, be __ years old* (birthday)

cumplo · cumplieron · cumplido · cumpliendo

regular *-ir* verb

PRESENT		PRETERIT	
cumplo	cumplimos	cumplí	cumplimos
cumples	cumplís	cumpliste	cumplisteis
cumple	cumplen	cumplió	cumplieron

IMPERFECT		PRESENT PERFECT	
cumplía	cumplíamos	he cumplido	hemos cumplido
cumplías	cumplíais	has cumplido	habéis cumplido
cumplía	cumplían	ha cumplido	han cumplido

FUTURE		CONDITIONAL	
cumpliré	cumpliremos	cumpliría	cumpliríamos
cumplirás	cumpliréis	cumplirías	cumpliríais
cumplirá	cumplirán	cumpliría	cumplirían

PLUPERFECT		PRETERIT PERFECT	
había cumplido	habíamos cumplido	hube cumplido	hubimos cumplido
habías cumplido	habíais cumplido	hubiste cumplido	hubisteis cumplido
había cumplido	habían cumplido	hubo cumplido	hubieron cumplido

FUTURE PERFECT		CONDITIONAL PERFECT	
habré cumplido	habremos cumplido	habría cumplido	habríamos cumplido
habrás cumplido	habréis cumplido	habrías cumplido	habríais cumplido
habrá cumplido	habrán cumplido	habría cumplido	habrían cumplido

PRESENT SUBJUNCTIVE		PRESENT PERFECT SUBJUNCTIVE	
cumpla	cumplamos	haya cumplido	hayamos cumplido
cumplas	cumpláis	hayas cumplido	hayáis cumplido
cumpla	cumplan	haya cumplido	hayan cumplido

IMPERFECT SUBJUNCTIVE (-ra)		*or*	IMPERFECT SUBJUNCTIVE (-se)	
cumpliera	cumpliéramos		cumpliese	cumpliésemos
cumplieras	cumplierais		cumplieses	cumplieseis
cumpliera	cumplieran		cumpliese	cumpliesen

PAST PERFECT SUBJUNCTIVE (-ra)		*or*	PAST PERFECT SUBJUNCTIVE (-se)	
hubiera cumplido	hubiéramos cumplido		hubiese cumplido	hubiésemos cumplido
hubieras cumplido	hubierais cumplido		hubieses cumplido	hubieseis cumplido
hubiera cumplido	hubieran cumplido		hubiese cumplido	hubiesen cumplido

PROGRESSIVE TENSES

PRESENT	estoy, estás, está, estamos, estáis, están	
PRETERIT	estuve, estuviste, estuvo, estuvimos, estuvisteis, estuvieron	
IMPERFECT	estaba, estabas, estaba, estábamos, estabais, estaban	cumpliendo
FUTURE	estaré, estarás, estará, estaremos, estaréis, estarán	
CONDITIONAL	estaría, estarías, estaría, estaríamos, estaríais, estarían	
SUBJUNCTIVE	que + *corresponding subjunctive tense of* estar (*see verb 252*)	

COMMANDS

	(nosotros) cumplamos/no cumplamos
(tú) cumple/no cumplas	(vosotros) cumplid/no cumpláis
(Ud.) cumpla/no cumpla	(Uds.) cumplan/no cumplan

Usage

Siempre cumple sus promesas.	*He always keeps his promises.*
Cumplió sus compromisos con todos.	*She fulfilled her commitments to everyone.*
Cumplo 27 años el sábado.	*I'll be/turn 27 on Saturday.*
¡Feliz cumpleaños!	*Happy birthday!*
¡Qué chicos más cumplidores!	*What trustworthy/reliable kids!*
Son jóvenes muy cumplidos.	*They're very polite young people.*

irregular verb

PRESENT		PRETERIT	
doy	damos	di	dimos
das	dais	diste	disteis
da	dan	dio	dieron

IMPERFECT		PRESENT PERFECT	
daba	dábamos	he dado	hemos dado
dabas	dabais	has dado	habéis dado
daba	daban	ha dado	han dado

FUTURE		CONDITIONAL	
daré	daremos	daría	daríamos
darás	daréis	darías	daríais
dará	darán	daría	darían

PLUPERFECT		PRETERIT PERFECT	
había dado	habíamos dado	hube dado	hubimos dado
habías dado	habíais dado	hubiste dado	hubisteis dado
había dado	habían dado	hubo dado	hubieron dado

FUTURE PERFECT		CONDITIONAL PERFECT	
habré dado	habremos dado	habría dado	habríamos dado
habrás dado	habréis dado	habrías dado	habríais dado
habrá dado	habrán dado	habría dado	habrían dado

PRESENT SUBJUNCTIVE		PRESENT PERFECT SUBJUNCTIVE	
dé	demos	haya dado	hayamos dado
des	deis	hayas dado	hayáis dado
dé	den	haya dado	hayan dado

IMPERFECT SUBJUNCTIVE (-ra)		*or* IMPERFECT SUBJUNCTIVE (-se)	
diera	diéramos	diese	diésemos
dieras	dierais	dieses	dieseis
diera	dieran	diese	diesen

PAST PERFECT SUBJUNCTIVE (-ra)		*or* PAST PERFECT SUBJUNCTIVE (-se)	
hubiera dado	hubiéramos dado	hubiese dado	hubiésemos dado
hubieras dado	hubierais dado	hubieses dado	hubieseis dado
hubiera dado	hubieran dado	hubiese dado	hubiesen dado

PROGRESSIVE TENSES

PRESENT	estoy, estás, está, estamos, estáis, están
PRETERIT	estuve, estuviste, estuvo, estuvimos, estuvisteis, estuvieron
IMPERFECT	estaba, estabas, estaba, estábamos, estabais, estaban
FUTURE	estaré, estarás, estará, estaremos, estaréis, estarán
CONDITIONAL	estaría, estarías, estaría, estaríamos, estaríais, estarían
SUBJUNCTIVE	que + *corresponding subjunctive tense of* estar (*see verb 252*)

} dando

COMMANDS

	(nosotros) demos/no demos
(tú) da/no des	(vosotros) dad/no deis
(Ud.) dé/no dé	(Uds.) den/no den

Usage

Siempre da consejos.	*She always gives advice.*
Nos dieron las gracias.	*They thanked us.*
Les dio miedo/celos.	*It frightened them/made them jealous.*
Dales recuerdos de mi parte.	*Give them my regards.*
Demos un paseo/una vuelta.	*Let's take a walk.*
¡Dale a la pelota!	*Hit the ball!*

Nos daba pena verlos así.	*We were sorry to see them like that.*
Ya han dado el visto bueno al esquema.	*They've already approved the plan/outline.*
Ve a darles la bienvenida.	*Go ahead and welcome them.*
Da gusto pasar unos días aquí.	*It's nice to spend a few days here.*
Dan un concierto hoy a las tres.	*They're giving a concert at 3:00 today.*
Están dando una película de aventuras.	*They're showing an adventure film.*
—¿Qué más da?	*What difference does it make?*
—Da lo mismo/igual.	*It doesn't matter./It's all the same.*
Ese árbol da manzanas.	*That tree gives/produces apples.*
Nos estás dando mucho trabajo.	*You're giving us a lot of work.*
Lo que dijo nos dio que pensar.	*What he said made us think.*
Su esposa dio a luz anoche.	*His wife gave birth last night.*
El hotel da al mar/a las montañas.	*The hotel faces the sea/the mountains.*
¿Dónde diste con ellas?	*Where did you run/bump into them?*
El reloj dio las nueve.	*The clock struck nine.*
Da de comer/de beber al perro.	*Feed/Give water (a drink) to the dog.*
A mí me da igual.	*It's all the same to me.*
Le dio un catarro.	*She caught a cold.*
Le dio un ataque de risa/tos.	*He had a fit of laughter/coughing fit.*
El sol/el viento me daba en la cara.	*The sun/wind was shining/blowing in my face.*

darse

Nos dimos la mano/los buenos días.	*We shook hands/said hello.*
¡Date prisa!	*Hurry up!*
Se dio cuenta que había un problema.	*She realized there was a problem.*
Se dio por vencido.	*He gave in/up.*
Es dado a trasnochar.	*He's given to/fond of staying up late.*
Dada la hora, hay que suspender la sesión.	*Given the time, we should adjourn the meeting.*

regular *-er* verb

debo · debieron · debido · debiendo

PRESENT

debo	debemos
debes	debéis
debe	deben

IMPERFECT

debía	debíamos
debías	debíais
debía	debían

FUTURE

deberé	deberemos
deberás	deberéis
deberá	deberán

PLUPERFECT

había debido	habíamos debido
habías debido	habíais debido
había debido	habían debido

FUTURE PERFECT

habré debido	habremos debido
habrás debido	habréis debido
habrá debido	habrán debido

PRESENT SUBJUNCTIVE

deba	debamos
debas	debáis
deba	deban

IMPERFECT SUBJUNCTIVE (-ra)

debiera	debiéramos
debieras	debierais
debiera	debieran

PAST PERFECT SUBJUNCTIVE (-ra)

hubiera debido	hubiéramos debido
hubieras debido	hubierais debido
hubiera debido	hubieran debido

PRETERIT

debí	debimos
debiste	debisteis
debió	debieron

PRESENT PERFECT

he debido	hemos debido
has debido	habéis debido
ha debido	han debido

CONDITIONAL

debería	deberíamos
deberías	deberíais
debería	deberían

PRETERIT PERFECT

hube debido	hubimos debido
hubiste debido	hubisteis debido
hubo debido	hubieron debido

CONDITIONAL PERFECT

habría debido	habríamos debido
habrías debido	habríais debido
habría debido	habrían debido

PRESENT PERFECT SUBJUNCTIVE

haya debido	hayamos debido
hayas debido	hayáis debido
haya debido	hayan debido

or **IMPERFECT SUBJUNCTIVE (-se)**

debiese	debiésemos
debieses	debieseis
debiese	debiesen

or **PAST PERFECT SUBJUNCTIVE (-se)**

hubiese debido	hubiésemos debido
hubieses debido	hubieseis debido
hubiese debido	hubiesen debido

PROGRESSIVE TENSES

PRESENT	estoy, estás, está, estamos, estáis, están
PRETERIT	estuve, estuviste, estuvo, estuvimos, estuvisteis, estuvieron
IMPERFECT	estaba, estabas, estaba, estábamos, estabais, estaban
FUTURE	estaré, estarás, estará, estaremos, estaréis, estarán
CONDITIONAL	estaría, estarías, estaría, estaríamos, estaríais, estarían
SUBJUNCTIVE	que + *corresponding subjunctive tense of* estar *(see verb 252)*

\} debiendo

COMMANDS

	(nosotros) debamos/no debamos
(tú) debe/no debas	(vosotros) debed/no debáis
(Ud.) deba/no deba	(Uds.) deban/no deban

Usage

Me debes cincuenta dólares.	*You owe me fifty dollars.*
Debían haber llegado para las dos.	*They should have arrived by 2:00.*
Debo comprar un nuevo módem.	*I must buy a new modem.*
¿A qué se debe todo esto?	*What's the reason for all of this?*
Debe de haber dejado un recado.	*She must have left a message.*
¿Cuál es la suma debida?	*What's the sum due/owed?*
Terminó de pagar su deuda.	*He finished paying off his debt.*

Debe dinero a medio mundo.	*He owes everybody money.*
¿No le debes una carta?	*Don't you owe her a letter?*
Nos debéis una explicación.	*You owe us an explanation.*

deber + infinitive should

Debe recogerlos.	*He should pick them up.*
Debías haber llamado ayer.	*You should have called yesterday.*
Deberías acompañarlos.	*You should/ought to go with them.*
Deberíamos haber cogido el tren de las siete.	*We should have caught the 7:00 o'clock train.*

deber de + infinitive must (probability)

Mi paraguas debe de estar en la oficina.	*My umbrella is probably/must be in the office.*
Debe de ser muy inteligente.	*He must be very intelligent.*

Other Uses

—¿A qué se debe el enredo?	*What's the reason for the mess/confusion?*
—Creo que es debido a su incapacidad.	*I think it's due to their incompetence.*
Todo se resuelve a su debido tiempo.	*Everything is resolved in due time/in due course.*
No pudimos jugar al tenis debido a la niebla.	*We couldn't play tennis due to/because of the fog.*
Saluda a tus invitados como es debido.	*Greet your guests properly/as is proper.*
Tú has trabajado más de lo debido.	*You've worked more than you should.*
Lo han hecho todo debidamente.	*They've done everything properly.*
Cumplieron con su deber.	*They did their duty.*
Nuestro deber es servir a la patria.	*Our duty is to serve our country.*
Hijos, hagan sus deberes antes de cenar.	*Children, do your homework before dinner.*
Al graduarse empezará a pagar sus deudas.	*When she graduates, she'll begin to pay off her debts.*
Está en deuda con su benefactor.	*He's indebted to his benefactor.*
Lo prometido es deuda.	*A promise is a promise. (lit., What's promised is a debt.)*
Hay que calcular el debe y el haber.	*We must calculate the debits and credits.*

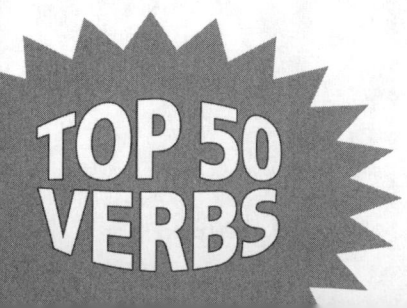

TOP 50 VERBS

regular -*ir* verb | **decido · decidieron · decidido · decidiendo**

PRESENT

decido	decidimos
decides	decidís
decide	deciden

PRETERIT

decidí	decidimos
decidiste	decidisteis
decidió	decidieron

IMPERFECT

decidía	decidíamos
decidías	decidíais
decidía	decidían

PRESENT PERFECT

he decidido	hemos decidido
has decidido	habéis decidido
ha decidido	han decidido

FUTURE

decidiré	decidiremos
decidirás	decidiréis
decidirá	decidirán

CONDITIONAL

decidiría	decidiríamos
decidirías	decidiríais
decidiría	decidirían

PLUPERFECT

había decidido	habíamos decidido
habías decidido	habíais decidido
había decidido	habían decidido

PRETERIT PERFECT

hube decidido	hubimos decidido
hubiste decidido	hubisteis decidido
hubo decidido	hubieron decidido

FUTURE PERFECT

habré decidido	habremos decidido
habrás decidido	habréis decidido
habrá decidido	habrán decidido

CONDITIONAL PERFECT

habría decidido	habríamos decidido
habrías decidido	habríais decidido
habría decidido	habrían decidido

PRESENT SUBJUNCTIVE

decida	decidamos
decidas	decidáis
decida	decidan

PRESENT PERFECT SUBJUNCTIVE

haya decidido	hayamos decidido
hayas decidido	hayáis decidido
haya decidido	hayan decidido

IMPERFECT SUBJUNCTIVE (-ra)

decidiera	decidiéramos
decidieras	decidierais
decidiera	decidieran

or **IMPERFECT SUBJUNCTIVE (-se)**

decidiese	decidiésemos
decidieses	decidieseis
decidiese	decidiesen

PAST PERFECT SUBJUNCTIVE (-ra)

hubiera decidido	hubiéramos decidido
hubieras decidido	hubierais decidido
hubiera decidido	hubieran decidido

or **PAST PERFECT SUBJUNCTIVE (-se)**

hubiese decidido	hubiésemos decidido
hubieses decidido	hubieseis decidido
hubiese decidido	hubiesen decidido

PROGRESSIVE TENSES

PRESENT	estoy, estás, está, estamos, estáis, están
PRETERIT	estuve, estuviste, estuvo, estuvimos, estuvisteis, estuvieron
IMPERFECT	estaba, estabas, estaba, estábamos, estabais, estaban
FUTURE	estaré, estarás, estará, estaremos, estaréis, estarán
CONDITIONAL	estaría, estarías, estaría, estaríamos, estaríais, estarían
SUBJUNCTIVE	que + *corresponding subjunctive tense of* estar (*see verb 252*)

} decidiendo

COMMANDS

	(nosotros) decidamos/no decidamos
(tú) decide/no decidas	(vosotros) decidid/no decidáis
(Ud.) decida/no decida	(Uds.) decidan/no decidan

Usage

Decidí quedarme con la empresa.	*I decided to stay with the company.*
Se decidió a renunciar a su puesto.	*He made up his mind to resign his position.*
Nos decidimos por el otro plan.	*We decided on/chose the other plan.*
Están decididos a compensar sus errores.	*They're determined to make amends for their mistakes.*
Me alegro que hayan tomado una decisión.	*I'm glad they made a decision.*
Fue un momento decisivo para todos nosotros.	*It was a decisive moment for all of us.*
Se puso a trabajar decididamente.	*She began to work resolutely.*

digo · dijeron · dicho · diciendo   irregular verb

Di que sí/que no.	*Say yes/no.*
Les dije que no volvieran tarde.	*I told them not to come back late.*
¿Qué dices de esta canción?	*What do you think of this song?*
Le dicen Daniel.	*They call him Daniel.*
¡Yo voy a decirles sus cuatro verdades!	*I'm going to give them a piece of my mind!*
¡Diga!/¡Dígame!	*Hello.* (telephone)
Digan lo que digan.	*Whatever they say.*
Es un decir.	*It's a saying.*
¿Qué quiere decir todo eso?	*What does all that mean?*
Es decir...	*That's to say . . .*
Lo dije sin querer.	*I didn't mean to say it.*
Lo que tú digas.	*Whatever you say./It's up to you.*
A mí no me importa el qué dirán.	*I don't care what others say/think.*

tú dirás

—¿Me sirves más vino/ensalada, por favor?	*Would you please serve me more wine/salad?*
—Claro. Tú dirás.	*Of course. Say when.* (to indicate enough food or drink)
—¿Para cuándo quieres los billetes?	*When do you want the tickets for?*
—Tú dirás.	*It's up to you.*

dicho

Dicho de otro modo...	*In other words . . .*
Lo dicho, dicho está.	*What was said still stands.*
Este problema es difícil, o mejor dicho, imposible.	*This problem is difficult, or rather, impossible.*
Del dicho al hecho hay mucho (un gran) trecho.	*There's many a slip twixt the cup and the lip.*
Dicho y hecho.	*No sooner said than done.*

Other Uses

No dije que esta boca es mía.	*I didn't open my mouth./I didn't say a word.*
Se dice que...	*It's said/They say that . . .*
Lo dijo para sí.	*She said it to herself.*
¡Dígamelo a mí!	*You're telling me!*

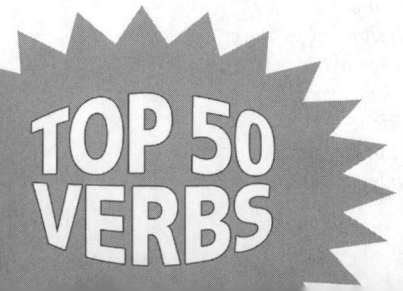

irregular verb | **digo · dijeron · dicho · diciendo**

PRESENT

digo	decimos
dices	decís
dice	dicen

IMPERFECT

decía	decíamos
decías	decíais
decía	decían

FUTURE

diré	diremos
dirás	diréis
dirá	dirán

PLUPERFECT

había dicho	habíamos dicho
habías dicho	habíais dicho
había dicho	habían dicho

FUTURE PERFECT

habré dicho	habremos dicho
habrás dicho	habréis dicho
habrá dicho	habrán dicho

PRESENT SUBJUNCTIVE

diga	digamos
digas	digáis
diga	digan

IMPERFECT SUBJUNCTIVE (-ra)

dijera	dijéramos
dijeras	dijerais
dijera	dijeran

PAST PERFECT SUBJUNCTIVE (-ra)

hubiera dicho	hubiéramos dicho
hubieras dicho	hubierais dicho
hubiera dicho	hubieran dicho

PRETERIT

dije	dijimos
dijiste	dijisteis
dijo	dijeron

PRESENT PERFECT

he dicho	hemos dicho
has dicho	habéis dicho
ha dicho	han dicho

CONDITIONAL

diría	diríamos
dirías	diríais
diría	dirían

PRETERIT PERFECT

hube dicho	hubimos dicho
hubiste dicho	hubisteis dicho
hubo dicho	hubieron dicho

CONDITIONAL PERFECT

habría dicho	habríamos dicho
habrías dicho	habríais dicho
habría dicho	habrían dicho

PRESENT PERFECT SUBJUNCTIVE

haya dicho	hayamos dicho
hayas dicho	hayáis dicho
haya dicho	hayan dicho

or **IMPERFECT SUBJUNCTIVE (-se)**

dijese	dijésemos
dijeses	dijeseis
dijese	dijesen

or **PAST PERFECT SUBJUNCTIVE (-se)**

hubiese dicho	hubiésemos dicho
hubieses dicho	hubieseis dicho
hubiese dicho	hubiesen dicho

PROGRESSIVE TENSES

PRESENT	estoy, estás, está, estamos, estáis, están
PRETERIT	estuve, estuviste, estuvo, estuvimos, estuvisteis, estuvieron
IMPERFECT	estaba, estabas, estaba, estábamos, estabais, estaban
FUTURE	estaré, estarás, estará, estaremos, estaréis, estarán
CONDITIONAL	estaría, estarías, estaría, estaríamos, estaríais, estarían
SUBJUNCTIVE	que + *corresponding subjunctive tense of* estar (*see verb 252*)

} diciendo

COMMANDS

	(nosotros) digamos/no digamos
(tú) di/no digas	(vosotros) decid/no digáis
(Ud.) diga/no diga	(Uds.) digan/no digan

Usage

Dijo la verdad/una mentira.	*She told the truth/a lie.*
Dicen que va a nevar.	*They say it's going to snow.*
Di adiós a todos.	*Say good-bye to everyone.*
¿Cómo se dice esto en inglés?	*How do you say this in English?*
Dime con quién andas y te diré quién eres.	*A man is known by the company he keeps.*
¡No me digas!	*You don't say!/Go on!*
Te lo dije bien claro.	*I told you so.*

dedico · dedicaron · dedicado · dedicando

-ar verb; spelling change: *c > qu/e*

PRESENT		PRETERIT	
dedico	dedicamos	dediqué	dedicamos
dedicas	dedicáis	dedicaste	dedicasteis
dedica	dedican	dedicó	dedicaron

IMPERFECT		PRESENT PERFECT	
dedicaba	dedicábamos	he dedicado	hemos dedicado
dedicabas	dedicabais	has dedicado	habéis dedicado
dedicaba	dedicaban	ha dedicado	han dedicado

FUTURE		CONDITIONAL	
dedicaré	dedicaremos	dedicaría	dedicaríamos
dedicarás	dedicaréis	dedicarías	dedicaríais
dedicará	dedicarán	dedicaría	dedicarían

PLUPERFECT		PRETERIT PERFECT	
había dedicado	habíamos dedicado	hube dedicado	hubimos dedicado
habías dedicado	habíais dedicado	hubiste dedicado	hubisteis dedicado
había dedicado	habían dedicado	hubo dedicado	hubieron dedicado

FUTURE PERFECT		CONDITIONAL PERFECT	
habré dedicado	habremos dedicado	habría dedicado	habríamos dedicado
habrás dedicado	habréis dedicado	habrías dedicado	habríais dedicado
habrá dedicado	habrán dedicado	habría dedicado	habrían dedicado

PRESENT SUBJUNCTIVE		PRESENT PERFECT SUBJUNCTIVE	
dedique	dediquemos	haya dedicado	hayamos dedicado
dediques	dediquéis	hayas dedicado	hayáis dedicado
dedique	dediquen	haya dedicado	hayan dedicado

IMPERFECT SUBJUNCTIVE (-ra)		*or* IMPERFECT SUBJUNCTIVE (-se)	
dedicara	dedicáramos	dedicase	dedicásemos
dedicaras	dedicarais	dedicases	dedicaseis
dedicara	dedicaran	dedicase	dedicasen

PAST PERFECT SUBJUNCTIVE (-ra)		*or* PAST PERFECT SUBJUNCTIVE (-se)	
hubiera dedicado	hubiéramos dedicado	hubiese dedicado	hubiésemos dedicado
hubieras dedicado	hubierais dedicado	hubieses dedicado	hubieseis dedicado
hubiera dedicado	hubieran dedicado	hubiese dedicado	hubiesen dedicado

PROGRESSIVE TENSES

PRESENT	estoy, estás, está, estamos, estáis, están
PRETERIT	estuve, estuviste, estuvo, estuvimos, estuvisteis, estuvieron
IMPERFECT	estaba, estabas, estaba, estábamos, estabais, estaban
FUTURE	estaré, estarás, estará, estaremos, estaréis, estarán
CONDITIONAL	estaría, estarías, estaría, estaríamos, estaríais, estarían
SUBJUNCTIVE	que + *corresponding subjunctive tense of* estar (*see verb 252*)

} dedicando

COMMANDS

	(nosotros) dediquemos/no dediquemos
(tú) dedica/no dediques	(vosotros) dedicad/no dediquéis
(Ud.) dedique/no dedique	(Uds.) dediquen/no dediquen

Usage

Dediqué mi libro a mis padres.	*I dedicated my book to my parents.*
Dedica más tiempo a tus estudios.	*Devote more time to your studies.*
Se dedican a sus hijos.	*They devote themselves to their children.*
Se dedicará a pintar.	*She'll spend her time painting.*
¿A qué se dedica Ud.?	*What do you do for a living?*
Preferimos ver un programa dedicado a la historia.	*We prefer to watch a program about history.*
Escribiste una linda dedicatoria.	*You wrote a lovely dedication/inscription.*

stem-changing *-er* verb: *e > ie* — **defiendo · defendieron · defendido · defendiendo**

PRESENT

defiendo	defendemos
defiendes	defendéis
defiende	defienden

PRETERIT

defendí	defendimos
defendiste	defendisteis
defendió	defendieron

IMPERFECT

defendía	defendíamos
defendías	defendíais
defendía	defendían

PRESENT PERFECT

he defendido	hemos defendido
has defendido	habéis defendido
ha defendido	han defendido

FUTURE

defenderé	defenderemos
defenderás	defenderéis
defenderá	defenderán

CONDITIONAL

defendería	defenderíamos
defenderías	defenderíais
defendería	defenderían

PLUPERFECT

había defendido	habíamos defendido
habías defendido	habíais defendido
había defendido	habían defendido

PRETERIT PERFECT

hube defendido	hubimos defendido
hubiste defendido	hubisteis defendido
hubo defendido	hubieron defendido

FUTURE PERFECT

habré defendido	habremos defendido
habrás defendido	habréis defendido
habrá defendido	habrán defendido

CONDITIONAL PERFECT

habría defendido	habríamos defendido
habrías defendido	habríais defendido
habría defendido	habrían defendido

PRESENT SUBJUNCTIVE

defienda	defendamos
defiendas	defendáis
defienda	defiendan

PRESENT PERFECT SUBJUNCTIVE

haya defendido	hayamos defendido
hayas defendido	hayáis defendido
haya defendido	hayan defendido

IMPERFECT SUBJUNCTIVE (-ra)

defendiera	defendiéramos
defendieras	defendierais
defendiera	defendieran

or **IMPERFECT SUBJUNCTIVE (-se)**

defendiese	defendiésemos
defendieses	defendieseis
defendiese	defendiesen

PAST PERFECT SUBJUNCTIVE (-ra)

hubiera defendido	hubiéramos defendido
hubieras defendido	hubierais defendido
hubiera defendido	hubieran defendido

or **PAST PERFECT SUBJUNCTIVE (-se)**

hubiese defendido	hubiésemos defendido
hubieses defendido	hubieseis defendido
hubiese defendido	hubiesen defendido

PROGRESSIVE TENSES

PRESENT	estoy, estás, está, estamos, estáis, están
PRETERIT	estuve, estuviste, estuvo, estuvimos, estuvisteis, estuvieron
IMPERFECT	estaba, estabas, estaba, estábamos, estabais, estaban
FUTURE	estaré, estarás, estará, estaremos, estaréis, estarán
CONDITIONAL	estaría, estarías, estaría, estaríamos, estaríais, estarían
SUBJUNCTIVE	que + *corresponding subjunctive tense of* estar (*see verb 252*)

} defendiendo

COMMANDS

	(nosotros) defendamos/no defendamos
(tú) defiende/no defiendas	(vosotros) defended/no defendáis
(Ud.) defienda/no defienda	(Uds.) defiendan/no defiendan

Usage

Los soldados defendían la frontera.	*The soldiers defended the border.*
Defendió a su patria contra sus enemigos.	*He defended his country against its enemies.*
¿Te defiendes en japonés?	*Do you get along in Japanese?*
Salieron en defensa de su colega.	*They came out in defense of their colleague.*
Le toca al abogado defensor interrogar a los testigos.	*It's the defense attorney's turn to cross-examine the witnesses.*

Le dejé un recado.	*I left him a message.*
Dejemos esta conversación.	*Let's drop this conversation.*
Deja tu libro y duérmete.	*Put down your book and go to sleep.*
Deje que se abra la tienda.	*Wait for the store to open.*
¡Déjalo!	*Stop it!/Forget it!*
—¿Dónde quieres que yo deje estas cosas?	*Where do you want me to leave/put these things?*
—Déjalas aparte por ahora.	*Put them aside for now.*
—Su idea deja mucho que desear.	*Her idea leaves a lot to be desired.*
—A mí me deja fresco.	*It leaves me cold.*
Dejen el paso libre a la policía.	*Get out of the way of the police.*
Te dejamos el postre por hacer.	*We left you the dessert to make.*
No dejen de venir el sábado.	*Don't fail to come on Saturday.*
Dejó a su novia plantada.	*He stood his girlfriend up/walked out on his girlfriend.*
¿Lo dejé claro?	*Did I make it clear?*

dejar + infinitive

Déjalos dormir.	*Let them sleep.*
No me dejaron ayudar.	*They didn't let me help.*
Es malo que se deje convencer tan fácilmente.	*It's bad that she's so easily convinced.*

Other Uses

¡No te dejes llevar por la imaginación!	*Don't let your imagination run away with you!/ Don't get carried away by your imagination!*
Habla inglés con un dejo de español.	*She speaks English with a slight Spanish accent.*
Es un lugar dejado de la mano de Dios.	*It's a God-forsaken place.*
No dejes para mañana lo que puedes hacer hoy.	*Don't leave for tomorrow what you can do today.*
No han dejado piedra por mover.	*They've left no stone unturned.*
¡Déjate de bromas!	*Stop joking around!*

TOP 50 VERBS

regular *-ar* verb

dejo · dejaron · dejado · dejando

PRESENT

dejo	dejamos
dejas	dejáis
deja	dejan

PRETERIT

dejé	dejamos
dejaste	dejasteis
dejó	dejaron

IMPERFECT

dejaba	dejábamos
dejabas	dejabais
dejaba	dejaban

PRESENT PERFECT

he dejado	hemos dejado
has dejado	habéis dejado
ha dejado	han dejado

FUTURE

dejaré	dejaremos
dejarás	dejaréis
dejará	dejarán

CONDITIONAL

dejaría	dejaríamos
dejarías	dejaríais
dejaría	dejarían

PLUPERFECT

había dejado	habíamos dejado
habías dejado	habíais dejado
había dejado	habían dejado

PRETERIT PERFECT

hube dejado	hubimos dejado
hubiste dejado	hubisteis dejado
hubo dejado	hubieron dejado

FUTURE PERFECT

habré dejado	habremos dejado
habrás dejado	habréis dejado
habrá dejado	habrán dejado

CONDITIONAL PERFECT

habría dejado	habríamos dejado
habrías dejado	habríais dejado
habría dejado	habrían dejado

PRESENT SUBJUNCTIVE

deje	dejemos
dejes	dejéis
deje	dejen

PRESENT PERFECT SUBJUNCTIVE

haya dejado	hayamos dejado
hayas dejado	hayáis dejado
haya dejado	hayan dejado

IMPERFECT SUBJUNCTIVE (-ra)

dejara	dejáramos
dejaras	dejarais
dejara	dejaran

or **IMPERFECT SUBJUNCTIVE (-se)**

dejase	dejásemos
dejases	dejaseis
dejase	dejasen

PAST PERFECT SUBJUNCTIVE (-ra)

hubiera dejado	hubiéramos dejado
hubieras dejado	hubierais dejado
hubiera dejado	hubieran dejado

or **PAST PERFECT SUBJUNCTIVE (-se)**

hubiese dejado	hubiésemos dejado
hubieses dejado	hubieseis dejado
hubiese dejado	hubiesen dejado

PROGRESSIVE TENSES

PRESENT	estoy, estás, está, estamos, estáis, están
PRETERIT	estuve, estuviste, estuvo, estuvimos, estuvisteis, estuvieron
IMPERFECT	estaba, estabas, estaba, estábamos, estabais, estaban
FUTURE	estaré, estarás, estará, estaremos, estaréis, estarán
CONDITIONAL	estaría, estarías, estaría, estaríamos, estaríais, estarían
SUBJUNCTIVE	que + *corresponding subjunctive tense of* estar (*see verb 252*)

} dejando

COMMANDS

	(nosotros) dejemos/no dejemos
(tú) deja/no dejes	(vosotros) dejad/no dejéis
(Ud.) deje/no deje	(Uds.) dejen/no dejen

Usage

Dejé los papeles en la oficina.	*I left the papers at the office.*
Déjame en paz.	*Leave me alone.*
Dejamos de jugar tenis.	*We stopped playing tennis.*
—Déjelos leer el informe.	*Let them read the report.*
—No dejo que nadie lo lea todavía.	*I'm not letting anyone read it yet.*
Dejó caer los disquetes.	*She dropped the diskettes.*
¡Déjate de rodeos!	*Stop beating around the bush!*

demostrar   *to show, demonstrate, prove*

demuestro · demostraron · demostrado · demostrando   stem-changing *-ar* verb: *o > ue*

PRESENT		PRETERIT	
demuestro	demostramos	demostré	demostramos
demuestras	demostráis	demostraste	demostrasteis
demuestra	demuestran	demostró	demostraron

IMPERFECT		PRESENT PERFECT	
demostraba	demostrábamos	he demostrado	hemos demostrado
demostrabas	demostrabais	has demostrado	habéis demostrado
demostraba	demostraban	ha demostrado	han demostrado

FUTURE		CONDITIONAL	
demostraré	demostraremos	demostraría	demostraríamos
demostrarás	demostraréis	demostrarías	demostraríais
demostrará	demostrarán	demostraría	demostrarían

PLUPERFECT		PRETERIT PERFECT	
había demostrado	habíamos demostrado	hube demostrado	hubimos demostrado
habías demostrado	habíais demostrado	hubiste demostrado	hubisteis demostrado
había demostrado	habían demostrado	hubo demostrado	hubieron demostrado

FUTURE PERFECT		CONDITIONAL PERFECT	
habré demostrado	habremos demostrado	habría demostrado	habríamos demostrado
habrás demostrado	habréis demostrado	habrías demostrado	habríais demostrado
habrá demostrado	habrán demostrado	habría demostrado	habrían demostrado

PRESENT SUBJUNCTIVE		PRESENT PERFECT SUBJUNCTIVE	
demuestre	demostremos	haya demostrado	hayamos demostrado
demuestres	demostréis	hayas demostrado	hayáis demostrado
demuestre	demuestren	haya demostrado	hayan demostrado

IMPERFECT SUBJUNCTIVE (-ra)		*or*	IMPERFECT SUBJUNCTIVE (-se)	
demostrara	demostráramos		demostrase	demostrásemos
demostraras	demostrarais		demostrases	demostraseis
demostrara	demostraran		demostrase	demostrasen

PAST PERFECT SUBJUNCTIVE (-ra)		*or*	PAST PERFECT SUBJUNCTIVE (-se)	
hubiera demostrado	hubiéramos demostrado		hubiese demostrado	hubiésemos demostrado
hubieras demostrado	hubierais demostrado		hubieses demostrado	hubieseis demostrado
hubiera demostrado	hubieran demostrado		hubiese demostrado	hubiesen demostrado

PROGRESSIVE TENSES

PRESENT	estoy, estás, está, estamos, estáis, están
PRETERIT	estuve, estuviste, estuvo, estuvimos, estuvisteis, estuvieron
IMPERFECT	estaba, estabas, estaba, estábamos, estabais, estaban
FUTURE	estaré, estarás, estará, estaremos, estaréis, estarán
CONDITIONAL	estaría, estarías, estaría, estaríamos, estaríais, estarían
SUBJUNCTIVE	que + *corresponding subjunctive tense of* estar (*see verb 252*)

} demostrando

COMMANDS

	(nosotros) demostremos/no demostremos
(tú) demuestra/no demuestres	(vosotros) demostrad/no demostréis
(Ud.) demuestre/no demuestre	(Uds.) demuestren/no demuestren

Usage

Demuestran mucho interés en el producto.	*They show a lot of interest in the product.*
¿Cómo demostraron su proposición?	*How did they prove their proposition?*
Demuéstranos cómo funciona.	*Show us how it works.*
Han demostrado su ignorancia en el campo.	*They've demonstrated their ignorance in the field.*
Fue una demostración de su lealtad.	*It was a show/demonstration of his loyalty.*

regular -er verb   **dependo · dependieron · dependido · dependiendo**

PRESENT

dependo	dependemos
dependes	dependéis
depende	dependen

IMPERFECT

dependía	dependíamos
dependías	dependíais
dependía	dependían

FUTURE

dependeré	dependeremos
dependerás	dependeréis
dependerá	dependerán

PLUPERFECT

había dependido	habíamos dependido
habías dependido	habíais dependido
había dependido	habían dependido

FUTURE PERFECT

habré dependido	habremos dependido
habrás dependido	habréis dependido
habrá dependido	habrán dependido

PRESENT SUBJUNCTIVE

dependa	dependamos
dependas	dependáis
dependa	dependan

IMPERFECT SUBJUNCTIVE (-ra)

dependiera	dependiéramos
dependieras	dependierais
dependiera	dependieran

PAST PERFECT SUBJUNCTIVE (-ra)

hubiera dependido	hubiéramos dependido
hubieras dependido	hubierais dependido
hubiera dependido	hubieran dependido

PRETERIT

dependí	dependimos
dependiste	dependisteis
dependió	dependieron

PRESENT PERFECT

he dependido	hemos dependido
has dependido	habéis dependido
ha dependido	han dependido

CONDITIONAL

dependería	dependeríamos
dependerías	dependeríais
dependería	dependerían

PRETERIT PERFECT

hube dependido	hubimos dependido
hubiste dependido	hubisteis dependido
hubo dependido	hubieron dependido

CONDITIONAL PERFECT

habría dependido	habríamos dependido
habrías dependido	habríais dependido
habría dependido	habrían dependido

PRESENT PERFECT SUBJUNCTIVE

haya dependido	hayamos dependido
hayas dependido	hayáis dependido
haya dependido	hayan dependido

or **IMPERFECT SUBJUNCTIVE (-se)**

dependiese	dependiésemos
dependieses	dependieseis
dependiese	dependiesen

or **PAST PERFECT SUBJUNCTIVE (-se)**

hubiese dependido	hubiésemos dependido
hubieses dependido	hubieseis dependido
hubiese dependido	hubiesen dependido

PROGRESSIVE TENSES

PRESENT	estoy, estás, está, estamos, estáis, están
PRETERIT	estuve, estuviste, estuvo, estuvimos, estuvisteis, estuvieron
IMPERFECT	estaba, estabas, estaba, estábamos, estabais, estaban
FUTURE	estaré, estarás, estará, estaremos, estaréis, estarán
CONDITIONAL	estaría, estarías, estaría, estaríamos, estaríais, estarían
SUBJUNCTIVE	que + *corresponding subjunctive tense of* estar *(see verb 252)*

} dependiendo

COMMANDS

	(nosotros) dependamos/no dependamos
(tú) depende/no dependas	(vosotros) depended/no dependáis
(Ud.) dependa/no dependa	(Uds.) dependan/no dependan

Usage

Depende de ellos.	*It depends on them./It's up to them.*
Los niños dependen de sus padres.	*The children are dependent on their parents.*
Lo que pasa depende de lo que nos dicen.	*What happens depends on what they tell us.*
El futuro de la empresa depende de nosotros.	*The future of the company depends on us.*
Llama al dependiente.	*Call over the salesman/clerk.*
Dependiente/Independiente de lo que dijeron...	*Dependent on/Independent of what they said . . .*

derribar   to knock down/over, overthrow, demolish

derribo · derribaron · derribado · derribando   regular -ar verb

PRESENT

derribo	derribamos
derribas	derribáis
derriba	derriban

PRETERIT

derribé	derribamos
derribaste	derribasteis
derribó	derribaron

IMPERFECT

derribaba	derribábamos
derribabas	derribabais
derribaba	derribaban

PRESENT PERFECT

he derribado	hemos derribado
has derribado	habéis derribado
ha derribado	han derribado

FUTURE

derribaré	derribaremos
derribarás	derribaréis
derribará	derribarán

CONDITIONAL

derribaría	derribaríamos
derribarías	derribaríais
derribaría	derribarían

PLUPERFECT

había derribado	habíamos derribado
habías derribado	habíais derribado
había derribado	habían derribado

PRETERIT PERFECT

hube derribado	hubimos derribado
hubiste derribado	hubisteis derribado
hubo derribado	hubieron derribado

FUTURE PERFECT

habré derribado	habremos derribado
habrás derribado	habréis derribado
habrá derribado	habrán derribado

CONDITIONAL PERFECT

habría derribado	habríamos derribado
habrías derribado	habríais derribado
habría derribado	habrían derribado

PRESENT SUBJUNCTIVE

derribe	derribemos
derribes	derribéis
derribe	derriben

PRESENT PERFECT SUBJUNCTIVE

haya derribado	hayamos derribado
hayas derribado	hayáis derribado
haya derribado	hayan derribado

IMPERFECT SUBJUNCTIVE (-ra)

derribara	derribáramos
derribaras	derribarais
derribara	derribaran

or   **IMPERFECT SUBJUNCTIVE (-se)**

derribase	derribásemos
derribases	derribaseis
derribase	derribasen

PAST PERFECT SUBJUNCTIVE (-ra)

hubiera derribado	hubiéramos derribado
hubieras derribado	hubierais derribado
hubiera derribado	hubieran derribado

or   **PAST PERFECT SUBJUNCTIVE (-se)**

hubiese derribado	hubiésemos derribado
hubieses derribado	hubieseis derribado
hubiese derribado	hubiesen derribado

PROGRESSIVE TENSES

PRESENT	estoy, estás, está, estamos, estáis, están
PRETERIT	estuve, estuviste, estuvo, estuvimos, estuvisteis, estuvieron
IMPERFECT	estaba, estabas, estaba, estábamos, estabais, estaban
FUTURE	estaré, estarás, estará, estaremos, estaréis, estarán
CONDITIONAL	estaría, estarías, estaría, estaríamos, estaríais, estarían
SUBJUNCTIVE	que + *corresponding subjunctive tense of* estar (*see verb 252*)

} derribando

COMMANDS

	(nosotros) derribemos/no derribemos
(tú) derriba/no derribes	(vosotros) derribad/no derribéis
(Ud.) derribe/no derribe	(Uds.) derriben/no derriben

Usage

El futbolista derribó al portero.	*The soccer player knocked the goalie down.*
Derribaron al dictador.	*They overthrew/toppled the dictator.*
El policía derribó al ladrón.	*The policeman brought the thief down.*
El edificio fue derribado.	*The building was demolished.*
Sólo quedan los derribos de la explosión.	*Only rubble remains from the explosion.*

-er verb; spelling change: **desaparezco · desaparecieron · desaparecido · desapareciendo**
c > zc/o, a

PRESENT

desaparezco	desaparecemos
desapareces	desaparecéis
desaparece	desaparecen

IMPERFECT

desaparecía	desaparecíamos
desaparecías	desaparecíais
desaparecía	desaparecían

FUTURE

desapareceré	desapareceremos
desaparecerás	desapareceréis
desaparecerá	desaparecerán

PLUPERFECT

había desaparecido	habíamos desaparecido
habías desaparecido	habíais desaparecido
había desaparecido	habían desaparecido

FUTURE PERFECT

habré desaparecido	habremos desaparecido
habrás desaparecido	habréis desaparecido
habrá desaparecido	habrán desaparecido

PRESENT SUBJUNCTIVE

desaparezca	desaparezcamos
desaparezcas	desaparezcáis
desaparezca	desaparezcan

IMPERFECT SUBJUNCTIVE (-ra)

desapareciera	desapareciéramos
desaparecieras	desaparecierais
desapareciera	desaparecieran

PAST PERFECT SUBJUNCTIVE (-ra)

hubiera desaparecido	hubiéramos desaparecido
hubieras desaparecido	hubierais desaparecido
hubiera desaparecido	hubieran desaparecido

PRETERIT

desaparecí	desaparecimos
desapareciste	desaparecisteis
desapareció	desaparecieron

PRESENT PERFECT

he desaparecido	hemos desaparecido
has desaparecido	habéis desaparecido
ha desaparecido	han desaparecido

CONDITIONAL

desaparecería	desapareceríamos
desaparecerías	desapareceríais
desaparecería	desaparecerían

PRETERIT PERFECT

hube desaparecido	hubimos desaparecido
hubiste desaparecido	hubisteis desaparecido
hubo desaparecido	hubieron desaparecido

CONDITIONAL PERFECT

habría desaparecido	habríamos desaparecido
habrías desaparecido	habríais desaparecido
habría desaparecido	habrían desaparecido

PRESENT PERFECT SUBJUNCTIVE

haya desaparecido	hayamos desaparecido
hayas desaparecido	hayáis desaparecido
haya desaparecido	hayan desaparecido

or **IMPERFECT SUBJUNCTIVE (-se)**

desapareciese	desapareciésemos
desaparecieses	desaparecieseis
desapareciese	desapareciesen

or **PAST PERFECT SUBJUNCTIVE (-se)**

hubiese desaparecido	hubiésemos desaparecido
hubieses desaparecido	hubieseis desaparecido
hubiese desaparecido	hubiesen desaparecido

PROGRESSIVE TENSES

PRESENT	estoy, estás, está, estamos, estáis, están
PRETERIT	estuve, estuviste, estuvo, estuvimos, estuvisteis, estuvieron
IMPERFECT	estaba, estabas, estaba, estábamos, estabais, estaban
FUTURE	estaré, estarás, estará, estaremos, estaréis, estarán
CONDITIONAL	estaría, estarías, estaría, estaríamos, estaríais, estarían
SUBJUNCTIVE	que + *corresponding subjunctive tense of* estar (*see verb 252*)

} desapareciendo

COMMANDS

	(nosotros) desaparezcamos/no desaparezcamos
(tú) desaparece/no desaparezcas	(vosotros) desapareced/no desaparezcáis
(Ud.) desaparezca/no desaparezca	(Uds.) desaparezcan/no desaparezcan

Usage

Desaparecieron sin dejar rastro.	*They disappeared without leaving a trace.*
El aroma ha desaparecido.	*The aroma is gone/has worn off.*
Desapareció del mapa.	*He disappeared from the face of the earth.*
Hizo desaparecer los bombones.	*She hid/made off with the candy.*
Hubo miles de desaparecidos después de la guerra.	*There were thousands of missing people after the war.*

desarrollar *to develop, explain*

desarrollo · desarrollaron · desarrollado · desarrollando   regular *-ar* verb

PRESENT

desarrollo	desarrollamos
desarrollas	desarrolláis
desarrolla	desarrollan

PRETERIT

desarrollé	desarrollamos
desarrollaste	desarrollasteis
desarrolló	desarrollaron

IMPERFECT

desarrollaba	desarrollábamos
desarrollabas	desarrollabais
desarrollaba	desarrollaban

PRESENT PERFECT

he desarrollado	hemos desarrollado
has desarrollado	habéis desarrollado
ha desarrollado	han desarrollado

FUTURE

desarrollaré	desarrollaremos
desarrollarás	desarrollaréis
desarrollará	desarrollarán

CONDITIONAL

desarrollaría	desarrollaríamos
desarrollarías	desarrollaríais
desarrollaría	desarrollarían

PLUPERFECT

había desarrollado	habíamos desarrollado
habías desarrollado	habíais desarrollado
había desarrollado	habían desarrollado

PRETERIT PERFECT

hube desarrollado	hubimos desarrollado
hubiste desarrollado	hubisteis desarrollado
hubo desarrollado	hubieron desarrollado

FUTURE PERFECT

habré desarrollado	habremos desarrollado
habrás desarrollado	habréis desarrollado
habrá desarrollado	habrán desarrollado

CONDITIONAL PERFECT

habría desarrollado	habríamos desarrollado
habrías desarrollado	habríais desarrollado
habría desarrollado	habrían desarrollado

PRESENT SUBJUNCTIVE

desarrolle	desarrollemos
desarrolles	desarrolléis
desarrolle	desarrollen

PRESENT PERFECT SUBJUNCTIVE

haya desarrollado	hayamos desarrollado
hayas desarrollado	hayáis desarrollado
haya desarrollado	hayan desarrollado

IMPERFECT SUBJUNCTIVE (-ra)

desarrollara	desarrolláramos
desarrollaras	desarrollarais
desarrollara	desarrollaran

or **IMPERFECT SUBJUNCTIVE (-se)**

desarrollase	desarrollásemos
desarrollases	desarrollaseis
desarrollase	desarrollasen

PAST PERFECT SUBJUNCTIVE (-ra)

hubiera desarrollado	hubiéramos desarrollado
hubieras desarrollado	hubierais desarrollado
hubiera desarrollado	hubieran desarrollado

or **PAST PERFECT SUBJUNCTIVE (-se)**

hubiese desarrollado	hubiésemos desarrollado
hubieses desarrollado	hubieseis desarrollado
hubiese desarrollado	hubiesen desarrollado

PROGRESSIVE TENSES

PRESENT	estoy, estás, está, estamos, estáis, están
PRETERIT	estuve, estuviste, estuvo, estuvimos, estuvisteis, estuvieron
IMPERFECT	estaba, estabas, estaba, estábamos, estabais, estaban
FUTURE	estaré, estarás, estará, estaremos, estaréis, estarán
CONDITIONAL	estaría, estarías, estaría, estaríamos, estaríais, estarían
SUBJUNCTIVE	que + *corresponding subjunctive tense of* estar (*see verb 252*)

} desarrollando

COMMANDS

	(nosotros) desarrollemos/no desarrollemos
(tú) desarrolla/no desarrolles	(vosotros) desarrollad/no desarrolléis
(Ud.) desarrolle/no desarrolle	(Uds.) desarrollen/no desarrollen

Usage

Han desarrollado la idea.	*They have developed/explained the idea.*
El profesor desarrolló su teoría.	*The teacher explained his theory.*
Los polígonos industriales se están desarrollando en las afueras.	*Industrial parks are being developed in the suburbs.*
La tecnología está en pleno desarrollo.	*Technology is developing rapidly.*
El desarrollo de los acontecimientos es muy curioso.	*The course/unfolding of events is very strange.*

regular *-ar* verb | **desayuno · desayunaron · desayunado · desayunando**

PRESENT

desayuno	desayunamos
desayunas	desayunáis
desayuna	desayunan

PRETERIT

desayuné	desayunamos
desayunaste	desayunasteis
desayunó	desayunaron

IMPERFECT

desayunaba	desayunábamos
desayunabas	desayunabais
desayunaba	desayunaban

PRESENT PERFECT

he desayunado	hemos desayunado
has desayunado	habéis desayunado
ha desayunado	han desayunado

FUTURE

desayunaré	desayunaremos
desayunarás	desayunaréis
desayunará	desayunarán

CONDITIONAL

desayunaría	desayunaríamos
desayunarías	desayunaríais
desayunaría	desayunarían

PLUPERFECT

había desayunado	habíamos desayunado
habías desayunado	habíais desayunado
había desayunado	habían desayunado

PRETERIT PERFECT

hube desayunado	hubimos desayunado
hubiste desayunado	hubisteis desayunado
hubo desayunado	hubieron desayunado

FUTURE PERFECT

habré desayunado	habremos desayunado
habrás desayunado	habréis desayunado
habrá desayunado	habrán desayunado

CONDITIONAL PERFECT

habría desayunado	habríamos desayunado
habrías desayunado	habríais desayunado
habría desayunado	habrían desayunado

PRESENT SUBJUNCTIVE

desayune	desayunemos
desayunes	desayunéis
desayune	desayunen

PRESENT PERFECT SUBJUNCTIVE

haya desayunado	hayamos desayunado
hayas desayunado	hayáis desayunado
haya desayunado	hayan desayunado

IMPERFECT SUBJUNCTIVE (-ra)

desayunara	desayunáramos
desayunaras	desayunarais
desayunara	desayunaran

or **IMPERFECT SUBJUNCTIVE (-se)**

desayunase	desayunásemos
desayunases	desayunaseis
desayunase	desayunasen

PAST PERFECT SUBJUNCTIVE (-ra)

hubiera desayunado	hubiéramos desayunado
hubieras desayunado	hubierais desayunado
hubiera desayunado	hubieran desayunado

or **PAST PERFECT SUBJUNCTIVE (-se)**

hubiese desayunado	hubiésemos desayunado
hubieses desayunado	hubieseis desayunado
hubiese desayunado	hubiesen desayunado

PROGRESSIVE TENSES

PRESENT	estoy, estás, está, estamos, estáis, están
PRETERIT	estuve, estuviste, estuvo, estuvimos, estuvisteis, estuvieron
IMPERFECT	estaba, estabas, estaba, estábamos, estabais, estaban
FUTURE	estaré, estarás, estará, estaremos, estaréis, estarán
CONDITIONAL	estaría, estarías, estaría, estaríamos, estaríais, estarían
SUBJUNCTIVE	que + *corresponding subjunctive tense of* estar (*see verb 252*)

⎫ desayunando

COMMANDS

	(nosotros) desayunemos/no desayunemos
(tú) desayuna/no desayunes	(vosotros) desayunad/no desayunéis
(Ud.) desayune/no desayune	(Uds.) desayunen/no desayunen

Usage

—¿Desayunas conmigo?	*Will you have breakfast with me?*
—Me desayuné hace poco.	*I had breakfast a little while ago.*
—Tomaron el desayuno, ¿verdad?	*You had breakfast, didn't you?*
—Sí. Comimos panqueques.	*Yes, we ate pancakes.*

descansar   to rest, lie down

descanso · descansaron · descansado · descansando

regular -ar verb

PRESENT

descanso	descansamos
descansas	descansáis
descansa	descansan

PRETERIT

descansé	descansamos
descansaste	descansasteis
descansó	descansaron

IMPERFECT

descansaba	descansábamos
descansabas	descansabais
descansaba	descansaban

PRESENT PERFECT

he descansado	hemos descansado
has descansado	habéis descansado
ha descansado	han descansado

FUTURE

descansaré	descansaremos
descansarás	descansaréis
descansará	descansarán

CONDITIONAL

descansaría	descansaríamos
descansarías	descansaríais
descansaría	descansarían

PLUPERFECT

había descansado	habíamos descansado
habías descansado	habíais descansado
había descansado	habían descansado

PRETERIT PERFECT

hube descansado	hubimos descansado
hubiste descansado	hubisteis descansado
hubo descansado	hubieron descansado

FUTURE PERFECT

habré descansado	habremos descansado
habrás descansado	habréis descansado
habrá descansado	habrán descansado

CONDITIONAL PERFECT

habría descansado	habríamos descansado
habrías descansado	habríais descansado
habría descansado	habrían descansado

PRESENT SUBJUNCTIVE

descanse	descansemos
descanses	descanséis
descanse	descansen

PRESENT PERFECT SUBJUNCTIVE

haya descansado	hayamos descansado
hayas descansado	hayáis descansado
haya descansado	hayan descansado

IMPERFECT SUBJUNCTIVE (-ra)

descansara	descansáramos
descansaras	descansarais
descansara	descansaran

or ### IMPERFECT SUBJUNCTIVE (-se)

descansase	descansásemos
descansases	descansaseis
descansase	descansasen

PAST PERFECT SUBJUNCTIVE (-ra)

hubiera descansado	hubiéramos descansado
hubieras descansado	hubierais descansado
hubiera descansado	hubieran descansado

or ### PAST PERFECT SUBJUNCTIVE (-se)

hubiese descansado	hubiésemos descansado
hubieses descansado	hubieseis descansado
hubiese descansado	hubiesen descansado

PROGRESSIVE TENSES

PRESENT	estoy, estás, está, estamos, estáis, están
PRETERIT	estuve, estuviste, estuvo, estuvimos, estuvisteis, estuvieron
IMPERFECT	estaba, estabas, estaba, estábamos, estabais, estaban
FUTURE	estaré, estarás, estará, estaremos, estaréis, estarán
CONDITIONAL	estaría, estarías, estaría, estaríamos, estaríais, estarían
SUBJUNCTIVE	que + *corresponding subjunctive tense of* estar (*see verb 252*)

descansando

COMMANDS

	(nosotros) descansemos/no descansemos
(tú) descansa/no descanses	(vosotros) descansad/no descanséis
(Ud.) descanse/no descanse	(Uds.) descansen/no descansen

Usage

No descansaron en todo el día.	*They didn't rest all day.*
Descansen antes de volver a trabajar.	*Rest before you go back to work.*
Hijo, deja el libro y descansa la vista.	*Put the book down and rest your eyes.*
Que en paz descanse.	*May he rest in peace.*
¡Que descanses!	*Sleep well!*
Nos hace falta un descanso.	*We need a break.*
Tiene una vida descansada/un trabajo descansado.	*She has an easy life/an easy job.*

stem-changing *-er* verb: *e > ie*   **desciendo · descendieron · descendido · descendiendo**

PRESENT

desciendo	descendimos
desciendes	descendéis
desciende	descienden

IMPERFECT

descendía	descendíamos
descendías	descendíais
descendía	descendían

FUTURE

descenderé	descenderemos
descenderás	descenderéis
descenderá	descenderán

PLUPERFECT

había descendido	habíamos descendido
habías descendido	habíais descendido
había descendido	habían descendido

FUTURE PERFECT

habré descendido	habremos descendido
habrás descendido	habréis descendido
habrá descendido	habrán descendido

PRESENT SUBJUNCTIVE

descienda	descendamos
desciendas	descendáis
descienda	desciendan

IMPERFECT SUBJUNCTIVE (-ra)

descendiera	descendiéramos
descendieras	descendierais
descendiera	descendieran

PAST PERFECT SUBJUNCTIVE (-ra)

hubiera descendido	hubiéramos descendido
hubieras descendido	hubierais descendido
hubiera descendido	hubieran descendido

PRETERIT

descendí	descendimos
descendiste	descendisteis
descendió	descendieron

PRESENT PERFECT

he descendido	hemos descendido
has descendido	habéis descendido
ha descendido	han descendido

CONDITIONAL

descendería	descenderíamos
descenderías	descenderíais
descendería	descenderían

PRETERIT PERFECT

hube descendido	hubimos descendido
hubiste descendido	hubisteis descendido
hubo descendido	hubieron descendido

CONDITIONAL PERFECT

habría descendido	habríamos descendido
habrías descendido	habríais descendido
habría descendido	habrían descendido

PRESENT PERFECT SUBJUNCTIVE

haya descendido	hayamos descendido
hayas descendido	hayáis descendido
haya descendido	hayan descendido

or **IMPERFECT SUBJUNCTIVE (-se)**

descendiese	descendiésemos
descendieses	descendieseis
descendiese	descendiesen

or **PAST PERFECT SUBJUNCTIVE (-se)**

hubiese descendido	hubiésemos descendido
hubieses descendido	hubieseis descendido
hubiese descendido	hubiesen descendido

PROGRESSIVE TENSES

PRESENT	estoy, estás, está, estamos, estáis, están
PRETERIT	estuve, estuviste, estuvo, estuvimos, estuvisteis, estuvieron
IMPERFECT	estaba, estabas, estaba, estábamos, estabais, estaban
FUTURE	estaré, estarás, estará, estaremos, estaréis, estarán
CONDITIONAL	estaría, estarías, estaría, estaríamos, estaríais, estarían
SUBJUNCTIVE	que + *corresponding subjunctive tense of* estar *(see verb 252)*

} descendiendo

COMMANDS

	(nosotros) descendamos/no descendamos
(tú) desciende/no desciendas	(vosotros) descended/no descendáis
(Ud.) descienda/no descienda	(Uds.) desciendan/no desciendan

Usage

Los obreros han descendido del techo.	*The workers have come down from the roof.*
Descenderán al sótano.	*They'll go down to the basement.*
El índice de precios al consumo descendió el mes pasado.	*The consumer price index declined last month.*
Descienden de la nobleza inglesa.	*They're descended from English nobility.*
Ha habido un descenso en la producción.	*There's been a drop in production.*

describir to describe, trace

describo · describieron · descrito · describiendo

-ir verb; irregular past participle

PRESENT		PRETERIT	
describo	describimos	describí	describimos
describes	describís	describiste	describisteis
describe	describen	describió	describieron

IMPERFECT		PRESENT PERFECT	
describía	describíamos	he descrito	hemos descrito
describías	describíais	has descrito	habéis descrito
describía	describían	ha descrito	han descrito

FUTURE		CONDITIONAL	
describiré	describiremos	describiría	describiríamos
describirás	describiréis	describirías	describiríais
describirá	describirán	describiría	describirían

PLUPERFECT		PRETERIT PERFECT	
había descrito	habíamos descrito	hube descrito	hubimos descrito
habías descrito	habíais descrito	hubiste descrito	hubisteis descrito
había descrito	habían descrito	hubo descrito	hubieron descrito

FUTURE PERFECT		CONDITIONAL PERFECT	
habré descrito	habremos descrito	habría descrito	habríamos descrito
habrás descrito	habréis descrito	habrías descrito	habríais descrito
habrá descrito	habrán descrito	habría descrito	habrían descrito

PRESENT SUBJUNCTIVE		PRESENT PERFECT SUBJUNCTIVE	
describa	describamos	haya descrito	hayamos descrito
describas	describáis	hayas descrito	hayáis descrito
describa	describan	haya descrito	hayan descrito

IMPERFECT SUBJUNCTIVE (-ra)		*or* IMPERFECT SUBJUNCTIVE (-se)	
describiera	describiéramos	describiese	describiésemos
describieras	describierais	describieses	describieseis
describiera	describieran	describiese	describiesen

PAST PERFECT SUBJUNCTIVE (-ra)		*or* PAST PERFECT SUBJUNCTIVE (-se)	
hubiera descrito	hubiéramos descrito	hubiese descrito	hubiésemos descrito
hubieras descrito	hubierais descrito	hubieses descrito	hubieseis descrito
hubiera descrito	hubieran descrito	hubiese descrito	hubiesen descrito

PROGRESSIVE TENSES

PRESENT	estoy, estás, está, estamos, estáis, están	
PRETERIT	estuve, estuviste, estuvo, estuvimos, estuvisteis, estuvieron	
IMPERFECT	estaba, estabas, estaba, estábamos, estabais, estaban	describiendo
FUTURE	estaré, estarás, estará, estaremos, estaréis, estarán	
CONDITIONAL	estaría, estarías, estaría, estaríamos, estaríais, estarían	
SUBJUNCTIVE	que + *corresponding subjunctive tense of* estar (*see verb 252*)	

COMMANDS

	(nosotros) describamos/no describamos
(tú) describe/no describas	(vosotros) describid/no describáis
(Ud.) describa/no describa	(Uds.) describan/no describan

Usage

Describa lo que vio. — *Describe what you saw.*
Han descrito el suceso detalladamente. — *They've described the event in great detail.*
Describe el contorno del país. — *Trace the outline/contour of the country.*
La nave espacial describió una órbita. — *The spaceship traced an orbit.*
La novela destaca por su descripción. — *The novel stands out because of its description.*

-ir verb; irregular past participle   **descubro · descubrieron · descubierto · descubriendo**

PRESENT		PRETERIT	
descubro	descubrimos	descubrí	descubrimos
descubres	descubrís	descubriste	descubristeis
descubre	descubren	descubrió	descubrieron

IMPERFECT		PRESENT PERFECT	
descubría	descubríamos	he descubierto	hemos descubierto
descubrías	descubríais	has descubierto	habéis descubierto
descubría	descubrían	ha descubierto	han descubierto

FUTURE		CONDITIONAL	
descubriré	descubriremos	descubriría	descubriríamos
descubrirás	descubriréis	descubrirías	descubriríais
descubrirá	descubrirán	descubriría	descubrirían

PLUPERFECT		PRETERIT PERFECT	
había descubierto	habíamos descubierto	hube descubierto	hubimos descubierto
habías descubierto	habíais descubierto	hubiste descubierto	hubisteis descubierto
había descubierto	habían descubierto	hubo descubierto	hubieron descubierto

FUTURE PERFECT		CONDITIONAL PERFECT	
habré descubierto	habremos descubierto	habría descubierto	habríamos descubierto
habrás descubierto	habréis descubierto	habrías descubierto	habríais descubierto
habrá descubierto	habrán descubierto	habría descubierto	habrían descubierto

PRESENT SUBJUNCTIVE		PRESENT PERFECT SUBJUNCTIVE	
descubra	descubramos	haya descubierto	hayamos descubierto
descubras	descubráis	hayas descubierto	hayáis descubierto
descubra	descubran	haya descubierto	hayan descubierto

IMPERFECT SUBJUNCTIVE (-ra)		*or* IMPERFECT SUBJUNCTIVE (-se)	
descubriera	descubriéramos	descubriese	descubriésemos
descubrieras	descubrierais	descubrieses	descubrieseis
descubriera	descubrieran	descubriese	descubriesen

PAST PERFECT SUBJUNCTIVE (-ra)		*or* PAST PERFECT SUBJUNCTIVE (-se)	
hubiera descubierto	hubiéramos descubierto	hubiese descubierto	hubiésemos descubierto
hubieras descubierto	hubierais descubierto	hubieses descubierto	hubieseis descubierto
hubiera descubierto	hubieran descubierto	hubiese descubierto	hubiesen descubierto

PROGRESSIVE TENSES

PRESENT	estoy, estás, está, estamos, estáis, están	
PRETERIT	estuve, estuviste, estuvo, estuvimos, estuvisteis, estuvieron	
IMPERFECT	estaba, estabas, estaba, estábamos, estabais, estaban	descubriendo
FUTURE	estaré, estarás, estará, estaremos, estaréis, estarán	
CONDITIONAL	estaría, estarías, estaría, estaríamos, estaríais, estarían	
SUBJUNCTIVE	que + *corresponding subjunctive tense of* estar (*see verb 252*)	

COMMANDS

	(nosotros) descubramos/no descubramos
(tú) descubre/no descubras	(vosotros) descubrid/no descubráis
(Ud.) descubra/no descubra	(Uds.) descubran/no descubran

Usage

Fleming descubrió la penicilina en 1928.	*Fleming discovered penicillin in 1928.*
Descubrieron el tesoro de la Sierra Madre.	*They found the treasure of the Sierra Madre.*
Han descubierto el cuadro.	*They've unveiled the painting.*
Se descubrió la verdad.	*The truth came out.*
Estudiamos la Época de los Descubrimientos.	*We studied the Age of Discovery.*
Había grandes descubridores.	*There were great discoverers.*

desear *to want, wish, desire*

deseo · desearon · deseado · deseando   regular *-ar* verb

PRESENT			
deseo	deseamos		
deseas	deseáis		
desea	desean		

PRETERIT	
deseé	deseamos
deseaste	deseasteis
deseó	desearon

IMPERFECT	
deseaba	deseábamos
deseabas	deseabais
deseaba	deseaban

PRESENT PERFECT	
he deseado	hemos deseado
has deseado	habéis deseado
ha deseado	han deseado

FUTURE	
desearé	desearemos
desearás	desearéis
deseará	desearán

CONDITIONAL	
desearía	desearíamos
desearías	desearíais
desearía	desearían

PLUPERFECT	
había deseado	habíamos deseado
habías deseado	habíais deseado
había deseado	habían deseado

PRETERIT PERFECT	
hube deseado	hubimos deseado
hubiste deseado	hubisteis deseado
hubo deseado	hubieron deseado

FUTURE PERFECT	
habré deseado	habremos deseado
habrás deseado	habréis deseado
habrá deseado	habrán deseado

CONDITIONAL PERFECT	
habría deseado	habríamos deseado
habrías deseado	habríais deseado
habría deseado	habrían deseado

PRESENT SUBJUNCTIVE	
desee	deseemos
desees	deseéis
desee	deseen

PRESENT PERFECT SUBJUNCTIVE	
haya deseado	hayamos deseado
hayas deseado	hayáis deseado
haya deseado	hayan deseado

IMPERFECT SUBJUNCTIVE (-ra)		*or*	IMPERFECT SUBJUNCTIVE (-se)	
deseara	deseáramos		desease	deseásemos
desearas	desearais		deseases	deseaseis
deseara	desearan		desease	deseasen

PAST PERFECT SUBJUNCTIVE (-ra)		*or*	PAST PERFECT SUBJUNCTIVE (-se)	
hubiera deseado	hubiéramos deseado		hubiese deseado	hubiésemos deseado
hubieras deseado	hubierais deseado		hubieses deseado	hubieseis deseado
hubiera deseado	hubieran deseado		hubiese deseado	hubiesen deseado

PROGRESSIVE TENSES

PRESENT	estoy, estás, está, estamos, estáis, están	
PRETERIT	estuve, estuviste, estuvo, estuvimos, estuvisteis, estuvieron	
IMPERFECT	estaba, estabas, estaba, estábamos, estabais, estaban	deseando
FUTURE	estaré, estarás, estará, estaremos, estaréis, estarán	
CONDITIONAL	estaría, estarías, estaría, estaríamos, estaríais, estarían	
SUBJUNCTIVE	que + *corresponding subjunctive tense of* estar (*see verb 252*)	

COMMANDS

	(nosotros) deseemos/no deseemos
(tú) desea/no desees	(vosotros) desead/no deseéis
(Ud.) desee/no desee	(Uds.) deseen/no deseen

Usage

—¿Qué desean para la cena?	*What do you want for dinner?*
—No deseamos nada en particular.	*We don't want anything special.*
—¿Qué desea Ud.?	*What can I do for you?/How might I help you?* (store)
—Desearía ver las blusas de seda.	*I'd like to see the silk blouses.*
¿Deseáis quedaros?	*Do you want to stay?*
Le deseo mucha felicidad.	*I wish you a lot of happiness.*
Es nuestro mayor deseo.	*It's our greatest wish.*

regular *-ar* verb   **desempeño · desempeñaron · desempeñado · desempeñando**

PRESENT		PRETERIT	
desempeño	desempeñamos	desempeñé	desempeñamos
desempeñas	desempeñáis	desempeñaste	desempeñasteis
desempeña	desempeñan	desempeñó	desempeñaron

IMPERFECT		PRESENT PERFECT	
desempeñaba	desempeñábamos	he desempeñado	hemos desempeñado
desempeñabas	desempeñabais	has desempeñado	habéis desempeñado
desempeñaba	desempeñaban	ha desempeñado	han desempeñado

FUTURE		CONDITIONAL	
desempeñaré	desempeñaremos	desempeñaría	desempeñaríamos
desempeñarás	desempeñaréis	desempeñarías	desempeñaríais
desempeñará	desempeñarán	desempeñaría	desempeñarían

PLUPERFECT		PRETERIT PERFECT	
había desempeñado	habíamos desempeñado	hube desempeñado	hubimos desempeñado
habías desempeñado	habíais desempeñado	hubiste desempeñado	hubisteis desempeñado
había desempeñado	habían desempeñado	hubo desempeñado	hubieron desempeñado

FUTURE PERFECT		CONDITIONAL PERFECT	
habré desempeñado	habremos desempeñado	habría desempeñado	habríamos desempeñado
habrás desempeñado	habréis desempeñado	habrías desempeñado	habríais desempeñado
habrá desempeñado	habrán desempeñado	habría desempeñado	habrían desempeñado

PRESENT SUBJUNCTIVE		PRESENT PERFECT SUBJUNCTIVE	
desempeñe	desempeñemos	haya desempeñado	hayamos desempeñado
desempeñes	desempeñéis	hayas desempeñado	hayáis desempeñado
desempeñe	desempeñen	haya desempeñado	hayan desempeñado

IMPERFECT SUBJUNCTIVE (-ra)		*or*	IMPERFECT SUBJUNCTIVE (-se)	
desempeñara	desempeñáramos		desempeñase	desempeñásemos
desempeñaras	desempeñarais		desempeñases	desempeñaseis
desempeñara	desempeñaran		desempeñase	desempeñasen

PAST PERFECT SUBJUNCTIVE (-ra)		*or*	PAST PERFECT SUBJUNCTIVE (-se)	
hubiera desempeñado	hubiéramos desempeñado		hubiese desempeñado	hubiésemos desempeñado
hubieras desempeñado	hubierais desempeñado		hubieses desempeñado	hubieseis desempeñado
hubiera desempeñado	hubieran desempeñado		hubiese desempeñado	hubiesen desempeñado

PROGRESSIVE TENSES

PRESENT	estoy, estás, está, estamos, estáis, están
PRETERIT	estuve, estuviste, estuvo, estuvimos, estuvisteis, estuvieron
IMPERFECT	estaba, estabas, estaba, estábamos, estabais, estaban
FUTURE	estaré, estarás, estará, estaremos, estaréis, estarán
CONDITIONAL	estaría, estarías, estaría, estaríamos, estaríais, estarían
SUBJUNCTIVE	que + *corresponding subjunctive tense of* estar (*see verb 252*)

} desempeñando

COMMANDS

	(nosotros) desempeñemos/no desempeñemos
(tú) desempeña/no desempeñes	(vosotros) desempeñad/no desempeñéis
(Ud.) desempeñe/no desempeñe	(Uds.) desempeñen/no desempeñen

Usage

Desempeña toda clase de tareas.	*He carries out/performs all kinds of duties.*
Desempeñaba papeles muy importantes.	*She used to play very important roles.*
Desempeñó su collar de la casa de empeños.	*She redeemed her necklace from the pawn shop.*
Laurence Olivier es célebre por su desempeño del papel de Hamlet.	*Laurence Olivier is famous for his performance of the role of Hamlet.*

despido · despidieron · despedido · despidiendo

stem-changing *-ir* verb (like **pedir**):
e > i (present), e > i (preterit)

PRESENT		PRETERIT	
despido	despedimos	despedí	despedimos
despides	despedís	despediste	despedisteis
despide	despiden	despidió	despidieron

IMPERFECT		PRESENT PERFECT	
despedía	despedíamos	he despedido	hemos despedido
despedías	despedíais	has despedido	habéis despedido
despedía	despedían	ha despedido	han despedido

FUTURE		CONDITIONAL	
despediré	despediremos	despediría	despediríamos
despedirás	despediréis	despedirías	despediríais
despedirá	despedirán	despediría	despedirían

PLUPERFECT		PRETERIT PERFECT	
había despedido	habíamos despedido	hube despedido	hubimos despedido
habías despedido	habíais despedido	hubiste despedido	hubisteis despedido
había despedido	habían despedido	hubo despedido	hubieron despedido

FUTURE PERFECT		CONDITIONAL PERFECT	
habré despedido	habremos despedido	habría despedido	habríamos despedido
habrás despedido	habréis despedido	habrías despedido	habríais despedido
habrá despedido	habrán despedido	habría despedido	habrían despedido

PRESENT SUBJUNCTIVE		PRESENT PERFECT SUBJUNCTIVE	
despida	despidamos	haya despedido	hayamos despedido
despidas	despidáis	hayas despedido	hayáis despedido
despida	despidan	haya despedido	hayan despedido

IMPERFECT SUBJUNCTIVE (-ra)		*or*	IMPERFECT SUBJUNCTIVE (-se)	
despidiera	despidiéramos		despidiese	despidiésemos
despidieras	despidierais		despidieses	despidieseis
despidiera	despidieran		despidiese	despidiesen

PAST PERFECT SUBJUNCTIVE (-ra)		*or*	PAST PERFECT SUBJUNCTIVE (-se)	
hubiera despedido	hubiéramos despedido		hubiese despedido	hubiésemos despedido
hubieras despedido	hubierais despedido		hubieses despedido	hubieseis despedido
hubiera despedido	hubieran despedido		hubiese despedido	hubiesen despedido

PROGRESSIVE TENSES

PRESENT	estoy, estás, está, estamos, estáis, están
PRETERIT	estuve, estuviste, estuvo, estuvimos, estuvisteis, estuvieron
IMPERFECT	estaba, estabas, estaba, estábamos, estabais, estaban
FUTURE	estaré, estarás, estará, estaremos, estaréis, estarán
CONDITIONAL	estaría, estarías, estaría, estaríamos, estaríais, estarían
SUBJUNCTIVE	que + *corresponding subjunctive tense of* estar (*see verb 252*)

} despidiendo

COMMANDS

	(nosotros) despidamos/no despidamos
(tú) despide/no despidas	(vosotros) despedid/no despidáis
(Ud.) despida/no despida	(Uds.) despidan/no despidan

Usage

El microondas despide rayos.	*The microwave oven emits/gives off rays.*
El jefe despidió a dos empleados.	*The boss fired two employees.*
El inquilino fue despedido.	*The tenant was evicted.*
Se despidieron de nosotros.	*They said good-bye to us.*
Le hicieron una cena de despedida/despedida de soltero.	*They made him a farewell dinner/bachelor party.*
Se termina la carta con la despedida.	*The letter ends with the closing formula.*

-ar verb; spelling change: *g > gu/e*   **despego · despegaron · despegado · despegando**

PRESENT

despego	despegamos
despegas	despegáis
despega	despegan

IMPERFECT

despegaba	despegábamos
despegabas	despegabais
despegaba	despegaban

FUTURE

despegaré	despegaremos
despegarás	despegaréis
despegará	despegarán

PLUPERFECT

había despegado	habíamos despegado
habías despegado	habíais despegado
había despegado	habían despegado

FUTURE PERFECT

habré despegado	habremos despegado
habrás despegado	habréis despegado
habrá despegado	habrán despegado

PRESENT SUBJUNCTIVE

despegue	despeguemos
despegues	despeguéis
despegue	despeguen

IMPERFECT SUBJUNCTIVE (-ra)

despegara	despegáramos
despegaras	despegarais
despegara	despegaran

PAST PERFECT SUBJUNCTIVE (-ra)

hubiera despegado	hubiéramos despegado
hubieras despegado	hubierais despegado
hubiera despegado	hubieran despegado

PRETERIT

despegué	despegamos
despegaste	despegasteis
despegó	despegaron

PRESENT PERFECT

he despegado	hemos despegado
has despegado	habéis despegado
ha despegado	han despegado

CONDITIONAL

despegaría	despegaríamos
despegarías	despegaríais
despegaría	despegarían

PRETERIT PERFECT

hube despegado	hubimos despegado
hubiste despegado	hubisteis despegado
hubo despegado	hubieron despegado

CONDITIONAL PERFECT

habría despegado	habríamos despegado
habrías despegado	habríais despegado
habría despegado	habrían despegado

PRESENT PERFECT SUBJUNCTIVE

haya despegado	hayamos despegado
hayas despegado	hayáis despegado
haya despegado	hayan despegado

or **IMPERFECT SUBJUNCTIVE (-se)**

despegase	despegásemos
despegases	despegaseis
despegase	despegasen

or **PAST PERFECT SUBJUNCTIVE (-se)**

hubiese despegado	hubiésemos despegado
hubieses despegado	hubieseis despegado
hubiese despegado	hubiesen despegado

PROGRESSIVE TENSES

PRESENT	estoy, estás, está, estamos, estáis, están
PRETERIT	estuve, estuviste, estuvo, estuvimos, estuvisteis, estuvieron
IMPERFECT	estaba, estabas, estaba, estábamos, estabais, estaban
FUTURE	estaré, estarás, estará, estaremos, estaréis, estarán
CONDITIONAL	estaría, estarías, estaría, estaríamos, estaríais, estarían
SUBJUNCTIVE	que + *corresponding subjunctive tense of* estar (*see verb 252*)

} despegando

COMMANDS

	(nosotros) despeguemos/no despeguemos
(tú) despega/no despegues	(vosotros) despegad/no despeguéis
(Ud.) despegue/no despegue	(Uds.) despeguen/no despeguen

Usage

—¿Despega el avión pronto?
—Dudo que despegue antes de las nueve.

Despega el sobre y saca el papel.
Ha despegado el cupón.
No despegó los labios en toda la noche.
¿A qué hora es el despegue?

Will the airplane take off soon?
I doubt it will take off before 9:00.

Unstick the envelope and take the paper out.
She has detached the coupon.
She didn't say a word the whole evening.
At what time is the takeoff?

despertarse   *to wake up*

despierto · despertaron · despertado · despertándose

stem-changing -*ar*
reflexive verb: *e > ie*

PRESENT

me despierto	nos despertamos
te despiertas	os despertáis
se despierta	se despiertan

PRETERIT

me desperté	nos despertamos
te despertaste	os despertasteis
se despertó	se despertaron

IMPERFECT

me despertaba	nos despertábamos
te despertabas	os despertabais
se despertaba	se despertaban

PRESENT PERFECT

me he despertado	nos hemos despertado
te has despertado	os habéis despertado
se ha despertado	se han despertado

FUTURE

me despertaré	nos despertaremos
te despertarás	os despertaréis
se despertará	se despertarán

CONDITIONAL

me despertaría	nos despertaríamos
te despertarías	os despertaríais
se despertaría	se despertarían

PLUPERFECT

me había despertado	nos habíamos despertado
te habías despertado	os habíais despertado
se había despertado	se habían despertado

PRETERIT PERFECT

me hube despertado	nos hubimos despertado
te hubiste despertado	os hubisteis despertado
se hubo despertado	se hubieron despertado

FUTURE PERFECT

me habré despertado	nos habremos despertado
te habrás despertado	os habréis despertado
se habrá despertado	se habrán despertado

CONDITIONAL PERFECT

me habría despertado	nos habríamos despertado
te habrías despertado	os habríais despertado
se habría despertado	se habrían despertado

PRESENT SUBJUNCTIVE

me despierte	nos despertemos
te despiertes	os despertéis
se despierte	se despierten

PRESENT PERFECT SUBJUNCTIVE

me haya despertado	nos hayamos despertado
te hayas despertado	os hayáis despertado
se haya despertado	se hayan despertado

IMPERFECT SUBJUNCTIVE (-ra)   *or* IMPERFECT SUBJUNCTIVE (-se)

me despertara	nos despertáramos	me despertase	nos despertásemos
te despertaras	os despertarais	te despertases	os despertaseis
se despertara	se despertaran	se despertase	se despertasen

PAST PERFECT SUBJUNCTIVE (-ra)   *or* PAST PERFECT SUBJUNCTIVE (-se)

me hubiera despertado	nos hubiéramos despertado	me hubiese despertado	nos hubiésemos despertado
te hubieras despertado	os hubierais despertado	te hubieses despertado	os hubieseis despertado
se hubiera despertado	se hubieran despertado	se hubiese despertado	se hubiesen despertado

PROGRESSIVE TENSES

PRESENT	estoy, estás, está, estamos, estáis, están
PRETERIT	estuve, estuviste, estuvo, estuvimos, estuvisteis, estuvieron
IMPERFECT	estaba, estabas, estaba, estábamos, estabais, estaban
FUTURE	estaré, estarás, estará, estaremos, estaréis, estarán
CONDITIONAL	estaría, estarías, estaría, estaríamos, estaríais, estarían
SUBJUNCTIVE	que + *corresponding subjunctive tense of* estar (*see verb 252*)

} despertando (*see page 31*)

COMMANDS

	(nosotros) despertémonos/no nos despertemos
(tú) despiértate/no te despiertes	(vosotros) despertaos/no os despertéis
(Ud.) despiértese/no se despierte	(Uds.) despiértense/no se despierten

Usage

Cuando yo me despierte a las siete, te despertaré.	*When I wake up at 7:00, I'll wake you up.*
—¡Despiértate! ¿No oíste el despertador?	*Wake up! Didn't you hear the alarm clock?*
—Ya estaba despierto cuando sonó.	*I was already awake when it rang.*
El tema no ha despertado ningún interés.	*The subject hasn't aroused any interest.*
Los magníficos aromas de la cocina despiertan el apetito.	*Wonderful cooking smells give you an appetite.*
Es un niño muy despierto.	*He's a very bright/lively little boy.*

-ir verb; spelling change:
adds *y* before *o, a, e*

destruyo · destruyeron · destruido · destruyendo

PRESENT

destruyo	destruimos
destruyes	destruís
destruye	destruyen

IMPERFECT

destruía	destruíamos
destruías	destruíais
destruía	destruían

FUTURE

destruiré	destruiremos
destruirás	destruiréis
destruirá	destruirán

PLUPERFECT

había destruido	habíamos destruido
habías destruido	habíais destruido
había destruido	habían destruido

FUTURE PERFECT

habré destruido	habremos destruido
habrás destruido	habréis destruido
habrá destruido	habrán destruido

PRESENT SUBJUNCTIVE

destruya	destruyamos
destruyas	destruyáis
destruya	destruyan

IMPERFECT SUBJUNCTIVE (-ra)

destruyera	destruyéramos
destruyeras	destruyerais
destruyera	destruyeran

PAST PERFECT SUBJUNCTIVE (-ra)

hubiera destruido	hubiéramos destruido
hubieras destruido	hubierais destruido
hubiera destruido	hubieran destruido

PRETERIT

destruí	destruimos
destruiste	destruisteis
destruyó	destruyeron

PRESENT PERFECT

he destruido	hemos destruido
has destruido	habéis destruido
ha destruido	han destruido

CONDITIONAL

destruiría	destruiríamos
destruirías	destruiríais
destruiría	destruirían

PRETERIT PERFECT

hube destruido	hubimos destruido
hubiste destruido	hubisteis destruido
hubo destruido	hubieron destruido

CONDITIONAL PERFECT

habría destruido	habríamos destruido
habrías destruido	habríais destruido
habría destruido	habrían destruido

PRESENT PERFECT SUBJUNCTIVE

haya destruido	hayamos destruido
hayas destruido	hayáis destruido
haya destruido	hayan destruido

or **IMPERFECT SUBJUNCTIVE (-se)**

destruyese	destruyésemos
destruyeses	destruyeseis
destruyese	destruyesen

or **PAST PERFECT SUBJUNCTIVE (-se)**

hubiese destruido	hubiésemos destruido
hubieses destruido	hubieseis destruido
hubiese destruido	hubiesen destruido

PROGRESSIVE TENSES

PRESENT	estoy, estás, está, estamos, estáis, están
PRETERIT	estuve, estuviste, estuvo, estuvimos, estuvisteis, estuvieron
IMPERFECT	estaba, estabas, estaba, estábamos, estabais, estaban
FUTURE	estaré, estarás, estará, estaremos, estaréis, estarán
CONDITIONAL	estaría, estarías, estaría, estaríamos, estaríais, estarían
SUBJUNCTIVE	que + *corresponding subjunctive tense of* estar (*see verb 252*)

} destruyendo

COMMANDS

	(nosotros) destruyamos/no destruyamos
(tú) destruye/no destruyas	(vosotros) destruid/no destruyáis
(Ud.) destruya/no destruya	(Uds.) destruyan/no destruyan

Usage

¿Quiénes destruyeron la casa?	*Who destroyed/demolished the house?*
Muchos edificios fueron destruidos por el huracán.	*Many buildings were demolished by the hurricane.*
Se destruyó su razonamiento.	*Her reasoning was refuted.*
No destruyas su plan.	*Don't wreck their plan.*
Hubo destrucción por todo el Caribe.	*There was destruction throughout the Caribbean.*
No será difícil destruir su hipótesis.	*It won't be difficult to refute their hypothesis.*
Son fuerzas muy destructoras.	*They're very destructive forces.*

191

detener   to stop, detain

detengo · detuvieron · detenido · deteniendo

irregular verb (like **tener**)

PRESENT		PRETERIT	
detengo	detenemos	detuve	detuvimos
detienes	detenéis	detuviste	detuvisteis
detiene	detienen	detuvo	detuvieron

IMPERFECT		PRESENT PERFECT	
detenía	deteníamos	he detenido	hemos detenido
detenías	deteníais	has detenido	habéis detenido
detenía	detenían	ha detenido	han detenido

FUTURE		CONDITIONAL	
detendré	detendremos	detendría	detendríamos
detendrás	detendréis	detendrías	detendríais
detendrá	detendrán	detendría	detendrían

PLUPERFECT		PRETERIT PERFECT	
había detenido	habíamos detenido	hube detenido	hubimos detenido
habías detenido	habíais detenido	hubiste detenido	hubisteis detenido
había detenido	habían detenido	hubo detenido	hubieron detenido

FUTURE PERFECT		CONDITIONAL PERFECT	
habré detenido	habremos detenido	habría detenido	habríamos detenido
habrás detenido	habréis detenido	habrías detenido	habríais detenido
habrá detenido	habrán detenido	habría detenido	habrían detenido

PRESENT SUBJUNCTIVE		PRESENT PERFECT SUBJUNCTIVE	
detenga	detengamos	haya detenido	hayamos detenido
detengas	detengáis	hayas detenido	hayáis detenido
detenga	detengan	haya detenido	hayan detenido

IMPERFECT SUBJUNCTIVE (-ra)		or IMPERFECT SUBJUNCTIVE (-se)	
detuviera	detuviéramos	detuviese	detuviésemos
detuvieras	detuvierais	detuvieses	detuvieseis
detuviera	detuvieran	detuviese	detuviesen

PAST PERFECT SUBJUNCTIVE (-ra)		or PAST PERFECT SUBJUNCTIVE (-se)	
hubiera detenido	hubiéramos detenido	hubiese detenido	hubiésemos detenido
hubieras detenido	hubierais detenido	hubieses detenido	hubieseis detenido
hubiera detenido	hubieran detenido	hubiese detenido	hubiesen detenido

PROGRESSIVE TENSES

PRESENT	estoy, estás, está, estamos, estáis, están	
PRETERIT	estuve, estuviste, estuvo, estuvimos, estuvisteis, estuvieron	
IMPERFECT	estaba, estabas, estaba, estábamos, estabais, estaban	deteniendo
FUTURE	estaré, estarás, estará, estaremos, estaréis, estarán	
CONDITIONAL	estaría, estarías, estaría, estaríamos, estaríais, estarían	
SUBJUNCTIVE	que + *corresponding subjunctive tense of* estar (*see verb 252*)	

COMMANDS

	(nosotros) detengamos/no detengamos
(tú) detén/no detengas	(vosotros) detened/no detengáis
(Ud.) detenga/no detenga	(Uds.) detengan/no detengan

Usage

Detuvo la bicicleta repentinamente.	*He stopped the bicycle suddenly.*
Siento detenerlos por tanto tiempo.	*I'm sorry to keep you so long.*
El policía detuvo al ratero.	*The policeman arrested the pickpocket.*
Se detuvieron para conocer el centro histórico.	*They stopped to get to know the historic center.*
Hicieron unas investigaciones muy detenidas.	*They did very careful/detailed research.*
Haz la encuesta con detenimiento/detención.	*Do the survey carefully/thoroughly.*

stem-changing *-er* verb:
o > ue (like **volver**)

devuelvo · devolvieron · devuelto · devolviendo

PRESENT

devuelvo	devolvemos
devuelves	devolvéis
devuelve	devuelven

PRETERIT

devolví	devolvimos
devolviste	devolvisteis
devolvió	devolvieron

IMPERFECT

devolvía	devolvíamos
devolvías	devolvíais
devolvía	dcvolvían

PRESENT PERFECT

he devuelto	hemos devuelto
has devuelto	habéis devuelto
ha devuelto	han devuelto

FUTURE

devolveré	devolveremos
devolverás	devolveréis
devolverá	devolverán

CONDITIONAL

devolvería	devolveríamos
devolverías	devolveríais
devolvería	devolverían

PLUPERFECT

había devuelto	habíamos devuelto
habías devuelto	habíais devuelto
había devuelto	habían devuelto

PRETERIT PERFECT

hube devuelto	hubimos devuelto
hubiste devuelto	hubisteis devuelto
hubo devuelto	hubieron devuelto

FUTURE PERFECT

habré devuelto	habremos devuelto
habrás devuelto	habréis devuelto
habrá devuelto	habrán devuelto

CONDITIONAL PERFECT

habría devuelto	habríamos devuelto
habrías devuelto	habríais devuelto
habría devuelto	habrían devuelto

PRESENT SUBJUNCTIVE

devuelva	devolvamos
devuelvas	devolváis
devuelva	devuelvan

PRESENT PERFECT SUBJUNCTIVE

haya devuelto	hayamos devuelto
hayas devuelto	hayáis devuelto
haya devuelto	hayan devuelto

IMPERFECT SUBJUNCTIVE (-ra)

devolviera	devolviéramos
devolvieras	devolvierais
devolviera	devolvieran

or **IMPERFECT SUBJUNCTIVE (-se)**

devolviese	devolviésemos
devolvieses	devolvieseis
devolviese	devolviesen

PAST PERFECT SUBJUNCTIVE (-ra)

hubiera devuelto	hubiéramos devuelto
hubieras devuelto	hubierais devuelto
hubiera devuelto	hubieran devuelto

or **PAST PERFECT SUBJUNCTIVE (-se)**

hubiese devuelto	hubiésemos devuelto
hubieses devuelto	hubieseis devuelto
hubiese devuelto	hubiesen devuelto

PROGRESSIVE TENSES

PRESENT	estoy, estás, está, estamos, estáis, están
PRETERIT	estuve, estuviste, estuvo, estuvimos, estuvisteis, estuvieron
IMPERFECT	estaba, estabas, estaba, estábamos, estabais, estaban
FUTURE	estaré, estarás, estará, estaremos, estaréis, estarán
CONDITIONAL	estaría, estarías, estaría, estaríamos, estaríais, estarían
SUBJUNCTIVE	que + *corresponding subjunctive tense of* estar (*see verb 252*)

} devolviendo

COMMANDS

	(nosotros) devolvamos/no devolvamos
(tú) devuelve/no devuelvas	(vosotros) devolved/no devolváis
(Ud.) devuelva/no devuelva	(Uds.) devuelvan/no devuelvan

Usage

¿Le devolviste el dinero?	*Did you return the money to him?*
Devuelve los libros a la biblioteca.	*Return the books to the library.*
Me han devuelto el favor.	*They've returned the favor to me/paid me back.*
Devuelva lo que pidió prestado.	*Return what you borrowed.*
No se permite la devolución de artículos sin el recibo.	*You can't return items without the receipt.*

dibujar *to draw, design, sketch*

dibujo · dibujaron · dibujado · dibujando

regular *-ar* verb

PRESENT

dibujo	dibujamos
dibujas	dibujáis
dibuja	dibujan

PRETERIT

dibujé	dibujamos
dibujaste	dibujasteis
dibujó	dibujaron

IMPERFECT

dibujaba	dibujábamos
dibujabas	dibujabais
dibujaba	dibujaban

PRESENT PERFECT

he dibujado	hemos dibujado
has dibujado	habéis dibujado
ha dibujado	han dibujado

FUTURE

dibujaré	dibujaremos
dibujarás	dibujaréis
dibujará	dibujarán

CONDITIONAL

dibujaría	dibujaríamos
dibujarías	dibujaríais
dibujaría	dibujarían

PLUPERFECT

había dibujado	habíamos dibujado
habías dibujado	habíais dibujado
había dibujado	habían dibujado

PRETERIT PERFECT

hube dibujado	hubimos dibujado
hubiste dibujado	hubisteis dibujado
hubo dibujado	hubieron dibujado

FUTURE PERFECT

habré dibujado	habremos dibujado
habrás dibujado	habréis dibujado
habrá dibujado	habrán dibujado

CONDITIONAL PERFECT

habría dibujado	habríamos dibujado
habrías dibujado	habríais dibujado
habría dibujado	habrían dibujado

PRESENT SUBJUNCTIVE

dibuje	dibujemos
dibujes	dibujéis
dibuje	dibujen

PRESENT PERFECT SUBJUNCTIVE

haya dibujado	hayamos dibujado
hayas dibujado	hayáis dibujado
haya dibujado	hayan dibujado

IMPERFECT SUBJUNCTIVE (-ra)

dibujara	dibujáramos
dibujaras	dibujarais
dibujara	dibujaran

or **IMPERFECT SUBJUNCTIVE (-se)**

dibujase	dibujásemos
dibujases	dibujaseis
dibujase	dibujasen

PAST PERFECT SUBJUNCTIVE (-ra)

hubiera dibujado	hubiéramos dibujado
hubieras dibujado	hubierais dibujado
hubiera dibujado	hubieran dibujado

or **PAST PERFECT SUBJUNCTIVE (-se)**

hubiese dibujado	hubiésemos dibujado
hubieses dibujado	hubieseis dibujado
hubiese dibujado	hubiesen dibujado

PROGRESSIVE TENSES

PRESENT	estoy, estás, está, estamos, estáis, están
PRETERIT	estuve, estuviste, estuvo, estuvimos, estuvisteis, estuvieron
IMPERFECT	estaba, estabas, estaba, estábamos, estabais, estaban
FUTURE	estaré, estarás, estará, estaremos, estaréis, estarán
CONDITIONAL	estaría, estarías, estaría, estaríamos, estaríais, estarían
SUBJUNCTIVE	que + *corresponding subjunctive tense of* estar (*see verb 252*)

} dibujando

COMMANDS

	(nosotros) dibujemos/no dibujemos
(tú) dibuja/no dibujes	(vosotros) dibujad/no dibujéis
(Ud.) dibuje/no dibuje	(Uds.) dibujen/no dibujen

Usage

Dibujo con pluma.	*I draw with ink.*
El escritor dibuja los personajes muy bien.	*The writer sketches the characters very well.*
Me encantan los dibujos al carbón.	*I love charcoal drawings.*
Hay una exposición de dibujos en Galería 39.	*There's an exhibit of drawings in Gallery 39.*
Se especializa en dibujo asistido por computadora.	*Her specialty is computer-assisted drafting.*
Los dibujos animados son muy graciosos.	*The cartoons are witty.*
Es un dibujante de primera.	*He's a first-rate drawer/cartoonist.*

-ir verb; spelling change: *g > j/o, a*   dirijo · dirigieron · dirigido · dirigiendo

PRESENT		PRETERIT	
dirijo	dirigimos	dirigí	dirigimos
diriges	dirigís	dirigiste	dirigisteis
dirige	dirigen	dirigió	dirigieron

IMPERFECT		PRESENT PERFECT	
dirigía	dirigíamos	he dirigido	hemos dirigido
dirigías	dirigíais	has dirigido	habéis dirigido
dirigía	dirigían	ha dirigido	han dirigido

FUTURE		CONDITIONAL	
dirigiré	dirigiremos	dirigiría	dirigiríamos
dirigirás	dirigiréis	dirigirías	dirigiríais
dirigirá	dirigirán	dirigiría	dirigirían

PLUPERFECT		PRETERIT PERFECT	
había dirigido	habíamos dirigido	hube dirigido	hubimos dirigido
habías dirigido	habíais dirigido	hubiste dirigido	hubisteis dirigido
había dirigido	habían dirigido	hubo dirigido	hubieron dirigido

FUTURE PERFECT		CONDITIONAL PERFECT	
habré dirigido	habremos dirigido	habría dirigido	habríamos dirigido
habrás dirigido	habréis dirigido	habrías dirigido	habríais dirigido
habrá dirigido	habrán dirigido	habría dirigido	habrían dirigido

PRESENT SUBJUNCTIVE		PRESENT PERFECT SUBJUNCTIVE	
dirija	dirijamos	haya dirigido	hayamos dirigido
dirijas	dirijáis	hayas dirigido	hayáis dirigido
dirija	dirijan	haya dirigido	hayan dirigido

IMPERFECT SUBJUNCTIVE (-ra)		*or* IMPERFECT SUBJUNCTIVE (-se)	
dirigiera	dirigiéramos	dirigiese	dirigiésemos
dirigieras	dirigierais	dirigieses	dirigieseis
dirigiera	dirigieran	dirigiese	dirigiesen

PAST PERFECT SUBJUNCTIVE (-ra)		*or* PAST PERFECT SUBJUNCTIVE (-se)	
hubiera dirigido	hubiéramos dirigido	hubiese dirigido	hubiésemos dirigido
hubieras dirigido	hubierais dirigido	hubieses dirigido	hubieseis dirigido
hubiera dirigido	hubieran dirigido	hubiese dirigido	hubiesen dirigido

PROGRESSIVE TENSES

PRESENT	estoy, estás, está, estamos, estáis, están
PRETERIT	estuve, estuviste, estuvo, estuvimos, estuvisteis, estuvieron
IMPERFECT	estaba, estabas, estaba, estábamos, estabais, estaban
FUTURE	estaré, estarás, estará, estaremos, estaréis, estarán
CONDITIONAL	estaría, estarías, estaría, estaríamos, estaríais, estarían
SUBJUNCTIVE	que + *corresponding subjunctive tense of* estar (*see verb 252*)

dirigiendo

COMMANDS

	(nosotros) dirijamos/no dirijamos
(tú) dirige/no dirijas	(vosotros) dirigid/no dirijáis
(Ud.) dirija/no dirija	(Uds.) dirijan/no dirijan

Usage

Dirigió la cámara hacia la cumbre.	*He directed/aimed the camera at the mountain top.*
Nos dirigió al hotel.	*She directed us to the hotel.*
¿Quiénes dirigen la empresa?	*Who is managing/running the business?*
No le dirijas la palabra.	*Don't address him.*
Se dirigieron a casa.	*They headed home/made their way home.*
Ese director dirigirá la orquesta en enero.	*That conductor will lead the orchestra in January.*
Es un excelente director de cine.	*He's an excellent film director.*

PRESENT

me disculpo	nos disculpamos
te disculpas	os disculpáis
se disculpa	se disculpan

IMPERFECT

me disculpaba	nos disculpábamos
te disculpabas	os disculpabais
se disculpaba	se disculpaban

FUTURE

me disculparé	nos disculparemos
te disculparás	os disculparéis
se disculpará	se disculparán

PLUPERFECT

me había disculpado	nos habíamos disculpado
te habías disculpado	os habíais disculpado
se había disculpado	se habían disculpado

FUTURE PERFECT

me habré disculpado	nos habremos disculpado
te habrás disculpado	os habréis disculpado
se habrá disculpado	se habrán disculpado

PRESENT SUBJUNCTIVE

me disculpe	nos disculpemos
te disculpes	os disculpéis
se disculpe	se disculpen

IMPERFECT SUBJUNCTIVE (-ra)

me disculpara	nos disculpáramos
te disculparas	os disculparais
se disculpara	se disculparan

PAST PERFECT SUBJUNCTIVE (-ra)

me hubiera disculpado	nos hubiéramos disculpado
te hubieras disculpado	os hubierais disculpado
se hubiera disculpado	se hubieran disculpado

PRETERIT

me disculpé	nos disculpamos
te disculpaste	os disculpasteis
se disculpó	se disculparon

PRESENT PERFECT

me he disculpado	nos hemos disculpado
te has disculpado	os habéis disculpado
se ha disculpado	se han disculpado

CONDITIONAL

me disculparía	nos disculparíamos
te disculparías	os disculparíais
se disculparía	se disculparían

PRETERIT PERFECT

me hube disculpado	nos hubimos disculpado
te hubiste disculpado	os hubisteis disculpado
se hubo disculpado	se hubieron disculpado

CONDITIONAL PERFECT

me habría disculpado	nos habríamos disculpado
te habrías disculpado	os habríais disculpado
se habría disculpado	se habrían disculpado

PRESENT PERFECT SUBJUNCTIVE

me haya disculpado	nos hayamos disculpado
te hayas disculpado	os hayáis disculpado
se haya disculpado	se hayan disculpado

or **IMPERFECT SUBJUNCTIVE (-se)**

me disculpase	nos disculpásemos
te disculpases	os disculpaseis
se disculpase	se disculpasen

or **PAST PERFECT SUBJUNCTIVE (-se)**

me hubiese disculpado	nos hubiésemos disculpado
te hubieses disculpado	os hubieseis disculpado
se hubiese disculpado	se hubiesen disculpado

PROGRESSIVE TENSES

PRESENT	estoy, estás, está, estamos, estáis, están
PRETERIT	estuve, estuviste, estuvo, estuvimos, estuvisteis, estuvieron
IMPERFECT	estaba, estabas, estaba, estábamos, estabais, estaban
FUTURE	estaré, estarás, estará, estaremos, estaréis, estarán
CONDITIONAL	estaría, estarías, estaría, estaríamos, estaríais, estarían
SUBJUNCTIVE	que + *corresponding subjunctive tense of* estar (*see verb 252*)

} disculpando (*see page 31*)

COMMANDS

	(nosotros) disculpémonos/no nos disculpemos
(tú) discúlpate/no te disculpes	(vosotros) disculpaos/no os disculpéis
(Ud.) discúlpese/no se disculpe	(Uds.) discúlpense/no se disculpen

Usage

Discúlpenme por hacerlos esperar.	*I apologize for making you wait.*
Se disculpó con ellos por el fracaso.	*He apologized to them for the failure.*
Su enfermedad le disculpa su distracción.	*Her illness excuses her absentmindedness.*
—¿Quién tiene la culpa de lo ocurrido?	*Who's to blame for what happened?*
—Creo que la culpa es del abogado.	*I think the lawyer is to blame.*
No des disculpas.	*Don't make excuses.*

regular -*ir* verb | discuto · discutieron · discutido · discutiendo

PRESENT

discuto	discutimos
discutes	discutís
discute	discuten

PRETERIT

discutí	discutimos
discutiste	discutisteis
discutió	discutieron

IMPERFECT

discutía	discutíamos
discutías	discutíais
discutía	discutían

PRESENT PERFECT

he discutido	hemos discutido
has discutido	habéis discutido
ha discutido	han discutido

FUTURE

discutiré	discutiremos
discutirás	discutiréis
discutirá	discutirán

CONDITIONAL

discutiría	discutiríamos
discutirías	discutiríais
discutiría	discutirían

PLUPERFECT

había discutido	habíamos discutido
habías discutido	habíais discutido
había discutido	habían discutido

PRETERIT PERFECT

hube discutido	hubimos discutido
hubiste discutido	hubisteis discutido
hubo discutido	hubieron discutido

FUTURE PERFECT

habré discutido	habremos discutido
habrás discutido	habréis discutido
habrá discutido	habrán discutido

CONDITIONAL PERFECT

habría discutido	habríamos discutido
habrías discutido	habríais discutido
habría discutido	habrían discutido

PRESENT SUBJUNCTIVE

discuta	discutamos
discutas	discutáis
discuta	discutan

PRESENT PERFECT SUBJUNCTIVE

haya discutido	hayamos discutido
hayas discutido	hayáis discutido
haya discutido	hayan discutido

IMPERFECT SUBJUNCTIVE (-ra)

discutiera	discutiéramos
discutieras	discutierais
discutiera	discutieran

or **IMPERFECT SUBJUNCTIVE (-se)**

discutiese	discutiésemos
discutieses	discutieseis
discutiese	discutiesen

PAST PERFECT SUBJUNCTIVE (-ra)

hubiera discutido	hubiéramos discutido
hubieras discutido	hubierais discutido
hubiera discutido	hubieran discutido

or **PAST PERFECT SUBJUNCTIVE (-se)**

hubiese discutido	hubiésemos discutido
hubieses discutido	hubieseis discutido
hubiese discutido	hubiesen discutido

PROGRESSIVE TENSES

PRESENT	estoy, estás, está, estamos, estáis, están	
PRETERIT	estuve, estuviste, estuvo, estuvimos, estuvisteis, estuvieron	
IMPERFECT	estaba, estabas, estaba, estábamos, estabais, estaban	discutiendo
FUTURE	estaré, estarás, estará, estaremos, estaréis, estarán	
CONDITIONAL	estaría, estarías, estaría, estaríamos, estaríais, estarían	
SUBJUNCTIVE	que + *corresponding subjunctive tense of* estar (*see verb 252*)	

COMMANDS

	(nosotros) discutamos/no discutamos
(tú) discute/no discutas	(vosotros) discutid/no discutáis
(Ud.) discuta/no discuta	(Uds.) discutan/no discutan

Usage

Discutamos la idea detenidamente.	*Let's discuss the idea thoroughly.*
¿Discutís sobre política?	*Are you discussing/debating politics?*
Seguían discutiendo por una estupidez.	*They went on arguing about some stupid thing.*
¡Niños, no discutan!	*Children, don't argue!*
Es una película muy discutida.	*It's a very controversial/much-discussed film.*
No entres en discusiones con él.	*Don't get into an argument/a dispute with him.*
El asunto está en discusión.	*The matter is under discussion/debate.*

disfrutar *to enjoy, have a good time*

disfruto · disfrutaron · disfrutado · disfrutando

regular -ar verb

PRESENT

disfruto	disfrutamos
disfrutas	disfrutáis
disfruta	disfrutan

PRETERIT

disfruté	disfrutamos
disfrutaste	disfrutasteis
disfrutó	disfrutaron

IMPERFECT

disfrutaba	disfrutábamos
disfrutabas	disfrutabais
disfrutaba	disfrutaban

PRESENT PERFECT

he disfrutado	hemos disfrutado
has disfrutado	habéis disfrutado
ha disfrutado	han disfrutado

FUTURE

disfrutaré	disfrutaremos
disfrutarás	disfrutaréis
disfrutará	disfrutarán

CONDITIONAL

disfrutaría	disfrutaríamos
disfrutarías	disfrutaríais
disfrutaría	disfrutarían

PLUPERFECT

había disfrutado	habíamos disfrutado
habías disfrutado	habíais disfrutado
había disfrutado	habían disfrutado

PRETERIT PERFECT

hube disfrutado	hubimos disfrutado
hubiste disfrutado	hubisteis disfrutado
hubo disfrutado	hubieron disfrutado

FUTURE PERFECT

habré disfrutado	habremos disfrutado
habrás disfrutado	habréis disfrutado
habrá disfrutado	habrán disfrutado

CONDITIONAL PERFECT

habría disfrutado	habríamos disfrutado
habrías disfrutado	habríais disfrutado
habría disfrutado	habrían disfrutado

PRESENT SUBJUNCTIVE

disfrute	disfrutemos
disfrutes	disfrutéis
disfrute	disfruten

PRESENT PERFECT SUBJUNCTIVE

haya disfrutado	hayamos disfrutado
hayas disfrutado	hayáis disfrutado
haya disfrutado	hayan disfrutado

IMPERFECT SUBJUNCTIVE (-ra)

disfrutara	disfrutáramos
disfrutaras	disfrutarais
disfrutara	disfrutaran

or **IMPERFECT SUBJUNCTIVE (-se)**

disfrutase	disfrutásemos
disfrutases	disfrutaseis
disfrutase	disfrutasen

PAST PERFECT SUBJUNCTIVE (-ra)

hubiera disfrutado	hubiéramos disfrutado
hubieras disfrutado	hubierais disfrutado
hubiera disfrutado	hubieran disfrutado

or **PAST PERFECT SUBJUNCTIVE (-se)**

hubiese disfrutado	hubiésemos disfrutado
hubieses disfrutado	hubieseis disfrutado
hubiese disfrutado	hubiesen disfrutado

PROGRESSIVE TENSES

PRESENT	estoy, estás, está, estamos, estáis, están
PRETERIT	estuve, estuviste, estuvo, estuvimos, estuvisteis, estuvieron
IMPERFECT	estaba, estabas, estaba, estábamos, estabais, estaban
FUTURE	estaré, estarás, estará, estaremos, estaréis, estarán
CONDITIONAL	estaría, estarías, estaría, estaríamos, estaríais, estarían
SUBJUNCTIVE	que + *corresponding subjunctive tense of* estar (*see verb 252*)

> disfrutando

COMMANDS

	(nosotros) disfrutemos/no disfrutemos
(tú) disfruta/no disfrutes	(vosotros) disfrutad/no disfrutéis
(Ud.) disfrute/no disfrute	(Uds.) disfruten/no disfruten

Usage

¡Que disfruten viajando!	*Have a great time traveling!*
Disfrutan de un bienestar.	*They have a sense of well-being.*
Disfrutamos de la vida.	*We enjoy life/take pleasure in living.*
Disfruta con las sinfonías de Beethoven.	*She enjoys listening to Beethoven's symphonies.*
Nos disfrutamos en la fiesta.	*We enjoyed ourselves/had a great time at the party.*

-*ir* verb; spelling change: **distingo · distinguieron · distinguido · distinguiendo**
gu > g/o, a

PRESENT		PRETERIT	
distingo	distinguimos	distinguí	distinguimos
distingues	distinguís	distinguiste	distinguisteis
distingue	distinguen	distinguió	distinguieron

IMPERFECT		PRESENT PERFECT	
distinguía	distinguíamos	he distinguido	hemos distinguido
distinguías	distinguíais	has distinguido	habéis distinguido
distinguía	distinguían	ha distinguido	han distinguido

FUTURE		CONDITIONAL	
distinguiré	distinguircmos	distinguiría	distinguiríamos
distinguirás	distinguiréis	distinguirías	distinguiríais
distinguirá	distinguirán	distinguiría	distinguirían

PLUPERFECT		PRETERIT PERFECT	
había distinguido	habíamos distinguido	hube distinguido	hubimos distinguido
habías distinguido	habíais distinguido	hubiste distinguido	hubisteis distinguido
había distinguido	habían distinguido	hubo distinguido	hubieron distinguido

FUTURE PERFECT		CONDITIONAL PERFECT	
habré distinguido	habremos distinguido	habría distinguido	habríamos distinguido
habrás distinguido	habréis distinguido	habrías distinguido	habríais distinguido
habrá distinguido	habrán distinguido	habría distinguido	habrían distinguido

PRESENT SUBJUNCTIVE		PRESENT PERFECT SUBJUNCTIVE	
distinga	distingamos	haya distinguido	hayamos distinguido
distingas	distingáis	hayas distinguido	hayáis distinguido
distinga	distingan	haya distinguido	hayan distinguido

IMPERFECT SUBJUNCTIVE (ra)		*or* IMPERFECT SUBJUNCTIVE (-se)	
distinguiera	distinguiéramos	distinguiese	distinguiésemos
distinguieras	distinguierais	distinguieses	distinguieseis
distinguiera	distinguieran	distinguiese	distinguiesen

PAST PERFECT SUBJUNCTIVE (-ra)		*or* PAST PERFECT SUBJUNCTIVE (-se)	
hubiera distinguido	hubiéramos distinguido	hubiese distinguido	hubiésemos distinguido
hubieras distinguido	hubierais distinguido	hubieses distinguido	hubieseis distinguido
hubiera distinguido	hubieran distinguido	hubiese distinguido	hubiesen distinguido

PROGRESSIVE TENSES

PRESENT	estoy, estás, está, estamos, estáis, están	
PRETERIT	estuve, estuviste, estuvo, estuvimos, estuvisteis, estuvieron	
IMPERFECT	estaba, estabas, estaba, estábamos, estabais, estaban	distinguiendo
FUTURE	estaré, estarás, estará, estaremos, estaréis, estarán	
CONDITIONAL	estaría, estarías, estaría, estaríamos, estaríais, estarían	
SUBJUNCTIVE	que + *corresponding subjunctive tense of* estar (*see verb 252*)	

COMMANDS

	(nosotros) distingamos/no distingamos
(tú) distingue/no distingas	(vosotros) distinguid/no distingáis
(Ud.) distinga/no distinga	(Uds.) distingan/no distingan

Usage

No se distingue nada por la niebla.   *You can't see anything because of the fog.*
Se distinguen por su porte.   *They're noticeable for their bearing.*
No distinguió entre las dos marcas.   *She didn't distinguish between the two brands.*
No han hecho una distinción entre los   *They haven't made a distinction between the two groups.*
   dos grupos.
Es una profesora muy distinguida.   *She's a very distinguished professor.*

divertirse *to have a good time*

divierto · divirtieron · divertido · divirtiéndose

stem-changing *-ir* reflexive verb:
e > ie (present), *e > i* (preterit)

PRESENT

me divierto	nos divertimos
te diviertes	os divertís
se divierte	se divierten

PRETERIT

me divertí	nos divertimos
te divertiste	os divertisteis
se divirtió	se divirtieron

IMPERFECT

me divertía	nos divertíamos
te divertías	os divertíais
se divertía	se divertían

PRESENT PERFECT

me he divertido	nos hemos divertido
te has divertido	os habéis divertido
se ha divertido	se han divertido

FUTURE

me divertiré	nos divertiremos
te divertirás	os divertiréis
se divertirá	se divertirán

CONDITIONAL

me divertiría	nos divertiríamos
te divertirías	os divertiríais
se divertiría	se divertirían

PLUPERFECT

me había divertido	nos habíamos divertido
te habías divertido	os habíais divertido
se había divertido	se habían divertido

PRETERIT PERFECT

me hube divertido	nos hubimos divertido
te hubiste divertido	os hubisteis divertido
se hubo divertido	se hubieron divertido

FUTURE PERFECT

me habré divertido	nos habremos divertido
te habrás divertido	os habréis divertido
se habrá divertido	se habrán divertido

CONDITIONAL PERFECT

me habría divertido	nos habríamos divertido
te habrías divertido	os habríais divertido
se habría divertido	se habrían divertido

PRESENT SUBJUNCTIVE

me divierta	nos divirtamos
te diviertas	os divirtáis
se divierta	se diviertan

PRESENT PERFECT SUBJUNCTIVE

me haya divertido	nos hayamos divertido
te hayas divertido	os hayáis divertido
se haya divertido	se hayan divertido

IMPERFECT SUBJUNCTIVE (-ra)

me divirtiera	nos divirtiéramos
te divirtieras	os divirtierais
se divirtiera	se divirtieran

or **IMPERFECT SUBJUNCTIVE (-se)**

me divirtiese	nos divirtiésemos
te divirtieses	os divirtieseis
se divirtiese	se divirtiesen

PAST PERFECT SUBJUNCTIVE (-ra)

me hubiera divertido	nos hubiéramos divertido
te hubieras divertido	os hubierais divertido
se hubiera divertido	se hubieran divertido

or **PAST PERFECT SUBJUNCTIVE (-se)**

me hubiese divertido	nos hubiésemos divertido
te hubieses divertido	os hubieseis divertido
se hubiese divertido	se hubiesen divertido

PROGRESSIVE TENSES

PRESENT	estoy, estás, está, estamos, estáis, están
PRETERIT	estuve, estuviste, estuvo, estuvimos, estuvisteis, estuvieron
IMPERFECT	estaba, estabas, estaba, estábamos, estabais, estaban
FUTURE	estaré, estarás, estará, estaremos, estaréis, estarán
CONDITIONAL	estaría, estarías, estaría, estaríamos, estaríais, estarían
SUBJUNCTIVE	que + *corresponding subjunctive tense of* estar (*see verb 252*)

divirtiendo (*see page 31*)

COMMANDS

	(nosotros) divirtámonos/no nos divirtamos
(tú) diviértete/no te diviertas	(vosotros) divertíos/no os divirtáis
(Ud.) diviértase/no se divierta	(Uds.) diviértanse/no se diviertan

Usage

Me divertí muchísimo.	*I had a great time.*
Se divierte tocando el piano.	*She amuses herself playing the piano.*
—La película no me divirtió para nada.	*The film didn't amuse me at all.*
—Yo al contrario la encontré muy divertida.	*I, on the other hand, found it very entertaining.*
La cocina es su diversión favorita.	*Cooking is her favorite pastime.*

regular *-ir* verb   **divido · dividieron · dividido · dividiendo**

PRESENT

divido	dividimos		
divides	dividís		
divide	dividen		

PRETERIT

dividí	dividimos
dividiste	dividisteis
dividió	dividieron

IMPERFECT

dividía	dividíamos
dividías	dividíais
dividía	dividían

PRESENT PERFECT

he dividido	hemos dividido
has dividido	habéis dividido
ha dividido	han dividido

FUTURE

dividiré	dividiremos
dividirás	dividiréis
dividirá	dividirán

CONDITIONAL

dividiría	dividiríamos
dividirías	dividiríais
dividiría	dividirían

PLUPERFECT

había dividido	habíamos dividido
habías dividido	habíais dividido
había dividido	habían dividido

PRETERIT PERFECT

hube dividido	hubimos dividido
hubiste dividido	hubisteis dividido
hubo dividido	hubieron dividido

FUTURE PERFECT

habré dividido	habremos dividido
habrás dividido	habréis dividido
habrá dividido	habrán dividido

CONDITIONAL PERFECT

habría dividido	habríamos dividido
habrías dividido	habríais dividido
habría dividido	habrían dividido

PRESENT SUBJUNCTIVE

divida	dividamos
dividas	dividáis
divida	dividan

PRESENT PERFECT SUBJUNCTIVE

haya dividido	hayamos dividido
hayas dividido	hayáis dividido
haya dividido	hayan dividido

IMPERFECT SUBJUNCTIVE (-ra)

dividiera	dividiéramos
dividieras	dividierais
dividiera	dividieran

or **IMPERFECT SUBJUNCTIVE (-se)**

dividiese	dividiésemos
dividieses	dividieseis
dividiese	dividiesen

PAST PERFECT SUBJUNCTIVE (-ra)

hubiera dividido	hubiéramos dividido
hubieras dividido	hubierais dividido
hubiera dividido	hubieran dividido

or **PAST PERFECT SUBJUNCTIVE (-se)**

hubiese dividido	hubiésemos dividido
hubieses dividido	hubieseis dividido
hubiese dividido	hubiesen dividido

PROGRESSIVE TENSES

PRESENT	estoy, estás, está, estamos, estáis, están
PRETERIT	estuve, estuviste, estuvo, estuvimos, estuvisteis, estuvieron
IMPERFECT	estaba, estabas, estaba, estábamos, estabais, estaban
FUTURE	estaré, estarás, estará, estaremos, estaréis, estarán
CONDITIONAL	estaría, estarías, estaría, estaríamos, estaríais, estarían
SUBJUNCTIVE	que + *corresponding subjunctive tense of* estar (*see verb 252*)

} dividiendo

COMMANDS

	(nosotros) dividamos/no dividamos
(tú) divide/no dividas	(vosotros) dividid/no dividáis
(Ud.) divida/no divida	(Uds.) dividan/no dividan

Usage

Divide la pizza en ocho pedazos.	*Divide the pizza into eight pieces.*
Divide y vencerás.	*Divide and conquer.*
Una cerca divide los terrenos.	*A fence separates the pieces of land.*
36 dividido por 4 son 9.	*36 divided by 4 is 9.*
Los alumnos practican problemas de división.	*The students are practicing division problems.*

divorciarse   *to get/be divorced*

divorcio · divorciaron · divorciado · divorciándose

regular *-ar* reflexive verb

PRESENT

me divorcio	nos divorciamos
te divorcias	os divorciáis
se divorcia	se divorcian

PRETERIT

me divorcié	nos divorciamos
te divorciaste	os divorciasteis
se divorció	se divorciaron

IMPERFECT

me divorciaba	nos divorciábamos
te divorciabas	os divorciabais
se divorciaba	se divorciaban

PRESENT PERFECT

me he divorciado	nos hemos divorciado
te has divorciado	os habéis divorciado
se ha divorciado	se han divorciado

FUTURE

me divorciaré	nos divorciaremos
te divorciarás	os divorciaréis
se divorciará	se divorciarán

CONDITIONAL

me divorciaría	nos divorciaríamos
te divorciarías	os divorciaríais
se divorciaría	se divorciarían

PLUPERFECT

me había divorciado	nos habíamos divorciado
te habías divorciado	os habíais divorciado
se había divorciado	se habían divorciado

PRETERIT PERFECT

me hube divorciado	nos hubimos divorciado
te hubiste divorciado	os hubisteis divorciado
se hubo divorciado	se hubieron divorciado

FUTURE PERFECT

me habré divorciado	nos habremos divorciado
te habrás divorciado	os habréis divorciado
se habrá divorciado	se habrán divorciado

CONDITIONAL PERFECT

me habría divorciado	nos habríamos divorciado
te habrías divorciado	os habríais divorciado
se habría divorciado	se habrían divorciado

PRESENT SUBJUNCTIVE

me divorcie	nos divorciemos
te divorcies	os divorciéis
se divorcie	se divorcien

PRESENT PERFECT SUBJUNCTIVE

me haya divorciado	nos hayamos divorciado
te hayas divorciado	os hayáis divorciado
se haya divorciado	se hayan divorciado

IMPERFECT SUBJUNCTIVE (-ra)

me divorciara	nos divorciáramos
te divorciaras	os divorciarais
se divorciara	se divorciaran

or ### IMPERFECT SUBJUNCTIVE (-se)

me divorciase	nos divorciásemos
te divorciases	os divorciaseis
se divorciase	se divorciasen

PAST PERFECT SUBJUNCTIVE (-ra)

me hubiera divorciado	nos hubiéramos divorciado
te hubieras divorciado	os hubierais divorciado
se hubiera divorciado	se hubieran divorciado

or ### PAST PERFECT SUBJUNCTIVE (-se)

me hubiese divorciado	nos hubiésemos divorciado
te hubieses divorciado	os hubieseis divorciado
se hubiese divorciado	se hubiesen divorciado

PROGRESSIVE TENSES

PRESENT	estoy, estás, está, estamos, estáis, están
PRETERIT	estuve, estuviste, estuvo, estuvimos, estuvisteis, estuvieron
IMPERFECT	estaba, estabas, estaba, estábamos, estabais, estaban
FUTURE	estaré, estarás, estará, estaremos, estaréis, estarán
CONDITIONAL	estaría, estarías, estaría, estaríamos, estaríais, estarían
SUBJUNCTIVE	que + *corresponding subjunctive tense of* estar (*see verb 252*)

} divorciando (*see page 31*)

COMMANDS

	(nosotros) divorciémonos/no nos divorciemos
(tú) divórciate/no te divorcies	(vosotros) divorciaos/no os divorciéis
(Ud.) divórciese/no se divorcie	(Uds.) divórciense/no se divorcien

Usage

Se divorciaron el año pasado.	*They were divorced a year ago.*
No se divorció de su marido.	*She didn't get a divorce from her husband.*
Sus hijos no quieren que sus padres se divorcien.	*The children don't want their parents to get a divorce.*
No se permite el divorcio según su religión.	*Divorce is not allowed according to their religion.*
Tiene ideas divorciadas de la realidad.	*She has ideas that are separated/divorced from reality.*

regular *-ar* verb · doblo · doblaron · doblado · doblando

PRESENT

doblo	doblamos
doblas	dobláis
dobla	doblan

PRETERIT

doblé	doblamos
doblaste	doblasteis
dobló	doblaron

IMPERFECT

doblaba	doblábamos
doblabas	doblabais
doblaba	doblaban

PRESENT PERFECT

he doblado	hemos doblado
has doblado	habéis doblado
ha doblado	han doblado

FUTURE

doblaré	doblaremos
doblarás	doblaréis
doblará	doblarán

CONDITIONAL

doblaría	doblaríamos
doblarías	doblaríais
doblaría	doblarían

PLUPERFECT

había doblado	habíamos doblado
habías doblado	habíais doblado
había doblado	habían doblado

PRETERIT PERFECT

hube doblado	hubimos doblado
hubiste doblado	hubisteis doblado
hubo doblado	hubieron doblado

FUTURE PERFECT

habré doblado	habremos doblado
habrás doblado	habréis doblado
habrá doblado	habrán doblado

CONDITIONAL PERFECT

habría doblado	habríamos doblado
habrías doblado	habríais doblado
habría doblado	habrían doblado

PRESENT SUBJUNCTIVE

doble	doblemos
dobles	dobléis
doble	doblen

PRESENT PERFECT SUBJUNCTIVE

haya doblado	hayamos doblado
hayas doblado	hayáis doblado
haya doblado	hayan doblado

IMPERFECT SUBJUNCTIVE (-ra)

doblara	dobláramos
doblaras	doblarais
doblara	doblaran

or **IMPERFECT SUBJUNCTIVE (-se)**

doblase	doblásemos
doblases	doblaseis
doblase	doblasen

PAST PERFECT SUBJUNCTIVE (-ra)

hubiera doblado	hubiéramos doblado
hubieras doblado	hubierais doblado
hubiera doblado	hubieran doblado

or **PAST PERFECT SUBJUNCTIVE (-se)**

hubiese doblado	hubiésemos doblado
hubieses doblado	hubieseis doblado
hubiese doblado	hubiesen doblado

PROGRESSIVE TENSES

PRESENT	estoy, estás, está, estamos, estáis, están
PRETERIT	estuve, estuviste, estuvo, estuvimos, estuvisteis, estuvieron
IMPERFECT	estaba, estabas, estaba, estábamos, estabais, estaban
FUTURE	estaré, estarás, estará, estaremos, estaréis, estarán
CONDITIONAL	estaría, estarías, estaría, estaríamos, estaríais, estarían
SUBJUNCTIVE	que + *corresponding subjunctive tense of* estar (*see verb 252*)

} doblando

COMMANDS

	(nosotros) doblemos/no doblemos
(tú) dobla/no dobles	(vosotros) doblad/no dobléis
(Ud.) doble/no doble	(Uds.) doblen/no doblen

Usage

Doble el papel en cuatro.	*Fold the paper in four.*
Se ha doblado el precio.	*The price has doubled.*
Dobla a la derecha al llegar a la esquina.	*Turn right when you get to the corner.*
—No me gustan las películas dobladas.	*I don't like dubbed films.*
—Yo prefiero los títulos al doblaje.	*I prefer subtitles to dubbing.*
El sastre cose el dobladillo.	*The tailor is sewing the hem/cuff.*

doler *to hurt, distress*

duele · dolieron · dolido · doliendo

stem-changing -*er* verb: *o* > *ue*;
used in third-person singular and plural only

PRESENT		PRETERIT	
duele	duelen	dolió	dolieron

IMPERFECT		PRESENT PERFECT	
dolía	dolían	ha dolido	han dolido

FUTURE		CONDITIONAL	
dolerá	dolerán	dolería	dolerían

PLUPERFECT		PRETERIT PERFECT	
había dolido	habían dolido	hubo dolido	hubieron dolido

FUTURE PERFECT		CONDITIONAL PERFECT	
habrá dolido	habrán dolido	habría dolido	habrían dolido

PRESENT SUBJUNCTIVE		PRESENT PERFECT SUBJUNCTIVE	
duela	duelan	haya dolido	hayan dolido

IMPERFECT SUBJUNCTIVE (-ra)		*or*	IMPERFECT SUBJUNCTIVE (-se)	
doliera	dolieran		doliese	doliesen

PAST PERFECT SUBJUNCTIVE (-ra)		*or*	PAST PERFECT SUBJUNCTIVE (-se)	
hubiera dolido	hubieran dolido		hubiese dolido	hubiesen dolido

PROGRESSIVE TENSES

PRESENT	está, están	
PRETERIT	estuvo, estuvieron	
IMPERFECT	estaba, estaban	
FUTURE	estará, estarán	} doliendo
CONDITIONAL	estaría, estarían	
SUBJUNCTIVE	que + *corresponding subjunctive tense of* estar (*see verb 252*)	

COMMANDS

¡Que no duela!   ¡Que no duelan!

Usage

—¿Qué te duele?	*What's hurting you?*
—Tengo dolor de cabeza/estómago.	*I have a headache/stomachache.*
¿Le duele algo?	*Is something hurting her?*
Le duele la cabeza.	*She has a headache.*
Le duele el codo.	*His elbow hurts.*
Me duelen los pies.	*My feet hurt.*
—¿Te sigue doliendo la muela?	*Is your tooth still aching?*
—Sí, es un dolor sordo.	*Yes, it's a dull ache.*
Después de caerse le dolían las rodillas.	*After he fell his knees hurt.*
Nos duele su actitud hostil.	*We're distressed by their hostile attitude.*
Os dolía su comportamiento.	*You were distressed by their behavior.*
¿No le duele tener que hablarles así?	*Aren't you sorry to have to speak to them like that?*
Están dolidos.	*They're hurt/distressed.*
El tenista tiene las manos adoloridas.	*The tennis player has sore hands.*
La gente está dolorida por el accidente.	*The people are pained/grief-stricken because of the accident.*
Para nosotros, fue una decisión muy dolorosa.	*For us it was a very painful decision.*

stem-changing *-ir* verb: *o > ue; o > u*   **duermo · durmieron · dormido · durmiendo**

PRESENT		PRETERIT	
duermo	dormimos	dormí	dormimos
duermes	dormís	dormiste	dormisteis
duerme	duermen	durmió	durmieron

IMPERFECT		PRESENT PERFECT	
dormía	dormíamos	he dormido	hemos dormido
dormías	dormíais	has dormido	habéis dormido
dormía	dormían	ha dormido	han dormido

FUTURE		CONDITIONAL	
dormiré	dormiremos	dormiría	dormiríamos
dormirás	dormiréis	dormirías	dormiríais
dormirá	dormirán	dormiría	dormirían

PLUPERFECT		PRETERIT PERFECT	
había dormido	habíamos dormido	hube dormido	hubimos dormido
habías dormido	habíais dormido	hubiste dormido	hubisteis dormido
había dormido	habían dormido	hubo dormido	hubieron dormido

FUTURE PERFECT		CONDITIONAL PERFECT	
habré dormido	habremos dormido	habría dormido	habríamos dormido
habrás dormido	habréis dormido	habrías dormido	habríais dormido
habrá dormido	habrán dormido	habría dormido	habrían dormido

PRESENT SUBJUNCTIVE		PRESENT PERFECT SUBJUNCTIVE	
duerma	durmamos	haya dormido	hayamos dormido
duermas	durmáis	hayas dormido	hayáis dormido
duerma	duerman	haya dormido	hayan dormido

IMPERFECT SUBJUNCTIVE (-ra)		*or* IMPERFECT SUBJUNCTIVE (-se)	
durmiera	durmiéramos	durmiese	durmiésemos
durmieras	durmierais	durmieses	durmieseis
durmiera	durmieran	durmiese	durmiesen

PAST PERFECT SUBJUNCTIVE (-ra)		*or* PAST PERFECT SUBJUNCTIVE (-se)	
hubiera dormido	hubiéramos dormido	hubiese dormido	hubiésemos dormido
hubieras dormido	hubierais dormido	hubieses dormido	hubieseis dormido
hubiera dormido	hubieran dormido	hubiese dormido	hubiesen dormido

PROGRESSIVE TENSES

PRESENT	estoy, estás, está, estamos, estáis, están	
PRETERIT	estuve, estuviste, estuvo, estuvimos, estuvisteis, estuvieron	
IMPERFECT	estaba, estabas, estaba, estábamos, estabais, estaban	durmiendo
FUTURE	estaré, estarás, estará, estaremos, estaréis, estarán	
CONDITIONAL	estaría, estarías, estaría, estaríamos, estaríais, estarían	
SUBJUNCTIVE	que + *corresponding subjunctive tense of* estar (*see verb 252*)	

COMMANDS

	(nosotros) durmamos/no durmamos
(tú) duerme/no duermas	(vosotros) dormid/no durmáis
(Ud.) duerma/no duerma	(Uds.) duerman/no duerman

Usage

Durmió muy bien.	*She slept very well.*
Duermen siete horas todas las noches.	*They sleep seven hours every night.*
¿Dormisteis la siesta?	*Did you take a nap?*
Nos dormimos a las once.	*We fell asleep at 11:00.*
La casa tiene cinco dormitorios.	*The house has five bedrooms.*
Están dormidos.	*They're sleepy.*

TOP 50 VERB ☞

Durmió como un tronco.	*He slept like a log.*
—Tengo sueño. Me voy a dormir.	*I'm sleepy. I'm going to bed.*
—Yo no tengo ganas de dormir. ¡Duérmete tú!	*I don't feel like sleeping. You go to bed!*
—Ella duerme profundamente.	*She sleeps soundly/deeply.*
—Pero él es de mal dormir.	*But he sleeps badly./He's a light sleeper.*
La mala ventilación de la sala nos dormía.	*The stuffiness of the room was putting us to sleep.*
Pasan los días durmiendo.	*They sleep away the days.*
Nos pasamos toda la obra de teatro durmiendo.	*We slept through the entire play.*
—Me alegro de que vayamos a dormir al aire libre.	*I'm happy we're going to sleep outdoors.*
—Yo no voy porque no tengo saco de dormir.	*I'm not going because I don't have a sleeping bag.*
—¡Qué dormilón! ¡Levántate!	*What a sleepyhead/lazybones! Get up!*
—No todavía. Estoy medio dormido.	*Not yet. I'm half-asleep.*
Se quedó dormido leyendo.	*He fell asleep reading.*

dormirse *to go to sleep, fall asleep, go dead*

Duérmete, niño.	*Go to sleep, little one.*
¿A qué hora te dormiste?	*At what time did you fall asleep?*
Se duerme sobre los laureles.	*She's resting on her laurels.*
La pierna se me ha dormido.	*My leg has gone to sleep.*

Other Uses

Mi cuento de hadas preferido es la Bella Durmiente del bosque.	*My favorite fairy tale is Sleeping Beauty.*
Están durmiendo la mona porque tomaron mucho anoche.	*They're sleeping it off because they had a lot to drink last night.*
El secretario dormitaba durante la reunión aburrida.	*The secretary was dozing off during the boring meeting.*
Sus abuelos ya duermen el último sueño.	*Their grandparents are dead.*

TOP 50 VERBS

regular *-ar* reflexive verb　　　　　　　　**ducho · ducharon · duchado · duchándose**

PRESENT

me ducho	nos duchamos
te duchas	os ducháis
se ducha	se duchan

IMPERFECT

me duchaba	nos duchábamos
te duchabas	os duchabais
se duchaba	se duchaban

FUTURE

me ducharé	nos ducharemos
te ducharás	os ducharéis
se duchará	se ducharán

PLUPERFECT

me había duchado	nos habíamos duchado
te habías duchado	os habíais duchado
se había duchado	se habían duchado

FUTURE PERFECT

me habré duchado	nos habremos duchado
te habrás duchado	os habréis duchado
se habrá duchado	se habrán duchado

PRESENT SUBJUNCTIVE

me duche	nos duchemos
te duches	os duchéis
se duche	se duchen

IMPERFECT SUBJUNCTIVE (-ra)

me duchara	nos ducháramos
te ducharas	os ducharais
se duchara	se ducharan

PAST PERFECT SUBJUNCTIVE (-ra)

me hubiera duchado	nos hubiéramos duchado
te hubieras duchado	os hubierais duchado
se hubiera duchado	se hubieran duchado

PRETERIT

me duché	nos duchamos
te duchaste	os duchasteis
se duchó	se ducharon

PRESENT PERFECT

me he duchado	nos hemos duchado
te has duchado	os habéis duchado
se ha duchado	se han duchado

CONDITIONAL

me ducharía	nos ducharíamos
te ducharías	os ducharíais
se ducharía	se ducharían

PRETERIT PERFECT

me hube duchado	nos hubimos duchado
te hubiste duchado	os hubisteis duchado
se hubo duchado	se hubieron duchado

CONDITIONAL PERFECT

me habría duchado	nos habríamos duchado
te habrías duchado	os habríais duchado
se habría duchado	se habrían duchado

PRESENT PERFECT SUBJUNCTIVE

me haya duchado	nos hayamos duchado
te hayas duchado	os hayáis duchado
se haya duchado	se hayan duchado

or **IMPERFECT SUBJUNCTIVE (-se)**

me duchase	nos duchásemos
te duchases	os duchaseis
se duchase	se duchasen

or **PAST PERFECT SUBJUNCTIVE (-se)**

me hubiese duchado	nos hubiésemos duchado
te hubieses duchado	os hubieseis duchado
se hubiese duchado	se hubiesen duchado

PROGRESSIVE TENSES

PRESENT	estoy, estás, está, estamos, estáis, están	
PRETERIT	estuve, estuviste, estuvo, estuvimos, estuvisteis, estuvieron	
IMPERFECT	estaba, estabas, estaba, estábamos, estabais, estaban	duchando (*see page 31*)
FUTURE	estaré, estarás, estará, estaremos, estaréis, estarán	
CONDITIONAL	estaría, estarías, estaría, estaríamos, estaríais, estarían	
SUBJUNCTIVE	que + *corresponding subjunctive tense of* estar (*see verb 252*)	

COMMANDS

	(nosotros) duchémonos/no nos duchemos
(tú) dúchate/no te duches	(vosotros) duchaos/no os duchéis
(Ud.) dúchese/no se duche	(Uds.) dúchense/no se duchen

Usage

—¿Te duchas ahora?	*Are you going to take a shower now?*
—No. Me doy una ducha más tarde.	*No, I'll shower later.*
¿Te duchaste o te bañaste?	*Did you shower or bathe?*
Los jugadores se ducharon después del partido.	*The players showered after the game.*

dudar *to doubt*

dudo · dudaron · dudado · dudando

regular -ar verb

PRESENT		PRETERIT	
dudo	dudamos	dudé	dudamos
dudas	dudáis	dudaste	dudasteis
duda	dudan	dudó	dudaron

IMPERFECT		PRESENT PERFECT	
dudaba	dudábamos	he dudado	hemos dudado
dudabas	dudabais	has dudado	habéis dudado
dudaba	dudaban	ha dudado	han dudado

FUTURE		CONDITIONAL	
dudaré	dudaremos	dudaría	dudaríamos
dudarás	dudaréis	dudarías	dudaríais
dudará	dudarán	dudaría	dudarían

PLUPERFECT		PRETERIT PERFECT	
había dudado	habíamos dudado	hube dudado	hubimos dudado
habías dudado	habíais dudado	hubiste dudado	hubisteis dudado
había dudado	habían dudado	hubo dudado	hubieron dudado

FUTURE PERFECT		CONDITIONAL PERFECT	
habré dudado	habremos dudado	habría dudado	habríamos dudado
habrás dudado	habréis dudado	habrías dudado	habríais dudado
habrá dudado	habrán dudado	habría dudado	habrían dudado

PRESENT SUBJUNCTIVE		PRESENT PERFECT SUBJUNCTIVE	
dude	dudemos	haya dudado	hayamos dudado
dudes	dudéis	hayas dudado	hayáis dudado
dude	duden	haya dudado	hayan dudado

IMPERFECT SUBJUNCTIVE (-ra)		*or*	IMPERFECT SUBJUNCTIVE (-se)	
dudara	dudáramos		dudase	dudásemos
dudaras	dudarais		dudases	dudaseis
dudara	dudaran		dudase	dudasen

PAST PERFECT SUBJUNCTIVE (-ra)		*or*	PAST PERFECT SUBJUNCTIVE (-se)	
hubiera dudado	hubiéramos dudado		hubiese dudado	hubiésemos dudado
hubieras dudado	hubierais dudado		hubieses dudado	hubieseis dudado
hubiera dudado	hubieran dudado		hubiese dudado	hubiesen dudado

PROGRESSIVE TENSES

PRESENT	estoy, estás, está, estamos, estáis, están
PRETERIT	estuve, estuviste, estuvo, estuvimos, estuvisteis, estuvieron
IMPERFECT	estaba, estabas, estaba, estábamos, estabais, estaban
FUTURE	estaré, estarás, estará, estaremos, estaréis, estarán
CONDITIONAL	estaría, estarías, estaría, estaríamos, estaríais, estarían
SUBJUNCTIVE	que + *corresponding subjunctive tense of* estar (*see verb 252*)

> dudando

COMMANDS

	(nosotros) dudemos/no dudemos
(tú) duda/no dudes	(vosotros) dudad/no dudéis
(Ud.) dude/no dude	(Uds.) duden/no duden

Usage

Dudamos que lleguen hoy.	*We doubt that they'll arrive today.*
No dudo que nos invite.	*I don't doubt she'll invite us.*
Ponen en duda lo que dijiste.	*They doubt/question what you said.*
No cabe duda./Sin lugar a dudas.	*There's no doubt.*
El asunto queda dudoso.	*The matter is uncertain.*
Nos lo contaron dudosamente.	*They told us about it hesitantly.*
No dudes en llamarme.	*Don't hesitate to call me.*

regular -ar verb   **duro · duraron · durado · durando**

PRESENT

duro	duramos
duras	duráis
dura	duran

PRETERIT

duré	duramos
duraste	durasteis
duró	duraron

IMPERFECT

duraba	durábamos
durabas	durabais
duraba	duraban

PRESENT PERFECT

he durado	hemos durado
has durado	habéis durado
ha durado	han durado

FUTURE

duraré	duraremos
durarás	duraréis
durará	durarán

CONDITIONAL

duraría	duraríamos
durarías	duraríais
duraría	durarían

PLUPERFECT

había durado	habíamos durado
habías durado	habíais durado
había durado	habían durado

PRETERIT PERFECT

hube durado	hubimos durado
hubiste durado	hubisteis durado
hubo durado	hubieron durado

FUTURE PERFECT

habré durado	habremos durado
habrás durado	habréis durado
habrá durado	habrán durado

CONDITIONAL PERFECT

habría durado	habríamos durado
habrías durado	habríais durado
habría durado	habrían durado

PRESENT SUBJUNCTIVE

dure	duremos
dures	duréis
dure	duren

PRESENT PERFECT SUBJUNCTIVE

haya durado	hayamos durado
hayas durado	hayáis durado
haya durado	hayan durado

IMPERFECT SUBJUNCTIVE (-ra)

durara	duráramos
duraras	durarais
durara	duraran

or **IMPERFECT SUBJUNCTIVE (-se)**

durase	durásemos
durases	duraseis
durase	durasen

PAST PERFECT SUBJUNCTIVE (-ra)

hubiera durado	hubiéramos durado
hubieras durado	hubierais durado
hubiera durado	hubieran durado

or **PAST PERFECT SUBJUNCTIVE (-se)**

hubiese durado	hubiésemos durado
hubieses durado	hubieseis durado
hubiese durado	hubiesen durado

PROGRESSIVE TENSES

PRESENT	estoy, estás, está, estamos, estáis, están	
PRETERIT	estuve, estuviste, estuvo, estuvimos, estuvisteis, estuvieron	
IMPERFECT	estaba, estabas, estaba, estábamos, estabais, estaban	durando
FUTURE	estaré, estarás, estará, estaremos, estaréis, estarán	
CONDITIONAL	estaría, estarías, estaría, estaríamos, estaríais, estarían	
SUBJUNCTIVE	que + *corresponding subjunctive tense of* estar (*see verb 252*)	

COMMANDS

	(nosotros) duremos/no duremos
(tú) dura/no dures	(vosotros) durad/no duréis
(Ud.) dure/no dure	(Uds.) duren/no duren

Usage

Este reloj te durará muchos años.	*This watch will last you for many years.*
La Primera Guerra Mundial duró cuatro años.	*World War I went on for four years.*
Su soledad duró por muchos años.	*Her loneliness continued for many years.*
Nos reunimos durante las vacaciones.	*We'll get together during our vacation.*
La duración del contrato es de tres años.	*The duration of the contract is three years.*

Echaron al director comercial por mala administración.	*They fired/threw out the business manager because of mismanagement.*
Echen jugo en los vasos.	*Pour juice into the glasses.*
Echa una mirada a los niños hasta que yo vuelva.	*Keep an eye on the kids until I come back.*
¿Echáis de menos a vuestros amigos?	*Do you miss your friends?*
Voy a echar estas cartas al buzón.	*I'm going to mail these letters.*
Echemos más sal/cilantro al guisado.	*Let's add more salt/coriander to the stew.*
La familia ha echado raíces en su nuevo pueblo.	*The family has put down roots in their new town.*
Oye, no me eches la culpa a mí.	*Hey, don't put the blame on me.*

echar a + infinitive

Echó a reír/gritar/correr.	*She started to laugh/shout/run.*

echarse

Se echó a perder una gran oportunidad.	*A great opportunity was lost/wasted.*
Se echaron atrás para evitar una confrontación.	*They backed down to avoid a confrontation.*
Échate en el sofá.	*Lie down/Stretch out on the sofa.*
Se las echa de don Juan.	*He boasts about being/fancies himself a don Juan.*
La nata batida se echó a perder.	*The whipped cream spoiled/went bad.*

Other Uses

Nos echó en cara lo que habíamos hecho.	*He threw it up to us what we had done.*
Hay discordia porque siguen echando leña al fuego.	*There's discord because they continue to add fuel to the fire/fan the flames.*
Está echando mano al helado.	*She's reaching for the ice cream.*
Siempre echaba una mano a sus vecinos.	*He always gave his neighbors a helping hand.*
Es como echar agua en el mar.	*It's like carrying coals to Newcastle.*
Estaba tan furiosa que echaba humo por los ojos.	*She was so furious that her eyes flashed with rage.*
La chimenea está echando humo.	*The fireplace is smoking.*

TOP 50 VERBS

regular *-ar* verb

echo · echaron · echado · echando

PRESENT

echo	echamos
echas	echáis
echa	echan

PRETERIT

eché	echamos
echaste	echasteis
cchó	echaron

IMPERFECT

echaba	echábamos
echabas	echabais
echaba	echaban

PRESENT PERFECT

he echado	hemos echado
has echado	habéis echado
ha echado	han echado

FUTURE

echaré	ccharemos
echarás	echaréis
echará	echarán

CONDITIONAL

echaría	echaríamos
echarías	echaríais
echaría	echarían

PLUPERFECT

había echado	habíamos echado
habías echado	habíais echado
había echado	habían echado

PRETERIT PERFECT

hube echado	hubimos echado
hubiste echado	hubisteis echado
hubo echado	hubieron echado

FUTURE PERFECT

habré echado	habremos echado
habrás echado	habréis echado
habrá echado	habrán echado

CONDITIONAL PERFECT

habría echado	habríamos echado
habrías echado	habríais echado
habría echado	habrían echado

PRESENT SUBJUNCTIVE

eche	echemos
eches	echéis
echc	echen

PRESENT PERFECT SUBJUNCTIVE

haya echado	hayamos echado
hayas echado	hayáis echado
haya echado	hayan echado

IMPERFECT SUBJUNCTIVE (ra)

echara	echáramos
echaras	echarais
echara	echaran

or **IMPERFECT SUBJUNCTIVE (-se)**

echase	echásemos
echases	echaseis
echase	echasen

PAST PERFECT SUBJUNCTIVE (-ra)

hubiera echado	hubiéramos echado
hubieras echado	hubierais echado
hubiera echado	hubieran echado

or **PAST PERFECT SUBJUNCTIVE (-se)**

hubiese echado	hubiésemos echado
hubieses echado	hubieseis echado
hubiese echado	hubiesen echado

PROGRESSIVE TENSES

PRESENT	estoy, estás, está, estamos, estáis, están
PRETERIT	estuve, estuviste, estuvo, estuvimos, estuvisteis, estuvieron
IMPERFECT	estaba, estabas, estaba, estábamos, estabais, cstaban
FUTURE	estaré, estarás, estará, estaremos, estaréis, estarán
CONDITIONAL	estaría, estarías, estaría, estaríamos, estaríais, estarían
SUBJUNCTIVE	que + *corresponding subjunctive tense of* estar (*see verb 252*)

} echando

COMMANDS

	(nosotros) echemos/no echemos
(tú) echa/no eches	(vosotros) echad/no echéis
(Ud.) eche/no eche	(Uds.) echen/no echen

Usage

No eches la basura allí.	*Don't throw the garbage there.*
Echa la moneda. ¿Cara o cruz?	*Toss the coin. Heads or tails?*
Echaron al jugador del partido.	*They threw the player out of the game.*
Las azucenas echan un hermoso olor.	*The lilies give off a beautiful smell.*

efectuar   *to effect, carry out, do, execute, perform*

efectúo · efectuaron · efectuado · efectuando

-ar verb; spelling change:
u > ú when stressed

PRESENT

efectúo	efectuamos
efectúas	efectuáis
efectúa	efectúan

PRETERIT

efectué	efectuamos
efectuaste	efectuasteis
efectuó	efectuaron

IMPERFECT

efectuaba	efectuábamos
efectuabas	efectuabais
efectuaba	efectuaban

PRESENT PERFECT

he efectuado	hemos efectuado
has efectuado	habéis efectuado
ha efectuado	han efectuado

FUTURE

efectuaré	efectuaremos
efectuarás	efectuaréis
efectuará	efectuarán

CONDITIONAL

efectuaría	efectuaríamos
efectuarías	efectuaríais
efectuaría	efectuarían

PLUPERFECT

había efectuado	habíamos efectuado
habías efectuado	habíais efectuado
había efectuado	habían efectuado

PRETERIT PERFECT

hube efectuado	hubimos efectuado
hubiste efectuado	hubisteis efectuado
hubo efectuado	hubieron efectuado

FUTURE PERFECT

habré efectuado	habremos efectuado
habrás efectuado	habréis efectuado
habrá efectuado	habrán efectuado

CONDITIONAL PERFECT

habría efectuado	habríamos efectuado
habrías efectuado	habríais efectuado
habría efectuado	habrían efectuado

PRESENT SUBJUNCTIVE

efectúe	efectuemos
efectúes	efectuéis
efectúe	efectúen

PRESENT PERFECT SUBJUNCTIVE

haya efectuado	hayamos efectuado
hayas efectuado	hayáis efectuado
haya efectuado	hayan efectuado

IMPERFECT SUBJUNCTIVE (-ra)

efectuara	efectuáramos
efectuaras	efectuarais
efectuara	efectuaran

or **IMPERFECT SUBJUNCTIVE (-se)**

efectuase	efectuásemos
efectuases	efectuaseis
efectuase	efectuasen

PAST PERFECT SUBJUNCTIVE (-ra)

hubiera efectuado	hubiéramos efectuado
hubieras efectuado	hubierais efectuado
hubiera efectuado	hubieran efectuado

or **PAST PERFECT SUBJUNCTIVE (-se)**

hubiese efectuado	hubiésemos efectuado
hubieses efectuado	hubieseis efectuado
hubiese efectuado	hubiesen efectuado

PROGRESSIVE TENSES

PRESENT	estoy, estás, está, estamos, estáis, están
PRETERIT	estuve, estuviste, estuvo, estuvimos, estuvisteis, estuvieron
IMPERFECT	estaba, estabas, estaba, estábamos, estabais, estaban
FUTURE	estaré, estarás, estará, estaremos, estaréis, estarán
CONDITIONAL	estaría, estarías, estaría, estaríamos, estaríais, estarían
SUBJUNCTIVE	que + *corresponding subjunctive tense of* estar (*see verb 252*)

} efectuando

COMMANDS

	(nosotros) efectuemos/no efectuemos
(tú) efectúa/no efectúes	(vosotros) efectuad/no efectuéis
(Ud.) efectúe/no efectúe	(Uds.) efectúen/no efectúen

Usage

Se efectúan las compras por teléfono.	*You can make purchases by telephone.*
La compañía está efectuando cambios.	*The company is carrying out/executing changes.*
Ya se efectuaron todas las operaciones necesarias.	*All the necessary operations have been performed.*
¿Cuáles son los efectos?	*What are the effects?*

-er verb; spelling change: c > z/o, a   ejerzo · ejercieron · ejercido · ejerciendo

PRESENT		PRETERIT	
ejerzo	ejercemos	ejercí	ejercimos
ejerces	ejercéis	ejerciste	ejercisteis
ejerce	ejercen	ejerció	ejercieron

IMPERFECT		PRESENT PERFECT	
ejercía	ejercíamos	he ejercido	hemos ejercido
ejercías	ejercíais	has ejercido	habéis ejercido
ejercía	ejercían	ha ejercido	han ejercido

FUTURE		CONDITIONAL	
ejerceré	ejerceremos	ejercería	ejerceríamos
ejercerás	ejerceréis	ejercerías	ejerceríais
ejercerá	ejercerán	ejercería	ejercerían

PLUPERFECT		PRETERIT PERFECT	
había ejercido	habíamos ejercido	hube ejercido	hubimos ejercido
habías ejercido	habíais ejercido	hubiste ejercido	hubisteis ejercido
había ejercido	habían ejercido	hubo ejercido	hubieron ejercido

FUTURE PERFECT		CONDITIONAL PERFECT	
habré ejercido	habremos ejercido	habría ejercido	habríamos ejercido
habrás ejercido	habréis ejercido	habrías ejercido	habríais ejercido
habrá ejercido	habrán ejercido	habría ejercido	habrían ejercido

PRESENT SUBJUNCTIVE		PRESENT PERFECT SUBJUNCTIVE	
ejerza	ejerzamos	haya ejercido	hayamos ejercido
ejerzas	ejerzáis	hayas ejercido	hayáis ejercido
ejerza	ejerzan	haya ejercido	hayan ejercido

IMPERFECT SUBJUNCTIVE (ra)		*or*	IMPERFECT SUBJUNCTIVE (-se)	
ejerciera	ejerciéramos		ejerciese	ejerciésemos
ejercieras	ejercierais		ejercieses	ejercieseis
ejerciera	ejercieran		ejerciese	ejerciesen

PAST PERFECT SUBJUNCTIVE (-ra)		*or*	PAST PERFECT SUBJUNCTIVE (-se)	
hubiera ejercido	hubiéramos ejercido		hubiese ejercido	hubiésemos ejercido
hubieras ejercido	hubierais ejercido		hubieses ejercido	hubieseis ejercido
hubiera ejercido	hubieran ejercido		hubiese ejercido	hubiesen ejercido

PROGRESSIVE TENSES

PRESENT	estoy, estás, está, estamos, estáis, están	
PRETERIT	estuve, estuviste, estuvo, estuvimos, estuvisteis, estuvieron	
IMPERFECT	estaba, estabas, estaba, estábamos, estabais, estaban	ejerciendo
FUTURE	estaré, estarás, estará, estaremos, estaréis, estarán	
CONDITIONAL	estaría, estarías, estaría, estaríamos, estaríais, estarían	
SUBJUNCTIVE	que + *corresponding subjunctive tense of* estar (*see verb 252*)	

COMMANDS

	(nosotros) ejerzamos/no ejerzamos
(tú) ejerce/no ejerzas	(vosotros) ejerced/no ejerzáis
(Ud.) ejerza/no ejerza	(Uds.) ejerzan/no ejerzan

Usage

Benjamín Sandoval ejerce de abogado.	*Benjamín Sandoval practices law.*
El pueblo ejerce el derecho al voto.	*The people exercise the right to vote.*
El presidente en ejercicio ejercía su influencia.	*The acting chairman exerted his influence.*
Hacemos ejercicios en el gimnasio.	*We do exercises at the gymnasium.*
Julieta Valderrama ejercita la medicina.	*Julieta Valderrama practices medicine.*
Los soldados ejercitan mucho en el ejército.	*The soldiers drill/train a lot in the army.*

elegir   *to choose, select, elect*

elijo · eligieron · elegido · eligiendo

stem-changing -*ir* verb: e > i;
spelling change: g > j/o, a

PRESENT		PRETERIT	
elijo	elegimos	elegí	elegimos
eliges	elegís	elegiste	elegisteis
elige	eligen	eligió	eligieron

IMPERFECT		PRESENT PERFECT	
elegía	elegíamos	he elegido	hemos elegido
elegías	elegíais	has elegido	habéis elegido
elegía	elegían	ha elegido	han elegido

FUTURE		CONDITIONAL	
elegiré	elegiremos	elegiría	elegiríamos
elegirás	elegiréis	elegirías	elegiríais
elegirá	elegirán	elegiría	elegirían

PLUPERFECT		PRETERIT PERFECT	
había elegido	habíamos elegido	hube elegido	hubimos elegido
habías elegido	habíais elegido	hubiste elegido	hubisteis elegido
había elegido	habían elegido	hubo elegido	hubieron elegido

FUTURE PERFECT		CONDITIONAL PERFECT	
habré elegido	habremos elegido	habría elegido	habríamos elegido
habrás elegido	habréis elegido	habrías elegido	habríais elegido
habrá elegido	habrán elegido	habría elegido	habrían elegido

PRESENT SUBJUNCTIVE		PRESENT PERFECT SUBJUNCTIVE	
elija	elijamos	haya elegido	hayamos elegido
elijas	elijáis	hayas elegido	hayáis elegido
elija	elijan	haya elegido	hayan elegido

IMPERFECT SUBJUNCTIVE (-ra)		*or* IMPERFECT SUBJUNCTIVE (-se)	
eligiera	eligiéramos	eligiese	eligiésemos
eligieras	eligierais	eligieses	eligieseis
eligiera	eligieran	eligiese	eligiesen

PAST PERFECT SUBJUNCTIVE (-ra)		*or* PAST PERFECT SUBJUNCTIVE (-se)	
hubiera elegido	hubiéramos elegido	hubiese elegido	hubiésemos elegido
hubieras elegido	hubierais elegido	hubieses elegido	hubieseis elegido
hubiera elegido	hubieran elegido	hubiese elegido	hubiesen elegido

PROGRESSIVE TENSES

PRESENT	estoy, estás, está, estamos, estáis, están	
PRETERIT	estuve, estuviste, estuvo, estuvimos, estuvisteis, estuvieron	
IMPERFECT	estaba, estabas, estaba, estábamos, estabais, estaban	eligiendo
FUTURE	estaré, estarás, estará, estaremos, estaréis, estarán	
CONDITIONAL	estaría, estarías, estaría, estaríamos, estaríais, estarían	
SUBJUNCTIVE	que + *corresponding subjunctive tense of* estar (*see verb 252*)	

COMMANDS

	(nosotros) elijamos/no elijamos
(tú) elige/no elijas	(vosotros) elegid/no elijáis
(Ud.) elija/no elija	(Uds.) elijan/no elijan

Usage

—Elige el color.
—Prefiero que lo elijas tú.

El gobernador fue elegido Presidente de los
   Estados Unidos.
Eligieron un plato de pollo.
Hay elecciones generales en los Estados Unidos
   cada cuatro años.

Choose the color.
I prefer that you select it.

The governor was elected President of the United
   States.
They chose a chicken dish.
There's a general election in the United States
   every four years.

-*ar* verb; spelling change: *c > qu/e*   embarco · embarcaron · embarcado · embarcando

PRESENT

embarco	embarcamos
embarcas	embarcáis
embarca	embarcan

PRETERIT

embarqué	embarcamos
embarcaste	embarcasteis
embarcó	cmbarcaron

IMPERFECT

embarcaba	embarcábamos
embarcabas	embarcabais
embarcaba	embarcaban

PRESENT PERFECT

he embarcado	hemos embarcado
has embarcado	habéis embarcado
ha embarcado	han embarcado

FUTURE

embarcaré	embarcaremos
embarcarás	embarcaréis
embarcará	embarcarán

CONDITIONAL

embarcaría	embarcaríamos
embarcarías	embarcaríais
embarcaría	embarcarían

PLUPERFECT

había embarcado	habíamos embarcado
habías embarcado	habíais embarcado
había embarcado	habían embarcado

PRETERIT PERFECT

hube embarcado	hubimos embarcado
hubiste embarcado	hubisteis embarcado
hubo embarcado	hubieron embarcado

FUTURE PERFECT

habré embarcado	habremos embarcado
habrás embarcado	habréis embarcado
habrá embarcado	habrán embarcado

CONDITIONAL PERFECT

habría embarcado	habríamos embarcado
habrías embarcado	habríais embarcado
habría embarcado	habrían embarcado

PRESENT SUBJUNCTIVE

embarque	embarquemos
embarques	embarquéis
embarque	embarquen

PRESENT PERFECT SUBJUNCTIVE

haya embarcado	hayamos embarcado
hayas embarcado	hayáis embarcado
haya embarcado	hayan embarcado

IMPERFECT SUBJUNCTIVE (-ra)

embarcara	embarcáramos
embarcaras	embarcarais
embarcara	embarcaran

or **IMPERFECT SUBJUNCTIVE (-se)**

embarcase	embarcásemos
embarcases	embarcaseis
embarcase	embarcasen

PAST PERFECT SUBJUNCTIVE (-ra)

hubiera embarcado	hubiéramos embarcado
hubieras embarcado	hubierais embarcado
hubiera embarcado	hubieran embarcado

or **PAST PERFECT SUBJUNCTIVE (-se)**

hubiese embarcado	hubiésemos embarcado
hubieses embarcado	hubieseis embarcado
hubiese embarcado	hubiesen embarcado

PROGRESSIVE TENSES

PRESENT	estoy, estás, está, estamos, estáis, están
PRETERIT	estuve, estuviste, estuvo, estuvimos, estuvisteis, estuvieron
IMPERFECT	estaba, estabas, estaba, estábamos, estabais, estaban
FUTURE	estaré, estarás, estará, estaremos, estaréis, estarán
CONDITIONAL	estaría, estarías, estaría, estaríamos, estaríais, estarían
SUBJUNCTIVE	que + *corresponding subjunctive tense of* estar (*see verb 252*)

embarcando

COMMANDS

	(nosotros) embarquemos/no embarquemos
(tú) embarca/no embarques	(vosotros) embarcad/no embarquéis
(Ud.) embarque/no embarque	(Uds.) embarquen/no embarquen

Usage

Embarcaron las mercancías.	*They put the merchandise aboard.*
El barco está aquí. Embarquemos.	*The boat is here. Let's go aboard.*
Se han embarcado en otra enorme empresa.	*They're launched into another huge undertaking.*
Nos encanta pasearnos por el embarcadero.	*We love to stroll along the dock/jetty.*

213 emocionarse to be moved/touched, get excited/thrilled/upset

emociono · emocionaron · emocionado · emocionándose   regular -ar reflexive verb

PRESENT

me emociono	nos emocionamos
te emocionas	os emocionáis
se emociona	se emocionan

PRETERIT

me emocioné	nos emocionamos
te emocionaste	os emocionasteis
se emocionó	se emocionaron

IMPERFECT

me emocionaba	nos emocionábamos
te emocionabas	os emocionabais
se emocionaba	se emocionaban

PRESENT PERFECT

me he emocionado	nos hemos emocionado
te has emocionado	os habéis emocionado
se ha emocionado	se han emocionado

FUTURE

me emocionaré	nos emocionaremos
te emocionarás	os emocionaréis
se emocionará	se emocionarán

CONDITIONAL

me emocionaría	nos emocionaríamos
te emocionarías	os emocionaríais
se emocionaría	se emocionarían

PLUPERFECT

me había emocionado	nos habíamos emocionado
te habías emocionado	os habíais emocionado
se había emocionado	se habían emocionado

PRETERIT PERFECT

me hube emocionado	nos hubimos emocionado
te hubiste emocionado	os hubisteis emocionado
se hubo emocionado	se hubieron emocionado

FUTURE PERFECT

me habré emocionado	nos habremos emocionado
te habrás emocionado	os habréis emocionado
se habrá emocionado	se habrán emocionado

CONDITIONAL PERFECT

me habría emocionado	nos habríamos emocionado
te habrías emocionado	os habríais emocionado
se habría emocionado	se habrían emocionado

PRESENT SUBJUNCTIVE

me emocione	nos emocionemos
te emociones	os emocionéis
se emocione	se emocionen

PRESENT PERFECT SUBJUNCTIVE

me haya emocionado	nos hayamos emocionado
te hayas emocionado	os hayáis emocionado
se haya emocionado	se hayan emocionado

IMPERFECT SUBJUNCTIVE (-ra)   or   IMPERFECT SUBJUNCTIVE (-se)

me emocionara	nos emocionáramos	me emocionase	nos emocionásemos
te emocionaras	os emocionarais	te emocionases	os emocionaseis
se emocionara	se emocionaran	se emocionase	se emocionasen

PAST PERFECT SUBJUNCTIVE (-ra)   or   PAST PERFECT SUBJUNCTIVE (-se)

me hubiera emocionado	nos hubiéramos emocionado	me hubiese emocionado	nos hubiésemos emocionado
te hubieras emocionado	os hubierais emocionado	te hubieses emocionado	os hubieseis emocionado
se hubiera emocionado	se hubieran emocionado	se hubiese emocionado	se hubiesen emocionado

PROGRESSIVE TENSES

PRESENT	estoy, estás, está, estamos, estáis, están
PRETERIT	estuve, estuviste, estuvo, estuvimos, estuvisteis, estuvieron
IMPERFECT	estaba, estabas, estaba, estábamos, estabais, estaban
FUTURE	estaré, estarás, estará, estaremos, estaréis, estarán
CONDITIONAL	estaría, estarías, estaría, estaríamos, estaríais, estarían
SUBJUNCTIVE	que + corresponding subjunctive tense of estar (see verb 252)

> emocionando (see page 31)

COMMANDS

	(nosotros) emocionémonos/no nos emocionemos
(tú) emociónate/no te emociones	(vosotros) emocionaos/no os emocionéis
(Ud.) emociónese/no se emocione	(Uds.) emociónense/no se emocionen

Usage

Se emocionó mucho al vernos.	*She got excited when she saw us.*
Su éxito en el teatro nos emociona.	*Their success in the theater is thrilling to us.*
Te emocionas cada vez que se van.	*You get upset each time they leave.*
Estaban muy emocionados.	*They were very moved/upset.*
Encontré el libro realmente emocionante.	*I found the book really exciting/moving.*

regular *-ar* reflexive verb · empeño · empeñaron · empeñado · empeñándose

PRESENT

me empeño	nos empeñamos
te empeñas	os empeñáis
se empeña	se empeñan

IMPERFECT

me empeñaba	nos empeñábamos
te empeñabas	os empeñabais
se empeñaba	se empeñaban

FUTURE

me empeñaré	nos empeñaremos
te empeñarás	os empeñaréis
se empeñará	se empeñarán

PLUPERFECT

me había empeñado	nos habíamos empeñado
te habías empeñado	os habíais empeñado
se había empeñado	se habían empeñado

FUTURE PERFECT

me habré empeñado	nos habremos empeñado
te habrás empeñado	os habréis empeñado
se habrá empeñado	se habrán empeñado

PRESENT SUBJUNCTIVE

me empeñe	nos empeñemos
te empeñes	os empeñéis
se empeñe	se empeñen

IMPERFECT SUBJUNCTIVE (-ra)

me empeñara	nos empeñáramos
te empeñaras	os empeñarais
se empeñara	se empeñaran

PAST PERFECT SUBJUNCTIVE (-ra)

me hubiera empeñado	nos hubiéramos empeñado
te hubieras empeñado	os hubierais empeñado
se hubiera empeñado	se hubieran empeñado

PRETERIT

me empeñé	nos empeñamos
te empeñaste	os empeñasteis
se empeñó	se empeñaron

PRESENT PERFECT

me he empeñado	nos hemos empeñado
te has empeñado	os habéis empeñado
se ha empeñado	se han empeñado

CONDITIONAL

me empeñaría	nos empeñaríamos
te empeñarías	os empeñaríais
se empeñaría	se empeñarían

PRETERIT PERFECT

me hube empeñado	nos hubimos empeñado
te hubiste empeñado	os hubisteis empeñado
se hubo empeñado	se hubieron empeñado

CONDITIONAL PERFECT

me habría empeñado	nos habríamos empeñado
te habrías empeñado	os habríais empeñado
se habría empeñado	se habrían empeñado

PRESENT PERFECT SUBJUNCTIVE

me haya empeñado	nos hayamos empeñado
te hayas empeñado	os hayáis empeñado
se haya empeñado	se hayan empeñado

or **IMPERFECT SUBJUNCTIVE (-se)**

me empeñase	nos empeñásemos
te empeñases	os empeñaseis
se empeñase	se empeñasen

or **PAST PERFECT SUBJUNCTIVE (-se)**

me hubiese empeñado	nos hubiésemos empeñado
te hubieses empeñado	os hubieseis empeñado
se hubiese empeñado	se hubiesen empeñado

PROGRESSIVE TENSES

PRESENT	estoy, estás, está, estamos, estáis, están
PRETERIT	estuve, estuviste, estuvo, estuvimos, estuvisteis, estuvieron
IMPERFECT	estaba, estabas, estaba, estábamos, estabais, estaban
FUTURE	estaré, estarás, estará, estaremos, estaréis, estarán
CONDITIONAL	estaría, estarías, estaría, estaríamos, estaríais, estarían
SUBJUNCTIVE	que + *corresponding subjunctive tense of* estar (*see verb 252*)

empeñando (*see page 31*)

COMMANDS

	(nosotros) empeñémonos/no nos empeñemos
(tú) empéñate/no te empeñes	(vosotros) empeñaos/no os empeñéis
(Ud.) empéñese/no se empeñe	(Uds.) empéñense/no se empeñen

Usage

Empeñó su sortija en la casa de empeños.	*She pawned her ring at the pawn shop.*
Se empeñaban en sus peticiones.	*They persisted in their requests.*
Nos empeñamos en terminar el informe para el jueves.	*We're endeavoring to finish the report by Thursday.*
Están empeñados en ganar el campeonato.	*They're determined to win the championship.*

empezar   *to begin*

empiezo · empezaron · empezado · empezando

stem-changing -ar verb: e > ie;
spelling change: z > c/e

PRESENT		PRETERIT	
empiezo	empezamos	empecé	empezamos
empiezas	empezáis	empezaste	empezasteis
empieza	empiezan	empezó	empezaron

IMPERFECT		PRESENT PERFECT	
empezaba	empezábamos	he empezado	hemos empezado
empezabas	empezabais	has empezado	habéis empezado
empezaba	empezaban	ha empezado	han empezado

FUTURE		CONDITIONAL	
empezaré	empezaremos	empezaría	empezaríamos
empezarás	empezaréis	empezarías	empezaríais
empezará	empezarán	empezaría	empezarían

PLUPERFECT		PRETERIT PERFECT	
había empezado	habíamos empezado	hube empezado	hubimos empezado
habías empezado	habíais empezado	hubiste empezado	hubisteis empezado
había empezado	habían empezado	hubo empezado	hubieron empezado

FUTURE PERFECT		CONDITIONAL PERFECT	
habré empezado	habremos empezado	habría empezado	habríamos empezado
habrás empezado	habréis empezado	habrías empezado	habríais empezado
habrá empezado	habrán empezado	habría empezado	habrían empezado

PRESENT SUBJUNCTIVE		PRESENT PERFECT SUBJUNCTIVE	
empiece	empecemos	haya empezado	hayamos empezado
empieces	empecéis	hayas empezado	hayáis empezado
empiece	empiecen	haya empezado	hayan empezado

IMPERFECT SUBJUNCTIVE (-ra)		*or* IMPERFECT SUBJUNCTIVE (-se)	
empezara	empezáramos	empezase	empezásemos
empezaras	empezarais	empezases	empezaseis
empezara	empezaran	empezase	empezasen

PAST PERFECT SUBJUNCTIVE (-ra)		*or* PAST PERFECT SUBJUNCTIVE (-se)	
hubiera empezado	hubiéramos empezado	hubiese empezado	hubiésemos empezado
hubieras empezado	hubierais empezado	hubieses empezado	hubieseis empezado
hubiera empezado	hubieran empezado	hubiese empezado	hubiesen empezado

PROGRESSIVE TENSES

PRESENT	estoy, estás, está, estamos, estáis, están	
PRETERIT	estuve, estuviste, estuvo, estuvimos, estuvisteis, estuvieron	
IMPERFECT	estaba, estabas, estaba, estábamos, estabais, estaban	empezando
FUTURE	estaré, estarás, estará, estaremos, estaréis, estarán	
CONDITIONAL	estaría, estarías, estaría, estaríamos, estaríais, estarían	
SUBJUNCTIVE	que + *corresponding subjunctive tense of* estar (*see verb 252*)	

COMMANDS

	(nosotros) empecemos/no empecemos
(tú) empieza/no empieces	(vosotros) empezad/no empecéis
(Ud.) empiece/no empiece	(Uds.) empiecen/no empiecen

Usage

Empecé el libro ayer.	*I began the book yesterday.*
Empiecen a comer.	*Start to eat.*
Empezó por darnos la bienvenida.	*He began by welcoming us.*
Empiezan a las ocho.	*They'll begin at eight o'clock.*
Al empezar no había mucha gente.	*At the beginning there weren't many people.*

regular *-ar* verb

PRESENT

empleo	empleamos
empleas	empleáis
emplea	emplean

IMPERFECT

empleaba	empleábamos
empleabas	empleabais
empleaba	empleaban

FUTURE

emplearé	emplearemos
emplearás	emplearéis
empleará	emplearán

PLUPERFECT

había empleado	habíamos empleado
habías empleado	habíais empleado
había empleado	habían empleado

FUTURE PERFECT

habré empleado	habremos empleado
habrás empleado	habréis empleado
habrá empleado	habrán empleado

PRESENT SUBJUNCTIVE

emplee	empleemos
emplees	empleéis
emplee	empleen

IMPERFECT SUBJUNCTIVE (-ra)

empleara	empleáramos
emplearas	emplearais
empleara	emplearan

PAST PERFECT SUBJUNCTIVE (-ra)

hubiera empleado	hubiéramos empleado
hubieras empleado	hubierais empleado
hubiera empleado	hubieran empleado

PRETERIT

empleé	empleamos
empleaste	empleasteis
empleó	emplearon

PRESENT PERFECT

he empleado	hemos empleado
has empleado	habéis empleado
ha empleado	han empleado

CONDITIONAL

emplearía	emplearíamos
emplearías	emplearíais
emplearía	emplearían

PRETERIT PERFECT

hube empleado	hubimos empleado
hubiste empleado	hubisteis empleado
hubo empleado	hubieron empleado

CONDITIONAL PERFECT

habría empleado	habríamos empleado
habrías empleado	habríais empleado
habría empleado	habrían empleado

PRESENT PERFECT SUBJUNCTIVE

haya empleado	hayamos empleado
hayas empleado	hayáis empleado
haya empleado	hayan empleado

or **IMPERFECT SUBJUNCTIVE (-se)**

emplease	empleásemos
empleases	empleaseis
emplease	empleasen

or **PAST PERFECT SUBJUNCTIVE (-se)**

hubiese empleado	hubiésemos empleado
hubieses empleado	hubieseis empleado
hubiese empleado	hubiesen empleado

PROGRESSIVE TENSES

PRESENT	estoy, estás, está, estamos, estáis, están
PRETERIT	estuve, estuviste, estuvo, estuvimos, estuvisteis, estuvieron
IMPERFECT	estaba, estabas, estaba, estábamos, estabais, estaban
FUTURE	estaré, estarás, estará, estaremos, estaréis, estarán
CONDITIONAL	estaría, estarías, estaría, estaríamos, estaríais, estarían
SUBJUNCTIVE	que + *corresponding subjunctive tense of* estar *(see verb 252)*

} empleando

COMMANDS

	(nosotros) empleemos/no empleemos
(tú) emplea/no emplees	(vosotros) emplead/no empleéis
(Ud.) emplee/no emplee	(Uds.) empleen/no empleen

Usage

Emplea otra computadora.	*Use another computer.*
Empleaban un nuevo modelo.	*They used a new model.*
Los fondos fueron mal empleados.	*The funds were misused.*
—¿A cuántas personas emplea la compañía?	*How many people does the company employ?*
—Tiene 700 empleados.	*It has 700 employees.*
Está sin empleo. Busca empleo.	*She's unemployed. She's looking for a job.*
Hay casi pleno empleo.	*There's almost full employment.*

emprender *to undertake, embark upon, start*

emprendo · emprendieron · emprendido · emprendiendo

regular -er verb

PRESENT		PRETERIT	
emprendo	emprendemos	emprendí	emprendimos
emprendes	emprendéis	emprendiste	emprendisteis
emprende	emprenden	emprendió	emprendieron

IMPERFECT		PRESENT PERFECT	
emprendía	emprendíamos	he emprendido	hemos emprendido
emprendías	emprendíais	has emprendido	habéis emprendido
emprendía	emprendían	ha emprendido	han emprendido

FUTURE		CONDITIONAL	
emprenderé	emprenderemos	emprendería	emprenderíamos
emprenderás	emprenderéis	emprenderías	emprenderíais
emprenderá	emprenderán	emprendería	emprenderían

PLUPERFECT		PRETERIT PERFECT	
había emprendido	habíamos emprendido	hube emprendido	hubimos emprendido
habías emprendido	habíais emprendido	hubiste emprendido	hubisteis emprendido
había emprendido	habían emprendido	hubo emprendido	hubieron emprendido

FUTURE PERFECT		CONDITIONAL PERFECT	
habré emprendido	habremos emprendido	habría emprendido	habríamos emprendido
habrás emprendido	habréis emprendido	habrías emprendido	habríais emprendido
habrá emprendido	habrán emprendido	habría emprendido	habrían emprendido

PRESENT SUBJUNCTIVE		PRESENT PERFECT SUBJUNCTIVE	
emprenda	emprendamos	haya emprendido	hayamos emprendido
emprendas	emprendáis	hayas emprendido	hayáis emprendido
emprenda	emprendan	haya emprendido	hayan emprendido

IMPERFECT SUBJUNCTIVE (-ra)		*or* IMPERFECT SUBJUNCTIVE (-se)	
emprendiera	emprendiéramos	emprendiese	emprendiésemos
emprendieras	emprendierais	emprendieses	emprendieseis
emprendiera	emprendieran	emprendiese	emprendiesen

PAST PERFECT SUBJUNCTIVE (-ra)		*or* PAST PERFECT SUBJUNCTIVE (-se)	
hubiera emprendido	hubiéramos emprendido	hubiese emprendido	hubiésemos emprendido
hubieras emprendido	hubierais emprendido	hubieses emprendido	hubieseis emprendido
hubiera emprendido	hubieran emprendido	hubiese emprendido	hubiesen emprendido

PROGRESSIVE TENSES

PRESENT	estoy, estás, está, estamos, estáis, están
PRETERIT	estuve, estuviste, estuvo, estuvimos, estuvisteis, estuvieron
IMPERFECT	estaba, estabas, estaba, estábamos, estabais, estaban
FUTURE	estaré, estarás, estará, estaremos, estaréis, estarán
CONDITIONAL	estaría, estarías, estaría, estaríamos, estaríais, estarían
SUBJUNCTIVE	que + *corresponding subjunctive tense of* estar (*see verb 252*)

} emprendiendo

COMMANDS

	(nosotros) emprendamos/no emprendamos
(tú) emprende/no emprendas	(vosotros) emprended/no emprendáis
(Ud.) emprenda/no emprenda	(Uds.) emprendan/no emprendan

Usage

Emprendió un proyecto estimulante.	*He undertook a challenging project.*
Han emprendido su gran aventura.	*They've started their great adventure.*
Emprendamos el viaje.	*Let's set out on our trip.*
Es jefe de una empresa multinacional.	*He's head of a multinational company.*
Es una pequeña empresaria.	*She's a small-business woman.*

PRESENT

empujo	empujamos
empujas	empujáis
empuja	empujan

IMPERFECT

empujaba	empujábamos
empujabas	empujabais
empujaba	empujaban

FUTURE

empujaré	empujaremos
empujarás	empujaréis
empujará	empujarán

PLUPERFECT

había empujado	habíamos empujado
habías empujado	habíais empujado
había empujado	habían empujado

FUTURE PERFECT

habré empujado	habremos empujado
habrás empujado	habréis empujado
habrá empujado	habrán empujado

PRESENT SUBJUNCTIVE

empuje	empujemos
empujes	empujéis
empuje	empujen

IMPERFECT SUBJUNCTIVE (-ra)

empujara	empujáramos
empujaras	empujarais
empujara	empujaran

PAST PERFECT SUBJUNCTIVE (-ra)

hubiera empujado	hubiéramos empujado
hubieras empujado	hubierais empujado
hubiera empujado	hubieran empujado

PRETERIT

empujé	empujamos
empujaste	empujasteis
empujó	empujaron

PRESENT PERFECT

he empujado	hemos empujado
has empujado	habéis empujado
ha empujado	han empujado

CONDITIONAL

empujaría	empujaríamos
empujarías	empujaríais
empujaría	empujarían

PRETERIT PERFECT

hube empujado	hubimos empujado
hubiste empujado	hubisteis empujado
hubo empujado	hubieron empujado

CONDITIONAL PERFECT

habría empujado	habríamos empujado
habrías empujado	habríais empujado
habría empujado	habrían empujado

PRESENT PERFECT SUBJUNCTIVE

haya empujado	hayamos empujado
hayas empujado	hayáis empujado
haya empujado	hayan empujado

or **IMPERFECT SUBJUNCTIVE (-se)**

empujase	empujásemos
empujases	empujaseis
empujase	empujasen

or **PAST PERFECT SUBJUNCTIVE (-se)**

hubiese empujado	hubiésemos empujado
hubieses empujado	hubieseis empujado
hubiese empujado	hubiesen empujado

PROGRESSIVE TENSES

PRESENT	estoy, estás, está, estamos, estáis, están	
PRETERIT	estuve, estuviste, estuvo, estuvimos, estuvisteis, estuvieron	
IMPERFECT	estaba, estabas, estaba, estábamos, estabais, estaban	empujando
FUTURE	estaré, estarás, estará, estaremos, estaréis, estarán	
CONDITIONAL	estaría, estarías, estaría, estaríamos, estaríais, estarían	
SUBJUNCTIVE	que + *corresponding subjunctive tense of* estar (*see verb 252*)	

COMMANDS

	(nosotros) empujemos/no empujemos
(tú) empuja/no empujes	(vosotros) empujad/no empujéis
(Ud.) empuje/no empuje	(Uds.) empujen/no empujen

Usage

Le empujaba para que terminara la tarea.	*I was pushing him to finish his homework.*
¡No los empujes!	*Don't push them!*
—¡Deja de empujarme!	*Stop shoving me!*
—No soy yo. Será otro que te está dando empujones.	*I'm not doing it. Someone else must be pushing you.*
Se entra en y se sale del metro a empujones.	*You push your way in and out of the subway.*
Es un hombre de empuje.	*He's a man of drive/action.*

PRESENT

me enamoro	nos enamoramos
te enamoras	os enamoráis
se enamora	se enamoran

PRETERIT

me enamoré	nos enamoramos
te enamoraste	os enamorasteis
se enamoró	se enamoraron

IMPERFECT

me enamoraba	nos enamorábamos
te enamorabas	os enamorabais
se enamoraba	se enamoraban

PRESENT PERFECT

me he enamorado	nos hemos enamorado
te has enamorado	os habéis enamorado
se ha enamorado	se han enamorado

FUTURE

me enamoraré	nos enamoraremos
te enamorarás	os enamoraréis
se enamorará	se enamorarán

CONDITIONAL

me enamoraría	nos enamoraríamos
te enamorarías	os enamoraríais
se enamoraría	se enamorarían

PLUPERFECT

me había enamorado	nos habíamos enamorado
te habías enamorado	os habíais enamorado
se había enamorado	se habían enamorado

PRETERIT PERFECT

me hube enamorado	nos hubimos enamorado
te hubiste enamorado	os hubisteis enamorado
se hubo enamorado	se hubieron enamorado

FUTURE PERFECT

me habré enamorado	nos habremos enamorado
te habrás enamorado	os habréis enamorado
se habrá enamorado	se habrán enamorado

CONDITIONAL PERFECT

me habría enamorado	nos habríamos enamorado
te habrías enamorado	os habríais enamorado
se habría enamorado	se habrían enamorado

PRESENT SUBJUNCTIVE

me enamore	nos enamoremos
te enamores	os enamoréis
se enamore	se enamoren

PRESENT PERFECT SUBJUNCTIVE

me haya enamorado	nos hayamos enamorado
te hayas enamorado	os hayáis enamorado
se haya enamorado	se hayan enamorado

IMPERFECT SUBJUNCTIVE (-ra) *or* **IMPERFECT SUBJUNCTIVE (-se)**

me enamorara	nos enamoráramos	me enamorase	nos enamorásemos
te enamoraras	os enamorarais	te enamorases	os enamoraseis
se enamorara	se enamoraran	se enamorase	se enamorasen

PAST PERFECT SUBJUNCTIVE (-ra) *or* **PAST PERFECT SUBJUNCTIVE (-se)**

me hubiera enamorado	nos hubiéramos enamorado	me hubiese enamorado	nos hubiésemos enamorado
te hubieras enamorado	os hubierais enamorado	te hubieses enamorado	os hubieseis enamorado
se hubiera enamorado	se hubieran enamorado	se hubiese enamorado	se hubiesen enamorado

PROGRESSIVE TENSES

PRESENT	estoy, estás, está, estamos, estáis, están
PRETERIT	estuve, estuviste, estuvo, estuvimos, estuvisteis, estuvieron
IMPERFECT	estaba, estabas, estaba, estábamos, estabais, estaban
FUTURE	estaré, estarás, estará, estaremos, estaréis, estarán
CONDITIONAL	estaría, estarías, estaría, estaríamos, estaríais, estarían
SUBJUNCTIVE	que + *corresponding subjunctive tense of* estar (*see verb 252*)

} enamorando (*see page 31*)

COMMANDS

	(nosotros) enamorémonos/no nos enamoremos
(tú) enamórate/no te enamores	(vosotros) enamoraos/no os enamoréis
(Ud.) enamórese/no se enamore	(Uds.) enamórense/no se enamoren

Usage

Enamoraba a la chica.	*He was winning the girl's heart.*
Ella se enamoró de él.	*She fell in love with him.*
Se enamoraron.	*They fell in love.*
Está perdidamente enamorada de su novio.	*She's madly in love with her fiancé.*
Tenemos amor a la música.	*We have a love of music.*

regular -*ar* verb; used in third-person singular and plural with the indirect object pronoun

encanta · encantaron · encantado · encantando

PRESENT

me encanta(n)	nos encanta(n)
te encanta(n)	os encanta(n)
le encanta(n)	les encanta(n)

IMPERFECT

me encantaba(n)	nos encantaba(n)
te encantaba(n)	os encantaba(n)
le encantaba(n)	les encantaba(n)

FUTURE

me encantará(n)	nos encantará(n)
te encantará(n)	os encantará(n)
le encantará(n)	les encantará(n)

PLUPERFECT

me había(n) encantado	nos había(n) encantado
te había(n) encantado	os había(n) encantado
le había(n) encantado	les había(n) encantado

FUTURE PERFECT

me habrá(n) encantado	nos habrá(n) encantado
te habrá(n) encantado	os habrá(n) encantado
le habrá(n) encantado	les habrá(n) encantado

PRESENT SUBJUNCTIVE

me encante(n)	nos encante(n)
te encante(n)	os encante(n)
le encante(n)	les encante(n)

IMPERFECT SUBJUNCTIVE (-ra)

me encantara(n)	nos encantara(n)
te encantara(n)	os encantara(n)
le encantara(n)	les encantara(n)

PAST PERFECT SUBJUNCTIVE (-ra)

me hubiera(n) encantado	nos hubiera(n) encantado
te hubiera(n) encantado	os hubiera(n) encantado
le hubiera(n) encantado	les hubiera(n) encantado

PRETERIT

me encantó(-aron)	nos encantó(-aron)
te encantó(-aron)	os encantó(-aron)
le encantó(-aron)	les encantó(-aron)

PRESENT PERFECT

me ha(n) encantado	nos ha(n) encantado
te ha(n) encantado	os ha(n) encantado
le ha(n) encantado	les ha(n) encantado

CONDITIONAL

me encantaría(n)	nos encantaría(n)
te encantaría(n)	os encantaría(n)
le encantaría(n)	les encantaría(n)

PRETERIT PERFECT

me hubo(-ieron) encantado	nos hubo(-ieron) encantado
te hubo(-ieron) encantado	os hubo(-ieron) encantado
le hubo(-ieron) encantado	les hubo(-ieron) encantado

CONDITIONAL PERFECT

me habría(n) encantado	nos habría(n) encantado
te habría(n) encantado	os habría(n) encantado
le habría(n) encantado	les habría(n) encantado

PRESENT PERFECT SUBJUNCTIVE

me haya(n) encantado	nos haya(n) encantado
te haya(n) encantado	os haya(n) encantado
le haya(n) encantado	les haya(n) encantado

or **IMPERFECT SUBJUNCTIVE (-se)**

me encantase(n)	nos encantase(n)
te encantase(n)	os encantase(n)
le encantase(n)	les encantase(n)

or **PAST PERFECT SUBJUNCTIVE (-se)**

me hubiese(n) encantado	nos hubiese(n) encantado
te hubiese(n) encantado	os hubiese(n) encantado
le hubiese(n) encantado	les hubiese(n) encantado

PROGRESSIVE TENSES

PRESENT		me	está, están	
PRETERIT		te	estuvo, estuvieron	
IMPERFECT		le	estaba, estaban	encantando
FUTURE		nos	estará, estarán	
CONDITIONAL		os	estaría, estarían	
SUBJUNCTIVE	que	les	*corresponding subjunctive tense of* estar (*see verb 252*)	

COMMANDS

¡Que te/le/os/les encante(n)!   ¡Que no te/le/os/les encante(n)!

Usage

Le encanta la comida mexicana.	*He loves Mexican food.*
Nos encanta este hotel.	*We love this hotel.*
Le encantan estos libros.	*She loves these books.*
Me encantó el concierto.	*I loved the concert.*
Nos encanta recorrer mundo.	*We love to travel the world over.*
Estamos encantados con tus sugerencias.	*We're delighted with your suggestions.*
Encantado de conocerlo.	*Pleased to meet you.*

encargar · *to put in/take charge of, undertake, entrust, order*

encargo · encargaron · encargado · encargando   *-ar* verb; spelling change: *g > gu/e*

PRESENT

encargo	encargamos
encargas	encargáis
encarga	encargan

PRETERIT

encargué	encargamos
encargaste	encargasteis
encargó	encargaron

IMPERFECT

encargaba	encargábamos
encargabas	encargabais
encargaba	encargaban

PRESENT PERFECT

he encargado	hemos encargado
has encargado	habéis encargado
ha encargado	han encargado

FUTURE

encargaré	encargaremos
encargarás	encargaréis
encargará	encargarán

CONDITIONAL

encargaría	encargaríamos
encargarías	encargaríais
encargaría	encargarían

PLUPERFECT

había encargado	habíamos encargado
habías encargado	habíais encargado
había encargado	habían encargado

PRETERIT PERFECT

hube encargado	hubimos encargado
hubiste encargado	hubisteis encargado
hubo encargado	hubieron encargado

FUTURE PERFECT

habré encargado	habremos encargado
habrás encargado	habréis encargado
habrá encargado	habrán encargado

CONDITIONAL PERFECT

habría encargado	habríamos encargado
habrías encargado	habríais encargado
habría encargado	habrían encargado

PRESENT SUBJUNCTIVE

encargue	encarguemos
encargues	encarguéis
encargue	encarguen

PRESENT PERFECT SUBJUNCTIVE

haya encargado	hayamos encargado
hayas encargado	hayáis encargado
haya encargado	hayan encargado

IMPERFECT SUBJUNCTIVE (-ra)

encargara	encargáramos
encargaras	encargarais
encargara	encargaran

or **IMPERFECT SUBJUNCTIVE (-se)**

encargase	encargásemos
encargases	encargaseis
encargase	encargasen

PAST PERFECT SUBJUNCTIVE (-ra)

hubiera encargado	hubiéramos encargado
hubieras encargado	hubierais encargado
hubiera encargado	hubieran encargado

or **PAST PERFECT SUBJUNCTIVE (-se)**

hubiese encargado	hubiésemos encargado
hubieses encargado	hubieseis encargado
hubiese encargado	hubiesen encargado

PROGRESSIVE TENSES

PRESENT	estoy, estás, está, estamos, estáis, están
PRETERIT	estuve, estuviste, estuvo, estuvimos, estuvisteis, estuvieron
IMPERFECT	estaba, estabas, estaba, estábamos, estabais, estaban
FUTURE	estaré, estarás, estará, estaremos, estaréis, estarán
CONDITIONAL	estaría, estarías, estaría, estaríamos, estaríais, estarían
SUBJUNCTIVE	que + *corresponding subjunctive tense of* estar (*see verb 252*)

} encargando

COMMANDS

	(nosotros) encarguemos/no encarguemos
(tú) encarga/no encargues	(vosotros) encargad/no encarguéis
(Ud.) encargue/no encargue	(Uds.) encarguen/no encarguen

Usage

Nos encargó de los archivos.	*He put us in charge of the files.*
Encargué los discos compactos.	*I ordered the compact discs.*
¿Quién se ha encargado de la oficina?	*Who has taken charge of the office?*
Tú eras el encargado del evento, ¿verdad?	*You were the one in charge of the event, weren't you?*
Hay que cumplir el encargo.	*You have to carry out/fulfill the assignment.*

stem-changing -er verb: e > ie | **enciendo · encendieron · encendido · encendiendo**

PRESENT

enciendo	encendemos
enciendes	encendéis
enciende	encienden

PRETERIT

encendí	encendimos
encendiste	encendisteis
encendió	encendieron

IMPERFECT

encendía	encendíamos
encendías	encendíais
encendía	encendían

PRESENT PERFECT

he encendido	hemos encendido
has encendido	habéis encendido
ha encendido	han encendido

FUTURE

encenderé	encenderemos
encenderás	encenderéis
encenderá	encenderán

CONDITIONAL

cncendería	encenderíamos
encenderías	encenderíais
encendería	encenderían

PLUPERFECT

había encendido	habíamos encendido
habías encendido	habíais encendido
había encendido	habían encendido

PRETERIT PERFECT

hube encendido	hubimos encendido
hubiste encendido	hubisteis encendido
hubo encendido	hubieron encendido

FUTURE PERFECT

habré encendido	habremos encendido
habrás encendido	habréis encendido
habrá encendido	habrán encendido

CONDITIONAL PERFECT

habría encendido	habríamos encendido
habrías encendido	habríais encendido
habría encendido	habrían encendido

PRESENT SUBJUNCTIVE

encienda	encendamos
enciendas	encendáis
encienda	enciendan

PRESENT PERFECT SUBJUNCTIVE

haya encendido	hayamos encendido
hayas encendido	hayáis encendido
haya encendido	hayan encendido

IMPERFECT SUBJUNCTIVE (-ra)

encendiera	encendiéramos
encendieras	encendierais
encendiera	encendieran

or **IMPERFECT SUBJUNCTIVE (-se)**

encendiese	encendiésemos
encendieses	encendieseis
cncendiese	encendiesen

PAST PERFECT SUBJUNCTIVE (-ra)

hubiera encendido	hubiéramos encendido
hubieras encendido	hubierais encendido
hubiera encendido	hubieran encendido

or **PAST PERFECT SUBJUNCTIVE (-se)**

hubiese encendido	hubiésemos encendido
hubieses encendido	hubieseis encendido
hubiese encendido	hubiesen encendido

PROGRESSIVE TENSES

PRESENT	estoy, estás, está, estamos, estáis, están
PRETERIT	estuve, estuviste, estuvo, estuvimos, estuvisteis, estuvieron
IMPERFECT	estaba, estabas, estaba, estábamos, estabais, estaban
FUTURE	estaré, estarás, estará, estaremos, estaréis, estarán
CONDITIONAL	estaría, estarías, estaría, estaríamos, estaríais, estarían
SUBJUNCTIVE	que + *corresponding subjunctive tense of* estar (*see verb 252*)

} encendiendo

COMMANDS

	(nosotros) encendamos/no encendamos
(tú) enciende/no enciendas	(vosotros) encended/no encendáis
(Ud.) encienda/no encienda	(Uds.) enciendan/no enciendan

Usage

¡No enciendas la cocina con los fósforos!	*Don't set the kitchen on fire with the matches!*
Se han encendido las velas.	*The candles have been lit.*
Enciende la luz.	*Turn/Put the light on.*
Están encendiendo el conflicto.	*They're inflaming the conflict.*

encerrar *to enclose, shut in/up, contain, include*

encierro · encerraron · encerrado · encerrando

stem-changing -*ar* verb: *e > ie*

PRESENT		PRETERIT	
encierro	encerramos	encerré	encerramos
encierras	encerráis	encerraste	encerrasteis
encierra	encierran	encerró	encerraron

IMPERFECT		PRESENT PERFECT	
encerraba	encerrábamos	he encerrado	hemos encerrado
encerrabas	encerrabais	has encerrado	habéis encerrado
encerraba	encerraban	ha encerrado	han encerrado

FUTURE		CONDITIONAL	
encerraré	encerraremos	encerraría	encerraríamos
encerrarás	encerraréis	encerrarías	encerraríais
encerrará	encerrarán	encerraría	encerrarían

PLUPERFECT		PRETERIT PERFECT	
había encerrado	habíamos encerrado	hube encerrado	hubimos encerrado
habías encerrado	habíais encerrado	hubiste encerrado	hubisteis encerrado
había encerrado	habían encerrado	hubo encerrado	hubieron encerrado

FUTURE PERFECT		CONDITIONAL PERFECT	
habré encerrado	habremos encerrado	habría encerrado	habríamos encerrado
habrás encerrado	habréis encerrado	habrías encerrado	habríais encerrado
habrá encerrado	habrán encerrado	habría encerrado	habrían encerrado

PRESENT SUBJUNCTIVE		PRESENT PERFECT SUBJUNCTIVE	
encierre	encerremos	haya encerrado	hayamos encerrado
encierres	encerréis	hayas encerrado	hayáis encerrado
encierre	encierren	haya encerrado	hayan encerrado

IMPERFECT SUBJUNCTIVE (-ra)		*or* IMPERFECT SUBJUNCTIVE (-se)	
encerrara	encerráramos	encerrase	encerrásemos
encerraras	encerrarais	encerrases	encerraseis
encerrara	encerraran	encerrase	encerrasen

PAST PERFECT SUBJUNCTIVE (-ra)		*or* PAST PERFECT SUBJUNCTIVE (-se)	
hubiera encerrado	hubiéramos encerrado	hubiese encerrado	hubiésemos encerrado
hubieras encerrado	hubierais encerrado	hubieses encerrado	hubieseis encerrado
hubiera encerrado	hubieran encerrado	hubiese encerrado	hubiesen encerrado

PROGRESSIVE TENSES

PRESENT	estoy, estás, está, estamos, estáis, están
PRETERIT	estuve, estuviste, estuvo, estuvimos, estuvisteis, estuvieron
IMPERFECT	estaba, estabas, estaba, estábamos, estabais, estaban
FUTURE	estaré, estarás, estará, estaremos, estaréis, estarán
CONDITIONAL	estaría, estarías, estaría, estaríamos, estaríais, estarían
SUBJUNCTIVE	que + *corresponding subjunctive tense of* estar (*see verb 252*)

encerrando

COMMANDS

	(nosotros) encerremos/no encerremos
(tú) encierra/no encierres	(vosotros) encerrad/no encerréis
(Ud.) encierre/no encierre	(Uds.) encierren/no encierren

Usage

Encerraron el patio con una cerca.	*They enclosed/shut in the patio with a fence.*
El proyecto encierra unas ideas problemáticas.	*The project contains some problematic ideas.*
Se debe encerrar esta oración en un paréntesis.	*This sentence should be put in parentheses.*
Los animales se encuentran en el encerradero.	*The animals are in the pen.*

stem-changing -ar verb: o > ue   **encuentro · encontraron · encontrado · encontrando**

PRESENT

encuentro	encontramos
encuentras	encontráis
encuentra	encuentran

IMPERFECT

encontraba	encontrábamos
encontrabas	encontrabais
encontraba	encontraban

FUTURE

encontraré	encontraremos
encontrarás	encontraréis
encontrará	encontrarán

PLUPERFECT

había encontrado	habíamos encontrado
habías encontrado	habíais encontrado
había encontrado	habían encontrado

FUTURE PERFECT

habré encontrado	habremos encontrado
habrás encontrado	habréis encontrado
habrá encontrado	habrán encontrado

PRESENT SUBJUNCTIVE

encuentre	encontremos
encuentres	encontréis
encuentre	encuentren

IMPERFECT SUBJUNCTIVE (-ra)

encontrara	encontráramos
encontraras	encontrarais
encontrara	encontraran

PAST PERFECT SUBJUNCTIVE (-ra)

hubiera encontrado	hubiéramos encontrado
hubieras encontrado	hubierais encontrado
hubiera encontrado	hubieran encontrado

PRETERIT

encontré	encontramos
encontraste	encontrasteis
encontró	encontraron

PRESENT PERFECT

he encontrado	hemos encontrado
has encontrado	habéis encontrado
ha encontrado	han encontrado

CONDITIONAL

encontraría	encontraríamos
encontrarías	encontraríais
encontraría	encontrarían

PRETERIT PERFECT

hube encontrado	hubimos encontrado
hubiste encontrado	hubisteis encontrado
hubo encontrado	hubieron encontrado

CONDITIONAL PERFECT

habría encontrado	habríamos encontrado
habrías encontrado	habríais encontrado
habría encontrado	habrían encontrado

PRESENT PERFECT SUBJUNCTIVE

haya encontrado	hayamos encontrado
hayas encontrado	hayáis encontrado
haya encontrado	hayan encontrado

or **IMPERFECT SUBJUNCTIVE (-se)**

encontrase	encontrásemos
encontrases	encontraseis
encontrase	encontrasen

or **PAST PERFECT SUBJUNCTIVE (-se)**

hubiese encontrado	hubiésemos encontrado
hubieses encontrado	hubieseis encontrado
hubiese encontrado	hubiesen encontrado

PROGRESSIVE TENSES

PRESENT	estoy, estás, está, estamos, estáis, están
PRETERIT	estuve, estuviste, estuvo, estuvimos, estuvisteis, estuvieron
IMPERFECT	estaba, estabas, estaba, estábamos, estabais, estaban
FUTURE	estaré, estarás, estará, estaremos, estaréis, estarán
CONDITIONAL	estaría, estarías, estaría, estaríamos, estaríais, estarían
SUBJUNCTIVE	que + *corresponding subjunctive tense of* estar (*see verb 252*)

} encontrando

COMMANDS

	(nosotros) encontremos/no encontremos
(tú) encuentra/no encuentres	(vosotros) encontrad/no encontréis
(Ud.) encuentre/no encuentre	(Uds.) encuentren/no encuentren

Usage

No encuentro mis anteojos.	*I can't find my eyeglasses.*
La encontré en la tienda de videos.	*I ran into her at the video store.*
¿Cómo encontraste la obra de teatro?	*What did you think of the play?*
¿Cómo se encuentran?	*How are you?/How are you feeling?*
¿Dónde se encuentra el departamento jurídico?	*Where is the legal department?*
Nos encontramos en el café.	*We met/bumped into each other at the café.*
Siento que te hayas encontrado con dificultades.	*I'm sorry you've had problems.*

enfadarse *to get/become angry*

enfado · enfadaron · enfadado · enfadándose

regular -ar reflexive verb

PRESENT

me enfado	nos enfadamos
te enfadas	os enfadáis
se enfada	se enfadan

IMPERFECT

me enfadaba	nos enfadábamos
te enfadabas	os enfadabais
se enfadaba	se enfadaban

FUTURE

me enfadaré	nos enfadaremos
te enfadarás	os enfadaréis
se enfadará	se enfadarán

PLUPERFECT

me había enfadado	nos habíamos enfadado
te habías enfadado	os habíais enfadado
se había enfadado	se habían enfadado

FUTURE PERFECT

me habré enfadado	nos habremos enfadado
te habrás enfadado	os habréis enfadado
se habrá enfadado	se habrán enfadado

PRESENT SUBJUNCTIVE

me enfade	nos enfademos
te enfades	os enfadéis
se enfade	se enfaden

IMPERFECT SUBJUNCTIVE (-ra)

me enfadara	nos enfadáramos
te enfadaras	os enfadarais
se enfadara	se enfadaran

PAST PERFECT SUBJUNCTIVE (-ra)

me hubiera enfadado	nos hubiéramos enfadado
te hubieras enfadado	os hubierais enfadado
se hubiera enfadado	se hubieran enfadado

PRETERIT

me enfadé	nos enfadamos
te enfadaste	os enfadasteis
se enfadó	se enfadaron

PRESENT PERFECT

me he enfadado	nos hemos enfadado
te has enfadado	os habéis enfadado
se ha enfadado	se han enfadado

CONDITIONAL

me enfadaría	nos enfadaríamos
te enfadarías	os enfadaríais
se enfadaría	se enfadarían

PRETERIT PERFECT

me hube enfadado	nos hubimos enfadado
te hubiste enfadado	os hubisteis enfadado
se hubo enfadado	se hubieron enfadado

CONDITIONAL PERFECT

me habría enfadado	nos habríamos enfadado
te habrías enfadado	os habríais enfadado
se habría enfadado	se habrían enfadado

PRESENT PERFECT SUBJUNCTIVE

me haya enfadado	nos hayamos enfadado
te hayas enfadado	os hayáis enfadado
se haya enfadado	se hayan enfadado

or **IMPERFECT SUBJUNCTIVE (-se)**

me enfadase	nos enfadásemos
te enfadases	os enfadaseis
se enfadase	se enfadasen

or **PAST PERFECT SUBJUNCTIVE (-se)**

me hubiese enfadado	nos hubiésemos enfadado
te hubieses enfadado	os hubieseis enfadado
se hubiese enfadado	se hubiesen enfadado

PROGRESSIVE TENSES

PRESENT	estoy, estás, está, estamos, estáis, están
PRETERIT	estuve, estuviste, estuvo, estuvimos, estuvisteis, estuvieron
IMPERFECT	estaba, estabas, estaba, estábamos, estabais, estaban
FUTURE	estaré, estarás, estará, estaremos, estaréis, estarán
CONDITIONAL	estaría, estarías, estaría, estaríamos, estaríais, estarían
SUBJUNCTIVE	que + *corresponding subjunctive tense of* estar (*see verb 252*)

} enfadando (*see page 31*)

COMMANDS

	(nosotros) enfadémonos/no nos enfademos
(tú) enfádate/no te enfades	(vosotros) enfadaos/no os enfadéis
(Ud.) enfádese/no se enfade	(Uds.) enfádense/no se enfaden

Usage

—¿Por qué se enfadaron?	*Why did they get angry?*
—Se enfadan por cualquier cosa.	*They get angry over every little thing.*
Espero que no se enfade.	*I hope she doesn't get angry.*
Nos estás enfadando.	*You're making us angry.*
¿Por qué están enfadados?	*Why are they angry?*
Su comportamiento causó mucho enfado.	*Her behavior caused a lot of anger.*

regular *-ar* reflexive verb   **enfermo · enfermaron · enfermado · enfermándose**

PRESENT

me enfermo	nos enfermamos
te enfermas	os enfermáis
se enferma	se enferman

IMPERFECT

me enfermaba	nos enfermábamos
te enfermabas	os enfermabais
se enfermaba	se enfermaban

FUTURE

me enfermaré	nos enfermaremos
te enfermarás	os enfermaréis
se enfermará	se enfermarán

PLUPERFECT

me había enfermado	nos habíamos enfermado
te habías enfermado	os habíais enfermado
se había enfermado	se habían enfermado

FUTURE PERFECT

me habré enfermado	nos habremos enfermado
te habrás enfermado	os habréis enfermado
se habrá enfermado	se habrán enfermado

PRESENT SUBJUNCTIVE

me enferme	nos enfermemos
te enfermes	os enferméis
se enferme	se enfermen

IMPERFECT SUBJUNCTIVE (-ra)

me enfermara	nos enfermáramos
te enfermaras	os enfermarais
se enfermara	se enfermaran

PAST PERFECT SUBJUNCTIVE (-ra)

me hubiera enfermado	nos hubiéramos enfermado
te hubieras enfermado	os hubierais enfermado
se hubiera enfermado	se hubieran enfermado

PRETERIT

me enfermé	nos enfermamos
te enfermaste	os enfermasteis
se enfermó	se enfermaron

PRESENT PERFECT

me he enfermado	nos hemos enfermado
te has enfermado	os habéis enfermado
se ha enfermado	se han enfermado

CONDITIONAL

me enfermaría	nos enfermaríamos
te enfermarías	os enfermaríais
se enfermaría	se enfermarían

PRETERIT PERFECT

me hube enfermado	nos hubimos enfermado
te hubiste enfermado	os hubisteis enfermado
se hubo enfermado	se hubieron enfermado

CONDITIONAL PERFECT

me habría enfermado	nos habríamos enfermado
te habrías enfermado	os habríais enfermado
se habría enfermado	se habrían enfermado

PRESENT PERFECT SUBJUNCTIVE

me haya enfermado	nos hayamos enfermado
te hayas enfermado	os hayáis enfermado
se haya enfermado	se hayan enfermado

or **IMPERFECT SUBJUNCTIVE (-se)**

me enfermase	nos enfermásemos
te enfermases	os enfermaseis
se enfermase	se enfermasen

or **PAST PERFECT SUBJUNCTIVE (-se)**

me hubiese enfermado	nos hubiésemos enfermado
te hubieses enfermado	os hubieseis enfermado
se hubiese enfermado	se hubiesen enfermado

PROGRESSIVE TENSES

PRESENT	estoy, estás, está, estamos, estáis, están
PRETERIT	estuve, estuviste, estuvo, estuvimos, estuvisteis, estuvieron
IMPERFECT	estaba, estabas, estaba, estábamos, estabais, estaban
FUTURE	estaré, estarás, estará, estaremos, estaréis, estarán
CONDITIONAL	estaría, estarías, estaría, estaríamos, estaríais, estarían
SUBJUNCTIVE	que + *corresponding subjunctive tense of* estar (*see verb 252*)

enfermando (*see page 31*)

COMMANDS

	(nosotros) enfermémonos/no nos enfermemos
(tú) enférmate/no te enfermes	(vosotros) enfermaos/no os enferméis
(Ud.) enférmese/no se enferme	(Uds.) enférmense/no se enfermen

Usage

—Me enfermé durante el viaje.	*I got sick during the trip.*
—¿La comida te enfermó?	*Did the food make you sick?*
Cuando era niño se enfermaba mucho.	*When he was a child, he got sick a lot.*
Están enfermas.	*They're sick.*
Sufren de una enfermedad.	*They have an illness.*
Siempre era una niña enfermiza.	*She was always a sickly child.*
El enfermero atiende a sus pacientes.	*The nurse is taking care of/attending to his patients.*

enfocar *to focus, consider, look at*

enfoco · enfocaron · enfocado · enfocando

-ar verb; spelling change: *c > qu/e*

PRESENT

enfoco	enfocamos
enfocas	enfocáis
enfoca	enfocan

PRETERIT

enfoqué	enfocamos
enfocaste	enfocasteis
enfocó	enfocaron

IMPERFECT

enfocaba	enfocábamos
enfocabas	enfocabais
enfocaba	enfocaban

PRESENT PERFECT

he enfocado	hemos enfocado
has enfocado	habéis enfocado
ha enfocado	han enfocado

FUTURE

enfocaré	enfocaremos
enfocarás	enfocaréis
enfocará	enfocarán

CONDITIONAL

enfocaría	enfocaríamos
enfocarías	enfocaríais
enfocaría	enfocarían

PLUPERFECT

había enfocado	habíamos enfocado
habías enfocado	habíais enfocado
había enfocado	habían enfocado

PRETERIT PERFECT

hube enfocado	hubimos enfocado
hubiste enfocado	hubisteis enfocado
hubo enfocado	hubieron enfocado

FUTURE PERFECT

habré enfocado	habremos enfocado
habrás enfocado	habréis enfocado
habrá enfocado	habrán enfocado

CONDITIONAL PERFECT

habría enfocado	habríamos enfocado
habrías enfocado	habríais enfocado
habría enfocado	habrían enfocado

PRESENT SUBJUNCTIVE

enfoque	enfoquemos
enfoques	enfoquéis
enfoque	enfoquen

PRESENT PERFECT SUBJUNCTIVE

haya enfocado	hayamos enfocado
hayas enfocado	hayáis enfocado
haya enfocado	hayan enfocado

IMPERFECT SUBJUNCTIVE (-ra)

enfocara	enfocáramos
enfocaras	enfocarais
enfocara	enfocaran

or **IMPERFECT SUBJUNCTIVE (-se)**

enfocase	enfocásemos
enfocases	enfocaseis
enfocase	enfocasen

PAST PERFECT SUBJUNCTIVE (-ra)

hubiera enfocado	hubiéramos enfocado
hubieras enfocado	hubierais enfocado
hubiera enfocado	hubieran enfocado

or **PAST PERFECT SUBJUNCTIVE (-se)**

hubiese enfocado	hubiésemos enfocado
hubieses enfocado	hubieseis enfocado
hubiese enfocado	hubiesen enfocado

PROGRESSIVE TENSES

PRESENT	estoy, estás, está, estamos, estáis, están
PRETERIT	estuve, estuviste, estuvo, estuvimos, estuvisteis, estuvieron
IMPERFECT	estaba, estabas, estaba, estábamos, estabais, estaban
FUTURE	estaré, estarás, estará, estaremos, estaréis, estarán
CONDITIONAL	estaría, estarías, estaría, estaríamos, estaríais, estarían
SUBJUNCTIVE	que + *corresponding subjunctive tense of* estar (*see verb 252*)

enfocando

COMMANDS

	(nosotros) enfoquemos/no enfoquemos
(tú) enfoca/no enfoques	(vosotros) enfocad/no enfoquéis
(Ud.) enfoque/no enfoque	(Uds.) enfoquen/no enfoquen

Usage

Se enfoca la imagen con esta lente.	*You can focus on the image with this lens.*
Enfoquen bien el asunto.	*Consider/Analyze the matter well.*
Enfoca los gemelos de teatro hacia allá.	*Point/Train your opera glasses over there.*
El departamento de historia tiene un enfoque europeo.	*The history department has a European focus.*

regular *-ar* verb   **engaño · engañaron · engañado · engañando**

PRESENT

engaño	engañamos
engañas	engañáis
engaña	engañan

IMPERFECT

engañaba	engañábamos
engañabas	engañabais
engañaba	engañaban

FUTURE

engañaré	cngañaremos
engañarás	engañaréis
engañará	engañarán

PLUPERFECT

había engañado	habíamos engañado
habías engañado	habíais engañado
había engañado	habían engañado

FUTURE PERFECT

habré engañado	habremos engañado
habrás engañado	habréis engañado
habrá engañado	habrán engañado

PRESENT SUBJUNCTIVE

engañe	engañemos
engañes	engañéis
engañc	engañen

IMPERFECT SUBJUNCTIVE (ra)

engañara	engañáramos
engañaras	engañarais
engañara	engañaran

PAST PERFECT SUBJUNCTIVE (-ra)

hubiera engañado	hubiéramos engañado
hubieras engañado	hubierais engañado
hubiera engañado	hubieran engañado

PRETERIT

engañé	engañamos
engañaste	engañasteis
engañó	engañaron

PRESENT PERFECT

he engañado	hemos engañado
has engañado	habéis engañado
ha engañado	han engañado

CONDITIONAL

engañaría	engañaríamos
engañarías	engañaríais
engañaría	engañarían

PRETERIT PERFECT

hube engañado	hubimos engañado
hubiste engañado	hubisteis engañado
hubo engañado	hubieron engañado

CONDITIONAL PERFECT

habría engañado	habríamos engañado
habrías engañado	habríais engañado
habría engañado	habrían engañado

PRESENT PERFECT SUBJUNCTIVE

haya engañado	hayamos engañado
hayas engañado	hayáis engañado
haya engañado	hayan engañado

or   IMPERFECT SUBJUNCTIVE (-se)

engañase	engañásemos
engañases	engañaseis
engañase	engañasen

or   PAST PERFECT SUBJUNCTIVE (-se)

hubiese engañado	hubiésemos engañado
hubieses engañado	hubieseis engañado
hubiese engañado	hubiesen engañado

PROGRESSIVE TENSES

PRESENT	estoy, estás, está, estamos, estáis, están
PRETERIT	estuve, estuviste, estuvo, estuvimos, estuvisteis, estuvieron
IMPERFECT	estaba, estabas, estaba, estábamos, estabais, cstaban
FUTURE	estaré, estarás, estará, estaremos, estaréis, estarán
CONDITIONAL	estaría, estarías, estaría, estaríamos, estaríais, estarían
SUBJUNCTIVE	que + *corresponding subjunctive tense of* estar *(see verb 252)*

engañando

COMMANDS

	(nosotros) engañemos/no engañemos
(tú) engaña/no engañes	(vosotros) engañad/no engañéis
(Ud.) engañe/no engañe	(Uds.) engañen/no engañen

Usage

Nos engañó con sus palabras halagadoras.	*She deceived us with her flattering words.*
A veces la vista engaña.	*Sometimes you can be fooled by what you see.*
—Se engañaron.	*They were deceived.*
—Es que se dejaron engañar.	*The fact is that they let themselves be fooled.*
Engañó a su marido/mujer.	*She betrayed her husband./He betrayed his wife.*
Los dos son engañosos.	*The two of them are deceitful/adulterous.*

engordo · engordaron · engordado · engordando

regular *-ar* verb

PRESENT

engordo	engordamos
engordas	engordáis
engorda	engordan

IMPERFECT

engordaba	engordábamos
engordabas	engordabais
engordaba	engordaban

FUTURE

engordaré	engordaremos
engordarás	engordaréis
engordará	engordarán

PLUPERFECT

había engordado	habíamos engordado
habías engordado	habíais engordado
había engordado	habían engordado

FUTURE PERFECT

habré engordado	habremos engordado
habrás engordado	habréis engordado
habrá engordado	habrán engordado

PRESENT SUBJUNCTIVE

engorde	engordemos
engordes	engordéis
engorde	engorden

IMPERFECT SUBJUNCTIVE (-ra)

engordara	engordáramos
engordaras	engordarais
engordara	engordaran

PAST PERFECT SUBJUNCTIVE (-ra)

hubiera engordado	hubiéramos engordado
hubieras engordado	hubierais engordado
hubiera engordado	hubieran engordado

PRETERIT

engordé	engordamos
engordaste	engordasteis
engordó	engordaron

PRESENT PERFECT

he engordado	hemos engordado
has engordado	habéis engordado
ha engordado	han engordado

CONDITIONAL

engordaría	engordaríamos
engordarías	engordaríais
engordaría	engordarían

PRETERIT PERFECT

hube engordado	hubimos engordado
hubiste engordado	hubisteis engordado
hubo engordado	hubieron engordado

CONDITIONAL PERFECT

habría engordado	habríamos engordado
habrías engordado	habríais engordado
habría engordado	habrían engordado

PRESENT PERFECT SUBJUNCTIVE

haya engordado	hayamos engordado
hayas engordado	hayáis engordado
haya engordado	hayan engordado

or **IMPERFECT SUBJUNCTIVE (-se)**

engordase	engordásemos
engordases	engordaseis
engordase	engordasen

or **PAST PERFECT SUBJUNCTIVE (-se)**

hubiese engordado	hubiésemos engordado
hubieses engordado	hubieseis engordado
hubiese engordado	hubiesen engordado

PROGRESSIVE TENSES

PRESENT	estoy, estás, está, estamos, estáis, están
PRETERIT	estuve, estuviste, estuvo, estuvimos, estuvisteis, estuvieron
IMPERFECT	estaba, estabas, estaba, estábamos, estabais, estaban
FUTURE	estaré, estarás, estará, estaremos, estaréis, estarán
CONDITIONAL	estaría, estarías, estaría, estaríamos, estaríais, estarían
SUBJUNCTIVE	que + *corresponding subjunctive tense of* estar (*see verb 252*)

engordando

COMMANDS

	(nosotros) engordemos/no engordemos
(tú) engorda/no engordes	(vosotros) engordad/no engordéis
(Ud.) engorde/no engorde	(Uds.) engorden/no engorden

Usage

Han engordado.	*They've gotten fat/put on weight.*
El helado engorda.	*Ice cream is fattening.*
Siempre fueron gordos.	*They were always fat.*
Me cae gordo.	*I can't stand him.*
Son los peces gordos de la compañía.	*They're the company's VIPs.*
Ganó el premio gordo.	*She won first prize.*
Engordaron las vacas flacas.	*The skinny cows got fat.*

-ar verb; spelling change: z > c/e   enlazo · enlazaron · enlazado · enlazando

PRESENT

enlazo	enlazamos
enlazas	enlazáis
enlaza	enlazan

PRETERIT

enlacé	enlazamos
enlazaste	enlazasteis
enlazó	enlazaron

IMPERFECT

enlazaba	enlazábamos
enlazabas	enlazabais
enlazaba	enlazaban

PRESENT PERFECT

he enlazado	hemos enlazado
has enlazado	habéis enlazado
ha enlazado	han enlazado

FUTURE

enlazaré	enlazaremos
enlazarás	enlazaréis
enlazará	enlazarán

CONDITIONAL

enlazaría	enlazaríamos
enlazarías	enlazaríais
enlazaría	enlazarían

PLUPERFECT

había enlazado	habíamos enlazado
habías enlazado	habíais enlazado
había enlazado	habían enlazado

PRETERIT PERFECT

hube enlazado	hubimos enlazado
hubiste enlazado	hubisteis enlazado
hubo enlazado	hubieron enlazado

FUTURE PERFECT

habré enlazado	habremos enlazado
habrás enlazado	habréis enlazado
habrá enlazado	habrán enlazado

CONDITIONAL PERFECT

habría enlazado	habríamos enlazado
habrías enlazado	habríais enlazado
habría enlazado	habrían enlazado

PRESENT SUBJUNCTIVE

enlace	enlacemos
enlaces	enlacéis
enlace	cnlacen

PRESENT PERFECT SUBJUNCTIVE

haya enlazado	hayamos enlazado
hayas enlazado	hayáis enlazado
haya enlazado	hayan enlazado

IMPERFECT SUBJUNCTIVE (-ra)

enlazara	enlazáramos
enlazaras	enlazarais
enlazara	enlazaran

or **IMPERFECT SUBJUNCTIVE (-se)**

enlazase	enlazásemos
enlazases	enlazaseis
enlazase	enlazasen

PAST PERFECT SUBJUNCTIVE (-ra)

hubiera enlazado	hubiéramos enlazado
hubieras enlazado	hubierais enlazado
hubiera enlazado	hubieran enlazado

or **PAST PERFECT SUBJUNCTIVE (-se)**

hubiese enlazado	hubiésemos enlazado
hubieses enlazado	hubieseis enlazado
hubiese enlazado	hubiesen enlazado

PROGRESSIVE TENSES

PRESENT	estoy, estás, está, estamos, estáis, están
PRETERIT	estuve, estuviste, estuvo, estuvimos, estuvisteis, estuvieron
IMPERFECT	estaba, estabas, estaba, estábamos, estabais, estaban
FUTURE	estaré, estarás, estará, estaremos, estaréis, estarán
CONDITIONAL	estaría, estarías, estaría, estaríamos, estaríais, estarían
SUBJUNCTIVE	que + corresponding subjunctive tense of estar (see verb 252)

} enlazando

COMMANDS

	(nosotros) enlacemos/no enlacemos
(tú) enlaza/no enlaces	(vosotros) enlazad/no enlacéis
(Ud.) enlace/no enlace	(Uds.) enlacen/no enlacen

Usage

Enlaza las dos ideas.	*Tie the two ideas together.*
El ferrocarril enlaza las dos ciudades.	*The railroad connects the two cities.*
Los vaqueros usan lazo.	*Cowboys use a lasso.*
—Ata el lazo (de zapato).	*Tie your shoelace.*
—Ya lo enlacé.	*I tied it.*
Trabaja en el lazo de iteración.	*He's working on the iteration loop.*

enloquecerse *to go crazy/mad*

enloquezco · enloquecieron · enloquecido · enloqueciéndose

-er reflexive verb;
spelling change: *c > zc/o, a*

PRESENT

me enloquezco	nos enloquecemos
te enloqueces	os enloquecéis
se enloquece	se enloquecen

IMPERFECT

me enloquecía	nos enloquecíamos
te enloquecías	os enloquecíais
se enloquecía	se enloquecían

FUTURE

me enloqueceré	nos enloqueceremos
te enloquecerás	os enloqueceréis
se enloquecerá	se enloquecerán

PLUPERFECT

me había enloquecido	nos habíamos enloquecido
te habías enloquecido	os habíais enloquecido
se había enloquecido	se habían enloquecido

FUTURE PERFECT

me habré enloquecido	nos habremos enloquecido
te habrás enloquecido	os habréis enloquecido
se habrá enloquecido	se habrán enloquecido

PRESENT SUBJUNCTIVE

me enloquezca	nos enloquezcamos
te enloquezcas	os enloquezcáis
se enloquezca	se enloquezcan

IMPERFECT SUBJUNCTIVE (-ra)

me enloqueciera	nos enloqueciéramos
te enloquecieras	os enloquecierais
se enloqueciera	se enloquecieran

PAST PERFECT SUBJUNCTIVE (-ra)

me hubiera enloquecido	nos hubiéramos enloquecido
te hubieras enloquecido	os hubierais enloquecido
se hubiera enloquecido	se hubieran enloquecido

PRETERIT

me enloquecí	nos enloquecimos
te enloqueciste	os enloquecisteis
se enloqueció	se enloquecieron

PRESENT PERFECT

me he enloquecido	nos hemos enloquecido
te has enloquecido	os habéis enloquecido
se ha enloquecido	se han enloquecido

CONDITIONAL

me enloquecería	nos enloqueceríamos
te enloquecerías	os enloqueceríais
se enloquecería	se enloquecerían

PRETERIT PERFECT

me hube enloquecido	nos hubimos enloquecido
te hubiste enloquecido	os hubisteis enloquecido
se hubo enloquecido	se hubieron enloquecido

CONDITIONAL PERFECT

me habría enloquecido	nos habríamos enloquecido
te habrías enloquecido	os habríais enloquecido
se habría enloquecido	se habrían enloquecido

PRESENT PERFECT SUBJUNCTIVE

me haya enloquecido	nos hayamos enloquecido
te hayas enloquecido	os hayáis enloquecido
se haya enloquecido	se hayan enloquecido

or **IMPERFECT SUBJUNCTIVE (-se)**

me enloqueciese	nos enloqueciésemos
te enloquecieses	os enloquecieseis
se enloqueciese	se enloqueciesen

or **PAST PERFECT SUBJUNCTIVE (-se)**

me hubiese enloquecido	nos hubiésemos enloquecido
te hubieses enloquecido	os hubieseis enloquecido
se hubiese enloquecido	se hubiesen enloquecido

PROGRESSIVE TENSES

PRESENT	estoy, estás, está, estamos, estáis, están
PRETERIT	estuve, estuviste, estuvo, estuvimos, estuvisteis, estuvieron
IMPERFECT	estaba, estabas, estaba, estábamos, estabais, estaban
FUTURE	estaré, estarás, estará, estaremos, estaréis, estarán
CONDITIONAL	estaría, estarías, estaría, estaríamos, estaríais, estarían
SUBJUNCTIVE	que + *corresponding subjunctive tense of* estar (*see verb 252*)

enloqueciendo (*see page 31*)

COMMANDS

	(nosotros) enloquezcámonos/no nos enloquezcamos
(tú) enloquécete/no te enloquezcas	(vosotros) enloqueceos/no os enloquezcáis
(Ud.) enloquézcase/no se enloquezca	(Uds.) enloquezcan/no se enloquezcan

Usage

Nos enloquece con sus manías.	*She drives us crazy with her eccentricities.*
—Me enloquecen las novelas policíacas.	*I'm mad about detective novels.*
—Yo también estoy loco por ellas.	*I'm also crazy about them.*
Se enloquecieron.	*They went mad/crazy.*
Es para volverse loco.	*It's enough to drive you crazy.*
¡Qué locura!	*It's/What madness!*

regular *-ar* reflexive verb | enojo · enojaron · enojado · enojándose

PRESENT

me enojo	nos enojamos
te enojas	os enojáis
se enoja	se enojan

IMPERFECT

me enojaba	nos enojábamos
te enojabas	os enojabais
se enojaba	se enojaban

FUTURE

me enojaré	nos enojaremos
te enojarás	os enojaréis
se enojará	se enojarán

PLUPERFECT

me había enojado	nos habíamos enojado
te habías enojado	os habíais enojado
se había enojado	se habían enojado

FUTURE PERFECT

me habré enojado	nos habremos enojado
te habrás enojado	os habréis enojado
se habrá enojado	se habrán enojado

PRESENT SUBJUNCTIVE

me enoje	nos enojemos
te enojes	os enojéis
se enoje	se enojen

IMPERFECT SUBJUNCTIVE (-ra)

me enojara	nos enojáramos
te enojaras	os enojarais
se enojara	se enojaran

PAST PERFECT SUBJUNCTIVE (-ra)

me hubiera enojado	nos hubiéramos enojado
te hubieras enojado	os hubierais enojado
se hubiera enojado	se hubieran enojado

PRETERIT

me enojé	nos enojamos
te enojaste	os enojasteis
se enojó	se enojaron

PRESENT PERFECT

me he enojado	nos hemos enojado
te has enojado	os habéis enojado
se ha enojado	se han enojado

CONDITIONAL

me enojaría	nos enojaríamos
te enojarías	os enojaríais
se enojaría	se enojarían

PRETERIT PERFECT

me hube enojado	nos hubimos enojado
te hubiste enojado	os hubisteis enojado
se hubo enojado	se hubieron enojado

CONDITIONAL PERFECT

me habría enojado	nos habríamos enojado
te habrías enojado	os habríais enojado
se habría enojado	se habrían enojado

PRESENT PERFECT SUBJUNCTIVE

me haya enojado	nos hayamos enojado
te hayas enojado	os hayáis enojado
se haya enojado	se hayan enojado

or **IMPERFECT SUBJUNCTIVE (-se)**

me enojase	nos enojásemos
te enojases	os enojaseis
se enojase	se enojasen

or **PAST PERFECT SUBJUNCTIVE (-se)**

me hubiese enojado	nos hubiésemos enojado
te hubieses enojado	os hubieseis enojado
se hubiese enojado	se hubiesen enojado

PROGRESSIVE TENSES

PRESENT	estoy, estás, está, estamos, estáis, están
PRETERIT	estuve, estuviste, estuvo, estuvimos, estuvisteis, estuvieron
IMPERFECT	estaba, estabas, estaba, estábamos, estabais, estaban
FUTURE	estaré, estarás, estará, estaremos, estaréis, estarán
CONDITIONAL	estaría, estarías, estaría, estaríamos, estaríais, estarían
SUBJUNCTIVE	que + *corresponding subjunctive tense of* estar (*see verb 252*)

enojando (*see page 31*)

COMMANDS

	(nosotros) enojémonos/no nos enojemos
(tú) enójate/no te enojes	(vosotros) enojaos/no os enojéis
(Ud.) enójese/no se enoje	(Uds.) enójense/no se enojen

Usage

Se enojaban.	*They got angry.*
Los enojaste.	*You made them angry.*
Se enojó con sus amigos.	*He got angry with his friends.*
Nos enojamos al ver tal desorden.	*We get annoyed when we see such disorder.*
Están enojados.	*They're angry.*
Les causó mucho enojo.	*It made them very angry.*

PRESENT

enredo	enredamos
enredas	enredáis
enreda	enredan

PRETERIT

enredé	enredamos
enredaste	enredasteis
enredó	enredaron

IMPERFECT

enredaba	enredábamos
enredabas	enredabais
enredaba	enredaban

PRESENT PERFECT

he enredado	hemos enredado
has enredado	habéis enredado
ha enredado	han enredado

FUTURE

enredaré	enredaremos
enredarás	enredaréis
enredará	enredarán

CONDITIONAL

enredaría	enredaríamos
enredarías	enredaríais
enredaría	enredarían

PLUPERFECT

había enredado	habíamos enredado
habías enredado	habíais enredado
había enredado	habían enredado

PRETERIT PERFECT

hube enredado	hubimos enredado
hubiste enredado	hubisteis enredado
hubo enredado	hubieron enredado

FUTURE PERFECT

habré enredado	habremos enredado
habrás enredado	habréis enredado
habrá enredado	habrán enredado

CONDITIONAL PERFECT

habría enredado	habríamos enredado
habrías enredado	habríais enredado
habría enredado	habrían enredado

PRESENT SUBJUNCTIVE

enrede	enredemos
enredes	enredéis
enrede	enreden

PRESENT PERFECT SUBJUNCTIVE

haya enredado	hayamos enredado
hayas enredado	hayáis enredado
haya enredado	hayan enredado

IMPERFECT SUBJUNCTIVE (-ra)

enredara	enredáramos
enredaras	enredarais
enredara	enredaran

or **IMPERFECT SUBJUNCTIVE (-se)**

enredase	enredásemos
enredases	enredaseis
enredase	enredasen

PAST PERFECT SUBJUNCTIVE (-ra)

hubiera enredado	hubiéramos enredado
hubieras enredado	hubierais enredado
hubiera enredado	hubieran enredado

or **PAST PERFECT SUBJUNCTIVE (-se)**

hubiese enredado	hubiésemos enredado
hubieses enredado	hubieseis enredado
hubiese enredado	hubiesen enredado

PROGRESSIVE TENSES

PRESENT	estoy, estás, está, estamos, estáis, están	
PRETERIT	estuve, estuviste, estuvo, estuvimos, estuvisteis, estuvieron	
IMPERFECT	estaba, estabas, estaba, estábamos, estabais, estaban	enredando
FUTURE	estaré, estarás, estará, estaremos, estaréis, estarán	
CONDITIONAL	estaría, estarías, estaría, estaríamos, estaríais, estarían	
SUBJUNCTIVE	que + *corresponding subjunctive tense of* estar (*see verb 252*)	

COMMANDS

	(nosotros) enredemos/no enredemos
(tú) enreda/no enredes	(vosotros) enredad/no enredéis
(Ud.) enrede/no enrede	(Uds.) enreden/no enreden

Usage

Enredó a su colega en el lío.	*He got his colleague tangled up in the mess.*
No te enredes en ese asunto.	*Don't get involved/mixed up in that business.*
Se estudia la red ferroviaria.	*They're studying the railroad network/system.*
Hay una gran capacidad de trabajar en red.	*There's a great networking capacity.*
Es una persona enredadora.	*She's a busybody.*

regular *-ar* verb | **enseño · enseñaron · enseñado · enseñando**

PRESENT

enseño	enseñamos
enseñas	enseñáis
enseña	enseñan

IMPERFECT

enseñaba	enseñábamos
enseñabas	enseñabais
enseñaba	enseñaban

FUTURE

enseñaré	enseñaremos
enseñarás	enseñaréis
enseñará	enseñarán

PLUPERFECT

había enseñado	habíamos enseñado
habías enseñado	habíais enseñado
había enseñado	habían enseñado

FUTURE PERFECT

habré enseñado	habremos enseñado
habrás enseñado	habréis enseñado
habrá enseñado	habrán enseñado

PRESENT SUBJUNCTIVE

enseñe	enseñemos
enseñes	enseñéis
enseñe	enseñen

IMPERFECT SUBJUNCTIVE (-ra)

enseñara	enseñáramos
enseñaras	enseñarais
enseñara	enseñaran

PAST PERFECT SUBJUNCTIVE (-ra)

hubiera enseñado	hubiéramos enseñado
hubieras enseñado	hubierais enseñado
hubiera enseñado	hubieran enseñado

PRETERIT

enseñé	enseñamos
enseñaste	enseñasteis
enseñó	enseñaron

PRESENT PERFECT

he enseñado	hemos enseñado
has enseñado	habéis enseñado
ha enseñado	han enseñado

CONDITIONAL

enseñaría	enseñaríamos
enseñarías	enseñaríais
enseñaría	enseñarían

PRETERIT PERFECT

hube enseñado	hubimos enseñado
hubiste enseñado	hubisteis enseñado
hubo enseñado	hubieron enseñado

CONDITIONAL PERFECT

habría enseñado	habríamos enseñado
habrías enseñado	habríais enseñado
habría enseñado	habrían enseñado

PRESENT PERFECT SUBJUNCTIVE

haya enseñado	hayamos enseñado
hayas enseñado	hayáis enseñado
haya enseñado	hayan enseñado

or **IMPERFECT SUBJUNCTIVE (-se)**

enseñase	enseñásemos
enseñases	enseñaseis
enseñase	enseñasen

or **PAST PERFECT SUBJUNCTIVE (-se)**

hubiese enseñado	hubiésemos enseñado
hubieses enseñado	hubieseis enseñado
hubiese enseñado	hubiesen enseñado

PROGRESSIVE TENSES

PRESENT	estoy, estás, está, estamos, estáis, están
PRETERIT	estuve, estuviste, estuvo, estuvimos, estuvisteis, estuvieron
IMPERFECT	estaba, estabas, estaba, estábamos, estabais, estaban
FUTURE	estaré, estarás, estará, estaremos, estaréis, estarán
CONDITIONAL	estaría, estarías, estaría, estaríamos, estaríais, estarían
SUBJUNCTIVE	que + *corresponding subjunctive tense of* estar (*see verb 252*)

} enseñando

COMMANDS

	(nosotros) enseñemos/no enseñemos
(tú) enseña/no enseñes	(vosotros) enseñad/no enseñéis
(Ud.) enseñe/no enseñe	(Uds.) enseñen/no enseñen

Usage

Enseñaban español en la universidad.	*They taught Spanish at the university.*
Nos enseñó su nueva computadora.	*He showed us his new computer.*
Le enseñé a usar el programa.	*I taught him how to use the program.*
Nos importa mucho la enseñanza.	*Teaching/Education is very important to us.*
Son niños bien/mal enseñados.	*They're well/badly brought up children.*

entender *to understand*

stem-changing -*er* verb: *e* > *ie*

PRESENT

entiendo	entendemos
entiendes	entendéis
entiende	entienden

PRETERIT

entendí	entendimos
entendiste	entendisteis
entendió	entendieron

IMPERFECT

entendía	entendíamos
entendías	entendíais
entendía	entendían

PRESENT PERFECT

he entendido	hemos entendido
has entendido	habéis entendido
ha entendido	han entendido

FUTURE

entenderé	entenderemos
entenderás	entenderéis
entenderá	entenderán

CONDITIONAL

entendería	entenderíamos
entenderías	entenderíais
entendería	entenderían

PLUPERFECT

había entendido	habíamos entendido
habías entendido	habíais entendido
había entendido	habían entendido

PRETERIT PERFECT

hube entendido	hubimos entendido
hubiste entendido	hubisteis entendido
hubo entendido	hubieron entendido

FUTURE PERFECT

habré entendido	habremos entendido
habrás entendido	habréis entendido
habrá entendido	habrán entendido

CONDITIONAL PERFECT

habría entendido	habríamos entendido
habrías entendido	habríais entendido
habría entendido	habrían entendido

PRESENT SUBJUNCTIVE

entienda	entendamos
entiendas	entendáis
entienda	entiendan

PRESENT PERFECT SUBJUNCTIVE

haya entendido	hayamos entendido
hayas entendido	hayáis entendido
haya entendido	hayan entendido

IMPERFECT SUBJUNCTIVE (-ra)

entendiera	entendiéramos
entendieras	entendierais
entendiera	entendieran

or **IMPERFECT SUBJUNCTIVE (-se)**

entendiese	entendiésemos
entendieses	entendieseis
entendiese	entendiesen

PAST PERFECT SUBJUNCTIVE (-ra)

hubiera entendido	hubiéramos entendido
hubieras entendido	hubierais entendido
hubiera entendido	hubieran entendido

or **PAST PERFECT SUBJUNCTIVE (-se)**

hubiese entendido	hubiésemos entendido
hubieses entendido	hubieseis entendido
hubiese entendido	hubiesen entendido

PROGRESSIVE TENSES

PRESENT	estoy, estás, está, estamos, estáis, están
PRETERIT	estuve, estuviste, estuvo, estuvimos, estuvisteis, estuvieron
IMPERFECT	estaba, estabas, estaba, estábamos, estabais, estaban
FUTURE	estaré, estarás, estará, estaremos, estaréis, estarán
CONDITIONAL	estaría, estarías, estaría, estaríamos, estaríais, estarían
SUBJUNCTIVE	que + *corresponding subjunctive tense of* estar (*see verb 252*)

} entendiendo

COMMANDS

	(nosotros) entendamos/no entendamos
(tú) entiende/no entiendas	(vosotros) entended/no entendáis
(Ud.) entienda/no entienda	(Uds.) entiendan/no entiendan

Usage

No entiendo el problema.	*I don't understand the problem.*
¿Entiendes francés?	*Do you understand French?*
Me hago entender en inglés.	*I make myself understood in English.*
Demostró su entendimiento del tema.	*She showed her understanding of the topic.*
Entendido.	*All right./Okay./Understood.*

PRESENT		PRETERIT	
entro	entramos	entré	entramos
entras	entráis	entraste	entrasteis
entra	entran	entró	entraron

IMPERFECT		PRESENT PERFECT	
entraba	entrábamos	he entrado	hemos entrado
entrabas	entrabais	has entrado	habéis entrado
entraba	entraban	ha entrado	han entrado

FUTURE		CONDITIONAL	
entraré	entraremos	entraría	entraríamos
entrarás	entraréis	entrarías	entraríais
entrará	entrarán	entraría	entrarían

PLUPERFECT		PRETERIT PERFECT	
había entrado	habíamos entrado	hube entrado	hubimos entrado
habías entrado	habíais entrado	hubiste entrado	hubisteis entrado
había entrado	habían entrado	hubo entrado	hubieron entrado

FUTURE PERFECT		CONDITIONAL PERFECT	
habré entrado	habremos entrado	habría entrado	habríamos entrado
habrás entrado	habréis entrado	habrías entrado	habríais entrado
habrá entrado	habrán entrado	habría entrado	habrían entrado

PRESENT SUBJUNCTIVE		PRESENT PERFECT SUBJUNCTIVE	
entre	entremos	haya entrado	hayamos entrado
entres	entréis	hayas entrado	hayáis entrado
entre	entren	haya entrado	hayan entrado

IMPERFECT SUBJUNCTIVE (-ra)		*or*	IMPERFECT SUBJUNCTIVE (-se)	
entrara	entráramos		entrase	entrásemos
entraras	entrarais		entrases	entraseis
entrara	entraran		entrase	entrasen

PAST PERFECT SUBJUNCTIVE (-ra)		*or*	PAST PERFECT SUBJUNCTIVE (-se)	
hubiera entrado	hubiéramos entrado		hubiese entrado	hubiésemos entrado
hubieras entrado	hubierais entrado		hubieses entrado	hubieseis entrado
hubiera entrado	hubieran entrado		hubiese entrado	hubiesen entrado

PROGRESSIVE TENSES

PRESENT	estoy, estás, está, estamos, estáis, están
PRETERIT	estuve, estuviste, estuvo, estuvimos, estuvisteis, estuvieron
IMPERFECT	estaba, estabas, estaba, estábamos, estabais, estaban
FUTURE	estaré, estarás, estará, estaremos, estaréis, estarán
CONDITIONAL	estaría, estarías, estaría, estaríamos, estaríais, estarían
SUBJUNCTIVE	que + *corresponding subjunctive tense of* estar (*see verb 252*)

} entrando

COMMANDS

	(nosotros) entremos/no entremos
(tú) entra/no entres	(vosotros) entrad/no entréis
(Ud.) entre/no entre	(Uds.) entren/no entren

Usage

Entraron en el museo/al museo.	*They went into the museum.*
Entramos en detalles más tarde.	*We'll go into details later.*
Los disquetes no entran en la caja.	*The floppy disks don't fit in the box.*
Se entra por la entrada principal.	*You go in through the main entrance.*
Entrad en la casa.	*Go into the house.*
Se terminó la entrada de datos.	*They finished the data entry/input.*

entregar   *to hand in/over, deliver*

entrego · entregaron · entregado · entregando   *-ar* verb; spelling change: *g > gu/e*

PRESENT		PRETERIT	
entrego	entregamos	entregué	entregamos
entregas	entregáis	entregaste	entregasteis
entrega	entregan	entregó	entregaron

IMPERFECT		PRESENT PERFECT	
entregaba	entregábamos	he entregado	hemos entregado
entregabas	entregabais	has entregado	habéis entregado
entregaba	entregaban	ha entregado	han entregado

FUTURE		CONDITIONAL	
entregaré	entregaremos	entregaría	entregaríamos
entregarás	entregaréis	entregarías	entregaríais
entregará	entregarán	entregaría	entregarían

PLUPERFECT		PRETERIT PERFECT	
había entregado	habíamos entregado	hube entregado	hubimos entregado
habías entregado	habíais entregado	hubiste entregado	hubisteis entregado
había entregado	habían entregado	hubo entregado	hubieron entregado

FUTURE PERFECT		CONDITIONAL PERFECT	
habré entregado	habremos entregado	habría entregado	habríamos entregado
habrás entregado	habréis entregado	habrías entregado	habríais entregado
habrá entregado	habrán entregado	habría entregado	habrían entregado

PRESENT SUBJUNCTIVE		PRESENT PERFECT SUBJUNCTIVE	
entregue	entreguemos	haya entregado	hayamos entregado
entregues	entreguéis	hayas entregado	hayáis entregado
entregue	entreguen	haya entregado	hayan entregado

IMPERFECT SUBJUNCTIVE (-ra)		*or* IMPERFECT SUBJUNCTIVE (-se)	
entregara	entregáramos	entregase	entregásemos
entregaras	entregarais	entregases	entregaseis
entregara	entregaran	entregase	entregasen

PAST PERFECT SUBJUNCTIVE (-ra)		*or* PAST PERFECT SUBJUNCTIVE (-se)	
hubiera entregado	hubiéramos entregado	hubiese entregado	hubiésemos entregado
hubieras entregado	hubierais entregado	hubieses entregado	hubieseis entregado
hubiera entregado	hubieran entregado	hubiese entregado	hubiesen entregado

PROGRESSIVE TENSES

PRESENT	estoy, estás, está, estamos, estáis, están
PRETERIT	estuve, estuviste, estuvo, estuvimos, estuvisteis, estuvieron
IMPERFECT	estaba, estabas, estaba, estábamos, estabais, estaban
FUTURE	estaré, estarás, estará, estaremos, estaréis, estarán
CONDITIONAL	estaría, estarías, estaría, estaríamos, estaríais, estarían
SUBJUNCTIVE	que + *corresponding subjunctive tense of* estar (*see verb 252*)

} entregando

COMMANDS

	(nosotros) entreguemos/no entreguemos
(tú) entrega/no entregues	(vosotros) entregad/no entreguéis
(Ud.) entregue/no entregue	(Uds.) entreguen/no entreguen

Usage

Hace una semana que entregué el informe.	*I handed in the report a week ago.*
Nos entregaron los paquetes.	*They delivered the packages to us.*
Dile que me entregue la tarea mañana.	*Tell her to turn in her homework (to me) tomorrow.*
Prefieren la entrega a domicilio.	*They prefer home delivery.*
La revista publica una novela por entregas.	*The magazine publishes a serialized novel.*

regular *-ar* reflexive verb   **entusiasmo · entusiasmaron · entusiasmado · entusiasmándose**

PRESENT

me entusiasmo	nos entusiasmamos
te entusiasmas	os entusiasmáis
se entusiasma	se entusiasman

IMPERFECT

me entusiasmaba	nos entusiasmábamos
te entusiasmabas	os entusiasmabais
se entusiasmaba	se entusiasmaban

FUTURE

me entusiasmaré	nos entusiasmaremos
te entusiasmarás	os entusiasmaréis
se entusiasmará	se entusiasmarán

PLUPERFECT

me había entusiasmado	nos habíamos entusiasmado
te habías entusiasmado	os habíais entusiasmado
se había entusiasmado	se habían entusiasmado

FUTURE PERFECT

me habré entusiasmado	nos habremos entusiasmado
te habrás entusiasmado	os habréis entusiasmado
se habrá entusiasmado	se habrán entusiasmado

PRESENT SUBJUNCTIVE

me entusiasme	nos entusiasmemos
te entusiasmes	os entusiasméis
se entusiasme	se entusiasmen

IMPERFECT SUBJUNCTIVE (-ra)

me entusiasmara	nos entusiasmáramos
te entusiasmaras	os entusiasmarais
se entusiasmara	se entusiasmaran

PAST PERFECT SUBJUNCTIVE (-ra)

me hubiera entusiasmado	nos hubiéramos entusiasmado
te hubieras entusiasmado	os hubierais entusiasmado
se hubiera entusiasmado	se hubieran entusiasmado

PRETERIT

me entusiasmé	nos entusiasmamos
te entusiasmaste	os entusiasmasteis
se entusiasmó	se entusiasmaron

PRESENT PERFECT

me he entusiasmado	nos hemos entusiasmado
te has entusiasmado	os habéis entusiasmado
se ha entusiasmado	se han entusiasmado

CONDITIONAL

me entusiasmaría	nos entusiasmaríamos
te entusiasmarías	os entusiasmaríais
se entusiasmaría	se entusiasmarían

PRETERIT PERFECT

me hube entusiasmado	nos hubimos entusiasmado
te hubiste entusiasmado	os hubisteis entusiasmado
se hubo entusiasmado	se hubieron entusiasmado

CONDITIONAL PERFECT

me habría entusiasmado	nos habríamos entusiasmado
te habrías entusiasmado	os habríais entusiasmado
se habría entusiasmado	se habrían entusiasmado

PRESENT PERFECT SUBJUNCTIVE

me haya entusiasmado	nos hayamos entusiasmado
te hayas entusiasmado	os hayáis entusiasmado
se haya entusiasmado	se hayan entusiasmado

or ### IMPERFECT SUBJUNCTIVE (-se)

me entusiasmase	nos entusiasmásemos
te entusiasmases	os entusiasmaseis
se entusiasmase	se entusiasmasen

or ### PAST PERFECT SUBJUNCTIVE (-se)

me hubiese entusiasmado	nos hubiésemos entusiasmado
te hubieses entusiasmado	os hubieseis entusiasmado
se hubiese entusiasmado	se hubiesen entusiasmado

PROGRESSIVE TENSES

PRESENT	estoy, estás, está, estamos, estáis, están
PRETERIT	estuve, estuviste, estuvo, estuvimos, estuvisteis, estuvieron
IMPERFECT	estaba, estabas, estaba, estábamos, estabais, estaban
FUTURE	estaré, estarás, estará, estaremos, estaréis, estarán
CONDITIONAL	estaría, estarías, estaría, estaríamos, estaríais, estarían
SUBJUNCTIVE	que + *corresponding subjunctive tense of* estar (*see verb 252*)

entusiasmando (*see page 31*)

COMMANDS

	(nosotros) entusiasmémonos/no nos entusiasmemos
(tú) entusiásmate/no te entusiasmes	(vosotros) entusiasmaos/no os entusiasméis
(Ud.) entusiásmese/no se entusiasme	(Uds.) entusiásmense/no se entusiasmen

Usage

Se entusiasmó al oír la noticia.	*She got excited when she heard the news.*
Se entusiasman con la música.	*They love music.*
Te entusiasmaste mucho.	*You got very excited.*
Lo hace todo con entusiasmo.	*He does everything enthusiastically.*
Estamos muy entusiasmados.	*We're very excited/enthusiastic.*
A los artistas les encanta un público entusiasta.	*Performers love an enthusiastic audience.*

enviar *to send*

envío · enviaron · enviado · enviando

-ar verb; spelling change:
i > í when stressed

PRESENT

envío	enviamos
envías	enviáis
envía	envían

PRETERIT

envié	enviamos
enviaste	enviasteis
envió	enviaron

IMPERFECT

enviaba	enviábamos
enviabas	enviabais
enviaba	enviaban

PRESENT PERFECT

he enviado	hemos enviado
has enviado	habéis enviado
ha enviado	han enviado

FUTURE

enviaré	enviaremos
enviarás	enviaréis
enviará	enviarán

CONDITIONAL

enviaría	enviaríamos
enviarías	enviaríais
enviaría	enviarían

PLUPERFECT

había enviado	habíamos enviado
habías enviado	habíais enviado
había enviado	habían enviado

PRETERIT PERFECT

hube enviado	hubimos enviado
hubiste enviado	hubisteis enviado
hubo enviado	hubieron enviado

FUTURE PERFECT

habré enviado	habremos enviado
habrás enviado	habréis enviado
habrá enviado	habrán enviado

CONDITIONAL PERFECT

habría enviado	habríamos enviado
habrías enviado	habríais enviado
habría enviado	habrían enviado

PRESENT SUBJUNCTIVE

envíe	enviemos
envíes	enviéis
envíe	envíen

PRESENT PERFECT SUBJUNCTIVE

haya enviado	hayamos enviado
hayas enviado	hayáis enviado
haya enviado	hayan enviado

IMPERFECT SUBJUNCTIVE (-ra)

enviara	enviáramos
enviaras	enviarais
enviara	enviaran

or **IMPERFECT SUBJUNCTIVE (-se)**

enviase	enviásemos
enviases	enviaseis
enviase	enviasen

PAST PERFECT SUBJUNCTIVE (-ra)

hubiera enviado	hubiéramos enviado
hubieras enviado	hubierais enviado
hubiera enviado	hubieran enviado

or **PAST PERFECT SUBJUNCTIVE (-se)**

hubiese enviado	hubiésemos enviado
hubieses enviado	hubieseis enviado
hubiese enviado	hubiesen enviado

PROGRESSIVE TENSES

PRESENT	estoy, estás, está, estamos, estáis, están
PRETERIT	estuve, estuviste, estuvo, estuvimos, estuvisteis, estuvieron
IMPERFECT	estaba, estabas, estaba, estábamos, estabais, estaban
FUTURE	estaré, estarás, estará, estaremos, estaréis, estarán
CONDITIONAL	estaría, estarías, estaría, estaríamos, estaríais, estarían
SUBJUNCTIVE	que + *corresponding subjunctive tense of* estar (*see verb 252*)

} enviando

COMMANDS

	(nosotros) enviemos/no enviemos
(tú) envía/no envíes	(vosotros) enviad/no enviéis
(Ud.) envíe/no envíe	(Uds.) envíen/no envíen

Usage

Envié varios mensajes por correo electrónico.	*I sent several e-mail messages.*
Les enviábamos unas tarjetas postales.	*We sent them some postcards.*
Le enviaron al diablo/a paseo.	*They sent him to hell/packing.*
¿Qué te habrán enviado?	*What might they have sent you?*
Hay un envío para Ud.	*There's a shipment/letter/package for you.*
El gobierno envió a su enviado a Inglaterra.	*The government sent its envoy to England.*

stem-changing -er verb:
o > ue (like **volver**)

envuelvo · envolvieron · envuelto · envolviendo

PRESENT

envuelvo	envolvemos
envuelves	envolvéis
envuelve	envuelven

PRETERIT

envolví	envolvimos
envolviste	envolvisteis
envolvió	envolvieron

IMPERFECT

envolvía	envolvíamos
envolvías	envolvíais
envolvía	envolvían

PRESENT PERFECT

he envuelto	hemos envuelto
has envuelto	habéis envuelto
ha envuelto	han envuelto

FUTURE

envolveré	envolveremos
envolverás	envolveréis
envolverá	envolverán

CONDITIONAL

envolvería	envolveríamos
envolverías	envolveríais
envolvería	envolverían

PLUPERFECT

había envuelto	habíamos envuelto
habías envuelto	habíais envuelto
había envuelto	habían envuelto

PRETERIT PERFECT

hube envuelto	hubimos envuelto
hubiste envuelto	hubisteis envuelto
hubo envuelto	hubieron envuelto

FUTURE PERFECT

habré envuelto	habremos envuelto
habrás envuelto	habréis envuelto
habrá envuelto	habrán envuelto

CONDITIONAL PERFECT

habría envuelto	habríamos envuelto
habrías envuelto	habríais envuelto
habría envuelto	habrían envuelto

PRESENT SUBJUNCTIVE

envuelva	envolvamos
envuelvas	envolváis
envuelva	envuelvan

PRESENT PERFECT SUBJUNCTIVE

haya envuelto	hayamos envuelto
hayas envuelto	hayáis envuelto
haya envuelto	hayan envuelto

IMPERFECT SUBJUNCTIVE (-ra)

envolviera	envolviéramos
envolvieras	envolvierais
envolviera	envolvieran

or **IMPERFECT SUBJUNCTIVE (-se)**

envolviese	envolviésemos
envolvieses	envolvieseis
envolviese	envolviesen

PAST PERFECT SUBJUNCTIVE (-ra)

hubiera envuelto	hubiéramos envuelto
hubieras envuelto	hubierais envuelto
hubiera envuelto	hubieran envuelto

or **PAST PERFECT SUBJUNCTIVE (-se)**

hubiese envuelto	hubiésemos envuelto
hubieses envuelto	hubieseis envuelto
hubiese envuelto	hubiesen envuelto

PROGRESSIVE TENSES

PRESENT	estoy, estás, está, estamos, estáis, están
PRETERIT	estuve, estuviste, estuvo, estuvimos, estuvisteis, estuvieron
IMPERFECT	estaba, estabas, estaba, estábamos, estabais, estaban
FUTURE	estaré, estarás, estará, estaremos, estaréis, estarán
CONDITIONAL	estaría, estarías, estaría, estaríamos, estaríais, estarían
SUBJUNCTIVE	que + *corresponding subjunctive tense of* estar (*see verb 252*)

} envolviendo

COMMANDS

	(nosotros) envolvamos/no envolvamos
(tú) envuelve/no envuelvas	(vosotros) envolved/no envolváis
(Ud.) envuelva/no envuelva	(Uds.) envuelvan/no envuelvan

Usage

Envuelve el paquete en este papel.	*Wrap the package up in this paper.*
No nos envuelva en las intrigas palaciegas.	*Don't involve us in court/palace intrigues.*
¿Has envuelto los regalos?	*Have you wrapped up the gifts?*
Sus palabras están envueltas en confusión.	*Their words are enveloped in confusion.*
La envoltura está rota.	*The wrapping/cover is ripped.*

equivocarse   *to be mistaken, get wrong, make a mistake*

equivoco · equivocaron · equivocado · equivocándose

-ar reflexive verb;
spelling change: *c > qu/e*

PRESENT

me equivoco	nos equivocamos
te equivocas	os equivocáis
se equivoca	se equivocan

PRETERIT

me equivoqué	nos equivocamos
te equivocaste	os equivocasteis
se equivocó	se equivocaron

IMPERFECT

me equivocaba	nos equivocábamos
te equivocabas	os equivocabais
se equivocaba	se equivocaban

PRESENT PERFECT

me he equivocado	nos hemos equivocado
te has equivocado	os habéis equivocado
se ha equivocado	se han equivocado

FUTURE

me equivocaré	nos equivocaremos
te equivocarás	os equivocaréis
se equivocará	se equivocarán

CONDITIONAL

me equivocaría	nos equivocaríamos
te equivocarías	os equivocaríais
se equivocaría	se equivocarían

PLUPERFECT

me había equivocado	nos habíamos equivocado
te habías equivocado	os habíais equivocado
se había equivocado	se habían equivocado

PRETERIT PERFECT

me hube equivocado	nos hubimos equivocado
te hubiste equivocado	os hubisteis equivocado
se hubo equivocado	se hubieron equivocado

FUTURE PERFECT

me habré equivocado	nos habremos equivocado
te habrás equivocado	os habréis equivocado
se habrá equivocado	se habrán equivocado

CONDITIONAL PERFECT

me habría equivocado	nos habríamos equivocado
te habrías equivocado	os habríais equivocado
se habría equivocado	se habrían equivocado

PRESENT SUBJUNCTIVE

me equivoque	nos equivoquemos
te equivoques	os equivoquéis
se equivoque	se equivoquen

PRESENT PERFECT SUBJUNCTIVE

me haya equivocado	nos hayamos equivocado
te hayas equivocado	os hayáis equivocado
se haya equivocado	se hayan equivocado

IMPERFECT SUBJUNCTIVE (-ra)

me equivocara	nos equivocáramos
te equivocaras	os equivocarais
se equivocara	se equivocaran

or   **IMPERFECT SUBJUNCTIVE (-se)**

me equivocase	nos equivocásemos
te equivocases	os equivocaseis
se equivocase	se equivocasen

PAST PERFECT SUBJUNCTIVE (-ra)

me hubiera equivocado	nos hubiéramos equivocado
te hubieras equivocado	os hubierais equivocado
se hubiera equivocado	se hubieran equivocado

or   **PAST PERFECT SUBJUNCTIVE (-se)**

me hubiese equivocado	nos hubiésemos equivocado
te hubieses equivocado	os hubieseis equivocado
se hubiese equivocado	se hubiesen equivocado

PROGRESSIVE TENSES

PRESENT	estoy, estás, está, estamos, estáis, están
PRETERIT	estuve, estuviste, estuvo, estuvimos, estuvisteis, estuvieron
IMPERFECT	estaba, estabas, estaba, estábamos, estabais, estaban
FUTURE	estaré, estarás, estará, estaremos, estaréis, estarán
CONDITIONAL	estaría, estarías, estaría, estaríamos, estaríais, estarían
SUBJUNCTIVE	que + *corresponding subjunctive tense of* estar (*see verb 252*)

} equivocando (*see page 31*)

COMMANDS

	(nosotros) equivoquémonos/no nos equivoquemos
(tú) equivócate/no te equivoques	(vosotros) equivocaos/no os equivoquéis
(Ud.) equivóquese/no se equivoque	(Uds.) equivóquense/no se equivoquen

Usage

Se han equivocado.	*They've made a mistake.*
No te equivoques de carretera.	*Don't get on the wrong highway.*
—Llegan el martes si no me equivoco.	*They'll arrive on Tuesday, if I'm not mistaken.*
—Estás equivocado. Será el jueves.	*You're wrong. It's Thursday.*
Son palabras equívocas.	*They're ambiguous/equivocal words.*
Pasó por equívoco.	*It happened because of a misunderstanding.*

-er verb; spelling change: *g > j/o, a* | **escojo · escogieron · escogido · escogiendo**

PRESENT

escojo	escogemos
escoges	escogéis
escoge	escogen

PRETERIT

escogí	escogimos
escogiste	escogisteis
escogió	escogieron

IMPERFECT

escogía	escogíamos
escogías	escogíais
escogía	escogían

PRESENT PERFECT

he escogido	hemos escogido
has escogido	habéis escogido
ha escogido	han escogido

FUTURE

escogeré	escogeremos
escogerás	escogeréis
escogerá	escogerán

CONDITIONAL

escogería	escogeríamos
escogerías	escogeríais
escogería	escogerían

PLUPERFECT

había escogido	habíamos escogido
habías escogido	habíais escogido
había escogido	habían escogido

PRETERIT PERFECT

hube escogido	hubimos escogido
hubiste escogido	hubisteis escogido
hubo escogido	hubieron escogido

FUTURE PERFECT

habré escogido	habremos escogido
habrás escogido	habréis escogido
habrá escogido	habrán escogido

CONDITIONAL PERFECT

habría escogido	habríamos escogido
habrías escogido	habríais escogido
habría escogido	habrían escogido

PRESENT SUBJUNCTIVE

escoja	escojamos
escojas	escojáis
escoja	escojan

PRESENT PERFECT SUBJUNCTIVE

haya escogido	hayamos escogido
hayas escogido	hayáis escogido
haya escogido	hayan escogido

IMPERFECT SUBJUNCTIVE (-ra)

escogiera	escogiéramos
escogieras	escogierais
escogiera	escogieran

or **IMPERFECT SUBJUNCTIVE (-se)**

escogiese	escogiésemos
escogieses	escogieseis
escogiese	escogiesen

PAST PERFECT SUBJUNCTIVE (-ra)

hubiera escogido	hubiéramos escogido
hubieras escogido	hubierais escogido
hubiera escogido	hubieran escogido

or **PAST PERFECT SUBJUNCTIVE (-se)**

hubiese escogido	hubiésemos escogido
hubieses escogido	hubieseis escogido
hubiese escogido	hubiesen escogido

PROGRESSIVE TENSES

PRESENT	estoy, estás, está, estamos, estáis, están
PRETERIT	estuve, estuviste, estuvo, estuvimos, estuvisteis, estuvieron
IMPERFECT	estaba, estabas, estaba, estábamos, estabais, estaban
FUTURE	estaré, estarás, estará, estaremos, estaréis, estarán
CONDITIONAL	estaría, estarías, estaría, estaríamos, estaríais, estarían
SUBJUNCTIVE	que + *corresponding subjunctive tense of* estar (*see verb 252*)

} escogiendo

COMMANDS

	(nosotros) escojamos/no escojamos
(tú) escoge/no escojas	(vosotros) escoged/no escojáis
(Ud.) escoja/no escoja	(Uds.) escojan/no escojan

Usage

Escogió los muebles de pino.	*She chose the furniture made of pine.*
Lo escogieron como su representante.	*They chose him as their representative.*
Escoge uno de los platos acompañantes.	*Choose one of the side dishes.*
Hay muchas cosas que escoger.	*There are many things to choose from.*
Leímos las obras escogidas del autor.	*We read selected works by the author.*
Son productos escogidos.	*They're choice/select products.*

esconder *to hide, conceal*

escondo · escondieron · escondido · escondiendo

regular -er verb

PRESENT

escondo	escondemos
escondes	escondéis
esconde	esconden

PRETERIT

escondí	escondimos
escondiste	escondisteis
escondió	escondieron

IMPERFECT

escondía	escondíamos
escondías	escondíais
escondía	escondían

PRESENT PERFECT

he escondido	hemos escondido
has escondido	habéis escondido
ha escondido	han escondido

FUTURE

esconderé	esconderemos
esconderás	esconderéis
esconderá	esconderán

CONDITIONAL

escondería	esconderíamos
esconderías	esconderíais
escondería	esconderían

PLUPERFECT

había escondido	habíamos escondido
habías escondido	habíais escondido
había escondido	habían escondido

PRETERIT PERFECT

hube escondido	hubimos escondido
hubiste escondido	hubisteis escondido
hubo escondido	hubieron escondido

FUTURE PERFECT

habré escondido	habremos escondido
habrás escondido	habréis escondido
habrá escondido	habrán escondido

CONDITIONAL PERFECT

habría escondido	habríamos escondido
habrías escondido	habríais escondido
habría escondido	habrían escondido

PRESENT SUBJUNCTIVE

esconda	escondamos
escondas	escondáis
esconda	escondan

PRESENT PERFECT SUBJUNCTIVE

haya escondido	hayamos escondido
hayas escondido	hayáis escondido
haya escondido	hayan escondido

IMPERFECT SUBJUNCTIVE (-ra)

escondiera	escondiéramos
escondieras	escondierais
escondiera	escondieran

or **IMPERFECT SUBJUNCTIVE (-se)**

escondiese	escondiésemos
escondieses	escondieseis
escondiese	escondiesen

PAST PERFECT SUBJUNCTIVE (-ra)

hubiera escondido	hubiéramos escondido
hubieras escondido	hubierais escondido
hubiera escondido	hubieran escondido

or **PAST PERFECT SUBJUNCTIVE (-se)**

hubiese escondido	hubiésemos escondido
hubieses escondido	hubieseis escondido
hubiese escondido	hubiesen escondido

PROGRESSIVE TENSES

PRESENT	estoy, estás, está, estamos, estáis, están	
PRETERIT	estuve, estuviste, estuvo, estuvimos, estuvisteis, estuvieron	
IMPERFECT	estaba, estabas, estaba, estábamos, estabais, estaban	escondiendo
FUTURE	estaré, estarás, estará, estaremos, estaréis, estarán	
CONDITIONAL	estaría, estarías, estaría, estaríamos, estaríais, estarían	
SUBJUNCTIVE	que + *corresponding subjunctive tense of* estar (*see verb 252*)	

COMMANDS

	(nosotros) escondamos/no escondamos
(tú) esconde/no escondas	(vosotros) esconded/no escondáis
(Ud.) esconda/no esconda	(Uds.) escondan/no escondan

Usage

Escondieron el dinero en la caja fuerte.	*They hid the money in the strong box.*
Se escondió en la buhardilla.	*He hid in the attic.*
Su cara esconde su envidia.	*Her face conceals her jealousy.*
Guardó los documentos a escondidas.	*He put away the papers secretly.*
Los niños están jugando al escondite.	*The kids are playing hide-and-seek.*

-ir verb; irregular past participle

escribo · escribieron · escrito · escribiendo

PRESENT

escribo	escribimos
escribes	escribís
escribe	escriben

PRETERIT

escribí	escribimos
escribiste	escribisteis
escribió	escribieron

IMPERFECT

escribía	escribíamos
escribías	escribíais
escribía	escribían

PRESENT PERFECT

he escrito	hemos escrito
has escrito	habéis escrito
ha escrito	han escrito

FUTURE

escribiré	escribiremos
escribirás	escribiréis
escribirá	escribirán

CONDITIONAL

escribiría	escribiríamos
escribirías	escribiríais
escribiría	escribirían

PLUPERFECT

había escrito	habíamos escrito
habías escrito	habíais escrito
había escrito	habían escrito

PRETERIT PERFECT

hube escrito	hubimos escrito
hubiste escrito	hubisteis escrito
hubo escrito	hubieron escrito

FUTURE PERFECT

habré escrito	habremos escrito
habrás escrito	habréis escrito
habrá escrito	habrán escrito

CONDITIONAL PERFECT

habría escrito	habríamos escrito
habrías escrito	habríais escrito
habría escrito	habrían escrito

PRESENT SUBJUNCTIVE

escriba	escribamos
escribas	escribáis
escriba	escriban

PRESENT PERFECT SUBJUNCTIVE

haya escrito	hayamos escrito
hayas escrito	hayáis escrito
haya escrito	hayan escrito

IMPERFECT SUBJUNCTIVE (-ra)   *or*   **IMPERFECT SUBJUNCTIVE (-se)**

escribiera	escribiéramos	escribiese	escribiésemos
escribieras	escribierais	escribieses	escribieseis
escribiera	escribieran	escribiese	escribiesen

PAST PERFECT SUBJUNCTIVE (-ra)   *or*   **PAST PERFECT SUBJUNCTIVE (-se)**

hubiera escrito	hubiéramos escrito	hubiese escrito	hubiésemos escrito
hubieras escrito	hubierais escrito	hubieses escrito	hubieseis escrito
hubiera escrito	hubieran escrito	hubiese escrito	hubiesen escrito

PROGRESSIVE TENSES

PRESENT	estoy, estás, está, estamos, estáis, están
PRETERIT	estuve, estuviste, estuvo, estuvimos, estuvisteis, estuvieron
IMPERFECT	estaba, estabas, estaba, estábamos, estabais, estaban
FUTURE	estaré, estarás, estará, estaremos, estaréis, estarán
CONDITIONAL	estaría, estarías, estaría, estaríamos, estaríais, estarían
SUBJUNCTIVE	que + *corresponding subjunctive tense of* estar (*see verb 252*)

⎫ escribiendo

COMMANDS

	(nosotros) escribamos/no escribamos
(tú) escribe/no escribas	(vosotros) escribid/no escribáis
(Ud.) escriba/no escriba	(Uds.) escriban/no escriban

Usage

Ha escrito mensajes por correo electrónico.	*He has written email messages.*
Escríbenos.	*Write to us.*
Escribía novelas policíacas.	*He wrote detective novels.*
¿Cómo se escribe la palabra?	*How do you spell the word?*
Lo escrito escrito está.	*We have it in writing/in black and white.*
Es escritor.	*He's a writer.*
¿Sabes leer la escritura hebrea?	*Do you know how to read Hebrew writing?*

escuchar *to listen, hear*

escucho · escucharon · escuchado · escuchando

regular -ar verb

PRESENT		PRETERIT	
escucho	escuchamos	escuché	escuchamos
escuchas	escucháis	escuchaste	escuchasteis
escucha	escuchan	escuchó	escucharon

IMPERFECT		PRESENT PERFECT	
escuchaba	escuchábamos	he escuchado	hemos escuchado
escuchabas	escuchabais	has escuchado	habéis escuchado
escuchaba	escuchaban	ha escuchado	han escuchado

FUTURE		CONDITIONAL	
escucharé	escucharemos	escucharía	escucharíamos
escucharás	escucharéis	escucharías	escucharíais
escuchará	escucharán	escucharía	escucharían

PLUPERFECT		PRETERIT PERFECT	
había escuchado	habíamos escuchado	hube escuchado	hubimos escuchado
habías escuchado	habíais escuchado	hubiste escuchado	hubisteis escuchado
había escuchado	habían escuchado	hubo escuchado	hubieron escuchado

FUTURE PERFECT		CONDITIONAL PERFECT	
habré escuchado	habremos escuchado	habría escuchado	habríamos escuchado
habrás escuchado	habréis escuchado	habrías escuchado	habríais escuchado
habrá escuchado	habrán escuchado	habría escuchado	habrían escuchado

PRESENT SUBJUNCTIVE		PRESENT PERFECT SUBJUNCTIVE	
escuche	escuchemos	haya escuchado	hayamos escuchado
escuches	escuchéis	hayas escuchado	hayáis escuchado
escuche	escuchen	haya escuchado	hayan escuchado

IMPERFECT SUBJUNCTIVE (-ra)		or	IMPERFECT SUBJUNCTIVE (-se)	
escuchara	escucháramos		escuchase	escuchásemos
escucharas	escucharais		escuchases	escuchaseis
escuchara	escucharan		escuchase	escuchasen

PAST PERFECT SUBJUNCTIVE (-ra)		or	PAST PERFECT SUBJUNCTIVE (-se)	
hubiera escuchado	hubiéramos escuchado		hubiese escuchado	hubiésemos escuchado
hubieras escuchado	hubierais escuchado		hubieses escuchado	hubieseis escuchado
hubiera escuchado	hubieran escuchado		hubiese escuchado	hubiesen escuchado

PROGRESSIVE TENSES

PRESENT	estoy, estás, está, estamos, estáis, están	
PRETERIT	estuve, estuviste, estuvo, estuvimos, estuvisteis, estuvieron	
IMPERFECT	estaba, estabas, estaba, estábamos, estabais, estaban	escuchando
FUTURE	estaré, estarás, estará, estaremos, estaréis, estarán	
CONDITIONAL	estaría, estarías, estaría, estaríamos, estaríais, estarían	
SUBJUNCTIVE	que + *corresponding subjunctive tense of* estar (*see verb 252*)	

COMMANDS

	(nosotros) escuchemos/no escuchemos
(tú) escucha/no escuches	(vosotros) escuchad/no escuchéis
(Ud.) escuche/no escuche	(Uds.) escuchen/no escuchen

Usage

Escuchemos música.	*Let's listen to music.*
Escuché un ruido.	*I heard a noise.*
Escuchaban un disco compacto.	*They were listening to a compact disc.*
Te di un consejo. Espero que me hayas escuchado.	*I gave you a piece of advice. I hope you listened to me.*

stem-changing *-ar* reflexive verb:
o > ue; spelling change: *z > c/e*

esfuerzo · esforzaron · esforzado · esforzándose

PRESENT

me esfuerzo	nos esforzamos
te esfuerzas	os esforzáis
se esfuerza	se esfuerzan

PRETERIT

me esforcé	nos esforzamos
te esforzaste	os esforzasteis
se esforzó	se esforzaron

IMPERFECT

me esforzaba	nos esforzábamos
te esforzabas	os esforzabais
se esforzaba	se esforzaban

PRESENT PERFECT

me he esforzado	nos hemos esforzado
te has esforzado	os habéis esforzado
se ha esforzado	se han esforzado

FUTURE

me esforzaré	nos esforzaremos
te esforzarás	os esforzaréis
se esforzará	se esforzarán

CONDITIONAL

me esforzaría	nos esforzaríamos
te esforzarías	os esforzaríais
se esforzaría	se esforzarían

PLUPERFECT

me había esforzado	nos habíamos esforzado
te habías esforzado	os habíais esforzado
se había esforzado	se habían esforzado

PRETERIT PERFECT

me hube esforzado	nos hubimos esforzado
te hubiste esforzado	os hubisteis esforzado
se hubo esforzado	se hubieron esforzado

FUTURE PERFECT

me habré esforzado	nos habremos esforzado
te habrás esforzado	os habréis esforzado
se habrá esforzado	se habrán esforzado

CONDITIONAL PERFECT

me habría esforzado	nos habríamos esforzado
te habrías esforzado	os habríais esforzado
se habría esforzado	se habrían esforzado

PRESENT SUBJUNCTIVE

me esfuerce	nos esforcemos
te esfuerces	os esforcéis
se esfuerce	se esfuercen

PRESENT PERFECT SUBJUNCTIVE

me haya esforzado	nos hayamos esforzado
te hayas esforzado	os hayáis esforzado
se haya esforzado	se hayan esforzado

IMPERFECT SUBJUNCTIVE (-ra) *or* **IMPERFECT SUBJUNCTIVE (-se)**

me esforzara	nos esforzáramos	me esforzase	nos esforzásemos
te esforzaras	os esforzarais	te esforzases	os esforzaseis
se esforzara	se esforzaran	se esforzase	se esforzasen

PAST PERFECT SUBJUNCTIVE (-ra) *or* **PAST PERFECT SUBJUNCTIVE (-se)**

me hubiera esforzado	nos hubiéramos esforzado	me hubiese esforzado	nos hubiésemos esforzado
te hubieras esforzado	os hubierais esforzado	te hubieses esforzado	os hubieseis esforzado
se hubiera esforzado	se hubieran esforzado	se hubiese esforzado	se hubiesen esforzado

PROGRESSIVE TENSES

PRESENT	estoy, estás, está, estamos, estáis, están
PRETERIT	estuve, estuviste, estuvo, estuvimos, estuvisteis, estuvieron
IMPERFECT	estaba, estabas, estaba, estábamos, estabais, estaban
FUTURE	estaré, estarás, estará, estaremos, estaréis, estarán
CONDITIONAL	estaría, estarías, estaría, estaríamos, estaríais, estarían
SUBJUNCTIVE	que + *corresponding subjunctive tense of* estar (*see verb 252*)

esforzando (*see page 31*)

COMMANDS

	(nosotros) esforcémonos/no nos esforcemos
(tú) esfuérzate/no te esfuerces	(vosotros) esforzaos/no os esforcéis
(Ud.) esfuércese/no se esfuerce	(Uds.) esfuércense/no se esfuercen

Usage

Se esfuerza por triunfar en la vida.	*He's striving to succeed in life.*
Esfuérzate por terminar el trabajo hoy.	*Try hard to finish the work today.*
Se han esforzado lo más posible.	*They've tried as much as possible.*
Haz un esfuerzo por venir.	*Make an effort to/Try to/Do your best to come.*
Luchó con todas sus fuerzas.	*She fought with all her might.*
Corren sin esfuerzo.	*They run effortlessly.*

PRESENT

espanto	espantamos
espantas	espantáis
espanta	espantan

IMPERFECT

espantaba	espantábamos
espantabas	espantabais
espantaba	espantaban

FUTURE

espantaré	espantaremos
espantarás	espantaréis
espantará	espantarán

PLUPERFECT

había espantado	habíamos espantado
habías espantado	habíais espantado
había espantado	habían espantado

FUTURE PERFECT

habré espantado	habremos espantado
habrás espantado	habréis espantado
habrá espantado	habrán espantado

PRESENT SUBJUNCTIVE

espante	espantemos
espantes	espantéis
espante	espanten

IMPERFECT SUBJUNCTIVE (-ra)

espantara	espantáramos
espantaras	espantarais
espantara	espantaran

PAST PERFECT SUBJUNCTIVE (-ra)

hubiera espantado	hubiéramos espantado
hubieras espantado	hubierais espantado
hubiera espantado	hubieran espantado

PRETERIT

espanté	espantamos
espantaste	espantasteis
espantó	espantaron

PRESENT PERFECT

he espantado	hemos espantado
has espantado	habéis espantado
ha espantado	han espantado

CONDITIONAL

espantaría	espantaríamos
espantarías	espantaríais
espantaría	espantarían

PRETERIT PERFECT

hube espantado	hubimos espantado
hubiste espantado	hubisteis espantado
hubo espantado	hubieron espantado

CONDITIONAL PERFECT

habría espantado	habríamos espantado
habrías espantado	habríais espantado
habría espantado	habrían espantado

PRESENT PERFECT SUBJUNCTIVE

haya espantado	hayamos espantado
hayas espantado	hayáis espantado
haya espantado	hayan espantado

or **IMPERFECT SUBJUNCTIVE (-se)**

espantase	espantásemos
espantases	espantaseis
espantase	espantasen

or **PAST PERFECT SUBJUNCTIVE (-se)**

hubiese espantado	hubiésemos espantado
hubieses espantado	hubieseis espantado
hubiese espantado	hubiesen espantado

PROGRESSIVE TENSES

PRESENT	estoy, estás, está, estamos, estáis, están
PRETERIT	estuve, estuviste, estuvo, estuvimos, estuvisteis, estuvieron
IMPERFECT	estaba, estabas, estaba, estábamos, estabais, estaban
FUTURE	estaré, estarás, estará, estaremos, estaréis, estarán
CONDITIONAL	estaría, estarías, estaría, estaríamos, estaríais, estarían
SUBJUNCTIVE	que + *corresponding subjunctive tense of* estar (*see verb 252*)

} espantando

COMMANDS

	(nosotros) espantemos/no espantemos
(tú) espanta/no espantes	(vosotros) espantad/no espantéis
(Ud.) espante/no espante	(Uds.) espanten/no espanten

Usage

Su pesadilla le espantó.	*Her nightmare frightened her.*
No te espantes.	*Don't get scared.*
Nos espantamos al oír los tiros.	*We got scared (away) when we heard the shots.*
Estaban espantados.	*They were terrified.*
El precio de la gasolina es un espanto.	*The price of gas is appalling.*
¡Qué espantapájaros más gracioso!	*What a comical scarecrow!*

regular *-ar* reflexive verb; **especializo · especializaron · especializado · especializándose**
spelling change: *z* > *c/e*

PRESENT

me especializo	nos especializamos
te especializas	os especializáis
se especializa	se especializan

IMPERFECT

me especializaba	nos especializábamos
te especializabas	os especializabais
se especializaba	se especializaban

FUTURE

me especializaré	nos especializaremos
te especializarás	os especializaréis
se especializará	se especializarán

PLUPERFECT

me había especializado	nos habíamos especializado
te habías especializado	os habíais especializado
se había especializado	se habían especializado

FUTURE PERFECT

me habré especializado	nos habremos especializado
te habrás especializado	os habréis especializado
se habrá especializado	se habrán especializado

PRESENT SUBJUNCTIVE

me especialice	nos especialicemos
te especialices	os especialicéis
se especialice	se especialicen

IMPERFECT SUBJUNCTIVE (-ra)

me especializara	nos especializáramos
te especializaras	os especializarais
se especializara	se especializaran

PAST PERFECT SUBJUNCTIVE (-ra)

me hubiera especializado	nos hubiéramos especializado
te hubieras especializado	os hubierais especializado
se hubiera especializado	se hubieran especializado

PRETERIT

me especialicé	nos especializamos
te especializaste	os especializasteis
se especializó	se especializaron

PRESENT PERFECT

me he especializado	nos hemos especializado
te has especializado	os habéis especializado
se ha especializado	se han especializado

CONDITIONAL

me especializaría	nos especializaríamos
te especializarías	os especializaríais
se especializaría	se especializarían

PRETERIT PERFECT

me hube especializado	nos hubimos especializado
te hubiste especializado	os hubisteis especializado
se hubo especializado	se hubieron especializado

CONDITIONAL PERFECT

me habría especializado	nos habríamos especializado
te habrías especializado	os habríais especializado
se habría especializado	se habrían especializado

PRESENT PERFECT SUBJUNCTIVE

me haya especializado	nos hayamos especializado
te hayas especializado	os hayáis especializado
se haya especializado	se hayan especializado

or **IMPERFECT SUBJUNCTIVE (-se)**

me especializase	nos especializásemos
te especializases	os especializaseis
se especializase	se especializasen

or **PAST PERFECT SUBJUNCTIVE (-se)**

me hubiese especializado	nos hubiésemos especializado
te hubieses especializado	os hubieseis especializado
se hubiese especializado	se hubiesen especializado

PROGRESSIVE TENSES

PRESENT	estoy, estás, está, estamos, estáis, están
PRETERIT	estuve, estuviste, estuvo, estuvimos, estuvisteis, estuvieron
IMPERFECT	estaba, estabas, estaba, estábamos, estabais, estaban
FUTURE	estaré, estarás, estará, estaremos, estaréis, estarán
CONDITIONAL	estaría, estarías, estaría, estaríamos, estaríais, estarían
SUBJUNCTIVE	que + *corresponding subjunctive tense of* estar (*see verb 252*)

especializando (*see page 31*)

COMMANDS

	(nosotros) especialicémonos/no nos especialicemos
(tú) especialízate/no te especialices	(vosotros) especializaos/no os especialicéis
(Ud.) especialícese/no se especialice	(Uds.) especialícense/no se especialicen

Usage

—¿En qué te especializas?	*What are you specializing in?*
—Mi especialización es economía.	*My major is economics.*
Su padre quiere que se especialice en medicina.	*Her father wants her to specialize in medicine.*
Es médico especialista.	*He's a specialist.*
La paella es la especialidad de la casa.	*Paella is the specialty of the house.*

Esperaré hasta que vuelvan.	*I'll wait until they come back.*
No las hagas esperar.	*Don't make them wait.*
¡Espérate!	*Wait up!*
Espera una llamada.	*He's waiting for a phone call.*
¡Espérate sentado!	*Don't hold your breath!/You could wait forever!*
Espera sacar buenas notas.	*She hopes to get good grades.*
Esperan que lleguemos puntualmente.	*They hope we'll arrive punctually.*
Esperaba que no lloviera.	*I hoped it wouldn't rain.*
Espero que sí/no.	*I hope so/not.*
Esperamos en Dios.	*We put our faith in God.*
Tienen sus esperanzas en Ud.	*They place their trust in you.*
Esperan a mucha gente.	*They expect a lot of people.*
No me esperaba tantos regalos.	*I didn't expect so many gifts.*
Regina está esperando familia/un bebé.	*Regina is expecting (a baby).*

Other Uses

Estamos en espera de su contestación.	*We're awaiting your reply.*
—Esperen Uds. en la sala de espera.	*Please wait in the waiting room.*
—¿Será larga la espera?	*Will there be a long wait?*
Tenemos esperanzas de éxito.	*We have hopes of success.*
La esperanza de vida ha aumentado mucho.	*Life expectancy has increased a lot.*
La esperanza es lo último que se pierde.	*Hope is the last thing to go.*
Mientras hay vida, hay esperanza.	*Where there's life, there's hope.*
Recibió una carta esperanzadora.	*He received an encouraging letter.*
Quien espera desespera.	*A watched pot never boils.*

TOP 50 VERBS

regular -*ar* verb | **espero · esperaron · esperado · esperando**

PRESENT

espero	esperamos
esperas	esperáis
espera	esperan

PRETERIT

esperé	esperamos
esperaste	esperasteis
esperó	esperaron

IMPERFECT

esperaba	esperábamos
esperabas	esperabais
esperaba	esperaban

PRESENT PERFECT

he esperado	hemos esperado
has esperado	habéis esperado
ha esperado	han esperado

FUTURE

esperaré	esperaremos
esperarás	esperaréis
esperará	esperarán

CONDITIONAL

esperaría	esperaríamos
esperarías	esperaríais
esperaría	esperarían

PLUPERFECT

había esperado	habíamos esperado
habías esperado	habíais esperado
había esperado	habían esperado

PRETERIT PERFECT

hube esperado	hubimos esperado
hubiste esperado	hubisteis esperado
hubo esperado	hubieron esperado

FUTURE PERFECT

habré esperado	habremos esperado
habrás esperado	habréis esperado
habrá esperado	habrán esperado

CONDITIONAL PERFECT

habría esperado	habríamos esperado
habrías esperado	habríais esperado
habría esperado	habrían esperado

PRESENT SUBJUNCTIVE

espere	esperemos
esperes	esperéis
espere	esperen

PRESENT PERFECT SUBJUNCTIVE

haya esperado	hayamos esperado
hayas esperado	hayáis esperado
haya esperado	hayan esperado

IMPERFECT SUBJUNCTIVE (-ra)   *or*   **IMPERFECT SUBJUNCTIVE (-se)**

esperara	esperáramos	esperase	esperásemos
esperaras	esperarais	esperases	esperaseis
esperara	esperaran	esperase	esperasen

PAST PERFECT SUBJUNCTIVE (-ra)   *or*   **PAST PERFECT SUBJUNCTIVE (-se)**

hubiera esperado	hubiéramos esperado	hubiese esperado	hubiésemos esperado
hubieras esperado	hubierais esperado	hubieses esperado	hubieseis esperado
hubiera esperado	hubieran esperado	hubiese esperado	hubiesen esperado

PROGRESSIVE TENSES

PRESENT	estoy, estás, está, estamos, estáis, están
PRETERIT	estuve, estuviste, estuvo, estuvimos, estuvisteis, estuvieron
IMPERFECT	estaba, estabas, estaba, estábamos, estabais, estaban
FUTURE	estaré, estarás, estará, estaremos, estaréis, estarán
CONDITIONAL	estaría, estarías, estaría, estaríamos, estaríais, estarían
SUBJUNCTIVE	que + *corresponding subjunctive tense of* estar (*see verb 252*)

} esperando

COMMANDS

	(nosotros) esperemos/no esperemos
(tú) espera/no esperes	(vosotros) esperad/no esperéis
(Ud.) espere/no espere	(Uds.) esperen/no esperen

Usage

Te esperaremos delante de la tienda.	*We'll wait for you in front of the store.*
—Esperémoslos un poco más.	*Let's wait for them a little while longer.*
—Bueno, pero espero que aparezcan pronto.	*All right, but I hope they appear soon.*
No esperaba encontrarte allí.	*I didn't expect that you'd be there.*
¡Espérense!	*Wait up!*

PRESENT

esquío	esquiamos
esquías	esquiáis
esquía	esquían

PRETERIT

esquié	esquiamos
esquiaste	esquiasteis
esquió	esquiaron

IMPERFECT

esquiaba	esquiábamos
esquiabas	esquiabais
esquiaba	esquiaban

PRESENT PERFECT

he esquiado	hemos esquiado
has esquiado	habéis esquiado
ha esquiado	han esquiado

FUTURE

esquiaré	esquiaremos
esquiarás	esquiaréis
esquiará	esquiarán

CONDITIONAL

esquiaría	esquiaríamos
esquiarías	esquiaríais
esquiaría	esquiarían

PLUPERFECT

había esquiado	habíamos esquiado
habías esquiado	habíais esquiado
había esquiado	habían esquiado

PRETERIT PERFECT

hube esquiado	hubimos esquiado
hubiste esquiado	hubisteis esquiado
hubo esquiado	hubieron esquiado

FUTURE PERFECT

habré esquiado	habremos esquiado
habrás esquiado	habréis esquiado
habrá esquiado	habrán esquiado

CONDITIONAL PERFECT

habría esquiado	habríamos esquiado
habrías esquiado	habríais esquiado
habría esquiado	habrían esquiado

PRESENT SUBJUNCTIVE

esquíe	esquiemos
esquíes	esquiéis
esquíe	esquíen

PRESENT PERFECT SUBJUNCTIVE

haya esquiado	hayamos esquiado
hayas esquiado	hayáis esquiado
haya esquiado	hayan esquiado

IMPERFECT SUBJUNCTIVE (-ra)

esquiara	esquiáramos
esquiaras	esquiarais
esquiara	esquiaran

or   **IMPERFECT SUBJUNCTIVE (-se)**

esquiase	esquiásemos
esquiases	esquiaseis
esquiase	esquiasen

PAST PERFECT SUBJUNCTIVE (-ra)

hubiera esquiado	hubiéramos esquiado
hubieras esquiado	hubierais esquiado
hubiera esquiado	hubieran esquiado

or   **PAST PERFECT SUBJUNCTIVE (-se)**

hubiese esquiado	hubiésemos esquiado
hubieses esquiado	hubieseis esquiado
hubiese esquiado	hubiesen esquiado

PROGRESSIVE TENSES

PRESENT	estoy, estás, está, estamos, estáis, están
PRETERIT	estuve, estuviste, estuvo, estuvimos, estuvisteis, estuvieron
IMPERFECT	estaba, estabas, estaba, estábamos, estabais, estaban
FUTURE	estaré, estarás, estará, estaremos, estaréis, estarán
CONDITIONAL	estaría, estarías, estaría, estaríamos, estaríais, estarían
SUBJUNCTIVE	que + *corresponding subjunctive tense of* estar (*see verb 252*)

} esquiando

COMMANDS

	(nosotros) esquiemos/no esquiemos
(tú) esquía/no esquíes	(vosotros) esquiad/no esquiéis
(Ud.) esquíe/no esquíe	(Uds.) esquíen/no esquíen

Usage

Esquiaban en los Alpes.	*They used to ski in the Alps.*
Ahora esquían en las Montañas Rocosas.	*Now they ski in the Rockies.*
Esquíen con nosotros.	*Ski with us.*
Nos gusta el esquí nórdico.	*We like cross-country skiing.*
Subieron en el telesquí.	*They went up on the ski lift.*
Bajaron en la pista de esquí.	*They went down the ski slope.*
Se compró esquíes y botas de esquiar.	*He bought skis and ski boots.*

-er verb; spelling change:
c > zc/o, a

establezco · establecieron · establecido · estableciendo

PRESENT

establezco	establecemos
estableces	establecéis
establece	establecen

IMPERFECT

establecía	establecíamos
establecías	establecíais
establecía	establecían

FUTURE

estableceré	estableceremos
establecerás	estableceréis
establecerá	establecerán

PLUPERFECT

había establecido	habíamos establecido
habías establecido	habíais establecido
había establecido	habían establecido

FUTURE PERFECT

habré establecido	habremos establecido
habrás establecido	habréis establecido
habrá establecido	habrán establecido

PRESENT SUBJUNCTIVE

establezca	establezcamos
establezcas	establezcáis
establezca	establezcan

IMPERFECT SUBJUNCTIVE (-ra)

estableciera	estableciéramos
establecieras	establecierais
estableciera	establecieran

PAST PERFECT SUBJUNCTIVE (-ra)

hubiera establecido	hubiéramos establecido
hubieras establecido	hubierais establecido
hubiera establecido	hubieran establecido

PRETERIT

establecí	establecimos
estableciste	establecisteis
estableció	establecieron

PRESENT PERFECT

he establecido	hemos establecido
has establecido	habéis establecido
ha establecido	han establecido

CONDITIONAL

establecería	estableceríamos
establecerías	estableceríais
establecería	establecerían

PRETERIT PERFECT

hube establecido	hubimos establecido
hubiste establecido	hubisteis establecido
hubo establecido	hubieron establecido

CONDITIONAL PERFECT

habría establecido	habríamos establecido
habrías establecido	habríais establecido
habría establecido	habrían establecido

PRESENT PERFECT SUBJUNCTIVE

haya establecido	hayamos establecido
hayas establecido	hayáis establecido
haya establecido	hayan establecido

or **IMPERFECT SUBJUNCTIVE (-se)**

estableciese	estableciésemos
establecieses	establecieseis
estableciese	estableciesen

or **PAST PERFECT SUBJUNCTIVE (-se)**

hubiese establecido	hubiésemos establecido
hubieses establecido	hubieseis establecido
hubiese establecido	hubiesen establecido

PROGRESSIVE TENSES

PRESENT	estoy, estás, está, estamos, estáis, están
PRETERIT	estuve, estuviste, estuvo, estuvimos, estuvisteis, estuvieron
IMPERFECT	estaba, estabas, estaba, estábamos, estabais, estaban
FUTURE	estaré, estarás, estará, estaremos, estaréis, estarán
CONDITIONAL	estaría, estarías, estaría, estaríamos, estaríais, estarían
SUBJUNCTIVE	que + *corresponding subjunctive tense of* estar (*see verb 252*)

} estableciendo

COMMANDS

	(nosotros) establezcamos/no establezcamos
(tú) establece/no establezcas	(vosotros) estableced/no establezcáis
(Ud.) establezca/no establezca	(Uds.) establezcan/no establezcan

Usage

Se estableció la empresa en 1900.	*The company was established/founded in 1900.*
¿Dónde fue establecida?	*Where was it set up?*
Es bueno que se establezca de ingeniero.	*It's good that he set himself up as an engineer.*
El establecimiento ha tenido mucho éxito.	*The business has been very successful.*

¿Dónde están?

Están en Roma.	*They're in Rome.*
Estamos en otoño.	*It's fall.*

¿Cómo están?

—¿Cómo están?	*How are they?*
—Están bien/de buen humor.	*They're well/in a good mood.*
¿Quién está encargado/al cargo del proyecto?	*Who's responsible for/in charge of the project?*
Estás muy guapo hoy.	*You're looking very handsome today.*
¡Niños, esténse quietos!	*Children, stay still (don't move around)!*
Estuvieron arreglándose/vistiéndose.	*They were getting ready/dressed.*

estar a

Las manzanas están a un dólar la libra.	*Apples are/cost one dollar a pound.*
—¿A cuánto(s) estamos?	*What's the date?*
—Estamos a 25 de noviembre.	*It's November 25.*

estar de

Está de instructor de béisbol.	*He's working as a baseball coach.*

estar en

La sociedad anónima está en sus comienzos.	*The corporation is just starting.*
Está en pañales.	*It's in its infancy (lit., diapers).*

estar para

El avión está listo para despegar/aterrizar.	*The plane is about to take off/land.*
Nadie está para fiestas.	*Nobody feels like/is in the mood for a party.*

estar por

Está por verse cómo saldrá.	*It remains to be seen how it will turn out.*
¿Estáis por empezar?	*You're about to begin?*

El tiempo

—¿Está nublado?	*Is it cloudy?*
—No, está despejado.	*No, it's clear.*

Other Uses

La comida estuvo rica/sabrosa.	*The food was good/tasty.*
Estaba ocupado.	*The line was busy.*
Los chicos están en la luna.	*The kids have their heads in the clouds.*
¡Qué aguacero! Estoy hecho una sopa.	*What a downpour! I'm soaked.*
Parece que están a sus anchas.	*You seem comfortable/at ease.*

irregular verb   estoy · estuvieron · estado · estando

PRESENT

estoy	estamos		
estás	estáis		
está	están		

PRETERIT

estuve	estuvimos
estuviste	estuvisteis
estuvo	estuvieron

IMPERFECT

estaba	estábamos
estabas	estabais
estaba	estaban

PRESENT PERFECT

he estado	hemos estado
has estado	habéis estado
ha estado	han estado

FUTURE

estaré	estaremos
estarás	estaréis
estará	estarán

CONDITIONAL

estaría	estaríamos
estarías	estaríais
estaría	estarían

PLUPERFECT

había estado	habíamos estado
habías estado	habíais estado
había estado	habían estado

PRETERIT PERFECT

hube estado	hubimos estado
hubiste estado	hubisteis estado
hubo estado	hubieron estado

FUTURE PERFECT

habré estado	habremos estado
habrás estado	habréis estado
habrá estado	habrán estado

CONDITIONAL PERFECT

habría estado	habríamos estado
habrías estado	habríais estado
habría estado	habrían estado

PRESENT SUBJUNCTIVE

esté	estemos
estés	estéis
esté	estén

PRESENT PERFECT SUBJUNCTIVE

haya estado	hayamos estado
hayas estado	hayáis estado
haya estado	hayan estado

IMPERFECT SUBJUNCTIVE (-ra)

estuviera	estuviéramos
estuvieras	estuvierais
estuviera	estuvieran

or **IMPERFECT SUBJUNCTIVE (-se)**

estuviese	estuviésemos
estuvieses	estuvieseis
estuviese	estuviesen

PAST PERFECT SUBJUNCTIVE (-ra)

hubiera estado	hubiéramos estado
hubieras estado	hubierais estado
hubiera estado	hubieran estado

or **PAST PERFECT SUBJUNCTIVE (-se)**

hubiese estado	hubiésemos estado
hubieses estado	hubieseis estado
hubiese estado	hubiesen estado

PROGRESSIVE TENSES

PRESENT	estoy, estás, está, estamos, estáis, están	
PRETERIT	estuve, estuviste, estuvo, estuvimos, estuvisteis, estuvieron	
IMPERFECT	estaba, estabas, estaba, estábamos, estabais, estaban	estando
FUTURE	estaré, estarás, estará, estaremos, estaréis, estarán	
CONDITIONAL	estaría, estarías, estaría, estaríamos, estaríais, estarían	
SUBJUNCTIVE	que + *corresponding subjunctive tense of* estar (*see verb 252*)	

COMMANDS

	(nosotros) estemos/no estemos
(tú) está/no estés	(vosotros) estad/no estéis
(Ud.) esté/no esté	(Uds.) estén/no estén

Usage

—¿Cómo están Uds.?	*How are you?*
—Estamos contentos/ocupados.	*We're happy/busy.*
Estaban en el centro.	*They were downtown.*
El museo está abierto/cerrado los lunes.	*The museum is open/closed on Mondays.*
Estarán de vacaciones.	*They're probably on vacation.*
Están leyendo.	*They're reading.*
Están reunidos/en una reunión.	*They're in a meeting.*

estudiar   *to study, think about, consider*

estudio · estudiaron · estudiado · estudiando

regular *-ar* verb

PRESENT

estudio	estudiamos
estudias	estudiáis
estudia	estudian

PRETERIT

estudié	estudiamos
estudiaste	estudiasteis
estudió	estudiaron

IMPERFECT

estudiaba	estudiábamos
estudiabas	estudiabais
estudiaba	estudiaban

PRESENT PERFECT

he estudiado	hemos estudiado
has estudiado	habéis estudiado
ha estudiado	han estudiado

FUTURE

estudiaré	estudiaremos
estudiarás	estudiaréis
estudiará	estudiarán

CONDITIONAL

estudiaría	estudiaríamos
estudiarías	estudiaríais
estudiaría	estudiarían

PLUPERFECT

había estudiado	habíamos estudiado
habías estudiado	habíais estudiado
había estudiado	habían estudiado

PRETERIT PERFECT

hube estudiado	hubimos estudiado
hubiste estudiado	hubisteis estudiado
hubo estudiado	hubieron estudiado

FUTURE PERFECT

habré estudiado	habremos estudiado
habrás estudiado	habréis estudiado
habrá estudiado	habrán estudiado

CONDITIONAL PERFECT

habría estudiado	habríamos estudiado
habrías estudiado	habríais estudiado
habría estudiado	habrían estudiado

PRESENT SUBJUNCTIVE

estudie	estudiemos
estudies	estudiéis
estudie	estudien

PRESENT PERFECT SUBJUNCTIVE

haya estudiado	hayamos estudiado
hayas estudiado	hayáis estudiado
haya estudiado	hayan estudiado

IMPERFECT SUBJUNCTIVE (-ra)

estudiara	estudiáramos
estudiaras	estudiarais
estudiara	estudiaran

or **IMPERFECT SUBJUNCTIVE (-se)**

estudiase	estudiásemos
estudiases	estudiaseis
estudiase	estudiasen

PAST PERFECT SUBJUNCTIVE (-ra)

hubiera estudiado	hubiéramos estudiado
hubieras estudiado	hubierais estudiado
hubiera estudiado	hubieran estudiado

or **PAST PERFECT SUBJUNCTIVE (-se)**

hubiese estudiado	hubiésemos estudiado
hubieses estudiado	hubieseis estudiado
hubiese estudiado	hubiesen estudiado

PROGRESSIVE TENSES

PRESENT	estoy, estás, está, estamos, estáis, están
PRETERIT	estuve, estuviste, estuvo, estuvimos, estuvisteis, estuvieron
IMPERFECT	estaba, estabas, estaba, estábamos, estabais, estaban
FUTURE	estaré, estarás, estará, estaremos, estaréis, estarán
CONDITIONAL	estaría, estarías, estaría, estaríamos, estaríais, estarían
SUBJUNCTIVE	que + *corresponding subjunctive tense of* estar (*see verb 252*)

estudiando

COMMANDS

	(nosotros) estudiemos/no estudiemos
(tú) estudia/no estudies	(vosotros) estudiad/no estudiéis
(Ud.) estudie/no estudie	(Uds.) estudien/no estudien

Usage

Estudió administración de empresas.	*He studied business administration.*
Estudia para programadora.	*She's studying to be a computer programmer.*
El comité está estudiando el plan.	*The committee is considering the plan.*
Hicieron un estudio del mercado.	*They did a market survey.*
—¿Es grande el estudiantado?	*Is the student body large?*
—Habrá 5.000 estudiantes.	*There are probably 5,000 students.*

regular *-ar* verb   **exagero · exageraron · exagerado · exagerando**

PRESENT

exagero	exageramos
exageras	exageráis
exagera	exageran

PRETERIT

exageré	exageramos
exageraste	exagerasteis
exageró	exageraron

IMPERFECT

exageraba	exagerábamos
exagerabas	exagerabais
exageraba	exageraban

PRESENT PERFECT

he exagerado	hemos exagerado
has exagerado	habéis exagerado
ha exagerado	han exagerado

FUTURE

exageraré	exageraremos
exagerarás	exageraréis
exagerará	exagerarán

CONDITIONAL

exageraría	exageraríamos
exagerarías	exageraríais
exageraría	exagerarían

PLUPERFECT

había exagerado	habíamos exagerado
habías exagerado	habíais exagerado
había exagerado	habían exagerado

PRETERIT PERFECT

hube exagerado	hubimos exagerado
hubiste exagerado	hubisteis exagerado
hubo exagerado	hubieron exagerado

FUTURE PERFECT

habré exagerado	habremos exagerado
habrás exagerado	habréis exagerado
habrá exagerado	habrán exagerado

CONDITIONAL PERFECT

habría exagerado	habríamos exagerado
habrías exagerado	habríais exagerado
habría exagerado	habrían exagerado

PRESENT SUBJUNCTIVE

exagere	exageremos
exageres	exageréis
exagere	exageren

PRESENT PERFECT SUBJUNCTIVE

haya exagerado	hayamos exagerado
hayas exagerado	hayáis exagerado
haya exagerado	hayan exagerado

IMPERFECT SUBJUNCTIVE (-ra)   *or*   **IMPERFECT SUBJUNCTIVE (-se)**

exagerara	exageráramos
exageraras	exagerarais
exagerara	exageraran

exagerase	exagerásemos
exagerases	exageraseis
exagerase	exagerasen

PAST PERFECT SUBJUNCTIVE (-ra)   *or*   **PAST PERFECT SUBJUNCTIVE (-se)**

hubiera exagerado	hubiéramos exagerado
hubieras exagerado	hubierais exagerado
hubiera exagerado	hubieran exagerado

hubiese exagerado	hubiésemos exagerado
hubieses exagerado	hubieseis exagerado
hubiese exagerado	hubiesen exagerado

PROGRESSIVE TENSES

PRESENT	estoy, estás, está, estamos, estáis, están
PRETERIT	estuve, estuviste, estuvo, estuvimos, estuvisteis, estuvieron
IMPERFECT	estaba, estabas, estaba, estábamos, estabais, estaban
FUTURE	estaré, estarás, estará, estaremos, estaréis, estarán
CONDITIONAL	estaría, estarías, estaría, estaríamos, estaríais, estarían
SUBJUNCTIVE	que + *corresponding subjunctive tense of* estar (*see verb 252*)

} exagerando

COMMANDS

	(nosotros) exageremos/no exageremos
(tú) exagera/no exageres	(vosotros) exagerad/no exageréis
(Ud.) exagere/no exagere	(Uds.) exageren/no exageren

Usage

No exageres lo que dijo.	*Don't exaggerate what she said.*
Creo que estás exagerando.	*I think you're overdoing it.*
Sus ideas son exageradas.	*Their ideas are farfetched/outrageous.*
No seas exagerado.	*Don't exaggerate/overdo it.*
Eso es una exageración.	*That's overdoing it/going too far.*

exijo · exigieron · exigido · exigiendo   *-ir* verb; spelling change: *g > j/o, a*

PRESENT		PRETERIT	
exijo	exigimos	exigí	exigimos
exiges	exigís	exigiste	exigisteis
exige	exigen	exigió	exigieron

IMPERFECT		PRESENT PERFECT	
exigía	exigíamos	he exigido	hemos exigido
exigías	exigíais	has exigido	habéis exigido
exigía	exigían	ha exigido	han exigido

FUTURE		CONDITIONAL	
exigiré	exigiremos	exigiría	exigiríamos
exigirás	exigiréis	exigirías	exigiríais
exigirá	exigirán	exigiría	exigirían

PLUPERFECT		PRETERIT PERFECT	
había exigido	habíamos exigido	hube exigido	hubimos exigido
habías exigido	habíais exigido	hubiste exigido	hubisteis exigido
había exigido	habían exigido	hubo exigido	hubieron exigido

FUTURE PERFECT		CONDITIONAL PERFECT	
habré exigido	habremos exigido	habría exigido	habríamos exigido
habrás exigido	habréis exigido	habrías exigido	habríais exigido
habrá exigido	habrán exigido	habría exigido	habrían exigido

PRESENT SUBJUNCTIVE		PRESENT PERFECT SUBJUNCTIVE	
exija	exijamos	haya exigido	hayamos exigido
exijas	exijáis	hayas exigido	hayáis exigido
exija	exijan	haya exigido	hayan exigido

IMPERFECT SUBJUNCTIVE (-ra)		*or* IMPERFECT SUBJUNCTIVE (-se)	
exigiera	exigiéramos	exigiese	exigiésemos
exigieras	exigierais	exigieses	exigieseis
exigiera	exigieran	exigiese	exigiesen

PAST PERFECT SUBJUNCTIVE (-ra)		*or* PAST PERFECT SUBJUNCTIVE (-se)	
hubiera exigido	hubiéramos exigido	hubiese exigido	hubiésemos exigido
hubieras exigido	hubierais exigido	hubieses exigido	hubieseis exigido
hubiera exigido	hubieran exigido	hubiese exigido	hubiesen exigido

PROGRESSIVE TENSES

PRESENT	estoy, estás, está, estamos, estáis, están	
PRETERIT	estuve, estuviste, estuvo, estuvimos, estuvisteis, estuvieron	
IMPERFECT	estaba, estabas, estaba, estábamos, estabais, estaban	exigiendo
FUTURE	estaré, estarás, estará, estaremos, estaréis, estarán	
CONDITIONAL	estaría, estarías, estaría, estaríamos, estaríais, estarían	
SUBJUNCTIVE	que + *corresponding subjunctive tense of* estar (*see verb 252*)	

COMMANDS

	(nosotros) exijamos/no exijamos
(tú) exige/no exijas	(vosotros) exigid/no exijáis
(Ud.) exija/no exija	(Uds.) exijan/no exijan

Usage

No exijo demasiado.	*I'm not demanding too much.*
Le exigen que pague la deuda.	*They insist that he pay off his debt.*
Es muy exigente con todo el mundo.	*He's very demanding with everybody.*
¡Cuántas exigencias tienen!	*They have so many demands/requirements!*

regular -*ar* verb   **experimento · experimentaron · experimentado · experimentando**

PRESENT

experimento	experimentamos
experimentas	experimentáis
experimenta	experimentan

IMPERFECT

experimentaba	experimentábamos
experimentabas	experimentabais
experimentaba	experimentaban

FUTURE

experimentaré	experimentaremos
experimentarás	experimentaréis
experimentará	experimentarán

PLUPERFECT

había experimentado	habíamos experimentado
habías experimentado	habíais experimentado
había experimentado	habían experimentado

FUTURE PERFECT

habré experimentado	habremos experimentado
habrás experimentado	habréis experimentado
habrá experimentado	habrán experimentado

PRESENT SUBJUNCTIVE

experimente	experimentemos
experimentes	experimentéis
experimente	experimenten

IMPERFECT SUBJUNCTIVE (-ra)

experimentara	experimentáramos
experimentaras	experimentarais
experimentara	experimentaran

PAST PERFECT SUBJUNCTIVE (-ra)

hubiera experimentado	hubiéramos experimentado
hubieras experimentado	hubierais experimentado
hubiera experimentado	hubieran experimentado

PRETERIT

experimenté	experimentamos
experimentaste	experimentasteis
experimentó	experimentaron

PRESENT PERFECT

he experimentado	hemos experimentado
has experimentado	habéis experimentado
ha experimentado	han experimentado

CONDITIONAL

experimentaría	experimentaríamos
experimentarías	experimentaríais
experimentaría	experimentarían

PRETERIT PERFECT

hube experimentado	hubimos experimentado
hubiste experimentado	hubisteis experimentado
hubo experimentado	hubieron experimentado

CONDITIONAL PERFECT

habría experimentado	habríamos experimentado
habrías experimentado	habríais experimentado
habría experimentado	habrían experimentado

PRESENT PERFECT SUBJUNCTIVE

haya experimentado	hayamos experimentado
hayas experimentado	hayáis experimentado
haya experimentado	hayan experimentado

or **IMPERFECT SUBJUNCTIVE (-se)**

experimentase	experimentásemos
experimentases	experimentaseis
experimentase	experimentasen

or **PAST PERFECT SUBJUNCTIVE (-se)**

hubiese experimentado	hubiésemos experimentado
hubieses experimentado	hubieseis experimentado
hubiese experimentado	hubiesen experimentado

PROGRESSIVE TENSES

PRESENT	estoy, estás, está, estamos, estáis, están
PRETERIT	estuve, estuviste, estuvo, estuvimos, estuvisteis, estuvieron
IMPERFECT	estaba, estabas, estaba, estábamos, estabais, estaban
FUTURE	estaré, estarás, estará, estaremos, estaréis, estarán
CONDITIONAL	estaría, estarías, estaría, estaríamos, estaríais, estarían
SUBJUNCTIVE	que + *corresponding subjunctive tense of* estar (*see verb 252*)

> experimentando

COMMANDS

	(nosotros) experimentemos/no experimentemos
(tú) experimenta/no experimentes	(vosotros) experimentad/no experimentéis
(Ud.) experimente/no experimente	(Uds.) experimenten/no experimenten

Usage

Está experimentando un malestar.	*She's experiencing a feeling of uneasiness.*
Experimentaron una nueva droga.	*They tested a new drug.*
Hizo el experimento en este laboratorio.	*He carried out the experiment in this laboratory.*
Es un investigador experimentado.	*He's an experienced researcher.*

explicar   *to explain, teach, comment upon*

explico · explicaron · explicado · explicando

-ar verb; spelling change: *c > qu/e*

PRESENT
explico	explicamos
explicas	explicáis
explica	explican

PRETERIT
expliqué	explicamos
explicaste	explicasteis
explicó	explicaron

IMPERFECT
explicaba	explicábamos
explicabas	explicabais
explicaba	explicaban

PRESENT PERFECT
he explicado	hemos explicado
has explicado	habéis explicado
ha explicado	han explicado

FUTURE
explicaré	explicaremos
explicarás	explicaréis
explicará	explicarán

CONDITIONAL
explicaría	explicaríamos
explicarías	explicaríais
explicaría	explicarían

PLUPERFECT
había explicado	habíamos explicado
habías explicado	habíais explicado
había explicado	habían explicado

PRETERIT PERFECT
hube explicado	hubimos explicado
hubiste explicado	hubisteis explicado
hubo explicado	hubieron explicado

FUTURE PERFECT
habré explicado	habremos explicado
habrás explicado	habréis explicado
habrá explicado	habrán explicado

CONDITIONAL PERFECT
habría explicado	habríamos explicado
habrías explicado	habríais explicado
habría explicado	habrían explicado

PRESENT SUBJUNCTIVE
explique	expliquemos
expliques	expliquéis
explique	expliquen

PRESENT PERFECT SUBJUNCTIVE
haya explicado	hayamos explicado
hayas explicado	hayáis explicado
haya explicado	hayan explicado

IMPERFECT SUBJUNCTIVE (-ra)
explicara	explicáramos
explicaras	explicarais
explicara	explicaran

or IMPERFECT SUBJUNCTIVE (-se)
explicase	explicásemos
explicases	explicaseis
explicase	explicasen

PAST PERFECT SUBJUNCTIVE (-ra)
hubiera explicado	hubiéramos explicado
hubieras explicado	hubierais explicado
hubiera explicado	hubieran explicado

or PAST PERFECT SUBJUNCTIVE (-se)
hubiese explicado	hubiésemos explicado
hubieses explicado	hubieseis explicado
hubiese explicado	hubiesen explicado

PROGRESSIVE TENSES
PRESENT	estoy, estás, está, estamos, estáis, están
PRETERIT	estuve, estuviste, estuvo, estuvimos, estuvisteis, estuvieron
IMPERFECT	estaba, estabas, estaba, estábamos, estabais, estaban
FUTURE	estaré, estarás, estará, estaremos, estaréis, estarán
CONDITIONAL	estaría, estarías, estaría, estaríamos, estaríais, estarían
SUBJUNCTIVE	que + *corresponding subjunctive tense of* estar (*see verb 252*)

> explicando

COMMANDS

	(nosotros) expliquemos/no expliquemos
(tú) explica/no expliques	(vosotros) explicad/no expliquéis
(Ud.) explique/no explique	(Uds.) expliquen/no expliquen

Usage

Les expliqué mi idea.	*I explained my idea to them.*
¿Quieres explicarme lo que viste?	*Do you want to comment on what you saw?*
Hace muchos años que explica álgebra.	*She's been teaching algebra for many years.*
No me explico cómo pasó.	*I can't understand how it happened.*
No podemos aceptar su explicación.	*We can't accept his explanation/reason.*

regular -ar verb

expreso · expresaron · expresado · expresando

PRESENT

expreso	expresamos
expresas	expresáis
expresa	expresan

IMPERFECT

expresaba	expresábamos
expresabas	expresabais
expresaba	expresaban

FUTURE

expresaré	expresaremos
expresarás	expresaréis
expresará	expresarán

PLUPERFECT

había expresado	habíamos expresado
habías expresado	habíais expresado
había expresado	habían expresado

FUTURE PERFECT

habré expresado	habremos expresado
habrás expresado	habréis expresado
habrá expresado	habrán expresado

PRESENT SUBJUNCTIVE

exprese	expresemos
expreses	expreséis
exprese	expresen

IMPERFECT SUBJUNCTIVE (-ra)

expresara	expresáramos
expresaras	expresarais
expresara	expresaran

PAST PERFECT SUBJUNCTIVE (-ra)

hubiera expresado	hubiéramos expresado
hubieras expresado	hubierais expresado
hubiera expresado	hubieran expresado

PRETERIT

expresé	expresamos
expresaste	expresasteis
expresó	expresaron

PRESENT PERFECT

he expresado	hemos expresado
has expresado	habéis expresado
ha expresado	han expresado

CONDITIONAL

expresaría	expresaríamos
expresarías	expresaríais
expresaría	expresarían

PRETERIT PERFECT

hube expresado	hubimos expresado
hubiste expresado	hubisteis expresado
hubo expresado	hubieron expresado

CONDITIONAL PERFECT

habría expresado	habríamos expresado
habrías expresado	habríais expresado
habría expresado	habrían expresado

PRESENT PERFECT SUBJUNCTIVE

haya expresado	hayamos expresado
hayas expresado	hayáis expresado
haya expresado	hayan expresado

or **IMPERFECT SUBJUNCTIVE (-se)**

expresase	expresásemos
expresases	expresaseis
expresase	expresasen

or **PAST PERFECT SUBJUNCTIVE (-se)**

hubiese expresado	hubiésemos expresado
hubieses expresado	hubieseis expresado
hubiese expresado	hubiesen expresado

PROGRESSIVE TENSES

PRESENT	estoy, estás, está, estamos, estáis, están
PRETERIT	estuve, estuviste, estuvo, estuvimos, estuvisteis, estuvieron
IMPERFECT	estaba, estabas, estaba, estábamos, estabais, estaban
FUTURE	estaré, estarás, estará, estaremos, estaréis, estarán
CONDITIONAL	estaría, estarías, estaría, estaríamos, estaríais, estarían
SUBJUNCTIVE	que + *corresponding subjunctive tense of* estar (*see verb 252*)

} expresando

COMMANDS

	(nosotros) expresemos/no expresemos
(tú) expresa/no expreses	(vosotros) expresad/no expreséis
(Ud.) exprese/no exprese	(Uds.) expresen/no expresen

Usage

No expresó su idea muy claramente.	He didn't express his idea very clearly.
Expresa su inquietud últimamente.	She's showing/conveying her worry lately.
No se expresan bien en inglés.	They don't express themselves well in English.
Tiene un estilo muy expresivo.	He has a very expressive style.
¿Qué expresión se usa en español?	What expression is used in Spanish?

extinguir to extinguish, put out, wipe out

extingo · extinguieron · extinguido · extinguiendo   *-ir* verb; spelling change: *gu > g/o, a*

PRESENT

extingo	extinguimos
extingues	extinguís
extingue	extinguen

PRETERIT

extinguí	extinguimos
extinguiste	extinguisteis
extinguió	extinguieron

IMPERFECT

extinguía	extinguíamos
extinguías	extinguíais
extinguía	extinguían

PRESENT PERFECT

he extinguido	hemos extinguido
has extinguido	habéis extinguido
ha extinguido	han extinguido

FUTURE

extinguiré	extinguiremos
extinguirás	extinguiréis
extinguirá	extinguirán

CONDITIONAL

extinguiría	extinguiríamos
extinguirías	extinguiríais
extinguiría	extinguirían

PLUPERFECT

había extinguido	habíamos extinguido
habías extinguido	habíais extinguido
había extinguido	habían extinguido

PRETERIT PERFECT

hube extinguido	hubimos extinguido
hubiste extinguido	hubisteis extinguido
hubo extinguido	hubieron extinguido

FUTURE PERFECT

habré extinguido	habremos extinguido
habrás extinguido	habréis extinguido
habrá extinguido	habrán extinguido

CONDITIONAL PERFECT

habría extinguido	habríamos extinguido
habrías extinguido	habríais extinguido
habría extinguido	habrían extinguido

PRESENT SUBJUNCTIVE

extinga	extingamos
extingas	extingáis
extinga	extingan

PRESENT PERFECT SUBJUNCTIVE

haya extinguido	hayamos extinguido
hayas extinguido	hayáis extinguido
haya extinguido	hayan extinguido

IMPERFECT SUBJUNCTIVE (-ra)   *or*   **IMPERFECT SUBJUNCTIVE (-se)**

extinguiera	extinguiéramos	extinguiese	extinguiésemos
extinguieras	extinguierais	extinguieses	extinguieseis
extinguiera	extinguieran	extinguiese	extinguiesen

PAST PERFECT SUBJUNCTIVE (-ra)   *or*   **PAST PERFECT SUBJUNCTIVE (-se)**

hubiera extinguido	hubiéramos extinguido	hubiese extinguido	hubiésemos extinguido
hubieras extinguido	hubierais extinguido	hubieses extinguido	hubieseis extinguido
hubiera extinguido	hubieran extinguido	hubiese extinguido	hubiesen extinguido

PROGRESSIVE TENSES

PRESENT	estoy, estás, está, estamos, estáis, están
PRETERIT	estuve, estuviste, estuvo, estuvimos, estuvisteis, estuvieron
IMPERFECT	estaba, estabas, estaba, estábamos, estabais, estaban
FUTURE	estaré, estarás, estará, estaremos, estaréis, estarán
CONDITIONAL	estaría, estarías, estaría, estaríamos, estaríais, estarían
SUBJUNCTIVE	que + *corresponding subjunctive tense of* estar (*see verb 252*)

} extinguiendo

COMMANDS

	(nosotros) extingamos/no extingamos
(tú) extingue/no extingas	(vosotros) extinguid/no extingáis
(Ud.) extinga/no extinga	(Uds.) extingan/no extingan

Usage

Extingue el fuego de campamento.	*Extinguish/Put out the campfire.*
Las vacunas han extinguido ciertas enfermedades.	*Vaccines have wiped out some diseases.*
Es una especie extinta.	*It's an extinct species.*
Hay un extintor de incendios en la cocina.	*There's a fire extinguisher in the kitchen.*

regular *-ar* verb

extraño · extrañaron · extrañado · extrañando

PRESENT

extraño	extrañamos
extrañas	extrañáis
extraña	extrañan

IMPERFECT

extrañaba	extrañábamos
extrañabas	extrañabais
extrañaba	extrañaban

FUTURE

extrañaré	extrañaremos
extrañarás	extrañaréis
extrañará	extrañarán

PLUPERFECT

había extrañado	habíamos extrañado
habías extrañado	habíais extrañado
había extrañado	habían extrañado

FUTURE PERFECT

habré extrañado	habremos extrañado
habrás extrañado	habréis extrañado
habrá extrañado	habrán extrañado

PRESENT SUBJUNCTIVE

extrañe	extrañemos
extrañes	extrañéis
extrañe	extrañen

IMPERFECT SUBJUNCTIVE (-ra)

extrañara	extrañáramos
extrañaras	extrañarais
extrañara	extrañaran

PAST PERFECT SUBJUNCTIVE (-ra)

hubiera extrañado	hubiéramos extrañado
hubieras extrañado	hubierais extrañado
hubiera extrañado	hubieran extrañado

PRETERIT

extrañé	extrañamos
extrañaste	extrañasteis
extrañó	extrañaron

PRESENT PERFECT

he extrañado	hemos extrañado
has extrañado	habéis extrañado
ha extrañado	han extrañado

CONDITIONAL

extrañaría	extrañaríamos
extrañarías	extrañaríais
extrañaría	extrañarían

PRETERIT PERFECT

hube extrañado	hubimos extrañado
hubiste extrañado	hubisteis extrañado
hubo extrañado	hubieron extrañado

CONDITIONAL PERFECT

habría extrañado	habríamos extrañado
habrías extrañado	habríais extrañado
habría extrañado	habrían extrañado

PRESENT PERFECT SUBJUNCTIVE

haya extrañado	hayamos extrañado
hayas extrañado	hayáis extrañado
haya extrañado	hayan extrañado

or **IMPERFECT SUBJUNCTIVE (-se)**

extrañase	extrañásemos
extrañases	extrañaseis
extrañase	extrañasen

or **PAST PERFECT SUBJUNCTIVE (-se)**

hubiese extrañado	hubiésemos extrañado
hubieses extrañado	hubieseis extrañado
hubiese extrañado	hubiesen extrañado

PROGRESSIVE TENSES

PRESENT	estoy, estás, está, estamos, estáis, están
PRETERIT	estuve, estuviste, estuvo, estuvimos, estuvisteis, estuvieron
IMPERFECT	estaba, estabas, estaba, estábamos, estabais, estaban
FUTURE	estaré, estarás, estará, estaremos, estaréis, estarán
CONDITIONAL	estaría, estarías, estaría, estaríamos, estaríais, estarían
SUBJUNCTIVE	que + *corresponding subjunctive tense of* estar (*see verb 252*)

extrañando

COMMANDS

	(nosotros) extrañemos/no extrañemos
(tú) extraña/no extrañes	(vosotros) extrañad/no extrañéis
(Ud.) extrañe/no extrañe	(Uds.) extrañen/no extrañen

Usage

Me extraña encontrarte aquí.	*I'm surprised to find you here.*
Extraña no conocer a nadie aquí.	*It's surprising not to know anyone here.*
Nos extrañamos que hayan salido.	*We're surprised they've gone out.*
Extraña a sus amigos.	*She misses her friends.*
Pasaron unas cosas muy extrañas.	*Some very strange/odd/peculiar things happened.*

fabricar *to manufacture, make, fabricate*

fabrico · fabricaron · fabricado · fabricando

-ar verb; spelling change: *c > qu/e*

PRESENT		PRETERIT	
fabrico	fabricamos	fabriqué	fabricamos
fabricas	fabricáis	fabricaste	fabricasteis
fabrica	fabrican	fabricó	fabricaron

IMPERFECT		PRESENT PERFECT	
fabricaba	fabricábamos	he fabricado	hemos fabricado
fabricabas	fabricabais	has fabricado	habéis fabricado
fabricaba	fabricaban	ha fabricado	han fabricado

FUTURE		CONDITIONAL	
fabricaré	fabricaremos	fabricaría	fabricaríamos
fabricarás	fabricaréis	fabricarías	fabricaríais
fabricará	fabricarán	fabricaría	fabricarían

PLUPERFECT		PRETERIT PERFECT	
había fabricado	habíamos fabricado	hube fabricado	hubimos fabricado
habías fabricado	habíais fabricado	hubiste fabricado	hubisteis fabricado
había fabricado	habían fabricado	hubo fabricado	hubieron fabricado

FUTURE PERFECT		CONDITIONAL PERFECT	
habré fabricado	habremos fabricado	habría fabricado	habríamos fabricado
habrás fabricado	habréis fabricado	habrías fabricado	habríais fabricado
habrá fabricado	habrán fabricado	habría fabricado	habrían fabricado

PRESENT SUBJUNCTIVE		PRESENT PERFECT SUBJUNCTIVE	
fabrique	fabriquemos	haya fabricado	hayamos fabricado
fabriques	fabriquéis	hayas fabricado	hayáis fabricado
fabrique	fabriquen	haya fabricado	hayan fabricado

IMPERFECT SUBJUNCTIVE (-ra)		*or* IMPERFECT SUBJUNCTIVE (-se)	
fabricara	fabricáramos	fabricase	fabricásemos
fabricaras	fabricarais	fabricases	fabricaseis
fabricara	fabricaran	fabricase	fabricasen

PAST PERFECT SUBJUNCTIVE (-ra)		*or* PAST PERFECT SUBJUNCTIVE (-se)	
hubiera fabricado	hubiéramos fabricado	hubiese fabricado	hubiésemos fabricado
hubieras fabricado	hubierais fabricado	hubieses fabricado	hubieseis fabricado
hubiera fabricado	hubieran fabricado	hubiese fabricado	hubiesen fabricado

PROGRESSIVE TENSES

PRESENT	estoy, estás, está, estamos, estáis, están	
PRETERIT	estuve, estuviste, estuvo, estuvimos, estuvisteis, estuvieron	
IMPERFECT	estaba, estabas, estaba, estábamos, estabais, estaban	fabricando
FUTURE	estaré, estarás, estará, estaremos, estaréis, estarán	
CONDITIONAL	estaría, estarías, estaría, estaríamos, estaríais, estarían	
SUBJUNCTIVE	que + *corresponding subjunctive tense of* estar (*see verb 252*)	

COMMANDS

	(nosotros) fabriquemos/no fabriquemos
(tú) fabrica/no fabriques	(vosotros) fabricad/no fabriquéis
(Ud.) fabrique/no fabrique	(Uds.) fabriquen/no fabriquen

Usage

Se fabricó esta computadora en Tejas.	*This computer was manufactured in Texas.*
El automóvil fue fabricado en Alemania.	*The car was manufactured in Germany.*
¡No fabriques mentiras!	*Don't fabricate/make up lies!*
Hay muchas fábricas en esta región.	*There are many factories/plants in this region.*
¿Cómo se llama el fabricante?	*What's the manufacturer's name?*
No encuentro la marca de fábrica.	*I can't find the trademark.*

PRESENT

facilito	facilitamos
facilitas	facilitáis
facilita	facilitan

IMPERFECT

facilitaba	facilitábamos
facilitabas	facilitabais
facilitaba	facilitaban

FUTURE

facilitaré	facilitaremos
facilitarás	facilitaréis
facilitará	facilitarán

PLUPERFECT

había facilitado	habíamos facilitado
habías facilitado	habíais facilitado
había facilitado	habían facilitado

FUTURE PERFECT

habré facilitado	habremos facilitado
habrás facilitado	habréis facilitado
habrá facilitado	habrán facilitado

PRESENT SUBJUNCTIVE

facilite	facilitemos
facilites	facilitéis
facilite	faciliten

IMPERFECT SUBJUNCTIVE (-ra)

facilitara	facilitáramos
facilitaras	facilitarais
facilitara	facilitaran

PAST PERFECT SUBJUNCTIVE (-ra)

hubiera facilitado	hubiéramos facilitado
hubieras facilitado	hubierais facilitado
hubiera facilitado	hubieran facilitado

PRETERIT

facilité	facilitamos
facilitaste	facilitasteis
facilitó	facilitaron

PRESENT PERFECT

he facilitado	hemos facilitado
has facilitado	habéis facilitado
ha facilitado	han facilitado

CONDITIONAL

facilitaría	facilitaríamos
facilitarías	facilitaríais
facilitaría	facilitarían

PRETERIT PERFECT

hube facilitado	hubimos facilitado
hubiste facilitado	hubisteis facilitado
hubo facilitado	hubieron facilitado

CONDITIONAL PERFECT

habría facilitado	habríamos facilitado
habrías facilitado	habríais facilitado
habría facilitado	habrían facilitado

PRESENT PERFECT SUBJUNCTIVE

haya facilitado	hayamos facilitado
hayas facilitado	hayáis facilitado
haya facilitado	hayan facilitado

or **IMPERFECT SUBJUNCTIVE (-se)**

facilitase	facilitásemos
facilitases	facilitaseis
facilitase	facilitasen

or **PAST PERFECT SUBJUNCTIVE (-se)**

hubiese facilitado	hubiésemos facilitado
hubieses facilitado	hubieseis facilitado
hubiese facilitado	hubiesen facilitado

PROGRESSIVE TENSES

PRESENT	estoy, estás, está, estamos, estáis, están	
PRETERIT	estuve, estuviste, estuvo, estuvimos, estuvisteis, estuvieron	
IMPERFECT	estaba, estabas, estaba, estábamos, estabais, estaban	facilitando
FUTURE	estaré, estarás, estará, estaremos, estaréis, estarán	
CONDITIONAL	estaría, estarías, estaría, estaríamos, estaríais, estarían	
SUBJUNCTIVE	que + *corresponding subjunctive tense of* estar (*see verb 252*)	

COMMANDS

	(nosotros) facilitemos/no facilitemos
(tú) facilita/no facilites	(vosotros) facilitad/no facilitéis
(Ud.) facilite/no facilite	(Uds.) faciliten/no faciliten

Usage

Facilitó los trámites.	*He facilitated/helped with the procedure.*
Nos facilitó todos los datos necesarios.	*He provided us with all the necessary information.*
Trato de facilitarle la entrevista.	*I'm trying to arrange the interview for you.*
Es fácil de hacer.	*It's easy to do.*
Ganó la carrera fácilmente.	*He won the race easily.*
Lo hace todo con gran facilidad.	*She does everything with great ease/so easily.*

falto · faltaron · faltado · faltando   regular -ar verb (like **gustar**)

¿Por qué faltaste a la cita?	*Why did you miss our appointment?*
Faltó a la reunión.	*She missed/was absent from the meeting.*
Sólo falta el último capítulo.	*Just the last chapter is left.*
Faltan cojines en el sofá.	*Pillows are missing/needed for the couch.*
Falta luz en el cuarto.	*There's not enough light in the room.*
Faltó a su palabra.	*She broke her word.*
Falta por ver si el vicepresidente se dé por vencido.	*It remains to be seen whether the vice president will concede.*
Falta que Uds. tomen una decisión.	*You still have to make a decision.*
¡No faltaba más!	*Not at all.*
Poco falta para que se termine el programa.	*The program is almost over.*

faltarle algo a alguien to be missing, lacking

Nos faltaba tiempo para ir de compras.	*We didn't have time to go shopping.*
¿Qué más les faltará?	*What more could they be missing?*

hacerle falta to need

Hace falta tener experiencia.	*You/One must have experience/be experienced.*
Hace falta que consideres el caso.	*You must consider the case.*
Me hace falta recogerlos.	*I need to pick them up.*
Le hacen mucha falta.	*He needs them very much.*

Other Uses

Por falta de capital se quebró la firma.	*The firm went bankrupt for lack of capital.*
Cometió faltas de ortografía en su artículo.	*She made spelling mistakes in her article.*
Fíjate en la falta de imprenta.	*Notice the misprint.*
¡Qué falta de educación!	*What bad manners!*
A falta de pan buenas son tortas.	*Half a loaf is better than none.*
Entregue los documentos mañana sin falta.	*Deliver the papers tomorrow without fail.*

TOP 50
VERBS

regular -*ar* verb (like **gustar**)   falto · faltaron · faltado · faltando

PRESENT		PRETERIT	
falto	faltamos	falté	faltamos
faltas	faltáis	faltaste	faltasteis
falta	faltan	faltó	faltaron

IMPERFECT		PRESENT PERFECT	
faltaba	faltábamos	he faltado	hemos faltado
faltabas	faltabais	has faltado	habéis faltado
faltaba	faltaban	ha faltado	han faltado

FUTURE		CONDITIONAL	
faltaré	faltaremos	faltaría	faltaríamos
faltarás	faltaréis	faltarías	faltaríais
faltará	faltarán	faltaría	faltarían

PLUPERFECT		PRETERIT PERFECT	
había faltado	habíamos faltado	hube faltado	hubimos faltado
habías faltado	habíais faltado	hubiste faltado	hubisteis faltado
había faltado	habían faltado	hubo faltado	hubieron faltado

FUTURE PERFECT		CONDITIONAL PERFECT	
habré faltado	habremos faltado	habría faltado	habríamos faltado
habrás faltado	habréis faltado	habrías faltado	habríais faltado
habrá faltado	habrán faltado	habría faltado	habrían faltado

PRESENT SUBJUNCTIVE		PRESENT PERFECT SUBJUNCTIVE	
falte	faltemos	haya faltado	hayamos faltado
faltes	faltéis	hayas faltado	hayáis faltado
falte	falten	haya faltado	hayan faltado

IMPERFECT SUBJUNCTIVE (-ra)		*or* IMPERFECT SUBJUNCTIVE (-se)	
faltara	faltáramos	faltase	faltásemos
faltaras	faltarais	faltases	faltaseis
faltara	faltaran	faltase	faltasen

PAST PERFECT SUBJUNCTIVE (-ra)		*or* PAST PERFECT SUBJUNCTIVE (-se)	
hubiera faltado	hubiéramos faltado	hubiese faltado	hubiésemos faltado
hubieras faltado	hubierais faltado	hubieses faltado	hubieseis faltado
hubiera faltado	hubieran faltado	hubiese faltado	hubiesen faltado

PROGRESSIVE TENSES

PRESENT	estoy, estás, está, estamos, estáis, están	
PRETERIT	estuve, estuviste, estuvo, estuvimos, estuvisteis, estuvieron	
IMPERFECT	estaba, estabas, estaba, estábamos, estabais, estaban	faltando
FUTURE	estaré, estarás, estará, estaremos, estaréis, estarán	
CONDITIONAL	estaría, estarías, estaría, estaríamos, estaríais, estarían	
SUBJUNCTIVE	que + *corresponding subjunctive tense of* estar (*see verb 252*)	

COMMANDS

	(nosotros) faltemos/no faltemos
(tú) falta/no faltes	(vosotros) faltad/no faltéis
(Ud.) falte/no falte	(Uds.) falten/no falten

Usage

Faltaron a clase.	*They missed school/were absent.*
Un jugador faltó al partido.	*One player missed the game.*
Faltó a sus compromisos.	*He failed to meet his obligations.*
—¿Cuánto dinero te falta?	*How much money are you short?*
—Me faltan 500 dólares.	*I'm short $500.*
Falta una semana para las vacaciones.	*Vacation is one week away.*

fascinar *to fascinate, delight, attract attention, interest*

fascina · fascinaron · fascinado · fascinando   regular -ar verb (like **gustar**)

PRESENT		PRETERIT	
me fascina(n)	nos fascina(n)	me fascinó(-aron)	nos fascinó(-aron)
te fascina(n)	os fascina(n)	te fascinó(-aron)	os fascinó(-aron)
le fascina(n)	les fascina(n)	le fascinó(-aron)	les fascinó(-aron)

IMPERFECT		PRESENT PERFECT	
me fascinaba(n)	nos fascinaba(n)	me ha(n) fascinado	nos ha(n) fascinado
te fascinaba(n)	os fascinaba(n)	te ha(n) fascinado	os ha(n) fascinado
le fascinaba(n)	les fascinaba(n)	le ha(n) fascinado	les ha(n) fascinado

FUTURE		CONDITIONAL	
me fascinará(n)	nos fascinará(n)	me fascinaría(n)	nos fascinaría(n)
te fascinará(n)	os fascinará(n)	te fascinaría(n)	os fascinaría(n)
le fascinará(n)	les fascinará(n)	le fascinaría(n)	les fascinaría(n)

PLUPERFECT		PRETERIT PERFECT	
me había(n) fascinado	nos había(n) fascinado	me hubo(-ieron) fascinado	nos hubo(-ieron) fascinado
te había(n) fascinado	os había(n) fascinado	te hubo(-ieron) fascinado	os hubo(-ieron) fascinado
le había(n) fascinado	les había(n) fascinado	le hubo(-ieron) fascinado	les hubo(-ieron) fascinado

FUTURE PERFECT		CONDITIONAL PERFECT	
me habrá(n) fascinado	nos habrá(n) fascinado	me habría(n) fascinado	nos habría(n) fascinado
te habrá(n) fascinado	os habrá(n) fascinado	te habría(n) fascinado	os habría(n) fascinado
le habrá(n) fascinado	les habrá(n) fascinado	le habría(n) fascinado	les habría(n) fascinado

PRESENT SUBJUNCTIVE		PRESENT PERFECT SUBJUNCTIVE	
me fascine(n)	nos fascine(n)	me haya(n) fascinado	nos haya(n) fascinado
te fascine(n)	os fascine(n)	te haya(n) fascinado	os haya(n) fascinado
le fascine(n)	les fascine(n)	le haya(n) fascinado	les haya(n) fascinado

IMPERFECT SUBJUNCTIVE (-ra)		*or*	IMPERFECT SUBJUNCTIVE (-se)	
me fascinara(n)	nos fascinara(n)		me fascinase(n)	nos fascinase(n)
te fascinara(n)	os fascinara(n)		te fascinase(n)	os fascinase(n)
le fascinara(n)	les fascinara(n)		le fascinase(n)	les fascinase(n)

PAST PERFECT SUBJUNCTIVE (-ra)		*or*	PAST PERFECT SUBJUNCTIVE (-se)	
me hubiera(n) fascinado	nos hubiera(n) fascinado		me hubiese(n) fascinado	nos hubiese(n) fascinado
te hubiera(n) fascinado	os hubiera(n) fascinado		te hubiese(n) fascinado	os hubiese(n) fascinado
le hubiera(n) fascinado	les hubiera(n) fascinado		le hubiese(n) fascinado	les hubiese(n) fascinado

PROGRESSIVE TENSES

PRESENT	me	está, están	
PRETERIT	te	estuvo, estuvieron	
IMPERFECT	le	estaba, estaban	
FUTURE	nos	estará, estarán	fascinando
CONDITIONAL	os	estaría, estarían	
SUBJUNCTIVE	que les	*corresponding subjunctive tense of* estar (*see verb 252*)	

COMMANDS

¡Que te/le/os/les fascine(n)!   ¡Que no te/le/os/les fascine(n)!

Usage

Los cuentos de hadas fascinan a los niños.	*Children love fairy tales.*
—¿Te gustó la obra de teatro?	*Did you like the play?*
—Me fascinó.	*I loved it.*
Me fascinan estas estatuillas.	*I find these figurines charming.*
No sé por qué te fascina esta novela.	*I don't know why you like this novel.*
Nos fascinan otras culturas.	*We're interested in other cultures.*
Esta música es fascinadora.	*This music is delightful.*

-er verb; spelling change:
c > zc/o, a

favorezco · favorecieron · favorecido · favoreciendo

PRESENT		PRETERIT	
favorezco	favorecemos	favorecí	favorecimos
favoreces	favorecéis	favoreciste	favorecisteis
favorece	favorecen	favoreció	favorecieron

IMPERFECT		PRESENT PERFECT	
favorecía	favorecíamos	he favorecido	hemos favorecido
favorecías	favorecíais	has favorecido	habéis favorecido
favorecía	favorecían	ha favorecido	han favorecido

FUTURE		CONDITIONAL	
favoreceré	favoreceremos	favorecería	favoreceríamos
favorecerás	favoreceréis	favorecerías	favoreceríais
favorecerá	favorecerán	favorecería	favorecerían

PLUPERFECT		PRETERIT PERFECT	
había favorecido	habíamos favorecido	hube favorecido	hubimos favorecido
habías favorecido	habíais favorecido	hubiste favorecido	hubisteis favorecido
había favorecido	habían favorecido	hubo favorecido	hubieron favorecido

FUTURE PERFECT		CONDITIONAL PERFECT	
habré favorecido	habremos favorecido	habría favorecido	habríamos favorecido
habrás favorecido	habréis favorecido	habrías favorecido	habríais favorecido
habrá favorecido	habrán favorecido	habría favorecido	habrían favorecido

PRESENT SUBJUNCTIVE		PRESENT PERFECT SUBJUNCTIVE	
favorezca	favorezcamos	haya favorecido	hayamos favorecido
favorezcas	favorezcáis	hayas favorecido	hayáis favorecido
favorezca	favorezcan	haya favorecido	hayan favorecido

IMPERFECT SUBJUNCTIVE (-ra)		*or*	IMPERFECT SUBJUNCTIVE (-se)	
favoreciera	favoreciéramos		favoreciese	favoreciésemos
favorecieras	favorecierais		favorecieses	favorecieseis
favoreciera	favorecieran		favoreciese	favoreciesen

PAST PERFECT SUBJUNCTIVE (-ra)		*or*	PAST PERFECT SUBJUNCTIVE (-se)	
hubiera favorecido	hubiéramos favorecido		hubiese favorecido	hubiésemos favorecido
hubieras favorecido	hubierais favorecido		hubieses favorecido	hubieseis favorecido
hubiera favorecido	hubieran favorecido		hubiese favorecido	hubiesen favorecido

PROGRESSIVE TENSES

PRESENT	estoy, estás, está, estamos, estáis, están	
PRETERIT	estuve, estuviste, estuvo, estuvimos, estuvisteis, estuvieron	
IMPERFECT	estaba, estabas, estaba, estábamos, estabais, estaban	favoreciendo
FUTURE	estaré, estarás, estará, estaremos, estaréis, estarán	
CONDITIONAL	estaría, estarías, estaría, estaríamos, estaríais, estarían	
SUBJUNCTIVE	que + *corresponding subjunctive tense of* estar (*see verb 252*)	

COMMANDS

	(nosotros) favorezcamos/no favorezcamos
(tú) favorece/no favorezcas	(vosotros) favoreced/no favorezcáis
(Ud.) favorezca/no favorezca	(Uds.) favorezcan/no favorezcan

Usage

Las condiciones actuales nos favorecen.	*Present conditions favor us.*
—El azul claro te favorece.	*Light blue looks good on you.*
—Pero el rosado es mi color favorito.	*But pink is my favorite color.*
¿Estás a favor de la pena de muerte?	*Are you in favor of capital punishment?*
Di *por favor* cuando le pidas el favor.	*Say "please" when you ask her for the favor.*

felicitar *to congratulate, compliment*

felicito · felicitaron · felicitado · felicitando

regular -ar verb

PRESENT		PRETERIT	
felicito	felicitamos	felicité	felicitamos
felicitas	felicitáis	felicitaste	felicitasteis
felicita	felicitan	felicitó	felicitaron

IMPERFECT		PRESENT PERFECT	
felicitaba	felicitábamos	he felicitado	hemos felicitado
felicitabas	felicitabais	has felicitado	habéis felicitado
felicitaba	felicitaban	ha felicitado	han felicitado

FUTURE		CONDITIONAL	
felicitaré	felicitaremos	felicitaría	felicitaríamos
felicitarás	felicitaréis	felicitarías	felicitaríais
felicitará	felicitarán	felicitaría	felicitarían

PLUPERFECT		PRETERIT PERFECT	
había felicitado	habíamos felicitado	hube felicitado	hubimos felicitado
habías felicitado	habíais felicitado	hubiste felicitado	hubisteis felicitado
había felicitado	habían felicitado	hubo felicitado	hubieron felicitado

FUTURE PERFECT		CONDITIONAL PERFECT	
habré felicitado	habremos felicitado	habría felicitado	habríamos felicitado
habrás felicitado	habréis felicitado	habrías felicitado	habríais felicitado
habrá felicitado	habrán felicitado	habría felicitado	habrían felicitado

PRESENT SUBJUNCTIVE		PRESENT PERFECT SUBJUNCTIVE	
felicite	felicitemos	haya felicitado	hayamos felicitado
felicites	felicitéis	hayas felicitado	hayáis felicitado
felicite	feliciten	haya felicitado	hayan felicitado

IMPERFECT SUBJUNCTIVE (-ra)		*or* IMPERFECT SUBJUNCTIVE (-se)	
felicitara	felicitáramos	felicitase	felicitásemos
felicitaras	felicitarais	felicitases	felicitaseis
felicitara	felicitaran	felicitase	felicitasen

PAST PERFECT SUBJUNCTIVE (-ra)		*or* PAST PERFECT SUBJUNCTIVE (-se)	
hubiera felicitado	hubiéramos felicitado	hubiese felicitado	hubiésemos felicitado
hubieras felicitado	hubierais felicitado	hubieses felicitado	hubieseis felicitado
hubiera felicitado	hubieran felicitado	hubiese felicitado	hubiesen felicitado

PROGRESSIVE TENSES

PRESENT	estoy, estás, está, estamos, estáis, están	
PRETERIT	estuve, estuviste, estuvo, estuvimos, estuvisteis, estuvieron	
IMPERFECT	estaba, estabas, estaba, estábamos, estabais, estaban	felicitando
FUTURE	estaré, estarás, estará, estaremos, estaréis, estarán	
CONDITIONAL	estaría, estarías, estaría, estaríamos, estaríais, estarían	
SUBJUNCTIVE	que + *corresponding subjunctive tense of* estar (*see verb 252*)	

COMMANDS

	(nosotros) felicitemos/no felicitemos
(tú) felicita/no felicites	(vosotros) felicitad/no felicitéis
(Ud.) felicite/no felicite	(Uds.) feliciten/no feliciten

Usage

Lo felicitamos por su ascenso.	*We congratulated him on his promotion.*
La felicité por su moda tan original.	*I complimented her on her very original fashion/style.*
¡Feliz cumpleaños! ¡Feliz Año Nuevo!	*Happy Birthday! Happy New Year!*
¡Felicitaciones!/¡Felicidades!	*Congratulations!*
Felizmente despejó antes que nos fuéramos.	*Fortunately it cleared up before we left.*

regular *-ar* verb

festejo · festejaron · festejado · festejando

PRESENT

festejo	festejamos
festejas	festejáis
festeja	festejan

IMPERFECT

festejaba	festejábamos
festejabas	festejabais
festejaba	festejaban

FUTURE

festejaré	festejaremos
festejarás	festejaréis
festejará	festejarán

PLUPERFECT

había festejado	habíamos festejado
habías festejado	habíais festejado
había festejado	habían festejado

FUTURE PERFECT

habré festejado	habremos festejado
habrás festejado	habréis festejado
habrá festejado	habrán festejado

PRESENT SUBJUNCTIVE

festeje	festejemos
festejes	festejéis
festeje	festejen

IMPERFECT SUBJUNCTIVE (-ra)

festejara	festejáramos
festejaras	festejarais
festejara	festejaran

PAST PERFECT SUBJUNCTIVE (-ra)

hubiera festejado	hubiéramos festejado
hubieras festejado	hubierais festejado
hubiera festejado	hubieran festejado

PRETERIT

festejé	festejamos
festejaste	festejasteis
festejó	festejaron

PRESENT PERFECT

he festejado	hemos festejado
has festejado	habéis festejado
ha festejado	han festejado

CONDITIONAL

festejaría	festejaríamos
festejarías	festejaríais
festejaría	festejarían

PRETERIT PERFECT

hube festejado	hubimos festejado
hubiste festejado	hubisteis festejado
hubo festejado	hubieron festejado

CONDITIONAL PERFECT

habría festejado	habríamos festejado
habrías festejado	habríais festejado
habría festejado	habrían festejado

PRESENT PERFECT SUBJUNCTIVE

haya festejado	hayamos festejado
hayas festejado	hayáis festejado
haya festejado	hayan festejado

or **IMPERFECT SUBJUNCTIVE (-se)**

festejase	festejásemos
festejases	festejaseis
festejase	festejasen

or **PAST PERFECT SUBJUNCTIVE (-se)**

hubiese festejado	hubiésemos festejado
hubieses festejado	hubieseis festejado
hubiese festejado	hubiesen festejado

PROGRESSIVE TENSES

PRESENT	estoy, estás, está, estamos, estáis, están
PRETERIT	estuve, estuviste, estuvo, estuvimos, estuvisteis, estuvieron
IMPERFECT	estaba, estabas, estaba, estábamos, estabais, estaban
FUTURE	estaré, estarás, estará, estaremos, estaréis, estarán
CONDITIONAL	estaría, estarías, estaría, estaríamos, estaríais, estarían
SUBJUNCTIVE	que + *corresponding subjunctive tense of* estar (*see verb 252*)

} festejando

COMMANDS

	(nosotros) festejemos/no festejemos
(tú) festeja/no festejes	(vosotros) festejad/no festejéis
(Ud.) festeje/no festeje	(Uds.) festejen/no festejen

Usage

—¿Cómo festejaste tu cumpleaños?	*How did you celebrate your birthday?*
—Con una fiesta. Soy muy fiestera.	*With a party. I love parties./I'm fun-loving.*
Se festejará Año Nuevo en un hotel.	*We'll celebrate New Year's at a hotel.*
Festejamos a 50 huéspedes anoche.	*We entertained 50 guests last night.*
¡Qué gran festejo!	*What a great celebration/feast!*
El sábado es un día festivo.	*Saturday is a holiday.*

fío · fiaron · fiado · fiándose   *-ar* reflexive verb; spelling change: *i > í* when stressed

PRESENT		PRETERIT	
me fío	nos fiamos	me fié	nos fiamos
te fías	os fiáis	te fiaste	os fiasteis
se fía	se fían	se fió	se fiaron

IMPERFECT		PRESENT PERFECT	
me fiaba	nos fiábamos	me he fiado	nos hemos fiado
te fiabas	os fiabais	te has fiado	os habéis fiado
se fiaba	se fiaban	se ha fiado	se han fiado

FUTURE		CONDITIONAL	
me fiaré	nos fiaremos	me fiaría	nos fiaríamos
te fiarás	os fiaréis	te fiarías	os fiaríais
se fiará	se fiarán	se fiaría	se fiarían

PLUPERFECT		PRETERIT PERFECT	
me había fiado	nos habíamos fiado	me hube fiado	nos hubimos fiado
te habías fiado	os habíais fiado	te hubiste fiado	os hubisteis fiado
se había fiado	se habían fiado	se hubo fiado	se hubieron fiado

FUTURE PERFECT		CONDITIONAL PERFECT	
me habré fiado	nos habremos fiado	me habría fiado	nos habríamos fiado
te habrás fiado	os habréis fiado	te habrías fiado	os habríais fiado
se habrá fiado	se habrán fiado	se habría fiado	se habrían fiado

PRESENT SUBJUNCTIVE		PRESENT PERFECT SUBJUNCTIVE	
me fíe	nos fiemos	me haya fiado	nos hayamos fiado
te fíes	os fiéis	te hayas fiado	os hayáis fiado
se fíe	se fíen	se haya fiado	se hayan fiado

IMPERFECT SUBJUNCTIVE (-ra)		*or*	IMPERFECT SUBJUNCTIVE (-se)	
me fiara	nos fiáramos		me fiase	nos fiásemos
te fiaras	os fiarais		te fiases	os fiaseis
se fiara	se fiaran		se fiase	se fiasen

PAST PERFECT SUBJUNCTIVE (-ra)		*or*	PAST PERFECT SUBJUNCTIVE (-se)	
me hubiera fiado	nos hubiéramos fiado		me hubiese fiado	nos hubiésemos fiado
te hubieras fiado	os hubierais fiado		te hubieses fiado	os hubieseis fiado
se hubiera fiado	se hubieran fiado		se hubiese fiado	se hubiesen fiado

PROGRESSIVE TENSES

PRESENT	estoy, estás, está, estamos, estáis, están
PRETERIT	estuve, estuviste, estuvo, estuvimos, estuvisteis, estuvieron
IMPERFECT	estaba, estabas, estaba, estábamos, estabais, estaban
FUTURE	estaré, estarás, estará, estaremos, estaréis, estarán
CONDITIONAL	estaría, estarías, estaría, estaríamos, estaríais, estarían
SUBJUNCTIVE	que + *corresponding subjunctive tense of* estar (*see verb 252*)

} fiando (*see page 31*)

COMMANDS

	(nosotros) fiémonos/no nos fiemos
(tú) fíate/no te fíes	(vosotros) fiaos/no os fiéis
(Ud.) fíese/no se fíe	(Uds.) fíense/no se fíen

Usage

Me fío de él.	*I trust/trust in him.*
—Fíate de ellos.	*Trust in them.*
—¡Qué va! No son de fiar.	*Nonsense! They are not trustworthy.*
Siempre nos fiábamos en ellos.	*We always trusted in them.*
Confió el problema a su amiga.	*She confided her problem to her friend.*
Es mejor no comprar al fiado.	*It's better not to buy on credit.*

regular -*ar* verb | figuro · figuraron · figurado · figurando

PRESENT

figuro	figuramos
figuras	figuráis
figura	figuran

PRETERIT

figuré	figuramos
figuraste	figurasteis
figuró	figuraron

IMPERFECT

figuraba	figurábamos
figurabas	figurabais
figuraba	figuraban

PRESENT PERFECT

he figurado	hemos figurado
has figurado	habéis figurado
ha figurado	han figurado

FUTURE

figuraré	figuraremos
figurarás	figuraréis
figurará	figurarán

CONDITIONAL

figuraría	figuraríamos
figurarías	figuraríais
figuraría	figurarían

PLUPERFECT

había figurado	habíamos figurado
habías figurado	habíais figurado
había figurado	habían figurado

PRETERIT PERFECT

hube figurado	hubimos figurado
hubiste figurado	hubisteis figurado
hubo figurado	hubieron figurado

FUTURE PERFECT

habré figurado	habremos figurado
habrás figurado	habréis figurado
habrá figurado	habrán figurado

CONDITIONAL PERFECT

habría figurado	habríamos figurado
habrías figurado	habríais figurado
habría figurado	habrían figurado

PRESENT SUBJUNCTIVE

figure	figuremos
figures	figuréis
figure	figuren

PRESENT PERFECT SUBJUNCTIVE

haya figurado	hayamos figurado
hayas figurado	hayáis figurado
haya figurado	hayan figurado

IMPERFECT SUBJUNCTIVE (-ra)

figurara	figuráramos
figuraras	figurarais
figurara	figuraran

or **IMPERFECT SUBJUNCTIVE (-se)**

figurase	figurásemos
figurases	figuraseis
figurase	figurasen

PAST PERFECT SUBJUNCTIVE (-ra)

hubiera figurado	hubiéramos figurado
hubieras figurado	hubierais figurado
hubiera figurado	hubieran figurado

or **PAST PERFECT SUBJUNCTIVE (-se)**

hubiese figurado	hubiésemos figurado
hubieses figurado	hubieseis figurado
hubiese figurado	hubiesen figurado

PROGRESSIVE TENSES

PRESENT	estoy, estás, está, estamos, estáis, están	
PRETERIT	estuve, estuviste, estuvo, estuvimos, estuvisteis, estuvieron	
IMPERFECT	estaba, estabas, estaba, estábamos, estabais, estaban	figurando
FUTURE	estaré, estarás, estará, estaremos, estaréis, estarán	
CONDITIONAL	estaría, estarías, estaría, estaríamos, estaríais, estarían	
SUBJUNCTIVE	que + *corresponding subjunctive tense of* estar (*see verb 252*)	

COMMANDS

	(nosotros) figuremos/no figuremos
(tú) figura/no figures	(vosotros) figurad/no figuréis
(Ud.) figure/no figure	(Uds.) figuren/no figuren

Usage

Esos títulos no figuran en la lista.	*Those titles don't appear on the list.*
Es el personaje que más figura en la novela.	*This is the most important character in the novel.*
¿Por qué no figuraba tu nombre en el elenco?	*Why wasn't your name in the cast?*
Figúrate.	*Just think./Just imagine.*
Es una figura importante.	*She's an important figure.*

PRESENT

me fijo	nos fijamos
te fijas	os fijáis
se fija	se fijan

PRETERIT

me fijé	nos fijamos
te fijaste	os fijasteis
se fijó	se fijaron

IMPERFECT

me fijaba	nos fiábamos
te fijabas	os fijabais
se fijaba	se fijaban

PRESENT PERFECT

me he fijado	nos hemos fijado
te has fijado	os habéis fijado
se ha fijado	se han fijado

FUTURE

me fijaré	nos fijaremos
te fijarás	os fijaréis
se fijará	se fijarán

CONDITIONAL

me fijaría	nos fijaríamos
te fijarías	os fijaríais
se fijaría	se fijarían

PLUPERFECT

me había fijado	nos habíamos fijado
te habías fijado	os habíais fijado
se había fijado	se habían fijado

PRETERIT PERFECT

me hube fijado	nos hubimos fijado
te hubiste fijado	os hubisteis fijado
se hubo fijado	se hubieron fijado

FUTURE PERFECT

me habré fijado	nos habremos fijado
te habrás fijado	os habréis fijado
se habrá fijado	se habrán fijado

CONDITIONAL PERFECT

me habría fijado	nos habríamos fijado
te habrías fijado	os habríais fijado
se habría fijado	se habrían fijado

PRESENT SUBJUNCTIVE

me fije	nos fijemos
te fijes	os fijéis
se fije	se fijen

PRESENT PERFECT SUBJUNCTIVE

me haya fijado	nos hayamos fijado
te hayas fijado	os hayáis fijado
se haya fijado	se hayan fijado

IMPERFECT SUBJUNCTIVE (-ra)

me fijara	nos fijáramos
te fijaras	os fijarais
se fijara	se fijaran

_or_ **IMPERFECT SUBJUNCTIVE (-se)**

me fijase	nos fijásemos
te fijases	os fijaseis
se fijase	se fijasen

PAST PERFECT SUBJUNCTIVE (-ra)

me hubiera fijado	nos hubiéramos fijado
te hubieras fijado	os hubierais fijado
se hubiera fijado	se hubieran fijado

_or_ **PAST PERFECT SUBJUNCTIVE (-se)**

me hubiese fijado	nos hubiésemos fijado
te hubieses fijado	os hubieseis fijado
se hubiese fijado	se hubiesen fijado

PROGRESSIVE TENSES

PRESENT	estoy, estás, está, estamos, estáis, están
PRETERIT	estuve, estuviste, estuvo, estuvimos, estuvisteis, estuvieron
IMPERFECT	estaba, estabas, estaba, estábamos, estabais, estaban
FUTURE	estaré, estarás, estará, estaremos, estaréis, estarán
CONDITIONAL	estaría, estarías, estaría, estaríamos, estaríais, estarían
SUBJUNCTIVE	que + _corresponding subjunctive tense of_ estar (_see verb 252_)

fijando (_see page 31_)

COMMANDS

	(nosotros) fijémonos/no nos fijemos
(tú) fíjate/no te fijes	(vosotros) fijaos/no os fijéis
(Ud.) fíjese/no se fije	(Uds.) fíjense/no se fijen

Usage

No se han fijado en sus alrededores.	_They haven't noticed their surroundings._
Fíjese en lo que le dicen.	_Pay attention to what they tell you._
Fíjate.	_Look./Imagine./Just think._
—Que fijen la fecha.	_Have them fix/set the date._
—La fecha ya está fija. Y hay hora fija.	_The date is already set. And there's a set time._
Fijó la mirada en los cantantes.	_She stared at the singers._

-ir verb; spelling change: *g > j/o, a*   finjo · fingieron · fingido · fingiendo

PRESENT		**PRETERIT**	
finjo	fingimos	fingí	fingimos
finges	fingís	fingiste	fingisteis
finge	fingen	fingió	fingicron

IMPERFECT		**PRESENT PERFECT**	
fingía	fingíamos	he fingido	hemos fingido
fingías	fingíais	has fingido	habéis fingido
fingía	fingían	ha fingido	han fingido

FUTURE		**CONDITIONAL**	
fingiré	fingiremos	fingiría	fingiríamos
fingirás	fingiréis	fingirías	fingiríais
fingirá	fingirán	fingiría	fingirían

PLUPERFECT		**PRETERIT PERFECT**	
había fingido	habíamos fingido	hube fingido	hubimos fingido
habías fingido	habíais fingido	hubiste fingido	hubisteis fingido
había fingido	habían fingido	hubo fingido	hubieron fingido

FUTURE PERFECT		**CONDITIONAL PERFECT**	
habré fingido	habremos fingido	habría fingido	habríamos fingido
habrás fingido	habréis fingido	habrías fingido	habríais fingido
habrá fingido	habrán fingido	habría fingido	habrían fingido

PRESENT SUBJUNCTIVE		**PRESENT PERFECT SUBJUNCTIVE**	
finja	finjamos	haya fingido	hayamos fingido
finjas	finjáis	hayas fingido	hayáis fingido
finja	finjan	haya fingido	hayan fingido

IMPERFECT SUBJUNCTIVE (-ra)		*or* **IMPERFECT SUBJUNCTIVE (-se)**	
fingiera	fingiéramos	fingiese	fingiésemos
fingieras	fingierais	fingieses	fingieseis
fingiera	fingieran	fingiese	fingiesen

PAST PERFECT SUBJUNCTIVE (-ra)		*or* **PAST PERFECT SUBJUNCTIVE (-se)**	
hubiera fingido	hubiéramos fingido	hubiese fingido	hubiésemos fingido
hubieras fingido	hubierais fingido	hubieses fingido	hubieseis fingido
hubiera fingido	hubieran fingido	hubiese fingido	hubiesen fingido

PROGRESSIVE TENSES

PRESENT	estoy, estás, está, estamos, estáis, están	
PRETERIT	estuve, estuviste, estuvo, estuvimos, estuvisteis, estuvieron	
IMPERFECT	estaba, estabas, estaba, estábamos, estabais, estaban	fingiendo
FUTURE	estaré, estarás, estará, estaremos, estaréis, estarán	
CONDITIONAL	estaría, estarías, estaría, estaríamos, estaríais, estarían	
SUBJUNCTIVE	que + *corresponding subjunctive tense of* estar (*see verb 252*)	

COMMANDS

	(nosotros) finjamos/no finjamos
(tú) finge/no finjas	(vosotros) fingid/no finjáis
(Ud.) finja/no finja	(Uds.) finjan/no finjan

Usage

Fingía tristeza.	*She was feigning sadness.*
Fingen que están tristes.	*They're pretending to be sad.*
Fingió no comprender.	*He pretended not to understand.*
Estamos hartos del fingimiento.	*We're fed up with the pretense.*

firmar   *to sign*

firmo · firmaron · firmado · firmando

regular *-ar* verb

PRESENT		PRETERIT	
firmo	firmamos	firmé	firmamos
firmas	firmáis	firmaste	firmasteis
firma	firman	firmó	firmaron

IMPERFECT		PRESENT PERFECT	
firmaba	firmábamos	he firmado	hemos firmado
firmabas	firmabais	has firmado	habéis firmado
firmaba	firmaban	ha firmado	han firmado

FUTURE		CONDITIONAL	
firmaré	firmaremos	firmaría	firmaríamos
firmarás	firmaréis	firmarías	firmaríais
firmará	firmarán	firmaría	firmarían

PLUPERFECT		PRETERIT PERFECT	
había firmado	habíamos firmado	hube firmado	hubimos firmado
habías firmado	habíais firmado	hubiste firmado	hubisteis firmado
había firmado	habían firmado	hubo firmado	hubieron firmado

FUTURE PERFECT		CONDITIONAL PERFECT	
habré firmado	habremos firmado	habría firmado	habríamos firmado
habrás firmado	habréis firmado	habrías firmado	habríais firmado
habrá firmado	habrán firmado	habría firmado	habrían firmado

PRESENT SUBJUNCTIVE		PRESENT PERFECT SUBJUNCTIVE	
firme	firmemos	haya firmado	hayamos firmado
firmes	firméis	hayas firmado	hayáis firmado
firme	firmen	haya firmado	hayan firmado

IMPERFECT SUBJUNCTIVE (-ra)		*or* IMPERFECT SUBJUNCTIVE (-se)	
firmara	firmáramos	firmase	firmásemos
firmaras	firmarais	firmases	firmaseis
firmara	firmaran	firmase	firmasen

PAST PERFECT SUBJUNCTIVE (-ra)		*or* PAST PERFECT SUBJUNCTIVE (-se)	
hubiera firmado	hubiéramos firmado	hubiese firmado	hubiésemos firmado
hubieras firmado	hubierais firmado	hubieses firmado	hubieseis firmado
hubiera firmado	hubieran firmado	hubiese firmado	hubiesen firmado

PROGRESSIVE TENSES

PRESENT	estoy, estás, está, estamos, estáis, están
PRETERIT	estuve, estuviste, estuvo, estuvimos, estuvisteis, estuvieron
IMPERFECT	estaba, estabas, estaba, estábamos, estabais, estaban
FUTURE	estaré, estarás, estará, estaremos, estaréis, estarán
CONDITIONAL	estaría, estarías, estaría, estaríamos, estaríais, estarían
SUBJUNCTIVE	que + *corresponding subjunctive tense of* estar (*see verb 252*)

} firmando

COMMANDS

	(nosotros) firmemos/no firmemos
(tú) firma/no firmes	(vosotros) firmad/no firméis
(Ud.) firme/no firme	(Uds.) firmen/no firmen

Usage

Firme el cheque.	*Sign the check.*
Firmaron el contrato.	*They signed the contract.*
No se puede leer la firma en la carta.	*We can't read the signature on the letter.*
¿Quiénes son los firmantes del acuerdo?	*Who are the signatories to the agreement?*

regular -*ar* verb

formo · formaron · formado · formando

PRESENT

formo	formamos
formas	formáis
forma	forman

PRETERIT

formé	formamos
formaste	formasteis
formó	formaron

IMPERFECT

formaba	formábamos
formabas	formabais
formaba	formaban

PRESENT PERFECT

he formado	hemos formado
has formado	habéis formado
ha formado	han formado

FUTURE

formaré	formaremos
formarás	formaréis
formará	formarán

CONDITIONAL

formaría	formaríamos
formarías	formaríais
formaría	formarían

PLUPERFECT

había formado	habíamos formado
habías formado	habíais formado
había formado	habían formado

PRETERIT PERFECT

hube formado	hubimos formado
hubiste formado	hubisteis formado
hubo formado	hubieron formado

FUTURE PERFECT

habré formado	habremos formado
habrás formado	habréis formado
habrá formado	habrán formado

CONDITIONAL PERFECT

habría formado	habríamos formado
habrías formado	habríais formado
habría formado	habrían formado

PRESENT SUBJUNCTIVE

forme	formemos
formes	forméis
forme	formen

PRESENT PERFECT SUBJUNCTIVE

haya formado	hayamos formado
hayas formado	hayáis formado
haya formado	hayan formado

IMPERFECT SUBJUNCTIVE (-ra)

formara	formáramos
formaras	formarais
formara	formaran

or **IMPERFECT SUBJUNCTIVE (-se)**

formase	formásemos
formases	formaseis
formase	formasen

PAST PERFECT SUBJUNCTIVE (-ra)

hubiera formado	hubiéramos formado
hubieras formado	hubierais formado
hubiera formado	hubieran formado

or **PAST PERFECT SUBJUNCTIVE (-se)**

hubiese formado	hubiésemos formado
hubieses formado	hubieseis formado
hubiese formado	hubiesen formado

PROGRESSIVE TENSES

PRESENT	estoy, estás, está, estamos, estáis, están	
PRETERIT	estuve, estuviste, estuvo, estuvimos, estuvisteis, estuvieron	
IMPERFECT	estaba, estabas, estaba, estábamos, estabais, estaban	formando
FUTURE	estaré, estarás, estará, estaremos, estaréis, estarán	
CONDITIONAL	estaría, estarías, estaría, estaríamos, estaríais, estarían	
SUBJUNCTIVE	que + *corresponding subjunctive tense of* estar (*see verb 252*)	

COMMANDS

	(nosotros) formemos/no formemos
(tú) forma/no formes	(vosotros) formad/no forméis
(Ud.) forme/no forme	(Uds.) formen/no formen

Usage

Formaron un club de inversionistas.	*They formed an investors club.*
El escultor daba forma a su escultura.	*The sculptor shaped his piece of sculpture.*
Cincuenta estados forman los Estados Unidos.	*Fifty states make up the United States.*
El museo tiene una forma circular.	*The museum has a round shape.*
Su formación es de primera.	*His training/education is first-rate.*
No me interesa de todas formas.	*I'm not interested anyway.*

fracasar   to fail

regular -ar verb

PRESENT		PRETERIT	
fracaso	fracasamos	fracasé	fracasamos
fracasas	fracasáis	fracasaste	fracasasteis
fracasa	fracasan	fracasó	fracasaron

IMPERFECT		PRESENT PERFECT	
fracasaba	fracasábamos	he fracasado	hemos fracasado
fracasabas	fracasabais	has fracasado	habéis fracasado
fracasaba	fracasaban	ha fracasado	han fracasado

FUTURE		CONDITIONAL	
fracasaré	fracasaremos	fracasaría	fracasaríamos
fracasarás	fracasaréis	fracasarías	fracasaríais
fracasará	fracasarán	fracasaría	fracasarían

PLUPERFECT		PRETERIT PERFECT	
había fracasado	habíamos fracasado	hube fracasado	hubimos fracasado
habías fracasado	habíais fracasado	hubiste fracasado	hubisteis fracasado
había fracasado	habían fracasado	hubo fracasado	hubieron fracasado

FUTURE PERFECT		CONDITIONAL PERFECT	
habré fracasado	habremos fracasado	habría fracasado	habríamos fracasado
habrás fracasado	habréis fracasado	habrías fracasado	habríais fracasado
habrá fracasado	habrán fracasado	habría fracasado	habrían fracasado

PRESENT SUBJUNCTIVE		PRESENT PERFECT SUBJUNCTIVE	
fracase	fracasemos	haya fracasado	hayamos fracasado
fracases	fracaséis	hayas fracasado	hayáis fracasado
fracase	fracasen	haya fracasado	hayan fracasado

IMPERFECT SUBJUNCTIVE (-ra)		or	IMPERFECT SUBJUNCTIVE (-se)	
fracasara	fracasáramos		fracasase	fracasásemos
fracasaras	fracasarais		fracasases	fracasaseis
fracasara	fracasaran		fracasase	fracasasen

PAST PERFECT SUBJUNCTIVE (-ra)		or	PAST PERFECT SUBJUNCTIVE (-se)	
hubiera fracasado	hubiéramos fracasado		hubiese fracasado	hubiésemos fracasado
hubieras fracasado	hubierais fracasado		hubieses fracasado	hubieseis fracasado
hubiera fracasado	hubieran fracasado		hubiese fracasado	hubiesen fracasado

PROGRESSIVE TENSES

PRESENT	estoy, estás, está, estamos, estáis, están	
PRETERIT	estuve, estuviste, estuvo, estuvimos, estuvisteis, estuvieron	
IMPERFECT	estaba, estabas, estaba, estábamos, estabais, estaban	fracasando
FUTURE	estaré, estarás, estará, estaremos, estaréis, estarán	
CONDITIONAL	estaría, estarías, estaría, estaríamos, estaríais, estarían	
SUBJUNCTIVE	que + *corresponding subjunctive tense of* estar (*see verb 252*)	

COMMANDS

	(nosotros) fracasemos/no fracasemos
(tú) fracasa/no fracases	(vosotros) fracasad/no fracaséis
(Ud.) fracase/no fracase	(Uds.) fracasen/no fracasen

Usage

Sus tentativas han fracasado.	*Their attempts have failed.*
Su proyecto fracasó.	*Their project fell through.*
Fue un fracaso.	*It was a failure.*
Es un fracasado.	*He's a failure.*

stem-changing -ar verb: e > ie;
spelling change: g > gu/e

friego · fregaron · fregado · fregando

PRESENT

friego	fregamos
friegas	fregáis
friega	friegan

IMPERFECT

fregaba	fregábamos
fregabas	fregabais
fregaba	fregaban

FUTURE

fregaré	fregaremos
fregarás	fregaréis
fregará	fregarán

PLUPERFECT

había fregado	habíamos fregado
habías fregado	habíais fregado
había fregado	habían fregado

FUTURE PERFECT

habré fregado	habremos fregado
habrás fregado	habréis fregado
habrá fregado	habrán fregado

PRESENT SUBJUNCTIVE

friegue	freguemos
friegues	freguéis
friegue	frieguen

IMPERFECT SUBJUNCTIVE (-ra)

fregara	fregáramos
fregaras	fregarais
fregara	fregaran

PAST PERFECT SUBJUNCTIVE (-ra)

hubiera fregado	hubiéramos fregado
hubieras fregado	hubierais fregado
hubiera fregado	hubieran fregado

PRETERIT

fregué	fregamos
fregaste	fregasteis
fregó	fregaron

PRESENT PERFECT

he fregado	hemos fregado
has fregado	habéis fregado
ha fregado	han fregado

CONDITIONAL

fregaría	fregaríamos
fregarías	fregaríais
fregaría	fregarían

PRETERIT PERFECT

hube fregado	hubimos fregado
hubiste fregado	hubisteis fregado
hubo fregado	hubieron fregado

CONDITIONAL PERFECT

habría fregado	habríamos fregado
habrías fregado	habríais fregado
habría fregado	habrían fregado

PRESENT PERFECT SUBJUNCTIVE

haya fregado	hayamos fregado
hayas fregado	hayáis fregado
haya fregado	hayan fregado

or **IMPERFECT SUBJUNCTIVE (-se)**

fregase	fregásemos
fregases	fregaseis
fregase	fregasen

or **PAST PERFECT SUBJUNCTIVE (-se)**

hubiese fregado	hubiésemos fregado
hubieses fregado	hubieseis fregado
hubiese fregado	hubiesen fregado

PROGRESSIVE TENSES

PRESENT	estoy, estás, está, estamos, estáis, están	
PRETERIT	estuve, estuviste, estuvo, estuvimos, estuvisteis, estuvieron	
IMPERFECT	estaba, estabas, estaba, estábamos, estabais, estaban	fregando
FUTURE	estaré, estarás, estará, estaremos, estaréis, estarán	
CONDITIONAL	estaría, estarías, estaría, estaríamos, estaríais, estarían	
SUBJUNCTIVE	que + *corresponding subjunctive tense of* estar (*see verb 252*)	

COMMANDS

	(nosotros) freguemos/no freguemos
(tú) friega/no friegues	(vosotros) fregad/no freguéis
(Ud.) friegue/no friegue	(Uds.) frieguen/no frieguen

Usage

Friego el sartén.	*I'm scrubbing/scouring the frying pan.*
Frieguen los platos.	*Wash the dishes.*
¡Deja de fregarnos!	*Stop annoying/bothering us!* (Lat. Am. usage)
Hay utensilios en el fregadero.	*There are utensils in the sink.*

frío · frieron · frito · friendo   irregular verb

PRESENT		PRETERIT	
frío	freímos	freí	freímos
fríes	freís	freíste	freísteis
fríe	fríen	frió	frieron

IMPERFECT		PRESENT PERFECT	
freía	freíamos	he frito	hemos frito
freías	freíais	has frito	habéis frito
freía	freían	ha frito	han frito

FUTURE		CONDITIONAL	
freiré	freiremos	freiría	freiríamos
freirás	freiréis	freirías	freiríais
freirá	freirán	freiría	freirían

PLUPERFECT		PRETERIT PERFECT	
había frito	habíamos frito	hube frito	hubimos frito
habías frito	habíais frito	hubiste frito	hubisteis frito
había frito	habían frito	hubo frito	hubieron frito

FUTURE PERFECT		CONDITIONAL PERFECT	
habré frito	habremos frito	habría frito	habríamos frito
habrás frito	habréis frito	habrías frito	habríais frito
habrá frito	habrán frito	habría frito	habrían frito

PRESENT SUBJUNCTIVE		PRESENT PERFECT SUBJUNCTIVE	
fría	friamos	haya frito	hayamos frito
frías	friáis	hayas frito	hayáis frito
fría	frían	haya frito	hayan frito

IMPERFECT SUBJUNCTIVE (-ra)		*or* IMPERFECT SUBJUNCTIVE (-se)	
friera	friéramos	friese	friésemos
frieras	frierais	frieses	frieseis
friera	frieran	friese	friesen

PAST PERFECT SUBJUNCTIVE (-ra)		*or* PAST PERFECT SUBJUNCTIVE (-se)	
hubiera frito	hubiéramos frito	hubiese frito	hubiésemos frito
hubieras frito	hubierais frito	hubieses frito	hubieseis frito
hubiera frito	hubieran frito	hubiese frito	hubiesen frito

PROGRESSIVE TENSES

PRESENT	estoy, estás, está, estamos, estáis, están	
PRETERIT	estuve, estuviste, estuvo, estuvimos, estuvisteis, estuvieron	
IMPERFECT	estaba, estabas, estaba, estábamos, estabais, estaban	friendo
FUTURE	estaré, estarás, estará, estaremos, estaréis, estarán	
CONDITIONAL	estaría, estarías, estaría, estaríamos, estaríais, estarían	
SUBJUNCTIVE	que + *corresponding subjunctive tense of* estar (*see verb 252*)	

COMMANDS

	(nosotros) friamos/no friamos
(tú) fríe/no frías	(vosotros) freíd/no friáis
(Ud.) fría/no fría	(Uds.) frían/no frían

Usage

Fríe el bacalao.	*Fry the codfish.*
La cocinera frió el pollo.	*The chef fried the chicken.*
¡Vete a freír espárragos!	*Go jump in the lake!*
Pedí huevos fritos y papas fritas.	*I ordered fried eggs and French fries.*
¡Estamos fritos!	*We're done for/all washed up!*

regular -*ar* verb

PRESENT

fumo	fumamos
fumas	fumáis
fuma	fuman

PRETERIT

fumé	fumamos
fumaste	fumasteis
fumó	fumaron

IMPERFECT

fumaba	fumábamos
fumabas	fumabais
fumaba	fumaban

PRESENT PERFECT

he fumado	hemos fumado
has fumado	habéis fumado
ha fumado	han fumado

FUTURE

fumaré	fumaremos
fumarás	fumaréis
fumará	fumarán

CONDITIONAL

fumaría	fumaríamos
fumarías	fumaríais
fumaría	fumarían

PLUPERFECT

había fumado	habíamos fumado
habías fumado	habíais fumado
había fumado	habían fumado

PRETERIT PERFECT

hube fumado	hubimos fumado
hubiste fumado	hubisteis fumado
hubo fumado	hubieron fumado

FUTURE PERFECT

habré fumado	habremos fumado
habrás fumado	habréis fumado
habrá fumado	habrán fumado

CONDITIONAL PERFECT

habría fumado	habríamos fumado
habrías fumado	habríais fumado
habría fumado	habrían fumado

PRESENT SUBJUNCTIVE

fume	fumemos
fumes	fuméis
fume	fumen

PRESENT PERFECT SUBJUNCTIVE

haya fumado	hayamos fumado
hayas fumado	hayáis fumado
haya fumado	hayan fumado

IMPERFECT SUBJUNCTIVE (-ra)   *or*

fumara	fumáramos
fumaras	fumarais
fumara	fumaran

IMPERFECT SUBJUNCTIVE (-se)

fumase	fumásemos
fumases	fumaseis
fumase	fumasen

PAST PERFECT SUBJUNCTIVE (-ra)   *or*

hubiera fumado	hubiéramos fumado
hubieras fumado	hubierais fumado
hubiera fumado	hubieran fumado

PAST PERFECT SUBJUNCTIVE (-se)

hubiese fumado	hubiésemos fumado
hubieses fumado	hubieseis fumado
hubiese fumado	hubiesen fumado

PROGRESSIVE TENSES

PRESENT	estoy, estás, está, estamos, estáis, están
PRETERIT	estuve, estuviste, estuvo, estuvimos, estuvisteis, estuvieron
IMPERFECT	estaba, estabas, estaba, estábamos, estabais, estaban
FUTURE	estaré, estarás, estará, estaremos, estaréis, estarán
CONDITIONAL	estaría, estarías, estaría, estaríamos, estaríais, estarían
SUBJUNCTIVE	que + *corresponding subjunctive tense of* estar (*see verb 252*)

} fumando

COMMANDS

	(nosotros) fumemos/no fumemos
(tú) fuma/no fumes	(vosotros) fumad/no fuméis
(Ud.) fume/no fume	(Uds.) fumen/no fumen

Usage

Los fumadores fuman pitillos y puros.	*Smokers smoke cigarettes and cigars.*
¿Tú y tus amigos fumaban?	*Did you and your friends smoke?*
Dejó de fumar.	*She stopped smoking.*
Se prohíbe fumar.	*No smoking.*
Se fumaron su herencia.	*They squandered their inheritance.*
Se fumó la clase.	*She skipped the class.*

funcionar *to function, work* (machine)

regular -*ar* verb

PRESENT		PRETERIT	
funciono	funcionamos	funcioné	funcionamos
funcionas	funcionáis	funcionaste	funcionasteis
funciona	funcionan	funcionó	funcionaron

IMPERFECT		PRESENT PERFECT	
funcionaba	funcionábamos	he funcionado	hemos funcionado
funcionabas	funcionabais	has funcionado	habéis funcionado
funcionaba	funcionaban	ha funcionado	han funcionado

FUTURE		CONDITIONAL	
funcionaré	funcionaremos	funcionaría	funcionaríamos
funcionarás	funcionaréis	funcionarías	funcionaríais
funcionará	funcionarán	funcionaría	funcionarían

PLUPERFECT		PRETERIT PERFECT	
había funcionado	habíamos funcionado	hube funcionado	hubimos funcionado
habías funcionado	habíais funcionado	hubiste funcionado	hubisteis funcionado
había funcionado	habían funcionado	hubo funcionado	hubieron funcionado

FUTURE PERFECT		CONDITIONAL PERFECT	
habré funcionado	habremos funcionado	habría funcionado	habríamos funcionado
habrás funcionado	habréis funcionado	habrías funcionado	habríais funcionado
habrá funcionado	habrán funcionado	habría funcionado	habrían funcionado

PRESENT SUBJUNCTIVE		PRESENT PERFECT SUBJUNCTIVE	
funcione	funcionemos	haya funcionado	hayamos funcionado
funciones	funcionéis	hayas funcionado	hayáis funcionado
funcione	funcionen	haya funcionado	hayan funcionado

IMPERFECT SUBJUNCTIVE (-ra)		*or* IMPERFECT SUBJUNCTIVE (-se)	
funcionara	funcionáramos	funcionase	funcionásemos
funcionaras	funcionarais	funcionases	funcionaseis
funcionara	funcionaran	funcionase	funcionasen

PAST PERFECT SUBJUNCTIVE (-ra)		*or* PAST PERFECT SUBJUNCTIVE (-se)	
hubiera funcionado	hubiéramos funcionado	hubiese funcionado	hubiésemos funcionado
hubieras funcionado	hubierais funcionado	hubieses funcionado	hubieseis funcionado
hubiera funcionado	hubieran funcionado	hubiese funcionado	hubiesen funcionado

PROGRESSIVE TENSES

PRESENT	estoy, estás, está, estamos, estáis, están	
PRETERIT	estuve, estuviste, estuvo, estuvimos, estuvisteis, estuvieron	
IMPERFECT	estaba, estabas, estaba, estábamos, estabais, estaban	funcionando
FUTURE	estaré, estarás, estará, estaremos, estaréis, estarán	
CONDITIONAL	estaría, estarías, estaría, estaríamos, estaríais, estarían	
SUBJUNCTIVE	que + *corresponding subjunctive tense of* estar (*see verb 252*)	

COMMANDS

	(nosotros) funcionemos/no funcionemos
(tú) funciona/no funciones	(vosotros) funcionad/no funcionéis
(Ud.) funcione/no funcione	(Uds.) funcionen/no funcionen

Usage

La videocámara no funcionaba.	*The video camera wasn't working.*
¿Sabes hacer funcionar esta computadora?	*Do you know how to work this computer?*
El teléfono/El ascensor no funciona.	*The telephone/The elevator is out of order.*
Hay función a las ocho.	*There's a performance/show at 8:00.*
Hay un mal funcionamiento.	*There's a malfunction.*
Trabaja de funcionario.	*She's working as a civil servant.*

regular *-ar* verb

PRESENT

gano	ganamos
ganas	ganáis
gana	ganan

IMPERFECT

ganaba	ganábamos
ganabas	ganabais
ganaba	ganaban

FUTURE

ganaré	ganaremos
ganarás	ganaréis
ganará	ganarán

PLUPERFECT

había ganado	habíamos ganado
habías ganado	habíais ganado
había ganado	habían ganado

FUTURE PERFECT

habré ganado	habremos ganado
habrás ganado	habréis ganado
habrá ganado	habrán ganado

PRESENT SUBJUNCTIVE

gane	ganemos
ganes	ganéis
gane	ganen

IMPERFECT SUBJUNCTIVE (-ra)

ganara	ganáramos
ganaras	ganarais
ganara	ganaran

PAST PERFECT SUBJUNCTIVE (-ra)

hubiera ganado	hubiéramos ganado
hubieras ganado	hubierais ganado
hubiera ganado	hubieran ganado

PRETERIT

gané	ganamos
ganaste	ganasteis
ganó	ganaron

PRESENT PERFECT

he ganado	hemos ganado
has ganado	habéis ganado
ha ganado	han ganado

CONDITIONAL

ganaría	ganaríamos
ganarías	ganaríais
ganaría	ganarían

PRETERIT PERFECT

hube ganado	hubimos ganado
hubiste ganado	hubisteis ganado
hubo ganado	hubieron ganado

CONDITIONAL PERFECT

habría ganado	habríamos ganado
habrías ganado	habríais ganado
habría ganado	habrían ganado

PRESENT PERFECT SUBJUNCTIVE

haya ganado	hayamos ganado
hayas ganado	hayáis ganado
haya ganado	hayan ganado

or **IMPERFECT SUBJUNCTIVE (-se)**

ganase	ganásemos
ganases	ganaseis
ganase	ganasen

or **PAST PERFECT SUBJUNCTIVE (-se)**

hubiese ganado	hubiésemos ganado
hubieses ganado	hubieseis ganado
hubiese ganado	hubiesen ganado

PROGRESSIVE TENSES

PRESENT	estoy, estás, está, estamos, estáis, están
PRETERIT	estuve, estuviste, estuvo, estuvimos, estuvisteis, estuvieron
IMPERFECT	estaba, estabas, estaba, estábamos, estabais, estaban
FUTURE	estaré, estarás, estará, estaremos, estaréis, estarán
CONDITIONAL	estaría, estarías, estaría, estaríamos, estaríais, estarían
SUBJUNCTIVE	que + *corresponding subjunctive tense of* estar (*see verb 252*)

} ganando

COMMANDS

	(nosotros) ganemos/no ganemos
(tú) gana/no ganes	(vosotros) ganad/no ganéis
(Ud.) gane/no gane	(Uds.) ganen/no ganen

Usage

Ganan mucho dinero.	*They earn a lot of money.*
El general ganó la guerra.	*The general won the war.*
Ganó el respeto de todos.	*He gained everyone's respect.*
Se ganó la vida escribiendo.	*He earned his living by writing.*
La empresa tiene buenas ganancias.	*The company has good earnings.*

gastar   *to spend, use up, waste, wear out*

gasto · gastaron · gastado · gastando

PRESENT		PRETERIT	
gasto	gastamos	gasté	gastamos
gastas	gastáis	gastaste	gastasteis
gasta	gastan	gastó	gastaron

IMPERFECT		PRESENT PERFECT	
gastaba	gastábamos	he gastado	hemos gastado
gastabas	gastabais	has gastado	habéis gastado
gastaba	gastaban	ha gastado	han gastado

FUTURE		CONDITIONAL	
gastaré	gastaremos	gastaría	gastaríamos
gastarás	gastaréis	gastarías	gastaríais
gastará	gastarán	gastaría	gastarían

PLUPERFECT		PRETERIT PERFECT	
había gastado	habíamos gastado	hube gastado	hubimos gastado
habías gastado	habíais gastado	hubiste gastado	hubisteis gastado
había gastado	habían gastado	hubo gastado	hubieron gastado

FUTURE PERFECT		CONDITIONAL PERFECT	
habré gastado	habremos gastado	habría gastado	habríamos gastado
habrás gastado	habréis gastado	habrías gastado	habríais gastado
habrá gastado	habrán gastado	habría gastado	habrían gastado

PRESENT SUBJUNCTIVE		PRESENT PERFECT SUBJUNCTIVE	
gaste	gastemos	haya gastado	hayamos gastado
gastes	gastéis	hayas gastado	hayáis gastado
gaste	gasten	haya gastado	hayan gastado

IMPERFECT SUBJUNCTIVE (-ra)		*or* IMPERFECT SUBJUNCTIVE (-se)	
gastara	gastáramos	gastase	gastásemos
gastaras	gastarais	gastases	gastaseis
gastara	gastaran	gastase	gastasen

PAST PERFECT SUBJUNCTIVE (-ra)		*or* PAST PERFECT SUBJUNCTIVE (-se)	
hubiera gastado	hubiéramos gastado	hubiese gastado	hubiésemos gastado
hubieras gastado	hubierais gastado	hubieses gastado	hubieseis gastado
hubiera gastado	hubieran gastado	hubiese gastado	hubiesen gastado

PROGRESSIVE TENSES

PRESENT	estoy, estás, está, estamos, estáis, están	
PRETERIT	estuve, estuviste, estuvo, estuvimos, estuvisteis, estuvieron	
IMPERFECT	estaba, estabas, estaba, estábamos, estabais, estaban	gastando
FUTURE	estaré, estarás, estará, estaremos, estaréis, estarán	
CONDITIONAL	estaría, estarías, estaría, estaríamos, estaríais, estarían	
SUBJUNCTIVE	que + *corresponding subjunctive tense of* estar (*see verb 252*)	

COMMANDS

	(nosotros) gastemos/no gastemos
(tú) gasta/no gastes	(vosotros) gastad/no gastéis
(Ud.) gaste/no gaste	(Uds.) gasten/no gasten

Usage

Gastaron mucho dinero.	*They spent a lot of money.*
¿Cuánto han gastado en lujos?	*How much have they spent on luxury items?*
No gastes tus palabras.	*Don't waste your words.*
Los zapatos están gastados.	*The shoes are worn out.*
Tenemos muchos gastos.	*We have many expenses.*
Les encanta gastar bromas.	*They love to play practical jokes.*

stem-changing *-ir* verb: *e > i* (like **pedir**) | **gimo · gimieron · gemido · gimiendo**

PRESENT

gimo	gemimos
gimes	gemís
gime	gimen

PRETERIT

gemí	gemimos
gemiste	gemisteis
gimió	gimieron

IMPERFECT

gemía	gemíamos
gemías	gemíais
gemía	gemían

PRESENT PERFECT

he gemido	hemos gemido
has gemido	habéis gemido
ha gemido	han gemido

FUTURE

gemiré	gemiremos
gemirás	gemiréis
gemirá	gemirán

CONDITIONAL

gemiría	gemiríamos
gemirías	gemiríais
gemiría	gemirían

PLUPERFECT

había gemido	habíamos gemido
habías gemido	habíais gemido
había gemido	habían gemido

PRETERIT PERFECT

hube gemido	hubimos gemido
hubiste gemido	hubisteis gemido
hubo gemido	hubieron gemido

FUTURE PERFECT

habré gemido	habremos gemido
habrás gemido	habréis gemido
habrá gemido	habrán gemido

CONDITIONAL PERFECT

habría gemido	habríamos gemido
habrías gemido	habríais gemido
habría gemido	habrían gemido

PRESENT SUBJUNCTIVE

gima	gimamos
gimas	gimáis
gima	giman

PRESENT PERFECT SUBJUNCTIVE

haya gemido	hayamos gemido
hayas gemido	hayáis gemido
haya gemido	hayan gemido

IMPERFECT SUBJUNCTIVE (-ra) *or* **IMPERFECT SUBJUNCTIVE (-se)**

gimiera	gimiéramos	gimiese	gimiésemos
gimieras	gimierais	gimieses	gimieseis
gimiera	gimieran	gimiese	gimiesen

PAST PERFECT SUBJUNCTIVE (-ra) *or* **PAST PERFECT SUBJUNCTIVE (-se)**

hubiera gemido	hubiéramos gemido	hubiese gemido	hubiésemos gemido
hubieras gemido	hubierais gemido	hubieses gemido	hubieseis gemido
hubiera gemido	hubieran gemido	hubiese gemido	hubiesen gemido

PROGRESSIVE TENSES

PRESENT	estoy, estás, está, estamos, estáis, están
PRETERIT	estuve, estuviste, estuvo, estuvimos, estuvisteis, estuvieron
IMPERFECT	estaba, estabas, estaba, estábamos, estabais, estaban
FUTURE	estaré, estarás, estará, estaremos, estaréis, estarán
CONDITIONAL	estaría, estarías, estaría, estaríamos, estaríais, estarían
SUBJUNCTIVE	que + *corresponding subjunctive tense of* estar (*see verb 252*)

} gimiendo

COMMANDS

	(nosotros) gimamos/no gimamos
(tú) gime/no gimas	(vosotros) gemid/no gimáis
(Ud.) gima/no gima	(Uds.) giman/no giman

Usage

Gime por el dolor.	*He's groaning because of the pain.*
Oigo gemir el viento.	*I hear the wind howling.*
No gimas.	*Don't groan.*
Se puso a gemir al ver a su gato muerto.	*She began to wail when she saw her dead cat.*
¿De dónde vienen los gemidos?	*Where are the moans coming from?*

giro · giraron · girado · girando

regular -ar verb

PRESENT

giro	giramos
giras	giráis
gira	giran

PRETERIT

giré	giramos
giraste	girasteis
giró	giraron

IMPERFECT

giraba	girábamos
girabas	girabais
giraba	giraban

PRESENT PERFECT

he girado	hemos girado
has girado	habéis girado
ha girado	han girado

FUTURE

giraré	giraremos
girarás	giraréis
girará	girarán

CONDITIONAL

giraría	giraríamos
girarías	giraríais
giraría	girarían

PLUPERFECT

había girado	habíamos girado
habías girado	habíais girado
había girado	habían girado

PRETERIT PERFECT

hube girado	hubimos girado
hubiste girado	hubisteis girado
hubo girado	hubieron girado

FUTURE PERFECT

habré girado	habremos girado
habrás girado	habréis girado
habrá girado	habrán girado

CONDITIONAL PERFECT

habría girado	habríamos girado
habrías girado	habríais girado
habría girado	habrían girado

PRESENT SUBJUNCTIVE

gire	giremos
gires	giréis
gire	giren

PRESENT PERFECT SUBJUNCTIVE

haya girado	hayamos girado
hayas girado	hayáis girado
haya girado	hayan girado

IMPERFECT SUBJUNCTIVE (-ra)

girara	giráramos
giraras	girarais
girara	giraran

or **IMPERFECT SUBJUNCTIVE (-se)**

girase	girásemos
girases	giraseis
girase	girasen

PAST PERFECT SUBJUNCTIVE (-ra)

hubiera girado	hubiéramos girado
hubieras girado	hubierais girado
hubiera girado	hubieran girado

or **PAST PERFECT SUBJUNCTIVE (-se)**

hubiese girado	hubiésemos girado
hubieses girado	hubieseis girado
hubiese girado	hubiesen girado

PROGRESSIVE TENSES

PRESENT	estoy, estás, está, estamos, estáis, están
PRETERIT	estuve, estuviste, estuvo, estuvimos, estuvisteis, estuvieron
IMPERFECT	estaba, estabas, estaba, estábamos, estabais, estaban
FUTURE	estaré, estarás, estará, estaremos, estaréis, estarán
CONDITIONAL	estaría, estarías, estaría, estaríamos, estaríais, estarían
SUBJUNCTIVE	que + *corresponding subjunctive tense of* estar (*see verb 252*)

} girando

COMMANDS

	(nosotros) giremos/no giremos
(tú) gira/no gires	(vosotros) girad/no giréis
(Ud.) gire/no gire	(Uds.) giren/no giren

Usage

La Tierra gira alrededor del sol.	*The Earth revolves around the sun.*
La Tierra gira sobre su eje.	*The Earth rotates on its axis.*
Gira el volante.	*Turn the steering wheel.*
Haz girar el trompo.	*Spin the top.*
Se entra por la puerta giratoria.	*You go in through the revolving door.*
Siéntese en la silla giratoria.	*Sit down in the swivel chair.*

stem-changing *-ar* verb: *e > ie*   **gobierno · gobernaron · gobernado · gobernando**

PRESENT

gobierno	gobernamos
gobiernas	gobernáis
gobierna	gobiernan

PRETERIT

goberné	gobernamos
gobernaste	gobernasteis
gobernó	gobernaron

IMPERFECT

gobernaba	gobernábamos
gobernabas	gobernabais
gobernaba	gobernaban

PRESENT PERFECT

he gobernado	hemos gobernado
has gobernado	habéis gobernado
ha gobernado	han gobernado

FUTURE

gobernaré	gobernaremos
gobernarás	gobernaréis
gobernará	gobernarán

CONDITIONAL

gobernaría	gobernaríamos
gobernarías	gobernaríais
gobernaría	gobernarían

PLUPERFECT

había gobernado	habíamos gobernado
habías gobernado	habíais gobernado
había gobernado	habían gobernado

PRETERIT PERFECT

hube gobernado	hubimos gobernado
hubiste gobernado	hubisteis gobernado
hubo gobernado	hubieron gobernado

FUTURE PERFECT

habré gobernado	habremos gobernado
habrás gobernado	habréis gobernado
habrá gobernado	habrán gobernado

CONDITIONAL PERFECT

habría gobernado	habríamos gobernado
habrías gobernado	habríais gobernado
habría gobernado	habrían gobernado

PRESENT SUBJUNCTIVE

gobierne	gobernemos
gobiernes	gobernéis
gobierne	gobiernen

PRESENT PERFECT SUBJUNCTIVE

haya gobernado	hayamos gobernado
hayas gobernado	hayáis gobernado
haya gobernado	hayan gobernado

IMPERFECT SUBJUNCTIVE (-ra)

gobernara	gobernáramos
gobernaras	gobernarais
gobernara	gobernaran

or **IMPERFECT SUBJUNCTIVE (-se)**

gobernase	gobernásemos
gobernases	gobernaseis
gobernase	gobernasen

PAST PERFECT SUBJUNCTIVE (-ra)

hubiera gobernado	hubiéramos gobernado
hubieras gobernado	hubierais gobernado
hubiera gobernado	hubieran gobernado

or **PAST PERFECT SUBJUNCTIVE (-se)**

hubiese gobernado	hubiésemos gobernado
hubieses gobernado	hubieseis gobernado
hubiese gobernado	hubiesen gobernado

PROGRESSIVE TENSES

PRESENT	estoy, estás, está, estamos, estáis, están
PRETERIT	estuve, estuviste, estuvo, estuvimos, estuvisteis, estuvieron
IMPERFECT	estaba, estabas, estaba, estábamos, estabais, estaban
FUTURE	estaré, estarás, estará, estaremos, estaréis, estarán
CONDITIONAL	estaría, estarías, estaría, estaríamos, estaríais, estarían
SUBJUNCTIVE	que + *corresponding subjunctive tense of* estar (*see verb 252*)

} gobernando

COMMANDS

	(nosotros) gobernemos/no gobernemos
(tú) gobierna/no gobiernes	(vosotros) gobernad/no gobernéis
(Ud.) gobierne/no gobierne	(Uds.) gobiernen/no gobiernen

Usage

El presidente gobierna el país.	*The president governs the country.*
La junta directiva gobierna la empresa.	*The board of directors manages the company.*
La mejor forma de gobierno es la democracia.	*The best form of government is democracy.*
El gobernador es el jefe del estado.	*The governor is the head of the state.*

gozo · gozaron · gozado · gozando

-ar verb; spelling change: *z > c/e*

PRESENT

gozo	gozamos
gozas	gozáis
goza	gozan

PRETERIT

gocé	gozamos
gozaste	gozasteis
gozó	gozaron

IMPERFECT

gozaba	gozábamos
gozabas	gozabais
gozaba	gozaban

PRESENT PERFECT

he gozado	hemos gozado
has gozado	habéis gozado
ha gozado	han gozado

FUTURE

gozaré	gozaremos
gozarás	gozaréis
gozará	gozarán

CONDITIONAL

gozaría	gozaríamos
gozarías	gozaríais
gozaría	gozarían

PLUPERFECT

había gozado	habíamos gozado
habías gozado	habíais gozado
había gozado	habían gozado

PRETERIT PERFECT

hube gozado	hubimos gozado
hubiste gozado	hubisteis gozado
hubo gozado	hubieron gozado

FUTURE PERFECT

habré gozado	habremos gozado
habrás gozado	habréis gozado
habrá gozado	habrán gozado

CONDITIONAL PERFECT

habría gozado	habríamos gozado
habrías gozado	habríais gozado
habría gozado	habrían gozado

PRESENT SUBJUNCTIVE

goce	gocemos
goces	gocéis
goce	gocen

PRESENT PERFECT SUBJUNCTIVE

haya gozado	hayamos gozado
hayas gozado	hayáis gozado
haya gozado	hayan gozado

IMPERFECT SUBJUNCTIVE (-ra)

gozara	gozáramos
gozaras	gozarais
gozara	gozaran

or **IMPERFECT SUBJUNCTIVE (-se)**

gozase	gozásemos
gozases	gozaseis
gozase	gozasen

PAST PERFECT SUBJUNCTIVE (-ra)

hubiera gozado	hubiéramos gozado
hubieras gozado	hubierais gozado
hubiera gozado	hubieran gozado

or **PAST PERFECT SUBJUNCTIVE (-se)**

hubiese gozado	hubiésemos gozado
hubieses gozado	hubieseis gozado
hubiese gozado	hubiesen gozado

PROGRESSIVE TENSES

PRESENT	estoy, estás, está, estamos, estáis, están
PRETERIT	estuve, estuviste, estuvo, estuvimos, estuvisteis, estuvieron
IMPERFECT	estaba, estabas, estaba, estábamos, estabais, estaban
FUTURE	estaré, estarás, estará, estaremos, estaréis, estarán
CONDITIONAL	estaría, estarías, estaría, estaríamos, estaríais, estarían
SUBJUNCTIVE	que + *corresponding subjunctive tense of* estar (*see verb 252*)

} gozando

COMMANDS

	(nosotros) gocemos/no gocemos
(tú) goza/no goces	(vosotros) gozad/no gocéis
(Ud.) goce/no goce	(Uds.) gocen/no gocen

Usage

¡Que gocen mucho en la fiesta!	*Enjoy yourselves at the party!*
Goza de buena fama.	*He enjoys/has a good reputation.*
¿Gozasteis con su visita?	*Were you thrilled with their visit?*

regular -ar verb

grito · gritaron · gritado · gritando

PRESENT

grito	gritamos
gritas	gritáis
grita	gritan

IMPERFECT

gritaba	gritábamos
gritabas	gritabais
gritaba	gritaban

FUTURE

gritaré	gritaremos
gritarás	gritaréis
gritará	gritarán

PLUPERFECT

había gritado	habíamos gritado
habías gritado	habíais gritado
había gritado	habían gritado

FUTURE PERFECT

habré gritado	habremos gritado
habrás gritado	habréis gritado
habrá gritado	habrán gritado

PRESENT SUBJUNCTIVE

grite	gritemos
grites	gritéis
grite	griten

IMPERFECT SUBJUNCTIVE (-ra)

gritara	gritáramos
gritaras	gritarais
gritara	gritaran

PAST PERFECT SUBJUNCTIVE (-ra)

hubiera gritado	hubiéramos gritado
hubieras gritado	hubierais gritado
hubiera gritado	hubieran gritado

PRETERIT

grité	gritamos
gritaste	gritasteis
gritó	gritaron

PRESENT PERFECT

he gritado	hemos gritado
has gritado	habéis gritado
ha gritado	han gritado

CONDITIONAL

gritaría	gritaríamos
gritarías	gritaríais
gritaría	gritarían

PRETERIT PERFECT

hube gritado	hubimos gritado
hubiste gritado	hubisteis gritado
hubo gritado	hubieron gritado

CONDITIONAL PERFECT

habría gritado	habríamos gritado
habrías gritado	habríais gritado
habría gritado	habrían gritado

PRESENT PERFECT SUBJUNCTIVE

haya gritado	hayamos gritado
hayas gritado	hayáis gritado
haya gritado	hayan gritado

or **IMPERFECT SUBJUNCTIVE (-se)**

gritase	gritásemos
gritases	gritaseis
gritase	gritasen

or **PAST PERFECT SUBJUNCTIVE (-se)**

hubiese gritado	hubiésemos gritado
hubieses gritado	hubieseis gritado
hubiese gritado	hubiesen gritado

PROGRESSIVE TENSES

PRESENT	estoy, estás, está, estamos, estáis, están
PRETERIT	estuve, estuviste, estuvo, estuvimos, estuvisteis, estuvieron
IMPERFECT	estaba, cstabas, cstaba, estábamos, estabais, estaban
FUTURE	estaré, estarás, estará, estaremos, estaréis, estarán
CONDITIONAL	estaría, estarías, estaría, estaríamos, estaríais, estarían
SUBJUNCTIVE	que + *corresponding subjunctive tense of* estar (*see verb 252*)

gritando

COMMANDS

	(nosotros) gritemos/no gritemos
(tú) grita/no grites	(vosotros) gritad/no gritéis
(Ud.) grite/no grite	(Uds.) griten/no griten

Usage

¡No nos grites!	*Don't shout at us!*
Los hinchas están gritando al árbitro.	*The fans are booing the umpire.*
Gritaban desaforadamente.	*They yelled at the top of their lungs.*
Puso el grito en el cielo.	*He raised the roof./He made a big fuss.*
El último grito (de la moda) cambia rápidamente.	*The latest thing/craze* (Fr. *le dernier cri*) *changes quickly.*
¡Qué gritona es esa niña!	*What a screamer that little girl is!*

gruño · gruñeron · gruñido · gruñendo

PRESENT		PRETERIT	
gruño	gruñimos	gruñí	gruñimos
gruñes	gruñís	gruñiste	gruñisteis
gruñe	gruñen	gruñó	gruñeron

IMPERFECT		PRESENT PERFECT	
gruñía	gruñíamos	he gruñido	hemos gruñido
gruñías	gruñíais	has gruñido	habéis gruñido
gruñía	gruñían	ha gruñido	han gruñido

FUTURE		CONDITIONAL	
gruñiré	gruñiremos	gruñiría	gruñiríamos
gruñirás	gruñiréis	gruñirías	gruñiríais
gruñirá	gruñirán	gruñiría	gruñirían

PLUPERFECT		PRETERIT PERFECT	
había gruñido	habíamos gruñido	hube gruñido	hubimos gruñido
habías gruñido	habíais gruñido	hubiste gruñido	hubisteis gruñido
había gruñido	habían gruñido	hubo gruñido	hubieron gruñido

FUTURE PERFECT		CONDITIONAL PERFECT	
habré gruñido	habremos gruñido	habría gruñido	habríamos gruñido
habrás gruñido	habréis gruñido	habrías gruñido	habríais gruñido
habrá gruñido	habrán gruñido	habría gruñido	habrían gruñido

PRESENT SUBJUNCTIVE		PRESENT PERFECT SUBJUNCTIVE	
gruña	gruñamos	haya gruñido	hayamos gruñido
gruñas	gruñáis	hayas gruñido	hayáis gruñido
gruña	gruñan	haya gruñido	hayan gruñido

IMPERFECT SUBJUNCTIVE (-ra)		*or* IMPERFECT SUBJUNCTIVE (-se)	
gruñera	gruñéramos	gruñese	gruñésemos
gruñeras	gruñerais	gruñeses	gruñeseis
gruñera	gruñeran	gruñese	gruñesen

PAST PERFECT SUBJUNCTIVE (-ra)		*or* PAST PERFECT SUBJUNCTIVE (-se)	
hubiera gruñido	hubiéramos gruñido	hubiese gruñido	hubiésemos gruñido
hubieras gruñido	hubierais gruñido	hubieses gruñido	hubieseis gruñido
hubiera gruñido	hubieran gruñido	hubiese gruñido	hubiesen gruñido

PROGRESSIVE TENSES

PRESENT	estoy, estás, está, estamos, estáis, están	
PRETERIT	estuve, estuviste, estuvo, estuvimos, estuvisteis, estuvieron	
IMPERFECT	estaba, estabas, estaba, estábamos, estabais, estaban	gruñendo
FUTURE	estaré, estarás, estará, estaremos, estaréis, estarán	
CONDITIONAL	estaría, estarías, estaría, estaríamos, estaríais, estarían	
SUBJUNCTIVE	que + *corresponding subjunctive tense of* estar (*see verb 252*)	

COMMANDS

	(nosotros) gruñamos/no gruñamos
(tú) gruñe/no gruñas	(vosotros) gruñid/no gruñáis
(Ud.) gruña/no gruña	(Uds.) gruñan/no gruñan

Usage

Los cerdos gruñen.	*Pigs grunt.*
Oigo gruñir al perro.	*I hear the dog growling.*
¿Por qué gruñes?	*Why are you grumbling?*
Las tablas del suelo gruñen.	*The floorboards creak.*
El jefe está tan gruñón hoy.	*The boss is so grouchy today.*

regular -*ar* verb   **guardo · guardaron · guardado · guardando**

PRESENT

guardo	guardamos
guardas	guardáis
guarda	guardan

IMPERFECT

guardaba	guardábamos
guardabas	guardabais
guardaba	guardaban

FUTURE

guardaré	guardaremos
guardarás	guardaréis
guardará	guardarán

PLUPERFECT

había guardado	habíamos guardado
habías guardado	habíais guardado
había guardado	habían guardado

FUTURE PERFECT

habré guardado	habremos guardado
habrás guardado	habréis guardado
habrá guardado	habrán guardado

PRESENT SUBJUNCTIVE

guarde	guardemos
guardes	guardéis
guarde	guarden

IMPERFECT SUBJUNCTIVE (-ra)

guardara	guardáramos
guardaras	guardarais
guardara	guardaran

PAST PERFECT SUBJUNCTIVE (-ra)

hubiera guardado	hubiéramos guardado
hubieras guardado	hubierais guardado
hubiera guardado	hubieran guardado

PRETERIT

guardé	guardamos
guardaste	guardasteis
guardó	guardaron

PRESENT PERFECT

he guardado	hemos guardado
has guardado	habéis guardado
ha guardado	han guardado

CONDITIONAL

guardaría	guardaríamos
guardarías	guardaríais
guardaría	guardarían

PRETERIT PERFECT

hube guardado	hubimos guardado
hubiste guardado	hubisteis guardado
hubo guardado	hubieron guardado

CONDITIONAL PERFECT

habría guardado	habríamos guardado
habrías guardado	habríais guardado
habría guardado	habrían guardado

PRESENT PERFECT SUBJUNCTIVE

haya guardado	hayamos guardado
hayas guardado	hayáis guardado
haya guardado	hayan guardado

or **IMPERFECT SUBJUNCTIVE (-se)**

guardase	guardásemos
guardases	guardaseis
guardase	guardasen

or **PAST PERFECT SUBJUNCTIVE (-se)**

hubiese guardado	hubiésemos guardado
hubieses guardado	hubieseis guardado
hubiese guardado	hubiesen guardado

PROGRESSIVE TENSES

PRESENT	estoy, estás, está, estamos, estáis, están
PRETERIT	estuve, estuviste, estuvo, estuvimos, estuvisteis, estuvieron
IMPERFECT	estaba, estabas, estaba, estábamos, estabais, estaban
FUTURE	estaré, estarás, estará, estaremos, estaréis, estarán
CONDITIONAL	estaría, estarías, estaría, estaríamos, estaríais, estarían
SUBJUNCTIVE	que + *corresponding subjunctive tense of* estar (*see verb 252*)

} guardando

COMMANDS

(tú) guarda/no guardes	(nosotros) guardemos/no guardemos
(Ud.) guarde/no guarde	(vosotros) guardad/no guardéis
	(Uds.) guarden/no guarden

Usage

Guardé los documentos en el archivo.	*I put the papers away in the file.*
Guardemos las joyas con llave.	*Let's keep the jewelry under lock and key.*
Guárdame una silla, por favor.	*Save me a seat, please.*
Guardará cama hasta recuperarse.	*She'll stay in bed until she recuperates.*
El médico está de guardia.	*The doctor is on call/on duty.*
el guardaespaldas/el guardabosque/el guardameta	*bodyguard/forest ranger/goalkeeper*

guiar   *to guide, lead/take, drive*

guío · guiaron · guiado · guiando   *-ar* verb; spelling change: *i* > *í* when stressed

PRESENT		PRETERIT	
guío	guiamos	guié	guiamos
guías	guiáis	guiaste	guiasteis
guía	guían	guió	guiaron

IMPERFECT		PRESENT PERFECT	
guiaba	guiábamos	he guiado	hemos guiado
guiabas	guiabais	has guiado	habéis guiado
guiaba	guiaban	ha guiado	han guiado

FUTURE		CONDITIONAL	
guiaré	guiaremos	guiaría	guiaríamos
guiarás	guiaréis	guiarías	guiaríais
guiará	guiarán	guiaría	guiarían

PLUPERFECT		PRETERIT PERFECT	
había guiado	habíamos guiado	hube guiado	hubimos guiado
habías guiado	habíais guiado	hubiste guiado	hubisteis guiado
había guiado	habían guiado	hubo guiado	hubieron guiado

FUTURE PERFECT		CONDITIONAL PERFECT	
habré guiado	habremos guiado	habría guiado	habríamos guiado
habrás guiado	habréis guiado	habrías guiado	habríais guiado
habrá guiado	habrán guiado	habría guiado	habrían guiado

PRESENT SUBJUNCTIVE		PRESENT PERFECT SUBJUNCTIVE	
guíe	guiemos	haya guiado	hayamos guiado
guíes	guiéis	hayas guiado	hayáis guiado
guíe	guíen	haya guiado	hayan guiado

IMPERFECT SUBJUNCTIVE (-ra)		*or* IMPERFECT SUBJUNCTIVE (-se)	
guiara	guiáramos	guiase	guiásemos
guiaras	guiarais	guiases	guiaseis
guiara	guiaran	guiase	guiasen

PAST PERFECT SUBJUNCTIVE (-ra)		*or* PAST PERFECT SUBJUNCTIVE (-se)	
hubiera guiado	hubiéramos guiado	hubiese guiado	hubiésemos guiado
hubieras guiado	hubierais guiado	hubieses guiado	hubieseis guiado
hubiera guiado	hubieran guiado	hubiese guiado	hubiesen guiado

PROGRESSIVE TENSES

PRESENT	estoy, estás, está, estamos, estáis, están	
PRETERIT	estuve, estuviste, estuvo, estuvimos, estuvisteis, estuvieron	
IMPERFECT	estaba, estabas, estaba, estábamos, estabais, estaban	guiando
FUTURE	estaré, estarás, estará, estaremos, estaréis, estarán	
CONDITIONAL	estaría, estarías, estaría, estaríamos, estaríais, estarían	
SUBJUNCTIVE	que + *corresponding subjunctive tense of* estar (*see verb 252*)	

COMMANDS

	(nosotros) guiemos/no guiemos
(tú) guía/no guíes	(vosotros) guiad/no guiéis
(Ud.) guíe/no guíe	(Uds.) guíen/no guíen

Usage

El agente de viajes guió a los turistas.	*The travel agent guided the tourists.*
El guía los llevará por el museo.	*The guide will take them through the museum.*
Guiábamos a los demás hasta salir de la cueva.	*We guided the others until we got out of the cave.*
¿No quieres guiar mi coche?	*Don't you want to drive my car?*
Necesitamos una guía turística.	*We need a guidebook.*

regular -ar verb; used in third-person singular and plural with the indirect object pronoun

gusta · gustaron · gustado · gustando

PRESENT

me gusta(n)	nos gusta(n)
te gusta(n)	os gusta(n)
le gusta(n)	les gusta(n)

PRETERIT

me gustó(-aron)	nos gustó(-aron)
te gustó(-aron)	os gustó(-aron)
le gustó(-aron)	les gustó(-aron)

IMPERFECT

me gustaba(n)	nos gustaba(n)
te gustaba(n)	os gustaba(n)
le gustaba(n)	les gustaba(n)

PRESENT PERFECT

me ha(n) gustado	nos ha(n) gustado
te ha(n) gustado	os ha(n) gustado
le ha(n) gustado	les ha(n) gustado

FUTURE

me gustará(n)	nos gustará(n)
te gustará(n)	os gustará(n)
le gustará(n)	les gustará(n)

CONDITIONAL

me gustaría(n)	nos gustaría(n)
te gustaría(n)	os gustaría(n)
le gustaría(n)	les gustaría(n)

PLUPERFECT

me había(n) gustado	nos había(n) gustado
te había(n) gustado	os había(n) gustado
le había(n) gustado	les había(n) gustado

PRETERIT PERFECT

me hubo(-ieron) gustado	nos hubo(-ieron) gustado
te hubo(-ieron) gustado	os hubo(-ieron) gustado
le hubo(-ieron) gustado	les hubo(-ieron) gustado

FUTURE PERFECT

me habrá(n) gustado	nos habrá(n) gustado
te habrá(n) gustado	os habrá(n) gustado
le habrá(n) gustado	les habrá(n) gustado

CONDITIONAL PERFECT

me habría(n) gustado	nos habría(n) gustado
te habría(n) gustado	os habría(n) gustado
le habría(n) gustado	les habría(n) gustado

PRESENT SUBJUNCTIVE

me guste(n)	nos guste(n)
te guste(n)	os guste(n)
le guste(n)	les guste(n)

PRESENT PERFECT SUBJUNCTIVE

me haya(n) gustado	nos haya(n) gustado
te haya(n) gustado	os haya(n) gustado
le haya(n) gustado	les haya(n) gustado

IMPERFECT SUBJUNCTIVE (-ra)

me gustara(n)	nos gustara(n)
te gustara(n)	os gustara(n)
le gustara(n)	les gustara(n)

_or_ **IMPERFECT SUBJUNCTIVE (-se)**

me gustase(n)	nos gustase(n)
te gustase(n)	os gustase(n)
le gustase(n)	les gustase(n)

PAST PERFECT SUBJUNCTIVE (-ra)

me hubiera(n) gustado	nos hubiera(n) gustado
te hubiera(n) gustado	os hubiera(n) gustado
le hubiera(n) gustado	les hubiera(n) gustado

_or_ **PAST PERFECT SUBJUNCTIVE (-se)**

me hubiese(n) gustado	nos hubiese(n) gustado
te hubiese(n) gustado	os hubiese(n) gustado
le hubiese(n) gustado	les hubiese(n) gustado

PROGRESSIVE TENSES

PRESENT		está, están	
PRETERIT		estuvo, estuvieron	
IMPERFECT	me / te / le /	estaba, estaban	gustando
FUTURE	nos / os / les	estará, estarán	
CONDITIONAL		estaría, estarían	
SUBJUNCTIVE	que	_corresponding subjunctive tense of_ estar (_see verb 252_)	

COMMANDS

¡Que te/le/os/les guste(n)!   ¡Que no te/le/os/les guste(n)!

Usage

—Me gusta leer sobre la historia.	_I like to read about history._
—A mí también me gustan los libros de historia.	_I also like history books._
—¿Les gustó la comedia?	_Did you like the play?_
—No. No nos gustan las comedias musicales.	_No. We don't like musicals._
Les gustaría pasar más tiempo en París.	_They'd like to spend more time in Paris._
Me hubiera gustado conocerlos.	_I would have liked to have met them._
Como les guste.	_As you like./As you wish._
El pan tiene gusto a ajo.	_The bread tastes of garlic._

haber *to have*

he · hubieron · habido · habiendo

irregular verb; auxiliary verb
used to form the compound tenses

PRESENT

he	hemos
has	habéis
ha	han

IMPERFECT

había	habíamos
habías	habíais
había	habían

FUTURE

habré	habremos
habrás	habréis
habrá	habrán

PLUPERFECT

había habido	habíamos habido
habías habido	habíais habido
había habido	habían habido

FUTURE PERFECT

habré habido	habremos habido
habrás habido	habréis habido
habrá habido	habrán habido

PRESENT SUBJUNCTIVE

haya	hayamos
hayas	hayáis
haya	hayan

IMPERFECT SUBJUNCTIVE (-ra)

hubiera	hubiéramos
hubieras	hubierais
hubiera	hubieran

PAST PERFECT SUBJUNCTIVE (-ra)

hubiera habido	hubiéramos habido
hubieras habido	hubierais habido
hubiera habido	hubieran habido

PRETERIT

hube	hubimos
hubiste	hubisteis
hubo	hubieron

PRESENT PERFECT

he habido	hemos habido
has habido	habéis habido
ha habido	han habido

CONDITIONAL

habría	habríamos
habrías	habríais
habría	habrían

PRETERIT PERFECT

hube habido	hubimos habido
hubiste habido	hubisteis habido
hubo habido	hubieron habido

CONDITIONAL PERFECT

habría habido	habríamos habido
habrías habido	habríais habido
habría habido	habrían habido

PRESENT PERFECT SUBJUNCTIVE

haya habido	hayamos habido
hayas habido	hayáis habido
haya habido	hayan habido

or **IMPERFECT SUBJUNCTIVE (-se)**

hubiese	hubiésemos
hubieses	hubieseis
hubiese	hubiesen

or **PAST PERFECT SUBJUNCTIVE (-se)**

hubiese habido	hubiésemos habido
hubieses habido	hubieseis habido
hubiese habido	hubiesen habido

VERB NOT USED IN COMMANDS

Usage

As auxiliary verb

—¿No has visto al diseñador?	*Haven't you seen the designer?*
—Es que no ha venido a la oficina hoy.	*It's that he hasn't come into the office today.*
—Si hubiera venido lo habría visto.	*If he had come I would have seen him.*
No nos habían dicho nada.	*They hadn't told us anything.*

Expressions where *haber* has its original meaning of "to have"

Hemos de convocar al profesorado.	*We must convene a meeting of the faculty.*
La familia tiene mucho dinero en su haber.	*The family has a lot of money in its estate.*
Verifique el deber y haber.	*Check the liabilities and assets/debit and credit.*
¡Tenemos que habérselas con ese tipo!	*We have to have it out/deal with that guy!*

PRESENT

hablo	hablamos
hablas	habláis
habla	hablan

IMPERFECT

hablaba	hablábamos
hablabas	hablabais
hablaba	hablaban

FUTURE

hablaré	hablaremos
hablarás	hablaréis
hablará	hablarán

PLUPERFECT

había hablado	habíamos hablado
habías hablado	habíais hablado
había hablado	habían hablado

FUTURE PERFECT

habré hablado	habremos hablado
habrás hablado	habréis hablado
habrá hablado	habrán hablado

PRESENT SUBJUNCTIVE

hable	hablemos
hables	habléis
hable	hablen

IMPERFECT SUBJUNCTIVE (-ra)

hablara	habláramos
hablaras	hablarais
hablara	hablaran

PAST PERFECT SUBJUNCTIVE (-ra)

hubiera hablado	hubiéramos hablado
hubieras hablado	hubierais hablado
hubiera hablado	hubieran hablado

PRETERIT

hablé	hablamos
hablaste	hablasteis
habló	hablaron

PRESENT PERFECT

he hablado	hemos hablado
has hablado	habéis hablado
ha hablado	han hablado

CONDITIONAL

hablaría	hablaríamos
hablarías	hablaríais
hablaría	hablarían

PRETERIT PERFECT

hube hablado	hubimos hablado
hubiste hablado	hubisteis hablado
hubo hablado	hubieron hablado

CONDITIONAL PERFECT

habría hablado	habríamos hablado
habrías hablado	habríais hablado
habría hablado	habrían hablado

PRESENT PERFECT SUBJUNCTIVE

haya hablado	hayamos hablado
hayas hablado	hayáis hablado
haya hablado	hayan hablado

or **IMPERFECT SUBJUNCTIVE (-se)**

hablase	hablásemos
hablases	hablaseis
hablase	hablasen

or **PAST PERFECT SUBJUNCTIVE (-se)**

hubiese hablado	hubiésemos hablado
hubieses hablado	hubieseis hablado
hubiese hablado	hubiesen hablado

PROGRESSIVE TENSES

PRESENT	estoy, estás, está, estamos, estáis, están
PRETERIT	estuve, estuviste, estuvo, estuvimos, estuvisteis, estuvieron
IMPERFECT	estaba, estabas, estaba, estábamos, estabais, estaban
FUTURE	estaré, estarás, estará, estaremos, estaréis, estarán
CONDITIONAL	estaría, estarías, estaría, estaríamos, estaríais, estarían
SUBJUNCTIVE	que + *corresponding subjunctive tense of* estar (*see verb 252*)

} hablando

COMMANDS

	(nosotros) hablemos/no hablemos
(tú) habla/no hables	(vosotros) hablad/no habléis
(Ud.) hable/no hable	(Uds.) hablen/no hablen

Usage

—No hablo español muy bien.	*I don't speak Spanish very well.*
—¡Qué va! Hablas con soltura.	*Are you kidding! You speak fluently.*
Se habla inglés aquí.	*English is spoken here.*
Hablemos de las elecciones.	*Let's talk about the election.*
Hablan bien/mal de todos.	*They speak well/badly about everybody.*
—¿Hablaste con tu profesor?	*Did you talk with your professor?*
—Sí, nos hablamos por teléfono.	*Yes, we talked (to each other) by phone.*

TOP 50 VERB ☞

No hables disparates.	*Don't talk nonsense.*
El tipo habla por hablar.	*The guy talks just to talk/for the sake of talking.*
Háblame de tú./Hábleme de Ud.	*Address me familiarly/formally.*
Habla hasta por los codos.	*She talks your ear off.*
El cuento nos habló al alma.	*The story touched our hearts.*
Siempre habla en medias palabras.	*She always speaks cryptically.*
—Estás hablando en broma.	*You must be joking.*
—No, hablo en serio.	*No, I'm speaking seriously.*
Me gustaría que hablaras sin rodeos.	*I'd like you to speak without beating about the bush/frankly.*
Su actitud rencorosa habla por sí sola.	*Her rancorous attitude speaks for itself.*
¡Ni hablar!	*No way!/Out of the question!*
No hay más que hablar.	*There's no more to be said.*
Su situación da mucho que hablar.	*Their situation causes a lot of talk.*
Se pelearon y ya no se hablan.	*They fought and don't talk to each other any more.*
Hablando de inversiones...	*Speaking about investments . . .*

Other Uses

Se oye un inglés bien/mal hablado.	*You hear well-spoken/badly-spoken English.*
—Son unos mal hablados.	*They're rude/foulmouthed people.*
—Hablan a espaldas de todo el mundo.	*They talk behind everyone's back.*
Somos hispanohablantes.	*We're Spanish speakers.*
¡Cuánto nos interesa el habla española!	*We're so interested in the Spanish language!*
Muchos ciudadanos estadounidenses son de habla española.	*Many U.S. citizens are Spanish-speaking.*
¿Ves programas de habla francesa en la tele?	*Do you watch French-language TV shows?*
¡Basta de habladurías!	*Enough gossip/rumors!*
Son habladores.	*They're chatterboxes/gossips.*
Hablando del rey de Roma, por la puerta asoma.	*Speaking of the devil . . .*
—¿Quién habla?	*Who's speaking?* (telephone)
—Habla Anita.	*It's Anita.*

TOP 50
VERBS

irregular verb

PRESENT

hago	hacemos
haces	hacéis
hace	hacen

IMPERFECT

hacía	hacíamos
hacías	hacíais
hacía	hacían

FUTURE

haré	haremos
harás	haréis
hará	harán

PLUPERFECT

había hecho	habíamos hecho
habías hecho	habíais hecho
había hecho	habían hecho

FUTURE PERFECT

habré hecho	habremos hecho
habrás hecho	habréis hecho
habrá hecho	habrán hecho

PRESENT SUBJUNCTIVE

haga	hagamos
hagas	hagáis
haga	hagan

IMPERFECT SUBJUNCTIVE (-ra)

hiciera	hiciéramos
hicieras	hicierais
hiciera	hicieran

PAST PERFECT SUBJUNCTIVE (-ra)

hubiera hecho	hubiéramos hecho
hubieras hecho	hubierais hecho
hubiera hecho	hubieran hecho

PRETERIT

hice	hicimos
hiciste	hicisteis
hizo	hicieron

PRESENT PERFECT

he hecho	hemos hecho
has hecho	habéis hecho
ha hecho	han hecho

CONDITIONAL

haría	haríamos
harías	haríais
haría	harían

PRETERIT PERFECT

hube hecho	hubimos hecho
hubiste hecho	hubisteis hecho
hubo hecho	hubieron hecho

CONDITIONAL PERFECT

habría hecho	habríamos hecho
habrías hecho	habríais hecho
habría hecho	habrían hecho

PRESENT PERFECT SUBJUNCTIVE

haya hecho	hayamos hecho
hayas hecho	hayáis hecho
haya hecho	hayan hecho

or **IMPERFECT SUBJUNCTIVE (-se)**

hiciese	hiciésemos
hicieses	hicieseis
hiciese	hiciesen

or **PAST PERFECT SUBJUNCTIVE (-se)**

hubiese hecho	hubiésemos hecho
hubieses hecho	hubieseis hecho
hubiese hecho	hubiesen hecho

PROGRESSIVE TENSES

PRESENT	estoy, estás, está, estamos, estáis, están	
PRETERIT	estuve, estuviste, estuvo, estuvimos, estuvisteis, estuvieron	
IMPERFECT	estaba, estabas, estaba, estábamos, estabais, estaban	haciendo
FUTURE	estaré, estarás, estará, estaremos, estaréis, estarán	
CONDITIONAL	estaría, estarías, estaría, estaríamos, estaríais, estarían	
SUBJUNCTIVE	que + *corresponding subjunctive tense of* estar (*see verb 252*)	

COMMANDS

	(nosotros) hagamos/no hagamos
(tú) haz/no hagas	(vosotros) haced/no hagáis
(Ud.) haga/no haga	(Uds.) hagan/no hagan

Usage

Hagamos planes para el fin de semana.	*Let's make plans for the weekend.*
Hizo que terminaran su trabajo.	*He made them finish their work.*
¿Qué estás haciendo?	*What are you doing?*
—Haz lo que te dije.	*Do what I told you.*
—Lo haré muy pronto.	*I'll do it very soon.*
—¿Que tiempo hace?	*What's the weather like?*
—Hace sol y calor.	*It's sunny and hot.*

TOP 50 VERB ☞

to do, make

—¿Haces las quesadillas?	*Are you making the quesadillas?*
—Mira. Ya están hechas.	*Look. They're already made.*
Hagan todo lo posible para triunfar.	*Do your best/everything possible to win.*

to cause

Su arranque hizo que nos enfadáramos.	*His outburst made us get angry.*

Impersonal Expressions

Hace buen/mal tiempo.	*The weather is good/bad.*
Hace fresco y viento. Hace 50 grados.	*It's cool and windy. It's 50 degrees.*

hace + time + *que*

—¿Cuánto (tiempo) hace que los viste?	*How long ago did you see them?*
—Hace un mes que los vi.	*I saw them a month ago.*
—¿Cuánto (tiempo) hace que viven aquí?	*How long have you been living here?*
—Hace siete años que vivimos aquí.	*We've been living here for seven years.*

hacer + infinitive   *to make/have someone do something*

Sus payasadas nos hacían reír.	*Their antics made us laugh.*
Haz que las visitas pasen a la sala.	*Have the visitors go into the living room.*
Haga preguntas.	*Ask questions.*
Isabel hacía el papel de la reina.	*Isabel played the role of the queen.*
No tienen nada que hacer.	*They don't have anything to do.*
El florero está roto. ¿Quién lo hizo pedazos?	*The vase is broken. Who smashed it to pieces?*

hacerse   *to become, get*

Se hizo famoso/rico.	*He became famous/rich.*
Se hace tarde.	*It's getting late.*
El tesorero se hizo cargo/responsable.	*The treasurer took over/assumed responsibility.*
No te hagas daño.	*Don't hurt yourself.*

Other Uses

A lo hecho pecho.	*No use crying over spilt milk.*
Lo hecho hecho está.	*What's done is done.*
Dicho y hecho.	*No sooner said than done.*
Del dicho al hecho hay mucho trecho.	*Saying and doing are two different things.*

irregular verb   **hay · hubo · habido · habiendo**

PRESENT	**PRETERIT**
hay	hubo
IMPERFECT	**PRESENT PERFECT**
había	ha habido
FUTURE	**CONDITIONAL**
habrá	habría
PLUPERFECT	**PRETERIT PERFECT**
había habido	hubo habido
FUTURE PERFECT	**CONDITIONAL PERFECT**
habrá habido	habría habido
PRESENT SUBJUNCTIVE	**PRESENT PERFECT SUBJUNCTIVE**
haya	haya habido

IMPERFECT SUBJUNCTIVE (-ra)	*or*	**IMPERFECT SUBJUNCTIVE (-se)**
hubiera		hubiese
PAST PERFECT SUBJUNCTIVE (-ra)	*or*	**PAST PERFECT SUBJUNCTIVE (-se)**
hubiera habido		hubiese habido

VERB NOT USED IN COMMANDS; VERY RARE IN THE PROGRESSIVE

Usage

¿Qué hay?	*What's up?/How are you?*
¿Qué hay de nuevo?	*What's new?*
¿Qué hubo?/¿Qué húbole?	*What's up?/How are you?* (Mex.)
Hay mucho dinero en la cuenta.	*There's a lot of money in the account.*
Había mucho dinero hasta que lo retiré.	*There was a lot of money until I withdrew it.*
Hubo un congreso en Filadelfia.	*There was a conference in Philadelphia.*
Había mucha gente en el parque.	*There were many people in the park.*
Habrá entradas en la taquilla.	*There are probably tickets at the box office.*
Ha habido problemas con el módem.	*There have been/We've had problems with the modem.*
Esperamos que haya interés en el proyecto.	*We hope there will be interest in the project.*
Es posible que haya habido dificultades.	*It's possible there have been problems.*
No creían que hubiera suficiente tiempo.	*They didn't think there was enough time.*
Sentíamos que no hubiera habido sitio para todos.	*We were sorry there hadn't been room for everyone.*
Ojalá que no haya embotellamiento.	*I hope there won't be a traffic jam.*
Ojalá que hubiera piscina en el hotel.	*I wish there were a pool in the hotel.*
Hay que leer las obras clásicas.	*It's necessary to/One must read the classics.*
—¿Hay diccionarios bilingües?	*Are there/Do you have bilingual dictionaries?*
—Sí, los hay.	*Yes, there are/we have them.*
No hay de qué.	*You're welcome.*
No hay más que hacer.	*There's no more to be done.*
No hay para quejarse/enfadarse.	*There's no reason to complain/get angry.*

heredar *to inherit*

heredo · heredaron · heredado · heredando

regular *-ar* verb

PRESENT

heredo	heredamos		
heredas	heredáis		
hereda	heredan		

IMPERFECT

heredaba	heredábamos
heredabas	heredabais
heredaba	heredaban

FUTURE

heredaré	heredaremos
heredarás	heredaréis
heredará	heredarán

PLUPERFECT

había heredado	habíamos heredado
habías heredado	habíais heredado
había heredado	habían heredado

FUTURE PERFECT

habré heredado	habremos heredado
habrás heredado	habréis heredado
habrá heredado	habrán heredado

PRESENT SUBJUNCTIVE

herede	heredemos
heredes	heredéis
herede	hereden

IMPERFECT SUBJUNCTIVE (-ra)

heredara	heredáramos
heredaras	heredarais
heredara	heredaran

PAST PERFECT SUBJUNCTIVE (-ra)

hubiera heredado	hubiéramos heredado
hubieras heredado	hubierais heredado
hubiera heredado	hubieran heredado

PRETERIT

heredé	heredamos
heredaste	heredasteis
heredó	heredaron

PRESENT PERFECT

he heredado	hemos heredado
has heredado	habéis heredado
ha heredado	han heredado

CONDITIONAL

heredaría	heredaríamos
heredarías	heredaríais
heredaría	heredarían

PRETERIT PERFECT

hube heredado	hubimos heredado
hubiste heredado	hubisteis heredado
hubo heredado	hubieron heredado

CONDITIONAL PERFECT

habría heredado	habríamos heredado
habrías heredado	habríais heredado
habría heredado	habrían heredado

PRESENT PERFECT SUBJUNCTIVE

haya heredado	hayamos heredado
hayas heredado	hayáis heredado
haya heredado	hayan heredado

or **IMPERFECT SUBJUNCTIVE (-se)**

heredase	heredásemos
heredases	heredaseis
heredase	heredasen

or **PAST PERFECT SUBJUNCTIVE (-se)**

hubiese heredado	hubiésemos heredado
hubieses heredado	hubieseis heredado
hubiese heredado	hubiesen heredado

PROGRESSIVE TENSES

PRESENT	estoy, estás, está, estamos, estáis, están
PRETERIT	estuve, estuviste, estuvo, estuvimos, estuvisteis, estuvieron
IMPERFECT	estaba, estabas, estaba, estábamos, estabais, estaban
FUTURE	estaré, estarás, estará, estaremos, estaréis, estarán
CONDITIONAL	estaría, estarías, estaría, estaríamos, estaríais, estarían
SUBJUNCTIVE	que + *corresponding subjunctive tense of* estar (*see verb 252*)

} heredando

COMMANDS

	(nosotros) heredemos/no heredemos
(tú) hereda/no heredes	(vosotros) heredad/no heredéis
(Ud.) herede/no herede	(Uds.) hereden/no hereden

Usage

Heredó una fortuna de sus abuelos.	*He inherited a fortune from his grandparents.*
Heredaron la inteligencia de sus padres.	*They inherited their parents' intelligence.*
Recibirá una herencia de su tío.	*She'll receive an inheritance from her uncle.*
¿Su sentido del humor? Lo tiene de herencia.	*His sense of humor? It runs in the family.*
La herencia fue repartida entre tres herederos.	*The inheritance was shared among three heirs.*
Tienen derechos hereditarios.	*They have hereditary rights.*

stem-changing *-ir* verb:
e > *ie* (present), *e* > *i* (preterit)

hiero · hirieron · herido · hiriendo

PRESENT

hiero	herimos
hieres	herís
hiere	hieren

PRETERIT

herí	herimos
heriste	heristeis
hirió	hirieron

IMPERFECT

hería	heríamos
herías	heríais
hería	herían

PRESENT PERFECT

he herido	hemos herido
has herido	habéis herido
ha herido	han herido

FUTURE

heriré	heriremos
herirás	heriréis
herirá	herirán

CONDITIONAL

heriría	heriríamos
herirías	heriríais
heriría	herirían

PLUPERFECT

había herido	habíamos herido
habías herido	habíais herido
había herido	habían herido

PRETERIT PERFECT

hube herido	hubimos herido
hubiste herido	hubisteis herido
hubo herido	hubieron herido

FUTURE PERFECT

habré herido	habremos herido
habrás herido	habréis herido
habrá herido	habrán herido

CONDITIONAL PERFECT

habría herido	habríamos herido
habrías herido	habríais herido
habría herido	habrían herido

PRESENT SUBJUNCTIVE

hiera	hiramos
hieras	hiráis
hiera	hieran

PRESENT PERFECT SUBJUNCTIVE

haya herido	hayamos herido
hayas herido	hayáis herido
haya herido	hayan herido

IMPERFECT SUBJUNCTIVE (-ra)

hiriera	hiriéramos
hirieras	hirierais
hiriera	hirieran

or **IMPERFECT SUBJUNCTIVE (-se)**

hiriese	hiriésemos
hirieses	hirieseis
hiriese	hiriesen

PAST PERFECT SUBJUNCTIVE (-ra)

hubiera herido	hubiéramos herido
hubieras herido	hubierais herido
hubiera herido	hubieran herido

or **PAST PERFECT SUBJUNCTIVE (-se)**

hubiese herido	hubiésemos herido
hubieses herido	hubieseis herido
hubiese herido	hubiesen herido

PROGRESSIVE TENSES

PRESENT	estoy, estás, está, estamos, estáis, están
PRETERIT	estuve, estuviste, estuvo, estuvimos, estuvisteis, estuvieron
IMPERFECT	estaba, estabas, estaba, estábamos, estabais, estaban
FUTURE	estaré, estarás, estará, estaremos, estaréis, estarán
CONDITIONAL	estaría, estarías, estaría, estaríamos, estaríais, estarían
SUBJUNCTIVE	que + *corresponding subjunctive tense of* estar (*see verb 252*)

hiriendo

COMMANDS

	(nosotros) hiramos/no hiramos
(tú) hiere/no hieras	(vosotros) herid/no hiráis
(Ud.) hiera/no hiera	(Uds.) hieran/no hieran

Usage

¿Cómo se hirió?	*How did you injure yourself?*
Nos herimos jugando fútbol.	*We hurt ourselves playing soccer.*
Sus palabras nos han herido.	*Her words have offended us.*
Fue herido en la batalla.	*He was wounded in battle.*
Los accidentados tienen heridas.	*The accident victims have injuries.*

stem-changing *-ir* verb:
e > ie (present), *e > i* (preterit)

PRESENT		PRETERIT	
hiervo	hervimos	herví	hervimos
hierves	hervís	herviste	hervisteis
hierve	hierven	hirvió	hirvieron

IMPERFECT		PRESENT PERFECT	
hervía	hervíamos	he hervido	hemos hervido
hervías	hervíais	has hervido	habéis hervido
hervía	hervían	ha hervido	han hervido

FUTURE		CONDITIONAL	
herviré	herviremos	herviría	herviríamos
hervirás	herviréis	hervirías	herviríais
hervirá	hervirán	herviría	hervirían

PLUPERFECT		PRETERIT PERFECT	
había hervido	habíamos hervido	hube hervido	hubimos hervido
habías hervido	habíais hervido	hubiste hervido	hubisteis hervido
había hervido	habían hervido	hubo hervido	hubieron hervido

FUTURE PERFECT		CONDITIONAL PERFECT	
habré hervido	habremos hervido	habría hervido	habríamos hervido
habrás hervido	habréis hervido	habrías hervido	habríais hervido
habrá hervido	habrán hervido	habría hervido	habrían hervido

PRESENT SUBJUNCTIVE		PRESENT PERFECT SUBJUNCTIVE	
hierva	hirvamos	haya hervido	hayamos hervido
hiervas	hirváis	hayas hervido	hayáis hervido
hierva	hiervan	haya hervido	hayan hervido

IMPERFECT SUBJUNCTIVE (-ra)		*or* IMPERFECT SUBJUNCTIVE (-se)	
hirviera	hirviéramos	hirviese	hirviésemos
hirvieras	hirvierais	hirvieses	hirvieseis
hirviera	hirvieran	hirviese	hirviesen

PAST PERFECT SUBJUNCTIVE (-ra)		*or* PAST PERFECT SUBJUNCTIVE (-se)	
hubiera hervido	hubiéramos hervido	hubiese hervido	hubiésemos hervido
hubieras hervido	hubierais hervido	hubieses hervido	hubieseis hervido
hubiera hervido	hubieran hervido	hubiese hervido	hubiesen hervido

PROGRESSIVE TENSES

PRESENT	estoy, estás, está, estamos, estáis, están
PRETERIT	estuve, estuviste, estuvo, estuvimos, estuvisteis, estuvieron
IMPERFECT	estaba, estabas, estaba, estábamos, estabais, estaban
FUTURE	estaré, estarás, estará, estaremos, estaréis, estarán
CONDITIONAL	estaría, estarías, estaría, estaríamos, estaríais, estarían
SUBJUNCTIVE	que + *corresponding subjunctive tense of* estar (*see verb 252*)

} hirviendo

COMMANDS

	(nosotros) hirvamos/no hirvamos
(tú) hierve/no hiervas	(vosotros) hervid/no hirváis
(Ud.) hierva/no hierva	(Uds.) hiervan/no hiervan

Usage

El agua está hirviendo.	*The water is boiling.*
La cazuela hierve a fuego lento.	*The stew is simmering.*
Es un hervidero de política extremista.	*It's a hotbed of extremist politics.*
¡Se les hierve la sangre!	*Their blood is boiling!*
Cuidado con el agua hirviente.	*Be careful with the boiling water.*

-ir verb; spelling change: adds *y* before *o, a, e* **huyo · huyeron · huido · huyendo**

PRESENT		PRETERIT	
huyo	huimos	huí	huimos
huyes	huís	huiste	huisteis
huye	huyen	huyó	huyeron

IMPERFECT		PRESENT PERFECT	
huía	huíamos	he huido	hemos huido
huías	huíais	has huido	habéis huido
huía	huían	ha huido	han huido

FUTURE		CONDITIONAL	
huiré	huiremos	huiría	huiríamos
huirás	huiréis	huirías	huiríais
huirá	huirán	huiría	huirían

PLUPERFECT		PRETERIT PERFECT	
había huido	habíamos huido	hube huido	hubimos huido
habías huido	habíais huido	hubiste huido	hubisteis huido
había huido	habían huido	hubo huido	hubieron huido

FUTURE PERFECT		CONDITIONAL PERFECT	
habré huido	habremos huido	habría huido	habríamos huido
habrás huido	habréis huido	habrías huido	habríais huido
habrá huido	habrán huido	habría huido	habrían huido

PRESENT SUBJUNCTIVE		PRESENT PERFECT SUBJUNCTIVE	
huya	huyamos	haya huido	hayamos huido
huyas	huyáis	hayas huido	hayáis huido
huya	huyan	haya huido	hayan huido

IMPERFECT SUBJUNCTIVE (-ra)		*or* IMPERFECT SUBJUNCTIVE (-se)	
huyera	huyéramos	huyese	huyésemos
huyeras	huyerais	huyeses	huyeseis
huyera	huyeran	huyese	huyesen

PAST PERFECT SUBJUNCTIVE (-ra)		*or* PAST PERFECT SUBJUNCTIVE (-se)	
hubiera huido	hubiéramos huido	hubiese huido	hubiésemos huido
hubieras huido	hubierais huido	hubieses huido	hubieseis huido
hubiera huido	hubieran huido	hubiese huido	hubiesen huido

PROGRESSIVE TENSES

PRESENT	estoy, estás, está, estamos, estáis, están	
PRETERIT	estuve, estuviste, estuvo, estuvimos, estuvisteis, estuvieron	
IMPERFECT	estaba, estabas, estaba, estábamos, estabais, estaban	huyendo
FUTURE	estaré, estarás, estará, estaremos, estaréis, estarán	
CONDITIONAL	estaría, estarías, estaría, estaríamos, estaríais, estarían	
SUBJUNCTIVE	que + *corresponding subjunctive tense of* estar (*see verb 252*)	

COMMANDS

	(nosotros) huyamos/no huyamos
(tú) huye/no huyas	(vosotros) huid/no huyáis
(Ud.) huya/no huya	(Uds.) huyan/no huyan

Usage

Huyeron del huracán.	*They fled from the hurricane.*
Huían de las amenazas del dictador.	*They were fleeing from the dictator's threats.*
El ladrón huyó de la policía.	*The thief escaped from the police.*
Huyeron de hacer la limpieza.	*They avoided cleaning up.*
Los minutos van huyendo.	*The minutes are flying by.*

identificar   *to identify*

identifico · identificaron · identificado · identificando   *-ar* verb; spelling change: *c > qu/e*

PRESENT		PRETERIT	
identifico	identificamos	identifiqué	identificamos
identificas	identificáis	identificaste	identificasteis
identifica	identifican	identificó	identificaron

IMPERFECT		PRESENT PERFECT	
identificaba	identificábamos	he identificado	hemos identificado
identificabas	identificabais	has identificado	habéis identificado
identificaba	identificaban	ha identificado	han identificado

FUTURE		CONDITIONAL	
identificaré	identificaremos	identificaría	identificaríamos
identificarás	identificaréis	identificarías	identificaríais
identificará	identificarán	identificaría	identificarían

PLUPERFECT		PRETERIT PERFECT	
había identificado	habíamos identificado	hube identificado	hubimos identificado
habías identificado	habíais identificado	hubiste identificado	hubisteis identificado
había identificado	habían identificado	hubo identificado	hubieron identificado

FUTURE PERFECT		CONDITIONAL PERFECT	
habré identificado	habremos identificado	habría identificado	habríamos identificado
habrás identificado	habréis identificado	habrías identificado	habríais identificado
habrá identificado	habrán identificado	habría identificado	habrían identificado

PRESENT SUBJUNCTIVE		PRESENT PERFECT SUBJUNCTIVE	
identifique	identifiquemos	haya identificado	hayamos identificado
identifiques	identifiquéis	hayas identificado	hayáis identificado
identifique	identifiquen	haya identificado	hayan identificado

IMPERFECT SUBJUNCTIVE (-ra)		*or*	IMPERFECT SUBJUNCTIVE (-se)	
identificara	identificáramos		identificase	identificásemos
identificaras	identificarais		identificases	identificaseis
identificara	identificaran		identificase	identificasen

PAST PERFECT SUBJUNCTIVE (-ra)		*or*	PAST PERFECT SUBJUNCTIVE (-se)	
hubiera identificado	hubiéramos identificado		hubiese identificado	hubiésemos identificado
hubieras identificado	hubierais identificado		hubieses identificado	hubieseis identificado
hubiera identificado	hubieran identificado		hubiese identificado	hubiesen identificado

PROGRESSIVE TENSES

PRESENT	estoy, estás, está, estamos, estáis, están
PRETERIT	estuve, estuviste, estuvo, estuvimos, estuvisteis, estuvieron
IMPERFECT	estaba, estabas, estaba, estábamos, estabais, estaban
FUTURE	estaré, estarás, estará, estaremos, estaréis, estarán
CONDITIONAL	estaría, estarías, estaría, estaríamos, estaríais, estarían
SUBJUNCTIVE	que + *corresponding subjunctive tense of* estar (*see verb 252*)

} identificando

COMMANDS

	(nosotros) identifiquemos/no identifiquemos
(tú) identifica/no identifiques	(vosotros) identificad/no identifiquéis
(Ud.) identifique/no identifique	(Uds.) identifiquen/no identifiquen

Usage

Se han identificado unas fuentes bien informadas.	*We've identified some well-informed sources.*
No pueden identificar el origen del problema.	*They can't identify the source of the problem.*
Se identifica con el papel que hace.	*She identifies with the role she plays.*
Hay ejercicios de identificación.	*There are identification exercises.*
Los gemelos son idénticos.	*The twins are identical.*
Enséñame tu tarjeta de identidad.	*Show me your identification card.*

stem-changing *-ir* verb (like **pedir**): *e > i*   **impido · impidieron · impedido · impidiendo**

PRESENT

impido	impedimos
impides	impedís
impide	impiden

IMPERFECT

impedía	impedíamos
impedías	impedíais
impedía	impedían

FUTURE

impediré	impediremos
impedirás	impediréis
impedirá	impedirán

PLUPERFECT

había impedido	habíamos impedido
habías impedido	habíais impedido
había impedido	habían impedido

FUTURE PERFECT

habré impedido	habremos impedido
habrás impedido	habréis impedido
habrá impedido	habrán impedido

PRESENT SUBJUNCTIVE

impida	impidamos
impidas	impidáis
impida	impidan

IMPERFECT SUBJUNCTIVE (ra)

impidiera	impidiéramos
impidieras	impidierais
impidiera	impidieran

PAST PERFECT SUBJUNCTIVE (-ra)

hubiera impedido	hubiéramos impedido
hubieras impedido	hubierais impedido
hubiera impedido	hubieran impedido

PRETERIT

impedí	impedimos
impediste	impedisteis
impidió	impidieron

PRESENT PERFECT

he impedido	hemos impedido
has impedido	habéis impedido
ha impedido	han impedido

CONDITIONAL

impediría	impediríamos
impedirías	impediríais
impediría	impedirían

PRETERIT PERFECT

hube impedido	hubimos impedido
hubiste impedido	hubisteis impedido
hubo impedido	hubieron impedido

CONDITIONAL PERFECT

habría impedido	habríamos impedido
habrías impedido	habríais impedido
habría impedido	habrían impedido

PRESENT PERFECT SUBJUNCTIVE

haya impedido	hayamos impedido
hayas impedido	hayáis impedido
haya impedido	hayan impedido

or **IMPERFECT SUBJUNCTIVE (-se)**

impidiese	impidiésemos
impidieses	impidieseis
impidiese	impidiescn

or **PAST PERFECT SUBJUNCTIVE (-se)**

hubiese impedido	hubiésemos impedido
hubieses impedido	hubieseis impedido
hubiese impedido	hubiesen impedido

PROGRESSIVE TENSES

PRESENT	estoy, estás, está, estamos, estáis, están
PRETERIT	estuve, estuviste, estuvo, estuvimos, estuvisteis, estuvieron
IMPERFECT	estaba, estabas, estaba, estábamos, estabais, estaban
FUTURE	estaré, estarás, estará, estaremos, estaréis, estarán
CONDITIONAL	estaría, estarías, estaría, estaríamos, estaríais, estarían
SUBJUNCTIVE	que + *corresponding subjunctive tense of* estar (*see verb 252*)

} impidiendo

COMMANDS

	(nosotros) impidamos/no impidamos
(tú) impide/no impidas	(vosotros) impedid/no impidáis
(Ud.) impida/no impida	(Uds.) impidan/no impidan

Usage

La ventisca les impidió que condujeran.	*The blizzard prevented them from driving.*
¿Qué impide el progreso en el proyecto?	*What's impeding progress on the project?*
Le impedimos que huyera.	*We kept her from running away.*
El trabajo fue impedido por la oscuridad.	*The work was hindered by darkness.*
Hay impedimentos.	*There are obstacles.*

importar *to be concerned about*

importa · importaron · importado · importando   regular -ar verb (like **gustar**)

PRESENT		PRETERIT	
me importa(n)	nos importa(n)	me importó(-aron)	nos importó(-aron)
te importa(n)	os importa(n)	te importó(-aron)	os importó(-aron)
le importa(n)	les importa(n)	le importó(-aron)	les importó(-aron)

IMPERFECT		PRESENT PERFECT	
me importaba(n)	nos importaba(n)	me ha(n) importado	nos ha(n) importado
te importaba(n)	os importaba(n)	te ha(n) importado	os ha(n) importado
le importaba(n)	les importaba(n)	le ha(n) importado	les ha(n) importado

FUTURE		CONDITIONAL	
me importará(n)	nos importará(n)	me importaría(n)	nos importaría(n)
te importará(n)	os importará(n)	te importaría(n)	os importaría(n)
le importará(n)	les importará(n)	le importaría(n)	les importaría(n)

PLUPERFECT		PRETERIT PERFECT	
me había(n) importado	nos había(n) importado	me hubo(-ieron) importado	nos hubo(-ieron) importado
te había(n) importado	os había(n) importado	te hubo(-ieron) importado	os hubo(-ieron) importado
le había(n) importado	les había(n) importado	le hubo(-ieron) importado	les hubo(-ieron) importado

FUTURE PERFECT		CONDITIONAL PERFECT	
me habrá(n) importado	nos habrá(n) importado	me habría(n) importado	nos habría(n) importado
te habrá(n) importado	os habrá(n) importado	te habría(n) importado	os habría(n) importado
le habrá(n) importado	les habrá(n) importado	le habría(n) importado	les habría(n) importado

PRESENT SUBJUNCTIVE		PRESENT PERFECT SUBJUNCTIVE	
me importe(n)	nos importe(n)	me haya(n) importado	nos haya(n) importado
te importe(n)	os importe(n)	te haya(n) importado	os haya(n) importado
le importe(n)	les importe(n)	le haya(n) importado	les haya(n) importado

IMPERFECT SUBJUNCTIVE (-ra)		*or*	IMPERFECT SUBJUNCTIVE (-se)	
me importara(n)	nos importara(n)		me importase(n)	nos importase(n)
te importara(n)	os importara(n)		te importase(n)	os importase(n)
le importara(n)	les importara(n)		le importase(n)	les importase(n)

PAST PERFECT SUBJUNCTIVE (-ra)		*or*	PAST PERFECT SUBJUNCTIVE (-se)	
me hubiera(n) importado	nos hubiera(n) importado		me hubiese(n) importado	nos hubiese(n) importado
te hubiera(n) importado	os hubiera(n) importado		te hubiese(n) importado	os hubiese(n) importado
le hubiera(n) importado	les hubiera(n) importado		le hubiese(n) importado	les hubiese(n) importado

PROGRESSIVE TENSES

PRESENT		me	está, están	
PRETERIT		te	estuvo, estuvieron	
IMPERFECT		le	estaba, estaban	importando
FUTURE		nos	estará, estarán	
CONDITIONAL		os	estaría, estarían	
SUBJUNCTIVE	que	les	*corresponding subjunctive tense of* estar (*see verb 252*)	

COMMANDS

¡Que te/le/os/les importe(n)!   ¡Que no te/le/os/les importe(n)!

Usage

—¿Les importan los resultados?	*Do you care about the results?*
—No, no nos importan.	*No, they don't matter to us.*
No le importaba nada.	*Nothing mattered to her.*
¡No te metas donde no te importa!	*Don't butt into things that don't concern you!*
Eso no os importaba.	*That didn't concern you.*
¡No me importa un comino/tres pepinos!	*I couldn't care less!/I don't give a damn!*
El país importa más que exporta.	*The country imports more than it exports.*
Es un asunto importante/de importancia.	*It's an important matter.*

-ir verb; spelling change: adds *y* before *o, a, e*   **incluyo · incluyeron · incluido · incluyendo**

PRESENT		PRETERIT	
incluyo	incluimos	incluí	incluimos
incluyes	incluís	incluiste	incluisteis
incluye	incluyen	incluyó	incluyeron

IMPERFECT		PRESENT PERFECT	
incluía	incluíamos	he incluido	hemos incluido
incluías	incluíais	has incluido	habéis incluido
incluía	incluían	ha incluido	han incluido

FUTURE		CONDITIONAL	
incluiré	incluiremos	incluiría	incluiríamos
incluirás	incluiréis	incluirías	incluiríais
incluirá	incluirán	incluiría	incluirían

PLUPERFECT		PRETERIT PERFECT	
había incluido	habíamos incluido	hube incluido	hubimos incluido
habías incluido	habíais incluido	hubiste incluido	hubisteis incluido
había incluido	habían incluido	hubo incluido	hubieron incluido

FUTURE PERFECT		CONDITIONAL PERFECT	
habré incluido	habremos incluido	habría incluido	habríamos incluido
habrás incluido	habréis incluido	habrías incluido	habríais incluido
habrá incluido	habrán incluido	habría incluido	habrían incluido

PRESENT SUBJUNCTIVE		PRESENT PERFECT SUBJUNCTIVE	
incluya	incluyamos	haya incluido	hayamos incluido
incluyas	incluyáis	hayas incluido	hayáis incluido
incluya	incluyan	haya incluido	hayan incluido

IMPERFECT SUBJUNCTIVE (-ra)		*or* IMPERFECT SUBJUNCTIVE (-se)	
incluyera	incluyéramos	incluyese	incluyésemos
incluyeras	incluyerais	incluyeses	incluyeseis
incluyera	incluyeran	incluyese	incluyesen

PAST PERFECT SUBJUNCTIVE (-ra)		*or* PAST PERFECT SUBJUNCTIVE (-se)	
hubiera incluido	hubiéramos incluido	hubiese incluido	hubiésemos incluido
hubieras incluido	hubierais incluido	hubieses incluido	hubieseis incluido
hubiera incluido	hubieran incluido	hubiese incluido	hubiesen incluido

PROGRESSIVE TENSES

PRESENT	estoy, estás, está, estamos, estáis, están	
PRETERIT	estuve, estuviste, estuvo, estuvimos, estuvisteis, estuvieron	
IMPERFECT	estaba, estabas, estaba, estábamos, estabais, estaban	incluyendo
FUTURE	estaré, estarás, estará, estaremos, estaréis, estarán	
CONDITIONAL	estaría, estarías, estaría, estaríamos, estaríais, estarían	
SUBJUNCTIVE	que + *corresponding subjunctive tense of* estar (*see verb 252*)	

COMMANDS

	(nosotros) incluyamos/no incluyamos
(tú) incluye/no incluyas	(vosotros) incluid/no incluyáis
(Ud.) incluya/no incluya	(Uds.) incluyan/no incluyan

Usage

El precio lo incluía todo.	*The price included everything.*
Incluyo las fotos con mi carta.	*I've enclosed the photos with my letter.*
¿Qué incluye el plan?	*What does the plan comprise?*
Aquí tiene el contrato todo incluido.	*Here's the contract, everything included.*
Asistieron todos incluso varios turistas.	*Everyone attended, including several tourists.*

indicar *to indicate, point out, show, suggest*

indico · indicaron · indicado · indicando

-ar verb; spelling change: *c > qu/e*

PRESENT		PRETERIT	
indico	indicamos	indiqué	indicamos
indicas	indicáis	indicaste	indicasteis
indica	indican	indicó	indicaron

IMPERFECT		PRESENT PERFECT	
indicaba	indicábamos	he indicado	hemos indicado
indicabas	indicabais	has indicado	habéis indicado
indicaba	indicaban	ha indicado	han indicado

FUTURE		CONDITIONAL	
indicaré	indicaremos	indicaría	indicaríamos
indicarás	indicaréis	indicarías	indicaríais
indicará	indicarán	indicaría	indicarían

PLUPERFECT		PRETERIT PERFECT	
había indicado	habíamos indicado	hube indicado	hubimos indicado
habías indicado	habíais indicado	hubiste indicado	hubisteis indicado
había indicado	habían indicado	hubo indicado	hubieron indicado

FUTURE PERFECT		CONDITIONAL PERFECT	
habré indicado	habremos indicado	habría indicado	habríamos indicado
habrás indicado	habréis indicado	habrías indicado	habríais indicado
habrá indicado	habrán indicado	habría indicado	habrían indicado

PRESENT SUBJUNCTIVE		PRESENT PERFECT SUBJUNCTIVE	
indique	indiquemos	haya indicado	hayamos indicado
indiques	indiquéis	hayas indicado	hayáis indicado
indique	indiquen	haya indicado	hayan indicado

IMPERFECT SUBJUNCTIVE (-ra)		*or* IMPERFECT SUBJUNCTIVE (-se)	
indicara	indicáramos	indicase	indicásemos
indicaras	indicarais	indicases	indicaseis
indicara	indicaran	indicase	indicasen

PAST PERFECT SUBJUNCTIVE (-ra)		*or* PAST PERFECT SUBJUNCTIVE (-se)	
hubiera indicado	hubiéramos indicado	hubiese indicado	hubiésemos indicado
hubieras indicado	hubierais indicado	hubieses indicado	hubieseis indicado
hubiera indicado	hubieran indicado	hubiese indicado	hubiesen indicado

PROGRESSIVE TENSES

PRESENT	estoy, estás, está, estamos, estáis, están	
PRETERIT	estuve, estuviste, estuvo, estuvimos, estuvisteis, estuvieron	
IMPERFECT	estaba, estabas, estaba, estábamos, estabais, estaban	indicando
FUTURE	estaré, estarás, estará, estaremos, estaréis, estarán	
CONDITIONAL	estaría, estarías, estaría, estaríamos, estaríais, estarían	
SUBJUNCTIVE	que + *corresponding subjunctive tense of* estar (*see verb 252*)	

COMMANDS

	(nosotros) indiquemos/no indiquemos
(tú) indica/no indiques	(vosotros) indicad/no indiquéis
(Ud.) indique/no indique	(Uds.) indiquen/no indiquen

Usage

Indique con el dedo el lugar en el mapa.	*Point out the place on the map.*
Han indicado su indiferencia.	*They've indicated their indifference.*
Nos indicó que no estaba contenta.	*She suggested to us she wasn't happy.*
Se indica algo con el índice.	*You point at something with your index finger.*
Nos veremos a la hora indicada.	*We'll see each other at the specified time.*
el índice de incremento/de precios/del coste de vida	*rate of increase/price index/cost of living index*

-*ir* verb; spelling change: adds *y* before *o, a, e*   **influyo · influyeron · influido · influyendo**

PRESENT

influyo	influimos
influyes	influís
influye	influyen

PRETERIT

influí	influimos
influiste	influisteis
influyó	influyeron

IMPERFECT

influía	influíamos
influías	influíais
influía	influían

PRESENT PERFECT

he influido	hemos influido
has influido	habéis influido
ha influido	han influido

FUTURE

influiré	influiremos
influirás	influiréis
influirá	influirán

CONDITIONAL

influiría	influiríamos
influirías	influiríais
influiría	influirían

PLUPERFECT

había influido	habíamos influido
habías influido	habíais influido
había influido	habían influido

PRETERIT PERFECT

hube influido	hubimos influido
hubiste influido	hubisteis influido
hubo influido	hubieron influido

FUTURE PERFECT

habré influido	habremos influido
habrás influido	habréis influido
habrá influido	habrán influido

CONDITIONAL PERFECT

habría influido	habríamos influido
habrías influido	habríais influido
habría influido	habrían influido

PRESENT SUBJUNCTIVE

influya	influyamos
influyas	influyáis
influya	influyan

PRESENT PERFECT SUBJUNCTIVE

haya influido	hayamos influido
hayas influido	hayáis influido
haya influido	hayan influido

IMPERFECT SUBJUNCTIVE (-ra)

influyera	influyéramos
influyeras	influyerais
influyera	influyeran

or **IMPERFECT SUBJUNCTIVE (-se)**

influyese	influyésemos
influyeses	influyeseis
influyese	influyesen

PAST PERFECT SUBJUNCTIVE (-ra)

hubiera influido	hubiéramos influido
hubieras influido	hubierais influido
hubiera influido	hubieran influido

or **PAST PERFECT SUBJUNCTIVE (-se)**

hubiese influido	hubiésemos influido
hubieses influido	hubieseis influido
hubiese influido	hubiesen influido

PROGRESSIVE TENSES

PRESENT	estoy, estás, está, estamos, estáis, están
PRETERIT	estuve, estuviste, estuvo, estuvimos, estuvisteis, estuvieron
IMPERFECT	estaba, estabas, estaba, estábamos, estabais, estaban
FUTURE	estaré, estarás, estará, estaremos, estaréis, estarán
CONDITIONAL	estaría, estarías, estaría, estaríamos, estaríais, estarían
SUBJUNCTIVE	que + *corresponding subjunctive tense of* estar (*see verb 252*)

} influyendo

COMMANDS

	(nosotros) influyamos/no influyamos
(tú) influye/no influyas	(vosotros) influid/no influyáis
(Ud.) influya/no influya	(Uds.) influyan/no influyan

Usage

Sus ideas han influido en sus alumnos.	*Her ideas have influenced her pupils.*
Su medio ambiente influye en el escritor.	*A writer is influenced by his environment.*
¿Quiénes influirán en la decisión?	*Who will influence the decision?*
Es una persona de mucha influencia.	*He's a very influential person.*
Se valieron de sus influencias.	*They used their influence.*

PRESENT

inicio	iniciamos
inicias	iniciáis
inicia	inician

PRETERIT

inicié	iniciamos
iniciaste	iniciasteis
inició	iniciaron

IMPERFECT

iniciaba	iniciábamos
iniciabas	iniciabais
iniciaba	iniciaban

PRESENT PERFECT

he iniciado	hemos iniciado
has iniciado	habéis iniciado
ha iniciado	han iniciado

FUTURE

iniciaré	iniciaremos
iniciarás	iniciaréis
iniciará	iniciarán

CONDITIONAL

iniciaría	iniciaríamos
iniciarías	iniciaríais
iniciaría	iniciarían

PLUPERFECT

había iniciado	habíamos iniciado
habías iniciado	habíais iniciado
había iniciado	habían iniciado

PRETERIT PERFECT

hube iniciado	hubimos iniciado
hubiste iniciado	hubisteis iniciado
hubo iniciado	hubieron iniciado

FUTURE PERFECT

habré iniciado	habremos iniciado
habrás iniciado	habréis iniciado
habrá iniciado	habrán iniciado

CONDITIONAL PERFECT

habría iniciado	habríamos iniciado
habrías iniciado	habríais iniciado
habría iniciado	habrían iniciado

PRESENT SUBJUNCTIVE

inicie	iniciemos
inicies	iniciéis
inicie	inicien

PRESENT PERFECT SUBJUNCTIVE

haya iniciado	hayamos iniciado
hayas iniciado	hayáis iniciado
haya iniciado	hayan iniciado

IMPERFECT SUBJUNCTIVE (-ra)

iniciara	iniciáramos
iniciaras	iniciarais
iniciara	iniciaran

or   **IMPERFECT SUBJUNCTIVE (-se)**

iniciase	iniciásemos
iniciases	iniciaseis
iniciase	iniciasen

PAST PERFECT SUBJUNCTIVE (-ra)

hubiera iniciado	hubiéramos iniciado
hubieras iniciado	hubierais iniciado
hubiera iniciado	hubieran iniciado

or   **PAST PERFECT SUBJUNCTIVE (-se)**

hubiese iniciado	hubiésemos iniciado
hubieses iniciado	hubieseis iniciado
hubiese iniciado	hubiesen iniciado

PROGRESSIVE TENSES

PRESENT	estoy, estás, está, estamos, estáis, están
PRETERIT	estuve, estuviste, estuvo, estuvimos, estuvisteis, estuvieron
IMPERFECT	estaba, estabas, estaba, estábamos, estabais, estaban
FUTURE	estaré, estarás, estará, estaremos, estaréis, estarán
CONDITIONAL	estaría, estarías, estaría, estaríamos, estaríais, estarían
SUBJUNCTIVE	que + *corresponding subjunctive tense of* estar (*see verb 252*)

iniciando

COMMANDS

	(nosotros) iniciemos/no iniciemos
(tú) inicia/no inicies	(vosotros) iniciad/no iniciéis
(Ud.) inicie/no inicie	(Uds.) inicien/no inicien

Usage

Se inició la serie de conferencias.	*They started the lecture series.*
Le iniciarán en el club mañana.	*They'll initiate him into the club tomorrow.*
Lo estimamos por su iniciativa propia.	*We value him for his individual initiative.*
En español EE.UU. son las iniciales de los Estados Unidos.	*In Spanish, EE.UU. are the initials of the United States.*

regular *-ir* verb

insisto · insistieron · insistido · insistiendo

PRESENT

insisto	insistimos
insistes	insistís
insiste	insisten

IMPERFECT

insistía	insistíamos
insistías	insistíais
insistía	insistían

FUTURE

insistiré	insistiremos
insistirás	insistiréis
insistirá	insistirán

PLUPERFECT

había insistido	habíamos insistido
habías insistido	habíais insistido
había insistido	habían insistido

FUTURE PERFECT

habré insistido	habremos insistido
habrás insistido	habréis insistido
habrá insistido	habrán insistido

PRESENT SUBJUNCTIVE

insista	insistamos
insistas	insistáis
insista	insistan

IMPERFECT SUBJUNCTIVE (-ra)

insistiera	insistiéramos
insistieras	insistierais
insistiera	insistieran

PAST PERFECT SUBJUNCTIVE (-ra)

hubiera insistido	hubiéramos insistido
hubieras insistido	hubierais insistido
hubiera insistido	hubieran insistido

PRETERIT

insistí	insistimos
insististe	insististeis
insistió	insistieron

PRESENT PERFECT

he insistido	hemos insistido
has insistido	habéis insistido
ha insistido	han insistido

CONDITIONAL

insistiría	insistiríamos
insistirías	insistiríais
insistiría	insistirían

PRETERIT PERFECT

hube insistido	hubimos insistido
hubiste insistido	hubisteis insistido
hubo insistido	hubieron insistido

CONDITIONAL PERFECT

habría insistido	habríamos insistido
habrías insistido	habríais insistido
habría insistido	habrían insistido

PRESENT PERFECT SUBJUNCTIVE

haya insistido	hayamos insistido
hayas insistido	hayáis insistido
haya insistido	hayan insistido

or **IMPERFECT SUBJUNCTIVE (-se)**

insistiese	insistiésemos
insistieses	insistieseis
insistiese	insistiesen

or **PAST PERFECT SUBJUNCTIVE (-se)**

hubiese insistido	hubiésemos insistido
hubieses insistido	hubieseis insistido
hubiese insistido	hubiesen insistido

PROGRESSIVE TENSES

PRESENT	estoy, estás, está, estamos, estáis, están
PRETERIT	estuve, estuviste, estuvo, estuvimos, estuvisteis, estuvieron
IMPERFECT	estaba, estabas, estaba, estábamos, estabais, estaban
FUTURE	estaré, estarás, estará, estaremos, estaréis, estarán
CONDITIONAL	estaría, estarías, estaría, estaríamos, estaríais, estarían
SUBJUNCTIVE	que + *corresponding subjunctive tense of* estar (*see verb 252*)

insistiendo

COMMANDS

	(nosotros) insistamos/no insistamos
(tú) insiste/no insistas	(vosotros) insistid/no insistáis
(Ud.) insista/no insista	(Uds.) insistan/no insistan

Usage

¡La muy pesada insiste en acompañarnos!	*The big bore insists on coming with us!*
Insisto en que me devuelvas el dinero.	*I insist that you return the money to me.*
Insistían en lo grave de la cuestión.	*They stressed the seriousness of the matter.*
Insistía en que almorzáramos con él.	*He insisted on our having lunch with him.*
¿Por qué insiste?	*Why does she persist?*

interesar   *to interest, concern*

interesa · interesaron · interesado · interesando   regular *-ar* verb (like **gustar**)

PRESENT

me interesa(n)	nos interesa(n)
te interesa(n)	os interesa(n)
le interesa(n)	les interesa(n)

PRETERIT

me interesó(-aron)	nos interesó(-aron)
te interesó(-aron)	os interesó(-aron)
le interesó(-aron)	les interesó(-aron)

IMPERFECT

me interesaba(n)	nos interesaba(n)
te interesaba(n)	os interesaba(n)
le interesaba(n)	les interesaba(n)

PRESENT PERFECT

me ha(n) interesado	nos ha(n) interesado
te ha(n) interesado	os ha(n) interesado
le ha(n) interesado	les ha(n) interesado

FUTURE

me interesará(n)	nos interesará(n)
te interesará(n)	os interesará(n)
le interesará(n)	les interesará(n)

CONDITIONAL

me interesaría(n)	nos interesaría(n)
te interesaría(n)	os interesaría(n)
le interesaría(n)	les interesaría(n)

PLUPERFECT

me había(n) interesado	nos había(n) interesado
te había(n) interesado	os había(n) interesado
le había(n) interesado	les había(n) interesado

PRETERIT PERFECT

me hubo(-ieron) interesado	nos hubo(-ieron) interesado
te hubo(-ieron) interesado	os hubo(-ieron) interesado
le hubo(-ieron) interesado	les hubo(-ieron) interesado

FUTURE PERFECT

me habrá(n) interesado	nos habrá(n) interesado
te habrá(n) interesado	os habrá(n) interesado
le habrá(n) interesado	les habrá(n) interesado

CONDITIONAL PERFECT

me habría(n) interesado	nos habría(n) interesado
te habría(n) interesado	os habría(n) interesado
le habría(n) interesado	les habría(n) interesado

PRESENT SUBJUNCTIVE

me interese(n)	nos interese(n)
te interese(n)	os interese(n)
le interese(n)	les interese(n)

PRESENT PERFECT SUBJUNCTIVE

me haya(n) interesado	nos haya(n) interesado
te haya(n) interesado	os haya(n) interesado
le haya(n) interesado	les haya(n) interesado

IMPERFECT SUBJUNCTIVE (-ra)

me interesara(n)	nos interesara(n)
te interesara(n)	os interesara(n)
le interesara(n)	les interesara(n)

or   **IMPERFECT SUBJUNCTIVE (-se)**

me interesase(n)	nos interesase(n)
te interesase(n)	os interesase(n)
le interesase(n)	les interesase(n)

PAST PERFECT SUBJUNCTIVE (-ra)

me hubiera(n) interesado	nos hubiera(n) interesado
te hubiera(n) interesado	os hubiera(n) interesado
le hubiera(n) interesado	les hubiera(n) interesado

or   **PAST PERFECT SUBJUNCTIVE (-se)**

me hubiese(n) interesado	nos hubiese(n) interesado
te hubiese(n) interesado	os hubiese(n) interesado
le hubiese(n) interesado	les hubiese(n) interesado

PROGRESSIVE TENSES

PRESENT		está, están	
PRETERIT	me	estuvo, estuvieron	
IMPERFECT	te	estaba, estaban	
FUTURE	le	estará, estarán	interesando
CONDITIONAL	nos	estaría, estarían	
	os		
SUBJUNCTIVE	que les	*corresponding subjunctive tense of* estar *(see verb 252)*	

COMMANDS

¡Que te/le/os/les interese(n)!   ¡Que no te/le/os/les interese(n)!

Usage

—¿Te interesa trabajar en el negocio?	*Are you interested in working in the business?*
—Me interesaría si pagaran más.	*I'd be interested if it were better paying.*
Nos interesan los métodos que usan.	*We're concerned about the methods they use.*
—¿En qué te interesas?	*What interests do you have?*
—Me intereso por la música y los deportes.	*I'm interested in music and sports.*
—Se interesan en la política, ¿verdad?	*You're interested in politics, aren't you?*
—Nos interesábamos por ella, pero ya no.	*We were interested in it, but not any more.*
Es un libro muy interesante.	*It's a very interesting book.*

PRESENT

interrumpo	interrumpimos
interrumpes	interrumpís
interrumpe	interrumpen

PRETERIT

interrumpí	interrumpimos
interrumpiste	interrumpisteis
interrumpió	interrumpieron

IMPERFECT

interrumpía	interrumpíamos
interrumpías	interrumpíais
interrumpía	interrumpían

PRESENT PERFECT

he interrumpido	hemos interrumpido
has interrumpido	habéis interrumpido
ha interrumpido	han interrumpido

FUTURE

interrumpiré	interrumpiremos
interrumpirás	interrumpiréis
interrumpirá	interrumpirán

CONDITIONAL

interrumpiría	interrumpiríamos
interrumpirías	interrumpiríais
interrumpiría	interrumpirían

PLUPERFECT

había interrumpido	habíamos interrumpido
habías interrumpido	habíais interrumpido
había interrumpido	habían interrumpido

PRETERIT PERFECT

hube interrumpido	hubimos interrumpido
hubiste interrumpido	hubisteis interrumpido
hubo interrumpido	hubieron interrumpido

FUTURE PERFECT

habré interrumpido	habremos interrumpido
habrás interrumpido	habréis interrumpido
habrá interrumpido	habrán interrumpido

CONDITIONAL PERFECT

habría interrumpido	habríamos interrumpido
habrías interrumpido	habríais interrumpido
habría interrumpido	habrían interrumpido

PRESENT SUBJUNCTIVE

interrumpa	interrumpamos
interrumpas	interrumpáis
interrumpa	interrumpan

PRESENT PERFECT SUBJUNCTIVE

haya interrumpido	hayamos interrumpido
hayas interrumpido	hayáis interrumpido
haya interrumpido	hayan interrumpido

IMPERFECT SUBJUNCTIVE (-ra)   *or*   **IMPERFECT SUBJUNCTIVE (-se)**

interrumpiera	interrumpiéramos	interrumpiese	interrumpiésemos
interrumpieras	interrumpierais	interrumpieses	interrumpieseis
interrumpiera	interrumpieran	interrumpiese	interrumpiesen

PAST PERFECT SUBJUNCTIVE (-ra)   *or*   **PAST PERFECT SUBJUNCTIVE (-se)**

hubiera interrumpido	hubiéramos interrumpido	hubiese interrumpido	hubiésemos interrumpido
hubieras interrumpido	hubierais interrumpido	hubieses interrumpido	hubieseis interrumpido
hubiera interrumpido	hubieran interrumpido	hubiese interrumpido	hubiesen interrumpido

PROGRESSIVE TENSES

PRESENT	estoy, estás, está, estamos, estáis, están
PRETERIT	estuve, estuviste, estuvo, estuvimos, estuvisteis, estuvieron
IMPERFECT	estaba, estabas, estaba, estábamos, estabais, estaban
FUTURE	estaré, estarás, estará, estaremos, estaréis, estarán
CONDITIONAL	estaría, estarías, estaría, estaríamos, estaríais, estarían
SUBJUNCTIVE	que + *corresponding subjunctive tense of* estar (*see verb 252*)

interrumpiendo

COMMANDS

	(nosotros) interrumpamos/no interrumpamos
(tú) interrumpe/no interrumpas	(vosotros) interrumpid/no interrumpáis
(Ud.) interrumpa/no interrumpa	(Uds.) interrumpan/no interrumpan

Usage

¡No nos interrumpas!	*Don't interrupt us!*
Se interrumpió la corriente eléctrica.	*The electricity was cut off.*
Su visita fue interrumpida por la tempestad.	*Her visit was cut short because of the storm.*
Sigamos sin interrupción.	*Let's continue without interruption.*
El electricista reparó los interruptores.	*The electrician repaired the switches.*

introduzco · introdujeron · introducido · introduciendo

_-ir_ verb; spelling change:
_c > zc/o, a_; irregular preterit

PRESENT		PRETERIT	
introduzco	introducimos	introduje	introdujimos
introduces	introducís	introdujiste	introdujisteis
introduce	introducen	introdujo	introdujeron

IMPERFECT		PRESENT PERFECT	
introducía	introducíamos	he introducido	hemos introducido
introducías	introducíais	has introducido	habéis introducido
introducía	introducían	ha introducido	han introducido

FUTURE		CONDITIONAL	
introduciré	introduciremos	introduciría	introduciríamos
introducirás	introduciréis	introducirías	introduciríais
introducirá	introducirán	introduciría	introducirían

PLUPERFECT		PRETERIT PERFECT	
había introducido	habíamos introducido	hube introducido	hubimos introducido
habías introducido	habíais introducido	hubiste introducido	hubisteis introducido
había introducido	habían introducido	hubo introducido	hubieron introducido

FUTURE PERFECT		CONDITIONAL PERFECT	
habré introducido	habremos introducido	habría introducido	habríamos introducido
habrás introducido	habréis introducido	habrías introducido	habríais introducido
habrá introducido	habrán introducido	habría introducido	habrían introducido

PRESENT SUBJUNCTIVE		PRESENT PERFECT SUBJUNCTIVE	
introduzca	introduzcamos	haya introducido	hayamos introducido
introduzcas	introduzcáis	hayas introducido	hayáis introducido
introduzca	introduzcan	haya introducido	hayan introducido

IMPERFECT SUBJUNCTIVE (-ra)		_or_ IMPERFECT SUBJUNCTIVE (-se)	
introdujera	introdujéramos	introdujese	introdujésemos
introdujeras	introdujerais	introdujeses	introdujeseis
introdujera	introdujeran	introdujese	introdujesen

PAST PERFECT SUBJUNCTIVE (-ra)		_or_ PAST PERFECT SUBJUNCTIVE (-se)	
hubiera introducido	hubiéramos introducido	hubiese introducido	hubiésemos introducido
hubieras introducido	hubierais introducido	hubieses introducido	hubieseis introducido
hubiera introducido	hubieran introducido	hubiese introducido	hubiesen introducido

PROGRESSIVE TENSES

PRESENT	estoy, estás, está, estamos, estáis, están	
PRETERIT	estuve, estuviste, estuvo, estuvimos, estuvisteis, estuvieron	
IMPERFECT	estaba, estabas, estaba, estábamos, estabais, estaban	introduciendo
FUTURE	estaré, estarás, estará, estaremos, estaréis, estarán	
CONDITIONAL	estaría, estarías, estaría, estaríamos, estaríais, estarían	
SUBJUNCTIVE	que + _corresponding subjunctive tense of_ estar (_see verb 252_)	

COMMANDS

	(nosotros) introduzcamos/no introduzcamos
(tú) introduce/no introduzcas	(vosotros) introducid/no introduzcáis
(Ud.) introduzca/no introduzca	(Uds.) introduzcan/no introduzcan

Usage

Los introdujimos en el club.	_We introduced them into the club._
Introdúzcala en la sala.	_Show her into the living room._
Ese tipo introduce confusión en todo.	_That guy causes/creates confusion in everything._
Es mejor que no se introduzcan en eso.	_It's better that you not interfere in that._
La introducción lo explica todo.	_The introduction explains everything._

stem-changing *-ir* verb:
e > ie (present), *e > i* (preterit)

invierto · invirtieron · invertido · invirtiendo

PRESENT

invierto	invertimos
inviertes	invertís
invierte	invierten

IMPERFECT

invertía	invertíamos
invertías	invertíais
invertía	invertían

FUTURE

invertiré	invertiremos
invertirás	invertiréis
invertirá	invertirán

PLUPERFECT

había invertido	habíamos invertido
habías invertido	habíais invertido
había invertido	habían invertido

FUTURE PERFECT

habré invertido	habremos invertido
habrás invertido	habréis invertido
habrá invertido	habrán invertido

PRESENT SUBJUNCTIVE

invierta	invirtamos
inviertas	invirtáis
invierta	inviertan

IMPERFECT SUBJUNCTIVE (-ra)

invirtiera	invirtiéramos
invirtieras	invirtierais
invirtiera	invirtieran

PAST PERFECT SUBJUNCTIVE (-ra)

hubiera invertido	hubiéramos invertido
hubieras invertido	hubierais invertido
hubiera invertido	hubieran invertido

PRETERIT

invertí	invertimos
invertiste	invertisteis
invirtió	invirticron

PRESENT PERFECT

he invertido	hemos invertido
has invertido	habéis invertido
ha invertido	han invertido

CONDITIONAL

invertiría	invertiríamos
invertirías	invertiríais
invertiría	invertirían

PRETERIT PERFECT

hube invertido	hubimos invertido
hubiste invertido	hubisteis invertido
hubo invertido	hubieron invertido

CONDITIONAL PERFECT

habría invertido	habríamos invertido
habrías invertido	habríais invertido
habría invertido	habrían invertido

PRESENT PERFECT SUBJUNCTIVE

haya invertido	hayamos invertido
hayas invertido	hayáis invertido
haya invertido	hayan invertido

or **IMPERFECT SUBJUNCTIVE (-se)**

invirtiese	invirtiésemos
invirtieses	invirtieseis
invirtiese	invirtiesen

or **PAST PERFECT SUBJUNCTIVE (-se)**

hubiese invertido	hubiésemos invertido
hubieses invertido	hubieseis invertido
hubiese invertido	hubiesen invertido

PROGRESSIVE TENSES

PRESENT	estoy, estás, está, estamos, estáis, están	
PRETERIT	estuve, estuviste, estuvo, estuvimos, estuvisteis, estuvieron	
IMPERFECT	estaba, estabas, estaba, estábamos, estabais, estaban	invirtiendo
FUTURE	estaré, estarás, estará, estaremos, estaréis, estarán	
CONDITIONAL	estaría, estarías, estaría, estaríamos, estaríais, estarían	
SUBJUNCTIVE	que + *corresponding subjunctive tense of* estar (*see verb 252*)	

COMMANDS

	(nosotros) invirtamos/no invirtamos
(tú) invierte/no inviertas	(vosotros) invertid/no invirtáis
(Ud.) invierta/no invierta	(Uds.) inviertan/no inviertan

Usage

Invirtieron capital de riesgo en la firma.	*They invested venture capital in the company.*
Los actores invertirán sus papeles a partir de hoy.	*The actors will change their roles starting today.*
Ahora invierta el proceso químico.	*Now reverse the chemical process.*
Hay más inversionistas en la bolsa cada día.	*There are more investors in the stock market each day.*
Haga una lista en orden inverso.	*Make a list in reverse order.*
Y a la inversa.	*And vice versa.*

investigar   *to investigate, find out, do research*

investigo · investigaron · investigado · investigando   *-ar verb; spelling change: g > gu/e*

PRESENT

investigo	investigamos
investigas	investigáis
investiga	investigan

PRETERIT

investigué	investigamos
investigaste	investigasteis
investigó	investigaron

IMPERFECT

investigaba	investigábamos
investigabas	investigabais
investigaba	investigaban

PRESENT PERFECT

he investigado	hemos investigado
has investigado	habéis investigado
ha investigado	han investigado

FUTURE

investigaré	investigaremos
investigarás	investigaréis
investigará	investigarán

CONDITIONAL

investigaría	investigaríamos
investigarías	investigaríais
investigaría	investigarían

PLUPERFECT

había investigado	habíamos investigado
habías investigado	habíais investigado
había investigado	habían investigado

PRETERIT PERFECT

hube investigado	hubimos investigado
hubiste investigado	hubisteis investigado
hubo investigado	hubieron investigado

FUTURE PERFECT

habré investigado	habremos investigado
habrás investigado	habréis investigado
habrá investigado	habrán investigado

CONDITIONAL PERFECT

habría investigado	habríamos investigado
habrías investigado	habríais investigado
habría investigado	habrían investigado

PRESENT SUBJUNCTIVE

investigue	investiguemos
investigues	investiguéis
investigue	investiguen

PRESENT PERFECT SUBJUNCTIVE

haya investigado	hayamos investigado
hayas investigado	hayáis investigado
haya investigado	hayan investigado

IMPERFECT SUBJUNCTIVE (-ra)

investigara	investigáramos
investigaras	investigarais
investigara	investigaran

or   **IMPERFECT SUBJUNCTIVE (-se)**

investigase	investigásemos
investigases	investigaseis
investigase	investigasen

PAST PERFECT SUBJUNCTIVE (-ra)

hubiera investigado	hubiéramos investigado
hubieras investigado	hubierais investigado
hubiera investigado	hubieran investigado

or   **PAST PERFECT SUBJUNCTIVE (-se)**

hubiese investigado	hubiésemos investigado
hubieses investigado	hubieseis investigado
hubiese investigado	hubiesen investigado

PROGRESSIVE TENSES

PRESENT	estoy, estás, está, estamos, estáis, están
PRETERIT	estuve, estuviste, estuvo, estuvimos, estuvisteis, estuvieron
IMPERFECT	estaba, estabas, estaba, estábamos, estabais, estaban
FUTURE	estaré, estarás, estará, estaremos, estaréis, estarán
CONDITIONAL	estaría, estarías, estaría, estaríamos, estaríais, estarían
SUBJUNCTIVE	que + *corresponding subjunctive tense of* estar (*see verb 252*)

       } investigando

COMMANDS

	(nosotros) investiguemos/no investiguemos
(tú) investiga/no investigues	(vosotros) investigad/no investiguéis
(Ud.) investigue/no investigue	(Uds.) investiguen/no investiguen

Usage

La policía va investigando el crimen.	*The police are investigating the crime.*
Investigan el móvil.	*They're finding out the motive.*
Investigo las causas de la guerra.	*I'm researching the causes of the war.*
La empresa gasta en investigación y desarrollo.	*The company spends on research and development.*
¿Cuándo se terminarán las investigaciones?	*When will the research be concluded?*

regular -ar verb

PRESENT

invito	invitamos
invitas	invitáis
invita	invitan

IMPERFECT

invitaba	invitábamos
invitabas	invitabais
invitaba	invitaban

FUTURE

invitaré	invitaremos
invitarás	invitaréis
invitará	invitarán

PLUPERFECT

había invitado	habíamos invitado
habías invitado	habíais invitado
había invitado	habían invitado

FUTURE PERFECT

habré invitado	habremos invitado
habrás invitado	habréis invitado
habrá invitado	habrán invitado

PRESENT SUBJUNCTIVE

invite	invitemos
invites	invitéis
invite	inviten

IMPERFECT SUBJUNCTIVE (-ra)

invitara	invitáramos
invitaras	invitarais
invitara	invitaran

PAST PERFECT SUBJUNCTIVE (-ra)

hubiera invitado	hubiéramos invitado
hubieras invitado	hubierais invitado
hubiera invitado	hubieran invitado

PRETERIT

invité	invitamos
invitaste	invitasteis
invitó	invitaron

PRESENT PERFECT

he invitado	hemos invitado
has invitado	habéis invitado
ha invitado	han invitado

CONDITIONAL

invitaría	invitaríamos
invitarías	invitaríais
invitaría	invitarían

PRETERIT PERFECT

hube invitado	hubimos invitado
hubiste invitado	hubisteis invitado
hubo invitado	hubieron invitado

CONDITIONAL PERFECT

habría invitado	habríamos invitado
habrías invitado	habríais invitado
habría invitado	habrían invitado

PRESENT PERFECT SUBJUNCTIVE

haya invitado	hayamos invitado
hayas invitado	hayáis invitado
haya invitado	hayan invitado

or **IMPERFECT SUBJUNCTIVE (-se)**

invitase	invitásemos
invitases	invitaseis
invitase	invitasen

or **PAST PERFECT SUBJUNCTIVE (-se)**

hubiese invitado	hubiésemos invitado
hubieses invitado	hubieseis invitado
hubiese invitado	hubiesen invitado

PROGRESSIVE TENSES

PRESENT	estoy, estás, está, estamos, estáis, cstán
PRETERIT	estuve, estuviste, estuvo, estuvimos, estuvisteis, estuvieron
IMPERFECT	estaba, estabas, estaba, estábamos, cstabais, estaban
FUTURE	estaré, estarás, estará, estaremos, estaréis, estarán
CONDITIONAL	estaría, estarías, estaría, estaríamos, estaríais, estarían
SUBJUNCTIVE	que + *corresponding subjunctive tense of* estar (*see verb 252*)

invitando

COMMANDS

	(nosotros) invitemos/no invitemos
(tú) invita/no invites	(vosotros) invitad/no invitéis
(Ud.) invite/no invite	(Uds.) inviten/no inviten

Usage

Nos invitaron al baile de etiqueta.	*We were invited to the dress ball.*
Te invito a tomar un café.	*I'll treat you to a cup of coffee.*
Su lenguaje incendiario invitaba debate.	*His inflammatory language invited debate.*
Tenemos muchos invitados.	*We have many guests.*
Recibimos una invitación a la cena.	*We received an invitation to the dinner.*

voy · fueron · ido · yendo	irregular verb

Han ido al centro comercial.	*They've gone to the mall.*
¿Cómo te va en la Marina de guerra?	*How's it going for you in the navy?*
El AVE va de Madrid a Sevilla en tres horas.	*The high-speed train goes from Madrid to Seville in three hours.*
El traje te va muy bien.	*The suit is very becoming to you/fits you very well.*

ir + gerund

Van paseándose por el jardín botánico.	*They're strolling through the botanical garden.*

ir + prepositions

Van al médico/al dentista.	*They're going to the doctor/dentist.*
Vamos a divertirnos mucho.	*We're going to have a great time.*
¿Fueron a pie/a caballo/en bicicleta?	*Did they walk/go on horseback/go by bicycle?*
La camisa va bien con este pantalón.	*The shirt goes well with these pants.*
Espero que vayan de viaje/de paseo.	*I hope they'll go on a trip/for a walk.*
Esto va en serio.	*This is getting serious.*
Va para 26 años.	*He's almost 26 years old.*
Voy por el periódico.	*I'm going out for the newspaper.*
—¿Las cosas van bien?	*Are things going well?*
—Por desgracia, van de mal en peor.	*Unfortunately, they're going from bad to worse.*
—Todo va sobre ruedas.	*Everything's going smoothly.*

Other Uses

¡Qué va!	*Nonsense!/Are you kidding?*
Vamos a ver.	*Let's see.*
¡Ya voy!	*I'm coming!*
¡Vámonos!	*Let's go!/Let's leave!*
¡Vete!/¡Váyase!	*Scram!/Go away!*
El edificio se fue abajo.	*The building collapsed.*
Por todas partes se va a Roma./Todos los caminos van a Roma.	*All roads lead to Rome.*
Su poder se le iba de las manos.	*His power was slipping through his fingers.*
Su nombre se me fue de la memoria.	*Their name slipped my mind.*

irregular verb   **voy · fueron · ido · yendo**

PRESENT		**PRETERIT**	
voy	vamos	fui	fuimos
vas	vais	fuiste	fuisteis
va	van	fue	fueron

IMPERFECT		**PRESENT PERFECT**	
iba	íbamos	he ido	hemos ido
ibas	ibais	has ido	habéis ido
iba	iban	ha ido	han ido

FUTURE		**CONDITIONAL**	
iré	iremos	iría	iríamos
irás	iréis	irías	iríais
irá	irán	iría	irían

PLUPERFECT		**PRETERIT PERFECT**	
había ido	habíamos ido	hube ido	hubimos ido
habías ido	habíais ido	hubiste ido	hubisteis ido
había ido	habían ido	hubo ido	hubieron ido

FUTURE PERFECT		**CONDITIONAL PERFECT**	
habré ido	habremos ido	habría ido	habríamos ido
habrás ido	habréis ido	habrías ido	habríais ido
habrá ido	habrán ido	habría ido	habrían ido

PRESENT SUBJUNCTIVE		**PRESENT PERFECT SUBJUNCTIVE**	
vaya	vayamos	haya ido	hayamos ido
vayas	vayáis	hayas ido	hayáis ido
vaya	vayan	haya ido	hayan ido

IMPERFECT SUBJUNCTIVE (ra)		*or* **IMPERFECT SUBJUNCTIVE (-se)**	
fuera	fuéramos	fuese	fuésemos
fueras	fuerais	fueses	fueseis
fuera	fueran	fuese	fuesen

PAST PERFECT SUBJUNCTIVE (-ra)		*or* **PAST PERFECT SUBJUNCTIVE (-se)**	
hubiera ido	hubiéramos ido	hubiese ido	hubiésemos ido
hubieras ido	hubierais ido	hubieses ido	hubieseis ido
hubiera ido	hubieran ido	hubiese ido	hubiesen ido

PROGRESSIVE TENSES

PRESENT	estoy, estás, está, estamos, estáis, están	
PRETERIT	estuve, estuviste, estuvo, estuvimos, estuvisteis, estuvieron	
IMPERFECT	estaba, estabas, estaba, estábamos, estabais, estaban	yendo
FUTURE	estaré, estarás, estará, estaremos, estaréis, estarán	
CONDITIONAL	estaría, estarías, estaría, estaríamos, estaríais, estarían	
SUBJUNCTIVE	que + *corresponding subjunctive tense of* estar (*see verb 252*)	

COMMANDS

	(nosotros) vamos/no vayamos
(tú) ve/no vayas	(vosotros) id/no vayáis
(Ud.) vaya/no vaya	(Uds.) vayan/no vayan

Usage

—¿Uds. van al museo de arte ahora?	*Are you going to the art museum now?*
—No, vamos a ir por la tarde.	*No, we're going to go in the afternoon.*
¿Cómo te va?	*How are you?/How are things?*
Iban andando al centro.	*They were walking downtown.*
Fueron en coche/tren/avión.	*They went by car/train/plane.*
Ve de compras con Paula.	*Go shopping with Paula.*
¡Vaya una idea!	*What an idea!*

¡Cuidado! Estás jugando con fuego.	*Careful! You're playing with fire.*
Hiciste muy mal en jugar con ellos.	*You were very wrong to use them.*
¿Jugáis a la Bolsa?	*Are you playing the stock market?*
Juegan al alza/a la baja.	*They're playing the bull/bear market.*
Nos jugó una mala partida.	*She played a dirty trick on us.*
—¿Quién juega?	*Whose turn is it?*
—Te toca a ti jugar.	*It's your turn to go.*

jugarse

Se jugaba la vida.	*He risked his life.*
Se juega el éxito/la fama de la compañía.	*The success/reputation of the company is at stake.*

hacer juego to match

La chaqueta no hace juego con la falda.	*The jacket doesn't match the skirt.*

Other Uses

¿Os gustan los juegos de azar/de cartas?	*Do you like games of chance/card games?*
Me encantan los juegos de palabras.	*I love plays on words/puns.*
Afortunado en el juego, desgraciado en amores.	*Lucky at cards, unlucky in love.*
No es cosa de juego.	*This is no laughing matter.*
Es juego de niños.	*It's child's play.*
¿Cuántas tazas tiene el juego de té?	*How many cups are there in the tea set?*
El juego de dormitorio es de roble.	*The bedroom set is made of oak.*
Fue una buena jugada.	*It was a good/nice play/move/stroke/shot.*
¡Qué jugada/jugarreta nos hizo!	*What a dirty trick he played on us!*
Los jugadores abrieron el juego.	*The players started the game.*
—¿Dónde compró esos maravillosos juguetes?	*Where did you buy those wonderful toys?*
—En la juguetería de la avenida Sur.	*At the toy store on South Avenue.*
Deja de juguetear con sus sentimientos.	*Stop toying with her feelings.*
Es una niña muy juguetona.	*She's a very playful child.*

TOP 50 VERBS

stem-changing *-ar* verb: *u > ue*;
spelling change: *g > gu/e*

juego · jugaron · jugado · jugando

PRESENT

juego	jugamos
juegas	jugáis
juega	juegan

IMPERFECT

jugaba	jugábamos
jugabas	jugabais
jugaba	jugaban

FUTURE

jugaré	jugaremos
jugarás	jugaréis
jugará	jugarán

PLUPERFECT

había jugado	habíamos jugado
habías jugado	habíais jugado
había jugado	habían jugado

FUTURE PERFECT

habré jugado	habremos jugado
habrás jugado	habréis jugado
habrá jugado	habrán jugado

PRESENT SUBJUNCTIVE

juegue	juguemos
juegues	juguéis
juegue	jueguen

IMPERFECT SUBJUNCTIVE (-ra)

jugara	jugáramos
jugaras	jugarais
jugara	jugaran

PAST PERFECT SUBJUNCTIVE (-ra)

hubiera jugado	hubiéramos jugado
hubieras jugado	hubierais jugado
hubiera jugado	hubieran jugado

PRETERIT

jugué	jugamos
jugaste	jugasteis
jugó	jugaron

PRESENT PERFECT

he jugado	hemos jugado
has jugado	habéis jugado
ha jugado	han jugado

CONDITIONAL

jugaría	jugaríamos
jugarías	jugaríais
jugaría	jugarían

PRETERIT PERFECT

hube jugado	hubimos jugado
hubiste jugado	hubisteis jugado
hubo jugado	hubieron jugado

CONDITIONAL PERFECT

habría jugado	habríamos jugado
habrías jugado	habríais jugado
habría jugado	habrían jugado

PRESENT PERFECT SUBJUNCTIVE

haya jugado	hayamos jugado
hayas jugado	hayáis jugado
haya jugado	hayan jugado

or **IMPERFECT SUBJUNCTIVE (-se)**

jugase	jugásemos
jugases	jugaseis
jugase	jugasen

or **PAST PERFECT SUBJUNCTIVE (-se)**

hubiese jugado	hubiésemos jugado
hubieses jugado	hubieseis jugado
hubiese jugado	hubiesen jugado

PROGRESSIVE TENSES

PRESENT	estoy, estás, está, estamos, estáis, están
PRETERIT	estuve, estuviste, estuvo, estuvimos, estuvisteis, estuvieron
IMPERFECT	estaba, estabas, estaba, estábamos, estabais, estaban
FUTURE	estaré, estarás, estará, estaremos, estaréis, estarán
CONDITIONAL	estaría, estarías, estaría, estaríamos, estaríais, estarían
SUBJUNCTIVE	que + *corresponding subjunctive tense of* estar (*see verb 252*)

jugando

COMMANDS

	(nosotros) juguemos/no juguemos
(tú) juega/no juegues	(vosotros) jugad/no juguéis
(Ud.) juegue/no juegue	(Uds.) jueguen/no jueguen

Usage

Juego (al) tenis/(al) béisbol los sábados.	*I play tennis/baseball on Saturdays.*
Se jugará el partido la semana próxima.	*The match will be played next week.*
Jugaron limpio/sucio.	*They played fair/foul.*
Decidamos jugando a cara o cruz.	*Let's decide by tossing (a coin) for it.*
¿Dónde serán los Juegos Olímpicos?	*Where will the Olympic Games take place?*
Hay nueve jugadores en el equipo.	*There are nine players on the team.*

jubilar *to retire*

regular -*ar* verb

PRESENT		PRETERIT	
jubilo	jubilamos	jubilé	jubilamos
jubilas	jubiláis	jubilaste	jubilasteis
jubila	jubilan	jubiló	jubilaron

IMPERFECT		PRESENT PERFECT	
jubilaba	jubilábamos	he jubilado	hemos jubilado
jubilabas	jubilabais	has jubilado	habéis jubilado
jubilaba	jubilaban	ha jubilado	han jubilado

FUTURE		CONDITIONAL	
jubilaré	jubilaremos	jubilaría	jubilaríamos
jubilarás	jubilaréis	jubilarías	jubilaríais
jubilará	jubilarán	jubilaría	jubilarían

PLUPERFECT		PRETERIT PERFECT	
había jubilado	habíamos jubilado	hube jubilado	hubimos jubilado
habías jubilado	habíais jubilado	hubiste jubilado	hubisteis jubilado
había jubilado	habían jubilado	hubo jubilado	hubieron jubilado

FUTURE PERFECT		CONDITIONAL PERFECT	
habré jubilado	habremos jubilado	habría jubilado	habríamos jubilado
habrás jubilado	habréis jubilado	habrías jubilado	habríais jubilado
habrá jubilado	habrán jubilado	habría jubilado	habrían jubilado

PRESENT SUBJUNCTIVE		PRESENT PERFECT SUBJUNCTIVE	
jubile	jubilemos	haya jubilado	hayamos jubilado
jubiles	jubiléis	hayas jubilado	hayáis jubilado
jubile	jubilen	haya jubilado	hayan jubilado

IMPERFECT SUBJUNCTIVE (-ra)		*or*	IMPERFECT SUBJUNCTIVE (-se)	
jubilara	jubiláramos		jubilase	jubilásemos
jubilaras	jubilarais		jubilases	jubilaseis
jubilara	jubilaran		jubilase	jubilasen

PAST PERFECT SUBJUNCTIVE (-ra)		*or*	PAST PERFECT SUBJUNCTIVE (-se)	
hubiera jubilado	hubiéramos jubilado		hubiese jubilado	hubiésemos jubilado
hubieras jubilado	hubierais jubilado		hubieses jubilado	hubieseis jubilado
hubiera jubilado	hubieran jubilado		hubiese jubilado	hubiesen jubilado

PROGRESSIVE TENSES

PRESENT	estoy, estás, está, estamos, estáis, están	
PRETERIT	estuve, estuviste, estuvo, estuvimos, estuvisteis, estuvieron	
IMPERFECT	estaba, estabas, estaba, estábamos, estabais, estaban	jubilando
FUTURE	estaré, estarás, estará, estaremos, estaréis, estarán	
CONDITIONAL	estaría, estarías, estaría, estaríamos, estaríais, estarían	
SUBJUNCTIVE	que + *corresponding subjunctive tense of* estar (*see verb 252*)	

COMMANDS

	(nosotros) jubilemos/no jubilemos
(tú) jubila/no jubiles	(vosotros) jubilad/no jubiléis
(Ud.) jubile/no jubile	(Uds.) jubilen/no jubilen

Usage

Jubilaron a varios empleados.	*They retired/pensioned off several employees.*
El jefe se jubiló a los sesenta años.	*The boss retired at 60.*
Los jubilados reciben una pensión de retiro.	*The retired people receive a retirement pension.*
Se realizó su jubilación anticipada.	*He took his early retirement.*

regular *-ar* verb

junto · juntaron · juntado · juntando

PRESENT

junto	juntamos
juntas	juntáis
junta	juntan

IMPERFECT

juntaba	juntábamos
juntabas	juntabais
juntaba	juntaban

FUTURE

juntaré	juntaremos
juntarás	juntaréis
juntará	juntarán

PLUPERFECT

había juntado	habíamos juntado
habías juntado	habíais juntado
había juntado	habían juntado

FUTURE PERFECT

habré juntado	habremos juntado
habrás juntado	habréis juntado
habrá juntado	habrán juntado

PRESENT SUBJUNCTIVE

junte	juntemos
juntes	juntéis
junte	junten

IMPERFECT SUBJUNCTIVE (-ra)

juntara	juntáramos
juntaras	juntarais
juntara	juntaran

PAST PERFECT SUBJUNCTIVE (-ra)

hubiera juntado	hubiéramos juntado
hubieras juntado	hubierais juntado
hubiera juntado	hubieran juntado

PRETERIT

junté	juntamos
juntaste	juntasteis
juntó	juntaron

PRESENT PERFECT

he juntado	hemos juntado
has juntado	habéis juntado
ha juntado	han juntado

CONDITIONAL

juntaría	juntaríamos
juntarías	juntaríais
juntaría	juntarían

PRETERIT PERFECT

hube juntado	hubimos juntado
hubiste juntado	hubisteis juntado
hubo juntado	hubieron juntado

CONDITIONAL PERFECT

habría juntado	habríamos juntado
habrías juntado	habríais juntado
habría juntado	habrían juntado

PRESENT PERFECT SUBJUNCTIVE

haya juntado	hayamos juntado
hayas juntado	hayáis juntado
haya juntado	hayan juntado

or **IMPERFECT SUBJUNCTIVE (-se)**

juntase	juntásemos
juntases	juntaseis
juntase	juntasen

or **PAST PERFECT SUBJUNCTIVE (-se)**

hubiese juntado	hubiésemos juntado
hubieses juntado	hubieseis juntado
hubiese juntado	hubiesen juntado

PROGRESSIVE TENSES

PRESENT	estoy, estás, está, estamos, estáis, están
PRETERIT	estuve, estuviste, estuvo, estuvimos, estuvisteis, estuvieron
IMPERFECT	estaba, estabas, estaba, estábamos, estabais, estaban
FUTURE	estaré, estarás, estará, estaremos, estaréis, estarán
CONDITIONAL	estaría, estarías, estaría, estaríamos, estaríais, estarían
SUBJUNCTIVE	que + *corresponding subjunctive tense of* estar (*see verb 252*)

} juntando

COMMANDS

	(nosotros) juntemos/no juntemos
(tú) junta/no juntes	(vosotros) juntad/no juntéis
(Ud.) junte/no junte	(Uds.) junten/no junten

Usage

Junten estas dos piezas.	*Join these two pieces.*
Les junta su causa.	*They're united by their cause.*
Dios los cría y ellos se juntan.	*Birds of a feather flock together.*
Nos juntaremos en la rueda de prensa.	*We'll meet at the press conference.*
Trabajarían juntos.	*They would work together.*
Hay una farmacia junto al hotel.	*There's a drugstore next to/near the hotel.*
La junta general fue convocada.	*The general meeting was convened.*

juro · juraron · jurado · jurando   regular *-ar* verb

PRESENT		PRETERIT	
juro	juramos	juré	juramos
juras	juráis	juraste	jurasteis
jura	juran	juró	juraron

IMPERFECT		PRESENT PERFECT	
juraba	jurábamos	he jurado	hemos jurado
jurabas	jurabais	has jurado	habéis jurado
juraba	juraban	ha jurado	han jurado

FUTURE		CONDITIONAL	
juraré	juraremos	juraría	juraríamos
jurarás	juraréis	jurarías	juraríais
jurará	jurarán	juraría	jurarían

PLUPERFECT		PRETERIT PERFECT	
había jurado	habíamos jurado	hube jurado	hubimos jurado
habías jurado	habíais jurado	hubiste jurado	hubisteis jurado
había jurado	habían jurado	hubo jurado	hubieron jurado

FUTURE PERFECT		CONDITIONAL PERFECT	
habré jurado	habremos jurado	habría jurado	habríamos jurado
habrás jurado	habréis jurado	habrías jurado	habríais jurado
habrá jurado	habrán jurado	habría jurado	habrían jurado

PRESENT SUBJUNCTIVE		PRESENT PERFECT SUBJUNCTIVE	
jure	juremos	haya jurado	hayamos jurado
jures	juréis	hayas jurado	hayáis jurado
jure	juren	haya jurado	hayan jurado

IMPERFECT SUBJUNCTIVE (-ra)		*or* IMPERFECT SUBJUNCTIVE (-se)	
jurara	juráramos	jurase	jurásemos
juraras	jurarais	jurases	juraseis
jurara	juraran	jurase	jurasen

PAST PERFECT SUBJUNCTIVE (-ra)		*or* PAST PERFECT SUBJUNCTIVE (-se)	
hubiera jurado	hubiéramos jurado	hubiese jurado	hubiésemos jurado
hubieras jurado	hubierais jurado	hubieses jurado	hubieseis jurado
hubiera jurado	hubieran jurado	hubiese jurado	hubiesen jurado

PROGRESSIVE TENSES

PRESENT	estoy, estás, está, estamos, estáis, están	
PRETERIT	estuve, estuviste, estuvo, estuvimos, estuvisteis, estuvieron	
IMPERFECT	estaba, estabas, estaba, estábamos, estabais, estaban	jurando
FUTURE	estaré, estarás, estará, estaremos, estaréis, estarán	
CONDITIONAL	estaría, estarías, estaría, estaríamos, estaríais, estarían	
SUBJUNCTIVE	que + *corresponding subjunctive tense of* estar (*see verb 252*)	

COMMANDS

	(nosotros) juremos/no juremos
(tú) jura/no jures	(vosotros) jurad/no juréis
(Ud.) jure/no jure	(Uds.) juren/no juren

Usage

Te juro que dije la verdad.	*I swear to you I told the truth.*
El presidente jura el cargo en enero.	*The president takes the oath of office in January.*
Todos debemos jurar la bandera.	*We all should pledge allegiance to the flag.*
Jurar en falso es un crimen grave.	*To commit perjury is a serious crime.*
Se recitaba la jura de la bandera.	*They recited the pledge of allegiance to the flag.*
Los testigos declararon bajo juramento.	*The witnesses testified under oath.*
Doce personas forman el jurado.	*Twelve people make up the jury.*

-ar verb; spelling change: *c > qu/e*   justifico · justificaron · justificado · justificando

PRESENT

justifico	justificamos
justificas	justificáis
justifica	justifican

PRETERIT

justifiqué	justificamos
justificaste	justificasteis
justificó	justificaron

IMPERFECT

justificaba	justificábamos
justificabas	justificabais
justificaba	justificaban

PRESENT PERFECT

he justificado	hemos justificado
has justificado	habéis justificado
ha justificado	han justificado

FUTURE

justificaré	justificaremos
justificarás	justificaréis
justificará	justificarán

CONDITIONAL

justificaría	justificaríamos
justificarías	justificaríais
justificaría	justificarían

PLUPERFECT

había justificado	habíamos justificado
habías justificado	habíais justificado
había justificado	habían justificado

PRETERIT PERFECT

hube justificado	hubimos justificado
hubiste justificado	hubisteis justificado
hubo justificado	hubieron justificado

FUTURE PERFECT

habré justificado	habremos justificado
habrás justificado	habréis justificado
habrá justificado	habrán justificado

CONDITIONAL PERFECT

habría justificado	habríamos justificado
habrías justificado	habríais justificado
habría justificado	habrían justificado

PRESENT SUBJUNCTIVE

justifique	justifiquemos
justifiques	justifiquéis
justifique	justifiquen

PRESENT PERFECT SUBJUNCTIVE

haya justificado	hayamos justificado
hayas justificado	hayáis justificado
haya justificado	hayan justificado

IMPERFECT SUBJUNCTIVE (-ra)

justificara	justificáramos
justificaras	justificarais
justificara	justificaran

or **IMPERFECT SUBJUNCTIVE (-se)**

justificase	justificásemos
justificases	justificaseis
justificase	justificasen

PAST PERFECT SUBJUNCTIVE (-ra)

hubiera justificado	hubiéramos justificado
hubieras justificado	hubierais justificado
hubiera justificado	hubieran justificado

or **PAST PERFECT SUBJUNCTIVE (-se)**

hubiese justificado	hubiésemos justificado
hubieses justificado	hubieseis justificado
hubiese justificado	hubiesen justificado

PROGRESSIVE TENSES

PRESENT	estoy, estás, está, estamos, estáis, están
PRETERIT	estuve, estuviste, estuvo, estuvimos, estuvisteis, estuvieron
IMPERFECT	estaba, estabas, estaba, estábamos, estabais, estaban
FUTURE	estaré, estarás, estará, estaremos, estaréis, estarán
CONDITIONAL	estaría, estarías, estaría, estaríamos, estaríais, estarían
SUBJUNCTIVE	que + *corresponding subjunctive tense of* estar (*see verb 252*)

} justificando

COMMANDS

	(nosotros) justifiquemos/no justifiquemos
(tú) justifica/no justifiques	(vosotros) justificad/no justifiquéis
(Ud.) justifique/no justifique	(Uds.) justifiquen/no justifiquen

Usage

No se puede justificar sus acciones.
Se porta así sin razón que lo justifique.
Se justificó con la policía.
Justifique los márgenes.
No puedes reclamar el dinero sin justificante
de compra.

Their actions cannot be justified.
He behaves like this without justifiable reason.
He cleared himself with the police.
Justify the margins.
You can't get your money back without proof
of purchase.

318

juzgar   to judge, consider, think

juzgo · juzgaron · juzgado · juzgando

-ar verb; spelling change: *g > gu/e*

PRESENT		PRETERIT	
juzgo	juzgamos	juzgué	juzgamos
juzgas	juzgáis	juzgaste	juzgasteis
juzga	juzgan	juzgó	juzgaron

IMPERFECT		PRESENT PERFECT	
juzgaba	juzgábamos	he juzgado	hemos juzgado
juzgabas	juzgabais	has juzgado	habéis juzgado
juzgaba	juzgaban	ha juzgado	han juzgado

FUTURE		CONDITIONAL	
juzgaré	juzgaremos	juzgaría	juzgaríamos
juzgarás	juzgaréis	juzgarías	juzgaríais
juzgará	juzgarán	juzgaría	juzgarían

PLUPERFECT		PRETERIT PERFECT	
había juzgado	habíamos juzgado	hube juzgado	hubimos juzgado
habías juzgado	habíais juzgado	hubiste juzgado	hubisteis juzgado
había juzgado	habían juzgado	hubo juzgado	hubieron juzgado

FUTURE PERFECT		CONDITIONAL PERFECT	
habré juzgado	habremos juzgado	habría juzgado	habríamos juzgado
habrás juzgado	habréis juzgado	habrías juzgado	habríais juzgado
habrá juzgado	habrán juzgado	habría juzgado	habrían juzgado

PRESENT SUBJUNCTIVE		PRESENT PERFECT SUBJUNCTIVE	
juzgue	juzguemos	haya juzgado	hayamos juzgado
juzgues	juzguéis	hayas juzgado	hayáis juzgado
juzgue	juzguen	haya juzgado	hayan juzgado

IMPERFECT SUBJUNCTIVE (-ra)		*or*	IMPERFECT SUBJUNCTIVE (-se)	
juzgara	juzgáramos		juzgase	juzgásemos
juzgaras	juzgarais		juzgases	juzgaseis
juzgara	juzgaran		juzgase	juzgasen

PAST PERFECT SUBJUNCTIVE (-ra)		*or*	PAST PERFECT SUBJUNCTIVE (-se)	
hubiera juzgado	hubiéramos juzgado		hubiese juzgado	hubiésemos juzgado
hubieras juzgado	hubierais juzgado		hubieses juzgado	hubieseis juzgado
hubiera juzgado	hubieran juzgado		hubiese juzgado	hubiesen juzgado

PROGRESSIVE TENSES

PRESENT	estoy, estás, está, estamos, estáis, están	
PRETERIT	estuve, estuviste, estuvo, estuvimos, estuvisteis, estuvieron	
IMPERFECT	estaba, estabas, estaba, estábamos, estabais, estaban	juzgando
FUTURE	estaré, estarás, estará, estaremos, estaréis, estarán	
CONDITIONAL	estaría, estarías, estaría, estaríamos, estaríais, estarían	
SUBJUNCTIVE	que + *corresponding subjunctive tense of* estar (*see verb 252*)	

COMMANDS

	(nosotros) juzguemos/no juzguemos
(tú) juzga/no juzgues	(vosotros) juzgad/no juzguéis
(Ud.) juzgue/no juzgue	(Uds.) juzguen/no juzguen

Usage

No se puede juzgar por las apariencias.	*You can't judge a book by its cover.*
No lo juzgué importante.	*I didn't think/consider it important.*
Juzgasteis mal a sus competidores.	*You misjudged their competitors.*
A juzgar por sus comentarios...	*Judging by her remarks . . .*
El juez sentenció al culpable.	*The judge sentenced the guilty man.*
Figuran nueve jueces en el juzgado.	*There are nine justices on the court.*

-ar verb; spelling change: z > c/e | **lanzo · lanzaron · lanzado · lanzando**

PRESENT

lanzo	lanzamos
lanzas	lanzáis
lanza	lanzan

IMPERFECT

lanzaba	lanzábamos
lanzabas	lanzabais
lanzaba	lanzaban

FUTURE

lanzaré	lanzaremos
lanzarás	lanzaréis
lanzará	lanzarán

PLUPERFECT

había lanzado	habíamos lanzado
habías lanzado	habíais lanzado
había lanzado	habían lanzado

FUTURE PERFECT

habré lanzado	habremos lanzado
habrás lanzado	habréis lanzado
habrá lanzado	habrán lanzado

PRESENT SUBJUNCTIVE

lance	lancemos
lances	lancéis
lance	lancen

IMPERFECT SUBJUNCTIVE (-ra)

lanzara	lanzáramos
lanzaras	lanzarais
lanzara	lanzaran

PAST PERFECT SUBJUNCTIVE (-ra)

hubiera lanzado	hubiéramos lanzado
hubieras lanzado	hubierais lanzado
hubiera lanzado	hubieran lanzado

PRETERIT

lancé	lanzamos
lanzaste	lanzasteis
lanzó	lanzaron

PRESENT PERFECT

he lanzado	hemos lanzado
has lanzado	habéis lanzado
ha lanzado	han lanzado

CONDITIONAL

lanzaría	lanzaríamos
lanzarías	lanzaríais
lanzaría	lanzarían

PRETERIT PERFECT

hube lanzado	hubimos lanzado
hubiste lanzado	hubisteis lanzado
hubo lanzado	hubieron lanzado

CONDITIONAL PERFECT

habría lanzado	habríamos lanzado
habrías lanzado	habríais lanzado
habría lanzado	habrían lanzado

PRESENT PERFECT SUBJUNCTIVE

haya lanzado	hayamos lanzado
hayas lanzado	hayáis lanzado
haya lanzado	hayan lanzado

or **IMPERFECT SUBJUNCTIVE (-se)**

lanzase	lanzásemos
lanzases	lanzaseis
lanzase	lanzasen

or **PAST PERFECT SUBJUNCTIVE (-se)**

hubiese lanzado	hubiésemos lanzado
hubieses lanzado	hubieseis lanzado
hubiese lanzado	hubiesen lanzado

PROGRESSIVE TENSES

PRESENT	estoy, estás, está, estamos, estáis, están
PRETERIT	estuve, estuviste, estuvo, estuvimos, estuvisteis, estuvieron
IMPERFECT	estaba, estabas, estaba, estábamos, estabais, estaban
FUTURE	estaré, estarás, estará, estaremos, estaréis, estarán
CONDITIONAL	estaría, estarías, estaría, estaríamos, estaríais, estarían
SUBJUNCTIVE	que + *corresponding subjunctive tense of* estar (*see verb 252*)

} lanzando

COMMANDS

	(nosotros) lancemos/no lancemos
(tú) lanza/no lances	(vosotros) lanzad/no lancéis
(Ud.) lance/no lance	(Uds.) lancen/no lancen

Usage

El lanzador lanzó la pelota.	*The pitcher threw the ball.*
Se lanzó el producto al mercado.	*The product was launched/went on the market.*
Lánzate al agua.	*Jump/Dive into the water.*
Aplazó el lanzamiento de la campaña.	*He postponed the launching of the campaign.*
Se luchaba con lanzas.	*They used to fight with lances/spears.*
Se lanzaron al ataque con el lanzagranadas.	*They rushed into the attack with the grenade launcher.*

lastimarse *to hurt/injure oneself*

lastimo · lastimaron · lastimado · lastimándose

regular *-ar* reflexive verb

PRESENT

me lastimo	nos lastimamos
te lastimas	os lastimáis
se lastima	se lastiman

PRETERIT

me lastimé	nos lastimamos
te lastimaste	os lastimasteis
se lastimó	se lastimaron

IMPERFECT

me lastimaba	nos lastimábamos
te lastimabas	os lastimabais
se lastimaba	se lastimaban

PRESENT PERFECT

me he lastimado	nos hemos lastimado
te has lastimado	os habéis lastimado
se ha lastimado	se han lastimado

FUTURE

me lastimaré	nos lastimaremos
te lastimarás	os lastimaréis
se lastimará	se lastimarán

CONDITIONAL

me lastimaría	nos lastimaríamos
te lastimarías	os lastimaríais
se lastimaría	se lastimarían

PLUPERFECT

me había lastimado	nos habíamos lastimado
te habías lastimado	os habíais lastimado
se había lastimado	se habían lastimado

PRETERIT PERFECT

me hube lastimado	nos hubimos lastimado
te hubiste lastimado	os hubisteis lastimado
se hubo lastimado	se hubieron lastimado

FUTURE PERFECT

me habré lastimado	nos habremos lastimado
te habrás lastimado	os habréis lastimado
se habrá lastimado	se habrán lastimado

CONDITIONAL PERFECT

me habría lastimado	nos habríamos lastimado
te habrías lastimado	os habríais lastimado
se habría lastimado	se habrían lastimado

PRESENT SUBJUNCTIVE

me lastime	nos lastimemos
te lastimes	os lastiméis
se lastime	se lastimen

PRESENT PERFECT SUBJUNCTIVE

me haya lastimado	nos hayamos lastimado
te hayas lastimado	os hayáis lastimado
se haya lastimado	se hayan lastimado

IMPERFECT SUBJUNCTIVE (-ra)

me lastimara	nos lastimáramos
te lastimaras	os lastimarais
se lastimara	se lastimaran

or **IMPERFECT SUBJUNCTIVE (-se)**

me lastimase	nos lastimásemos
te lastimases	os lastimaseis
se lastimase	se lastimasen

PAST PERFECT SUBJUNCTIVE (-ra)

me hubiera lastimado	nos hubiéramos lastimado
te hubieras lastimado	os hubierais lastimado
se hubiera lastimado	se hubieran lastimado

or **PAST PERFECT SUBJUNCTIVE (-se)**

me hubiese lastimado	nos hubiésemos lastimado
te hubieses lastimado	os hubieseis lastimado
se hubiese lastimado	se hubiesen lastimado

PROGRESSIVE TENSES

PRESENT	estoy, estás, está, estamos, estáis, están
PRETERIT	estuve, estuviste, estuvo, estuvimos, estuvisteis, estuvieron
IMPERFECT	estaba, estabas, estaba, estábamos, estabais, estaban
FUTURE	estaré, estarás, estará, estaremos, estaréis, estarán
CONDITIONAL	estaría, estarías, estaría, estaríamos, estaríais, estarían
SUBJUNCTIVE	que + *corresponding subjunctive tense of* estar (*see verb 252*)

} lastimando (*see page 31*)

COMMANDS

	(nosotros) lastimémonos/no nos lastimemos
(tú) lastímate/no te lastimes	(vosotros) lastimaos/no os lastiméis
(Ud.) lastímese/no se lastime	(Uds.) lastímense/no se lastimen

Usage

Se lastimó durante el partido.	*He got hurt/injured during the game.*
No te lastimes con el cuchillo.	*Don't hurt yourself with the knife.*
—¿No le siente lástima?	*Don't you feel sorry for her?*
—Claro que le tengo lástima.	*Of course I feel sorry for her.*
Me lastima el zapato.	*My shoe is hurting me.*
Le lastimaron en la pierna.	*His leg was injured.*
¡Qué lástima! Me dan lástima.	*What a pity/shame! I feel sorry for them.*

regular *-ar* verb | **lavo · lavaron · lavado · lavando**

PRESENT

lavo	lavamos
lavas	laváis
lava	lavan

PRETERIT

lavé	lavamos
lavaste	lavasteis
lavó	lavaron

IMPERFECT

lavaba	lavábamos
lavabas	lavabais
lavaba	lavaban

PRESENT PERFECT

he lavado	hemos lavado
has lavado	habéis lavado
ha lavado	han lavado

FUTURE

lavaré	lavaremos
lavarás	lavaréis
lavará	lavarán

CONDITIONAL

lavaría	lavaríamos
lavarías	lavaríais
lavaría	lavarían

PLUPERFECT

había lavado	habíamos lavado
habías lavado	habíais lavado
había lavado	habían lavado

PRETERIT PERFECT

hube lavado	hubimos lavado
hubiste lavado	hubisteis lavado
hubo lavado	hubieron lavado

FUTURE PERFECT

habré lavado	habremos lavado
habrás lavado	habréis lavado
habrá lavado	habrán lavado

CONDITIONAL PERFECT

habría lavado	habríamos lavado
habrías lavado	habríais lavado
habría lavado	habrían lavado

PRESENT SUBJUNCTIVE

lave	lavemos
laves	lavéis
lave	laven

PRESENT PERFECT SUBJUNCTIVE

haya lavado	hayamos lavado
hayas lavado	hayáis lavado
haya lavado	hayan lavado

IMPERFECT SUBJUNCTIVE (-ra)

lavara	laváramos
lavaras	lavarais
lavara	lavaran

or **IMPERFECT SUBJUNCTIVE (-se)**

lavase	lavásemos
lavases	lavaseis
lavase	lavasen

PAST PERFECT SUBJUNCTIVE (-ra)

hubiera lavado	hubiéramos lavado
hubieras lavado	hubierais lavado
hubiera lavado	hubieran lavado

or **PAST PERFECT SUBJUNCTIVE (-se)**

hubiese lavado	hubiésemos lavado
hubieses lavado	hubieseis lavado
hubiese lavado	hubiesen lavado

PROGRESSIVE TENSES

PRESENT	estoy, estás, está, estamos, estáis, están
PRETERIT	estuve, estuviste, estuvo, estuvimos, estuvisteis, estuvieron
IMPERFECT	estaba, estabas, estaba, estábamos, estabais, estaban
FUTURE	estaré, estarás, estará, estaremos, estaréis, estarán
CONDITIONAL	estaría, estarías, estaría, estaríamos, estaríais, estarían
SUBJUNCTIVE	que + *corresponding subjunctive tense of* estar (*see verb 252*)

} lavando

COMMANDS

	(nosotros) lavemos/no lavemos
(tú) lava/no laves	(vosotros) lavad/no lavéis
(Ud.) lave/no lave	(Uds.) laven/no laven

Usage

Lavamos el carro.	*We washed the car.*
Hicimos lavar en seco el traje de seda.	*We had the silk suit dry cleaned.*
¿Has lavado las legumbres?	*Have you cleaned the vegetables?*
Niños, lavaos las manos.	*Kids, wash your hands.*
¿El pelo? Me lo lavo por la mañana.	*My hair? I'll wash it in the morning.*
El apartamento tiene máquina de lavar.	*There's a washing machine in the apartment.*
Se nos descompuso el lavaplatos.	*Our dishwasher broke.*

322

leer *to read*

leo · leyeron · leído · leyendo

-*er* verb with stem ending in a vowel: third-person singular -*ió* > -*yó* and third-person plural -*ieron* > -*yeron* in the preterit

PRESENT		PRETERIT	
leo	leemos	leí	leímos
lees	leéis	leíste	leísteis
lee	leen	leyó	leyeron

IMPERFECT		PRESENT PERFECT	
leía	leíamos	he leído	hemos leído
leías	leíais	has leído	habéis leído
leía	leían	ha leído	han leído

FUTURE		CONDITIONAL	
leeré	leeremos	leería	leeríamos
leerás	leeréis	leerías	leeríais
leerá	leerán	leería	leerían

PLUPERFECT		PRETERIT PERFECT	
había leído	habíamos leído	hube leído	hubimos leído
habías leído	habíais leído	hubiste leído	hubisteis leído
había leído	habían leído	hubo leído	hubieron leído

FUTURE PERFECT		CONDITIONAL PERFECT	
habré leído	habremos leído	habría leído	habríamos leído
habrás leído	habréis leído	habrías leído	habríais leído
habrá leído	habrán leído	habría leído	habrían leído

PRESENT SUBJUNCTIVE		PRESENT PERFECT SUBJUNCTIVE	
lea	leamos	haya leído	hayamos leído
leas	leáis	hayas leído	hayáis leído
lea	lean	haya leído	hayan leído

IMPERFECT SUBJUNCTIVE (-ra)		*or*	IMPERFECT SUBJUNCTIVE (-se)	
leyera	leyéramos		leyese	leyésemos
leyeras	leyerais		leyeses	leyeseis
leyera	leyeran		leyese	leyesen

PAST PERFECT SUBJUNCTIVE (-ra)		*or*	PAST PERFECT SUBJUNCTIVE (-se)	
hubiera leído	hubiéramos leído		hubiese leído	hubiésemos leído
hubieras leído	hubierais leído		hubieses leído	hubieseis leído
hubiera leído	hubieran leído		hubiese leído	hubiesen leído

PROGRESSIVE TENSES

PRESENT	estoy, estás, está, estamos, estáis, están	
PRETERIT	estuve, estuviste, estuvo, estuvimos, estuvisteis, estuvieron	
IMPERFECT	estaba, estabas, estaba, estábamos, estabais, estaban	leyendo
FUTURE	estaré, estarás, estará, estaremos, estaréis, estarán	
CONDITIONAL	estaría, estarías, estaría, estaríamos, estaríais, estarían	
SUBJUNCTIVE	que + *corresponding subjunctive tense of* estar (*see verb 252*)	

COMMANDS

	(nosotros) leamos/no leamos
(tú) lee/no leas	(vosotros) leed/no leáis
(Ud.) lea/no lea	(Uds.) lean/no lean

Usage

Lee el artículo.	*Read the article.*
¿Leen música?	*Do you read music?*
Se entiende leyendo entre líneas.	*You can understand by reading between the lines.*
Leímos el enojo en sus ojos.	*We read anger in her eyes.*
¡Qué lector más perspicaz!	*What a sharp/keen reader!*
Me encantan estas lecturas.	*I love these readings.*
La computadora tiene lectora de discos.	*The computer has a disk drive.*

regular *-ar* reflexive verb   levanto · levantaron · levantado · levantándose

PRESENT

me levanto	nos levantamos
te levantas	os levantáis
se levanta	se levantan

IMPERFECT

me levantaba	nos levantábamos
te levantabas	os levantabais
se levantaba	se levantaban

FUTURE

me levantaré	nos levantaremos
te levantarás	os levantaréis
se levantará	se levantarán

PLUPERFECT

me había levantado	nos habíamos levantado
te habías levantado	os habíais levantado
se había levantado	se habían levantado

FUTURE PERFECT

me habré levantado	nos habremos levantado
te habrás levantado	os habréis levantado
se habrá levantado	se habrán levantado

PRESENT SUBJUNCTIVE

me levante	nos levantemos
te levantes	os levantéis
se levante	se levanten

IMPERFECT SUBJUNCTIVE (-ra)

me levantara	nos levantáramos
te levantaras	os levantarais
se levantara	se levantaran

PAST PERFECT SUBJUNCTIVE (-ra)

me hubiera levantado	nos hubiéramos levantado
te hubieras levantado	os hubierais levantado
se hubiera levantado	se hubieran levantado

PRETERIT

me levanté	nos levantamos
te levantaste	os levantasteis
se levantó	se levantaron

PRESENT PERFECT

me he levantado	nos hemos levantado
te has levantado	os habéis levantado
se ha levantado	se han levantado

CONDITIONAL

me levantaría	nos levantaríamos
te levantarías	os levantaríais
se levantaría	se levantarían

PRETERIT PERFECT

me hube levantado	nos hubimos levantado
te hubiste levantado	os hubisteis levantado
se hubo levantado	se hubieron levantado

CONDITIONAL PERFECT

me habría levantado	nos habríamos levantado
te habrías levantado	os habríais levantado
se habría levantado	se habrían levantado

PRESENT PERFECT SUBJUNCTIVE

me haya levantado	nos hayamos levantado
te hayas levantado	os hayáis levantado
se haya levantado	se hayan levantado

or **IMPERFECT SUBJUNCTIVE (-se)**

me levantase	nos levantásemos
te levantases	os levantaseis
se levantase	se levantasen

or **PAST PERFECT SUBJUNCTIVE (-se)**

me hubiese levantado	nos hubiésemos levantado
te hubieses levantado	os hubieseis levantado
se hubiese levantado	se hubiesen levantado

PROGRESSIVE TENSES

PRESENT	estoy, estás, está, estamos, estáis, están
PRETERIT	estuve, estuviste, estuvo, estuvimos, estuvisteis, estuvieron
IMPERFECT	estaba, estabas, estaba, estábamos, estabais, estaban
FUTURE	estaré, estarás, estará, estaremos, estaréis, estarán
CONDITIONAL	estaría, estarías, estaría, estaríamos, estaríais, estarían
SUBJUNCTIVE	que + *corresponding subjunctive tense of* estar (*see verb 252*)

} levantando (*see page 31*)

COMMANDS

(nosotros) levantémonos/no nos levantemos
(tú) levántate/no te levantes   (vosotros) levantaos/no os levantéis
(Ud.) levántese/no se levante   (Uds.) levántense/no se levanten

Usage

Se levantó de la cama/de la mesa.	*She got out of bed/up from the table.*
Te has levantado con el pie izquierdo.	*You've gotten up on the wrong side of the bed.*
El pueblo se levantó contra el dictador.	*The people rose up against the dictator.*
Levanten la mano si quieren hablar.	*Raise your hands if you want to speak.*
Tratemos de levantarle el ánimo.	*Let's try to cheer her up.*
El secretario levantó acta.	*The secretary took the minutes.*
Hacen levantamiento de pesos.	*They do weight-lifting.*

limpiar *to clean*

regular *-ar* verb

PRESENT

limpio	limpiamos
limpias	limpiáis
limpia	limpian

PRETERIT

limpié	limpiamos
limpiaste	limpiasteis
limpió	limpiaron

IMPERFECT

limpiaba	limpiábamos
limpiabas	limpiabais
limpiaba	limpiaban

PRESENT PERFECT

he limpiado	hemos limpiado
has limpiado	habéis limpiado
ha limpiado	han limpiado

FUTURE

limpiaré	limpiaremos
limpiarás	limpiaréis
limpiará	limpiarán

CONDITIONAL

limpiaría	limpiaríamos
limpiarías	limpiaríais
limpiaría	limpiarían

PLUPERFECT

había limpiado	habíamos limpiado
habías limpiado	habíais limpiado
había limpiado	habían limpiado

PRETERIT PERFECT

hube limpiado	hubimos limpiado
hubiste limpiado	hubisteis limpiado
hubo limpiado	hubieron limpiado

FUTURE PERFECT

habré limpiado	habremos limpiado
habrás limpiado	habréis limpiado
habrá limpiado	habrán limpiado

CONDITIONAL PERFECT

habría limpiado	habríamos limpiado
habrías limpiado	habríais limpiado
habría limpiado	habrían limpiado

PRESENT SUBJUNCTIVE

limpie	limpiemos
limpies	limpiéis
limpie	limpien

PRESENT PERFECT SUBJUNCTIVE

haya limpiado	hayamos limpiado
hayas limpiado	hayáis limpiado
haya limpiado	hayan limpiado

IMPERFECT SUBJUNCTIVE (-ra)

limpiara	limpiáramos
limpiaras	limpiarais
limpiara	limpiaran

or **IMPERFECT SUBJUNCTIVE (-se)**

limpiase	limpiásemos
limpiases	limpiaseis
limpiase	limpiasen

PAST PERFECT SUBJUNCTIVE (-ra)

hubiera limpiado	hubiéramos limpiado
hubieras limpiado	hubierais limpiado
hubiera limpiado	hubieran limpiado

or **PAST PERFECT SUBJUNCTIVE (-se)**

hubiese limpiado	hubiésemos limpiado
hubieses limpiado	hubieseis limpiado
hubiese limpiado	hubiesen limpiado

PROGRESSIVE TENSES

PRESENT	estoy, estás, está, estamos, estáis, están
PRETERIT	estuve, estuviste, estuvo, estuvimos, estuvisteis, estuvieron
IMPERFECT	estaba, estabas, estaba, estábamos, estabais, estaban
FUTURE	estaré, estarás, estará, estaremos, estaréis, estarán
CONDITIONAL	estaría, estarías, estaría, estaríamos, estaríais, estarían
SUBJUNCTIVE	que + *corresponding subjunctive tense of* estar (*see verb 252*)

limpiando

COMMANDS

	(nosotros) limpiemos/no limpiemos
(tú) limpia/no limpies	(vosotros) limpiad/no limpiéis
(Ud.) limpie/no limpie	(Uds.) limpien/no limpien

Usage

Limpiemos la casa ahora mismo.	*Let's clean the house right now.*
Limpiaron la avenida por el desfile.	*They cleared the avenue because of the parade.*
Los ladrones les limpiaron la casa.	*The burglars cleaned out their house.*
Hijo, límpiate las narices.	*Wipe your nose.*
El agua está limpia.	*The water is clean/pure.*
Ya hemos hecho la limpieza.	*We've already done the cleaning.*
Se conoce por su limpieza de corazón.	*He's known for his integrity/honesty.*

regular *-ar* verb | **llamo · llamaron · llamado · llamando**

PRESENT

		PRETERIT	
llamo	llamamos	llamé	llamamos
llamas	llamáis	llamaste	llamasteis
llama	llaman	llamó	llamaron

IMPERFECT

		PRESENT PERFECT	
llamaba	llamábamos	he llamado	hemos llamado
llamabas	llamabais	has llamado	habéis llamado
llamaba	llamaban	ha llamado	han llamado

FUTURE

		CONDITIONAL	
llamaré	llamaremos	llamaría	llamaríamos
llamarás	llamaréis	llamarías	llamaríais
llamará	llamarán	llamaría	llamarían

PLUPERFECT

		PRETERIT PERFECT	
había llamado	habíamos llamado	hube llamado	hubimos llamado
habías llamado	habíais llamado	hubiste llamado	hubisteis llamado
había llamado	habían llamado	hubo llamado	hubieron llamado

FUTURE PERFECT

		CONDITIONAL PERFECT	
habré llamado	habremos llamado	habría llamado	habríamos llamado
habrás llamado	habréis llamado	habrías llamado	habríais llamado
habrá llamado	habrán llamado	habría llamado	habrían llamado

PRESENT SUBJUNCTIVE

		PRESENT PERFECT SUBJUNCTIVE	
llame	llamemos	haya llamado	hayamos llamado
llames	llaméis	hayas llamado	hayáis llamado
llame	llamen	haya llamado	hayan llamado

IMPERFECT SUBJUNCTIVE (-ra) · *or* · **IMPERFECT SUBJUNCTIVE (se)**

llamara	llamáramos		llamase	llamásemos
llamaras	llamarais		llamases	llamaseis
llamara	llamaran		llamase	llamasen

PAST PERFECT SUBJUNCTIVE (-ra) · *or* · **PAST PERFECT SUBJUNCTIVE (-se)**

hubiera llamado	hubiéramos llamado		hubiese llamado	hubiésemos llamado
hubieras llamado	hubierais llamado		hubieses llamado	hubieseis llamado
hubiera llamado	hubieran llamado		hubiese llamado	hubiesen llamado

PROGRESSIVE TENSES

PRESENT	estoy, estás, está, estamos, estáis, están	
PRETERIT	estuve, estuviste, estuvo, estuvimos, estuvisteis, estuvieron	
IMPERFECT	estaba, estabas, estaba, estábamos, estabais, estaban	llamando
FUTURE	estaré, estarás, estará, estaremos, estaréis, estarán	
CONDITIONAL	estaría, estarías, estaría, estaríamos, estaríais, estarían	
SUBJUNCTIVE	que + *corresponding subjunctive tense of* estar (*see verb 252*)	

COMMANDS

	(nosotros) llamemos/no llamemos
(tú) llama/no llames	(vosotros) llamad/no llaméis
(Ud.) llame/no llame	(Uds.) llamen/no llamen

Usage

Me llamaron desde el aeropuerto.	*They called me from the airport.*
Sus amigos lo llaman Paquito.	*His friends call him Paquito.*
Los cuadros nos llamaban la atención.	*We were attracted by the paintings.*
—¿Cómo se llama Ud.?	*What's your name?*
—Me llamo Gabriel Almada Valderrama.	*My name is Gabriel Almada Valderrama.*
Fue a hacer una llamada telefónica.	*She went to make a telephone call.*
Usa colores llamativos.	*She wears loud/showy colors.*

to arrive

—¿A qué hora llegarán?   *At what time will they arrive?*
—Habrán llegado ya.   *They must have arrived already.*

to come

Llegará el día en que pague los vidrios rotos.   *The day will come when he pays the piper.*
Llegó al poder.   *He came to power.*

to reach

No llega al interruptor.   *She can't reach the switch.*
Los documentos llegaron a mis manos.   *The papers reached me.*
Los expertos llegaron a una conclusión.   *The experts reached a conclusion.*
Llegó al extremo de mentir.   *She went so far as to lie.*

to find out

Espero que lleguéis a saber la verdad.   *I hope you'll find out the truth.*

to become

Llegó a ser jefe del ejecutivo.   *He became the chief executive.*

to attain, achieve

Esta actriz va a llegar a la fama.   *This actress is going to attain fame/be famous.*

to amount to, come to

Sus ingresos llegaban a cien mil dólares.   *Her income amounted to $100,000.*

to be enough

¿Te llega el dinero?   *Do you have enough money?*

to succeed in, manage to

Llegamos a coger el tren de la una.   *We managed to catch the 1:00 train.*
Llegó a recibirse de médico.   *He succeeded in getting his medical degree.*

to get to, end up

Llegaron a platicar de sus problemas.   *They got to talking about their problems.*
Llegó a estudiar en el extranjero.   *She ended up studying abroad.*

llegado—adjective and noun

—Dimos la bienvenida a los recién llegados. *We welcomed the newcomers.*
—¿Los visteis a su llegada?   *Did you see them when they arrived?*
Eso fue llegar y besar al santo.   *It was a piece of cake/easy as pie.*

-ar verb; spelling change: *g > gu/e* | **llego · llegaron · llegado · llegando**

PRESENT

llego	llegamos
llegas	llegáis
llega	llegan

IMPERFECT

llegaba	llegábamos
llegabas	llegabais
llegaba	llegaban

FUTURE

llegaré	llegaremos
llegarás	llegaréis
llegará	llegarán

PLUPERFECT

había llegado	habíamos llegado
habías llegado	habíais llegado
había llegado	habían llegado

FUTURE PERFECT

habré llegado	habremos llegado
habrás llegado	habréis llegado
habrá llegado	habrán llegado

PRESENT SUBJUNCTIVE

llegue	lleguemos
llegues	lleguéis
llegue	lleguen

IMPERFECT SUBJUNCTIVE (-ra)

llegara	llegáramos
llegaras	llegarais
llegara	llegaran

PAST PERFECT SUBJUNCTIVE (-ra)

hubiera llegado	hubiéramos llegado
hubieras llegado	hubierais llegado
hubiera llegado	hubieran llegado

PRETERIT

llegué	llegamos
llegaste	llegasteis
llegó	llegaron

PRESENT PERFECT

he llegado	hemos llegado
has llegado	habéis llegado
ha llegado	han llegado

CONDITIONAL

llegaría	llegaríamos
llegarías	llegaríais
llegaría	llegarían

PRETERIT PERFECT

hube llegado	hubimos llegado
hubiste llegado	hubisteis llegado
hubo llegado	hubieron llegado

CONDITIONAL PERFECT

habría llegado	habríamos llegado
habrías llegado	habríais llegado
habría llegado	habrían llegado

PRESENT PERFECT SUBJUNCTIVE

haya llegado	hayamos llegado
hayas llegado	hayáis llegado
haya llegado	hayan llegado

or ### IMPERFECT SUBJUNCTIVE (se)

llegase	llegásemos
llegases	llegaseis
llegase	llegasen

or ### PAST PERFECT SUBJUNCTIVE (-se)

hubiese llegado	hubiésemos llegado
hubieses llegado	hubieseis llegado
hubiese llegado	hubiesen llegado

PROGRESSIVE TENSES

PRESENT	estoy, estás, está, estamos, estáis, están	
PRETERIT	estuve, estuviste, estuvo, estuvimos, estuvisteis, estuvieron	
IMPERFECT	estaba, estabas, estaba, estábamos, estabais, estaban	llegando
FUTURE	estaré, estarás, estará, estaremos, estaréis, estarán	
CONDITIONAL	estaría, estarías, estaría, estaríamos, estaríais, estarían	
SUBJUNCTIVE	que + *corresponding subjunctive tense of* estar (*see verb 252*)	

COMMANDS

	(nosotros) lleguemos/no lleguemos
(tú) llega/no llegues	(vosotros) llegad/no lleguéis
(Ud.) llegue/no llegue	(Uds.) lleguen/no lleguen

Usage

No llegaron hasta las cinco.	*They didn't arrive until 5:00.*
Por desgracia llegó tarde.	*Unfortunately she was late.*
Dudo que lleguen para las dos.	*I doubt that they'll come by two.*
No llego al cuarto estante.	*I can't reach the fourth shelf.*
El sueldo no les llega para el mes.	*They don't have enough money for the month.*
¿Adónde quieres llegar con eso?	*What are you driving at with that?*
Llegó a ser Secretario de Relaciones Exteriores.	*He became Secretary of State.*

PRESENT		PRETERIT	
lleno	llenamos	llené	llenamos
llenas	llenáis	llenaste	llenasteis
llena	llenan	llenó	llenaron

IMPERFECT		PRESENT PERFECT	
llenaba	llenábamos	he llenado	hemos llenado
llenabas	llenabais	has llenado	habéis llenado
llenaba	llenaban	ha llenado	han llenado

FUTURE		CONDITIONAL	
llenaré	llenaremos	llenaría	llenaríamos
llenarás	llenaréis	llenarías	llenaríais
llenará	llenarán	llenaría	llenarían

PLUPERFECT		PRETERIT PERFECT	
había llenado	habíamos llenado	hube llenado	hubimos llenado
habías llenado	habíais llenado	hubiste llenado	hubisteis llenado
había llenado	habían llenado	hubo llenado	hubieron llenado

FUTURE PERFECT		CONDITIONAL PERFECT	
habré llenado	habremos llenado	habría llenado	habríamos llenado
habrás llenado	habréis llenado	habrías llenado	habríais llenado
habrá llenado	habrán llenado	habría llenado	habrían llenado

PRESENT SUBJUNCTIVE		PRESENT PERFECT SUBJUNCTIVE	
llene	llenemos	haya llenado	hayamos llenado
llenes	llenéis	hayas llenado	hayáis llenado
llene	llenen	haya llenado	hayan llenado

IMPERFECT SUBJUNCTIVE (-ra)		or IMPERFECT SUBJUNCTIVE (-se)	
llenara	llenáramos	llenase	llenásemos
llenaras	llenarais	llenases	llenaseis
llenara	llenaran	llenase	llenasen

PAST PERFECT SUBJUNCTIVE (-ra)		or PAST PERFECT SUBJUNCTIVE (-se)	
hubiera llenado	hubiéramos llenado	hubiese llenado	hubiésemos llenado
hubieras llenado	hubierais llenado	hubieses llenado	hubieseis llenado
hubiera llenado	hubieran llenado	hubiese llenado	hubiesen llenado

PROGRESSIVE TENSES

PRESENT	estoy, estás, está, estamos, estáis, están	
PRETERIT	estuve, estuviste, estuvo, estuvimos, estuvisteis, estuvieron	
IMPERFECT	estaba, estabas, estaba, estábamos, estabais, estaban	llenando
FUTURE	estaré, estarás, estará, estaremos, estaréis, estarán	
CONDITIONAL	estaría, estarías, estaría, estaríamos, estaríais, estarían	
SUBJUNCTIVE	que + *corresponding subjunctive tense of* estar (*see verb 252*)	

COMMANDS

	(nosotros) llenemos/no llenemos
(tú) llena/no llenes	(vosotros) llenad/no llenéis
(Ud.) llene/no llene	(Uds.) llenen/no llenen

Usage

Llene los dos formularios.	*Fill out/in the two forms.*
¿Llenasteis el depósito de gasolina?	*Did you fill the gas tank?*
Se llenó de orgullo al ver a su hijo.	*He became filled with pride when he saw his son.*
Los niños se llenaron de helado.	*The kids filled up on ice cream.*
Las copas no están llenas.	*The wine glasses aren't full.*
El teatro estaba lleno.	*The house was sold out.*
Se ve la luna llena esta noche.	*You can see a full moon tonight.*

regular *-ar* verb

llevo · llevaron · llevado · llevando

PRESENT		PRETERIT	
llevo	llevamos	llevé	llevamos
llevas	lleváis	llevaste	llevasteis
lleva	llevan	llevó	llevaron

IMPERFECT		PRESENT PERFECT	
llevaba	llevábamos	he llevado	hemos llevado
llevabas	llevabais	has llevado	habéis llevado
llevaba	llevaban	ha llevado	han llevado

FUTURE		CONDITIONAL	
llevaré	llevaremos	llevaría	llevaríamos
llevarás	llevaréis	llevarías	llevaríais
llevará	llevarán	llevaría	llevarían

PLUPERFECT		PRETERIT PERFECT	
había llevado	habíamos llevado	hube llevado	hubimos llevado
habías llevado	habíais llevado	hubiste llevado	hubisteis llevado
había llevado	habían llevado	hubo llevado	hubieron llevado

FUTURE PERFECT		CONDITIONAL PERFECT	
habré llevado	habremos llevado	habría llevado	habríamos llevado
habrás llevado	habréis llevado	habrías llevado	habríais llevado
habrá llevado	habrán llevado	habría llevado	habrían llevado

PRESENT SUBJUNCTIVE		PRESENT PERFECT SUBJUNCTIVE	
lleve	llevemos	haya llevado	hayamos llevado
lleves	llevéis	hayas llevado	hayáis llevado
lleve	lleven	haya llevado	hayan llevado

IMPERFECT SUBJUNCTIVE (-ra)		*or* IMPERFECT SUBJUNCTIVE (-se)	
llevara	lleváramos	llevase	llevásemos
llevaras	llevarais	llevases	llevaseis
llevara	llevaran	llevase	llevasen

PAST PERFECT SUBJUNCTIVE (-ra)		*or* PAST PERFECT SUBJUNCTIVE (-se)	
hubiera llevado	hubiéramos llevado	hubiese llevado	hubiésemos llevado
hubieras llevado	hubierais llevado	hubieses llevado	hubieseis llevado
hubiera llevado	hubieran llevado	hubiese llevado	hubiesen llevado

PROGRESSIVE TENSES

PRESENT	estoy, estás, está, estamos, estáis, están	
PRETERIT	estuve, estuviste, estuvo, estuvimos, estuvisteis, estuvieron	
IMPERFECT	estaba, estabas, estaba, estábamos, estabais, estaban	llevando
FUTURE	estaré, estarás, estará, estaremos, estaréis, estarán	
CONDITIONAL	estaría, estarías, estaría, estaríamos, estaríais, estarían	
SUBJUNCTIVE	que + *corresponding subjunctive tense of* estar (*see verb 252*)	

COMMANDS

	(nosotros) llevemos/no llevemos
(tú) lleva/no lleves	(vosotros) llevad/no llevéis
(Ud.) lleve/no lleve	(Uds.) lleven/no lleven

Usage

—¿Me llevas de compras?	*Will you take me shopping?*
—Si tú llevas todos los paquetes.	*If you carry all the packages.*
Llevabais corbata todos los días.	*You wore a tie every day.*
¿Lleva mucho tiempo estudiando?	*Has she been studying for a long time?*
Nos llevó a verlo de otra manera.	*He led us to see it in a different way.*
Esta torta lleva vainilla, ¿no?	*This cake has vanilla in it, doesn't it?*
La empresa lleva el nombre de la familia.	*The company bears the family's name.*

TOP 50 VERB ☞

Los habían llevado al cine.	*They had taken them to the movies.*
Es importante que lo llevemos adelante.	*It's important that we go ahead with it.*

to bring

Llevabas la alegría a su casa.	*You brought happiness to their house.*

to take time

El proyecto llevará mucho tiempo.	*The project will take a lot of time.*

to have

Este candidato lleva ventaja a los demás.	*This candidate has an advantage over the others.*

llevar + gerund to have been doing something

Llevan un mes haciendo la encuesta.	*They've been doing the survey for a month.*

to be

¿Cuánto tiempo llevan Uds. en la ciudad?	*How long have you been in the city?*

to be older, taller than, ahead of

Mi hermano me lleva seis años.	*My brother is six years older than I.*
Te llevo un año en la universidad.	*I'm a year ahead of you in college.*

to wear

Se lleva smoking.	*They wear tuxedos.*

to lead

Llevan una vida muy emocionante.	*They lead a very exciting life.*
Todos los caminos llevan a Roma.	*All roads lead to Rome.*

to run, manage

La junta lleva la empresa con gran éxito.	*The board runs the firm very successfully.*

to carry out, accomplish, conclude

Llevaron a cabo su objetivo.	*They accomplished their goal.*

llevarse to take/carry off; to get along with

Lo que el viento se llevó es una gran película.	Gone with the Wind *is a great film.*
El ladrón se llevó nuestro equipaje.	*The thief made off with our luggage.*
¡Qué susto se llevó!	*What a fright she had!*
—¿Se llevan bien o mal?	*Do they get along well or badly?*
—Se llevan como perro y gato.	*They fight like cats and dogs.*

TOP 50 VERBS

regular -ar verb

lloro · lloraron · llorado · llorando

PRESENT		PRETERIT	
lloro	lloramos	lloré	lloramos
lloras	lloráis	lloraste	llorasteis
llora	lloran	lloró	lloraron

IMPERFECT		PRESENT PERFECT	
lloraba	llorábamos	he llorado	hemos llorado
llorabas	llorabais	has llorado	habéis llorado
lloraba	lloraban	ha llorado	han llorado

FUTURE		CONDITIONAL	
lloraré	lloraremos	lloraría	lloraríamos
llorarás	lloraréis	llorarías	lloraríais
llorará	llorarán	lloraría	llorarían

PLUPERFECT		PRETERIT PERFECT	
había llorado	habíamos llorado	hube llorado	hubimos llorado
habías llorado	habíais llorado	hubiste llorado	hubisteis llorado
había llorado	habían llorado	hubo llorado	hubieron llorado

FUTURE PERFECT		CONDITIONAL PERFECT	
habré llorado	habremos llorado	habría llorado	habríamos llorado
habrás llorado	habréis llorado	habrías llorado	habríais llorado
habrá llorado	habrán llorado	habría llorado	habrían llorado

PRESENT SUBJUNCTIVE		PRESENT PERFECT SUBJUNCTIVE	
llore	lloremos	haya llorado	hayamos llorado
llores	lloréis	hayas llorado	hayáis llorado
llore	lloren	haya llorado	hayan llorado

IMPERFECT SUBJUNCTIVE (-ra)		or	IMPERFECT SUBJUNCTIVE (-se)	
llorara	lloráramos		llorase	llorásemos
lloraras	llorarais		llorases	lloraseis
llorara	lloraran		llorase	llorasen

PAST PERFECT SUBJUNCTIVE (-ra)		or	PAST PERFECT SUBJUNCTIVE (-se)	
hubiera llorado	hubiéramos llorado		hubiese llorado	hubiésemos llorado
hubieras llorado	hubierais llorado		hubieses llorado	hubieseis llorado
hubiera llorado	hubieran llorado		hubiese llorado	hubiesen llorado

PROGRESSIVE TENSES

PRESENT	estoy, estás, está, estamos, estáis, están	
PRETERIT	estuve, estuviste, estuvo, estuvimos, estuvisteis, estuvieron	
IMPERFECT	estaba, estabas, estaba, estábamos, estabais, estaban	llorando
FUTURE	estaré, estarás, estará, estaremos, estaréis, estarán	
CONDITIONAL	estaría, estarías, estaría, estaríamos, estaríais, estarían	
SUBJUNCTIVE	que + *corresponding subjunctive tense of* estar (*see verb 252*)	

COMMANDS

	(nosotros) lloremos/no lloremos
(tú) llora/no llores	(vosotros) llorad/no lloréis
(Ud.) llore/no llore	(Uds.) lloren/no lloren

Usage

La niña llora por todo.	The little girl cries over everything.
Rompieron a llorar.	They burst into tears.
Algún día vas a llorar tu insolencia.	Some day you'll be sorry for your insolence.
Lloran la muerte de su abuelo.	They're mourning for their grandfather.
El que no llora no mama.	You don't get if you don't ask.
¡Qué llorón!	What a crybaby!
Sólo sabes llorar lágrimas de cocodrilo.	You only know how to shed crocodile tears.

330 | llover *to rain*

llueve · llovió · llovido · lloviendo

stem-changing -*er* verb: *o > ue*; impersonal verb
used in third-person singular only

PRESENT	**PRETERIT**
llueve	llovió
IMPERFECT	**PRESENT PERFECT**
llovía	ha llovido
FUTURE	**CONDITIONAL**
lloverá	llovería
PLUPERFECT	**PRETERIT PERFECT**
había llovido	hubo llovido
FUTURE PERFECT	**CONDITIONAL PERFECT**
habrá llovido	habría llovido
PRESENT SUBJUNCTIVE	**PRESENT PERFECT SUBJUNCTIVE**
llueva	haya llovido

IMPERFECT SUBJUNCTIVE (-ra)	*or*	**IMPERFECT SUBJUNCTIVE (-se)**
lloviera		lloviese
PAST PERFECT SUBJUNCTIVE (-ra)	*or*	**PAST PERFECT SUBJUNCTIVE (-se)**
hubiera llovido		hubiese llovido

PROGRESSIVE TENSES

PRESENT	está	
PRETERIT	estuvo	
IMPERFECT	estaba	
FUTURE	estará	lloviendo
CONDITIONAL	estaría	
SUBJUNCTIVE	que + *corresponding subjunctive tense of* estar (*see verb 252*)	

COMMANDS

¡Que llueva!   ¡Que no llueva!

Usage

—¿Llueve?	*Is it raining?*
—Sí, está lloviendo a cántaros.	*Yes, it's raining cats and dogs/pouring.*
Nunca llueve a gusto de todos.	*You can't please everybody.*
Llueve sobre mojado.	*It never rains but it pours.*
El dinero llegó como llovido del cielo.	*The money came out of the blue.*
Hablar con ella es como quien oye llover.	*Talking to her is like talking to a brick wall.*
Me gusta caminar bajo la lluvia.	*I like to walk in the rain.*
La primavera es la estación de las lluvias.	*Spring is the rainy season.*
El mes más lluvioso por esta región es abril.	*The rainiest month in this region is April.*
El dióxido de azufre causa la lluvia ácida.	*Sulphur dioxide causes acid rain.*
Los novios salieron bajo una lluvia de arroz.	*The newlyweds left in a shower of rice.*
Los regalos les llovían.	*They were showered with gifts.*
Llovía a chorros/a mares.	*It was pouring.*
—Llovizna todos los días.	*It drizzles every day.*
—Nada de llovizna hoy sino una lluvia torrencial.	*No drizzle today, but rather torrential rain.*

PRESENT

logro	logramos
logras	lográis
logra	logran

IMPERFECT

lograba	lográbamos
lograbas	lograbais
lograba	lograban

FUTURE

lograré	lograremos
lograrás	lograréis
logrará	lograrán

PLUPERFECT

había logrado	habíamos logrado
habías logrado	habíais logrado
había logrado	habían logrado

FUTURE PERFECT

habré logrado	habremos logrado
habrás logrado	habréis logrado
habrá logrado	habrán logrado

PRESENT SUBJUNCTIVE

logre	logremos
logres	logréis
logre	logren

IMPERFECT SUBJUNCTIVE (-ra)

lograra	lográramos
lograras	lograrais
lograra	lograran

PAST PERFECT SUBJUNCTIVE (-ra)

hubiera logrado	hubiéramos logrado
hubieras logrado	hubierais logrado
hubiera logrado	hubieran logrado

PRETERIT

logré	logramos
lograste	lograsteis
logró	lograron

PRESENT PERFECT

he logrado	hemos logrado
has logrado	habéis logrado
ha logrado	han logrado

CONDITIONAL

lograría	lograríamos
lograrías	lograríais
lograría	lograrían

PRETERIT PERFECT

hube logrado	hubimos logrado
hubiste logrado	hubisteis logrado
hubo logrado	hubieron logrado

CONDITIONAL PERFECT

habría logrado	habríamos logrado
habrías logrado	habríais logrado
habría logrado	habrían logrado

PRESENT PERFECT SUBJUNCTIVE

haya logrado	hayamos logrado
hayas logrado	hayáis logrado
haya logrado	hayan logrado

or **IMPERFECT SUBJUNCTIVE (-se)**

lograse	lográsemos
lograses	lograseis
lograse	lograsen

or **PAST PERFECT SUBJUNCTIVE (-se)**

hubiese logrado	hubiésemos logrado
hubieses logrado	hubieseis logrado
hubiese logrado	hubiesen logrado

PROGRESSIVE TENSES

PRESENT	estoy, estás, está, estamos, estáis, están
PRETERIT	estuve, estuviste, estuvo, estuvimos, estuvisteis, estuvieron
IMPERFECT	estaba, estabas, estaba, estábamos, estabais, estaban
FUTURE	estaré, estarás, estará, estaremos, estaréis, estarán
CONDITIONAL	estaría, estarías, estaría, estaríamos, estaríais, estarían
SUBJUNCTIVE	que + *corresponding subjunctive tense of* estar (*see verb 252*)

logrando

COMMANDS

	(nosotros) logremos/no logremos
(tú) logra/no logres	(vosotros) lograd/no logréis
(Ud.) logre/no logre	(Uds.) logren/no logren

Usage

Logró el puesto.	*He got the position.*
Lograste mucha fama en el teatro.	*You achieved great fame in the theater.*
Logramos llegar al campeonato.	*We succeeded in reaching the championship.*
Espero que logréis vuestros objetivos.	*I hope you realize your goals.*
Es célebre por sus logros científicos.	*He's famous for his scientific achievements.*
Es un método muy logrado.	*It's a very successful method.*

lucho · lucharon · luchado · luchando

regular *-ar* verb

PRESENT

lucho	luchamos
luchas	lucháis
lucha	luchan

PRETERIT

luché	luchamos
luchaste	luchasteis
luchó	lucharon

IMPERFECT

luchaba	luchábamos
luchabas	luchabais
luchaba	luchaban

PRESENT PERFECT

he luchado	hemos luchado
has luchado	habéis luchado
ha luchado	han luchado

FUTURE

lucharé	lucharemos
lucharás	lucharéis
luchará	lucharán

CONDITIONAL

lucharía	lucharíamos
lucharías	lucharíais
lucharía	lucharían

PLUPERFECT

había luchado	habíamos luchado
habías luchado	habíais luchado
había luchado	habían luchado

PRETERIT PERFECT

hube luchado	hubimos luchado
hubiste luchado	hubisteis luchado
hubo luchado	hubieron luchado

FUTURE PERFECT

habré luchado	habremos luchado
habrás luchado	habréis luchado
habrá luchado	habrán luchado

CONDITIONAL PERFECT

habría luchado	habríamos luchado
habrías luchado	habríais luchado
habría luchado	habrían luchado

PRESENT SUBJUNCTIVE

luche	luchemos
luches	luchéis
luche	luchen

PRESENT PERFECT SUBJUNCTIVE

haya luchado	hayamos luchado
hayas luchado	hayáis luchado
haya luchado	hayan luchado

IMPERFECT SUBJUNCTIVE (-ra)

luchara	lucháramos
lucharas	lucharais
luchara	lucharan

or **IMPERFECT SUBJUNCTIVE (-se)**

luchase	luchásemos
luchases	luchaseis
luchase	luchasen

PAST PERFECT SUBJUNCTIVE (-ra)

hubiera luchado	hubiéramos luchado
hubieras luchado	hubierais luchado
hubiera luchado	hubieran luchado

or **PAST PERFECT SUBJUNCTIVE (-se)**

hubiese luchado	hubiésemos luchado
hubieses luchado	hubieseis luchado
hubiese luchado	hubiesen luchado

PROGRESSIVE TENSES

PRESENT	estoy, estás, está, estamos, estáis, están
PRETERIT	estuve, estuviste, estuvo, estuvimos, estuvisteis, estuvieron
IMPERFECT	estaba, estabas, estaba, estábamos, estabais, estaban
FUTURE	estaré, estarás, estará, estaremos, estaréis, estarán
CONDITIONAL	estaría, estarías, estaría, estaríamos, estaríais, estarían
SUBJUNCTIVE	que + *corresponding subjunctive tense of* estar (*see verb 252*)

} luchando

COMMANDS

	(nosotros) luchemos/no luchemos
(tú) lucha/no luches	(vosotros) luchad/no luchéis
(Ud.) luche/no luche	(Uds.) luchen/no luchen

Usage

Se luchaba por la democracia.	*They were fighting for democracy.*
Luchan por la existencia.	*They're struggling to survive.*
Es bueno que ya no se luche cuerpo a cuerpo.	*It's good there's no more hand to hand combat.*
El tratado puso fin a la lucha.	*The treaty put an end to the war/conflict.*
Hay programas de lucha libre en la tele.	*There are wrestling shows on TV.*
Entablaron una lucha muy reñida.	*They engaged in a bitter conflict.*
¿Qué te parecen estos luchadores?	*What do you think of these wrestlers?*

-ir verb; spelling change: *c > zc/o, a*

luzco · lucieron · lucido · luciendo

PRESENT		**PRETERIT**	
luzco	lucimos	lucí	lucimos
luces	lucís	luciste	lucisteis
luce	lucen	lució	lucieron

IMPERFECT		**PRESENT PERFECT**	
lucía	lucíamos	he lucido	hemos lucido
lucías	lucíais	has lucido	habéis lucido
lucía	lucían	ha lucido	han lucido

FUTURE		**CONDITIONAL**	
luciré	luciremos	luciría	luciríamos
lucirás	luciréis	lucirías	luciríais
lucirá	lucirán	luciría	lucirían

PLUPERFECT		**PRETERIT PERFECT**	
había lucido	habíamos lucido	hube lucido	hubimos lucido
habías lucido	habíais lucido	hubiste lucido	hubisteis lucido
había lucido	habían lucido	hubo lucido	hubieron lucido

FUTURE PERFECT		**CONDITIONAL PERFECT**	
habré lucido	habremos lucido	habría lucido	habríamos lucido
habrás lucido	habréis lucido	habrías lucido	habríais lucido
habrá lucido	habrán lucido	habría lucido	habrían lucido

PRESENT SUBJUNCTIVE		**PRESENT PERFECT SUBJUNCTIVE**	
luzca	luzcamos	haya lucido	hayamos lucido
luzcas	luzcáis	hayas lucido	hayáis lucido
luzca	luzcan	haya lucido	hayan lucido

IMPERFECT SUBJUNCTIVE (-ra)		*or*	**IMPERFECT SUBJUNCTIVE (-se)**	
luciera	luciéramos		luciese	luciésemos
lucieras	lucierais		lucieses	lucieseis
luciera	lucieran		luciese	luciesen

PAST PERFECT SUBJUNCTIVE (-ra)		*or*	**PAST PERFECT SUBJUNCTIVE (-se)**	
hubiera lucido	hubiéramos lucido		hubiese lucido	hubiésemos lucido
hubieras lucido	hubierais lucido		hubieses lucido	hubieseis lucido
hubiera lucido	hubieran lucido		hubiese lucido	hubiesen lucido

PROGRESSIVE TENSES

PRESENT	estoy, estás, está, estamos, estáis, están	
PRETERIT	estuve, estuviste, estuvo, estuvimos, estuvisteis, estuvieron	
IMPERFECT	estaba, estabas, estaba, estábamos, estabais, estaban	luciendo
FUTURE	estaré, estarás, estará, estarcmos, estaréis, estarán	
CONDITIONAL	estaría, estarías, estaría, estaríamos, estaríais, estarían	
SUBJUNCTIVE	que + *corresponding subjunctive tense of* estar (*see verb 252*)	

COMMANDS

	(nosotros) luzcamos/no luzcamos
(tú) luce/no luzcas	(vosotros) lucid/no luzcáis
(Ud.) luzca/no luzca	(Uds.) luzcan/no luzcan

Usage

El sol y las estrellas lucen.	*The sun and the stars shine.*
¡Cómo lucen estos diamantes!	*How these diamonds sparkle/give off light!*
Lucen muy guapos.	*You look very handsome.*
Lucía un traje muy de moda.	*She sported a very fashionable suit.*
Se lucieron en todos los exámenes.	*They excelled/came out with flying colors in all the exams.*
Entra mucha luz en la cocina.	*There's a lot of light in the kitchen.*
Miren el lucero del alba.	*Look at the morning star.*

madrugo · madrugaron · madrugado · madrugando   *-ar* verb; spelling change: *g > gu/e*

PRESENT		PRETERIT	
madrugo	madrugamos	madrugué	madrugamos
madrugas	madrugáis	madrugaste	madrugasteis
madruga	madrugan	madrugó	madrugaron

IMPERFECT		PRESENT PERFECT	
madrugaba	madrugábamos	he madrugado	hemos madrugado
madrugabas	madrugabais	has madrugado	habéis madrugado
madrugaba	madrugaban	ha madrugado	han madrugado

FUTURE		CONDITIONAL	
madrugaré	madrugaremos	madrugaría	madrugaríamos
madrugarás	madrugaréis	madrugarías	madrugaríais
madrugará	madrugarán	madrugaría	madrugarían

PLUPERFECT		PRETERIT PERFECT	
había madrugado	habíamos madrugado	hube madrugado	hubimos madrugado
habías madrugado	habíais madrugado	hubiste madrugado	hubisteis madrugado
había madrugado	habían madrugado	hubo madrugado	hubieron madrugado

FUTURE PERFECT		CONDITIONAL PERFECT	
habré madrugado	habremos madrugado	habría madrugado	habríamos madrugado
habrás madrugado	habréis madrugado	habrías madrugado	habríais madrugado
habrá madrugado	habrán madrugado	habría madrugado	habrían madrugado

PRESENT SUBJUNCTIVE		PRESENT PERFECT SUBJUNCTIVE	
madrugue	madruguemos	haya madrugado	hayamos madrugado
madrugues	madruguéis	hayas madrugado	hayáis madrugado
madrugue	madruguen	haya madrugado	hayan madrugado

IMPERFECT SUBJUNCTIVE (-ra)		*or* IMPERFECT SUBJUNCTIVE (-se)	
madrugara	madrugáramos	madrugase	madrugásemos
madrugaras	madrugarais	madrugases	madrugaseis
madrugara	madrugaran	madrugase	madrugasen

PAST PERFECT SUBJUNCTIVE (-ra)		*or* PAST PERFECT SUBJUNCTIVE (-se)	
hubiera madrugado	hubiéramos madrugado	hubiese madrugado	hubiésemos madrugado
hubieras madrugado	hubierais madrugado	hubieses madrugado	hubieseis madrugado
hubiera madrugado	hubieran madrugado	hubiese madrugado	hubiesen madrugado

PROGRESSIVE TENSES

PRESENT	estoy, estás, está, estamos, estáis, están	
PRETERIT	estuve, estuviste, estuvo, estuvimos, estuvisteis, estuvieron	
IMPERFECT	estaba, estabas, estaba, estábamos, estabais, estaban	madrugando
FUTURE	estaré, estarás, estará, estaremos, estaréis, estarán	
CONDITIONAL	estaría, estarías, estaría, estaríamos, estaríais, estarían	
SUBJUNCTIVE	que + *corresponding subjunctive tense of* estar (*see verb 252*)	

COMMANDS

	(nosotros) madruguemos/no madruguemos
(tú) madruga/no madrugues	(vosotros) madrugad/no madruguéis
(Ud.) madrugue/no madrugue	(Uds.) madruguen/no madruguen

Usage

Es necesario que madruguemos.	*It's necessary that we get up early.*
Se levantó de madrugada.	*She got up very early.*
¡Qué hermosa es la luz de madrugada!	*How beautiful is daybreak/dawn's early light!*
El niño es muy madrugador.	*The child is an early riser.*
Al que/A quien madruga Dios le ayuda.	*The early bird catches the worm.*

regular *-ar* verb

mando · mandaron · mandado · mandando

PRESENT

mando	mandamos
mandas	mandáis
manda	mandan

IMPERFECT

mandaba	mandábamos
mandabas	mandabais
mandaba	mandaban

FUTURE

mandaré	mandaremos
mandarás	mandaréis
mandará	mandarán

PLUPERFECT

había mandado	habíamos mandado
habías mandado	habíais mandado
había mandado	habían mandado

FUTURE PERFECT

habré mandado	habremos mandado
habrás mandado	habréis mandado
habrá mandado	habrán mandado

PRESENT SUBJUNCTIVE

mande	mandemos
mandes	mandéis
mande	manden

IMPERFECT SUBJUNCTIVE (-ra)

mandara	mandáramos
mandaras	mandarais
mandara	mandaran

PAST PERFECT SUBJUNCTIVE (-ra)

hubiera mandado	hubiéramos mandado
hubieras mandado	hubierais mandado
hubiera mandado	hubieran mandado

PRETERIT

mandé	mandamos
mandaste	mandasteis
mandó	mandaron

PRESENT PERFECT

he mandado	hemos mandado
has mandado	habéis mandado
ha mandado	han mandado

CONDITIONAL

mandaría	mandaríamos
mandarías	mandaríais
mandaría	mandarían

PRETERIT PERFECT

hube mandado	hubimos mandado
hubiste mandado	hubisteis mandado
hubo mandado	hubieron mandado

CONDITIONAL PERFECT

habría mandado	habríamos mandado
habrías mandado	habríais mandado
habría mandado	habrían mandado

PRESENT PERFECT SUBJUNCTIVE

haya mandado	hayamos mandado
hayas mandado	hayáis mandado
haya mandado	hayan mandado

or **IMPERFECT SUBJUNCTIVE (-se)**

mandase	mandásemos
mandases	mandaseis
mandase	mandasen

or **PAST PERFECT SUBJUNCTIVE (-se)**

hubiese mandado	hubiésemos mandado
hubieses mandado	hubieseis mandado
hubiese mandado	hubiesen mandado

PROGRESSIVE TENSES

PRESENT	estoy, estás, está, estamos, estáis, están	
PRETERIT	estuve, estuviste, estuvo, estuvimos, estuvisteis, estuvieron	
IMPERFECT	estaba, estabas, estaba, estábamos, estabais, estaban	mandando
FUTURE	estaré, estarás, estará, estaremos, estaréis, estarán	
CONDITIONAL	estaría, estarías, estaría, estaríamos, estaríais, estarían	
SUBJUNCTIVE	que + *corresponding subjunctive tense of* estar (*see verb 252*)	

COMMANDS

	(nosotros) mandemos/no mandemos
(tú) manda/no mandes	(vosotros) mandad/no mandéis
(Ud.) mande/no mande	(Uds.) manden/no manden

Usage

Le mandé que hiciera los mandados.	*I ordered him to run the errands.*
Les mando encargarse de la campaña.	*I'm having them take charge of the campaign.*
Hemos mandado los documentos/el fax.	*We've sent the papers/the fax.*
El general Patton mandó el ejército norteamericano.	*General Patton commanded the United States Army.*
¡Aquí mando yo!	*I give the orders here!*
¡Las mandó al infierno!	*She told them to go to hell!*
Haz el trabajo como Dios manda.	*Do the job properly.*

manejo · manejaron · manejado · manejando

regular *-ar* verb

PRESENT

manejo	manejamos
manejas	manejáis
maneja	manejan

PRETERIT

manejé	manejamos
manejaste	manejasteis
manejó	manejaron

IMPERFECT

manejaba	manejábamos
manejabas	manejabais
manejaba	manejaban

PRESENT PERFECT

he manejado	hemos manejado
has manejado	habéis manejado
ha manejado	han manejado

FUTURE

manejaré	manejaremos
manejarás	manejaréis
manejará	manejarán

CONDITIONAL

manejaría	manejaríamos
manejarías	manejaríais
manejaría	manejarían

PLUPERFECT

había manejado	habíamos manejado
habías manejado	habíais manejado
había manejado	habían manejado

PRETERIT PERFECT

hube manejado	hubimos manejado
hubiste manejado	hubisteis manejado
hubo manejado	hubieron manejado

FUTURE PERFECT

habré manejado	habremos manejado
habrás manejado	habréis manejado
habrá manejado	habrán manejado

CONDITIONAL PERFECT

habría manejado	habríamos manejado
habrías manejado	habríais manejado
habría manejado	habrían manejado

PRESENT SUBJUNCTIVE

maneje	manejemos
manejes	manejéis
maneje	manejen

PRESENT PERFECT SUBJUNCTIVE

haya manejado	hayamos manejado
hayas manejado	hayáis manejado
haya manejado	hayan manejado

IMPERFECT SUBJUNCTIVE (-ra)   *or* **IMPERFECT SUBJUNCTIVE (-se)**

manejara	manejáramos		manejase	manejásemos
manejaras	manejarais		manejases	manejaseis
manejara	manejaran		manejase	manejasen

PAST PERFECT SUBJUNCTIVE (-ra)   *or* **PAST PERFECT SUBJUNCTIVE (-se)**

hubiera manejado	hubiéramos manejado		hubiese manejado	hubiésemos manejado
hubieras manejado	hubierais manejado		hubieses manejado	hubieseis manejado
hubiera manejado	hubieran manejado		hubiese manejado	hubiesen manejado

PROGRESSIVE TENSES

PRESENT	estoy, estás, está, estamos, estáis, están
PRETERIT	estuve, estuviste, estuvo, estuvimos, estuvisteis, estuvieron
IMPERFECT	estaba, estabas, estaba, estábamos, estabais, estaban
FUTURE	estaré, estarás, estará, estaremos, estaréis, estarán
CONDITIONAL	estaría, estarías, estaría, estaríamos, estaríais, estarían
SUBJUNCTIVE	que + *corresponding subjunctive tense of* estar (see verb 252)

} manejando

COMMANDS

	(nosotros) manejemos/no manejemos
(tú) maneja/no manejes	(vosotros) manejad/no manejéis
(Ud.) maneje/no maneje	(Uds.) manejen/no manejen

Usage

El jefe del ejecutivo maneja los negocios.	*The chief executive runs the business.*
No se puede manejar tantas cosas a la vez.	*You can't handle so many things at once.*
No hables por teléfono celular mientras manejas.	*Don't talk on your cell phone while you drive.*
Aprendieron a manejar la máquina.	*They learned to operate the machine.*
La computadora es de fácil manejo.	*The computer is easy to use.*
Vuelve a leer las instrucciones de manejo.	*Read the instructions/directions again.*

irregular verb (like **tener**) | **mantengo · mantuvieron · mantenido · manteniendo**

PRESENT

mantengo	mantenemos
mantienes	mantenéis
mantiene	mantienen

IMPERFECT

mantenía	manteníamos
mantenías	manteníais
mantenía	mantenían

FUTURE

mantendré	mantendremos
mantendrás	mantendréis
mantendrá	mantendrán

PLUPERFECT

había mantenido	habíamos mantenido
habías mantenido	habíais mantenido
había mantenido	habían mantenido

FUTURE PERFECT

habré mantenido	habremos mantenido
habrás mantenido	habréis mantenido
habrá mantenido	habrán mantenido

PRESENT SUBJUNCTIVE

mantenga	mantengamos
mantengas	mantengáis
mantenga	mantengan

IMPERFECT SUBJUNCTIVE (-ra)

mantuviera	mantuviéramos
mantuvieras	mantuvierais
mantuviera	mantuvieran

PAST PERFECT SUBJUNCTIVE (-ra)

hubiera mantenido	hubiéramos mantenido
hubieras mantenido	hubierais mantenido
hubiera mantenido	hubieran mantenido

PRETERIT

mantuve	mantuvimos
mantuviste	mantuvisteis
mantuvo	mantuvieron

PRESENT PERFECT

he mantenido	hemos mantenido
has mantenido	habéis mantenido
ha mantenido	han mantenido

CONDITIONAL

mantendría	mantendríamos
mantendrías	mantendríais
mantendría	mantendrían

PRETERIT PERFECT

hube mantenido	hubimos mantenido
hubiste mantenido	hubisteis mantenido
hubo mantenido	hubieron mantenido

CONDITIONAL PERFECT

habría mantenido	habríamos mantenido
habrías mantenido	habríais mantenido
habría mantenido	habrían mantenido

PRESENT PERFECT SUBJUNCTIVE

haya mantenido	hayamos mantenido
hayas mantenido	hayáis mantenido
haya mantenido	hayan mantenido

or **IMPERFECT SUBJUNCTIVE (-se)**

mantuviese	mantuviésemos
mantuvieses	mantuvieseis
mantuviese	mantuviesen

or **PAST PERFECT SUBJUNCTIVE (-se)**

hubiese mantenido	hubiésemos mantenido
hubieses mantenido	hubieseis mantenido
hubiese mantenido	hubiesen mantenido

PROGRESSIVE TENSES

PRESENT	estoy, estás, está, estamos, estáis, están
PRETERIT	estuve, estuviste, estuvo, estuvimos, estuvisteis, estuvieron
IMPERFECT	estaba, estabas, estaba, estábamos, estabais, estaban
FUTURE	estaré, estarás, estará, estaremos, estaréis, estarán
CONDITIONAL	estaría, estarías, estaría, estaríamos, estaríais, estarían
SUBJUNCTIVE	que + *corresponding subjunctive tense of* estar (*see verb 252*)

} manteniendo

COMMANDS

	(nosotros) mantengamos/mantengamos
(tú) mantén/no mantengas	(vosotros) mantened/no mantengáis
(Ud.) mantenga/no mantenga	(Uds.) mantengan/no mantengan

Usage

Mantiene a su familia numerosa.	*He supports his large family.*
Mantengan la casa en buen estado.	*Keep the house in good condition.*
—Le pido que me mantenga al día.	*I'm asking you to keep me up to date.*
—Nos mantenemos en contacto entonces.	*Then we'll keep in touch.*
La sociedad se basa en el mantenimiento del orden.	*Society is based on the maintenance of order.*

maquillarse   *to put on makeup, cover up, falsify*

maquillo · maquillaron · maquillado · maquillándose   regular *-ar* reflexive verb

PRESENT

me maquillo	nos maquillamos
te maquillas	os maquilláis
se maquilla	se maquillan

PRETERIT

me maquillé	nos maquillamos
te maquillaste	os maquillasteis
se maquilló	se maquillaron

IMPERFECT

me maquillaba	nos maquillábamos
te maquillabas	os maquillabais
se maquillaba	se maquillaban

PRESENT PERFECT

me he maquillado	nos hemos maquillado
te has maquillado	os habéis maquillado
se ha maquillado	se han maquillado

FUTURE

me maquillaré	nos maquillaremos
te maquillarás	os maquillaréis
se maquillará	se maquillarán

CONDITIONAL

me maquillaría	nos maquillaríamos
te maquillarías	os maquillaríais
se maquillaría	se maquillarían

PLUPERFECT

me había maquillado	nos habíamos maquillado
te habías maquillado	os habíais maquillado
se había maquillado	se habían maquillado

PRETERIT PERFECT

me hube maquillado	nos hubimos maquillado
te hubiste maquillado	os hubisteis maquillado
se hubo maquillado	se hubieron maquillado

FUTURE PERFECT

me habré maquillado	nos habremos maquillado
te habrás maquillado	os habréis maquillado
se habrá maquillado	se habrán maquillado

CONDITIONAL PERFECT

me habría maquillado	nos habríamos maquillado
te habrías maquillado	os habríais maquillado
se habría maquillado	se habrían maquillado

PRESENT SUBJUNCTIVE

me maquille	nos maquillemos
te maquilles	os maquilléis
se maquille	se maquillen

PRESENT PERFECT SUBJUNCTIVE

me haya maquillado	nos hayamos maquillado
te hayas maquillado	os hayáis maquillado
se haya maquillado	se hayan maquillado

IMPERFECT SUBJUNCTIVE (-ra)

me maquillara	nos maquilláramos
te maquillaras	os maquillarais
se maquillara	se maquillaran

or **IMPERFECT SUBJUNCTIVE (-se)**

me maquillase	nos maquillásemos
te maquillases	os maquillaseis
se maquillase	se maquillasen

PAST PERFECT SUBJUNCTIVE (-ra)

me hubiera maquillado	nos hubiéramos maquillado
te hubieras maquillado	os hubierais maquillado
se hubiera maquillado	se hubieran maquillado

or **PAST PERFECT SUBJUNCTIVE (-se)**

me hubiese maquillado	nos hubiésemos maquillado
te hubieses maquillado	os hubieseis maquillado
se hubiese maquillado	se hubiesen maquillado

PROGRESSIVE TENSES

PRESENT	estoy, estás, está, estamos, estáis, están
PRETERIT	estuve, estuviste, estuvo, estuvimos, estuvisteis, estuvieron
IMPERFECT	estaba, estabas, estaba, estábamos, estabais, estaban
FUTURE	estaré, estarás, estará, estaremos, estaréis, estarán
CONDITIONAL	estaría, estarías, estaría, estaríamos, estaríais, estarían
SUBJUNCTIVE	que + *corresponding subjunctive tense of* estar (*see verb 252*)

} maquillando (*see page 31*)

COMMANDS

	(nosotros) maquillémonos/no nos maquillemos
(tú) maquíllate/no te maquilles	(vosotros) maquillaos/no os maquilléis
(Ud.) maquíllese/no se maquille	(Uds.) maquíllense/no se maquillen

Usage

Me maquillo antes de vestirme.	*I put on makeup before I get dressed.*
El maquillador está maquillando a los actores.	*The makeup man is putting makeup on the actors.*
Maquilló las pruebas para no incriminarse.	*She covered up/falsified the evidence so she wouldn't incriminate herself.*
Esta marca de maquillaje es hipoalergénica.	*This brand of makeup is hypoallergenic.*

-ar verb; spelling change: *c > qu/e* | marco · marcaron · marcado · marcando

PRESENT

marco	marcamos
marcas	marcáis
marca	marcan

PRETERIT

marqué	marcamos
marcaste	marcasteis
marcó	marcaron

IMPERFECT

marcaba	marcábamos
marcabas	marcabais
marcaba	marcaban

PRESENT PERFECT

he marcado	hemos marcado
has marcado	habéis marcado
ha marcado	han marcado

FUTURE

marcaré	marcaremos
marcarás	marcaréis
marcará	marcarán

CONDITIONAL

marcaría	marcaríamos
marcarías	marcaríais
marcaría	marcarían

PLUPERFECT

había marcado	habíamos marcado
habías marcado	habíais marcado
había marcado	habían marcado

PRETERIT PERFECT

hube marcado	hubimos marcado
hubiste marcado	hubisteis marcado
hubo marcado	hubieron marcado

FUTURE PERFECT

habré marcado	habremos marcado
habrás marcado	habréis marcado
habrá marcado	habrán marcado

CONDITIONAL PERFECT

habría marcado	habríamos marcado
habrías marcado	habríais marcado
habría marcado	habrían marcado

PRESENT SUBJUNCTIVE

marque	marquemos
marques	marquéis
marque	marquen

PRESENT PERFECT SUBJUNCTIVE

haya marcado	hayamos marcado
hayas marcado	hayáis marcado
haya marcado	hayan marcado

IMPERFECT SUBJUNCTIVE (ra)

marcara	marcáramos
marcaras	marcarais
marcara	marcaran

or **IMPERFECT SUBJUNCTIVE (-se)**

marcase	marcásemos
marcases	marcaseis
marcase	marcasen

PAST PERFECT SUBJUNCTIVE (-ra)

hubiera marcado	hubiéramos marcado
hubieras marcado	hubierais marcado
hubiera marcado	hubieran marcado

or **PAST PERFECT SUBJUNCTIVE (-se)**

hubiese marcado	hubiésemos marcado
hubieses marcado	hubieseis marcado
hubiese marcado	hubiesen marcado

PROGRESSIVE TENSES

PRESENT	estoy, estás, está, estamos, estáis, están
PRETERIT	estuve, estuviste, estuvo, estuvimos, estuvisteis, estuvieron
IMPERFECT	estaba, estabas, estaba, estábamos, estabais, estaban
FUTURE	estaré, estarás, estará, estaremos, estaréis, estarán
CONDITIONAL	estaría, estarías, estaría, estaríamos, estaríais, estarían
SUBJUNCTIVE	que + *corresponding subjunctive tense of* estar (*see verb 252*)

} marcando

COMMANDS

	(nosotros) marquemos/no marquemos
(tú) marca/no marques	(vosotros) marcad/no marquéis
(Ud.) marque/no marque	(Uds.) marquen/no marquen

Usage

El año 2001 marcó el comienzo de un nuevo milenio.	*The year 2001 marked the beginning of a new millennium.*
El jugador marcó un gol/una canasta.	*The player scored a goal/a basket.*
Marcaste el código equivocado.	*You dialed with the wrong area code.*
El termómetro marca setenta grados.	*The thermometer is registering 70 degrees.*
El director marca el compás con la batuta.	*The conductor beats time with his baton.*
¿De qué marca es la copiadora?	*What make of photocopier is it?*

PRESENT

me marcho	nos marchamos
te marchas	os marcháis
se marcha	se marchan

PRETERIT

me marché	nos marchamos
te marchaste	os marchasteis
se marchó	se marcharon

IMPERFECT

me marchaba	nos marchábamos
te marchabas	os marchabais
se marchaba	se marchaban

PRESENT PERFECT

me he marchado	nos hemos marchado
te has marchado	os habéis marchado
se ha marchado	se han marchado

FUTURE

me marcharé	nos marcharemos
te marcharás	os marcharéis
se marchará	se marcharán

CONDITIONAL

me marcharía	nos marcharíamos
te marcharías	os marcharíais
se marcharía	se marcharían

PLUPERFECT

me había marchado	nos habíamos marchado
te habías marchado	os habíais marchado
se había marchado	se habían marchado

PRETERIT PERFECT

me hube marchado	nos hubimos marchado
te hubiste marchado	os hubisteis marchado
se hubo marchado	se hubieron marchado

FUTURE PERFECT

me habré marchado	nos habremos marchado
te habrás marchado	os habréis marchado
se habrá marchado	se habrán marchado

CONDITIONAL PERFECT

me habría marchado	nos habríamos marchado
te habrías marchado	os habríais marchado
se habría marchado	se habrían marchado

PRESENT SUBJUNCTIVE

me marche	nos marchemos
te marches	os marchéis
se marche	se marchen

PRESENT PERFECT SUBJUNCTIVE

me haya marchado	nos hayamos marchado
te hayas marchado	os hayáis marchado
se haya marchado	se hayan marchado

IMPERFECT SUBJUNCTIVE (-ra)   *or*   **IMPERFECT SUBJUNCTIVE (-se)**

me marchara	nos marcháramos	me marchase	nos marchásemos
te marcharas	os marcharais	te marchases	os marchaseis
se marchara	se marcharan	se marchase	se marchasen

PAST PERFECT SUBJUNCTIVE (-ra)   *or*   **PAST PERFECT SUBJUNCTIVE (-se)**

me hubiera marchado	nos hubiéramos marchado	me hubiese marchado	nos hubiésemos marchado
te hubieras marchado	os hubierais marchado	te hubieses marchado	os hubieseis marchado
se hubiera marchado	se hubieran marchado	se hubiese marchado	se hubiesen marchado

PROGRESSIVE TENSES

PRESENT	estoy, estás, está, estamos, estáis, están
PRETERIT	estuve, estuviste, estuvo, estuvimos, estuvisteis, estuvieron
IMPERFECT	estaba, estabas, estaba, estábamos, estabais, estaban
FUTURE	estaré, estarás, estará, estaremos, estaréis, estarán
CONDITIONAL	estaría, estarías, estaría, estaríamos, estaríais, estarían
SUBJUNCTIVE	que + *corresponding subjunctive tense of* estar (*see verb 252*)

} marchando (*see page 31*)

COMMANDS

	(nosotros) marchémonos/no nos marchemos
(tú) márchate/no te marches	(vosotros) marchaos/no os marchéis
(Ud.) márchese/no se marche	(Uds.) márchense /no se marchen

Usage

Se marcharon sin despedirse de nosotros.	*They left without saying good-bye to us.*
¿Os marcháis a mediados del mes?	*Are you going away in the middle of the month?*
Me alegro que todo marche bien.	*I'm glad that everything is going well.*
Mi reloj no marcha.	*My watch isn't working.*
Los soldados están marchando/en marcha.	*The soldiers are marching/on the march.*
Se tocó la *Marcha Nupcial* de Mendelssohn.	*They played "The Wedding March" by Mendelssohn.*
Mete la marcha atrás.	*Change the gear to reverse.*

regular -ar reflexive verb

PRESENT

me mareo	nos mareamos
te mareas	os mareáis
se marea	se marean

IMPERFECT

me mareaba	nos mareábamos
te mareabas	os mareabais
se mareaba	se mareaban

FUTURE

me marearé	nos marearemos
te mararás	os mareréis
se mareará	se marearán

PLUPERFECT

me había mareado	nos habíamos mareado
te habías mareado	os habíais mareado
se había mareado	se habían mareado

FUTURE PERFECT

me habré mareado	nos habremos mareado
te habrás mareado	os habréis mareado
se habrá mareado	se habrán mareado

PRESENT SUBJUNCTIVE

me maree	nos mareemos
te marees	os mareéis
se maree	se mareen

IMPERFECT SUBJUNCTIVE (-ra)

me mareara	nos mareáramos
te marearas	os marearais
se mareara	se marearan

PAST PERFECT SUBJUNCTIVE (-ra)

me hubiera mareado	nos hubiéramos mareado
te hubieras mareado	os hubierais mareado
se hubiera mareado	se hubieran mareado

PRETERIT

me mareé	nos mareamos
te mareaste	os mareasteis
se mareó	se marearon

PRESENT PERFECT

me he mareado	nos hemos mareado
te has mareado	os habéis mareado
se ha mareado	se han mareado

CONDITIONAL

me marearía	nos marearíamos
te marearías	os marearíais
se marearía	se marearían

PRETERIT PERFECT

me hube mareado	nos hubimos mareado
te hubiste mareado	os hubisteis mareado
se hubo mareado	se hubieron mareado

CONDITIONAL PERFECT

me habría mareado	nos habríamos mareado
te habrías mareado	os habríais mareado
se habría mareado	se habrían mareado

PRESENT PERFECT SUBJUNCTIVE

me haya mareado	nos hayamos mareado
te hayas mareado	os hayáis mareado
se haya mareado	se hayan mareado

or **IMPERFECT SUBJUNCTIVE (-se)**

me marease	nos mareásemos
te mareases	os mareaseis
se marease	se mareasen

or **PAST PERFECT SUBJUNCTIVE (-se)**

me hubiese mareado	nos hubiésemos mareado
te hubieses mareado	os hubieseis mareado
se hubiese mareado	se hubiesen mareado

PROGRESSIVE TENSES

PRESENT	estoy, estás, está, estamos, estáis, están
PRETERIT	estuve, estuviste, estuvo, estuvimos, estuvisteis, estuvieron
IMPERFECT	estaba, estabas, estaba, estábamos, estabais, estaban
FUTURE	estaré, estarás, estará, estaremos, estaréis, estarán
CONDITIONAL	estaría, estarías, estaría, estaríamos, estaríais, estarían
SUBJUNCTIVE	que + *corresponding subjunctive tense of* estar (*see verb 252*)

} mareando (*see page 31*)

COMMANDS

	(nosotros) mareémonos/no nos mareemos
(tú) maréate/no te marees	(vosotros) mareaos/no os mareéis
(Ud.) maréese/no se maree	(Uds.) maréense/no se mareen

Usage

Me mareaba por el mar picado.	*I felt seasick because of the choppy sea.*
Se mareaban en el avión.	*They were nauseous on the airplane.*
Nos marea con sus historias interminables.	*She makes us dizzy/annoys us with her never-ending stories.*
Triunfaré contra viento y marea.	*I'll succeed come hell or high water.*
Está alta/baja la marea.	*It's high/low tide.*
Están mareados de tanto tomar.	*They're dizzy from drinking so much.*

masco · mascaron · mascado · mascando   *-ar* verb; spelling change: *c > qu/e*

PRESENT		PRETERIT	
masco	mascamos	masqué	mascamos
mascas	mascáis	mascaste	mascasteis
masca	mascan	mascó	mascaron

IMPERFECT		PRESENT PERFECT	
mascaba	mascábamos	he mascado	hemos mascado
mascabas	mascabais	has mascado	habéis mascado
mascaba	mascaban	ha mascado	han mascado

FUTURE		CONDITIONAL	
mascaré	mascaremos	mascaría	mascaríamos
mascarás	mascaréis	mascarías	mascaríais
mascará	mascarán	mascaría	mascarían

PLUPERFECT		PRETERIT PERFECT	
había mascado	habíamos mascado	hube mascado	hubimos mascado
habías mascado	habíais mascado	hubiste mascado	hubisteis mascado
había mascado	habían mascado	hubo mascado	hubieron mascado

FUTURE PERFECT		CONDITIONAL PERFECT	
habré mascado	habremos mascado	habría mascado	habríamos mascado
habrás mascado	habréis mascado	habrías mascado	habríais mascado
habrá mascado	habrán mascado	habría mascado	habrían mascado

PRESENT SUBJUNCTIVE		PRESENT PERFECT SUBJUNCTIVE	
masque	masquemos	haya mascado	hayamos mascado
masques	masquéis	hayas mascado	hayáis mascado
masque	masquen	haya mascado	hayan mascado

IMPERFECT SUBJUNCTIVE (-ra)		*or* IMPERFECT SUBJUNCTIVE (-se)	
mascara	mascáramos	mascase	mascásemos
mascaras	mascarais	mascases	mascaseis
mascara	mascaran	mascase	mascasen

PAST PERFECT SUBJUNCTIVE (-ra)		*or* PAST PERFECT SUBJUNCTIVE (-se)	
hubiera mascado	hubiéramos mascado	hubiese mascado	hubiésemos mascado
hubieras mascado	hubierais mascado	hubieses mascado	hubieseis mascado
hubiera mascado	hubieran mascado	hubiese mascado	hubiesen mascado

PROGRESSIVE TENSES

PRESENT	estoy, estás, está, estamos, estáis, están
PRETERIT	estuve, estuviste, estuvo, estuvimos, estuvisteis, estuvieron
IMPERFECT	estaba, estabas, estaba, estábamos, estabais, estaban
FUTURE	estaré, estarás, estará, estaremos, estaréis, estarán
CONDITIONAL	estaría, estarías, estaría, estaríamos, estaríais, estarían
SUBJUNCTIVE	que + *corresponding subjunctive tense of* estar (*see verb 252*)

⎫ mascando

COMMANDS

	(nosotros) masquemos/no masquemos
(tú) masca/no masques	(vosotros) mascad/no masquéis
(Ud.) masque/no masque	(Uds.) masquen/no masquen

Usage

Niños, masquen bien las nueces.
No la entendemos porque masca sus palabras.
Mascar y *masticar* son sinónimos.
—Se lo dieron todo mascado.
—Así es que no tiene por qué trabajar.

Children, chew the nuts well.
We don't understand her because she mumbles.
Mascar *and* masticar *are synonyms.*
They gave it to him all done. (lit., *all chewed*)
So he has no reason to do any work.

regular -*ar* verb

mato · mataron · matado · matando

PRESENT

mato	matamos
matas	matáis
mata	matan

PRETERIT

maté	matamos
mataste	matasteis
mató	mataron

IMPERFECT

mataba	matábamos
matabas	matabais
mataba	mataban

PRESENT PERFECT

he matado	hemos matado
has matado	habéis matado
ha matado	han matado

FUTURE

mataré	mataremos
matarás	mataréis
matará	matarán

CONDITIONAL

mataría	mataríamos
matarías	mataríais
mataría	matarían

PLUPERFECT

había matado	habíamos matado
habías matado	habíais matado
había matado	habían matado

PRETERIT PERFECT

hube matado	hubimos matado
hubiste matado	hubisteis matado
hubo matado	hubieron matado

FUTURE PERFECT

habré matado	habremos matado
habrás matado	habréis matado
habrá matado	habrán matado

CONDITIONAL PERFECT

habría matado	habríamos matado
habrías matado	habríais matado
habría matado	habrían matado

PRESENT SUBJUNCTIVE

mate	matemos
mates	matéis
mate	maten

PRESENT PERFECT SUBJUNCTIVE

haya matado	hayamos matado
hayas matado	hayáis matado
haya matado	hayan matado

IMPERFECT SUBJUNCTIVE (-ra)

matara	matáramos
mataras	matarais
matara	mataran

or **IMPERFECT SUBJUNCTIVE (-se)**

matase	matásemos
matases	mataseis
matase	matasen

PAST PERFECT SUBJUNCTIVE (-ra)

hubiera matado	hubiéramos matado
hubieras matado	hubierais matado
hubiera matado	hubieran matado

or **PAST PERFECT SUBJUNCTIVE (-se)**

hubiese matado	hubiésemos matado
hubieses matado	hubieseis matado
hubiese matado	hubiesen matado

PROGRESSIVE TENSES

PRESENT	estoy, estás, está, estamos, estáis, están	
PRETERIT	estuve, estuviste, estuvo, estuvimos, estuvisteis, estuvieron	
IMPERFECT	estaba, estabas, estaba, estábamos, estabais, estaban	matando
FUTURE	estaré, estarás, estará, estaremos, estaréis, estarán	
CONDITIONAL	estaría, estarías, estaría, estaríamos, estaríais, estarían	
SUBJUNCTIVE	que + *corresponding subjunctive tense of* estar (*see verb 252*)	

COMMANDS

	(nosotros) matemos/no matemos
(tú) mata/no mates	(vosotros) matad/no matéis
(Ud.) mate/no mate	(Uds.) maten/no maten

Usage

Stalin y Hitler mataron a millones de personas.	*Stalin and Hitler murdered millions of people.*
Se matan reses en el matadero.	*Animals are killed at the slaughterhouse.*
¿Cómo matamos el tiempo hasta despegar?	*How shall we kill time until we take off?*
Se mataba cultivando la tierra.	*He killed/tired himself cultivating the land.*
—Lo mataron, ¿verdad?	*They killed him, didn't they?*
—Sí, se mató en un accidente de coche.	*Yes, he was killed in a car accident.*
El matador torea.	*The bullfighter fights bulls.*

mecer *to rock, swing, shake*

mezo · mecieron · mecido · meciendo

-er verb; spelling change: c > z/o, a

PRESENT		PRETERIT	
mezo	mecemos	mecí	mecimos
meces	mecéis	meciste	mecisteis
mece	mecen	meció	mecieron

IMPERFECT		PRESENT PERFECT	
mecía	mecíamos	he mecido	hemos mecido
mecías	mecíais	has mecido	habéis mecido
mecía	mecían	ha mecido	han mecido

FUTURE		CONDITIONAL	
meceré	meceremos	mecería	meceríamos
mecerás	meceréis	mecerías	meceríais
mecerá	mecerán	mecería	mecerían

PLUPERFECT		PRETERIT PERFECT	
había mecido	habíamos mecido	hube mecido	hubimos mecido
habías mecido	habíais mecido	hubiste mecido	hubisteis mecido
había mecido	habían mecido	hubo mecido	hubieron mecido

FUTURE PERFECT		CONDITIONAL PERFECT	
habré mecido	habremos mecido	habría mecido	habríamos mecido
habrás mecido	habréis mecido	habrías mecido	habríais mecido
habrá mecido	habrán mecido	habría mecido	habrían mecido

PRESENT SUBJUNCTIVE		PRESENT PERFECT SUBJUNCTIVE	
meza	mezamos	haya mecido	hayamos mecido
mezas	mezáis	hayas mecido	hayáis mecido
meza	mezan	haya mecido	hayan mecido

IMPERFECT SUBJUNCTIVE (-ra)		*or* IMPERFECT SUBJUNCTIVE (-se)	
meciera	meciéramos	meciese	meciésemos
mecieras	mecierais	mecieses	mecieseis
meciera	mecieran	meciese	meciesen

PAST PERFECT SUBJUNCTIVE (-ra)		*or* PAST PERFECT SUBJUNCTIVE (-se)	
hubiera mecido	hubiéramos mecido	hubiese mecido	hubiésemos mecido
hubieras mecido	hubierais mecido	hubieses mecido	hubieseis mecido
hubiera mecido	hubieran mecido	hubiese mecido	hubiesen mecido

PROGRESSIVE TENSES

PRESENT	estoy, estás, está, estamos, estáis, están	
PRETERIT	estuve, estuviste, estuvo, estuvimos, estuvisteis, estuvieron	
IMPERFECT	estaba, estabas, estaba, estábamos, estabais, estaban	meciendo
FUTURE	estaré, estarás, estará, estaremos, estaréis, estarán	
CONDITIONAL	estaría, estarías, estaría, estaríamos, estaríais, estarían	
SUBJUNCTIVE	que + *corresponding subjunctive tense of* estar (*see verb 252*)	

COMMANDS

	(nosotros) mezamos/no mezamos
(tú) mece/no mezas	(vosotros) meced/no mezáis
(Ud.) meza/no meza	(Uds.) mezan/no mezan

Usage

Se mecía en la mecedora.	*She was rocking in the rocking chair.*
Mece al bebé.	*Rock the baby.*
Estoy meciendo la cuna.	*I'm rocking the cradle.*
Mezo a la niña en el columpio.	*I'm swinging the child on the swing.*
El movimiento mecedor del mar es agradable.	*The rocking motion of the sea is pleasant.*

stem-changing *-ir* verb (like **pedir**): *e > i* | **mido · midieron · medido · midiendo**

PRESENT

mido	medimos
mides	medís
mide	miden

IMPERFECT

medía	medíamos
medías	medíais
medía	medían

FUTURE

mediré	mediremos
medirás	mediréis
medirá	medirán

PLUPERFECT

había medido	habíamos medido
habías medido	habíais medido
había medido	habían medido

FUTURE PERFECT

habré medido	habremos medido
habrás medido	habréis medido
habrá medido	habrán medido

PRESENT SUBJUNCTIVE

mida	midamos
midas	midáis
mida	midan

IMPERFECT SUBJUNCTIVE (-ra)

midiera	midiéramos
midieras	midierais
midiera	midieran

PAST PERFECT SUBJUNCTIVE (-ra)

hubiera medido	hubiéramos medido
hubieras medido	hubierais medido
hubiera medido	hubieran medido

PRETERIT

medí	medimos
mediste	medisteis
midió	midieron

PRESENT PERFECT

he medido	hemos medido
has medido	habéis medido
ha medido	han medido

CONDITIONAL

mediría	mediríamos
medirías	mediríais
mediría	medirían

PRETERIT PERFECT

hube medido	hubimos medido
hubiste medido	hubisteis medido
hubo medido	hubieron medido

CONDITIONAL PERFECT

habría medido	habríamos medido
habrías medido	habríais medido
habría medido	habrían medido

PRESENT PERFECT SUBJUNCTIVE

haya medido	hayamos medido
hayas medido	hayáis medido
haya medido	hayan medido

or **IMPERFECT SUBJUNCTIVE (-se)**

midiese	midiésemos
midieses	midieseis
midiese	midiesen

or **PAST PERFECT SUBJUNCTIVE (-se)**

hubiese medido	hubiésemos medido
hubieses medido	hubieseis medido
hubiese medido	hubiesen medido

PROGRESSIVE TENSES

PRESENT	estoy, estás, está, estamos, estáis, están
PRETERIT	estuve, estuviste, estuvo, estuvimos, estuvisteis, estuvieron
IMPERFECT	estaba, estabas, estaba, estábamos, estabais, estaban
FUTURE	estaré, estarás, estará, estaremos, estaréis, estarán
CONDITIONAL	estaría, estarías, estaría, estaríamos, estaríais, estarían
SUBJUNCTIVE	que + *corresponding subjunctive tense of* estar (*see verb 252*)

} midiendo

COMMANDS

	(nosotros) midamos/no midamos
(tú) mide/no midas	(vosotros) medid/no midáis
(Ud.) mida/no mida	(Uds.) midan/no midan

Usage

Midieron la alfombra con cinta métrica.	*They measured the rug with a tape measure.*
Hay que medir las consecuencias/palabras.	*You have to weigh the consequences/your words.*
¿Cuánto mides?	*How tall are you?*
Tomamos todas las medidas necesarias.	*We're taking all the necessary steps.*
Uso ropa hecha a medida.	*I wear custom-made clothing.*

PRESENT

mejoro	mejoramos
mejoras	mejoráis
mejora	mejoran

PRETERIT

mejoré	mejoramos
mejoraste	mejorasteis
mejoró	mejoraron

IMPERFECT

mejoraba	mejorábamos
mejorabas	mejorabais
mejoraba	mejoraban

PRESENT PERFECT

he mejorado	hemos mejorado
has mejorado	habéis mejorado
ha mejorado	han mejorado

FUTURE

mejoraré	mejoraremos
mejorarás	mejoraréis
mejorará	mejorarán

CONDITIONAL

mejoraría	mejoraríamos
mejorarías	mejoraríais
mejoraría	mejorarían

PLUPERFECT

había mejorado	habíamos mejorado
habías mejorado	habíais mejorado
había mejorado	habían mejorado

PRETERIT PERFECT

hube mejorado	hubimos mejorado
hubiste mejorado	hubisteis mejorado
hubo mejorado	hubieron mejorado

FUTURE PERFECT

habré mejorado	habremos mejorado
habrás mejorado	habréis mejorado
habrá mejorado	habrán mejorado

CONDITIONAL PERFECT

habría mejorado	habríamos mejorado
habrías mejorado	habríais mejorado
habría mejorado	habrían mejorado

PRESENT SUBJUNCTIVE

mejore	mejoremos
mejores	mejoréis
mejore	mejoren

PRESENT PERFECT SUBJUNCTIVE

haya mejorado	hayamos mejorado
hayas mejorado	hayáis mejorado
haya mejorado	hayan mejorado

IMPERFECT SUBJUNCTIVE (-ra)

mejorara	mejoráramos
mejoraras	mejorarais
mejorara	mejoraran

or **IMPERFECT SUBJUNCTIVE (-se)**

mejorase	mejorásemos
mejorases	mejoraseis
mejorase	mejorasen

PAST PERFECT SUBJUNCTIVE (-ra)

hubiera mejorado	hubiéramos mejorado
hubieras mejorado	hubierais mejorado
hubiera mejorado	hubieran mejorado

or **PAST PERFECT SUBJUNCTIVE (-se)**

hubiese mejorado	hubiésemos mejorado
hubieses mejorado	hubieseis mejorado
hubiese mejorado	hubiesen mejorado

PROGRESSIVE TENSES

PRESENT	estoy, estás, está, estamos, estáis, están
PRETERIT	estuve, estuviste, estuvo, estuvimos, estuvisteis, estuvieron
IMPERFECT	estaba, estabas, estaba, estábamos, estabais, estaban
FUTURE	estaré, estarás, estará, estaremos, estaréis, estarán
CONDITIONAL	estaría, estarías, estaría, estaríamos, estaríais, estarían
SUBJUNCTIVE	que + *corresponding subjunctive tense of* estar (*see verb 252*)

} mejorando

COMMANDS

	(nosotros) mejoremos/no mejoremos
(tú) mejora/no mejores	(vosotros) mejorad/no mejoréis
(Ud.) mejore/no mejore	(Uds.) mejoren/no mejoren

Usage

Su situación económica mejoró mucho.	*Their economic situation improved a lot.*
Sigue acatarrado pero va mejorando.	*He still has a cold but is getting better.*
Ha mejorado el tiempo.	*The weather has cleared up.*
¡Que te mejores!	*Get well soon.*
Este programa es mejor./Es el mejor programa.	*This program is better./It's the best program.*
Está mejor ensamblado.	*It's assembled better.*
Arréglalo lo mejor que puedas.	*Arrange it the best you can.*

stem-changing -ir verb:
e > ie (present), e > i (preterit)

miento · mintieron · mentido · mintiendo

PRESENT

miento	mentimos
mientes	mentís
miente	mienten

PRETERIT

mentí	mentimos
mentiste	mentisteis
mintió	mintieron

IMPERFECT

mentía	mentíamos
mentías	mentíais
mentía	mentían

PRESENT PERFECT

he mentido	hemos mentido
has mentido	habéis mentido
ha mentido	han mentido

FUTURE

mentiré	mentiremos
mentirás	mentiréis
mentirá	mentirán

CONDITIONAL

mentiría	mentiríamos
mentirías	mentiríais
mentiría	mentirían

PLUPERFECT

había mentido	habíamos mentido
habías mentido	habíais mentido
había mentido	habían mentido

PRETERIT PERFECT

hube mentido	hubimos mentido
hubiste mentido	hubisteis mentido
hubo mentido	hubieron mentido

FUTURE PERFECT

habré mentido	habremos mentido
habrás mentido	habréis mentido
habrá mentido	habrán mentido

CONDITIONAL PERFECT

habría mentido	habríamos mentido
habrías mentido	habríais mentido
habría mentido	habrían mentido

PRESENT SUBJUNCTIVE

mienta	mintamos
mientas	mintáis
mienta	mientan

PRESENT PERFECT SUBJUNCTIVE

haya mentido	hayamos mentido
hayas mentido	hayáis mentido
haya mentido	hayan mentido

IMPERFECT SUBJUNCTIVE (-ra)

mintiera	mintiéramos
mintieras	mintierais
mintiera	mintieran

or **IMPERFECT SUBJUNCTIVE (-se)**

mintiese	mintiésemos
mintieses	mintieseis
mintiese	mintiesen

PAST PERFECT SUBJUNCTIVE (-ra)

hubiera mentido	hubiéramos mentido
hubieras mentido	hubierais mentido
hubiera mentido	hubieran mentido

or **PAST PERFECT SUBJUNCTIVE (-se)**

hubiese mentido	hubiésemos mentido
hubieses mentido	hubieseis mentido
hubiese mentido	hubiesen mentido

PROGRESSIVE TENSES

PRESENT	estoy, estás, está, estamos, estáis, están
PRETERIT	estuve, estuviste, estuvo, estuvimos, estuvisteis, estuvieron
IMPERFECT	estaba, estabas, estaba, estábamos, estabais, estaban
FUTURE	estaré, estarás, estará, estaremos, estaréis, estarán
CONDITIONAL	estaría, estarías, estaría, estaríamos, estaríais, estarían
SUBJUNCTIVE	que + corresponding subjunctive tense of estar (see verb 252)

} mintiendo

COMMANDS

	(nosotros) mintamos/no mintamos
(tú) miente/no mientas	(vosotros) mentid/no mintáis
(Ud.) mienta/no mienta	(Uds.) mientan/no mientan

Usage

Mintió para que no le echaran la culpa a él.	*He lied so that they wouldn't blame him.*
Las apariencias mienten.	*Appearances deceive.*
¡No mientas más!	*No more lies!*
Decían una sarta de mentiras.	*They told a pack of lies.*
Lo cogimos en una mentira.	*We caught him in a lie.*
Lo que nos contó parece mentira.	*What she told us seems unbelievable/impossible.*
¡Qué mentiroso es!	*What a liar he is!*

merecer *to deserve, merit, be worthy*

merezco · merecieron · merecido · mereciendo   *-er* verb; spelling change: *c > zc/o, a*

PRESENT		PRETERIT	
merezco	merecemos	merecí	merecimos
mereces	merecéis	mereciste	merecisteis
merece	merecen	mereció	merecieron

IMPERFECT		PRESENT PERFECT	
merecía	merecíamos	he merecido	hemos merecido
merecías	merecíais	has merecido	habéis merecido
merecía	merecían	ha merecido	han merecido

FUTURE		CONDITIONAL	
mereceré	mereceremos	merecería	mereceríamos
merecerás	mereceréis	merecerías	mereceríais
merecerá	merecerán	merecería	merecerían

PLUPERFECT		PRETERIT PERFECT	
había merecido	habíamos merecido	hube merecido	hubimos merecido
habías merecido	habíais merecido	hubiste merecido	hubisteis merecido
había merecido	habían merecido	hubo merecido	hubieron merecido

FUTURE PERFECT		CONDITIONAL PERFECT	
habré merecido	habremos merecido	habría merecido	habríamos merecido
habrás merecido	habréis merecido	habrías merecido	habríais merecido
habrá merecido	habrán merecido	habría merecido	habrían merecido

PRESENT SUBJUNCTIVE		PRESENT PERFECT SUBJUNCTIVE	
merezca	merezcamos	haya merecido	hayamos merecido
merezcas	merezcáis	hayas merecido	hayáis merecido
merezca	merezcan	haya merecido	hayan merecido

IMPERFECT SUBJUNCTIVE (-ra)		*or* IMPERFECT SUBJUNCTIVE (-se)	
mereciera	mereciéramos	mereciese	mereciésemos
merecieras	merecierais	merecieses	merecieseis
mereciera	merecieran	mereciese	mereciesen

PAST PERFECT SUBJUNCTIVE (-ra)		*or* PAST PERFECT SUBJUNCTIVE (-se)	
hubiera merecido	hubiéramos merecido	hubiese merecido	hubiésemos merecido
hubieras merecido	hubierais merecido	hubieses merecido	hubieseis merecido
hubiera merecido	hubieran merecido	hubiese merecido	hubiesen merecido

PROGRESSIVE TENSES

PRESENT	estoy, estás, está, estamos, estáis, están	
PRETERIT	estuve, estuviste, estuvo, estuvimos, estuvisteis, estuvieron	
IMPERFECT	estaba, estabas, estaba, estábamos, estabais, estaban	mereciendo
FUTURE	estaré, estarás, estará, estaremos, estaréis, estarán	
CONDITIONAL	estaría, estarías, estaría, estaríamos, estaríais, estarían	
SUBJUNCTIVE	que + *corresponding subjunctive tense of* estar (*see verb 252*)	

COMMANDS

	(nosotros) merezcamos/no merezcamos
(tú) merece/no merezcas	(vosotros) mereced/no merezcáis
(Ud.) merezca/no merezca	(Uds.) merezcan/no merezcan

Usage

Su invención merece atención.	*His invention deserves attention.*
Su obra merece ser galardonada.	*His work is prize-worthy.*
Tenían lo que se merecían.	*They got their due/what was coming to them.*
Lo tiene bien merecido.	*She deserves it (a prize)./It serves her right!*
La propuesta merece de consideración.	*The proposal merits consideration.*
Tiene mucho/poco mérito.	*It has much/little merit.*

stem-changing *-ar* verb: *e > ie*   **meriendo · merendaron · merendado · merendando**

PRESENT

meriendo	merendamos
meriendas	merendáis
merienda	meriendan

PRETERIT

merendé	merendamos
merendaste	merendasteis
merendó	merendaron

IMPERFECT

merendaba	merendábamos
merendabas	merendabais
merendaba	merendaban

PRESENT PERFECT

he merendado	hemos merendado
has merendado	habéis merendado
ha merendado	han merendado

FUTURE

merendaré	merendaremos
merendarás	merendaréis
merendará	merendarán

CONDITIONAL

merendaría	merendaríamos
merendarías	merendaríais
merendaría	merendarían

PLUPERFECT

había merendado	habíamos merendado
habías merendado	habíais merendado
había merendado	habían merendado

PRETERIT PERFECT

hube merendado	hubimos merendado
hubiste merendado	hubisteis merendado
hubo merendado	hubieron merendado

FUTURE PERFECT

habré merendado	habremos merendado
habrás merendado	habréis merendado
habrá merendado	habrán merendado

CONDITIONAL PERFECT

habría merendado	habríamos merendado
habrías merendado	habríais merendado
habría merendado	habrían merendado

PRESENT SUBJUNCTIVE

meriende	merendemos
meriendes	merendéis
meriende	merienden

PRESENT PERFECT SUBJUNCTIVE

haya merendado	hayamos merendado
hayas merendado	hayáis merendado
haya merendado	hayan merendado

IMPERFECT SUBJUNCTIVE (-ra)

merendara	merendáramos
merendaras	merendarais
merendara	merendaran

or   **IMPERFECT SUBJUNCTIVE (-se)**

merendase	merendásemos
merendases	merendaseis
merendase	merendasen

PAST PERFECT SUBJUNCTIVE (-ra)

hubiera merendado	hubiéramos merendado
hubieras merendado	hubierais merendado
hubiera merendado	hubieran merendado

or   **PAST PERFECT SUBJUNCTIVE (-se)**

hubiese merendado	hubiésemos merendado
hubieses merendado	hubieseis merendado
hubiese merendado	hubiesen merendado

PROGRESSIVE TENSES

PRESENT	estoy, estás, está, estamos, estáis, están
PRETERIT	estuve, estuviste, estuvo, estuvimos, estuvisteis, estuvieron
IMPERFECT	estaba, estabas, estaba, estábamos, estabais, estaban
FUTURE	estaré, estarás, estará, estaremos, estaréis, estarán
CONDITIONAL	estaría, estarías, estaría, estaríamos, estaríais, estarían
SUBJUNCTIVE	que + *corresponding subjunctive tense of* estar (*see verb 252*)

} merendando

COMMANDS

	(nosotros) merendemos/no merendemos
(tú) merienda/no meriendes	(vosotros) merendad/no merendéis
(Ud.) meriende/no meriende	(Uds.) merienden/no merienden

Usage

¿Meriendas todos los días?	*Do you have an afternoon snack every day?*
—¿Ya merendasteis?	*Did you have your snack already?*
—Sí, merendamos tartas de manzana.	*Yes, we had apple tarts.*
Tomaron la merienda.	*They had a snack.*
Ése está un merendero bonito.	*This is a pretty picnic spot.*

Metió a sus hijos en la cama.	*She put her children to bed.*
El jugador metió el balón en la cesta.	*The player made a basket.*
No puedes meter ni una sola cosa más en el maletín.	*You can't squeeze even one more thing in the little suitcase.*
Cada vez que abre la boca mete la pata.	*Every time she opens her mouth she puts her foot in it.*
Están muy metidos en política.	*They're very involved in politics.*
Te aconsejo que no te metas en un lío.	*I advise you not to get yourself into a jam.*
Siempre andas metido en líos.	*You're always getting into trouble.*

to start

Se metieron a correr.   *They started to run.*

to become

Se metió a diseñadora.   *She became a designer.*
Se metió a abogado.   *He became a lawyer.*

to annoy, tease, pick on

Se metía con los otros niños.   *He was teasing/picking on the other children.*

to meddle

Se mete en todo.   *He interferes in everything.*
No te metas en lo que no te importa.   *Don't go butting into what is none of your business.*
Se mete donde no la llaman.   *She gets into things that are none of her business.*
Metes la nariz (las narices) en todo.   *You stick your nose into everything.*
¡Métete en lo tuyo!   *Mind your own business!*

to get into, go into, enter

Se metieron en dificultades.   *They ran into difficulties.*
—¿Dónde se han metido?   *Where have they gone?*
—Se habrán metido en una tienda.   *They probably went into a store.*
Se metió en sí misma.   *She withdrew into herself.*
Se le metió en la cabeza seguir la pista de los ladrones.   *He got it into his head to track down the thieves.*

regular *-er* verb

meto · metieron · metido · metiendo

PRESENT

meto	metemos
metes	metéis
mete	meten

IMPERFECT

metía	metíamos
metías	metíais
metía	metían

FUTURE

meteré	meteremos
meterás	meteréis
meterá	meterán

PLUPERFECT

había metido	habíamos metido
habías metido	habíais metido
había metido	habían metido

FUTURE PERFECT

habré metido	habremos metido
habrás metido	habréis metido
habrá metido	habrán metido

PRESENT SUBJUNCTIVE

meta	metamos
metas	metáis
meta	metan

IMPERFECT SUBJUNCTIVE (-ra)

metiera	metiéramos
metieras	metierais
metiera	metieran

PAST PERFECT SUBJUNCTIVE (-ra)

hubiera metido	hubiéramos metido
hubieras metido	hubierais metido
hubiera metido	hubieran metido

PRETERIT

metí	metimos
metiste	metisteis
metió	metieron

PRESENT PERFECT

he metido	hemos metido
has metido	habéis metido
ha metido	han metido

CONDITIONAL

metería	meteríamos
meterías	meteríais
metería	meterían

PRETERIT PERFECT

hube metido	hubimos metido
hubiste metido	hubisteis metido
hubo metido	hubieron metido

CONDITIONAL PERFECT

habría metido	habríamos metido
habrías metido	habríais metido
habría metido	habrían metido

PRESENT PERFECT SUBJUNCTIVE

haya metido	hayamos metido
hayas metido	hayáis metido
haya metido	hayan metido

or **IMPERFECT SUBJUNCTIVE (-se)**

metiese	metiésemos
metieses	metieseis
metiese	metiesen

or **PAST PERFECT SUBJUNCTIVE (-se)**

hubiese metido	hubiésemos metido
hubieses metido	hubieseis metido
hubiese metido	hubiesen metido

PROGRESSIVE TENSES

PRESENT	estoy, estás, está, estamos, estáis, están
PRETERIT	estuve, estuviste, estuvo, estuvimos, estuvisteis, estuvieron
IMPERFECT	estaba, estabas, estaba, estábamos, estabais, estaban
FUTURE	estaré, estarás, estará, estaremos, estaréis, estarán
CONDITIONAL	estaría, estarías, estaría, estaríamos, estaríais, estarían
SUBJUNCTIVE	que + *corresponding subjunctive tense of* estar *(see verb 252)*

} metiendo

COMMANDS

	(nosotros) metamos/no metamos
(tú) mete/no metas	(vosotros) meted/no metáis
(Ud.) meta/no meta	(Uds.) metan/no metan

Usage

Mete la moneda en la ranura.	*Put the coin into the slot.*
Metieron a su hijo en una escuela preparatoria.	*They put their son into a prep school.*
¡No me metas en tu embrollo!	*Don't get me mixed up in your mess!*
Metí dinero en una sociedad anónima.	*I invested money in a corporation.*
Se metió en una confitería.	*She went into a candy store.*

Mirábamos los escaparates.	*We were looking in the store windows./ We were window-shopping.*
Mi cuarto mira al jardín.	*My room overlooks the garden.*
Nuestra casa mira al oeste.	*Our house faces the west.*

how to look at something or someone

No mires atrás.	*Don't look back.*
Lo miró de arriba abajo.	*She eyed him from head to foot.*
Las mira de reojo/de soslayo.	*He's looking at them out of the corner of his eye.*
Miré por encima del contrato.	*I glanced at/skimmed the contract.*
Es lo mismo por donde se mire.	*It's the same thing, whichever way you look at it.*

to look after, take care of, tend to

Es preciso que mires por tu salud.	*It's necessary that you look after your health.*

to look out of, look through

Pasó la tarde mirando por la ventana.	*She spent the afternoon looking out of the window.*
Mire por los gemelos de campaña/de ópera.	*Look through the field glasses/opera glasses.*

to think about, consider

Mira las consecuencias antes de actuar.	*Think about the consequences before you act.*
Mire por su buena fama antes de meterse en los negocios.	*Think of your reputation before you get involved in business.*

to like/dislike

Nos miraban bien/mal.	*They liked/disliked us.*

Other Uses

Mírate en el espejo para maquillarte.	*Look in the mirror when you put on makeup.*
Se miraban a la cara.	*They looked each other in the face.*
Echa una mirada a los niños.	*Keep an eye on the children.*
Tiene la mirada pensativa.	*He has a thoughtful look.*
Ha puesto la mira en un escaño del Congreso.	*He's set his sights on a Congressional seat.*
El panorama es espléndido desde el mirador.	*The view is gorgeous from the lookout.*

regular -ar verb | miro · miraron · mirado · mirando

PRESENT

miro	miramos
miras	miráis
mira	miran

PRETERIT

miré	miramos
miraste	mirasteis
miró	miraron

IMPERFECT

miraba	mirábamos
mirabas	mirabais
miraba	miraban

PRESENT PERFECT

he mirado	hemos mirado
has mirado	habéis mirado
ha mirado	han mirado

FUTURE

miraré	miraremos
mirarás	miraréis
mirará	mirarán

CONDITIONAL

miraría	miraríamos
mirarías	miraríais
miraría	mirarían

PLUPERFECT

había mirado	habíamos mirado
habías mirado	habíais mirado
había mirado	habían mirado

PRETERIT PERFECT

hube mirado	hubimos mirado
hubiste mirado	hubisteis mirado
hubo mirado	hubieron mirado

FUTURE PERFECT

habré mirado	habremos mirado
habrás mirado	habréis mirado
habrá mirado	habrán mirado

CONDITIONAL PERFECT

habría mirado	habríamos mirado
habrías mirado	habríais mirado
habría mirado	habrían mirado

PRESENT SUBJUNCTIVE

mire	miremos
mires	miréis
mire	miren

PRESENT PERFECT SUBJUNCTIVE

haya mirado	hayamos mirado
hayas mirado	hayáis mirado
haya mirado	hayan mirado

IMPERFECT SUBJUNCTIVE (-ra)

mirara	miráramos
miraras	mirarais
mirara	miraran

or **IMPERFECT SUBJUNCTIVE (-se)**

mirase	mirásemos
mirases	miraseis
mirase	mirasen

PAST PERFECT SUBJUNCTIVE (-ra)

hubiera mirado	hubiéramos mirado
hubieras mirado	hubierais mirado
hubiera mirado	hubieran mirado

or **PAST PERFECT SUBJUNCTIVE (-se)**

hubiese mirado	hubiésemos mirado
hubieses mirado	hubieseis mirado
hubiese mirado	hubiesen mirado

PROGRESSIVE TENSES

PRESENT	estoy, estás, está, estamos, estáis, están
PRETERIT	estuve, estuviste, estuvo, estuvimos, estuvisteis, estuvieron
IMPERFECT	estaba, estabas, estaba, estábamos, estabais, estaban
FUTURE	estaré, estarás, estará, estaremos, estaréis, estarán
CONDITIONAL	estaría, estarías, estaría, estaríamos, estaríais, estarían
SUBJUNCTIVE	que + *corresponding subjunctive tense of* estar (*see verb 252*)

> mirando

COMMANDS

	(nosotros) miremos/no miremos
(tú) mira/no mires	(vosotros) mirad/no miréis
(Ud.) mire/no mire	(Uds.) miren/no miren

Usage

Miremos la tele.	*Let's watch TV.*
Nos gusta mirar a los transeúntes.	*We like to watch the passersby.*
¡Mire lo que hace!	*Watch what you're doing!*
¡Mira!	*Look!/Look out!* (be careful)/*Look here!* (protesting)
Mira si están los invitados.	*Go and see if the guests are here.*
¡Antes que te cases, mira lo que haces!	*Look before you leap!*
Bien mirado, el problema no tiene salida.	*All things considered, the problem has no solution.*

modificar *to modify, change, moderate*

modifico · modificaron · modificado · modificando   *-ar* verb; spelling change: *c > qu/e*

PRESENT

modifico	modificamos
modificas	modificáis
modifica	modifican

PRETERIT

modifiqué	modificamos
modificaste	modificasteis
modificó	modificaron

IMPERFECT

modificaba	modificábamos
modificabas	modificabais
modificaba	modificaban

PRESENT PERFECT

he modificado	hemos modificado
has modificado	habéis modificado
ha modificado	han modificado

FUTURE

modificaré	modificaremos
modificarás	modificaréis
modificará	modificarán

CONDITIONAL

modificaría	modificaríamos
modificarías	modificaríais
modificaría	modificarían

PLUPERFECT

había modificado	habíamos modificado
habías modificado	habíais modificado
había modificado	habían modificado

PRETERIT PERFECT

hube modificado	hubimos modificado
hubiste modificado	hubisteis modificado
hubo modificado	hubieron modificado

FUTURE PERFECT

habré modificado	habremos modificado
habrás modificado	habréis modificado
habrá modificado	habrán modificado

CONDITIONAL PERFECT

habría modificado	habríamos modificado
habrías modificado	habríais modificado
habría modificado	habrían modificado

PRESENT SUBJUNCTIVE

modifique	modifiquemos
modifiques	modifiquéis
modifique	modifiquen

PRESENT PERFECT SUBJUNCTIVE

haya modificado	hayamos modificado
hayas modificado	hayáis modificado
haya modificado	hayan modificado

IMPERFECT SUBJUNCTIVE (-ra)   *or*   **IMPERFECT SUBJUNCTIVE (-se)**

modificara	modificáramos	modificase	modificásemos
modificaras	modificarais	modificases	modificaseis
modificara	modificaran	modificase	modificasen

PAST PERFECT SUBJUNCTIVE (-ra)   *or*   **PAST PERFECT SUBJUNCTIVE (-se)**

hubiera modificado	hubiéramos modificado	hubiese modificado	hubiésemos modificado
hubieras modificado	hubierais modificado	hubieses modificado	hubieseis modificado
hubiera modificado	hubieran modificado	hubiese modificado	hubiesen modificado

PROGRESSIVE TENSES

PRESENT	estoy, estás, está, estamos, estáis, están
PRETERIT	estuve, estuviste, estuvo, estuvimos, estuvisteis, estuvieron
IMPERFECT	estaba, estabas, estaba, estábamos, estabais, estaban
FUTURE	estaré, estarás, estará, estaremos, estaréis, estarán
CONDITIONAL	estaría, estarías, estaría, estaríamos, estaríais, estarían
SUBJUNCTIVE	que + *corresponding subjunctive tense of* estar (*see verb 252*)

} modificando

COMMANDS

	(nosotros) modifiquemos/no modifiquemos
(tú) modifica/no modifiques	(vosotros) modificad/no modifiquéis
(Ud.) modifique/no modifique	(Uds.) modifiquen/no modifiquen

Usage

Modifiqué el plan original.	*I modified the blueprint.*
Modificaba sus palabras duras.	*He tempered his harsh words.*
El psicólogo investiga la modificación de conducta.	*The psychologist is researching behavior modification.*
Habrá una modificación en el itinerario.	*There'll be a change in the itinerary.*

regular *-ar* reflexive verb | **mojo · mojaron · mojado · mojándose**

PRESENT

me mojo	nos mojamos
te mojas	os mojáis
se moja	se mojan

IMPERFECT

me mojaba	nos mojábamos
te mojabas	os mojabais
se mojaba	se mojaban

FUTURE

me mojaré	nos mojaremos
te mojarás	os mojaréis
se mojará	se mojarán

PLUPERFECT

me había mojado	nos habíamos mojado
te habías mojado	os habíais mojado
se había mojado	se habían mojado

FUTURE PERFECT

me habré mojado	nos habremos mojado
te habrás mojado	os habréis mojado
se habrá mojado	se habrán mojado

PRESENT SUBJUNCTIVE

me moje	nos mojemos
te mojes	os mojéis
se moje	se mojen

IMPERFECT SUBJUNCTIVE (-ra)

me mojara	nos mojáramos
te mojaras	os mojarais
se mojara	se mojaran

PAST PERFECT SUBJUNCTIVE (-ra)

me hubiera mojado	nos hubiéramos mojado
te hubieras mojado	os hubierais mojado
se hubiera mojado	se hubieran mojado

PRETERIT

me mojé	nos mojamos
te mojaste	os mojasteis
se mojó	se mojaron

PRESENT PERFECT

me he mojado	nos hemos mojado
te has mojado	os habéis mojado
se ha mojado	se han mojado

CONDITIONAL

me mojaría	nos mojaríamos
te mojarías	os mojaríais
se mojaría	se mojarían

PRETERIT PERFECT

me hube mojado	nos hubimos mojado
te hubiste mojado	os hubisteis mojado
se hubo mojado	se hubieron mojado

CONDITIONAL PERFECT

me habría mojado	nos habríamos mojado
te habrías mojado	os habríais mojado
se habría mojado	se habrían mojado

PRESENT PERFECT SUBJUNCTIVE

me haya mojado	nos hayamos mojado
te hayas mojado	os hayáis mojado
se haya mojado	se hayan mojado

or **IMPERFECT SUBJUNCTIVE (-se)**

me mojase	nos mojásemos
te mojases	os mojaseis
se mojase	se mojasen

or **PAST PERFECT SUBJUNCTIVE (-se)**

me hubiese mojado	nos hubiésemos mojado
te hubieses mojado	os hubieseis mojado
se hubiese mojado	se hubiesen mojado

PROGRESSIVE TENSES

PRESENT	estoy, estás, está, estamos, estáis, están
PRETERIT	estuve, estuviste, estuvo, estuvimos, estuvisteis, estuvieron
IMPERFECT	estaba, estabas, estaba, estábamos, estabais, estaban
FUTURE	estaré, estarás, estará, estaremos, estaréis, estarán
CONDITIONAL	estaría, estarías, estaría, estaríamos, estaríais, estarían
SUBJUNCTIVE	que + *corresponding subjunctive tense of* estar (*see verb 252*)

} mojando (*see page 31*)

COMMANDS

	(nosotros) mojémonos/no nos mojemos
(tú) mójate/no te mojes	(vosotros) mojaos/no os mojéis
(Ud.) mójese/no se moje	(Uds.) mójense /no se mojen

Usage

Me mojé a pesar de usar paraguas.	*I got wet in spite of using my umbrella.*
Se mojaron caminando bajo la lluvia.	*They got wet walking in the rain.*
Moja el churro en el chocolate.	*Dip the cruller in the hot chocolate.*
Llueve sobre mojado.	*It never rains but it pours.*
¡Qué mojados estáis!	*You're soaking wet!*
Se remojan las sábanas.	*The sheets are soaking.*

354

moler _to grind, pulverize, wear out, bore_

muelo · molieron · molido · moliendo   stem-changing -er verb: o > ue (like **volver**)

PRESENT		PRETERIT	
muelo	molemos	molí	molimos
mueles	moléis	moliste	molisteis
muele	muelen	molió	molieron

IMPERFECT		PRESENT PERFECT	
molía	molíamos	he molido	hemos molido
molías	molíais	has molido	habéis molido
molía	molían	ha molido	han molido

FUTURE		CONDITIONAL	
moleré	moleremos	molería	moleríamos
molerás	moleréis	molerías	moleríais
molerá	molerán	molería	molerían

PLUPERFECT		PRETERIT PERFECT	
había molido	habíamos molido	hube molido	hubimos molido
habías molido	habíais molido	hubiste molido	hubisteis molido
había molido	habían molido	hubo molido	hubieron molido

FUTURE PERFECT		CONDITIONAL PERFECT	
habré molido	habremos molido	habría molido	habríamos molido
habrás molido	habréis molido	habrías molido	habríais molido
habrá molido	habrán molido	habría molido	habrían molido

PRESENT SUBJUNCTIVE		PRESENT PERFECT SUBJUNCTIVE	
muela	molamos	haya molido	hayamos molido
muelas	moláis	hayas molido	hayáis molido
muela	muelan	haya molido	hayan molido

IMPERFECT SUBJUNCTIVE (-ra)		_or_	IMPERFECT SUBJUNCTIVE (-se)	
moliera	moliéramos		moliese	moliésemos
molieras	molierais		molieses	molieseis
moliera	molieran		moliese	moliesen

PAST PERFECT SUBJUNCTIVE (-ra)		_or_	PAST PERFECT SUBJUNCTIVE (-se)	
hubiera molido	hubiéramos molido		hubiese molido	hubiésemos molido
hubieras molido	hubierais molido		hubieses molido	hubieseis molido
hubiera molido	hubieran molido		hubiese molido	hubiesen molido

PROGRESSIVE TENSES

PRESENT	estoy, estás, está, estamos, estáis, están	
PRETERIT	estuve, estuviste, estuvo, estuvimos, estuvisteis, estuvieron	
IMPERFECT	estaba, estabas, estaba, estábamos, estabais, estaban	moliendo
FUTURE	estaré, estarás, estará, estaremos, estaréis, estarán	
CONDITIONAL	estaría, estarías, estaría, estaríamos, estaríais, estarían	
SUBJUNCTIVE	que + _corresponding subjunctive tense of_ estar (_see verb 252_)	

COMMANDS

	(nosotros) molamos/no molamos
(tú) muele/no muelas	(vosotros) moled/no moláis
(Ud.) muela/no muela	(Uds.) muelan/no muelan

Usage

Muelan el maíz.	_Grind the corn._
Se muelen los granos de café con el molinillo.	_Coffee beans are ground with the grinder._
Las muelas muelen la comida.	_Teeth grind food._
¡Cuánto nos muele!	_How she wears us out!_
¡Nos deja totalmente molidos!	_She leaves us all worn out!_
Los molieron a golpes/a palos.	_They beat them up._
El moledor muele la caña de azúcar.	_The crusher crushes/grinds sugar cane._

regular *-ar* verb

molesto · molestaron · molestado · molestando

PRESENT

molesto	molestamos
molestas	molestáis
molesta	molestan

PRETERIT

molesté	molestamos
molestaste	molestasteis
molestó	molestaron

IMPERFECT

molestaba	molestábamos
molestabas	molestabais
molestaba	molestaban

PRESENT PERFECT

he molestado	hemos molestado
has molestado	habéis molestado
ha molestado	han molestado

FUTURE

molestaré	molestaremos
molestarás	molestaréis
molestará	molestarán

CONDITIONAL

molestaría	molestaríamos
molestarías	molestaríais
molestaría	molestarían

PLUPERFECT

había molestado	habíamos molestado
habías molestado	habíais molestado
había molestado	habían molestado

PRETERIT PERFECT

hube molestado	hubimos molestado
hubiste molestado	hubisteis molestado
hubo molestado	hubieron molestado

FUTURE PERFECT

habré molestado	habremos molestado
habrás molestado	habréis molestado
habrá molestado	habrán molestado

CONDITIONAL PERFECT

habría molestado	habríamos molestado
habrías molestado	habríais molestado
habría molestado	habrían molestado

PRESENT SUBJUNCTIVE

moleste	molestemos
molestes	molestéis
moleste	molesten

PRESENT PERFECT SUBJUNCTIVE

haya molestado	hayamos molestado
hayas molestado	hayáis molestado
haya molestado	hayan molestado

IMPERFECT SUBJUNCTIVE (-ra)

molestara	molestáramos
molestaras	molestarais
molestara	molestaran

or **IMPERFECT SUBJUNCTIVE (-se)**

molestase	molestásemos
molestases	molestaseis
molestase	molestasen

PAST PERFECT SUBJUNCTIVE (-ra)

hubiera molestado	hubiéramos molestado
hubieras molestado	hubierais molestado
hubiera molestado	hubieran molestado

or **PAST PERFECT SUBJUNCTIVE (-se)**

hubiese molestado	hubiésemos molestado
hubieses molestado	hubieseis molestado
hubiese molestado	hubiesen molestado

PROGRESSIVE TENSES

PRESENT	estoy, estás, está, estamos, estáis, están
PRETERIT	estuve, estuviste, estuvo, estuvimos, estuvisteis, estuvieron
IMPERFECT	estaba, estabas, estaba, estábamos, estabais, estaban
FUTURE	estaré, estarás, estará, estaremos, estaréis, estarán
CONDITIONAL	estaría, estarías, estaría, estaríamos, estaríais, estarían
SUBJUNCTIVE	que + *corresponding subjunctive tense of* estar (*see verb 252*)

} molestando

COMMANDS

	(nosotros) molestemos/no molestemos
(tú) molesta/no molestes	(vosotros) molestad/no molestéis
(Ud.) moleste/no moleste	(Uds.) molesten/no molesten

Usage

Su modo de pensar me molesta.	*Their way of thinking annoys me.*
¿Te molestan los ruidos?	*Do you mind the noises?*
No se moleste.	*Don't worry./Don't bother.*
Son personas muy molestas.	*They're very trying people.*
Se encontraba molesto.	*He was uncomfortable.*
¡Qué molestia!	*What a nuisance!*
Se tomó la molestia de avisarnos.	*He took the trouble to warn us.*

monto · montaron · montado · montando   regular *-ar* verb

PRESENT

monto	montamos
montas	montáis
monta	montan

PRETERIT

monté	montamos
montaste	montasteis
montó	montaron

IMPERFECT

montaba	montábamos
montabas	montabais
montaba	montaban

PRESENT PERFECT

he montado	hemos montado
has montado	habéis montado
ha montado	han montado

FUTURE

montaré	montaremos
montarás	montaréis
montará	montarán

CONDITIONAL

montaría	montaríamos
montarías	montaríais
montaría	montarían

PLUPERFECT

había montado	habíamos montado
habías montado	habíais montado
había montado	habían montado

PRETERIT PERFECT

hube montado	hubimos montado
hubiste montado	hubisteis montado
hubo montado	hubieron montado

FUTURE PERFECT

habré montado	habremos montado
habrás montado	habréis montado
habrá montado	habrán montado

CONDITIONAL PERFECT

habría montado	habríamos montado
habrías montado	habríais montado
habría montado	habrían montado

PRESENT SUBJUNCTIVE

monte	montemos
montes	montéis
monte	monten

PRESENT PERFECT SUBJUNCTIVE

haya montado	hayamos montado
hayas montado	hayáis montado
haya montado	hayan montado

IMPERFECT SUBJUNCTIVE (-ra)

montara	montáramos
montaras	montarais
montara	montaran

or **IMPERFECT SUBJUNCTIVE (-se)**

montase	montásemos
montases	montaseis
montase	montasen

PAST PERFECT SUBJUNCTIVE (-ra)

hubiera montado	hubiéramos montado
hubieras montado	hubierais montado
hubiera montado	hubieran montado

or **PAST PERFECT SUBJUNCTIVE (-se)**

hubiese montado	hubiésemos montado
hubieses montado	hubieseis montado
hubiese montado	hubiesen montado

PROGRESSIVE TENSES

PRESENT	estoy, estás, está, estamos, estáis, están
PRETERIT	estuve, estuviste, estuvo, estuvimos, estuvisteis, estuvieron
IMPERFECT	estaba, estabas, estaba, estábamos, estabais, estaban
FUTURE	estaré, estarás, estará, estaremos, estaréis, estarán
CONDITIONAL	estaría, estarías, estaría, estaríamos, estaríais, estarían
SUBJUNCTIVE	que + *corresponding subjunctive tense of* estar (*see verb 252*)

    } montando

COMMANDS

	(nosotros) montemos/no montemos
(tú) monta/no montes	(vosotros) montad/no montéis
(Ud.) monte/no monte	(Uds.) monten/no monten

Usage

Montan en bicicleta.	*They ride a bicycle.*
Montabais a caballo, ¿no?	*You used to ride a horse, didn't you?*
Montó en el avión/en el tren.	*He got on the airplane/the train.*
El joyero montó los diamantes.	*The jeweler set the diamonds.*
Montarán una nueva fábrica.	*They'll set up a new factory.*
Es una industria de mucho monto.	*It's an industry of great importance/value.*

stem-changing -er verb: o > ue (like **volver**) | **muerdo · mordieron · mordido · mordiendo**

PRESENT

muerdo	mordemos
muerdes	mordéis
muerde	muerden

PRETERIT

mordí	mordimos
mordiste	mordisteis
mordió	mordieron

IMPERFECT

mordía	mordíamos
mordías	mordíais
mordía	mordían

PRESENT PERFECT

he mordido	hemos mordido
has mordido	habéis mordido
ha mordido	han mordido

FUTURE

morderé	morderemos
morderás	morderéis
morderá	morderán

CONDITIONAL

mordería	morderíamos
morderías	morderíais
mordería	morderían

PLUPERFECT

había mordido	habíamos mordido
habías mordido	habíais mordido
había mordido	habían mordido

PRETERIT PERFECT

hube mordido	hubimos mordido
hubiste mordido	hubisteis mordido
hubo mordido	hubieron mordido

FUTURE PERFECT

habré mordido	habremos mordido
habrás mordido	habréis mordido
habrá mordido	habrán mordido

CONDITIONAL PERFECT

habría mordido	habríamos mordido
habrías mordido	habríais mordido
habría mordido	habrían mordido

PRESENT SUBJUNCTIVE

muerda	mordamos
muerdas	mordáis
muerda	muerdan

PRESENT PERFECT SUBJUNCTIVE

haya mordido	hayamos mordido
hayas mordido	hayáis mordido
haya mordido	hayan mordido

IMPERFECT SUBJUNCTIVE (-ra)

mordiera	mordiéramos
mordieras	mordierais
mordiera	mordieran

or **IMPERFECT SUBJUNCTIVE (-se)**

mordiese	mordiésemos
mordieses	mordieseis
mordiese	mordiesen

PAST PERFECT SUBJUNCTIVE (-ra)

hubiera mordido	hubiéramos mordido
hubieras mordido	hubierais mordido
hubiera mordido	hubieran mordido

or **PAST PERFECT SUBJUNCTIVE (-se)**

hubiese mordido	hubiésemos mordido
hubieses mordido	hubieseis mordido
hubiese mordido	hubiesen mordido

PROGRESSIVE TENSES

PRESENT	estoy, estás, está, estamos, estáis, están
PRETERIT	estuve, estuviste, estuvo, estuvimos, estuvisteis, estuvieron
IMPERFECT	estaba, estabas, estaba, estábamos, estabais, estaban
FUTURE	estaré, estarás, estará, estaremos, estaréis, estarán
CONDITIONAL	estaría, estarías, estaría, estaríamos, estaríais, estarían
SUBJUNCTIVE	que + *corresponding subjunctive tense of* estar (*see verb 252*)

} mordiendo

COMMANDS

	(nosotros) mordamos/no mordamos
(tú) muerde/no muerdas	(vosotros) morded/no mordáis
(Ud.) muerda/no muerda	(Uds.) muerdan/no muerdan

Usage

El perro le mordió.	*The dog bit him.*
El niño está mordiendo la galleta.	*The child is nibbling on the cracker.*
Mordió el polvo.	*He bit the dust.*
Muérdete la lengua.	*Hold your tongue.*
Se muerde las uñas.	*She bites her nails.*
Su sentido del humor es mordaz.	*His sense of humor is biting.*
Aceptó una mordida.	*He accepted a bribe.*

358

morir *to die*

muero · murieron · muerto · muriendo

stem-changing *-ir* verb: *o* > *ue* (present);
o > *u* (preterit) (like **dormir**)

PRESENT		PRETERIT	
muero	morimos	morí	morimos
mueres	morís	moriste	moristeis
muere	mueren	murió	murieron

IMPERFECT		PRESENT PERFECT	
moría	moríamos	he muerto	hemos muerto
morías	moríais	has muerto	habéis muerto
moría	morían	ha muerto	han muerto

FUTURE		CONDITIONAL	
moriré	moriremos	moriría	moriríamos
morirás	moriréis	morirías	moriríais
morirá	morirán	moriría	morirían

PLUPERFECT		PRETERIT PERFECT	
había muerto	habíamos muerto	hube muerto	hubimos muerto
habías muerto	habíais muerto	hubiste muerto	hubisteis muerto
había muerto	habían muerto	hubo muerto	hubieron muerto

FUTURE PERFECT		CONDITIONAL PERFECT	
habré muerto	habremos muerto	habría muerto	habríamos muerto
habrás muerto	habréis muerto	habrías muerto	habríais muerto
habrá muerto	habrán muerto	habría muerto	habrían muerto

PRESENT SUBJUNCTIVE		PRESENT PERFECT SUBJUNCTIVE	
muera	muramos	haya muerto	hayamos muerto
mueras	muráis	hayas muerto	hayáis muerto
muera	mueran	haya muerto	hayan muerto

IMPERFECT SUBJUNCTIVE (-ra)		*or* IMPERFECT SUBJUNCTIVE (-se)	
muriera	muriéramos	muriese	muriésemos
murieras	murierais	murieses	murieseis
muriera	murieran	muriese	muriesen

PAST PERFECT SUBJUNCTIVE (-ra)		*or* PAST PERFECT SUBJUNCTIVE (-se)	
hubiera muerto	hubiéramos muerto	hubiese muerto	hubiésemos muerto
hubieras muerto	hubierais muerto	hubieses muerto	hubieseis muerto
hubiera muerto	hubieran muerto	hubiese muerto	hubiesen muerto

PROGRESSIVE TENSES

PRESENT	estoy, estás, está, estamos, estáis, están	
PRETERIT	estuve, estuviste, estuvo, estuvimos, estuvisteis, estuvieron	
IMPERFECT	estaba, estabas, estaba, estábamos, estabais, estaban	muriendo
FUTURE	estaré, estarás, estará, estaremos, estaréis, estarán	
CONDITIONAL	estaría, estarías, estaría, estaríamos, estaríais, estarían	
SUBJUNCTIVE	que + *corresponding subjunctive tense of* estar (*see verb 252*)	

COMMANDS

	(nosotros) muramos/no muramos
(tú) muere/no mueras	(vosotros) morid/no muráis
(Ud.) muera/no muera	(Uds.) mueran/no mueran

Usage

Todos murieron en edad avanzada.	*They all died old.*
El proscrito murió ahorcado/fusilado.	*The outlaw was hanged/shot.*
Me muero por asistir al concierto.	*I'm dying to go to the concert.*
Se mueren de frío/de hambre/de aburrimiento.	*They're freezing/starving/bored to death.*
Murió de muerte natural.	*She died a natural death.*

stem-changing -*ar* verb: *o > ue*   **muestro · mostraron · mostrado · mostrando**

PRESENT		PRETERIT	
muestro	mostramos	mostré	mostramos
muestras	mostráis	mostraste	mostrasteis
muestra	muestran	mostró	mostraron

IMPERFECT		PRESENT PERFECT	
mostraba	mostrábamos	he mostrado	hemos mostrado
mostrabas	mostrabais	has mostrado	habéis mostrado
mostraba	mostraban	ha mostrado	han mostrado

FUTURE		CONDITIONAL	
mostraré	mostraremos	mostraría	mostraríamos
mostrarás	mostraréis	mostrarías	mostraríais
mostrará	mostrarán	mostraría	mostrarían

PLUPERFECT		PRETERIT PERFECT	
había mostrado	habíamos mostrado	hube mostrado	hubimos mostrado
habías mostrado	habíais mostrado	hubiste mostrado	hubisteis mostrado
había mostrado	habían mostrado	hubo mostrado	hubieron mostrado

FUTURE PERFECT		CONDITIONAL PERFECT	
habré mostrado	habremos mostrado	habría mostrado	habríamos mostrado
habrás mostrado	habréis mostrado	habrías mostrado	habríais mostrado
habrá mostrado	habrán mostrado	habría mostrado	habrían mostrado

PRESENT SUBJUNCTIVE		PRESENT PERFECT SUBJUNCTIVE	
muestre	mostremos	haya mostrado	hayamos mostrado
muestres	mostréis	hayas mostrado	hayáis mostrado
muestre	muestren	haya mostrado	hayan mostrado

IMPERFECT SUBJUNCTIVE (-ra)		*or* IMPERFECT SUBJUNCTIVE (-se)	
mostrara	mostráramos	mostrase	mostrásemos
mostraras	mostrarais	mostrases	mostraseis
mostrara	mostraran	mostrase	mostrasen

PAST PERFECT SUBJUNCTIVE (-ra)		*or* PAST PERFECT SUBJUNCTIVE (-se)	
hubiera mostrado	hubiéramos mostrado	hubiese mostrado	hubiésemos mostrado
hubieras mostrado	hubierais mostrado	hubieses mostrado	hubieseis mostrado
hubiera mostrado	hubieran mostrado	hubiese mostrado	hubiesen mostrado

PROGRESSIVE TENSES

PRESENT	estoy, estás, está, estamos, estáis, están	
PRETERIT	estuve, estuviste, estuvo, estuvimos, estuvisteis, estuvieron	
IMPERFECT	estaba, estabas, estaba, estábamos, estabais, estaban	mostrando
FUTURE	estaré, estarás, estará, estaremos, estaréis, estarán	
CONDITIONAL	estaría, estarías, estaría, estaríamos, estaríais, estarían	
SUBJUNCTIVE	que + *corresponding subjunctive tense of* estar (*see verb 252*)	

COMMANDS

	(nosotros) mostremos/no mostremos
(tú) muestra/no muestres	(vosotros) mostrad/no mostréis
(Ud.) muestre/no muestre	(Uds.) muestren/no muestren

Usage

Te muestro el programa de gráficas.	*I'll show you the graphics program.*
Muestra gran curiosidad por saber.	*He shows a great curiosity to learn.*
Se mostraban muy atentos con nosotros.	*They were very considerate to us.*
Se venden guantes en el otro mostrador.	*Gloves are sold at the other sales counter.*
Nos dieron una muestra gratuita del perfume.	*They gave us a free sample of the perfume.*

mover *to move, stir*

muevo · movieron · movido · moviendo

stem-changing -er verb: o > ue (like **volver**)

PRESENT		PRETERIT	
muevo	movemos	moví	movimos
mueves	movéis	moviste	movisteis
mueve	mueven	movió	movieron

IMPERFECT		PRESENT PERFECT	
movía	movíamos	he movido	hemos movido
movías	movíais	has movido	habéis movido
movía	movían	ha movido	han movido

FUTURE		CONDITIONAL	
moveré	moveremos	movería	moveríamos
moverás	moveréis	moverías	moveríais
moverá	moverán	movería	moverían

PLUPERFECT		PRETERIT PERFECT	
había movido	habíamos movido	hube movido	hubimos movido
habías movido	habíais movido	hubiste movido	hubisteis movido
había movido	habían movido	hubo movido	hubieron movido

FUTURE PERFECT		CONDITIONAL PERFECT	
habré movido	habremos movido	habría movido	habríamos movido
habrás movido	habréis movido	habrías movido	habríais movido
habrá movido	habrán movido	habría movido	habrían movido

PRESENT SUBJUNCTIVE		PRESENT PERFECT SUBJUNCTIVE	
mueva	movamos	haya movido	hayamos movido
muevas	mováis	hayas movido	hayáis movido
mueva	muevan	haya movido	hayan movido

IMPERFECT SUBJUNCTIVE (-ra)		*or*	IMPERFECT SUBJUNCTIVE (-se)	
moviera	moviéramos		moviese	moviésemos
movieras	movierais		movieses	movieseis
moviera	movieran		moviese	moviesen

PAST PERFECT SUBJUNCTIVE (-ra)		*or*	PAST PERFECT SUBJUNCTIVE (-se)	
hubiera movido	hubiéramos movido		hubiese movido	hubiésemos movido
hubieras movido	hubierais movido		hubieses movido	hubieseis movido
hubiera movido	hubieran movido		hubiese movido	hubiesen movido

PROGRESSIVE TENSES

PRESENT	estoy, estás, está, estamos, estáis, están	
PRETERIT	estuve, estuviste, estuvo, estuvimos, estuvisteis, estuvieron	
IMPERFECT	estaba, estabas, estaba, estábamos, estabais, estaban	moviendo
FUTURE	estaré, estarás, estará, estaremos, estaréis, estarán	
CONDITIONAL	estaría, estarías, estaría, estaríamos, estaríais, estarían	
SUBJUNCTIVE	que + *corresponding subjunctive tense of* estar (*see verb 252*)	

COMMANDS

	(nosotros) movamos/no movamos
(tú) mueve/no muevas	(vosotros) moved/no mováis
(Ud.) mueva/no mueva	(Uds.) muevan/no muevan

Usage

Movió la cabeza de arriba abajo.	*She nodded.*
Mueve la sopa.	*Stir the soup.*
¡Muévete!	*Get a move on!*
Niños, ¡no se muevan!	*Children, don't fidget!*
Fueron movidos por el interés.	*They were moved/motivated by self-interest.*
Pusimos el plan en movimiento.	*We put/set the plan in motion.*
La sinfonía tiene cuatro movimientos.	*The symphony has four movements.*

regular *-ar* reflexive verb | **mudo · mudaron · mudado · mudándose**

PRESENT

me mudo	nos mudamos
te mudas	os mudáis
se muda	se mudan

PRETERIT

me mudé	nos mudamos
te mudaste	os mudasteis
se mudó	se mudaron

IMPERFECT

me mudaba	nos mudábamos
te mudabas	os mudabais
se mudaba	se mudaban

PRESENT PERFECT

me he mudado	nos hemos mudado
te has mudado	os habéis mudado
se ha mudado	se han mudado

FUTURE

me mudaré	nos mudaremos
te mudarás	os mudaréis
se mudará	se mudarán

CONDITIONAL

me mudaría	nos mudaríamos
te mudarías	os mudaríais
se mudaría	se mudarían

PLUPERFECT

me había mudado	nos habíamos mudado
te habías mudado	os habíais mudado
se había mudado	se habían mudado

PRETERIT PERFECT

me hube mudado	nos hubimos mudado
te hubiste mudado	os hubisteis mudado
se hubo mudado	se hubieron mudado

FUTURE PERFECT

me habré mudado	nos habremos mudado
te habrás mudado	os habréis mudado
se habrá mudado	se habrán mudado

CONDITIONAL PERFECT

me habría mudado	nos habríamos mudado
te habrías mudado	os habríais mudado
se habría mudado	se habrían mudado

PRESENT SUBJUNCTIVE

me mude	nos mudemos
te mudes	os mudéis
se mude	se muden

PRESENT PERFECT SUBJUNCTIVE

me haya mudado	nos hayamos mudado
te hayas mudado	os hayáis mudado
se haya mudado	se hayan mudado

IMPERFECT SUBJUNCTIVE (-ra)

me mudara	nos mudáramos
te mudaras	os mudarais
se mudara	se mudaran

or **IMPERFECT SUBJUNCTIVE (-se)**

me mudase	nos mudásemos
te mudases	os mudaseis
se mudase	se mudasen

PAST PERFECT SUBJUNCTIVE (-ra)

me hubiera mudado	nos hubiéramos mudado
te hubieras mudado	os hubierais mudado
se hubiera mudado	se hubieran mudado

or **PAST PERFECT SUBJUNCTIVE (-se)**

me hubiese mudado	nos hubiésemos mudado
te hubieses mudado	os hubieseis mudado
se hubiese mudado	se hubiesen mudado

PROGRESSIVE TENSES

PRESENT	estoy, estás, está, estamos, estáis, están
PRETERIT	estuve, estuviste, estuvo, estuvimos, estuvisteis, estuvieron
IMPERFECT	estaba, estabas, estaba, estábamos, estabais, estaban
FUTURE	estaré, estarás, estará, estaremos, estaréis, estarán
CONDITIONAL	estaría, estarías, estaría, estaríamos, estaríais, estarían
SUBJUNCTIVE	que + *corresponding subjunctive tense of* estar (*see verb 252*)

mudando (*see page 31*)

COMMANDS

	(nosotros) mudémonos/no nos mudemos
(tú) múdate/no te mudes	(vosotros) mudaos/no os mudéis
(Ud.) múdese/no se mude	(Uds.) múdense /no se muden

Usage

Se mudaron a un condominio.	*They moved to a condominium.*
Me mudo de ropa antes de salir.	*I'll change my clothing before I go out.*
Los niños están mudando dientes.	*The children are losing their baby teeth.*
Al adolescente se le muda la voz.	*The teenager's voice is breaking.*
Las aves mudan de pluma.	*Birds molt.*
Haremos la mudanza en la primavera.	*We'll move in the spring.*

nacer *to be born*

nazco · nacieron · nacido · naciendo

-er verb; spelling change c > zc/o, a

PRESENT		PRETERIT	
nazco	nacemos	nací	nacimos
naces	nacéis	naciste	nacisteis
nace	nacen	nació	nacieron

IMPERFECT		PRESENT PERFECT	
nacía	nacíamos	he nacido	hemos nacido
nacías	nacíais	has nacido	habéis nacido
nacía	nacían	ha nacido	han nacido

FUTURE		CONDITIONAL	
naceré	naceremos	nacería	naceríamos
nacerás	naceréis	nacerías	naceríais
nacerá	nacerán	nacería	nacerían

PLUPERFECT		PRETERIT PERFECT	
había nacido	habíamos nacido	hube nacido	hubimos nacido
habías nacido	habíais nacido	hubiste nacido	hubisteis nacido
había nacido	habían nacido	hubo nacido	hubieron nacido

FUTURE PERFECT		CONDITIONAL PERFECT	
habré nacido	habremos nacido	habría nacido	habríamos nacido
habrás nacido	habréis nacido	habrías nacido	habríais nacido
habrá nacido	habrán nacido	habría nacido	habrían nacido

PRESENT SUBJUNCTIVE		PRESENT PERFECT SUBJUNCTIVE	
nazca	nazcamos	haya nacido	hayamos nacido
nazcas	nazcáis	hayas nacido	hayáis nacido
nazca	nazcan	haya nacido	hayan nacido

IMPERFECT SUBJUNCTIVE (-ra)		*or* IMPERFECT SUBJUNCTIVE (-se)	
naciera	naciéramos	naciese	naciésemos
nacieras	nacierais	nacieses	nacieseis
naciera	nacieran	naciese	naciesen

PAST PERFECT SUBJUNCTIVE (-ra)		*or* PAST PERFECT SUBJUNCTIVE (-se)	
hubiera nacido	hubiéramos nacido	hubiese nacido	hubiésemos nacido
hubieras nacido	hubierais nacido	hubieses nacido	hubieseis nacido
hubiera nacido	hubieran nacido	hubiese nacido	hubiesen nacido

PROGRESSIVE TENSES

PRESENT	estoy, estás, está, estamos, estáis, están
PRETERIT	estuve, estuviste, estuvo, estuvimos, estuvisteis, estuvieron
IMPERFECT	estaba, estabas, estaba, estábamos, estabais, estaban
FUTURE	estaré, estarás, estará, estaremos, estaréis, estarán
CONDITIONAL	estaría, estarías, estaría, estaríamos, estaríais, estarían
SUBJUNCTIVE	que + *corresponding subjunctive tense of* estar (*see verb 252*)

} naciendo

COMMANDS

	(nosotros) nazcamos/no nazcamos
(tú) nace/no nazcas	(vosotros) naced/no nazcáis
(Ud.) nazca/no nazca	(Uds.) nazcan/no nazcan

Usage

Los gemelos nacieron en marzo.	*The twins were born in March.*
Nace el día y el sol.	*The day is dawning and the sun is rising.*
El bebé tenía dos dientes al nacer.	*The baby had two teeth at birth.*
Nació para diplomático.	*He's a born diplomat.*
Nacía el amor/el rencor entre ellos.	*Love/Resentment was growing between them.*
Nació con buena estrella./Nació de pie.	*She was born under a lucky star.*
La pareja tiene un recién nacido.	*The couple has a newborn baby.*

regular *-ar* verb | **nado · nadaron · nadado · nadando**

PRESENT

nado	nadamos
nadas	nadáis
nada	nadan

PRETERIT

nadé	nadamos
nadaste	nadasteis
nadó	nadaron

IMPERFECT

nadaba	nadábamos
nadabas	nadabais
nadaba	nadaban

PRESENT PERFECT

he nadado	hemos nadado
has nadado	habéis nadado
ha nadado	han nadado

FUTURE

nadaré	nadaremos
nadarás	nadaréis
nadará	nadarán

CONDITIONAL

nadaría	nadaríamos
nadarías	nadaríais
nadaría	nadarían

PLUPERFECT

había nadado	habíamos nadado
habías nadado	habíais nadado
había nadado	habían nadado

PRETERIT PERFECT

hube nadado	hubimos nadado
hubiste nadado	hubisteis nadado
hubo nadado	hubieron nadado

FUTURE PERFECT

habré nadado	habremos nadado
habrás nadado	habréis nadado
habrá nadado	habrán nadado

CONDITIONAL PERFECT

habría nadado	habríamos nadado
habrías nadado	habríais nadado
habría nadado	habrían nadado

PRESENT SUBJUNCTIVE

nade	nademos
nades	nadéis
nade	naden

PRESENT PERFECT SUBJUNCTIVE

haya nadado	hayamos nadado
hayas nadado	hayáis nadado
haya nadado	hayan nadado

IMPERFECT SUBJUNCTIVE (-ra)

nadara	nadáramos
nadaras	nadarais
nadara	nadaran

or **IMPERFECT SUBJUNCTIVE (-se)**

nadase	nadásemos
nadases	nadaseis
nadase	nadasen

PAST PERFECT SUBJUNCTIVE (-ra)

hubiera nadado	hubiéramos nadado
hubieras nadado	hubierais nadado
hubiera nadado	hubieran nadado

or **PAST PERFECT SUBJUNCTIVE (-se)**

hubiese nadado	hubiésemos nadado
hubieses nadado	hubieseis nadado
hubiese nadado	hubiesen nadado

PROGRESSIVE TENSES

PRESENT	estoy, estás, está, estamos, estáis, están
PRETERIT	estuve, estuviste, estuvo, estuvimos, estuvisteis, estuvieron
IMPERFECT	estaba, estabas, estaba, estábamos, estabais, estaban
FUTURE	estaré, estarás, estará, estaremos, estaréis, estarán
CONDITIONAL	estaría, estarías, estaría, estaríamos, estaríais, estarían
SUBJUNCTIVE	que + *corresponding subjunctive tense of* estar *(see verb 252)*

} nadando

COMMANDS

	(nosotros) nademos/no nademos
(tú) nada/no nades	(vosotros) nadad/no nadéis
(Ud.) nade/no nade	(Uds.) naden/no naden

Usage

Nadas como un pez.	*You swim like a fish.*
Nadaba contra la corriente.	*He was swimming against the tide.*
—Nademos de espalda.	*Let's swim the backstroke.*
—Yo prefiero nadar el crawl.	*I prefer to swim the crawl stroke.*
Nadan en dinero.	*They're rolling in money.*
—Me encanta la natación.	*I love swimming.*
—Eres una nadadora maravillosa.	*You're a wonderful swimmer.*

navegar *to navigate, surf*

navego · navegaron · navegado · navegando

-ar verb; spelling change: *g > gu/e*

PRESENT		PRETERIT	
navego	navegamos	navegué	navegamos
navegas	navegáis	navegaste	navegasteis
navega	navegan	navegó	navegaron

IMPERFECT		PRESENT PERFECT	
navegaba	navegábamos	he navegado	hemos navegado
navegabas	navegabais	has navegado	habéis navegado
navegaba	navegaban	ha navegado	han navegado

FUTURE		CONDITIONAL	
navegaré	navegaremos	navegaría	navegaríamos
navegarás	navegaréis	navegarías	navegaríais
navegará	navegarán	navegaría	navegarían

PLUPERFECT		PRETERIT PERFECT	
había navegado	habíamos navegado	hube navegado	hubimos navegado
habías navegado	habíais navegado	hubiste navegado	hubisteis navegado
había navegado	habían navegado	hubo navegado	hubieron navegado

FUTURE PERFECT		CONDITIONAL PERFECT	
habré navegado	habremos navegado	habría navegado	habríamos navegado
habrás navegado	habréis navegado	habrías navegado	habríais navegado
habrá navegado	habrán navegado	habría navegado	habrían navegado

PRESENT SUBJUNCTIVE		PRESENT PERFECT SUBJUNCTIVE	
navegue	naveguemos	haya navegado	hayamos navegado
navegues	naveguéis	hayas navegado	hayáis navegado
navegue	naveguen	haya navegado	hayan navegado

IMPERFECT SUBJUNCTIVE (-ra)		*or*	IMPERFECT SUBJUNCTIVE (-se)	
navegara	navegáramos		navegase	navegásemos
navegaras	navegarais		navegases	navegaseis
navegara	navegaran		navegase	navegasen

PAST PERFECT SUBJUNCTIVE (-ra)		*or*	PAST PERFECT SUBJUNCTIVE (-se)	
hubiera navegado	hubiéramos navegado		hubiese navegado	hubiésemos navegado
hubieras navegado	hubierais navegado		hubieses navegado	hubieseis navegado
hubiera navegado	hubieran navegado		hubiese navegado	hubiesen navegado

PROGRESSIVE TENSES

PRESENT	estoy, estás, está, estamos, estáis, están	
PRETERIT	estuve, estuviste, estuvo, estuvimos, estuvisteis, estuvieron	
IMPERFECT	estaba, estabas, estaba, estábamos, estabais, estaban	navegando
FUTURE	estaré, estarás, estará, estaremos, estaréis, estarán	
CONDITIONAL	estaría, estarías, estaría, estaríamos, estaríais, estarían	
SUBJUNCTIVE	que + *corresponding subjunctive tense of* estar (*see verb 252*)	

COMMANDS

	(nosotros) naveguemos/no naveguemos
(tú) navega/no navegues	(vosotros) navegad/no naveguéis
(Ud.) navegue/no navegue	(Uds.) naveguen/no naveguen

Usage

Las naves estadounidenses navegan en el golfo Pérsico.	*United States ships navigate in the Persian Gulf.*
Navegó en el Web por dos horas.	*He surfed the Web for two hours.*
Inglaterra era importante por su navegación de alta mar.	*England was important because of its seafaring on the high seas.*
Se estudia la navegación costera y fluvial.	*They study coastal and river navigation.*
El río Misisipí es un río navegable.	*The Mississippi River is navigable.*

regular *-ar* verb | **necesito · necesitaron · necesitado · necesitando**

PRESENT

necesito	necesitamos
necesitas	necesitáis
necesita	necesitan

IMPERFECT

necesitaba	necesitábamos
necesitabas	necesitabais
necesitaba	necesitaban

FUTURE

necesitaré	necesitaremos
necesitarás	necesitaréis
necesitará	necesitarán

PLUPERFECT

había necesitado	habíamos necesitado
habías necesitado	habíais necesitado
había necesitado	habían necesitado

FUTURE PERFECT

habré necesitado	habremos necesitado
habrás necesitado	habréis necesitado
habrá necesitado	habrán necesitado

PRESENT SUBJUNCTIVE

necesite	necesitemos
necesites	necesitéis
necesite	necesiten

IMPERFECT SUBJUNCTIVE (-ra)

necesitara	necesitáramos
necesitaras	necesitarais
necesitara	necesitaran

PAST PERFECT SUBJUNCTIVE (-ra)

hubiera necesitado	hubiéramos necesitado
hubieras necesitado	hubierais necesitado
hubiera necesitado	hubieran necesitado

PRETERIT

necesité	necesitamos
necesitaste	necesitasteis
necesitó	necesitaron

PRESENT PERFECT

he necesitado	hemos necesitado
has necesitado	habéis necesitado
ha necesitado	han necesitado

CONDITIONAL

necesitaría	necesitaríamos
necesitarías	necesitaríais
necesitaría	necesitarían

PRETERIT PERFECT

hube necesitado	hubimos necesitado
hubiste necesitado	hubisteis necesitado
hubo necesitado	hubieron necesitado

CONDITIONAL PERFECT

habría necesitado	habríamos necesitado
habrías necesitado	habríais necesitado
habría necesitado	habrían necesitado

PRESENT PERFECT SUBJUNCTIVE

haya necesitado	hayamos necesitado
hayas necesitado	hayáis necesitado
haya necesitado	hayan necesitado

or **IMPERFECT SUBJUNCTIVE (-se)**

necesitase	necesitásemos
necesitases	necesitaseis
necesitase	necesitasen

or **PAST PERFECT SUBJUNCTIVE (-se)**

hubiese necesitado	hubiésemos necesitado
hubieses necesitado	hubieseis necesitado
hubiese necesitado	hubiesen necesitado

PROGRESSIVE TENSES

PRESENT	estoy, estás, está, estamos, estáis, están
PRETERIT	estuve, estuviste, estuvo, estuvimos, estuvisteis, estuvieron
IMPERFECT	estaba, estabas, estaba, estábamos, estabais, estaban
FUTURE	estaré, estarás, estará, estaremos, estaréis, estarán
CONDITIONAL	estaría, estarías, estaría, estaríamos, estaríais, estarían
SUBJUNCTIVE	que + *corresponding subjunctive tense of* estar (*see verb 252*)

} necesitando

COMMANDS

	(nosotros) necesitemos/no necesitemos
(tú) necesita/no necesites	(vosotros) necesitad/no necesitéis
(Ud.) necesite/no necesite	(Uds.) necesiten/no necesiten

Usage

Se necesita una tecnología de punta.	*They need cutting-edge technology.*
—¿Necesito tomar el tren de alta velocidad?	*Do I have to take the high speed train?*
—No, no es necesario que lo tomes.	*No, there's no need for you to take it.*
Se necesita analistas financieros.	*Financial analysts needed/wanted.*
La computadora es una necesidad.	*The computer is a necessity.*

negar   *to deny, refuse*

niego · negaron · negado · negando

stem-changing *-ar* verb: *e > ie*;
spelling change: *g > gu/e*

PRESENT

niego	negamos
niegas	negáis
niega	niegan

PRETERIT

negué	negamos
negaste	negasteis
negó	negaron

IMPERFECT

negaba	negábamos
negabas	negabais
negaba	negaban

PRESENT PERFECT

he negado	hemos negado
has negado	habéis negado
ha negado	han negado

FUTURE

negaré	negaremos
negarás	negaréis
negará	negarán

CONDITIONAL

negaría	negaríamos
negarías	negaríais
negaría	negarían

PLUPERFECT

había negado	habíamos negado
habías negado	habíais negado
había negado	habían negado

PRETERIT PERFECT

hube negado	hubimos negado
hubiste negado	hubisteis negado
hubo negado	hubieron negado

FUTURE PERFECT

habré negado	habremos negado
habrás negado	habréis negado
habrá negado	habrán negado

CONDITIONAL PERFECT

habría negado	habríamos negado
habrías negado	habríais negado
habría negado	habrían negado

PRESENT SUBJUNCTIVE

niegue	neguemos
niegues	neguéis
niegue	nieguen

PRESENT PERFECT SUBJUNCTIVE

haya negado	hayamos negado
hayas negado	hayáis negado
haya negado	hayan negado

IMPERFECT SUBJUNCTIVE (-ra)

negara	negáramos
negaras	negarais
negara	negaran

or **IMPERFECT SUBJUNCTIVE (-se)**

negase	negásemos
negases	negaseis
negase	negasen

PAST PERFECT SUBJUNCTIVE (-ra)

hubiera negado	hubiéramos negado
hubieras negado	hubierais negado
hubiera negado	hubieran negado

or **PAST PERFECT SUBJUNCTIVE (-se)**

hubiese negado	hubiésemos negado
hubieses negado	hubieseis negado
hubiese negado	hubiesen negado

PROGRESSIVE TENSES

PRESENT	estoy, estás, está, estamos, estáis, están
PRETERIT	estuve, estuviste, estuvo, estuvimos, estuvisteis, estuvieron
IMPERFECT	estaba, estabas, estaba, estábamos, estabais, estaban
FUTURE	estaré, estarás, estará, estaremos, estaréis, estarán
CONDITIONAL	estaría, estarías, estaría, estaríamos, estaríais, estarían
SUBJUNCTIVE	que + *corresponding subjunctive tense of* estar (*see verb 252*)

\} negando

COMMANDS

	(nosotros) neguemos/no neguemos
(tú) niega/no niegues	(vosotros) negad/no neguéis
(Ud.) niegue/no niegue	(Uds.) nieguen/no nieguen

Usage

Es difícil que nieguen los hechos.	*It's difficult for them to deny the facts.*
Les negó la entrada.	*She refused to let them go in.*
Niega haberos estafado.	*He denies having swindled/cheated you.*
¿Por qué te negaste a verlos?	*Why did you refuse to see them?*
Su negativa rotunda puso fin a las negociaciones.	*Their flat refusal put an end to the negotiations.*

stem-changing -ar verb: e > ie; impersonal verb
used in third-person singular only

nieva · nevó · nevado · nevando

PRESENT	**PRETERIT**
nieva	nevó
IMPERFECT	**PRESENT PERFECT**
nevaba	ha nevado
FUTURE	**CONDITIONAL**
nevará	nevaría
PLUPERFECT	**PRETERIT PERFECT**
había nevado	hubo nevado
FUTURE PERFECT	**CONDITIONAL PERFECT**
habrá nevado	habría nevado
PRESENT SUBJUNCTIVE	**PRESENT PERFECT SUBJUNCTIVE**
nieve	haya nevado
IMPERFECT SUBJUNCTIVE (-ra)	or **IMPERFECT SUBJUNCTIVE (-se)**
nevara	nevase
PAST PERFECT SUBJUNCTIVE (-ra)	or **PAST PERFECT SUBJUNCTIVE (-se)**
hubiera nevado	hubiese nevado

PROGRESSIVE TENSES

PRESENT	está	
PRETERIT	estuvo	
IMPERFECT	estaba	
FUTURE	estará	} nevando
CONDITIONAL	estaría	
SUBJUNCTIVE	que + *corresponding subjunctive tense of* estar (*see verb 252*)	

COMMANDS

¡Que nieve!   ¡Que no nieve!

Usage

Nieva./Está nevando.	*It's snowing.*
Nevó mucho.	*It snowed heavily.*
Hubo una fuerte nevada.	*There was a heavy snowfall.*
El nombre de Nevada es de origen español.	*The name Nevada is of Spanish origin.*
Había grandes acumulaciones de nieve.	*There were snowdrifts.*
Habrá tormenta de nieve mañana.	*There will be a snowstorm tomorrow.*
Hubo aludes de nieve en las montañas.	*There were snowslides/avalanches in the mountains.*
Los niños se tiraban bolas de nieve.	*The children threw snowballs at each other.*
Hacían un muñeco de nieve.	*They made a snowman.*
El yeti, llamado el abominable hombre de las nieves, es del Himalaya.	*The yeti, known as the abominable snowman, is from the Himalayas.*
—¿Te gusta *Blancanieves y los siete enanitos*?	*Do you like* Snow White and the Seven Dwarfs?
—Ah sí. Blancanieves tiene la piel tan blanca como la nieve.	*Oh yes. Snow White's skin is as white as snow.*
¡Qué hermosos son los copos de nieve!	*How beautiful the snowflakes are!*
Las montañas Rocosas están siempre nevadas.	*The Rockies are snow-capped mountains.*
—Las carreteras están nevadas.	*The highways are covered with snow.*
—El quitanieves está limpiándolas.	*The snowplow is clearing them.*
Saca los quesos de la nevera.	*Take the cheeses out of the refrigerator.*
Nevisca.	*It's snowing lightly.*

obedezco · obedecieron · obedecido · obedeciendo *-er verb; spelling change: c > zc/o, a*

PRESENT

obedezco	obedecemos
obedeces	obedecéis
obedece	obedecen

PRETERIT

obedecí	obedecimos
obedeciste	obedecisteis
obedeció	obedecieron

IMPERFECT

obedecía	obedecíamos
obedecías	obedecíais
obedecía	obedecían

PRESENT PERFECT

he obedecido	hemos obedecido
has obedecido	habéis obedecido
ha obedecido	han obedecido

FUTURE

obedeceré	obedeceremos
obedecerás	obedeceréis
obedecerá	obedecerán

CONDITIONAL

obedecería	obedeceríamos
obedecerías	obedeceríais
obedecería	obedecerían

PLUPERFECT

había obedecido	habíamos obedecido
habías obedecido	habíais obedecido
había obedecido	habían obedecido

PRETERIT PERFECT

hube obedecido	hubimos obedecido
hubiste obedecido	hubisteis obedecido
hubo obedecido	hubieron obedecido

FUTURE PERFECT

habré obedecido	habremos obedecido
habrás obedecido	habréis obedecido
habrá obedecido	habrán obedecido

CONDITIONAL PERFECT

habría obedecido	habríamos obedecido
habrías obedecido	habríais obedecido
habría obedecido	habrían obedecido

PRESENT SUBJUNCTIVE

obedezca	obedezcamos
obedezcas	obedezcáis
obedezca	obedezcan

PRESENT PERFECT SUBJUNCTIVE

haya obedecido	hayamos obedecido
hayas obedecido	hayáis obedecido
haya obedecido	hayan obedecido

IMPERFECT SUBJUNCTIVE (-ra) *or* **IMPERFECT SUBJUNCTIVE (-se)**

obedeciera	obedeciéramos	obedeciese	obedeciésemos
obedecieras	obedecierais	obedecieses	obedecieseis
obedeciera	obedecieran	obedeciese	obedeciesen

PAST PERFECT SUBJUNCTIVE (-ra) *or* **PAST PERFECT SUBJUNCTIVE (-se)**

hubiera obedecido	hubiéramos obedecido	hubiese obedecido	hubiésemos obedecido
hubieras obedecido	hubierais obedecido	hubieses obedecido	hubieseis obedecido
hubiera obedecido	hubieran obedecido	hubiese obedecido	hubiesen obedecido

PROGRESSIVE TENSES

PRESENT	estoy, estás, está, estamos, estáis, están
PRETERIT	estuve, estuviste, estuvo, estuvimos, estuvisteis, estuvieron
IMPERFECT	estaba, estabas, estaba, estábamos, estabais, estaban
FUTURE	estaré, estarás, estará, estaremos, estaréis, estarán
CONDITIONAL	estaría, estarías, estaría, estaríamos, estaríais, estarían
SUBJUNCTIVE	que + *corresponding subjunctive tense of* estar (*see verb 252*)

} obedeciendo

COMMANDS

	(nosotros) obedezcamos/no obedezcamos
(tú) obedece/no obedezcas	(vosotros) obedeced/no obedezcáis
(Ud.) obedezca/no obedezca	(Uds.) obedezcan/no obedezcan

Usage

Obedezcan Uds. la ley.	*Obey the law.*
—Este chiquillo no obedece a sus papás.	*This kid doesn't obey his parents.*
—Su hermano mayor es obediente.	*His older brother is obedient.*
—La jefa se hace obedecer.	*The boss commands obedience.*
—Los empleados no se atreven a desobedecer sus órdenes.	*The workers don't dare disobey her orders.*

-ar verb; spelling change: *g > gu/e* | **obligo · obligaron · obligado · obligando**

PRESENT		PRETERIT	
obligo	obligamos	obligué	obligamos
obligas	obligáis	obligaste	obligasteis
obliga	obligan	obligó	obligaron

IMPERFECT		PRESENT PERFECT	
obligaba	obligábamos	he obligado	hemos obligado
obligabas	obligabais	has obligado	habéis obligado
obligaba	obligaban	ha obligado	han obligado

FUTURE		CONDITIONAL	
obligaré	obligarcmos	obligaría	obligaríamos
obligarás	obligaréis	obligarías	obligaríais
obligará	obligarán	obligaría	obligarían

PLUPERFECT		PRETERIT PERFECT	
había obligado	habíamos obligado	hube obligado	hubimos obligado
habías obligado	habíais obligado	hubiste obligado	hubisteis obligado
había obligado	habían obligado	hubo obligado	hubieron obligado

FUTURE PERFECT		CONDITIONAL PERFECT	
habré obligado	habremos obligado	habría obligado	habríamos obligado
habrás obligado	habréis obligado	habrías obligado	habríais obligado
habrá obligado	habrán obligado	habría obligado	habrían obligado

PRESENT SUBJUNCTIVE		PRESENT PERFECT SUBJUNCTIVE	
obligue	obliguemos	haya obligado	hayamos obligado
obligues	obliguéis	hayas obligado	hayáis obligado
obligue	obliguen	haya obligado	hayan obligado

IMPERFECT SUBJUNCTIVE (-ra)		*or* IMPERFECT SUBJUNCTIVE (-se)	
obligara	obligáramos	obligase	obligásemos
obligaras	obligarais	obligases	obligaseis
obligara	obligaran	obligase	obligasen

PAST PERFECT SUBJUNCTIVE (-ra)		*or* PAST PERFECT SUBJUNCTIVE (-se)	
hubiera obligado	hubiéramos obligado	hubiese obligado	hubiésemos obligado
hubieras obligado	hubierais obligado	hubieses obligado	hubieseis obligado
hubiera obligado	hubieran obligado	hubiese obligado	hubiesen obligado

PROGRESSIVE TENSES

PRESENT	estoy, estás, está, estamos, estáis, están
PRETERIT	estuve, estuviste, estuvo, estuvimos, estuvisteis, estuvieron
IMPERFECT	estaba, estabas, estaba, estábamos, estabais, estaban
FUTURE	estaré, estarás, estará, estaremos, estaréis, estarán
CONDITIONAL	estaría, estarías, estaría, estaríamos, estaríais, estarían
SUBJUNCTIVE	que + *corresponding subjunctive tense of estar (see verb 252)*

} obligando

COMMANDS

	(nosotros) obliguemos/no obliguemos
(tú) obliga/no obligues	(vosotros) obligad/no obliguéis
(Ud.) obligue/no obligue	(Uds.) obliguen/no obliguen

Usage

Te obligaron a cumplir tus compromisos.	*They forced you to honor your obligations.*
Es preciso que les obligue a cumplir su promesa.	*It's necessary that you force them to keep their promise.*
Nos obligamos a ceder el asiento a los ancianos.	*We're obliged to give up our seats to old people.*
Están obligados a costear los daños.	*They're obliged to pay for the damage.*
La asistencia es obligatoria.	*Attendance is obligatory.*

observo · observaron · observado · observando   regular *-ar* verb

PRESENT		PRETERIT	
observo	observamos	observé	observamos
observas	observáis	observaste	observasteis
observa	observan	observó	observaron

IMPERFECT		PRESENT PERFECT	
observaba	observábamos	he observado	hemos observado
observabas	observabais	has observado	habéis observado
observaba	observaban	ha observado	han observado

FUTURE		CONDITIONAL	
observaré	observaremos	observaría	observaríamos
observarás	observaréis	observarías	observaríais
observará	observarán	observaría	observarían

PLUPERFECT		PRETERIT PERFECT	
había observado	habíamos observado	hube observado	hubimos observado
habías observado	habíais observado	hubiste observado	hubisteis observado
había observado	habían observado	hubo observado	hubieron observado

FUTURE PERFECT		CONDITIONAL PERFECT	
habré observado	habremos observado	habría observado	habríamos observado
habrás observado	habréis observado	habrías observado	habríais observado
habrá observado	habrán observado	habría observado	habrían observado

PRESENT SUBJUNCTIVE		PRESENT PERFECT SUBJUNCTIVE	
observe	observemos	haya observado	hayamos observado
observes	observéis	hayas observado	hayáis observado
observe	observen	haya observado	hayan observado

IMPERFECT SUBJUNCTIVE (-ra)		*or* IMPERFECT SUBJUNCTIVE (-se)	
observara	observáramos	observase	observásemos
observaras	observarais	observases	observaseis
observara	observaran	observase	observasen

PAST PERFECT SUBJUNCTIVE (-ra)		*or* PAST PERFECT SUBJUNCTIVE (-se)	
hubiera observado	hubiéramos observado	hubiese observado	hubiésemos observado
hubieras observado	hubierais observado	hubieses observado	hubieseis observado
hubiera observado	hubieran observado	hubiese observado	hubiesen observado

PROGRESSIVE TENSES

PRESENT	estoy, estás, está, estamos, estáis, están	
PRETERIT	estuve, estuviste, estuvo, estuvimos, estuvisteis, estuvieron	
IMPERFECT	estaba, estabas, estaba, estábamos, estabais, estaban	observando
FUTURE	estaré, estarás, estará, estaremos, estaréis, estarán	
CONDITIONAL	estaría, estarías, estaría, estaríamos, estaríais, estarían	
SUBJUNCTIVE	que + *corresponding subjunctive tense of* estar (*see verb 252*)	

COMMANDS

	(nosotros) observemos/no observemos
(tú) observa/no observes	(vosotros) observad/no observéis
(Ud.) observe/no observe	(Uds.) observen/no observen

Usage

Observa que está despejando.	*Notice that the weather is clearing up.*
Es importante que observemos la fecha tope.	*It's important we meet the deadline.*
Se ha observado una diferencia sutil.	*They've noted/commented on a subtle difference.*
Es una observante católica/judía/protestante.	*She's an observant Catholic/Jew/Protestant.*
Hizo unas observaciones al respecto.	*He made some remarks about the matter.*

irregular verb (like **tener**)   **obtengo · obtuvieron · obtenido · obteniendo**

PRESENT		**PRETERIT**	
obtengo	obtenemos	obtuve	obtuvimos
obtienes	obtenéis	obtuviste	obtuvisteis
obtiene	obtienen	obtuvo	obtuvieron

IMPERFECT		**PRESENT PERFECT**	
obtenía	obteníamos	he obtenido	hemos obtenido
obtenías	obteníais	has obtenido	habéis obtenido
obtenía	obtenían	ha obtenido	han obtenido

FUTURE		**CONDITIONAL**	
obtendré	obtendremos	obtendría	obtendríamos
obtendrás	obtendréis	obtendrías	obtendríais
obtendrá	obtendrán	obtendría	obtendrían

PLUPERFECT		**PRETERIT PERFECT**	
había obtenido	habíamos obtenido	hube obtenido	hubimos obtenido
habías obtenido	habíais obtenido	hubiste obtenido	hubisteis obtenido
había obtenido	habían obtenido	hubo obtenido	hubieron obtenido

FUTURE PERFECT		**CONDITIONAL PERFECT**	
habré obtenido	habremos obtenido	habría obtenido	habríamos obtenido
habrás obtenido	habréis obtenido	habrías obtenido	habríais obtenido
habrá obtenido	habrán obtenido	habría obtenido	habrían obtenido

PRESENT SUBJUNCTIVE		**PRESENT PERFECT SUBJUNCTIVE**	
obtenga	obtengamos	haya obtenido	hayamos obtenido
obtengas	obtengáis	hayas obtenido	hayáis obtenido
obtenga	obtengan	haya obtenido	hayan obtenido

IMPERFECT SUBJUNCTIVE (-ra)		*or* **IMPERFECT SUBJUNCTIVE (-se)**	
obtuviera	obtuviéramos	obtuviese	obtuviésemos
obtuvieras	obtuvierais	obtuvieses	obtuvieseis
obtuviera	obtuvieran	obtuviese	obtuviesen

PAST PERFECT SUBJUNCTIVE (-ra)		*or* **PAST PERFECT SUBJUNCTIVE (-se)**	
hubiera obtenido	hubiéramos obtenido	hubiese obtenido	hubiésemos obtenido
hubieras obtenido	hubierais obtenido	hubieses obtenido	hubieseis obtenido
hubiera obtenido	hubieran obtenido	hubiese obtenido	hubiesen obtenido

PROGRESSIVE TENSES

PRESENT	estoy, estás, está, estamos, estáis, están	
PRETERIT	estuve, estuviste, estuvo, estuvimos, estuvisteis, estuvieron	
IMPERFECT	estaba, estabas, estaba, estábamos, estabais, estaban	obteniendo
FUTURE	estaré, estarás, estará, estaremos, estaréis, estarán	
CONDITIONAL	estaría, estarías, estaría, estaríamos, estaríais, estarían	
SUBJUNCTIVE	que + *corresponding subjunctive tense of* estar (*see verb 252*)	

COMMANDS

	(nosotros) obtengamos/no obtengamos
(tú) obtén/no obtengas	(vosotros) obtened/no obtengáis
(Ud.) obtenga/no obtenga	(Uds.) obtengan/no obtengan

Usage

Obtuvieron buenos resultados con la medicina.	*They obtained good results with the medicine.*
¿Dónde obtengo una tarjeta inteligente?	*Where can I get a smart card?*
Les urge la obtención de capital.	*The obtaining of capital is pressing for them.*
¿La placa de matrícula? Ya está obtenida.	*The license plate? We got it already.*

ocuparse *to look after, keep busy, see to, be in charge*

ocupo · ocuparon · ocupado · ocupándose

regular -ar reflexive verb

PRESENT

me ocupo	nos ocupamos
te ocupas	os ocupáis
se ocupa	se ocupan

IMPERFECT

me ocupaba	nos ocupábamos
te ocupabas	os ocupabais
se ocupaba	se ocupaban

FUTURE

me ocuparé	nos ocuparemos
te ocuparás	os ocuparéis
se ocupará	se ocuparán

PLUPERFECT

me había ocupado	nos habíamos ocupado
te habías ocupado	os habíais ocupado
se había ocupado	se habían ocupado

FUTURE PERFECT

me habré ocupado	nos habremos ocupado
te habrás ocupado	os habréis ocupado
se habrá ocupado	se habrán ocupado

PRESENT SUBJUNCTIVE

me ocupe	nos ocupemos
te ocupes	os ocupéis
se ocupe	se ocupen

IMPERFECT SUBJUNCTIVE (-ra)

me ocupara	nos ocupáramos
te ocuparas	os ocuparais
se ocupara	se ocuparan

PAST PERFECT SUBJUNCTIVE (-ra)

me hubiera ocupado	nos hubiéramos ocupado
te hubieras ocupado	os hubierais ocupado
se hubiera ocupado	se hubieran ocupado

PRETERIT

me ocupé	nos ocupamos
te ocupaste	os ocupasteis
se ocupó	se ocuparon

PRESENT PERFECT

me he ocupado	nos hemos ocupado
te has ocupado	os habéis ocupado
se ha ocupado	se han ocupado

CONDITIONAL

me ocuparía	nos ocuparíamos
te ocuparías	os ocuparíais
se ocuparía	se ocuparían

PRETERIT PERFECT

me hube ocupado	nos hubimos ocupado
te hubiste ocupado	os hubisteis ocupado
se hubo ocupado	se hubieron ocupado

CONDITIONAL PERFECT

me habría ocupado	nos habríamos ocupado
te habrías ocupado	os habríais ocupado
se habría ocupado	se habrían ocupado

PRESENT PERFECT SUBJUNCTIVE

me haya ocupado	nos hayamos ocupado
te hayas ocupado	os hayáis ocupado
se haya ocupado	se hayan ocupado

or **IMPERFECT SUBJUNCTIVE (-se)**

me ocupase	nos ocupásemos
te ocupases	os ocupaseis
se ocupase	se ocupasen

or **PAST PERFECT SUBJUNCTIVE (-se)**

me hubiese ocupado	nos hubiésemos ocupado
te hubieses ocupado	os hubieseis ocupado
se hubiese ocupado	se hubiesen ocupado

PROGRESSIVE TENSES

PRESENT	estoy, estás, está, estamos, estáis, están
PRETERIT	estuve, estuviste, estuvo, estuvimos, estuvisteis, estuvieron
IMPERFECT	estaba, estabas, estaba, estábamos, estabais, estaban
FUTURE	estaré, estarás, estará, estaremos, estaréis, estarán
CONDITIONAL	estaría, estarías, estaría, estaríamos, estaríais, estarían
SUBJUNCTIVE	que + *corresponding subjunctive tense of* estar (*see verb 252*)

} ocupando (*see page 31*)

COMMANDS

	(nosotros) ocupémonos/no nos ocupemos
(tú) ocúpate/no te ocupes	(vosotros) ocupaos/no os ocupéis
(Ud.) ocúpese/no se ocupe	(Uds.) ocúpense/no se ocupen

Usage

Yo me ocupo de la niña.	*I'll look after the child.*
El director financiero se ocupa de las finanzas.	*The financial director is in charge of finances.*
¡Ocúpate de tus cosas!	*Mind your own business!*
Nos ocupaban las investigaciones.	*The research kept us busy.*
Estábamos ocupadísimos.	*We were very busy.*
Esta butaca está ocupada.	*This (theater) seat is taken.*
¿Cuál es su ocupación?	*What's your/occupation/profession?*

regular *-ir* verb; unplanned occurrences:
se + indirect object pronoun + verb
in third-person singular or plural

ocurre · ocurrieron · ocurrido · ocurriendo

PRESENT

se me ocurre(n)	se nos ocurre(n)
se te ocurre(n)	se os ocurre(n)
se le ocurre(n)	se les ocurre(n)

IMPERFECT

se me ocurría(n)	se nos ocurría(n)
se te ocurría(n)	se os ocurría(n)
se le ocurría(n)	se les ocurría(n)

FUTURE

se me ocurrirá(n)	se nos ocurrirá(n)
se te ocurrirá(n)	se os ocurrirá(n)
se le ocurrirá(n)	se les ocurrirá(n)

PLUPERFECT

se me había(n) ocurrido	se nos había(n) ocurrido
se te había(n) ocurrido	se os había(n) ocurrido
se le había(n) ocurrido	se les había(n) ocurrido

FUTURE PERFECT

se me habrá(n) ocurrido	se nos habrá(n) ocurrido
se te habrá(n) ocurrido	se os habrá(n) ocurrido
se le habrá(n) ocurrido	se les habrá(n) ocurrido

PRESENT SUBJUNCTIVE

se me ocurra(n)	se nos ocurra(n)
se te ocurra(n)	se os ocurra(n)
se le ocurra(n)	se les ocurra(n)

PRETERIT

se me ocurrió(-ieron)	se nos ocurrió(-ieron)
se te ocurrió(-ieron)	se os ocurrió(-ieron)
se le ocurrió(-ieron)	se les ocurrió(-ieron)

PRESENT PERFECT

se me ha(n) ocurrido	se nos ha(n) ocurrido
se te ha(n) ocurrido	se os ha(n) ocurrido
se le ha(n) ocurrido	se les ha(n) ocurrido

CONDITIONAL

se me ocurriría(n)	se nos ocurriría(n)
se te ocurriría(n)	se os ocurriría(n)
se le ocurriría(n)	se les ocurriría(n)

PRETERIT PERFECT

se me hubo(-ieron) ocurrido	se nos hubo(-ieron) ocurrido
se te hubo(-ieron) ocurrido	se os hubo(-ieron) ocurrido
se le hubo(-ieron) ocurrido	se les hubo(-ieron) ocurrido

CONDITIONAL PERFECT

se me habría(n) ocurrido	se nos habría(n) ocurrido
se te habría(n) ocurrido	se os habría(n) ocurrido
se le habría(n) ocurrido	se les habría(n) ocurrido

PRESENT PERFECT SUBJUNCTIVE

se me haya(n) ocurrido	se nos haya(n) ocurrido
se te haya(n) ocurrido	se os haya(n) ocurrido
se le haya(n) ocurrido	se les haya(n) ocurrido

IMPERFECT SUBJUNCTIVE (-ra)   *or*   **IMPERFECT SUBJUNCTIVE (-se)**

se me ocurriera(n)	se nos ocurriera(n)	se me ocurriese(n)	se nos ocurriese(n)
se te ocurriera(n)	se os ocurriera(n)	se te ocurriese(n)	se os ocurriese(n)
se le ocurriera(n)	se les ocurriera(n)	se le ocurriese(n)	se les ocurriese(n)

PAST PERFECT SUBJUNCTIVE (-ra)   *or*   **PAST PERFECT SUBJUNCTIVE (-se)**

se me hubiera(n) ocurrido	se nos hubiera(n) ocurrido	se me hubiese(n) ocurrido	se nos hubiese(n) ocurrido
se te hubiera(n) ocurrido	se os hubiera(n) ocurrido	se te hubiese(n) ocurrido	se os hubiese(n) ocurrido
se le hubiera(n) ocurrido	se les hubiera(n) ocurrido	se le hubiese(n) ocurrido	se les hubiese(n) ocurrido

PROGRESSIVE TENSES

PRESENT	estoy, estás, está, estamos, estáis, están	
PRETERIT	estuve, estuviste, estuvo, estuvimos, estuvisteis, estuvieron	
IMPERFECT	estaba, estabas, estaba, estábamos, estabais, estaban	ocurriendo
FUTURE	estaré, estarás, estará, estaremos, estaréis, estarán	
CONDITIONAL	estaría, estarías, estaría, estaríamos, estaríais, estarían	
SUBJUNCTIVE	que + *corresponding subjunctive tense of* estar (*see verb 252*)	

COMMANDS

¡Que se te/le/os/les ocurra(n)!   ¡Que no se te/le/os/les ocurra(n)!

Usage

Se me ocurrió la idea anoche.	*The idea popped into my head last night.*
Tus sospechas no se le ocurrieron a nadie más.	*Your suspicions didn't occur to anyone else.*
Se nos ocurrió que él había mentido.	*It dawned on us that he had lied.*
¿Cómo se te ocurre tal cosa?	*How could you think of such a thing?*
¡Que ni se te ocurra hacerlo!	*Don't even think about doing it!*
¿Qué ocurrió?	*What happened?*
Procederemos con el plan ocurra lo que ocurra.	*We'll go ahead with the plan whatever may happen.*
¿Qué ocurre?	*What's going on?/What's the matter?*

PRESENT		PRETERIT	
odio	odiamos	odié	odiamos
odias	odiáis	odiaste	odiasteis
odia	odian	odió	odiaron

IMPERFECT		PRESENT PERFECT	
odiaba	odiábamos	he odiado	hemos odiado
odiabas	odiabais	has odiado	habéis odiado
odiaba	odiaban	ha odiado	han odiado

FUTURE		CONDITIONAL	
odiaré	odiaremos	odiaría	odiaríamos
odiarás	odiaréis	odiarías	odiaríais
odiará	odiarán	odiaría	odiarían

PLUPERFECT		PRETERIT PERFECT	
había odiado	habíamos odiado	hube odiado	hubimos odiado
habías odiado	habíais odiado	hubiste odiado	hubisteis odiado
había odiado	habían odiado	hubo odiado	hubieron odiado

FUTURE PERFECT		CONDITIONAL PERFECT	
habré odiado	habremos odiado	habría odiado	habríamos odiado
habrás odiado	habréis odiado	habrías odiado	habríais odiado
habrá odiado	habrán odiado	habría odiado	habrían odiado

PRESENT SUBJUNCTIVE		PRESENT PERFECT SUBJUNCTIVE	
odie	odiemos	haya odiado	hayamos odiado
odies	odiéis	hayas odiado	hayáis odiado
odie	odien	haya odiado	hayan odiado

IMPERFECT SUBJUNCTIVE (-ra)		*or*	IMPERFECT SUBJUNCTIVE (-se)	
odiara	odiáramos		odiase	odiásemos
odiaras	odiarais		odiases	odiaseis
odiara	odiaran		odiase	odiasen

PAST PERFECT SUBJUNCTIVE (-ra)		*or*	PAST PERFECT SUBJUNCTIVE (-se)	
hubiera odiado	hubiéramos odiado		hubiese odiado	hubiésemos odiado
hubieras odiado	hubierais odiado		hubieses odiado	hubieseis odiado
hubiera odiado	hubieran odiado		hubiese odiado	hubiesen odiado

PROGRESSIVE TENSES

PRESENT	estoy, estás, está, estamos, estáis, están	
PRETERIT	estuve, estuviste, estuvo, estuvimos, estuvisteis, estuvieron	
IMPERFECT	estaba, estabas, estaba, estábamos, estabais, estaban	odiando
FUTURE	estaré, estarás, estará, estaremos, estaréis, estarán	
CONDITIONAL	estaría, estarías, estaría, estaríamos, estaríais, estarían	
SUBJUNCTIVE	que + *corresponding subjunctive tense of* estar (*see verb 252*)	

COMMANDS

	(nosotros) odiemos/no odiemos
(tú) odia/no odies	(vosotros) odiad/no odiéis
(Ud.) odie/no odie	(Uds.) odien/no odien

Usage

—No sé por qué la odiáis.	*I don't know why you hate her.*
—Le tenemos odio porque es perversa.	*We hate her because she's a bad person.*
Siempre odiábamos despertarnos temprano.	*We always hated to wake up early.*
Nos echó una mirada de odio.	*He gave us a hateful look.*
Tomaban odio a la rutina.	*They were taking an extreme dislike to the routine.*
Es una labor odiosa.	*It's a detestable job.*

regular -er verb

ofendo · ofendieron · ofendido · ofendiendo

PRESENT

ofendo	ofendemos
ofendes	ofendéis
ofende	ofenden

IMPERFECT

ofendía	ofendíamos
ofendías	ofendíais
ofendía	ofendían

FUTURE

ofenderé	ofenderemos
ofenderás	ofenderéis
ofenderá	ofenderán

PLUPERFECT

había ofendido	habíamos ofendido
habías ofendido	habíais ofendido
había ofendido	habían ofendido

FUTURE PERFECT

habré ofendido	habremos ofendido
habrás ofendido	habréis ofendido
habrá ofendido	habrán ofendido

PRESENT SUBJUNCTIVE

ofenda	ofendamos
ofendas	ofendáis
ofenda	ofendan

IMPERFECT SUBJUNCTIVE (-ra)

ofendiera	ofendiéramos
ofendieras	ofendierais
ofendiera	ofendieran

PAST PERFECT SUBJUNCTIVE (-ra)

hubiera ofendido	hubiéramos ofendido
hubieras ofendido	hubierais ofendido
hubiera ofendido	hubieran ofendido

PRETERIT

ofendí	ofendimos
ofendiste	ofendisteis
ofendió	ofendieron

PRESENT PERFECT

he ofendido	hemos ofendido
has ofendido	habéis ofendido
ha ofendido	han ofendido

CONDITIONAL

ofendería	ofenderíamos
ofenderías	ofenderíais
ofendería	ofenderían

PRETERIT PERFECT

hube ofendido	hubimos ofendido
hubiste ofendido	hubisteis ofendido
hubo ofendido	hubieron ofendido

CONDITIONAL PERFECT

habría ofendido	habríamos ofendido
habrías ofendido	habríais ofendido
habría ofendido	habrían ofendido

PRESENT PERFECT SUBJUNCTIVE

haya ofendido	hayamos ofendido
hayas ofendido	hayáis ofendido
haya ofendido	hayan ofendido

or **IMPERFECT SUBJUNCTIVE (-se)**

ofendiese	ofendiésemos
ofendieses	ofendieseis
ofendiese	ofendiesen

or **PAST PERFECT SUBJUNCTIVE (-se)**

hubiese ofendido	hubiésemos ofendido
hubieses ofendido	hubieseis ofendido
hubiese ofendido	hubiesen ofendido

PROGRESSIVE TENSES

PRESENT	estoy, estás, está, estamos, estáis, están
PRETERIT	estuve, estuviste, estuvo, estuvimos, estuvisteis, estuvieron
IMPERFECT	estaba, estabas, estaba, estábamos, estabais, estaban
FUTURE	estaré, estarás, estará, estaremos, estaréis, estarán
CONDITIONAL	estaría, estarías, estaría, estaríamos, estaríais, estarían
SUBJUNCTIVE	que + *corresponding subjunctive tense of* estar (*see verb 252*)

} ofendiendo

COMMANDS

	(nosotros) ofendamos/no ofendamos
(tú) ofende/no ofendas	(vosotros) ofended/no ofendáis
(Ud.) ofenda/no ofenda	(Uds.) ofendan/no ofendan

Usage

—Tus palabras los ofendieron.	*Your words offended them.*
—Es que se ofenden por todo.	*The fact is that they take offense at everything.*
Se ofendió con sus colegas.	*He had a falling out with his colleagues.*
Lamento que se haya dado por ofendida.	*I'm sorry she took offense.*
Su comportamiento era ofensivo.	*Their conduct was offensive/rude.*
Se gana pasando a la ofensiva.	*You'll win if you take the offensive.*

PRESENT		PRETERIT	
ofrezco	ofrecemos	ofrecí	ofrecimos
ofreces	ofrecéis	ofreciste	ofrecisteis
ofrece	ofrecen	ofreció	ofrecieron

IMPERFECT		PRESENT PERFECT	
ofrecía	ofrecíamos	he ofrecido	hemos ofrecido
ofrecías	ofrecíais	has ofrecido	habéis ofrecido
ofrecía	ofrecían	ha ofrecido	han ofrecido

FUTURE		CONDITIONAL	
ofreceré	ofreceremos	ofrecería	ofreceríamos
ofrecerás	ofreceréis	ofrecerías	ofreceríais
ofrecerá	ofrecerán	ofrecería	ofrecerían

PLUPERFECT		PRETERIT PERFECT	
había ofrecido	habíamos ofrecido	hube ofrecido	hubimos ofrecido
habías ofrecido	habíais ofrecido	hubiste ofrecido	hubisteis ofrecido
había ofrecido	habían ofrecido	hubo ofrecido	hubieron ofrecido

FUTURE PERFECT		CONDITIONAL PERFECT	
habré ofrecido	habremos ofrecido	habría ofrecido	habríamos ofrecido
habrás ofrecido	habréis ofrecido	habrías ofrecido	habríais ofrecido
habrá ofrecido	habrán ofrecido	habría ofrecido	habrían ofrecido

PRESENT SUBJUNCTIVE		PRESENT PERFECT SUBJUNCTIVE	
ofrezca	ofrezcamos	haya ofrecido	hayamos ofrecido
ofrezcas	ofrezcáis	hayas ofrecido	hayáis ofrecido
ofrezca	ofrezcan	haya ofrecido	hayan ofrecido

IMPERFECT SUBJUNCTIVE (-ra)		*or* IMPERFECT SUBJUNCTIVE (-se)	
ofreciera	ofreciéramos	ofreciese	ofreciésemos
ofrecieras	ofrecierais	ofrecieses	ofrecieseis
ofreciera	ofrecieran	ofreciese	ofreciesen

PAST PERFECT SUBJUNCTIVE (-ra)		*or* PAST PERFECT SUBJUNCTIVE (-se)	
hubiera ofrecido	hubiéramos ofrecido	hubiese ofrecido	hubiésemos ofrecido
hubieras ofrecido	hubierais ofrecido	hubieses ofrecido	hubieseis ofrecido
hubiera ofrecido	hubieran ofrecido	hubiese ofrecido	hubiesen ofrecido

PROGRESSIVE TENSES

PRESENT	estoy, estás, está, estamos, estáis, están	
PRETERIT	estuve, estuviste, estuvo, estuvimos, estuvisteis, estuvieron	
IMPERFECT	estaba, estabas, estaba, estábamos, estabais, estaban	ofreciendo
FUTURE	estaré, estarás, estará, estaremos, estaréis, estarán	
CONDITIONAL	estaría, estarías, estaría, estaríamos, estaríais, estarían	
SUBJUNCTIVE	que + *corresponding subjunctive tense of* estar (*see verb 252*)	

COMMANDS

	(nosotros) ofrezcamos/no ofrezcamos
(tú) ofrece/no ofrezcas	(vosotros) ofreced/no ofrezcáis
(Ud.) ofrezca/no ofrezca	(Uds.) ofrezcan/no ofrezcan

Usage

Ofréceles estos entremeses.	*Offer them these hors d'oeuvres.*
Te ofrezco mi ayuda.	*I'm offering you my help.*
Se ofreció para ir al correo.	*He offered to go to the post office.*
¿Qué se le ofrece?	*May I help you? (salesperson to customer)*
Aceptamos la oferta que nos habían hecho.	*We accepted the offer they had made to us.*

irregular verb

PRESENT

oigo	oímos
oyes	oís
oye	oyen

IMPERFECT

oía	oíamos
oías	oíais
oía	oían

FUTURE

oiré	oiremos
oirás	oiréis
oirá	oirán

PLUPERFECT

había oído	habíamos oído
habías oído	habíais oído
había oído	habían oído

FUTURE PERFECT

habré oído	habremos oído
habrás oído	habréis oído
habrá oído	habrán oído

PRESENT SUBJUNCTIVE

oiga	oigamos
oigas	oigáis
oiga	oigan

IMPERFECT SUBJUNCTIVE (-ra)

oyera	oyéramos
oyeras	oyerais
oyera	oyeran

PAST PERFECT SUBJUNCTIVE (-ra)

hubiera oído	hubiéramos oído
hubieras oído	hubierais oído
hubiera oído	hubieran oído

PRETERIT

oí	oímos
oíste	oísteis
oyó	oyeron

PRESENT PERFECT

he oído	hemos oído
has oído	habéis oído
ha oído	han oído

CONDITIONAL

oiría	oiríamos
oirías	oiríais
oiría	oirían

PRETERIT PERFECT

hube oído	hubimos oído
hubiste oído	hubisteis oído
hubo oído	hubieron oído

CONDITIONAL PERFECT

habría oído	habríamos oído
habrías oído	habríais oído
habría oído	habrían oído

PRESENT PERFECT SUBJUNCTIVE

haya oído	hayamos oído
hayas oído	hayáis oído
haya oído	hayan oído

or **IMPERFECT SUBJUNCTIVE (-se)**

oyese	oyésemos
oyeses	oyeseis
oyese	oyesen

or **PAST PERFECT SUBJUNCTIVE (-se)**

hubiese oído	hubiésemos oído
hubieses oído	hubieseis oído
hubiese oído	hubiesen oído

PROGRESSIVE TENSES

PRESENT	estoy, estás, está, estamos, estáis, están
PRETERIT	estuve, estuviste, estuvo, estuvimos, estuvisteis, estuvieron
IMPERFECT	estaba, estabas, estaba, estábamos, estabais, estaban
FUTURE	estaré, estarás, estará, estaremos, estaréis, estarán
CONDITIONAL	estaría, estarías, estaría, estaríamos, estaríais, estarían
SUBJUNCTIVE	que + *corresponding subjunctive tense of* estar (*see verb 252*)

} oyendo

COMMANDS

	(nosotros) oigamos/no oigamos
(tú) oye/no oigas	(vosotros) oíd/no oigáis
(Ud.) oiga/no oiga	(Uds.) oigan/no oigan

Usage

¿No oyes el ruido?	*Don't you hear the noise?*
La oímos cantar el papel de Carmen.	*We heard her sing the role of Carmen.*
Están oyendo música.	*They're listening to music.*
No he oído hablar de esa marca.	*I haven't heard of that brand.*
¿Oíste decir que quebró la compañía?	*Did you hear that the company went bankrupt?*
¡Oye!	*Hey!*

TOP 50 VERB ☞

¡Cállate! Las paredes oyen.   *Be quiet! The walls have ears.*
Los fieles oían misa todos los domingos.   *The congregants heard mass every Sunday.*
He oído decir que solicitan un préstamo.   *I've heard that you're applying for a loan.*
Los oímos reír/gritar/caer/llorar.   *We heard them laugh/shout/fall/cry.*
¿No oyes al perro/gato ladrando/maullando?   *Don't you hear the dog/cat barking/meowing?*
No hay peor sordo que el que no quiere oír.   *There are none so deaf as those who don't want to hear.*
Me parece que lo has oído mal/al revés.   *I think you've misunderstood/heard wrong.*
—Óyeme bien.   *Hear me out./Listen carefully.*
—Soy todo oídos.   *I'm all ears.*

Other Uses

—Tienes buen oído.   *You have a good ear.*
—Todos mis familiares tienen el oído fino.   *All of my relatives have sharp hearing.*
Toca el piano de oído.   *He plays the piano by ear.*
—No quiero que nadie oiga la noticia.   *I don't want anyone to hear the news.*
—Pues háblame al oído.   *Then whisper it in my ear.*
—La música es muy agradable al oído, ¿no?   *The music is very pleasing to the ear, isn't it?*
—¡A mí me lastima el oído!   *It hurts my ears!*
—Entonces, tápate los oídos.   *Then cover your ears.*
Todo le entra por un oído y le sale por el otro.   *Everything goes in one ear and out the other.*
—Al niño le duelen los oídos.   *The child has an earache.*
—Tiene infección del oído interno.   *He has an inner ear infection.*
Todas sus solicitudes caían en oídos sordos.   *All their demands fell on deaf ears.*
Tiene el oído muy bueno.   *She has very good hearing.*
Me enteré de oídas.   *I found out by hearsay.*

irregular verb

huelo · olieron · olido · oliendo

PRESENT

huelo	olimos
hueles	oléis
huele	huelen

IMPERFECT

olía	olíamos
olías	olíais
olía	olían

FUTURE

oleré	oleremos
olerás	oleréis
olerá	olerán

PLUPERFECT

había olido	habíamos olido
habías olido	habíais olido
había olido	habían olido

FUTURE PERFECT

habré olido	habremos olido
habrás olido	habréis olido
habrá olido	habrán olido

PRESENT SUBJUNCTIVE

huela	olamos
huelas	oláis
huela	huelan

IMPERFECT SUBJUNCTIVE (-ra)

oliera	oliéramos
olieras	olierais
oliera	olieran

PAST PERFECT SUBJUNCTIVE (-ra)

hubiera olido	hubiéramos olido
hubieras olido	hubierais olido
hubiera olido	hubieran olido

PRETERIT

olí	olimos
oliste	olisteis
olió	olieron

PRESENT PERFECT

he olido	hemos olido
has olido	habéis olido
ha olido	han olido

CONDITIONAL

olería	oleríamos
olerías	oleríais
olería	olerían

PRETERIT PERFECT

hube olido	hubimos olido
hubiste olido	hubisteis olido
hubo olido	hubieron olido

CONDITIONAL PERFECT

habría olido	habríamos olido
habrías olido	habríais olido
habría olido	habrían olido

PRESENT PERFECT SUBJUNCTIVE

haya olido	hayamos olido
hayas olido	hayáis olido
haya olido	hayan olido

or **IMPERFECT SUBJUNCTIVE (-se)**

oliese	oliésemos
olieses	olieseis
oliese	oliesen

or **PAST PERFECT SUBJUNCTIVE (-se)**

hubiese olido	hubiésemos olido
hubieses olido	hubieseis olido
hubiese olido	hubiesen olido

PROGRESSIVE TENSES

PRESENT	estoy, estás, está, estamos, estáis, están
PRETERIT	estuve, estuviste, estuvo, estuvimos, estuvisteis, estuvieron
IMPERFECT	estaba, estabas, estaba, estábamos, estabais, estaban
FUTURE	estaré, estarás, estará, estaremos, estaréis, estarán
CONDITIONAL	estaría, estarías, estaría, estaríamos, estaríais, estarían
SUBJUNCTIVE	que + *corresponding subjunctive tense of* estar (*see verb 252*)

\} oliendo

COMMANDS

	(nosotros) olamos/no olamos
(tú) huele/no huelas	(vosotros) oled/no oláis
(Ud.) huela/no huela	(Uds.) huelan/no huelan

Usage

El perfume huele muy bien.	*The perfume smells very nice.*
Huele a muguete.	*It smells like lily of the valley.*
—El negocio huele a fraude.	*The business deal smacks of fraud.*
—En efecto huele mal.	*Indeed it smells fishy/suspicious.*
Su pretexto olía a mentira.	*His alibi sounded like a lie.*
Tienes el olfato muy fino.	*Your sense of smell is very sharp.*
¡Deja de olfatear donde no te importa!	*Stop nosing about in things that are none of your business!*

olvidar *to forget*

olvido · olvidaron · olvidado · olvidando

regular *-ar* verb

PRESENT		PRETERIT	
olvido	olvidamos	olvidé	olvidamos
olvidas	olvidáis	olvidaste	olvidasteis
olvida	olvidan	olvidó	olvidaron

IMPERFECT		PRESENT PERFECT	
olvidaba	olvidábamos	he olvidado	hemos olvidado
olvidabas	olvidabais	has olvidado	habéis olvidado
olvidaba	olvidaban	ha olvidado	han olvidado

FUTURE		CONDITIONAL	
olvidaré	olvidaremos	olvidaría	olvidaríamos
olvidarás	olvidaréis	olvidarías	olvidaríais
olvidará	olvidarán	olvidaría	olvidarían

PLUPERFECT		PRETERIT PERFECT	
había olvidado	habíamos olvidado	hube olvidado	hubimos olvidado
habías olvidado	habíais olvidado	hubiste olvidado	hubisteis olvidado
había olvidado	habían olvidado	hubo olvidado	hubieron olvidado

FUTURE PERFECT		CONDITIONAL PERFECT	
habré olvidado	habremos olvidado	habría olvidado	habríamos olvidado
habrás olvidado	habréis olvidado	habrías olvidado	habríais olvidado
habrá olvidado	habrán olvidado	habría olvidado	habrían olvidado

PRESENT SUBJUNCTIVE		PRESENT PERFECT SUBJUNCTIVE	
olvide	olvidemos	haya olvidado	hayamos olvidado
olvides	olvidéis	hayas olvidado	hayáis olvidado
olvide	olviden	haya olvidado	hayan olvidado

IMPERFECT SUBJUNCTIVE (-ra)		*or* IMPERFECT SUBJUNCTIVE (-se)	
olvidara	olvidáramos	olvidase	olvidásemos
olvidaras	olvidarais	olvidases	olvidaseis
olvidara	olvidaran	olvidase	olvidasen

PAST PERFECT SUBJUNCTIVE (-ra)		*or* PAST PERFECT SUBJUNCTIVE (-se)	
hubiera olvidado	hubiéramos olvidado	hubiese olvidado	hubiésemos olvidado
hubieras olvidado	hubierais olvidado	hubieses olvidado	hubieseis olvidado
hubiera olvidado	hubieran olvidado	hubiese olvidado	hubiesen olvidado

PROGRESSIVE TENSES

PRESENT	estoy, estás, está, estamos, estáis, están
PRETERIT	estuve, estuviste, estuvo, estuvimos, estuvisteis, estuvieron
IMPERFECT	estaba, estabas, estaba, estábamos, estabais, estaban
FUTURE	estaré, estarás, estará, estaremos, estaréis, estarán
CONDITIONAL	estaría, estarías, estaría, estaríamos, estaríais, estarían
SUBJUNCTIVE	que + *corresponding subjunctive tense of* estar (*see verb 252*)

olvidando

COMMANDS

	(nosotros) olvidemos/no olvidemos
(tú) olvida/no olvides	(vosotros) olvidad/no olvidéis
(Ud.) olvide/no olvide	(Uds.) olviden/no olviden

Usage

—Uds. olvidaron la fecha.	*You forgot the date.*
—Desgraciadamente nos olvidamos de todo.	*Regrettably, we forget everything.*
Se me olvidaron los disquetes en casa.	*I forgot the disks at home.*
Se les ha olvidado la clave de acceso.	*The password slipped their minds.*
Son olvidadizos.	*They're forgetful.*
No me entregó la carta por olvido.	*She didn't give me the letter due to an oversight.*
Su legado cayó en el olvido.	*Their legacy fell into oblivion.*

irregular reflexive verb (like **poner**)   **opongo · opusieron · opuesto · oponiéndose**

PRESENT

me opongo	nos oponemos
te opones	os oponéis
se opone	se oponen

IMPERFECT

me oponía	nos oponíamos
te oponías	os oponíais
se oponía	se oponían

FUTURE

me opondré	nos opondremos
te opondrás	os opondréis
se opondrá	se opondrán

PLUPERFECT

me había opuesto	nos habíamos opuesto
te habías opuesto	os habíais opuesto
se había opuesto	se habían opuesto

FUTURE PERFECT

me habré opuesto	nos habremos opuesto
te habrás opuesto	os habréis opuesto
se habrá opuesto	se habrán opuesto

PRESENT SUBJUNCTIVE

me oponga	nos opongamos
te opongas	os opongáis
se oponga	se opongan

IMPERFECT SUBJUNCTIVE (-ra)

me opusiera	nos opusiéramos
te opusieras	os opusierais
se opusiera	se opusieran

PAST PERFECT SUBJUNCTIVE (-ra)

me hubiera opuesto	nos hubiéramos opuesto
te hubieras opuesto	os hubierais opuesto
se hubiera opuesto	se hubieran opuesto

PRETERIT

me opuse	nos opusimos
te opusiste	os opusisteis
se opuso	se opusieron

PRESENT PERFECT

me he opuesto	nos hemos opuesto
te has opuesto	os habéis opuesto
se ha opuesto	se han opuesto

CONDITIONAL

me opondría	nos opondríamos
te opondrías	os opondríais
se opondría	se opondrían

PRETERIT PERFECT

me hube opuesto	nos hubimos opuesto
te hubiste opuesto	os hubisteis opuesto
se hubo opuesto	se hubieron opuesto

CONDITIONAL PERFECT

me habría opuesto	nos habríamos opuesto
te habrías opuesto	os habríais opuesto
se habría opuesto	se habrían opuesto

PRESENT PERFECT SUBJUNCTIVE

me haya opuesto	nos hayamos opuesto
te hayas opuesto	os hayáis opuesto
se haya opuesto	se hayan opuesto

or **IMPERFECT SUBJUNCTIVE (-se)**

me opusiese	nos opusiésemos
te opusieses	os opusieseis
se opusiese	se opusiesen

or **PAST PERFECT SUBJUNCTIVE (-se)**

me hubiese opuesto	nos hubiésemos opuesto
te hubieses opuesto	os hubieseis opuesto
se hubiese opuesto	se hubiesen opuesto

PROGRESSIVE TENSES

PRESENT	estoy, estás, está, estamos, estáis, están
PRETERIT	estuve, estuviste, estuvo, estuvimos, estuvisteis, estuvieron
IMPERFECT	estaba, estabas, estaba, estábamos, estabais, estaban
FUTURE	estaré, estarás, estará, estaremos, estaréis, estarán
CONDITIONAL	estaría, estarías, estaría, estaríamos, estaríais, estarían
SUBJUNCTIVE	que + *corresponding subjunctive tense of* estar (*see verb 252*)

oponiendo (*see page 31*)

COMMANDS

	(nosotros) opongámonos/no nos opongamos
(tú) oponte/no te opongas	(vosotros) oponeos/no os opongáis
(Ud.) opóngase/no se oponga	(Uds.) opónganse/no se opongan

Usage

Me opongo a la propuesta.	*I oppose the proposal.*
Dudo que se opongan a nuestras recomendaciones.	*I doubt they'll object to our recommendations.*
Los candidatos se opusieron en el debate.	*The candidates opposed each other in the debate.*
¿Por qué os oponíais?	*Why did you oppose each other?*
Nuestro equipo opone al suyo.	*Our team is opposing yours.*
Se mantienen firmes en su oposición.	*They're unyielding in their opposition.*

ordenar   *to put in order, arrange, straighten up, order; ordain*

ordeno · ordenaron · ordenado · ordenando   regular *-ar* verb

PRESENT

ordeno	ordenamos
ordenas	ordenáis
ordena	ordenan

PRETERIT

ordené	ordenamos
ordenaste	ordenasteis
ordenó	ordenaron

IMPERFECT

ordenaba	ordenábamos
ordenabas	ordenabais
ordenaba	ordenaban

PRESENT PERFECT

he ordenado	hemos ordenado
has ordenado	habéis ordenado
ha ordenado	han ordenado

FUTURE

ordenaré	ordenaremos
ordenarás	ordenaréis
ordenará	ordenarán

CONDITIONAL

ordenaría	ordenaríamos
ordenarías	ordenaríais
ordenaría	ordenarían

PLUPERFECT

había ordenado	habíamos ordenado
habías ordenado	habíais ordenado
había ordenado	habían ordenado

PRETERIT PERFECT

hube ordenado	hubimos ordenado
hubiste ordenado	hubisteis ordenado
hubo ordenado	hubieron ordenado

FUTURE PERFECT

habré ordenado	habremos ordenado
habrás ordenado	habréis ordenado
habrá ordenado	habrán ordenado

CONDITIONAL PERFECT

habría ordenado	habríamos ordenado
habrías ordenado	habríais ordenado
habría ordenado	habrían ordenado

PRESENT SUBJUNCTIVE

ordene	ordenemos
ordenes	ordenéis
ordene	ordenen

PRESENT PERFECT SUBJUNCTIVE

haya ordenado	hayamos ordenado
hayas ordenado	hayáis ordenado
haya ordenado	hayan ordenado

IMPERFECT SUBJUNCTIVE (-ra)

ordenara	ordenáramos
ordenaras	ordenarais
ordenara	ordenaran

or **IMPERFECT SUBJUNCTIVE (-se)**

ordenase	ordenásemos
ordenases	ordenaseis
ordenase	ordenasen

PAST PERFECT SUBJUNCTIVE (-ra)

hubiera ordenado	hubiéramos ordenado
hubieras ordenado	hubierais ordenado
hubiera ordenado	hubieran ordenado

or **PAST PERFECT SUBJUNCTIVE (-se)**

hubiese ordenado	hubiésemos ordenado
hubieses ordenado	hubieseis ordenado
hubiese ordenado	hubiesen ordenado

PROGRESSIVE TENSES

PRESENT	estoy, estás, está, estamos, estáis, están
PRETERIT	estuve, estuviste, estuvo, estuvimos, estuvisteis, estuvieron
IMPERFECT	estaba, estabas, estaba, estábamos, estabais, estaban
FUTURE	estaré, estarás, estará, estaremos, estaréis, estarán
CONDITIONAL	estaría, estarías, estaría, estaríamos, estaríais, estarían
SUBJUNCTIVE	que + *corresponding subjunctive tense of* estar (*see verb 252*)

} ordenando

COMMANDS

	(nosotros) ordenemos/no ordenemos
(tú) ordena/no ordenes	(vosotros) ordenad/no ordenéis
(Ud.) ordene/no ordene	(Uds.) ordenen/no ordenen

Usage

Pasé el día ordenando los ficheros.	*I spent the day putting the files in order.*
Hijo, ordena tu cuarto.	*Straighten up your room.*
No me gusta que me ordenen.	*I don't like to be ordered around.*
El sargento dio la orden.	*The sergeant gave the order/command.*
¿Qué hay en el orden del día?	*What's on the agenda?*
Fue ordenado de sacerdote.	*He was ordained as a priest.*
Viajo con mi ordenador (*Spain*) portátil.	*I travel with my laptop computer.*

-ar verb; spelling change: *z > c/e*   **organizo · organizaron · organizado · organizando**

PRESENT

organizo	organizamos
organizas	organizáis
organiza	organizan

PRETERIT

organicé	organizamos
organizaste	organizasteis
organizó	organizaron

IMPERFECT

organizaba	organizábamos
organizabas	organizabais
organizaba	organizaban

PRESENT PERFECT

he organizado	hemos organizado
has organizado	habéis organizado
ha organizado	han organizado

FUTURE

organizaré	organizaremos
organizarás	organizaréis
organizará	organizarán

CONDITIONAL

organizaría	organizaríamos
organizarías	organizaríais
organizaría	organizarían

PLUPERFECT

había organizado	habíamos organizado
habías organizado	habíais organizado
había organizado	habían organizado

PRETERIT PERFECT

hube organizado	hubimos organizado
hubiste organizado	hubisteis organizado
hubo organizado	hubieron organizado

FUTURE PERFECT

habré organizado	habremos organizado
habrás organizado	habréis organizado
habrá organizado	habrán organizado

CONDITIONAL PERFECT

habría organizado	habríamos organizado
habrías organizado	habríais organizado
habría organizado	habrían organizado

PRESENT SUBJUNCTIVE

organice	organicemos
organices	organicéis
organice	organicen

PRESENT PERFECT SUBJUNCTIVE

haya organizado	hayamos organizado
hayas organizado	hayáis organizado
haya organizado	hayan organizado

IMPERFECT SUBJUNCTIVE (-ra)

organizara	organizáramos
organizaras	organizarais
organizara	organizaran

or **IMPERFECT SUBJUNCTIVE (-se)**

organizase	organizásemos
organizases	organizaseis
organizase	organizasen

PAST PERFECT SUBJUNCTIVE (-ra)

hubiera organizado	hubiéramos organizado
hubieras organizado	hubierais organizado
hubiera organizado	hubieran organizado

or **PAST PERFECT SUBJUNCTIVE (-se)**

hubiese organizado	hubiésemos organizado
hubieses organizado	hubieseis organizado
hubiese organizado	hubiesen organizado

PROGRESSIVE TENSES

PRESENT	estoy, estás, está, estamos, estáis, están	
PRETERIT	estuve, estuviste, estuvo, estuvimos, estuvisteis, estuvieron	
IMPERFECT	estaba, estabas, estaba, estábamos, estabais, estaban	organizando
FUTURE	estaré, estarás, estará, estaremos, estaréis, estarán	
CONDITIONAL	estaría, estarías, estaría, estaríamos, estaríais, estarían	
SUBJUNCTIVE	que + *corresponding subjunctive tense of* estar (*see verb 252*)	

COMMANDS

	(nosotros) organicemos/no organicemos
(tú) organiza/no organices	(vosotros) organizad/no organicéis
(Ud.) organice/no organice	(Uds.) organicen/no organicen

Usage

Organicen la junta general para el martes.	*Organize the general meeting for Tuesday.*
Nos vamos organizando.	*We're getting ourselves set up.*
Se organizó una comida para 200 personas.	*They organized a dinner for 200 people.*
Todo está organizado.	*Everything is arranged.*
OTAN es la sigla de la Organización del Tratado Atlántico Norte.	*NATO is the abbreviation of the North Atlantic Treaty Organization.*
Son buenos organizadores.	*They're good organizers.*

otorgar *to grant, give, award, confer*

otorgo · otorgaron · otorgado · otorgando

-ar verb; spelling change: *g > gu/e*

PRESENT

otorgo	otorgamos
otorgas	otorgáis
otorga	otorgan

PRETERIT

otorgué	otorgamos
otorgaste	otorgasteis
otorgó	otorgaron

IMPERFECT

otorgaba	otorgábamos
otorgabas	otorgabais
otorgaba	otorgaban

PRESENT PERFECT

he otorgado	hemos otorgado
has otorgado	habéis otorgado
ha otorgado	han otorgado

FUTURE

otorgaré	otorgaremos
otorgarás	otorgaréis
otorgará	otorgarán

CONDITIONAL

otorgaría	otorgaríamos
otorgarías	otorgaríais
otorgaría	otorgarían

PLUPERFECT

había otorgado	habíamos otorgado
habías otorgado	habíais otorgado
había otorgado	habían otorgado

PRETERIT PERFECT

hube otorgado	hubimos otorgado
hubiste otorgado	hubisteis otorgado
hubo otorgado	hubieron otorgado

FUTURE PERFECT

habré otorgado	habremos otorgado
habrás otorgado	habréis otorgado
habrá otorgado	habrán otorgado

CONDITIONAL PERFECT

habría otorgado	habríamos otorgado
habrías otorgado	habríais otorgado
habría otorgado	habrían otorgado

PRESENT SUBJUNCTIVE

otorgue	otorguemos
otorgues	otorguéis
otorgue	otorguen

PRESENT PERFECT SUBJUNCTIVE

haya otorgado	hayamos otorgado
hayas otorgado	hayáis otorgado
haya otorgado	hayan otorgado

IMPERFECT SUBJUNCTIVE (-ra)

otorgara	otorgáramos
otorgaras	otorgarais
otorgara	otorgaran

or **IMPERFECT SUBJUNCTIVE (-se)**

otorgase	otorgásemos
otorgases	otorgaseis
otorgase	otorgasen

PAST PERFECT SUBJUNCTIVE (-ra)

hubiera otorgado	hubiéramos otorgado
hubieras otorgado	hubierais otorgado
hubiera otorgado	hubieran otorgado

or **PAST PERFECT SUBJUNCTIVE (-se)**

hubiese otorgado	hubiésemos otorgado
hubieses otorgado	hubieseis otorgado
hubiese otorgado	hubiesen otorgado

PROGRESSIVE TENSES

PRESENT	estoy, estás, está, estamos, estáis, están
PRETERIT	estuve, estuviste, estuvo, estuvimos, estuvisteis, estuvieron
IMPERFECT	estaba, estabas, estaba, estábamos, estabais, estaban
FUTURE	estaré, estarás, estará, estaremos, estaréis, estarán
CONDITIONAL	estaría, estarías, estaría, estaríamos, estaríais, estarían
SUBJUNCTIVE	que + *corresponding subjunctive tense of* estar (*see verb 252*)

otorgando

COMMANDS

	(nosotros) otorguemos/no otorguemos
(tú) otorga/no otorgues	(vosotros) otorgad/no otorguéis
(Ud.) otorgue/no otorgue	(Uds.) otorguen/no otorguen

Usage

Le otorgaron un premio muy importante.	*They awarded him a very important prize.*
Nos otorgó licencia.	*He granted us permission.*
Su jefe le otorgó permiso.	*His boss gave him permission.*
Los honores fueron otorgados durante la ceremonia.	*The honors were conferred during the ceremony.*

-*ar* verb; spelling change: *g* > *gu/e*

pago · pagaron · pagado · pagando

PRESENT		**PRETERIT**	
pago	pagamos	pagué	pagamos
pagas	pagáis	pagaste	pagasteis
paga	pagan	pagó	pagaron

IMPERFECT		**PRESENT PERFECT**	
pagaba	pagábamos	he pagado	hemos pagado
pagabas	pagabais	has pagado	habéis pagado
pagaba	pagaban	ha pagado	han pagado

FUTURE		**CONDITIONAL**	
pagaré	pagaremos	pagaría	pagaríamos
pagarás	pagaréis	pagarías	pagaríais
pagará	pagarán	pagaría	pagarían

PLUPERFECT		**PRETERIT PERFECT**	
había pagado	habíamos pagado	hube pagado	hubimos pagado
habías pagado	habíais pagado	hubiste pagado	hubisteis pagado
había pagado	habían pagado	hubo pagado	hubieron pagado

FUTURE PERFECT		**CONDITIONAL PERFECT**	
habré pagado	habremos pagado	habría pagado	habríamos pagado
habrás pagado	habréis pagado	habrías pagado	habríais pagado
habrá pagado	habrán pagado	habría pagado	habrían pagado

PRESENT SUBJUNCTIVE		**PRESENT PERFECT SUBJUNCTIVE**	
pague	paguemos	haya pagado	hayamos pagado
pagues	paguéis	hayas pagado	hayáis pagado
pague	paguen	haya pagado	hayan pagado

IMPERFECT SUBJUNCTIVE (-ra)		*or* **IMPERFECT SUBJUNCTIVE (-se)**	
pagara	pagáramos	pagase	pagásemos
pagaras	pagarais	pagases	pagaseis
pagara	pagaran	pagase	pagasen

PAST PERFECT SUBJUNCTIVE (-ra)		*or* **PAST PERFECT SUBJUNCTIVE (-se)**	
hubiera pagado	hubiéramos pagado	hubiese pagado	hubiésemos pagado
hubieras pagado	hubierais pagado	hubieses pagado	hubieseis pagado
hubiera pagado	hubieran pagado	hubiese pagado	hubiesen pagado

PROGRESSIVE TENSES

PRESENT	estoy, estás, está, estamos, estáis, están
PRETERIT	estuve, estuviste, estuvo, estuvimos, estuvisteis, estuvieron
IMPERFECT	estaba, estabas, estaba, estábamos, estabais, estaban
FUTURE	estaré, estarás, estará, estaremos, estaréis, estarán
CONDITIONAL	estaría, estarías, estaría, estaríamos, estaríais, estarían
SUBJUNCTIVE	que + *corresponding subjunctive tense of* estar (*see verb 252*)

} pagando

COMMANDS

	(nosotros) paguemos/no paguemos
(tú) paga/no pagues	(vosotros) pagad/no paguéis
(Ud.) pague/no pague	(Uds.) paguen/no paguen

Usage

Pagué la matrícula.	*I paid the registration fee.*
Todo el mundo paga impuestos.	*Everyone pays taxes.*
Pagarás las consecuencias de tus acciones.	*You'll pay the consequences for your actions.*
Se paga al contado/a plazos.	*You can pay cash/in installments.*
Opté por el pago en cuotas.	*I chose payment in installments.*
¿Cobraste paga extraordinaria este mes?	*Did you receive extra pay this month?*
Está tremendamente pagada de sí misma.	*She's terribly conceited.*

385

palidecer   to turn pale, grow dim, be on the wane

palidezco · palidecieron · palidecido · palideciendo   -er verb; spelling change: c > zc/o, a

PRESENT		PRETERIT	
palidezco	palidecemos	palidecí	palidecimos
palideces	palidecéis	palideciste	palidecisteis
palidece	palidecen	palideció	palidecieron

IMPERFECT		PRESENT PERFECT	
palidecía	palidecíamos	he palidecido	hemos palidecido
palidecías	palidecíais	has palidecido	habéis palidecido
palidecía	palidecían	ha palidecido	han palidecido

FUTURE		CONDITIONAL	
palideceré	palideceremos	palidecería	palideceríamos
palidecerás	palideceréis	palidecerías	palideceríais
palidecerá	palidecerán	palidecería	palidecerían

PLUPERFECT		PRETERIT PERFECT	
había palidecido	habíamos palidecido	hube palidecido	hubimos palidecido
habías palidecido	habíais palidecido	hubiste palidecido	hubisteis palidecido
había palidecido	habían palidecido	hubo palidecido	hubieron palidecido

FUTURE PERFECT		CONDITIONAL PERFECT	
habré palidecido	habremos palidecido	habría palidecido	habríamos palidecido
habrás palidecido	habréis palidecido	habrías palidecido	habríais palidecido
habrá palidecido	habrán palidecido	habría palidecido	habrían palidecido

PRESENT SUBJUNCTIVE		PRESENT PERFECT SUBJUNCTIVE	
palidezca	palidezcamos	haya palidecido	hayamos palidecido
palidezcas	palidezcáis	hayas palidecido	hayáis palidecido
palidezca	palidezcan	haya palidecido	hayan palidecido

IMPERFECT SUBJUNCTIVE (-ra)		*or* IMPERFECT SUBJUNCTIVE (-se)	
palideciera	palideciéramos	palideciese	palideciésemos
palidecieras	palidecierais	palidecieses	palidecieseis
palideciera	palidecieran	palideciese	palideciesen

PAST PERFECT SUBJUNCTIVE (-ra)		*or* PAST PERFECT SUBJUNCTIVE (-se)	
hubiera palidecido	hubiéramos palidecido	hubiese palidecido	hubiésemos palidecido
hubieras palidecido	hubierais palidecido	hubieses palidecido	hubieseis palidecido
hubiera palidecido	hubieran palidecido	hubiese palidecido	hubiesen palidecido

PROGRESSIVE TENSES

PRESENT	estoy, estás, está, estamos, estáis, están	
PRETERIT	estuve, estuviste, estuvo, estuvimos, estuvisteis, estuvieron	
IMPERFECT	estaba, estabas, estaba, estábamos, estabais, estaban	palideciendo
FUTURE	estaré, estarás, estará, estaremos, estaréis, estarán	
CONDITIONAL	estaría, estarías, estaría, estaríamos, estaríais, estarían	
SUBJUNCTIVE	que + *corresponding subjunctive tense of* estar (*see verb 252*)	

COMMANDS

	(nosotros) palidezcamos/no palidezcamos
(tú) palidece/no palidezcas	(vosotros) palideced/no palidezcáis
(Ud.) palidezca/no palidezca	(Uds.) palidezcan/no palidezcan

Usage

Palideció al ver el escorpión.	*She turned pale when she saw the scorpion.*
La luz palidecía.	*The light was growing dim.*
Su éxito empieza a palidecer.	*His success is beginning to wane.*
Los hermosos colores de la tela palidecían.	*The beautiful colors of the fabric were fading.*
Se puso pálido por el catarro.	*He turned pale because of his cold.*
Su piel tiene una palidez insólita.	*Their skin has an unusual pallor.*

regular *-ar* verb

paro · pararon · parado · parando

PRESENT

paro	paramos
paras	paráis
para	paran

PRETERIT

paré	paramos
paraste	parasteis
paró	pararon

IMPERFECT

paraba	parábamos
parabas	parabais
paraba	paraban

PRESENT PERFECT

he parado	hemos parado
has parado	habéis parado
ha parado	han parado

FUTURE

pararé	pararemos
pararás	pararéis
parará	pararán

CONDITIONAL

pararía	pararíamos
pararías	pararíais
pararía	pararían

PLUPERFECT

había parado	habíamos parado
habías parado	habíais parado
había parado	habían parado

PRETERIT PERFECT

hube parado	hubimos parado
hubiste parado	hubisteis parado
hubo parado	hubieron parado

FUTURE PERFECT

habré parado	habremos parado
habrás parado	habréis parado
habrá parado	habrán parado

CONDITIONAL PERFECT

habría parado	habríamos parado
habrías parado	habríais parado
habría parado	habrían parado

PRESENT SUBJUNCTIVE

pare	paremos
pares	paréis
pare	paren

PRESENT PERFECT SUBJUNCTIVE

haya parado	hayamos parado
hayas parado	hayáis parado
haya parado	hayan parado

IMPERFECT SUBJUNCTIVE (-ra)

parara	paráramos
pararas	pararais
parara	pararan

or **IMPERFECT SUBJUNCTIVE (-se)**

parase	parásemos
parases	paraseis
parase	parasen

PAST PERFECT SUBJUNCTIVE (-ra)

hubiera parado	hubiéramos parado
hubieras parado	hubierais parado
hubiera parado	hubieran parado

or **PAST PERFECT SUBJUNCTIVE (-se)**

hubiese parado	hubiésemos parado
hubieses parado	hubieseis parado
hubiese parado	hubiesen parado

PROGRESSIVE TENSES

PRESENT	estoy, estás, está, estamos, estáis, están
PRETERIT	estuve, estuviste, estuvo, estuvimos, estuvisteis, estuvieron
IMPERFECT	estaba, estabas, estaba, estábamos, estabais, estaban
FUTURE	estaré, estarás, estará, estaremos, estaréis, estarán
CONDITIONAL	estaría, estarías, estaría, estaríamos, estaríais, estarían
SUBJUNCTIVE	que + *corresponding subjunctive tense of* estar (*see verb 252*)

} parando

COMMANDS

	(nosotros) paremos/no paremos
(tú) para/no pares	(vosotros) parad/no paréis
(Ud.) pare/no pare	(Uds.) paren/no paren

Usage

Espero que la tempestad pare pronto.	*I hope the storm will stop soon.*
Pare el coche en el andén de la carretera.	*Stop the car at the shoulder of the road.*
Ensayamos sin parar.	*We rehearsed nonstop.*
Pararon en el parador en Toledo.	*They stayed at the parador* (Spanish national hotel) *in Toledo.*
Párate.	*Stand up.* (Amer.)
Nos paramos a pensar.	*We stopped to think.*
Hay pocos paros en estos días.	*There's little unemployment these days.*

PRESENT		PRETERIT	
parezco	parecemos	parecí	parecimos
pareces	parecéis	pareciste	parecisteis
parece	parecen	pareció	parecieron

IMPERFECT		PRESENT PERFECT	
parecía	parecíamos	he parecido	hemos parecido
parecías	parecíais	has parecido	habéis parecido
parecía	parecían	ha parecido	han parecido

FUTURE		CONDITIONAL	
pareceré	pareceremos	parecería	pareceríamos
parecerás	pareceréis	parecerías	pareceríais
parecerá	parecerán	parecería	parecerían

PLUPERFECT		PRETERIT PERFECT	
había parecido	habíamos parecido	hube parecido	hubimos parecido
habías parecido	habíais parecido	hubiste parecido	hubisteis parecido
había parecido	habían parecido	hubo parecido	hubieron parecido

FUTURE PERFECT		CONDITIONAL PERFECT	
habré parecido	habremos parecido	habría parecido	habríamos parecido
habrás parecido	habréis parecido	habrías parecido	habríais parecido
habrá parecido	habrán parecido	habría parecido	habrían parecido

PRESENT SUBJUNCTIVE		PRESENT PERFECT SUBJUNCTIVE	
parezca	parezcamos	haya parecido	hayamos parecido
parezcas	parezcáis	hayas parecido	hayáis parecido
parezca	parezcan	haya parecido	hayan parecido

IMPERFECT SUBJUNCTIVE (-ra)		*or* IMPERFECT SUBJUNCTIVE (-se)	
pareciera	pareciéramos	pareciese	pareciésemos
parecieras	parecierais	parecieses	parecieseis
pareciera	parecieran	pareciese	pareciesen

PAST PERFECT SUBJUNCTIVE (-ra)		*or* PAST PERFECT SUBJUNCTIVE (-se)	
hubiera parecido	hubiéramos parecido	hubiese parecido	hubiésemos parecido
hubieras parecido	hubierais parecido	hubieses parecido	hubieseis parecido
hubiera parecido	hubieran parecido	hubiese parecido	hubiesen parecido

PROGRESSIVE TENSES

PRESENT	estoy, estás, está, estamos, estáis, están	
PRETERIT	estuve, estuviste, estuvo, estuvimos, estuvisteis, estuvieron	
IMPERFECT	estaba, estabas, estaba, estábamos, estabais, estaban	pareciendo
FUTURE	estaré, estarás, estará, estaremos, estaréis, estarán	
CONDITIONAL	estaría, estarías, estaría, estaríamos, estaríais, estarían	
SUBJUNCTIVE	que + *corresponding subjunctive tense of* estar (*see verb 252*)	

COMMANDS

	(nosotros) parezcamos/no parezcamos
(tú) parece/no parezcas	(vosotros) pareced/no parezcáis
(Ud.) parezca/no parezca	(Uds.) parezcan/no parezcan

Usage

Parecen desanimados.	*They look dejected.*
Parece que va a llover.	*It looks as if it's going to rain.*
—¿Qué te parece su idea?	*What do you think of their idea?*
—Me parece genial pero difícil de realizar.	*I think it's brilliant but difficult to implement.*
Se parecen a sus padres.	*They look like/resemble their parents.*
La hermana es muy parecida a su hermano.	*The sister is a lot like her brother.*
A mi parecer, él es bien parecido.	*In my opinion, he's nice-looking.*

PRESENT

parto	partimos
partes	partís
parte	parten

IMPERFECT

partía	partíamos
partías	partíais
partía	partían

FUTURE

partiré	partiremos
partirás	partiréis
partirá	partirán

PLUPERFECT

había partido	habíamos partido
habías partido	habíais partido
había partido	habían partido

FUTURE PERFECT

habré partido	habremos partido
habrás partido	habréis partido
habrá partido	habrán partido

PRESENT SUBJUNCTIVE

parta	partamos
partas	partáis
parta	partan

IMPERFECT SUBJUNCTIVE (-ra)

partiera	partiéramos
partieras	partierais
partiera	partieran

PAST PERFECT SUBJUNCTIVE (-ra)

hubiera partido	hubiéramos partido
hubieras partido	hubierais partido
hubiera partido	hubieran partido

PRETERIT

partí	partimos
partiste	partisteis
partió	partieron

PRESENT PERFECT

he partido	hemos partido
has partido	habéis partido
ha partido	han partido

CONDITIONAL

partiría	partiríamos
partirías	partiríais
partiría	partirían

PRETERIT PERFECT

hube partido	hubimos partido
hubiste partido	hubisteis partido
hubo partido	hubieron partido

CONDITIONAL PERFECT

habría partido	habríamos partido
habrías partido	habríais partido
habría partido	habrían partido

PRESENT PERFECT SUBJUNCTIVE

haya partido	hayamos partido
hayas partido	hayáis partido
haya partido	hayan partido

or **IMPERFECT SUBJUNCTIVE (-se)**

partiese	partiésemos
partieses	partieseis
partiese	partiesen

or **PAST PERFECT SUBJUNCTIVE (-se)**

hubiese partido	hubiésemos partido
hubieses partido	hubieseis partido
hubiese partido	hubiesen partido

PROGRESSIVE TENSES

PRESENT	estoy, estás, está, estamos, estáis, están
PRETERIT	estuve, estuviste, estuvo, estuvimos, estuvisteis, estuvieron
IMPERFECT	estaba, estabas, estaba, estábamos, estabais, estaban
FUTURE	estaré, estarás, estará, estaremos, estaréis, estarán
CONDITIONAL	estaría, estarías, estaría, estaríamos, estaríais, estarían
SUBJUNCTIVE	que + *corresponding subjunctive tense of* estar (*see verb 252*)

} partiendo

COMMANDS

	(nosotros) partamos/no partamos
(tú) parte/no partas	(vosotros) partid/no partáis
(Ud.) parta/no parta	(Uds.) partan/no partan

Usage

Parte la pera en dos.	*Split/Cut the pear into two.*
Partamos la pizza en cuatro.	*Let's share the pizza among the four of us.*
Me parte el alma verlo tan desconsolado.	*It breaks my heart to see him so distressed.*
Parten para la sierra mañana.	*They're leaving for the mountains tomorrow.*
Se partían de risa.	*They were dying laughing.*
A partir de ahora nada de pretextos.	*From now on, no excuses.*
Quedó con parte de la consultoría.	*He ended up with a share of the consulting firm.*

to spend time

Pasamos el día haciendo turismo.
We spent the day sightseeing.

to have a good/bad time

Pasamos un buen/mal rato.
We had a good/bad time.
¡Que lo pasen bien!
Have a good time!
¿Qué tal lo pasaron anoche?
How did you enjoy yourselves last night?

to go by, pass

¡Cómo pasa el tiempo!
How time passes!

to go on, proceed

Pasemos a otro tema.
Let's proceed/move on to another topic.
Pase adelante.
Go on.

to be more than/be over (number)

Pasan de los 100.
There are more than 100.
No pasa de los 30.
He's not over 30.

to go too far

Esta vez pasó de la raya/de los límites.
This time he went too far/overboard.

to happen

¿Qué pasa?
What's happening?

to be the matter

¿Qué te pasa?
What's the matter with you?

to be out of fashion

Este vestido ha pasado de moda.
This dress has gone out of fashion/style.

to leave out, omit, miss out

Me parece que han pasado por alto el índice.
I think they've omitted the index.

to pass for, be taken for

Él pasaba por el invitado de honor.
He was taken for the guest of honor.

to occur to someone, cross someone's mind

No le pasó por la cabeza regalarles algo
   a los anfitriones.
It didn't occur to her to bring a gift to the hosts.

Other Uses

Hay que recordar el pasado.
We must remember the past.
Lo pasado, pasado está.
Let bygones be bygones.
Su pasatiempo favorito es el béisbol.
His favorite hobby is baseball.
Compré los pasajes en la agencia de viajes.
I bought the tickets at the travel agency.
Los pasajeros mostraron su pasaporte.
The passengers showed their passports.

TOP 50 VERBS

regular *-ar* verb   **paso · pasaron · pasado · pasando**

PRESENT

paso	pasamos
pasas	pasáis
pasa	pasan

IMPERFECT

pasaba	pasábamos
pasabas	pasabais
pasaba	pasaban

FUTURE

pasaré	pasaremos
pasarás	pasaréis
pasará	pasarán

PLUPERFECT

había pasado	habíamos pasado
habías pasado	habíais pasado
había pasado	habían pasado

FUTURE PERFECT

habré pasado	habremos pasado
habrás pasado	habréis pasado
habrá pasado	habrán pasado

PRESENT SUBJUNCTIVE

pase	pasemos
pases	paséis
pase	pasen

IMPERFECT SUBJUNCTIVE (-ra)

pasara	pasáramos
pasaras	pasarais
pasara	pasaran

PAST PERFECT SUBJUNCTIVE (-ra)

hubiera pasado	hubiéramos pasado
hubieras pasado	hubierais pasado
hubiera pasado	hubieran pasado

PRETERIT

pasé	pasamos
pasaste	pasasteis
pasó	pasaron

PRESENT PERFECT

he pasado	hemos pasado
has pasado	habéis pasado
ha pasado	han pasado

CONDITIONAL

pasaría	pasaríamos
pasarías	pasaríais
pasaría	pasarían

PRETERIT PERFECT

hube pasado	hubimos pasado
hubiste pasado	hubisteis pasado
hubo pasado	hubieron pasado

CONDITIONAL PERFECT

habría pasado	habríamos pasado
habrías pasado	habríais pasado
habría pasado	habrían pasado

PRESENT PERFECT SUBJUNCTIVE

haya pasado	hayamos pasado
hayas pasado	hayáis pasado
haya pasado	hayan pasado

or ## IMPERFECT SUBJUNCTIVE (-se)

pasase	pasásemos
pasases	pasaseis
pasase	pasasen

or ## PAST PERFECT SUBJUNCTIVE (-se)

hubiese pasado	hubiésemos pasado
hubieses pasado	hubieseis pasado
hubiese pasado	hubiesen pasado

PROGRESSIVE TENSES

PRESENT	estoy, estás, está, estamos, estáis, están
PRETERIT	estuve, estuviste, estuvo, estuvimos, estuvisteis, estuvieron
IMPERFECT	estaba, estabas, estaba, estábamos, estabais, estaban
FUTURE	estaré, estarás, estará, estaremos, estaréis, estarán
CONDITIONAL	estaría, estarías, estaría, estaríamos, estaríais, estarían
SUBJUNCTIVE	que + *corresponding subjunctive tense of* estar (*see verb 252*)

} pasando

COMMANDS

	(nosotros) pasemos/no pasemos
(tú) pasa/no pases	(vosotros) pasad/no paséis
(Ud.) pase/no pase	(Uds.) pasen/no pasen

Usage

Pásame el pan.	*Pass me the bread.*
¿Qué pasó?	*What happened?*
Pasaron ocho días en San Francisco.	*They spent a week in San Francisco.*
Pasaremos por tu casa.	*We'll drop by to see you.*
El tren pasa por Valencia.	*The train goes through Valencia.*
¡Pase!	*Come in!*

pasearse *to go for a walk, take a ride*

paseo · pasearon · paseado · paseándose

regular -ar reflexive verb

PRESENT

me paseo	nos paseamos
te paseas	os paseáis
se pasea	se pasean

PRETERIT

me paseé	nos paseamos
te paseaste	os paseasteis
se paseó	se pasearon

IMPERFECT

me paseaba	nos paseábamos
te paseabas	os paseabais
se paseaba	se paseaban

PRESENT PERFECT

me he paseado	nos hemos paseado
te has paseado	os habéis paseado
se ha paseado	se han paseado

FUTURE

me pasearé	nos pasearemos
te pasearás	os pasearéis
se paseará	se pasearán

CONDITIONAL

me pasearía	nos pasearíamos
te pasearías	os pasearíais
se pasearía	se pasearían

PLUPERFECT

me había paseado	nos habíamos paseado
te habías paseado	os habíais paseado
se había paseado	se habían paseado

PRETERIT PERFECT

me hube paseado	nos hubimos paseado
te hubiste paseado	os hubisteis paseado
se hubo paseado	se hubieron paseado

FUTURE PERFECT

me habré paseado	nos habremos paseado
te habrás paseado	os habréis paseado
se habrá paseado	se habrán paseado

CONDITIONAL PERFECT

me habría paseado	nos habríamos paseado
te habrías paseado	os habríais paseado
se habría paseado	se habrían paseado

PRESENT SUBJUNCTIVE

me pasee	nos paseemos
te pasees	os paseéis
se pasee	se paseen

PRESENT PERFECT SUBJUNCTIVE

me haya paseado	nos hayamos paseado
te hayas paseado	os hayáis paseado
se haya paseado	se hayan paseado

IMPERFECT SUBJUNCTIVE (-ra)

me paseara	nos paseáramos
te pasearas	os pasearais
se paseara	se pasearan

or **IMPERFECT SUBJUNCTIVE (-se)**

me pasease	nos paseásemos
te paseases	os paseaseis
se pasease	se paseasen

PAST PERFECT SUBJUNCTIVE (-ra)

me hubiera paseado	nos hubiéramos paseado
te hubieras paseado	os hubierais paseado
se hubiera paseado	se hubieran paseado

or **PAST PERFECT SUBJUNCTIVE (-se)**

me hubiese paseado	nos hubiésemos paseado
te hubieses paseado	os hubieseis paseado
se hubiese paseado	se hubiesen paseado

PROGRESSIVE TENSES

PRESENT	estoy, estás, está, estamos, estáis, están
PRETERIT	estuve, estuviste, estuvo, estuvimos, estuvisteis, estuvieron
IMPERFECT	estaba, estabas, estaba, estábamos, estabais, estaban
FUTURE	estaré, estarás, estará, estaremos, estaréis, estarán
CONDITIONAL	estaría, estarías, estaría, estaríamos, estaríais, estarían
SUBJUNCTIVE	que + *corresponding subjunctive tense of* estar (*see verb 252*)

} paseando (*see page 31*)

COMMANDS

	(nosotros) paseémonos/no nos paseemos
(tú) paséate/no te pasees	(vosotros) paseaos/no os paseéis
(Ud.) paséese/no se pasee	(Uds.) paséense/no se paseen

Usage

Nos paseábamos por el Retiro.	*We were taking a walk through the Retiro* (Madrid park).
¿Os paseasteis por el barrio histórico?	*Did you stroll through the historic quarter?*
Pasearán al perro pronto.	*They'll take the dog for a walk soon.*
Están dando un paseo en bicicleta.	*They're taking a bicycle ride.*
¡Cuántos hermosos paseos tiene la ciudad!	*How many beautiful avenues the city has!*

regular -ar verb

patino · patinaron · patinado · patinando

PRESENT

patino	patinamos
patinas	patináis
patina	patinan

IMPERFECT

patinaba	patinábamos
patinabas	patinabais
patinaba	patinaban

FUTURE

patinaré	patinaremos
patinarás	patinaréis
patinará	patinarán

PLUPERFECT

había patinado	habíamos patinado
habías patinado	habíais patinado
había patinado	habían patinado

FUTURE PERFECT

habré patinado	habremos patinado
habrás patinado	habréis patinado
habrá patinado	habrán patinado

PRESENT SUBJUNCTIVE

patine	patinemos
patines	patinéis
patine	patinen

IMPERFECT SUBJUNCTIVE (-ra)

patinara	patináramos
patinaras	patinarais
patinara	patinaran

PAST PERFECT SUBJUNCTIVE (-ra)

hubiera patinado	hubiéramos patinado
hubieras patinado	hubierais patinado
hubiera patinado	hubieran patinado

PRETERIT

patiné	patinamos
patinaste	patinasteis
patinó	patinaron

PRESENT PERFECT

he patinado	hemos patinado
has patinado	habéis patinado
ha patinado	han patinado

CONDITIONAL

patinaría	patinaríamos
patinarías	patinaríais
patinaría	patinarían

PRETERIT PERFECT

hube patinado	hubimos patinado
hubiste patinado	hubisteis patinado
hubo patinado	hubieron patinado

CONDITIONAL PERFECT

habría patinado	habríamos patinado
habrías patinado	habríais patinado
habría patinado	habrían patinado

PRESENT PERFECT SUBJUNCTIVE

haya patinado	hayamos patinado
hayas patinado	hayáis patinado
haya patinado	hayan patinado

or **IMPERFECT SUBJUNCTIVE (-se)**

patinase	patinásemos
patinases	patinaseis
patinase	patinasen

or **PAST PERFECT SUBJUNCTIVE (-se)**

hubiese patinado	hubiésemos patinado
hubieses patinado	hubieseis patinado
hubiese patinado	hubiesen patinado

PROGRESSIVE TENSES

PRESENT	estoy, estás, está, estamos, estáis, están
PRETERIT	estuve, estuviste, estuvo, estuvimos, estuvisteis, estuvieron
IMPERFECT	estaba, estabas, estaba, estábamos, estabais, estaban
FUTURE	estaré, estarás, estará, estaremos, estaréis, estarán
CONDITIONAL	estaría, estarías, estaría, estaríamos, estaríais, estarían
SUBJUNCTIVE	que + *corresponding subjunctive tense of* estar (*see verb 252*)

} patinando

COMMANDS

	(nosotros) patinemos/no patinemos
(tú) patina/no patines	(vosotros) patinad/no patinéis
(Ud.) patine/no patine	(Uds.) patinen/no patinen

Usage

Patinábamos sobre hielo/sobre ruedas.	*We used to ice skate/roller skate.*
Niños, patinen con cuidado.	*Children, be careful as you skate.*
Los coches patinaban por el hielo.	*The cars were skidding because of the ice.*
Ponte los patines de cuchilla/de ruedas.	*Put on your ice/roller skates.*
El coche dio un patinazo.	*The car went into a skid.*
Sus patinazos nos hacen reír.	*Their slips/blunders make us laugh.*

pedir *to ask for, request, order*

pido · pidieron · pedido · pidiendo   stem-changing -ir verb: e > i

PRESENT		PRETERIT	
pido	pedimos	pedí	pedimos
pides	pedís	pediste	pedisteis
pide	piden	pidió	pidieron

IMPERFECT		PRESENT PERFECT	
pedía	pedíamos	he pedido	hemos pedido
pedías	pedíais	has pedido	habéis pedido
pedía	pedían	ha pedido	han pedido

FUTURE		CONDITIONAL	
pediré	pediremos	pediría	pediríamos
pedirás	pediréis	pedirías	pediríais
pedirá	pedirán	pediría	pedirían

PLUPERFECT		PRETERIT PERFECT	
había pedido	habíamos pedido	hube pedido	hubimos pedido
habías pedido	habíais pedido	hubiste pedido	hubisteis pedido
había pedido	habían pedido	hubo pedido	hubieron pedido

FUTURE PERFECT		CONDITIONAL PERFECT	
habré pedido	habremos pedido	habría pedido	habríamos pedido
habrás pedido	habréis pedido	habrías pedido	habríais pedido
habrá pedido	habrán pedido	habría pedido	habrían pedido

PRESENT SUBJUNCTIVE		PRESENT PERFECT SUBJUNCTIVE	
pida	pidamos	haya pedido	hayamos pedido
pidas	pidáis	hayas pedido	hayáis pedido
pida	pidan	haya pedido	hayan pedido

IMPERFECT SUBJUNCTIVE (-ra)		*or*	IMPERFECT SUBJUNCTIVE (-se)	
pidiera	pidiéramos		pidiese	pidiésemos
pidieras	pidierais		pidieses	pidieseis
pidiera	pidieran		pidiese	pidiesen

PAST PERFECT SUBJUNCTIVE (-ra)		*or*	PAST PERFECT SUBJUNCTIVE (-se)	
hubiera pedido	hubiéramos pedido		hubiese pedido	hubiésemos pedido
hubieras pedido	hubierais pedido		hubieses pedido	hubieseis pedido
hubiera pedido	hubieran pedido		hubiese pedido	hubiesen pedido

PROGRESSIVE TENSES

PRESENT	estoy, estás, está, estamos, estáis, están	
PRETERIT	estuve, estuviste, estuvo, estuvimos, estuvisteis, estuvieron	
IMPERFECT	estaba, estabas, estaba, estábamos, estabais, estaban	pidiendo
FUTURE	estaré, estarás, estará, estaremos, estaréis, estarán	
CONDITIONAL	estaría, estarías, estaría, estaríamos, estaríais, estarían	
SUBJUNCTIVE	que + *corresponding subjunctive tense of* estar (*see verb 252*)	

COMMANDS

	(nosotros) pidamos/no pidamos
(tú) pide/no pidas	(vosotros) pedid/no pidáis
(Ud.) pida/no pida	(Uds.) pidan/no pidan

Usage

Pedían demasiado por el coche.	*They were asking too much for the car.*
Me pidió la hoja de pedido.	*He asked me for the order form.*
Le pidieron que les enviara el documento.	*They asked her to send them the document.*
Yo pedí la chuleta de ternera.	*I ordered the veal chop.*
Le pidió prestado el teléfono celular.	*She asked him to lend her his cell phone.*
Pides peras al olmo./Pides la luna.	*You're asking for the impossible.*

-*ar* verb; spelling change: *g* > *gu/e*   pego · pegaron · pegado · pegando

PRESENT

pego	pegamos
pegas	pegáis
pega	pegan

IMPERFECT

pegaba	pegábamos
pegabas	pegabais
pegaba	pegaban

FUTURE

pegaré	pegaremos
pegarás	pegaréis
pegará	pegarán

PLUPERFECT

había pegado	habíamos pegado
habías pegado	habíais pegado
había pegado	habían pegado

FUTURE PERFECT

habré pegado	habremos pegado
habrás pegado	habréis pegado
habrá pegado	habrán pegado

PRESENT SUBJUNCTIVE

pegue	peguemos
pegues	peguéis
pegue	peguen

IMPERFECT SUBJUNCTIVE (-ra)

pegara	pegáramos
pegaras	pegarais
pegara	pegaran

PAST PERFECT SUBJUNCTIVE (-ra)

hubiera pegado	hubiéramos pegado
hubieras pegado	hubierais pegado
hubiera pegado	hubieran pegado

PRETERIT

pegué	pegamos
pegaste	pegasteis
pegó	pegaron

PRESENT PERFECT

he pegado	hemos pegado
has pegado	habéis pegado
ha pegado	han pegado

CONDITIONAL

pegaría	pegaríamos
pegarías	pegaríais
pegaría	pegarían

PRETERIT PERFECT

hube pegado	hubimos pegado
hubiste pegado	hubisteis pegado
hubo pegado	hubieron pegado

CONDITIONAL PERFECT

habría pegado	habríamos pegado
habrías pegado	habríais pegado
habría pegado	habrían pegado

PRESENT PERFECT SUBJUNCTIVE

haya pegado	hayamos pegado
hayas pegado	hayáis pegado
haya pegado	hayan pegado

or **IMPERFECT SUBJUNCTIVE (-se)**

pegase	pegásemos
pegases	pegaseis
pegase	pegasen

or **PAST PERFECT SUBJUNCTIVE (-se)**

hubiese pegado	hubiésemos pegado
hubieses pegado	hubieseis pegado
hubiese pegado	hubiesen pegado

PROGRESSIVE TENSES

PRESENT	estoy, estás, está, estamos, estáis, están	
PRETERIT	estuve, estuviste, estuvo, estuvimos, estuvisteis, estuvieron	
IMPERFECT	estaba, estabas, estaba, estábamos, estabais, estaban	pegando
FUTURE	estaré, estarás, estará, estaremos, estaréis, estarán	
CONDITIONAL	estaría, estarías, estaría, estaríamos, estaríais, estarían	
SUBJUNCTIVE	que + *corresponding subjunctive tense of* estar (*see verb* 252)	

COMMANDS

	(nosotros) peguemos/no peguemos
(tú) pega/no pegues	(vosotros) pegad/no peguéis
(Ud.) pegue/no pegue	(Uds.) peguen/no peguen

Usage

Pega la etiqueta aquí.	*Stick/Paste the label here.*
¡No le pegues a tu hermanito!	*Don't hit your little brother!*
No pegué ojo en toda la noche.	*I didn't sleep a wink all night.*
¡Es para pegarse un tiro!	*It's enough to make you scream!*
Se le han pegado las sábanas.	*He has overslept.*
Corre la mesa para que esté pegada a la pared.	*Move the table so it's right against the wall.*
Se pegaba fácilmente la melodía/el acento.	*The melody/accent was very catchy.*

peinarse *to comb one's hair*

peino · peinaron · peinado · peinándose

regular *-ar* reflexive verb

PRESENT

me peino	nos peinamos
te peinas	os peináis
se peina	se peinan

PRETERIT

me peiné	nos peinamos
te peinaste	os peinasteis
se peinó	se peinaron

IMPERFECT

me peinaba	nos peinábamos
te peinabas	os peinabais
se peinaba	se peinaban

PRESENT PERFECT

me he peinado	nos hemos peinado
te has peinado	os habéis peinado
se ha peinado	se han peinado

FUTURE

me peinaré	nos peinaremos
te peinarás	os peinaréis
se peinará	se peinarán

CONDITIONAL

me peinaría	nos peinaríamos
te peinarías	os peinaríais
se peinaría	se peinarían

PLUPERFECT

me había peinado	nos habíamos peinado
te habías peinado	os habíais peinado
se había peinado	se habían peinado

PRETERIT PERFECT

me hube peinado	nos hubimos peinado
te hubiste peinado	os hubisteis peinado
se hubo peinado	se hubieron peinado

FUTURE PERFECT

me habré peinado	nos habremos peinado
te habrás peinado	os habréis peinado
se habrá peinado	se habrán peinado

CONDITIONAL PERFECT

me habría peinado	nos habríamos peinado
te habrías peinado	os habríais peinado
se habría peinado	se habrían peinado

PRESENT SUBJUNCTIVE

me peine	nos peinemos
te peines	os peinéis
se peine	se peinen

PRESENT PERFECT SUBJUNCTIVE

me haya peinado	nos hayamos peinado
te hayas peinado	os hayáis peinado
se haya peinado	se hayan peinado

IMPERFECT SUBJUNCTIVE (-ra)

me peinara	nos peináramos
te peinaras	os peinarais
se peinara	se peinaran

or **IMPERFECT SUBJUNCTIVE (-se)**

me peinase	nos peinásemos
te peinases	os peinaseis
se peinase	se peinasen

PAST PERFECT SUBJUNCTIVE (-ra)

me hubiera peinado	nos hubiéramos peinado
te hubieras peinado	os hubierais peinado
se hubiera peinado	se hubieran peinado

or **PAST PERFECT SUBJUNCTIVE (-se)**

me hubiese peinado	nos hubiésemos peinado
te hubieses peinado	os hubieseis peinado
se hubiese peinado	se hubiesen peinado

PROGRESSIVE TENSES

PRESENT	estoy, estás, está, estamos, estáis, están
PRETERIT	estuve, estuviste, estuvo, estuvimos, estuvisteis, estuvieron
IMPERFECT	estaba, estabas, estaba, estábamos, estabais, estaban
FUTURE	estaré, estarás, estará, estaremos, estaréis, estarán
CONDITIONAL	estaría, estarías, estaría, estaríamos, estaríais, estarían
SUBJUNCTIVE	que + *corresponding subjunctive tense of* estar (*see verb 252*)

} peinando (*see page 31*)

COMMANDS

	(nosotros) peinémonos/no nos peinemos
(tú) péinate/no te peines	(vosotros) peinaos/no os peinéis
(Ud.) péinese/no se peine	(Uds.) péinense/no se peinen

Usage

Peino a las niñas.	*I'm combing the girls' hair.*
La peluquera me peinó.	*The hairdresser combed my hair.*
Se peinaban en el dormitorio.	*They combed their hair in the bedroom.*
Debes peinarte.	*You should comb your hair.*
Me encantan los peinados de los años 40.	*I love the forties hairstyles.*
Los peines de carey son más caros.	*Tortoiseshell combs are more expensive.*
Está bien peinada/despeinada.	*Her hair is nicely combed/disheveled.*

stem-changing -ar verb: e > ie | **pienso · pensaron · pensado · pensando**

PRESENT

pienso	pensamos
piensas	pensáis
piensa	piensan

IMPERFECT

pensaba	pensábamos
pensabas	pensabais
pensaba	pensaban

FUTURE

pensaré	pensaremos
pensarás	pensaréis
pensará	pensarán

PLUPERFECT

había pensado	habíamos pensado
habías pensado	habíais pensado
había pensado	habían pensado

FUTURE PERFECT

habré pensado	habremos pensado
habrás pensado	habréis pensado
habrá pensado	habrán pensado

PRESENT SUBJUNCTIVE

piense	pensemos
pienses	penséis
piense	piensen

IMPERFECT SUBJUNCTIVE (-ra)

pensara	pensáramos
pensaras	pensarais
pensara	pensaran

PAST PERFECT SUBJUNCTIVE (-ra)

hubiera pensado	hubiéramos pensado
hubieras pensado	hubierais pensado
hubiera pensado	hubieran pensado

PRETERIT

pensé	pensamos
pensaste	pensasteis
pensó	pensaron

PRESENT PERFECT

he pensado	hemos pensado
has pensado	habéis pensado
ha pensado	han pensado

CONDITIONAL

pensaría	pensaríamos
pensarías	pensaríais
pensaría	pensarían

PRETERIT PERFECT

hube pensado	hubimos pensado
hubiste pensado	hubisteis pensado
hubo pensado	hubieron pensado

CONDITIONAL PERFECT

habría pensado	habríamos pensado
habrías pensado	habríais pensado
habría pensado	habrían pensado

PRESENT PERFECT SUBJUNCTIVE

haya pensado	hayamos pensado
hayas pensado	hayáis pensado
haya pensado	hayan pensado

_or_ **IMPERFECT SUBJUNCTIVE (-se)**

pensase	pensásemos
pensases	pensaseis
pensase	pensasen

_or_ **PAST PERFECT SUBJUNCTIVE (-se)**

hubiese pensado	hubiésemos pensado
hubieses pensado	hubieseis pensado
hubiese pensado	hubiesen pensado

PROGRESSIVE TENSES

PRESENT	estoy, estás, está, estamos, estáis, están
PRETERIT	estuve, estuviste, estuvo, estuvimos, estuvisteis, estuvieron
IMPERFECT	estaba, estabas, estaba, estábamos, estabais, estaban
FUTURE	estaré, estarás, estará, estaremos, estaréis, estarán
CONDITIONAL	estaría, estarías, estaría, estaríamos, estaríais, estarían
SUBJUNCTIVE	que + _corresponding subjunctive tense of_ estar (_see verb 252_)

pensando

COMMANDS

	(nosotros) pensemos/no pensemos
(tú) piensa/no pienses	(vosotros) pensad/no penséis
(Ud.) piense/no piense	(Uds.) piensen/no piensen

Usage

Él piensa mucho.	_He thinks a lot._
Pensaba que habían llegado.	_I thought they had arrived._
Piensa en los arreglos para su boda.	_She's thinking about the arrangements for her wedding._
¿Qué piensan del gabinete del presidente?	_What do you think of the president's cabinet?_
Piensan verse en Buenos Aires.	_They intend to meet in Buenos Aires._
¡Ojalá que pensara más en sus estudios!	_We wish he would think more about his studies!_

TOP 50 VERB ☞

pensar *to think*

pienso · pensaron · pensado · pensando

stem-changing *-ar* verb: *e > ie*

pensar en *to think of/about*

—¿En qué piensas?	*What are you thinking about?*
—Pienso en lo mucho que tengo que hacer hoy.	*I'm thinking about how much I have to do today.*
Uds. pensaban en todo.	*You thought of everything.*
Siempre has pensado en los demás.	*You've always thought about other people.*

how to think about something

—Piensen mucho antes de hacerlo.	*Think hard before you do it.*
—Ya lo hemos pensado bien/dos veces.	*We've thought it over carefully/twice.*
Pensándolo bien, no vamos a ir.	*After thinking it over, we're not going to go.*
Se lanza sin pensar.	*He rushes into things without thinking.*
Piensa por ti mismo.	*Think for yourself.*
Está pensando en voz alta.	*She's thinking aloud.*

pensar de *to think about (have an opinion about)*

—¿Qué piensas del nuevo centro comercial?	*What do you think about the new mall?*
—Pienso que está bien pensado y situado.	*I think it's well thought out and well located.*

pensar + infinitive *to intend to*

—Piensas estudiar marketing, ¿verdad?	*You intend to study marketing, don't you?*
—Pensaba estudiarlo, pero ahora pienso en la contabilidad.	*I intended to study it, but now I'm thinking about accounting.*

Other Uses

Sólo el pensarlo me da grima.	*The mere thought of it disgusts me.*
¡Ni pensarlo!	*It's out of the question!*
Aristóteles era un gran pensador.	*Aristotle was a great thinker (philosopher).*
Se goza de la libertad de pensamiento en los Estados Unidos.	*We enjoy freedom of thought in the United States.*
No puedo adivinar sus pensamientos.	*I can't read their thoughts.*
El hombre es un animal pensante/que piensa.	*Man is a thinking animal.*
Se quedó pensativo oyendo las noticias.	*He was pensive/thoughtful listening to the news.*
¡No seas mal pensado!	*Don't be evil-minded!*
Pasará el día menos pensado.	*It will happen when least expected.*
Cuando menos se piensa ocurre algo bueno.	*When you least expect it, something good happens.*

stem-changing *-er* verb: *e > ie* (present)   **pierdo · perdieron · perdido · perdiendo**

PRESENT

pierdo	perdemos
pierdes	perdéis
pierde	pierden

PRETERIT

perdí	perdimos
perdiste	perdisteis
perdió	perdieron

IMPERFECT

perdía	perdíamos
perdías	perdíais
perdía	perdían

PRESENT PERFECT

he perdido	hemos perdido
has perdido	habéis perdido
ha perdido	han perdido

FUTURE

perderé	perderemos
perderás	perderéis
perderá	perderán

CONDITIONAL

perdería	perderíamos
perderías	perderíais
perdería	perderían

PLUPERFECT

había perdido	habíamos perdido
habías perdido	habíais perdido
había perdido	habían perdido

PRETERIT PERFECT

hube perdido	hubimos perdido
hubiste perdido	hubisteis perdido
hubo perdido	hubieron perdido

FUTURE PERFECT

habré perdido	habremos perdido
habrás perdido	habréis perdido
habrá perdido	habrán perdido

CONDITIONAL PERFECT

habría perdido	habríamos perdido
habrías perdido	habríais perdido
habría perdido	habrían perdido

PRESENT SUBJUNCTIVE

pierda	perdamos
pierdas	perdáis
pierda	pierdan

PRESENT PERFECT SUBJUNCTIVE

haya perdido	hayamos perdido
hayas perdido	hayáis perdido
haya perdido	hayan perdido

IMPERFECT SUBJUNCTIVE (-ra)

perdiera	perdiéramos
perdieras	perdierais
perdiera	perdieran

or **IMPERFECT SUBJUNCTIVE (-se)**

perdiese	perdiésemos
perdieses	perdieseis
perdiese	perdiesen

PAST PERFECT SUBJUNCTIVE (-ra)

hubiera perdido	hubiéramos perdido
hubieras perdido	hubierais perdido
hubiera perdido	hubieran perdido

or **PAST PERFECT SUBJUNCTIVE (-se)**

hubiese perdido	hubiésemos perdido
hubieses perdido	hubieseis perdido
hubiese perdido	hubiesen perdido

PROGRESSIVE TENSES

PRESENT	estoy, estás, está, estamos, estáis, están
PRETERIT	estuve, estuviste, estuvo, estuvimos, estuvisteis, estuvieron
IMPERFECT	estaba, estabas, estaba, estábamos, estabais, estaban
FUTURE	estaré, estarás, estará, estaremos, estaréis, estarán
CONDITIONAL	estaría, estarías, estaría, estaríamos, estaríais, estarían
SUBJUNCTIVE	que + *corresponding subjunctive tense of* estar (*see verb 252*)

} perdiendo

COMMANDS

	(nosotros) perdamos/no perdamos
(tú) pierde/no pierdas	(vosotros) perded/no perdáis
(Ud.) pierda/no pierda	(Uds.) pierdan/no pierdan

Usage

Perdió dinero en inversiones equivocadas.	*He lost money in bad investments.*
No pierdas tiempo discutiendo.	*Don't waste time arguing.*
Perdisteis el tren.	*You missed the train.*
Nos perdimos en el bosque.	*We got lost/lost our way in the forest.*
No se pierdan el espectáculo.	*Don't miss the show.*
Se nos perdió un sobre importante.	*We lost/mislaid an important envelope.*
No pierdas de vista a la niña.	*Don't lose sight of the child.*

pierdo · perdieron · perdido · perdiendo   stem-changing -er verb: e > ie (present)

El almirante Nelson perdió su vida en la batalla de Trafalgar.	*Admiral Nelson lost his life at the Battle of Trafalgar.*
No pierdan la oportunidad de conocerlo.	*Don't miss the chance to meet him.*
Les perdimos el respeto al verlos borrachos.	*We lost respect for them seeing them drunk.*
No hay tiempo que perder.	*There's no time to lose.*
No tenían nada que perder.	*They had nothing to lose.*
Has perdido peso.	*You've lost weight.*
Salió perdiendo en el concurso de ortografía.	*She lost out in the spelling bee.*
Se van perdiendo ciertas costumbres.	*Certain customs are being lost.*
Las manzanas se echaron a perder por el calor.	*The apples spoiled because of the heat.*
El que todo lo quiere, todo lo pierde.	*The more you want, the less you get.*

perdérsele a alguien (unplanned occurrences) *to lose*

—Se me han perdido las carpetas.	*I've lost/misplaced the folders.*
—¡Se le pierde todo!	*You lose everything!*
—Se me perdió el paraguas.	*I lost my umbrella.*
—Búscalo en la oficina de objetos perdidos.	*Look for it in the lost and found office.*

Other Uses

He dado el paquete por perdido.	*I've given up the package as lost.*
—Anda perdido por su novia.	*He's head over heels in love with his fiancée.*
—Y ella está perdidamente enamorado de él.	*And she's madly in love with him.*
Son esfuerzos perdidos.	*They're wasted efforts.*
Aprovecha los ratos perdidos.	*Make the most of your spare moments.*
Se examinan las pérdidas y ganancias.	*They're reviewing profits and losses.*
El embarazo acabó en pérdida.	*The pregnancy ended in a miscarriage.*
Su compromiso en ese grupo será su perdición.	*Their involvement in that group will be their undoing.*
Es un buen/mal perdedor.	*He's a good/bad loser.*

TOP 50 VERBS

regular *-ar* verb   **perdono · perdonaron · perdonado · perdonando**

PRESENT

perdono	perdonamos
perdonas	perdonáis
perdona	perdonan

IMPERFECT

perdonaba	perdonábamos
perdonabas	perdonabais
perdonaba	perdonaban

FUTURE

perdonaré	perdonaremos
perdonarás	perdonaréis
perdonará	perdonarán

PLUPERFECT

había perdonado	habíamos perdonado
habías perdonado	habíais perdonado
había perdonado	habían perdonado

FUTURE PERFECT

habré perdonado	habremos perdonado
habrás perdonado	habréis perdonado
habrá perdonado	habrán perdonado

PRESENT SUBJUNCTIVE

perdone	perdonemos
perdones	perdonéis
perdone	perdonen

IMPERFECT SUBJUNCTIVE (-ra)

perdonara	perdonáramos
perdonaras	perdonarais
perdonara	perdonaran

PAST PERFECT SUBJUNCTIVE (-ra)

hubiera perdonado	hubiéramos perdonado
hubieras perdonado	hubierais perdonado
hubiera perdonado	hubieran perdonado

PRETERIT

perdoné	perdonamos
perdonaste	perdonasteis
perdonó	perdonaron

PRESENT PERFECT

he perdonado	hemos perdonado
has perdonado	habéis perdonado
ha perdonado	han perdonado

CONDITIONAL

perdonaría	perdonaríamos
perdonarías	perdonaríais
perdonaría	perdonarían

PRETERIT PERFECT

hube perdonado	hubimos perdonado
hubiste perdonado	hubisteis perdonado
hubo perdonado	hubieron perdonado

CONDITIONAL PERFECT

habría perdonado	habríamos perdonado
habrías perdonado	habríais perdonado
habría perdonado	habrían perdonado

PRESENT PERFECT SUBJUNCTIVE

haya perdonado	hayamos perdonado
hayas perdonado	hayáis perdonado
haya perdonado	hayan perdonado

or **IMPERFECT SUBJUNCTIVE (-se)**

perdonase	perdonásemos
perdonases	perdonaseis
perdonase	perdonasen

or **PAST PERFECT SUBJUNCTIVE (-se)**

hubiese perdonado	hubiésemos perdonado
hubieses perdonado	hubieseis perdonado
hubiese perdonado	hubiesen perdonado

PROGRESSIVE TENSES

PRESENT	estoy, estás, está, estamos, estáis, están
PRETERIT	estuve, estuviste, estuvo, estuvimos, estuvisteis, estuvieron
IMPERFECT	estaba, estabas, estaba, estábamos, estabais, estaban
FUTURE	estaré, estarás, estará, estaremos, estaréis, estarán
CONDITIONAL	estaría, estarías, estaría, estaríamos, estaríais, estarían
SUBJUNCTIVE	que + *corresponding subjunctive tense of* estar (*see verb 252*)

} perdonando

COMMANDS

	(nosotros) perdonemos/no perdonemos
(tú) perdona/no perdones	(vosotros) perdonad/no perdonéis
(Ud.) perdone/no perdone	(Uds.) perdonen/no perdonen

Usage

Perdone Ud.	*Pardon me./Sorry.*
Perdone la molestia.	*Excuse me for bothering you.*
Perdónenme.	*Forgive me (you all).*
Pídele perdón.	*Ask him to forgive you.*
La gente no quiere que le perdonen la vida al asesino.	*People don't want the murderer's life to be spared.*

permitir   *to permit, allow, let*

permito · permitieron · permitido · permitiendo

PRESENT

permito	permitimos
permites	permitís
permite	permiten

PRETERIT

permití	permitimos
permitiste	permitisteis
permitió	permitieron

IMPERFECT

permitía	permitíamos
permitías	permitíais
permitía	permitían

PRESENT PERFECT

he permitido	hemos permitido
has permitido	habéis permitido
ha permitido	han permitido

FUTURE

permitiré	permitiremos
permitirás	permitiréis
permitirá	permitirán

CONDITIONAL

permitiría	permitiríamos
permitirías	permitiríais
permitiría	permitirían

PLUPERFECT

había permitido	habíamos permitido
habías permitido	habíais permitido
había permitido	habían permitido

PRETERIT PERFECT

hube permitido	hubimos permitido
hubiste permitido	hubisteis permitido
hubo permitido	hubieron permitido

FUTURE PERFECT

habré permitido	habremos permitido
habrás permitido	habréis permitido
habrá permitido	habrán permitido

CONDITIONAL PERFECT

habría permitido	habríamos permitido
habrías permitido	habríais permitido
habría permitido	habrían permitido

PRESENT SUBJUNCTIVE

permita	permitamos
permitas	permitáis
permita	permitan

PRESENT PERFECT SUBJUNCTIVE

haya permitido	hayamos permitido
hayas permitido	hayáis permitido
haya permitido	hayan permitido

IMPERFECT SUBJUNCTIVE (-ra)

permitiera	permitiéramos
permitieras	permitierais
permitiera	permitieran

or   **IMPERFECT SUBJUNCTIVE (-se)**

permitiese	permitiésemos
permitieses	permitieseis
permitiese	permitiesen

PAST PERFECT SUBJUNCTIVE (-ra)

hubiera permitido	hubiéramos permitido
hubieras permitido	hubierais permitido
hubiera permitido	hubieran permitido

or   **PAST PERFECT SUBJUNCTIVE (-se)**

hubiese permitido	hubiésemos permitido
hubieses permitido	hubieseis permitido
hubiese permitido	hubiesen permitido

PROGRESSIVE TENSES

PRESENT	estoy, estás, está, estamos, estáis, están
PRETERIT	estuve, estuviste, estuvo, estuvimos, estuvisteis, estuvieron
IMPERFECT	estaba, estabas, estaba, estábamos, estabais, estaban
FUTURE	estaré, estarás, estará, estaremos, estaréis, estarán
CONDITIONAL	estaría, estarías, estaría, estaríamos, estaríais, estarían
SUBJUNCTIVE	que + *corresponding subjunctive tense of* estar (*see verb 252*)

} permitiendo

COMMANDS

	(nosotros) permitamos/no permitamos
(tú) permite/no permitas	(vosotros) permitid/no permitáis
(Ud.) permita/no permita	(Uds.) permitan/no permitan

Usage

No permitían que los acompañáramos.	*They didn't permit/allow us to go with them.*
Les permití entrar.	*I let them come in.*
Me permito escribirle.	*I take the liberty of writing to you.*
Permítanos pasar.	*Let us go by.*
Pídeles permiso a tus papás.	*Ask your parents for permission.*
No se permite comer aquí.	*Eating is not permitted here.*
Con permiso.	*Excuse me.*

stem-changing *-ir* verb: *e > i*; spelling change: *gu > g/o, a* (like **seguir**)

persigo · persiguieron · perseguido · persiguiendo

PRESENT

persigo	perseguimos
persigues	perseguís
persigue	persiguen

PRETERIT

perseguí	perseguimos
perseguiste	perseguisteis
persiguió	persiguieron

IMPERFECT

perseguía	perseguíamos
perseguías	perseguíais
perseguía	perseguían

PRESENT PERFECT

he perseguido	hemos perseguido
has perseguido	habéis perseguido
ha perseguido	han perseguido

FUTURE

perseguiré	perseguiremos
perseguirás	perseguiréis
perseguirá	perseguirán

CONDITIONAL

perseguiría	perseguiríamos
perseguirías	perseguiríais
perseguiría	perseguirían

PLUPERFECT

había perseguido	habíamos perseguido
habías perseguido	habíais perseguido
había perseguido	habían perseguido

PRETERIT PERFECT

hube perseguido	hubimos perseguido
hubiste perseguido	hubisteis perseguido
hubo perseguido	hubieron perseguido

FUTURE PERFECT

habré perseguido	habremos perseguido
habrás perseguido	habréis perseguido
habrá perseguido	habrán perseguido

CONDITIONAL PERFECT

habría perseguido	habríamos perseguido
habrías perseguido	habríais perseguido
habría perseguido	habrían perseguido

PRESENT SUBJUNCTIVE

persiga	persigamos
persigas	persigáis
persiga	persigan

PRESENT PERFECT SUBJUNCTIVE

haya perseguido	hayamos perseguido
hayas perseguido	hayáis perseguido
haya perseguido	hayan perseguido

IMPERFECT SUBJUNCTIVE (-ra)

persiguiera	persiguiéramos
persiguieras	persiguierais
persiguiera	persiguieran

or ### IMPERFECT SUBJUNCTIVE (-se)

persiguiese	persiguiésemos
persiguieses	persiguieseis
persiguiese	persiguiesen

PAST PERFECT SUBJUNCTIVE (-ra)

hubiera perseguido	hubiéramos perseguido
hubieras perseguido	hubierais perseguido
hubiera perseguido	hubieran perseguido

or ### PAST PERFECT SUBJUNCTIVE (-se)

hubiese perseguido	hubiésemos perseguido
hubieses perseguido	hubieseis perseguido
hubiese perseguido	hubiesen perseguido

PROGRESSIVE TENSES

PRESENT	estoy, estás, está, estamos, estáis, están
PRETERIT	estuve, estuviste, estuvo, estuvimos, estuvisteis, estuvieron
IMPERFECT	estaba, estabas, estaba, estábamos, estabais, estaban
FUTURE	estaré, estarás, estará, estaremos, estaréis, estarán
CONDITIONAL	estaría, estarías, estaría, estaríamos, estaríais, estarían
SUBJUNCTIVE	que + *corresponding subjunctive tense of* estar (*see verb 252*)

persiguiendo

COMMANDS

	(nosotros) persigamos/no persigamos
(tú) persigue/no persigas	(vosotros) perseguid/no persigáis
(Ud.) persiga/no persiga	(Uds.) persigan/no persigan

Usage

Se perseguirá otros caminos.	*They'll pursue other avenues.*
La policía perseguía a los malhechores.	*The police chased after the bad guys.*
Persiga sus objetivos.	*Pursue your goals.*
Persigue el puesto de administrador.	*He's going after the position of chief executive.*
Todos fueron perseguidos.	*All of them were persecuted/prosecuted.*
Sufre de la manía persecutoria.	*She has a persecution complex.*

400 pertenecer *to belong*

pertenezco · pertenecieron · pertenecido · perteneciendo

-er verb; spelling
change: *c > zc/o, a*

PRESENT

pertenezco	pertenecemos
perteneces	pertenecéis
pertenece	pertenecen

PRETERIT

pertenecí	pertenecimos
perteneciste	pertenecisteis
perteneció	pertenecieron

IMPERFECT

pertenecía	pertenecíamos
pertenecías	pertenecíais
pertenecía	pertenecían

PRESENT PERFECT

he pertenecido	hemos pertenecido
has pertenecido	habéis pertenecido
ha pertenecido	han pertenecido

FUTURE

perteneceré	perteneceremos
pertenecerás	pertenecéréis
pertenecerá	pertenecerán

CONDITIONAL

pertenecería	perteneceríamos
pertenecerías	perteneceríais
pertenecería	pertenecerían

PLUPERFECT

había pertenecido	habíamos pertenecido
habías pertenecido	habíais pertenecido
había pertenecido	habían pertenecido

PRETERIT PERFECT

hube pertenecido	hubimos pertenecido
hubiste pertenecido	hubisteis pertenecido
hubo pertenecido	hubieron pertenecido

FUTURE PERFECT

habré pertenecido	habremos pertenecido
habrás pertenecido	habréis pertenecido
habrá pertenecido	habrán pertenecido

CONDITIONAL PERFECT

habría pertenecido	habríamos pertenecido
habrías pertenecido	habríais pertenecido
habría pertenecido	habrían pertenecido

PRESENT SUBJUNCTIVE

pertenezca	pertenezcamos
pertenezcas	pertenezcáis
pertenezca	pertenezcan

PRESENT PERFECT SUBJUNCTIVE

haya pertenecido	hayamos pertenecido
hayas pertenecido	hayáis pertenecido
haya pertenecido	hayan pertenecido

IMPERFECT SUBJUNCTIVE (-ra)

perteneciera	perteneciéramos
pertenecieras	pertenecierais
perteneciera	pertenecieran

or **IMPERFECT SUBJUNCTIVE (-se)**

perteneciese	perteneciésemos
pertenecieses	pertenecieseis
perteneciese	perteneciesen

PAST PERFECT SUBJUNCTIVE (-ra)

hubiera pertenecido	hubiéramos pertenecido
hubieras pertenecido	hubierais pertenecido
hubiera pertenecido	hubieran pertenecido

or **PAST PERFECT SUBJUNCTIVE (-se)**

hubiese pertenecido	hubiésemos pertenecido
hubieses pertenecido	hubieseis pertenecido
hubiese pertenecido	hubiesen pertenecido

PROGRESSIVE TENSES

PRESENT	estoy, estás, está, estamos, estáis, están
PRETERIT	estuve, estuviste, estuvo, estuvimos, estuvisteis, estuvieron
IMPERFECT	estaba, estabas, estaba, estábamos, estabais, estaban
FUTURE	estaré, estarás, estará, estaremos, estaréis, estarán
CONDITIONAL	estaría, estarías, estaría, estaríamos, estaríais, estarían
SUBJUNCTIVE	que + *corresponding subjunctive tense of* estar (*see verb 252*)

} perteneciendo

COMMANDS

	(nosotros) pertenezcamos/no pertenezcamos
(tú) pertenece/no pertenezcas	(vosotros) perteneced/no pertenezcáis
(Ud.) pertenezca/no pertenezca	(Uds.) pertenezcan/no pertenezcan

Usage

Estos terrenos pertenecen a una sociedad inmobiliaria.	*These plots of land belong to a real estate company.*
¿A quién le pertenece esa mochila?	*To whom does that backpack belong?*
Me pertenece la propiedad intelectual.	*The copyright belongs to me.*
Es propiedad perteneciente al estado de Virginia.	*It's property belonging to the state of Virginia.*

-ar verb; spelling change: c > qu/e

pesco · pescaron · pescado · pescando

PRESENT

pesco	pescamos
pescas	pescáis
pesca	pescan

IMPERFECT

pescaba	pescábamos
pescabas	pescabais
pescaba	pescaban

FUTURE

pescaré	pescaremos
pescarás	pescaréis
pescará	pescarán

PLUPERFECT

había pescado	habíamos pescado
habías pescado	habíais pescado
había pescado	habían pescado

FUTURE PERFECT

habré pescado	habremos pescado
habrás pescado	habréis pescado
habrá pescado	habrán pescado

PRESENT SUBJUNCTIVE

pesque	pesquemos
pesques	pesquéis
pesque	pesquen

IMPERFECT SUBJUNCTIVE (-ra)

pescara	pescáramos
pescaras	pescarais
pescara	pescaran

PAST PERFECT SUBJUNCTIVE (-ra)

hubiera pescado	hubiéramos pescado
hubieras pescado	hubierais pescado
hubiera pescado	hubieran pescado

PRETERIT

pesqué	pescamos
pescaste	pescasteis
pescó	pescaron

PRESENT PERFECT

he pescado	hemos pescado
has pescado	habéis pescado
ha pescado	han pescado

CONDITIONAL

pescaría	pescaríamos
pescarías	pescaríais
pescaría	pescarían

PRETERIT PERFECT

hube pescado	hubimos pescado
hubiste pescado	hubisteis pescado
hubo pescado	hubieron pescado

CONDITIONAL PERFECT

habría pescado	habríamos pescado
habrías pescado	habríais pescado
habría pescado	habrían pescado

PRESENT PERFECT SUBJUNCTIVE

haya pescado	hayamos pescado
hayas pescado	hayáis pescado
haya pescado	hayan pescado

or **IMPERFECT SUBJUNCTIVE (-se)**

pescase	pescásemos
pescases	pescaseis
pescase	pescasen

or **PAST PERFECT SUBJUNCTIVE (-se)**

hubiese pescado	hubiésemos pescado
hubieses pescado	hubieseis pescado
hubiese pescado	hubiesen pescado

PROGRESSIVE TENSES

PRESENT	estoy, estás, está, estamos, estáis, están
PRETERIT	estuve, estuviste, estuvo, estuvimos, estuvisteis, estuvieron
IMPERFECT	estaba, estabas, estaba, estábamos, estabais, estaban
FUTURE	estaré, estarás, estará, estaremos, estaréis, estarán
CONDITIONAL	estaría, estarías, estaría, estaríamos, estaríais, estarían
SUBJUNCTIVE	que + corresponding subjunctive tense of estar (see verb 252)

} pescando

COMMANDS

	(nosotros) pesquemos/no pesquemos
(tú) pesca/no pesques	(vosotros) pescad/no pesquéis
(Ud.) pesque/no pesque	(Uds.) pesquen/no pesquen

Usage

No pescar en el lago.	*No fishing in the lake.*
Fueron a pescar.	*They went fishing.*
Pescó un resfriado.	*She caught a cold.*
Ha pescado un excelente puesto.	*He has landed a terrific job.*
Les gusta la pesca de trucha.	*They like trout-fishing.*
Pesqué un pez espada.	*I caught a swordfish.*
Está como el pez en el agua.	*She's really feels at home.*

pintar *to paint, draw, describe*

pinto · pintaron · pintado · pintando

regular *-ar* verb

PRESENT		PRETERIT	
pinto	pintamos	pinté	pintamos
pintas	pintáis	pintaste	pintasteis
pinta	pintan	pintó	pintaron

IMPERFECT		PRESENT PERFECT	
pintaba	pintábamos	he pintado	hemos pintado
pintabas	pintabais	has pintado	habéis pintado
pintaba	pintaban	ha pintado	han pintado

FUTURE		CONDITIONAL	
pintaré	pintaremos	pintaría	pintaríamos
pintarás	pintaréis	pintarías	pintaríais
pintará	pintarán	pintaría	pintarían

PLUPERFECT		PRETERIT PERFECT	
había pintado	habíamos pintado	hube pintado	hubimos pintado
habías pintado	habíais pintado	hubiste pintado	hubisteis pintado
había pintado	habían pintado	hubo pintado	hubieron pintado

FUTURE PERFECT		CONDITIONAL PERFECT	
habré pintado	habremos pintado	habría pintado	habríamos pintado
habrás pintado	habréis pintado	habrías pintado	habríais pintado
habrá pintado	habrán pintado	habría pintado	habrían pintado

PRESENT SUBJUNCTIVE		PRESENT PERFECT SUBJUNCTIVE	
pinte	pintemos	haya pintado	hayamos pintado
pintes	pintéis	hayas pintado	hayáis pintado
pinte	pinten	haya pintado	hayan pintado

IMPERFECT SUBJUNCTIVE (-ra)		*or* IMPERFECT SUBJUNCTIVE (-se)	
pintara	pintáramos	pintase	pintásemos
pintaras	pintarais	pintases	pintaseis
pintara	pintaran	pintase	pintasen

PAST PERFECT SUBJUNCTIVE (-ra)		*or* PAST PERFECT SUBJUNCTIVE (-se)	
hubiera pintado	hubiéramos pintado	hubiese pintado	hubiésemos pintado
hubieras pintado	hubierais pintado	hubieses pintado	hubieseis pintado
hubiera pintado	hubieran pintado	hubiese pintado	hubiesen pintado

PROGRESSIVE TENSES

PRESENT	estoy, estás, está, estamos, estáis, están
PRETERIT	estuve, estuviste, estuvo, estuvimos, estuvisteis, estuvieron
IMPERFECT	estaba, estabas, estaba, estábamos, estabais, estaban
FUTURE	estaré, estarás, estará, estaremos, estaréis, estarán
CONDITIONAL	estaría, estarías, estaría, estaríamos, estaríais, estarían
SUBJUNCTIVE	que + *corresponding subjunctive tense of* estar (*see verb 252*)

} pintando

COMMANDS

	(nosotros) pintemos/no pintemos
(tú) pinta/no pintes	(vosotros) pintad/no pintéis
(Ud.) pinte/no pinte	(Uds.) pinten/no pinten

Usage

El pintor pintó una naturaleza muerta al óleo.	*The artist painted a still life in oils.*
Píntales a los niños unos animales.	*Draw some animals for the children.*
Constable era un gran pintor paisajista.	*Constable was a great landscape painter.*
La pintura acuarela de la pintora se destaca.	*The artist's watercolor painting stands out.*
¿Pintaréis el dormitorio de azul?	*Will you paint the bedroom blue?*
—¿No vas a pintarte?	*Aren't you going to put your makeup on?*
—Ya me he pintado los labios.	*I've already put my lipstick on.*

regular -*ar* verb

PRESENT		PRETERIT	
piso	pisamos	pisé	pisamos
pisas	pisáis	pisaste	pisasteis
pisa	pisan	pisó	pisaron

IMPERFECT		PRESENT PERFECT	
pisaba	pisábamos	he pisado	hemos pisado
pisabas	pisabais	has pisado	habéis pisado
pisaba	pisaban	ha pisado	han pisado

FUTURE		CONDITIONAL	
pisaré	pisaremos	pisaría	pisaríamos
pisarás	pisaréis	pisarías	pisaríais
pisará	pisarán	pisaría	pisarían

PLUPERFECT		PRETERIT PERFECT	
había pisado	habíamos pisado	hube pisado	hubimos pisado
habías pisado	habíais pisado	hubiste pisado	hubisteis pisado
había pisado	habían pisado	hubo pisado	hubieron pisado

FUTURE PERFECT		CONDITIONAL PERFECT	
habré pisado	habremos pisado	habría pisado	habríamos pisado
habrás pisado	habréis pisado	habrías pisado	habríais pisado
habrá pisado	habrán pisado	habría pisado	habrían pisado

PRESENT SUBJUNCTIVE		PRESENT PERFECT SUBJUNCTIVE	
pise	pisemos	haya pisado	hayamos pisado
pises	piséis	hayas pisado	hayáis pisado
pise	pisen	haya pisado	hayan pisado

IMPERFECT SUBJUNCTIVE (-ra)		*or*	IMPERFECT SUBJUNCTIVE (-se)	
pisara	pisáramos		pisase	pisásemos
pisaras	pisarais		pisases	pisaseis
pisara	pisaran		pisase	pisasen

PAST PERFECT SUBJUNCTIVE (-ra)		*or*	PAST PERFECT SUBJUNCTIVE (-se)	
hubiera pisado	hubiéramos pisado		hubiese pisado	hubiésemos pisado
hubieras pisado	hubierais pisado		hubieses pisado	hubieseis pisado
hubiera pisado	hubieran pisado		hubiese pisado	hubiesen pisado

PROGRESSIVE TENSES

PRESENT	estoy, estás, está, estamos, estáis, están	
PRETERIT	estuve, estuviste, estuvo, estuvimos, estuvisteis, estuvieron	
IMPERFECT	estaba, estabas, estaba, estábamos, estabais, estaban	pisando
FUTURE	estaré, estarás, estará, estaremos, estaréis, estarán	
CONDITIONAL	estaría, estarías, estaría, estaríamos, estaríais, estarían	
SUBJUNCTIVE	que + *corresponding subjunctive tense of* estar (*see verb 252*)	

COMMANDS

	(nosotros) pisemos/no pisemos
(tú) pisa/no pises	(vosotros) pisad/no piséis
(Ud.) pise/no pise	(Uds.) pisen/no pisen

Usage

¡Ay! Me has pisado el pie.	*Ouch! You've stepped on my foot.*
No te dejes pisar.	*Don't let yourself be stepped on.*
Vamos pisando huevos para no ofenderle.	*We tread gently so that we don't offend him.*
Prohibido pisar el césped.	*Keep off the grass.*
El pisapapeles estará en el escritorio.	*The paperweight is probably on the desk.*
El hijo le sigue las pisadas a su padre.	*The son is following in his father's footsteps.*

planificar   *to plan*

planifico · planificaron · planificado · planificando   *-ar* verb; spelling change: *c* > *qu/e*

PRESENT		PRETERIT	
planifico	planificamos	planifiqué	planificamos
planificas	planificáis	planificaste	planificasteis
planifica	planifican	planificó	planificaron

IMPERFECT		PRESENT PERFECT	
planificaba	planificábamos	he planificado	hemos planificado
planificabas	planificabais	has planificado	habéis planificado
planificaba	planificaban	ha planificado	han planificado

FUTURE		CONDITIONAL	
planificaré	planificaremos	planificaría	planificaríamos
planificarás	planificaréis	planificarías	planificaríais
planificará	planificarán	planificaría	planificarían

PLUPERFECT		PRETERIT PERFECT	
había planificado	habíamos planificado	hube planificado	hubimos planificado
habías planificado	habíais planificado	hubiste planificado	hubisteis planificado
había planificado	habían planificado	hubo planificado	hubieron planificado

FUTURE PERFECT		CONDITIONAL PERFECT	
habré planificado	habremos planificado	habría planificado	habríamos planificado
habrás planificado	habréis planificado	habrías planificado	habríais planificado
habrá planificado	habrán planificado	habría planificado	habrían planificado

PRESENT SUBJUNCTIVE		PRESENT PERFECT SUBJUNCTIVE	
planifique	planifiquemos	haya planificado	hayamos planificado
planifiques	planifiquéis	hayas planificado	hayáis planificado
planifique	planifiquen	haya planificado	hayan planificado

IMPERFECT SUBJUNCTIVE (-ra)		*or* IMPERFECT SUBJUNCTIVE (-se)	
planificara	planificáramos	planificase	planificásemos
planificaras	planificarais	planificases	planificaseis
planificara	planificaran	planificase	planificasen

PAST PERFECT SUBJUNCTIVE (-ra)		*or* PAST PERFECT SUBJUNCTIVE (-se)	
hubiera planificado	hubiéramos planificado	hubiese planificado	hubiésemos planificado
hubieras planificado	hubierais planificado	hubieses planificado	hubieseis planificado
hubiera planificado	hubieran planificado	hubiese planificado	hubiesen planificado

PROGRESSIVE TENSES

PRESENT	estoy, estás, está, estamos, estáis, están	
PRETERIT	estuve, estuviste, estuvo, estuvimos, estuvisteis, estuvieron	
IMPERFECT	estaba, estabas, estaba, estábamos, estabais, estaban	planificando
FUTURE	estaré, estarás, estará, estaremos, estaréis, estarán	
CONDITIONAL	estaría, estarías, estaría, estaríamos, estaríais, estarían	
SUBJUNCTIVE	que + *corresponding subjunctive tense of* estar (*see verb 252*)	

COMMANDS

	(nosotros) planifiquemos/no planifiquemos
(tú) planifica/no planifiques	(vosotros) planificad/no planifiquéis
(Ud.) planifique/no planifique	(Uds.) planifiquen/no planifiquen

Usage

Los directores planificaban la estrategia.	*The directors planned the strategy.*
Se planifica el desarrollo económico.	*They're planning economic development.*
Se realizó la planificación a corto plazo.	*They carried out the short-term planning.*
El comité de planificadores se reúne los lunes.	*The planners' committee meets on Mondays.*

regular *-ar* verb

planto · plantaron · plantado · plantando

PRESENT		PRETERIT	
planto	plantamos	planté	plantamos
plantas	plantáis	plantaste	plantasteis
planta	plantan	plantó	plantaron

IMPERFECT		PRESENT PERFECT	
plantaba	plantábamos	he plantado	hemos plantado
plantabas	plantabais	has plantado	habéis plantado
plantaba	plantaban	ha plantado	han plantado

FUTURE		CONDITIONAL	
plantaré	plantaremos	plantaría	plantaríamos
plantarás	plantaréis	plantarías	plantaríais
plantará	plantarán	plantaría	plantarían

PLUPERFECT		PRETERIT PERFECT	
había plantado	habíamos plantado	hube plantado	hubimos plantado
habías plantado	habíais plantado	hubiste plantado	hubisteis plantado
había plantado	habían plantado	hubo plantado	hubieron plantado

FUTURE PERFECT		CONDITIONAL PERFECT	
habré plantado	habremos plantado	habría plantado	habríamos plantado
habrás plantado	habréis plantado	habrías plantado	habríais plantado
habrá plantado	habrán plantado	habría plantado	habrían plantado

PRESENT SUBJUNCTIVE		PRESENT PERFECT SUBJUNCTIVE	
plante	plantemos	haya plantado	hayamos plantado
plantes	plantéis	hayas plantado	hayáis plantado
plante	planten	haya plantado	hayan plantado

IMPERFECT SUBJUNCTIVE (-ra)		*or* IMPERFECT SUBJUNCTIVE (-se)	
plantara	plantáramos	plantase	plantásemos
plantaras	plantarais	plantases	plantaseis
plantara	plantaran	plantase	plantasen

PAST PERFECT SUBJUNCTIVE (-ra)		*or* PAST PERFECT SUBJUNCTIVE (-se)	
hubiera plantado	hubiéramos plantado	hubiese plantado	hubiésemos plantado
hubieras plantado	hubierais plantado	hubieses plantado	hubieseis plantado
hubiera plantado	hubieran plantado	hubiese plantado	hubiesen plantado

PROGRESSIVE TENSES

PRESENT	estoy, estás, está, estamos, estáis, están	
PRETERIT	estuve, estuviste, estuvo, estuvimos, estuvisteis, estuvieron	
IMPERFECT	estaba, estabas, estaba, estábamos, estabais, estaban	plantando
FUTURE	estaré, estarás, estará, estaremos, estaréis, estarán	
CONDITIONAL	estaría, estarías, estaría, estaríamos, estaríais, estarían	
SUBJUNCTIVE	que + *corresponding subjunctive tense of* estar (*see verb 252*)	

COMMANDS

	(nosotros) plantemos/no plantemos
(tú) planta/no plantes	(vosotros) plantad/no plantéis
(Ud.) plante/no plante	(Uds.) planten/no planten

Usage

Plantemos tulipanes y jacintos.	*Let's plant tulips and hyacinths.*
Le plantó un golpe en la cabeza de su enemigo.	*He landed a blow to his enemy's head.*
Los plantaron en la calle.	*They threw them out (into the street).*
Se plantó ante la puertaventana.	*She planted herself in front of the French doors.*
La dejó plantada.	*He stood her up.*

platicar *to chat, talk, tell*

platico · platicaron · platicado · platicando   *-ar* verb; spelling change: *c > qu/e*

PRESENT

platico	platicamos
platicas	platicáis
platica	platican

PRETERIT

platiqué	platicamos
platicaste	platicasteis
platicó	platicaron

IMPERFECT

platicaba	platicábamos
platicabas	platicabais
platicaba	platicaban

PRESENT PERFECT

he platicado	hemos platicado
has platicado	habéis platicado
ha platicado	han platicado

FUTURE

platicaré	platicaremos
platicarás	platicaréis
platicará	platicarán

CONDITIONAL

platicaría	platicaríamos
platicarías	platicaríais
platicaría	platicarían

PLUPERFECT

había platicado	habíamos platicado
habías platicado	habíais platicado
había platicado	habían platicado

PRETERIT PERFECT

hube platicado	hubimos platicado
hubiste platicado	hubisteis platicado
hubo platicado	hubieron platicado

FUTURE PERFECT

habré platicado	habremos platicado
habrás platicado	habréis platicado
habrá platicado	habrán platicado

CONDITIONAL PERFECT

habría platicado	habríamos platicado
habrías platicado	habríais platicado
habría platicado	habrían platicado

PRESENT SUBJUNCTIVE

platique	platiquemos
platiques	platiquéis
platique	platiquen

PRESENT PERFECT SUBJUNCTIVE

haya platicado	hayamos platicado
hayas platicado	hayáis platicado
haya platicado	hayan platicado

IMPERFECT SUBJUNCTIVE (-ra)   *or*   **IMPERFECT SUBJUNCTIVE (-se)**

platicara	platicáramos	platicase	platicásemos
platicaras	platicarais	platicases	platicaseis
platicara	platicaran	platicase	platicasen

PAST PERFECT SUBJUNCTIVE (-ra)   *or*   **PAST PERFECT SUBJUNCTIVE (-se)**

hubiera platicado	hubiéramos platicado	hubiese platicado	hubiésemos platicado
hubieras platicado	hubierais platicado	hubieses platicado	hubieseis platicado
hubiera platicado	hubieran platicado	hubiese platicado	hubiesen platicado

PROGRESSIVE TENSES

PRESENT	estoy, estás, está, estamos, estáis, están	
PRETERIT	estuve, estuviste, estuvo, estuvimos, estuvisteis, estuvieron	
IMPERFECT	estaba, estabas, estaba, estábamos, estabais, estaban	platicando
FUTURE	estaré, estarás, estará, estaremos, estaréis, estarán	
CONDITIONAL	estaría, estarías, estaría, estaríamos, estaríais, estarían	
SUBJUNCTIVE	que + *corresponding subjunctive tense of* estar (*see verb 252*)	

COMMANDS

	(nosotros) platiquemos/no platiquemos
(tú) platica/no platiques	(vosotros) platicad/no platiquéis
(Ud.) platique/no platique	(Uds.) platiquen/no platiquen

Usage

Platicaba con mis amigos.	*I was chatting with my friends.*
¿Con quién platicabas cuando te vi?	*Whom were you talking to when I saw you?*
¿Te da tiempo de platicar?	*Do you have time to talk?*
Platícame lo que pasó.	*Tell me what happened.*
Tuvieron una agradable plática.	*They had a nice chat.*

irregular verb

puedo · pudieron · podido · pudiendo

PRESENT			PRETERIT	
puedo	podemos		pude	pudimos
puedes	podéis		pudiste	pudisteis
puede	pueden		pudo	pudieron

IMPERFECT			PRESENT PERFECT	
podía	podíamos		he podido	hemos podido
podías	podíais		has podido	habéis podido
podía	podían		ha podido	han podido

FUTURE			CONDITIONAL	
podré	podremos		podría	podríamos
podrás	podréis		podrías	podríais
podrá	podrán		podría	podrían

PLUPERFECT			PRETERIT PERFECT	
había podido	habíamos podido		hube podido	hubimos podido
habías podido	habíais podido		hubiste podido	hubisteis podido
había podido	habían podido		hubo podido	hubieron podido

FUTURE PERFECT			CONDITIONAL PERFECT	
habré podido	habremos podido		habría podido	habríamos podido
habrás podido	habréis podido		habrías podido	habríais podido
habrá podido	habrán podido		habría podido	habrían podido

PRESENT SUBJUNCTIVE			PRESENT PERFECT SUBJUNCTIVE	
pueda	podamos		haya podido	hayamos podido
puedas	podáis		hayas podido	hayáis podido
pueda	puedan		haya podido	hayan podido

IMPERFECT SUBJUNCTIVE (-ra)		*or*	IMPERFECT SUBJUNCTIVE (-se)	
pudiera	pudiéramos		pudiese	pudiésemos
pudieras	pudierais		pudieses	pudieseis
pudiera	pudieran		pudiese	pudiesen

PAST PERFECT SUBJUNCTIVE (-ra)		*or*	PAST PERFECT SUBJUNCTIVE (-se)	
hubiera podido	hubiéramos podido		hubiese podido	hubiésemos podido
hubieras podido	hubierais podido		hubieses podido	hubieseis podido
hubiera podido	hubieran podido		hubiese podido	hubiesen podido

PROGRESSIVE TENSES

PRESENT	estoy, estás, está, estamos, estáis, están	
PRETERIT	estuve, estuviste, estuvo, estuvimos, estuvisteis, estuvieron	
IMPERFECT	estaba, estabas, estaba, estábamos, estabais, estaban	pudiendo
FUTURE	estaré, estarás, estará, estaremos, estaréis, estarán	
CONDITIONAL	estaría, estarías, estaría, estaríamos, estaríais, estarían	
SUBJUNCTIVE	que + *corresponding subjunctive tense of* estar (*see verb 252*)	

VERB NOT USED IN COMMANDS

Usage

No puedo encontrar mi reloj.	*I can't find my wristwatch.*
No pudo aprovechar las rebajas de enero.	*She couldn't take advantage of the winter clearance sales.*
¿Podemos hablar con el gerente?	*May we speak with the manager?*
Los chicos no podían tomar el metro.	*The children were not allowed to take the subway.*
No puede ser.	*That's impossible.*

TOP 50 VERB ☞

may (to ask for or give permission)

¿Puedo ir contigo?	*May I go with you?*
¿Se puede?	*May I come in?*
Las niñas no pueden salir solas.	*The girls are not permitted to go out alone.*

may, might (possibility)

Pueden llamar de un momento a otro.	*They may call at any moment.*
Pudo haber llamado.	*He might have called.*
Si tú puedes ir, yo iré también.	*If you can go, I'll go too.*
Si tú pudieras ir, yo iría también.	*If you could go, I would go too.*
Si tú hubieras podido ir, yo habría ido también.	*If you could have gone, I would have gone too.*
¡No puedo más!	*I can't stand/take it anymore!*
No puedo con ellas.	*I can't do anything with them.*
No puedo con las mentiras.	*I can't stand lies.*
Puede que eso pase.	*That might happen.*
Puede que sí./Puede que no.	*Maybe so./Maybe not.*
No podíamos ayudarlo.	*We were powerless to help him.*

Other Uses

Hicieron ejercicio a más no poder.	*They exercised as much as they could/until they reached their limits.*
El Congreso tiene el poder legislativo.	*Congress has legislative power.*
¿Cuál partido político está en el poder?	*Which political party is in power?*
Hay que identificar su base de poder.	*We have to identify your power base.*
Nuestro abogado tiene los poderes.	*Our lawyer has the powers of attorney.*
Hay separación/división de poderes bajo la Constitución.	*There's a separation of powers under the Constitution.*
El contrato fue firmado por poderes.	*The contract was signed by proxy.*
Me parece poderosa su razón.	*I think his argument is powerful.*
Es una familia muy poderosa.	*It's a very wealthy family.*
Querer es poder.	*Where there's a will, there's a way.*

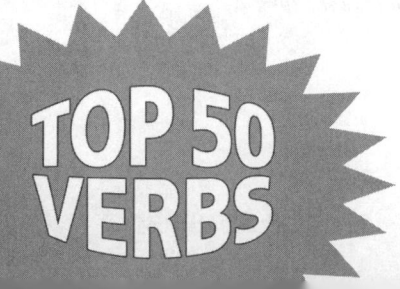

irregular verb

pongo · pusieron · puesto · poniendo

PRESENT		PRETERIT	
pongo	ponemos	puse	pusimos
pones	ponéis	pusiste	pusisteis
pone	ponen	puso	pusieron

IMPERFECT		PRESENT PERFECT	
ponía	poníamos	he puesto	hemos puesto
ponías	poníais	has puesto	habéis puesto
ponía	ponían	ha puesto	han puesto

FUTURE		CONDITIONAL	
pondré	pondremos	pondría	pondríamos
pondrás	pondréis	pondrías	pondríais
pondrá	pondrán	pondría	pondrían

PLUPERFECT		PRETERIT PERFECT	
había puesto	habíamos puesto	hube puesto	hubimos puesto
habías puesto	habíais puesto	hubiste puesto	hubisteis puesto
había puesto	habían puesto	hubo puesto	hubieron puesto

FUTURE PERFECT		CONDITIONAL PERFECT	
habré puesto	habremos puesto	habría puesto	habríamos puesto
habrás puesto	habréis puesto	habrías puesto	habríais puesto
habrá puesto	habrán puesto	habría puesto	habrían puesto

PRESENT SUBJUNCTIVE		PRESENT PERFECT SUBJUNCTIVE	
ponga	pongamos	haya puesto	hayamos puesto
pongas	pongáis	hayas puesto	hayáis puesto
ponga	pongan	haya puesto	hayan puesto

IMPERFECT SUBJUNCTIVE (-ra)		*or* IMPERFECT SUBJUNCTIVE (-se)	
pusiera	pusiéramos	pusiese	pusiésemos
pusieras	pusierais	pusieses	pusieseis
pusiera	pusieran	pusiese	pusiesen

PAST PERFECT SUBJUNCTIVE (-ra)		*or* PAST PERFECT SUBJUNCTIVE (-se)	
hubiera puesto	hubiéramos puesto	hubiese puesto	hubiésemos puesto
hubieras puesto	hubierais puesto	hubieses puesto	hubieseis puesto
hubiera puesto	hubieran puesto	hubiese puesto	hubiesen puesto

PROGRESSIVE TENSES

PRESENT	estoy, estás, está, estamos, estáis, están	
PRETERIT	estuve, estuviste, estuvo, estuvimos, estuvisteis, estuvieron	
IMPERFECT	estaba, estabas, estaba, estábamos, estabais, estaban	poniendo
FUTURE	estaré, estarás, estará, estaremos, estaréis, estarán	
CONDITIONAL	estaría, estarías, estaría, estaríamos, estaríais, estarían	
SUBJUNCTIVE	que + *corresponding subjunctive tense of* estar (*see verb 252*)	

COMMANDS

	(nosotros) pongamos/no pongamos
(tú) pon/no pongas	(vosotros) poned/no pongáis
(Ud.) ponga/no ponga	(Uds.) pongan/no pongan

Usage

¿Pongo las transparencias en la caja?	*Shall I put the slides in the box?*
Pon la mesa.	*Set the table.*
¿Qué película ponen?	*What film are they showing?*
¿Dónde pusiste los disquetes?	*Where did you put the diskettes?*
El médico lo puso a régimen/a dieta.	*The doctor put him on a diet.*
Pónganse un suéter.	*Put on a sweater (you all).*

TOP 50 VERB ☞

Pon la televisión.	*Put/Turn the television on.*
Quiero que nos pongan al día.	*I want them to bring us up to date.*
Favor de ponerme con el gerente de ventas.	*Please connect me with the sales manager.*
El plan puso en peligro la vida de todos.	*The plan endangered/jeopardized everyone's life.*
Pongamos un anuncio en el periódico.	*Let's run/take out an ad in the newspaper.*
Pone a su hermano por las nubes.	*She praises her brother to the skies.*
¡Hay que poner fin al chismorreo!	*We must put an end to the gossip!*

ponerse a + infinitive *to begin to*

¿Por qué te pusiste a reír?	*Why did you begin to laugh?*
Pónganse de acuerdo de una vez por todas.	*Come to an agreement once and for all.*
Nos pusimos/ponerse en contacto con el.	*We got in touch with/contacted him.*
¿Cuándo se ponen Uds. en marcha?	*When are you setting out?*

to become, get, turn

Están poniéndose tristes.	*They're becoming sad.*
Se puso furiosa.	*She got furious.*
No te pongas así.	*Don't get like that.*
Se puso pálida al ver el choque.	*She turned pale when she saw the crash.*
Se pusieron enfermos.	*They got sick.*
Se puso gordo/delgado.	*He got fat/thin.*

to put on (an article of clothing)

Me puso el abrigo.	*He helped me on with my coat.*
Hijo, ponte las botas.	*Son, put on your boots.*
Siempre se ponía prendas verdes.	*She always wore green.*

Other Uses

Se ve bien/mal puesto.	*He looks well/badly dressed.*
Llevaba puestos los nuevos zapatos.	*He was wearing his new shoes.*
Tiene un excelente puesto.	*He has an excellent position.*
Es una puesta del sol impresionante.	*It's a breathtaking sunset.*

-*er* verb with stem ending in a vowel;
third-person preterit forms in -*yó* and -*yeron*

poseo · poseyeron · poseído · poseyendo

PRESENT

poseo	poseemos
posees	poseéis
posee	poseen

PRETERIT

poseí	poseímos
poseíste	poseísteis
poseyó	poseyeron

IMPERFECT

poseía	poseíamos
poseías	poseíais
poseía	poseían

PRESENT PERFECT

he poseído	hemos poseído
has poseído	habéis poseído
ha poseído	han poseído

FUTURE

poseeré	poseeremos
poseerás	poseeréis
poseerá	poseerán

CONDITIONAL

poseería	poseeríamos
poseerías	poseeríais
poseería	poseerían

PLUPERFECT

había poseído	habíamos poseído
habías poseído	habíais poseído
había poseído	habían poseído

PRETERIT PERFECT

hube poseído	hubimos poseído
hubiste poseído	hubisteis poseído
hubo poseído	hubieron poseído

FUTURE PERFECT

habré poseído	habremos poseído
habrás poseído	habréis poseído
habrá poseído	habrán poseído

CONDITIONAL PERFECT

habría poseído	habríamos poseído
habrías poseído	habríais poseído
habría poseído	habrían poseído

PRESENT SUBJUNCTIVE

posea	poseamos
poseas	poseáis
posea	posean

PRESENT PERFECT SUBJUNCTIVE

haya poseído	hayamos poseído
hayas poseído	hayáis poseído
haya poseído	hayan poseído

IMPERFECT SUBJUNCTIVE (-ra)

poseyera	poseyéramos
poseyeras	poseyerais
poseyera	poseyeran

or **IMPERFECT SUBJUNCTIVE (se)**

poseyese	poseyésemos
poseyeses	poseyeseis
poseyese	poseyesen

PAST PERFECT SUBJUNCTIVE (-ra)

hubiera poseído	hubiéramos poseído
hubieras poseído	hubierais poseído
hubiera poseído	hubieran poseído

or **PAST PERFECT SUBJUNCTIVE (-se)**

hubiese poseído	hubiésemos poseído
hubieses poseído	hubieseis poseído
hubiese poseído	hubiesen poseído

PROGRESSIVE TENSES

PRESENT	estoy, estás, está, estamos, estáis, están
PRETERIT	estuve, estuviste, estuvo, estuvimos, estuvisteis, estuvieron
IMPERFECT	estaba, estabas, estaba, estábamos, estabais, estaban
FUTURE	estaré, estarás, estará, estaremos, estaréis, estarán
CONDITIONAL	estaría, estarías, estaría, estaríamos, estaríais, estarían
SUBJUNCTIVE	que + *corresponding subjunctive tense of* estar (*see verb 252*)

} poseyendo

COMMANDS

	(nosotros) poseamos/no poseamos
(tú) posee/no poseas	(vosotros) poseed/no poseáis
(Ud.)posea/no posea	(Uds.) posean/no posean

Usage

¿Quiénes poseen la escritura de propiedad?	*Who possesses/has the title deed?*
La familia Ortega ya no posee la hacienda.	*The Ortega family no longer owns the ranch.*
Poseía el español.	*He mastered/knew Spanish perfectly.*
Fue poseída por el fantasma.	*She was possessed by the ghost.*
Esa atleta es la poseedora del récord.	*That athlete is the record holder.*

practicar *to practice, perform, do*

practico · practicaron · practicado · practicando   *-ar* verb; spelling change: *c > qu/e*

PRESENT		PRETERIT	
practico	practicamos	practiqué	practicamos
practicas	practicáis	practicaste	practicasteis
practica	practican	practicó	practicaron

IMPERFECT		PRESENT PERFECT	
practicaba	practicábamos	he practicado	hemos practicado
practicabas	practicabais	has practicado	habéis practicado
practicaba	practicaban	ha practicado	han practicado

FUTURE		CONDITIONAL	
practicaré	practicaremos	practicaría	practicaríamos
practicarás	practicaréis	practicarías	practicaríais
practicará	practicarán	practicaría	practicarían

PLUPERFECT		PRETERIT PERFECT	
había practicado	habíamos practicado	hube practicado	hubimos practicado
habías practicado	habíais practicado	hubiste practicado	hubisteis practicado
había practicado	habían practicado	hubo practicado	hubieron practicado

FUTURE PERFECT		CONDITIONAL PERFECT	
habré practicado	habremos practicado	habría practicado	habríamos practicado
habrás practicado	habréis practicado	habrías practicado	habríais practicado
habrá practicado	habrán practicado	habría practicado	habrían practicado

PRESENT SUBJUNCTIVE		PRESENT PERFECT SUBJUNCTIVE	
practique	practiquemos	haya practicado	hayamos practicado
practiques	practiquéis	hayas practicado	hayáis practicado
practique	practiquen	haya practicado	hayan practicado

IMPERFECT SUBJUNCTIVE (-ra)		*or*	IMPERFECT SUBJUNCTIVE (-se)	
practicara	practicáramos		practicase	practicásemos
practicaras	practicarais		practicases	practicaseis
practicara	practicaran		practicase	practicasen

PAST PERFECT SUBJUNCTIVE (-ra)		*or*	PAST PERFECT SUBJUNCTIVE (-se)	
hubiera practicado	hubiéramos practicado		hubiese practicado	hubiésemos practicado
hubieras practicado	hubierais practicado		hubieses practicado	hubieseis practicado
hubiera practicado	hubieran practicado		hubiese practicado	hubiesen practicado

PROGRESSIVE TENSES

PRESENT	estoy, estás, está, estamos, estáis, están	
PRETERIT	estuve, estuviste, estuvo, estuvimos, estuvisteis, estuvieron	
IMPERFECT	estaba, estabas, estaba, estábamos, estabais, estaban	practicando
FUTURE	estaré, estarás, estará, estaremos, estaréis, estarán	
CONDITIONAL	estaría, estarías, estaría, estaríamos, estaríais, estarían	
SUBJUNCTIVE	que + *corresponding subjunctive tense of* estar (*see verb 252*)	

COMMANDS

	(nosotros) practiquemos/no practiquemos
(tú) practica/no practiques	(vosotros) practicad/no practiquéis
(Ud.) practique/no practique	(Uds.) practiquen/no practiquen

Usage

Practicaba el piano todos los días.	*She practiced the piano every day.*
Practican los deportes.	*They go in for sports.*
Practicábamos la natación.	*We used to swim.*
Se aprende un idioma con la práctica.	*You learn a language with practice.*
Fue una solución muy práctica.	*It was a very practical solution.*

stem-changing -*ir* verb:
e > *ie* (present), *e* > *i* (preterit)

prefiero · prefirieron · preferido · prefiriendo

PRESENT

prefiero	preferimos
prefieres	preferís
prefiere	prefieren

PRETERIT

preferí	preferimos
preferiste	preferisteis
prefirió	prefirieron

IMPERFECT

prefería	preferíamos
preferías	preferíais
prefería	preferían

PRESENT PERFECT

he preferido	hemos preferido
has preferido	habéis preferido
ha preferido	han preferido

FUTURE

preferiré	preferiremos
preferirás	preferiréis
preferirá	preferirán

CONDITIONAL

preferiría	preferiríamos
preferirías	preferiríais
preferiría	preferirían

PLUPERFECT

había preferido	habíamos preferido
habías preferido	habíais preferido
había preferido	habían preferido

PRETERIT PERFECT

hube preferido	hubimos preferido
hubiste preferido	hubisteis preferido
hubo preferido	hubieron preferido

FUTURE PERFECT

habré preferido	habremos preferido
habrás preferido	habréis preferido
habrá preferido	habrán preferido

CONDITIONAL PERFECT

habría preferido	habríamos preferido
habrías preferido	habríais preferido
habría preferido	habrían preferido

PRESENT SUBJUNCTIVE

prefiera	prefiramos
prefieras	prefiráis
prefiera	prefieran

PRESENT PERFECT SUBJUNCTIVE

haya preferido	hayamos preferido
hayas preferido	hayáis preferido
haya preferido	hayan preferido

IMPERFECT SUBJUNCTIVE (-ra)   *or*

prefiriera	prefiriéramos
prefirieras	prefirierais
prefiriera	prefirieran

IMPERFECT SUBJUNCTIVE (-se)

prefiriese	prefiriésemos
prefirieses	prefirieseis
prefiriese	prefiriesen

PAST PERFECT SUBJUNCTIVE (-ra)   *or*

hubiera preferido	hubiéramos preferido
hubieras preferido	hubierais preferido
hubiera preferido	hubieran preferido

PAST PERFECT SUBJUNCTIVE (-se)

hubiese preferido	hubiésemos preferido
hubieses preferido	hubieseis preferido
hubiese preferido	hubiesen preferido

PROGRESSIVE TENSES

PRESENT	estoy, estás, está, estamos, estáis, están
PRETERIT	estuve, estuviste, estuvo, estuvimos, estuvisteis, estuvieron
IMPERFECT	estaba, estabas, estaba, estábamos, estabais, estaban
FUTURE	estaré, estarás, estará, estaremos, estaréis, estarán
CONDITIONAL	estaría, estarías, estaría, estaríamos, estaríais, estarían
SUBJUNCTIVE	que + *corresponding subjunctive tense of* estar (*see verb 252*)

prefiriendo

COMMANDS

	(nosotros) prefiramos/no prefiramos
(tú) prefiere/no prefieras	(vosotros) preferid/no prefiráis
(Ud.) prefiera/no prefiera	(Uds.) prefieran/no prefieran

Usage

Prefiero mucho más la furgoneta negra.	*I much prefer the black station wagon.*
Prefirieron alquilar la casa en julio.	*They preferred to rent the house in July.*
¿No prefieres que vayamos a un restaurante italiano?	*Don't you prefer we go to an Italian restaurant?*
El rótulo dice preferencia de paso.	*The sign says right of way.*
¿Cuáles son tus libros preferidos?	*Which are your favorite books?*
Me alegro que recibamos un trato preferente.	*I'm glad we get preferential treatment.*
Ninguna de las dos posibilidades es preferible.	*Neither of the two possibilities is preferable.*

412

preguntar *to ask, question, ask for*

pregunto · preguntaron · preguntado · preguntando

PRESENT		PRETERIT	
pregunto	preguntamos	pregunté	preguntamos
preguntas	preguntáis	preguntaste	preguntasteis
pregunta	preguntan	preguntó	preguntaron

IMPERFECT		PRESENT PERFECT	
preguntaba	preguntábamos	he preguntado	hemos preguntado
preguntabas	preguntabais	has preguntado	habéis preguntado
preguntaba	preguntaban	ha preguntado	han preguntado

FUTURE		CONDITIONAL	
preguntaré	preguntaremos	preguntaría	preguntaríamos
preguntarás	preguntaréis	preguntarías	preguntaríais
preguntará	preguntarán	preguntaría	preguntarían

PLUPERFECT		PRETERIT PERFECT	
había preguntado	habíamos preguntado	hube preguntado	hubimos preguntado
habías preguntado	habíais preguntado	hubiste preguntado	hubisteis preguntado
había preguntado	habían preguntado	hubo preguntado	hubieron preguntado

FUTURE PERFECT		CONDITIONAL PERFECT	
habré preguntado	habremos preguntado	habría preguntado	habríamos preguntado
habrás preguntado	habréis preguntado	habrías preguntado	habríais preguntado
habrá preguntado	habrán preguntado	habría preguntado	habrían preguntado

PRESENT SUBJUNCTIVE		PRESENT PERFECT SUBJUNCTIVE	
pregunte	preguntemos	haya preguntado	hayamos preguntado
preguntes	preguntéis	hayas preguntado	hayáis preguntado
pregunte	pregunten	haya preguntado	hayan preguntado

IMPERFECT SUBJUNCTIVE (-ra)		*or*	IMPERFECT SUBJUNCTIVE (-se)	
preguntara	preguntáramos		preguntase	preguntásemos
preguntaras	preguntarais		preguntases	preguntaseis
preguntara	preguntaran		preguntase	preguntasen

PAST PERFECT SUBJUNCTIVE (-ra)		*or*	PAST PERFECT SUBJUNCTIVE (-se)	
hubiera preguntado	hubiéramos preguntado		hubiese preguntado	hubiésemos preguntado
hubieras preguntado	hubierais preguntado		hubieses preguntado	hubieseis preguntado
hubiera preguntado	hubieran preguntado		hubiese preguntado	hubiesen preguntado

PROGRESSIVE TENSES

PRESENT	estoy, estás, está, estamos, estáis, están
PRETERIT	estuve, estuviste, estuvo, estuvimos, estuvisteis, estuvieron
IMPERFECT	estaba, estabas, estaba, estábamos, estabais, estaban
FUTURE	estaré, estarás, estará, estaremos, estaréis, estarán
CONDITIONAL	estaría, estarías, estaría, estaríamos, estaríais, estarían
SUBJUNCTIVE	que + *corresponding subjunctive tense of* estar *(see verb 252)*

} preguntando

COMMANDS

	(nosotros) preguntemos/no preguntemos
(tú) pregunta/no preguntes	(vosotros) preguntad/no preguntéis
(Ud.) pregunte/no pregunte	(Uds.) pregunten/no pregunten

Usage

Pregúntale a él si no lo sabes.	*Ask him if you don't know.*
¿Preguntaste por su familia?	*Did you ask for their family?*
Preguntan por ti en el teléfono.	*Someone is asking for you on the telephone.*
Me pregunto cuándo llegarán.	*I wonder when they'll arrive.*
Les hice preguntas a los estudiantes.	*I asked the students questions.*
Es una persona preguntona.	*She's an inquisitive/a nosy person.*

regular *-ar* reflexive verb   **preocupo · preocuparon · preocupado · preocupándose**

PRESENT

me preocupo	nos preocupamos
te preocupas	os preocupáis
se preocupa	se preocupan

IMPERFECT

me preocupaba	nos preocupábamos
te preocupabas	os preocupabais
se preocupaba	se preocupaban

FUTURE

me preocuparé	nos preocuparemos
te preocuparás	os preocuparéis
se preocupará	se preocuparán

PLUPERFECT

me había preocupado	nos habíamos preocupado
te habías preocupado	os habíais preocupado
se había preocupado	se habían preocupado

FUTURE PERFECT

me habré preocupado	nos habremos preocupado
te habrás preocupado	os habréis preocupado
se habrá preocupado	se habrán preocupado

PRESENT SUBJUNCTIVE

me preocupe	nos preocupemos
te preocupes	os preocupéis
se preocupe	se preocupen

IMPERFECT SUBJUNCTIVE (-ra)

me preocupara	nos preocupáramos
te preocuparas	os preocuparais
se preocupara	se preocuparan

PAST PERFECT SUBJUNCTIVE (-ra)

me hubiera preocupado	nos hubiéramos preocupado
te hubieras preocupado	os hubierais preocupado
se hubiera preocupado	se hubieran preocupado

PRETERIT

me preocupé	nos preocupamos
te preocupaste	os preocupasteis
se preocupó	se preocuparon

PRESENT PERFECT

me he preocupado	nos hemos preocupado
te has preocupado	os habéis preocupado
se ha preocupado	se han preocupado

CONDITIONAL

me preocuparía	nos preocuparíamos
te preocuparías	os preocuparíais
se preocuparía	se preocuparían

PRETERIT PERFECT

me hube preocupado	nos hubimos preocupado
te hubiste preocupado	os hubisteis preocupado
se hubo preocupado	se hubieron preocupado

CONDITIONAL PERFECT

me habría preocupado	nos habríamos preocupado
te habrías preocupado	os habríais preocupado
se habría preocupado	se habrían preocupado

PRESENT PERFECT SUBJUNCTIVE

me haya preocupado	nos hayamos preocupado
te hayas preocupado	os hayáis preocupado
se haya preocupado	se hayan preocupado

or **IMPERFECT SUBJUNCTIVE (-se)**

me preocupase	nos preocupásemos
te preocupases	os preocupaseis
se preocupase	se preocupasen

or **PAST PERFECT SUBJUNCTIVE (-se)**

me hubiese preocupado	nos hubiésemos preocupado
te hubieses preocupado	os hubieseis preocupado
se hubiese preocupado	se hubiesen preocupado

PROGRESSIVE TENSES

PRESENT	estoy, estás, está, estamos, estáis, están
PRETERIT	estuve, estuviste, estuvo, estuvimos, estuvisteis, estuvieron
IMPERFECT	estaba, estabas, estaba, estábamos, estabais, estaban
FUTURE	estaré, estarás, estará, estaremos, estaréis, estarán
CONDITIONAL	estaría, estarías, estaría, estaríamos, estaríais, estarían
SUBJUNCTIVE	que + *corresponding subjunctive tense of* estar *(see verb 252)*

preocupando *(see page 31)*

COMMANDS

	(nosotros) preocupémonos/no nos preocupemos
(tú) preocúpate/no te preocupes	(vosotros) preocupaos/no os preocupéis
(Ud.) preocúpese/no se preocupe	(Uds.) preocúpense/no se preocupen

Usage

No te preocupes.	*Don't worry.*
Yo no me preocupo por nada.	*I'm not worried about anything.*
Es lo que menos nos preocupa.	*It's the least of our worries.*
¿Te preocupan tus padres?	*Are you worried about your parents?*
Estaba preocupado/despreocupado por el proyecto.	*He was concerned/not concerned about the project.*
Tiene muchas preocupaciones últimamente.	*She has many worries lately.*

preparar   *to prepare, get ready*

PRESENT

preparo	preparamos
preparas	preparáis
prepara	preparan

PRETERIT

preparé	preparamos
preparaste	preparasteis
preparó	prepararon

IMPERFECT

preparaba	preparábamos
preparabas	preparabais
preparaba	preparaban

PRESENT PERFECT

he preparado	hemos preparado
has preparado	habéis preparado
ha preparado	han preparado

FUTURE

prepararé	prepararemos
prepararás	prepararéis
preparará	prepararán

CONDITIONAL

prepararía	prepararíamos
prepararías	prepararíais
prepararía	prepararían

PLUPERFECT

había preparado	habíamos preparado
habías preparado	habíais preparado
había preparado	habían preparado

PRETERIT PERFECT

hube preparado	hubimos preparado
hubiste preparado	hubisteis preparado
hubo preparado	hubieron preparado

FUTURE PERFECT

habré preparado	habremos preparado
habrás preparado	habréis preparado
habrá preparado	habrán preparado

CONDITIONAL PERFECT

habría preparado	habríamos preparado
habrías preparado	habríais preparado
habría preparado	habrían preparado

PRESENT SUBJUNCTIVE

prepare	preparemos
prepares	preparéis
prepare	preparen

PRESENT PERFECT SUBJUNCTIVE

haya preparado	hayamos preparado
hayas preparado	hayáis preparado
haya preparado	hayan preparado

IMPERFECT SUBJUNCTIVE (-ra)

preparara	preparáramos
prepararas	prepararais
preparara	prepararan

or   **IMPERFECT SUBJUNCTIVE (-se)**

preparase	preparásemos
preparases	preparaseis
preparase	preparasen

PAST PERFECT SUBJUNCTIVE (-ra)

hubiera preparado	hubiéramos preparado
hubieras preparado	hubierais preparado
hubiera preparado	hubieran preparado

or   **PAST PERFECT SUBJUNCTIVE (-se)**

hubiese preparado	hubiésemos preparado
hubieses preparado	hubieseis preparado
hubiese preparado	hubiesen preparado

PROGRESSIVE TENSES

PRESENT	estoy, estás, está, estamos, estáis, están
PRETERIT	estuve, estuviste, estuvo, estuvimos, estuvisteis, estuvieron
IMPERFECT	estaba, estabas, estaba, estábamos, estabais, estaban
FUTURE	estaré, estarás, estará, estaremos, estaréis, estarán
CONDITIONAL	estaría, estarías, estaría, estaríamos, estaríais, estarían
SUBJUNCTIVE	que + *corresponding subjunctive tense of* estar (*see verb 252*)

} preparando

COMMANDS

	(nosotros) preparemos/no preparemos
(tú) prepara/no prepares	(vosotros) preparad/no preparéis
(Ud.) prepare/no prepare	(Uds.) preparen/no preparen

Usage

Preparo el almuerzo cuando tengas hambre.	*I'll prepare lunch when you're hungry.*
Preparémonos para salir.	*Let's get ready to go out.*
Tuvo una magnífica preparación.	*He had magnificent training.*
Lleva tiempo la preparación de la salsa.	*The preparation/cooking of the sauce takes time.*
¿Están preparados para el examen?	*Are you prepared/ready for the exam?*
Asistió a la escuela preparatoria.	*She attended preparatory school.*

PRESENT

presento	presentamos
presentas	presentáis
presenta	presentan

PRETERIT

presenté	presentamos
presentaste	presentasteis
presentó	presentaron

IMPERFECT

presentaba	presentábamos
presentabas	presentabais
presentaba	presentaban

PRESENT PERFECT

he presentado	hemos presentado
has presentado	habéis presentado
ha presentado	han presentado

FUTURE

presentaré	presentaremos
presentarás	presentaréis
presentará	presentarán

CONDITIONAL

presentaría	presentaríamos
presentarías	presentaríais
presentaría	presentarían

PLUPERFECT

había presentado	habíamos presentado
habías presentado	habíais presentado
había presentado	habían presentado

PRETERIT PERFECT

hube presentado	hubimos presentado
hubiste presentado	hubisteis presentado
hubo presentado	hubieron presentado

FUTURE PERFECT

habré presentado	habremos presentado
habrás presentado	habréis presentado
habrá presentado	habrán presentado

CONDITIONAL PERFECT

habría presentado	habríamos presentado
habrías presentado	habríais presentado
habría presentado	habrían presentado

PRESENT SUBJUNCTIVE

presente	presentemos
presentes	presentéis
presente	presenten

PRESENT PERFECT SUBJUNCTIVE

haya presentado	hayamos presentado
hayas presentado	hayáis presentado
haya presentado	hayan presentado

IMPERFECT SUBJUNCTIVE (ra)

presentara	presentáramos
presentaras	presentarais
presentara	presentaran

or **IMPERFECT SUBJUNCTIVE (-se)**

presentase	presentásemos
presentases	presentaseis
presentase	presentasen

PAST PERFECT SUBJUNCTIVE (-ra)

hubiera presentado	hubiéramos presentado
hubieras presentado	hubierais presentado
hubiera presentado	hubieran presentado

or **PAST PERFECT SUBJUNCTIVE (-se)**

hubiese presentado	hubiésemos presentado
hubieses presentado	hubieseis presentado
hubiese presentado	hubiesen presentado

PROGRESSIVE TENSES

PRESENT	estoy, estás, está, estamos, estáis, están	
PRETERIT	estuve, estuviste, estuvo, estuvimos, estuvisteis, estuvieron	
IMPERFECT	estaba, estabas, estaba, estábamos, estabais, estaban	presentando
FUTURE	estaré, estarás, estará, estaremos, estaréis, estarán	
CONDITIONAL	estaría, estarías, estaría, estaríamos, estaríais, estarían	
SUBJUNCTIVE	que + *corresponding subjunctive tense of* estar (*see verb 252*)	

COMMANDS

	(nosotros) presentemos/no presentemos
(tú) presenta/no presentes	(vosotros) presentad/no presentéis
(Ud.) presente/no presente	(Uds.) presenten/no presenten

Usage

Presentaron el informe ayer.	*They presented/gave the report yesterday.*
Te presento a mi marido.	*I'll introduce you to my husband.*
Permitan que me presente.	*Allow me to introduce myself.*
Se presentaba la obra en el teatro Bis.	*The play was put on at the Bis Theater.*
Se presentó una oportunidad/una dificultad.	*An opportunity/A difficulty arose.*
La presentación en pantalla es clarísima.	*The on-screen display is very clear/bright.*
Tenga presente lo que le dije.	*Bear in mind what I told you.*

prestar *to lend, give*

presto · prestaron · prestado · prestando

regular *-ar* verb

PRESENT

presto	prestamos
prestas	prestáis
presta	prestan

PRETERIT

presté	prestamos
prestaste	prestasteis
prestó	prestaron

IMPERFECT

prestaba	prestábamos
prestabas	prestabais
prestaba	prestaban

PRESENT PERFECT

he prestado	hemos prestado
has prestado	habéis prestado
ha prestado	han prestado

FUTURE

prestaré	prestaremos
prestarás	prestaréis
prestará	prestarán

CONDITIONAL

prestaría	prestaríamos
prestarías	prestaríais
prestaría	prestarían

PLUPERFECT

había prestado	habíamos prestado
habías prestado	habíais prestado
había prestado	habían prestado

PRETERIT PERFECT

hube prestado	hubimos prestado
hubiste prestado	hubisteis prestado
hubo prestado	hubieron prestado

FUTURE PERFECT

habré prestado	habremos prestado
habrás prestado	habréis prestado
habrá prestado	habrán prestado

CONDITIONAL PERFECT

habría prestado	habríamos prestado
habrías prestado	habríais prestado
habría prestado	habrían prestado

PRESENT SUBJUNCTIVE

preste	prestemos
prestes	prestéis
preste	presten

PRESENT PERFECT SUBJUNCTIVE

haya prestado	hayamos prestado
hayas prestado	hayáis prestado
haya prestado	hayan prestado

IMPERFECT SUBJUNCTIVE (-ra)

prestara	prestáramos
prestaras	prestarais
prestara	prestaran

or **IMPERFECT SUBJUNCTIVE (-se)**

prestase	prestásemos
prestases	prestaseis
prestase	prestasen

PAST PERFECT SUBJUNCTIVE (-ra)

hubiera prestado	hubiéramos prestado
hubieras prestado	hubierais prestado
hubiera prestado	hubieran prestado

or **PAST PERFECT SUBJUNCTIVE (-se)**

hubiese prestado	hubiésemos prestado
hubieses prestado	hubieseis prestado
hubiese prestado	hubiesen prestado

PROGRESSIVE TENSES

PRESENT	estoy, estás, está, estamos, estáis, están
PRETERIT	estuve, estuviste, estuvo, estuvimos, estuvisteis, estuvieron
IMPERFECT	estaba, estabas, estaba, estábamos, estabais, estaban
FUTURE	estaré, estarás, estará, estaremos, estaréis, estarán
CONDITIONAL	estaría, estarías, estaría, estaríamos, estaríais, estarían
SUBJUNCTIVE	que + *corresponding subjunctive tense of* estar (*see verb 252*)

} prestando

COMMANDS

	(nosotros) prestemos/no prestemos
(tú) presta/no prestes	(vosotros) prestad/no prestéis
(Ud.) preste/no preste	(Uds.) presten/no presten

Usage

Préstame el paquete integrado.	*Lend me the integrated software package.*
¡Presten atención!	*Pay attention!*
¿Nos prestas un poco de ayuda?	*Will you give us a little help?*
¿El coche? Se lo pidió prestado a su amigo.	*The car? He borrowed it from his friend.*
Les pidió un préstamo.	*He asked them for a loan.*
El prestamista presta con interés.	*The moneylender lends with interest.*

irregular verb (like **venir**)   **prevengo · previnieron · prevenido · previniendo**

PRESENT

prevengo	prevenimos
previenes	prevenís
previene	previenen

IMPERFECT

prevenía	preveníamos
prevenías	preveníais
prevenía	prevenían

FUTURE

prevendré	prevendremos
prevendrás	prevendréis
prevendrá	prevendrán

PLUPERFECT

había prevenido	habíamos prevenido
habías prevenido	habíais prevenido
había prevenido	habían prevenido

FUTURE PERFECT

habré prevenido	habremos prevenido
habrás prevenido	habréis prevenido
habrá prevenido	habrán prevenido

PRESENT SUBJUNCTIVE

prevenga	prevengamos
prevengas	prevengáis
prevenga	prevengan

IMPERFECT SUBJUNCTIVE (-ra)

previniera	previniéramos
previnieras	previnierais
previniera	previnieran

PAST PERFECT SUBJUNCTIVE (-ra)

hubiera prevenido	hubiéramos prevenido
hubieras prevenido	hubierais prevenido
hubiera prevenido	hubieran prevenido

PRETERIT

previne	previnimos
previniste	previnisteis
previno	previnieron

PRESENT PERFECT

he prevenido	hemos prevenido
has prevenido	habéis prevenido
ha prevenido	han prevenido

CONDITIONAL

prevendría	prevendríamos
prevendrías	prevendríais
prevendría	prevendrían

PRETERIT PERFECT

hube prevenido	hubimos prevenido
hubiste prevenido	hubisteis prevenido
hubo prevenido	hubieron prevenido

CONDITIONAL PERFECT

habría prevenido	habríamos prevenido
habrías prevenido	habríais prevenido
habría prevenido	habrían prevenido

PRESENT PERFECT SUBJUNCTIVE

haya prevenido	hayamos prevenido
hayas prevenido	hayáis prevenido
haya prevenido	hayan prevenido

or **IMPERFECT SUBJUNCTIVE (-se)**

previniese	previniésemos
previnieses	previnieseis
previniese	previniesen

or **PAST PERFECT SUBJUNCTIVE (-se)**

hubiese prevenido	hubiésemos prevenido
hubieses prevenido	hubieseis prevenido
hubiese prevenido	hubiesen prevenido

PROGRESSIVE TENSES

PRESENT	estoy, estás, está, estamos, estáis, están
PRETERIT	estuve, estuviste, estuvo, estuvimos, estuvisteis, estuvieron
IMPERFECT	estaba, estabas, estaba, estábamos, estabais, estaban
FUTURE	estaré, estarás, estará, estaremos, estaréis, estarán
CONDITIONAL	estaría, estarías, estaría, estaríamos, estaríais, estarían
SUBJUNCTIVE	que + *corresponding subjunctive tense of* estar (*see verb 252*)

} previniendo

COMMANDS

	(nosotros) prevengamos/no prevengamos
(tú) prevén/no prevengas	(vosotros) prevenid/no prevengáis
(Ud.) prevenga/no prevenga	(Uds.) prevengan/no prevengan

Usage

Previene que causen problemas.	*He's preventing them from causing problems.*
Te prevengo que tengas cuidado.	*I'm warning you to be careful.*
Más vale prevenir que curar.	*An ounce of prevention is worth a pound of cure.*
Se vacunan para prevenirse contra la enfermedad.	*They took precautions against the disease with the vaccination.*
Hombre prevenido vale por dos.	*Forewarned is forearmed.*

probar   *to test, prove, try, try on*

pruebo · probaron · probado · probando

stem-changing *-ar* verb: *o > ue*

PRESENT		PRETERIT	
pruebo	probamos	probé	probamos
pruebas	probáis	probaste	probasteis
prueba	prueban	probó	probaron

IMPERFECT		PRESENT PERFECT	
probaba	probábamos	he probado	hemos probado
probabas	probabais	has probado	habéis probado
probaba	probaban	ha probado	han probado

FUTURE		CONDITIONAL	
probaré	probaremos	probaría	probaríamos
probarás	probaréis	probarías	probaríais
probará	probarán	probaría	probarían

PLUPERFECT		PRETERIT PERFECT	
había probado	habíamos probado	hube probado	hubimos probado
habías probado	habíais probado	hubiste probado	hubisteis probado
había probado	habían probado	hubo probado	hubieron probado

FUTURE PERFECT		CONDITIONAL PERFECT	
habré probado	habremos probado	habría probado	habríamos probado
habrás probado	habréis probado	habrías probado	habríais probado
habrá probado	habrán probado	habría probado	habrían probado

PRESENT SUBJUNCTIVE		PRESENT PERFECT SUBJUNCTIVE	
pruebe	probemos	haya probado	hayamos probado
pruebes	probéis	hayas probado	hayáis probado
pruebe	prueben	haya probado	hayan probado

IMPERFECT SUBJUNCTIVE (-ra)		*or*	IMPERFECT SUBJUNCTIVE (-se)	
probara	probáramos		probase	probásemos
probaras	probarais		probases	probaseis
probara	probaran		probase	probasen

PAST PERFECT SUBJUNCTIVE (-ra)		*or*	PAST PERFECT SUBJUNCTIVE (-se)	
hubiera probado	hubiéramos probado		hubiese probado	hubiésemos probado
hubieras probado	hubierais probado		hubieses probado	hubieseis probado
hubiera probado	hubieran probado		hubiese probado	hubiesen probado

PROGRESSIVE TENSES

PRESENT	estoy, estás, está, estamos, estáis, están	
PRETERIT	estuve, estuviste, estuvo, estuvimos, estuvisteis, estuvieron	
IMPERFECT	estaba, estabas, estaba, estábamos, estabais, estaban	probando
FUTURE	estaré, estarás, estará, estaremos, estaréis, estarán	
CONDITIONAL	estaría, estarías, estaría, estaríamos, estaríais, estarían	
SUBJUNCTIVE	que + *corresponding subjunctive tense of* estar (*see verb 252*)	

COMMANDS

	(nosotros) probemos/no probemos
(tú) prueba/no pruebes	(vosotros) probad/no probéis
(Ud.) pruebe/no pruebe	(Uds.) prueben/no prueben

Usage

Probaba su fuerza levantando pesas.	*He tested his strength by weight lifting.*
Sus éxitos prueban sus talentos.	*Her successes prove her ability.*
Probemos un poco de todo.	*Let's try/taste a little of everything.*
Pruébate este impermeable.	*Try on this raincoat.*
Son métodos probados.	*They're proven methods.*
Tuvimos una prueba de química ayer.	*We had a chemistry test yesterday.*
¿Cuánto dura el período de prueba?	*How long is the trial period?*

regular -ar verb | procuro · procuraron · procurado · procurando

PRESENT

procuro	procuramos
procuras	procuráis
procura	procuran

IMPERFECT

procuraba	procurábamos
procurabas	procurabais
procuraba	procuraban

FUTURE

procuraré	procuraremos
procurarás	procuraréis
procurará	procurarán

PLUPERFECT

había procurado	habíamos procurado
habías procurado	habíais procurado
había procurado	habían procurado

FUTURE PERFECT

habré procurado	habremos procurado
habrás procurado	habréis procurado
habrá procurado	habrán procurado

PRESENT SUBJUNCTIVE

procure	procuremos
procures	procuréis
procure	procuren

IMPERFECT SUBJUNCTIVE (-ra)

procurara	procuráramos
procuraras	procurarais
procurara	procuraran

PAST PERFECT SUBJUNCTIVE (-ra)

hubiera procurado	hubiéramos procurado
hubieras procurado	hubierais procurado
hubiera procurado	hubieran procurado

PRETERIT

procuré	procuramos
procuraste	procurasteis
procuró	procuraron

PRESENT PERFECT

he procurado	hemos procurado
has procurado	habéis procurado
ha procurado	han procurado

CONDITIONAL

procuraría	procuraríamos
procurarías	procuraríais
procuraría	procurarían

PRETERIT PERFECT

hube procurado	hubimos procurado
hubiste procurado	hubisteis procurado
hubo procurado	hubieron procurado

CONDITIONAL PERFECT

habría procurado	habríamos procurado
habrías procurado	habríais procurado
habría procurado	habrían procurado

PRESENT PERFECT SUBJUNCTIVE

haya procurado	hayamos procurado
hayas procurado	hayáis procurado
haya procurado	hayan procurado

or **IMPERFECT SUBJUNCTIVE (-se)**

procurase	procurásemos
procurases	procuraseis
procurase	procurasen

or **PAST PERFECT SUBJUNCTIVE (-se)**

hubiese procurado	hubiésemos procurado
hubieses procurado	hubieseis procurado
hubiese procurado	hubiesen procurado

PROGRESSIVE TENSES

PRESENT	estoy, estás, está, estamos, estáis, están	
PRETERIT	estuve, estuviste, estuvo, estuvimos, estuvisteis, estuvieron	
IMPERFECT	estaba, estabas, estaba, estábamos, estabais, estaban	procurando
FUTURE	estaré, estarás, estará, estaremos, estaréis, estarán	
CONDITIONAL	estaría, estarías, estaría, estaríamos, estaríais, estarían	
SUBJUNCTIVE	que + *corresponding subjunctive tense of* estar (*see verb 252*)	

COMMANDS

	(nosotros) procuremos/no procuremos
(tú) procura/no procures	(vosotros) procurad/no procuréis
(Ud.) procure/no procure	(Uds.) procuren/no procuren

Usage

Procuren no impacientarse.	*Try not to get impatient.*
¿Pudo procurar la tarjeta verde?	*Was he able to get a green card?*
Les procuraron un apartamento.	*They got them an apartment.*
Su procurador tiene poder.	*Their lawyer has power of attorney.*

producir *to produce*

produzco · produjeron · producido · produciendo

-ir verb; *c* > *zc/o, a*;
irregular preterit

PRESENT		PRETERIT	
produzco	producimos	produje	produjimos
produces	producís	produjiste	produjisteis
produce	producen	produjo	produjeron

IMPERFECT		PRESENT PERFECT	
producía	producíamos	he producido	hemos producido
producías	producíais	has producido	habéis producido
producía	producían	ha producido	han producido

FUTURE		CONDITIONAL	
produciré	produciremos	produciría	produciríamos
producirás	produciréis	producirías	produciríais
producirá	producirán	produciría	producirían

PLUPERFECT		PRETERIT PERFECT	
había producido	habíamos producido	hube producido	hubimos producido
habías producido	habíais producido	hubiste producido	hubisteis producido
había producido	habían producido	hubo producido	hubieron producido

FUTURE PERFECT		CONDITIONAL PERFECT	
habré producido	habremos producido	habría producido	habríamos producido
habrás producido	habréis producido	habrías producido	habríais producido
habrá producido	habrán producido	habría producido	habrían producido

PRESENT SUBJUNCTIVE		PRESENT PERFECT SUBJUNCTIVE	
produzca	produzcamos	haya producido	hayamos producido
produzcas	produzcáis	hayas producido	hayáis producido
produzca	produzcan	haya producido	hayan producido

IMPERFECT SUBJUNCTIVE (-ra)		*or* IMPERFECT SUBJUNCTIVE (-se)	
produjera	produjéramos	produjese	produjésemos
produjeras	produjerais	produjeses	produjeseis
produjera	produjeran	produjese	produjesen

PAST PERFECT SUBJUNCTIVE (-ra)		*or* PAST PERFECT SUBJUNCTIVE (-se)	
hubiera producido	hubiéramos producido	hubiese producido	hubiésemos producido
hubieras producido	hubierais producido	hubieses producido	hubieseis producido
hubiera producido	hubieran producido	hubiese producido	hubiesen producido

PROGRESSIVE TENSES

PRESENT	estoy, estás, está, estamos, estáis, están	
PRETERIT	estuve, estuviste, estuvo, estuvimos, estuvisteis, estuvieron	
IMPERFECT	estaba, estabas, estaba, estábamos, estabais, estaban	produciendo
FUTURE	estaré, estarás, estará, estaremos, estaréis, estarán	
CONDITIONAL	estaría, estarías, estaría, estaríamos, estaríais, estarían	
SUBJUNCTIVE	que + *corresponding subjunctive tense of* estar (*see verb 252*)	

COMMANDS

	(nosotros) produzcamos/no produzcamos
(tú) produce/no produzcas	(vosotros) producid/no produzcáis
(Ud.) produzca/no produzca	(Uds.) produzcan/no produzcan

Usage

Se producen coches.	*They manufacture cars.*
La compañía producía productos alimenticios.	*The company produced foodstuffs.*
El manzano no produjo manzanas este año.	*The apple tree didn't bear apples this year.*
Ojalá que la sociedad produzca beneficios.	*I hope the corporation will yield profits.*
El Producto Interior Bruto representa el valor de los bienes y servicios.	*The Gross Domestic Product represents the value of goods and services.*
¿Quién es el productor de esa película?	*Who is the producer of that film?*

-*ir* verb; spelling change:
i > *í* when stressed

prohíbo · prohibieron · prohibido · prohibiendo

PRESENT

prohíbo	prohibimos
prohíbcs	prohibís
prohíbe	prohíben

PRETERIT

prohibí	prohibimos
prohibiste	prohibisteis
prohibió	prohibieron

IMPERFECT

prohibía	prohibíamos
prohibías	prohibíais
prohibía	prohibían

PRESENT PERFECT

he prohibido	hemos prohibido
has prohibido	habéis prohibido
ha prohibido	han prohibido

FUTURE

prohibiré	prohibiremos
prohibirás	prohibiréis
prohibirá	prohibirán

CONDITIONAL

prohibiría	prohibiríamos
prohibirías	prohibiríais
prohibiría	prohibirían

PLUPERFECT

había prohibido	habíamos prohibido
habías prohibido	habíais prohibido
había prohibido	habían prohibido

PRETERIT PERFECT

hube prohibido	hubimos prohibido
hubiste prohibido	hubistcis prohibido
hubo prohibido	hubieron prohibido

FUTURE PERFECT

habré prohibido	habremos prohibido
habrás prohibido	habréis prohibido
habrá prohibido	habrán prohibido

CONDITIONAL PERFECT

habría prohibido	habríamos prohibido
habrías prohibido	habríais prohibido
habría prohibido	habrían prohibido

PRESENT SUBJUNCTIVE

prohíba	prohibamos
prohíbas	prohibáis
prohíba	prohíban

PRESENT PERFECT SUBJUNCTIVE

haya prohibido	hayamos prohibido
hayas prohibido	hayáis prohibido
haya prohibido	hayan prohibido

IMPERFECT SUBJUNCTIVE (-ra)

prohibiera	prohibiéramos
prohibieras	prohibierais
prohibiera	prohibieran

or **IMPERFECT SUBJUNCTIVE (-se)**

prohibiese	prohibiésemos
prohibieses	prohibieseis
prohibiese	prohibiesen

PAST PERFECT SUBJUNCTIVE (-ra)

hubiera prohibido	hubiéramos prohibido
hubieras prohibido	hubierais prohibido
hubiera prohibido	hubieran prohibido

or **PAST PERFECT SUBJUNCTIVE (-se)**

hubiese prohibido	hubiésemos prohibido
hubieses prohibido	hubieseis prohibido
hubiese prohibido	hubiesen prohibido

PROGRESSIVE TENSES

PRESENT	estoy, estás, está, estamos, estáis, están
PRETERIT	estuve, estuviste, estuvo, estuvimos, estuvisteis, estuvieron
IMPERFECT	estaba, estabas, estaba, estábamos, estabais, estaban
FUTURE	estaré, estarás, estará, estaremos, estaréis, estarán
CONDITIONAL	estaría, estarías, estaría, estaríamos, estaríais, estarían
SUBJUNCTIVE	que + *corresponding subjunctive tense of* estar (*see verb 252*)

⎫ prohibiendo

COMMANDS

	(nosotros) prohibamos/no prohibamos
(tú) prohíbe/no prohíbas	(vosotros) prohibid/no prohibáis
(Ud.) prohíba/no prohíba	(Uds.) prohíban/no prohíban

Usage

Hija, te prohibimos que vuelvas tan tarde.	*We forbid you to come back so late.*
Hija, te prohibimos volver tan tarde.	*We forbid you to come back so late.*
Se prohíbe entrar aquí por la seguridad nacional.	*We're forbidden from entering here because of national security.*
Prohibido adelantar.	*No passing.*
Prohibida la vuelta en U.	*No U-turn.*
Los precios son prohibitivos.	*The prices are prohibitive.*

422

promover to promote, provoke, cause

promuevo · promovieron · promovido · promoviendo

stem-changing -er verb: o > ue
(like **mover**)

PRESENT		PRETERIT	
promuevo	promovemos	promoví	promovimos
promueves	promovéis	promoviste	promovisteis
promueve	promueven	promovió	promovieron

IMPERFECT		PRESENT PERFECT	
promovía	promovíamos	he promovido	hemos promovido
promovías	promovíais	has promovido	habéis promovido
promovía	promovían	ha promovido	han promovido

FUTURE		CONDITIONAL	
promoveré	promoveremos	promovería	promoveríamos
promoverás	promoveréis	promoverías	promoveríais
promoverá	promoverán	promovería	promoverían

PLUPERFECT		PRETERIT PERFECT	
había promovido	habíamos promovido	hube promovido	hubimos promovido
habías promovido	habíais promovido	hubiste promovido	hubisteis promovido
había promovido	habían promovido	hubo promovido	hubieron promovido

FUTURE PERFECT		CONDITIONAL PERFECT	
habré promovido	habremos promovido	habría promovido	habríamos promovido
habrás promovido	habréis promovido	habrías promovido	habríais promovido
habrá promovido	habrán promovido	habría promovido	habrían promovido

PRESENT SUBJUNCTIVE		PRESENT PERFECT SUBJUNCTIVE	
promueva	promovamos	haya promovido	hayamos promovido
promuevas	promováis	hayas promovido	hayáis promovido
promueva	promuevan	haya promovido	hayan promovido

IMPERFECT SUBJUNCTIVE (-ra)		or IMPERFECT SUBJUNCTIVE (-se)	
promoviera	promoviéramos	promoviese	promoviésemos
promovieras	promovierais	promovieses	promovieseis
promoviera	promovieran	promoviese	promoviesen

PAST PERFECT SUBJUNCTIVE (-ra)		or PAST PERFECT SUBJUNCTIVE (-se)	
hubiera promovido	hubiéramos promovido	hubiese promovido	hubiésemos promovido
hubieras promovido	hubierais promovido	hubieses promovido	hubieseis promovido
hubiera promovido	hubieran promovido	hubiese promovido	hubiesen promovido

PROGRESSIVE TENSES

PRESENT	estoy, estás, está, estamos, estáis, están
PRETERIT	estuve, estuviste, estuvo, estuvimos, estuvisteis, estuvieron
IMPERFECT	estaba, estabas, estaba, estábamos, estabais, estaban
FUTURE	estaré, estarás, estará, estaremos, estaréis, estarán
CONDITIONAL	estaría, estarías, estaría, estaríamos, estaríais, estarían
SUBJUNCTIVE	que + *corresponding subjunctive tense of* estar (*see verb 252*)

} promoviendo

COMMANDS

	(nosotros) promovamos/no promovamos
(tú) promueve/no promuevas	(vosotros) promoved/no promováis
(Ud.) promueva/no promueva	(Uds.) promuevan/no promuevan

Usage

Se promueve el producto con la campaña publicitaria.	*The advertising campaign promotes the product.*
Promovieron la rebelión.	*They caused/stirred up the rebellion.*
Espero que lo hayan promovido a gerente.	*I hope he was promoted to manager.*

regular *-ar* verb | **pronuncio · pronunciaron · pronunciado · pronunciando**

PRESENT

pronuncio	pronunciamos
pronuncias	pronunciáis
pronuncia	pronuncian

IMPERFECT

pronunciaba	pronunciábamos
pronunciabas	pronunciabais
pronunciaba	pronunciaban

FUTURE

pronunciaré	pronunciaremos
pronunciarás	pronunciaréis
pronunciará	pronunciarán

PLUPERFECT

había pronunciado	habíamos pronunciado
habías pronunciado	habíais pronunciado
había pronunciado	habían pronunciado

FUTURE PERFECT

habré pronunciado	habremos pronunciado
habrás pronunciado	habréis pronunciado
habrá pronunciado	habrán pronunciado

PRESENT SUBJUNCTIVE

pronuncie	pronunciemos
pronuncies	pronunciéis
pronuncie	pronuncien

IMPERFECT SUBJUNCTIVE (-ra)

pronunciara	pronunciáramos
pronunciaras	pronunciarais
pronunciara	pronunciaran

PAST PERFECT SUBJUNCTIVE (-ra)

hubiera pronunciado	hubiéramos pronunciado
hubieras pronunciado	hubierais pronunciado
hubiera pronunciado	hubieran pronunciado

PRETERIT

pronuncié	pronunciamos
pronunciaste	pronunciasteis
pronunció	pronunciaron

PRESENT PERFECT

he pronunciado	hemos pronunciado
has pronunciado	habéis pronunciado
ha pronunciado	han pronunciado

CONDITIONAL

pronunciaría	pronunciaríamos
pronunciarías	pronunciaríais
pronunciaría	pronunciarían

PRETERIT PERFECT

hube pronunciado	hubimos pronunciado
hubiste pronunciado	hubisteis pronunciado
hubo pronunciado	hubieron pronunciado

CONDITIONAL PERFECT

habría pronunciado	habríamos pronunciado
habrías pronunciado	habríais pronunciado
habría pronunciado	habrían pronunciado

PRESENT PERFECT SUBJUNCTIVE

haya pronunciado	hayamos pronunciado
hayas pronunciado	hayáis pronunciado
haya pronunciado	hayan pronunciado

or **IMPERFECT SUBJUNCTIVE (-se)**

pronunciase	pronunciásemos
pronunciases	pronunciaseis
pronunciase	pronunciasen

or **PAST PERFECT SUBJUNCTIVE (-se)**

hubiese pronunciado	hubiésemos pronunciado
hubieses pronunciado	hubieseis pronunciado
hubiese pronunciado	hubiesen pronunciado

PROGRESSIVE TENSES

PRESENT	estoy, estás, está, estamos, estáis, están
PRETERIT	estuve, estuviste, estuvo, estuvimos, estuvisteis, estuvieron
IMPERFECT	estaba, estabas, estaba, estábamos, estabais, estaban
FUTURE	estaré, estarás, estará, estaremos, estaréis, estarán
CONDITIONAL	estaría, estarías, estaría, estaríamos, estaríais, estarían
SUBJUNCTIVE	que + *corresponding subjunctive tense of* estar (*see verb 252*)

} pronunciando

COMMANDS

	(nosotros) pronunciemos/no pronunciemos
(tú) pronuncia/no pronuncies	(vosotros) pronunciad/no pronunciéis
(Ud.) pronuncie/no pronuncie	(Uds.) pronuncien/no pronuncien

Usage

Pronuncias el español muy bien.	*You pronounce Spanish very well.*
El Secretario de Estado pronunció un discurso.	*The Secretary of State delivered a speech.*
Son palabras difíciles de pronunciar.	*They're difficult words to pronounce.*
El juez pronunció el fallo.	*The judge pronounced sentence.*
La escritura fonética es útil para pronunciar el francés.	*Phonetic transcription is useful for pronouncing French.*
Tenían un acento muy pronunciado.	*They had a noticeable accent.*

proteger *to protect*

protejo · protegieron · protegido · protegiendo　　　*-er* verb; spelling change: *g > j/o, a*

PRESENT

protejo	protegemos
proteges	protegéis
protege	protegen

IMPERFECT

protegía	protegíamos
protegías	protegíais
protegía	protegían

FUTURE

protegeré	protegeremos
protegerás	protegeréis
protegerá	protegerán

PLUPERFECT

había protegido	habíamos protegido
habías protegido	habíais protegido
había protegido	habían protegido

FUTURE PERFECT

habré protegido	habremos protegido
habrás protegido	habréis protegido
habrá protegido	habrán protegido

PRESENT SUBJUNCTIVE

proteja	protejamos
protejas	protejáis
proteja	protejan

IMPERFECT SUBJUNCTIVE (-ra)

protegiera	protegiéramos
protegieras	protegierais
protegiera	protegieran

PAST PERFECT SUBJUNCTIVE (-ra)

hubiera protegido	hubiéramos protegido
hubieras protegido	hubierais protegido
hubiera protegido	hubieran protegido

PRETERIT

protegí	protegimos
protegiste	protegisteis
protegió	protegieron

PRESENT PERFECT

he protegido	hemos protegido
has protegido	habéis protegido
ha protegido	han protegido

CONDITIONAL

protegería	protegeríamos
protegerías	protegeríais
protegería	protegerían

PRETERIT PERFECT

hube protegido	hubimos protegido
hubiste protegido	hubisteis protegido
hubo protegido	hubieron protegido

CONDITIONAL PERFECT

habría protegido	habríamos protegido
habrías protegido	habríais protegido
habría protegido	habrían protegido

PRESENT PERFECT SUBJUNCTIVE

haya protegido	hayamos protegido
hayas protegido	hayáis protegido
haya protegido	hayan protegido

or ### IMPERFECT SUBJUNCTIVE (-se)

protegiese	protegiésemos
protegieses	protegieseis
protegiese	protegiesen

or ### PAST PERFECT SUBJUNCTIVE (-se)

hubiese protegido	hubiésemos protegido
hubieses protegido	hubieseis protegido
hubiese protegido	hubiesen protegido

PROGRESSIVE TENSES

PRESENT	estoy, estás, está, estamos, estáis, están	
PRETERIT	estuve, estuviste, estuvo, estuvimos, estuvisteis, estuvieron	
IMPERFECT	estaba, estabas, estaba, estábamos, estabais, estaban	protegiendo
FUTURE	estaré, estarás, estará, estaremos, estaréis, estarán	
CONDITIONAL	estaría, estarías, estaría, estaríamos, estaríais, estarían	
SUBJUNCTIVE	que + *corresponding subjunctive tense of* estar (*see verb 252*)	

COMMANDS

	(nosotros) protejamos/no protejamos
(tú) protege/no protejas	(vosotros) proteged/no protejáis
(Ud.) proteja/no proteja	(Uds.) protejan/no protejan

Usage

El camuflaje protege a los soldados.	*Camouflage protects soldiers.*
Protéjanse del sol.	*Protect yourselves from the sun.*
¡Que Dios les proteja!	*May God protect you!*
Hay varias leyes de protección del medio ambiente.	*There are several environmental protection laws.*
Son los protegidos del Primer Ministro.	*They're the Prime Minister's protégés.*
Es una célebre protectora de la ópera.	*She's a noted patron of the opera.*

-*ar* verb; spelling change: *c > qu/e*   **provoco · provocaron · provocado · provocando**

PRESENT		PRETERIT	
provoco	provocamos	provoqué	provocamos
provocas	provocáis	provocaste	provocasteis
provoca	provocan	provocó	provocaron

IMPERFECT		PRESENT PERFECT	
provocaba	provocábamos	he provocado	hemos provocado
provocabas	provocabais	has provocado	habéis provocado
provocaba	provocaban	ha provocado	han provocado

FUTURE		CONDITIONAL	
provocaré	provocaremos	provocaría	provocaríamos
provocarás	provocaréis	provocarías	provocaríais
provocará	provocarán	provocaría	provocarían

PLUPERFECT		PRETERIT PERFECT	
había provocado	habíamos provocado	hube provocado	hubimos provocado
habías provocado	habíais provocado	hubiste provocado	hubisteis provocado
había provocado	habían provocado	hubo provocado	hubieron provocado

FUTURE PERFECT		CONDITIONAL PERFECT	
habré provocado	habremos provocado	habría provocado	habríamos provocado
habrás provocado	habréis provocado	habrías provocado	habríais provocado
habrá provocado	habrán provocado	habría provocado	habrían provocado

PRESENT SUBJUNCTIVE		PRESENT PERFECT SUBJUNCTIVE	
provoque	provoquemos	haya provocado	hayamos provocado
provoques	provoquéis	hayas provocado	hayáis provocado
provoque	provoquen	haya provocado	hayan provocado

IMPERFECT SUBJUNCTIVE (-ra)		*or* IMPERFECT SUBJUNCTIVE (-se)	
provocara	provocáramos	provocase	provocásemos
provocaras	provocarais	provocases	provocaseis
provocara	provocaran	provocase	provocasen

PAST PERFECT SUBJUNCTIVE (-ra)		*or* PAST PERFECT SUBJUNCTIVE (-se)	
hubiera provocado	hubiéramos provocado	hubiese provocado	hubiésemos provocado
hubieras provocado	hubierais provocado	hubieses provocado	hubieseis provocado
hubiera provocado	hubieran provocado	hubiese provocado	hubiesen provocado

PROGRESSIVE TENSES

PRESENT	estoy, estás, está, estamos, estáis, están	
PRETERIT	estuve, estuviste, estuvo, estuvimos, estuvisteis, estuvieron	
IMPERFECT	estaba, estabas, estaba, estábamos, estabais, estaban	provocando
FUTURE	estaré, estarás, estará, estaremos, estaréis, estarán	
CONDITIONAL	estaría, estarías, estaría, estaríamos, estaríais, estarían	
SUBJUNCTIVE	que + *corresponding subjunctive tense of* estar (*see verb 252*)	

COMMANDS

	(nosotros) provoquemos/no provoquemos
(tú) provoca/no provoques	(vosotros) provocad/no provoquéis
(Ud.) provoque/no provoque	(Uds.) provoquen/no provoquen

Usage

Provoca a todos con su descaro.	*She provokes everyone with her impudence.*
¿Qué provocó el ruido tan fuerte?	*What caused the very loud noise?*
El pacto violado provocó la guerra.	*The broken pact started the war.*
No me provoca comer ahora.	*I don't feel like eating now.*
El discurso que pronunció era provocador.	*The speech he delivered was provocative.*

publicar *to publish, publicize*

publico · publicaron · publicado · publicando   *-ar verb; spelling change: c > qu/e*

PRESENT

publico	publicamos
publicas	publicáis
publica	publican

PRETERIT

publiqué	publicamos
publicaste	publicasteis
publicó	publicaron

IMPERFECT

publicaba	publicábamos
publicabas	publicabais
publicaba	publicaban

PRESENT PERFECT

he publicado	hemos publicado
has publicado	habéis publicado
ha publicado	han publicado

FUTURE

publicaré	publicaremos
publicarás	publicaréis
publicará	publicarán

CONDITIONAL

publicaría	publicaríamos
publicarías	publicaríais
publicaría	publicarían

PLUPERFECT

había publicado	habíamos publicado
habías publicado	habíais publicado
había publicado	habían publicado

PRETERIT PERFECT

hube publicado	hubimos publicado
hubiste publicado	hubisteis publicado
hubo publicado	hubieron publicado

FUTURE PERFECT

habré publicado	habremos publicado
habrás publicado	habréis publicado
habrá publicado	habrán publicado

CONDITIONAL PERFECT

habría publicado	habríamos publicado
habrías publicado	habríais publicado
habría publicado	habrían publicado

PRESENT SUBJUNCTIVE

publique	publiquemos
publiques	publiquéis
publique	publiquen

PRESENT PERFECT SUBJUNCTIVE

haya publicado	hayamos publicado
hayas publicado	hayáis publicado
haya publicado	hayan publicado

IMPERFECT SUBJUNCTIVE (-ra)

publicara	publicáramos
publicaras	publicarais
publicara	publicaran

or **IMPERFECT SUBJUNCTIVE (-se)**

publicase	publicásemos
publicases	publicaseis
publicase	publicasen

PAST PERFECT SUBJUNCTIVE (-ra)

hubiera publicado	hubiéramos publicado
hubieras publicado	hubierais publicado
hubiera publicado	hubieran publicado

or **PAST PERFECT SUBJUNCTIVE (-se)**

hubiese publicado	hubiésemos publicado
hubieses publicado	hubieseis publicado
hubiese publicado	hubiesen publicado

PROGRESSIVE TENSES

PRESENT	estoy, estás, está, estamos, estáis, están
PRETERIT	estuve, estuviste, estuvo, estuvimos, estuvisteis, estuvieron
IMPERFECT	estaba, estabas, estaba, estábamos, estabais, estaban
FUTURE	estaré, estarás, estará, estaremos, estaréis, estarán
CONDITIONAL	estaría, estarías, estaría, estaríamos, estaríais, estarían
SUBJUNCTIVE	que + *corresponding subjunctive tense of* estar (*see verb 252*)

} publicando

COMMANDS

	(nosotros) publiquemos/no publiquemos
(tú) publica/no publiques	(vosotros) publicad/no publiquéis
(Ud.) publique/no publique	(Uds.) publiquen/no publiquen

Usage

La editorial publica libros de historia.
Se publicó la antología en 2001.
Se ve mucha publicidad disimulada y subliminal.
Había mucho público en la sala.
El sondeo de la opinión pública no es muy fidedigno.

The publishing house publishes history books.
The anthology was published in 2001.
We see a lot of sneaky and subliminal advertising.
There was a big audience in the hall.
Public opinion polls are not very reliable.

stem-changing *-ar* verb: *e > ie*　　**quiebro · quebraron · quebrado · quebrando**

PRESENT

quiebro	quebramos
quiebras	quebráis
quiebra	quiebran

IMPERFECT

quebraba	quebrábamos
quebrabas	quebrabais
quebraba	quebraban

FUTURE

quebraré	quebraremos
quebrarás	quebraréis
quebrará	quebrarán

PLUPERFECT

había quebrado	habíamos quebrado
habías quebrado	habíais quebrado
había quebrado	habían quebrado

FUTURE PERFECT

habré quebrado	habremos quebrado
habrás quebrado	habréis quebrado
habrá quebrado	habrán quebrado

PRESENT SUBJUNCTIVE

quiebre	quebremos
quiebres	quebréis
quiebre	quiebren

IMPERFECT SUBJUNCTIVE (-ra)

quebrara	quebráramos
quebraras	quebrarais
quebrara	quebraran

PAST PERFECT SUBJUNCTIVE (-ra)

hubiera quebrado	hubiéramos quebrado
hubieras quebrado	hubierais quebrado
hubiera quebrado	hubieran quebrado

PRETERIT

quebré	quebramos
quebraste	quebrasteis
quebró	quebraron

PRESENT PERFECT

he quebrado	hemos quebrado
has quebrado	habéis quebrado
ha quebrado	han quebrado

CONDITIONAL

quebraría	quebraríamos
quebrarías	quebraríais
quebraría	quebrarían

PRETERIT PERFECT

hube quebrado	hubimos quebrado
hubiste quebrado	hubisteis quebrado
hubo quebrado	hubieron quebrado

CONDITIONAL PERFECT

habría quebrado	habríamos quebrado
habrías quebrado	habríais quebrado
habría quebrado	habrían quebrado

PRESENT PERFECT SUBJUNCTIVE

haya quebrado	hayamos quebrado
hayas quebrado	hayáis quebrado
haya quebrado	hayan quebrado

or **IMPERFECT SUBJUNCTIVE (-se)**

quebrase	quebrásemos
quebrases	quebraseis
quebrase	quebrasen

or **PAST PERFECT SUBJUNCTIVE (-se)**

hubiese quebrado	hubiésemos quebrado
hubieses quebrado	hubieseis quebrado
hubiese quebrado	hubiesen quebrado

PROGRESSIVE TENSES

PRESENT	estoy, estás, está, estamos, estáis, están
PRETERIT	estuve, estuviste, estuvo, estuvimos, estuvisteis, estuvieron
IMPERFECT	estaba, estabas, estaba, estábamos, estabais, estaban
FUTURE	estaré, estarás, estará, estaremos, estaréis, estarán
CONDITIONAL	estaría, estarías, estaría, estaríamos, estaríais, estarían
SUBJUNCTIVE	que + *corresponding subjunctive tense of* estar (*see verb 252*)

quebrando

COMMANDS

	(nosotros) quebremos/no quebremos
(tú) quiebra/no quiebres	(vosotros) quebrad/no quebréis
(Ud.) quiebre/no quiebre	(Uds.) quiebren/no quiebren

Usage

De repente alguien quebró el silencio.	*Suddenly someone broke the silence.*
Se quebró el dedo jugando baloncesto.	*He broke his finger playing basketball.*
Es improbable que la empresa quiebre.	*It's improbable the company will go bankrupt.*
Se nos quebraron las tazas y los platillos.	*We broke the cups and saucers.*
Tenía la voz quebrada.	*Her voice was hoarse/faltering.*
El vaquero pasó por la quebrada.	*The cowboy went through the mountain pass.*
Tiene quebradura en el brazo.	*She has a fracture/break in her arm.*

Se quedó boquiabierto al verlos.	*He stood agape/open-mouthed when he saw them.*
Se quedaron sin trabajo.	*They were left without work.*
Te quedaste plantada.	*You were stood up.*
Me quedé con la sortija.	*I kept the ring.*

quedar *to be* (only permanent location); *arrange to meet; end*

Quedaron escandalizados.	*They were shocked.*
—¿Dónde queda el monumento?	*Where is the monument?*
—Todos los monumentos quedan en la zona histórica.	*All the monuments are located in the historic area.*
Quedamos con ellos a las tres.	*We arranged to meet them/have a date with them at 3:00.*
Quedó bien/mal con su jefe.	*He made a good/bad impression on his boss.*

quedar en *to agree to, decide to*

—¿En qué quedamos?	*What have we decided?*
—Quedamos en vernos el sábado, ¿no?	*We've decided to see each other on Saturday, right?*
Nuestros planes quedaron en nada.	*Nothing came of our plans.*

quedar (reverse construction) *to have left, remain; be, look*

—¿Cuánto dinero te queda?	*How much money do you have left?*
—Me quedan quinientos dólares.	*I have $500 left.*
La falda te queda corta/grande.	*The skirt is/looks short/big on you.*
No nos quedó más remedio.	*There was nothing left for us to do.*

quedársele a alguien (unplanned occurrences) *to leave something behind*

—¿Se te quedaron las carpetas en la oficina?	*Did you leave the folders at the office?*
—¡Ojalá! Creo que se me quedaron en el taxi.	*I wish! I think I left them in the taxi.*

Other Uses

Habló en voz queda/quedo.	*She spoke in a soft voice/quietly.*
Queda mucho por hacer.	*There's still a lot to be done.*
Queda por ver.	*It remains to be seen.*

TOP 50 VERBS

regular *-ar* reflexive verb

quedo · quedaron · quedado · quedándose

PRESENT

me quedo	nos quedamos
te quedas	os quedáis
se queda	se quedan

IMPERFECT

me quedaba	nos quedábamos
te quedabas	os quedabais
se quedaba	se quedaban

FUTURE

me quedaré	nos quedaremos
te quedarás	os quedaréis
se quedará	se quedarán

PLUPERFECT

me había quedado	nos habíamos quedado
te habías quedado	os habíais quedado
se había quedado	se habían quedado

FUTURE PERFECT

me habré quedado	nos habremos quedado
te habrás quedado	os habréis quedado
se habrá quedado	se habrán quedado

PRESENT SUBJUNCTIVE

me quede	nos quedemos
te quedes	os quedéis
se quede	se queden

IMPERFECT SUBJUNCTIVE (-ra)

me quedara	nos quedáramos
te quedaras	os quedarais
se quedara	se quedaran

PAST PERFECT SUBJUNCTIVE (-ra)

me hubiera quedado	nos hubiéramos quedado
te hubieras quedado	os hubierais quedado
se hubiera quedado	se hubieran quedado

PRETERIT

me quedé	nos quedamos
te quedaste	os quedasteis
se quedó	se quedaron

PRESENT PERFECT

me he quedado	nos hemos quedado
te has quedado	os habéis quedado
se ha quedado	se han quedado

CONDITIONAL

me quedaría	nos quedaríamos
te quedarías	os quedaríais
se quedaría	se quedarían

PRETERIT PERFECT

me hube quedado	nos hubimos quedado
te hubiste quedado	os hubisteis quedado
se hubo quedado	se hubieron quedado

CONDITIONAL PERFECT

me habría quedado	nos habríamos quedado
te habrías quedado	os habríais quedado
se habría quedado	se habrían quedado

PRESENT PERFECT SUBJUNCTIVE

me haya quedado	nos hayamos quedado
te hayas quedado	os hayáis quedado
se haya quedado	se hayan quedado

or **IMPERFECT SUBJUNCTIVE (-se)**

me quedase	nos quedásemos
te quedases	os quedaseis
se quedase	se quedasen

or **PAST PERFECT SUBJUNCTIVE (-se)**

me hubiese quedado	nos hubiésemos quedado
te hubieses quedado	os hubieseis quedado
se hubiese quedado	se hubiesen quedado

PROGRESSIVE TENSES

PRESENT	estoy, estás, está, estamos, estáis, están
PRETERIT	estuve, estuviste, estuvo, estuvimos, estuvisteis, estuvieron
IMPERFECT	estaba, estabas, estaba, estábamos, estabais, estaban
FUTURE	estaré, estarás, estará, estaremos, estaréis, estarán
CONDITIONAL	estaría, estarías, estaría, estaríamos, estaríais, estarían
SUBJUNCTIVE	que + *corresponding subjunctive tense of* estar (*see verb 252*)

} quedando (*see page 31*)

COMMANDS

	(nosotros) quedémonos/no nos quedemos
(tú) quédate/no te quedes	(vosotros) quedaos/no os quedéis
(Ud.) quédese/no se quede	(Uds.) quédense/no se queden

Usage

Nos quedamos en el café un par de horas.	*We stayed at the café a couple of hours.*
Se quedaron pensativos.	*They remained pensive.*
Beethoven se quedó sordo.	*Beethoven became/went deaf.*
Me quedo con la bufanda azul, señorita.	*I'll take the blue scarf, Miss. (in a store)*
¡Niños, quédense quietos!	*Kids, keep quiet/still!*
¿Qué remedio me queda?	*What else can I do?*
Su casa queda en los suburbios.	*Their house is in the suburbs.*

quejo · quejaron · quejado · quejándose   regular -ar reflexive verb

PRESENT

me quejo	nos quejamos
te quejas	os quejáis
se queja	se quejan

PRETERIT

me quejé	nos quejamos
te quejaste	os quejasteis
se quejó	se quejaron

IMPERFECT

me quejaba	nos quejábamos
te quejabas	os quejabais
se quejaba	se quejaban

PRESENT PERFECT

me he quejado	nos hemos quejado
te has quejado	os habéis quejado
se ha quejado	se han quejado

FUTURE

me quejaré	nos quejaremos
te quejarás	os quejaréis
se quejará	se quejarán

CONDITIONAL

me quejaría	nos quejaríamos
te quejarías	os quejaríais
se quejaría	se quejarían

PLUPERFECT

me había quejado	nos habíamos quejado
te habías quejado	os habíais quejado
se había quejado	se habían quejado

PRETERIT PERFECT

me hube quejado	nos hubimos quejado
te hubiste quejado	os hubisteis quejado
se hubo quejado	se hubieron quejado

FUTURE PERFECT

me habré quejado	nos habremos quejado
te habrás quejado	os habréis quejado
se habrá quejado	se habrán quejado

CONDITIONAL PERFECT

me habría quejado	nos habríamos quejado
te habrías quejado	os habríais quejado
se habría quejado	se habrían quejado

PRESENT SUBJUNCTIVE

me queje	nos quejemos
te quejes	os quejéis
se queje	se quejen

PRESENT PERFECT SUBJUNCTIVE

me haya quejado	nos hayamos quejado
te hayas quejado	os hayáis quejado
se haya quejado	se hayan quejado

IMPERFECT SUBJUNCTIVE (-ra)

me quejara	nos quejáramos
te quejaras	os quejarais
se quejara	se quejaran

or **IMPERFECT SUBJUNCTIVE (-se)**

me quejase	nos quejásemos
te quejases	os quejaseis
se quejase	se quejasen

PAST PERFECT SUBJUNCTIVE (-ra)

me hubiera quejado	nos hubiéramos quejado
te hubieras quejado	os hubierais quejado
se hubiera quejado	se hubieran quejado

or **PAST PERFECT SUBJUNCTIVE (-se)**

me hubiese quejado	nos hubiésemos quejado
te hubieses quejado	os hubieseis quejado
se hubiese quejado	se hubiesen quejado

PROGRESSIVE TENSES

PRESENT	estoy, estás, está, estamos, estáis, están
PRETERIT	estuve, estuviste, estuvo, estuvimos, estuvisteis, estuvieron
IMPERFECT	estaba, estabas, estaba, estábamos, estabais, estaban
FUTURE	estaré, estarás, estará, estaremos, estaréis, estarán
CONDITIONAL	estaría, estarías, estaría, estaríamos, estaríais, estarían
SUBJUNCTIVE	que + *corresponding subjunctive tense of* estar (*see verb 252*)

} quejando (*see page 31*)

COMMANDS

	(nosotros) quejémonos/no nos quejemos
(tú) quéjate/no te quejes	(vosotros) quejaos/no os quejéis
(Ud.) quéjese/no se queje	(Uds.) quéjense/no se quejen

Usage

No se quejaban de nada.	*They didn't complain about anything.*
Se queja de todo y de todos.	*She complains about everything and everyone.*
Los consumidores se han quejado.	*The consumers have complained.*
Tienen quejas del artículo defectuoso.	*They have complaints about the defective article.*
Oímos a los heridos quejándose.	*We heard the injured people moaning/groaning.*

regular -ar verb

PRESENT

quemo	quemamos
quemas	quemáis
quema	queman

PRETERIT

quemé	quemamos
quemaste	quemasteis
quemó	quemaron

IMPERFECT

quemaba	quemábamos
quemabas	quemabais
quemaba	quemaban

PRESENT PERFECT

he quemado	hemos quemado
has quemado	habéis quemado
ha quemado	han quemado

FUTURE

quemaré	quemaremos
quemarás	quemaréis
quemará	quemarán

CONDITIONAL

quemaría	quemaríamos
quemarías	quemaríais
quemaría	quemarían

PLUPERFECT

había quemado	habíamos quemado
habías quemado	habíais quemado
había quemado	habían quemado

PRETERIT PERFECT

hube quemado	hubimos quemado
hubiste quemado	hubisteis quemado
hubo quemado	hubieron quemado

FUTURE PERFECT

habré quemado	habremos quemado
habrás quemado	habréis quemado
habrá quemado	habrán quemado

CONDITIONAL PERFECT

habría quemado	habríamos quemado
habrías quemado	habríais quemado
habría quemado	habrían quemado

PRESENT SUBJUNCTIVE

queme	quememos
quemes	queméis
queme	quemen

PRESENT PERFECT SUBJUNCTIVE

haya quemado	hayamos quemado
hayas quemado	hayáis quemado
haya quemado	hayan quemado

IMPERFECT SUBJUNCTIVE (-ra)

quemara	quemáramos
quemaras	quemarais
quemara	quemaran

or **IMPERFECT SUBJUNCTIVE (-se)**

quemase	quemásemos
quemases	quemaseis
quemase	quemasen

PAST PERFECT SUBJUNCTIVE (-ra)

hubiera quemado	hubiéramos quemado
hubieras quemado	hubierais quemado
hubiera quemado	hubieran quemado

or **PAST PERFECT SUBJUNCTIVE (-se)**

hubiese quemado	hubiésemos quemado
hubieses quemado	hubieseis quemado
hubiese quemado	hubiesen quemado

PROGRESSIVE TENSES

PRESENT	estoy, estás, está, estamos, estáis, están
PRETERIT	estuve, estuviste, estuvo, estuvimos, estuvisteis, estuvieron
IMPERFECT	estaba, estabas, estaba, estábamos, estabais, estaban
FUTURE	estaré, estarás, estará, estaremos, estaréis, estarán
CONDITIONAL	estaría, estarías, estaría, estaríamos, estaríais, estarían
SUBJUNCTIVE	que + *corresponding subjunctive tense of* estar (*see verb 252*)

} quemando

COMMANDS

	(nosotros) quememos/no quememos
(tú) quema/no quemes	(vosotros) quemad/no queméis
(Ud.) queme/no queme	(Uds.) quemen/no quemen

Usage

Quemaron las hojas.	*They burned the leaves.*
El sol del trópico quema.	*The tropical sun burns/is very hot.*
Se quemó encendiendo un cigarrillo.	*He burned himself lighting a cigarette.*
Se quemó la casa.	*The house burned down.*
Me da pena verte quemada por el trabajo.	*I'm sorry to see you burned out from work.*
Huele a quemado.	*It smells as though something is burning.*
¿Te duele la quemadura de sol?	*Does your sunburn hurt?*

quiero · quisieron · querido · queriendo

¿Qué quieres que yo haga?	*What do you want me to do?*
Queríamos que fueran con nosotros.	*We wanted them to go with us.*
Haz lo que quieras.	*Do as you wish/like.*
Quisiéramos que regresaran de México.	*We wish they'd return from Mexico.*
¿Qué quieres de mí?	*What do you want from me?*
No quieren que se sepa todavía.	*They don't want it made known yet.*

querer decir *to mean*

¿Qué quieres decir con esto?	*What do you mean by this?*
No sé qué quiere decir.	*I don't know what it means.*
Como y cuando quieras.	*As you like and whenever you like.*
¡Por lo que más quieras!	*For heaven's sake!*

querer bien/mal *to like, be fond of/dislike, have it in for*

La queremos bien.	*We like her./We're fond of her.*
No sé por qué lo quieren mal.	*I don't know why they dislike him/have it in for him.*

Other Uses

Querer es poder.	*Where there's a will, there's a way.*
Quien bien te quiere te hará llorar.	*Spare the rod and spoil the child.*
La novia/El novio contesta *sí quiero.*	*The bride/The groom answers, "I do."*
Se quieren/nos queremos mucho.	*They love/We love each other dearly.*
Todos les tenemos mucho querer.	*We all have a lot of affection for them./ We're all very fond of them.*
Se dice *me quiere, no me quiere* arrancando los pétalos de una margarita.	*You say "He/She loves me, he/she loves me not" as you pull the petals off a daisy.*
Querido Felipe/Querida Laura	*Dear Felipe/Dear Laura* (salutation in letter)
Sí, querido/querida, te acompaño.	*Yes, dear/darling, I'll go with you.*
Quiere llover/nevar.	*It looks like (It's trying to) rain/snow.*
Lo hizo sin querer.	*He did it unintentionally.*

TOP 50 VERBS

irregular verb

quiero · quisieron · querido · queriendo

PRESENT

quiero	queremos
quieres	queréis
quiere	quieren

PRETERIT

quise	quisimos
quisiste	quisisteis
quiso	quisieron

IMPERFECT

quería	queríamos
querías	queríais
quería	querían

PRESENT PERFECT

he querido	hemos querido
has querido	habéis querido
ha querido	han querido

FUTURE

querré	querremos
querrás	querréis
querrá	querrán

CONDITIONAL

querría	querríamos
querrías	querríais
querría	querrían

PLUPERFECT

había querido	habíamos querido
habías querido	habíais querido
había querido	habían querido

PRETERIT PERFECT

hube querido	hubimos querido
hubiste querido	hubisteis querido
hubo querido	hubieron querido

FUTURE PERFECT

habré querido	habremos querido
habrás querido	habréis querido
habrá querido	habrán querido

CONDITIONAL PERFECT

habría querido	habríamos querido
habrías querido	habríais querido
habría querido	habrían querido

PRESENT SUBJUNCTIVE

quiera	queramos
quieras	queráis
quiera	quieran

PRESENT PERFECT SUBJUNCTIVE

haya querido	hayamos querido
hayas querido	hayáis querido
haya querido	hayan querido

IMPERFECT SUBJUNCTIVE (-ra)

quisiera	quisiéramos
quisieras	quisierais
quisiera	quisieran

or **IMPERFECT SUBJUNCTIVE (-se)**

quisiese	quisiésemos
quisieses	quisieseis
quisiese	quisiesen

PAST PERFECT SUBJUNCTIVE (-ra)

hubiera querido	hubiéramos querido
hubieras querido	hubierais querido
hubiera querido	hubieran querido

or **PAST PERFECT SUBJUNCTIVE (-se)**

hubiese querido	hubiésemos querido
hubieses querido	hubieseis querido
hubiese querido	hubiesen querido

PROGRESSIVE TENSES

PRESENT	estoy, estás, está, estamos, estáis, están
PRETERIT	estuve, estuviste, estuvo, estuvimos, estuvisteis, estuvieron
IMPERFECT	estaba, estabas, estaba, estábamos, estabais, estaban
FUTURE	estaré, estarás, estará, estaremos, estaréis, estarán
CONDITIONAL	estaría, estarías, estaría, estaríamos, estaríais, estarían
SUBJUNCTIVE	que + *corresponding subjunctive tense of* estar *(see verb 252)*

queriendo

COMMANDS

	(nosotros) queramos/no queramos
(tú) quiere/no quieras	(vosotros) quered/no queráis
(Ud.) quiera/no quiera	(Uds.) quieran/no quieran

Usage

Quiero una tarjeta telefónica.	*I want a telephone card.*
¿Quiere Ud. dejar un recado?	*Do you want to leave a message?*
No quisieron aceptar la oferta.	*They refused to accept the offer.*
Quisiera hablar con el presidente, por favor.	*I would like to speak with the chairman, please.*
Queremos mucho a nuestros hijos.	*We love our children dearly.*

quitar *to take off/away, remove*

PRESENT

quito	quitamos
quitas	quitáis
quita	quitan

PRETERIT

quité	quitamos
quitaste	quitasteis
quitó	quitaron

IMPERFECT

quitaba	quitábamos
quitabas	quitabais
quitaba	quitaban

PRESENT PERFECT

he quitado	hemos quitado
has quitado	habéis quitado
ha quitado	han quitado

FUTURE

quitaré	quitaremos
quitarás	quitaréis
quitará	quitarán

CONDITIONAL

quitaría	quitaríamos
quitarías	quitaríais
quitaría	quitarían

PLUPERFECT

había quitado	habíamos quitado
habías quitado	habíais quitado
había quitado	habían quitado

PRETERIT PERFECT

hube quitado	hubimos quitado
hubiste quitado	hubisteis quitado
hubo quitado	hubieron quitado

FUTURE PERFECT

habré quitado	habremos quitado
habrás quitado	habréis quitado
habrá quitado	habrán quitado

CONDITIONAL PERFECT

habría quitado	habríamos quitado
habrías quitado	habríais quitado
habría quitado	habrían quitado

PRESENT SUBJUNCTIVE

quite	quitemos
quites	quitéis
quite	quiten

PRESENT PERFECT SUBJUNCTIVE

haya quitado	hayamos quitado
hayas quitado	hayáis quitado
haya quitado	hayan quitado

IMPERFECT SUBJUNCTIVE (-ra)

quitara	quitáramos
quitaras	quitarais
quitara	quitaran

or **IMPERFECT SUBJUNCTIVE (-se)**

quitase	quitásemos
quitases	quitaseis
quitase	quitasen

PAST PERFECT SUBJUNCTIVE (-ra)

hubiera quitado	hubiéramos quitado
hubieras quitado	hubierais quitado
hubiera quitado	hubieran quitado

or **PAST PERFECT SUBJUNCTIVE (-se)**

hubiese quitado	hubiésemos quitado
hubieses quitado	hubieseis quitado
hubiese quitado	hubiesen quitado

PROGRESSIVE TENSES

PRESENT	estoy, estás, está, estamos, estáis, están
PRETERIT	estuve, estuviste, estuvo, estuvimos, estuvisteis, estuvieron
IMPERFECT	estaba, estabas, estaba, estábamos, estabais, estaban
FUTURE	estaré, estarás, estará, estaremos, estaréis, estarán
CONDITIONAL	estaría, estarías, estaría, estaríamos, estaríais, estarían
SUBJUNCTIVE	que + *corresponding subjunctive tense of* estar (*see verb 252*)

} quitando

COMMANDS

	(nosotros) quitemos/no quitemos
(tú) quita/no quites	(vosotros) quitad/no quitéis
(Ud.) quite/no quite	(Uds.) quiten/no quiten

Usage

Quita la tapa de la cafetera.	*Take the top off the coffeepot.*
Les quitó el abrigo.	*She took off/helped them off with their coats.*
Le quitaron su tarjeta de crédito.	*They took away his credit card.*
No quiero quitarle más tiempo.	*I don't want to take up more of your time.*
Quítense los zapatos mojados.	*Take off your wet shoes.*
No podemos quitárnosla de encima.	*We can't get rid of her.*
el quitanieves/el quitamanchas/el quitaesmalte	*snowplow/stain remover/nail polish remover*

regular *-ar* verb | **reacciono · reaccionaron · reaccionado · reaccionando**

PRESENT

reacciono	reaccionamos
reaccionas	reaccionáis
reacciona	reaccionan

PRETERIT

reaccioné	reaccionamos
reaccionaste	reaccionasteis
reaccionó	reaccionaron

IMPERFECT

reaccionaba	reaccionábamos
reaccionabas	reaccionabais
reaccionaba	reaccionaban

PRESENT PERFECT

he reaccionado	hemos reaccionado
has reaccionado	habéis reaccionado
ha reaccionado	han reaccionado

FUTURE

reaccionaré	reaccionaremos
reaccionarás	reaccionaréis
reaccionará	reaccionarán

CONDITIONAL

reaccionaría	reaccionaríamos
reaccionarías	reaccionaríais
reaccionaría	reaccionarían

PLUPERFECT

había reaccionado	habíamos reaccionado
habías reaccionado	habíais reaccionado
había reaccionado	habían reaccionado

PRETERIT PERFECT

hube reaccionado	hubimos reaccionado
hubiste reaccionado	hubisteis reaccionado
hubo reaccionado	hubieron reaccionado

FUTURE PERFECT

habré reaccionado	habremos reaccionado
habrás reaccionado	habréis reaccionado
habrá reaccionado	habrán reaccionado

CONDITIONAL PERFECT

habría reaccionado	habríamos reaccionado
habrías reaccionado	habríais reaccionado
habría reaccionado	habrían reaccionado

PRESENT SUBJUNCTIVE

reaccione	reaccionemos
reacciones	reaccionéis
reaccione	reaccionen

PRESENT PERFECT SUBJUNCTIVE

haya reaccionado	hayamos reaccionado
hayas reaccionado	hayáis reaccionado
haya reaccionado	hayan reaccionado

IMPERFECT SUBJUNCTIVE (-ra)

reaccionara	reaccionáramos
reaccionaras	reaccionarais
reaccionara	reaccionaran

or **IMPERFECT SUBJUNCTIVE (-se)**

reaccionase	reaccionásemos
reaccionases	reaccionaseis
reaccionase	reaccionasen

PAST PERFECT SUBJUNCTIVE (-ra)

hubiera reaccionado	hubiéramos reaccionado
hubieras reaccionado	hubierais reaccionado
hubiera reaccionado	hubieran reaccionado

or **PAST PERFECT SUBJUNCTIVE (-se)**

hubiese reaccionado	hubiésemos reaccionado
hubieses reaccionado	hubieseis reaccionado
hubiese reaccionado	hubiesen reaccionado

PROGRESSIVE TENSES

PRESENT	estoy, estás, está, estamos, estáis, están
PRETERIT	estuve, estuviste, estuvo, estuvimos, estuvisteis, estuvieron
IMPERFECT	estaba, estabas, estaba, estábamos, estabais, estaban
FUTURE	estaré, estarás, estará, estaremos, estaréis, estarán
CONDITIONAL	estaría, estarías, estaría, estaríamos, estaríais, estarían
SUBJUNCTIVE	que + *corresponding subjunctive tense of* estar (*see verb 252*)

} reaccionando

COMMANDS

	(nosotros) reaccionemos/no reaccionemos
(tú) reacciona/no reacciones	(vosotros) reaccionad/no reaccionéis
(Ud.) reaccione/no reaccione	(Uds.) reaccionen/no reaccionen

Usage

Creo que reaccionaste exageradamente.	*I think you overreacted.*
El ácido sulfúrico está reaccionando con el cobre.	*The sulphuric acid is reacting with the copper.*
Me sorprende que no haya reaccionado a mi sugerencia.	*I'm surprised he didn't respond to my suggestion.*
Su reacción fue exagerada.	*Her reaction was excessive./She overreacted.*
Hubo una reacción en cadena.	*There was a chain reaction.*
Viajamos en un avión de reacción de gran capacidad.	*We flew in a jumbo jet.*

realizar   *to realize, carry out, accomplish*

realizo · realizaron · realizado · realizando   *-ar* verb; spelling change: *z* > *c/e*

PRESENT

realizo	realizamos
realizas	realizáis
realiza	realizan

PRETERIT

realicé	realizamos
realizaste	realizasteis
realizó	realizaron

IMPERFECT

realizaba	realizábamos
realizabas	realizabais
realizaba	realizaban

PRESENT PERFECT

he realizado	hemos realizado
has realizado	habéis realizado
ha realizado	han realizado

FUTURE

realizaré	realizaremos
realizarás	realizaréis
realizará	realizarán

CONDITIONAL

realizaría	realizaríamos
realizarías	realizaríais
realizaría	realizarían

PLUPERFECT

había realizado	habíamos realizado
habías realizado	habíais realizado
había realizado	habían realizado

PRETERIT PERFECT

hube realizado	hubimos realizado
hubiste realizado	hubisteis realizado
hubo realizado	hubieron realizado

FUTURE PERFECT

habré realizado	habremos realizado
habrás realizado	habréis realizado
habrá realizado	habrán realizado

CONDITIONAL PERFECT

habría realizado	habríamos realizado
habrías realizado	habríais realizado
habría realizado	habrían realizado

PRESENT SUBJUNCTIVE

realice	realicemos
realices	realicéis
realice	realicen

PRESENT PERFECT SUBJUNCTIVE

haya realizado	hayamos realizado
hayas realizado	hayáis realizado
haya realizado	hayan realizado

IMPERFECT SUBJUNCTIVE (-ra)

realizara	realizáramos
realizaras	realizarais
realizara	realizaran

or   **IMPERFECT SUBJUNCTIVE (-se)**

realizase	realizásemos
realizases	realizaseis
realizase	realizasen

PAST PERFECT SUBJUNCTIVE (-ra)

hubiera realizado	hubiéramos realizado
hubieras realizado	hubierais realizado
hubiera realizado	hubieran realizado

or   **PAST PERFECT SUBJUNCTIVE (-se)**

hubiese realizado	hubiésemos realizado
hubieses realizado	hubieseis realizado
hubiese realizado	hubiesen realizado

PROGRESSIVE TENSES

PRESENT	estoy, estás, está, estamos, estáis, están
PRETERIT	estuve, estuviste, estuvo, estuvimos, estuvisteis, estuvieron
IMPERFECT	estaba, estabas, estaba, estábamos, estabais, estaban
FUTURE	estaré, estarás, estará, estaremos, estaréis, estarán
CONDITIONAL	estaría, estarías, estaría, estaríamos, estaríais, estarían
SUBJUNCTIVE	que + *corresponding subjunctive tense of* estar (*see verb 252*)

} realizando

COMMANDS

	(nosotros) realicemos/no realicemos
(tú) realiza/no realices	(vosotros) realizad/no realicéis
(Ud.) realice/no realice	(Uds.) realicen/no realicen

Usage

Espero que realices todas tus ambiciones.	*I hope you realize all your ambitions.*
Se realizó la encuesta.	*The survey was carried out/completed.*
Ya han realizado mucho.	*You've already accomplished a lot.*
Realice las gestiones necesarias.	*Take the necessary steps.*
Representó la realización de sus sueños.	*It was the fulfillment of her dreams.*
Vimos la realización televisiva.	*We saw the television production.*

regular *-ar* verb | **rebajo · rebajaron · rebajado · rebajando**

PRESENT

rebajo	rebajamos
rebajas	rebajáis
rebaja	rebajan

PRETERIT

rebajé	rebajamos
rebajaste	rebajasteis
rebajó	rebajaron

IMPERFECT

rebajaba	rebajábamos
rebajabas	rebajabais
rebajaba	rebajaban

PRESENT PERFECT

he rebajado	hemos rebajado
has rebajado	habéis rebajado
ha rebajado	han rebajado

FUTURE

rebajaré	rebajaremos
rebajarás	rebajaréis
rebajará	rebajarán

CONDITIONAL

rebajaría	rebajaríamos
rebajarías	rebajaríais
rebajaría	rebajarían

PLUPERFECT

había rebajado	habíamos rebajado
habías rebajado	habíais rebajado
había rebajado	habían rebajado

PRETERIT PERFECT

hube rebajado	hubimos rebajado
hubiste rebajado	hubisteis rebajado
hubo rebajado	hubieron rebajado

FUTURE PERFECT

habré rebajado	habremos rebajado
habrás rebajado	habréis rebajado
habrá rebajado	habrán rebajado

CONDITIONAL PERFECT

habría rebajado	habríamos rebajado
habrías rebajado	habríais rebajado
habría rebajado	habrían rebajado

PRESENT SUBJUNCTIVE

rebaje	rebajemos
rebajes	rebajéis
rebaje	rebajen

PRESENT PERFECT SUBJUNCTIVE

haya rebajado	hayamos rebajado
hayas rebajado	hayáis rebajado
haya rebajado	hayan rebajado

IMPERFECT SUBJUNCTIVE (-ra)

rebajara	rebajáramos
rebajaras	rebajarais
rebajara	rebajaran

or **IMPERFECT SUBJUNCTIVE (-se)**

rebajase	rebajásemos
rebajases	rebajaseis
rebajase	rebajasen

PAST PERFECT SUBJUNCTIVE (-ra)

hubiera rebajado	hubiéramos rebajado
hubieras rebajado	hubierais rebajado
hubiera rebajado	hubieran rebajado

or **PAST PERFECT SUBJUNCTIVE (-se)**

hubiese rebajado	hubiésemos rebajado
hubieses rebajado	hubieseis rebajado
hubiese rebajado	hubiesen rebajado

PROGRESSIVE TENSES

PRESENT	estoy, estás, está, estamos, estáis, están
PRETERIT	estuve, estuviste, estuvo, estuvimos, estuvisteis, estuvieron
IMPERFECT	estaba, estabas, estaba, estábamos, estabais, estaban
FUTURE	estaré, estarás, estará, estaremos, estaréis, estarán
CONDITIONAL	estaría, estarías, estaría, estaríamos, estaríais, estarían
SUBJUNCTIVE	que + *corresponding subjunctive tense of* estar (*see verb 252*)

⎫ rebajando

COMMANDS

	(nosotros) rebajemos/no rebajemos
(tú) rebaja/no rebajes	(vosotros) rebajad/no rebajéis
(Ud.) rebaje/no rebaje	(Uds.) rebajen/no rebajen

Usage

Se rebajaban los precios en los almacenes.	*Prices were reduced in the department stores.*
Le rebajaron el sueldo.	*They cut his salary.*
¿Aprovechas las grandes rebajas?	*Are you taking advantage of the big reductions?*
Hay gangas durante las rebajas de enero/agosto.	*There are bargains during the winter/summer clearance sales.*

rechazo · rechazaron · rechazado · rechazando   *-ar* verb; spelling change: *z > c/e*

PRESENT

rechazo	rechazamos
rechazas	rechazáis
rechaza	rechazan

IMPERFECT

rechazaba	rechazábamos
rechazabas	rechazabais
rechazaba	rechazaban

FUTURE

rechazaré	rechazaremos
rechazarás	rechazaréis
rechazará	rechazarán

PLUPERFECT

había rechazado	habíamos rechazado
habías rechazado	habíais rechazado
había rechazado	habían rechazado

FUTURE PERFECT

habré rechazado	habremos rechazado
habrás rechazado	habréis rechazado
habrá rechazado	habrán rechazado

PRESENT SUBJUNCTIVE

rechace	rechacemos
rechaces	rechacéis
rechace	rechacen

IMPERFECT SUBJUNCTIVE (-ra)

rechazara	rechazáramos
rechazaras	rechazarais
rechazara	rechazaran

PAST PERFECT SUBJUNCTIVE (-ra)

hubiera rechazado	hubiéramos rechazado
hubieras rechazado	hubierais rechazado
hubiera rechazado	hubieran rechazado

PRETERIT

rechacé	rechazamos
rechazaste	rechazasteis
rechazó	rechazaron

PRESENT PERFECT

he rechazado	hemos rechazado
has rechazado	habéis rechazado
ha rechazado	han rechazado

CONDITIONAL

rechazaría	rechazaríamos
rechazarías	rechazaríais
rechazaría	rechazarían

PRETERIT PERFECT

hube rechazado	hubimos rechazado
hubiste rechazado	hubisteis rechazado
hubo rechazado	hubieron rechazado

CONDITIONAL PERFECT

habría rechazado	habríamos rechazado
habrías rechazado	habríais rechazado
habría rechazado	habrían rechazado

PRESENT PERFECT SUBJUNCTIVE

haya rechazado	hayamos rechazado
hayas rechazado	hayáis rechazado
haya rechazado	hayan rechazado

or **IMPERFECT SUBJUNCTIVE (-se)**

rechazase	rechazásemos
rechazases	rechazaseis
rechazase	rechazasen

or **PAST PERFECT SUBJUNCTIVE (-se)**

hubiese rechazado	hubiésemos rechazado
hubieses rechazado	hubieseis rechazado
hubiese rechazado	hubiesen rechazado

PROGRESSIVE TENSES

PRESENT	estoy, estás, está, estamos, estáis, están
PRETERIT	estuve, estuviste, estuvo, estuvimos, estuvisteis, estuvieron
IMPERFECT	estaba, estabas, estaba, estábamos, estabais, estaban
FUTURE	estaré, estarás, estará, estaremos, estaréis, estarán
CONDITIONAL	estaría, estarías, estaría, estaríamos, estaríais, estarían
SUBJUNCTIVE	que + *corresponding subjunctive tense of* estar *(see verb 252)*

} rechazando

COMMANDS

	(nosotros) rechacemos/no rechacemos
(tú) rechaza/no rechaces	(vosotros) rechazad/no rechacéis
(Ud.) rechace/no rechace	(Uds.) rechacen/no rechacen

Usage

¿Por qué rechazó Ud. la oferta?	*Why did you reject the offer?*
Rechacé su invitación.	*I refused their invitation.*
Los soldados rechazaron el ataque.	*The soldiers repelled the attack.*
Rechazó a sus dos pretendientes.	*She rejected her two suitors.*
¿Cómo se explica el rechazo del regalo?	*How can you explain the refusal of the gift?*

regular *-ir* verb **recibo · recibieron · recibido · recibiendo**

PRESENT

recibo	recibimos
recibes	recibís
recibe	reciben

PRETERIT

recibí	recibimos
recibiste	recibisteis
recibió	recibieron

IMPERFECT

recibía	recibíamos
recibías	recibíais
recibía	recibían

PRESENT PERFECT

he recibido	hemos recibido
has recibido	habéis recibido
ha recibido	han recibido

FUTURE

recibiré	recibiremos
recibirás	recibiréis
recibirá	recibirán

CONDITIONAL

recibiría	recibiríamos
recibirías	recibiríais
recibiría	recibirían

PLUPERFECT

había recibido	habíamos recibido
habías recibido	habíais recibido
había recibido	habían recibido

PRETERIT PERFECT

hube recibido	hubimos recibido
hubiste recibido	hubisteis recibido
hubo recibido	hubieron recibido

FUTURE PERFECT

habré recibido	habremos recibido
habrás recibido	habréis recibido
habrá recibido	habrán recibido

CONDITIONAL PERFECT

habría recibido	habríamos recibido
habrías recibido	habríais recibido
habría recibido	habrían recibido

PRESENT SUBJUNCTIVE

reciba	recibamos
recibas	recibáis
reciba	reciban

PRESENT PERFECT SUBJUNCTIVE

haya recibido	hayamos recibido
hayas recibido	hayáis recibido
haya recibido	hayan recibido

IMPERFECT SUBJUNCTIVE (-ra)

recibiera	recibiéramos
recibieras	recibierais
recibiera	recibieran

or **IMPERFECT SUBJUNCTIVE (-se)**

recibiese	recibiésemos
recibieses	recibieseis
recibiese	recibiesen

PAST PERFECT SUBJUNCTIVE (-ra)

hubiera recibido	hubiéramos recibido
hubieras recibido	hubierais recibido
hubiera recibido	hubieran recibido

or **PAST PERFECT SUBJUNCTIVE (-se)**

hubiese recibido	hubiésemos recibido
hubieses recibido	hubieseis recibido
hubiese recibido	hubiesen recibido

PROGRESSIVE TENSES

PRESENT	estoy, estás, está, estamos, estáis, están
PRETERIT	estuve, estuviste, estuvo, estuvimos, estuvisteis, estuvieron
IMPERFECT	estaba, estabas, estaba, estábamos, estabais, estaban
FUTURE	estaré, estarás, estará, estaremos, estaréis, estarán
CONDITIONAL	estaría, estarías, estaría, estaríamos, estaríais, estarían
SUBJUNCTIVE	que + *corresponding subjunctive tense of* estar (*see verb 252*)

recibiendo

COMMANDS

	(nosotros) recibamos/no recibamos
(tú) recibe/no recibas	(vosotros) recibid/no recibáis
(Ud.) reciba/no reciba	(Uds.) reciban/no reciban

Usage

¿Recibiste cartas?	*Did you get/receive letters?*
Siempre nos reciben muy calurosamente.	*They always receive us warmly.*
Los recibiremos con los brazos abiertos.	*We'll welcome them with open arms.*
Se recibió de ingeniero.	*He graduated as an engineer.*
Guarda el recibo por si acaso.	*Keep the receipt just in case.*
Pide la llave en la recepción.	*Request the key at the reception desk.*
Nos divertimos mucho en la recepción.	*We had a great time at the reception.*

reclamar *to claim, demand, clamor*

reclamo · reclamaron · reclamado · reclamando

regular *-ar* verb

PRESENT		PRETERIT	
reclamo	reclamamos	reclamé	reclamamos
reclamas	reclamáis	reclamaste	reclamasteis
reclama	reclaman	reclamó	reclamaron

IMPERFECT		PRESENT PERFECT	
reclamaba	reclamábamos	he reclamado	hemos reclamado
reclamabas	reclamabais	has reclamado	habéis reclamado
reclamaba	reclamaban	ha reclamado	han reclamado

FUTURE		CONDITIONAL	
reclamaré	reclamaremos	reclamaría	reclamaríamos
reclamarás	reclamaréis	reclamarías	reclamaríais
reclamará	reclamarán	reclamaría	reclamarían

PLUPERFECT		PRETERIT PERFECT	
había reclamado	habíamos reclamado	hube reclamado	hubimos reclamado
habías reclamado	habíais reclamado	hubiste reclamado	hubisteis reclamado
había reclamado	habían reclamado	hubo reclamado	hubieron reclamado

FUTURE PERFECT		CONDITIONAL PERFECT	
habré reclamado	habremos reclamado	habría reclamado	habríamos reclamado
habrás reclamado	habréis reclamado	habrías reclamado	habríais reclamado
habrá reclamado	habrán reclamado	habría reclamado	habrían reclamado

PRESENT SUBJUNCTIVE		PRESENT PERFECT SUBJUNCTIVE	
reclame	reclamemos	haya reclamado	hayamos reclamado
reclames	reclaméis	hayas reclamado	hayáis reclamado
reclame	reclamen	haya reclamado	hayan reclamado

IMPERFECT SUBJUNCTIVE (-ra)		*or*	IMPERFECT SUBJUNCTIVE (-se)	
reclamara	reclamáramos		reclamase	reclamásemos
reclamaras	reclamarais		reclamases	reclamaseis
reclamara	reclamaran		reclamase	reclamasen

PAST PERFECT SUBJUNCTIVE (-ra)		*or*	PAST PERFECT SUBJUNCTIVE (-se)	
hubiera reclamado	hubiéramos reclamado		hubiese reclamado	hubiésemos reclamado
hubieras reclamado	hubierais reclamado		hubieses reclamado	hubieseis reclamado
hubiera reclamado	hubieran reclamado		hubiese reclamado	hubiesen reclamado

PROGRESSIVE TENSES

PRESENT	estoy, estás, está, estamos, estáis, están	
PRETERIT	estuve, estuviste, estuvo, estuvimos, estuvisteis, estuvieron	
IMPERFECT	estaba, estabas, estaba, estábamos, estabais, estaban	reclamando
FUTURE	estaré, estarás, estará, estaremos, estaréis, estarán	
CONDITIONAL	estaría, estarías, estaría, estaríamos, estaríais, estarían	
SUBJUNCTIVE	que + *corresponding subjunctive tense of* estar (*see verb 252*)	

COMMANDS

	(nosotros) reclamemos/no reclamemos
(tú) reclama/no reclames	(vosotros) reclamad/no reclaméis
(Ud.) reclame/no reclame	(Uds.) reclamen/no reclamen

Usage

Reclama el dinero que le corresponde.	*She's claiming the money that belongs to her.*
Reclamaban sus derechos bajo la ley.	*They demanded their rights under the law.*
El público reclamaba que volvieran los actores al escenario.	*The audience clamored for the actors to come back on stage.*
Se hizo una reclamación.	*A complaint was lodged.*

-er verb; spelling change: *g > j/o, a*   **recojo · recogieron · recogido · recogiendo**

PRESENT

recojo	recogemos
recoges	recogéis
recoge	recogen

IMPERFECT

recogía	recogíamos
recogías	recogíais
recogía	recogían

FUTURE

recogeré	recogeremos
recogerás	recogeréis
recogerá	recogerán

PLUPERFECT

había recogido	habíamos recogido
habías recogido	habíais recogido
había recogido	habían recogido

FUTURE PERFECT

habré recogido	habremos recogido
habrás recogido	habréis recogido
habrá recogido	habrán recogido

PRESENT SUBJUNCTIVE

recoja	recojamos
recojas	recojáis
recoja	recojan

IMPERFECT SUBJUNCTIVE (-ra)

recogiera	recogiéramos
recogieras	recogierais
recogiera	recogieran

PAST PERFECT SUBJUNCTIVE (-ra)

hubiera recogido	hubiéramos recogido
hubieras recogido	hubierais recogido
hubiera recogido	hubieran recogido

PRETERIT

recogí	recogimos
recogiste	recogisteis
recogió	recogieron

PRESENT PERFECT

he recogido	hemos recogido
has recogido	habéis recogido
ha recogido	han recogido

CONDITIONAL

recogería	recogeríamos
recogerías	recogeríais
recogería	recogerían

PRETERIT PERFECT

hube recogido	hubimos recogido
hubiste recogido	hubisteis recogido
hubo recogido	hubieron recogido

CONDITIONAL PERFECT

habría recogido	habríamos recogido
habrías recogido	habríais recogido
habría recogido	habrían recogido

PRESENT PERFECT SUBJUNCTIVE

haya recogido	hayamos recogido
hayas recogido	hayáis recogido
haya recogido	hayan recogido

or **IMPERFECT SUBJUNCTIVE (-se)**

recogiese	recogiésemos
recogieses	recogieseis
recogiese	recogiesen

or **PAST PERFECT SUBJUNCTIVE (-se)**

hubiese recogido	hubiésemos recogido
hubieses recogido	hubieseis recogido
hubiese recogido	hubiesen recogido

PROGRESSIVE TENSES

PRESENT	estoy, estás, está, estamos, estáis, están
PRETERIT	estuve, estuviste, estuvo, estuvimos, estuvisteis, estuvieron
IMPERFECT	estaba, estabas, estaba, estábamos, estabais, estaban
FUTURE	estaré, estarás, estará, estaremos, estaréis, estarán
CONDITIONAL	estaría, estarías, estaría, estaríamos, estaríais, estarían
SUBJUNCTIVE	que + *corresponding subjunctive tense of* estar (*see verb 252*)

} recogiendo

COMMANDS

	(nosotros) recojamos/no recojamos
(tú) recoge/no recojas	(vosotros) recoged/no recojáis
(Ud.) recoja/no recoja	(Uds.) recojan/no recojan

Usage

Todavía recojo datos.	*I'm still collecting data.*
En otoño se recogen las hojas caídas.	*In the autumn we gather up the fallen leaves.*
Recojamos fresas.	*Let's pick strawberries.*
¿Quieres que te recoja a las dos?	*Do you want me to pick you up at two o'clock?*
Se recogía en sí misma.	*She withdrew within herself.*
Tiene el pelo recogido.	*Her hair is pulled back.*
Llevan una vida recogida.	*They lead a secluded/quiet life.*

PRESENT		PRETERIT	
recomiendo	recomendamos	recomendé	recomendamos
recomiendas	recomendáis	recomendaste	recomendasteis
recomienda	recomiendan	recomendó	recomendaron

IMPERFECT		PRESENT PERFECT	
recomendaba	recomendábamos	he recomendado	hemos recomendado
recomendabas	recomendabais	has recomendado	habéis recomendado
recomendaba	recomendaban	ha recomendado	han recomendado

FUTURE		CONDITIONAL	
recomendaré	recomendaremos	recomendaría	recomendaríamos
recomendarás	recomendaréis	recomendarías	recomendaríais
recomendará	recomendarán	recomendaría	recomendarían

PLUPERFECT		PRETERIT PERFECT	
había recomendado	habíamos recomendado	hube recomendado	hubimos recomendado
habías recomendado	habíais recomendado	hubiste recomendado	hubisteis recomendado
había recomendado	habían recomendado	hubo recomendado	hubieron recomendado

FUTURE PERFECT		CONDITIONAL PERFECT	
habré recomendado	habremos recomendado	habría recomendado	habríamos recomendado
habrás recomendado	habréis recomendado	habrías recomendado	habríais recomendado
habrá recomendado	habrán recomendado	habría recomendado	habrían recomendado

PRESENT SUBJUNCTIVE		PRESENT PERFECT SUBJUNCTIVE	
recomiende	recomendemos	haya recomendado	hayamos recomendado
recomiendes	recomendéis	hayas recomendado	hayáis recomendado
recomiende	recomienden	haya recomendado	hayan recomendado

IMPERFECT SUBJUNCTIVE (-ra)		*or*	IMPERFECT SUBJUNCTIVE (-se)	
recomendara	recomendáramos		recomendase	recomendásemos
recomendaras	recomendarais		recomendases	recomendaseis
recomendara	recomendaran		recomendase	recomendasen

PAST PERFECT SUBJUNCTIVE (-ra)		*or*	PAST PERFECT SUBJUNCTIVE (-se)	
hubiera recomendado	hubiéramos recomendado		hubiese recomendado	hubiésemos recomendado
hubieras recomendado	hubierais recomendado		hubieses recomendado	hubieseis recomendado
hubiera recomendado	hubieran recomendado		hubiese recomendado	hubiesen recomendado

PROGRESSIVE TENSES

PRESENT	estoy, estás, está, estamos, estáis, están	
PRETERIT	estuve, estuviste, estuvo, estuvimos, estuvisteis, estuvieron	
IMPERFECT	estaba, estabas, estaba, estábamos, estabais, estaban	recomendando
FUTURE	estaré, estarás, estará, estaremos, estaréis, estarán	
CONDITIONAL	estaría, estarías, estaría, estaríamos, estaríais, estarían	
SUBJUNCTIVE	que + *corresponding subjunctive tense of* estar (*see verb 252*)	

COMMANDS

	(nosotros) recomendemos/no recomendemos
(tú) recomienda/no recomiendes	(vosotros) recomendad/no recomendéis
(Ud.) recomiende/no recomiende	(Uds.) recomienden/no recomienden

Usage

Recomiendo estos libros de consulta.	*I recommend these reference books.*
Les recomendé que visitaran la feria del libro.	*I advised them to visit the book fair.*
Me lo recomendaron.	*They recommended it to me.*
¿Tienes cartas de recomendación?	*Do you have references/letters of recommendation?*
¿Puedo valerme de tu recomendación?	*May I give you as a reference?*
¡Ojalá yo fuera el recomendado del jefe!	*I wish I were the boss's protégé!*
No es recomendable meterse en eso.	*It's inadvisable to get involved in that.*

-er verb; spelling change: **reconozco · reconocieron · reconocido · reconociendo**
c > zc/o, a

PRESENT

reconozco	reconocemos		
reconoces	reconocéis		
reconoce	reconocen		

PRETERIT

reconocí	reconocimos
reconociste	reconocisteis
reconoció	reconocieron

IMPERFECT

reconocía	reconocíamos
reconocías	reconocíais
reconocía	reconocían

PRESENT PERFECT

he reconocido	hemos reconocido
has reconocido	habéis reconocido
ha reconocido	han reconocido

FUTURE

reconoceré	reconoceremos
reconocerás	reconoceréis
reconocerá	reconocerán

CONDITIONAL

reconocería	reconoceríamos
reconocerías	reconoceríais
reconocería	reconocerían

PLUPERFECT

había reconocido	habíamos reconocido
habías reconocido	habíais reconocido
había reconocido	habían reconocido

PRETERIT PERFECT

hube reconocido	hubimos reconocido
hubiste reconocido	hubisteis reconocido
hubo reconocido	hubieron reconocido

FUTURE PERFECT

habré reconocido	habremos reconocido
habrás reconocido	habréis reconocido
habrá reconocido	habrán reconocido

CONDITIONAL PERFECT

habría reconocido	habríamos reconocido
habrías reconocido	habríais reconocido
habría reconocido	habrían reconocido

PRESENT SUBJUNCTIVE

reconozca	reconozcamos
reconozcas	reconozcáis
reconozca	reconozcan

PRESENT PERFECT SUBJUNCTIVE

haya reconocido	hayamos reconocido
hayas reconocido	hayáis reconocido
haya reconocido	hayan reconocido

IMPERFECT SUBJUNCTIVE (-ra)

reconociera	reconociéramos
reconocieras	reconocierais
reconociera	reconocieran

or **IMPERFECT SUBJUNCTIVE (-se)**

reconociese	reconociésemos
reconocieses	reconocieseis
reconociese	reconociesen

PAST PERFECT SUBJUNCTIVE (-ra)

hubiera reconocido	hubiéramos reconocido
hubieras reconocido	hubierais reconocido
hubiera reconocido	hubieran reconocido

or **PAST PERFECT SUBJUNCTIVE (-se)**

hubiese reconocido	hubiésemos reconocido
hubieses reconocido	hubieseis reconocido
hubiese reconocido	hubiesen reconocido

PROGRESSIVE TENSES

PRESENT	estoy, estás, está, estamos, estáis, están
PRETERIT	estuve, estuviste, estuvo, estuvimos, estuvisteis, estuvieron
IMPERFECT	estaba, estabas, estaba, estábamos, estabais, estaban
FUTURE	estaré, estarás, estará, estaremos, estaréis, estarán
CONDITIONAL	estaría, estarías, estaría, estaríamos, estaríais, estarían
SUBJUNCTIVE	que + *corresponding subjunctive tense of* estar *(see verb 252)*

} reconociendo

COMMANDS

	(nosotros) reconozcamos/no reconozcamos
(tú) reconoce/no reconozcas	(vosotros) reconoced/no reconozcáis
(Ud.) reconozca/no reconozca	(Uds.) reconozcan/no reconozcan

Usage

No los reconocí.	*I didn't recognize them.*
Se ha reconocido el nuevo gobierno.	*The new government has been recognized.*
¡Reconozca sus equivocaciones!	*Acknowledge/Admit your mistakes!*
Los soldados reconocieron el área.	*The soldiers reconnoitered/made a reconnaissance of the area.*
Se usa el reconocimiento de la voz.	*They use voice/speech recognition.*
Tiene cita para un reconocimiento médico.	*He has an appointment for a checkup.*

recordar *to remember, recall, remind*

recuerdo · recordaron · recordado · recordando   stem-changing -*ar* verb: *o* > *ue*

PRESENT

recuerdo	recordamos
recuerdas	recordáis
recuerda	recuerdan

PRETERIT

recordé	recordamos
recordaste	recordasteis
recordó	recordaron

IMPERFECT

recordaba	recordábamos
recordabas	recordabais
recordaba	recordaban

PRESENT PERFECT

he recordado	hemos recordado
has recordado	habéis recordado
ha recordado	han recordado

FUTURE

recordaré	recordaremos
recordarás	recordaréis
recordará	recordarán

CONDITIONAL

recordaría	recordaríamos
recordarías	recordaríais
recordaría	recordarían

PLUPERFECT

había recordado	habíamos recordado
habías recordado	habíais recordado
había recordado	habían recordado

PRETERIT PERFECT

hube recordado	hubimos recordado
hubiste recordado	hubisteis recordado
hubo recordado	hubieron recordado

FUTURE PERFECT

habré recordado	habremos recordado
habrás recordado	habréis recordado
habrá recordado	habrán recordado

CONDITIONAL PERFECT

habría recordado	habríamos recordado
habrías recordado	habríais recordado
habría recordado	habrían recordado

PRESENT SUBJUNCTIVE

recuerde	recordemos
recuerdes	recordéis
recuerde	recuerden

PRESENT PERFECT SUBJUNCTIVE

haya recordado	hayamos recordado
hayas recordado	hayáis recordado
haya recordado	hayan recordado

IMPERFECT SUBJUNCTIVE (-ra)   *or*   **IMPERFECT SUBJUNCTIVE (-se)**

recordara	recordáramos
recordaras	recordarais
recordara	recordaran

recordase	recordásemos
recordases	recordaseis
recordase	recordasen

PAST PERFECT SUBJUNCTIVE (-ra)   *or*   **PAST PERFECT SUBJUNCTIVE (-se)**

hubiera recordado	hubiéramos recordado
hubieras recordado	hubierais recordado
hubiera recordado	hubieran recordado

hubiese recordado	hubiésemos recordado
hubieses recordado	hubieseis recordado
hubiese recordado	hubiesen recordado

PROGRESSIVE TENSES

PRESENT	estoy, estás, está, estamos, estáis, están	
PRETERIT	estuve, estuviste, estuvo, estuvimos, estuvisteis, estuvieron	
IMPERFECT	estaba, estabas, estaba, estábamos, estabais, estaban	recordando
FUTURE	estaré, estarás, estará, estaremos, estaréis, estarán	
CONDITIONAL	estaría, estarías, estaría, estaríamos, estaríais, estarían	
SUBJUNCTIVE	que + *corresponding subjunctive tense of* estar (*see verb 252*)	

COMMANDS

	(nosotros) recordemos/no recordemos
(tú) recuerda/no recuerdes	(vosotros) recordad/no recordéis
(Ud.) recuerde/no recuerde	(Uds.) recuerden/no recuerden

Usage

¿No recuerdas lo que pasó ese día?	*Don't you remember/recall what happened that day?*
Si no recuerdo mal...	*If I remember correctly . . .*
Me recuerdas a mi prima.	*You remind me of my cousin.*
Déjame recordarte.	*Let me remind you.*
Tenemos tan buenos recuerdos del día.	*We have such good memories of the day.*
Muchos recuerdos a todos Uds.	*Best regards to all of you.*

regular *-er* verb   **recorro · recorrieron · recorrido · recorriendo**

PRESENT

recorro	recorremos
recorres	recorréis
recorre	recorren

PRETERIT

recorrí	recorrimos
recorriste	recorristeis
recorrió	recorrieron

IMPERFECT

recorría	recorríamos
recorrías	recorríais
recorría	recorrían

PRESENT PERFECT

he recorrido	hemos recorrido
has recorrido	habéis recorrido
ha recorrido	han recorrido

FUTURE

recorreré	recorreremos
recorrerás	recorreréis
recorrerá	recorrerán

CONDITIONAL

recorrería	recorreríamos
recorrerías	recorreríais
recorrería	recorrerían

PLUPERFECT

había recorrido	habíamos recorrido
habías recorrido	habíais recorrido
había recorrido	habían recorrido

PRETERIT PERFECT

hube recorrido	hubimos recorrido
hubiste recorrido	hubisteis recorrido
hubo recorrido	hubieron recorrido

FUTURE PERFECT

habré recorrido	habremos recorrido
habrás recorrido	habréis recorrido
habrá recorrido	habrán recorrido

CONDITIONAL PERFECT

habría recorrido	habríamos recorrido
habrías recorrido	habríais recorrido
habría recorrido	habrían recorrido

PRESENT SUBJUNCTIVE

recorra	recorramos
recorras	recorráis
recorra	recorran

PRESENT PERFECT SUBJUNCTIVE

haya recorrido	hayamos recorrido
hayas recorrido	hayáis recorrido
haya recorrido	hayan recorrido

IMPERFECT SUBJUNCTIVE (ra)

recorriera	recorriéramos
recorrieras	recorrierais
recorriera	recorrieran

or **IMPERFECT SUBJUNCTIVE (-se)**

recorriese	recorriésemos
recorrieses	recorrieseis
recorriese	recorriesen

PAST PERFECT SUBJUNCTIVE (-ra)

hubiera recorrido	hubiéramos recorrido
hubieras recorrido	hubierais recorrido
hubiera recorrido	hubieran recorrido

or **PAST PERFECT SUBJUNCTIVE (-se)**

hubiese recorrido	hubiésemos recorrido
hubieses recorrido	hubieseis recorrido
hubiese recorrido	hubiesen recorrido

PROGRESSIVE TENSES

PRESENT	estoy, estás, está, estamos, estáis, están
PRETERIT	estuve, estuviste, estuvo, estuvimos, estuvisteis, estuvieron
IMPERFECT	estaba, estabas, estaba, estábamos, estabais, estaban
FUTURE	estaré, estarás, estará, estaremos, estaréis, estarán
CONDITIONAL	estaría, estarías, estaría, estaríamos, estaríais, estarían
SUBJUNCTIVE	que + *corresponding subjunctive tense of* estar (*see verb 252*)

recorriendo

COMMANDS

	(nosotros) recorramos/no recorramos
(tú) recorre/no recorras	(vosotros) recorred/no recorráis
(Ud.) recorra/no recorra	(Uds.) recorran/no recorran

Usage

Recorrieron el país.	*They traveled around/toured the country.*
Recorrimos 500 millas ayer.	*We covered 500 miles yesterday.*
¿Recorréis la ciudad hoy?	*Are you going around the city today?*
Me encanta recorrer el mundo.	*I love to see the world.*
Haremos un recorrido por Italia.	*We'll take a trip through Italy.*
Sigan el recorrido del autobús.	*Follow the bus route.*

reducir *to reduce*

reduzco · redujeron · reducido · reduciendo

-ir verb; *c > zc/o, a;*
irregular preterit

PRESENT		PRETERIT	
reduzco	reducimos	reduje	redujimos
reduces	reducís	redujiste	redujisteis
reduce	reducen	redujo	redujeron

IMPERFECT		PRESENT PERFECT	
reducía	reducíamos	he reducido	hemos reducido
reducías	reducíais	has reducido	habéis reducido
reducía	reducían	ha reducido	han reducido

FUTURE		CONDITIONAL	
reduciré	reduciremos	reduciría	reduciríamos
reducirás	reduciréis	reducirías	reduciríais
reducirá	reducirán	reduciría	reducirían

PLUPERFECT		PRETERIT PERFECT	
había reducido	habíamos reducido	hube reducido	hubimos reducido
habías reducido	habíais reducido	hubiste reducido	hubisteis reducido
había reducido	habían reducido	hubo reducido	hubieron reducido

FUTURE PERFECT		CONDITIONAL PERFECT	
habré reducido	habremos reducido	habría reducido	habríamos reducido
habrás reducido	habréis reducido	habrías reducido	habríais reducido
habrá reducido	habrán reducido	habría reducido	habrían reducido

PRESENT SUBJUNCTIVE		PRESENT PERFECT SUBJUNCTIVE	
reduzca	reduzcamos	haya reducido	hayamos reducido
reduzcas	reduzcáis	hayas reducido	hayáis reducido
reduzca	reduzcan	haya reducido	hayan reducido

IMPERFECT SUBJUNCTIVE (-ra)		*or*	IMPERFECT SUBJUNCTIVE (-se)	
redujera	redujéramos		redujese	redujésemos
redujeras	redujerais		redujeses	redujeseis
redujera	redujeran		redujese	redujesen

PAST PERFECT SUBJUNCTIVE (-ra)		*or*	PAST PERFECT SUBJUNCTIVE (-se)	
hubiera reducido	hubiéramos reducido		hubiese reducido	hubiésemos reducido
hubieras reducido	hubierais reducido		hubieses reducido	hubieseis reducido
hubiera reducido	hubieran reducido		hubiese reducido	hubiesen reducido

PROGRESSIVE TENSES

PRESENT	estoy, estás, está, estamos, estáis, están
PRETERIT	estuve, estuviste, estuvo, estuvimos, estuvisteis, estuvieron
IMPERFECT	estaba, estabas, estaba, estábamos, estabais, estaban
FUTURE	estaré, estarás, estará, estaremos, estaréis, estarán
CONDITIONAL	estaría, estarías, estaría, estaríamos, estaríais, estarían
SUBJUNCTIVE	que + *corresponding subjunctive tense of* estar (*see verb 252*)

} reduciendo

COMMANDS

	(nosotros) reduzcamos/no reduzcamos
(tú) reduce/no reduzcas	(vosotros) reducid/no reduzcáis
(Ud.) reduzca/no reduzca	(Uds.) reduzcan/no reduzcan

Usage

Es bueno que se reduzca la tasa de interés.	*It's good that the interest rate is being lowered.*
Reducían los gastos.	*They were reducing their expenses.*
Se reduce la cifra en una tercera parte.	*The number is reduced by a third.*
Todo lo que prometía se reduce a nada.	*Everything she was promising amounts to nothing.*
Cabe un número reducido de personas.	*A limited/small number of people can go in.*
Se compra a precios reducidos ahora.	*You can buy at low prices now.*

-_ar_ verb; spelling change: **reemplazo · reemplazaron · reemplazado · reemplazando**
_z_ > _c/e_

PRESENT

reemplazo	reemplazamos
reemplazas	reemplazáis
reemplaza	reemplazan

PRETERIT

reemplacé	reemplazamos
reemplazaste	reemplazasteis
reemplazó	reemplazaron

IMPERFECT

reemplazaba	reemplazábamos
reemplazabas	reemplazabais
reemplazaba	reemplazaban

PRESENT PERFECT

he reemplazado	hemos reemplazado
has reemplazado	habéis reemplazado
ha reemplazado	han reemplazado

FUTURE

reemplazaré	reemplazaremos
reemplazarás	reemplazaréis
reemplazará	reemplazarán

CONDITIONAL

reemplazaría	reemplazaríamos
reemplazarías	reemplazaríais
reemplazaría	reemplazarían

PLUPERFECT

había reemplazado	habíamos reemplazado
habías reemplazado	habíais reemplazado
había reemplazado	habían reemplazado

PRETERIT PERFECT

hube reemplazado	hubimos reemplazado
hubiste reemplazado	hubisteis reemplazado
hubo reemplazado	hubieron reemplazado

FUTURE PERFECT

habré reemplazado	habremos reemplazado
habrás reemplazado	habréis reemplazado
habrá reemplazado	habrán reemplazado

CONDITIONAL PERFECT

habría reemplazado	habríamos reemplazado
habrías reemplazado	habríais reemplazado
habría reemplazado	habrían reemplazado

PRESENT SUBJUNCTIVE

reemplace	reemplacemos
reemplaces	reemplacéis
reemplace	reemplacen

PRESENT PERFECT SUBJUNCTIVE

haya reemplazado	hayamos reemplazado
hayas reemplazado	hayáis reemplazado
haya reemplazado	hayan reemplazado

IMPERFECT SUBJUNCTIVE (ra)

reemplazara	reemplazáramos
reemplazaras	reemplazarais
reemplazara	reemplazaran

_or_ **IMPERFECT SUBJUNCTIVE (-se)**

reemplazase	reemplazásemos
reemplazases	reemplazaseis
reemplazase	reemplazasen

PAST PERFECT SUBJUNCTIVE (-ra)

hubiera reemplazado	hubiéramos reemplazado
hubieras reemplazado	hubierais reemplazado
hubiera reemplazado	hubieran reemplazado

_or_ **PAST PERFECT SUBJUNCTIVE (-se)**

hubiese reemplazado	hubiésemos reemplazado
hubieses reemplazado	hubieseis reemplazado
hubiese reemplazado	hubiesen reemplazado

PROGRESSIVE TENSES

PRESENT	estoy, estás, está, estamos, estáis, están
PRETERIT	estuve, estuviste, estuvo, estuvimos, estuvisteis, estuvieron
IMPERFECT	estaba, estabas, estaba, estábamos, estabais, estaban
FUTURE	estaré, estarás, estará, estaremos, estaréis, estarán
CONDITIONAL	estaría, estarías, estaría, estaríamos, estaríais, estarían
SUBJUNCTIVE	que + _corresponding subjunctive tense of_ estar (_see verb 252_)

reemplazando

COMMANDS

	(nosotros) reemplacemos/no reemplacemos
(tú) reemplaza/no reemplaces	(vosotros) reemplazad/no reemplacéis
(Ud.) reemplace/no reemplace	(Uds.) reemplacen/no reemplacen

Usage

Reemplaza la bombilla quemada.	_Replace the burned-out bulb._
Se reemplazan algunos empleados.	_Some employees are being replaced._
Reemplacé los vasos que faltaban.	_I replaced the missing glasses._
Los maestros incompetentes serán reemplazados.	_Incompetent teachers will be replaced._
Llegan los soldados de reemplazo mañana.	_The reserve soldiers arrive tomorrow._

refiero · refirieron · referido · refiriéndose

stem-changing *-ir* reflexive verb:
e > ie (present), *e > i* (preterit)

PRESENT

me refiero	nos referimos
te refieres	os referís
se refiere	se refieren

PRETERIT

me referí	nos referimos
te referiste	os referisteis
se refirió	se refirieron

IMPERFECT

me refería	nos referíamos
te referías	os referíais
se refería	se referían

PRESENT PERFECT

me he referido	nos hemos referido
te has referido	os habéis referido
se ha referido	se han referido

FUTURE

me referiré	nos referiremos
te referirás	os referiréis
se referirá	se referirán

CONDITIONAL

me referiría	nos referiríamos
te referirías	os referiríais
se referiría	se referirían

PLUPERFECT

me había referido	nos habíamos referido
te habías referido	os habíais referido
se había referido	se habían referido

PRETERIT PERFECT

me hube referido	nos hubimos referido
te hubiste referido	os hubisteis referido
se hubo referido	se hubieron referido

FUTURE PERFECT

me habré referido	nos habremos referido
te habrás referido	os habréis referido
se habrá referido	se habrán referido

CONDITIONAL PERFECT

me habría referido	nos habríamos referido
te habrías referido	os habríais referido
se habría referido	se habrían referido

PRESENT SUBJUNCTIVE

me refiera	nos refiramos
te refieras	os refiráis
se refiera	se refieran

PRESENT PERFECT SUBJUNCTIVE

me haya referido	nos hayamos referido
te hayas referido	os hayáis referido
se haya referido	se hayan referido

IMPERFECT SUBJUNCTIVE (-ra)   *or*   **IMPERFECT SUBJUNCTIVE (-se)**

me refiriera	nos refiriéramos	me refiriese	nos refiriésemos
te refirieras	os refirierais	te refirieses	os refirieseis
se refiriera	se refirieran	se refiriese	se refiriesen

PAST PERFECT SUBJUNCTIVE (-ra)   *or*   **PAST PERFECT SUBJUNCTIVE (-se)**

me hubiera referido	nos hubiéramos referido	me hubiese referido	nos hubiésemos referido
te hubieras referido	os hubierais referido	te hubieses referido	os hubieseis referido
se hubiera referido	se hubieran referido	se hubiese referido	se hubiesen referido

PROGRESSIVE TENSES

PRESENT	estoy, estás, está, estamos, estáis, están
PRETERIT	estuve, estuviste, estuvo, estuvimos, estuvisteis, estuvieron
IMPERFECT	estaba, estabas, estaba, estábamos, estabais, estaban
FUTURE	estaré, estarás, estará, estaremos, estaréis, estarán
CONDITIONAL	estaría, estarías, estaría, estaríamos, estaríais, estarían
SUBJUNCTIVE	que + *corresponding subjunctive tense of* estar (*see verb 252*)

} refiriendo (*see page 31*)

COMMANDS

	(nosotros) refirámonos/no nos refiramos
(tú) refiérete/no te refieras	(vosotros) referios/no os refiráis
(Ud.) refiérase/no se refiera	(Uds.) refiéranse/no se refieran

Usage

—¿A qué te refieres?	*What are you referring to?*
—Me refiero a lo que te expliqué ayer.	*I'm talking about what I explained to you yesterday.*
Se refería a sus notas.	*She referred to her notes.*
¿Estás refiriéndote al capítulo 18?	*You're referring to chapter 18?*
Por lo que se refiere al caso.	*As for/With regard to the case.*
Hizo referencia al acontecimiento.	*She made reference to the event.*
Con referencia a ese asunto...	*With reference to/Concerning that matter . . .*

regular *-ar* verb   **reformo · reformaron · reformado · reformando**

PRESENT

reformo	reformamos
reformas	reformáis
reforma	reforman

PRETERIT

reformé	reformamos
reformaste	reformasteis
reformó	reformaron

IMPERFECT

reformaba	reformábamos
reformabas	reformabais
reformaba	reformaban

PRESENT PERFECT

he reformado	hemos reformado
has reformado	habéis reformado
ha reformado	han reformado

FUTURE

reformaré	reformaremos
reformarás	reformaréis
reformará	reformarán

CONDITIONAL

reformaría	reformaríamos
reformarías	reformaríais
reformaría	reformarían

PLUPERFECT

había reformado	habíamos reformado
habías reformado	habíais reformado
había reformado	habían reformado

PRETERIT PERFECT

hube reformado	hubimos reformado
hubiste reformado	hubisteis reformado
hubo reformado	hubieron reformado

FUTURE PERFECT

habré reformado	habremos reformado
habrás reformado	habréis reformado
habrá reformado	habrán reformado

CONDITIONAL PERFECT

habría reformado	habríamos reformado
habrías reformado	habríais reformado
habría reformado	habrían reformado

PRESENT SUBJUNCTIVE

reforme	reformemos
reformes	reforméis
reforme	reformen

PRESENT PERFECT SUBJUNCTIVE

haya reformado	hayamos reformado
hayas reformado	hayáis reformado
haya reformado	hayan reformado

IMPERFECT SUBJUNCTIVE (-ra)   *or*   **IMPERFECT SUBJUNCTIVE (-se)**

reformara	reformáramos	reformase	reformásemos
reformaras	reformarais	reformases	reformaseis
reformara	reformaran	reformase	reformasen

PAST PERFECT SUBJUNCTIVE (-ra)   *or*   **PAST PERFECT SUBJUNCTIVE (-se)**

hubiera reformado	hubiéramos reformado	hubiese reformado	hubiésemos reformado
hubieras reformado	hubierais reformado	hubieses reformado	hubieseis reformado
hubiera reformado	hubieran reformado	hubiese reformado	hubiesen reformado

PROGRESSIVE TENSES

PRESENT	estoy, estás, está, estamos, estáis, están
PRETERIT	estuve, estuviste, estuvo, estuvimos, estuvisteis, estuvieron
IMPERFECT	estaba, estabas, estaba, estábamos, estabais, estaban
FUTURE	estaré, estarás, estará, estaremos, estaréis, estarán
CONDITIONAL	estaría, estarías, estaría, estaríamos, estaríais, estarían
SUBJUNCTIVE	que + *corresponding subjunctive tense of* estar (*see verb 252*)

     reformando

COMMANDS

	(nosotros) reformemos/no reformemos
(tú) reforma/no reformes	(vosotros) reformad/no reforméis
(Ud.) reforme/no reforme	(Uds.) reformen/no reformen

Usage

Se reformarán unas leyes.	*They'll reform some laws.*
Nos hace falta reformar la casa.	*We have to renovate the house.*
Se reformó la compañía.	*The company was reorganized.*
Hubo una reforma monetaria en Europa.	*There was monetary reform in Europe.*
La Reforma dio origen a las iglesias Protestantes.	*The Reformation gave rise to the Protestant churches.*

regalo · regalaron · regalado · regalando

regular *-ar* verb

PRESENT		PRETERIT	
regalo	regalamos	regalé	regalamos
regalas	regaláis	regalaste	regalasteis
regala	regalan	regaló	regalaron

IMPERFECT		PRESENT PERFECT	
regalaba	regalábamos	he regalado	hemos regalado
regalabas	regalabais	has regalado	habéis regalado
regalaba	regalaban	ha regalado	han regalado

FUTURE		CONDITIONAL	
regalaré	regalaremos	regalaría	regalaríamos
regalarás	regalaréis	regalarías	regalaríais
regalará	regalarán	regalaría	regalarían

PLUPERFECT		PRETERIT PERFECT	
había regalado	habíamos regalado	hube regalado	hubimos regalado
habías regalado	habíais regalado	hubiste regalado	hubisteis regalado
había regalado	habían regalado	hubo regalado	hubieron regalado

FUTURE PERFECT		CONDITIONAL PERFECT	
habré regalado	habremos regalado	habría regalado	habríamos regalado
habrás regalado	habréis regalado	habrías regalado	habríais regalado
habrá regalado	habrán regalado	habría regalado	habrían regalado

PRESENT SUBJUNCTIVE		PRESENT PERFECT SUBJUNCTIVE	
regale	regalemos	haya regalado	hayamos regalado
regales	regaléis	hayas regalado	hayáis regalado
regale	regalen	haya regalado	hayan regalado

IMPERFECT SUBJUNCTIVE (-ra)		*or* IMPERFECT SUBJUNCTIVE (-se)	
regalara	regaláramos	regalase	regalásemos
regalaras	regalarais	regalases	regalaseis
regalara	regalaran	regalase	regalasen

PAST PERFECT SUBJUNCTIVE (-ra)		*or* PAST PERFECT SUBJUNCTIVE (-se)	
hubiera regalado	hubiéramos regalado	hubiese regalado	hubiésemos regalado
hubieras regalado	hubierais regalado	hubieses regalado	hubieseis regalado
hubiera regalado	hubieran regalado	hubiese regalado	hubiesen regalado

PROGRESSIVE TENSES

PRESENT	estoy, estás, está, estamos, estáis, están	
PRETERIT	estuve, estuviste, estuvo, estuvimos, estuvisteis, estuvieron	
IMPERFECT	estaba, estabas, estaba, estábamos, estabais, estaban	regalando
FUTURE	estaré, estarás, estará, estaremos, estaréis, estarán	
CONDITIONAL	estaría, estarías, estaría, estaríamos, estaríais, estarían	
SUBJUNCTIVE	que + *corresponding subjunctive tense of* estar (*see verb 252*)	

COMMANDS

	(nosotros) regalemos/no regalemos
(tú) regala/no regales	(vosotros) regalad/no regaléis
(Ud.) regale/no regale	(Uds.) regalen/no regalen

Usage

¿Qué te regalaron para tu cumpleaños?	*What (gifts) did you get for your birthday?*
Regaló su ropa usada al Ejército de Salvación.	*She gave away her old clothing to the Salvation Army.*
Esta música regala el oído.	*This music is a joy to the ear.*
Este cuadro regala la vista.	*This painting is a pleasure to behold.*
Nos regalamos con unas tortas.	*We feasted on cakes.*
Le di unos discos compactos de regalo.	*I gave him compact discs as a gift.*
¡Tienes una vida regalada!	*You lead a life of luxury/ease!*

stem-changing *-ar* verb: *e > ie;*
spelling change: *g > gu/e*

riego · regaron · regado · regando

PRESENT		PRETERIT	
riego	regamos	regué	regamos
riegas	regáis	regaste	regasteis
riega	riegan	regó	regaron

IMPERFECT		PRESENT PERFECT	
regaba	regábamos	he regado	hemos regado
regabas	regabais	has regado	habéis regado
regaba	regaban	ha regado	han regado

FUTURE		CONDITIONAL	
regaré	regaremos	regaría	regaríamos
regarás	regaréis	regarías	regaríais
regará	regarán	regaría	regarían

PLUPERFECT		PRETERIT PERFECT	
había regado	habíamos regado	hube regado	hubimos regado
habías regado	habíais regado	hubiste regado	hubisteis regado
había regado	habían regado	hubo regado	hubieron regado

FUTURE PERFECT		CONDITIONAL PERFECT	
habré regado	habremos regado	habría regado	habríamos regado
habrás regado	habréis regado	habrías regado	habríais regado
habrá regado	habrán regado	habría regado	habrían regado

PRESENT SUBJUNCTIVE		PRESENT PERFECT SUBJUNCTIVE	
riegue	reguemos	haya regado	hayamos regado
riegues	reguéis	hayas regado	hayáis regado
riegue	rieguen	haya regado	hayan regado

IMPERFECT SUBJUNCTIVE (-ra)		*or*	IMPERFECT SUBJUNCTIVE (-se)	
regara	regáramos		regase	regásemos
regaras	regarais		regases	regaseis
regara	regaran		regase	regasen

PAST PERFECT SUBJUNCTIVE (-ra)		*or*	PAST PERFECT SUBJUNCTIVE (-se)	
hubiera regado	hubiéramos regado		hubiese regado	hubiésemos regado
hubieras regado	hubierais regado		hubieses regado	hubieseis regado
hubiera regado	hubieran regado		hubiese regado	hubiesen regado

PROGRESSIVE TENSES

PRESENT	estoy, estás, está, estamos, estáis, están	
PRETERIT	estuve, estuviste, estuvo, estuvimos, estuvisteis, estuvieron	
IMPERFECT	estaba, estabas, estaba, estábamos, estabais, estaban	regando
FUTURE	estaré, estarás, estará, estaremos, estaréis, estarán	
CONDITIONAL	estaría, estarías, estaría, estaríamos, estaríais, estarían	
SUBJUNCTIVE	que + *corresponding subjunctive tense of* estar (*see verb 252*)	

COMMANDS

	(nosotros) reguemos/no reguemos
(tú) riega/no riegues	(vosotros) regad/no reguéis
(Ud.) riegue/no riegue	(Uds.) rieguen/no rieguen

Usage

Riegue las flores cuando se ponga el sol.	*Water the flowers at sunset.*
Regaron los campos durante la sequía.	*They irrigated the fields during the drought.*
Es preciso que reguemos el césped mañana.	*It's necessary we water the lawn tomorrow.*
Se emplea el riego en esta región desértica.	*They use irrigation in this desert region.*
El riego agrícola es muy importante.	*Agricultural irrigation is very important.*
El huerto necesita un riego.	*The vegetable garden needs watering.*
Valencia tiene mucho cultivo de regadío.	*Valencia has a lot of irrigation farming.*

regresar *to return, come/go back*

regreso · regresaron · regresado · regresando

regular -*ar* verb

PRESENT		PRETERIT	
regreso	regresamos	regresé	regresamos
regresas	regresáis	regresaste	regresasteis
regresa	regresan	regresó	regresaron

IMPERFECT		PRESENT PERFECT	
regresaba	regresábamos	he regresado	hemos regresado
regresabas	regresabais	has regresado	habéis regresado
regresaba	regresaban	ha regresado	han regresado

FUTURE		CONDITIONAL	
regresaré	regresaremos	regresaría	regresaríamos
regresarás	regresaréis	regresarías	regresaríais
regresará	regresarán	regresaría	regresarían

PLUPERFECT		PRETERIT PERFECT	
había regresado	habíamos regresado	hube regresado	hubimos regresado
habías regresado	habíais regresado	hubiste regresado	hubisteis regresado
había regresado	habían regresado	hubo regresado	hubieron regresado

FUTURE PERFECT		CONDITIONAL PERFECT	
habré regresado	habremos regresado	habría regresado	habríamos regresado
habrás regresado	habréis regresado	habrías regresado	habríais regresado
habrá regresado	habrán regresado	habría regresado	habrían regresado

PRESENT SUBJUNCTIVE		PRESENT PERFECT SUBJUNCTIVE	
regrese	regresemos	haya regresado	hayamos regresado
regreses	regreséis	hayas regresado	hayáis regresado
regrese	regresen	haya regresado	hayan regresado

IMPERFECT SUBJUNCTIVE (-ra)		*or* IMPERFECT SUBJUNCTIVE (-se)	
regresara	regresáramos	regresase	regresásemos
regresaras	regresarais	regresases	regresaseis
regresara	regresaran	regresase	regresasen

PAST PERFECT SUBJUNCTIVE (-ra)		*or* PAST PERFECT SUBJUNCTIVE (-se)	
hubiera regresado	hubiéramos regresado	hubiese regresado	hubiésemos regresado
hubieras regresado	hubierais regresado	hubieses regresado	hubieseis regresado
hubiera regresado	hubieran regresado	hubiese regresado	hubiesen regresado

PROGRESSIVE TENSES

PRESENT	estoy, estás, está, estamos, estáis, están	
PRETERIT	estuve, estuviste, estuvo, estuvimos, estuvisteis, estuvieron	
IMPERFECT	estaba, estabas, estaba, estábamos, estabais, estaban	regresando
FUTURE	estaré, estarás, estará, estaremos, estaréis, estarán	
CONDITIONAL	estaría, estarías, estaría, estaríamos, estaríais, estarían	
SUBJUNCTIVE	que + *corresponding subjunctive tense of* estar (*see verb 252*)	

COMMANDS

	(nosotros) regresemos/no regresemos
(tú) regresa/no regreses	(vosotros) regresad/no regreséis
(Ud.) regrese/no regrese	(Uds.) regresen/no regresen

Usage

Regresaron de Chile la semana pasada.	*They returned from Chile last week.*
¿Cuándo regresarás de tu viaje de negocios?	*When will you come back from your business trip?*
Me alegro que Uds. hayan regresado.	*I'm glad you've come back.*
Regrésame el libro lo antes posible.	*Give the book back to me as soon as possible.* (Amer.)
Diles que estamos de regreso.	*Tell them we're back home.*
Hubo una regresión de costos.	*There was a drop in prices.*

stem-changing -ir verb: e > i   río · rieron · reído · riendo

PRESENT		**PRETERIT**	
río	reímos	reí	reímos
ríes	reís	reíste	reísteis
ríe	ríen	rió	rieron

IMPERFECT		**PRESENT PERFECT**	
reía	reíamos	he reído	hemos reído
reías	reíais	has reído	habéis reído
reía	reían	ha reído	han reído

FUTURE		**CONDITIONAL**	
reiré	reiremos	reiría	reiríamos
reirás	reiréis	reirías	reiríais
reirá	reirán	reiría	reirían

PLUPERFECT		**PRETERIT PERFECT**	
había reído	habíamos reído	hube reído	hubimos reído
habías reído	habíais reído	hubiste reído	hubistcis reído
había reído	habían reído	hubo reído	hubieron reído

FUTURE PERFECT		**CONDITIONAL PERFECT**	
habré reído	habremos reído	habría reído	habríamos reído
habrás reído	habréis reído	habrías reído	habríais reído
habrá reído	habrán reído	habría reído	habrían reído

PRESENT SUBJUNCTIVE		**PRESENT PERFECT SUBJUNCTIVE**	
ría	riamos	haya reído	hayamos reído
rías	riáis	hayas reído	hayáis reído
ría	rían	haya reído	hayan reído

IMPERFECT SUBJUNCTIVE (-ra)		*or* **IMPERFECT SUBJUNCTIVE (-se)**	
riera	riéramos	riese	riésemos
ricras	rierais	rieses	rieseis
riera	rieran	riese	riesen

PAST PERFECT SUBJUNCTIVE (-ra)		*or* **PAST PERFECT SUBJUNCTIVE (-se)**	
hubiera reído	hubiéramos reído	hubiese reído	hubiésemos reído
hubieras reído	hubierais reído	hubieses reído	hubieseis reído
hubiera reído	hubieran reído	hubiese reído	hubiesen reído

PROGRESSIVE TENSES

PRESENT	estoy, estás, está, estamos, estáis, están
PRETERIT	estuve, estuviste, estuvo, estuvimos, estuvisteis, estuvieron
IMPERFECT	estaba, estabas, estaba, estábamos, estabais, estaban
FUTURE	estaré, estarás, estará, estaremos, estaréis, estarán
CONDITIONAL	estaría, estarías, estaría, estaríamos, estaríais, estarían
SUBJUNCTIVE	que + *corresponding subjunctive tense of* estar (*see verb 252*)

riendo

COMMANDS

	(nosotros) riamos/no riamos
(tú) ríe/no rías	(vosotros) reíd/no riáis
(Ud.) ría/no ría	(Uds.) rían/no rían

Usage

Se echó a reír.	*She started to laugh.*
Esa situación era irrisoria.	*That situation was laughable.*
Rieron a carcajadas.	*They split their sides laughing.*
Me reí mucho.	*I had a good laugh.*
Me dio risa.	*It made me laugh.*
Se murieron de risa.	*They fell down laughing.*
Quien ríe el último, ríe mejor.	*He who laughs last laughs best.*

452
relacionar *to relate, connect*
relaciono · relacionaron · relacionado · relacionando

regular *-ar* verb

PRESENT		PRETERIT	
relaciono	relacionamos	relacioné	relacionamos
relacionas	relacionáis	relacionaste	relacionasteis
relaciona	relacionan	relacionó	relacionaron

IMPERFECT		PRESENT PERFECT	
relacionaba	relacionábamos	he relacionado	hemos relacionado
relacionabas	relacionabais	has relacionado	habéis relacionado
relacionaba	relacionaban	ha relacionado	han relacionado

FUTURE		CONDITIONAL	
relacionaré	relacionaremos	relacionaría	relacionaríamos
relacionarás	relacionaréis	relacionarías	relacionaríais
relacionará	relacionarán	relacionaría	relacionarían

PLUPERFECT		PRETERIT PERFECT	
había relacionado	habíamos relacionado	hube relacionado	hubimos relacionado
habías relacionado	habíais relacionado	hubiste relacionado	hubisteis relacionado
había relacionado	habían relacionado	hubo relacionado	hubieron relacionado

FUTURE PERFECT		CONDITIONAL PERFECT	
habré relacionado	habremos relacionado	habría relacionado	habríamos relacionado
habrás relacionado	habréis relacionado	habrías relacionado	habríais relacionado
habrá relacionado	habrán relacionado	habría relacionado	habrían relacionado

PRESENT SUBJUNCTIVE		PRESENT PERFECT SUBJUNCTIVE	
relacione	relacionemos	haya relacionado	hayamos relacionado
relaciones	relacionéis	hayas relacionado	hayáis relacionado
relacione	relacionen	haya relacionado	hayan relacionado

IMPERFECT SUBJUNCTIVE (-ra)		or	IMPERFECT SUBJUNCTIVE (-se)	
relacionara	relacionáramos		relacionase	relacionásemos
relacionaras	relacionarais		relacionases	relacionaseis
relacionara	relacionaran		relacionase	relacionasen

PAST PERFECT SUBJUNCTIVE (-ra)		or	PAST PERFECT SUBJUNCTIVE (-se)	
hubiera relacionado	hubiéramos relacionado		hubiese relacionado	hubiésemos relacionado
hubieras relacionado	hubierais relacionado		hubieses relacionado	hubieseis relacionado
hubiera relacionado	hubieran relacionado		hubiese relacionado	hubiesen relacionado

PROGRESSIVE TENSES

PRESENT	estoy, estás, está, estamos, estáis, están	
PRETERIT	estuve, estuviste, estuvo, estuvimos, estuvisteis, estuvieron	
IMPERFECT	estaba, estabas, estaba, estábamos, estabais, estaban	relacionando
FUTURE	estaré, estarás, estará, estaremos, estaréis, estarán	
CONDITIONAL	estaría, estarías, estaría, estaríamos, estaríais, estarían	
SUBJUNCTIVE	que + *corresponding subjunctive tense of* estar (*see verb 252*)	

COMMANDS

	(nosotros) relacionemos/no relacionemos
(tú) relaciona/no relaciones	(vosotros) relacionad/no relacionéis
(Ud.) relacione/no relacione	(Uds.) relacionen/no relacionen

Usage

Relacione los dos sucesos.	*Relate the two incidents.*
No relacionó la causa con el efecto.	*He didn't connect the cause and effect.*
Me relacioné con ellas.	*I got in touch with them.*
Trabajo en el departamento de relaciones públicas.	*I work in the public relations department.*
Están en buenas relaciones.	*They're on good terms.*
Hizo relación a la competencia.	*She referred to the competition.*

stem-changing -ir verb: e > i | **riño · riñeron · reñido · riñendo**

PRESENT		PRETERIT	
riño	reñimos	reñí	reñimos
riñes	reñís	reñiste	reñisteis
riñe	riñen	riñó	riñeron

IMPERFECT		PRESENT PERFECT	
reñía	reñíamos	he reñido	hemos reñido
reñías	reñíais	has reñido	habéis reñido
reñía	reñían	ha reñido	han reñido

FUTURE		CONDITIONAL	
reñiré	reñiremos	reñiría	reñiríamos
reñirás	reñiréis	reñirías	reñiríais
reñirá	reñirán	reñiría	reñirían

PLUPERFECT		PRETERIT PERFECT	
había reñido	habíamos reñido	hube reñido	hubimos reñido
habías reñido	habíais reñido	hubiste reñido	hubisteis reñido
había reñido	habían reñido	hubo reñido	hubieron reñido

FUTURE PERFECT		CONDITIONAL PERFECT	
habré reñido	habremos reñido	habría reñido	habríamos reñido
habrás reñido	habréis reñido	habrías reñido	habríais reñido
habrá reñido	habrán reñido	habría reñido	habrían reñido

PRESENT SUBJUNCTIVE		PRESENT PERFECT SUBJUNCTIVE	
riña	riñamos	haya reñido	hayamos reñido
riñas	riñáis	hayas reñido	hayáis reñido
riña	riñan	haya reñido	hayan reñido

IMPERFECT SUBJUNCTIVE (-ra)		*or* IMPERFECT SUBJUNCTIVE (-se)	
riñera	riñéramos	riñese	riñésemos
riñeras	riñerais	riñeses	riñeseis
riñera	riñeran	riñese	riñesen

PAST PERFECT SUBJUNCTIVE (-ra)		*or* PAST PERFECT SUBJUNCTIVE (-se)	
hubiera reñido	hubiéramos reñido	hubiese reñido	hubiésemos reñido
hubieras reñido	hubierais reñido	hubieses reñido	hubieseis reñido
hubiera reñido	hubieran reñido	hubiese reñido	hubiesen reñido

PROGRESSIVE TENSES

PRESENT	estoy, estás, está, estamos, estáis, están	
PRETERIT	estuve, estuviste, estuvo, estuvimos, estuvisteis, estuvieron	
IMPERFECT	estaba, estabas, estaba, estábamos, estabais, estaban	riñendo
FUTURE	estaré, estarás, estará, estaremos, estaréis, estarán	
CONDITIONAL	estaría, estarías, estaría, estaríamos, estaríais, estarían	
SUBJUNCTIVE	que + *corresponding subjunctive tense of* estar (*see verb 252*)	

COMMANDS

	(nosotros) riñamos/no riñamos
(tú) riñe/no riñas	(vosotros) reñid/no riñáis
(Ud.) riña/no riña	(Uds.) riñan/no riñan

Usage

—¿Por qué reñiste con tu amiga?	*Why did you quarrel with your friend?*
—Reñimos por una tontería.	*We argued over a foolish thing.*
Seguían riñendo.	*They kept on fighting.*
Lo riñes como si fuera un niño.	*You're scolding him as if he were a child.*
¡Qué reñida fue la batalla de Gettysburg!	*How hard fought was the Battle of Gettysburg!*
Hubo riña en el campo de deportes.	*There was a brawl on the playing field.*

reparar *to repair, fix, notice*

regular *-ar* verb

PRESENT		PRETERIT	
reparo	reparamos	reparé	reparamos
reparas	reparáis	reparaste	reparasteis
repara	reparan	reparó	repararon

IMPERFECT		PRESENT PERFECT	
reparaba	reparábamos	he reparado	hemos reparado
reparabas	reparabais	has reparado	habéis reparado
reparaba	reparaban	ha reparado	han reparado

FUTURE		CONDITIONAL	
repararé	repararemos	repararía	repararíamos
repararás	repararéis	repararías	repararíais
reparará	repararán	repararía	repararían

PLUPERFECT		PRETERIT PERFECT	
había reparado	habíamos reparado	hube reparado	hubimos reparado
habías reparado	habíais reparado	hubiste reparado	hubisteis reparado
había reparado	habían reparado	hubo reparado	hubieron reparado

FUTURE PERFECT		CONDITIONAL PERFECT	
habré reparado	habremos reparado	habría reparado	habríamos reparado
habrás reparado	habréis reparado	habrías reparado	habríais reparado
habrá reparado	habrán reparado	habría reparado	habrían reparado

PRESENT SUBJUNCTIVE		PRESENT PERFECT SUBJUNCTIVE	
repare	reparemos	haya reparado	hayamos reparado
repares	reparéis	hayas reparado	hayáis reparado
repare	reparen	haya reparado	hayan reparado

IMPERFECT SUBJUNCTIVE (-ra)		*or* IMPERFECT SUBJUNCTIVE (-se)	
reparara	reparáramos	reparase	reparásemos
repararas	repararais	reparases	reparaseis
reparara	repararan	reparase	reparasen

PAST PERFECT SUBJUNCTIVE (-ra)		*or* PAST PERFECT SUBJUNCTIVE (-se)	
hubiera reparado	hubiéramos reparado	hubiese reparado	hubiésemos reparado
hubieras reparado	hubierais reparado	hubieses reparado	hubieseis reparado
hubiera reparado	hubieran reparado	hubiese reparado	hubiesen reparado

PROGRESSIVE TENSES

PRESENT	estoy, estás, está, estamos, estáis, están
PRETERIT	estuve, estuviste, estuvo, estuvimos, estuvisteis, estuvieron
IMPERFECT	estaba, estabas, estaba, estábamos, estabais, estaban
FUTURE	estaré, estarás, estará, estaremos, estaréis, estarán
CONDITIONAL	estaría, estarías, estaría, estaríamos, estaríais, estarían
SUBJUNCTIVE	que + *corresponding subjunctive tense of* estar (*see verb 252*)

} reparando

COMMANDS

	(nosotros) reparemos/no reparemos
(tú) repara/no repares	(vosotros) reparad/no reparéis
(Ud.) repare/no repare	(Uds.) reparen/no reparen

Usage

Repararon mi computadora.	*My computer was repaired.*
¿No hay tienda que repare cámaras por aquí?	*Isn't there a store that fixes cameras around here?*
Reparamos en el embotellamiento de coches.	*We noticed the traffic jam.*
El carro está en el taller de reparaciones.	*The car is in the repair shop.*
¿Por qué pones reparos?	*Why are you raising objections/finding fault?*
Aceptamos con cierto reparo.	*We accept with some reservation.*

regular *-ir* verb | **reparto · repartieron · repartido · repartiendo**

PRESENT

reparto	repartimos
repartes	repartís
reparte	reparten

PRETERIT

repartí	repartimos
repartiste	repartisteis
repartió	repartieron

IMPERFECT

repartía	repartíamos
repartías	repartíais
repartía	repartían

PRESENT PERFECT

he repartido	hemos repartido
has repartido	habéis repartido
ha repartido	han repartido

FUTURE

repartiré	repartiremos
repartirás	repartiréis
repartirá	repartirán

CONDITIONAL

repartiría	repartiríamos
repartirías	repartiríais
repartiría	repartirían

PLUPERFECT

había repartido	habíamos repartido
habías repartido	habíais repartido
había repartido	habían repartido

PRETERIT PERFECT

hube repartido	hubimos repartido
hubiste repartido	hubisteis repartido
hubo repartido	hubieron repartido

FUTURE PERFECT

habré repartido	habremos repartido
habrás repartido	habréis repartido
habrá repartido	habrán repartido

CONDITIONAL PERFECT

habría repartido	habríamos repartido
habrías repartido	habríais repartido
habría repartido	habrían repartido

PRESENT SUBJUNCTIVE

reparta	repartamos
repartas	repartáis
reparta	repartan

PRESENT PERFECT SUBJUNCTIVE

haya repartido	hayamos repartido
hayas repartido	hayáis repartido
haya repartido	hayan repartido

IMPERFECT SUBJUNCTIVE (-ra)

repartiera	repartiéramos
repartieras	repartierais
repartiera	repartieran

or **IMPERFECT SUBJUNCTIVE (-se)**

repartiese	repartiésemos
repartieses	repartieseis
repartiese	repartiesen

PAST PERFECT SUBJUNCTIVE (-ra)

hubiera repartido	hubiéramos repartido
hubieras repartido	hubierais repartido
hubiera repartido	hubieran repartido

or **PAST PERFECT SUBJUNCTIVE (-se)**

hubiese repartido	hubiésemos repartido
hubieses repartido	hubieseis repartido
hubiese repartido	hubiesen repartido

PROGRESSIVE TENSES

PRESENT	estoy, estás, está, estamos, estáis, están
PRETERIT	estuve, estuviste, estuvo, estuvimos, estuvisteis, estuvieron
IMPERFECT	estaba, estabas, estaba, estábamos, estabais, estaban
FUTURE	estaré, estarás, estará, estaremos, estaréis, estarán
CONDITIONAL	estaría, estarías, estaría, estaríamos, estaríais, estarían
SUBJUNCTIVE	que + *corresponding subjunctive tense of* estar (*see verb 252*)

repartiendo

COMMANDS

	(nosotros) repartamos/no repartamos
(tú) reparte/no repartas	(vosotros) repartid/no repartáis
(Ud.) reparta/no reparta	(Uds.) repartan/no repartan

Usage

Se reparten dividendos en marzo.	*They'll pay out dividends in March.*
Repartieron el dinero entre cuatro personas.	*The money was shared among four people.*
El cartero reparte el correo por la mañana.	*The mailman delivers mail in the morning.*
Reparte los panecillos, por favor.	*Serve/Give out the rolls, please.*
Figuran muchos actores buenos en el reparto.	*There are many good actors in the cast.*
El repartidor conduce el coche de reparto.	*The delivery man drives the delivery truck.*

repetir   *to repeat, do again, recite*

repito · repitieron · repetido · repitiendo   stem-changing *-ir* verb: *e > i*

PRESENT		PRETERIT	
repito	repetimos	repetí	repetimos
repites	repetís	repetiste	repetisteis
repite	repiten	repitió	repitieron

IMPERFECT		PRESENT PERFECT	
repetía	repetíamos	he repetido	hemos repetido
repetías	repetíais	has repetido	habéis repetido
repetía	repetían	ha repetido	han repetido

FUTURE		CONDITIONAL	
repetiré	repetiremos	repetiría	repetiríamos
repetirás	repetiréis	repetirías	repetiríais
repetirá	repetirán	repetiría	repetirían

PLUPERFECT		PRETERIT PERFECT	
había repetido	habíamos repetido	hube repetido	hubimos repetido
habías repetido	habíais repetido	hubiste repetido	hubisteis repetido
había repetido	habían repetido	hubo repetido	hubieron repetido

FUTURE PERFECT		CONDITIONAL PERFECT	
habré repetido	habremos repetido	habría repetido	habríamos repetido
habrás repetido	habréis repetido	habrías repetido	habríais repetido
habrá repetido	habrán repetido	habría repetido	habrían repetido

PRESENT SUBJUNCTIVE		PRESENT PERFECT SUBJUNCTIVE	
repita	repitamos	haya repetido	hayamos repetido
repitas	repitáis	hayas repetido	hayáis repetido
repita	repitan	haya repetido	hayan repetido

IMPERFECT SUBJUNCTIVE (-ra)		*or* IMPERFECT SUBJUNCTIVE (-se)	
repitiera	repitiéramos	repitiese	repitiésemos
repitieras	repitierais	repitieses	repitieseis
repitiera	repitieran	repitiese	repitiesen

PAST PERFECT SUBJUNCTIVE (-ra)		*or* PAST PERFECT SUBJUNCTIVE (-se)	
hubiera repetido	hubiéramos repetido	hubiese repetido	hubiésemos repetido
hubieras repetido	hubierais repetido	hubieses repetido	hubieseis repetido
hubiera repetido	hubieran repetido	hubiese repetido	hubiesen repetido

PROGRESSIVE TENSES

PRESENT	estoy, estás, está, estamos, estáis, están	
PRETERIT	estuve, estuviste, estuvo, estuvimos, estuvisteis, estuvieron	
IMPERFECT	estaba, estabas, estaba, estábamos, estabais, estaban	repitiendo
FUTURE	estaré, estarás, estará, estaremos, estaréis, estarán	
CONDITIONAL	estaría, estarías, estaría, estaríamos, estaríais, estarían	
SUBJUNCTIVE	que + *corresponding subjunctive tense of* estar (*see verb 252*)	

COMMANDS

	(nosotros) repitamos/no repitamos
(tú) repite/no repitas	(vosotros) repetid/no repitáis
(Ud.) repita/no repita	(Uds.) repitan/no repitan

Usage

Repitan Uds. la oración.	*Repeat the sentence.*
Repitió el poema.	*She recited the poem.*
¡Qué rico está el flan! Voy a repetir.	*The custard is so delicious! I'll have another helping.*
¡Que se repita!	*Encore!*
¡Que no se repita!	*Don't let it happen again!*
Un entusiasmado público pedía la repetición.	*An enthusiastic audience asked for an encore.*
Nos lo mencionaba repetidas veces.	*He mentioned it to us repeatedly/again and again.*

-*ar* reflexive verb; spelling change:
i > *í* when stressed

PRESENT

me resfrío	nos resfriamos
te resfrías	os resfriáis
se resfría	se resfrían

PRETERIT

me resfrié	nos resfriamos
te resfriaste	os resfriasteis
se resfrió	se resfriaron

IMPERFECT

me resfriaba	nos resfriábamos
te resfriabas	os resfriabais
se resfriaba	se resfriaban

PRESENT PERFECT

me he resfriado	nos hemos resfriado
te has resfriado	os habéis resfriado
se ha resfriado	se han resfriado

FUTURE

me resfriaré	nos resfriaremos
te resfriarás	os resfriaréis
se resfriará	se resfriarán

CONDITIONAL

me resfriaría	nos resfriaríamos
te resfriarías	os resfriaríais
se resfriaría	se resfriarían

PLUPERFECT

me había resfriado	nos habíamos resfriado
te habías resfriado	os habíais resfriado
se había resfriado	se habían resfriado

PRETERIT PERFECT

me hube resfriado	nos hubimos resfriado
te hubiste resfriado	os hubisteis resfriado
se hubo resfriado	se hubieron resfriado

FUTURE PERFECT

me habré resfriado	nos habremos resfriado
te habrás resfriado	os habréis resfriado
se habrá resfriado	se habrán resfriado

CONDITIONAL PERFECT

me habría resfriado	nos habríamos resfriado
te habrías resfriado	os habríais resfriado
se habría resfriado	se habrían resfriado

PRESENT SUBJUNCTIVE

me resfríe	nos resfriemos
te resfríes	os resfriéis
se resfríe	se resfríen

PRESENT PERFECT SUBJUNCTIVE

me haya resfriado	nos hayamos resfriado
te hayas resfriado	os hayáis resfriado
se haya resfriado	se hayan resfriado

IMPERFECT SUBJUNCTIVE (-ra)   *or*

me resfriara	nos resfriáramos
te resfriaras	os resfriarais
se resfriara	se resfriaran

IMPERFECT SUBJUNCTIVE (-se)

me resfriase	nos resfriásemos
te resfriases	os resfriaseis
se resfriase	se resfriasen

PAST PERFECT SUBJUNCTIVE (-ra)   *or*

me hubiera resfriado	nos hubiéramos resfriado
te hubieras resfriado	os hubierais resfriado
se hubiera resfriado	se hubieran resfriado

PAST PERFECT SUBJUNCTIVE (-se)

me hubiese resfriado	nos hubiésemos resfriado
te hubieses resfriado	os hubieseis resfriado
se hubiese resfriado	se hubiesen resfriado

PROGRESSIVE TENSES

PRESENT	estoy, estás, está, estamos, estáis, están
PRETERIT	estuve, estuviste, estuvo, estuvimos, estuvisteis, estuvieron
IMPERFECT	estaba, estabas, estaba, estábamos, estabais, estaban
FUTURE	estaré, estarás, estará, estaremos, estaréis, estarán
CONDITIONAL	estaría, estarías, estaría, estaríamos, estaríais, estarían
SUBJUNCTIVE	que + *corresponding subjunctive tense of* estar (*see verb 252*)

} resfriando (*see page 31*)

COMMANDS

	(nosotros) resfriémonos/no nos resfriemos
(tú) resfríate/no te resfríes	(vosotros) resfriaos/no os resfriéis
(Ud.) resfríese/no se resfríe	(Uds.) resfríense/no se resfríen

Usage

Se resfrió.	*She caught a cold.*
Siento que se hayan resfriado.	*I'm sorry you've caught a cold.*
Cree que está resfriándose.	*She thinks she's catching a cold.*
Todos están resfriados por ella.	*Everyone has a cold because of her.*
—Parece que cogiste un resfrío.	*It appears you caught a cold.*
—Sí, tengo resfriado.	*Yes, I have a cold.*

resolver *to solve, resolve, dissolve*

resuelvo · resolvieron · resuelto · resolviendo   stem-changing -*er* verb: *o* > *ue*

PRESENT

		PRETERIT	
resuelvo	resolvemos	resolví	resolvimos
resuelves	resolvéis	resolviste	resolvisteis
resuelve	resuelven	resolvió	resolvieron

IMPERFECT

		PRESENT PERFECT	
resolvía	resolvíamos	he resuelto	hemos resuelto
resolvías	resolvíais	has resuelto	habéis resuelto
resolvía	resolvían	ha resuelto	han resuelto

FUTURE

		CONDITIONAL	
resolveré	resolveremos	resolvería	resolveríamos
resolverás	resolveréis	resolverías	resolveríais
resolverá	resolverán	resolvería	resolverían

PLUPERFECT

		PRETERIT PERFECT	
había resuelto	habíamos resuelto	hube resuelto	hubimos resuelto
habías resuelto	habíais resuelto	hubiste resuelto	hubisteis resuelto
había resuelto	habían resuelto	hubo resuelto	hubieron resuelto

FUTURE PERFECT

		CONDITIONAL PERFECT	
habré resuelto	habremos resuelto	habría resuelto	habríamos resuelto
habrás resuelto	habréis resuelto	habrías resuelto	habríais resuelto
habrá resuelto	habrán resuelto	habría resuelto	habrían resuelto

PRESENT SUBJUNCTIVE

		PRESENT PERFECT SUBJUNCTIVE	
resuelva	resolvamos	haya resuelto	hayamos resuelto
resuelvas	resolváis	hayas resuelto	hayáis resuelto
resuelva	resuelvan	haya resuelto	hayan resuelto

IMPERFECT SUBJUNCTIVE (-ra)   *or*   **IMPERFECT SUBJUNCTIVE (-se)**

resolviera	resolviéramos	resolviese	resolviésemos
resolvieras	resolvierais	resolvieses	resolvieseis
resolviera	resolvieran	resolviese	resolviesen

PAST PERFECT SUBJUNCTIVE (-ra)   *or*   **PAST PERFECT SUBJUNCTIVE (-se)**

hubiera resuelto	hubiéramos resuelto	hubiese resuelto	hubiésemos resuelto
hubieras resuelto	hubierais resuelto	hubieses resuelto	hubieseis resuelto
hubiera resuelto	hubieran resuelto	hubiese resuelto	hubiesen resuelto

PROGRESSIVE TENSES

PRESENT	estoy, estás, está, estamos, estáis, están
PRETERIT	estuve, estuviste, estuvo, estuvimos, estuvisteis, estuvieron
IMPERFECT	estaba, estabas, estaba, estábamos, estabais, estaban
FUTURE	estaré, estarás, estará, estaremos, estaréis, estarán
CONDITIONAL	estaría, estarías, estaría, estaríamos, estaríais, estarían
SUBJUNCTIVE	que + *corresponding subjunctive tense of* estar (*see verb 252*)

⎫
⎬ resolviendo
⎭

COMMANDS

	(nosotros) resolvamos/no resolvamos
(tú) resuelve/no resuelvas	(vosotros) resolved/no resolváis
(Ud.) resuelva/no resuelva	(Uds.) resuelvan/no resuelvan

Usage

Resolvimos la cuestión.	*We resolved the question.*
¿Resolviste el problema?	*Did you solve the problem?*
No te preocupes. Todo se resolverá.	*Don't worry. Everything will work out.*
Se resolvió a aceptar las consecuencias.	*She made up her mind to accept the consequences.*
Tenían una actitud resuelta.	*They had a resolute/determined attitude.*
El problema queda sin resolver.	*The problem is still unsolved.*

regular *-er* verb | **respondo · respondieron · respondido · respondiendo**

PRESENT

respondo	respondemos
respondes	respondéis
responde	responden

PRETERIT

respondí	respondimos
respondiste	respondisteis
respondió	respondieron

IMPERFECT

respondía	respondíamos
respondías	respondíais
respondía	respondían

PRESENT PERFECT

he respondido	hemos respondido
has respondido	habéis respondido
ha respondido	han respondido

FUTURE

responderé	responderemos
responderás	responderéis
responderá	responderán

CONDITIONAL

respondería	responderíamos
responderías	responderíais
respondería	responderían

PLUPERFECT

había respondido	habíamos respondido
habías respondido	habíais respondido
había respondido	habían respondido

PRETERIT PERFECT

hube respondido	hubimos respondido
hubiste respondido	hubisteis respondido
hubo respondido	hubieron respondido

FUTURE PERFECT

habré respondido	habremos respondido
habrás respondido	habréis respondido
habrá respondido	habrán respondido

CONDITIONAL PERFECT

habría respondido	habríamos respondido
habrías respondido	habríais respondido
habría respondido	habrían respondido

PRESENT SUBJUNCTIVE

responda	respondamos
respondas	respondáis
responda	respondan

PRESENT PERFECT SUBJUNCTIVE

haya respondido	hayamos respondido
hayas respondido	hayáis respondido
haya respondido	hayan respondido

IMPERFECT SUBJUNCTIVE (-ra)

respondiera	respondiéramos
respondieras	respondierais
respondiera	respondieran

or **IMPERFECT SUBJUNCTIVE (-se)**

respondiese	respondiésemos
respondieses	respondieseis
respondiese	respondiesen

PAST PERFECT SUBJUNCTIVE (-ra)

hubiera respondido	hubiéramos respondido
hubieras respondido	hubierais respondido
hubiera respondido	hubieran respondido

or **PAST PERFECT SUBJUNCTIVE (-se)**

hubiese respondido	hubiésemos respondido
hubieses respondido	hubieseis respondido
hubiese respondido	hubiesen respondido

PROGRESSIVE TENSES

PRESENT	estoy, estás, está, estamos, estáis, están
PRETERIT	estuve, estuviste, estuvo, estuvimos, estuvisteis, estuvieron
IMPERFECT	estaba, estabas, estaba, estábamos, estabais, estaban
FUTURE	estaré, estarás, estará, estaremos, estaréis, estarán
CONDITIONAL	estaría, estarías, estaría, estaríamos, estaríais, estarían
SUBJUNCTIVE	que + *corresponding subjunctive tense of* estar (*see verb 252*)

respondiendo

COMMANDS

	(nosotros) respondamos/no respondamos
(tú) responde/no respondas	(vosotros) responded/no respondáis
(Ud.) responda/no responda	(Uds.) respondan/no respondan

Usage

Respondí a su pregunta por correo electrónico.	*I answered his question by email.*
No respondieron a mi carta.	*They didn't reply to my letter.*
Los papás responden de la educación de sus hijos.	*Parents are responsible for their children's upbringing.*
Asumieron la responsabilidad de la derrota.	*They took responsibility for the defeat.*
Se ha hecho responsable del proyecto.	*He has assumed responsibility for the project.*
Dio la callada por respuesta.	*She said nothing in reply.*

resultar *to result, turn out, work out, be*

resulto · resultaron · resultado · resultando

regular *-ar* verb

PRESENT		PRETERIT	
resulto	resultamos	resulté	resultamos
resultas	resultáis	resultaste	resultasteis
resulta	resultan	resultó	resultaron

IMPERFECT		PRESENT PERFECT	
resultaba	resultábamos	he resultado	hemos resultado
resultabas	resultabais	has resultado	habéis resultado
resultaba	resultaban	ha resultado	han resultado

FUTURE		CONDITIONAL	
resultaré	resultaremos	resultaría	resultaríamos
resultarás	resultaréis	resultarías	resultaríais
resultará	resultarán	resultaría	resultarían

PLUPERFECT		PRETERIT PERFECT	
había resultado	habíamos resultado	hube resultado	hubimos resultado
habías resultado	habíais resultado	hubiste resultado	hubisteis resultado
había resultado	habían resultado	hubo resultado	hubieron resultado

FUTURE PERFECT		CONDITIONAL PERFECT	
habré resultado	habremos resultado	habría resultado	habríamos resultado
habrás resultado	habréis resultado	habrías resultado	habríais resultado
habrá resultado	habrán resultado	habría resultado	habrían resultado

PRESENT SUBJUNCTIVE		PRESENT PERFECT SUBJUNCTIVE	
resulte	resultemos	haya resultado	hayamos resultado
resultes	resultéis	hayas resultado	hayáis resultado
resulte	resulten	haya resultado	hayan resultado

IMPERFECT SUBJUNCTIVE (-ra)		*or* IMPERFECT SUBJUNCTIVE (-se)	
resultara	resultáramos	resultase	resultásemos
resultaras	resultarais	resultases	resultaseis
resultara	resultaran	resultase	resultasen

PAST PERFECT SUBJUNCTIVE (-ra)		*or* PAST PERFECT SUBJUNCTIVE (-se)	
hubiera resultado	hubiéramos resultado	hubiese resultado	hubiésemos resultado
hubieras resultado	hubierais resultado	hubieses resultado	hubieseis resultado
hubiera resultado	hubieran resultado	hubiese resultado	hubiesen resultado

PROGRESSIVE TENSES

PRESENT	estoy, estás, está, estamos, estáis, están	
PRETERIT	estuve, estuviste, estuvo, estuvimos, estuvisteis, estuvieron	
IMPERFECT	estaba, estabas, estaba, estábamos, estabais, estaban	resultando
FUTURE	estaré, estarás, estará, estaremos, estaréis, estarán	
CONDITIONAL	estaría, estarías, estaría, estaríamos, estaríais, estarían	
SUBJUNCTIVE	que + *corresponding subjunctive tense of* estar (*see verb 252*)	

COMMANDS

¡Que resulte(n)!   ¡Que no resulte(n)!

Usage

Resultó mucho desacuerdo.	*Much disagreement resulted.*
Las discusiones no resultaron en nada.	*The discussions didn't work out at all.*
Su política monetaria resultó ser un desastre.	*Their monetary policy turned out to be a disaster.*
Tus ideas me resultan estrafalarias.	*I find your ideas outlandish/strange.*
Resulta difícil creerlo.	*It's difficult to believe it.*
¿Qué tal los resultados de los exámenes?	*How are the results of the exams?*
Su estrategia dio buen resultado.	*His strategy worked.*

regular *-ar* verb

retiro · retiraron · retirado · retirando

PRESENT

retiro	retiramos
retiras	retiráis
retira	retiran

IMPERFECT

retiraba	retirábamos
retirabas	retirabais
retiraba	retiraban

FUTURE

retiraré	retiraremos
retirarás	retiraréis
retirará	retirarán

PLUPERFECT

había retirado	habíamos retirado
habías retirado	habíais retirado
había retirado	habían retirado

FUTURE PERFECT

habré retirado	habremos retirado
habrás retirado	habréis retirado
habrá retirado	habrán retirado

PRESENT SUBJUNCTIVE

retire	retiremos
retires	retiréis
retire	retiren

IMPERFECT SUBJUNCTIVE (-ra)

retirara	retiráramos
retiraras	retirarais
retirara	retiraran

PAST PERFECT SUBJUNCTIVE (-ra)

hubiera retirado	hubiéramos retirado
hubieras retirado	hubierais retirado
hubiera retirado	hubieran retirado

PRETERIT

retiré	retiramos
retiraste	retirasteis
retiró	retiraron

PRESENT PERFECT

he retirado	hemos retirado
has retirado	habéis retirado
ha retirado	han retirado

CONDITIONAL

retiraría	retiraríamos
retirarías	retiraríais
retiraría	retirarían

PRETERIT PERFECT

hube retirado	hubimos retirado
hubiste retirado	hubisteis retirado
hubo retirado	hubieron retirado

CONDITIONAL PERFECT

habría retirado	habríamos retirado
habrías retirado	habríais retirado
habría retirado	habrían retirado

PRESENT PERFECT SUBJUNCTIVE

haya retirado	hayamos retirado
hayas retirado	hayáis retirado
haya retirado	hayan retirado

or **IMPERFECT SUBJUNCTIVE (-se)**

retirase	retirásemos
retirases	retiraseis
retirase	retirasen

or **PAST PERFECT SUBJUNCTIVE (-se)**

hubiese retirado	hubiésemos retirado
hubieses retirado	hubieseis retirado
hubiese retirado	hubiesen retirado

PROGRESSIVE TENSES

PRESENT	estoy, estás, está, estamos, estáis, están
PRETERIT	estuve, estuviste, estuvo, estuvimos, estuvisteis, estuvieron
IMPERFECT	estaba, estabas, estaba, estábamos, estabais, estaban
FUTURE	estaré, estarás, estará, estaremos, estaréis, estarán
CONDITIONAL	estaría, estarías, estaría, estaríamos, estaríais, estarían
SUBJUNCTIVE	que + *corresponding subjunctive tense of* estar (*see verb 252*)

} retirando

COMMANDS

	(nosotros) retiremos/no retiremos
(tú) retira/no retires	(vosotros) retirad/no retiréis
(Ud.) retire/no retire	(Uds.) retiren/no retiren

Usage

Retira tus cosas del sofá.	*Remove your things from the couch.*
Retiré dinero de la cuenta de ahorros.	*I withdrew money from my savings account.*
El periódico retiró lo escrito.	*The newspaper retracted what it had written.*
Las tropas se retiraron del frente de batalla.	*The troops retreated from the battle front.*
Se retiró de la gestión de la sociedad.	*He retired from the management of the corporation.*
No se retire.	*Don't leave.*
La empresa exige que todos vayan de retiro.	*The company requires that everyone go on retreat.*

PRESENT

me reúno	nos reunimos
te reúnes	os reunís
se reúne	se reúnen

IMPERFECT

me reunía	nos reuníamos
te reunías	os reuníais
se reunía	se reunían

FUTURE

me reuniré	nos reuniremos
te reunirás	os reuniréis
se reunirá	se reunirán

PLUPERFECT

me había reunido	nos habíamos reunido
te habías reunido	os habíais reunido
se había reunido	se habían reunido

FUTURE PERFECT

me habré reunido	nos habremos reunido
te habrás reunido	os habréis reunido
se habrá reunido	se habrán reunido

PRESENT SUBJUNCTIVE

me reúna	nos reunamos
te reúnas	os reunáis
se reúna	se reúnan

IMPERFECT SUBJUNCTIVE (-ra)

me reuniera	nos reuniéramos
te reunieras	os reunierais
se reuniera	se reunieran

PAST PERFECT SUBJUNCTIVE (-ra)

me hubiera reunido	nos hubiéramos reunido
te hubieras reunido	os hubierais reunido
se hubiera reunido	se hubieran reunido

PRETERIT

me reuní	nos reunimos
te reuniste	os reunisteis
se reunió	se reunieron

PRESENT PERFECT

me he reunido	nos hemos reunido
te has reunido	os habéis reunido
se ha reunido	se han reunido

CONDITIONAL

me reuniría	nos reuniríamos
te reunirías	os reuniríais
se reuniría	se reunirían

PRETERIT PERFECT

me hube reunido	nos hubimos reunido
te hubiste reunido	os hubisteis reunido
se hubo reunido	se hubieron reunido

CONDITIONAL PERFECT

me habría reunido	nos habríamos reunido
te habrías reunido	os habríais reunido
se habría reunido	se habrían reunido

PRESENT PERFECT SUBJUNCTIVE

me haya reunido	nos hayamos reunido
te hayas reunido	os hayáis reunido
se haya reunido	se hayan reunido

or IMPERFECT SUBJUNCTIVE (-se)

me reuniese	nos reuniésemos
te reunieses	os reunieseis
se reuniese	se reuniesen

or PAST PERFECT SUBJUNCTIVE (-se)

me hubiese reunido	nos hubiésemos reunido
te hubieses reunido	os hubieseis reunido
se hubiese reunido	se hubiesen reunido

PROGRESSIVE TENSES

PRESENT	estoy, estás, está, estamos, estáis, están
PRETERIT	estuve, estuviste, estuvo, estuvimos, estuvisteis, estuvieron
IMPERFECT	estaba, estabas, estaba, estábamos, estabais, estaban
FUTURE	estaré, estarás, estará, estaremos, estaréis, estarán
CONDITIONAL	estaría, estarías, estaría, estaríamos, estaríais, estarían
SUBJUNCTIVE	que + *corresponding subjunctive tense of* estar (*see verb 252*)

} reuniendo (*see page 31*)

COMMANDS

	(nosotros) reunámonos/no nos reunamos
(tú) reúnete/no te reúnas	(vosotros) reunios/no os reunáis
(Ud.) reúnase/no se reúna	(Uds.) reúnanse/no se reúnan

Usage

Nos reuniremos para cenar.	*We'll get together to have dinner.*
Me reúno contigo a las cuatro.	*I'll meet you at 4:00.*
Las dos cámaras se reunieron ayer.	*The two houses met/were in session yesterday.*
Reunamos fondos para esta caridad.	*Let's collect money for this charity.*
Reúna a todos los funcionarios.	*Assemble all the civil servants.*
Se celebra una reunión cada quince días.	*A meeting/session is held every two weeks.*
Conocí a mucha gente en la reunión.	*I met many people at the gathering.*

-ar verb; spelling change: *z > c/e*

rezo · rezaron · rezado · rezando

PRESENT		PRETERIT	
rezo	rezamos	recé	rezamos
rezas	rezáis	rezaste	rezasteis
reza	rezan	rezó	rezaron

IMPERFECT		PRESENT PERFECT	
rezaba	rezábamos	he rezado	hemos rezado
rezabas	rezabais	has rezado	habéis rezado
rezaba	rezaban	ha rezado	han rezado

FUTURE		CONDITIONAL	
rezaré	rezaremos	rezaría	rezaríamos
rezarás	rezaréis	rezarías	rezaríais
rezará	rezarán	rezaría	rezarían

PLUPERFECT		PRETERIT PERFECT	
había rezado	habíamos rezado	hube rezado	hubimos rezado
habías rezado	habíais rezado	hubiste rezado	hubisteis rezado
había rezado	habían rezado	hubo rezado	hubieron rezado

FUTURE PERFECT		CONDITIONAL PERFECT	
habré rezado	habremos rezado	habría rezado	habríamos rezado
habrás rezado	habréis rezado	habrías rezado	habríais rezado
habrá rezado	habrán rezado	habría rezado	habrían rezado

PRESENT SUBJUNCTIVE		PRESENT PERFECT SUBJUNCTIVE	
rece	recemos	haya rezado	hayamos rezado
reces	recéis	hayas rezado	hayáis rezado
rece	recen	haya rezado	hayan rezado

IMPERFECT SUBJUNCTIVE (-ra)		*or* IMPERFECT SUBJUNCTIVE (-se)	
rezara	rezáramos	rezase	rezásemos
rezaras	rezarais	rezases	rezaseis
rezara	rezaran	rezase	rezasen

PAST PERFECT SUBJUNCTIVE (-ra)		*or* PAST PERFECT SUBJUNCTIVE (-se)	
hubiera rezado	hubiéramos rezado	hubiese rezado	hubiésemos rezado
hubieras rezado	hubierais rezado	hubieses rezado	hubieseis rezado
hubiera rezado	hubieran rezado	hubiese rezado	hubiesen rezado

PROGRESSIVE TENSES

PRESENT	estoy, estás, está, estamos, estáis, están	
PRETERIT	estuve, estuviste, estuvo, estuvimos, estuvisteis, estuvieron	
IMPERFECT	estaba, estabas, estaba, estábamos, estabais, estaban	rezando
FUTURE	estaré, estarás, estará, estaremos, estaréis, estarán	
CONDITIONAL	estaría, estarías, estaría, estaríamos, estaríais, estarían	
SUBJUNCTIVE	que + *corresponding subjunctive tense of* estar (*see verb 252*)	

COMMANDS

	(nosotros) recemos/no recemos
(tú) reza/no reces	(vosotros) rezad/no recéis
(Ud.) rece/no rece	(Uds.) recen/no recen

Usage

Rezaban todas las mañanas.	*They said prayers every morning.*
Rezan a Dios.	*They pray to God.*
El cartel reza así.	*The poster says/goes/reads like this.*
La ley reza solamente con los ciudadanos.	*The law applies only to citizens.*
Se oyen los rezos de los feligreses.	*You can hear the prayers of the congregation.*

robo · robaron · robado · robando

regular *-ar* verb

PRESENT		PRETERIT	
robo	robamos	robé	robamos
robas	robáis	robaste	robasteis
roba	roban	robó	robaron

IMPERFECT		PRESENT PERFECT	
robaba	robábamos	he robado	hemos robado
robabas	robabais	has robado	habéis robado
robaba	robaban	ha robado	han robado

FUTURE		CONDITIONAL	
robaré	robaremos	robaría	robaríamos
robarás	robaréis	robarías	robaríais
robará	robarán	robaría	robarían

PLUPERFECT		PRETERIT PERFECT	
había robado	habíamos robado	hube robado	hubimos robado
habías robado	habíais robado	hubiste robado	hubisteis robado
había robado	habían robado	hubo robado	hubieron robado

FUTURE PERFECT		CONDITIONAL PERFECT	
habré robado	habremos robado	habría robado	habríamos robado
habrás robado	habréis robado	habrías robado	habríais robado
habrá robado	habrán robado	habría robado	habrían robado

PRESENT SUBJUNCTIVE		PRESENT PERFECT SUBJUNCTIVE	
robe	robemos	haya robado	hayamos robado
robes	robéis	hayas robado	hayáis robado
robe	roben	haya robado	hayan robado

IMPERFECT SUBJUNCTIVE (-ra)		*or* IMPERFECT SUBJUNCTIVE (-se)	
robara	robáramos	robase	robásemos
robaras	robarais	robases	robaseis
robara	robaran	robase	robasen

PAST PERFECT SUBJUNCTIVE (-ra)		*or* PAST PERFECT SUBJUNCTIVE (-se)	
hubiera robado	hubiéramos robado	hubiese robado	hubiésemos robado
hubieras robado	hubierais robado	hubieses robado	hubieseis robado
hubiera robado	hubieran robado	hubiese robado	hubiesen robado

PROGRESSIVE TENSES

PRESENT	estoy, estás, está, estamos, estáis, están	
PRETERIT	estuve, estuviste, estuvo, estuvimos, estuvisteis, estuvieron	
IMPERFECT	estaba, estabas, estaba, estábamos, estabais, estaban	robando
FUTURE	estaré, estarás, estará, estaremos, estaréis, estarán	
CONDITIONAL	estaría, estarías, estaría, estaríamos, estaríais, estarían	
SUBJUNCTIVE	que + *corresponding subjunctive tense of* estar (*see verb 252*)	

COMMANDS

	(nosotros) robemos/no robemos
(tú) roba/no robes	(vosotros) robad/no robéis
(Ud.) robe/no robe	(Uds.) roben/no roben

Usage

Los ladrones robaron unas antigüedades.	*The thieves stole some antiques.*
Robaron un banco.	*They broke into/robbed a bank.*
Les robaron el coche.	*Their car was stolen.*
Le robó el corazón.	*He stole her heart.*
Cometieron un robo a mano armada.	*They committed an armed robbery.*
El robo es un delito contra la propiedad.	*Theft is a crime against property.*
Instalaron un antirrobo en su casa.	*They installed a burglar alarm in their house.*

stem-changing *-ar* verb: *o > ue*　　　　　　**ruedo · rodaron · rodado · rodando**

PRESENT

ruedo	rodamos		
ruedas	rodáis		
rueda	ruedan		

PRETERIT

rodé	rodamos
rodaste	rodasteis
rodó	rodaron

IMPERFECT

rodaba	rodábamos
rodabas	rodabais
rodaba	rodaban

PRESENT PERFECT

he rodado	hemos rodado
has rodado	habéis rodado
ha rodado	han rodado

FUTURE

rodaré	rodaremos
rodarás	rodaréis
rodará	rodarán

CONDITIONAL

rodaría	rodaríamos
rodarías	rodaríais
rodaría	rodarían

PLUPERFECT

había rodado	habíamos rodado
habías rodado	habíais rodado
había rodado	habían rodado

PRETERIT PERFECT

hube rodado	hubimos rodado
hubiste rodado	hubisteis rodado
hubo rodado	hubieron rodado

FUTURE PERFECT

habré rodado	habremos rodado
habrás rodado	habréis rodado
habrá rodado	habrán rodado

CONDITIONAL PERFECT

habría rodado	habríamos rodado
habrías rodado	habríais rodado
habría rodado	habrían rodado

PRESENT SUBJUNCTIVE

ruede	rodemos
ruedes	rodéis
ruede	rueden

PRESENT PERFECT SUBJUNCTIVE

haya rodado	hayamos rodado
hayas rodado	hayáis rodado
haya rodado	hayan rodado

IMPERFECT SUBJUNCTIVE (-ra)

rodara	rodáramos
rodaras	rodarais
rodara	rodaran

or **IMPERFECT SUBJUNCTIVE (-se)**

rodase	rodásemos
rodases	rodaseis
rodase	rodasen

PAST PERFECT SUBJUNCTIVE (-ra)

hubiera rodado	hubiéramos rodado
hubieras rodado	hubierais rodado
hubiera rodado	hubieran rodado

or **PAST PERFECT SUBJUNCTIVE (-se)**

hubiese rodado	hubiésemos rodado
hubieses rodado	hubieseis rodado
hubiese rodado	hubiesen rodado

PROGRESSIVE TENSES

PRESENT	estoy, estás, está, estamos, estáis, están
PRETERIT	estuve, estuviste, estuvo, estuvimos, estuvisteis, estuvieron
IMPERFECT	estaba, estabas, estaba, estábamos, estabais, estaban
FUTURE	estaré, estarás, estará, estaremos, estaréis, estarán
CONDITIONAL	estaría, estarías, estaría, estaríamos, estaríais, estarían
SUBJUNCTIVE	que + *corresponding subjunctive tense of* estar (*see verb 252*)

}　rodando

COMMANDS

	(nosotros) rodemos/no rodemos
(tú) rueda/no ruedes	(vosotros) rodad/no rodéis
(Ud.) ruede/no ruede	(Uds.) rueden/no rueden

Usage

La pelota rodaba por la calle.	*The ball was rolling in the street.*
Ruedan la película en Granada.	*They're shooting the film in Granada.*
Rodaron por el mundo.	*They roamed/traveled the world over.*
Pasa algo con la rueda delantera/trasera.	*Something's wrong with the front/back wheel.*
¿A qué hora será la rueda de prensa?	*At what time will the press conference take place?*
¡Me zampé muchas rodajas de chorizo!	*I gobbled up many slices of sausage!*
¿Terminaron el rodaje?	*Did they finish filming?*

rogar *to request, ask, beg, pray*

ruego · rogaron · rogado · rogando

stem-changing -*ar* verb: *o > ue*;
spelling change: *g > gu/e*

PRESENT

ruego	rogamos
ruegas	rogáis
ruega	ruegan

PRETERIT

rogué	rogamos
rogaste	rogasteis
rogó	rogaron

IMPERFECT

rogaba	rogábamos
rogabas	rogabais
rogaba	rogaban

PRESENT PERFECT

he rogado	hemos rogado
has rogado	habéis rogado
ha rogado	han rogado

FUTURE

rogaré	rogaremos
rogarás	rogaréis
rogará	rogarán

CONDITIONAL

rogaría	rogaríamos
rogarías	rogaríais
rogaría	rogarían

PLUPERFECT

había rogado	habíamos rogado
habías rogado	habíais rogado
había rogado	habían rogado

PRETERIT PERFECT

hube rogado	hubimos rogado
hubiste rogado	hubisteis rogado
hubo rogado	hubieron rogado

FUTURE PERFECT

habré rogado	habremos rogado
habrás rogado	habréis rogado
habrá rogado	habrán rogado

CONDITIONAL PERFECT

habría rogado	habríamos rogado
habrías rogado	habríais rogado
habría rogado	habrían rogado

PRESENT SUBJUNCTIVE

ruegue	roguemos
ruegues	roguéis
ruegue	rueguen

PRESENT PERFECT SUBJUNCTIVE

haya rogado	hayamos rogado
hayas rogado	hayáis rogado
haya rogado	hayan rogado

IMPERFECT SUBJUNCTIVE (-ra)   *or*   **IMPERFECT SUBJUNCTIVE (-se)**

rogara	rogáramos	rogase	rogásemos
rogaras	rogarais	rogases	rogaseis
rogara	rogaran	rogase	rogasen

PAST PERFECT SUBJUNCTIVE (-ra)   *or*   **PAST PERFECT SUBJUNCTIVE (-se)**

hubiera rogado	hubiéramos rogado	hubiese rogado	hubiésemos rogado
hubieras rogado	hubierais rogado	hubieses rogado	hubieseis rogado
hubiera rogado	hubieran rogado	hubiese rogado	hubiesen rogado

PROGRESSIVE TENSES

PRESENT	estoy, estás, está, estamos, estáis, están
PRETERIT	estuve, estuviste, estuvo, estuvimos, estuvisteis, estuvieron
IMPERFECT	estaba, estabas, estaba, estábamos, estabais, estaban
FUTURE	estaré, estarás, estará, estaremos, estaréis, estarán
CONDITIONAL	estaría, estarías, estaría, estaríamos, estaríais, estarían
SUBJUNCTIVE	que + *corresponding subjunctive tense of* estar (*see verb 252*)

} rogando

COMMANDS

	(nosotros) roguemos/no roguemos
(tú) ruega/no ruegues	(vosotros) rogad/no roguéis
(Ud.) ruegue/no ruegue	(Uds.) rueguen/no rueguen

Usage

Les rogué que me mantuvieran al día.	*I requested that they keep me up to date.*
Te ruego más comprensión.	*I beg you to show more understanding.*
Ruegan a Dios.	*They pray to God.*
Se ruega no pisar el césped.	*Please don't walk on the grass.*
Siempre se hacía de rogar.	*She always played hard to get.*
Le entrego mi informe con el ruego que lo lea.	*I'm giving you my report with the hope that you'll read it.*

-er verb; irregular past participle

rompo · rompieron · roto · rompiendo

PRESENT

rompo	rompemos
rompes	rompéis
rompe	rompen

PRETERIT

rompí	rompimos
rompiste	rompisteis
rompió	rompieron

IMPERFECT

rompía	rompíamos
rompías	rompíais
rompía	rompían

PRESENT PERFECT

he roto	hemos roto
has roto	habéis roto
ha roto	han roto

FUTURE

romperé	romperemos
romperás	romperéis
romperá	romperán

CONDITIONAL

rompería	romperíamos
romperías	romperíais
rompería	romperían

PLUPERFECT

había roto	habíamos roto
habías roto	habíais roto
había roto	habían roto

PRETERIT PERFECT

hube roto	hubimos roto
hubiste roto	hubisteis roto
hubo roto	hubieron roto

FUTURE PERFECT

habré roto	habremos roto
habrás roto	habréis roto
habrá roto	habrán roto

CONDITIONAL PERFECT

habría roto	habríamos roto
habrías roto	habríais roto
habría roto	habrían roto

PRESENT SUBJUNCTIVE

rompa	rompamos
rompas	rompáis
rompa	rompan

PRESENT PERFECT SUBJUNCTIVE

haya roto	hayamos roto
hayas roto	hayáis roto
haya roto	hayan roto

IMPERFECT SUBJUNCTIVE (-ra)

rompiera	rompiéramos
rompieras	rompierais
rompiera	rompieran

or **IMPERFECT SUBJUNCTIVE (-se)**

rompiese	rompiésemos
rompieses	rompieseis
rompiese	rompiesen

PAST PERFECT SUBJUNCTIVE (-ra)

hubiera roto	hubiéramos roto
hubieras roto	hubierais roto
hubiera roto	hubieran roto

or **PAST PERFECT SUBJUNCTIVE (-se)**

hubiese roto	hubiésemos roto
hubieses roto	hubieseis roto
hubiese roto	hubiesen roto

PROGRESSIVE TENSES

PRESENT	estoy, estás, está, estamos, estáis, están
PRETERIT	estuve, estuviste, estuvo, estuvimos, estuvisteis, estuvieron
IMPERFECT	estaba, estabas, estaba, estábamos, estabais, estaban
FUTURE	estaré, estarás, estará, estaremos, estaréis, estarán
CONDITIONAL	estaría, estarías, estaría, estaríamos, estaríais, estarían
SUBJUNCTIVE	que + *corresponding subjunctive tense of* estar (*see verb 252*)

} rompiendo

COMMANDS

	(nosotros) rompamos/no rompamos
(tú) rompe/no rompas	(vosotros) romped/no rompáis
(Ud.) rompa/no rompa	(Uds.) rompan/no rompan

Usage

No rompas el papel.	*Don't rip the paper.*
La cortina se rompió.	*The curtain tore.*
Se rompió el silencio.	*The silence was broken.*
Rompió con su amiga.	*She broke with/had a falling out with her friend.*
Se rompió el codo.	*He broke his elbow.*
¿Cómo se le rompió?	*How did he break it?*
Hay que pagar los vidrios rotos.	*You have to pay the piper.*

Los rompehuelgas han roto el piquete.	*The scabs have broken the picket line.*
¿Por qué rompió la cita/el compromiso?	*Why did she break the appointment/engagement?*
Rompimos el ayuno de 24 horas.	*We broke the 24-hour fast.*
Las olas comienzan a romper.	*The waves are beginning to break.*
¡Qué fiesta! Nadie rompe el hielo.	*What a party! Nobody is breaking the ice.*
Rompieron a reír.	*They burst out laughing.*
Es hora de que rompas con el pasado.	*It's time for you to break with the past.*
Rompió en carcajadas.	*She broke into fits of laughter.*

romperse

Se cayeron los vasos y se rompieron.	*The glasses fell and broke.*
Las olas rompían en la playa.	*The waves were breaking on the shore.*
Se rompió la relación.	*The relationship broke.*
Nos rompíamos la cabeza en vano.	*We racked our brains to no avail.*

rompérsele (unplanned occurrences) *to break*

Al receptor se le rompió el dedo.	*The catcher broke his finger.*
Se me cayeron los anteojos y se me rompieron.	*My glasses fell and broke.*

rompe + noun

Dejamos el aparejo de pescar en el rompeolas.	*We left our fishing gear on the breakwater/jetty.*
Me encantan los rompecabezas.	*I love puzzles.*
¡Qué rompelotodo es!	*What a destructive person he is!*

Other Uses

Fuimos de pesca al romper el día/el alba.	*We went out fishing at daybreak.*
Tememos que haya ruptura de relaciones comerciales.	*We fear there will be a break in their business/trade relationship.*
No hubo rompimiento del contrato.	*There was no breaking of the contract.*
Sentía que tenía la vida rota.	*She felt her life was shattered.*
La mudanza nos dejó con muchos objetos rotos.	*The move left us with many broken objects.*
Quien rompe paga.	*You have to pay the piper.*

TOP 50 VERBS

irregular verb   **sé · supieron · sabido · sabiendo**

PRESENT

sé   sabemos
sabes   sabéis
sabe   saben

IMPERFECT

sabía   sabíamos
sabías   sabíais
sabía   sabían

FUTURE

sabré   sabremos
sabrás   sabréis
sabrá   sabrán

PLUPERFECT

había sabido   habíamos sabido
habías sabido   habíais sabido
había sabido   habían sabido

FUTURE PERFECT

habré sabido   habremos sabido
habrás sabido   habréis sabido
habrá sabido   habrán sabido

PRESENT SUBJUNCTIVE

sepa   sepamos
sepas   sepáis
sepa   sepan

IMPERFECT SUBJUNCTIVE (-ra)

supiera   supiéramos
supieras   supierais
supiera   supieran

PAST PERFECT SUBJUNCTIVE (-ra)

hubiera sabido   hubiéramos sabido
hubieras sabido hubierais sabido
hubiera sabido   hubieran sabido

PRETERIT

supe   supimos
supiste   supisteis
supo   supieron

PRESENT PERFECT

he sabido   hemos sabido
has sabido   habéis sabido
ha sabido   han sabido

CONDITIONAL

sabría   sabríamos
sabrías   sabríais
sabría   sabrían

PRETERIT PERFECT

hube sabido   hubimos sabido
hubiste sabido   hubisteis sabido
hubo sabido   hubieron sabido

CONDITIONAL PERFECT

habría sabido   habríamos sabido
habrías sabido   habríais sabido
habría sabido   habrían sabido

PRESENT PERFECT SUBJUNCTIVE

haya sabido   hayamos sabido
hayas sabido   hayáis sabido
haya sabido   hayan sabido

or **IMPERFECT SUBJUNCTIVE (-se)**

supiese   supiésemos
supieses   supieseis
supiese   supiesen

or **PAST PERFECT SUBJUNCTIVE (-se)**

hubiese sabido   hubiésemos sabido
hubieses sabido hubieseis sabido
hubiese sabido   hubiesen sabido

PROGRESSIVE TENSES

PRESENT	estoy, estás, está, estamos, estáis, están
PRETERIT	estuve, estuviste, estuvo, estuvimos, estuvisteis, estuvieron
IMPERFECT	estaba, estabas, estaba, estábamos, estabais, estaban
FUTURE	estaré, estarás, estará, estaremos, estaréis, estarán
CONDITIONAL	estaría, estarías, estaría, estaríamos, estaríais, estarían
SUBJUNCTIVE	que + *corresponding subjunctive tense of* estar (*see verb 252*)

} sabiendo

COMMANDS

                          (nosotros) sepamos/no sepamos
(tú) sabe/no sepas   (vosotros) sabed/no sepáis
(Ud.) sepa/no sepa   (Uds.) sepan/no sepan

Usage

Sé español e inglés.	*I know Spanish and English.*
Sabía muy bien la literatura inglesa.	*She knew English literature very well.*
No sé dónde ni con quién está.	*I don't know where nor with whom she is.*
Supe que habías trabajado con ellos.	*I found out/learned you had worked with them.*
¿Sabes hacer autoedición?	*Do you know how to do desktop publishing?*
La salsa sabe a frambuesas.	*The sauce tastes of/like raspberries.*
Háganos saber qué pasa.	*Let us know/Inform us what happens.*

TOP 50 VERB ☞

¡Qué sé yo!/¡Yo qué sé!	*How do/should I know!*
¡Ya lo sé!	*I know!*
No ocurrió nada que yo sepa.	*Nothing happened as far as I know/to my knowledge.*
No sabes dónde te metes.	*You don't know what you're letting yourself in for.*
Este tipo no sabe nada de nada.	*This guy doesn't know anything about anything.*
¡Tú no sabes ni jota/ni papa de eso!	*You don't have a clue about that!*
¿Sabes el poema de memoria?	*Do you know the poem by heart?*
¿Sabe lo del aplazamiento?	*Do you know about the postponement?*
No se puede saber lo que sucederá.	*There's no way of knowing what will happen.*
Saben de sobra lo que yo pienso.	*You know only too well what I think.*
Uds. saben cuántas son cinco.	*You know what's up.*
Se quedaron en nuestro hotel sin saberlo nosotros.	*They stayed at our hotel without our knowing it.*
—Buscamos una persona que sepa mucho español.	*We're looking for someone who is very good in Spanish.*
—Sé de alguien que sabe hablar, leer y escribirlo.	*I know of someone who knows how to speak, read, and write it.*
No se sabe.	*Nobody knows.*
¿Se puede saber por qué lo hiciste?	*Might I ask why you did it?*

Other Uses

Son unos sabios.	*They're learned people/scholars.*
Poseen mucha sabiduría.	*They have a lot of knowledge/wisdom.*
¡Qué sabelotodo es!	*What a know-it-all he is!*
Es sabihondo.	*He's pedantic/a know-it-all.*
El arroz con pollo sabe bien.	*The chicken with rice tastes good.*
Hay que saborear el plato.	*You have to taste/savor the dish.*
Tiene sabor a canela.	*It has a cinnamon flavor.*
Es una cocina sin sabor.	*It's tasteless/insipid cuisine.*
Cada uno sabe dónde le aprieta el zapato.	*Everyone knows his own weakness.*

TOP 50 VERBS

-*ar* verb; spelling change: *c > qu/e*

saco · sacaron · sacado · sacando

PRESENT		PRETERIT	
saco	sacamos	saqué	sacamos
sacas	sacáis	sacaste	sacasteis
saca	sacan	sacó	sacaron

IMPERFECT		PRESENT PERFECT	
sacaba	sacábamos	he sacado	hemos sacado
sacabas	sacabais	has sacado	habéis sacado
sacaba	sacaban	ha sacado	han sacado

FUTURE		CONDITIONAL	
sacaré	sacaremos	sacaría	sacaríamos
sacarás	sacaréis	sacarías	sacaríais
sacará	sacarán	sacaría	sacarían

PLUPERFECT		PRETERIT PERFECT	
había sacado	habíamos sacado	hube sacado	hubimos sacado
habías sacado	habíais sacado	hubiste sacado	hubisteis sacado
había sacado	habían sacado	hubo sacado	hubieron sacado

FUTURE PERFECT		CONDITIONAL PERFECT	
habré sacado	habremos sacado	habría sacado	habríamos sacado
habrás sacado	habréis sacado	habrías sacado	habríais sacado
habrá sacado	habrán sacado	habría sacado	habrían sacado

PRESENT SUBJUNCTIVE		PRESENT PERFECT SUBJUNCTIVE	
saque	saquemos	haya sacado	hayamos sacado
saques	saquéis	hayas sacado	hayáis sacado
saque	saquen	haya sacado	hayan sacado

IMPERFECT SUBJUNCTIVE (-ra)		*or*	IMPERFECT SUBJUNCTIVE (-se)	
sacara	sacáramos		sacase	sacásemos
sacaras	sacarais		sacases	sacaseis
sacara	sacaran		sacase	sacasen

PAST PERFECT SUBJUNCTIVE (-ra)		*or*	PAST PERFECT SUBJUNCTIVE (-se)	
hubiera sacado	hubiéramos sacado		hubiese sacado	hubiésemos sacado
hubieras sacado	hubierais sacado		hubieses sacado	hubieseis sacado
hubiera sacado	hubieran sacado		hubiese sacado	hubiesen sacado

PROGRESSIVE TENSES

PRESENT	estoy, estás, está, estamos, estáis, están
PRETERIT	estuve, estuviste, estuvo, estuvimos, estuvisteis, estuvieron
IMPERFECT	estaba, estabas, estaba, estábamos, estabais, estaban
FUTURE	estaré, estarás, estará, estaremos, estaréis, estarán
CONDITIONAL	estaría, estarías, estaría, estaríamos, estaríais, estarían
SUBJUNCTIVE	que + *corresponding subjunctive tense of* estar (*see verb 252*)

} sacando

COMMANDS

	(nosotros) saquemos/no saquemos
(tú) saca/no saques	(vosotros) sacad/no saquéis
(Ud.) saque/no saque	(Uds.) saquen/no saquen

Usage

Lo saqué todo de mi mochila.	*I took everything out of my backpack.*
Saca unos títulos de la lista.	*Remove some titles from the list.*
Sacaremos las entradas.	*We'll get the tickets.*
Sacaste muy buenas notas.	*You got very good grades.*
Sacó dinero de la cuenta.	*He took money out of his account.*
Nos sacaron a cenar.	*They took us out to dinner.*
¿Te saco una foto?	*Shall I take a photo of you?*

sacar   *to take out, remove, get*

saco · sacaron · sacado · sacando

-ar verb; spelling change: c > qu/e

Saca mi agenda de entrevistas de la gaveta.	*Take my appointment book out of the drawer.*
Sacó su permiso de conducir este año.	*She got her driver's license this year.*
El vino se saca de las uvas.	*Wine is made/extracted from grapes.*
La novela se sacará a luz muy pronto.	*The novel will be published very soon.*
Saqué una copia del contrato de alquiler.	*I made a copy of the lease agreement.*
Los alumnos sacaban apuntes.	*The students were taking notes.*
Tratan de sacar de raíz la corrupción.	*They're trying to root out corruption.*
El nuevo producto se sacó a la venta.	*The new product was offered for sale.*
Me alegro que hayan sacado adelante la empresa.	*I'm glad you've kept the firm going.*
Los padres sacan adelante a sus hijos.	*The parents give their children a good start.*
Es imposible sacarle la idea de la cabeza.	*It's impossible to get the idea out of his head.*
Sáquense las botas.	*Take off your boots.*

saca + noun

—Necesito sacar punta a mi lápiz.	*I have to sharpen my pencil.*
—Hay sacapuntas en el escritorio.	*There's a pencil sharpener on the desk.*
—¿Cómo quito la mancha de mi blusa?	*How can I get the stain out of my blouse?*
—¿Tienes sacamanchas?	*Do you have a spot remover?*
—Vamos a abrir el champaña.	*Let's open the champagne.*
—Aquí tienes el sacacorchos.	*Here's the corkscrew.*

Other Uses

Los bárbaros entraron a saco en el pueblo.	*The barbarians stormed in to sack the town.*
El saqueo de Roma fue en 1527.	*The sack of Rome took place in 1527.*
Se sacó el saco.	*He took off his jacket.*
Saca las cosas del saco.	*Take the things out of the bag/pocketbook.*
Lleva el saco de dormir cuando vayas de campamento.	*Take your sleeping bag when you go camping.*
Todo lo que le dices cae en saco roto.	*Everything you say to him goes in one ear and out the other.*

TOP 50 VERBS

regular -ir verb

sacudo · sacudieron · sacudido · sacudiendo

PRESENT

sacudo	sacudimos
sacudes	sacudís
sacude	sacuden

PRETERIT

sacudí	sacudimos
sacudiste	sacudisteis
sacudió	sacudieron

IMPERFECT

sacudía	sacudíamos
sacudías	sacudíais
sacudía	sacudían

PRESENT PERFECT

he sacudido	hemos sacudido
has sacudido	habéis sacudido
ha sacudido	han sacudido

FUTURE

sacudiré	sacudiremos
sacudirás	sacudiréis
sacudirá	sacudirán

CONDITIONAL

sacudiría	sacudiríamos
sacudirías	sacudiríais
sacudiría	sacudirían

PLUPERFECT

había sacudido	habíamos sacudido
habías sacudido	habíais sacudido
había sacudido	habían sacudido

PRETERIT PERFECT

hube sacudido	hubimos sacudido
hubiste sacudido	hubisteis sacudido
hubo sacudido	hubieron sacudido

FUTURE PERFECT

habré sacudido	habremos sacudido
habrás sacudido	habréis sacudido
habrá sacudido	habrán sacudido

CONDITIONAL PERFECT

habría sacudido	habríamos sacudido
habrías sacudido	habríais sacudido
habría sacudido	habrían sacudido

PRESENT SUBJUNCTIVE

sacuda	sacudamos
sacudas	sacudáis
sacuda	sacudan

PRESENT PERFECT SUBJUNCTIVE

haya sacudido	hayamos sacudido
hayas sacudido	hayáis sacudido
haya sacudido	hayan sacudido

IMPERFECT SUBJUNCTIVE (-ra)

sacudiera	sacudiéramos
sacudieras	sacudierais
sacudiera	sacudieran

or **IMPERFECT SUBJUNCTIVE (-se)**

sacudiese	sacudiésemos
sacudieses	sacudieseis
sacudiese	sacudiesen

PAST PERFECT SUBJUNCTIVE (-ra)

hubiera sacudido	hubiéramos sacudido
hubieras sacudido	hubierais sacudido
hubiera sacudido	hubieran sacudido

or **PAST PERFECT SUBJUNCTIVE (-se)**

hubiese sacudido	hubiésemos sacudido
hubieses sacudido	hubieseis sacudido
hubiese sacudido	hubiesen sacudido

PROGRESSIVE TENSES

PRESENT	estoy, estás, está, estamos, estáis, están
PRETERIT	estuve, estuviste, estuvo, estuvimos, estuvisteis, estuvieron
IMPERFECT	estaba, estabas, estaba, estábamos, estabais, estaban
FUTURE	estaré, estarás, estará, estaremos, estaréis, estarán
CONDITIONAL	estaría, estarías, estaría, estaríamos, estaríais, estarían
SUBJUNCTIVE	que + *corresponding subjunctive tense of* estar (*see verb 252*)

} sacudiendo

COMMANDS

	(nosotros) sacudamos/no sacudamos
(tú) sacude/no sacudas	(vosotros) sacudid/no sacudáis
(Ud.) sacuda/no sacuda	(Uds.) sacudan/no sacudan

Usage

El tren nos sacudía mucho.	*The train jolted/shook us.*
Se sacude la cuerda en el juego de la cuerda.	*The rope is tugged in the tug-of-war.*
Sacudió al matón.	*He beat up the bully.*
¿Has sacudido el polvo?	*Have you dusted?*
Se sacudieron del asaltante.	*They shook off/got rid of the assailant.*
Hubo fuertes sacudidas por el terremoto.	*There were strong shocks from the earthquake.*
Es una persona sacudida.	*She's a confident/surly person.*

Saldremos de viaje en mayo.	*We'll go on a trip in May.*
Salgo para la oficina.	*I'm leaving for the office.*
¿De dónde sales?	*Where are you coming from?*
Los gemelos salieron a su mamá.	*The twins take after their mother.*
Las flores ya están saliendo.	*The flowers are coming out now.*
Toma una decisión, salga lo que salga.	*Make a decision, come what may.*
Salió del compromiso.	*She broke the engagement.*
Siento que hayan salido perdiendo.	*I'm sorry you lost out.*
Al bebé le ha salido un diente.	*The baby has cut a tooth.*

to turn out, go

Me alegro de que la reunión haya salido bien.	*I'm glad the meeting went well.*
Salió encantadora.	*She turned out to be charming.*
¿Te salió bien el examen?	*Did you do well on the exam?*
—¿Les salió cara la comida?	*Did the meal cost you a lot?*
—No mucho. Nos salió a 100 dólares.	*Not much. It cost us/came to 100 dollars.*

salirse

Este producto se sale de lo corriente.	*This product is out of the ordinary.*
El agua/El gas se está saliendo.	*The water/The gas is leaking.*
Traten de no salirse del tema.	*Try not to digress/get off the topic.*

Other Uses

Bolivia y Paraguay no tienen salida al mar.	*Bolivia and Paraguay are landlocked/have no outlet to the sea.*
¡Se salió de sus casillas!	*He lost his temper!*
Los programadores tienen muchas salidas hoy en día.	*Programmers have many opportunities/openings today.*
Es una calle sin salida.	*It's a dead-end street.*
No tenemos otra salida que aguantarlos.	*We have no choice/alternative but to put up with them.*
Es un administrador sobresaliente.	*He's an outstanding manager.*
Tiene la mandíbula salida/los ojos salidos.	*He has a prominent jaw/bulging eyes.*

TOP 50 VERBS

PRESENT

salgo	salimos
sales	salís
sale	salen

PRETERIT

salí	salimos
saliste	salisteis
salió	salieron

IMPERFECT

salía	salíamos
salías	salíais
salía	salían

PRESENT PERFECT

he salido	hemos salido
has salido	habéis salido
ha salido	han salido

FUTURE

saldré	saldremos
saldrás	saldréis
saldrá	saldrán

CONDITIONAL

saldría	saldríamos
saldrías	saldríais
saldría	saldrían

PLUPERFECT

había salido	habíamos salido
habías salido	habíais salido
había salido	habían salido

PRETERIT PERFECT

hube salido	hubimos salido
hubiste salido	hubisteis salido
hubo salido	hubieron salido

FUTURE PERFECT

habré salido	habremos salido
habrás salido	habréis salido
habrá salido	habrán salido

CONDITIONAL PERFECT

habría salido	habríamos salido
habrías salido	habríais salido
habría salido	habrían salido

PRESENT SUBJUNCTIVE

salga	salgamos
salgas	salgáis
salga	salgan

PRESENT PERFECT SUBJUNCTIVE

haya salido	hayamos salido
hayas salido	hayáis salido
haya salido	hayan salido

IMPERFECT SUBJUNCTIVE (-ra)

saliera	saliéramos
salieras	salierais
saliera	salieran

or **IMPERFECT SUBJUNCTIVE (-se)**

saliese	saliésemos
salieses	salieseis
saliese	saliesen

PAST PERFECT SUBJUNCTIVE (-ra)

hubiera salido	hubiéramos salido
hubieras salido	hubierais salido
hubiera salido	hubieran salido

or **PAST PERFECT SUBJUNCTIVE (-se)**

hubiese salido	hubiésemos salido
hubieses salido	hubieseis salido
hubiese salido	hubiesen salido

PROGRESSIVE TENSES

PRESENT	estoy, estás, está, estamos, estáis, están	
PRETERIT	estuve, estuviste, estuvo, estuvimos, estuvisteis, estuvieron	
IMPERFECT	estaba, estabas, estaba, estábamos, estabais, estaban	saliendo
FUTURE	estaré, estarás, estará, estaremos, estaréis, estarán	
CONDITIONAL	estaría, estarías, estaría, estaríamos, estaríais, estarían	
SUBJUNCTIVE	que + *corresponding subjunctive tense of* estar (*see verb 252*)	

COMMANDS

	(nosotros) salgamos/no salgamos
(tú) sal/no salgas	(vosotros) salid/no salgáis
(Ud.) salga/no salga	(Uds.) salgan/no salgan

Usage

Salgamos más tarde.	*Let's go out later.*
El tren sale a las 7:00.	*The train leaves at 7:00 A.M.*
El autor salió en la tele.	*The author appeared on TV.*
Salieron a pasear/de paseo.	*They went out for a walk.*
El proyecto salió bien/mal.	*The project worked/turned out well/badly.*
Siempre se sale con la suya.	*She always gets her own way.*
¡Te has salido de los límites!	*You've gone beyond the limits!*

saltar   to jump, leap

salto · saltaron · saltado · saltando

PRESENT		PRETERIT	
salto	saltamos	salté	saltamos
saltas	saltáis	saltaste	saltasteis
salta	saltan	saltó	saltaron

IMPERFECT		PRESENT PERFECT	
saltaba	saltábamos	he saltado	hemos saltado
saltabas	saltabais	has saltado	habéis saltado
saltaba	saltaban	ha saltado	han saltado

FUTURE		CONDITIONAL	
saltaré	saltaremos	saltaría	saltaríamos
saltarás	saltaréis	saltarías	saltaríais
saltará	saltarán	saltaría	saltarían

PLUPERFECT		PRETERIT PERFECT	
había saltado	habíamos saltado	hube saltado	hubimos saltado
habías saltado	habíais saltado	hubiste saltado	hubisteis saltado
había saltado	habían saltado	hubo saltado	hubieron saltado

FUTURE PERFECT		CONDITIONAL PERFECT	
habré saltado	habremos saltado	habría saltado	habríamos saltado
habrás saltado	habréis saltado	habrías saltado	habríais saltado
habrá saltado	habrán saltado	habría saltado	habrían saltado

PRESENT SUBJUNCTIVE		PRESENT PERFECT SUBJUNCTIVE	
salte	saltemos	haya saltado	hayamos saltado
saltes	saltéis	hayas saltado	hayáis saltado
salte	salten	haya saltado	hayan saltado

IMPERFECT SUBJUNCTIVE (-ra)		or IMPERFECT SUBJUNCTIVE (-se)	
saltara	saltáramos	saltase	saltásemos
saltaras	saltarais	saltases	saltaseis
saltara	saltaran	saltase	saltasen

PAST PERFECT SUBJUNCTIVE (-ra)		or PAST PERFECT SUBJUNCTIVE (-se)	
hubiera saltado	hubiéramos saltado	hubiese saltado	hubiésemos saltado
hubieras saltado	hubierais saltado	hubieses saltado	hubieseis saltado
hubiera saltado	hubieran saltado	hubiese saltado	hubiesen saltado

PROGRESSIVE TENSES

PRESENT	estoy, estás, está, estamos, estáis, están	
PRETERIT	estuve, estuviste, estuvo, estuvimos, estuvisteis, estuvieron	
IMPERFECT	estaba, estabas, estaba, estábamos, estabais, estaban	saltando
FUTURE	estaré, estarás, estará, estaremos, estaréis, estarán	
CONDITIONAL	estaría, estarías, estaría, estaríamos, estaríais, estarían	
SUBJUNCTIVE	que + *corresponding subjunctive tense of* estar (*see verb 252*)	

COMMANDS

	(nosotros) saltemos/no saltemos
(tú) salta/no saltes	(vosotros) saltad/no saltéis
(Ud.) salte/no salte	(Uds.) salten/no salten

Usage

Se salta jugando tejo.	*You jump playing hopscotch.*
Saltamos el riachuelo.	*We leapt over the stream.*
¿No te saltaste una página?	*Didn't you skip a page?*
Salta a la vista.	*It's obvious.*
Daban saltos de alegría.	*They jumped for joy.*
¡Qué salto más impresionante!	*What an impressive waterfall!*
Hacían saltos mortales.	*They were doing somersaults.*

regular -ar verb | **saludo · saludaron · saludado · saludando**

PRESENT

saludo	saludamos
saludas	saludáis
saluda	saludan

PRETERIT

saludé	saludamos
saludaste	saludasteis
saludó	saludaron

IMPERFECT

saludaba	saludábamos
saludabas	saludabais
saludaba	saludaban

PRESENT PERFECT

he saludado	hemos saludado
has saludado	habéis saludado
ha saludado	han saludado

FUTURE

saludaré	saludaremos
saludarás	saludaréis
saludará	saludarán

CONDITIONAL

saludaría	saludaríamos
saludarías	saludaríais
saludaría	saludarían

PLUPERFECT

había saludado	habíamos saludado
habías saludado	habíais saludado
había saludado	habían saludado

PRETERIT PERFECT

hube saludado	hubimos saludado
hubiste saludado	hubisteis saludado
hubo saludado	hubieron saludado

FUTURE PERFECT

habré saludado	habremos saludado
habrás saludado	habréis saludado
habrá saludado	habrán saludado

CONDITIONAL PERFECT

habría saludado	habríamos saludado
habrías saludado	habríais saludado
habría saludado	habrían saludado

PRESENT SUBJUNCTIVE

salude	saludemos
saludes	saludéis
salude	saluden

PRESENT PERFECT SUBJUNCTIVE

haya saludado	hayamos saludado
hayas saludado	hayáis saludado
haya saludado	hayan saludado

IMPERFECT SUBJUNCTIVE (-ra)

saludara	saludáramos
saludaras	saludarais
saludara	saludaran

or **IMPERFECT SUBJUNCTIVE (-se)**

saludase	saludásemos
saludases	saludaseis
saludase	saludasen

PAST PERFECT SUBJUNCTIVE (-ra)

hubiera saludado	hubiéramos saludado
hubieras saludado	hubierais saludado
hubiera saludado	hubieran saludado

or **PAST PERFECT SUBJUNCTIVE (-se)**

hubiese saludado	hubiésemos saludado
hubieses saludado	hubieseis saludado
hubiese saludado	hubiesen saludado

PROGRESSIVE TENSES

PRESENT	estoy, estás, está, estamos, estáis, están
PRETERIT	estuve, estuviste, estuvo, estuvimos, estuvisteis, estuvieron
IMPERFECT	estaba, estabas, estaba, estábamos, estabais, estaban
FUTURE	estaré, estarás, estará, estaremos, estaréis, estarán
CONDITIONAL	estaría, estarías, estaría, estaríamos, estaríais, estarían
SUBJUNCTIVE	que + *corresponding subjunctive tense of* estar (*see verb 252*)

saludando

COMMANDS

	(nosotros) saludemos/no saludemos
(tú) saluda/no saludes	(vosotros) saludad/no saludéis
(Ud.) salude/no salude	(Uds.) saluden/no saluden

Usage

Saludamos a todos al entrar.	*We greeted everyone when we entered.*
Salúdalos de mi parte.	*Give them my best.*
Se saludaron.	*They greeted/said hello to each other.*
Los soldados saludaban al sargento.	*The soldiers saluted the sergeant.*
Muchos saludos de todos.	*Best regards from all of us.*
Está bien/mal de salud.	*He's in good/bad health.*
¡A su salud!	*Cheers!/Good health!*

satisfacer   *to satisfy*

satisfago · satisficieron · satisfecho · satisfaciendo   irregular verb

PRESENT

satisfago	satisfacemos		
satisfaces	satisfacéis		
satisface	satisfacen		

PRETERIT

satisfice	satisficimos
satisficiste	satisficisteis
satisfizo	satisficieron

IMPERFECT

satisfacía	satisfacíamos
satisfacías	satisfacíais
satisfacía	satisfacían

PRESENT PERFECT

he satisfecho	hemos satisfecho
has satisfecho	habéis satisfecho
ha satisfecho	han satisfecho

FUTURE

satisfaré	satisfaremos
satisfarás	satisfaréis
satisfará	satisfarán

CONDITIONAL

satisfaría	satisfaríamos
satisfarías	satisfaríais
satisfaría	satisfarían

PLUPERFECT

había satisfecho	habíamos satisfecho
habías satisfecho	habíais satisfecho
había satisfecho	habían satisfecho

PRETERIT PERFECT

hube satisfecho	hubimos satisfecho
hubiste satisfecho	hubisteis satisfecho
hubo satisfecho	hubieron satisfecho

FUTURE PERFECT

habré satisfecho	habremos satisfecho
habrás satisfecho	habréis satisfecho
habrá satisfecho	habrán satisfecho

CONDITIONAL PERFECT

habría satisfecho	habríamos satisfecho
habrías satisfecho	habríais satisfecho
habría satisfecho	habrían satisfecho

PRESENT SUBJUNCTIVE

satisfaga	satisfagamos
satisfagas	satisfagáis
satisfaga	satisfagan

PRESENT PERFECT SUBJUNCTIVE

haya satisfecho	hayamos satisfecho
hayas satisfecho	hayáis satisfecho
haya satisfecho	hayan satisfecho

IMPERFECT SUBJUNCTIVE (-ra)   *or*   **IMPERFECT SUBJUNCTIVE (-se)**

satisficiera	satisficiéramos	satisficiese	satisficiésemos
satisficieras	satisficierais	satisficieses	satisficieseis
satisficiera	satisficieran	satisficiese	satisficiesen

PAST PERFECT SUBJUNCTIVE (-ra)   *or*   **PAST PERFECT SUBJUNCTIVE (-se)**

hubiera satisfecho	hubiéramos satisfecho	hubiese satisfecho	hubiésemos satisfecho
hubieras satisfecho	hubierais satisfecho	hubieses satisfecho	hubieseis satisfecho
hubiera satisfecho	hubieran satisfecho	hubiese satisfecho	hubiesen satisfecho

PROGRESSIVE TENSES

PRESENT	estoy, estás, está, estamos, estáis, están
PRETERIT	estuve, estuviste, estuvo, estuvimos, estuvisteis, estuvieron
IMPERFECT	estaba, estabas, estaba, estábamos, estabais, estaban
FUTURE	estaré, estarás, estará, estaremos, estaréis, estarán
CONDITIONAL	estaría, estarías, estaría, estaríamos, estaríais, estarían
SUBJUNCTIVE	que + *corresponding subjunctive tense of* estar (*see verb 252*)

} satisfaciendo

COMMANDS

	(nosotros) satisfagamos/no satisfagamos
(tú) satisfaz (satisface)/no satisfagas	(vosotros) satisfaced/no satisfagáis
(Ud.) satisfaga/no satisfaga	(Uds.) satisfagan/no satisfagan

Usage

El candidato satisface todos los requisitos.	*The candidate satisfies all the requirements.*
Satisficieron los gastos.	*They met/covered expenses.*
Es importante que satisfaga la deuda pronto.	*It's important that you pay the debt soon.*
Comí mucho. Estoy satisfecho.	*I ate a lot. I'm full.*
¡Qué persona más satisfecha de sí misma!	*What a self-satisfied/smug person!*
Les importa la satisfacción del consumidor.	*They care about consumer satisfaction.*

-ar verb; spelling change: *c > qu/e*   **seco · secaron · secado · secando**

PRESENT

seco	secamos
secas	secáis
seca	secan

PRETERIT

sequé	secamos
secaste	secasteis
secó	secaron

IMPERFECT

secaba	secábamos
secabas	secabais
secaba	secaban

PRESENT PERFECT

he secado	hemos secado
has secado	habéis secado
ha secado	han secado

FUTURE

secaré	secaremos
secarás	secaréis
secará	secarán

CONDITIONAL

secaría	secaríamos
secarías	secaríais
secaría	secarían

PLUPERFECT

había secado	habíamos secado
habías secado	habíais secado
había secado	habían secado

PRETERIT PERFECT

hube secado	hubimos secado
hubiste secado	hubisteis secado
hubo secado	hubieron secado

FUTURE PERFECT

habré secado	habremos secado
habrás secado	habréis secado
habrá secado	habrán secado

CONDITIONAL PERFECT

habría secado	habríamos secado
habrías secado	habríais secado
habría secado	habrían secado

PRESENT SUBJUNCTIVE

seque	sequemos
seques	sequéis
seque	sequen

PRESENT PERFECT SUBJUNCTIVE

haya secado	hayamos secado
hayas secado	hayáis secado
haya secado	hayan secado

IMPERFECT SUBJUNCTIVE (-ra)   *or* **IMPERFECT SUBJUNCTIVE (-se)**

secara	secáramos	secase	secásemos
secaras	secarais	secases	secaseis
secara	secaran	secase	secasen

PAST PERFECT SUBJUNCTIVE (-ra)   *or* **PAST PERFECT SUBJUNCTIVE (-se)**

hubiera secado	hubiéramos secado	hubiese secado	hubiésemos secado
hubieras secado	hubierais secado	hubieses secado	hubieseis secado
hubiera secado	hubieran secado	hubiese secado	hubiesen secado

PROGRESSIVE TENSES

PRESENT	estoy, estás, está, estamos, estáis, están
PRETERIT	estuve, estuviste, estuvo, estuvimos, estuvisteis, estuvieron
IMPERFECT	estaba, estabas, estaba, estábamos, estabais, estaban
FUTURE	estaré, estarás, estará, estaremos, estaréis, estarán
CONDITIONAL	estaría, estarías, estaría, estaríamos, estaríais, estarían
SUBJUNCTIVE	que + *corresponding subjunctive tense of* estar (*see verb 252*)

⎫ secando

COMMANDS

	(nosotros) sequemos/no sequemos
(tú) seca/no seques	(vosotros) secad/no sequéis
(Ud.) seque/no seque	(Uds.) sequen/no sequen

Usage

Seque los platos.	*Dry the plates.*
Secó el agua.	*He wiped up the water.*
Nos secábamos al sol después de nadar.	*We dried ourselves in the sun after swimming.*
Se secó la tierra por falta de lluvia.	*The earth dried up for lack of rain.*
Sécate las lágrimas.	*Dry/Wipe away your tears.*
Madrid tiene un clima seco.	*Madrid has a dry climate.*
Hay una cosecha escasa por la sequía.	*There's a poor harvest because of the drought.*

stem-changing *-ir* verb: *e > i*;
spelling change: *gu > g/o, a*

El sábado sigue al viernes.	*Saturday follows Friday.*
Siguió el buen ejemplo de su hermano.	*She followed the good example of her brother.*
Para una vista espléndida sigue la costa.	*Follow the coastline for a wonderful view.*
Dudo que la gente siga lo que dice.	*I doubt people are following what he's saying.*
A veces es mejor no seguir la corriente.	*Sometimes it's better not to follow the crowd.*
Sigue tu camino sin compararte con los demás.	*Follow your own path without comparing yourself to other people.*
Las notas siguen en la página 77.	*The notes are continued on page 77.*
Sigan Uds. por la autopista de peaje.	*Continue along the turnpike.*

take

Sigue cuatro cursos.	*She's taking four courses.*
Sigue la carrera de ingeniero.	*He's studying engineering.*
Su catarro sigue su curso.	*The cold is taking/following its course.*

seguir + present participle

—¿Sigo con mi informe?	*Shall I continue with my report?*
—Sí, sigue escribiéndolo.	*Yes, keep on writing.*
—Siguen en La Florida, ¿verdad?	*They're still in Florida, aren't they?*
—Sí, siguen viviendo en Miami.	*Yes, they're still living in Miami.*

Other Uses

Sigue.	*Continued./Turn over.* (letter, official paper)
Se trasladarán a Las Vegas el año siguiente.	*They'll move to Las Vegas next year.*
Para enterarse, lea lo siguiente.	*To find out, read the following.*
Nos pusimos en marcha al día siguiente.	*We set out the following day.*
Los vimos en seguida.	*We saw them right away/immediately.*
Son tres días seguidos de nieve.	*We've had three days in a row of snow.*
Sigan aquí derecho.	*Go straight ahead.*
Dio siete conciertos muy seguidos.	*She gave seven concerts, one right after the other.*
Iban en seguimiento de los culpables.	*They went in pursuit of the culprits.*
¡No faltan seguidores en el estadio!	*There's no shortage of supporters/fans in the stadium!*

TOP 50 VERBS

stem-changing -ir verb: e > i;
spelling change: gu > g/o, a

sigo · siguieron · seguido · siguiendo

PRESENT

sigo	seguimos
sigues	seguís
sigue	siguen

PRETERIT

seguí	seguimos
seguiste	seguisteis
siguió	siguieron

IMPERFECT

seguía	seguíamos
seguías	seguíais
seguía	seguían

PRESENT PERFECT

he seguido	hemos seguido
has seguido	habéis seguido
ha seguido	han seguido

FUTURE

seguiré	seguiremos
seguirás	seguiréis
seguirá	seguirán

CONDITIONAL

seguiría	seguiríamos
seguirías	seguiríais
seguiría	seguirían

PLUPERFECT

había seguido	habíamos seguido
habías seguido	habíais seguido
había seguido	habían seguido

PRETERIT PERFECT

hube seguido	hubimos seguido
hubiste seguido	hubisteis seguido
hubo seguido	hubieron seguido

FUTURE PERFECT

habré seguido	habremos seguido
habrás seguido	habréis seguido
habrá seguido	habrán seguido

CONDITIONAL PERFECT

habría seguido	habríamos seguido
habrías seguido	habríais seguido
habría seguido	habrían seguido

PRESENT SUBJUNCTIVE

siga	sigamos
sigas	sigáis
siga	sigan

PRESENT PERFECT SUBJUNCTIVE

haya seguido	hayamos seguido
hayas seguido	hayáis seguido
haya seguido	hayan seguido

IMPERFECT SUBJUNCTIVE (-ra)

siguiera	siguiéramos
siguieras	siguierais
siguiera	siguieran

or **IMPERFECT SUBJUNCTIVE (-se)**

siguiese	siguiésemos
siguieses	siguieseis
siguiese	siguiesen

PAST PERFECT SUBJUNCTIVE (-ra)

hubiera seguido	hubiéramos seguido
hubieras seguido	hubierais seguido
hubiera seguido	hubieran seguido

or **PAST PERFECT SUBJUNCTIVE (-se)**

hubiese seguido	hubiésemos seguido
hubieses seguido	hubieseis seguido
hubiese seguido	hubiesen seguido

PROGRESSIVE TENSES

PRESENT	estoy, estás, está, estamos, estáis, están
PRETERIT	estuve, estuviste, estuvo, estuvimos, estuvisteis, estuvieron
IMPERFECT	estaba, estabas, estaba, estábamos, estabais, estaban
FUTURE	estaré, estarás, cstará, estaremos, estaréis, estarán
CONDITIONAL	estaría, estarías, estaría, estaríamos, estaríais, estarían
SUBJUNCTIVE	que + corresponding subjunctive tense of estar (see verb 252)

} siguiendo

COMMANDS

	(nosotros) sigamos/no sigamos
(tú) sigue/no sigas	(vosotros) seguid/no sigáis
(Ud.) siga/no siga	(Uds.) sigan/no sigan

Usage

Seguimos la pista.	*We followed the trail.*
Siguen con sus estudios.	*They're continuing their studies.*
¡Sigan Uds.!	*Continue!/Go on!*
¿Por qué no seguiste mis consejos?	*Why didn't you follow my advice?*
Sigo sin saber lo que pasó.	*I still don't know what happened.*
¿Seguís estudiando inglés?	*Are you still studying English?*
¡Siguen siendo muy monos!	*They continue to be/They're still very cute!*

sentarse   *to sit down, seat, establish, set, suit, become*

siento · sentaron · sentado · sentándose   stem-changing *-ar* reflexive verb: *e > ie*

PRESENT

me siento	nos sentamos
te sientas	os sentáis
se sienta	se sientan

IMPERFECT

me sentaba	nos sentábamos
te sentabas	os sentabais
se sentaba	se sentaban

FUTURE

me sentaré	nos sentaremos
te sentarás	os sentaréis
se sentará	se sentarán

PLUPERFECT

me había sentado	nos habíamos sentado
te habías sentado	os habíais sentado
se había sentado	se habían sentado

FUTURE PERFECT

me habré sentado	nos habremos sentado
te habrás sentado	os habréis sentado
se habrá sentado	se habrán sentado

PRESENT SUBJUNCTIVE

me siente	nos sentemos
te sientes	os sentéis
se siente	se sienten

IMPERFECT SUBJUNCTIVE (-ra)

me sentara	nos sentáramos
te sentaras	os sentarais
se sentara	se sentaran

PAST PERFECT SUBJUNCTIVE (-ra)

me hubiera sentado	nos hubiéramos sentado
te hubieras sentado	os hubierais sentado
se hubiera sentado	se hubieran sentado

PRETERIT

me senté	nos sentamos
te sentaste	os sentasteis
se sentó	se sentaron

PRESENT PERFECT

me he sentado	nos hemos sentado
te has sentado	os habéis sentado
se ha sentado	se han sentado

CONDITIONAL

me sentaría	nos sentaríamos
te sentarías	os sentaríais
se sentaría	se sentarían

PRETERIT PERFECT

me hube sentado	nos hubimos sentado
te hubiste sentado	os hubisteis sentado
se hubo sentado	se hubieron sentado

CONDITIONAL PERFECT

me habría sentado	nos habríamos sentado
te habrías sentado	os habríais sentado
se habría sentado	se habrían sentado

PRESENT PERFECT SUBJUNCTIVE

me haya sentado	nos hayamos sentado
te hayas sentado	os hayáis sentado
se haya sentado	se hayan sentado

or **IMPERFECT SUBJUNCTIVE (-se)**

me sentase	nos sentásemos
te sentases	os sentaseis
se sentase	se sentasen

or **PAST PERFECT SUBJUNCTIVE (-se)**

me hubiese sentado	nos hubiésemos sentado
te hubieses sentado	os hubieseis sentado
se hubiese sentado	se hubiesen sentado

PROGRESSIVE TENSES

PRESENT	estoy, estás, está, estamos, estáis, están
PRETERIT	estuve, estuviste, estuvo, estuvimos, estuvisteis, estuvieron
IMPERFECT	estaba, estabas, estaba, estábamos, estabais, estaban
FUTURE	estaré, estarás, estará, estaremos, estaréis, estarán
CONDITIONAL	estaría, estarías, estaría, estaríamos, estaríais, estarían
SUBJUNCTIVE	que + *corresponding subjunctive tense of* estar (*see verb 252*)

       } sentando (*see page 31*)

COMMANDS

	(nosotros) sentémonos/no nos sentemos
(tú) siéntate/no te sientes	(vosotros) sentaos/no os sentéis
(Ud.) siéntese/no se siente	(Uds.) siéntense/no se sienten

Usage

Siéntate en la sala de actos.	*Sit down in the meeting room.*
La azafata nos sentó.	*The flight attendant seated us.*
Siéntense, por favor.	*Please take your seats.*
—¿Quieres que nos sentemos en el patio de butacas?	*Do you want us to sit in the orchestra?*
—Prefiero sentarme en el anfiteatro.	*I prefer to sit in the balcony.*
Hay que sentar las reglas de una vez.	*We must establish the rules once and for all.*
Esta moda no te sienta nada bien.	*This style doesn't suit/become you at all.*

stem-changing -ir reflexive verb:
e > ie (present), e > i (preterit)

siento · sintieron · sentido · sintiéndose

PRESENT

me siento	nos sentimos
te sientes	os sentís
se siente	se sienten

PRETERIT

me sentí	nos sentimos
te sentiste	os sentisteis
se sintió	se sintieron

IMPERFECT

me sentía	nos sentíamos
te sentías	os sentíais
se sentía	se sentían

PRESENT PERFECT

me he sentido	nos hemos sentido
te has sentido	os habéis sentido
se ha sentido	se han sentido

FUTURE

me sentiré	nos sentiremos
te sentirás	os sentiréis
se sentirá	se sentirán

CONDITIONAL

me sentiría	nos sentiríamos
te sentirías	os sentiríais
se sentiría	se sentirían

PLUPERFECT

me había sentido	nos habíamos sentido
te habías sentido	os habíais sentido
se había sentido	se habían sentido

PRETERIT PERFECT

me hube sentido	nos hubimos sentido
te hubiste sentido	os hubisteis sentido
se hubo sentido	se hubieron sentido

FUTURE PERFECT

me habré sentido	nos habremos sentido
te habrás sentido	os habréis sentido
se habrá sentido	se habrán sentido

CONDITIONAL PERFECT

me habría sentido	nos habríamos sentido
te habrías sentido	os habríais sentido
se habría sentido	se habrían sentido

PRESENT SUBJUNCTIVE

me sienta	nos sintamos
te sientas	os sintáis
se sienta	se sientan

PRESENT PERFECT SUBJUNCTIVE

me haya sentido	nos hayamos sentido
te hayas sentido	os hayáis sentido
se haya sentido	se hayan sentido

IMPERFECT SUBJUNCTIVE (-ra)

me sintiera	nos sintiéramos
te sintieras	os sintierais
se sintiera	se sintieran

or **IMPERFECT SUBJUNCTIVE (-se)**

me sintiese	nos sintiésemos
te sintieses	os sintieseis
se sintiese	se sintiesen

PAST PERFECT SUBJUNCTIVE (-ra)

me hubiera sentido	nos hubiéramos sentido
te hubieras sentido	os hubierais sentido
se hubiera sentido	se hubieran sentido

or **PAST PERFECT SUBJUNCTIVE (-se)**

me hubiese sentido	nos hubiésemos sentido
te hubieses sentido	os hubieseis sentido
se hubiese sentido	se hubiesen sentido

PROGRESSIVE TENSES

PRESENT	estoy, estás, está, estamos, estáis, están
PRETERIT	estuve, estuviste, estuvo, estuvimos, estuvisteis, estuvieron
IMPERFECT	estaba, estabas, estaba, estábamos, estabais, estaban
FUTURE	estaré, estarás, estará, estaremos, estaréis, estarán
CONDITIONAL	estaría, estarías, estaría, estaríamos, estaríais, estarían
SUBJUNCTIVE	que + _corresponding subjunctive tense of_ estar (_see verb 252_)

} sintiendo (_see page 31_)

COMMANDS

	(nosotros) sintámonos/no nos sintamos
(tú) siéntete/no te sientas	(vosotros) sentíos/no os sintáis
(Ud.) siéntase/no se sienta	(Uds.) siéntanse/no se sienten

Usage

—¿Cómo te sientes?	_How do you feel?_
—Me siento bien.	_I feel well._
Se sienten dispuestos a todo.	_They feel prepared/ready for everything._
Se siente como un pez en el agua.	_She feels completely at home._
Sienten que tengáis problemas.	_They're sorry you're having problems._
No se siente una mosca.	_It's so quiet you could hear a pin drop._
No sentíamos el calor.	_We didn't feel the heat._

TOP 50 VERB ☞

Se sienten enfermos/melancólicos. | *They feel sick/despondent.*
Nos sentimos con ganas de ir a una discoteca. | *We feel like going to a nightclub.*
¿Te sientes cansada todavía? | *Do you still feel tired?*

to hear

¿No sentiste un fuerte ruido? | *Didn't you hear a loud noise?*

to sense

Siento que algo inesperado va a ocurrir. | *I sense something unexpected is going to happen.*

to feel sorry, regret

Lo siento (mucho). | *I'm (very) sorry.*
Siento no poder ir al concierto. | *I regret I can't go to the concert.*
Sentimos que no se hayan quedado. | *We're sorry they didn't stay.*
Sentían mucha pena. | *They felt very distressed.*

Other Uses

—Son personas sensibles. | *They are sensitive people.*
—De corazón sensible. | *With tender hearts.*
Tienen mucha sensibilidad. | *They are very sensitive/compassionate.*
Tiene los ojos sensibles a la luz. | *Her eyes are sensitive to light.*
La novela es acerca de la vida sentimental de los personajes. | *The novel deals with the love life of the characters.*
¡Qué sentimiento de alegría! | *What a feeling of happiness!*
Es una persona de sentimientos nobles. | *He's a person of noble sentiments.*
Tiene un gran sentido de responsabilidad. | *He has a great sense of responsibility.*
Falta el sentido común. | *Common sense is lacking/needed.*
Tiene buen sentido del olfato. | *She has a keen sense of smell.*
Es una frase sin sentido. | *It's a meaningless phrase.*
La palabra es de doble sentido. | *The word has double meaning.*
Mi más sentido pésame. | *My deepest sympathy/condolences.*

TOP 50 VERBS

regular *-ar* verb   señalo · señalaron · señalado · señalando

PRESENT		PRETERIT	
señalo	señalamos	señalé	señalamos
señalas	señaláis	señalaste	señalasteis
señala	señalan	señaló	señalaron

IMPERFECT		PRESENT PERFECT	
señalaba	señalábamos	he señalado	hemos señalado
señalabas	señalabais	has señalado	habéis señalado
señalaba	señalaban	ha señalado	han señalado

FUTURE		CONDITIONAL	
señalaré	señalaremos	señalaría	señalaríamos
señalarás	señalaréis	señalarías	señalaríais
señalará	señalarán	señalaría	señalarían

PLUPERFECT		PRETERIT PERFECT	
había señalado	habíamos señalado	hube señalado	hubimos señalado
habías scñalado	habíais señalado	hubiste señalado	hubisteis señalado
había señalado	habían señalado	hubo señalado	hubieron señalado

FUTURE PERFECT		CONDITIONAL PERFECT	
habré señalado	habremos señalado	habría señalado	habríamos señalado
habrás señalado	habréis señalado	habrías señalado	habríais señalado
habrá señalado	habrán señalado	habría señalado	habrían señalado

PRESENT SUBJUNCTIVE		PRESENT PERFECT SUBJUNCTIVE	
señale	señalemos	haya señalado	hayamos señalado
señales	señaléis	hayas señalado	hayáis señalado
señale	señalen	haya señalado	hayan señalado

IMPERFECT SUBJUNCTIVE (-ra)		*or*	IMPERFECT SUBJUNCTIVE (-se)	
señalara	señaláramos		señalase	señalásemos
señalaras	señalarais		señalases	señalaseis
señalara	señalaran		señalase	señalasen

PAST PERFECT SUBJUNCTIVE (-ra)		*or*	PAST PERFECT SUBJUNCTIVE (-se)	
hubiera señalado	hubiéramos señalado		hubiese señalado	hubiésemos señalado
hubieras señalado	hubierais señalado		hubieses señalado	hubieseis señalado
hubiera señalado	hubieran señalado		hubiese señalado	hubiesen señalado

PROGRESSIVE TENSES

PRESENT	estoy, estás, está, estamos, estáis, están	
PRETERIT	estuve, estuviste, estuvo, estuvimos, estuvisteis, estuvieron	
IMPERFECT	estaba, estabas, estaba, estábamos, estabais, estaban	señalando
FUTURE	estaré, estarás, estará, estaremos, estaréis, estarán	
CONDITIONAL	estaría, estarías, estaría, estaríamos, estaríais, estarían	
SUBJUNCTIVE	que + *corresponding subjunctive tense of* estar (*see verb 252*)	

COMMANDS

	(nosotros) señalemos/no señalemos
(tú) señala/no señales	(vosotros) señalad/no señaléis
(Ud.) señale/no señale	(Uds.) señalen/no señalen

Usage

Nos señaló su edificio.	*He showed us/pointed out to us his building.*
Señala el lugar con el dedo.	*Point to the place.*
2001 señala el comienzo de su mandato.	*2001 marks the beginning of his term.*
Les señalé las faltas de ortografía.	*I indicated the spelling errors to them.*
Pon atención a las señales de tráfico.	*Pay attention to the traffic/road signs.*
Se oye la señal de ocupado.	*We hear a busy signal.*
El herido daba señales de vida.	*The injured man was showing signs of life.*

separar   *to separate, move away, set aside*

separo · separaron · separado · separando   regular *-ar* verb

PRESENT		PRETERIT	
separo	separamos	separé	separamos
separas	separáis	separaste	separasteis
separa	separan	separó	separaron

IMPERFECT		PRESENT PERFECT	
separaba	separábamos	he separado	hemos separado
separabas	separabais	has separado	habéis separado
separaba	separaban	ha separado	han separado

FUTURE		CONDITIONAL	
separaré	separaremos	separaría	separaríamos
separarás	separaréis	separarías	separaríais
separará	separarán	separaría	separarían

PLUPERFECT		PRETERIT PERFECT	
había separado	habíamos separado	hube separado	hubimos separado
habías separado	habíais separado	hubiste separado	hubisteis separado
había separado	habían separado	hubo separado	hubieron separado

FUTURE PERFECT		CONDITIONAL PERFECT	
habré separado	habremos separado	habría separado	habríamos separado
habrás separado	habréis separado	habrías separado	habríais separado
habrá separado	habrán separado	habría separado	habrían separado

PRESENT SUBJUNCTIVE		PRESENT PERFECT SUBJUNCTIVE	
separe	separemos	haya separado	hayamos separado
separes	separéis	hayas separado	hayáis separado
separe	separen	haya separado	hayan separado

IMPERFECT SUBJUNCTIVE (-ra)		*or*	IMPERFECT SUBJUNCTIVE (-se)	
separara	separáramos		separase	separásemos
separaras	separarais		separases	separaseis
separara	separaran		separase	separasen

PAST PERFECT SUBJUNCTIVE (-ra)		*or*	PAST PERFECT SUBJUNCTIVE (-se)	
hubiera separado	hubiéramos separado		hubiese separado	hubiésemos separado
hubieras separado	hubierais separado		hubieses separado	hubieseis separado
hubiera separado	hubieran separado		hubiese separado	hubiesen separado

PROGRESSIVE TENSES

PRESENT	estoy, estás, está, estamos, estáis, están	
PRETERIT	estuve, estuviste, estuvo, estuvimos, estuvisteis, estuvieron	
IMPERFECT	estaba, estabas, estaba, estábamos, estabais, estaban	separando
FUTURE	estaré, estarás, estará, estaremos, estaréis, estarán	
CONDITIONAL	estaría, estarías, estaría, estaríamos, estaríais, estarían	
SUBJUNCTIVE	que + *corresponding subjunctive tense of* estar (*see verb 252*)	

COMMANDS

	(nosotros) separemos/no separemos
(tú) separa/no separes	(vosotros) separad/no separéis
(Ud.) separe/no separe	(Uds.) separen/no separen

Usage

Separa al perro del gato.	*Separate the dog from the cat.*
Separa la cómoda de la cama.	*Move the chest of drawers away from the bed.*
Sepárame una rebanada de pizza.	*Set aside a piece of pizza for me.*
Se separó de su empresa.	*He left/retired from his company.*
Los esposos se separaron.	*The husband and wife separated.*
Le envío las fotos por separado.	*I'm sending you the photos under separate cover.*

irregular verb

soy · fueron · sido · siendo

PRESENT

soy	somos
eres	sois
es	son

IMPERFECT

era	éramos
eras	erais
era	eran

FUTURE

seré	seremos
serás	seréis
será	serán

PLUPERFECT

había sido	habíamos sido
habías sido	habíais sido
había sido	habían sido

FUTURE PERFECT

habré sido	habremos sido
habrás sido	habréis sido
habrá sido	habrán sido

PRESENT SUBJUNCTIVE

sea	seamos
seas	seáis
sea	sean

IMPERFECT SUBJUNCTIVE (-ra)

fuera	fuéramos
fueras	fuerais
fuera	fueran

PAST PERFECT SUBJUNCTIVE (-ra)

hubiera sido	hubiéramos sido
hubieras sido	hubierais sido
hubiera sido	hubieran sido

PRETERIT

fui	fuimos
fuiste	fuisteis
fue	fueron

PRESENT PERFECT

he sido	hemos sido
has sido	habéis sido
ha sido	han sido

CONDITIONAL

sería	seríamos
serías	seríais
sería	serían

PRETERIT PERFECT

hube sido	hubimos sido
hubiste sido	hubisteis sido
hubo sido	hubieron sido

CONDITIONAL PERFECT

habría sido	habríamos sido
habrías sido	habríais sido
habría sido	habrían sido

PRESENT PERFECT SUBJUNCTIVE

haya sido	hayamos sido
hayas sido	hayáis sido
haya sido	hayan sido

or **IMPERFECT SUBJUNCTIVE (-se)**

fuese	fuésemos
fueses	fueseis
fuese	fuesen

or **PAST PERFECT SUBJUNCTIVE (-se)**

hubiese sido	hubiésemos sido
hubieses sido	hubieseis sido
hubiese sido	hubiesen sido

PROGRESSIVE TENSES

PRESENT	estoy, estás, está, estamos, estáis, están
PRETERIT	estuve, estuviste, estuvo, estuvimos, estuvisteis, estuvieron
IMPERFECT	estaba, estabas, estaba, estábamos, estabais, estaban
FUTURE	estaré, estarás, estará, estaremos, estaréis, estarán
CONDITIONAL	estaría, estarías, estaría, estaríamos, estaríais, estarían
SUBJUNCTIVE	que + *corresponding subjunctive tense of* estar (*see verb 252*)

} siendo

COMMANDS

	(nosotros) seamos/no seamos
(tú) sé/no seas	(vosotros) sed/no seáis
(Ud.) sea/no sea	(Uds.) sean/no sean

Usage

El consultor es inteligente y simpático.	*The consultant is intelligent and nice.*
¿Uds. son ingleses?	*Are you English?*
Somos de los Estados Unidos.	*We're from the United States.*
La calculadora es de la ingeniera.	*The calculator is the engineer's.*
Esta ropa es de poliéster.	*This clothing is (made of) polyester.*
Son las dos y media.	*It's 2:30.*
Es lunes. Es el veintinueve de enero.	*It's Monday. It's January 29th.*

TOP 50 VERB ☞

ser + adjective

La directora adjunta era sagaz.	*The deputy director was shrewd.*
Sus amigos son protestantes/judíos/católicos.	*His friends are Protestant/Jewish/Catholic.*
—¿De qué colores son las flores que plantaste?	*What colors are the flowers you planted?*
—Los tulipanes son rojos y los narcisos amarillos.	*The tulips are red and the daffodils yellow.*
—¿Cómo son?	*What are they like?/What do they look like?*
—Son encantadores/guapos.	*They're charming/good-looking.*

ser de *from, belong to, to be, be made of*

—¿De dónde son tus colegas?	*Where are your co-workers from?*
—Son de Chile y la Argentina.	*They're from Chile and Argentina.*
—Son de origen francés e inglés.	*They're of French and English background/descent.*
—¿De quién son estas carpetas?	*Whose folders are these?*
—Son del programador.	*They're the programmer's.*
—¿De qué es la bolsa?	*What's the handbag made of?*
—Es de cuero.	*It's (made of) leather.*

ser para

—¿Para quién es esta caja de bombones?	*Whom is this box of chocolates for?*
—Es para los secretarios.	*It's for the secretaries.*

ser to express time, dates, days of the week

—¿Qué hora es?	*What time is it?*
—Es la una y cuarto.	*It's 1:15.*
—¿Cuál es la fecha de hoy?	*What's today's date?*
—Es el 22 de febrero.	*It's February 22nd.*
—¿Qué día es hoy?	*What day is today?*
—Es viernes.	*It's Friday.*

ser to express an event taking place

La reunión será en la sala de conferencias.	*The meeting will be in the conference room.*
Será a las diez de la mañana.	*It will take place at 10:00 A.M.*

ser to express future of probability

Los exámenes serán fáciles.	*The exams are probably easy.*

ser + past participle to express passive voice

El informe fue escrito por un estadístico.	*The report was written by a statistician.*

Other Uses

Si no fuera por Uds., no podríamos proceder.	*If it weren't for you, we couldn't carry on.*
Érase una vez... (*cuentos de hadas*)	*Once upon a time . . . (fairy tales)*

TOP 50 VERBS

stem-changing *-ir* verb: e > i   **sirvo · sirvieron · servido · sirviendo**

PRESENT

sirvo	servimos
sirves	servís
sirve	sirven

PRETERIT

serví	servimos
serviste	servisteis
sirvió	sirvieron

IMPERFECT

servía	servíamos
servías	servíais
servía	servían

PRESENT PERFECT

he servido	hemos servido
has servido	habéis servido
ha servido	han servido

FUTURE

serviré	serviremos
servirás	serviréis
servirá	servirán

CONDITIONAL

serviría	serviríamos
servirías	serviríais
serviría	servirían

PLUPERFECT

había servido	habíamos servido
habías servido	habíais servido
había servido	habían servido

PRETERIT PERFECT

hube servido	hubimos servido
hubiste servido	hubisteis servido
hubo servido	hubieron servido

FUTURE PERFECT

habré servido	habremos servido
habrás servido	habréis servido
habrá servido	habrán servido

CONDITIONAL PERFECT

habría servido	habríamos servido
habrías servido	habríais servido
habría servido	habrían servido

PRESENT SUBJUNCTIVE

sirva	sirvamos
sirvas	sirváis
sirva	sirvan

PRESENT PERFECT SUBJUNCTIVE

haya servido	hayamos servido
hayas servido	hayáis servido
haya servido	hayan servido

IMPERFECT SUBJUNCTIVE (-ra)

sirviera	sirviéramos
sirvieras	sirvierais
sirviera	sirvieran

or **IMPERFECT SUBJUNCTIVE (-se)**

sirviese	sirviésemos
sirvieses	sirvieseis
sirviese	sirviesen

PAST PERFECT SUBJUNCTIVE (-ra)

hubiera servido	hubiéramos servido
hubieras servido	hubierais servido
hubiera servido	hubieran servido

or **PAST PERFECT SUBJUNCTIVE (-se)**

hubiese servido	hubiésemos servido
hubieses servido	hubieseis servido
hubiese servido	hubiesen servido

PROGRESSIVE TENSES

PRESENT	estoy, estás, está, estamos, estáis, están
PRETERIT	estuve, estuviste, estuvo, estuvimos, estuvisteis, estuvieron
IMPERFECT	estaba, estabas, estaba, estábamos, estabais, estaban
FUTURE	estaré, estarás, estará, estaremos, estaréis, estarán
CONDITIONAL	estaría, estarías, estaría, estaríamos, estaríais, estarían
SUBJUNCTIVE	que + *corresponding subjunctive tense of* estar (*see verb 252*)

} sirviendo

COMMANDS

	(nosotros) sirvamos/no sirvamos
(tú) sirve/no sirvas	(vosotros) servid/no sirváis
(Ud.) sirva/no sirva	(Uds.) sirvan/no sirvan

Usage

Se sirve vino con la comida.	*Wine is served with the meal.*
Es importante servir a la patria.	*It's important to serve one's country.*
No sirve quejarse.	*There's no use in complaining.*
Eso no sirve para nada.	*That's no good at all., It's useless.*
¿En qué puedo servirle?	*What can I do for you?/May I help you?* (in a store)
Te toca a ti servir la pelota.	*It's your turn to serve the ball.*
El mozo nos sirvió con esmero.	*He was an attentive waiter. (The waiter served us with care.)*

TOP 50 VERB ☞

Sirvamos la cena a las ocho. / *Let's serve dinner at 8:00.*
Han servido muchas causas. / *They've served many causes.*
Eso no le sirve de mucho. / *That won't do him much good.*

servir de

Churchill sirvió de Primer Ministro durante la guerra. / *Churchill served as Prime Minister during the war.*
Servía de intérprete en la Organización de Naciones Unidas. / *She served as interpreter at the United Nations.*

servir para

Nunca he servido para tales cosas. / *I've never been good at such things.*
Coger un berrinche no te sirve para nada. / *It's no use for you to have a tantrum.*
¿Para qué sirve este aparato? / *What's this device for?*

servirse

Sírvanse Uds. / *Help yourselves.*
Me sirvo más pan. / *I'll help myself to more bread.*
Sírvase acomodarse. / *Please make yourself comfortable.*

servirse de

Nos servimos del correo electrónico. / *We use e-mail.*
Se servía de varios libros de consulta. / *He used several reference books.*

Other Uses

El pollo servido con una salsa picante estuvo rico. / *The chicken served with a spicy sauce was delicious.*
¿Estás contento con tu servidor? / *Are you happy with your server?*
Se ofrece servicio a domicilio. / *They offer home delivery service.*
Es miembro del Servicio Secreto. / *He's a member of the Secret Service.*
Hizo el servicio militar. / *He completed his military service.*
A la camarera se le olvidaron las servilletas. / *The waitress forgot the napkins.*
La familia tiene tres sirvientes. / *The family has three servants.*

-ar verb; spelling change: *c > qu/e*　　**significo · significaron · significado · significando**

PRESENT

significo	significamos
significas	significáis
significa	significan

PRETERIT

signifiqué	significamos
significaste	significasteis
significó	significaron

IMPERFECT

significaba	significábamos
significabas	significabais
significaba	significaban

PRESENT PERFECT

he significado	hemos significado
has significado	habéis significado
ha significado	han significado

FUTURE

significaré	significaremos
significarás	significaréis
significará	significarán

CONDITIONAL

significaría	significaríamos
significarías	significaríais
significaría	significarían

PLUPERFECT

había significado	habíamos significado
habías significado	habíais significado
había significado	habían significado

PRETERIT PERFECT

hube significado	hubimos significado
hubiste significado	hubisteis significado
hubo significado	hubieron significado

FUTURE PERFECT

habré significado	habremos significado
habrás significado	habréis significado
habrá significado	habrán significado

CONDITIONAL PERFECT

habría significado	habríamos significado
habrías significado	habríais significado
habría significado	habrían significado

PRESENT SUBJUNCTIVE

signifique	signifiquemos
signifiques	signifiquéis
signifique	signifiquen

PRESENT PERFECT SUBJUNCTIVE

haya significado	hayamos significado
hayas significado	hayáis significado
haya significado	hayan significado

IMPERFECT SUBJUNCTIVE (-ra)

significara	significáramos
significaras	significarais
significara	significaran

or **IMPERFECT SUBJUNCTIVE (-se)**

significase	significásemos
significases	significaseis
significase	significasen

PAST PERFECT SUBJUNCTIVE (-ra)

hubiera significado	hubiéramos significado
hubieras significado	hubierais significado
hubiera significado	hubieran significado

or **PAST PERFECT SUBJUNCTIVE (-se)**

hubiese significado	hubiésemos significado
hubieses significado	hubieseis significado
hubiese significado	hubiesen significado

PROGRESSIVE TENSES

PRESENT	estoy, estás, está, estamos, estáis, están
PRETERIT	estuve, estuviste, estuvo, estuvimos, estuvisteis, estuvieron
IMPERFECT	estaba, estabas, estaba, estábamos, estabais, estaban
FUTURE	estaré, estarás, estará, estaremos, estaréis, estarán
CONDITIONAL	estaría, estarías, estaría, estaríamos, estaríais, estarían
SUBJUNCTIVE	que + *corresponding subjunctive tense of* estar *(see verb 252)*

} significando

COMMANDS

¡Que signifique(n)!　　　¡Que no signifique(n)!

Usage

La palabra española *superávit* significa surplus en inglés.	*The Spanish word* superávit *means surplus in English.*
Su cooperación significa mucho para nosotros.	*Their cooperation means a lot to us.*
¿Cuál es el significado de eso?	*What's the meaning/significance of that?*
Faltan unos signos de puntuación.	*Some punctuation marks are missing.*
Me parece que los signos son alentadores.	*I think the signs/tendencies are encouraging.*
Recibieron una cantidad significante de dinero.	*They received a significant amount of money.*

sobrar   *to have left over, be left over*

regular *-ar* verb (like **gustar**)

PRESENT

me sobra(n)	nos sobra(n)
te sobra(n)	os sobra(n)
le sobra(n)	les sobra(n)

PRETERIT

me sobró(-aron)	nos sobró(-aron)
te sobró(-aron)	os sobró(-aron)
le sobró(-aron)	les sobró(-aron)

IMPERFECT

me sobraba(n)	nos sobraba(n)
te sobraba(n)	os sobraba(n)
le sobraba(n)	les sobraba(n)

PRESENT PERFECT

me ha(n) sobrado	nos ha(n) sobrado
te ha(n) sobrado	os ha(n) sobrado
le ha(n) sobrado	les ha(n) sobrado

FUTURE

me sobrará(n)	nos sobrará(n)
te sobrará(n)	os sobrará(n)
le sobrará(n)	les sobrará(n)

CONDITIONAL

me sobraría(n)	nos sobraría(n)
te sobraría(n)	os sobraría(n)
le sobraría(n)	les sobraría(n)

PLUPERFECT

me había(n) sobrado	nos había(n) sobrado
te había(n) sobrado	os había(n) sobrado
le había(n) sobrado	les había(n) sobrado

PRETERIT PERFECT

me hubo(-ieron) sobrado	nos hubo(-ieron) sobrado
te hubo(-ieron) sobrado	os hubo(-ieron) sobrado
le hubo(-ieron) sobrado	les hubo(-ieron) sobrado

FUTURE PERFECT

me habrá(n) sobrado	nos habrá(n) sobrado
te habrá(n) sobrado	os habrá(n) sobrado
le habrá(n) sobrado	les habrá(n) sobrado

CONDITIONAL PERFECT

me habría(n) sobrado	nos habría(n) sobrado
te habría(n) sobrado	os habría(n) sobrado
le habría(n) sobrado	les habría(n) sobrado

PRESENT SUBJUNCTIVE

me sobre(n)	nos sobre(n)
te sobre(n)	os sobre(n)
le sobre(n)	les sobre(n)

PRESENT PERFECT SUBJUNCTIVE

me haya(n) sobrado	nos haya(n) sobrado
te haya(n) sobrado	os haya(n) sobrado
le haya(n) sobrado	les haya(n) sobrado

IMPERFECT SUBJUNCTIVE (-ra)

me sobrara(n)	nos sobrara(n)
te sobrara(n)	os sobrara(n)
le sobrara(n)	les sobrara(n)

or ### IMPERFECT SUBJUNCTIVE (-se)

me sobrase(n)	nos sobrase(n)
te sobrase(n)	os sobrase(n)
le sobrase(n)	les sobrase(n)

PAST PERFECT SUBJUNCTIVE (-ra)

me hubiera(n) sobrado	nos hubiera(n) sobrado
te hubiera(n) sobrado	os hubiera(n) sobrado
le hubiera(n) sobrado	les hubiera(n) sobrado

or ### PAST PERFECT SUBJUNCTIVE (-se)

me hubiese(n) sobrado	nos hubiese(n) sobrado
te hubiese(n) sobrado	os hubiese(n) sobrado
le hubiese(n) sobrado	les hubiese(n) sobrado

PROGRESSIVE TENSES

PRESENT	me	está, están	
PRETERIT	te	estuvo, estuvieron	
IMPERFECT	le	estaba, estaban	
FUTURE	nos	estará, estarán	sobrando
CONDITIONAL	os	estaría, estarían	
SUBJUNCTIVE que	les	*corresponding subjunctive tense of* estar (*see verb 252*)	

COMMANDS

¡Que te/le/os/les sobre(n)!	¡Que no te/le/os/les sobre(n)!

Usage

—¿Te sobra dinero?	*Do you have any money left over?*
—Sí, me sobran 78 dólares.	*Yes, I have 78 dollars left over.*
Le sobra el tiempo desde que se jubiló.	*He has plenty of time since he retired.*
Le sobra carisma/paciencia.	*She's very charismatic/patient.*
Les sobra entusiasmo.	*They have plenty of enthusiasm.*

stem-changing *-er* verb: *o* > *ue*   **suelo · solieron · solido · soliendo**

PRESENT		**PRETERIT NOT USED**
suelo	solemos	
sueles	soléis	
suele	suelen	

IMPERFECT		**PRESENT PERFECT NOT USED**
solía	solíamos	
solías	solíais	
solía	solían	

FUTURE NOT USED

CONDITIONAL NOT USED

PLUPERFECT NOT USED

PRETERIT PERFECT NOT USED

FUTURE PERFECT NOT USED

CONDITIONAL PERFECT NOT USED

PRESENT SUBJUNCTIVE		**PRESENT PERFECT SUBJUNCTIVE**	
suela	solamos	haya solido	hayamos solido
suelas	soláis	hayas solido	hayáis solido
suela	suelan	haya solido	hayan solido

IMPERFECT SUBJUNCTIVE (-ra)		*or* **IMPERFECT SUBJUNCTIVE (-se)**	
soliera	soliéramos	soliese	soliésemos
solieras	solierais	solieses	solieseis
soliera	solieran	soliese	soliesen

PAST PERFECT SUBJUNCTIVE (-ra)		*or* **PAST PERFECT SUBJUNCTIVE (-se)**	
hubiera solido	hubiéramos solido	hubiese solido	hubiésemos solido
hubieras solido	hubierais solido	hubieses solido	hubieseis solido
hubiera solido	hubieran solido	hubiese solido	hubiesen solido

PROGRESSIVE TENSES

PRESENT	estoy, estás, está, estamos, estáis, están	
PRETERIT	estuve, estuviste, estuvo, estuvimos, estuvisteis, estuvieron	
IMPERFECT	estaba, estabas, estaba, estábamos, estabais, estaban	soliendo
FUTURE	estaré, estarás, estará, estaremos, estaréis, estarán	
CONDITIONAL	estaría, estarías, estaría, estaríamos, estaríais, estarían	
SUBJUNCTIVE	que + *corresponding subjunctive tense of* estar (*see verb 252*)	

VERB NOT USED IN COMMANDS

Usage

Suelo viajar en verano.	*I usually travel in summer.*
Solía tomar el tren de las ocho.	*She was accustomed to taking the 8:00 train.*
Suelen trasnochar.	*They frequently stay up very late/all night.*
No suele haber problemas con esta marca.	*There are generally no problems with this brand.*
Solían ver tele por la tarde.	*They used to watch TV in the evening.*
Suele nevar mucho en la sierra.	*It often snows/It tends to snow a lot in the mountains.*

sollozo · sollozaron · sollozado · sollozando   *-ar* verb; spelling change: *z > c/e*

PRESENT

sollozo	sollozamos
sollozas	sollozáis
solloza	sollozan

PRETERIT

sollocé	sollozamos
sollozaste	sollozasteis
sollozó	sollozaron

IMPERFECT

sollozaba	sollozábamos
sollozabas	sollozabais
sollozaba	sollozaban

PRESENT PERFECT

he sollozado	hemos sollozado
has sollozado	habéis sollozado
ha sollozado	han sollozado

FUTURE

sollozaré	sollozaremos
sollozarás	sollozaréis
sollozará	sollozarán

CONDITIONAL

sollozaría	sollozaríamos
sollozarías	sollozaríais
sollozaría	sollozarían

PLUPERFECT

había sollozado	habíamos sollozado
habías sollozado	habíais sollozado
había sollozado	habían sollozado

PRETERIT PERFECT

hube sollozado	hubimos sollozado
hubiste sollozado	hubisteis sollozado
hubo sollozado	hubieron sollozado

FUTURE PERFECT

habré sollozado	habremos sollozado
habrás sollozado	habréis sollozado
habrá sollozado	habrán sollozado

CONDITIONAL PERFECT

habría sollozado	habríamos sollozado
habrías sollozado	habríais sollozado
habría sollozado	habrían sollozado

PRESENT SUBJUNCTIVE

solloce	sollocemos
solloces	sollocéis
solloce	sollocen

PRESENT PERFECT SUBJUNCTIVE

haya sollozado	hayamos sollozado
hayas sollozado	hayáis sollozado
haya sollozado	hayan sollozado

IMPERFECT SUBJUNCTIVE (-ra)

sollozara	sollozáramos
sollozaras	sollozarais
sollozara	sollozaran

or **IMPERFECT SUBJUNCTIVE (-se)**

sollozase	sollozásemos
sollozases	sollozaseis
sollozase	sollozasen

PAST PERFECT SUBJUNCTIVE (-ra)

hubiera sollozado	hubiéramos sollozado
hubieras sollozado	hubierais sollozado
hubiera sollozado	hubieran sollozado

or **PAST PERFECT SUBJUNCTIVE (-se)**

hubiese sollozado	hubiésemos sollozado
hubieses sollozado	hubieseis sollozado
hubiese sollozado	hubiesen sollozado

PROGRESSIVE TENSES

PRESENT	estoy, estás, está, estamos, estáis, están
PRETERIT	estuve, estuviste, estuvo, estuvimos, estuvisteis, estuvieron
IMPERFECT	estaba, estabas, estaba, estábamos, estabais, estaban
FUTURE	estaré, estarás, estará, estaremos, estaréis, estarán
CONDITIONAL	estaría, estarías, estaría, estaríamos, estaríais, estarían
SUBJUNCTIVE	que + *corresponding subjunctive tense of* estar (*see verb 252*)

} sollozando

COMMANDS

	(nosotros) sollocemos/no sollocemos
(tú) solloza/no solloces	(vosotros) sollozad/no sollocéis
(Ud.) solloce/no solloce	(Uds.) sollocen/no sollocen

Usage

El pobre niño se durmió sollozando.	*The poor child sobbed himself to sleep.*
Deja de sollozar.	*Stop sobbing.*
No sé por qué estalló en sollozos.	*I don't know why he burst into sobs.*
Nos hablaba entre sollozos.	*He talked to us while sobbing.*

stem-changing *-ar* verb: *o > ue* **suelto · soltaron · soltado · soltando**

PRESENT		PRETERIT	
suelto	soltamos	solté	soltamos
sueltas	soltáis	soltaste	soltasteis
suelta	sueltan	soltó	soltaron

IMPERFECT		PRESENT PERFECT	
soltaba	soltábamos	he soltado	hemos soltado
soltabas	soltabais	has soltado	habéis soltado
soltaba	soltaban	ha soltado	han soltado

FUTURE		CONDITIONAL	
soltaré	soltaremos	soltaría	soltaríamos
soltarás	soltaréis	soltarías	soltaríais
soltará	soltarán	soltaría	soltarían

PLUPERFECT		PRETERIT PERFECT	
había soltado	habíamos soltado	hube soltado	hubimos soltado
habías soltado	habíais soltado	hubiste soltado	hubisteis soltado
había soltado	habían soltado	hubo soltado	hubieron soltado

FUTURE PERFECT		CONDITIONAL PERFECT	
habré soltado	habremos soltado	habría soltado	habríamos soltado
habrás soltado	habréis soltado	habrías soltado	habríais soltado
habrá soltado	habrán soltado	habría soltado	habrían soltado

PRESENT SUBJUNCTIVE		PRESENT PERFECT SUBJUNCTIVE	
suelte	soltemos	haya soltado	hayamos soltado
sueltes	soltéis	hayas soltado	hayáis soltado
suelte	suelten	haya soltado	hayan soltado

IMPERFECT SUBJUNCTIVE (-ra)		*or* IMPERFECT SUBJUNCTIVE (-se)	
soltara	soltáramos	soltase	soltásemos
soltaras	soltarais	soltases	soltaseis
soltara	soltaran	soltase	soltasen

PAST PERFECT SUBJUNCTIVE (-ra)		*or* PAST PERFECT SUBJUNCTIVE (-se)	
hubiera soltado	hubiéramos soltado	hubiese soltado	hubiésemos soltado
hubieras soltado	hubierais soltado	hubieses soltado	hubieseis soltado
hubiera soltado	hubieran soltado	hubiese soltado	hubiesen soltado

PROGRESSIVE TENSES

PRESENT	estoy, estás, está, estamos, estáis, están	
PRETERIT	estuve, estuviste, estuvo, estuvimos, estuvisteis, estuvieron	
IMPERFECT	estaba, estabas, estaba, estábamos, estabais, estaban	soltando
FUTURE	estaré, estarás, estará, estaremos, estaréis, estarán	
CONDITIONAL	estaría, estarías, estaría, estaríamos, estaríais, estarían	
SUBJUNCTIVE	que + *corresponding subjunctive tense of* estar (*see verb 252*)	

COMMANDS

	(nosotros) soltemos/no soltemos
(tú) suelta/no sueltes	(vosotros) soltad/no soltéis
(Ud.) suelte/no suelte	(Uds.) suelten/no suelten

Usage

Suéltame el nudo.	*Undo/Loosen the knot for me.*
Por fin soltaron a los rehenes.	*They finally released the hostages.*
Se te ha soltado la lengua.	*You've become very talkative.*
Habla español con soltura.	*He speaks Spanish fluently.*
Hay que atar los cabos sueltos.	*We must tie up the loose ends.*

NOTE: *Suelto* is an alternate form of the past participle.

someto · **sometieron** · **sometido** · **sometiendo**   regular *-er* verb

PRESENT		PRETERIT	
someto	sometemos	sometí	sometimos
sometes	sometéis	sometiste	sometisteis
somete	someten	sometió	sometieron

IMPERFECT		PRESENT PERFECT	
sometía	sometíamos	he sometido	hemos sometido
sometías	sometíais	has sometido	habéis sometido
sometía	sometían	ha sometido	han sometido

FUTURE		CONDITIONAL	
someteré	someteremos	sometería	someteríamos
someterás	someteréis	someterías	someteríais
someterá	someterán	sometería	someterían

PLUPERFECT		PRETERIT PERFECT	
había sometido	habíamos sometido	hube sometido	hubimos sometido
habías sometido	habíais sometido	hubiste sometido	hubisteis sometido
había sometido	habían sometido	hubo sometido	hubieron sometido

FUTURE PERFECT		CONDITIONAL PERFECT	
habré sometido	habremos sometido	habría sometido	habríamos sometido
habrás sometido	habréis sometido	habrías sometido	habríais sometido
habrá sometido	habrán sometido	habría sometido	habrían sometido

PRESENT SUBJUNCTIVE		PRESENT PERFECT SUBJUNCTIVE	
someta	sometamos	haya sometido	hayamos sometido
sometas	sometáis	hayas sometido	hayáis sometido
someta	sometan	haya sometido	hayan sometido

IMPERFECT SUBJUNCTIVE (-ra)		*or* IMPERFECT SUBJUNCTIVE (-se)	
sometiera	sometiéramos	sometiese	sometiésemos
sometieras	sometierais	sometieses	sometieseis
sometiera	sometieran	sometiese	sometiesen

PAST PERFECT SUBJUNCTIVE (-ra)		*or* PAST PERFECT SUBJUNCTIVE (-se)	
hubiera sometido	hubiéramos sometido	hubiese sometido	hubiésemos sometido
hubieras sometido	hubierais sometido	hubieses sometido	hubieseis sometido
hubiera sometido	hubieran sometido	hubiese sometido	hubiesen sometido

PROGRESSIVE TENSES

PRESENT	estoy, estás, está, estamos, estáis, están	
PRETERIT	estuve, estuviste, estuvo, estuvimos, estuvisteis, estuvieron	
IMPERFECT	estaba, estabas, estaba, estábamos, estabais, estaban	sometiendo
FUTURE	estaré, estarás, estará, estaremos, estaréis, estarán	
CONDITIONAL	estaría, estarías, estaría, estaríamos, estaríais, estarían	
SUBJUNCTIVE	que + *corresponding subjunctive tense of* estar (*see verb 252*)	

COMMANDS

	(nosotros) sometamos/no sometamos
(tú) somete/no sometas	(vosotros) someted/no sometáis
(Ud.) someta/no someta	(Uds.) sometan/no sometan

Usage

Sometieron a los guerrilleros.	*They subdued/put down the guerrilla fighters.*
El medicamento se somete a prueba.	*They're testing the drug.*
Sometan su propuesta a la junta.	*Submit your proposal to the board.*
Las tropas se sometieron al enemigo.	*The troops surrendered to the enemy.*
¿Se someterá a un tratamiento dental?	*You'll undergo a dental treatment?*
Su sometimiento es excesivo.	*Their submissiveness is excessive.*

stem-changing -*ar* verb: *o* > *ue*   **sueno · sonaron · sonado · sonando**

PRESENT		**PRETERIT**	
sueno	sonamos	soné	sonamos
suenas	sonáis	sonaste	sonasteis
suena	suenan	sonó	sonaron

IMPERFECT		**PRESENT PERFECT**	
sonaba	sonábamos	he sonado	hemos sonado
sonabas	sonabais	has sonado	habéis sonado
sonaba	sonaban	ha sonado	han sonado

FUTURE		**CONDITIONAL**	
sonaré	sonaremos	sonaría	sonaríamos
sonarás	sonaréis	sonarías	sonaríais
sonará	sonarán	sonaría	sonarían

PLUPERFECT		**PRETERIT PERFECT**	
había sonado	habíamos sonado	hube sonado	hubimos sonado
habías sonado	habíais sonado	hubiste sonado	hubisteis sonado
había sonado	habían sonado	hubo sonado	hubieron sonado

FUTURE PERFECT		**CONDITIONAL PERFECT**	
habré sonado	habremos sonado	habría sonado	habríamos sonado
habrás sonado	habréis sonado	habrías sonado	habríais sonado
habrá sonado	habrán sonado	habría sonado	habrían sonado

PRESENT SUBJUNCTIVE		**PRESENT PERFECT SUBJUNCTIVE**	
suene	sonemos	haya sonado	hayamos sonado
suenes	sonéis	hayas sonado	hayáis sonado
suene	suenen	haya sonado	hayan sonado

IMPERFECT SUBJUNCTIVE (-ra)		*or*	**IMPERFECT SUBJUNCTIVE (-se)**	
sonara	sonáramos		sonase	sonásemos
sonaras	sonarais		sonases	sonaseis
sonara	sonaran		sonase	sonasen

PAST PERFECT SUBJUNCTIVE (-ra)		*or*	**PAST PERFECT SUBJUNCTIVE (-se)**	
hubiera sonado	hubiéramos sonado		hubiese sonado	hubiésemos sonado
hubieras sonado	hubierais sonado		hubieses sonado	hubieseis sonado
hubiera sonado	hubieran sonado		hubiese sonado	hubiesen sonado

PROGRESSIVE TENSES

PRESENT	estoy, estás, está, estamos, estáis, están	
PRETERIT	estuve, estuviste, estuvo, estuvimos, estuvisteis, estuvieron	
IMPERFECT	estaba, estabas, estaba, estábamos, estabais, estaban	sonando
FUTURE	estaré, estarás, estará, estaremos, estaréis, estarán	
CONDITIONAL	estaría, estarías, estaría, estaríamos, estaríais, estarían	
SUBJUNCTIVE	que + *corresponding subjunctive tense of* estar (*see verb 252*)	

COMMANDS

	(nosotros) sonemos/no sonemos
(tú) suena/no suenes	(vosotros) sonad/no sonéis
(Ud.) suene/no suene	(Uds.) suenen/no suenen

Usage

La flauta suena brillante.	*The flute sounds brilliant.*
La letra hache no suena en español.	*The letter "h" isn't sounded/pronounced in Spanish.*
¿No oyes sonar el celular?	*Don't you hear the cell phone ringing?*
Las campanas suenan al mediodía.	*The bells ring at noon.*
No me suena ese título.	*That title doesn't sound familiar to me/ring a bell.*
Sigue sonándose las narices.	*She keeps on blowing her nose.*
Nos encanta el sonido de la orquesta.	*We love the sound of the orchestra.*

PRESENT

sonrío	sonreímos
sonríes	sonreís
sonríe	sonríen

PRETERIT

sonreí	sonreímos
sonreíste	sonreísteis
sonrió	sonrieron

IMPERFECT

sonreía	sonreíamos
sonreías	sonreíais
sonreía	sonreían

PRESENT PERFECT

he sonreído	hemos sonreído
has sonreído	habéis sonreído
ha sonreído	han sonreído

FUTURE

sonreiré	sonreiremos
sonreirás	sonreiréis
sonreirá	sonreirán

CONDITIONAL

sonreiría	sonreiríamos
sonreirías	sonreiríais
sonreiría	sonreirían

PLUPERFECT

había sonreído	habíamos sonreído
habías sonreído	habíais sonreído
había sonreído	habían sonreído

PRETERIT PERFECT

hube sonreído	hubimos sonreído
hubiste sonreído	hubisteis sonreído
hubo sonreído	hubieron sonreído

FUTURE PERFECT

habré sonreído	habremos sonreído
habrás sonreído	habréis sonreído
habrá sonreído	habrán sonreído

CONDITIONAL PERFECT

habría sonreído	habríamos sonreído
habrías sonreído	habríais sonreído
habría sonreído	habrían sonreído

PRESENT SUBJUNCTIVE

sonría	sonriamos
sonrías	sonriáis
sonría	sonrían

PRESENT PERFECT SUBJUNCTIVE

haya sonreído	hayamos sonreído
hayas sonreído	hayáis sonreído
haya sonreído	hayan sonreído

IMPERFECT SUBJUNCTIVE (-ra)

sonriera	sonriéramos
sonrieras	sonrierais
sonriera	sonrieran

or **IMPERFECT SUBJUNCTIVE (-se)**

sonriese	sonriésemos
sonrieses	sonrieseis
sonriese	sonriesen

PAST PERFECT SUBJUNCTIVE (-ra)

hubiera sonreído	hubiéramos sonreído
hubieras sonreído	hubierais sonreído
hubiera sonreído	hubieran sonreído

or **PAST PERFECT SUBJUNCTIVE (-se)**

hubiese sonreído	hubiésemos sonreído
hubieses sonreído	hubieseis sonreído
hubiese sonreído	hubiesen sonreído

PROGRESSIVE TENSES

PRESENT	estoy, estás, está, estamos, estáis, están
PRETERIT	estuve, estuviste, estuvo, estuvimos, estuvisteis, estuvieron
IMPERFECT	estaba, estabas, estaba, estábamos, estabais, estaban
FUTURE	estaré, estarás, estará, estaremos, estaréis, estarán
CONDITIONAL	estaría, estarías, estaría, estaríamos, estaríais, estarían
SUBJUNCTIVE	que + *corresponding subjunctive tense of* estar (*see verb 252*)

} sonriendo

COMMANDS

	(nosotros) sonriamos/no sonriamos
(tú) sonríe/no sonrías	(vosotros) sonreíd/no sonriáis
(Ud.) sonría/no sonría	(Uds.) sonrían/no sonrían

Usage

Sus payasadas nos hacían sonreír.	*Their antics made us smile.*
Ojalá que la vida/la fortuna nos sonría.	*We hope life/fortune will smile on us.*
Nos sonrieron.	*They smiled at us.*
¡Te sonríes de contento!	*You're beaming with joy!*
Tiene una sonrisa abierta y hermosa.	*She has a broad and beautiful smile.*
¿Por qué la sonrisa forzada/amarga?	*Why the forced/bitter smile?*
Nos da gusto ver su cara sonriente.	*It pleases us to see his smiling face.*

stem-changing *-ar* verb: *o* > *ue*   **sueño · soñaron · soñado · soñando**

PRESENT

sueño	soñamos		
sueñas	soñáis		
sueña	sueñan		

PRETERIT

soñé	soñamos
soñaste	soñasteis
soñó	soñaron

IMPERFECT

soñaba	soñábamos
soñabas	soñabais
soñaba	soñaban

PRESENT PERFECT

he soñado	hemos soñado
has soñado	habéis soñado
ha soñado	han soñado

FUTURE

soñaré	soñaremos
soñarás	soñaréis
soñará	soñarán

CONDITIONAL

soñaría	soñaríamos
soñarías	soñaríais
soñaría	soñarían

PLUPERFECT

había soñado	habíamos soñado
habías soñado	habíais soñado
había soñado	habían soñado

PRETERIT PERFECT

hube soñado	hubimos soñado
hubiste soñado	hubisteis soñado
hubo soñado	hubieron soñado

FUTURE PERFECT

habré soñado	habremos soñado
habrás soñado	habréis soñado
habrá soñado	habrán soñado

CONDITIONAL PERFECT

habría soñado	habríamos soñado
habrías soñado	habríais soñado
habría soñado	habrían soñado

PRESENT SUBJUNCTIVE

sueñe	soñemos
sueñes	soñéis
sueñe	sueñen

PRESENT PERFECT SUBJUNCTIVE

haya soñado	hayamos soñado
hayas soñado	hayáis soñado
haya soñado	hayan soñado

IMPERFECT SUBJUNCTIVE (-ra)   *or* **IMPERFECT SUBJUNCTIVE (-se)**

soñara	soñáramos	soñase	soñásemos
soñaras	soñarais	soñases	soñaseis
soñara	soñaran	soñase	soñasen

PAST PERFECT SUBJUNCTIVE (-ra)   *or* **PAST PERFECT SUBJUNCTIVE (-se)**

hubiera soñado	hubiéramos soñado	hubiese soñado	hubiésemos soñado
hubieras soñado	hubierais soñado	hubieses soñado	hubieseis soñado
hubiera soñado	hubieran soñado	hubiese soñado	hubiesen soñado

PROGRESSIVE TENSES

PRESENT	estoy, estás, está, estamos, estáis, están
PRETERIT	estuve, estuviste, estuvo, estuvimos, estuvisteis, estuvieron
IMPERFECT	estaba, estabas, estaba, estábamos, estabais, estaban
FUTURE	estaré, estarás, estará, estaremos, estaréis, estarán
CONDITIONAL	estaría, estarías, estaría, estaríamos, estaríais, estarían
SUBJUNCTIVE	que + *corresponding subjunctive tense of* estar (*see verb 252*)

soñando

COMMANDS

	(nosotros) soñemos/no soñemos
(tú) sueña/no sueñes	(vosotros) soñad/no soñéis
(Ud.) sueñe/no sueñe	(Uds.) sueñen/no sueñen

Usage

Sueñan todas las noches.	*They have dreams every night.*
Soñó que estaba en Sevilla.	*She dreamed she was in Seville.*
¿Sueñas conmigo?	*Do you dream about me?*
¡Ni lo sueñes!, ¡Ni en sueños!	*Not on your life!*
Esta niña sueña despierta.	*This girl daydreams.*
El café le quitaba el sueño.	*Coffee used to keep him awake.*
Tienen sueño.	*They're sleepy.*

soplar   *to blow, blow out*

soplo · soplaron · soplado · soplando

regular -ar verb

PRESENT		PRETERIT	
soplo	soplamos	soplé	soplamos
soplas	sopláis	soplaste	soplasteis
sopla	soplan	sopló	soplaron

IMPERFECT		PRESENT PERFECT	
soplaba	soplábamos	he soplado	hemos soplado
soplabas	soplabais	has soplado	habéis soplado
soplaba	soplaban	ha soplado	han soplado

FUTURE		CONDITIONAL	
soplaré	soplaremos	soplaría	soplaríamos
soplarás	soplaréis	soplarías	soplaríais
soplará	soplarán	soplaría	soplarían

PLUPERFECT		PRETERIT PERFECT	
había soplado	habíamos soplado	hube soplado	hubimos soplado
habías soplado	habíais soplado	hubiste soplado	hubisteis soplado
había soplado	habían soplado	hubo soplado	hubieron soplado

FUTURE PERFECT		CONDITIONAL PERFECT	
habré soplado	habremos soplado	habría soplado	habríamos soplado
habrás soplado	habréis soplado	habrías soplado	habríais soplado
habrá soplado	habrán soplado	habría soplado	habrían soplado

PRESENT SUBJUNCTIVE		PRESENT PERFECT SUBJUNCTIVE	
sople	soplemos	haya soplado	hayamos soplado
soples	sopléis	hayas soplado	hayáis soplado
sople	soplen	haya soplado	hayan soplado

IMPERFECT SUBJUNCTIVE (-ra)		*or*	IMPERFECT SUBJUNCTIVE (-se)	
soplara	sopláramos		soplase	soplásemos
soplaras	soplarais		soplases	soplaseis
soplara	soplaran		soplase	soplasen

PAST PERFECT SUBJUNCTIVE (-ra)		*or*	PAST PERFECT SUBJUNCTIVE (-se)	
hubiera soplado	hubiéramos soplado		hubiese soplado	hubiésemos soplado
hubieras soplado	hubierais soplado		hubieses soplado	hubieseis soplado
hubiera soplado	hubieran soplado		hubiese soplado	hubiesen soplado

PROGRESSIVE TENSES

PRESENT	estoy, estás, está, estamos, estáis, están	
PRETERIT	estuve, estuviste, estuvo, estuvimos, estuvisteis, estuvieron	
IMPERFECT	estaba, estabas, estaba, estábamos, estabais, estaban	soplando
FUTURE	estaré, estarás, estará, estaremos, estaréis, estarán	
CONDITIONAL	estaría, estarías, estaría, estaríamos, estaríais, estarían	
SUBJUNCTIVE	que + *corresponding subjunctive tense of* estar (*see verb 252*)	

COMMANDS

	(nosotros) soplemos/no soplemos
(tú) sopla/no soples	(vosotros) soplad/no sopléis
(Ud.) sople/no sople	(Uds.) soplen/no soplen

Usage

El viento sopla.	*The wind is blowing.*
Sopla en la boquilla del clarinete.	*Blow into the mouthpiece of the clarinet.*
Ha soplado todas las velas en la torta.	*She has blown out all the candles on the cake.*
Hay que saber de qué lado sopla el viento.	*You have to know which way the wind blows.*
Le sopló la respuesta a su amiga.	*She whispered the answer to her friend.*
Dio el soplo.	*He informed/squealed.*

regular -*ar* verb   **soporto · soportaron · soportado · soportando**

PRESENT

soporto	soportamos
soportas	soportáis
soporta	soportan

PRETERIT

soporté	soportamos
soportaste	soportasteis
soportó	soportaron

IMPERFECT

soportaba	soportábamos
soportabas	soportabais
soportaba	soportaban

PRESENT PERFECT

he soportado	hemos soportado
has soportado	habéis soportado
ha soportado	han soportado

FUTURE

soportaré	soportaremos
soportarás	soportaréis
soportará	soportarán

CONDITIONAL

soportaría	soportaríamos
soportarías	soportaríais
soportaría	soportarían

PLUPERFECT

había soportado	habíamos soportado
habías soportado	habíais soportado
había soportado	habían soportado

PRETERIT PERFECT

hube soportado	hubimos soportado
hubiste soportado	hubisteis soportado
hubo soportado	hubieron soportado

FUTURE PERFECT

habré soportado	habremos soportado
habrás soportado	habréis soportado
habrá soportado	habrán soportado

CONDITIONAL PERFECT

habría soportado	habríamos soportado
habrías soportado	habríais soportado
habría soportado	habrían soportado

PRESENT SUBJUNCTIVE

soporte	soportemos
soportes	soportéis
soporte	soporten

PRESENT PERFECT SUBJUNCTIVE

haya soportado	hayamos soportado
hayas soportado	hayáis soportado
haya soportado	hayan soportado

IMPERFECT SUBJUNCTIVE (-ra)

soportara	soportáramos
soportaras	soportarais
soportara	soportaran

or **IMPERFECT SUBJUNCTIVE (-se)**

soportase	soportásemos
soportases	soportaseis
soportase	soportasen

PAST PERFECT SUBJUNCTIVE (-ra)

hubiera soportado	hubiéramos soportado
hubieras soportado	hubierais soportado
hubiera soportado	hubieran soportado

or **PAST PERFECT SUBJUNCTIVE (-se)**

hubiese soportado	hubiésemos soportado
hubieses soportado	hubieseis soportado
hubiese soportado	hubiesen soportado

PROGRESSIVE TENSES

PRESENT	estoy, estás, está, estamos, estáis, están
PRETERIT	estuve, estuviste, estuvo, estuvimos, estuvisteis, estuvieron
IMPERFECT	estaba, estabas, estaba, estábamos, estabais, estaban
FUTURE	estaré, estarás, estará, estaremos, estaréis, estarán
CONDITIONAL	estaría, estarías, estaría, estaríamos, estaríais, estarían
SUBJUNCTIVE	que + *corresponding subjunctive tense of* estar (*see verb 252*)

soportando

COMMANDS

	(nosotros) soportemos/no soportemos
(tú) soporta/no soportes	(vosotros) soportad/no soportéis
(Ud.) soporte/no soporte	(Uds.) soporten/no soporten

Usage

Las vigas soportaban el techo.	*The beams supported the roof.*
No soporto a esas personas.	*I can't stand those people.*
No soportamos más.	*We can't tolerate any more.*
El pueblo soportó bien la tempestad.	*The town weathered the storm well.*
Se necesita el soporte.	*They need support/backup.*
Esta situación es insoportable.	*This situation is unbearable/intolerable.*

sorprender *to surprise, amaze, astonish*

sorprendo · sorprendieron · sorprendido · sorprendiendo   regular -*er* verb

PRESENT

sorprendo	sorprendemos		
sorprendes	sorprendéis		
sorprende	sorprenden		

PRETERIT

sorprendí	sorprendimos
sorprendiste	sorprendisteis
sorprendió	sorprendieron

IMPERFECT

sorprendía	sorprendíamos
sorprendías	sorprendíais
sorprendía	sorprendían

PRESENT PERFECT

he sorprendido	hemos sorprendido
has sorprendido	habéis sorprendido
ha sorprendido	han sorprendido

FUTURE

sorprenderé	sorprenderemos
sorprenderás	sorprenderéis
sorprenderá	sorprenderán

CONDITIONAL

sorprendería	sorprenderíamos
sorprenderías	sorprenderíais
sorprendería	sorprenderían

PLUPERFECT

había sorprendido	habíamos sorprendido
habías sorprendido	habíais sorprendido
había sorprendido	habían sorprendido

PRETERIT PERFECT

hube sorprendido	hubimos sorprendido
hubiste sorprendido	hubisteis sorprendido
hubo sorprendido	hubieron sorprendido

FUTURE PERFECT

habré sorprendido	habremos sorprendido
habrás sorprendido	habréis sorprendido
habrá sorprendido	habrán sorprendido

CONDITIONAL PERFECT

habría sorprendido	habríamos sorprendido
habrías sorprendido	habríais sorprendido
habría sorprendido	habrían sorprendido

PRESENT SUBJUNCTIVE

sorprenda	sorprendamos
sorprendas	sorprendáis
sorprenda	sorprendan

PRESENT PERFECT SUBJUNCTIVE

haya sorprendido	hayamos sorprendido
hayas sorprendido	hayáis sorprendido
haya sorprendido	hayan sorprendido

IMPERFECT SUBJUNCTIVE (-ra)   *or*   **IMPERFECT SUBJUNCTIVE (-se)**

sorprendiera	sorprendiéramos	sorprendiese	sorprendiésemos
sorprendieras	sorprendierais	sorprendieses	sorprendieseis
sorprendiera	sorprendieran	sorprendiese	sorprendiesen

PAST PERFECT SUBJUNCTIVE (-ra)   *or*   **PAST PERFECT SUBJUNCTIVE (-se)**

hubiera sorprendido	hubiéramos sorprendido	hubiese sorprendido	hubiésemos sorprendido
hubieras sorprendido	hubierais sorprendido	hubieses sorprendido	hubieseis sorprendido
hubiera sorprendido	hubieran sorprendido	hubiese sorprendido	hubiesen sorprendido

PROGRESSIVE TENSES

PRESENT	estoy, estás, está, estamos, estáis, están
PRETERIT	estuve, estuviste, estuvo, estuvimos, estuvisteis, estuvieron
IMPERFECT	estaba, estabas, estaba, estábamos, estabais, estaban
FUTURE	estaré, estarás, estará, estaremos, estaréis, estarán
CONDITIONAL	estaría, estarías, estaría, estaríamos, estaríais, estarían
SUBJUNCTIVE	que + *corresponding subjunctive tense of* estar (*see verb 252*)

} sorprendiendo

COMMANDS

	(nosotros) sorprendamos/no sorprendamos
(tú) sorprende/no sorprendas	(vosotros) sorprended/no sorprendáis
(Ud.) sorprenda/no sorprenda	(Uds.) sorprendan/no sorprendan

Usage

Les sorprendió el secreto.	*The secret surprised/amazed them.*
Nos sorprendimos al oír la noticia.	*We were surprised to hear the news.*
Sorprendió a sus amigos.	*He caught his friends by surprise.*
Me quedé sorprendido ante su actitud.	*I was surprised by his attitude.*
Nos cogieron de sorpresa.	*They took us by surprise.*
Me parece sorprendente su conducta.	*I think her conduct is surprising.*
Fue un acontecimiento sorpresivo.	*It was a surprising/an unexpected event.*

regular *-ar* verb | **sospecho · sospecharon · sospechado · sospechando**

PRESENT

sospecho	sospechamos
sospechas	sospecháis
sospecha	sospechan

PRETERIT

sospeché	sospechamos
sospechaste	sospechasteis
sospechó	sospecharon

IMPERFECT

sospechaba	sospechábamos
sospechabas	sospechabais
sospechaba	sospechaban

PRESENT PERFECT

he sospechado	hemos sospechado
has sospechado	habéis sospechado
ha sospechado	han sospechado

FUTURE

sospecharé	sospecharemos
sospecharás	sospecharéis
sospechará	sospecharán

CONDITIONAL

sospecharía	sospecharíamos
sospecharías	sospecharíais
sospecharía	sospecharían

PLUPERFECT

había sospechado	habíamos sospechado
habías sospechado	habíais sospechado
había sospechado	habían sospechado

PRETERIT PERFECT

hube sospechado	hubimos sospechado
hubiste sospechado	hubisteis sospechado
hubo sospechado	hubieron sospechado

FUTURE PERFECT

habré sospechado	habremos sospechado
habrás sospechado	habréis sospechado
habrá sospechado	habrán sospechado

CONDITIONAL PERFECT

habría sospechado	habríamos sospechado
habrías sospechado	habríais sospechado
habría sospechado	habrían sospechado

PRESENT SUBJUNCTIVE

sospeche	sospechemos
sospeches	sospechéis
sospeche	sospechen

PRESENT PERFECT SUBJUNCTIVE

haya sospechado	hayamos sospechado
hayas sospechado	hayáis sospechado
haya sospechado	hayan sospechado

IMPERFECT SUBJUNCTIVE (-ra)

sospechara	sospecháramos
sospecharas	sospecharais
sospechara	sospecharan

or **IMPERFECT SUBJUNCTIVE (-se)**

sospechase	sospechásemos
sospechases	sospechaseis
sospechase	sospechasen

PAST PERFECT SUBJUNCTIVE (-ra)

hubiera sospechado	hubiéramos sospechado
hubieras sospechado	hubierais sospechado
hubiera sospechado	hubieran sospechado

or **PAST PERFECT SUBJUNCTIVE (-se)**

hubiese sospechado	hubiésemos sospechado
hubieses sospechado	hubieseis sospechado
hubiese sospechado	hubiesen sospechado

PROGRESSIVE TENSES

PRESENT	estoy, estás, está, estamos, estáis, están
PRETERIT	estuve, estuviste, estuvo, estuvimos, estuvisteis, estuvieron
IMPERFECT	estaba, estabas, estaba, estábamos, estabais, estaban
FUTURE	estaré, estarás, estará, estaremos, estaréis, estarán
CONDITIONAL	estaría, estarías, estaría, estaríamos, estaríais, estarían
SUBJUNCTIVE	que + *corresponding subjunctive tense of* estar (*see verb 252*)

} sospechando

COMMANDS

	(nosotros) sospechemos/no sospechemos
(tú) sospecha/no sospeches	(vosotros) sospechad/no sospechéis
(Ud.) sospeche/no sospeche	(Uds.) sospechen/no sospechen

Usage

¿No sospechabas que pasaba algo?	*Didn't you suspect that something was going on?*
Yo lo sospechaba.	*I imagined/thought as much.*
Sospechan del nuevo empleado.	*They're suspicious of the new employee.*
Tienen sospechas de él.	*They have suspicions about him.*
Está fuera de/por encima de toda sospecha.	*She's above suspicion.*
Es un tipo sospechoso.	*He's a suspicious character.*
No hay ningún sospechoso todavía.	*There's not a single suspect yet.*

sostener   *to support, stand, maintain*

sostengo · sostuvieron · sostenido · sosteniendo   irregular verb (like **tener**)

PRESENT		PRETERIT	
sostengo	sostenemos	sostuve	sostuvimos
sostienes	sostenéis	sostuviste	sostuvisteis
sostiene	sostienen	sostuvo	sostuvieron

IMPERFECT		PRESENT PERFECT	
sostenía	sosteníamos	he sostenido	hemos sostenido
sostenías	sosteníais	has sostenido	habéis sostenido
sostenía	sostenían	ha sostenido	han sostenido

FUTURE		CONDITIONAL	
sostendré	sostendremos	sostendría	sostendríamos
sostendrás	sostendréis	sostendrías	sostendríais
sostendrá	sostendrán	sostendría	sostendrían

PLUPERFECT		PRETERIT PERFECT	
había sostenido	habíamos sostenido	hube sostenido	hubimos sostenido
habías sostenido	habíais sostenido	hubiste sostenido	hubisteis sostenido
había sostenido	habían sostenido	hubo sostenido	hubieron sostenido

FUTURE PERFECT		CONDITIONAL PERFECT	
habré sostenido	habremos sostenido	habría sostenido	habríamos sostenido
habrás sostenido	habréis sostenido	habrías sostenido	habríais sostenido
habrá sostenido	habrán sostenido	habría sostenido	habrían sostenido

PRESENT SUBJUNCTIVE		PRESENT PERFECT SUBJUNCTIVE	
sostenga	sostengamos	haya sostenido	hayamos sostenido
sostengas	sostengáis	hayas sostenido	hayáis sostenido
sostenga	sostengan	haya sostenido	hayan sostenido

IMPERFECT SUBJUNCTIVE (-ra)		*or* IMPERFECT SUBJUNCTIVE (-se)	
sostuviera	sostuviéramos	sostuviese	sostuviésemos
sostuvieras	sostuvierais	sostuvieses	sostuvieseis
sostuviera	sostuvieran	sostuviese	sostuviesen

PAST PERFECT SUBJUNCTIVE (-ra)		*or* PAST PERFECT SUBJUNCTIVE (-se)	
hubiera sostenido	hubiéramos sostenido	hubiese sostenido	hubiésemos sostenido
hubieras sostenido	hubierais sostenido	hubieses sostenido	hubieseis sostenido
hubiera sostenido	hubieran sostenido	hubiese sostenido	hubiesen sostenido

PROGRESSIVE TENSES

PRESENT	estoy, estás, está, estamos, estáis, están	
PRETERIT	estuve, estuviste, estuvo, estuvimos, estuvisteis, estuvieron	
IMPERFECT	estaba, estabas, estaba, estábamos, estabais, estaban	sosteniendo
FUTURE	estaré, estarás, estará, estaremos, estaréis, estarán	
CONDITIONAL	estaría, estarías, estaría, estaríamos, estaríais, estarían	
SUBJUNCTIVE	que + *corresponding subjunctive tense of* estar *(see verb 252)*	

COMMANDS

	(nosotros) sostengamos/no sostengamos
(tú) sostén/no sostengas	(vosotros) sostened/no sostengáis
(Ud.) sostenga/no sostenga	(Uds.) sostengan/no sostengan

Usage

¿Me sostienes el cuadro?	*Can you hold up/support the picture for me?*
No puede sostener los líos.	*She can't bear the problems.*
Sostenían buenas relaciones.	*They maintained good relations.*
Sostengo que el apaciguamiento es una mala política.	*I maintain that appeasement is a bad policy.*
Se sostiene trabajando en un banco.	*She supports herself working in a bank.*

regular *-ir* verb | **subo · subieron · subido · subiendo**

PRESENT

subo	subimos
subes	subís
sube	suben

IMPERFECT

subía	subíamos
subías	subíais
subía	subían

FUTURE

subiré	subiremos
subirás	subiréis
subirá	subirán

PLUPERFECT

había subido	habíamos subido
habías subido	habíais subido
había subido	habían subido

FUTURE PERFECT

habré subido	habremos subido
habrás subido	habréis subido
habrá subido	habrán subido

PRESENT SUBJUNCTIVE

suba	subamos
subas	subáis
suba	suban

PRETERIT

subí	subimos
subiste	subisteis
subió	subieron

PRESENT PERFECT

he subido	hemos subido
has subido	habéis subido
ha subido	han subido

CONDITIONAL

subiría	subiríamos
subirías	subiríais
subiría	subirían

PRETERIT PERFECT

hube subido	hubimos subido
hubiste subido	hubisteis subido
hubo subido	hubieron subido

CONDITIONAL PERFECT

habría subido	habríamos subido
habrías subido	habríais subido
habría subido	habrían subido

PRESENT PERFECT SUBJUNCTIVE

haya subido	hayamos subido
hayas subido	hayáis subido
haya subido	hayan subido

IMPERFECT SUBJUNCTIVE (-ra) *or* **IMPERFECT SUBJUNCTIVE (-se)**

subiera	subiéramos	subiese	subiésemos
subieras	subierais	subieses	subieseis
subiera	subieran	subiese	subiesen

PAST PERFECT SUBJUNCTIVE (-ra) *or* **PAST PERFECT SUBJUNCTIVE (-se)**

hubiera subido	hubiéramos subido	hubiese subido	hubiésemos subido
hubieras subido	hubierais subido	hubieses subido	hubieseis subido
hubiera subido	hubieran subido	hubiese subido	hubiesen subido

PROGRESSIVE TENSES

PRESENT	estoy, estás, está, estamos, estáis, están
PRETERIT	estuve, estuviste, estuvo, estuvimos, estuvisteis, estuvieron
IMPERFECT	estaba, estabas, estaba, estábamos, estabais, estaban
FUTURE	estaré, estarás, estará, estaremos, estaréis, estarán
CONDITIONAL	estaría, estarías, estaría, estaríamos, estaríais, estarían
SUBJUNCTIVE	que + *corresponding subjunctive tense of* estar (*see verb 252*)

} subiendo

COMMANDS

	(nosotros) subamos/no subamos
(tú) sube/no subas	(vosotros) subid/no subáis
(Ud.) suba/no suba	(Uds.) suban/no suban

Usage

Suban al séptimo piso.	*Go up to the seventh floor.*
¿Subimos en ascensor o escalera mecánica?	*Shall we go up by elevator or escalator?*
Súbeme los paquetes, por favor.	*Please carry the packages up for me.*
Esperamos que no se suban los precios.	*We hope that prices don't rise.*
Hace un año que el rey subió al trono.	*The king ascended to the throne a year ago.*
No subas la voz.	*Don't raise your voice.*
Hijo, súbete al árbol con cuidado.	*Climb the tree carefully.*

subrayar   *to underline, underscore, emphasize*

subrayo · subrayaron · subrayado · subrayando

regular *-ar* verb

PRESENT		PRETERIT	
subrayo	subrayamos	subrayé	subrayamos
subrayas	subrayáis	subrayaste	subrayasteis
subraya	subrayan	subrayó	subrayaron

IMPERFECT		PRESENT PERFECT	
subrayaba	subrayábamos	he subrayado	hemos subrayado
subrayabas	subrayabais	has subrayado	habéis subrayado
subrayaba	subrayaban	ha subrayado	han subrayado

FUTURE		CONDITIONAL	
subrayaré	subrayaremos	subrayaría	subrayaríamos
subrayarás	subrayaréis	subrayarías	subrayaríais
subrayará	subrayarán	subrayaría	subrayarían

PLUPERFECT		PRETERIT PERFECT	
había subrayado	habíamos subrayado	hube subrayado	hubimos subrayado
habías subrayado	habíais subrayado	hubiste subrayado	hubisteis subrayado
había subrayado	habían subrayado	hubo subrayado	hubieron subrayado

FUTURE PERFECT		CONDITIONAL PERFECT	
habré subrayado	habremos subrayado	habría subrayado	habríamos subrayado
habrás subrayado	habréis subrayado	habrías subrayado	habríais subrayado
habrá subrayado	habrán subrayado	habría subrayado	habrían subrayado

PRESENT SUBJUNCTIVE		PRESENT PERFECT SUBJUNCTIVE	
subraye	subrayemos	haya subrayado	hayamos subrayado
subrayes	subrayéis	hayas subrayado	hayáis subrayado
subraye	subrayen	haya subrayado	hayan subrayado

IMPERFECT SUBJUNCTIVE (-ra)		*or*	IMPERFECT SUBJUNCTIVE (-se)	
subrayara	subrayáramos		subrayase	subrayásemos
subrayaras	subrayarais		subrayases	subrayaseis
subrayara	subrayaran		subrayase	subrayasen

PAST PERFECT SUBJUNCTIVE (-ra)		*or*	PAST PERFECT SUBJUNCTIVE (-se)	
hubiera subrayado	hubiéramos subrayado		hubiese subrayado	hubiésemos subrayado
hubieras subrayado	hubierais subrayado		hubieses subrayado	hubieseis subrayado
hubiera subrayado	hubieran subrayado		hubiese subrayado	hubiesen subrayado

PROGRESSIVE TENSES

PRESENT	estoy, estás, está, estamos, estáis, están
PRETERIT	estuve, estuviste, estuvo, estuvimos, estuvisteis, estuvieron
IMPERFECT	estaba, estabas, estaba, estábamos, estabais, estaban
FUTURE	estaré, estarás, estará, estaremos, estaréis, estarán
CONDITIONAL	estaría, estarías, estaría, estaríamos, estaríais, estarían
SUBJUNCTIVE	que + *corresponding subjunctive tense of* estar (*see verb 252*)

} subrayando

COMMANDS

	(nosotros) subrayemos/no subrayemos
(tú) subraya/no subrayes	(vosotros) subrayad/no subrayéis
(Ud.) subraye/no subraye	(Uds.) subrayen/no subrayen

Usage

Subraya los títulos en el artículo.	*Underline/Underscore the titles in the article.*
Se pierde el efecto con tanto subrayar.	*You lose the effect with so much emphasizing.*
¿Cuáles palabras están subrayadas?	*Which words are underlined?*
Escribe una raya aquí.	*Write a dash here.*
No se debe exagerar el uso del subrayado.	*You shouldn't overdo underlining.*

regular -er verb | sucedo · sucedieron · sucedido · sucediendo

PRESENT

sucedo	sucedemos
sucedes	sucedéis
sucede	suceden

PRETERIT

sucedí	sucedimos
sucediste	sucedisteis
sucedió	sucedieron

IMPERFECT

sucedía	sucedíamos
sucedías	sucedíais
sucedía	sucedían

PRESENT PERFECT

he sucedido	hemos sucedido
has sucedido	habéis sucedido
ha sucedido	han sucedido

FUTURE

sucederé	sucederemos
sucederás	sucederéis
sucederá	sucederán

CONDITIONAL

sucedería	sucederíamos
sucederías	sucederíais
sucedería	sucederían

PLUPERFECT

había sucedido	habíamos sucedido
habías sucedido	habíais sucedido
había sucedido	habían sucedido

PRETERIT PERFECT

hube sucedido	hubimos sucedido
hubiste sucedido	hubisteis sucedido
hubo sucedido	hubieron sucedido

FUTURE PERFECT

habré sucedido	habremos sucedido
habrás sucedido	habréis sucedido
habrá sucedido	habrán sucedido

CONDITIONAL PERFECT

habría sucedido	habríamos sucedido
habrías sucedido	habríais sucedido
habría sucedido	habrían sucedido

PRESENT SUBJUNCTIVE

suceda	sucedamos
sucedas	sucedáis
suceda	sucedan

PRESENT PERFECT SUBJUNCTIVE

haya sucedido	hayamos sucedido
hayas sucedido	hayáis sucedido
haya sucedido	hayan sucedido

IMPERFECT SUBJUNCTIVE (-ra)

sucediera	sucediéramos
sucedieras	sucedierais
sucediera	sucedieran

or **IMPERFECT SUBJUNCTIVE (-se)**

sucediese	sucediésemos
sucedieses	sucedieseis
sucediese	sucediesen

PAST PERFECT SUBJUNCTIVE (-ra)

hubiera sucedido	hubiéramos sucedido
hubieras sucedido	hubierais sucedido
hubiera sucedido	hubieran sucedido

or **PAST PERFECT SUBJUNCTIVE (-se)**

hubiese sucedido	hubiésemos sucedido
hubieses sucedido	hubieseis sucedido
hubiese sucedido	hubiesen sucedido

PROGRESSIVE TENSES

PRESENT	estoy, estás, está, estamos, estáis, están
PRETERIT	estuve, estuviste, estuvo, estuvimos, estuvisteis, estuvieron
IMPERFECT	estaba, estabas, estaba, estábamos, estabais, estaban
FUTURE	estaré, estarás, estará, estaremos, estaréis, estarán
CONDITIONAL	estaría, estarías, estaría, estaríamos, estaríais, estarían
SUBJUNCTIVE	que + *corresponding subjunctive tense of* estar (*see verb 252*)

} sucediendo

COMMANDS

	(nosotros) sucedamos/no sucedamos
(tú) sucede/no sucedas	(vosotros) suceded/no sucedáis
(Ud.) suceda/no suceda	(Uds.) sucedan/no sucedan

Usage

Sucedió algo increíble.	*Something incredible happened.*
El príncipe sucedió a su padre el rey.	*The prince succeeded his father the king.*
¿Qué sucede?	*What's going on?/What's the matter?*
No sucedió lo esperado.	*What was expected didn't occur.*
Suceda lo que suceda.	*Come what may./Whatever may happen.*
¡Qué sucesión de sucesos afortunados!	*What a succession of lucky incidents/events!*
Nos veremos mucho en días sucesivos.	*We'll see each other a lot in the coming days.*

500 | sufrir *to suffer, undergo, tolerate*

sufro · sufrieron · sufrido · sufriendo

regular -*ir* verb

PRESENT		PRETERIT	
sufro	sufrimos	sufrí	sufrimos
sufres	sufrís	sufriste	sufristeis
sufre	sufren	sufrió	sufrieron

IMPERFECT		PRESENT PERFECT	
sufría	sufríamos	he sufrido	hemos sufrido
sufrías	sufríais	has sufrido	habéis sufrido
sufría	sufrían	ha sufrido	han sufrido

FUTURE		CONDITIONAL	
sufriré	sufriremos	sufriría	sufriríamos
sufrirás	sufriréis	sufrirías	sufriríais
sufrirá	sufrirán	sufriría	sufrirían

PLUPERFECT		PRETERIT PERFECT	
había sufrido	habíamos sufrido	hube sufrido	hubimos sufrido
habías sufrido	habíais sufrido	hubiste sufrido	hubisteis sufrido
había sufrido	habían sufrido	hubo sufrido	hubieron sufrido

FUTURE PERFECT		CONDITIONAL PERFECT	
habré sufrido	habremos sufrido	habría sufrido	habríamos sufrido
habrás sufrido	habréis sufrido	habrías sufrido	habríais sufrido
habrá sufrido	habrán sufrido	habría sufrido	habrían sufrido

PRESENT SUBJUNCTIVE		PRESENT PERFECT SUBJUNCTIVE	
sufra	suframos	haya sufrido	hayamos sufrido
sufras	sufráis	hayas sufrido	hayáis sufrido
sufra	sufran	haya sufrido	hayan sufrido

IMPERFECT SUBJUNCTIVE (-ra)		*or* IMPERFECT SUBJUNCTIVE (-se)	
sufriera	sufriéramos	sufriese	sufriésemos
sufrieras	sufrierais	sufrieses	sufrieseis
sufriera	sufrieran	sufriese	sufriesen

PAST PERFECT SUBJUNCTIVE (-ra)		*or* PAST PERFECT SUBJUNCTIVE (-se)	
hubiera sufrido	hubiéramos sufrido	hubiese sufrido	hubiésemos sufrido
hubieras sufrido	hubierais sufrido	hubieses sufrido	hubieseis sufrido
hubiera sufrido	hubieran sufrido	hubiese sufrido	hubiesen sufrido

PROGRESSIVE TENSES

PRESENT	estoy, estás, está, estamos, estáis, están	
PRETERIT	estuve, estuviste, estuvo, estuvimos, estuvisteis, estuvieron	
IMPERFECT	estaba, estabas, estaba, estábamos, estabais, estaban	sufriendo
FUTURE	estaré, estarás, estará, estaremos, estaréis, estarán	
CONDITIONAL	estaría, estarías, estaría, estaríamos, estaríais, estarían	
SUBJUNCTIVE	que + *corresponding subjunctive tense of* estar (*see verb 252*)	

COMMANDS

	(nosotros) suframos/no suframos
(tú) sufre/no sufras	(vosotros) sufrid/no sufráis
(Ud.) sufra/no sufra	(Uds.) sufran/no sufran

Usage

Sufre de dolores de cabeza.	*He suffers from headaches.*
No nos gusta que sufras su insolencia.	*We don't like you to put up with her insolence.*
¡Sufre las consecuencias de tus acciones!	*Suffer the consequences of your actions!*
Sufrieron un fracaso.	*They suffered a failure.*
¿Cuándo sufriste el accidente de coche?	*When did you have the car accident?*
Vivían con mucho sufrimiento.	*They lived with a lot of suffering.*

stem-changing -ir verb:
e > ie (present), e > i (preterit)

sugiero · sugirieron · sugerido · sugiriendo

PRESENT		PRETERIT	
sugiero	sugerimos	sugerí	sugerimos
sugieres	sugerís	sugeriste	sugeristeis
sugiere	sugieren	sugirió	sugirieron

IMPERFECT		PRESENT PERFECT	
sugería	sugeríamos	he sugerido	hemos sugerido
sugerías	sugeríais	has sugerido	habéis sugerido
sugería	sugerían	ha sugerido	han sugerido

FUTURE		CONDITIONAL	
sugeriré	sugeriremos	sugeriría	sugeriríamos
sugerirás	sugeriréis	sugerirías	sugeriríais
sugerirá	sugerirán	sugeriría	sugerirían

PLUPERFECT		PRETERIT PERFECT	
había sugerido	habíamos sugerido	hube sugerido	hubimos sugerido
habías sugerido	habíais sugerido	hubiste sugerido	hubisteis sugerido
había sugerido	habían sugerido	hubo sugerido	hubieron sugerido

FUTURE PERFECT		CONDITIONAL PERFECT	
habré sugerido	habremos sugerido	habría sugerido	habríamos sugerido
habrás sugerido	habréis sugerido	habrías sugerido	habríais sugerido
habrá sugerido	habrán sugerido	habría sugerido	habrían sugerido

PRESENT SUBJUNCTIVE		PRESENT PERFECT SUBJUNCTIVE	
sugiera	sugiramos	haya sugerido	hayamos sugerido
sugieras	sugiráis	hayas sugerido	hayáis sugerido
sugiera	sugieran	haya sugerido	hayan sugerido

IMPERFECT SUBJUNCTIVE (-ra)		or	IMPERFECT SUBJUNCTIVE (-se)	
sugiriera	sugiriéramos		sugiriese	sugiriésemos
sugirieras	sugirierais		sugirieses	sugirieseis
sugiriera	sugirieran		sugiriese	sugiriesen

PAST PERFECT SUBJUNCTIVE (-ra)		or	PAST PERFECT SUBJUNCTIVE (-se)	
hubiera sugerido	hubiéramos sugerido		hubiese sugerido	hubiésemos sugerido
hubieras sugerido	hubierais sugerido		hubieses sugerido	hubieseis sugerido
hubiera sugerido	hubieran sugerido		hubiese sugerido	hubiesen sugerido

PROGRESSIVE TENSES

PRESENT	estoy, estás, está, estamos, estáis, están	
PRETERIT	estuve, estuviste, estuvo, estuvimos, estuvisteis, estuvieron	
IMPERFECT	estaba, estabas, estaba, estábamos, estabais, estaban	sugiriendo
FUTURE	estaré, estarás, estará, estaremos, estaréis, estarán	
CONDITIONAL	estaría, estarías, estaría, estaríamos, estaríais, estarían	
SUBJUNCTIVE	que + *corresponding subjunctive tense of* estar (*see verb 252*)	

COMMANDS

	(nosotros) sugiramos/no sugiramos
(tú) sugiere/no sugieras	(vosotros) sugerid/no sugiráis
(Ud.) sugiera/no sugiera	(Uds.) sugieran/no sugieran

Usage

—¿Qué nos sugieres?	*What can you suggest to us?*
—Sugiero que aplacen la reunión.	*I suggest that you postpone the meeting.*
Sugirió que le habían hecho una mala jugada.	*She insinuated that they had played a dirty trick on her.*
Uds. han sugerido todo lo posible.	*You've suggested everything possible.*
Os hemos dado unas sugerencias.	*We've given you some suggestions.*
Su prosa es sugerente.	*His prose is suggestive.*

sumar   to add, add up, amount to, summarize, sum up

sumo · sumaron · sumado · sumando   regular -ar verb

PRESENT		PRETERIT	
sumo	sumamos	sumé	sumamos
sumas	sumáis	sumaste	sumasteis
suma	suman	sumó	sumaron

IMPERFECT		PRESENT PERFECT	
sumaba	sumábamos	he sumado	hemos sumado
sumabas	sumabais	has sumado	habéis sumado
sumaba	sumaban	ha sumado	han sumado

FUTURE		CONDITIONAL	
sumaré	sumaremos	sumaría	sumaríamos
sumarás	sumaréis	sumarías	sumaríais
sumará	sumarán	sumaría	sumarían

PLUPERFECT		PRETERIT PERFECT	
había sumado	habíamos sumado	hube sumado	hubimos sumado
habías sumado	habíais sumado	hubiste sumado	hubisteis sumado
había sumado	habían sumado	hubo sumado	hubieron sumado

FUTURE PERFECT		CONDITIONAL PERFECT	
habré sumado	habremos sumado	habría sumado	habríamos sumado
habrás sumado	habréis sumado	habrías sumado	habríais sumado
habrá sumado	habrán sumado	habría sumado	habrían sumado

PRESENT SUBJUNCTIVE		PRESENT PERFECT SUBJUNCTIVE	
sume	sumemos	haya sumado	hayamos sumado
sumes	suméis	hayas sumado	hayáis sumado
sume	sumen	haya sumado	hayan sumado

IMPERFECT SUBJUNCTIVE (-ra)		or IMPERFECT SUBJUNCTIVE (-se)	
sumara	sumáramos	sumase	sumásemos
sumaras	sumarais	sumases	sumaseis
sumara	sumaran	sumase	sumasen

PAST PERFECT SUBJUNCTIVE (-ra)		or PAST PERFECT SUBJUNCTIVE (-se)	
hubiera sumado	hubiéramos sumado	hubiese sumado	hubiésemos sumado
hubieras sumado	hubierais sumado	hubieses sumado	hubieseis sumado
hubiera sumado	hubieran sumado	hubiese sumado	hubiesen sumado

PROGRESSIVE TENSES

PRESENT	estoy, estás, está, estamos, estáis, están
PRETERIT	estuve, estuviste, estuvo, estuvimos, estuvisteis, estuvieron
IMPERFECT	estaba, estabas, estaba, estábamos, estabais, estaban
FUTURE	estaré, estarás, estará, estaremos, estaréis, estarán
CONDITIONAL	estaría, estarías, estaría, estaríamos, estaríais, estarían
SUBJUNCTIVE	que + *corresponding subjunctive tense of* estar (*see verb 252*)

} sumando

COMMANDS

	(nosotros) sumemos/no sumemos
(tú) suma/no sumes	(vosotros) sumad/no suméis
(Ud.) sume/no sume	(Uds.) sumen/no sumen

Usage

El niño ya sabe sumar y restar.	*The child already knows how to add and subtract.*
Sus ganancias suman cien mil dólares.	*His earnings amount to $100,000.*
Le pedimos que sume brevemente lo ocurrido.	*We ask you to summarize briefly what happened.*
Prepare un sumario.	*Prepare a summary.*
Le gusta hacer sumas.	*She likes to add.*
En suma, todo resultó bien.	*In short, everything worked out well.*

irregular verb (like **poner**) | **supongo · supusieron · supuesto · suponiendo**

PRESENT

supongo	suponemos
supones	suponéis
supone	suponen

PRETERIT

supuse	supusimos
supusiste	supusisteis
supuso	supusieron

IMPERFECT

suponía	suponíamos
suponías	suponíais
suponía	suponían

PRESENT PERFECT

he supuesto	hemos supuesto
has supuesto	habéis supuesto
ha supuesto	han supuesto

FUTURE

supondré	supondremos
supondrás	supondréis
supondrá	supondrán

CONDITIONAL

supondría	supondríamos
supondrías	supondríais
supondría	supondrían

PLUPERFECT

había supuesto	habíamos supuesto
habías supuesto	habíais supuesto
había supuesto	habían supuesto

PRETERIT PERFECT

hube supuesto	hubimos supuesto
hubiste supuesto	hubisteis supuesto
hubo supuesto	hubieron supuesto

FUTURE PERFECT

habré supuesto	habremos supuesto
habrás supuesto	habréis supuesto
habrá supuesto	habrán supuesto

CONDITIONAL PERFECT

habría supuesto	habríamos supuesto
habrías supuesto	habríais supuesto
habría supuesto	habrían supuesto

PRESENT SUBJUNCTIVE

suponga	supongamos
supongas	supongáis
suponga	supongan

PRESENT PERFECT SUBJUNCTIVE

haya supuesto	hayamos supuesto
hayas supuesto	hayáis supuesto
haya supuesto	hayan supuesto

IMPERFECT SUBJUNCTIVE (-ra) *or* **IMPERFECT SUBJUNCTIVE (-se)**

supusiera	supusiéramos
supusieras	supusierais
supusiera	supusieran

supusiese	supusiésemos
supusieses	supusieseis
supusiese	supusiesen

PAST PERFECT SUBJUNCTIVE (-ra) *or* **PAST PERFECT SUBJUNCTIVE (-se)**

hubiera supuesto	hubiéramos supuesto
hubieras supuesto	hubierais supuesto
hubiera supuesto	hubieran supuesto

hubiese supuesto	hubiésemos supuesto
hubieses supuesto	hubieseis supuesto
hubiese supuesto	hubiesen supuesto

PROGRESSIVE TENSES

PRESENT	estoy, estás, está, estamos, estáis, están
PRETERIT	estuve, estuviste, estuvo, estuvimos, estuvisteis, estuvieron
IMPERFECT	estaba, estabas, estaba, estábamos, estabais, estaban
FUTURE	estaré, estarás, estará, estaremos, estaréis, estarán
CONDITIONAL	estaría, estarías, estaría, estaríamos, estaríais, estarían
SUBJUNCTIVE	que + *corresponding subjunctive tense of* estar (*see verb 252*)

} suponiendo

COMMANDS

	(nosotros) supongamos/no supongamos
(tú) supón/no supongas	(vosotros) suponed/no supongáis
(Ud.) suponga/no suponga	(Uds.) supongan/no supongan

Usage

Suponemos que no has oído nada.	*We suppose/assume you haven't heard anything.*
Esta empresa supone la cooperación de todos.	*This undertaking means/entails everyone's cooperation.*
Supongo que sí/que no.	*I suppose so./I suppose not.*
¿Quién es este supuesto cantante?	*Who is this so-called singer?*
¡Por supuesto!	*Of course!*

suprimir | *to suppress, omit, eliminate*

suprimo · suprimieron · suprimido · suprimiendo | regular *-ir* verb

PRESENT		PRETERIT	
suprimo	suprimimos	suprimí	suprimimos
suprimes	suprimís	suprimiste	suprimisteis
suprime	suprimen	suprimió	suprimieron

IMPERFECT		PRESENT PERFECT	
suprimía	suprimíamos	he suprimido	hemos suprimido
suprimías	suprimíais	has suprimido	habéis suprimido
suprimía	suprimían	ha suprimido	han suprimido

FUTURE		CONDITIONAL	
suprimiré	suprimiremos	suprimiría	suprimiríamos
suprimirás	suprimiréis	suprimirías	suprimiríais
suprimirá	suprimirán	suprimiría	suprimirían

PLUPERFECT		PRETERIT PERFECT	
había suprimido	habíamos suprimido	hube suprimido	hubimos suprimido
habías suprimido	habíais suprimido	hubiste suprimido	hubisteis suprimido
había suprimido	habían suprimido	hubo suprimido	hubieron suprimido

FUTURE PERFECT		CONDITIONAL PERFECT	
habré suprimido	habremos suprimido	habría suprimido	habríamos suprimido
habrás suprimido	habréis suprimido	habrías suprimido	habríais suprimido
habrá suprimido	habrán suprimido	habría suprimido	habrían suprimido

PRESENT SUBJUNCTIVE		PRESENT PERFECT SUBJUNCTIVE	
suprima	suprimamos	haya suprimido	hayamos suprimido
suprimas	suprimáis	hayas suprimido	hayáis suprimido
suprima	supriman	haya suprimido	hayan suprimido

IMPERFECT SUBJUNCTIVE (-ra)		*or*	IMPERFECT SUBJUNCTIVE (-se)	
suprimiera	suprimiéramos		suprimiese	suprimiésemos
suprimieras	suprimierais		suprimieses	suprimieseis
suprimiera	suprimieran		suprimiese	suprimiesen

PAST PERFECT SUBJUNCTIVE (-ra)		*or*	PAST PERFECT SUBJUNCTIVE (-se)	
hubiera suprimido	hubiéramos suprimido		hubiese suprimido	hubiésemos suprimido
hubieras suprimido	hubierais suprimido		hubieses suprimido	hubieseis suprimido
hubiera suprimido	hubieran suprimido		hubiese suprimido	hubiesen suprimido

PROGRESSIVE TENSES

PRESENT	estoy, estás, está, estamos, estáis, están	
PRETERIT	estuve, estuviste, estuvo, estuvimos, estuvisteis, estuvieron	
IMPERFECT	estaba, estabas, estaba, estábamos, estabais, estaban	suprimiendo
FUTURE	estaré, estarás, estará, estaremos, estaréis, estarán	
CONDITIONAL	estaría, estarías, estaría, estaríamos, estaríais, estarían	
SUBJUNCTIVE	que + *corresponding subjunctive tense of* estar (*see verb 252*)	

COMMANDS

	(nosotros) suprimamos/no suprimamos
(tú) suprime/no suprimas	(vosotros) suprimid/no suprimáis
(Ud.) suprima/no suprima	(Uds.) supriman/no supriman

Usage

Se suprimía la libertad bajo el comunismo.	*Freedom was suppressed under communism.*
Suprima los pormenores aburridos.	*Leave out the boring details.*
He suprimido dos párrafos.	*I've eliminated two paragraphs.*
¿No temes que se suprima tu trabajo?	*Aren't you afraid your work will be deleted?*
La novela fue suprimida por un siglo.	*The novel was suppressed for a century.*

-ir verb; spelling change: *g > j/o, a*   **surjo · surgieron · surgido · surgiendo**

PRESENT		PRETERIT	
surjo	surgimos	surgí	surgimos
surges	surgís	surgiste	surgisteis
surge	surgen	surgió	surgieron

IMPERFECT		PRESENT PERFECT	
surgía	surgíamos	he surgido	hemos surgido
surgías	surgíais	has surgido	habéis surgido
surgía	surgían	ha surgido	han surgido

FUTURE		CONDITIONAL	
surgiré	surgiremos	surgiría	surgiríamos
surgirás	surgiréis	surgirías	surgiríais
surgirá	surgirán	surgiría	surgirían

PLUPERFECT		PRETERIT PERFECT	
había surgido	habíamos surgido	hube surgido	hubimos surgido
habías surgido	habíais surgido	hubiste surgido	hubisteis surgido
había surgido	habían surgido	hubo surgido	hubieron surgido

FUTURE PERFECT		CONDITIONAL PERFECT	
habré surgido	habremos surgido	habría surgido	habríamos surgido
habrás surgido	habréis surgido	habrías surgido	habríais surgido
habrá surgido	habrán surgido	habría surgido	habrían surgido

PRESENT SUBJUNCTIVE		PRESENT PERFECT SUBJUNCTIVE	
surja	surjamos	haya surgido	hayamos surgido
surjas	surjáis	hayas surgido	hayáis surgido
surja	surjan	haya surgido	hayan surgido

IMPERFECT SUBJUNCTIVE (-ra)		*or*	IMPERFECT SUBJUNCTIVE (-se)	
surgiera	surgiéramos		surgiese	surgiésemos
surgieras	surgierais		surgieses	surgieseis
surgiera	surgieran		surgiese	surgiesen

PAST PERFECT SUBJUNCTIVE (-ra)		*or*	PAST PERFECT SUBJUNCTIVE (-se)	
hubiera surgido	hubiéramos surgido		hubiese surgido	hubiésemos surgido
hubieras surgido	hubierais surgido		hubieses surgido	hubieseis surgido
hubiera surgido	hubieran surgido		hubiese surgido	hubiesen surgido

PROGRESSIVE TENSES

PRESENT	estoy, estás, está, estamos, estáis, están	
PRETERIT	estuve, estuviste, estuvo, estuvimos, estuvisteis, estuvieron	
IMPERFECT	estaba, estabas, estaba, estábamos, estabais, estaban	surgiendo
FUTURE	estaré, estarás, estará, estaremos, estaréis, estarán	
CONDITIONAL	estaría, estarías, estaría, estaríamos, estaríais, estarían	
SUBJUNCTIVE	que + *corresponding subjunctive tense of* estar (*see verb 252*)	

COMMANDS

	(nosotros) surjamos/no surjamos
(tú) surge/no surjas	(vosotros) surgid/no surjáis
(Ud.) surja/no surja	(Uds.) surjan/no surjan

Usage

Un oasis surgió en el desierto.	*An oasis sprung up in the desert.*
Ha surgido una nueva flautista joven.	*A new young flutist has appeared on the scene.*
Surgían conflictos entre los socios del club.	*Conflicts arose among the club members.*
¿De dónde surgieron esas personas?	*Where did those people come from?*
El rascacielos surge entre los edificios.	*The skyscraper towers over the buildings.*

506 | suspirar *to sigh*

suspiro · suspiraron · suspirado · suspirando

regular -ar verb

PRESENT

suspiro	suspiramos
suspiras	suspiráis
suspira	suspiran

PRETERIT

suspiré	suspiramos
suspiraste	suspirasteis
suspiró	suspiraron

IMPERFECT

suspiraba	suspirábamos
suspirabas	suspirabais
suspiraba	suspiraban

PRESENT PERFECT

he suspirado	hemos suspirado
has suspirado	habéis suspirado
ha suspirado	han suspirado

FUTURE

suspiraré	suspiraremos
suspirarás	suspiraréis
suspirará	suspirarán

CONDITIONAL

suspiraría	suspiraríamos
suspirarías	suspiraríais
suspiraría	suspirarían

PLUPERFECT

había suspirado	habíamos suspirado
habías suspirado	habíais suspirado
había suspirado	habían suspirado

PRETERIT PERFECT

hube suspirado	hubimos suspirado
hubiste suspirado	hubisteis suspirado
hubo suspirado	hubieron suspirado

FUTURE PERFECT

habré suspirado	habremos suspirado
habrás suspirado	habréis suspirado
habrá suspirado	habrán suspirado

CONDITIONAL PERFECT

habría suspirado	habríamos suspirado
habrías suspirado	habríais suspirado
habría suspirado	habrían suspirado

PRESENT SUBJUNCTIVE

suspire	suspiremos
suspires	suspiréis
suspire	suspiren

PRESENT PERFECT SUBJUNCTIVE

haya suspirado	hayamos suspirado
hayas suspirado	hayáis suspirado
haya suspirado	hayan suspirado

IMPERFECT SUBJUNCTIVE (-ra)

suspirara	suspiráramos
suspiraras	suspirarais
suspirara	suspiraran

or ## IMPERFECT SUBJUNCTIVE (-se)

suspirase	suspirásemos
suspirases	suspiraseis
suspirase	suspirasen

PAST PERFECT SUBJUNCTIVE (-ra)

hubiera suspirado	hubiéramos suspirado
hubieras suspirado	hubierais suspirado
hubiera suspirado	hubieran suspirado

or ## PAST PERFECT SUBJUNCTIVE (-se)

hubiese suspirado	hubiésemos suspirado
hubieses suspirado	hubieseis suspirado
hubiese suspirado	hubiesen suspirado

PROGRESSIVE TENSES

PRESENT	estoy, estás, está, estamos, estáis, están
PRETERIT	estuve, estuviste, estuvo, estuvimos, estuvisteis, estuvieron
IMPERFECT	estaba, estabas, estaba, estábamos, estabais, estaban
FUTURE	estaré, estarás, estará, estaremos, estaréis, estarán
CONDITIONAL	estaría, estarías, estaría, estaríamos, estaríais, estarían
SUBJUNCTIVE	que + *corresponding subjunctive tense of* estar (*see verb 252*)

} suspirando

COMMANDS

	(nosotros) suspiremos/no suspiremos
(tú) suspira/no suspires	(vosotros) suspirad/no suspiréis
(Ud.) suspire/no suspire	(Uds.) suspiren/no suspiren

Usage

¿Por qué suspiras así?	*Why are you sighing like that?*
Suspira por un coche campero.	*She's longing for a jeep.*
El viento suspira quejumbrosamente.	*The wind is sighing plaintively.*
Daba suspiros.	*He was sighing.*
El suspiro indica que hay silencio.	*The quarter rest indicates there's silence.* (music)

-*ir* verb; spelling change:
adds *y* before *o, a, e*

sustituyo · sustituyeron · sustituido · sustituyendo

PRESENT

sustituyo	sustituimos
sustituyes	sustituís
sustituye	sustituyen

PRETERIT

sustituí	sustituimos
sustituiste	sustituisteis
sustituyó	sustituyeron

IMPERFECT

sustituía	sustituíamos
sustituías	sustituíais
sustituía	sustituían

PRESENT PERFECT

he sustituido	hemos sustituido
has sustituido	habéis sustituido
ha sustituido	han sustituido

FUTURE

sustituiré	sustituiremos
sustituirás	sustituiréis
sustituirá	sustituirán

CONDITIONAL

sustituiría	sustituiríamos
sustituirías	sustituiríais
sustituiría	sustituirían

PLUPERFECT

había sustituido	habíamos sustituido
habías sustituido	habíais sustituido
había sustituido	habían sustituido

PRETERIT PERFECT

hube sustituido	hubimos sustituido
hubiste sustituido	hubisteis sustituido
hubo sustituido	hubieron sustituido

FUTURE PERFECT

habré sustituido	habremos sustituido
habrás sustituido	habréis sustituido
habrá sustituido	habrán sustituido

CONDITIONAL PERFECT

habría sustituido	habríamos sustituido
habrías sustituido	habríais sustituido
habría sustituido	habrían sustituido

PRESENT SUBJUNCTIVE

sustituya	sustituyamos
sustituyas	sustituyáis
sustituya	sustituyan

PRESENT PERFECT SUBJUNCTIVE

haya sustituido	hayamos sustituido
hayas sustituido	hayáis sustituido
haya sustituido	hayan sustituido

IMPERFECT SUBJUNCTIVE (-ra)

sustituyera	sustituyéramos
sustituyeras	sustituyerais
sustituyera	sustituyeran

or **IMPERFECT SUBJUNCTIVE (-se)**

sustituyese	sustituyésemos
sustituyeses	sustituyeseis
sustituyese	sustituyesen

PAST PERFECT SUBJUNCTIVE (-ra)

hubiera sustituido	hubiéramos sustituido
hubieras sustituido	hubierais sustituido
hubiera sustituido	hubieran sustituido

or **PAST PERFECT SUBJUNCTIVE (-se)**

hubiese sustituido	hubiésemos sustituido
hubieses sustituido	hubieseis sustituido
hubiese sustituido	hubiesen sustituido

PROGRESSIVE TENSES

PRESENT	estoy, estás, está, estamos, estáis, están
PRETERIT	estuve, estuviste, estuvo, estuvimos, estuvisteis, estuvieron
IMPERFECT	estaba, estabas, estaba, estábamos, estabais, estaban
FUTURE	estaré, estarás, estará, estaremos, estaréis, estarán
CONDITIONAL	estaría, estarías, estaría, estaríamos, estaríais, estarían
SUBJUNCTIVE	que + *corresponding subjunctive tense of* estar (*see verb 252*)

} sustituyendo

COMMANDS

	(nosotros) sustituyamos/no sustituyamos
(tú) sustituye/no sustituyas	(vosotros) sustituid/no sustituyáis
(Ud.) sustituya/no sustituya	(Uds.) sustituyan/no sustituyan

Usage

Sustituya esta impresora por otra.	*Replace this printer with another.*
El director adjunto sustituyó al director.	*The assistant director substituted for the director.*
El sustituto sustituye al primer actor hoy.	*The understudy is replacing the lead actor today.*
No se permite ninguna sustitución.	*No substitutions allowed.*

tardar *to take (time), be a long time, delay*

tardo · tardaron · tardado · tardando

regular -*ar* verb

PRESENT		PRETERIT	
tardo	tardamos	tardé	tardamos
tardas	tardáis	tardaste	tardasteis
tarda	tardan	tardó	tardaron

IMPERFECT		PRESENT PERFECT	
tardaba	tardábamos	he tardado	hemos tardado
tardabas	tardabais	has tardado	habéis tardado
tardaba	tardaban	ha tardado	han tardado

FUTURE		CONDITIONAL	
tardaré	tardaremos	tardaría	tardaríamos
tardarás	tardaréis	tardarías	tardaríais
tardará	tardarán	tardaría	tardarían

PLUPERFECT		PRETERIT PERFECT	
había tardado	habíamos tardado	hube tardado	hubimos tardado
habías tardado	habíais tardado	hubiste tardado	hubisteis tardado
había tardado	habían tardado	hubo tardado	hubieron tardado

FUTURE PERFECT		CONDITIONAL PERFECT	
habré tardado	habremos tardado	habría tardado	habríamos tardado
habrás tardado	habréis tardado	habrías tardado	habríais tardado
habrá tardado	habrán tardado	habría tardado	habrían tardado

PRESENT SUBJUNCTIVE		PRESENT PERFECT SUBJUNCTIVE	
tarde	tardemos	haya tardado	hayamos tardado
tardes	tardéis	hayas tardado	hayáis tardado
tarde	tarden	haya tardado	hayan tardado

IMPERFECT SUBJUNCTIVE (-ra)		*or* IMPERFECT SUBJUNCTIVE (-se)	
tardara	tardáramos	tardase	tardásemos
tardaras	tardarais	tardases	tardaseis
tardara	tardaran	tardase	tardasen

PAST PERFECT SUBJUNCTIVE (-ra)		*or* PAST PERFECT SUBJUNCTIVE (-se)	
hubiera tardado	hubiéramos tardado	hubiese tardado	hubiésemos tardado
hubieras tardado	hubierais tardado	hubieses tardado	hubieseis tardado
hubiera tardado	hubieran tardado	hubiese tardado	hubiesen tardado

PROGRESSIVE TENSES

PRESENT	estoy, estás, está, estamos, estáis, están	
PRETERIT	estuve, estuviste, estuvo, estuvimos, estuvisteis, estuvieron	
IMPERFECT	estaba, estabas, estaba, estábamos, estabais, estaban	tardando
FUTURE	estaré, estarás, estará, estaremos, estaréis, estarán	
CONDITIONAL	estaría, estarías, estaría, estaríamos, estaríais, estarían	
SUBJUNCTIVE	que + *corresponding subjunctive tense of* estar (*see verb 252*)	

COMMANDS

	(nosotros) tardemos/no tardemos
(tú) tarda/no tardes	(vosotros) tardad/no tardéis
(Ud.) tarde/no tarde	(Uds.) tarden/no tarden

Usage

Tardaron en llegar.	*They took a long time to arrive.*
El proyecto tardará dos meses.	*The project will take two months.*
¡No tardes más!	*Don't delay any longer!*
No tardamos nada en hacer las maletas.	*We packed our suitcases in no time.*
Es la una de la tarde.	*It's 1:00 P.M.*
Estarán de vuelta por la tarde.	*They'll be back in the afternoon.*
Se me hizo tarde.	*It got late for me.*

regular -ar verb   **telefoneo · telefonearon · telefoneado · telefoneando**

PRESENT

telefoneo	telefoneamos
telefoneas	telefoneáis
telefonea	telefonean

IMPERFECT

telefoneaba	telefoneábamos
telefoneabas	telefoneabais
telefoneaba	telefoneaban

FUTURE

telefonearé	telefonearemos
telefonearás	telefonearéis
telefoneará	telefonearán

PLUPERFECT

había telefoneado	habíamos telefoneado
habías telefoneado	habíais telefoneado
había telefoneado	habían telefoneado

FUTURE PERFECT

habré telefoneado	habremos telefoneado
habrás telefoneado	habréis telefoneado
habrá telefoneado	habrán telefoneado

PRESENT SUBJUNCTIVE

telefonee	telefoneemos
telefonees	telefoneéis
telefonee	telefoneen

IMPERFECT SUBJUNCTIVE (-ra)

telefoneara	telefoneáramos
telefonearas	telefonearais
telefoneara	telefonearan

PAST PERFECT SUBJUNCTIVE (-ra)

hubiera telefoneado	hubiéramos telefoneado
hubieras telefoneado	hubierais telefoneado
hubiera telefoneado	hubieran telefoneado

PRETERIT

telefoneé	telefoneamos
telefoneaste	telefoneasteis
telefoneó	telefonearon

PRESENT PERFECT

he telefoneado	hemos telefoneado
has telefoneado	habéis telefoneado
ha telefoneado	han telefoneado

CONDITIONAL

telefonearía	telefonearíamos
telefonearías	telefonearíais
telefonearía	telefonearían

PRETERIT PERFECT

hube telefoneado	hubimos telefoneado
hubiste telefoneado	hubisteis telefoneado
hubo telefoneado	hubieron telefoneado

CONDITIONAL PERFECT

habría telefoneado	habríamos telefoneado
habrías telefoneado	habríais telefoneado
habría telefoneado	habrían telefoneado

PRESENT PERFECT SUBJUNCTIVE

haya telefoneado	hayamos telefoneado
hayas telefoneado	hayáis telefoneado
haya telefoneado	hayan telefoneado

or **IMPERFECT SUBJUNCTIVE (-se)**

telefonease	telefoneásemos
telefoneases	telefoneaseis
telefonease	telefoneasen

or **PAST PERFECT SUBJUNCTIVE (-se)**

hubiese telefoneado	hubiésemos telefoneado
hubieses telefoneado	hubieseis telefoneado
hubiese telefoneado	hubiesen telefoneado

PROGRESSIVE TENSES

PRESENT	estoy, estás, está, estamos, estáis, están
PRETERIT	estuve, estuviste, estuvo, estuvimos, estuvisteis, estuvieron
IMPERFECT	estaba, estabas, estaba, estábamos, estabais, estaban
FUTURE	estaré, estarás, estará, estaremos, estaréis, estarán
CONDITIONAL	estaría, estarías, estaría, estaríamos, estaríais, estarían
SUBJUNCTIVE	que + *corresponding subjunctive tense of* estar (*see verb 252*)

} telefoneando

COMMANDS

	(nosotros) telefoneemos/no telefoneemos
(tú) telefonea/no telefonees	(vosotros) telefonead/no telefoneéis
(Ud.) telefonee/no telefonee	(Uds.) telefoneen/no telefoneen

Usage

Telefoneaba a mis papás todos los días.	*I phoned my parents every day.*
Telefonéanos tan pronto como llegues.	*Telephone us as soon as you arrive.*
Uso el correo electrónico más que el teléfono.	*I use e-mail more than the telephone.*
Tengo un teléfono inalámbrico y un teléfono móvil.	*I have a cordless phone and a mobile phone.*
Marque el número de teléfono.	*Dial the phone number.*
La telefonía sin hilos cobra importancia.	*Wireless telephony is gaining importance.*
Hay teléfono público en la esquina.	*There's a public telephone on the corner.*

temblar   *to shake, tremble, shiver*

tiemblo · temblaron · temblado · temblando   stem-changing -*ar* verb: *e > ie*

PRESENT		PRETERIT	
tiemblo	temblamos	temblé	temblamos
tiemblas	tembláis	temblaste	temblasteis
tiembla	tiemblan	tembló	temblaron

IMPERFECT		PRESENT PERFECT	
temblaba	temblábamos	he temblado	hemos temblado
temblabas	temblabais	has temblado	habéis temblado
temblaba	temblaban	ha temblado	han temblado

FUTURE		CONDITIONAL	
temblaré	temblaremos	temblaría	temblaríamos
temblarás	temblaréis	temblarías	temblaríais
temblará	temblarán	temblaría	temblarían

PLUPERFECT		PRETERIT PERFECT	
había temblado	habíamos temblado	hube temblado	hubimos temblado
habías temblado	habíais temblado	hubiste temblado	hubisteis temblado
había temblado	habían temblado	hubo temblado	hubieron temblado

FUTURE PERFECT		CONDITIONAL PERFECT	
habré temblado	habremos temblado	habría temblado	habríamos temblado
habrás temblado	habréis temblado	habrías temblado	habríais temblado
habrá temblado	habrán temblado	habría temblado	habrían temblado

PRESENT SUBJUNCTIVE		PRESENT PERFECT SUBJUNCTIVE	
tiemble	temblemos	haya temblado	hayamos temblado
tiembles	tembléis	hayas temblado	hayáis temblado
tiemble	tiemblen	haya temblado	hayan temblado

IMPERFECT SUBJUNCTIVE (-ra)		*or*	IMPERFECT SUBJUNCTIVE (-se)	
temblara	tembláramos		temblase	temblásemos
temblaras	temblarais		temblases	temblaseis
temblara	temblaran		temblase	temblasen

PAST PERFECT SUBJUNCTIVE (-ra)		*or*	PAST PERFECT SUBJUNCTIVE (-se)	
hubiera temblado	hubiéramos temblado		hubiese temblado	hubiésemos temblado
hubieras temblado	hubierais temblado		hubieses temblado	hubieseis temblado
hubiera temblado	hubieran temblado		hubiese temblado	hubiesen temblado

PROGRESSIVE TENSES

PRESENT	estoy, estás, está, estamos, estáis, están
PRETERIT	estuve, estuviste, estuvo, estuvimos, estuvisteis, estuvieron
IMPERFECT	estaba, estabas, estaba, estábamos, estabais, estaban
FUTURE	estaré, estarás, estará, estaremos, estaréis, estarán
CONDITIONAL	estaría, estarías, estaría, estaríamos, estaríais, estarían
SUBJUNCTIVE	que + *corresponding subjunctive tense of* estar (*see verb 252*)

} temblando

COMMANDS

	(nosotros) temblemos/no temblemos
(tú) tiembla/no tiembles	(vosotros) temblad/no tembléis
(Ud.) tiemble/no tiemble	(Uds.) tiemblen/no tiemblen

Usage

Los edificios temblaban durante el temblor de tierra.	*The buildings were shaking during the earthquake.*
Tiemblas. Será el frío.	*You're shivering. It must be the cold.*
La película de horror les hacía temblar de miedo.	*The horror film made them tremble with fear.*
Tiene la voz temblorosa por los nervios.	*Her voice is tremulous because she's nervous.*
La pesadilla le daba temblores.	*The nightmare gave her shivers.*

regular -*er* verb   **temo · temieron · temido · temiendo**

PRESENT

		PRETERIT	
temo	tememos	temí	temimos
temes	teméis	temiste	temisteis
teme	temen	temió	temieron

IMPERFECT

		PRESENT PERFECT	
temía	temíamos	he temido	hemos temido
temías	temíais	has temido	habéis temido
temía	temían	ha temido	han temido

FUTURE

		CONDITIONAL	
temeré	temeremos	temería	temeríamos
temerás	temeréis	temerías	temeríais
temerá	temerán	temería	temerían

PLUPERFECT

		PRETERIT PERFECT	
había temido	habíamos temido	hube temido	hubimos temido
habías temido	habíais temido	hubiste temido	hubisteis temido
había temido	habían temido	hubo temido	hubieron temido

FUTURE PERFECT

		CONDITIONAL PERFECT	
habré temido	habremos temido	habría temido	habríamos temido
habrás temido	habréis temido	habrías temido	habríais temido
habrá temido	habrán temido	habría temido	habrían temido

PRESENT SUBJUNCTIVE

		PRESENT PERFECT SUBJUNCTIVE	
tema	temamos	haya temido	hayamos temido
temas	temáis	hayas temido	hayáis temido
tema	teman	haya temido	hayan temido

IMPERFECT SUBJUNCTIVE (-ra)   *or*   **IMPERFECT SUBJUNCTIVE (-se)**

temiera	temiéramos	temiese	temiésemos
temieras	temierais	temieses	temieseis
temiera	temieran	temiese	temiesen

PAST PERFECT SUBJUNCTIVE (-ra)   *or*   **PAST PERFECT SUBJUNCTIVE (-se)**

hubiera temido	hubiéramos temido	hubiese temido	hubiésemos temido
hubieras temido	hubierais temido	hubieses temido	hubieseis temido
hubiera temido	hubieran temido	hubiese temido	hubiesen temido

PROGRESSIVE TENSES

PRESENT	estoy, estás, está, estamos, estáis, están	
PRETERIT	estuve, estuviste, estuvo, estuvimos, estuvisteis, estuvieron	
IMPERFECT	estaba, estabas, estaba, estábamos, estabais, estaban	temiendo
FUTURE	estaré, estarás, estará, estaremos, estaréis, estarán	
CONDITIONAL	estaría, estarías, estaría, estaríamos, estaríais, estarían	
SUBJUNCTIVE	que + *corresponding subjunctive tense of* estar (*see verb 252*)	

COMMANDS

	(nosotros) temamos/no temamos
(tú) teme/no temas	(vosotros) temed/no temáis
(Ud.) tema/no tema	(Uds.) teman/no teman

Usage

No temen el calentamiento de la Tierra.	*They're not afraid of global warming.*
Temía que nos fuéramos sin él.	*He feared we'd leave without him.*
¿Te temes que no te inviten a la fiesta?	*Are you afraid you won't be invited to the party?*
La gente temía por su vida.	*People feared for their lives.*
No tiene temor a nada.	*She's not afraid of anything.*
¡Qué temible es el monstruo!	*What a frightful monster!*
Los dictadores son de temer.	*Dictators are dangerous.*

tender *to spread, put out, tend, have a tendency*

tiendo · tendieron · tendido · tendiendo   stem-changing -er verb: e > ie

PRESENT		PRETERIT	
tiendo	tendemos	tendí	tendimos
tiendes	tendéis	tendiste	tendisteis
tiende	tienden	tendió	tendieron

IMPERFECT		PRESENT PERFECT	
tendía	tendíamos	he tendido	hemos tendido
tendías	tendíais	has tendido	habéis tendido
tendía	tendían	ha tendido	han tendido

FUTURE		CONDITIONAL	
tenderé	tenderemos	tendería	tenderíamos
tenderás	tenderéis	tenderías	tenderíais
tenderá	tenderán	tendería	tenderían

PLUPERFECT		PRETERIT PERFECT	
había tendido	habíamos tendido	hube tendido	hubimos tendido
habías tendido	habíais tendido	hubiste tendido	hubisteis tendido
había tendido	habían tendido	hubo tendido	hubieron tendido

FUTURE PERFECT		CONDITIONAL PERFECT	
habré tendido	habremos tendido	habría tendido	habríamos tendido
habrás tendido	habréis tendido	habrías tendido	habríais tendido
habrá tendido	habrán tendido	habría tendido	habrían tendido

PRESENT SUBJUNCTIVE		PRESENT PERFECT SUBJUNCTIVE	
tienda	tendamos	haya tendido	hayamos tendido
tiendas	tendáis	hayas tendido	hayáis tendido
tienda	tiendan	haya tendido	hayan tendido

IMPERFECT SUBJUNCTIVE (-ra)		or IMPERFECT SUBJUNCTIVE (-se)	
tendiera	tendiéramos	tendiese	tendiésemos
tendieras	tendierais	tendieses	tendieseis
tendiera	tendieran	tendiese	tendiesen

PAST PERFECT SUBJUNCTIVE (-ra)		or PAST PERFECT SUBJUNCTIVE (-se)	
hubiera tendido	hubiéramos tendido	hubiese tendido	hubiésemos tendido
hubieras tendido	hubierais tendido	hubieses tendido	hubieseis tendido
hubiera tendido	hubieran tendido	hubiese tendido	hubiesen tendido

PROGRESSIVE TENSES

PRESENT	estoy, estás, está, estamos, estáis, están
PRETERIT	estuve, estuviste, estuvo, estuvimos, estuvisteis, estuvieron
IMPERFECT	estaba, estabas, estaba, estábamos, estabais, estaban
FUTURE	estaré, estarás, estará, estaremos, estaréis, estarán
CONDITIONAL	estaría, estarías, estaría, estaríamos, estaríais, estarían
SUBJUNCTIVE	que + *corresponding subjunctive tense of* estar (*see verb 252*)

tendiendo

COMMANDS

	(nosotros) tendamos/no tendamos
(tú) tiende/no tiendas	(vosotros) tended/no tendáis
(Ud.) tienda/no tienda	(Uds.) tiendan/no tiendan

Usage

Tendamos la manta.	*Let's spread out the blanket.*
Tendió la mano al conocerlo.	*She put out her hand when she met him.*
Tendéis a exagerar.	*You tend to overdo it/go too far.*
Me tendí en el sofá.	*I stretched out on the couch.*
Están tendidos en el suelo.	*They're lying/stretched out on the floor.*
¿Sigues las tendencias en la moda?	*Do you follow trends in fashion?*
La Bolsa tiene una tendencia alcista/bajista.	*The stock market has an upward/downward trend.*

irregular verb | **tengo · tuvieron · tenido · teniendo**

PRESENT

tengo	tenemos
tienes	tenéis
tiene	tienen

PRETERIT

tuve	tuvimos
tuviste	tuvisteis
tuvo	tuvieron

IMPERFECT

tenía	teníamos
tenías	teníais
tenía	tenían

PRESENT PERFECT

he tenido	hemos tenido
has tenido	habéis tenido
ha tenido	han tenido

FUTURE

tendré	tendremos
tendrás	tendréis
tendrá	tendrán

CONDITIONAL

tendría	tendríamos
tendrías	tendríais
tendría	tendrían

PLUPERFECT

había tenido	habíamos tenido
habías tenido	habíais tenido
había tenido	habían tenido

PRETERIT PERFECT

hube tenido	hubimos tenido
hubiste tenido	hubisteis tenido
hubo tenido	hubieron tenido

FUTURE PERFECT

habré tenido	habremos tenido
habrás tenido	habréis tenido
habrá tenido	habrán tenido

CONDITIONAL PERFECT

habría tenido	habríamos tenido
habrías tenido	habríais tenido
habría tenido	habrían tenido

PRESENT SUBJUNCTIVE

tenga	tengamos
tengas	tengáis
tenga	tengan

PRESENT PERFECT SUBJUNCTIVE

haya tenido	hayamos tenido
hayas tenido	hayáis tenido
haya tenido	hayan tenido

IMPERFECT SUBJUNCTIVE (ra)

tuviera	tuviéramos
tuvieras	tuvierais
tuviera	tuvieran

or **IMPERFECT SUBJUNCTIVE (-se)**

tuviese	tuviésemos
tuvieses	tuvieseis
tuviese	tuviesen

PAST PERFECT SUBJUNCTIVE (-ra)

hubiera tenido	hubiéramos tenido
hubieras tenido	hubierais tenido
hubiera tenido	hubieran tenido

or **PAST PERFECT SUBJUNCTIVE (-se)**

hubiese tenido	hubiésemos tenido
hubieses tenido	hubieseis tenido
hubiese tenido	hubiesen tenido

PROGRESSIVE TENSES

PRESENT	estoy, estás, está, estamos, estáis, están
PRETERIT	estuve, estuviste, estuvo, estuvimos, estuvisteis, estuvieron
IMPERFECT	estaba, estabas, estaba, estábamos, estabais, estaban
FUTURE	estaré, estarás, estará, estaremos, estaréis, estarán
CONDITIONAL	estaría, estarías, estaría, estaríamos, estaríais, estarían
SUBJUNCTIVE	que + *corresponding subjunctive tense of* estar (*see verb 252*)

teniendo

COMMANDS

	(nosotros) tengamos/no tengamos
(tú) ten/no tengas	(vosotros) tened/no tengáis
(Ud.) tenga/no tenga	(Uds.) tengan/no tengan

Usage

¿Tienes otra computadora?	*Do you have another computer?*
—¿Qué tienes?	*What's the matter/wrong with you?*
—Tengo dolor de cabeza.	*I have a headache.*
Ten paciencia.	*Be patient.*
Tienen éxito/fama/razón/suerte.	*They're successful/famous/right/lucky.*
Tiene veintiséis años.	*He's 26 years old.*
Tenemos que firmar estos papeles.	*We have to sign these papers.*

TOP 50 VERB ☞

—¿Tienen la junta anual esta semana?	*Are they having/holding the annual meeting this week?*
—No, tendrá lugar el mes que viene.	*No, it will take place next month.*
Les pido que me tengan al día.	*I ask that you keep me up to date.*
Tenga en cuenta lo que dijeron.	*Bear/Keep in mind what they said.*
Eso no tiene nada que ver contigo.	*That has nothing to do with you.*
¿Qué tenéis como objetivo?	*What is your objective/goal?*
—¿Tienes sellos?	*Do you have any stamps?*
—Sí. Los tengo a mano.	*Yes. I have them right here/handy.*
Si tuviera tiempo, asistiría al concierto.	*If I had time I would attend the concert.*

tener + noun *to be* + *adjective*

—¿Tienes hambre/sed?	*Are you hungry/thirsty?*
—Sí, tengo mucha hambre/mucha sed.	*Yes, I'm very hungry/very thirsty.*
Tienen frío/calor/celos/miedo.	*They're cold/warm/jealous/afraid.*
Tengo prisa por llegar.	*I'm in a hurry to get there.*

tener que + infinitive *to have to, must*

—¿No tienes que salir para el aeropuerto ahora?	*Don't you have to leave for the airport now?*
—Todavía no. No tengo que estar hasta las seis.	*Not yet. I don't have to be there until 6:00.*

to hold

¿Tiene algo en la mano?	*Are you holding something in your hand?*
La abuela tiene al bebé en brazos.	*The grandmother is holding the baby in her arms.*

to own

Tenían una casa en la playa.	*They owned a beach house.*

Other Uses

Tiene los ojos azules/verdes.	*She has blue/green eyes.*
Tiene el pelo castaño/rubio.	*She has brown/blond hair.*
Le teníamos por trabajador.	*We considered him (to be) a hard worker.*
Tiene puesto el smoking.	*He is wearing/has on his tuxedo.*
No tiene nada de particular.	*It's nothing special.*
Lo tienen todo.	*They have everything.*
Quien más tiene más quiere.	*The more you have, the more you want.*

regular *-ar* verb

PRESENT

termino	terminamos
terminas	termináis
termina	terminan

IMPERFECT

terminaba	terminábamos
terminabas	terminabais
terminaba	terminaban

FUTURE

terminaré	terminaremos
terminarás	terminaréis
terminará	terminarán

PLUPERFECT

había terminado	habíamos terminado
habías terminado	habíais terminado
había terminado	habían terminado

FUTURE PERFECT

habré terminado	habremos terminado
habrás terminado	habréis terminado
habrá terminado	habrán terminado

PRESENT SUBJUNCTIVE

termine	terminemos
termines	terminéis
termine	terminen

IMPERFECT SUBJUNCTIVE (-ra)

terminara	termináramos
terminaras	terminarais
terminara	terminaran

PAST PERFECT SUBJUNCTIVE (-ra)

hubiera terminado	hubiéramos terminado
hubieras terminado	hubierais terminado
hubiera terminado	hubieran terminado

PRETERIT

terminé	terminamos
terminaste	terminasteis
terminó	terminaron

PRESENT PERFECT

he terminado	hemos terminado
has terminado	habéis terminado
ha terminado	han terminado

CONDITIONAL

terminaría	terminaríamos
terminarías	terminaríais
terminaría	terminarían

PRETERIT PERFECT

hube terminado	hubimos terminado
hubiste terminado	hubistcis terminado
hubo terminado	hubieron terminado

CONDITIONAL PERFECT

habría terminado	habríamos terminado
habrías terminado	habríais terminado
habría terminado	habrían terminado

PRESENT PERFECT SUBJUNCTIVE

haya terminado	hayamos terminado
hayas terminado	hayáis terminado
haya terminado	hayan terminado

or **IMPERFECT SUBJUNCTIVE (-se)**

terminase	terminásemos
terminases	terminaseis
terminase	terminasen

or **PAST PERFECT SUBJUNCTIVE (-se)**

hubiese terminado	hubiésemos terminado
hubieses terminado	hubieseis terminado
hubiese terminado	hubiesen terminado

PROGRESSIVE TENSES

PRESENT	estoy, estás, está, estamos, estáis, están
PRETERIT	estuve, estuviste, estuvo, estuvimos, estuvisteis, estuvieron
IMPERFECT	estaba, estabas, estaba, estábamos, estabais, estaban
FUTURE	estaré, estarás, estará, estaremos, estaréis, estarán
CONDITIONAL	estaría, estarías, estaría, estaríamos, estaríais, estarían
SUBJUNCTIVE	que + *corresponding subjunctive tense of* estar (*see verb 252*)

terminando

COMMANDS

	(nosotros) terminemos/no terminemos
(tú) termina/no termines	(vosotros) terminad/no terminéis
(Ud.) termine/no termine	(Uds.) terminen/no terminen

Usage

Terminamos los quehaceres.	*We're finishing our chores.*
El semestre terminará a mediados de mayo.	*The semester will end in the middle of May.*
No termina de captar el sentido.	*She still can't grasp the meaning.*
Han terminado de arreglarse.	*They've finished getting ready.*
¿Terminasteis por comprar la casa?	*Did you end up buying the house?*
Se terminó el congreso.	*The conference is over.*
¿Qué significa este término técnico?	*What does this technical term mean?*

tirar *to throw, discard, pull, knock over, spill*

tiro · tiraron · tirado · tirando

regular -ar verb

PRESENT

tiro	tiramos
tiras	tiráis
tira	tiran

PRETERIT

tiré	tiramos
tiraste	tirasteis
tiró	tiraron

IMPERFECT

tiraba	tirábamos
tirabas	tirabais
tiraba	tiraban

PRESENT PERFECT

he tirado	hemos tirado
has tirado	habéis tirado
ha tirado	han tirado

FUTURE

tiraré	tiraremos
tirarás	tiraréis
tirará	tirarán

CONDITIONAL

tiraría	tiraríamos
tirarías	tiraríais
tiraría	tirarían

PLUPERFECT

había tirado	habíamos tirado
habías tirado	habíais tirado
había tirado	habían tirado

PRETERIT PERFECT

hube tirado	hubimos tirado
hubiste tirado	hubisteis tirado
hubo tirado	hubieron tirado

FUTURE PERFECT

habré tirado	habremos tirado
habrás tirado	habréis tirado
habrá tirado	habrán tirado

CONDITIONAL PERFECT

habría tirado	habríamos tirado
habrías tirado	habríais tirado
habría tirado	habrían tirado

PRESENT SUBJUNCTIVE

tire	tiremos
tires	tiréis
tire	tiren

PRESENT PERFECT SUBJUNCTIVE

haya tirado	hayamos tirado
hayas tirado	hayáis tirado
haya tirado	hayan tirado

IMPERFECT SUBJUNCTIVE (-ra)

tirara	tiráramos
tiraras	tirarais
tirara	tiraran

or **IMPERFECT SUBJUNCTIVE (-se)**

tirase	tirásemos
tirases	tiraseis
tirase	tirasen

PAST PERFECT SUBJUNCTIVE (-ra)

hubiera tirado	hubiéramos tirado
hubieras tirado	hubierais tirado
hubiera tirado	hubieran tirado

or **PAST PERFECT SUBJUNCTIVE (-se)**

hubiese tirado	hubiésemos tirado
hubieses tirado	hubieseis tirado
hubiese tirado	hubiesen tirado

PROGRESSIVE TENSES

PRESENT	estoy, estás, está, estamos, estáis, están
PRETERIT	estuve, estuviste, estuvo, estuvimos, estuvisteis, estuvieron
IMPERFECT	estaba, estabas, estaba, estábamos, estabais, estaban
FUTURE	estaré, estarás, estará, estaremos, estaréis, estarán
CONDITIONAL	estaría, estarías, estaría, estaríamos, estaríais, estarían
SUBJUNCTIVE	que + *corresponding subjunctive tense of* estar (*see verb 252*)

} tirando

COMMANDS

	(nosotros) tiremos/no tiremos
(tú) tira/no tires	(vosotros) tirad/no tiréis
(Ud.) tire/no tire	(Uds.) tiren/no tiren

Usage

¡No tires tus cosas al suelo!	*Don't throw your things on the floor!*
¿Estas cosas son para tirar o reciclar?	*Are these things to throw away or recycle?*
Ha tirado el vaso de jugo.	*He has knocked over/spilled the glass of juice.*
Tírate en la cama.	*Lie down on the bed.*
Se tiró a la piscina.	*He jumped into the pool.*
El libro está en su tercera tirada.	*The book is in its third edition.*
¡Coge el tirador y tira la puerta!	*Grab the doorknob and pull the door!*

to touch, play (musical instrument), knock, be up to, be one's turn **tocar**

516

-ar verb; spelling change: *c > qu/e*   toco · tocaron · tocado · tocando

PRESENT

toco	tocamos
tocas	tocáis
toca	tocan

PRETERIT

toqué	tocamos
tocaste	tocasteis
tocó	tocaron

IMPERFECT

tocaba	tocábamos
tocabas	tocabais
tocaba	tocaban

PRESENT PERFECT

he tocado	hemos tocado
has tocado	habéis tocado
ha tocado	han tocado

FUTURE

tocaré	tocaremos
tocarás	tocaréis
tocará	tocarán

CONDITIONAL

tocaría	tocaríamos
tocarías	tocaríais
tocaría	tocarían

PLUPERFECT

había tocado	habíamos tocado
habías tocado	habíais tocado
había tocado	habían tocado

PRETERIT PERFECT

hube tocado	hubimos tocado
hubiste tocado	hubisteis tocado
hubo tocado	hubieron tocado

FUTURE PERFECT

habré tocado	habremos tocado
habrás tocado	habréis tocado
habrá tocado	habrán tocado

CONDITIONAL PERFECT

habría tocado	habríamos tocado
habrías tocado	habríais tocado
habría tocado	habrían tocado

PRESENT SUBJUNCTIVE

toque	toquemos
toques	toquéis
toque	toquen

PRESENT PERFECT SUBJUNCTIVE

haya tocado	hayamos tocado
hayas tocado	hayáis tocado
haya tocado	hayan tocado

IMPERFECT SUBJUNCTIVE (-ra)

tocara	tocáramos
tocaras	tocarais
tocara	tocaran

or **IMPERFECT SUBJUNCTIVE (-se)**

tocase	tocásemos
tocases	tocaseis
tocase	tocasen

PAST PERFECT SUBJUNCTIVE (-ra)

hubiera tocado	hubiéramos tocado
hubieras tocado	hubierais tocado
hubiera tocado	hubieran tocado

or **PAST PERFECT SUBJUNCTIVE (-se)**

hubiese tocado	hubiésemos tocado
hubieses tocado	hubieseis tocado
hubiese tocado	hubiesen tocado

PROGRESSIVE TENSES

PRESENT	estoy, estás, está, estamos, estáis, están
PRETERIT	estuve, estuviste, estuvo, estuvimos, estuvisteis, estuvieron
IMPERFECT	estaba, estabas, estaba, estábamos, estabais, estaban
FUTURE	estaré, estarás, estará, estaremos, estaréis, estarán
CONDITIONAL	estaría, estarías, estaría, estaríamos, estaríais, estarían
SUBJUNCTIVE	que + *corresponding subjunctive tense of* estar (*see verb 252*)

} tocando

COMMANDS

	(nosotros) toquemos/no toquemos
(tú) toca/no toques	(vosotros) tocad/no toquéis
(Ud.) toque/no toque	(Uds.) toquen/no toquen

Usage

No toques el horno.	*Don't touch the oven.*
Me han tocado el corazón.	*They've touched my heart.*
Les pido que no toquen las figurillas de cristal.	*I ask you not to touch the little glass figures.*
Toca la flauta/el clarinete/el violín.	*She plays the flute/the clarinet/the violin.*
Toque el timbre y toque a la puerta.	*Ring the bell and knock at the door.*
Me tocó a mí presidir la reunión.	*It was up to me to chair the meeting.*
Te toca a ti batear.	*It's your turn to bat/at bat.*

TOP 50 VERB ☞

tocar *to touch, play (musical instrument), knock, be up to, be one's turn*

toco · tocaron · tocado · tocando

-ar verb; spelling change: c > qu/e

Cada vez que toca algo, se le rompe.	*Every time he touches something, it breaks.*
Se toca madera como superstición.	*People knock on wood as a superstition.*
La blusa de cachemira es tan suave. Tócala.	*The cashmere blouse is so soft. Touch it.*

to blow, sound

¡Aunque tocas la bocina, el embotellamiento sigue!	*Although you're blowing your horn, the traffic jam continues!*
Se tocan las campanas del carillón.	*The bells of the carillon are ringing.*

to touch on

—No toquemos ese asunto.	*Let's not bring up that matter.*
—Pero a mí me toca de cerca.	*But it concerns me deeply.*

tocarle a alguien *to be up to, be one's turn, win, be time for*

Nos toca a nosotros calmarlos.	*It's up to us to calm them down.*
—¿A quién le toca invitar a la cena?	*Whose turn is it to buy (pay for) dinner?*
—Creo que te toca a ti.	*I think it's your turn.*
A mi amiga le tocó la lotería.	*My friend won the lottery.*
A los alumnos les toca la lección de matemáticas.	*It's time for the students' math lesson.*
Por lo que a mí me toca, ¡que se vaya a freír espárragos!	*As far as I'm concerned, let her go jump in the lake!*

tocar con *to be next to*

El teatro toca con el Hotel Ritz.	*The theater is next to the Ritz Hotel.*

Other Uses

No te toques la cara con las manos sucias.	*Don't touch your face with your dirty hands.*
Debes tocarte la cabeza por el frío.	*You should cover your head because of the cold.*
Nos toca tocar todos los registros.	*It's time for us to pull out all the stops/try everything.*
Hoy en día tocan discos compactos en el reproducto de discos compactos.	*Today you play compact discs on the CD player.*
Prefiero no hablar más tocante al tema.	*I prefer not to say more about/concerning the subject.*
Los tocadores de la orquesta son talentosos.	*The orchestra players are talented.*
El tocador es un mueble pasado de moda.	*The woman's dressing table is an old-fashioned piece of furniture.*
Hay que pagar a toca teja.	*You have to pay cash/cash down.*

regular *-ar* verb | **tomo · tomaron · tomado · tomando**

PRESENT

tomo	tomamos
tomas	tomáis
toma	toman

PRETERIT

tomé	tomamos
tomaste	tomasteis
tomó	tomaron

IMPERFECT

tomaba	tomábamos
tomabas	tomabais
tomaba	tomaban

PRESENT PERFECT

he tomado	hemos tomado
has tomado	habéis tomado
ha tomado	han tomado

FUTURE

tomaré	tomaremos
tomarás	tomaréis
tomará	tomarán

CONDITIONAL

tomaría	tomaríamos
tomarías	tomaríais
tomaría	tomarían

PLUPERFECT

había tomado	habíamos tomado
habías tomado	habíais tomado
había tomado	habían tomado

PRETERIT PERFECT

hube tomado	hubimos tomado
hubiste tomado	hubisteis tomado
hubo tomado	hubieron tomado

FUTURE PERFECT

habré tomado	habremos tomado
habrás tomado	habréis tomado
habrá tomado	habrán tomado

CONDITIONAL PERFECT

habría tomado	habríamos tomado
habrías tomado	habríais tomado
habría tomado	habrían tomado

PRESENT SUBJUNCTIVE

tome	tomemos
tomes	toméis
tome	tomen

PRESENT PERFECT SUBJUNCTIVE

haya tomado	hayamos tomado
hayas tomado	hayáis tomado
haya tomado	hayan tomado

IMPERFECT SUBJUNCTIVE (-ra)

tomara	tomáramos
tomaras	tomarais
tomara	tomaran

or **IMPERFECT SUBJUNCTIVE (-se)**

tomase	tomásemos
tomases	tomaseis
tomase	tomasen

PAST PERFECT SUBJUNCTIVE (-ra)

hubiera tomado	hubiéramos tomado
hubieras tomado	hubierais tomado
hubiera tomado	hubieran tomado

or **PAST PERFECT SUBJUNCTIVE (-se)**

hubiese tomado	hubiésemos tomado
hubieses tomado	hubieseis tomado
hubiese tomado	hubiesen tomado

PROGRESSIVE TENSES

PRESENT	estoy, estás, está, estamos, estáis, están	
PRETERIT	estuve, estuviste, estuvo, estuvimos, estuvisteis, estuvieron	
IMPERFECT	estaba, estabas, estaba, estábamos, estabais, estaban	tomando
FUTURE	estaré, estarás, estará, estaremos, estaréis, estarán	
CONDITIONAL	estaría, estarías, estaría, estaríamos, estaríais, estarían	
SUBJUNCTIVE	que + *corresponding subjunctive tense of* estar (*see verb 252*)	

COMMANDS

	(nosotros) tomemos/no tomemos
(tú) toma/no tomes	(vosotros) tomad/no toméis
(Ud.) tome/no tome	(Uds.) tomen/no tomen

Usage

Tomemos un taxi.	*Let's take a taxi.*
Han tomado muchas fotos.	*They've taken a lot of photos.*
¿Tomó el desayuno/el almuerzo/la cena?	*Did you have/eat breakfast/lunch/dinner?*
¿Qué tomas con el sándwich?	*What are you drinking with your sandwich?*
Los soldados tomaron el fuerte del enemigo.	*The soldiers took the enemy's stronghold.*
No es capaz de tomar decisiones.	*She's incapable of making decisions.*
Me tomé la libertad de enviarles mi historial.	*I took the liberty of sending them my CV.*

TOP 50 VERB ☞

Toma, aquí tienes la videocinta.	*Here, here's the videotape.*
El sondeo toma el pulso a la opinión pública.	*Polls take the pulse of public opinion.*
¿Tienes ganas de tomar el sol?	*Do you feel like sunbathing?*
Les tomamos afecto a los chiquillos.	*We're becoming fond of the kids.*
¿Por qué están tomándole odio?	*Why are you starting to hate him?*
Tomó la noticia a bien/a mal.	*She took the news well/badly.*
—¿Qué clases tomas este semestre?	*What classes are you taking this semester?*
—Tomo macroeconomía y mercadeo.	*I'm taking macroeconomics and marketing.*
¿Qué tomaste para el almuerzo?	*What did you have for lunch?*
¿A qué hora tomasteis la cena?	*At what time did you have dinner?*
¿Por quiénes nos toman?	*Whom do they take us for?*
Hemos tomado las medidas necesarias.	*We've taken the necessary measures/steps.*
Tomad el discurso por escrito.	*Write down the speech.*
¿Tomáis apuntes?	*Are you taking notes?*
—¿Ha tomado Ud. en cuenta lo que dije?	*Have you taken into account what I said?*
—Sí, lo tomo en consideración.	*Yes, I'm bearing it in mind.*
Me tomaban por extranjera.	*They took me for a foreigner.*
El enfermero le tomó la temperatura/el pulso.	*The nurse took his temperature/pulse.*
Muchachita, ¡tómate tus vitaminas!	*Take your vitamins!*
Se tomaron unas vacaciones en el Caribe.	*They took a vacation in the Caribbean.*
Se tomó la molestia de recogernos.	*He took the trouble to pick us up.*

Other Uses

Chico, ¡te están tomando el pelo!	*Hey, they're pulling your leg/teasing you!*
La toma del alcázar fue una batalla sangrienta.	*The capture of the palace/fortress was a bloody battle.*
Les gusta la toma de decisiones en equipo.	*They like decision making as a team.*
Esos tipos están tomados.	*Those guys are drunk.*

stem-changing -er verb: o > ue;   **tuerzo · torcieron · torcido · torciendo**
spelling change: c > z/o, a

PRESENT

tuerzo	torcemos		
tuerces	torcéis		
tuerce	tuercen		

PRETERIT

torcí	torcimos
torciste	torcisteis
torció	torcieron

IMPERFECT

torcía	torcíamos
torcías	torcíais
torcía	torcían

PRESENT PERFECT

he torcido	hemos torcido
has torcido	habéis torcido
ha torcido	han torcido

FUTURE

torceré	torceremos
torcerás	torceréis
torcerá	torcerán

CONDITIONAL

torcería	torceríamos
torcerías	torceríais
torcería	torcerían

PLUPERFECT

había torcido	habíamos torcido
habías torcido	habíais torcido
había torcido	habían torcido

PRETERIT PERFECT

hube torcido	hubimos torcido
hubiste torcido	hubisteis torcido
hubo torcido	hubieron torcido

FUTURE PERFECT

habré torcido	habremos torcido
habrás torcido	habréis torcido
habrá torcido	habrán torcido

CONDITIONAL PERFECT

habría torcido	habríamos torcido
habrías torcido	habríais torcido
habría torcido	habrían torcido

PRESENT SUBJUNCTIVE

tuerza	torzamos
tuerzas	torzáis
tuerza	tuerzan

PRESENT PERFECT SUBJUNCTIVE

haya torcido	hayamos torcido
hayas torcido	hayáis torcido
haya torcido	hayan torcido

IMPERFECT SUBJUNCTIVE (-ra)   *or*   **IMPERFECT SUBJUNCTIVE (-se)**

torciera	torciéramos	torciese	torciésemos
torcieras	torcierais	torcieses	torcieseis
torciera	torcieran	torciese	torciesen

PAST PERFECT SUBJUNCTIVE (-ra)   *or*   **PAST PERFECT SUBJUNCTIVE (-se)**

hubiera torcido	hubiéramos torcido	hubiese torcido	hubiésemos torcido
hubieras torcido	hubierais torcido	hubieses torcido	hubieseis torcido
hubiera torcido	hubieran torcido	hubiese torcido	hubiesen torcido

PROGRESSIVE TENSES

PRESENT	estoy, estás, está, estamos, estáis, están
PRETERIT	estuve, estuviste, estuvo, estuvimos, estuvisteis, estuvieron
IMPERFECT	estaba, estabas, estaba, estábamos, estabais, estaban
FUTURE	estaré, estarás, estará, estaremos, estaréis, estarán
CONDITIONAL	estaría, estarías, estaría, estaríamos, estaríais, estarían
SUBJUNCTIVE	que + *corresponding subjunctive tense of* estar (*see verb 252*)

} torciendo

COMMANDS

	(nosotros) torzamos/no torzamos
(tú) tuerce/no tuerzas	(vosotros) torced/no torzáis
(Ud.) tuerza/no tuerza	(Uds.) tuerzan/no tuerzan

Usage

¡Ella te torció el brazo!	*She twisted your arm/made you give in!*
—Se torció el tobillo.	*She twisted her ankle.*
—¿Cómo se le torció?	*How did she twist it?*
Este juez tuerce la ley.	*This judge bends the law.*
No tuerzas la verdad/el sentido de las palabras.	*Don't distort the truth/meaning of the words.*
Torcieron el rumbo.	*They changed course.*
El abogado se torció.	*The lawyer went crooked/got corrupted.*

toser *to cough*

toso · tosieron · tosido · tosiendo   regular -*er* verb

PRESENT

toso	tosemos
toses	toséis
tose	tosen

PRETERIT

tosí	tosimos
tosiste	tosisteis
tosió	tosieron

IMPERFECT

tosía	tosíamos
tosías	tosíais
tosía	tosían

PRESENT PERFECT

he tosido	hemos tosido
has tosido	habéis tosido
ha tosido	han tosido

FUTURE

toseré	toseremos
toserás	toseréis
toserá	toserán

CONDITIONAL

tosería	toseríamos
toserías	toseríais
tosería	toserían

PLUPERFECT

había tosido	habíamos tosido
habías tosido	habíais tosido
había tosido	habían tosido

PRETERIT PERFECT

hube tosido	hubimos tosido
hubiste tosido	hubisteis tosido
hubo tosido	hubieron tosido

FUTURE PERFECT

habré tosido	habremos tosido
habrás tosido	habréis tosido
habrá tosido	habrán tosido

CONDITIONAL PERFECT

habría tosido	habríamos tosido
habrías tosido	habríais tosido
habría tosido	habrían tosido

PRESENT SUBJUNCTIVE

tosa	tosamos
tosas	toséis
tosa	tosan

PRESENT PERFECT SUBJUNCTIVE

haya tosido	hayamos tosido
hayas tosido	hayáis tosido
haya tosido	hayan tosido

IMPERFECT SUBJUNCTIVE (-ra)

tosiera	tosiéramos
tosieras	tosierais
tosiera	tosieran

or **IMPERFECT SUBJUNCTIVE (-se)**

tosiese	tosiésemos
tosieses	tosieseis
tosiese	tosiesen

PAST PERFECT SUBJUNCTIVE (-ra)

hubiera tosido	hubiéramos tosido
hubieras tosido	hubierais tosido
hubiera tosido	hubieran tosido

or **PAST PERFECT SUBJUNCTIVE (-se)**

hubiese tosido	hubiésemos tosido
hubieses tosido	hubieseis tosido
hubiese tosido	hubiesen tosido

PROGRESSIVE TENSES

PRESENT	estoy, estás, está, estamos, estáis, están
PRETERIT	estuve, estuviste, estuvo, estuvimos, estuvisteis, estuvieron
IMPERFECT	estaba, estabas, estaba, estábamos, estabais, estaban
FUTURE	estaré, estarás, estará, estaremos, estaréis, estarán
CONDITIONAL	estaría, estarías, estaría, estaríamos, estaríais, estarían
SUBJUNCTIVE	que + *corresponding subjunctive tense of* estar (*see verb 252*)

} tosiendo

COMMANDS

	(nosotros) tosamos/no tosamos
(tú) tose/no tosas	(vosotros) tosed/no toséis
(Ud.) tosa/no tosa	(Uds.) tosan/no tosan

Usage

Pobrecita, toses mucho.	*Poor thing, you're coughing a lot.*
¡Qué catarro tiene! Tose y estornuda.	*What a cold he has! He coughs and sneezes.*
Procuro no toser durante el concierto.	*I'm trying not to cough during the concert.*
Le dio un ataque de tos.	*He had a coughing fit.*
Tenían una tos seca.	*They had a hacking cough.*
Quería que tomaran un jarabe/pastillas para la tos.	*I wanted them to take cough syrup/cough drops.*
La tos ferina puede ser peligrosa.	*Whooping cough can be dangerous.*

regular *-ar* verb

trabajo · trabajaron · trabajado · trabajando

PRESENT		PRETERIT	
trabajo	trabajamos	trabajé	trabajamos
trabajas	trabajáis	trabajaste	trabajasteis
trabaja	trabajan	trabajó	trabajaron

IMPERFECT		PRESENT PERFECT	
trabajaba	trabajábamos	he trabajado	hemos trabajado
trabajabas	trabajabais	has trabajado	habéis trabajado
trabajaba	trabajaban	ha trabajado	han trabajado

FUTURE		CONDITIONAL	
trabajaré	trabajaremos	trabajaría	trabajaríamos
trabajarás	trabajaréis	trabajarías	trabajaríais
trabajará	trabajarán	trabajaría	trabajarían

PLUPERFECT		PRETERIT PERFECT	
había trabajado	habíamos trabajado	hube trabajado	hubimos trabajado
habías trabajado	habíais trabajado	hubiste trabajado	hubisteis trabajado
había trabajado	habían trabajado	hubo trabajado	hubieron trabajado

FUTURE PERFECT		CONDITIONAL PERFECT	
habré trabajado	habremos trabajado	habría trabajado	habríamos trabajado
habrás trabajado	habréis trabajado	habrías trabajado	habríais trabajado
habrá trabajado	habrán trabajado	habría trabajado	habrían trabajado

PRESENT SUBJUNCTIVE		PRESENT PERFECT SUBJUNCTIVE	
trabaje	trabajemos	haya trabajado	hayamos trabajado
trabajes	trabajéis	hayas trabajado	hayáis trabajado
trabaje	trabajen	haya trabajado	hayan trabajado

IMPERFECT SUBJUNCTIVE (-ra)		*or* IMPERFECT SUBJUNCTIVE (-se)	
trabajara	trabajáramos	trabajase	trabajásemos
trabajaras	trabajarais	trabajases	trabajaseis
trabajara	trabajaran	trabajase	trabajasen

PAST PERFECT SUBJUNCTIVE (-ra)		*or* PAST PERFECT SUBJUNCTIVE (-se)	
hubiera trabajado	hubiéramos trabajado	hubiese trabajado	hubiésemos trabajado
hubieras trabajado	hubierais trabajado	hubieses trabajado	hubieseis trabajado
hubiera trabajado	hubieran trabajado	hubiese trabajado	hubiesen trabajado

PROGRESSIVE TENSES

PRESENT	estoy, estás, está, estamos, estáis, están
PRETERIT	estuve, estuviste, estuvo, estuvimos, estuvisteis, estuvieron
IMPERFECT	estaba, estabas, estaba, estábamos, estabais, estaban
FUTURE	estaré, estarás, estará, estaremos, estaréis, estarán
CONDITIONAL	estaría, estarías, estaría, estaríamos, estaríais, estarían
SUBJUNCTIVE	que + *corresponding subjunctive tense of* estar (*see verb 252*)

} trabajando

COMMANDS

	(nosotros) trabajemos/no trabajemos
(tú) trabaja/no trabajes	(vosotros) trabajad/no trabajéis
(Ud.) trabaje/no trabaje	(Uds.) trabajen/no trabajen

Usage

Trabaja en la tecnología de punta.	*He works in cutting-edge technology.*
Trabajaba en una consultoría.	*I worked at a consulting firm.*
Trabaja de programadora.	*She works as a programmer.*
Trabajarán para sus padres.	*They'll work for their parents.*
Buscan trabajo.	*They're job-hunting.*
Nos costó mucho trabajo entenderlo.	*It was very hard for us to understand it.*

¿Cómo se trabaja?

Trabajaba por hora.	*She was paid by the hour.*
Se mata trabajando.	*She's working herself to death.*
El gerente trabaja como una bestia/un mulo.	*The manager works like a dog.*
Siento que hayáis trabajado en balde.	*I'm sorry you worked in vain.*
Trabaja en conseguir un ascenso.	*She's working hard/striving to get a promotion.*
La empresa se vale del trabajo en equipo.	*The company uses teamwork.*

¿Cuánto se trabaja?

Se trabaja jornada entera/tiempo completo.	*They work full-time.*
Trabajas media jornada/tiempo parcial.	*You work part-time.*
Ya han hecho el trabajo de una semana/un mes.	*They've already done a week's/a month's work.*
Trabajar sin descanso agota a cualquiera.	*All work and no play makes Jack a dull boy.*
¿Estáis sin trabajo?	*Are you out of work?*

¿Dónde se trabaja?

Trabaja en una estación de trabajo.	*He works at a work station.*
¿Trabajaréis en la hostelería?	*Will you be working in the hotel business?*
Pasamos el día trabajando en la computadora.	*We spent the day working at the computer.*

¿Qué clase de trabajo?

Trabajan en metales.	*They work in metals.*
El artesano trabaja la plata/la madera.	*The artisan is working the silver/the wood.*
Hacían trabajo manual.	*They did manual labor.*
Habían trabajado la tierra.	*They had worked/tilled the land.*
El pastelero está trabajando la masa.	*The pastry chef is kneading the dough.*
El actor trabaja en el teatro y la tele.	*The actor acts in the theater and on TV.*

Other Uses

Me cuesta mucho trabajo creerlo.	*It's very hard for me to believe it.*
Es muy trabajador.	*He's very hard-working.*

TOP 50 VERBS

irregular verb   **traduzco · tradujeron · traducido · traduciendo**

PRESENT

traduzco	traducimos
traduces	traducís
traduce	traducen

PRETERIT

traduje	tradujimos
tradujiste	tradujisteis
tradujo	tradujeron

IMPERFECT

traducía	traducíamos
traducías	traducíais
traducía	traducían

PRESENT PERFECT

he traducido	hemos traducido
has traducido	habéis traducido
ha traducido	han traducido

FUTURE

traduciré	traduciremos
traducirás	traduciréis
traducirá	traducirán

CONDITIONAL

traduciría	traduciríamos
traducirías	traduciríais
traduciría	traducirían

PLUPERFECT

había traducido	habíamos traducido
habías traducido	habíais traducido
había traducido	habían traducido

PRETERIT PERFECT

hube traducido	hubimos traducido
hubiste traducido	hubisteis traducido
hubo traducido	hubieron traducido

FUTURE PERFECT

habré traducido	habremos traducido
habrás traducido	habréis traducido
habrá traducido	habrán traducido

CONDITIONAL PERFECT

habría traducido	habríamos traducido
habrías traducido	habríais traducido
habría traducido	habrían traducido

PRESENT SUBJUNCTIVE

traduzca	traduzcamos
traduzcas	traduzcáis
traduzca	traduzcan

PRESENT PERFECT SUBJUNCTIVE

haya traducido	hayamos traducido
hayas traducido	hayáis traducido
haya traducido	hayan traducido

IMPERFECT SUBJUNCTIVE (-ra)

tradujera	tradujéramos
tradujeras	tradujerais
tradujera	tradujeran

or **IMPERFECT SUBJUNCTIVE (-se)**

tradujese	tradujésemos
tradujeses	tradujeseis
tradujese	tradujesen

PAST PERFECT SUBJUNCTIVE (-ra)

hubiera traducido	hubiéramos traducido
hubieras traducido	hubierais traducido
hubiera traducido	hubieran traducido

or **PAST PERFECT SUBJUNCTIVE (-se)**

hubiese traducido	hubiésemos traducido
hubieses traducido	hubieseis traducido
hubiese traducido	hubiesen traducido

PROGRESSIVE TENSES

PRESENT	estoy, estás, está, estamos, estáis, están
PRETERIT	estuve, estuviste, estuvo, estuvimos, estuvisteis, estuvieron
IMPERFECT	estaba, estabas, estaba, estábamos, estabais, estaban
FUTURE	estaré, estarás, estará, estaremos, estaréis, estarán
CONDITIONAL	estaría, estarías, estaría, estaríamos, estaríais, estarían
SUBJUNCTIVE	que + *corresponding subjunctive tense of* estar (*see verb 252*)

traduciendo

COMMANDS

	(nosotros) traduzcamos/no traduzcamos
(tú) traduce/no traduzcas	(vosotros) traducid/no traduzcáis
(Ud.) traduzca/no traduzca	(Uds.) traduzcan/no traduzcan

Usage

Traduzca la carta del inglés al español.	*Translate the letter from English into Spanish.*
Tradujo la pieza literalmente.	*He translated the piece literally.*
Esta obra no se traduce fácilmente.	*This work is not easily interpreted.*
Le dijeron que tradujera los poemas.	*He was told to translate the poems.*
¿Tu ordenador hace traducción automática?	*Does your computer do translation?*
Trabajaba de traductor.	*He worked as a translator.*

522 | **traer** *to bring*

traigo · trajeron · traído · trayendo

irregular verb

Traigámosle flores.	*Let's bring her flowers.*
Tráeme noticias.	*Bring me news.*
Se cree que eso trae buena/mala suerte.	*People think that brings good/bad luck.*
¿Podemos traer a nuestro compañero?	*May we bring our friend along?*
Traigamos pizza esta noche.	*Let's bring in pizza tonight.*
¿Has traído un cheque contigo?	*Have you brought a check with you?*

to have

Sus gastos les traen preocupados.	*Her expenses have them concerned.*
¿Traes aspirinas?	*Do you have aspirin on you?*
La propuesta trae sus problemas.	*The proposal has its problems.*

to carry, have

El periódico de hoy trae un editorial sobre la política exterior.	*Today's newspaper has an editorial about foreign policy.*

to not care

¡Sus berrinches me traen sin cuidado!	*I don't care/give a damn about his tantrums!*

Other Uses

Esta anécdota me trae a la mente el día de su boda.	*This anecdote brings to mind/reminds me of their wedding day.*
Trae a sus empleados de aquí para allá.	*He orders his employees about/keeps his employees busy.*
¿Este chico no os trae loco?	*Doesn't this kid drive you crazy?*
Tráete tu partida de nacimiento.	*Bring along your birth certificate.*
¿Qué se traen entre manos?	*What are they up to/planning?*
No me interesan estas ideas traídas y llevadas.	*I'm not interested in these hackneyed ideas.*
Dijo algo traído por los pelos.	*He said something far-fetched.*
El traje de lana gris es elegante.	*The gray wool suit is elegant.*
¡Contraes amistad con todos!	*You make friends with everyone!*
Esas playas atraen a muchos turistas.	*Those beaches attract/bring a lot of tourists.*

TOP 50 VERBS

irregular verb | **traigo · trajeron · traído · trayendo**

PRESENT

		PRETERIT	
traigo	traemos	traje	trajimos
traes	traéis	trajiste	trajisteis
trae	traen	trajo	trajeron

IMPERFECT

		PRESENT PERFECT	
traía	traíamos	he traído	hemos traído
traías	traíais	has traído	habéis traído
traía	traían	ha traído	han traído

FUTURE

		CONDITIONAL	
traeré	traeremos	traería	traeríamos
traerás	traeréis	traerías	traeríais
traerá	traerán	traería	traerían

PLUPERFECT

		PRETERIT PERFECT	
había traído	habíamos traído	hube traído	hubimos traído
habías traído	habíais traído	hubiste traído	hubisteis traído
había traído	habían traído	hubo traído	hubieron traído

FUTURE PERFECT

		CONDITIONAL PERFECT	
habré traído	habremos traído	habría traído	habríamos traído
habrás traído	habréis traído	habrías traído	habríais traído
habrá traído	habrán traído	habría traído	habrían traído

PRESENT SUBJUNCTIVE

		PRESENT PERFECT SUBJUNCTIVE	
traiga	traigamos	haya traído	hayamos traído
traigas	traigáis	hayas traído	hayáis traído
traiga	traigan	haya traído	hayan traído

IMPERFECT SUBJUNCTIVE (-ra)   *or*   **IMPERFECT SUBJUNCTIVE (-se)**

trajera	trajéramos	trajese	trajésemos
trajeras	trajerais	trajeses	trajeseis
trajera	trajeran	trajese	trajesen

PAST PERFECT SUBJUNCTIVE (-ra)   *or*   **PAST PERFECT SUBJUNCTIVE (-se)**

hubiera traído	hubiéramos traído	hubiese traído	hubiésemos traído
hubieras traído	hubierais traído	hubieses traído	hubieseis traído
hubiera traído	hubieran traído	hubiese traído	hubiesen traído

PROGRESSIVE TENSES

PRESENT	estoy, estás, está, estamos, estáis, están
PRETERIT	estuve, estuviste, estuvo, estuvimos, estuvisteis, estuvieron
IMPERFECT	estaba, estabas, estaba, estábamos, estabais, estaban
FUTURE	estaré, estarás, estará, estaremos, estaréis, estarán
CONDITIONAL	estaría, estarías, estaría, estaríamos, estaríais, estarían
SUBJUNCTIVE	que + *corresponding subjunctive tense of* estar (*see verb 252*)

} trayendo

COMMANDS

	(nosotros) traigamos/no traigamos
(tú) trae/no traigas	(vosotros) traed/no traigáis
(Ud.) traiga/no traiga	(Uds.) traigan/no traigan

Usage

El cartero trajo el correo.	*The mailman brought the mail.*
¿Qué te trae a este barrio?	*What brings you to this neighborhood?*
Tráigame las carpetas.	*Bring me the folders.*
¡Trae!	*Give it to me!*
Su modo se ser le traía problemas.	*His manner caused him problems.*
Trae puesto un traje muy elegante.	*She's wearing an elegant suit.*
¡Traen y llevan a todo el mundo!	*They gossip about everyone!*

523 tragar *to swallow, stand*

trago · tragaron · tragado · tragando

-ar verb; spelling change: *g > gu/e*

PRESENT		PRETERIT	
trago	tragamos	tragué	tragamos
tragas	tragáis	tragaste	tragasteis
traga	tragan	tragó	tragaron

IMPERFECT		PRESENT PERFECT	
tragaba	tragábamos	he tragado	hemos tragado
tragabas	tragabais	has tragado	habéis tragado
tragaba	tragaban	ha tragado	han tragado

FUTURE		CONDITIONAL	
tragaré	tragaremos	tragaría	tragaríamos
tragarás	tragaréis	tragarías	tragaríais
tragará	tragarán	tragaría	tragarían

PLUPERFECT		PRETERIT PERFECT	
había tragado	habíamos tragado	hube tragado	hubimos tragado
habías tragado	habíais tragado	hubiste tragado	hubisteis tragado
había tragado	habían tragado	hubo tragado	hubieron tragado

FUTURE PERFECT		CONDITIONAL PERFECT	
habré tragado	habremos tragado	habría tragado	habríamos tragado
habrás tragado	habréis tragado	habrías tragado	habríais tragado
habrá tragado	habrán tragado	habría tragado	habrían tragado

PRESENT SUBJUNCTIVE		PRESENT PERFECT SUBJUNCTIVE	
trague	traguemos	haya tragado	hayamos tragado
tragues	traguéis	hayas tragado	hayáis tragado
trague	traguen	haya tragado	hayan tragado

IMPERFECT SUBJUNCTIVE (-ra)		*or* IMPERFECT SUBJUNCTIVE (-se)	
tragara	tragáramos	tragase	tragásemos
tragaras	tragarais	tragases	tragaseis
tragara	tragaran	tragase	tragasen

PAST PERFECT SUBJUNCTIVE (-ra)		*or* PAST PERFECT SUBJUNCTIVE (-se)	
hubiera tragado	hubiéramos tragado	hubiese tragado	hubiésemos tragado
hubieras tragado	hubierais tragado	hubieses tragado	hubieseis tragado
hubiera tragado	hubieran tragado	hubiese tragado	hubiesen tragado

PROGRESSIVE TENSES

PRESENT	estoy, estás, está, estamos, estáis, están	
PRETERIT	estuve, estuviste, estuvo, estuvimos, estuvisteis, estuvieron	
IMPERFECT	estaba, estabas, estaba, estábamos, estabais, estaban	tragando
FUTURE	estaré, estarás, estará, estaremos, estaréis, estarán	
CONDITIONAL	estaría, estarías, estaría, estaríamos, estaríais, estarían	
SUBJUNCTIVE	que + *corresponding subjunctive tense of* estar (*see verb 252*)	

COMMANDS

	(nosotros) traguemos/no traguemos
(tú) traga/no tragues	(vosotros) tragad/no traguéis
(Ud.) trague/no trague	(Uds.) traguen/no traguen

Usage

¡La niña ha tragado su comida por fin!	*The child has finally swallowed her food!*
¡Te tragas cuánto te dicen!	*You swallow everything they tell you!*
Su explicación es difícil de tragar.	*Their explanation is hard to swallow/believe.*
¡No la podemos tragar!	*We can't stand/stomach her!*
¡No hay quién se lo trague!	*Nobody will swallow/believe that!*
Lo comieron/bebieron de un trago.	*They ate/drank it up in one swallow.*
El taller tiene un tragaluz enorme.	*The studio has a huge skylight.*

-ar reflexive verb;
spelling change: *z > c/e*

tranquilizo · tranquilizaron · tranquilizado · tranquilizándose

PRESENT

me tranquilizo	nos tranquilizamos
te tranquilizas	os tranquilizáis
se tranquiliza	se tranquilizan

IMPERFECT

me tranquilizaba	nos tranquilizábamos
te tranquilizabas	os tranquilizabais
se tranquilizaba	se tranquilizaban

FUTURE

me tranquilizaré	nos tranquilizaremos
te tranquilizarás	os tranquilizaréis
se tranquilizará	se tranquilizarán

PLUPERFECT

me había tranquilizado	nos habíamos tranquilizado
te habías tranquilizado	os habíais tranquilizado
se había tranquilizado	se habían tranquilizado

FUTURE PERFECT

me habré tranquilizado	nos habremos tranquilizado
te habrás tranquilizado	os habréis tranquilizado
se habrá tranquilizado	se habrán tranquilizado

PRESENT SUBJUNCTIVE

me tranquilice	nos tranquilicemos
te tranquilices	os tranquilicéis
se tranquilice	se tranquilicen

IMPERFECT SUBJUNCTIVE (-ra)

me tranquilizara	nos tranquilizáramos
te tranquilizaras	os tranquilizarais
se tranquilizara	se tranquilizaran

PAST PERFECT SUBJUNCTIVE (-ra)

me hubiera tranquilizado	nos hubiéramos tranquilizado
te hubieras tranquilizado	os hubierais tranquilizado
se hubiera tranquilizado	se hubieran tranquilizado

PRETERIT

me tranquilicé	nos tranquilizamos
te tranquilizaste	os tranquilizasteis
se tranquilizó	se tranquilizaron

PRESENT PERFECT

me he tranquilizado	nos hemos tranquilizado
te has tranquilizado	os habéis tranquilizado
se ha tranquilizado	se han tranquilizado

CONDITIONAL

me tranquilizaría	nos tranquilizaríamos
te tranquilizarías	os tranquilizaríais
se tranquilizaría	se tranquilizarían

PRETERIT PERFECT

me hube tranquilizado	nos hubimos tranquilizado
te hubiste tranquilizado	os hubisteis tranquilizado
se hubo tranquilizado	se hubieron tranquilizado

CONDITIONAL PERFECT

me habría tranquilizado	nos habríamos tranquilizado
te habrías tranquilizado	os habríais tranquilizado
se habría tranquilizado	se habrían tranquilizado

PRESENT PERFECT SUBJUNCTIVE

me haya tranquilizado	nos hayamos tranquilizado
te hayas tranquilizado	os hayáis tranquilizado
se haya tranquilizado	se hayan tranquilizado

or **IMPERFECT SUBJUNCTIVE (-se)**

me tranquilizase	nos tranquilizásemos
te tranquilizases	os tranquilizaseis
se tranquilizase	se tranquilizasen

or **PAST PERFECT SUBJUNCTIVE (-se)**

me hubiese tranquilizado	nos hubiésemos tranquilizado
te hubieses tranquilizado	os hubieseis tranquilizado
se hubiese tranquilizado	se hubiesen tranquilizado

PROGRESSIVE TENSES

PRESENT	estoy, estás, está, estamos, estáis, están
PRETERIT	estuve, estuviste, estuvo, estuvimos, estuvisteis, estuvieron
IMPERFECT	estaba, estabas, estaba, estábamos, estabais, estaban
FUTURE	estaré, estarás, estará, estaremos, estaréis, estarán
CONDITIONAL	estaría, estarías, estaría, estaríamos, estaríais, estarían
SUBJUNCTIVE	que + *corresponding subjunctive tense of* estar (*see verb 252*)

} tranquilizando (*see page 31*)

COMMANDS

	(nosotros) tranquilicémonos/no nos tranquilicemos
(tú) tranquilízate/no te tranquilices	(vosotros) tranquilizaos/no os tranquilicéis
(Ud.) tranquilícese/no se tranquilice	(Uds.) tranquilícense/no se tranquilicen

Usage

¡Tranquilícense!	*Calm down!, Don't worry.*
¿Pudiste tranquilizarlos?	*Were you able to reassure them?*
El mar está tranquilizándose.	*The sea is calming down.*
Espero que os tranquilicéis.	*I hope you'll calm down.*
Tú, tranquila, que no tienes por qué preocuparte.	*Don't worry./Take it easy. You have no reason to be concerned.*
Nos fuimos con toda tranquilidad.	*We left with our minds at ease.*

transformar   *to transform, change, become*

transformo · transformaron · transformado · transformando   regular *-ar* verb

PRESENT		PRETERIT	
transformo	transformamos	transformé	transformamos
transformas	transformáis	transformaste	transformasteis
transforma	transforman	transformó	transformaron

IMPERFECT		PRESENT PERFECT	
transformaba	transformábamos	he transformado	hemos transformado
transformabas	transformabais	has transformado	habéis transformado
transformaba	transformaban	ha transformado	han transformado

FUTURE		CONDITIONAL	
transformaré	transformaremos	transformaría	transformaríamos
transformarás	transformaréis	transformarías	transformaríais
transformará	transformarán	transformaría	transformarían

PLUPERFECT		PRETERIT PERFECT	
había transformado	habíamos transformado	hube transformado	hubimos transformado
habías transformado	habíais transformado	hubiste transformado	hubisteis transformado
había transformado	habían transformado	hubo transformado	hubieron transformado

FUTURE PERFECT		CONDITIONAL PERFECT	
habré transformado	habremos transformado	habría transformado	habríamos transformado
habrás transformado	habréis transformado	habrías transformado	habríais transformado
habrá transformado	habrán transformado	habría transformado	habrían transformado

PRESENT SUBJUNCTIVE		PRESENT PERFECT SUBJUNCTIVE	
transforme	transformemos	haya transformado	hayamos transformado
transformes	transforméis	hayas transformado	hayáis transformado
transforme	transformen	haya transformado	hayan transformado

IMPERFECT SUBJUNCTIVE (-ra)		*or*	IMPERFECT SUBJUNCTIVE (-se)	
transformara	transformáramos		transformase	transformásemos
transformaras	transformarais		transformases	transformaseis
transformara	transformaran		transformase	transformasen

PAST PERFECT SUBJUNCTIVE (-ra)		*or*	PAST PERFECT SUBJUNCTIVE (-se)	
hubiera transformado	hubiéramos transformado		hubiese transformado	hubiésemos transformado
hubieras transformado	hubierais transformado		hubieses transformado	hubieseis transformado
hubiera transformado	hubieran transformado		hubiese transformado	hubiesen transformado

PROGRESSIVE TENSES

PRESENT	estoy, estás, está, estamos, estáis, están	
PRETERIT	estuve, estuviste, estuvo, estuvimos, estuvisteis, estuvieron	
IMPERFECT	estaba, estabas, estaba, estábamos, estabais, estaban	transformando
FUTURE	estaré, estarás, estará, estaremos, estaréis, estarán	
CONDITIONAL	estaría, estarías, estaría, estaríamos, estaríais, estarían	
SUBJUNCTIVE	que + *corresponding subjunctive tense of* estar (*see verb 252*)	

COMMANDS

	(nosotros) transformemos/no transformemos
(tú) transforma/no transformes	(vosotros) transformad/no transforméis
(Ud.) transforme/no transforme	(Uds.) transformen/no transformen

Usage

No es probable que su temperamento se transforme.	*It's improbable her temperament will change.*
La oruga se transformó en mariposa.	*The caterpillar changed into/became a butterfly.*
No es posible que transformen su imagen de la noche a la mañana.	*It's not possible for them to change their image overnight.*
¿Has notado una transformación en su conducta?	*Have you noticed a change in their conduct?*
La encuentro transformada.	*I find her changed.*

regular *-ar* verb

trato · trataron · tratado · tratando

PRESENT

trato	tratamos
tratas	tratáis
trata	tratan

PRETERIT

traté	tratamos
trataste	tratasteis
trató	trataron

IMPERFECT

trataba	tratábamos
tratabas	tratabais
trataba	trataban

PRESENT PERFECT

he tratado	hemos tratado
has tratado	habéis tratado
ha tratado	han tratado

FUTURE

trataré	trataremos
tratarás	trataréis
tratará	tratarán

CONDITIONAL

trataría	trataríamos
tratarías	trataríais
trataría	tratarían

PLUPERFECT

había tratado	habíamos tratado
habías tratado	habíais tratado
había tratado	habían tratado

PRETERIT PERFECT

hube tratado	hubimos tratado
hubiste tratado	hubisteis tratado
hubo tratado	hubieron tratado

FUTURE PERFECT

habré tratado	habremos tratado
habrás tratado	habréis tratado
habrá tratado	habrán tratado

CONDITIONAL PERFECT

habría tratado	habríamos tratado
habrías tratado	habríais tratado
habría tratado	habrían tratado

PRESENT SUBJUNCTIVE

trate	tratemos
trates	tratéis
trate	traten

PRESENT PERFECT SUBJUNCTIVE

haya tratado	hayamos tratado
hayas tratado	hayáis tratado
haya tratado	hayan tratado

IMPERFECT SUBJUNCTIVE (-ra)

tratara	tratáramos
trataras	tratarais
tratara	trataran

or **IMPERFECT SUBJUNCTIVE (-se)**

tratase	tratásemos
tratases	trataseis
tratase	tratasen

PAST PERFECT SUBJUNCTIVE (-ra)

hubiera tratado	hubiéramos tratado
hubieras tratado	hubierais tratado
hubiera tratado	hubieran tratado

or **PAST PERFECT SUBJUNCTIVE (-se)**

hubiese tratado	hubiésemos tratado
hubieses tratado	hubieseis tratado
hubiese tratado	hubiesen tratado

PROGRESSIVE TENSES

PRESENT	estoy, estás, está, estamos, estáis, están	
PRETERIT	estuve, estuviste, estuvo, estuvimos, estuvisteis, estuvieron	
IMPERFECT	estaba, estabas, estaba, estábamos, estabais, estaban	tratando
FUTURE	estaré, estarás, estará, estaremos, estaréis, estarán	
CONDITIONAL	estaría, estarías, estaría, estaríamos, estaríais, estarían	
SUBJUNCTIVE	que + *corresponding subjunctive tense of* estar (*see verb 252*)	

COMMANDS

	(nosotros) tratemos/no tratemos
(tú) trata/no trates	(vosotros) tratad/no tratéis
(Ud.) trate/no trate	(Uds.) traten/no traten

Usage

Trata la teoría en su tesis.	*He deals with/treats the theory in his thesis.*
Les pedimos que trataran el asunto con discreción.	*We asked them to handle the matter discreetly.*
Lo tratábamos poco.	*We had some association/dealings with him.*
Nos trataron magníficamente.	*They treated/entertained us royally.*
¿La tratáis de tú/de Ud.?	*Do you address her as tú/as Ud.?*
¿Ha tratado con el consultor?	*Have you worked/dealt with the consultant?*

TOP 50 VERB ☞

Cómo tratar a la gente

Trata bien/mal a sus compañeros.	*He treats his friends well/badly.*
Trata a todos con amabilidad.	*She treats everybody with kindness.*
¡Lo trataron como a un perro!	*They treated him like a dog/like dirt!*
Trataban a su tía con guante blanco.	*They handled their aunt with kid gloves.*
El nuevo embajador trata con el cuerpo diplomático.	*The ambassador is working with the diplomatic corps.*
Su bufete trata con pleitos de derecho comercial.	*Their law firm deals with/handles lawsuits in commercial law.*
Se tratan las maderas exóticas.	*They treat/process special fine woods.*

tratar de *to try to, attempt, be about*

Tratamos de facilitar la transacción/resolución.	*We're trying to facilitate the transaction/settlement.*
¿De qué trata el libro?	*What's the book about?/What does the book deal with?*

tratarse

Os tratáis de tú, ¿verdad?	*You address each other informally, don't you?*
¿Uds. siguen tratándose?	*Do you still talk to each other?*

Other Uses

La cuestión de que se trata es la siguiente.	*The matter in question is the following.*
Se trata precisamente de nuestra preparación.	*It's just a question of our preparedness.*
No tenemos trato con ellos.	*We don't know them/have dealings with them.*
¡Trato hecho!	*It's a deal!*
La Primera Guerra Mundial acabó con el Tratado de Versalles.	*World War I ended with the Treaty of Versailles.*
Se hace el tratamiento de textos.	*They do word processing.*
Se trabaja en el tratamiento de desechos radiactivos.	*They work in the treatment/processing of radioactive waste.*

stem-changing *-ar* verb: *e* > *ie*;
spelling change: *z* > *c/e*

tropiezo · tropezaron · tropezado · tropezando

PRESENT

tropiezo	tropezamos
tropiezas	tropezáis
tropieza	tropiezan

PRETERIT

tropecé	tropezamos
tropezaste	tropezasteis
tropezó	tropezaron

IMPERFECT

tropezaba	tropezábamos
tropezabas	tropezabais
tropezaba	tropezaban

PRESENT PERFECT

he tropezado	hemos tropezado
has tropezado	habéis tropezado
ha tropezado	han tropezado

FUTURE

tropezaré	tropezaremos
tropezarás	tropezaréis
tropezará	tropezarán

CONDITIONAL

tropezaría	tropezaríamos
tropezarías	tropezaríais
tropezaría	tropezarían

PLUPERFECT

había tropezado	habíamos tropezado
habías tropezado	habíais tropezado
había tropezado	habían tropezado

PRETERIT PERFECT

hube tropezado	hubimos tropezado
hubiste tropezado	hubisteis tropezado
hubo tropezado	hubieron tropezado

FUTURE PERFECT

habré tropezado	habremos tropezado
habrás tropezado	habréis tropezado
habrá tropezado	habrán tropezado

CONDITIONAL PERFECT

habría tropezado	habríamos tropezado
habrías tropezado	habríais tropezado
habría tropezado	habrían tropezado

PRESENT SUBJUNCTIVE

tropiece	tropecemos
tropieces	tropecéis
tropiece	tropiecen

PRESENT PERFECT SUBJUNCTIVE

haya tropezado	hayamos tropezado
hayas tropezado	hayáis tropezado
haya tropezado	hayan tropezado

IMPERFECT SUBJUNCTIVE (-ra)

tropezara	tropezáramos
tropezaras	tropezarais
tropezara	tropezaran

or **IMPERFECT SUBJUNCTIVE (-se)**

tropezase	tropezásemos
tropezases	tropezaseis
tropezase	tropezasen

PAST PERFECT SUBJUNCTIVE (-ra)

hubiera tropezado	hubiéramos tropezado
hubieras tropezado	hubierais tropezado
hubiera tropezado	hubieran tropezado

or **PAST PERFECT SUBJUNCTIVE (-se)**

hubiese tropezado	hubiésemos tropezado
hubieses tropezado	hubieseis tropezado
hubiese tropezado	hubiesen tropezado

PROGRESSIVE TENSES

PRESENT	estoy, estás, está, estamos, estáis, están	
PRETERIT	estuve, estuviste, estuvo, estuvimos, estuvisteis, estuvieron	
IMPERFECT	estaba, estabas, estaba, estábamos, estabais, estaban	tropezando
FUTURE	estaré, estarás, estará, estaremos, estaréis, estarán	
CONDITIONAL	estaría, estarías, estaría, estaríamos, estaríais, estarían	
SUBJUNCTIVE	que + *corresponding subjunctive tense of* estar (*see verb 252*)	

COMMANDS

	(nosotros) tropecemos/no tropecemos
(tú) tropieza/no tropieces	(vosotros) tropezad/no tropecéis
(Ud.) tropiece/no tropiece	(Uds.) tropiecen/no tropiecen

Usage

Tropezó con algo y se cayó.	*He tripped on something and fell.*
Tropecé con unos amigos.	*I ran into some friends.*
Es dudoso que hayan tropezado en sus cálculos.	*It's doubtful they've made a mistake in their calculations.*
Nos tropezamos en el centro comercial.	*We bumped into each other at the mall.*
Tropezaba con muchos obstáculos.	*He came up against many obstacles.*

ubicar   *to be, be situated/located/placed*

ubico · ubicaron · ubicado · ubicando   *-ar verb; spelling change: c > qu/e*

PRESENT		PRETERIT	
ubico	ubicamos	ubiqué	ubicamos
ubicas	ubicáis	ubicaste	ubicasteis
ubica	ubican	ubicó	ubicaron

IMPERFECT		PRESENT PERFECT	
ubicaba	ubicábamos	he ubicado	hemos ubicado
ubicabas	ubicabais	has ubicado	habéis ubicado
ubicaba	ubicaban	ha ubicado	han ubicado

FUTURE		CONDITIONAL	
ubicaré	ubicaremos	ubicaría	ubicaríamos
ubicarás	ubicaréis	ubicarías	ubicaríais
ubicará	ubicarán	ubicaría	ubicarían

PLUPERFECT		PRETERIT PERFECT	
había ubicado	habíamos ubicado	hube ubicado	hubimos ubicado
habías ubicado	habíais ubicado	hubiste ubicado	hubisteis ubicado
había ubicado	habían ubicado	hubo ubicado	hubieron ubicado

FUTURE PERFECT		CONDITIONAL PERFECT	
habré ubicado	habremos ubicado	habría ubicado	habríamos ubicado
habrás ubicado	habréis ubicado	habrías ubicado	habríais ubicado
habrá ubicado	habrán ubicado	habría ubicado	habrían ubicado

PRESENT SUBJUNCTIVE		PRESENT PERFECT SUBJUNCTIVE	
ubique	ubiquemos	haya ubicado	hayamos ubicado
ubiques	ubiquéis	hayas ubicado	hayáis ubicado
ubique	ubiquen	haya ubicado	hayan ubicado

IMPERFECT SUBJUNCTIVE (-ra)		*or*	IMPERFECT SUBJUNCTIVE (-se)	
ubicara	ubicáramos		ubicase	ubicásemos
ubicaras	ubicarais		ubicases	ubicaseis
ubicara	ubicaran		ubicase	ubicasen

PAST PERFECT SUBJUNCTIVE (-ra)		*or*	PAST PERFECT SUBJUNCTIVE (-se)	
hubiera ubicado	hubiéramos ubicado		hubiese ubicado	hubiésemos ubicado
hubieras ubicado	hubierais ubicado		hubieses ubicado	hubieseis ubicado
hubiera ubicado	hubieran ubicado		hubiese ubicado	hubiesen ubicado

PROGRESSIVE TENSES

PRESENT	estoy, estás, está, estamos, estáis, están	
PRETERIT	estuve, estuviste, estuvo, estuvimos, estuvisteis, estuvieron	
IMPERFECT	estaba, estabas, estaba, estábamos, estabais, estaban	ubicando
FUTURE	estaré, estarás, estará, estaremos, estaréis, estarán	
CONDITIONAL	estaría, estarías, estaría, estaríamos, estaríais, estarían	
SUBJUNCTIVE	que + *corresponding subjunctive tense of* estar (*see verb 252*)	

COMMANDS

	(nosotros) ubiquemos/no ubiquemos
(tú) ubica/no ubiques	(vosotros) ubicad/no ubiquéis
(Ud.) ubique/no ubique	(Uds.) ubiquen/no ubiquen

Usage

Se ubicará el edificio en el muelle.	*They'll build the building at the pier.*
Dudo que se ubique la farmacia cerca de otra.	*I doubt they'll put the drugstore near another.*
La tienda está bien ubicada.	*The store is well located.*
¿Qué piensas de la ubicación de la fábrica?	*What do you think about the location of the factory?*
¡Este tipo debe ser ubicuo!	*This guy must be ubiquitous!*

-ar verb; spelling change: *c* > *qu/e*   **unifico · unificaron · unificado · unificando**

PRESENT		PRETERIT	
unifico	unificamos	unifiqué	unificamos
unificas	unificáis	unificaste	unificasteis
unifica	unifican	unificó	unificaron

IMPERFECT		PRESENT PERFECT	
unificaba	unificábamos	he unificado	hemos unificado
unificabas	unificabais	has unificado	habéis unificado
unificaba	unificaban	ha unificado	han unificado

FUTURE		CONDITIONAL	
unificaré	unificaremos	unificaría	unificaríamos
unificarás	unificaréis	unificarías	unificaríais
unificará	unificarán	unificaría	unificarían

PLUPERFECT		PRETERIT PERFECT	
había unificado	habíamos unificado	hube unificado	hubimos unificado
habías unificado	habíais unificado	hubiste unificado	hubisteis unificado
había unificado	habían unificado	hubo unificado	hubieron unificado

FUTURE PERFECT		CONDITIONAL PERFECT	
habré unificado	habremos unificado	habría unificado	habríamos unificado
habrás unificado	habréis unificado	habrías unificado	habríais unificado
habrá unificado	habrán unificado	habría unificado	habrían unificado

PRESENT SUBJUNCTIVE		PRESENT PERFECT SUBJUNCTIVE	
unifique	unifiquemos	haya unificado	hayamos unificado
unifiques	unifiquéis	hayas unificado	hayáis unificado
unifique	unifiquen	haya unificado	hayan unificado

IMPERFECT SUBJUNCTIVE (-ra)		*or* IMPERFECT SUBJUNCTIVE (-se)	
unificara	unificáramos	unificase	unificásemos
unificaras	unificarais	unificases	unificaseis
unificara	unificaran	unificase	unificasen

PAST PERFECT SUBJUNCTIVE (-ra)		*or* PAST PERFECT SUBJUNCTIVE (-se)	
hubiera unificado	hubiéramos unificado	hubiese unificado	hubiésemos unificado
hubieras unificado	hubierais unificado	hubieses unificado	hubieseis unificado
hubiera unificado	hubieran unificado	hubiese unificado	hubiesen unificado

PROGRESSIVE TENSES

PRESENT	estoy, estás, está, estamos, estáis, están	
PRETERIT	estuve, estuviste, estuvo, estuvimos, estuvisteis, estuvieron	
IMPERFECT	estaba, estabas, estaba, estábamos, estabais, estaban	unificando
FUTURE	estaré, estarás, estará, estaremos, estaréis, estarán	
CONDITIONAL	estaría, estarías, estaría, estaríamos, estaríais, estarían	
SUBJUNCTIVE	que + *corresponding subjunctive tense of* estar (*see verb 252*)	

COMMANDS

	(nosotros) unifiquemos/no unifiquemos
(tú) unifica/no unifiques	(vosotros) unificad/no unifiquéis
(Ud.) unifique/no unifique	(Uds.) unifiquen/no unifiquen

Usage

Los grupos distintos se unificaron.	*The different groups became unified.*
Tendremos éxito si unificamos en nuestros esfuerzos.	*We'll be successful if we work together in our efforts.*
Trabajamos en unificar las reglas.	*We're working on standardizing the rules.*
La unificación de Alemania fue realizada durante los años 90.	*The unification of Germany was achieved during the 1990s.*
Tenemos un líder unificador que pondrá fin a la discordia.	*We have a unifying leader who will put an end to the dissension.*

unir *to unite, join, combine*

uno · unieron · unido · uniendo   regular *-ir* verb

PRESENT		PRETERIT	
uno	unimos	uní	unimos
unes	unís	uniste	unisteis
une	unen	unió	unieron

IMPERFECT		PRESENT PERFECT	
unía	uníamos	he unido	hemos unido
unías	uníais	has unido	habéis unido
unía	unían	ha unido	han unido

FUTURE		CONDITIONAL	
uniré	uniremos	uniría	uniríamos
unirás	uniréis	unirías	uniríais
unirá	unirán	uniría	unirían

PLUPERFECT		PRETERIT PERFECT	
había unido	habíamos unido	hube unido	hubimos unido
habías unido	habíais unido	hubiste unido	hubisteis unido
había unido	habían unido	hubo unido	hubieron unido

FUTURE PERFECT		CONDITIONAL PERFECT	
habré unido	habremos unido	habría unido	habríamos unido
habrás unido	habréis unido	habrías unido	habríais unido
habrá unido	habrán unido	habría unido	habrían unido

PRESENT SUBJUNCTIVE		PRESENT PERFECT SUBJUNCTIVE	
una	unamos	haya unido	hayamos unido
unas	unáis	hayas unido	hayáis unido
una	unan	haya unido	hayan unido

IMPERFECT SUBJUNCTIVE (-ra)		*or* IMPERFECT SUBJUNCTIVE (-se)	
uniera	uniéramos	uniese	uniésemos
unieras	unierais	unieses	unieseis
uniera	unieran	uniese	uniesen

PAST PERFECT SUBJUNCTIVE (-ra)		*or* PAST PERFECT SUBJUNCTIVE (-se)	
hubiera unido	hubiéramos unido	hubiese unido	hubiésemos unido
hubieras unido	hubierais unido	hubieses unido	hubieseis unido
hubiera unido	hubieran unido	hubiese unido	hubiesen unido

PROGRESSIVE TENSES

PRESENT	estoy, estás, está, estamos, estáis, están	
PRETERIT	estuve, estuviste, estuvo, estuvimos, estuvisteis, estuvieron	
IMPERFECT	estaba, estabas, estaba, estábamos, estabais, estaban	uniendo
FUTURE	estaré, estarás, estará, estaremos, estaréis, estarán	
CONDITIONAL	estaría, estarías, estaría, estaríamos, estaríais, estarían	
SUBJUNCTIVE	que + *corresponding subjunctive tense of* estar (*see verb 252*)	

COMMANDS

	(nosotros) unamos/no unamos
(tú) une/no unas	(vosotros) unid/no unáis
(Ud.) una/no una	(Uds.) unan/no unan

Usage

El rey unió los dos reinos.	*The king united the two kingdoms.*
La carretera une la costa con el interior.	*The road links the coast with the interior/inland.*
Las empresas se unirán este año.	*The companies will merge this year.*
Somos una familia muy unida.	*We're a very close family.*
El Presidente Reagan acabó con la Unión Soviética.	*President Reagan finished off the Soviet Union.*
Cincuenta estados forman los Estados Unidos.	*Fifty states make up the United States.*

regular *-ar* verb   uso · usaron · usado · usando

PRESENT		**PRETERIT**	
uso	usamos	usé	usamos
usas	usáis	usaste	usasteis
usa	usan	usó	usaron

IMPERFECT		**PRESENT PERFECT**	
usaba	usábamos	he usado	hemos usado
usabas	usabais	has usado	habéis usado
usaba	usaban	ha usado	han usado

FUTURE		**CONDITIONAL**	
usaré	usaremos	usaría	usaríamos
usarás	usaréis	usarías	usaríais
usará	usarán	usaría	usarían

PLUPERFECT		**PRETERIT PERFECT**	
había usado	habíamos usado	hube usado	hubimos usado
habías usado	habíais usado	hubiste usado	hubisteis usado
había usado	habían usado	hubo usado	hubieron usado

FUTURE PERFECT		**CONDITIONAL PERFECT**	
habré usado	habremos usado	habría usado	habríamos usado
habrás usado	habréis usado	habrías usado	habríais usado
habrá usado	habrán usado	habría usado	habrían usado

PRESENT SUBJUNCTIVE		**PRESENT PERFECT SUBJUNCTIVE**	
use	usemos	haya usado	hayamos usado
uses	uséis	hayas usado	hayáis usado
use	usen	haya usado	hayan usado

IMPERFECT SUBJUNCTIVE (-ra)		*or* **IMPERFECT SUBJUNCTIVE (-se)**	
usara	usáramos	usase	usásemos
usaras	usarais	usases	usaseis
usara	usaran	usase	usasen

PAST PERFECT SUBJUNCTIVE (-ra)		*or* **PAST PERFECT SUBJUNCTIVE (-se)**	
hubiera usado	hubiéramos usado	hubiese usado	hubiésemos usado
hubieras usado	hubierais usado	hubieses usado	hubieseis usado
hubiera usado	hubieran usado	hubiese usado	hubiesen usado

PROGRESSIVE TENSES

PRESENT	estoy, estás, está, estamos, estáis, están	
PRETERIT	estuve, estuviste, estuvo, estuvimos, estuvisteis, estuvieron	
IMPERFECT	estaba, estabas, estaba, estábamos, estabais, estaban	usando
FUTURE	estaré, estarás, estará, estaremos, estaréis, estarán	
CONDITIONAL	estaría, estarías, estaría, estaríamos, estaríais, estarían	
SUBJUNCTIVE	que + *corresponding subjunctive tense of* estar (*see verb 252*)	

COMMANDS

	(nosotros) usemos/no usemos
(tú) usa/no uses	(vosotros) usad/no uséis
(Ud.) use/no use	(Uds.) usen/no usen

Usage

¿No usáis un teléfono celular?	*Don't you use a cell phone?*
Usa anteojos.	*He wears glasses.*
Ya no se usa la máquina de escribir.	*Typewriters are no longer used.*
Usaban despertarse a las seis.	*They were in the habit of waking up at 6:00.*
Usas expresiones poco usadas.	*You use rarely used expressions.*
Leí las instrucciones para su uso.	*I read the instructions for use.*
Aprende los usos y costumbres del país.	*Learn the ways and customs of the country.*

PRESENT

utilizo	utilizamos
utilizas	utilizáis
utiliza	utilizan

PRETERIT

utilicé	utilizamos
utilizaste	utilizasteis
utilizó	utilizaron

IMPERFECT

utilizaba	utilizábamos
utilizabas	utilizabais
utilizaba	utilizaban

PRESENT PERFECT

he utilizado	hemos utilizado
has utilizado	habéis utilizado
ha utilizado	han utilizado

FUTURE

utilizaré	utilizaremos
utilizarás	utilizaréis
utilizará	utilizarán

CONDITIONAL

utilizaría	utilizaríamos
utilizarías	utilizaríais
utilizaría	utilizarían

PLUPERFECT

había utilizado	habíamos utilizado
habías utilizado	habíais utilizado
había utilizado	habían utilizado

PRETERIT PERFECT

hube utilizado	hubimos utilizado
hubiste utilizado	hubisteis utilizado
hubo utilizado	hubieron utilizado

FUTURE PERFECT

habré utilizado	habremos utilizado
habrás utilizado	habréis utilizado
habrá utilizado	habrán utilizado

CONDITIONAL PERFECT

habría utilizado	habríamos utilizado
habrías utilizado	habríais utilizado
habría utilizado	habrían utilizado

PRESENT SUBJUNCTIVE

utilice	utilicemos
utilices	utilicéis
utilice	utilicen

PRESENT PERFECT SUBJUNCTIVE

haya utilizado	hayamos utilizado
hayas utilizado	hayáis utilizado
haya utilizado	hayan utilizado

IMPERFECT SUBJUNCTIVE (-ra)

utilizara	utilizáramos
utilizaras	utilizarais
utilizara	utilizaran

or **IMPERFECT SUBJUNCTIVE (-se)**

utilizase	utilizásemos
utilizases	utilizaseis
utilizase	utilizasen

PAST PERFECT SUBJUNCTIVE (-ra)

hubiera utilizado	hubiéramos utilizado
hubieras utilizado	hubierais utilizado
hubiera utilizado	hubieran utilizado

or **PAST PERFECT SUBJUNCTIVE (-se)**

hubiese utilizado	hubiésemos utilizado
hubieses utilizado	hubieseis utilizado
hubiese utilizado	hubiesen utilizado

PROGRESSIVE TENSES

PRESENT	estoy, estás, está, estamos, estáis, están
PRETERIT	estuve, estuviste, estuvo, estuvimos, estuvisteis, estuvieron
IMPERFECT	estaba, estabas, estaba, estábamos, estabais, estaban
FUTURE	estaré, estarás, estará, estaremos, estaréis, estarán
CONDITIONAL	estaría, estarías, estaría, estaríamos, estaríais, estarían
SUBJUNCTIVE	que + *corresponding subjunctive tense of* estar *(see verb 252)*

utilizando

COMMANDS

	(nosotros) utilicemos/no utilicemos
(tú) utiliza/no utilices	(vosotros) utilizad/no utilicéis
(Ud.) utilice/no utilice	(Uds.) utilicen/no utilicen

Usage

Utilicen los recursos económicos que tienen.	*Use/Exploit the economic resources you have.*
Aprende a utilizar la computadora.	*She's learning how to use the computer.*
Se utiliza la energía nuclear.	*They're making use of/harnessing nuclear power.*
No cuestionamos la utilidad del aparato.	*We're not debating the usefulness of the device.*
¿Es utilizable/útil el programa integrado?	*Is the integrated software package useable/useful?*
Se une lo útil con lo agradable.	*We mix business with pleasure.*
Compró útiles escolares.	*She bought school supplies.*

regular -*ar* verb; spelling change: *i* > *í* when stressed **vacío · vaciaron · vaciado · vaciando**

PRESENT		PRETERIT	
vacío	vaciamos	vacié	vaciamos
vacías	vaciáis	vaciaste	vaciasteis
vacía	vacían	vació	vaciaron

IMPERFECT		PRESENT PERFECT	
vaciaba	vaciábamos	he vaciado	hemos vaciado
vaciabas	vaciabais	has vaciado	habéis vaciado
vaciaba	vaciaban	ha vaciado	han vaciado

FUTURE		CONDITIONAL	
vaciaré	vaciaremos	vaciaría	vaciaríamos
vaciarás	vaciaréis	vaciarías	vaciaríais
vaciará	vaciarán	vaciaría	vaciarían

PLUPERFECT		PRETERIT PERFECT	
había vaciado	habíamos vaciado	hube vaciado	hubimos vaciado
habías vaciado	habíais vaciado	hubiste vaciado	hubisteis vaciado
había vaciado	habían vaciado	hubo vaciado	hubieron vaciado

FUTURE PERFECT		CONDITIONAL PERFECT	
habré vaciado	habremos vaciado	habría vaciado	habríamos vaciado
habrás vaciado	habréis vaciado	habrías vaciado	habríais vaciado
habrá vaciado	habrán vaciado	habría vaciado	habrían vaciado

PRESENT SUBJUNCTIVE		PRESENT PERFECT SUBJUNCTIVE	
vacíe	vaciemos	haya vaciado	hayamos vaciado
vacíes	vaciéis	hayas vaciado	hayáis vaciado
vacíe	vacíen	haya vaciado	hayan vaciado

IMPERFECT SUBJUNCTIVE (-ra)		*or*	IMPERFECT SUBJUNCTIVE (-se)	
vaciara	vaciáramos		vaciase	vaciásemos
vaciaras	vaciarais		vaciases	vaciaseis
vaciara	vaciaran		vaciase	vaciasen

PAST PERFECT SUBJUNCTIVE (-ra)		*or*	PAST PERFECT SUBJUNCTIVE (-se)	
hubiera vaciado	hubiéramos vaciado		hubiese vaciado	hubiésemos vaciado
hubieras vaciado	hubierais vaciado		hubieses vaciado	hubieseis vaciado
hubiera vaciado	hubieran vaciado		hubiese vaciado	hubiesen vaciado

PROGRESSIVE TENSES

PRESENT	estoy, estás, está, estamos, estáis, están	
PRETERIT	estuve, estuviste, estuvo, estuvimos, estuvisteis, estuvieron	
IMPERFECT	estaba, estabas, estaba, estábamos, estabais, estaban	vaciando
FUTURE	estaré, estarás, estará, estaremos, estaréis, estarán	
CONDITIONAL	estaría, estarías, estaría, estaríamos, estaríais, estarían	
SUBJUNCTIVE	que + *corresponding subjunctive tense of* estar (*see verb 252*)	

COMMANDS

	(nosotros) vaciemos/no vaciemos
(tú) vacía/no vacíes	(vosotros) vaciad/no vaciéis
(Ud.) vacíe/no vacíe	(Uds.) vacíen/no vacíen

Usage

Vacía los vasos.	*Empty the glasses.*
Han vaciado las cubetas.	*They've cleaned out the buckets.*
Siente un vacío en la vida.	*He feels an emptiness/a void in his life.*
¿Está vacío el apartamento?	*Is the apartment vacant/unoccupied?*
No digas vaciedades.	*Don't talk nonsense.*
Siempre dice cosas vacuas.	*She always says vacuous things.*

to cost

—¿Cuánto valdrá este videodisco? · *I wonder how much this videodisc costs.*
—Valdrá 20 dólares. · *It probably costs $20.*

to be worth

La bicicleta vale menos de lo que pagó. · *The bicycle is worth less than she paid.*
No vale la pena. · *It's not worth the trouble.*
Más vale pájaro en mano que ciento volando. · *A bird in the hand is worth two in the bush.*
Vale un mundo/un ojo de la cara/un Potosí. · *It's worth a fortune.*

to count

Esas notas no valen. · *Those grades don't count.*
No vale arrepentirse después. · *It doesn't count to be sorry/regret something later.*

to be of use, be useful, help

Su franqueza no le valía. · *Her candor was of no use.*
Vale mucho tener buenas relaciones. · *It's useful to have connections.*

to be good, suitable for something

Él no vale para este trabajo. · *He's not suitable for this project.*
¡Yo no valgo para tales cosas! · *I'm no good at these things!*
Este ingeniero vale mucho. · *He's a very good engineer.*

más vale/más vale que...

Más vale reservar una habitación lo antes posible. · *It's better to reserve a room as soon as possible.*
Más vale que no contraigáis deudas. · *You had better not get into debt.*

Other Uses

No hay pero que valga. · *No buts about it.*
Tanto vale el uno como el otro. · *This one is as good as the other.*
Lo que mucho vale, mucho cuesta. · *You have to pay for quality.*
¡Sean valientes! · *Be brave/courageous!*
Hay que almacenar los datos valiosos. · *We must store valuable data.*
Esta oferta es válida hasta el 30 de junio. · *This offer is valid until June 30th.*
Los vales se usan para pagar la matrícula. · *Vouchers are used to pay for tuition.*
¿Cómo podéis dar validez a su opinión? · *How can you validate/give validity to their opinion?*

TOP 50 VERBS

irregular verb

valgo · valieron · valido · valiendo

PRESENT

valgo	valemos
vales	valéis
vale	valen

IMPERFECT

valía	valíamos
valías	valíais
valía	valían

FUTURE

valdré	valdremos
valdrás	valdréis
valdrá	valdrán

PLUPERFECT

había valido	habíamos valido
habías valido	habíais valido
había valido	habían valido

FUTURE PERFECT

habré valido	habremos valido
habrás valido	habréis valido
habrá valido	habrán valido

PRESENT SUBJUNCTIVE

valga	valgamos
valgas	valgáis
valga	valgan

IMPERFECT SUBJUNCTIVE (-ra)

valiera	valiéramos
valieras	valierais
valiera	valieran

PAST PERFECT SUBJUNCTIVE (-ra)

hubiera valido	hubiéramos valido
hubieras valido	hubierais valido
hubiera valido	hubieran valido

PRETERIT

valí	valimos
valiste	valisteis
valió	valieron

PRESENT PERFECT

he valido	hemos valido
has valido	habéis valido
ha valido	han valido

CONDITIONAL

valdría	valdríamos
valdrías	valdríais
valdría	valdrían

PRETERIT PERFECT

hube valido	hubimos valido
hubiste valido	hubisteis valido
hubo valido	hubieron valido

CONDITIONAL PERFECT

habría valido	habríamos valido
habrías valido	habríais valido
habría valido	habrían valido

PRESENT PERFECT SUBJUNCTIVE

haya valido	hayamos valido
hayas valido	hayáis valido
haya valido	hayan valido

or **IMPERFECT SUBJUNCTIVE (-se)**

valiese	valiésemos
valieses	valieseis
valiese	valiesen

or **PAST PERFECT SUBJUNCTIVE (-se)**

hubiese valido	hubiésemos valido
hubieses valido	hubieseis valido
hubiese valido	hubiesen valido

PROGRESSIVE TENSES

PRESENT	estoy, estás, está, estamos, estáis, están
PRETERIT	estuve, estuviste, estuvo, estuvimos, estuvisteis, estuvieron
IMPERFECT	estaba, estabas, estaba, estábamos, estabais, estaban
FUTURE	estaré, estarás, estará, estaremos, estaréis, estarán
CONDITIONAL	estaría, estarías, estaría, estaríamos, estaríais, estarían
SUBJUNCTIVE	que + *corresponding subjunctive tense of* estar (*see verb 252*)

} valiendo

COMMANDS

	(nosotros) valgamos/no valgamos
(tú) vale/no valgas	(vosotros) valed/no valgáis
(Ud.) valga/no valga	(Uds.) valgan/no valgan

Usage

¿Cuánto vale el collar?	*How much is the necklace worth?*
Las uvas valen dos dólares la libra.	*Grapes cost $2 per pound.*
Su apoyo vale mucho para nosotros.	*Their support means a lot to us.*
Sus investigaciones le valieron el premio Nóbel.	*His research won him the Nobel Prize.*
No vale la pena enfadarse.	*It's not worth getting angry.*
Sus disculpas no valen nada.	*Her apologies are worth nothing.*
Más vale tarde que nunca.	*Better late than never.*

valorar *to value, appreciate*

valoro · valoraron · valorado · valorando   regular *-ar* verb

PRESENT		PRETERIT	
valoro	valoramos	valoré	valoramos
valoras	valoráis	valoraste	valorasteis
valora	valoran	valoró	valoraron

IMPERFECT		PRESENT PERFECT	
valoraba	valorábamos	he valorado	hemos valorado
valorabas	valorabais	has valorado	habéis valorado
valoraba	valoraban	ha valorado	han valorado

FUTURE		CONDITIONAL	
valoraré	valoraremos	valoraría	valoraríamos
valorarás	valoraréis	valorarías	valoraríais
valorará	valorarán	valoraría	valorarían

PLUPERFECT		PRETERIT PERFECT	
había valorado	habíamos valorado	hube valorado	hubimos valorado
habías valorado	habíais valorado	hubiste valorado	hubisteis valorado
había valorado	habían valorado	hubo valorado	hubieron valorado

FUTURE PERFECT		CONDITIONAL PERFECT	
habré valorado	habremos valorado	habría valorado	habríamos valorado
habrás valorado	habréis valorado	habrías valorado	habríais valorado
habrá valorado	habrán valorado	habría valorado	habrían valorado

PRESENT SUBJUNCTIVE		PRESENT PERFECT SUBJUNCTIVE	
valore	valoremos	haya valorado	hayamos valorado
valores	valoréis	hayas valorado	hayáis valorado
valore	valoren	haya valorado	hayan valorado

IMPERFECT SUBJUNCTIVE (-ra)		*or*	IMPERFECT SUBJUNCTIVE (-se)	
valorara	valoráramos		valorase	valorásemos
valoraras	valorarais		valorases	valoraseis
valorara	valoraran		valorase	valorasen

PAST PERFECT SUBJUNCTIVE (-ra)		*or*	PAST PERFECT SUBJUNCTIVE (-se)	
hubiera valorado	hubiéramos valorado		hubiese valorado	hubiésemos valorado
hubieras valorado	hubierais valorado		hubieses valorado	hubieseis valorado
hubiera valorado	hubieran valorado		hubiese valorado	hubiesen valorado

PROGRESSIVE TENSES

PRESENT	estoy, estás, está, estamos, estáis, están	
PRETERIT	estuve, estuviste, estuvo, estuvimos, estuvisteis, estuvieron	
IMPERFECT	estaba, estabas, estaba, estábamos, estabais, estaban	valorando
FUTURE	estaré, estarás, estará, estaremos, estaréis, estarán	
CONDITIONAL	estaría, estarías, estaría, estaríamos, estaríais, estarían	
SUBJUNCTIVE	que + *corresponding subjunctive tense of* estar (*see verb 252*)	

COMMANDS

	(nosotros) valoremos/no valoremos
(tú) valora/no valores	(vosotros) valorad/no valoréis
(Ud.) valore/no valore	(Uds.) valoren/no valoren

Usage

El tasador valoró la colección de arte.	*The appraiser appraised the art collection.*
Se valora en alto precio.	*It's valued at a lot of money.*
Los valoramos en mucho.	*We hold them in high esteem.*
Los soldados demostraron gran valor.	*The soldiers showed great courage.*
No viajes con objetos de valor.	*Don't travel with valuables.*
Doy mucho valor a lo que me dicen.	*I attach a lot of importance to what they say.*
Me sorprende la valoración de la sortija.	*I'm surprised by the appraisal/appreciation of the ring.*

regular *-ar* verb; *i* > *í* when stressed | varío · variaron · variado · variando

PRESENT

varío	variamos
varías	variáis
varía	varían

PRETERIT

varié	variamos
variaste	variasteis
varió	variaron

IMPERFECT

variaba	variábamos
variabas	variabais
variaba	variaban

PRESENT PERFECT

he variado	hemos variado
has variado	habéis variado
ha variado	han variado

FUTURE

variaré	variaremos
variarás	variaréis
variará	variarán

CONDITIONAL

variaría	variaríamos
variarías	variaríais
variaría	variarían

PLUPERFECT

había variado	habíamos variado
habías variado	habíais variado
había variado	habían variado

PRETERIT PERFECT

hube variado	hubimos variado
hubiste variado	hubisteis variado
hubo variado	hubieron variado

FUTURE PERFECT

habré variado	habremos variado
habrás variado	habréis variado
habrá variado	habrán variado

CONDITIONAL PERFECT

habría variado	habríamos variado
habrías variado	habríais variado
habría variado	habrían variado

PRESENT SUBJUNCTIVE

varíe	variemos
varíes	variéis
varíe	varíen

PRESENT PERFECT SUBJUNCTIVE

haya variado	hayamos variado
hayas variado	hayáis variado
haya variado	hayan variado

IMPERFECT SUBJUNCTIVE (-ra)

variara	variáramos
variaras	variarais
variara	variaran

or **IMPERFECT SUBJUNCTIVE (-se)**

variase	variásemos
variases	variaseis
variase	variasen

PAST PERFECT SUBJUNCTIVE (-ra)

hubiera variado	hubiéramos variado
hubieras variado	hubierais variado
hubiera variado	hubieran variado

or **PAST PERFECT SUBJUNCTIVE (-se)**

hubiese variado	hubiésemos variado
hubieses variado	hubieseis variado
hubiese variado	hubiesen variado

PROGRESSIVE TENSES

PRESENT	estoy, estás, está, estamos, estáis, están
PRETERIT	estuve, estuviste, estuvo, estuvimos, estuvisteis, estuvieron
IMPERFECT	estaba, estabas, estaba, estábamos, estabais, estaban
FUTURE	estaré, estarás, estará, estaremos, estaréis, estarán
CONDITIONAL	estaría, estarías, estaría, estaríamos, estaríais, estarían
SUBJUNCTIVE	que + *corresponding subjunctive tense of* estar (*see verb 252*)

} variando

COMMANDS

	(nosotros) variemos/no variemos
(tú) varía/no varíes	(vosotros) variad/no variéis
(Ud.) varíe/no varíe	(Uds.) varíen/no varíen

Usage

¿Variamos nuestra rutina diaria?	*Shall we vary our daily routine?*
Lo que dice varía de un día para otro.	*What he says changes from one day to the next.*
Esta edición varía de la anterior.	*This edition is different from the previous one.*
Llegó tarde por no variar.	*He arrived late as usual.*
En la variedad está el gusto.	*Variety is the spice of life.*
Nos interesan varias cosas.	*We're interested in several/different things.*

vencer *to conquer, defeat, overcome, expire*

venzo · vencieron · vencido · venciendo   *-er* verb; spelling change: *c* > *z/o, a*

PRESENT		PRETERIT	
venzo	vencemos	vencí	vencimos
vences	vencéis	venciste	vencisteis
vence	vencen	venció	vencieron

IMPERFECT		PRESENT PERFECT	
vencía	vencíamos	he vencido	hemos vencido
vencías	vencíais	has vencido	habéis vencido
vencía	vencían	ha vencido	han vencido

FUTURE		CONDITIONAL	
venceré	venceremos	vencería	venceríamos
vencerás	venceréis	vencerías	venceríais
vencerá	vencerán	vencería	vencerían

PLUPERFECT		PRETERIT PERFECT	
había vencido	habíamos vencido	hube vencido	hubimos vencido
habías vencido	habíais vencido	hubiste vencido	hubisteis vencido
había vencido	habían vencido	hubo vencido	hubieron vencido

FUTURE PERFECT		CONDITIONAL PERFECT	
habré vencido	habremos vencido	habría vencido	habríamos vencido
habrás vencido	habréis vencido	habrías vencido	habríais vencido
habrá vencido	habrán vencido	habría vencido	habrían vencido

PRESENT SUBJUNCTIVE		PRESENT PERFECT SUBJUNCTIVE	
venza	venzamos	haya vencido	hayamos vencido
venzas	venzáis	hayas vencido	hayáis vencido
venza	venzan	haya vencido	hayan vencido

IMPERFECT SUBJUNCTIVE (-ra)		*or* IMPERFECT SUBJUNCTIVE (-se)	
venciera	venciéramos	venciese	venciésemos
vencieras	vencierais	vencieses	vencieseis
venciera	vencieran	venciese	venciesen

PAST PERFECT SUBJUNCTIVE (-ra)		*or* PAST PERFECT SUBJUNCTIVE (-se)	
hubiera vencido	hubiéramos vencido	hubiese vencido	hubiésemos vencido
hubieras vencido	hubierais vencido	hubieses vencido	hubieseis vencido
hubiera vencido	hubieran vencido	hubiese vencido	hubiesen vencido

PROGRESSIVE TENSES

PRESENT	estoy, estás, está, estamos, estáis, están
PRETERIT	estuve, estuviste, estuvo, estuvimos, estuvisteis, estuvieron
IMPERFECT	estaba, estabas, estaba, estábamos, estabais, estaban
FUTURE	estaré, estarás, estará, estaremos, estaréis, estarán
CONDITIONAL	estaría, estarías, estaría, estaríamos, estaríais, estarían
SUBJUNCTIVE	que + *corresponding subjunctive tense of* estar (*see verb 252*)

} venciendo

COMMANDS

	(nosotros) venzamos/no venzamos
(tú) vence/no venzas	(vosotros) venced/no venzáis
(Ud.) venza/no venza	(Uds.) venzan/no venzan

Usage

Vencieron al enemigo/al otro equipo.	*They defeated the enemy/the other team.*
Venció las desventajas.	*She overcame the obstacles/handicaps.*
Se vence tu carnet de conducir este año.	*Your driver's license expires this year.*
¡No se den por vencidos!	*Don't give up/admit defeat!*
La Armada Invencible fue vencida por los ingleses en 1588.	*The Spanish Armada was defeated by the English in 1588.*

regular *-er* verb

vendo · vendieron · vendido · vendiendo

PRESENT

vendo	vendemos
vendes	vendéis
vende	venden

PRETERIT

vendí	vendimos
vendiste	vendisteis
vendió	vendieron

IMPERFECT

vendía	vendíamos
vendías	vendíais
vendía	vendían

PRESENT PERFECT

he vendido	hemos vendido
has vendido	habéis vendido
ha vendido	han vendido

FUTURE

venderé	venderemos
venderás	venderéis
venderá	venderán

CONDITIONAL

vendería	venderíamos
venderías	venderíais
vendería	venderían

PLUPERFECT

había vendido	habíamos vendido
habías vendido	habíais vendido
había vendido	habían vendido

PRETERIT PERFECT

hube vendido	hubimos vendido
hubiste vendido	hubisteis vendido
hubo vendido	hubieron vendido

FUTURE PERFECT

habré vendido	habremos vendido
habrás vendido	habréis vendido
habrá vendido	habrán vendido

CONDITIONAL PERFECT

habría vendido	habríamos vendido
habrías vendido	habríais vendido
habría vendido	habrían vendido

PRESENT SUBJUNCTIVE

venda	vendamos
vendas	vendáis
venda	vendan

PRESENT PERFECT SUBJUNCTIVE

haya vendido	hayamos vendido
hayas vendido	hayáis vendido
haya vendido	hayan vendido

IMPERFECT SUBJUNCTIVE (-ra)

vendiera	vendiéramos
vendieras	vendierais
vendiera	vendieran

or **IMPERFECT SUBJUNCTIVE (-se)**

vendiese	vendiésemos
vendieses	vendieseis
vendiese	vendiesen

PAST PERFECT SUBJUNCTIVE (-ra)

hubiera vendido	hubiéramos vendido
hubieras vendido	hubierais vendido
hubiera vendido	hubieran vendido

or **PAST PERFECT SUBJUNCTIVE (-se)**

hubiese vendido	hubiésemos vendido
hubieses vendido	hubieseis vendido
hubiese vendido	hubiesen vendido

PROGRESSIVE TENSES

PRESENT	estoy, estás, está, estamos, estáis, están	
PRETERIT	estuve, estuviste, estuvo, estuvimos, estuvisteis, estuvieron	
IMPERFECT	estaba, estabas, estaba, estábamos, estabais, estaban	vendiendo
FUTURE	estaré, estarás, estará, estaremos, estaréis, estarán	
CONDITIONAL	estaría, estarías, estaría, estaríamos, estaríais, estarían	
SUBJUNCTIVE	que + *corresponding subjunctive tense of* estar (*see verb 252*)	

COMMANDS

	(nosotros) vendamos/no vendamos
(tú) vende/no vendas	(vosotros) vended/no vendáis
(Ud.) venda/no venda	(Uds.) vendan/no vendan

Usage

Vendieron su casa por mucho dinero.	*They sold their house for a lot of money.*
Se venden videodiscos aquí.	*Videodiscs are sold here.*
El político se vendió por el dinero/el poder.	*The politician sold himself for money/power.*
Las fresas se venden a $4 la libra.	*Strawberries are selling at $4 a pound.*
Se vende coche con poco kilometraje.	*Car with little mileage for sale.*
La venta por Internet es relativamente nueva.	*Internet selling is relatively new.*
El libro está en venta en todas las librerías.	*The book is on sale in all the bookstores.*

vengar   *to avenge, take revenge*

vengo · vengaron · vengado · vengando   *-ar* verb; spelling change: *g > gu/e*

PRESENT

vengo	vengamos
vengas	vengáis
venga	vengan

PRETERIT

vengué	vengamos
vengaste	vengasteis
vengó	vengaron

IMPERFECT

vengaba	vengábamos
vengabas	vengabais
vengaba	vengaban

PRESENT PERFECT

he vengado	hemos vengado
has vengado	habéis vengado
ha vengado	han vengado

FUTURE

vengaré	vengaremos
vengarás	vengaréis
vengará	vengarán

CONDITIONAL

vengaría	vengaríamos
vengarías	vengaríais
vengaría	vengarían

PLUPERFECT

había vengado	habíamos vengado
habías vengado	habíais vengado
había vengado	habían vengado

PRETERIT PERFECT

hube vengado	hubimos vengado
hubiste vengado	hubisteis vengado
hubo vengado	hubieron vengado

FUTURE PERFECT

habré vengado	habremos vengado
habrás vengado	habréis vengado
habrá vengado	habrán vengado

CONDITIONAL PERFECT

habría vengado	habríamos vengado
habrías vengado	habríais vengado
habría vengado	habrían vengado

PRESENT SUBJUNCTIVE

vengue	venguemos
vengues	venguéis
vengue	venguen

PRESENT PERFECT SUBJUNCTIVE

haya vengado	hayamos vengado
hayas vengado	hayáis vengado
haya vengado	hayan vengado

IMPERFECT SUBJUNCTIVE (-ra)

vengara	vengáramos
vengaras	vengarais
vengara	vengaran

or **IMPERFECT SUBJUNCTIVE (-se)**

vengase	vengásemos
vengases	vengaseis
vengase	vengasen

PAST PERFECT SUBJUNCTIVE (-ra)

hubiera vengado	hubiéramos vengado
hubieras vengado	hubierais vengado
hubiera vengado	hubieran vengado

or **PAST PERFECT SUBJUNCTIVE (-se)**

hubiese vengado	hubiésemos vengado
hubieses vengado	hubieseis vengado
hubiese vengado	hubiesen vengado

PROGRESSIVE TENSES

PRESENT	estoy, estás, está, estamos, estáis, están	
PRETERIT	estuve, estuviste, estuvo, estuvimos, estuvisteis, estuvieron	
IMPERFECT	estaba, estabas, estaba, estábamos, estabais, estaban	vengando
FUTURE	estaré, estarás, estará, estaremos, estaréis, estarán	
CONDITIONAL	estaría, estarías, estaría, estaríamos, estaríais, estarían	
SUBJUNCTIVE	que + *corresponding subjunctive tense of* estar (*see verb 252*)	

COMMANDS

	(nosotros) venguemos/no venguemos
(tú) venga/no vengues	(vosotros) vengad/no venguéis
(Ud.) vengue/no vengue	(Uds.) venguen/no venguen

Usage

Alguien vengó el asesinato.	*Someone avenged the murder.*
Se vengaron del malhechor.	*They took revenge on the wrongdoer.*
¿Cómo te vengaste por el delito?	*How did you avenge yourself for the crime?*
Se clama venganza.	*They demand vengeance.*
Tomó venganza de su enemigo.	*He took revenge on his enemy.*
Es una persona vengativa.	*She's a vindictive/vengeful person.*

irregular verb   **vengo · vinieron · venido · viniendo**

PRESENT

vengo	venimos		
vienes	venís		
viene	vienen		

PRETERIT

vine	vinimos
viniste	vinisteis
vino	vinieron

IMPERFECT

venía	veníamos
venías	veníais
venía	venían

PRESENT PERFECT

he venido	hemos venido
has venido	habéis venido
ha venido	han venido

FUTURE

vendré	vendremos
vendrás	vendréis
vendrá	vendrán

CONDITIONAL

vendría	vendríamos
vendrías	vendríais
vendría	vendrían

PLUPERFECT

había venido	habíamos venido
habías venido	habíais venido
había venido	habían venido

PRETERIT PERFECT

hube venido	hubimos venido
hubiste venido	hubisteis venido
hubo venido	hubieron venido

FUTURE PERFECT

habré venido	habremos venido
habrás venido	habréis venido
habrá venido	habrán venido

CONDITIONAL PERFECT

habría venido	habríamos venido
habrías venido	habríais venido
habría venido	habrían venido

PRESENT SUBJUNCTIVE

venga	vengamos
vengas	vengáis
venga	vengan

PRESENT PERFECT SUBJUNCTIVE

haya venido	hayamos venido
hayas venido	hayáis venido
haya venido	hayan venido

IMPERFECT SUBJUNCTIVE (-ra)   *or*   **IMPERFECT SUBJUNCTIVE (-se)**

viniera	viniéramos	viniese	viniésemos
vinieras	vinierais	vinieses	vinieseis
viniera	vinieran	viniese	viniesen

PAST PERFECT SUBJUNCTIVE (-ra)   *or*   **PAST PERFECT SUBJUNCTIVE (-se)**

hubiera venido	hubiéramos venido	hubiese venido	hubiésemos venido
hubieras venido	hubierais venido	hubieses venido	hubieseis venido
hubiera venido	hubieran venido	hubiese venido	hubiesen venido

PROGRESSIVE TENSES

PRESENT	estoy, estás, está, estamos, estáis, están
PRETERIT	estuve, estuviste, estuvo, estuvimos, estuvisteis, estuvieron
IMPERFECT	estaba, estabas, estaba, estábamos, estabais, estaban
FUTURE	estaré, estarás, estará, estaremos, estaréis, estarán
CONDITIONAL	estaría, estarías, estaría, estaríamos, estaríais, estarían
SUBJUNCTIVE	que + *corresponding subjunctive tense of* estar (*see verb 252*)

} viniendo

COMMANDS

	(nosotros) vengamos/no vengamos
(tú) ven/no vengas	(vosotros) venid/no vengáis
(Ud.) venga/no venga	(Uds.) vengan/no vengan

Usage

Viene a las diez.	*He's coming at 10:00.*
¿De dónde venís?	*Where are you coming from?*
Vinieron muy tarde.	*They arrived very late.*
Los nopales vienen de México.	*Prickly pears come from Mexico.*
¡No vengas con cuentos!	*Don't tell stories!*
La idea no me vino a la mente.	*The idea didn't cross my mind.*

TOP 50 VERB ☞

540 | venir *to come, arrive*

vengo · vinieron · venido · viniendo   irregular verb

¡Ven acá!	*Come here!*
¿De qué aldea viene la cerámica?	*What village does the pottery come from?*

to be

La dedicatoria viene en la página siguiente.	*The dedication is on the next page.*
Vienen enojados.	*They're angry.*

venirle bien/mal to suit, be convenient, be good for, come in handy, fit (clothing)/to not suit, be inconvenient

Nos viene bien verlos el miércoles.	*It's convenient for us to see them on Wednesday.*
Les venían bien los ejercicios.	*The exercises were good for them.*
Te viene mal el blue-jean.	*The blue jeans don't fit you.*

venir a parar to come to, end up, turn out

¿En qué vino a parar su discusión?	*How did their argument end up?*

venir a to reach, arrive at, end up

Hemos venido a un acuerdo.	*We've reached an understanding.*
Vinieron a desconfiar de sus socios.	*They ended up distrusting their associates.*
Ven a recogernos a las siete.	*Come get us/Come for us at 7:00.*

Other Uses

Venga lo que venga.	*Come what may.*
Voy y vengo.	*I'll be right back.*
¡Viene de perlas!	*It's just right/the thing!*
El negocio se ha venido abajo.	*The business deal has fallen through/collapsed.*
Vuestros planes están viniéndose al suelo.	*Your plans are falling through.*
Todo se les vino encima.	*Everything came tumbling down/went wrong for them.*
¿Os vais la semana/el mes que viene?	*Are you leaving next week/month?*
Ojalá haya progreso en los años venideros.	*We hope there will be progress in the coming years.*
Tendrá un porvenir espléndido.	*He'll have a wonderful future.*
Les diste la bienvenida.	*You welcomed them.*
¡Qué vaivén hoy! ¡Tantas idas y venidas!	*What bustle today! So many comings and goings!*
Es una persona venida a menos.	*She has come down in the world/in status.*

TOP 50 VERBS

irregular verb

veo · vieron · visto · viendo

PRESENT

veo	vemos
ves	veis
ve	ven

PRETERIT

vi	vimos
viste	visteis
vio	vieron

IMPERFECT

veía	veíamos
veías	veíais
veía	veían

PRESENT PERFECT

he visto	hemos visto
has visto	habéis visto
ha visto	han visto

FUTURE

veré	veremos
verás	veréis
verá	verán

CONDITIONAL

vería	veríamos
verías	veríais
vería	verían

PLUPERFECT

había visto	habíamos visto
habías visto	habíais visto
había visto	habían visto

PRETERIT PERFECT

hube visto	hubimos visto
hubiste visto	hubisteis visto
hubo visto	hubieron visto

FUTURE PERFECT

habré visto	habremos visto
habrás visto	habréis visto
habrá visto	habrán visto

CONDITIONAL PERFECT

habría visto	habríamos visto
habrías visto	habríais visto
habría visto	habrían visto

PRESENT SUBJUNCTIVE

vea	veamos
veas	veáis
vea	vean

PRESENT PERFECT SUBJUNCTIVE

haya visto	hayamos visto
hayas visto	hayáis visto
haya visto	hayan visto

IMPERFECT SUBJUNCTIVE (-ra)

viera	viéramos
vieras	vierais
viera	vieran

or **IMPERFECT SUBJUNCTIVE (-se)**

viese	viésemos
vieses	vieseis
viese	viesen

PAST PERFECT SUBJUNCTIVE (-ra)

hubiera visto	hubiéramos visto
hubieras visto	hubierais visto
hubiera visto	hubieran visto

or **PAST PERFECT SUBJUNCTIVE (-se)**

hubiese visto	hubiésemos visto
hubieses visto	hubieseis visto
hubiese visto	hubiesen visto

PROGRESSIVE TENSES

PRESENT	estoy, estás, cstá, estamos, estáis, están	
PRETERIT	estuve, estuviste, estuvo, estuvimos, estuvisteis, estuvieron	
IMPERFECT	estaba, cstabas, estaba, estábamos, estabais, estaban	viendo
FUTURE	estaré, estarás, estará, estaremos, estaréis, estarán	
CONDITIONAL	estaría, estarías, estaría, estaríamos, estaríais, estarían	
SUBJUNCTIVE	que + *corresponding subjunctive tense of* estar (*see verb 252*)	

COMMANDS

	(nosotros) veamos/no veamos
(tú) ve/no veas	(vosotros) ved/no veáis
(Ud.) vea/no vea	(Uds.) vean/no vean

Usage

Las vi en la oficina.	*I saw them at the office.*
Veían la tele.	*They were watching TV.*
Vean estos papeles.	*Look at these papers.*
No veo el rumbo que debemos tomar.	*I don't know the direction we should take.*
Hace una semana que no nos vemos.	*We haven't seen each other for a week.*
Véase el índice.	*See the table of contents.*
Ver es creer.	*Seeing is believing.*

TOP 50 VERB ☞

¡A ver!/¡Vamos a ver!	*Let's see!*
Voy a ver qué pasa.	*I'm going to see what's going on.*
Ya veremos.	*We'll see.*
¡Ya ves!	*You see!*
Verás al llegar.	*You'll see when you arrive.*
Eso está por ver.	*That remains to be seen.*
Esto no tiene nada que ver contigo.	*This doesn't concern/have anything to do with you.*
Si no lo veo, no lo creo.	*I would never have believed it./Seeing's believing.*
Los vimos paseándose en el centro.	*We saw them taking a walk downtown.*
¿Han visto aterrizar el avión?	*Have you seen the plane land?*

Cómo se ven las cosas

Lo ven todo color de rosa.	*They see everything through rose-colored glasses./ They're optimistic.*
Antes lo veían todo negro.	*They used to be pessimistic.*

Other Uses

¡No puedo verlos ni en pintura!	*I can't stand them/stand the sight of them!*
No ve ni jota.	*He's as blind as a bat.*
Nunca podía ver más allá de sus narices.	*He was never able to see further than the end of his nose.*
La vi abatida.	*I found her downcast.*
¡Ya te ves millonario!	*You already see/imagine yourself a millionaire!*
Su corbata llamativa se ve de lejos.	*You can see his loud/gaudy tie a mile away.*
Os visteis en el café.	*You met/saw each other at the café.*
Tiene buena vista.	*She has good sight.*
Es un hermoso hotel con vistas a la sierra.	*It's a beautiful hotel with a view of the mountains.*
El jefe dio el visto bueno al proyecto.	*The boss approved the project.*
Por lo visto no ha cambiado de idea.	*Apparently/Obviously he hasn't changed his mind.*

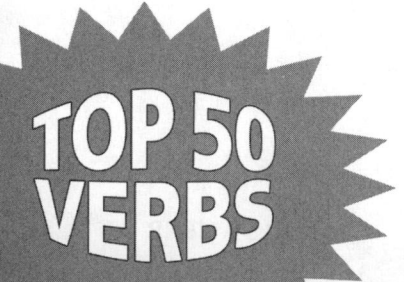

TOP 50 VERBS

-*ar* verb; spelling change: *c > qu/e*   verifico · verificaron · verificado · verificando

PRESENT

verifico	verificamos
verificas	verificáis
verifica	verifican

PRETERIT

verifiqué	verificamos
verificaste	verificasteis
verificó	verificaron

IMPERFECT

verificaba	verificábamos
verificabas	verificabais
verificaba	verificaban

PRESENT PERFECT

he verificado	hemos verificado
has verificado	habéis verificado
ha verificado	han verificado

FUTURE

verificaré	verificaremos
verificarás	verificaréis
verificará	verificarán

CONDITIONAL

verificaría	verificaríamos
verificarías	verificaríais
verificaría	verificarían

PLUPERFECT

había verificado	habíamos verificado
habías verificado	habíais verificado
había verificado	habían verificado

PRETERIT PERFECT

hube verificado	hubimos verificado
hubiste verificado	hubisteis verificado
hubo verificado	hubieron verificado

FUTURE PERFECT

habré verificado	habremos verificado
habrás verificado	habréis verificado
habrá verificado	habrán verificado

CONDITIONAL PERFECT

habría verificado	habríamos verificado
habrías verificado	habríais verificado
habría verificado	habrían verificado

PRESENT SUBJUNCTIVE

verifique	verifiquemos
verifiques	verifiquéis
verifique	verifiquen

PRESENT PERFECT SUBJUNCTIVE

haya verificado	hayamos verificado
hayas verificado	hayáis verificado
haya verificado	hayan verificado

IMPERFECT SUBJUNCTIVE (-ra)

verificara	verificáramos
verificaras	verificarais
verificara	verificaran

or **IMPERFECT SUBJUNCTIVE (-se)**

verificase	verificásemos
verificases	verificaseis
verificase	verificasen

PAST PERFECT SUBJUNCTIVE (-ra)

hubiera verificado	hubiéramos verificado
hubieras verificado	hubierais verificado
hubiera verificado	hubieran verificado

or **PAST PERFECT SUBJUNCTIVE (-se)**

hubiese verificado	hubiésemos verificado
hubieses verificado	hubieseis verificado
hubiese verificado	hubiesen verificado

PROGRESSIVE TENSES

PRESENT	estoy, estás, está, estamos, estáis, están
PRETERIT	estuve, estuviste, estuvo, estuvimos, estuvisteis, estuvieron
IMPERFECT	estaba, estabas, estaba, estábamos, estabais, estaban
FUTURE	estaré, estarás, estará, estaremos, estaréis, estarán
CONDITIONAL	estaría, estarías, estaría, estaríamos, estaríais, estarían
SUBJUNCTIVE	que + *corresponding subjunctive tense of* estar (*see verb 252*)

} verificando

COMMANDS

	(nosotros) verifiquemos/no verifiquemos
(tú) verifica/no verifiques	(vosotros) verificad/no verifiquéis
(Ud.) verifique/no verifique	(Uds.) verifiquen/no verifiquen

Usage

Le pedí que verificara los datos.	*I asked him to check the information.*
El comité verifica los resultados del examen.	*The committee is verifying the results of the examination.*
La tertulia se verificó el domingo.	*The get-together took place on Sunday.*
Hubo una verificación de los sucesos.	*There was a verification of the events.*

visto · vistieron · vestido · vistiéndose   stem-changing -ir reflexive verb: e > i

PRESENT

me visto	nos vestimos
te vistes	os vestís
se viste	se visten

PRETERIT

me vestí	nos vestimos
te vestiste	os vestisteis
se vistió	se vistieron

IMPERFECT

me vestía	nos vestíamos
te vestías	os vestíais
se vestía	se vestían

PRESENT PERFECT

me he vestido	nos hemos vestido
te has vestido	os habéis vestido
se ha vestido	se han vestido

FUTURE

me vestiré	nos vestiremos
te vestirás	os vestiréis
se vestirá	se vestirán

CONDITIONAL

me vestiría	nos vestiríamos
te vestirías	os vestiríais
se vestiría	se vestirían

PLUPERFECT

me había vestido	nos habíamos vestido
te habías vestido	os habíais vestido
se había vestido	se habían vestido

PRETERIT PERFECT

me hube vestido	nos hubimos vestido
te hubiste vestido	os hubisteis vestido
se hubo vestido	se hubieron vestido

FUTURE PERFECT

me habré vestido	nos habremos vestido
te habrás vestido	os habréis vestido
se habrá vestido	se habrán vestido

CONDITIONAL PERFECT

me habría vestido	nos habríamos vestido
te habrías vestido	os habríais vestido
se habría vestido	se habrían vestido

PRESENT SUBJUNCTIVE

me vista	nos vistamos
te vistas	os vistáis
se vista	se vistan

PRESENT PERFECT SUBJUNCTIVE

me haya vestido	nos hayamos vestido
te hayas vestido	os hayáis vestido
se haya vestido	se hayan vestido

IMPERFECT SUBJUNCTIVE (-ra)

me vistiera	nos vistiéramos
te vistieras	os vistierais
se vistiera	se vistieran

or **IMPERFECT SUBJUNCTIVE (-se)**

me vistiese	nos vistiésemos
te vistieses	os vistieseis
se vistiese	se vistiesen

PAST PERFECT SUBJUNCTIVE (-ra)

me hubiera vestido	nos hubiéramos vestido
te hubieras vestido	os hubierais vestido
se hubiera vestido	se hubieran vestido

or **PAST PERFECT SUBJUNCTIVE (-se)**

me hubiese vestido	nos hubiésemos vestido
te hubieses vestido	os hubieseis vestido
se hubiese vestido	se hubiesen vestido

PROGRESSIVE TENSES

PRESENT	estoy, estás, está, estamos, estáis, están	
PRETERIT	estuve, estuviste, estuvo, estuvimos, estuvisteis, estuvieron	
IMPERFECT	estaba, estabas, estaba, estábamos, estabais, estaban	vistiendo (*see page 31*)
FUTURE	estaré, estarás, estará, estaremos, estaréis, estarán	
CONDITIONAL	estaría, estarías, estaría, estaríamos, estaríais, estarían	
SUBJUNCTIVE	que + *corresponding subjunctive tense of* estar (*see verb 252*)	

COMMANDS

	(nosotros) vistámonos/no nos vistamos
(tú) vístete/no te vistas	(vosotros) vestíos/no os vistáis
(Ud.) vístase/no se vista	(Uds.) vístanse/no se vistan

Usage

Vistió a los niños.	*She dressed the children.*
Vístete ahora mismo.	*Get dressed right now.*
Siempre se vestía de azul.	*She always dressed in blue.*
Aunque la mona se vista de seda, mona se queda.	*You can't make a silk purse out of a sow's ear. (Although the monkey dresses in silk, it's still a monkey.)*
Están muy bien vestidos.	*They're very well dressed.*

regular *-ar* verb

viajo · viajaron · viajado · viajando

PRESENT

viajo	viajamos
viajas	viajáis
viaja	viajan

PRETERIT

viajé	viajamos
viajaste	viajasteis
viajó	viajaron

IMPERFECT

viajaba	viajábamos
viajabas	viajabais
viajaba	viajaban

PRESENT PERFECT

he viajado	hemos viajado
has viajado	habéis viajado
ha viajado	han viajado

FUTURE

viajaré	viajaremos
viajarás	viajaréis
viajará	viajarán

CONDITIONAL

viajaría	viajaríamos
viajarías	viajaríais
viajaría	viajarían

PLUPERFECT

había viajado	habíamos viajado
habías viajado	habíais viajado
había viajado	habían viajado

PRETERIT PERFECT

hube viajado	hubimos viajado
hubiste viajado	hubisteis viajado
hubo viajado	hubieron viajado

FUTURE PERFECT

habré viajado	habremos viajado
habrás viajado	habréis viajado
habrá viajado	habrán viajado

CONDITIONAL PERFECT

habría viajado	habríamos viajado
habrías viajado	habríais viajado
habría viajado	habrían viajado

PRESENT SUBJUNCTIVE

viaje	viajemos
viajes	viajéis
viaje	viajen

PRESENT PERFECT SUBJUNCTIVE

haya viajado	hayamos viajado
hayas viajado	hayáis viajado
haya viajado	hayan viajado

IMPERFECT SUBJUNCTIVE (-ra)

viajara	viajáramos
viajaras	viajarais
viajara	viajaran

or **IMPERFECT SUBJUNCTIVE (-se)**

viajase	viajásemos
viajases	viajaseis
viajase	viajasen

PAST PERFECT SUBJUNCTIVE (-ra)

hubiera viajado	hubiéramos viajado
hubieras viajado	hubierais viajado
hubiera viajado	hubieran viajado

or **PAST PERFECT SUBJUNCTIVE (-se)**

hubiese viajado	hubiésemos viajado
hubieses viajado	hubieseis viajado
hubiese viajado	hubiesen viajado

PROGRESSIVE TENSES

PRESENT	estoy, estás, está, estamos, estáis, están
PRETERIT	estuve, estuviste, estuvo, estuvimos, estuvisteis, estuvieron
IMPERFECT	estaba, estabas, estaba, estábamos, estabais, estaban
FUTURE	estaré, estarás, estará, estaremos, estaréis, estarán
CONDITIONAL	estaría, estarías, estaría, estaríamos, estaríais, estarían
SUBJUNCTIVE	que + *corresponding subjunctive tense of* estar (*see verb 252*)

} viajando

COMMANDS

	(nosotros) viajemos/no viajemos
(tú) viaja/no viajes	(vosotros) viajad/no viajéis
(Ud.) viaje/no viaje	(Uds.) viajen/no viajen

Usage

Viajamos por los Estados Unidos.	*We traveled through the United States.*
Viajaron por la autopista todo el tiempo.	*They traveled/rode on the highway the whole time.*
¿Viajaste en tren de ida y vuelta?	*You traveled by train round trip?*
Haremos un viaje a Inglaterra en abril.	*We'll take a trip to England in April.*
Le encantó el viaje que hizo por toda España.	*He loved his tour all around Spain.*
¡Buen viaje!	*Bon voyage!/Have a good trip!*
Los viajeros perdieron el tren.	*The travelers missed the train.*

vigilar *to watch over, look after, keep an eye on*

vigilo · vigilaron · vigilado · vigilando   regular *-ar* verb

PRESENT

vigilo	vigilamos
vigilas	vigiláis
vigila	vigilan

PRETERIT

vigilé	vigilamos
vigilaste	vigilasteis
vigiló	vigilaron

IMPERFECT

vigilaba	vigilábamos
vigilabas	vigilabais
vigilaba	vigilaban

PRESENT PERFECT

he vigilado	hemos vigilado
has vigilado	habéis vigilado
ha vigilado	han vigilado

FUTURE

vigilaré	vigilaremos
vigilarás	vigilaréis
vigilará	vigilarán

CONDITIONAL

vigilaría	vigilaríamos
vigilarías	vigilaríais
vigilaría	vigilarían

PLUPERFECT

había vigilado	habíamos vigilado
habías vigilado	habíais vigilado
había vigilado	habían vigilado

PRETERIT PERFECT

hube vigilado	hubimos vigilado
hubiste vigilado	hubisteis vigilado
hubo vigilado	hubieron vigilado

FUTURE PERFECT

habré vigilado	habremos vigilado
habrás vigilado	habréis vigilado
habrá vigilado	habrán vigilado

CONDITIONAL PERFECT

habría vigilado	habríamos vigilado
habrías vigilado	habríais vigilado
habría vigilado	habrían vigilado

PRESENT SUBJUNCTIVE

vigile	vigilemos
vigiles	vigiléis
vigile	vigilen

PRESENT PERFECT SUBJUNCTIVE

haya vigilado	hayamos vigilado
hayas vigilado	hayáis vigilado
haya vigilado	hayan vigilado

IMPERFECT SUBJUNCTIVE (-ra)

vigilara	vigiláramos
vigilaras	vigilarais
vigilara	vigilaran

or **IMPERFECT SUBJUNCTIVE (-se)**

vigilase	vigilásemos
vigilases	vigilaseis
vigilase	vigilasen

PAST PERFECT SUBJUNCTIVE (-ra)

hubiera vigilado	hubiéramos vigilado
hubieras vigilado	hubierais vigilado
hubiera vigilado	hubieran vigilado

or **PAST PERFECT SUBJUNCTIVE (-se)**

hubiese vigilado	hubiésemos vigilado
hubieses vigilado	hubieseis vigilado
hubiese vigilado	hubiesen vigilado

PROGRESSIVE TENSES

PRESENT	estoy, estás, está, estamos, estáis, están
PRETERIT	estuve, estuviste, estuvo, estuvimos, estuvisteis, estuvieron
IMPERFECT	estaba, estabas, estaba, estábamos, estabais, estaban
FUTURE	estaré, estarás, estará, estaremos, estaréis, estarán
CONDITIONAL	estaría, estarías, estaría, estaríamos, estaríais, estarían
SUBJUNCTIVE	que + *corresponding subjunctive tense of* estar (*see verb 252*)

} vigilando

COMMANDS

	(nosotros) vigilemos/no vigilemos
(tú) vigila/no vigiles	(vosotros) vigilad/no vigiléis
(Ud.) vigile/no vigile	(Uds.) vigilen/no vigilen

Usage

Vigila a los niños.	*Look after/Take care of the kids.*
¿Quién vigila a los nuevos empleados?	*Who's supervising the new employees?*
Te aconsejo que vigiles por tu equipaje en el aeropuerto.	*I advise you to watch your luggage in the airport.*
Mucha gente acudió a la vigilia el domingo.	*Many people went to the vigil on Sunday.*
Hay un vigilante de seguridad en este piso.	*There's a security guard on this floor.*
Se usan cámaras de vigilancia en el banco.	*They use surveillance cameras in the bank.*

regular *-ar* verb

visito · visitaron · visitado · visitando

PRESENT		**PRETERIT**	
visito	visitamos	visité	visitamos
visitas	visitáis	visitaste	visitasteis
visita	visitan	visitó	visitaron

IMPERFECT		**PRESENT PERFECT**	
visitaba	visitábamos	he visitado	hemos visitado
visitabas	visitabais	has visitado	habéis visitado
visitaba	visitaban	ha visitado	han visitado

FUTURE		**CONDITIONAL**	
visitaré	visitaremos	visitaría	visitaríamos
visitarás	visitaréis	visitarías	visitaríais
visitará	visitarán	visitaría	visitarían

PLUPERFECT		**PRETERIT PERFECT**	
había visitado	habíamos visitado	hube visitado	hubimos visitado
habías visitado	habíais visitado	hubiste visitado	hubisteis visitado
había visitado	habían visitado	hubo visitado	hubieron visitado

FUTURE PERFECT		**CONDITIONAL PERFECT**	
habré visitado	habremos visitado	habría visitado	habríamos visitado
habrás visitado	habréis visitado	habrías visitado	habríais visitado
habrá visitado	habrán visitado	habría visitado	habrían visitado

PRESENT SUBJUNCTIVE		**PRESENT PERFECT SUBJUNCTIVE**	
visite	visitemos	haya visitado	hayamos visitado
visites	visitéis	hayas visitado	hayáis visitado
visite	visiten	haya visitado	hayan visitado

IMPERFECT SUBJUNCTIVE (-ra)		*or* **IMPERFECT SUBJUNCTIVE (-se)**	
visitara	visitáramos	visitase	visitásemos
visitaras	visitarais	visitases	visitaseis
visitara	visitaran	visitase	visitasen

PAST PERFECT SUBJUNCTIVE (-ra)		*or* **PAST PERFECT SUBJUNCTIVE (-se)**	
hubiera visitado	hubiéramos visitado	hubiese visitado	hubiésemos visitado
hubieras visitado	hubierais visitado	hubieses visitado	hubieseis visitado
hubiera visitado	hubieran visitado	hubiese visitado	hubiesen visitado

PROGRESSIVE TENSES

PRESENT	estoy, estás, está, estamos, estáis, están	
PRETERIT	estuve, estuviste, estuvo, estuvimos, estuvisteis, estuvieron	
IMPERFECT	estaba, estabas, estaba, estábamos, estabais, estaban	visitando
FUTURE	estaré, estarás, estará, estaremos, estaréis, estarán	
CONDITIONAL	estaría, estarías, estaría, estaríamos, estaríais, estarían	
SUBJUNCTIVE	que + *corresponding subjunctive tense of* estar (*see verb 252*)	

COMMANDS

	(nosotros) visitemos/no visitemos
(tú) visita/no visites	(vosotros) visitad/no visitéis
(Ud.) visite/no visite	(Uds.) visiten/no visiten

Usage

—¿Visitamos el Museo Arqueológico?	*Shall we visit the Archaeological Museum?*
—Primero visitemos a nuestros amigos.	*First let's visit our friends.*
¿Estabas de visita en casa de tus abuelos?	*Were you visiting your grandparents?*
Tenemos visita el fin de semana.	*We're having visitors on the weekend.*
Fue una visita relámpago con mis hermanos.	*It was a very quick visit with my brothers.*
No me gusta la visita acompañada.	*I don't like guided tours.*
Devuelvo la visita.	*I'm returning the visit.*

vivo · vivieron · vivido · viviendo

regular -ir verb

PRESENT		PRETERIT	
vivo	vivimos	viví	vivimos
vives	vivís	viviste	vivisteis
vive	viven	vivió	vivieron

IMPERFECT		PRESENT PERFECT	
vivía	vivíamos	he vivido	hemos vivido
vivías	vivíais	has vivido	habéis vivido
vivía	vivían	ha vivido	han vivido

FUTURE		CONDITIONAL	
viviré	viviremos	viviría	viviríamos
vivirás	viviréis	vivirías	viviríais
vivirá	vivirán	viviría	vivirían

PLUPERFECT		PRETERIT PERFECT	
había vivido	habíamos vivido	hube vivido	hubimos vivido
habías vivido	habíais vivido	hubiste vivido	hubisteis vivido
había vivido	habían vivido	hubo vivido	hubieron vivido

FUTURE PERFECT		CONDITIONAL PERFECT	
habré vivido	habremos vivido	habría vivido	habríamos vivido
habrás vivido	habréis vivido	habrías vivido	habríais vivido
habrá vivido	habrán vivido	habría vivido	habrían vivido

PRESENT SUBJUNCTIVE		PRESENT PERFECT SUBJUNCTIVE	
viva	vivamos	haya vivido	hayamos vivido
vivas	viváis	hayas vivido	hayáis vivido
viva	vivan	haya vivido	hayan vivido

IMPERFECT SUBJUNCTIVE (-ra)		or	IMPERFECT SUBJUNCTIVE (-se)	
viviera	viviéramos		viviese	viviésemos
vivieras	vivierais		vivieses	vivieseis
viviera	vivieran		viviese	viviesen

PAST PERFECT SUBJUNCTIVE (-ra)		or	PAST PERFECT SUBJUNCTIVE (-se)	
hubiera vivido	hubiéramos vivido		hubiese vivido	hubiésemos vivido
hubieras vivido	hubierais vivido		hubieses vivido	hubieseis vivido
hubiera vivido	hubieran vivido		hubiese vivido	hubiesen vivido

PROGRESSIVE TENSES

PRESENT	estoy, estás, está, estamos, estáis, están	
PRETERIT	estuve, estuviste, estuvo, estuvimos, estuvisteis, estuvieron	
IMPERFECT	estaba, estabas, estaba, estábamos, estabais, estaban	viviendo
FUTURE	estaré, estarás, estará, estaremos, estaréis, estarán	
CONDITIONAL	estaría, estarías, estaría, estaríamos, estaríais, estarían	
SUBJUNCTIVE	que + corresponding subjunctive tense of estar (see verb 252)	

COMMANDS

	(nosotros) vivamos/no vivamos
(tú) vive/no vivas	(vosotros) vivid/no viváis
(Ud.) viva/no viva	(Uds.) vivan/no vivan

Usage

—¿Dónde vives?	*Where do you live?*
—Hace dos años que vivo en la ciudad.	*I've been living in the city for two years.*
Se vive bien.	*They live well.*
¡Ojalá viviéramos para siempre!	*If only we could live forever!*
Llevan una vida alegre.	*They lead/live a happy life.*
¿Cómo se gana la vida?	*How does he earn a living?*
Hay escasez de vivienda en el pueblo.	*There's a housing shortage in the town.*

stem-changing *-ar* verb: *o > ue*

vuelo · volaron · volado · volando

PRESENT

vuelo	volamos
vuelas	voláis
vuela	vuelan

PRETERIT

volé	volamos
volaste	volastcis
voló	volaron

IMPERFECT

volaba	volábamos
volabas	volabais
volaba	volaban

PRESENT PERFECT

he volado	hemos volado
has volado	habéis volado
ha volado	han volado

FUTURE

volaré	volaremos
volarás	volaréis
volará	volarán

CONDITIONAL

volaría	volaríamos
volarías	volaríais
volaría	volarían

PLUPERFECT

había volado	habíamos volado
habías volado	habíais volado
había volado	habían volado

PRETERIT PERFECT

hube volado	hubimos volado
hubiste volado	hubisteis volado
hubo volado	hubieron volado

FUTURE PERFECT

habré volado	habremos volado
habrás volado	habréis volado
habrá volado	habrán volado

CONDITIONAL PERFECT

habría volado	habríamos volado
habrías volado	habríais volado
habría volado	habrían volado

PRESENT SUBJUNCTIVE

vuele	volemos
vueles	voléis
vuele	vuelen

PRESENT PERFECT SUBJUNCTIVE

haya volado	hayamos volado
hayas volado	hayáis volado
haya volado	hayan volado

IMPERFECT SUBJUNCTIVE (-ra)

volara	voláramos
volaras	volarais
volara	volaran

or **IMPERFECT SUBJUNCTIVE (-se)**

volase	volásemos
volases	volaseis
volase	volasen

PAST PERFECT SUBJUNCTIVE (-ra)

hubiera volado	hubiéramos volado
hubieras volado	hubierais volado
hubiera volado	hubieran volado

or **PAST PERFECT SUBJUNCTIVE (-se)**

hubiese volado	hubiésemos volado
hubieses volado	hubieseis volado
hubiese volado	hubiesen volado

PROGRESSIVE TENSES

PRESENT	estoy, estás, está, estamos, estáis, están	
PRETERIT	estuve, estuviste, estuvo, estuvimos, estuvisteis, estuvieron	
IMPERFECT	estaba, estabas, estaba, estábamos, estabais, estaban	volando
FUTURE	estaré, estarás, estará, estaremos, estaréis, estarán	
CONDITIONAL	estaría, estarías, estaría, estaríamos, estaríais, estarían	
SUBJUNCTIVE	que + *corresponding subjunctive tense of* estar *(see verb 252)*	

COMMANDS

	(nosotros) volemos/no volemos
(tú) vuela/no vueles	(vosotros) volad/no voléis
(Ud.) vuele/no vuele	(Uds.) vuelen/no vuelen

Usage

Volamos por encima de los Pirineos.	*We flew over the Pyrenees.*
El joven se echó a volar.	*The young man went off on his own.*
¡Cómo vuela el tiempo!	*How time flies!*
Vimos volar el edificio.	*We watched the building be demolished.*
Fue un vuelo nocturno/sin escala.	*It was a night/nonstop flight.*
Está volado.	*He's uneasy/pressed for time.*
Agarra el volante.	*Grip the steering wheel.*

volver   *to go/come back, return, turn*

vuelvo · volvieron · vuelto · volviendo   stem-changing -er verb: o > ue

Volverán a su pueblo natal.	*They'll go back to their hometown.*

volver a + infinitive *to do something again*

No vuelva a decírselo.	*Don't tell them (it) again.*
Vuelvo a marcar el número.	*I'm dialing the number again.*
Volved a consultar con vuestros asesores.	*Consult with your advisors again.*
Han vuelto a tocar la pieza.	*They've started to play the piece again.*

¿Qué se puede volver?

Vuelve los panqueques antes que se quemen.	*Turn the pancakes before they burn.*
Es feo que le haya vuelto la espalda a su amigo.	*It's awful she turned her back on her friend.*
Vuelve la página.	*Turn the page.*
Parece que ha vuelto la hoja.	*It seems he's turned over a new leaf.*
¿Por qué volviste el suéter al revés?	*Why did you turn the sweater inside out?*
Vuelvan al tema en discusión.	*Return to the subject under discussion.*

volverse *to become/go + adjective*

Se había vuelto imposible.	*She had become impossible.*
Se volvieron locos.	*They went crazy.*
Dale el vuelto.	*Give him the change.*
Ya están de vuelta del viaje.	*They're already back from their trip.*
Demos una vuelta.	*Let's go for a walk*
La Tierra da vueltas alrededor del sol.	*The Earth revolves around the sun.*
No le des más vueltas a la cuestión.	*Don't think about the matter anymore./ Let the matter be.*
El quiosco queda a la vuelta de la esquina.	*The kiosk is just around the corner.*

devolverle algo a alguien *to return something to someone*

¿Para cuándo te habrá devuelto el dinero?	*By when will she have returned the money to you?*
Le devolvieron la palabra a la presidenta.	*The floor was given back to the chairwoman.*

stem-changing -er verb: o > ue

vuelvo · volvieron · vuelto · volviendo

PRESENT

vuelvo	volvemos
vuelves	volvéis
vuelve	vuelven

PRETERIT

volví	volvimos
volviste	volvisteis
volvió	volvieron

IMPERFECT

volvía	volvíamos
volvías	volvíais
volvía	volvían

PRESENT PERFECT

he vuelto	hemos vuelto
has vuelto	habéis vuelto
ha vuelto	han vuelto

FUTURE

volveré	volveremos
volverás	volveréis
volverá	volverán

CONDITIONAL

volvería	volveríamos
volverías	volveríais
volvería	volverían

PLUPERFECT

había vuelto	habíamos vuelto
habías vuelto	habíais vuelto
había vuelto	habían vuelto

PRETERIT PERFECT

hube vuelto	hubimos vuelto
hubiste vuelto	hubisteis vuelto
hubo vuelto	hubieron vuelto

FUTURE PERFECT

habré vuelto	habremos vuelto
habrás vuelto	habréis vuelto
habrá vuelto	habrán vuelto

CONDITIONAL PERFECT

habría vuelto	habríamos vuelto
habrías vuelto	habríais vuelto
habría vuelto	habrían vuelto

PRESENT SUBJUNCTIVE

vuelva	volvamos
vuelvas	volváis
vuelva	vuelvan

PRESENT PERFECT SUBJUNCTIVE

haya vuelto	hayamos vuelto
hayas vuelto	hayáis vuelto
haya vuelto	hayan vuelto

IMPERFECT SUBJUNCTIVE (-ra)

volviera	volviéramos
volvieras	volvierais
volviera	volvieran

or **IMPERFECT SUBJUNCTIVE (-se)**

volviese	volviésemos
volvieses	volvieseis
volviese	volviesen

PAST PERFECT SUBJUNCTIVE (-ra)

hubiera vuelto	hubiéramos vuelto
hubieras vuelto	hubierais vuelto
hubiera vuelto	hubieran vuelto

or **PAST PERFECT SUBJUNCTIVE (-se)**

hubiese vuelto	hubiésemos vuelto
hubieses vuelto	hubieseis vuelto
hubiese vuelto	hubiesen vuelto

PROGRESSIVE TENSES

PRESENT	estoy, estás, está, estamos, estáis, están
PRETERIT	estuve, estuviste, estuvo, estuvimos, estuvisteis, estuvieron
IMPERFECT	estaba, estabas, estaba, estábamos, estabais, estaban
FUTURE	estaré, estarás, estará, estaremos, estaréis, estarán
CONDITIONAL	estaría, estarías, estaría, estaríamos, estaríais, estarían
SUBJUNCTIVE	que + *corresponding subjunctive tense of* estar (*see verb 252*)

} volviendo

COMMANDS

	(nosotros) volvamos/no volvamos
(tú) vuelve/no vuelvas	(vosotros) volved/no volváis
(Ud.) vuelva/no vuelva	(Uds.) vuelvan/no vuelvan

Usage

Volvimos al atardecer.	*We returned at dusk.*
No volverán tarde.	*They won't come back late.*
¿Volvéis a salir?	*Are you going out again?*
Sus logros le han vuelto más seguro de sí mismo.	*His achievements have made him more confident.*
No vuelvas atrás.	*Don't turn back.*
Se ha vuelto más agradable.	*She has become more pleasant.*

votar *to vote*

voto · **votaron** · votado · votando   regular *-ar* verb

PRESENT		PRETERIT	
voto	votamos	voté	votamos
votas	votáis	votaste	votasteis
vota	votan	votó	votaron

IMPERFECT		PRESENT PERFECT	
votaba	votábamos	he votado	hemos votado
votabas	votabais	has votado	habéis votado
votaba	votaban	ha votado	han votado

FUTURE		CONDITIONAL	
votaré	votaremos	votaría	votaríamos
votarás	votaréis	votarías	votaríais
votará	votarán	votaría	votarían

PLUPERFECT		PRETERIT PERFECT	
había votado	habíamos votado	hube votado	hubimos votado
habías votado	habíais votado	hubiste votado	hubisteis votado
había votado	habían votado	hubo votado	hubieron votado

FUTURE PERFECT		CONDITIONAL PERFECT	
habré votado	habremos votado	habría votado	habríamos votado
habrás votado	habréis votado	habrías votado	habríais votado
habrá votado	habrán votado	habría votado	habrían votado

PRESENT SUBJUNCTIVE		PRESENT PERFECT SUBJUNCTIVE	
vote	votemos	haya votado	hayamos votado
votes	votéis	hayas votado	hayáis votado
vote	voten	haya votado	hayan votado

IMPERFECT SUBJUNCTIVE (-ra)		*or* IMPERFECT SUBJUNCTIVE (-se)	
votara	votáramos	votase	votásemos
votaras	votarais	votases	votaseis
votara	votaran	votase	votasen

PAST PERFECT SUBJUNCTIVE (-ra)		*or* PAST PERFECT SUBJUNCTIVE (-se)	
hubiera votado	hubiéramos votado	hubiese votado	hubiésemos votado
hubieras votado	hubierais votado	hubieses votado	hubieseis votado
hubiera votado	hubieran votado	hubiese votado	hubiesen votado

PROGRESSIVE TENSES

PRESENT	estoy, estás, está, estamos, estáis, están	
PRETERIT	estuve, estuviste, estuvo, estuvimos, estuvisteis, estuvieron	
IMPERFECT	estaba, estabas, estaba, estábamos, estabais, estaban	votando
FUTURE	estaré, estarás, estará, estaremos, estaréis, estarán	
CONDITIONAL	estaría, estarías, estaría, estaríamos, estaríais, estarían	
SUBJUNCTIVE	que + *corresponding subjunctive tense of* estar (*see verb 252*)	

COMMANDS

	(nosotros) votemos/no votemos
(tú) vota/no votes	(vosotros) votad/no votéis
(Ud.) vote/no vote	(Uds.) voten/no voten

Usage

¿Votaste en las elecciones?	*Did you vote in the election?*
Voté por esta lista de candidatos.	*I voted for this slate of candidates.*
Se vota por votación secreta.	*We vote by secret ballot.*
Los legisladores votaron un recorte de los impuestos.	*The legislators passed a tax cut.*
Los ciudadanos tienen derecho al voto.	*Citizens have the right to vote.*
Se pondrá la cuestión a votación.	*The question will be put to the vote.*

irregular verb; spelling change:
c > zc/o, a

yazco/yazgo/yago · yacieron · yacido · yaciendo

PRESENT

yazco	yacemos
yaces	yacéis
yace	yacen

PRETERIT

yací	yacimos
yaciste	yacisteis
yació	yacieron

IMPERFECT

yacía	yacíamos
yacías	yacíais
yacía	yacían

PRESENT PERFECT

he yacido	hemos yacido
has yacido	habéis yacido
ha yacido	han yacido

FUTURE

yaceré	yaceremos
yacerás	yaceréis
yacerá	yacerán

CONDITIONAL

yacería	yaceríamos
yacerías	yaceríais
yacería	yacerían

PLUPERFECT

había yacido	habíamos yacido
habías yacido	habíais yacido
había yacido	habían yacido

PRETERIT PERFECT

hube yacido	hubimos yacido
hubiste yacido	hubisteis yacido
hubo yacido	hubieron yacido

FUTURE PERFECT

habré yacido	habremos yacido
habrás yacido	habréis yacido
habrá yacido	habrán yacido

CONDITIONAL PERFECT

habría yacido	habríamos yacido
habrías yacido	habríais yacido
habría yacido	habrían yacido

PRESENT SUBJUNCTIVE

yazca	yazcamos
yazcas	yazcáis
yazca	yazcan

PRESENT PERFECT SUBJUNCTIVE

haya yacido	hayamos yacido
hayas yacido	hayáis yacido
haya yacido	hayan yacido

IMPERFECT SUBJUNCTIVE (-ra)

yaciera	yaciéramos
yacieras	yacierais
yaciera	yacieran

or **IMPERFECT SUBJUNCTIVE (-se)**

yaciese	yaciésemos
yacieses	yacieseis
yaciese	yaciesen

PAST PERFECT SUBJUNCTIVE (-ra)

hubiera yacido	hubiéramos yacido
hubieras yacido	hubierais yacido
hubiera yacido	hubieran yacido

or **PAST PERFECT SUBJUNCTIVE (-se)**

hubiese yacido	hubiésemos yacido
hubieses yacido	hubieseis yacido
hubiese yacido	hubiesen yacido

PROGRESSIVE TENSES

PRESENT	estoy, estás, está, estamos, estáis, están
PRETERIT	estuve, estuviste, estuvo, estuvimos, estuvisteis, estuvieron
IMPERFECT	estaba, estabas, estaba, estábamos, estabais, estaban
FUTURE	estaré, estarás, estará, estaremos, estaréis, estarán
CONDITIONAL	estaría, estarías, estaría, estaríamos, estaríais, estarían
SUBJUNCTIVE	que + *corresponding subjunctive tense of* estar (*see verb 252*)

} yaciendo

COMMANDS

	(nosotros) yazcamos/no yazcamos
(tú) yace/no yazcas	(vosotros) yaced/no yazcáis
(Ud.) yazca/no yazca	(Uds.) yazcan/no yazcan

Usage

Aquí yace Napoleón. (*muerto*)	*Here lies Napoleon.* (dead)
Yacen los reyes españoles difuntos en la cripta del Escorial.	*The dead Spanish kings lie in the crypt in El Escorial.*
Hay ricos yacimientos de carbón en la región.	*There are rich coal deposits in the region.*
Queda la herencia yacente.	*The unclaimed estate remains.*

zafarse   to get away, escape, undo, untie

zafo · zafaron · zafado · zafándose   regular -ar reflexive verb

PRESENT

me zafo	nos zafamos
te zafas	os zafáis
se zafa	se zafan

PRETERIT

me zafé	nos zafamos
te zafaste	os zafasteis
se zafó	se zafaron

IMPERFECT

me zafaba	nos zafábamos
te zafabas	os zafabais
se zafaba	se zafaban

PRESENT PERFECT

me he zafado	nos hemos zafado
te has zafado	os habéis zafado
se ha zafado	se han zafado

FUTURE

me zafaré	nos zafaremos
te zafarás	os zafaréis
se zafará	se zafarán

CONDITIONAL

me zafaría	nos zafaríamos
te zafarías	os zafaríais
se zafaría	se zafarían

PLUPERFECT

me había zafado	nos habíamos zafado
te habías zafado	os habíais zafado
se había zafado	se habían zafado

PRETERIT PERFECT

me hube zafado	nos hubimos zafado
te hubiste zafado	os hubisteis zafado
se hubo zafado	se hubieron zafado

FUTURE PERFECT

me habré zafado	nos habremos zafado
te habrás zafado	os habréis zafado
se habrá zafado	se habrán zafado

CONDITIONAL PERFECT

me habría zafado	nos habríamos zafado
te habrías zafado	os habríais zafado
se habría zafado	se habrían zafado

PRESENT SUBJUNCTIVE

me zafe	nos zafemos
te zafes	os zaféis
se zafe	se zafen

PRESENT PERFECT SUBJUNCTIVE

me haya zafado	nos hayamos zafado
te hayas zafado	os hayáis zafado
se haya zafado	se hayan zafado

IMPERFECT SUBJUNCTIVE (-ra)   or   **IMPERFECT SUBJUNCTIVE (-se)**

me zafara	nos zafáramos	me zafase	nos zafásemos
te zafaras	os zafarais	te zafases	os zafaseis
se zafara	se zafaran	se zafase	se zafasen

PAST PERFECT SUBJUNCTIVE (-ra)   or   **PAST PERFECT SUBJUNCTIVE (-se)**

me hubiera zafado	nos hubiéramos zafado	me hubiese zafado	nos hubiésemos zafado
te hubieras zafado	os hubierais zafado	te hubieses zafado	os hubieseis zafado
se hubiera zafado	se hubieran zafado	se hubiese zafado	se hubiesen zafado

PROGRESSIVE TENSES

PRESENT	estoy, estás, está, estamos, estáis, están
PRETERIT	estuve, estuviste, estuvo, estuvimos, estuvisteis, estuvieron
IMPERFECT	estaba, estabas, estaba, estábamos, estabais, estaban
FUTURE	estaré, estarás, estará, estaremos, estaréis, estarán
CONDITIONAL	estaría, estarías, estaría, estaríamos, estaríais, estarían
SUBJUNCTIVE	que + *corresponding subjunctive tense of* estar (*see verb 252*)

} zafando (*see page 31*)

COMMANDS

	(nosotros) zafémonos/no nos zafemos
(tú) záfate/no te zafes	(vosotros) zafaos/no os zaféis
(Ud.) záfese/no se zafe	(Uds.) záfense/no se zafen

Usage

Se zafaron de la cita.	*They got out of the appointment.*
¡Pude zafarme de ese pesado!	*I managed to get away from that bore!*
El ladrón se zafó del policía.	*The thief got away from the policeman.*
Espero que te zafes del lío.	*I hope you'll get out of that jam/trouble.*
¿Puedes zafar el nudo?	*Can you undo the knot?*
Se me zafó una mala palabra.	*I let a bad word slip out.*

regular *-ir* reflexive verb · **zambullo · zambulleron · zambullido · zambulléndose**

PRESENT		PRETERIT	
me zambullo	nos zambullimos	me zambullí	nos zambullimos
te zambulles	os zambullís	te zambulliste	os zambullisteis
se zambulle	se zambullen	se zambulló	se zambulleron

IMPERFECT		PRESENT PERFECT	
me zambullía	nos zambullíamos	me he zambullido	nos hemos zambullido
te zambullías	os zambullíais	te has zambullido	os habéis zambullido
se zambullía	se zambullían	se ha zambullido	se han zambullido

FUTURE		CONDITIONAL	
me zambulliré	nos zambulliremos	me zambulliría	nos zambulliríamos
te zambullirás	os zambulliréis	te zambullirías	os zambulliríais
se zambullirá	se zambullirán	se zambulliría	se zambullirían

PLUPERFECT		PRETERIT PERFECT	
me había zambullido	nos habíamos zambullido	me hube zambullido	nos hubimos zambullido
te habías zambullido	os habíais zambullido	te hubiste zambullido	os hubisteis zambullido
se había zambullido	se habían zambullido	se hubo zambullido	se hubieron zambullido

FUTURE PERFECT		CONDITIONAL PERFECT	
me habré zambullido	nos habremos zambullido	me habría zambullido	nos habríamos zambullido
te habrás zambullido	os habréis zambullido	te habrías zambullido	os habríais zambullido
se habrá zambullido	se habrán zambullido	se habría zambullido	se habrían zambullido

PRESENT SUBJUNCTIVE		PRESENT PERFECT SUBJUNCTIVE	
me zambulla	nos zambullamos	me haya zambullido	nos hayamos zambullido
te zambullas	os zambulláis	te hayas zambullido	os hayáis zambullido
se zambulla	se zambullan	se haya zambullido	se hayan zambullido

IMPERFECT SUBJUNCTIVE (-ra)		*or*	IMPERFECT SUBJUNCTIVE (-se)	
me zambullera	nos zambulléramos		me zambullese	nos zambullésemos
te zambulleras	os zambullerais		te zambulleses	os zambulleseis
se zambullera	se zambulleran		se zambullese	se zambullesen

PAST PERFECT SUBJUNCTIVE (-ra)		*or*	PAST PERFECT SUBJUNCTIVE (-se)	
me hubiera zambullido	nos hubiéramos zambullido		me hubiese zambullido	nos hubiésemos zambullido
te hubieras zambullido	os hubierais zambullido		te hubieses zambullido	os hubieseis zambullido
se hubiera zambullido	se hubieran zambullido		se hubiese zambullido	se hubiesen zambullido

PROGRESSIVE TENSES

PRESENT	estoy, estás, está, estamos, estáis, están
PRETERIT	estuve, estuviste, estuvo, estuvimos, estuvisteis, estuvieron
IMPERFECT	estaba, estabas, estaba, estábamos, estabais, estaban
FUTURE	estaré, estarás, estará, estaremos, estaréis, estarán
CONDITIONAL	estaría, estarías, estaría, estaríamos, estaríais, estarían
SUBJUNCTIVE	que + *corresponding subjunctive tense of* estar (*see verb 252*)

} zambullendo (*see page 31*)

COMMANDS

	(nosotros) zambullémonos/no nos zambullamos
(tú) zambúllete/no te zambullas	(vosotros) zambullíos/no os zambulláis
(Ud.) zambúllase/no se zambulla	(Uds.) zambúllanse/no se zambullan

Usage

Se zambullían en el lago.	*They went swimming in the lake.*
Mamá no quería que nos zambulléramos.	*Mom didn't want us to dive.*
Se zambulló en los estudios con entusiasmo.	*He plunged into his studies enthusiastically.*
Sus amigos le dieron una zambullida.	*His friends gave him a ducking in the water.*

zumbar *to buzz, hum, ring, purr (engine), zoom off*

zumbo · zumbaron · zumbado · zumbando — regular *-ar* verb

PRESENT		PRETERIT	
zumbo	zumbamos	zumbé	zumbamos
zumbas	zumbáis	zumbaste	zumbasteis
zumba	zumban	zumbó	zumbaron

IMPERFECT		PRESENT PERFECT	
zumbaba	zumbábamos	he zumbado	hemos zumbado
zumbabas	zumbabais	has zumbado	habéis zumbado
zumbaba	zumbaban	ha zumbado	han zumbado

FUTURE		CONDITIONAL	
zumbaré	zumbaremos	zumbaría	zumbaríamos
zumbarás	zumbaréis	zumbarías	zumbaríais
zumbará	zumbarán	zumbaría	zumbarían

PLUPERFECT		PRETERIT PERFECT	
había zumbado	habíamos zumbado	hube zumbado	hubimos zumbado
habías zumbado	habíais zumbado	hubiste zumbado	hubisteis zumbado
había zumbado	habían zumbado	hubo zumbado	hubieron zumbado

FUTURE PERFECT		CONDITIONAL PERFECT	
habré zumbado	habremos zumbado	habría zumbado	habríamos zumbado
habrás zumbado	habréis zumbado	habrías zumbado	habríais zumbado
habrá zumbado	habrán zumbado	habría zumbado	habrían zumbado

PRESENT SUBJUNCTIVE		PRESENT PERFECT SUBJUNCTIVE	
zumbe	zumbemos	haya zumbado	hayamos zumbado
zumbes	zumbéis	hayas zumbado	hayáis zumbado
zumbe	zumben	haya zumbado	hayan zumbado

IMPERFECT SUBJUNCTIVE (-ra)		*or* IMPERFECT SUBJUNCTIVE (-se)	
zumbara	zumbáramos	zumbase	zumbásemos
zumbaras	zumbarais	zumbases	zumbaseis
zumbara	zumbaran	zumbase	zumbasen

PAST PERFECT SUBJUNCTIVE (-ra)		*or* PAST PERFECT SUBJUNCTIVE (-se)	
hubiera zumbado	hubiéramos zumbado	hubiese zumbado	hubiésemos zumbado
hubieras zumbado	hubierais zumbado	hubieses zumbado	hubieseis zumbado
hubiera zumbado	hubieran zumbado	hubiese zumbado	hubiesen zumbado

PROGRESSIVE TENSES

PRESENT	estoy, estás, está, estamos, estáis, están	
PRETERIT	estuve, estuviste, estuvo, estuvimos, estuvisteis, estuvieron	
IMPERFECT	estaba, estabas, estaba, estábamos, estabais, estaban	zumbando
FUTURE	estaré, estarás, estará, estaremos, estaréis, estarán	
CONDITIONAL	estaría, estarías, estaría, estaríamos, estaríais, estarían	
SUBJUNCTIVE	que + *corresponding subjunctive tense of* estar (*see verb 252*)	

COMMANDS

	(nosotros) zumbemos/no zumbemos
(tú) zumba/no zumbes	(vosotros) zumbad/no zumbéis
(Ud.) zumbe/no zumbe	(Uds.) zumben/no zumben

Usage

¡Escucha! Las abejas zumban en la colmena.	*Listen! The bees are buzzing in the hive.*
Al apicultor le zumba la cabeza.	*The beekeeper's head is buzzing.*
El motor zumbaba.	*The engine was purring.*
Se oye el zumbido del trompo mientras gira.	*You can hear the whirring of the top as it spins.*
Sufre de un zumbido de oídos.	*She suffers from a buzzing/ringing in her ears.*
¡Salimos zumbando!	*We zoomed off!*
Iban zumbando en su coche deportivo.	*They whizzed along in their sports car.*

-ir verb; spelling change: *c > z/o, a*   **zurzo · zurcieron · zurcido · zurciendo**

PRESENT		PRETERIT	
zurzo	zurcimos	zurcí	zurcimos
zurces	zurcís	zurciste	zurcisteis
zurce	zurcen	zurció	zurcieron

IMPERFECT		PRESENT PERFECT	
zurcía	zurcíamos	he zurcido	hemos zurcido
zurcías	zurcíais	has zurcido	habéis zurcido
zurcía	zurcían	ha zurcido	han zurcido

FUTURE		CONDITIONAL	
zurciré	zurciremos	zurciría	zurciríamos
zurcirás	zurciréis	zurcirías	zurciríais
zurcirá	zurcirán	zurciría	zurcirían

PLUPERFECT		PRETERIT PERFECT	
había zurcido	habíamos zurcido	hube zurcido	hubimos zurcido
habías zurcido	habíais zurcido	hubiste zurcido	hubisteis zurcido
había zurcido	habían zurcido	hubo zurcido	hubieron zurcido

FUTURE PERFECT		CONDITIONAL PERFECT	
habré zurcido	habremos zurcido	habría zurcido	habríamos zurcido
habrás zurcido	habréis zurcido	habrías zurcido	habríais zurcido
habrá zurcido	habrán zurcido	habría zurcido	habrían zurcido

PRESENT SUBJUNCTIVE		PRESENT PERFECT SUBJUNCTIVE	
zurza	zurzamos	haya zurcido	hayamos zurcido
zurzas	zurzáis	hayas zurcido	hayáis zurcido
zurza	zurzan	haya zurcido	hayan zurcido

IMPERFECT SUBJUNCTIVE (-ra)		*or* IMPERFECT SUBJUNCTIVE (-se)	
zurciera	zurciéramos	zurciese	zurciésemos
zurcieras	zurcierais	zurcieses	zurcieseis
zurciera	zurcieran	zurciese	zurciesen

PAST PERFECT SUBJUNCTIVE (-ra)		*or* PAST PERFECT SUBJUNCTIVE (-se)	
hubiera zurcido	hubiéramos zurcido	hubiese zurcido	hubiésemos zurcido
hubieras zurcido	hubierais zurcido	hubieses zurcido	hubieseis zurcido
hubiera zurcido	hubieran zurcido	hubiese zurcido	hubiesen zurcido

PROGRESSIVE TENSES

PRESENT	estoy, estás, está, estamos, estáis, están	
PRETERIT	estuve, estuviste, estuvo, estuvimos, estuvisteis, estuvieron	
IMPERFECT	estaba, estabas, estaba, estábamos, estabais, estaban	zurciendo
FUTURE	estaré, estarás, estará, estaremos, estaréis, estarán	
CONDITIONAL	estaría, estarías, estaría, estaríamos, estaríais, estarían	
SUBJUNCTIVE	que + *corresponding subjunctive tense of* estar (*see verb 252*)	

COMMANDS

	(nosotros) zurzamos/no zurzamos
(tú) zurce/no zurzas	(vosotros) zurcid/no zurzáis
(Ud.) zurza/no zurza	(Uds.) zurzan/no zurzan

Usage

Zurce el vestido.	*She's mending the dress.*
Espero que zurzas las costuras deshechas.	*I hope you'll sew up the ripped seams.*
Sigue zurciendo mentiras.	*He keeps on making up lies.*
Te has enmarañado en un zurcido de mentiras.	*You've gotten tangled up in a web of lies.*
Es malo que se vean los zurcidos en los pantalones.	*It's bad that you can see where the pants were mended.*

Exercises

A *Practice writing verbs in the **present** tense. Write the correct form of the verb in present tense to complete each of the following sentences.*

MODELO   <u>Estudia</u> administración de empresas. (él / estudiar)

1. _____ libros de historia. (yo / leer)

2. _____ cerca del parque. (ellos / vivir)

3. ¿No _____ lo que significa? (tú / comprender)

4. _____ a la reunión el jueves. (nosotros / asistir)

5. Te _____ los documentos. (yo / traer)

6. No _____ nada. (Ud. / decir)

7. ¿Qué _____ que hacer hoy? (Uds. / tener)

8. Lo _____ en serio, ¿verdad? (vosotros / tomar)

9. ¿De dónde _____? (tú / ser)

10. ¿_____ en esta esquina? (tú y yo / doblar)

11. _____ a marcar el número. (yo / ir)

12. El museo _____ en frente del hotel. (estar)

B *Practice writing verbs in the **preterit** tense. Rewrite each of the following present tense verb forms in the preterit.*

MODELO   Escribe un libro. > <u>Escribió</u> un libro.

1. Hace un viaje en mayo.

   _____ un viaje en mayo.

2. Juego al tenis los viernes.

   _____ al tenis los viernes.

3. ¿Ya se van?

   ¿Ya se _____?

4. No sabemos la fecha.

   No _____ la fecha.

5. ¿Cómo es?

   ¿Cómo _____?

6. ¿A qué hora coméis?

    ¿A qué hora _____?

7. Tiene mucho interés.

    _____ mucho interés.

8. Toco el clarinete.

    _____ el clarinete.

9. Prefieren quedarse.

    _____ quedarse.

10. No encuentra el disquete.

    No _____ el disquete.

11. Pides postre.

    _____ postre.

12. No nos acordamos.

    No nos _____ .

C   *Practice writing verbs in the* **imperfect** *tense. Rewrite each of the following present tense verb forms in the imperfect.*

MODELO   Almuerzan a las dos. > <u>Almorzaban</u> a las dos.

1. Tardan en llegar.

    _____ en llegar.

2. Sirve quesadillas.

    _____ quesadillas.

3. Vivimos en el centro.

    _____ en el centro.

4. No vuelvo hasta las cuatro.

    No _____ hasta las cuatro.

5. ¿Quieres pasearte?

    ¿_____ pasearte?

6. Somos siete personas.

    _____ siete personas.

7. ¿Uds. no lo ven?

    ¿Uds. no lo _____?

8. Voy a quedarme.

    _____ a quedarme.

9. Te encuentras bien.

   Te _____ bien.

10. Ponéis la mesa.

    _____ la mesa.

11. Se divierten mucho.

    Se _____ mucho.

D *Practice writing verbs in the **future** tense. Answer each of the following questions changing the ir a + infinitive construction to a verb in the future tense.*

MODELO —¿Uds. van a viajar?

—Sí, <u>viajaremos</u> .

1. ¿Ud. va a llegar el lunes?

   Sí, _____ el lunes.

2. ¿Vamos a poder esquiar?

   Claro que _____ esquiar.

3. ¿Vas a tener tiempo?

   Sí, _____ mucho tiempo.

4. ¿Cuándo van ellos a mudarse?

   _____ en mayo.

5. ¿Él va a querer matricularse?

   Sí, _____ matricularse.

6. ¿Qué voy a decirles?

   Les _____ exactamente lo que pasó.

7. ¿Cómo vais a ir?

   _____ en coche.

8. ¿Ellas van a asistir a la conferencia?

   No, no _____ a la conferencia.

9. ¿Cuánto equipaje va a caber en el maletero?

   _____ cuatro o cinco maletas.

10. ¿Vas a correr hoy?

    No, no _____ hasta el sábado.

11. ¿Con quiénes van a venir Uds.?

    _____ con nuestros amigos.

12. ¿Va a haber clase el miércoles?

    Sí, _____ clase.

E *Practice writing verbs in the **present perfect**. Rewrite each of the following preterit tense verb forms in the present perfect.*

MODELO   Leyó el periódico. > __Ha leído__ el periódico.

1. Almacenó los datos.

   _____ los datos.

2. Escribí una carta.

   _____ una carta.

3. Le pidieron dinero.

   Le _____ dinero.

4. Se fue.

   Se _____ .

5. No vimos a nadie.

   No _____ a nadie.

6. Pusiste la mesa.

   _____ la mesa.

7. Abristeis el paquete.

   _____ el paquete.

8. Volvimos al museo.

   _____ al museo.

9. Le di un regalo.

   Le _____ un regalo.

10. No hizo las maletas.

    No _____ las maletas.

11. Te paseaste por el parque.

    Te _____ por el parque.

12. ¿Qué le dijeron?

    ¿Qué le _____ ?

F *Practice writing verbs in the **present subjunctive**. Complete each of the following sentences by writing in the correct present subjunctive form of the verb in parentheses.*

MODELO   Deseamos que Uds. _sean_ felices. (ser)

1. Queremos que tú _____ con nosotros. (ir)

2. Es posible que ellos _____ la semana próxima. (llegar)

3. Cenemos cuando él _____ . (regresar)

4. Buscan un programador que _____ usar estos programas. (saber)

5. No creo que Uds. _____ en ella. (confiar)

6. Nos piden que _____ el trabajo. (hacer)

7. ¿Prefieres que yo _____ los papeles aquí? (colocar)

8. Debemos visitarla para que no _____ tan sola. (estar)

9. Es necesario que Uds. _____ ahora mismo. (vestirse)

10. Necesitamos una casa que _____ cuatro dormitorios. (tener)

11. Ojalá no _____ dificultades. (hay)

12. Sienten que Ud. no _____ antes. (volver)

13. Dudo que ellas se lo _____. (decir)

14. Esperan que tú no _____ al proyecto. (oponerse)

G *Practice writing verbs in the **imperfect subjunctive**. Complete each of the following sentences by writing the correct imperfect subjunctive form of the verb in parentheses. Write the verb form in two ways as in the Modelo.*

MODELO   Le aconsejé que _se pusiera/se pusiese_ el abrigo. (ponerse)

1. Esperaban que su hijo _____ ingeniero. (hacerse)

2. Insistíamos en que ellos _____ más dinero. (ahorrar)

3. No me gustaba que Uds. _____. (discutir)

4. No había nadie que _____ tanta paciencia. (tener)

5. Era importante que nosotros _____ ese libro. (leer)

6. No permitíamos que ella _____. (conducir)

7. No fue posible que yo los _____ hasta julio. (ver)

8. Nos alegramos que ellos se _____ casado. (haber)

9. Sentíamos que tantas personas _____ por el huracán. (morir)

10. Si tú _____, yo saldría también. (salir)

11. ¿Por qué saliste antes que yo _____? (volver)

12. Los llamé para que no _____ más. (esperar)

13. No había escritorio que les _____. (gustar)

14. Me exigió que _____ un informe. (escribir)

H *Replace the verb in each sentence with the verb in parentheses. Retain the tense of the original verb.*

MODELO   Se lo pidió. (decir)
           —Se lo _dijo_ .

1. Nieva hoy. (llover)

    _____ hoy.

2. ¿De dónde vienes? (ser)

    ¿De dónde _____?

3. No pudimos acompañarlos. (querer)

    No _____ acompañarlos.

4. Irán con nosotros. (salir)

    _____ con nosotros.

5. Apaguemos la tele. (poner)

    _____ la tele.

6. Arréglense. (vestirse)

    _____.

7. Esperan que se sirva la comida. (hacer)

    Esperan que se _____ la comida.

8. Habéis enviado la carta, ¿verdad? (escribir)

    Habéis _____ la carta, ¿verdad?

9. Desearíamos verlos. (querer)

    _____ verlos.

10. Sigue estudiando. (leer)

    Sigue _____.

11. Si yo lo comprara, te lo prestaría. (tener)

    Si yo lo _____, te lo prestaría.

12. Los habríamos visto si hubieran regresado. (volver)

    Los habríamos visto si hubieran _____.

I *Complete each of the following sentences by selecting the letter of the correct verb form from the choices given.*

1. ¿Qué hora _____ cuando llegó?
    a. fue
    b. estaba
    c. era
    d. estuvo

2. Dudo que les _____ este restaurante.
   a. gustan
   b. guste
   c. gustara
   d. gustaron

3. Tienes que _____ el informe lo antes posible.
   a. entregas
   b. entregar
   c. entregaste
   d. entregado

4. ¿El regalo? Se lo _____ anteayer.
   a. daremos
   b. vamos a dar
   c. diéramos
   d. dimos

5. Pasó todo el día _____.
   a. leyendo
   b. leyó
   c. leído
   d. leer

6. Nadie ha _____ todavía.
   a. vuelve
   b. volviendo
   c. vuelto
   d. volvió

7. Si tú _____, yo te llevaría.
   a. irías
   b. fueras
   c. vas
   d. fuiste

8. Arréglate ahora para que no _____ tarde.
   a. llegar
   b. lleguemos
   c. llegamos
   d. llegaremos

9. Nos extraña que no _____ llamado.
   a. han
   b. habíamos
   c. haber
   d. hayan

10. Te aconsejo que _____ cuidado.
    a. tengas
    b. tenías
    c. tuviste
    d. has tenido

J *Practice using reverse construction verbs, that is, verbs used in third-person singular and plural with the indirect object pronoun. Complete each sentence by selecting the letter of the correct verb form from the choices given.*

MODELO   Me _gustan_ sus ideas. (gustar)
           a. gusta
           b. gustan

1. Le _____ cien dólares.
    a. faltan
    b. falta

2. Nos _____ la obra.
    a. encantó
    b. encantaron

3. Te _____ dos exámenes.
    a. queda
    b. quedan

4. ¿No les _____ sus problemas?
    a. importan
    b. importa

5. Os _____ el partido de béisbol.
    a. entusiasmaron
    b. entusiasmó

6. ¿Qué le _____?
    a. interesan
    b. interesa

7. Les _____ el arroz con pollo.
    a. gustó
    b. gustaron

8. Te _____ comprar varios disquetes.
    a. convienen
    b. conviene

9. ¿A quién le _____ ver los monumentos?
    a. interesó
    b. interesaron

10. No nos _____ falta ninguna de las dos.
    a. hace
    b. hacen

11. Me _____ hacer investigaciones.
    a. encantan
    b. encanta

12. Les _____ esta música.
    a. fascinan
    b. fascina

Answers to Exercises

A   1. Leo 2. Viven 3. comprendes 4. Asistimos 5. traigo 6. dice 7. tienen
8. tomáis 9. eres 10. Doblamos 11. Voy 12. está

B   1. Hizo 2. Jugué 3. fueron 4. supimos 5. fue 6. comisteis 7. Tuvo 8. Toqué
9. Prefirieron 10. encontró 11. Pediste 12. acordamos

C   1. Tardaban 2. Servía 3. Vivíamos 4. volvía 5. Querías 6. Éramos 7. veían
8. Iba 9. encontrabas 10. Poníais 11. divertían

D   1. llegaré 2. podremos/podrán/podréis 3. tendré 4. Se mudarán 5. querrá
6. dirá/dirás 7. Iremos 8. asistirán 9. Cabrán 10. correré 11. Vendremos
12. habrá

E   1. Ha almacenado 2. He escrito 3. han pedido 4. ha ido 5. hemos visto
6. Has puesto 7. Habéis abierto 8. Hemos vuelto 9. he dado 10. ha hecho
11. has paseado 12. han dicho

F   1. vayas 2. lleguen 3. regrese 4. sepa 5. confíen 6. hagamos 7. coloque
8. esté 9. se vistan 10. tenga 11. haya 12. vuelva 13. digan 14. te opongas

G   1. se hiciera/se hiciese 2. ahorraran/ahorrasen 3. discutieran/discutiesen
4. tuviera/tuviese 5. leyéramos/leyésemos 6. condujera/condujese 7. viera/viese
8. hubieran/hubiesen 9. murieran/muriesen 10. salieras/salieses
11. volviera/volviese 12. esperaran/esperasen 13. gustara/gustase
14. escribiera/escribiese

H   1. Llueve 2. eres 3. quisimos 4. Saldrán 5. Pongamos 6. Vístanse. 7. haga
8. escrito 9. Querríamos 10. leyendo 11. tuviera/tuviese 12. vuelto

I   1. c 2. b 3. b 4. d 5. a 6. c 7. b 8. b 9. d 10. a

J   1. a 2. a 3. b 4. a 5. b 6. b 7. a 8. b 9. a 10. a 11. b 12. b

Irregular Verb Form Index

It can sometimes be difficult to derive the infinitive of a verb from a particularly irregular verb form. The following will guide you to the infinitive and model verb number so that you can see these irregular forms as part of a complete conjugation.

A

abierto **abrir** 2
acierto, *etc.* **acertar** 7
actúo, *etc.* **actuar** 14
acuerdo, *etc.* **acordar** 11
acuesto, *etc.* **acostar** 12
adelgacé **adelgazar** 17
adquiero, *etc.* **adquirir** 23
advierto, *etc.* **advertir** 24
aflijo **afligir** 26
agradezco **agradecer** 31
agregué **agregar** 33
ahogué **ahogar** 35
alcancé **alcanzar** 37
almorcé **almorzar** 40
almuerzo, *etc.* **almorzar** 40
alcé **alzar** 43
amenacé **amenazar** 45
anduve, *etc.* **andar** 46
anduviera, *etc.* **andar** 46
anduviese, *etc.* **andar** 46
apagué **apagar** 49
aplacé **aplazar** 53
apliqué **aplicar** 54
apruebo **aprobar** 60
arranqué **arrancar** 63
ataqué **atacar** 70
atiendo, *etc.* **atender** 71
atraje, *etc.* **atraer** 72
atrajera, *etc.* **atraer** 72
atrajese, *etc.* **atraer** 72
atrayendo **atraer** 72
atravieso, *etc.* **atravesar** 73
atribuyendo **atribuir** 75
atribuyera, *etc.* **atribuir** 75
atribuyese, *etc.* **atribuir** 75
atribuyo, *etc.* **atribuir** 75
avancé **avanzar** 77
avergoncé **avergonzar** 78
avergüenzo, *etc.* **avergonzar** 78
averigüé **averiguar** 79

B

bauticé **bautizar** 87
bendiciendo **bendecir** 89

bendigo **bendecir** 89
bendije **bendecir** 89
bendijera, *etc.* **bendecir** 89
bendijese, *etc.* **bendecir** 89
bostecé **bostezar** 92
brinqué **brincar** 94
busqué **buscar** 96

C

cabré, *etc.* **caber** 97
cabría, *etc.* **caber** 97
caído **caer** 98
caigo **caer** 98
caliento, *etc.* **calentar** 100
caractericé **caracterizar** 108
cargué **cargar** 110
castigué **castigar** 112
cayendo **caer** 98
cayera, *etc.* **caer** 98
cayese, *etc.* **caer** 98
cayó **caer** 98
cierro, *etc.* **cerrar** 118
clasifiqué **clasificar** 121
cojo **coger** 124
colgué **colgar** 126
coloqué **colocar** 127
comencé **comenzar** 128
comience **comenzar** 128
comienzo, *etc.* **comenzar** 128
compitiendo **competir** 131
compitiera, *etc.* **competir** 131
compitiese, *etc.* **competir** 131
compitió **competir** 131
compito, *etc.* **competir** 131
compruebo, *etc.* **comprobar** 134
concibiendo **concebir** 135
concibiera, *etc.* **concebir** 135
concibiese, *etc.* **concebir** 135
concibió **concebir** 135
concibo, *etc.* **concebir** 135
concluyendo **concluir** 136
concluyera, *etc.* **concluir** 136
concluyese, *etc.* **concluir** 136
concluyo, *etc.* **concluir** 136
conduje, *etc.* **conducir** 137

condujera, *etc.* **conducir** 137
condujese, *etc.* **conducir** 137
conduzco **conducir** 137
confieso, *etc.* **confesar** 138
confío, *etc.* **confiar** 139
conmuevo, *etc.* **conmover** 140
conozco **conocer** 141
consiento, *etc.* **consentir** 143
consigo **conseguir** 142
consigues, *etc.* **conseguir** 142
consiguiendo **conseguir** 142
consiguiera, *etc.* **conseguir** 142
consiguiese, *etc.* **conseguir** 142
consiguió **conseguir** 142
consintiendo **consentir** 143
consintiera, *etc.* **consentir** 143
consintiese, *etc.* **consentir** 143
consintió **consentir** 143
construyendo **construir** 144
construyera, *etc.* **construir** 144
construyese, *etc.* **construir** 144
construyo, *etc.* **construir** 144
construyó **construir** 144
contendré, *etc.* **contener** 146
contendría, *etc.* **contener** 146
contengo **contener** 146
contiene **contener** 146
contribuyendo **contribuir** 149
contribuyera, *etc.* **contribuir** 149
contribuyese, *etc.* **contribuir** 149
contribuyo, *etc.* **contribuir** 149
contribuyó **contribuir** 149
contuve, *etc.* **contener** 146
contuviera, *etc.* **contener** 146
contuviese, *etc.* **contener** 146
convendré, *etc.* **convenir** 152
convendría, *etc.* **convenir** 152
convengo **convenir** 152
convenzo **convencer** 151
conviene **convenir** 152
convierto, *etc.* **convertir** 153
convine, *etc.* **convenir** 152
conviniendo **convenir** 152
conviniera, *etc.* **convenir** 152
conviniese, *etc.* **convenir** 152

Spanish Verb Index

This index contains more than 2,300 verbs that are cross-referenced to a fully conjugated verb that follows the same pattern. Verbs that are models appear in bold type. (Note that in the Spanish alphabet, ñ is a separate letter.)